Biologia 2

Edição 4.ª

ARMÊNIO UZUNIAN

Professor de Biologia na cidade de São Paulo.
Cursou Ciências Biológicas
na Universidade de São Paulo e
Medicina na Escola Paulista de Medicina,
onde obteve grau de Mestre em Histologia.

ERNESTO BIRNER

Professor de Biologia na cidade de São Paulo.
Cursou Ciências Biológicas
na Universidade de São Paulo.

Direção Geral:	Julio E. Emöd
Supervisão Editorial:	Maria Pia Castiglia
Coordenação de Produção e Capa:	Grasiele L. Favatto Cortez
Edição de Texto:	Carla Castiglia Gonzaga
Revisão de Texto:	Patricia Aguiar Gazza
Revisão de Provas:	Estevam Vieira Lédo Jr.
	Maitê Acunzo
Programação Visual e Editoração:	AM Produções Gráficas Ltda.
Ilustrações:	Luiz Moura
	Mônica Roberta Suguiyama
	Uenderson Rocha
	Vagner Coelho
Auxiliar de Produção:	Ana Olívia Ramos Pires Justo
Fotografia da Capa:	Anderson, John/Animals Animals/Glow Images
Impressão e Acabamento:	Yangraf Gráfica e Editora Ltda.

Dados Internacionais de Catalogação na Publicação (CIP)
(Câmara Brasileira do Livro, SP, Brasil)

Uzunian, Armênio
  Biologia 2 / Armênio Uzunian, Ernesto Birner. -- 4. ed. -- São Paulo : HARBRA, 2013.

  Bibliografia
  ISBN 978-85-294-0417-2

  1. Biologia (Ensino médio) I. Birner, Ernesto. II. Título.

12-12208   CDD-574.07

Índices para catálogo sistemático:
1. Biologia : Ensino médio 574.07

BIOLOGIA 2 – 4.ª edição
Copyright © 2013 por **editora HARBRA ltda**.
Rua Joaquim Távora, 629
04015-001 – São Paulo – SP

Promoção: (0.xx.11) 5084-2482 e 5571-1122. Fax: (0.xx.11) 5575-6876
Vendas: (0.xx.11) 5549-2244, 5571-0276 e 5084-2403. Fax: (0.xx.11) 5571-9777
Site: www.harbra.com.br

Todos os direitos reservados. Nenhuma parte desta edição pode ser utilizada ou reproduzida – em qualquer meio ou forma, seja mecânico ou eletrônico, fotocópia, gravação etc. – nem apropriada ou estocada em sistema de banco de dados, sem a expressa autorização da editora.

ISBN 978-85-294-0417-2

Impresso no Brasil   *Printed in Brazil*

Prefácio

A Biologia já não é mais vista como uma ciência "fechada", um conjunto de estudos distantes dos alunos. Com o avanço da tecnologia e os novos conhecimentos surgindo cada vez mais rapidamente, a Biologia está incorporada à vida das pessoas: sua presença está nos telejornais, seriados, filmes, anúncios, nas revistas, novelas, e em tantas outras mídias e formas de expressão.

O maior desafio para os autores de um livro didático é fazer com que os alunos se sintam estimulados ao estudo, que percebam a aplicação à sua vida, ao seu cotidiano, dos conteúdos que lhes estão sendo ministrados. E esse sempre foi o nosso grande projeto.

Ao escrever cada linha de nossos livros, pensamos nos alunos, nas coisas que gostam, em como se comunicam com o mundo exterior, o que seria importante que soubessem, além de, naturalmente, no conteúdo necessário para que possam prosseguir em seus estudos e fazer frente aos diferentes processos seletivos de ingresso a uma universidade.

Buscando tornar o estudo de Biologia interessante, iniciamos cada capítulo com o que chamamos de "olho" – uma imagem e um texto de contextualização o mais próximo possível do universo dos alunos. Também sistematizamos as informações, dispondo-as em seções especiais: "De olho no assunto!" apresenta textos de aprofundamento; "Tecnologia & Cotidiano", como o próprio nome diz, traz ferramentas tecnológicas em que o conteúdo estudado está presente ou aplicações do tema em situações do cotidiano; textos sobre diferentes questões éticas que envolvem a vida em comum e a sustentabilidade do planeta estão em "Ética & Sociedade". Ao final de cada capítulo, quatro conjuntos de atividades para que os alunos possam aferir seu conhecimento: "Passo a Passo", "Questões Objetivas", "Questões Dissertativas" e "Programas de Avaliação Seriada".

As inúmeras observações dos professores e alunos que trabalharam com as edições anteriores de nossa coleção *Biologia*, aliadas aos nossos anos em sala de aula, nos mostraram com ainda maior clareza como nos comunicar com nossos leitores: adolescentes cheios de energia, de dinamismo, com uma vida inteira pela frente e muito a construir.

Temos certeza de que, ao final de nossa jornada em conjunto, os alunos perceberão que o estudo da Biologia lhes abriu as portas para entender esse louco e maravilhoso mundo em que vivemos!

Os autores
Os editores

Conteúdo

Unidade 1 — OS GRUPOS BIOLÓGICOS — 3

1 Classificação dos seres vivos 4
Classificação dos seres vivos:
  uma obra em construção 5
  Novas ideias: os domínios 7
Vírus: esses seres extraordinários 8
Como vamos proceder neste livro? 8
A filogênese dos seres vivos 9
  Estabelecendo filogenias com os
  cladogramas 10
A nomenclatura biológica 12
  Lineu e o sistema binomial 13
  Outros níveis de classificação 13
  Um exemplo prático de classificação:
  os utensílios domésticos 14
Passo a passo 15
Questões objetivas 17
Questões dissertativas 19
Programas de avaliação seriada 20

2 Vírus 21
Diferentes de todos os outros organismos ... 22
  Vírus são seres vivos? 22
  Os vírus precisam entrar em uma célula ... 23
  Bacteriófagos: vírus que atacam bactérias ... 23
Doenças causadas por vírus 25
  Gripe/Influenza 26
    Vacinas e antivirais 27
  Dengue: preocupação brasileira 27
  AIDS 28
Passo a passo 30
Questões objetivas 32
Questões dissertativas 34
Programas de avaliação seriada 35

Unidade 2 — REINOS MONERA, PROTOCTISTA E *FUNGI* — 37

3 O reino Monera 38
As bactérias 39
  A estrutura das bactérias 39
  A parede celular das bactérias 40
  A diversidade metabólica das bactérias ... 41
    As bactérias heterótrofas 41
    As bactérias autótrofas 42
  Riquétsias, clamídias e micoplasmas:
  bactérias simples 43
  Reprodução e recombinação gênica nas
  bactérias 44
    Conjugação 45
    Transdução 46
    Transformação 47
  Doenças provocadas por bactérias 47
As cianobactérias 49
  A reprodução nas cianobactérias 50
As arqueobactérias e seu incrível modo de viver .. 50
Passo a passo 51

Questões objetivas 53
Questões dissertativas 55
Programas de avaliação seriada 56

4 Reino Protoctista (Protista): protozoários, algas, mixomicetos e oomicetos 57
Tipos de protozoários 58
   Rizópodes: os protozoários mais simples 59
      A locomoção das amebas: os pseudópodes.... 59
      As amebas se alimentam por fagocitose 60
      Reprodução: em geral, assexuada 60
      Trocas gasosas e excreção 60
   Flagelados: mais rápidos que as amebas 61
   Ciliados: os protozoários mais complexos 62
      A reprodução sexuada: conjugação 62
   Apicomplexos (esporozoários):
      todos são parasitas 64
Doenças causadas por protozoários 64
   Malária 65
      Prevenção da malária 66
   Amebíase 66
      Prevenção da amebíase 67
   Doença de Chagas 68
      Prevenção da doença de Chagas 69
   Giardíase 69
   Leishmaniose cutâneo-mucosa
      (tegumentar americana) 69
   Tricomoníase 70
   Toxoplasmose 70
Algas: as florestas aquáticas 71
   O *habitat* e a importância das algas 71
   Reprodução nas algas 74
      Reprodução assexuada 74
      Reprodução sexuada 76

Mixomicetos e oomicetos 77
Passo a passo 80
Questões objetivas 82
Questões dissertativas 84
Programas de avaliação seriada 85

5 Reino *Fungi* 87
Fungos unicelulares 88
Fungos pluricelulares 90
   Tipos de hifa 90
   O *habitat* dos fungos 91
A importância dos fungos 91
   Ecológica 91
   Doenças causadas por fungos 91
   Champignons: estes podemos comer 91
Reprodução nos fungos 92
   Reprodução assexuada 92
   Reprodução sexuada 93
Classificação dos fungos 94
   Quitridiomicetos: ancestrais dos fungos? 95
   Zigomicetos: fungos formadores de
      "zigotos de resistência" 96
   Ascomicetos: leveduras, trufas, bolores,
      pragas agrícolas 97
   Basidiomicetos: cogumelos, *champignons*,
      shiitakes, orelhas-de-pau 98
As associações de fungos 99
A reprodução dos liquens: os sorédios 101
Passo a passo 101
Questões objetivas 103
Questões dissertativas 105
Programas de avaliação seriada 106

O que saber sobre… bactérias, vírus, protistas e fungos? 107

Unidade 3 — REINO *ANIMALIA*

6 Os grupos animais 110
Os metazoários 111
As características que distinguem os animais 113
   Simetria e locomoção 113
   Classificação dos animais
      de acordo com a Embriologia 114
   Número de folhetos germinativos 114

   Celoma 114
   Destino do blastóporo 115
   Cavidade digestória 116
Passo a passo 119
Questões objetivas 121
Questões dissertativas 121
Programa de avaliação seriada 121

7 Poríferos e cnidários (celenterados) ... 122
Poríferos ... 123
  As esponjas mais complexas: siconoides e leuconoides ... 124
  Reprodução ... 126
    A reprodução assexuada ... 126
    A reprodução sexuada ... 126
Cnidários (celenterados) ... 127
  A hidra: um típico representante dos cnidários ... 130
    O surgimento dos tecidos ... 130
  Reprodução ... 132
    A reprodução assexuada ... 132
    A reprodução sexuada ... 132
  Classificação dos cnidários ... 132
    Os hidrozoários ... 133
    Os cifozoários ... 134
    Os antozoários ... 135
    Os cubozoários ... 138
Passo a passo ... *138*
Questões objetivas ... *140*
Questões dissertativas ... *141*

8 Platelmintos e nematódeos ... 142
Filo *Platyhelminthes*: vermes achatados ... 143
  Classificação dos platelmintos ... 143
  A planária como padrão dos platelmintos ... 143
    Simetria bilateral e cefalização, as novidades do filo ... 144
    Alimentação e digestão ... 145
    Trocas gasosas e excreção ... 145
    Reprodução em planárias ... 146
  Doenças causadas por platelmintos ... 146
    A esquistossomose: barriga-d'água e caramujos ... 146
    A teníase: cuidado com a carne de porco ou de boi ... 149
Filo *Nematoda* (*Nemata*): vermes em forma de fio ... 152
  A lombriga: um típico representante dos *Nematoda* ... 152
    Alimentação, excreção e sistema nervoso ... 153
    Reprodução em nematódeos ... 153
  Doenças causadas por nematódeos ... 153
    A oxiuríase: coceira anal ... 153
    A filaríase (ou elefantíase): grandes edemas ... 154
    A ascaridíase: lombriga, quase todos já tiveram uma ... 154
    A ancilostomíase: amarelão, a verminose da anemia ... 156
Passo a passo ... *158*
Questões objetivas ... *160*
Questões dissertativas ... *162*
Programas de avaliação seriada ... *163*

9 Moluscos e anelídeos ... 165
Filo *Mollusca*: animais de corpo mole ... 166
  Classificação dos moluscos ... 166
  Os gastrópodos: estômago junto ao pé ... 167
    Circulação, excreção e sistema nervoso ... 168
    Reprodução ... 168
  Os bivalves: duas conchas ... 170
  Os cefalópodos (ou sifonópodos): moluscos exclusivamente marinhos ... 171
    Circulação, excreção e sistema nervoso ... 172
    Reprodução ... 173
Filo *Annelida*: animais de corpo segmentado ... 173
  Classificação dos anelídeos ... 173
  Minhoca: um típico oligoqueta ... 174
    Digestão e excreção ... 175
    Sistema nervoso ... 176
    Reprodução em minhocas ... 178
  Os poliquetas: eles são predominantemente marinhos ... 178
  Os hirudíneos: sugadores de sangue ... 180
Passo a passo ... *181*
Questões objetivas ... *182*
Questões dissertativas ... *184*
Programa de avaliação seriada ... *184*

10 Artrópodes ... 185
Classificação dos artrópodes ... 186
Os insetos ... 188
  O tubo digestório é completo ... 188
    O aparelho bucal dos insetos ... 189
  A circulação é aberta ... 190
  A excreção é feita pelos túbulos de Malpighi ... 190
  A respiração ocorre com a participação de traqueias ... 190
  O sistema nervoso é semelhante ao dos anelídeos ... 191
  A reprodução nas baratas ... 191
  O desenvolvimento dos insetos ... 191
Os crustáceos ... 196
  Microcrustáceos: constituintes do zooplâncton ... 198
Os aracnídeos ... 198
  As relações de predatismo e parasitismo ... 198
  Circulação, trocas gasosas e excreção em aracnídeos ... 199
  Sistema nervoso ... 200
  A reprodução nas aranhas ... 201
  Os escorpiões ... 201
  Os carrapatos e os ácaros ... 202
Os miriápodes: quilópodes e diplópodes ... 202
Passo a passo ... *203*
Questões objetivas ... *204*
Questões dissertativas ... *207*
Programas de avaliação seriada ... *208*

11 Equinodermos ... 209
Exclusivamente marinhos ... 210
  Por que só no mar? ... 211
  Quais são os equinodermos? ... 211
As adaptações dos equinodermos ... 212
Um típico representante da classe *Echinoidea* ... 212
  A vida em uma esfera ... 212

O ouriço por dentro.................................. 214
   As placas calcárias formam o endoesqueleto..... 214
   O sistema hidrovascular
      (vascular aquífero) ou ambulacral............... 215
   Reprodução do ouriço-do-mar......................... 215
Os outros equinodermos....................................... 216
   Classe *Asteroidea*... 216
   Classe *Holothuroidea*.. 218
   Classe *Crinoidea*... 218
   Classe *Ophiuroidea*.. 219
Passo a passo... 220
Questões objetivas.. 220
Questões dissertativas...................................... 223
Programa de avaliação seriada........................... 223

O que saber sobre os... invertebrados?.. **224**

12 Cordados.. **228**
Características e classificação dos cordados............. 229
Subfilo *Urochordata*... 232
Subfilo *Cephalochordata*.. 233
Subfilo *Craniata* ou *Vertebrata*............................. 233
   Ágnatos ou ciclostomados:
      "peixes" primitivos e sem mandíbulas............. 234
   Os gnatostomados... 235
   Condrictes: os peixes cartilaginosos.................... 236
   Osteíctes: os peixes ósseos................................. 240
   Anfíbios: o início da conquista do meio terrestre.. 243
      As trocas gasosas: pulmões simples e pele...... 244
      A digestão e a excreção.................................. 244
      A circulação: dupla e incompleta.................... 244
      A reprodução: fecundação externa e
         desenvolvimento geralmente indireto......... 245
   Répteis: primeiros vertebrados bem-sucedidos
      no meio terrestre... 246
   Economia de água:
      uma adaptação importante........................... 248
   Respiração, excreção e circulação em répteis...... 248
   A reprodução: fecundação interna e
      desenvolvimento dentro de um ovo............... 251
      Termorreceptores... 252
   As cobras: atraentes e temíveis?.......................... 253
   Dinossauros: eles dominaram a Terra................... 255
   Aves: homeotermos com corpo recoberto
      por penas.. 255
   A circulação: dupla e completa........................... 255
   A respiração: pulmões e sacos aéreos................. 256
   Exclusividade das aves:
      corpo coberto por penas............................... 256
   Digestão e excreção em aves............................. 257
   A reprodução: fecundação interna
      e ovos chocados... 257
   Adaptações ao voo... 257
   Mamíferos: únicos a apresentar
      glândulas mamárias..................................... 259
   As características dos mamíferos........................ 260
   Respiração, excreção e circulação
      em mamíferos.. 261
   A reprodução: surge a placenta.......................... 262
   Classificação dos mamíferos.............................. 262
Passo a passo... 267
Questões objetivas.. 268
Questões dissertativas...................................... 274
Programas de avaliação seriada....................... 276

O vestibular da conquista do meio terrestre **277**

O que saber sobre os... vertebrados?.. **278**

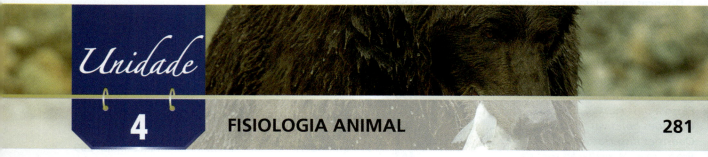

Unidade 4 — FISIOLOGIA ANIMAL — 281

13 Digestão e nutrição.. **282**
Digestão: quebra de alimentos................................. 283
   Dois tipos de digestão: extra e intracelular........ 283
O tubo digestivo humano.. 284
   A digestão começa na boca............................... 284
Deglutição: alimento a caminho do estômago....... 285
Estômago: o início da digestão de proteínas....... 285
Em direção ao intestino delgado........................ 286
   O suco pancreático... 286
   O suco entérico.. 287

Bile: ação física na digestão de lipídios............	287
A absorção do alimento digerido......................	288
Intestino grosso: absorção de água e sais e formação de fezes.......................................	288
Celulose: as fibras que favorecem a evacuação...	289
Os hormônios que controlam a digestão	290
A dieta humana...	291
A necessidade de sais minerais	292
Vitaminas: necessárias em pequenas quantidades...	293
Por que você perde o apetite depois de comer?.......................................	294
Passo a passo	*296*
Questões objetivas	*297*
Questões dissertativas	*300*
Programas de avaliação seriada	*301*

14 Circulação 303

Os dois tipos de sistema circulatório....................	304
As características do coração humano..................	304
Os movimentos cardíacos: sístole e diástole	306
A pressão arterial..	306
O controle da contração cardíaca.....................	306
Vasos sanguíneos: condutores de sangue............	307
Diferenças entre artérias e veias	308
Capilares: as substâncias atravessam suas paredes...	308
Sangue: tecido de interligação.............................	308
A coagulação sanguínea...................................	309
As trocas entre sangue e tecidos	310
O transporte de gases pelo sangue......................	312
O colesterol e o entupimento das artérias	313
HDL e LDL...	314
O sistema linfático...	315
Passo a passo	*316*
Questões objetivas	*317*
Questões dissertativas	*320*
Programas de avaliação seriada	*321*

15 Respiração 322

As trocas gasosas nos animais	323
Pele: órgão de respiração para anelídeos e anfíbios	324
As brânquias dos peixes ósseos........................	324
As traqueias dos insetos e o transporte de oxigênio	324
O sistema respiratório humano	325
Trocas gasosas: acontecem nos alvéolos	325
Ventilação pulmonar humana: a ação do diafragma..................................	327
Regulação: o bulbo como regulador da respiração	327
Passo a passo	*328*
Questões objetivas	*329*
Questões dissertativas	*331*
Programas de avaliação seriada	*332*

16 Excreção e homeostase 333

Mecanismos excretores em animais......................	334
Os compostos nitrogenados.............................	334
A excreção nos seres humanos........................	335
Os rins...	335
A filtração do sangue................................	337
A formação da urina..................................	337
Pressão baixa	338
Manutenção da homeostase e balanço hídrico	339
Passo a passo	*341*
Questões objetivas	*341*
Questões dissertativas	*344*
Programas de avaliação seriada	*345*

17 Sistema nervoso e fisiologia dos órgãos dos sentidos................................ 347

O aumento da complexidade do sistema nervoso	348
Neurônio: a unidade do sistema nervoso	348
O caminho do impulso nervoso	350
Períodos refratários...................................	351
Lei do tudo ou nada..................................	351
Sinapses: neurônios em comunicação	352
Arco reflexo: um trabalho em conjunto............	353
A organização do sistema nervoso	354
Sistema nervoso central (SNC).........................	355
Principais órgãos do sistema nervoso central	355
Sistema nervoso periférico (SNP)	359
Sistema nervoso somático...........................	359
Sistema nervoso autônomo (SNA)..................	360
Órgãos dos sentidos..	361
Receptores de contato.....................................	362
Receptores de distância..................................	363
Os receptores olfativos...............................	363
Os receptores de luz..................................	363
Os receptores de ondas sonoras	366
Os proprioceptores	366
A linha lateral dos peixes	367
Termorreceptores e eletrorreceptores.............	367
Passo a passo	*369*
Questões objetivas	*370*
Questões dissertativas	*372*
Programas de avaliação seriada	*374*

18 Regulação hormonal............................... 375

As glândulas endócrinas humanas.........................	376
A hipófise	377
O mecanismo de *feedback*............................	378
A glândula tireóidea	380
O pâncreas...	381
As suprarrenais...	382
As glândulas paratireóideas e sua relação com o cálcio.......................................	382
O controle hormonal na reprodução humana	382
Os hormônios e sua relação com os caracteres sexuais secundários	383

Os hormônios e o ciclo menstrual....................... 383
A ação da oxitocina no trabalho de parto e
   na ejeção do leite na amamentação 385
Passo a passo *389*
Questões objetivas *389*
Questões dissertativas *394*
Programas de avaliação seriada *396*

19 Suporte e movimento.. 398
Sistema esquelético.. 399
   Tipos de osso 399
   A formação do tecido ósseo.............................. 399
      Crescimento nos ossos longos...................... 399
   Remodelação óssea... 400
   Fraturas e osteoclastos 400
   O esqueleto humano... 401
      O esqueleto axial.. 402
      O esqueleto apendicular............................... 404
   Articulações 405
   Principais doenças relacionadas ao
      sistema esquelético 405
Sistema muscular.. 406
   A contração muscular....................................... 407
      Os miofilamentos: actina e miosina 407
   Tecido muscular estriado esquelético................ 407
      O mecanismo da contração muscular 409
   Tecido muscular estriado cardíaco..................... 410
   Tecido muscular liso 411
Grupos de ação muscular..................................... 411
   Principais doenças relacionadas aos
      tecidos musculares..................................... 412
Passo a passo *414*
Questões objetivas *415*
Questões dissertativas *418*
Programas de avaliação seriada *420*

Unidade 5
REINO *PLANTAE* — 423

20 As plantas e a conquista do meio terrestre 424
O sucesso no meio terrestre 425
A presença ou não de vasos condutores............... 426
A reprodução vegetal 427
   O ciclo haplontediplonte................................... 428
Passo a passo *430*
Questões objetivas *432*
Questões dissertativas *433*

21 Briófitas e pteridófitas....................................... 434
Briófitas: plantas sem vasos condutores 435
   O ciclo haplontediplonte nos musgos 436
Pteridófitas: o aparecimento de vasos condutores ... 438
   Samambaias: as pteridófitas mais conhecidas 439
   O ciclo haplontediplonte nas samambaias......... 439
Os diferentes tipos de esporo............................... 441
   Selaginela: uma pteridófita heterosporada........ 441
Passo a passo *444*
Questões objetivas *446*
Questões dissertativas *447*
Programas de avaliação seriada *447*

22 Gimnospermas e angiospermas........................ 448
Gimnospermas: surgem as sementes 451
O ciclo haplontediplonte nas coníferas............. 452
   Tubo polínico e fecundação............................. 454
   Semente 454
As *Cycas* e a dependência da água para a
   fecundação 454
Angiospermas: surgem as flores e os frutos.......... 456
   Características principais de uma
      angiosperma.. 456
   Os estames e os carpelos................................. 457
   A variedade das flores...................................... 459
   A formação dos frutos e das sementes 460
   A semente e a futura planta............................. 462
Diferenças entre mono e eudicotiledôneas 467
A reprodução sexuada nas angiospermas.......... 468
   A fecundação ocorre depois
      da polinização 470
   Polinização: um evento evolutivo
      das angiospermas.. 472
   A reprodução assexuada nas
      angiospermas... 472
Passo a passo *474*
Questões objetivas *476*
Questões dissertativas *479*
Programas de avaliação seriada *480*

O que saber sobre os... grupos vegetais?.. 482

Unidade 6 — MORFOFISIOLOGIA VEGETAL — 485

23 Os órgãos vegetativos e a nutrição vegetal **486**
Órgãos vegetativos de uma planta 487
  A raiz: órgão de absorção 487
  O caule: via de conexão entre raízes e folhas.... 490
  A folha: local da fotossíntese 494
Os tecidos vegetais de proteção........................... 495
  O súber 495
  A epiderme... 496
    Os anexos da epiderme 496
Nutrição vegetal 498
  Nutrição inorgânica: macro e micronutrientes 498
    Solo: a procura por nutrientes...................... 499
  Nutrição orgânica: a partir da fotossíntese........ 500
    O ciclo de Calvin 502
    De onde vem o oxigênio da fotossíntese?...... 503
    As clorofilas e a absorção da luz 503
    Fatores que influenciam a fotossíntese 504
    O ponto de compensação fótico 505
Passo a passo *506*
Questões objetivas *510*
Questões dissertativas... *513*
Programas de avaliação seriada............................ *514*

24 As trocas gasosas e o transporte vegetal **415**
As trocas gasosas... 516
A sustentação das traqueófitas............................. 516
  O colênquima... 516
  O esclerênquima 516
Os tecidos condutores de água e de nutrientes em traqueófitas..................... 517
  O xilema 517
  O floema.. 519
A organização dos tecidos nas raízes e nos caules.................................. 520
  A estrutura primária da raiz............................. 520
  A estrutura primária do caule........................... 523
A condução da seiva inorgânica............................ 524
  A ação dos estômatos na regulação hídrica....... 525
  Como funcionam os estômatos......................... 526
    A participação da luz em movimentos fotoativos 526
    Andamento diário da transpiração................ 528
A condução da seiva elaborada 529
  A hipótese de Münch 529
A integração xilema-floema.................................. 530
Passo a passo *530*
Questões objetivas *533*
Questões dissertativas... *535*
Programas de avaliação seriada............................ *536*

25 Crescimento, desenvolvimento e reguladores **537**
Qual a diferença entre crescimento e desenvolvimento?... 538
O meristema 538
  Características do meristema: mitose e diferenciação 538
O crescimento em comprimento 540
O crescimento em espessura de caule e raiz 540
  Cerne, alburno e casca..................................... 542
Os hormônios vegetais.. 543
  As auxinas... 543
    Efeito das auxinas.. 544
  As giberelinas.. 546
  As citocininas.. 546
  O etileno.. 546
  O ácido abscísico 547
Fotoperiodismo: a influência da luz no comportamento 547
  O fitocromo e a percepção da luz 547
  A floração depende da fotoperiodicidade.......... 547
  Florígeno: o hormônio desconhecido................. 548
O efeito do ambiente na germinação das sementes 548
Os movimentos vegetais....................................... 550
  Os tactismos 550
  Os tropismos... 550
    Fototropismo 551
    Geotropismo (gravitropismo) 551
  Os nastismos 551
    O crescimento diferencial 552
    A variação na turgescência 552
Passo a passo *553*
Questões objetivas *556*
Questões dissertativas... *558*
Programas de avaliação seriada............................ *558*

Bibliografia *561*
Crédito das fotos *562*

Unidade

1

Os grupos biológicos

As principais propostas de classificação dos seres vivos, elaboradas pelos cientistas, e as características dos vírus são os temas desta unidade.

Capítulo 1 — Classificação dos seres vivos

A necessidade de classificação

Esteja você em casa ou na escola, pare por um momento e olhe ao seu redor. Veja o ambiente em que você está e perceba os objetos e coisas que estão à sua volta. Mesmo sem perceber, você, instintivamente, já os deve estar classificando de alguma maneira, depois de identificá-los. Por exemplo, se você está na sala da sua casa, você pensa primeiro no grupo dos objetos eletrônicos, como televisão, DVD e aparelho de som; depois temos o grupo dos móveis, que conta com sofás, mesas e estante; já no grupo dos objetos de decoração, você pode incluir os quadros, porta-retratos, enfeites... e assim por diante.

O homem sempre teve necessidade de recorrer a alguma forma de classificação para tudo o que o cerca. Com os seres vivos não foi diferente. Com o passar do tempo, o homem passou também a agrupar os organismos vivos de acordo com suas características comuns. Assim, por exemplo, plantas foram primeiro separadas dos animais e, a partir daí, novas subdivisões foram criadas dentro de cada grande grupo.

Neste capítulo, você aprenderá um pouco mais sobre a classificação dos seres vivos e sobre como nomear cada um desses organismos que fazem parte da natureza deste planeta tão rico em formas de vida.

Já pensou se cada bibliotecária resolvesse arrumar os livros de uma biblioteca pública segundo seus próprios critérios, segundo sua preferência? Já imaginou se ela resolvesse agrupar os livros pela cor da capa ou pelo tamanho da obra? Como localizar um livro de Biologia, por exemplo, dentre milhares de obras, usando esses critérios? Para que haja uma catalogação de modo racional e seja reconhecida por diferentes bibliotecárias é que se elaboraram normas para a classificação dos livros, seguindo uma sistemática para identificar as obras.

O mesmo ocorre com os seres vivos. Para que possam ser identificados corretamente, independentemente do país em que a pessoa viva ou da língua que fale, foram elaborados normas e critérios para a sua classificação.

> **Anote!**
> O que importa, na classificação dos seres vivos, são os **critérios** utilizados. Ao longo do tempo, novos critérios passaram a ser considerados, o que ocorre até hoje. Por isso, costuma-se dizer que a classificação dos seres vivos é uma "obra em eterna construção".

■ CLASSIFICAÇÃO DOS SERES VIVOS: UMA OBRA EM CONSTRUÇÃO

Por muito tempo, os biólogos consideraram a existência de apenas **dois** grandes reinos de seres vivos: o reino *Animalia* e o reino *Plantae*. Para a maioria dos seres, essa maneira de classificá-los não era problemática.

Ninguém teria dúvida em considerar o sapo como animal e a samambaia como vegetal. Os critérios então utilizados para essa divisão eram simples: os animais *andam* e são *heterótrofos* (ou seja, são incapazes de produzir seu alimento orgânico, devendo obtê-lo pronto de outras fontes). Os vegetais são *imóveis* e *autótrofos* (ou seja, são capazes de produzir seu alimento orgânico a partir de substâncias simples do meio, com a utilização da luz do Sol, em um processo conhecido como *fotossíntese*).

Mas a partir do momento em que surgiram os primeiros microscópios começou a descoberta de seres até então desconhecidos. Um deles foi a euglena, um microrganismo que, em presença de luz, atua como autótrofo, sendo capaz de realizar fotossíntese. Quando colocada no escuro, ela é capaz de se alimentar, como qualquer heterótrofo. Além disso, possui um flagelo, que permite a sua locomoção, como um animal. Outro caso paradoxal é o dos fungos (cogumelos, bolores, orelhas-de-pau). São fixos, parecendo-se, assim, a vegetais. São, porém, incapazes de fazer fotossíntese, por serem aclorofilados. Alimentam-se de restos orgânicos. Os fungos são heterótrofos. Assim como as euglenas e os fungos, há outros casos de seres vivos que não se enquadram nem no reino animal nem no reino vegetal (veja a Figura 1-1).

Tendo em vista a existência desses problemas, os cientistas decidiram criar o reino **Protista**. Nele, enquadraram as bactérias, os protozoários, os fungos e as algas, ou seja, seres que não se encaixavam na ideia de animal ou vegetal. A partir do século XIX, porém, passou-se a falar na existência de **três** reinos: *Animalia*, *Plantae* e *Protista*.

Figura 1-1. A euglena (a) e o cogumelo (b) possuem, simultaneamente, características de animais e vegetais. Em qual dos reinos devem ser colocados?

Figura 1-2. Esquema de bactéria, feito com base em foto obtida com microscópio eletrônico.

> *Anote!*
> Célula procariótica é a que não contém núcleo organizado, presente nas células eucarióticas.

Com o progresso da Ciência e a descoberta do microscópio eletrônico, pôde-se visualizar melhor a célula, componente praticamente universal dos seres vivos da Terra atual. Verificou-se, assim, que as bactérias e as cianobactérias possuíam células desprovidas de núcleo organizado. O material genético ficava disperso no interior da célula. Criou-se o termo c*élula procariótica* para designar essa organização celular primitiva (veja a Figura 1-2).

Já nas células dos demais seres vivos, percebeu-se a existência de um núcleo organizado, perfeitamente delimitado por uma membrana, a chamada *carioteca*. Esse tipo celular passou a ser chamado de *célula eucariótica*.

A partir dessa descoberta, fez-se nova redistribuição dos seres vivos. As bactérias e todos os demais seres que possuem célula procariótica passaram a compor um **quarto** reino: o reino **Monera**.

A partir de 1969, admitiu-se um **quinto** reino, englobando os fungos, que passaram a pertencer ao reino *Fungi*. Recorrendo a critérios morfológicos, fisiológicos e comportamentais, em 1982 as pesquisadoras Lynn Margulis e Karlene Schwartz propuseram uma modificação no sistema de cinco reinos, incluindo as algas unicelulares e pluricelulares no reino **Protoctista**, com os protozoários. Ficamos, então, com os reinos Monera, Protoctista, *Fungi*, *Plantae* e *Animalia*.

Mas a classificação dos seres vivos é uma "obra em eterna construção". Novas descobertas sugerem novas ideias. Graças à comparação da sequência dos genes que levam à produção do RNA ribossômico, Carl Woese propôs seis reinos, agora com a separação de Monera em dois outros reinos de seres procarióticos: *Eubacteria* e *Archaebacteria* (veja a Figura 1-3). No primeiro reino, estão inclusas as bactérias e cianobactérias. Já em *Archaebacteria* estão inclusas as bactérias que habitam locais extremamente específicos e que possuem metabolismo altamente especializado. É o caso das metanogênicas (produtoras de metano), termófilas (habitantes de locais de temperaturas elevadas) e halófitas (que vivem em locais de elevada salinidade).

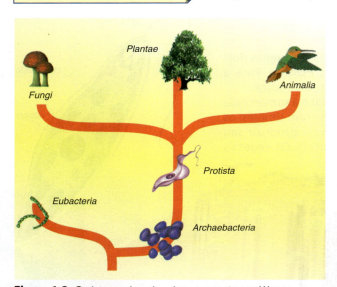

Figura 1-3. O sistema de seis reinos proposto por Woese.

Leitura

A construção do sistema de classificação dos seres vivos é bem antiga. O cientista Ernest Haeckel (1834-1919) foi o primeiro a sugerir a criação do reino Protista, para incluir seres que não eram considerados nem animais nem vegetais, ou seja, as bactérias, os protozoários, as algas e os fungos. Propôs, até, a criação do grupo Monera (que inclui as bactérias), considerando-o como componente do reino Protista, o que na época não foi aceito. Coube a Herbert Copeland (1902-1968) a tarefa de propor a criação de uma classificação dos seres vivos em quatro reinos: **Monera** (os seres com célula procariótica), **Protoctista** (as algas unicelulares e os fungos), **Metaphyta** (as algas pluricelulares e as plantas) e **Metazoa** (os animais, todos pluricelulares). Em 1969, Robert H. Whittaker (1924- -1980) modificou a proposta de Copeland, sugerindo uma classificação com cinco reinos: **Monera**, **Protista**, *Fungi*, *Plantae* e **Animalia**. O que mudou? Whittaker voltou a utilizar o termo Protista, no lugar de Protoctista. Substituiu o termo *Metaphyta* por *Plantae* e *Metazoa* por *Animalia*. As algas pluricelulares, no entanto, continuaram no reino *Plantae*. Para Whittaker, o que importava era o critério **nutrição**: *produção* (fotossíntese) caracterizava os vegetais, *ingestão* era típico de animais e *absorção* era uma característica de fungos. Note que no reino Protista de Whittaker as três modalidades de nutrição estão presentes. Em 1982, as biólogas Lynn Margulis e Karlene Schwartz, utilizando também uma classificação em cinco reinos, propuseram uma modificação no sistema de Whittaker. Voltaram a utilizar o termo Protoctista, nele incluindo as algas pluricelulares, que foram retiradas do reino *Plantae*. Veja a Figura.

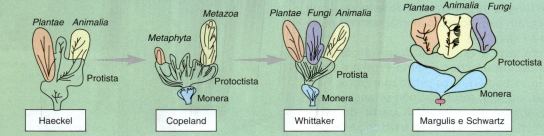

Novas Ideias: Os Domínios

A partir da crescente utilização do sequenciamento do DNA das bactérias e dos demais seres vivos, os biólogos passaram, cada vez mais, a adotar uma nova categoria de classificação, acima do reino: o **Domínio**. Assim, seriam três os domínios: **Bacteria**, **Archaea** e **Eukarya**. Os dois primeiros incluem todos os seres procarióticos, enquanto o último agrupa todos os seres eucarióticos (veja a Figura 1-4).

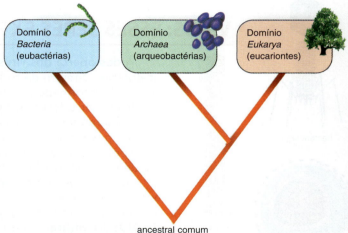

Figura 1-4. Os três domínios de Woese.

De olho no assunto!

Novas ideias sobre classificação

Como vimos neste capítulo, algumas normas foram adotadas para a classificação dos seres vivos. Uma das mais conhecidas e usadas é a clássica divisão em 5 reinos: *Monera*, *Protista*, *Fungi*, *Animalia* e *Plantae*. Os vírus acabam sendo deixados à parte devido às suas características especiais.

Recentemente alguns autores têm preferido usar outra forma de classificação. É a divisão em 8 reinos. O reino *Monera* seria dividido em 2: o reino *Bacteria* e o reino *Archaea*. O reino Protista seria também subdividido em outros: o reino *Archaezoa*, o *Protista* (*Protozoa*) e o *Chromista*. Os reinos *Plantae*, *Animalia* e *Fungi* ficariam do mesmo jeito.

Além dessa divisão em 8 reinos, existe ainda outra classificação que sugere a criação de 3 domínios: o domínio **Bacteria**, o domínio **Archaea** e o domínio **Eukarya** (Eucariontes). Esse último teria 8 divisões principais: *Archaezoa*, *Euglenozoa*, *Alveolata*, *Stramenopila*, *Rhodophyta*, *Plantae*, *Fungi* e *Animalia*.

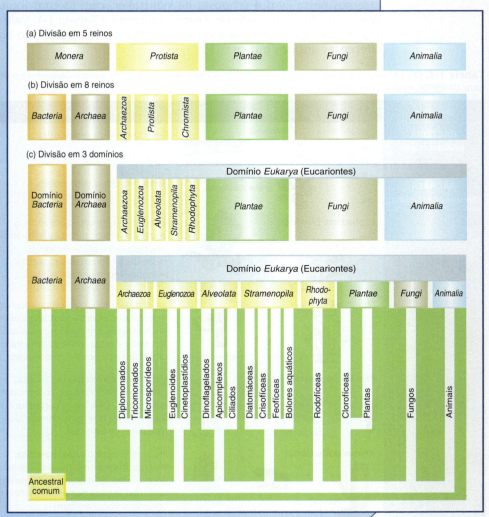

Fonte: CAMPBELL, N. A. et al. *Biology*. 5. ed. California: Benjamin Cummings, 1999.

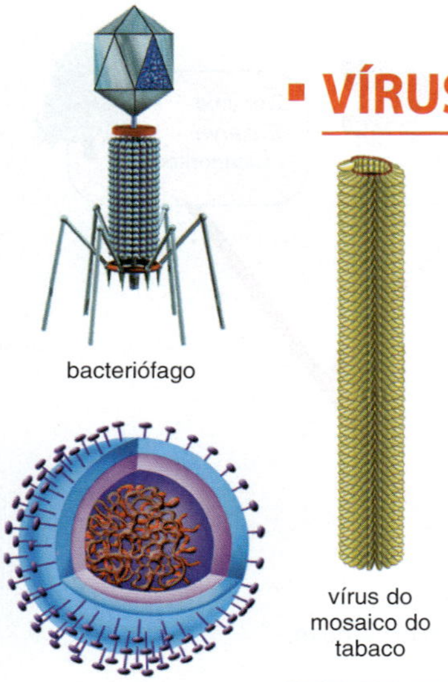

▪ VÍRUS: ESSES SERES EXTRAORDINÁRIOS

A descoberta dos vírus revelou que são seres extremamente pequenos e **acelulares**. Diferem de todos os demais seres atualmente existentes na Terra. Seu corpo é formado por material genético envolvido por proteína e, em muitos deles, por diferentes tipos de envoltório adicionais (veja a Figura 1-5). Se os considerarmos como sendo seres vivos, em que reino os enquadramos? Uma solução possível é formar com eles um novo reino: o reino **Vírus**. Outra solução, conveniente em termos didáticos, é considerá-los um *grupo à parte*, não enquadrado em nenhum dos reinos existentes.

As regras de nomenclatura, que veremos neste capítulo, não são aplicadas aos vírus, por serem microrganismos extremamente peculiares. Os nomes a eles atribuídos referem-se, em geral, a doenças por eles causadas. Exemplos: vírus da AIDS (cientificamente conhecido por HIV), vírus da poliomielite, vírus da dengue, vírus bacteriófago, hantavírus, vírus da gripe aviária etc.

Figura 1-5. Alguns tipos de vírus. Componentes de um grupo à parte ou constituintes do reino Vírus?

▪ COMO VAMOS PROCEDER NESTE LIVRO?

Diante do que expusemos para você, fica a dúvida: que sistema de classificação dos seres vivos devemos utilizar?

Levando em conta as constantes modificações, decorrentes de novas descobertas, utilizaremos neste livro a proposta de Whittaker, com as contribuições sugeridas por Margulis, Woese e pelo botânico Peter Raven, conforme a Tabela 1-1. Vale lembrar que o reino Protista segue sendo provisório, um verdadeiro "balaio de gatos", ao agrupar seres completamente diferentes uns dos outros.

Tabela 1-1. Os cinco grandes reinos para a classificação dos seres vivos. Os termos *Metaphyta* e *Metazoa* continuam sendo utilizados para designar, respectivamente, os vegetais e os animais.

Domínio	Reino	Características	Exemplos
BACTERIA (eubactérias)	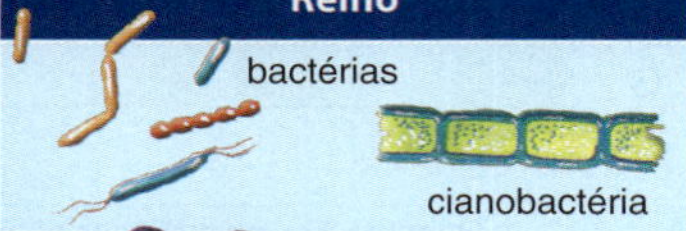 Monera — bactérias, cianobactéria	Seres com célula procariótica.	Bactérias e cianobactérias (que já foram chamadas de algas azuis).
ARCHAEA (arqueobactérias)	 Monera — arqueobactérias	Seres com célula procariótica.	Bactérias metanogênicas, termófilas e halófilas.
EUKARYA	*Protoctista (Protista)*  — paramécio (protozoário), alga	Inclui seres com célula eucariótica, podendo ser autótrofos ou heterótrofos; unicelulares ou pluricelulares e, nesse caso, não possuindo tecidos verdadeiramente organizados.	Protozoários, bolores aquáticos, algas macroscópicas e microscópicas.
	Fungi 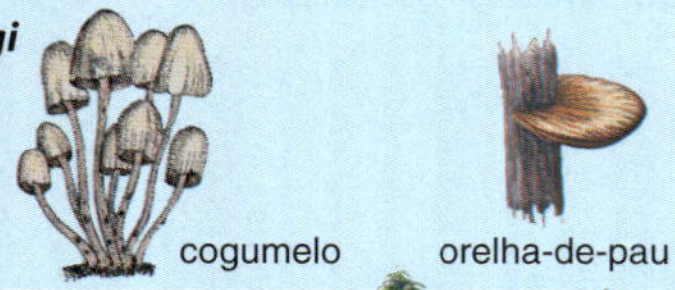 — cogumelo, orelha-de-pau	Inclui organismos com célula eucariótica, heterótrofos, aclorofilados, unicelulares ou pluricelulares, sem tecidos organizados. A maioria vive da absorção de matéria orgânica morta por eles decomposta.	Cogumelos, orelhas-de-pau, mofos, bolores e leveduras.
	Plantae (metafita)  — musgo, samambaia, pinheiro, milho	Inclui seres com célula eucariótica, autótrofos pluricelulares, com tecidos organizados. Dele fazem parte todos aqueles seres que normalmente são chamados de "plantas".	Briófitas (musgos), pteridófitas (samambaias), gimnospermas (pinheiros) e angiospermas (todas as demais plantas conhecidas).
	Animalia (metazoa) 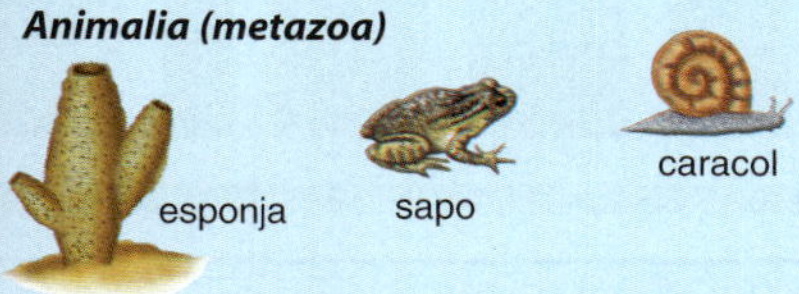 — esponja, sapo, caracol	Inclui seres com célula eucariótica, heterótrofos e pluricelulares, com tecidos organizados. Dele fazem parte aqueles seres que sempre nos acostumamos a considerar como animais.	Esponjas, cnidários, platelmintos, nematódeos, anelídeos, moluscos, artrópodes, equinodermos e cordados.

▪ A FILOGÊNESE DOS SERES VIVOS

Qual foi o ancestral dos anfíbios (sapos, rãs) que vivem na Terra atual? Essa e outras perguntas relativas à origem dos grandes grupos de seres vivos eram difíceis de serem respondidas até surgir, em 1859, a Teoria da Evolução Biológica por Seleção Natural, proposta por Charles Darwin e Alfred Russel Wallace. Com a compreensão de "como" a evolução biológica ocorre, os biólogos passaram a sugerir hipóteses para explicar a possível relação de parentesco entre os diversos grupos de seres vivos.

Diagramas em forma de árvore – elaborados com dados de anatomia e embriologia comparadas, além de informações derivadas do estudo de fósseis – mostravam a hipotética origem de grupos a partir de supostos ancestrais. Essas supostas "árvores genealógicas" ou "filogenéticas" (do grego, *phýlon* = raça, tribo + *génesis* = fonte, origem, início) simbolizavam a história evolutiva dos grupos que eram comparados, além de sugerir uma provável época de origem para cada um deles. Como exemplo, veja o esquema da Figura 1-6.

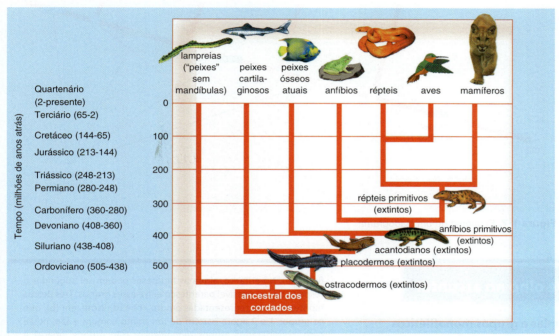

Figura 1-6. Exemplo de árvore filogenética dos cordados, importante grupo animal ao qual pertencem os seres humanos.

O esquema representa a provável "história evolutiva" dos vertebrados. Note que estão representados os grupos atuais – no topo do esquema – bem como os prováveis ancestrais. Perceba que o grupo das lampreias (considerados "peixes" sem mandíbula) é bem antigo (mais de 500 milhões de anos). Já o das aves é mais recente e sua origem é admitida como tendo ocorrido há cerca de 150 milhões de anos, provavelmente a partir de um grupo de dinossauros ancestrais. Note, ainda, que o parentesco existente entre aves e répteis é maior do que o existente entre mamíferos e répteis, e que os três grupos foram originados de um ancestral comum.

A partir de 1950, com o acúmulo de novos dados, as árvores filogenéticas começaram a ficar mais sofisticadas. Termos como *sistemática* (área da Biologia que classifica os seres vivos por meio do estudo comparativo de suas características) e *taxonomia* (área da Biologia que lida com a descrição, identificação e classificação dos organismos) se tornaram mais populares e contaram com um número crescente de interessados, que passaram a utilizar dados gerados em computador para estabelecer as inúmeras relações entre os seres vivos.

Atualmente, são muito utilizados os *cladogramas* (do grego, *clade* = bifurcação), diagramas filogenéticos que, na forma de ramos bifurcados, procuram estabelecer as relações que existem entre os diversos grupos de seres vivos.

Estabelecendo Filogenias com os Cladogramas

Ao dispor de um grande número de características comparativas mais confiáveis – anatômicas, embriológicas, funcionais, genéticas, comportamentais etc. –, os biólogos interessados na classificação dos seres vivos puderam elaborar hipóteses mais consistentes a respeito da evolução dos grandes grupos. Influenciados pelo trabalho de Willi Hennig – um cientista alemão, especialista em insetos –, passaram a representar as filogenias por meio de *cladogramas*. Nesse tipo de diagrama, utiliza-se uma linha, cujo ponto de origem – a raiz – simboliza um provável grupo (ou espécie) ancestral. De cada *nó* surge um *ramo*, que conduz a um ou a vários *grupos terminais* (veja a Figura 1-7).

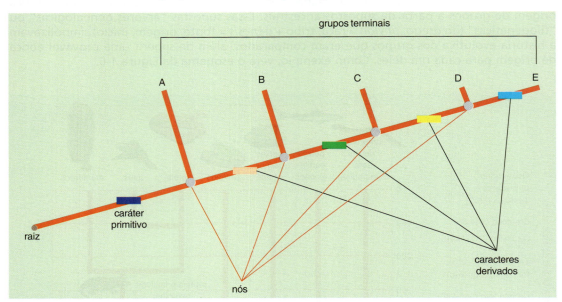

Figura 1-7. Esquema de um cladograma.

De olho no assunto!

Politomias e grupos monofiléticos

Em um cladograma, às vezes não é possível estabelecer uma correta relação de parentesco entre grupos terminais. Nesse caso, os grupos ficam conectados em uma *politomia*, representada na figura (a). No entanto, algumas hipóteses podem ser sugeridas a respeito de um possível parentesco entre esses grupos. Três dessas hipóteses estão representadas em (b), (c) e (d). Note, em (b), que os grupos 1 e 2 agora partem de um ponto comum e são, nesse caso, considerados grupos *monofiléticos* (são grupos irmãos) e compartilham um ancestral comum. Em (c), a hipótese propõe que os grupos 2 e 3 são monofiléticos e, em (d), é proposta a hipótese de que são monofiléticos os grupos 1 e 3.

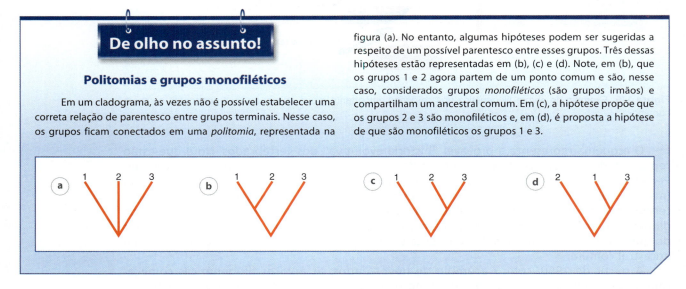

Com os cladogramas, pode-se estabelecer uma comparação entre as características *primitivas* – que existiam em grupos ancestrais – e as *derivadas* – compartilhadas por grupos que os sucederam.

De modo geral, cladogramas são acompanhados de *matrizes*, que correspondem a tabelas que relacionam os grupos comparados e as características analisadas. Vejamos um exemplo: imagine que estejamos interessados em estabelecer a relação filogenética existente entre os quatro grupos de plantas atualmente conhecidos – briófitas, pteridófitas, gimnospermas e angiospermas –, comparando-os a um *grupo externo* (ancestral, não considerado planta), o das algas verdes. Mais adiante, neste livro, você terá a oportunidade de conhecer melhor as características de cada um dos grupos vegetais, todos pertencentes ao reino *Plantae*. Por ora, basta saber que, em todos, o desenvolvimento envolve a existência de um embrião nutrido por tecido materno. Tecidos condutores de seivas existem em representantes de apenas três desses grupos: pteridófitas, gimnospermas e angiospermas. Sementes são produzidas apenas por gimnospermas e angiospermas, enquanto o fruto é constatado somente em angiospermas. Ao construir a matriz, indicaremos com o número *1* a presença da característica no grupo, enquanto a ausência será indicada com o número *0*. No caso, presença de clorofila será considerado um caráter *primitivo*. As demais características serão derivadas. A matriz obtida será a seguinte:

Características / Grupo	Presença de clorofila	Embrião nutrido por tecido materno	Tecido condutor	Semente	Fruto
Algas verdes	1	0	0	0	0
Briófitas	1	1	0	0	0
Pteridófitas	1	1	1	0	0
Gimnospermas	1	1	1	1	0
Angiospermas	1	1	1	1	1

O cladograma gerado por essa matriz será:

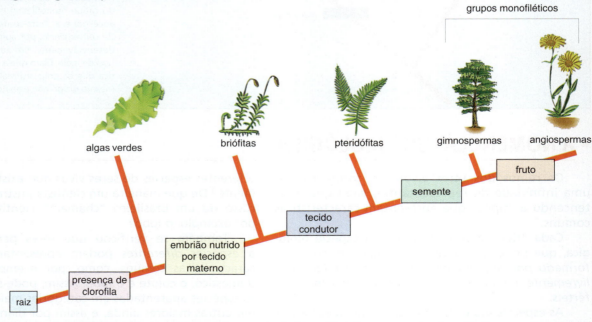

Note que a raiz simboliza um suposto grupo ancestral. O caráter "presença de clorofila" é *primitivo* e está presente em todos os grupos. O caráter "tecido condutor", por exemplo, é *derivado* e está presente apenas nos grupos localizados acima do seu ponto de aparecimento.

Classificação dos seres vivos **11**

Nos cladogramas não existe, de modo geral, a preocupação de estabelecer relações de parentesco, mas a de comparar grupos terminais que compartilham determinadas características. Por fim, note que gimnospermas e angiospermas, por compartilharem a característica "presença de sementes", são considerados *grupos monofiléticos*, ou seja, são derivados de um ancestral comum. Se considerarmos a característica "tecido condutor", então pteridófitas, gimnospermas e angiospermas seriam grupos monofiléticos e o caráter em questão teria surgido em um ancestral comum que não seria necessariamente uma briófita.

Nesse ponto, você poderia perguntar qual a diferença entre as árvores filogenéticas tradicionais e os cladogramas. Lembre-se de que dissemos que as árvores tradicionais eram elaboradas com poucas informações, que permitiam a formulação de hipóteses pouco confiáveis, mas que eram aceitas como válidas para a época em que foram propostas. Já para a elaboração dos cladogramas, os biólogos recorrem a uma base muito maior de dados, o que enriqueceu sobremaneira a comparação entre os grupos de seres vivos, embora nem sempre o interesse seja o de estabelecer relações de parentesco, mas, simplesmente, a comparação de características compartilhadas pelos grupos ou espécies de seres vivos.

Ao estudar os diversos grupos biológicos constantes deste livro, você terá a oportunidade de entrar em contato com vários cladogramas, cuja finalidade básica é facilitar a compreensão do assunto.

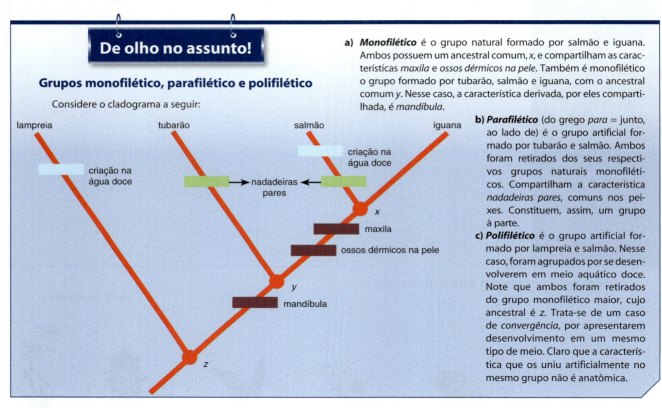

De olho no assunto!

Grupos monofilético, parafilético e polifilético

Considere o cladograma a seguir:

a) **Monofilético** é o grupo natural formado por salmão e iguana. Ambos possuem um ancestral comum, *x*, e compartilham as características *maxila* e *ossos dérmicos na pele*. Também é monofilético o grupo formado por tubarão, salmão e iguana, com o ancestral comum *y*. Nesse caso, a característica derivada, por eles compartilhada, é *mandíbula*.

b) **Parafilético** (do grego *para* = junto, ao lado de) é o grupo artificial formado por tubarão e salmão. Ambos foram retirados dos seus respectivos grupos naturais monofiléticos. Compartilham a característica *nadadeiras pares*, comuns nos peixes. Constituem, assim, um grupo à parte.

c) **Polifilético** é o grupo artificial formado por lampreia e salmão. Nesse caso, foram agrupados por se desenvolverem em meio aquático doce. Note que ambos foram retirados do grupo monofilético maior, cujo ancestral é *z*. Trata-se de um caso de *convergência*, por apresentarem desenvolvimento em um mesmo tipo de meio. Claro que a característica que os uniu artificialmente no mesmo grupo não é anatômica.

A NOMENCLATURA BIOLÓGICA

Os reinos dos seres vivos são formados por uma infinidade de representantes, cada qual pertencendo a "tipos" que apresentam características comuns.

Cada "tipo" corresponde a uma **espécie biológica**, que pode ser conceituada como um *conjunto formado por organismos capazes de se intercruzar livremente na natureza, produzindo descendentes férteis*.

As espécies são consideradas as unidades básicas da classificação biológica, do mesmo modo que os nomes específicos de medicamentos o são em uma farmácia. Aí surge outro problema. Como nomear as diferentes espécies de seres vivos que existem atualmente? De que maneira um cientista australiano, um russo ou um brasileiro "chamam" cientificamente, por exemplo, o lobo?

Também se verificou que seres pertencentes a *espécies diferentes* podem apresentar algumas características comuns, como, por exemplo, o cão doméstico, o coiote e o lobo. Assim, pode-se agrupar as espécies aparentadas em categorias maiores, estas em outras maiores ainda, e assim por diante. É claro que, quanto mais abrangente for a categoria, menor a quantidade de características comuns aos elementos por elas englobados.

Lineu e o Sistema Binomial

No século XVII, Carlos Lineu, um botânico sueco, propôs um sistema de nomenclatura dos seres vivos que, embora tenha sofrido algumas modificações, tem sido utilizado até hoje. Esse sistema, conhecido como **sistema binomial**, tem como base o conceito de espécie e utiliza a ideia de gênero (conjunto de espécies com certo grau de semelhança).

Foi preciso escolher uma língua que fosse de conhecimento universal e que não sofresse modificações. Era necessário escolher uma língua morta. O latim foi eleito. Cada espécie passou a ter um nome formado por duas palavras:

- a primeira palavra, iniciada por letra maiúscula, indica o gênero e corresponde a um substantivo escolhido pelo autor que cria o nome; o gênero pode ser abreviado por sua letra inicial maiúscula;

- a segunda palavra corresponde à espécie e é um adjetivo. Em geral, o autor designa uma característica marcante do ser vivo que ele estuda ou um lugar ou uma personalidade.

É preciso destacar o nome científico no texto. Isso é feito grifando as duas palavras ou escrevendo-as em itálico ou negrito. Ex.: Canis familiaris, *Canis lupus*, **Felis catus**.

Outros Níveis de Classificação

Os biólogos que se preocupam em ordenar a coleção de seres vivos trabalham em um ramo da Biologia conhecido como *Taxonomia*. Esse trabalho consiste em reconhecer espécies semelhantes e agrupá-las em gêneros. Os gêneros são reunidos, se tiverem algumas características comuns, formando uma **família**. Famílias, por sua vez, são agrupadas em uma **ordem**. Ordens são reunidas em uma **classe**. Classes de seres vivos são reunidas em **filos**. E os filos são, finalmente, componentes de algum dos seis **reinos** que descrevemos anteriormente.

Todas essas categorias de classificação (*espécie*, *gênero*, *família*, *ordem*, *classe*, *filo* e *reino*) são conhecidas como categorias taxonômicas. A Figura 1-8 ilustra a classificação completa de alguns animais pertencentes à ordem dos carnívoros, entre eles o cão, o gato, o lobo, a pantera e o urso.

De olho no assunto!

Muitas vezes, o nome da espécie é escrito seguido do nome do autor da descoberta. Exemplo: o nome científico da planta popularmente conhecida como dormideira ou sensitiva é *Mimosa pudica* L. (de Lineu).

O adjetivo correspondente à espécie pode ser iniciado com letra maiúscula quando é dado em homenagem a alguma personalidade ilustre. É o caso do agente causador da doença de Chagas, o protozoário *Trypanosoma Cruzi*, nome dado pelo descobridor da espécie, Carlos Chagas, em homenagem ao ilustre sanitarista Osvaldo Cruz.

Quando uma espécie é constituída de algumas variedades, elas são designadas como subespécies e, nesse caso, acrescentamos um terceiro nome após o nome da espécie. Exemplo: *Crotalus durissus cascavella* e *Crotalus durissus terrificus* são duas subespécies de cobras cascavéis.

Figura 1-8. Comparação da classificação do cão doméstico (*Canis familiaris*) com outros animais pertencentes à ordem dos carnívoros.

Classificação dos seres vivos **13**

De olho no assunto!

Os nomes em Botânica

Em Botânica, os nomes de *famílias* terminam em *–aceae*, enquanto para *ordem* a terminação utilizada é *–ales*. O termo *divisão* é equivalente a *filo*, embora se recomende a utilização do segundo termo a fim de uniformizar a nomenclatura. Veja, a seguir, a título de curiosidade, a classificação do milho:

Domínio – *Eukarya*
Reino – *Plantae*
Filo (Divisão) – *Anthophyta*
Classe – *Monocotyledoneae*
Ordem – *Commelinales*
Família – *Poaceae*
Gênero – *Zea*
Espécie – *Zea mays*

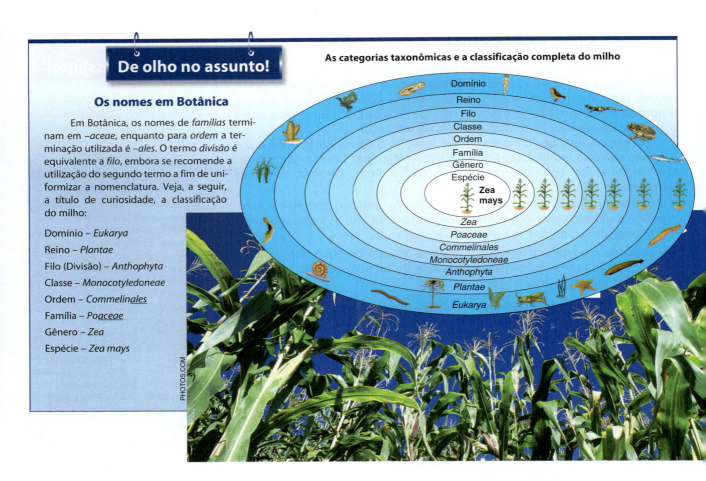

As categorias taxonômicas e a classificação completa do milho

Um exemplo prático de classificação: os utensílios domésticos

Em nossas casas, utilizamos uma infinidade de utensílios que são guardados em lugares apropriados. Na cozinha, reservamos uma gaveta de talheres para guardar os objetos que chamamos de garfos, colheres, facas etc. Cada um desses utensílios constitui um gênero. Por outro lado, há diversas espécies de garfos, colheres e facas. Por exemplo, podemos separar as colheres de café, as de sopa, as de sobremesa etc. Cada tipo de colher constitui uma espécie. Garfos, colheres e facas podem ser reunidos na família talheres. Por sua vez, a família dos pratos também inclui diversos gêneros, compostos de várias espécies. O mesmo acontece com a família que inclui os guardanapos e as toalhas de mesa. Todas essas famílias reunidas formam a ordem dos utensílios da cozinha. Essa ordem, reunida às outras ordens contidas na cozinha (mesa, aparelhos elétricos etc.), acaba formando a classe dos objetos utilizados na cozinha. A cozinha toda, com todos os demais componentes a ela peculiares, constitui um filo que, reunido a todas as demais dependências da casa (quartos, salas, banheiros etc.), leva à formação do reino, que é a casa toda.

Ética & Sociedade

Espécies da fauna brasileira ameaçadas de extinção

O Brasil é o 5.º maior país do mundo, abrangendo uma área de 8,5 milhões de km², possuindo cerca de 3,5 milhões de km² de área costeira, seis grandes biomas terrestres e disputando com a Indonésia o primeiro lugar em biodiversidade entre as nações do planeta. Projetando o número conhecido de espécies em nosso país, estima-se que devam existir no total cerca de 1,8 milhão de espécies. Dessa diversidade total estimada, conhecemos menos de 10%.

A primeira avaliação da situação brasileira, feita em 1964, culminou com a publicação em 1968 do que se chamou a primeira "lista vermelha" em que se indicavam 45 espécies da nossa fauna ameaçadas de extinção. A lista atual da fauna brasileira ameaçada de extinção aponta para 627 espécies. Porém, a ameaça não está homogeneamente distribuída no território nacional: notadamente a Mata Atlântica e o Cerrado respondem por mais de 72% das espécies da lista, em um total de 458 espécies. Entre outros motivos, a acentuada devastação e fragmentação florestal fazem com que a Mata Atlântica apresente os mais elevados números de espécies ameaçadas. Mais de 60% das espécies presentes na lista têm distribuição conhecida nesse bioma.

Adaptado de: MACHADO, A. B. M.; DRUMMOND, G. M.; PAGLIA, A. P. *Livro Vermelho da Fauna Brasileira Ameaçada de Extinção*. Brasília: MMA; Belo Horizonte: Fundação Biodiversitas, 2008. 2 v.

- Que políticas públicas você poderia propor e o que o cidadão civil poderia fazer para minimizar os riscos de extinção de espécies?

Passo a passo

Texto e ilustrações para as questões **1** a **4**.
A classificação dos seres vivos é uma obra em eterna construção. E construções mudam com o tempo. O mesmo ocorre com os sistemas de classificação, que passam por modificações na medida em que novas descobertas são feitas. É o que mostram os esquemas a seguir, que ilustram a evolução dos sistemas de classificação dos seres vivos propostos por Haeckel (o mais antigo), Copeland, Whittaker e Margulis/Schwartz.

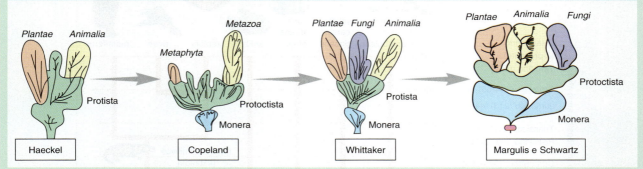

1. Comparando os sistemas propostos por Haeckel e Copeland, responda:

a) Qual a diferença, relativamente aos reinos e suas denominações, entre esses dois sistemas de classificação dos seres vivos? Justifique sua resposta.

b) Antes do sistema de Haeckel, os sistemas de classificação admitiam apenas dois reinos: *Plantae* e *Animalia*. Nesse caso, em que reino eram relacionadas as algas?

2. Comparando os sistemas propostos por Copeland e Whittaker:

a) Qual a principal diferença, em termos do número de reinos, entre esses dois sistemas?

b) Justifique a criação do novo reino, no sistema proposto por Whittaker.

3. Margulis e Schwartz aprimoraram, com poucas modificações, o sistema de classificação dos seres vivos proposto por Whittaker. A respeito desse assunto, responda:

a) Qual a modificação proposta por essas duas pesquisadoras, em termos da denominação dada a um dos reinos, relativamente à proposta de Whittaker?

b) Em que reino foram incluídos os filos de algas pluricelulares no sistema de Whittaker? No sistema de Margulis e Schwartz, em que reino foram incluídos esses mesmos filos de algas pluricelulares?

4. No antigo sistema de classificação dos seres vivos em apenas dois reinos, bactérias, fungos e algas eram componentes do reino Vegetal ou *Plantae*. No sistema de Margulis e Schwartz atualmente utilizado, esses mesmos seres são incluídos em outros reinos. A respeito desse assunto, responda:

a) Que característica celular existente nesses seres vivos foi provavelmente utilizada como justificativa de sua inclusão no reino *Plantae*?

b) Que característica celular justificou a criação de um novo reino para as bactérias? No caso de fungos e algas, quais foram as características que justificaram a sua inclusão nos reinos *Fungi* e Protoctista, respectivamente?

5. Novamente o tema é: "A classificação dos seres vivos é uma obra em eterna construção". Os esquemas a seguir mostram as propostas sugeridas por Carl Woese e colaboradores, ao construírem um novo sistema de classificação dos seres vivos. Observando-os atentamente e utilizando seus conhecimentos sobre o assunto, responda:

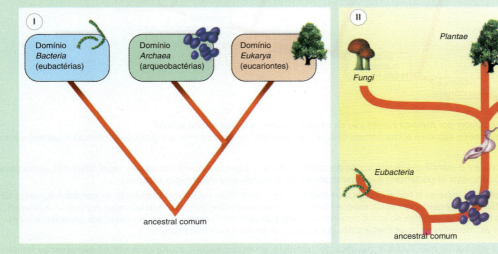

a) Qual foi a grande novidade introduzida por Woese e colaboradores na construção de um sistema de classificação dos seres vivos? Em qual característica celular os pesquisadores se fundamentaram na construção dessa proposta?

b) Em termos do número de reinos, qual foi o grande avanço da proposta de Woese e colaboradores?

c) Explique por que os vírus, "esses seres extraordinários", não são contemplados nos sistemas de classificação dos seres vivos atualmente utilizados.

Classificação dos seres vivos **15**

6. O esquema a seguir refere-se à filogênese, ou árvore genealógica, de um grupo de seres vivos, pertencentes ao filo animal denominado de cordados. A respeito desse esquema e utilizando seus conhecimentos sobre o assunto, responda:

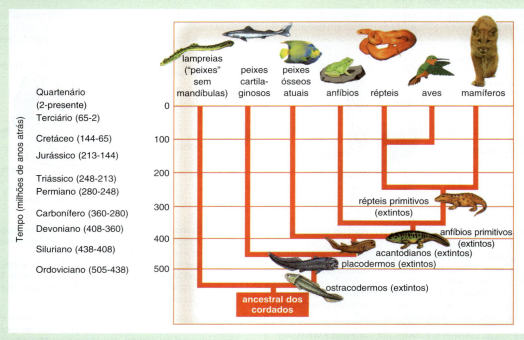

a) O que os cientistas procuram esclarecer por meio de esquemas como o representado acima?
b) Qual o significado da colocação, no topo do esquema acima, dos animais representados?

7. O cladograma representado a seguir refere-se a determinados grupos de seres vivos, todos autótrofos. A respeito do esquema e utilizando seus conhecimentos sobre o assunto, responda:

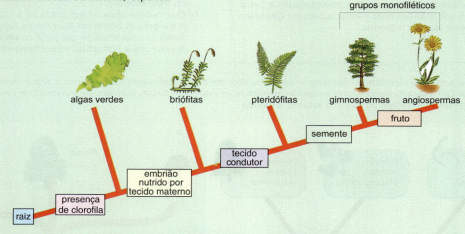

a) O que se procura esclarecer por meio da construção de esquemas como o representado acima?
b) Que informação, presente no esquema acima, permite deduzir que os seres vivos pertencentes aos grupos representados são todos autótrofos?

8. O pequeno cão chihuahua e o grande cão dinamarquês pertencem à mesma espécie, embora constituam raças diferentes, assim como todas as raças de gatos domésticos pertencem à mesma espécie. Considerando essa informação, responda:

a) Qual a maneira correta de escrever o nome científico de todos os cães domésticos cujas raças são objeto de carinho e cuidados das pessoas que apreciam os representantes dessa espécie? Explique o significado dos termos utilizados nessa nomenclatura científica. Proceda do mesmo modo relativamente ao nome científico utilizado para designar a espécie correspondente aos gatos domésticos.
b) Como justificar que as diferentes raças de cães e gatos domésticos pertencem à mesma espécie?

9. Reveja o esquema da página 14 que ilustra a classificação completa do milho, vegetal muito utilizado na alimentação humana. Observando-o atentamente, responda:

a) Quais são os termos científicos utilizados na designação, respectivamente, das seguintes categorias taxonômicas: domínio, reino, filo (divisão), classe, ordem e família?
b) Qual é a denominação dada à espécie do milho cultivado atualmente? Justifique o procedimento correto utilizado para a grafia dessa espécie.

10. *Questão de interpretação de texto*

Há nova espécie de "ratinho" de pelagem densa descoberta na Mata Atlântica por pesquisadores brasileiros. De hábito arborícola, seu nome científico é *Drymoreomys albimaculatus*. Seu parente mais próximo vive nos Andes peruanos, como mostra o mapa à direita. Ambos são roedores. Isso quer dizer que pertencem à mesma ordem. Os biólogos precisaram criar não só um nome de espécie, mas também um gênero novo para batizá-lo.

Adaptado de: LOPES, R. J. Trio acha novo roedor na mata atlântica.
Folha de S.Paulo, São Paulo, 18 mar. 2011. Caderno Ciência, p. C11.

Com base nas informações e utilizando seus conhecimentos sobre a classificação dos seres vivos, responda:

a) Iniciando pelo domínio, indique as categorias taxonômicas comuns às duas espécies.
b) As informações disponíveis permitem concluir que ambas pertencem à mesma família e ao mesmo gênero? Justifique sua resposta.
c) Justifique a correção relativa aos nomes científicos das duas espécies, com base nas regras de nomenclatura binomial propostas pelo naturalista sueco Carlos Lineu, no século XVII.

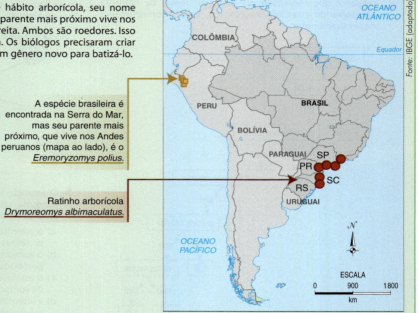

A espécie brasileira é encontrada na Serra do Mar, mas seu parente mais próximo, que vive nos Andes peruanos (mapa ao lado), é o *Eremoryzomys polius.*

Ratinho arborícola *Drymoreomys albimaculatus.*

Questões objetivas

1. (ENEM) **Os Bichinhos e o Homem**

(Toquinho & Vinicius de Moraes)

Nossa irmã, a mosca
É feia e tosca
Enquanto que o mosquito
É mais bonito
Nosso irmão besouro

Arca de Noé

Que é feito de couro
Mal sabe voar
Nossa irmã, a barata
Bichinha mais chata
É prima da borboleta

Que é uma careta
Nosso irmão, o grilo
Que vive dando estrilo
Só pra chatear

MORAES, V. *A Arca de Noé*: poemas infantis. São Paulo: Companhia das Letrinhas, 1991.

O poema acima sugere a existência de relações de afinidade entre os animais citados e nós, seres humanos. Respeitando a liberdade poética dos autores, a unidade taxonômica que expressa a afinidade entre nós e estes animais é

a) o filo   b) o reino   c) a classe   d) a família   e) a espécie

2. (UFMG) Observe estas figuras, em que estão representadas, de acordo com alguns estudiosos da Biologia, modificações na classificação dos seres vivos:

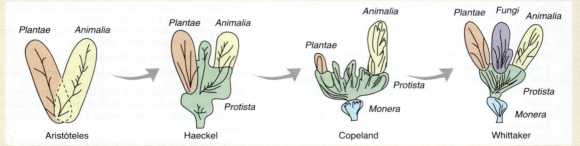

Aristóteles — Haeckel — Copeland — Whittaker

Considerando-se a sequência dessas representações e outros conhecimentos sobre o assunto, é INCORRETO afirmar que, na classificação de

a) **Aristóteles**, são desconsiderados os grupos de organismos microscópicos.
b) **Copeland**, são separados os grupos de organismos microscópicos com e sem núcleo.
c) **Haeckel**, são incluídos os grupos de organismos microscópicos produtores e consumidores.
d) **Whittaker**, são separados os grupos de organismos unicelulares produtores.

Classificação dos seres vivos **17**

3. (UFMS) A chave dicotômica, mostrada a seguir, resume as principais diferenças entre os organismos vivos com estrutura celular e que constituem os principais reinos da natureza. Considerando essas informações, 1, 2, 3, 4 e 5 correspondem, respectivamente, a

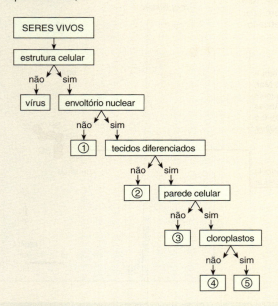

a) Monera, *Animalia*, Protista, *Plantae*, Fungi
b) Protista, Monera, *Animalia*, *Plantae*, Fungi
c) Protista, Monera, *Animalia*, Fungi, *Plantae*
d) Monera, *Fungi*, Protista, *Animalia*, *Plantae*
e) Monera, Protista, *Animalia*, Fungi, Plantae

4. (UESC – BA)

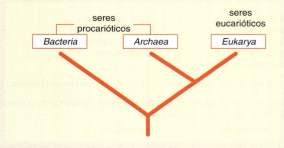

O cladograma ilustra a evolução dos seres vivos a partir da classificação em domínios proposta por Carl Woese. A partir da análise da ilustração e do conhecimento atual a respeito desse modelo de classificação biológica, pode-se afirmar:

a) A comparação bioquímica do RNA ribossômico dos seres analisados foi o principal critério utilizado pelo pesquisador para dividir os seres vivos em três domínios.
b) Essa classificação contradiz conceitos darwinistas ao considerar uma origem independente entre os grupos representados.
c) O domínio *Bacteria* se modificou intensamente ao longo da evolução, o que o aproxima filogeneticamente dos seres mais complexos do domínio *Eukarya*.
d) Relações de endossimbiose que favoreceram reações bioenergéticas ocorreram entre seres do domínio *Archaea* e *Eukarya*.
e) A proximidade filogenética é considerada equivalente entre os três grupos representados devido à presença de um ancestral comum a todos os organismos na base do cladograma.

(UESC – BA) Texto para as questões **5** e **6**.
A figura ilustra as relações de endossimbiose que devem ter ocorrido ao longo da evolução dos seres eucariontes, segundo hipótese de Lynn Margulis.

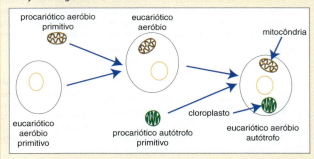

5. O estabelecimento da primeira endossimbiose representada produziu um importante impacto na evolução do domínio *Eukarya* e pode ser identificado como

a) o advento de três endomembranas que favoreceu a síntese de proteínas associada a um retículo endoplasmático.
b) o aumento da eficiência na obtenção de energia a partir de processos oxidativos de transformação energética.
c) o estabelecimento de reações fotoautótrofas na produção de componente orgânico.
d) a intensificação nas relações parasitárias que dificultaram a sobrevivência dos eucariotos.
e) a formação de uma membrana interna delimitadora do material genético celular.

6. O organismo que primeiro apresentou registrado nas marcas traçadas pela sua história evolutiva a presença das duas relações de endossimbiose pode ser representado atualmente pelo grupo

a) dos vegetais.
b) dos fungos.
c) dos animais.
d) das algas unicelulares.
e) das algas pluricelulares.

7. (UFPel – RS) Carl von Linné (1707-1778), denominado Lineu, em português, em sua obra "Systema Naturae", propôs uma forma de denominar os seres vivos por intermédio do que chamou de "unidade básica de classificação" ou ESPÉCIE. Como exemplo, a ave conhecida popularmente como quero-quero é classificada, segundo o modelo de Lineu, como "Vanellus chilensis". De acordo com esses conceitos, analise as afirmativas a seguir.

I – O nome específico de um organismo é sempre composto de duas palavras: a primeira designa o gênero e a segunda, a espécie.
II – O nome específico do quero-quero é "chilensis" e o nome genérico é "Vanellus".
III – O nome específico do quero-quero é binominal, e "Vanellus" é seu epíteto específico.
VI – O nome específico do quero-quero é binomial, e Chilensis, assim escrito, é seu epíteto específico.
V – A espécie "Vanellus chilensis" inclui o gênero seguido de seu epíteto específico "chilensis".

Estão corretas apenas as afirmativas
a) II e III.   b) IV e V.   c) II e IV.   d) I e III.   e) I e V.

8. (PUC – RJ) O lobo-guará e a onça são dois exemplares da nossa fauna ameaçados de extinção. O diagrama a seguir mostra as principais categorias taxonômicas a que pertencem estes animais.

LOBO-GUARÁ: cordado > mamífero > carnívoro > canídeo > > *Chrysocyon* > *C. brachyurus*
ONÇA-PARDA: cordado > mamífero > carnívoro > felídeo > *Felis* > > *F. concolor*

A análise do diagrama permite dizer que os dois animais estão próximos na mesma categoria até:

a) classe.   b) filo.   c) família.   d) gênero.   e) ordem.

9. (UFMG) O quadro apresenta uma amostragem hipotética de uma coleta de mosquitos realizada em um parque.

Ordem	Família	Espécie	Número de indivíduos
Diaptera	Culicidae	Aedes aegypti	10
		Aedes fluviatilis	5
		Aedes scapularis	20
	Simuliidae	Simulium metallicum	2
		Simulium amazonicum	3
	Psycodidae	Lutzomyia pessoai	1

Considerando-se os dados desse quadro, a biodiversidade de mosquitos é expressa pelo número de

a) espécies.   b) famílias.   c) indivíduos.   d) ordens.

10. (UEL – PR) Analise o cladograma a seguir, constituído por onça (*Panthera onca*), jaguatirica (*Leopardus pardalis*), puma (*Puma concolor*), gato mourisco (*Puma yagouaroundi*) e gato doméstico (*Felis catus*).

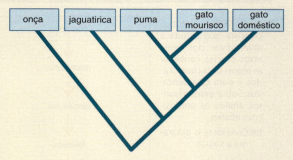

O' BRIEN, S. J.; JOHSON, W. E. A evolução dos gatos. *Scientific American Brasil*, São Paulo, n. 63, p. 56-63, ago. 2007.

Com base no cladograma e nos conhecimentos sobre sistemática filogenética, assinale a alternativa correta.

a) Por estar na base, a onça é o ancestral dos felinos apresentados no cladograma.
b) O ancestral imediato do puma e do gato mourisco é o mesmo do gato doméstico.
c) Entre os felinos do cladograma, o gato doméstico é o mais evoluído.
d) O puma e o gato mourisco são mais próximos geneticamente do que a onça e a jaguatirica.
e) O gato mourisco é o que mais se aproxima filogeneticamente do gato doméstico.

Questões dissertativas

1. (UFPR) O esquema abaixo apresenta uma possível divisão dos diversos reinos de seres vivos, de acordo com algumas características marcantes.

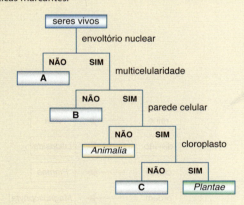

a) Identifique os reinos *A*, *B* e *C* do esquema.

A: _____   B: _____   C: _____

b) Além de envoltório nuclear, cite mais duas características que permitem diferenciar o reino *A* dos demais.

Característica 1: _____

Característica 2: _____

2. (UNICAMP – SP – adaptada) O esquema a seguir representa o mais recente sistema de classificação do reino *Plantae*.

Os algarismos romanos representam a aquisição de estruturas que permitiram a evolução das plantas. Quais são as estruturas representadas por I, II e III? Qual a função das estruturas representadas em I?

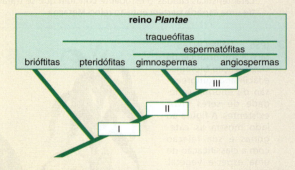

3. (UFG – GO) Os cloroplastos e as mitocôndrias são organelas importantes no metabolismo dos seres vivos de diferentes reinos. Em quais organismos essas organelas estão presentes e em quais estão ausentes?

4. (UNESP) Alunos de uma escola, em visita ao zoológico, deveriam escolher uma das espécies em exposição e pesquisar sobre seus hábitos, alimentação, distribuição etc. No setor dos macacos, um dos alunos ficou impressionado com a beleza e agilidade dos macacos-pregos. No recinto desses animais havia uma placa com a identificação:

Nome vulgar: Macaco-prego (em inglês, *Ring-tail Monkeys* ou *Weeping capuchins*).
Ordem: Primates.
Família: Cebidae.
Espécie: *Cebus apella*.

Esta foi a espécie escolhida por esse aluno. Chegando em casa, procurou informações sobre a espécie em um *site* de busca e pesquisa na Internet. O aluno deveria digitar até duas palavras-chaves e iniciar a busca.

a) Que palavras o aluno deve digitar para obter informações apenas sobre a espécie escolhida?
b) Justifique sua resposta.

Classificação dos seres vivos **19**

Programas de avaliação seriada

1. (PSS – UFS – SE) Um cientista que estuda a diversidade dos seres vivos precisa conhecer as regras para classificá-los e para caracterizá-los. Sobre esses assuntos, analise as proposições abaixo.

(0) Considere o diagrama a seguir.

cordados → mamíferos → carnívoros → felídeos → Felis → F. concolor (onça-parda) / F. catus (gato doméstico)

A onça-parda e o gato doméstico pertencem às mesmas categorias taxonômicas até o nível de gênero.

(1) Um determinado ser vivo é descrito da seguinte maneira: "Suas células contêm o material genético no centro do citoplasma, sem qualquer envoltório membranoso ao redor. Possuem clorofila, sendo fotossintetizantes". Por essa descrição, pode-se afirmar corretamente que se trata de uma cianobactéria.

(2) A Comissão Internacional de Nomenclatura Zoológica estabelece regras que são seguidas pelos cientistas de todo o mundo. Assim, em todos os países da Terra o nome científico do cão é *Canis familiaris*.

(3) Um estudante observou seres microscópicos de um charco e se interessou por um organismo unicelular eucarionte, heterotrófico, que se locomove por meio de cílios. Pelas características citadas, o estudante concluiu que se tratava de uma espécie pertencente ao reino Metazoa.

(4) Os organismos I e II pertencem a gêneros diferentes e à mesma família, enquanto III e IV pertencem à mesma ordem, mas a famílias diferentes. Espera-se encontrar maior grau de semelhança entre III e IV.

2. (PSS – UFPB) Em 1990, Carl Woese e colaboradores propuseram uma nova forma de classificação dos seres vivos e criaram uma categoria taxonômica acima do Reino, o Domínio. Assim, a nova classificação apresenta os domínios *Bacteria*, *Archaea* e *Eukarya*, conforme a figura abaixo:

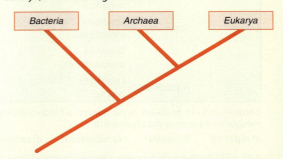

Com base na figura e nos conhecimentos acerca dos diferentes grupos de seres vivos, é correto afirmar:

a) O domínio *Eukarya* foi o primeiro a apresentar o RNA ribossômico.
b) O domínio *Eukarya* apresenta somente organismos pluricelulares.
c) O domínio *Archaea* apresenta maior parentesco com *Eukarya* do que com *Bacteria*.
d) O domínio *Archaea* possui, entre seus representantes, os protozoários e as algas unicelulares.
e) O domínio *Bacteria* engloba os organismos que não apresentam peptidioglicano em suas paredes celulares.

3. (PSS – UNIMONTES – MG) A importância da classificação biológica é facilitar a compreensão da enorme variedade de seres vivos existentes. A figura ao lado mostra as categorias e sua relação com a classificação de uma espécie vegetal. Analise-a.

De acordo com a figura ao lado e o assunto abordado, analise as alternativas a seguir e assinale a que corresponde à associação **CORRETA** entre a categoria taxonômica e a classificação do vegetal apresentado.

reino → Zea	I
divisão → Liliopsida	II
classe → Plantae	III
ordem → Magnoliophyta	IV
família → Poaceae	V
gênero → Zea mays	VI
espécie → Cyperales	VII

a) I.
b) III.
c) VI.
d) V.

4. (PSIU – UFPI) O herbário "Graziela Barroso" da Universidade Federal do Piauí guarda coleções de plantas importantíssimas para o conhecimento da nossa biodiversidade vegetal. Para uma planta ser introduzida no acervo de um herbário, é recomendado que esteja identificada até o nível de espécie, obedecendo às regras de taxonomia e à nomenclatura botânica. A opção abaixo que contém o nome da espécie escrito corretamente é:

a) *anacardium occidentale* L.
b) *Luffa operculata* (L.) Congn.
c) parkia Platycephala Benth.
d) *Heliconia Angusta* Vell.
e) S. Obovatum Benth.

Vírus

Capítulo 2

Cuidados no mundo real e no virtual

Hoje, é bem raro encontrar alguém que não use computadores para trabalhar ou para simples lazer. Porém, apesar de essas engenhocas serem nossos grandes aliados, precisamos tomar certos cuidados durante seu uso, pois, assim como alguns seres vivos, também podem ficar "infectadas por vírus".

No caso dos computadores, os vírus são caracterizados como pequenos programas capazes de causar estragos em arquivos ou no sistema operacional dos aparelhos. Eles podem agir apagando dados, capturando informações importantes e até mesmo impedindo que o equipamento funcione corretamente.

Mas por que esses programas capazes de causar tantos transtornos receberam o nome de vírus? O nome se deve às suas características de propagação, que realmente lembram as dos vírus biológicos. Quando um computador é contaminado por um vírus, duas coisas acontecem: primeiro, ele executa sua ação, podendo danificar os arquivos e o sistema operacional; depois, ele também tenta se propagar para outros computadores e máquinas. Essa ação é parecida com a dos vírus biológicos, pois estes atingem as células, modificam o seu metabolismo, podendo provocar sua degeneração e morte. Além disso, eles também usam a célula para se multiplicar e, com isso, contaminar outras células.

No mundo virtual, as ações de proteção consistem em instalar nos computadores programas antivírus e mantê-los sempre atualizadas com "vacinas virtuais". Na vida real, para se proteger de algumas doenças causadas por vírus, também temos algumas vacinas e ações preventivas, como veremos neste capítulo.

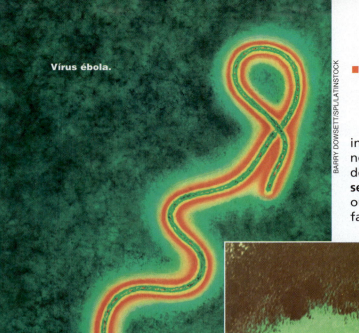
Vírus ébola.

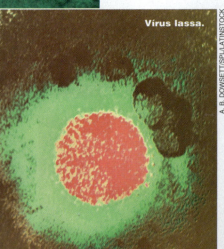
Vírus lassa.

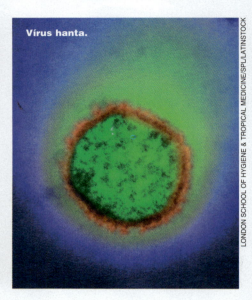
Vírus hanta.

▪ DIFERENTES DE TODOS OS OUTROS ORGANISMOS

Importantes agentes parasitários, obrigatoriamente intracelulares, já que só podem executar seu ciclo de vida no interior de uma célula, os vírus são agentes causadores de várias doenças, conhecidas geneticamente como **viroses**, tanto no homem – como AIDS, gripe, dengue, entre outras – quanto em outros animais e em vegetais – como o famoso *mosaico do tabaco*.

Ébola, lassa e hanta são novos vírus – causadores de hemorragias, de modo geral fatais – que preocupam as autoridades de Saúde Pública no mundo inteiro. No caso da hantavirose, a transmissão ocorre pelo contato das fezes misturadas com urina, muitas vezes dispersas pelo vento, em locais onde o vírus é eliminado por saliva, fezes e urina de roedores (ratos) infectados. Supostamente, é o que ocorreu em Brasília, em 2004.

Vírus São Seres Vivos?

Essa é uma pergunta para a qual pode haver duas respostas: sim e não. Depende da argumentação utilizada.

Vírus são as únicas entidades *acelulares* da Terra atual. Extremamente simples e pequenos (medem menos de 0,2 µm), são constituídos apenas por uma carapaça proteica (capsídeo) envolvendo uma molécula de ácido nucleico que pode ser DNA ou RNA, nunca os dois juntos (veja a Figura 2-1). Em alguns vírus, outros envoltórios de natureza lipoproteica podem estar presentes, como é o caso do vírus HIV e do vírus da gripe.

Vírus são parasitas intracelulares obrigatórios: a falta de hialoplasma e ribossomos impede que eles tenham metabolismo próprio. Assim, para executar o seu ciclo de vida e se reproduzir, os vírus precisam de um ambiente que tenha esses componentes. Esse ambiente precisa ser o interior de uma célula que, contendo ribossomos e outras substâncias, efetuará a síntese de todos os componentes dos vírus, incluindo o material genético. E, simultaneamente, ocorrerá a reprodução dos vírus.

Se o critério para a caracterização dos seres vivos for **existência de célula e de metabolismo próprio, então os vírus não são seres vivos**. No entanto, se o critério for o da **existência de material genético e possibilidade de reprodução, então podemos considerar os vírus como seres vivos**, mesmo que a reprodução ocorra no interior de uma célula. O que importa é o argumento utilizado nessa caracterização.

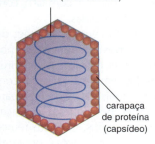
Figura 2-1. Estrutura viral.

Os Vírus Precisam Entrar em uma Célula

Em muitos casos, os vírus modificam o metabolismo da célula que parasitam, podendo provocar sua degeneração e morte. Para isso, é preciso que o vírus inicialmente entre na célula: muitas vezes ele adere à parede da célula e "injeta" o seu material genético (veja a Figura 2-2) ou então entra na célula por englobamento – por um processo que lembra a fagocitose, a célula "engole" o vírus e o introduz no seu interior (veja a Figura 2-3).

O HIV, vírus causador da AIDS, possui um mecanismo peculiar de ingresso na célula. Ocorre fusão da capa lipoproteica do vírus com a membrana plasmática da célula e o subsequente ingresso do HIV na célula hospedeira (veja a Figura 2-4).

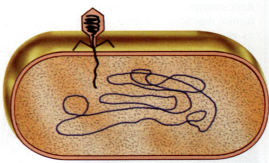

Figura 2-2. Muitas vezes, o vírus injeta na célula apenas o seu material genético.

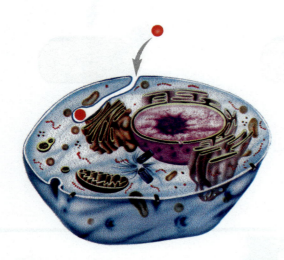

Figura 2-3. Para ingressar em uma célula, muitas vezes o vírus é englobado por ela.

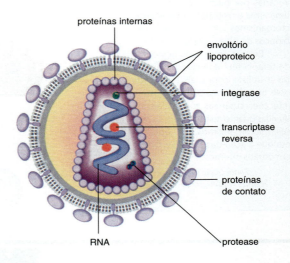

Figura 2-4. Esquema do vírus HIV. Pelas proteínas de contato o vírus liga-se à célula que será infectada.

Bacteriófagos: Vírus que Atacam Bactérias

O vírus bacteriófago T4, um dos mais antigos e conhecidos, é parasita de bactérias. Possui uma estrutura peculiar e exclusiva, formada por uma carapaça proteica (capsídeo) de aspecto geométrico, dotada de uma cauda na qual há fibras de fixação, de "ancoragem", específicas para a parede bacteriana. No interior da carapaça existe uma molécula de DNA e, na cauda, há uma proteína que fará contato com proteínas da membrana plasmática da bactéria.

O encontro do bacteriófago com a bactéria é meramente casual e as fibras de fixação prendem o vírus à parede. A cauda do vírus atravessa a membrana esquelética da bactéria e uma proteína da cauda estabelece contato com a membrana plasmática bacteriana.

Ocorre o ingresso apenas do DNA no hialoplasma, ficando a carapaça do lado de fora. Normalmente, após curto intervalo de tempo, o DNA viral assume o comando da célula e inicia duplicações sucessivas à custa de substâncias da bactéria. Simultaneamente, ribossomos bacterianos efetuam a síntese de proteínas virais. Ocorre a montagem de novos vírus

Anote!
Nos bacteriófagos, o material genético pode ser RNA ou DNA. No bacteriófago T4, que iremos estudar, o material genético é DNA.

> **Anote!**
> Basicamente, o mesmo mecanismo reprodutor ocorre com os vírus causadores de algumas doenças humanas, como, por exemplo, os do resfriado comum, da rubéola e do sarampo.

De olho no assunto!

Bacteriófagos podem curar infecções

Bacteriófagos têm sido utilizados no tratamento de infecções provocadas por bactérias. Constituem uma arma a mais para combater microrganismos resistentes aos antibióticos de última geração.

Relatos de sucesso nesse tipo de terapia têm animado os cientistas a utilizar com mais frequência esse tipo de vírus, pelo menos em infecções cutâneas superficiais. Há dúvidas quanto ao uso sistêmico desses microrganismos em ocasiões em que a ação das bactérias ocorre em órgãos internos.

Fonte: Stalin's Forgotten Cure. *Science*, Washington, v. 298, p. 728, 25 Oct. 2002.

e, sob a ação de enzimas líticas, ocorre a *lise* (destruição) da bactéria com liberação de dezenas de vírus, apenas meia hora após o ingresso do vírus que iniciou o processo (veja a Figura 2-5).

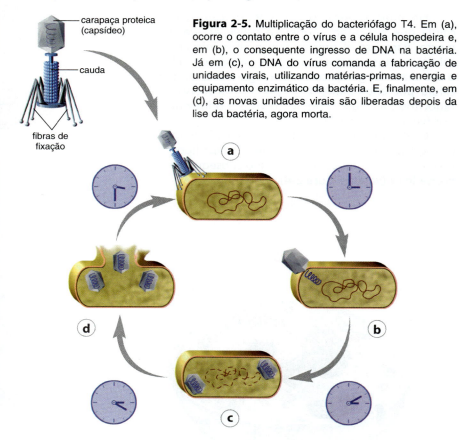

Figura 2-5. Multiplicação do bacteriófago T4. Em (a), ocorre o contato entre o vírus e a célula hospedeira e, em (b), o consequente ingresso de DNA na bactéria. Já em (c), o DNA do vírus comanda a fabricação de unidades virais, utilizando matérias-primas, energia e equipamento enzimático da bactéria. E, finalmente, em (d), as novas unidades virais são liberadas depois da lise da bactéria, agora morta.

Leitura

Ciclo lítico e ciclo lisogênico

Ao adotar o comportamento destruidor, um vírus executa o *ciclo lítico*, em que a célula é lisada, liberando dezenas de vírus. No *ciclo lisogênico*, o material genético viral incorpora-se ao DNA da célula, que, ao se dividir, transmite o material genético viral às células-filhas. Sabe-se, hoje, que muitos vírus parasitas do homem, entre eles os causadores de câncer, possuem esse comportamento.

No ciclo lítico, o vírus adota o comportamento destruidor. No ciclo lisogênico, o DNA viral incorpora-se ao bacteriano. A bactéria divide-se e transmite o DNA viral às suas filhas. Eventualmente, em uma das bactérias, o DNA "acorda", separa-se do DNA bacteriano e inicia o comportamento destruidor.

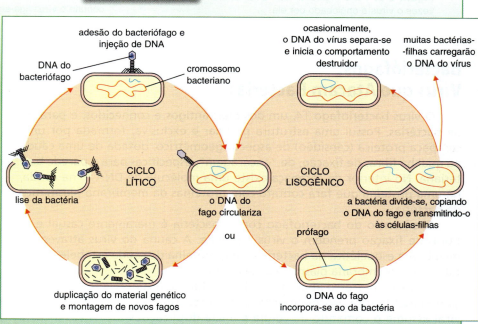

▪ DOENÇAS CAUSADAS POR VÍRUS

Recorde que os vírus são parasitas intracelulares obrigatórios. No homem, inúmeras doenças são causadas por esses seres acelulares. Praticamente todos os tecidos e órgãos humanos são afetados por alguma infecção viral. Na Tabela 2-1, você tem uma relação de viroses mais frequentes na nossa espécie. Valorize principalmente os mecanismos de transmissão e de prevenção. Note que febre amarela e dengue são duas viroses que envolvem a transmissão por insetos (mosquitos da espécie *Aedes aegypti*). Para a primeira, existe vacina. Duas viroses relacionadas na tabela – AIDS e condiloma acuminado (crista-de-galo) – são Doenças Sexualmente Transmissíveis (DSTs). A tabela também relaciona viroses comuns na infância – rubéola, caxumba, sarampo, poliomielite – para as quais existem vacinas.

Com relação às hepatites, destaque a do tipo B, de transmissão semelhante ao que ocorre com a AIDS. Diferencie resfriado comum de gripe, esta de sintomas mais severos e contra a qual anualmente é aplicada, em nosso país, uma vacina preventiva renovada (em função das frequentes mutações que ocorrem nos vírus), principalmente para a população idosa.

Tabela 2-1. Algumas das principais viroses que acometem os seres humanos.

Doença viral	Sinais e sintomas	Transmissão	Prevenção
Resfriado comum	Afeta partes altas do aparelho respiratório. Coriza. Raramente, febre. Vírus de DNA.	Direta, pessoa a pessoa.	Evitar contato com pessoas acometidas.
Gripe	Dores no corpo, fraqueza, prostração, dor de cabeça, espirros. Febre (> 38 °C). Influenza. Vírus de RNA.	Direta, pessoa a pessoa.	Vacina. Evitar contato com pessoas acometidas.
Rubéola	Avermelhamento da pele durante 3 a 5 dias, principalmente na face, no pescoço, tronco e nos membros.	Direta. Na gravidez, pode provocar anomalias no feto, nos primeiros meses.	Vacina.
Sarampo	Erupções avermelhadas na pele. Febre e dores de cabeça. Corrimento ocular com pus e sintomas respiratórios.	Direta. A conjuntiva do olho é a principal via de contaminação.	Vacina.
Caxumba	Afeta comumente as glândulas salivares parótidas. Pode afetar gônadas e pâncreas.	Direta (gotículas de saliva).	Vacina.
Catapora (varicela-zóster)	Vírus VZV (varicela-zóster). Febre baixa, dor de cabeça, falta de apetite, vômitos. Lesões no couro cabeludo, na face e no tronco, com prurido. Erupções avermelhadas na pele e mucosa que evoluem para vesículas claras repletas de líquido.	Secreções respiratórias e pelo líquido das lesões cutâneas. Pelo ar ou contato direto.	Evitar contato pessoal. Existe vacina.
Varíola (bexiga)	*Pox virus*. Febre, dor de cabeça, dores pelo corpo e mal-estar geral, com náuseas e vômitos. Lesões cutâneas (vesículas, pústulas) que evoluem para uma cicatriz.	De modo geral, contato direto entre as pessoas.	Evitar contato pessoal. Pode ser administrada vacina. No Brasil, a varíola foi erradicada por meio de vacinação intensiva.
Mononucleose infecciosa	Vírus Epstein-Barr (vírus de DNA, da família do herpes vírus). Infecção primária nas células da mucosa bucal ou das glândulas salivares. Dor de cabeça, cansaço, dor muscular. Inchaço dos gânglios (linfonodos) situados atrás das orelhas e faringite.	Saliva de indivíduos com infecção sintomática ou assintomática.	Cuidados gerais e evitar doar sangue. Às vezes, há necessidade de internação.
Gastrenterite por rotavírus	Vírus de RNA. Vômitos, diarreia intensa e febre alta.	Contaminação fecal de alimentos e água de recreação e consumo.	Cuidados sanitários gerais. A vacina é o modo mais eficaz de prevenção.
Hepatites	Tipos A, B e C. Icterícia (amarelecimento da pele e da conjuntiva ocular). Fezes claras. Lesões no fígado. Dores abdominais. Nas hepatites B e C, pode ocorrer cirrose hepática, insuficiência hepática e câncer hepático.	No tipo A, via oral, por contaminação de água e alimentos. Nos tipos B e C, por seringas e sangue contaminado.	Cuidados sanitários e esterilização de objetos na hepatite A. Nas dos tipos B e C, transfusões seguras e utilização de seringas descartáveis. Evitar contato sexual com portadores. Existe vacina para hepatite B.
Raiva (hidrofobia)	Afeta o sistema nervoso central. É fatal.	Saliva de seres humanos, cães e morcegos contaminados.	Vacinação dos cães. Em caso de mordida, limpeza da lesão, observação e, se necessário, soro e vacina.

Tabela 2-1. (Cont.)

Doença viral	Sinais e sintomas	Transmissão	Prevenção
Poliomielite	Paralisia infantil: a musculatura fica paralisada por causa da destruição dos neurônios motores periféricos. Vírus de RNA. Duas fases: a) intestinal, com proliferação do vírus nas células intestinais; b) neurológica, com proliferação do vírus nos neurônios.	Oral, por contágio direto e, muitas vezes, via fezes.	Vacina Sabin.
Herpes	Afeta a pele, as mucosas oral e conjuntiva (olho), e os genitais. Virose muito disseminada.	Direta, pessoa a pessoa.	Evitar contato com pessoas e objetos contaminados.
Febre amarela	Pele amarelada (icterícia). Afeta rins, fígado, coração e outros órgãos.	Picada de mosquito *Aedes*.	Vacina. Controle dos insetos transmissores, tanto na fase larval (aquática) quanto na adulta (terrestre).
Dengue	Virose que provoca hemorragias na pele, no nariz e em outros locais. Febre, fraqueza, dores musculares.	Picada de mosquito *Aedes*.	Controle dos insetos transmissores.
AIDS	Deficiência nas defesas imunitárias. Baixa produção de anticorpos. Desenvolvem-se doenças oportunistas, que se instalam com facilidade em um organismo debilitado.	Através de sêmen de portadores, de sangue e seringas contaminados. Por meio do leite materno e através da placenta de mãe portadora, que pode contaminar o filho.	Cuidados com transfusões sanguíneas e na escolha do parceiro se-xual. Utilização de camisinha.
Condiloma (crista-de-galo)	Formação de verrugas na região anogenital ou no colo do útero. Vírus de DNA.	Direta, de pessoa a pessoa.	Uso de camisinha. Evitar contato com pessoas contaminadas. Existe vacina.
Hantavirose	Febre alta, dor muscular, tosse, falta de ar, hemorragias, hipotensão, diminuição do volume urinário. Letalidade de 3% a 5%.	Contato com excretas de roedores infectados ou por aerossóis, em locais onde o vírus é eliminado por saliva, fezes e urina dos animais.	Evitar contato com excretas dos roedores. Medidas de controle de roedores. Uma vacina está em teste.

Anote!
Pandemia é uma situação em que ocorrem epidemias em vários países, simultaneamente.

Gripe/Influenza

O vírus da influenza, também conhecido como causador de gripe, é um dos mais bem-sucedidos. Todos os anos, centenas de pessoas são afetadas por ele ao redor do mundo. É vírus conhecido pelas siglas HN. A letra H corresponde à *hemaglutinina*. É uma proteína de superfície que estabelece contato com receptores da célula-alvo do vírus. Quer dizer, é a proteína que permite a *entrada* do vírus na célula. A letra N refere-se à proteína *neuraminidase*. É uma enzima que atua na *saída* de novos vírus da célula.

O material genético do vírus da gripe é representado por oito moléculas de RNA, contendo 10 genes. Um dos genes é responsável pela síntese da *hemaglutinina* e outro é responsável pela síntese da enzima *neuraminidase*. Os demais genes atuam na produção dos outros componentes do vírus. Mutações gênicas são responsáveis pela variedade de tipos de hemaglutinina e neuraminidase.

Há dois grupos básicos de vírus da gripe: A e B. Os do grupo A são mais comuns na espécie humana. De modo geral, esse tipo de vírus é causador de *pandemias*. A mais famosa delas foi a da *gripe espanhola*, causada pelo vírus A (H1N1). Essa grave pandemia ocorreu entre os anos de 1918 e 1919, provocando cerca de 50 milhões de mortes. Como comparação, a gripe asiática, de 1957, causada pelo vírus A (H2N2), matou cerca de 70 mil pessoas. A gripe sazonal, ocasionada pelo vírus A (H3N2), afeta muitas pessoas anualmente, mas leva a pouquíssimas mortes. Foi preocupante a pandemia da chamada *gripe suína*, mais conhecida como influenza A (H1N1) ocorrida em 2009 (cujo fim foi decretado pela Organização Mundial de Saúde em agosto de 2010), quando só no Brasil morreram 2.060 pessoas.

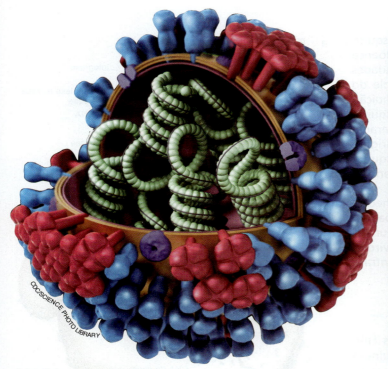

Esquema genérico do vírus da influenza. Em sua parte interna encontram-se cadeias de RNA viral (em verde) e em seu revestimento externo as proteínas hemaglutinina (em azul) e neuraminidase (em vermelho). Observe os canais iônicos (em roxo) na superfície do vírus. Todas essas estruturas estão destacadas ao lado.

Vacinas e antivirais

Todos os anos, novas formulações de vacinas são rapidamente produzidas. Aproveitam-se, para isso, as novas variedades virais resultantes das mutações gênicas que afetaram as moléculas de RNA dos vírus. A vacina induz a pessoa a produzir anticorpos preventivos contra a *hemaglutinina* e a *neuraminidase*. Além disso, substâncias antivirais são constantemente produzidas por laboratórios de pesquisa farmacêutica. Uma delas impede justamente a ação das enzimas *neuraminidases*. Inibindo-se a ação dessas enzimas, os vírus não podem ser liberados, "morrendo dentro da célula". Não esqueça: as vacinas são preventivas.

Dengue: Preocupação Brasileira

País tropical é assim mesmo. Muitas matas, muita água de chuva e... muitos mosquitos vetores, transmissores de microrganismos, incluindo os da dengue. A dengue é uma doença causada por vírus da família dos flavivírus, comumente conhecidos como arbovírus. Esse último nome é fácil de entender. A palavra se origina do inglês *ARthropod BOrn Virus*, quer dizer, vírus veiculados, transmitidos, por animais artrópodes. O mosquito transmissor da dengue, o *Aedes aegypti*, é um inseto artrópode. Há quatro variedades de vírus de dengue e, em todas elas, o material genético é o RNA. Três deles são comuns no Brasil. O quarto tipo andava sumido. Reapareceu. Quem contrai um dos tipos fica imunizado a ele. Contraindo outro tipo, porém, pode ocorrer o quadro de dengue hemorrágica. Isso está relacionado a problemas imunológicos que surgem, visto que os quatro vírus são muito parecidos. Anticorpos produzidos contra o primeiro vírus poderiam, teoricamente, proteger contra o segundo. Como, nesse caso, a imunização não é completa, acabam ocorrendo lesões nos capilares sanguíneos, provocadas pelo segundo tipo de vírus, acarretando hemorragias.

A Organização Mundial da Saúde estima que 3 bilhões de pessoas encontram-se em área de risco para contrair dengue no mundo e que, anualmente, ocorrem 50 milhões de infecções, com 500 mil casos de febre hemorrágica da dengue (FHD) e 21 mil mortes, principalmente em crianças. No Brasil, desde 1986 vêm ocorrendo epidemias de dengue nos principais centros urbanos do país. No período de 1990 a 2011, segundo o Ministério da Saúde, foram registrados aproximadamente 7 milhões de casos, com 1.374 mortes por FHD.

Leitura

Sim, também temos um viroma!

Nosso organismo é repleto de vírus, muitos dos quais ainda desconhecidos dos cientistas. Análises feitas em fezes de pessoas saudáveis revelam a incrível quantidade de tipos de vírus, variando de 52 a incríveis 2.773 tipos diferentes desses microrganismos. Por outro lado, coleta de muco nasal e de plasma de 151 crianças, metade das quais sem sintomas febris, revelou a existência de aproximadamente 10.000 sequências genômicas virais em crianças com febre e apenas 1.000 em crianças saudáveis. Alguns dos vírus encontrados eram causadores de doenças como herpes e resfriado comum, mas havia também alguns desconhecidos. Além disso, para cada bactéria existente em nosso organismo, há 100 tipos de bacteriófago. Estima-se que existam 10 bilhões desses vírus para cada grama de fezes humanas. Os pesquisadores acreditam também que muitos desses vírus modificam as características das bactérias que parasitam, promovem mistura do material genético das bactérias e, inclusive, propiciam a passagem de genes para a resistência a antibióticos entre elas. Ou seja, agora temos também um viroma!

Adaptado de: PENNISI, E. Going Viral: Exploring the Role Of Viruses in Our Bodies. *Science*, Washington, v. 331, n. 6.024, p. 1513, 25 Mar. 2011.

Como a dengue só se espalha se houver o mosquito vetor, é claro que a diminuição de casos da doença depende da ação conjunta da sociedade e autoridades de saúde pública. Isso quer dizer que o controle do mosquito vetor é essencial para ocorrer diminuição de casos da doença. Como toda fêmea de mosquito, o da dengue deposita ovos em locais de água parada. Então, todo procedimento preventivo deve ser dirigido a evitar as condições para a reprodução do mosquito. Se nas matas isso é impossível, nos centros urbanos é um procedimento perfeitamente viável.

Lembre-se que a dengue também é conhecida como "febre quebra ossos", uma vez que a pessoa tem dores pelo corpo todo e, principalmente, nas juntas. Infelizmente, ainda não há vacina contra essa virose. A mensagem que queremos passar é: *todos contra a dengue*.

AIDS

A AIDS é uma doença causada pelo vírus HIV. Ele parasita linfócitos do tipo T (células sanguíneas relacionadas à defesa imunitária) dotados de receptores de membrana denominados de CD4. Esse vírus é dotado de três envoltórios: um externo, de natureza lipoproteica, e dois internos, proteicos. Eles protegem o material genético (duas moléculas de RNA) e uma enzima chamada de *transcriptase reversa*.

Ocorrida a infecção de uma pessoa com o HIV, pode haver o encontro do vírus com os linfócitos na corrente sanguínea. Para ingressar no linfócito, inicialmente há o encontro de uma proteína de contato do vírus com o receptor CD4 do linfócito. A seguir, o HIV encosta no linfócito e funde o seu envoltório externo lipoproteico com a membrana plasmática da célula, penetrando no citoplasma celular. Ali os envoltórios proteicos são destruídos por enzimas da célula, liberando o RNA viral com a transcriptase reversa. A transcriptase começa a agir e produz uma molécula de DNA tendo como molde o RNA viral. Esse é um processo reverso ao da transcrição normal, motivo pelo qual a enzima recebe aquele nome. O DNA sintetizado dirige-se ao núcleo da célula e se incorpora ao material genético nuclear.

Cedo ou tarde ele inicia a transcrição de moléculas de RNA virais. Essas moléculas difundem-se para o hialoplasma, onde ocorrem as sínteses das proteínas virais, seguidas da montagem de novos HIVs. Para abandonar o linfócito, esses vírus "encostam" na membrana plasmática e, envolvendo-se com fragmentos dela, abandonam a célula que, assim, acaba arrebentando.

Na corrente sanguínea, novos linfócitos poderão ser parasitados, em uma reação em cadeia que acaba levando a pessoa à perda da imunidade e, como consequência, poderá levá-la à morte (veja a Figura 2-6).

Anote!
O HIV é chamado de retrovírus por ser um vírus de RNA capaz de efetuar a transcrição reversa, ou seja, produzir DNA a partir de seu próprio RNA.

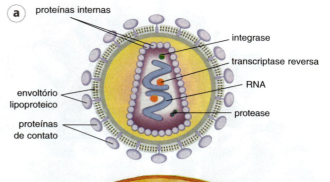

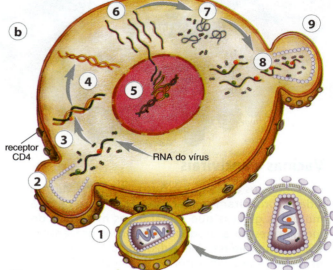

1. Fusão do HIV com a célula.
2. Descapeamento do HIV dentro da célula.
3. Síntese de DNA a partir de RNA.
4. Síntese de DNA de dupla-hélice.
5. Pró-vírus incorporado ao DNA celular.
6. Montagem de novos RNAs do vírus.
7. Síntese de componentes do vírus.
8. Formação de novo vírus.
9. Liberação de HIV da célula.

Figura 2-6. Esquema do HIV (a) e ciclo do HIV no linfócito (b). A enzima integrase favorece a instalação do DNA produzido pelo vírus no DNA da célula. A enzima protease é fundamental para a maturação e liberação de novos vírus.

Anote!
Descobertas recentes vinculam a origem do HIV aos chimpanzés. Sugeriu-se que a contaminação com o sangue desses símios teria ocorrido durante os rituais de caça. Por mutação, o SIV (*Simian Imunodeficiency Virus*) teria originado o HIV.

De olho no assunto!

O controle da reprodução do HIV tem sido feito com o uso de substâncias antirretrovirais. Duas delas, o tenofovir e o emtricitabine, agem inibindo a atuação da enzima transcriptase reversa. Desse modo, não ocorre produção de DNA a partir das moléculas de RNA virais. Trata-se de mecanismo denominado de *prevenção pós-infecção*. Enquanto não se dispõe de vacina imunizante, é valioso recurso que impede a reprodução do HIV.

De olho no assunto!

Existem vírus, viroides, virusoides e prions!

Você já sabe como é constituído um vírus, não é mesmo? São seres dotados de apenas um dos tipos de ácido nucleico (DNA ou RNA, nunca os dois juntos), circundado por um capsídeo proteico que, em vírus mais complexos, ainda pode ser envolvido por envoltórios adicionais, de modo geral lipoproteicos. Neste capítulo, vimos inúmeros exemplos, todos parasitas intracelulares obrigatórios de plantas, animais e bactérias.

Agora, uma interessante novidade: **viroides** e **virusoides**.

Viroides são partículas nuas de RNA circular e que, de modo geral, atuam como parasitas de plantas, causando inúmeras doenças, principalmente em citros, palmeiras, abacateiros etc. Espalham-se pelas plantas por meio de mudas, sementes e pólen, sendo capazes de se autoduplicar geralmente no interior dos cloroplastos das células que infectam, utilizando a enzima RNA-polimerase existente nessas organelas.

Já os **virusoides** são partículas de RNA circular, também denominadas de RNA-satélites, incapazes de se autoduplicar de forma autônoma. Dependem, para isso, da existência de um vírus auxiliar, com a ajuda do qual eles se duplicam. Considera-se que os virusoides são parasitas moleculares dos vírus auxiliares.

Acredita-se que viroides e virusoides sejam muito antigos, fato que reforça a ideia do chamado *mundo de RNA*, uma hipótese atualmente muito utilizada por cientistas que estudam a origem da vida em nosso planeta.

E os **prions**? São moléculas de *proteína* capazes de causar doença! A *doença da vaca louca* (encefalopatia espongiforme), o *scrapie* dos carneiros e a doença de *Creutzfeldt-Jakob* (em seres humanos), todas degenerativas do cérebro, são alguns exemplos. Essa descoberta surgiu a partir dos trabalhos do Prêmio Nobel de Medicina de 1997, Stanley Prusiner. O que se sabe é que formas alteradas dessas proteínas aglomeram-se e geram complexos que modificam prions normais. Esses complexos insolúveis aderem aos neurônios, provocando a sua morte e originando cavidades (em forma de esponja) no cérebro do animal afetado.

Devemos considerar viroides, virusoides e prions seres vivos? Quanto aos dois primeiros, parece não haver dúvida de que sim. Com relação aos prions, não há consenso entre os pesquisadores. Nem todos os cientistas aceitam a ideia de que constituam moléculas proteicas infecciosas. Acreditamos que futuras descobertas poderão esclarecer a exata posição dessas partículas no *mundo dos seres vivos*.

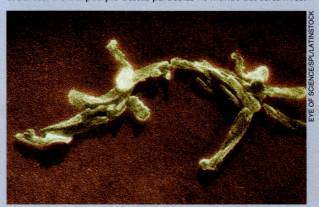

Prions, vistos em microscopia eletrônica de varredura, retirados de cérebro de hâmster infectado. Essa proteína está associada à doença da vaca louca, que causa a degeneração do cérebro em muitos animais.

Leitura

O tratamento de infecções virais não é feito com antibióticos

O tratamento de infecções bacterianas é feito com antibióticos. Essas substâncias "combatem" as bactérias em diversos locais da célula bacteriana, interferindo na síntese de sua parede ou atuando em certos setores do metabolismo bacteriano. Com os vírus é diferente. Como atuar nos ácidos nucleicos virais, paralisando sua atividade, sem provocar danos aos ácidos nucleicos das nossas células? Por esse motivo, a cura de uma infecção viral depende da atuação dos nossos mecanismos de defesa. Cada vez que vírus da gripe invadem nosso organismo, inicia-se a lenta produção de anticorpos, que combaterão os agentes até sua completa inativação. Por outro lado, certas doenças virais podem ser evitadas por meio da vacinação, um processo de imunização ativa que protege o organismo humano das infecções virais.

Tecnologia & Cotidiano

O único curado da AIDS, por enquanto

Para a execução de arquivos contidos em um "pendrive", é preciso inseri-lo em uma saída USB do computador, gerando um sinal revelador de que os arquivos podem ser executados, não é mesmo? Do mesmo modo, para que o vírus HIV penetre na célula-alvo, a proteína de contato *gp120* – que atua como se fosse o "pendrive" do vírus – estabelece contato com receptores *CD4* e *CCR5*, que atuam de modo semelhante a uma saída USB. Esses receptores localizam-se na membrana plasmática das células de defesa conhecidas como linfócitos *CD4*. Por enquanto, o único *tratamento* disponível para a AIDS é a utilização de antirretrovirais, que atuam impedindo a produção de novas moléculas de DNA a partir das moléculas de RNA virais ou impedindo a atuação de enzimas proteases, essenciais para as fases finais de maturação dos novos vírus. Esse procedimento, por ora, tem sido razoavelmente bem-sucedido no controle da proliferação dos vírus.

Agora, a boa notícia. Um pesquisador da Universidade de Heildelberg (Alemanha) descobriu que certos indivíduos são dotados de um gene mutante $\delta 32$, que altera o receptor *CCR5*. Ele efetuou transplantes de linfócitos *CD4* dotados dessa mutação em um paciente aidético com excelente resultado. Onze meses após a realização do transplante, o paciente não possuía mais HIVs detectáveis, revelando que o transplante possivelmente conduziu à cura do paciente. A esperança é a descoberta de uma vacina preventiva dessa virose e, para isso, milhões de dólares são investidos anualmente para a descoberta de um imunizante.

Fonte: COHEN, J. The Emerging Race To Cure HIV Infections. *Science*, Washington, v. 332, n. 6.031, p. 784-789, 13 May 2011.

Ética & Sociedade

De olhos vendados

Cruel é a contaminação da criança pelo vírus da AIDS transmitido por sua mãe, enquanto o filho ainda está no ventre materno!

A cada dia, cerca de 2.000 bebês, em todo o mundo, nascem infectados pelo vírus da AIDS. Se não tiverem tratamento, aproximadamente 50% desses bebês morrerá no primeiro ano de vida.

A falta de acompanhamento médico é o principal fator responsável por essa contaminação. No Brasil, 70% das mulheres grávidas não se submetem a acompanhamento pré-natal. (...)

Um bom contraponto à tragédia da desinformação no Brasil e na África vem dos Estados Unidos, onde 85% das grávidas fazem o pré-natal. Lá, o risco de uma mulher transmitir o HIV para o bebê caiu 80% nos últimos anos e, em grande parte dos casos, devido ao tratamento preventivo ao qual a gestante é submetida antes de dar à luz. (...)

Se, além do tratamento medicamentoso, a criança nascer por cesárea, o perigo de contaminação cai para 2%. No parto normal, as contrações provocam o rompimento de diversos vasos sanguíneos. Feita antes de a mulher entrar em trabalho de parto, a cirurgia evita a ruptura das membranas e o contato do bebê com as secreções maternas. Todos esses cuidados só podem ser tomados, no entanto, se a gestante descobrir o vírus na mesma época em que receber a notícia da gravidez.

Dados extraídos de: <http://www.vejaonline.com.br>.

- Enquanto olharmos para os problemas de Saúde Pública brasileira com uma venda nos olhos, boa parte de nossa população sofrerá as consequências. Saúde Pública e orientação são problemas do governo, da escola, da família, do cidadão dentro de seu círculo de amizades!
- Identifique um problema de Saúde Pública e indique como você, nem que seja minimamente, poderia colaborar para resolvê-lo.

Passo a passo

As ilustrações a seguir representam esquemas da estrutura de três vírus e, à direita, o de uma célula animal. Utilize-as para responder às questões de **1** a **5**.

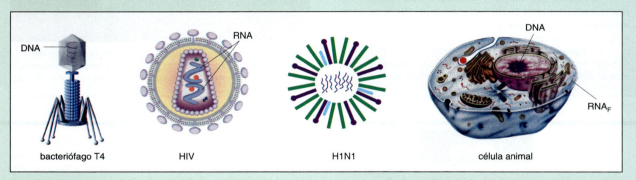

bacteriófago T4 — HIV — H1N1 — célula animal

1. a) Comparando a estrutura dos três vírus representados, a que conclusão se chega, quanto à natureza do material genético neles existentes?
b) Em termos da estrutura dos envoltórios, que diferença básica pode ser notada comparando o bacteriófago com os outros dois vírus representados?

2. a) Que diferença básica pode ser citada, relativamente à presença de material genético na célula, comparativamente ao material genético existente nos vírus representados?
b) Com base nos esquemas, a que conclusão se pode chegar ao se comparar a estrutura dos vírus com a célula representada?

3. a) Qual a razão de se dizer que os vírus não têm metabolismo próprio? Em que condições o metabolismo de um vírus pode ser realizado?
b) Em que condições a reprodução de um vírus pode ocorrer?

4. a) O que significa dizer que os vírus são agentes parasitários, obrigatoriamente intracelulares?
b) Para considerar os vírus como seres vivos ou não, o primeiro passo é entender como são organizados. Cite dois argumentos favoráveis e dois desfavoráveis, na consideração de que os vírus são seres vivos ou não.

5. Por serem considerados agentes parasitários, obrigatoriamente intracelulares, vírus são agentes causadores (etiológicos) de doenças praticamente em qualquer grupo de seres vivos.
a) Como são denominadas doenças causadas por vírus?
b) Cite algumas doenças causadas por vírus no homem.

6. O esquema a seguir representa o ciclo vital do vírus bacteriófago T4. Observando-o atentamente e utilizando seus conhecimentos sobre esse vírus, responda:

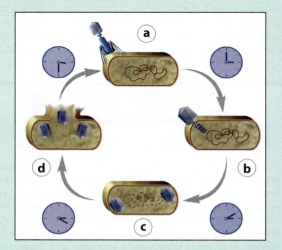

a) Qual o tipo de material genético (DNA ou RNA) envolvido pelo capsídeo desse vírus bacteriófago T4?
b) Reconheça as etapas simbolizadas pelas letras *a, b, c* e *d*, representativas do ciclo vital desse vírus.

7. A ilustração a seguir é uma representação esquemática do comportamento do vírus bacteriófago após ocorrer o ingresso do material genético viral em uma célula bacteriana. Com base no seu conhecimento dos possíveis ciclos vitais executados por esse vírus:

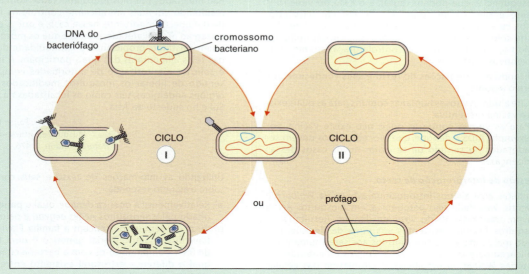

a) Reconheça os tipos de ciclo vital simbolizados por I e II.
b) Descreva brevemente as principais ocorrências observadas em cada um desses ciclos.

8. O ciclo reprodutivo e vital do vírus HIV, causador da AIDS em seres humanos, está representado no esquema ao lado. Observando-o atentamente e utilizando seus conhecimentos sobre essa virose, responda:

a) Como ocorre o contato do vírus com a membrana plasmática da célula hospedeira?
b) Como ocorre a duplicação do material genético desse vírus no interior da célula hospedeira?
c) Por que se diz que o HIV é um retrovírus? Justifique sua resposta.

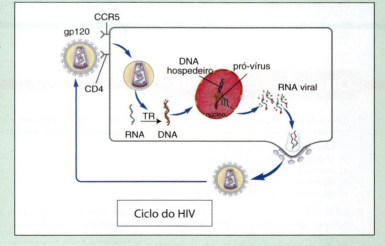

Ciclo do HIV

9. O esquema ao lado ilustra o ciclo vital e de reprodução do vírus A H1N1, causador de gripe no homem. Nesse vírus, o material genético é representado por oito moléculas de RNA, contendo, no total, dez genes. Observando o esquema e utilizando seus conhecimentos sobre essa virose, responda:

a) Como ocorre o contato do vírus com a membrana plasmática da célula? Qual das duas proteínas do envoltório viral, representadas no esquema por H e N, é responsável por esse contato?
b) Que diferença fundamental é observada quanto à duplicação das moléculas de RNA desse vírus, comparando-se com o que ocorre na duplicação das moléculas de RNA do HIV? O vírus A H1N1 é também um retrovírus? Justifique sua resposta.
c) Em poucas palavras, cite o papel das proteínas H e N, representadas no esquema.

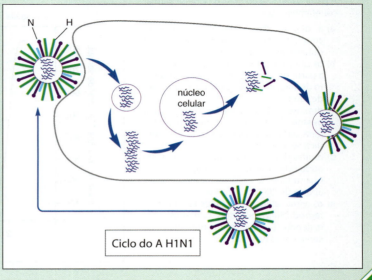

Ciclo do A H1N1

10. Das doenças virais que afetam o ser humano, algumas preocupam as autoridades de saúde pública em vista das consequências que podem causar. É o caso do vírus HPV, agente etiológico do condiloma acuminado (crista-de-galo), cuja contaminação pode resultar em casos de câncer do colo uterino. Por outro lado, outras viroses humanas estão, hoje, relativamente sob controle, graças aos métodos preventivos existentes.

Utilizando as informações do texto e seus conhecimentos sobre o assunto:

a) Cite algumas viroses humanas comuns para as quais existe vacina preventiva.
b) Para as viroses contra as quais não existe vacina, por exemplo, AIDS e dengue, que procedimentos devem ser adotados no sentido de se evitar novos casos dessas doenças?

11. *Questão de interpretação de texto*

Cientistas australianos introduziram a bactéria *Wolbachia pipientis*, variedade não patogênica, em mosquitos *Aedes aegypti*, transmissores do vírus da dengue. Resultado: os mosquitos ficaram resistentes aos vírus da dengue, não sendo mais capazes de transmiti-los aos seres humanos. A explicação para essa resistência é simples de entender: as bactérias *Wolbachia* modificam o citoplasma das células dos mosquitos, acarretando uma mudança de comportamento celular que rejeita os vírus da dengue. Como a transmissão dessa bactéria é materna, ela é facilmente espalhada para a descendência dos mosquitos. Os cientistas liberaram mosquitos modificados em algumas localidades da região de Cairns, na Austrália, e, ao longo de vários dias, verificaram a substituição completa de mosquitos não infectados por mosquitos infectados com as bactérias, resultando em mais um eficiente controle na transmissão da dengue. O importante, nesse caso, é que o ecossistema da região não foi afetado, uma vez que os mosquitos continuam existindo, propiciando a continuidade da existência das teias alimentares das quais participam. A meta, agora, é solicitar a autorização de autoridades competentes no sentido de liberar os mosquitos modificados em outras regiões endêmicas, tais como as localizadas na América do Sul e no sudeste da Ásia.

Fonte: RASGON, J. L.
Mosquitoes attacked from within.
Nature, London, v. 476, n. 7.361, p. 407,
25 Aug. 2011.

Utilizando as informações do texto e seus conhecimentos sobre o assunto, responda:

a) Relativamente à doença *dengue*, qual o papel desempenhado pelos mosquitos *Aedes aegypti* e pelos vírus?
b) Vírus da dengue pertencem à família Flaviviridae (são flavivírus) e seu material genético é uma fita simples de RNA. Comparando-os com a bactéria citada no texto, qual a diferença estrutural existente entre esses dois microrganismos?
c) Excetuando o procedimento experimental idealizado pelos cientistas australianos, conforme citado no texto, quais são os procedimentos preventivos normalmente adotados em nosso país, no controle da dengue?

Questões objetivas

1. (UFS – SE) Os vírus são entidades biológicas extremamente pequenas e estruturalmente simples. Afirma-se que eles representam um limite entre o vivo e o não vivo. Do ponto de vista estrutural básico, uma partícula viral é formada por

a) cápsula lipídica e ácido nucleico.
b) envelope lipídico e proteínas.
c) membrana lipoproteína e DNA.
d) membrana proteica e RNA.
e) capsídeo proteico e ácido nucleico.

2. (UFTM – MG) O gráfico mostra a variação, ao longo de 10 anos, da quantidade de vírus HIV, causador da AIDS, e de linfócitos CD4 em um paciente que não foi submetido a nenhum tratamento com antivirais.

A partir da análise do gráfico, pode-se afirmar corretamente que

a) a quantidade de linfócitos aumenta com o aumento da quantidade de vírus durante os cinco primeiros anos.
b) os sintomas típicos da doença aparecem a partir do segundo ano porque o número de linfócitos está abaixo de 50 por mm^3 de sangue.
c) durante as fases aguda e crônica, uma pessoa não é capaz de transmitir o vírus para outra pessoa, isso ocorre somente na fase de AIDS.
d) muitas doenças oportunistas podem ser adquiridas por um paciente quando a quantidade de linfócitos atinge valores abaixo de 200 por mm^3 de sangue.
e) os vírus utilizam os linfócitos para se reproduzirem nos dois primeiros anos e, depois, qualquer célula humana pode servir como hospedeira.

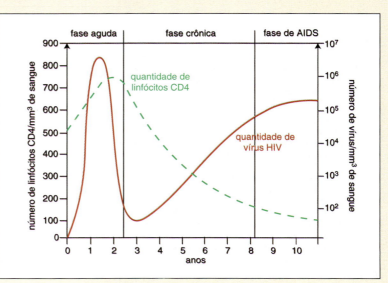

3. (UFG – GO) Leia o trecho de reportagem apresentado a seguir.

> **Jovens: novos casos de AIDS caem pela metade em SP**
> Há uma década, o número de novos casos de AIDS em jovens entre 15 e 24 anos na capital paulista era de 13,5 para cada grupo de 100 mil habitantes nessa faixa etária. Em 2008, caiu para 7,3 novos casos para cada grupo de 100 mil. As relações sexuais são responsáveis por 72,6% dos casos de contaminação.
>
> *Disponível em:*
> <http://ultimosegundo.ig.br/brasil/sp/incidencia+de+aids>.
> *Acesso em:* 21 mar. 2011. [Adaptado].

Qual método contraceptivo pode prevenir a doença citada na reportagem e demais doenças sexualmente transmissíveis?

a) A interrupção do coito.
b) O uso de dispositivo intrauterino.
c) A vasectomia.
d) O uso de espermicida.
e) O uso de preservativo.

4. (UFC – CE) A AIDS é uma doença infecciosa que afeta o sistema imunológico e cujo agente etiológico é um vírus HIV.

Assinale a alternativa que apresenta duas formas de transmissão do vírus da AIDS.

a) Inalação de ar contaminado; uso de seringas não esterilizadas.
b) Transfusão de sangue contaminado; ingestão de água contaminada.
c) Picada de inseto; contaminação do bebê por meio da amamentação.
d) Contato sexual sem o uso de preservativo; uso de talheres e copos contaminados.
e) Contaminação do feto, pela mãe, por meio da placenta; contato sexual sem o uso de preservativo.

5. (UFTM – MG) A Organização Mundial de Saúde classifica 432 agentes como cancerígenos ou potencialmente cancerígenos. Eles estão divididos em três grupos, sendo que no grupo 1 estão agentes comprovadamente associados ao desenvolvimento de câncer; entre eles podem ser citados: bebidas alcoólicas, tabaco, radiação ultravioleta, vírus da hepatite B, vírus da hepatite C e outros.

Adaptado de: Veja, São Paulo,
8 jun. 2011.

Dos agentes que são comprovadamente associados ao desenvolvimento de câncer, pode-se afirmar que:

a) as bebidas alcoólicas e o tabaco causam câncer especificamente em órgãos dos sistemas digestório e circulatório.
b) a radiação ultravioleta danifica moléculas de RNA, presentes no interior do núcleo das células epiteliais, e isso desencadeia o câncer de pele.
c) uma vez desencadeado o câncer em uma pessoa, que consiste em divisões meióticas descontroladas, seus descendentes também irão herdar essa característica.
d) somente o etanol, álcool presente em bebidas destiladas, pode desencadear sucessivas divisões celulares, enquanto o metanol, presente em bebidas fermentadas, não possui efeito mutagênico.
e) os vírus, ao se reproduzirem no interior das células hepáticas, podem alterar o controle gênico celular e, com isso, promover divisões celulares descontroladas.

6. (UFPE) Recentemente, o Ministério da Saúde havia limitado a 48 semanas o fornecimento gratuito da droga "interferon", através do Sistema Único de Saúde (SUS), para pacientes infectados com o vírus da hepatite C (HCV). Depois, aumentou este prazo para 72 semanas, beneficiando pacientes que não obtiveram a cura da doença no prazo anterior. Considerando que este é um vírus com material genético de RNA fita simples (cadeia positiva), protegido por um capsídeo envelopado, observe a figura e analise as proposições a seguir.

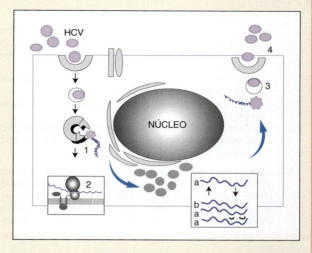

(0) São possíveis formas de transmissão das hepatites as tatuagens, transfusões sanguíneas, picadas de inseto e relações sexuais desprotegidas.
(1) Após o desnudamento viral (1), o HCV sintetiza proteínas do capsídio (2) e um RNA intermediário de cadeia negativa (b) serve de molde para replicação do RNA viral de cadeia positiva (a).
(2) O ciclo viral mostrado é lítico, uma vez que, após a síntese dos componentes da partícula viral, ocorre montagem (3) e liberação dos vírions (4) para o meio extracelular.
(3) A hepatite é uma doença hepática aguda ou crônica; assim, a detecção de anticorpos anti-HCV pode indicar uma infecção atual ou anterior.
(4) Vacinas utilizadas para prevenir infecções virais induzem a produção de anticorpos e células B de memória, enquanto o tratamento com interferon impede a entrada do vírus nas células alvo.

7. (UFRGS – RS) O influenza A foi responsável por algumas pandemias no século XX, tais como a gripe espanhola em 1918 e a gripe asiática em 1957. No ano passado, ocorreu uma nova pandemia, a da gripe A.

Considere as afirmações abaixo sobre a gripe A.

I – Um importante sintoma é a inflamação severa dos pulmões, que pode levar à insuficiência respiratória.
II – O tratamento é feito com antibióticos.
III – É causada por bactérias, podendo ser prevenida por vacinação.

Quais estão corretas?

a) Apenas I.
b) Apenas II.
c) Apenas I e III.
d) Apenas II e III.
e) I, II e III.

8. (UFTM – MG) Dengue é uma enfermidade causada por um arbovírus da família Flaviviridae, gênero *Flavivirus*, que inclui quatro tipos imunológicos: DEN-1, DEN-2, DEN-3 e DEN-4. A infecção por um deles dá proteção permanente para o mesmo sorotipo e imunidade parcial e temporária contra os outros três. Essa característica deve-se à interação específica

a) da membrana celular do vírus com as células de defesa.
b) do antígeno com anticorpo.
c) da membrana celular do vírus com o plasma sanguíneo.
d) do antígeno com o vírus.
e) da membrana celular do antígeno com o vírus.

9. (UNEMAT – MT) Atualmente a mídia noticiou o aparecimento de diversos casos de dengue do tipo 4. Ao que tudo indica, este tipo de vírus era comum há 28 anos, mas quase se extinguiu recentemente.

Assinale a alternativa **correta**.
a) A dengue é causada pelo vírus *Aedes aegypti*, que se reproduz em água parada.
b) O vetor (agente transmissor) da dengue pertence à ordem fanerógama do Filo Insecta.
c) Eliminar focos de água parada de uma casa é suficiente para evitar a contaminação de seus moradores.
d) Os vírus apresentam em seu citoplasma tanto RNA quanto DNA.
e) O fato de haver tantos tipos de vírus da dengue pode ser considerado uma adaptação à defesa imunológica humana.

10. (UNESP) Em 2008, a Secretaria Estadual de Saúde e pesquisadores da Fundação Oswaldo Cruz, ambas do Rio de Janeiro, confirmaram um caso de dengue adquirida durante a gestação. A mãe, que havia adquirido dengue três dias antes do parto, deu à luz uma garotinha com a mesma doença. O bebê ficou internado quase um mês, e depois recebeu alta.

Pode-se afirmar corretamente que esse caso
a) contradiz a hipótese de que a criança em gestação receba, por meio da barreira placentária, anticorpos produzidos pelo organismo materno.
b) contradiz a hipótese de que a dengue é uma doença viral, uma vez que pode ser transmitida entre gerações sem que haja a participação do *Aedes aegypti*.
c) confirma que a dengue é uma doença infecto-contagiosa, que só pode ser transmitida de pessoa para pessoa através de um vetor.
d) demonstra a possibilidade da transmissão vertical, de pessoa para pessoa, através do contato da pessoa sadia com secreções da pessoa doente.
e) demonstra a possibilidade de o vírus da dengue atravessar a barreira placentária, sem que seja necessária a presença de um vetor para sua transmissão.

Questões dissertativas

1. (UFJF – MG – adaptada) A dengue é uma virose que atinge 2,5 bilhões de pessoas no mundo, com mais de 50 milhões de novos casos a cada ano, para a qual ainda não existe vacina. Atualmente, estão sendo feitas pesquisas inovadoras para o combate a essa doença, como:

- desenvolvimento de bactérias que podem bloquear a duplicação do vírus;
- alteração genética de mosquitos machos que, ao cruzar com fêmeas selvagens, geram fêmeas incapazes de voar;
- alterações genéticas nas respostas imunes do mosquito, capazes de matar os parasitas;
- estudos de receptores olfativos em mosquitos transmissores, que podem ser alvos potenciais de ações para repelir, confundir ou atrair o mosquito para armadilhas.

Todavia, a medida mais eficaz ainda é a prevenção, como alerta a campanha "Brasil unido contra a dengue", da Secretaria de Vigilância em Saúde. Para isso, é preciso conhecer o ciclo de vida do parasita e do mosquito transmissor, e suas preferências, além dos modos de transmissão.

a) Por que o doente não deve usar analgésicos à base de ácido acetilsalicílico no combate aos sintomas da dengue?
b) Por que o uso de inseticidas (como o famoso fumacê) e larvicidas não é suficiente para eliminar o mosquito transmissor da dengue?
c) É possível a transmissão por contato direto de um doente ou de suas secreções com uma pessoa sadia, ou por fontes de água ou alimento? Por quê?

2. (UFRN) Tendo completado, neste ano, três décadas da descoberta do vírus da AIDS e de muitas pesquisas sobre essa doença, a produção de uma vacina se mantém como uma esperança ainda não viável. Paradoxalmente, esse vírus tem sido empregado como um instrumento em terapia gênica para o tratamento de outras doenças genéticas, como a talassemia (deficiência de produção de cadeias da hemoglobina) e a adrenoleucodistrofia (distúrbio no metabolismo de ácidos graxos, retratada no filme *O Óleo de Lorenzo*). Ambos os tratamentos foram baseados na utilização do HIV como vetor para a "correção" de genes de células-tronco da medula óssea dos pacientes.

a) Qual é a dificuldade em se desenvolver uma vacina para a AIDS?
b) Quais as diferenças ao se aplicar a terapia gênica utilizando células-tronco e utilizando células somáticas?

3. (UERJ) Recentemente, no Rio de Janeiro, recrutas da Marinha foram contaminados por vírus influenza tipo B. Esse vírus se replica de modo idêntico ao do vírus influenza tipo A, causador da pandemia de gripe suína no ano de 2009.

Cite o tipo de ácido nucleico existente no vírus influenza tipo B e explicite seu mecanismo de replicação.

4. (UEG – GO) A figura representada a seguir refere-se ao *ranking* dos principais municípios goianos com maiores números absolutos de casos de dengue registrados até o mês de março do ano de 2010, segundo informações da Gerência de Vigilância Epidemiológica da Secretaria Estadual de Saúde do estado de Goiás.

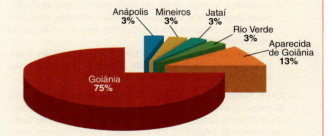

Acerca destas informações, responda ao que se pede:
a) cite dois fatores que explicam a diferença entre a ocorrência de casos em Goiânia com os demais municípios apresentados;
b) explique como se dá a transmissão da dengue.

Programas de avaliação seriada

1. (PSS – UFAL) Infecções virais têm diferentes efeitos sobre o organismo humano de acordo com o acometimento dos órgãos-alvo. Observe a figura abaixo, mostrando possíveis destinos de células infectadas por vírus e dos vírus em si, quando estes são liberados de células infectadas no corpo humano.

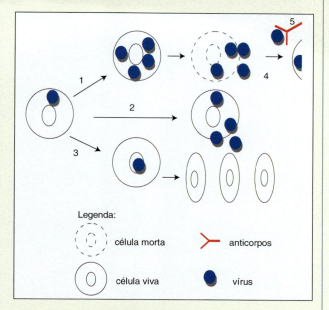

Legenda: célula morta; anticorpos; célula viva; vírus

Sobre esse assunto, é correto afirmar:
a) Vírus que realizam ciclo lítico (1) inserem seu material genético na célula, geralmente levando-a à morte, como o Influenza H1N1, causador da gripe mundial.
b) Vírus que possuem ciclo lisogênico (2) levam a célula à morte ao sair dela, mas somente após um período de latência.
c) A produção de células cancerígenas é comum durante as infecções virais, como ocorre com a infecção causada pelo papilomavírus humano (HPV).
d) Caso um vírus seja muito patogênico, como o HIV, por exemplo, qualquer célula do organismo pode ser infectada por ele (4).
e) Anticorpos neutralizam vírus liberados na corrente sanguínea (5) e dentro de células infectadas.

2. (PEIES – UFSM – RS) Uma mulher está grávida de 4 meses de gêmeos, contrai rubéola ocasionada por um vírus, e seus filhos nascem com problemas, como surdez e retardo mental. Pode-se afirmar, então, que a doença de seus filhos é
a) hereditária e todos os próximos filhos dessa mulher nascerão com os mesmos problemas dos gêmeos.
b) congênita, mas não hereditária, pois foi causada por um agente ambiental.
c) hereditária e congênita ao mesmo tempo, pois a mulher possui genes que causam surdez e retardo mental.
d) hereditária, mas os próximos filhos podem ser normais.
e) de causa ambiental, pois houve mutação no DNA da mãe.

3. (PSIU – UFPI) Os vírus são agentes infecciosos microscópicos com tamanhos entre 20 e 300 nm, constituídos por ácidos nucleicos e proteínas. Diferentemente de todos os seres vivos, eles não apresentam organização celular. Sobre o vírus, é INCORRETO afirmar:
a) As primeiras drogas usadas no combate à infecção pelo HIV eram inibidores da transcriptase reversa, que interrompem o processo de síntese de RNA a partir do DNA viral.
b) Muitas pessoas abrigam vírus em seu corpo e os transmitem direta ou indiretamente a outras pessoas. A hepatite B, o sarampo e a rubéola são exemplos de doenças virais transmitidas pelos seres humanos.
c) Os vírus que atacam plantas podem causar grandes prejuízos à agricultura. Em sua maioria, eles são vírus de RNA de cadeia dupla e têm forma de bastonete.
d) Muitas doenças virais podem ser prevenidas pelo uso de vacinas. As vacinas são preparações feitas à base de vírus previamente mortos e atenuados. Ao entrar em contato com o vírus da vacina, o organismo reage e ativa seu sistema de defesa imunitária.
e) A forma de contágio por vírus varia: alguns podem ser transmitidos por um simples toque, como o do herpes, enquanto outros só se transmitem por meio de secreções, como o da raiva.

4. (PSS – UFAL) Vários métodos contraceptivos são disponíveis nas farmácias ou fornecidos gratuitamente pelo Sistema Único de Saúde (SUS) à população brasileira, e alguns ainda evitam doenças sexualmente transmissíveis. A esse propósito, é correto afirmar que:
a) a transmissão do vírus HIV não é prevenida com o uso de preservativos (camisinha), considerando que os vírus são filtráveis.
b) a sífilis é uma doença viral que pode causar feridas genitais conhecidas como "cancros".
c) a gonorreia provoca secreção purulenta (corrimento) na uretra do homem, mas não na mulher.
d) os papilomavírus humanos geralmente produzem verrugas genitais.
e) a AIDS é uma doença controlada com coquetéis de drogas antivirais; assim, não oferece mais risco de morte.

Unidade 2

Reinos Monera, Protoctista e *Fungi*

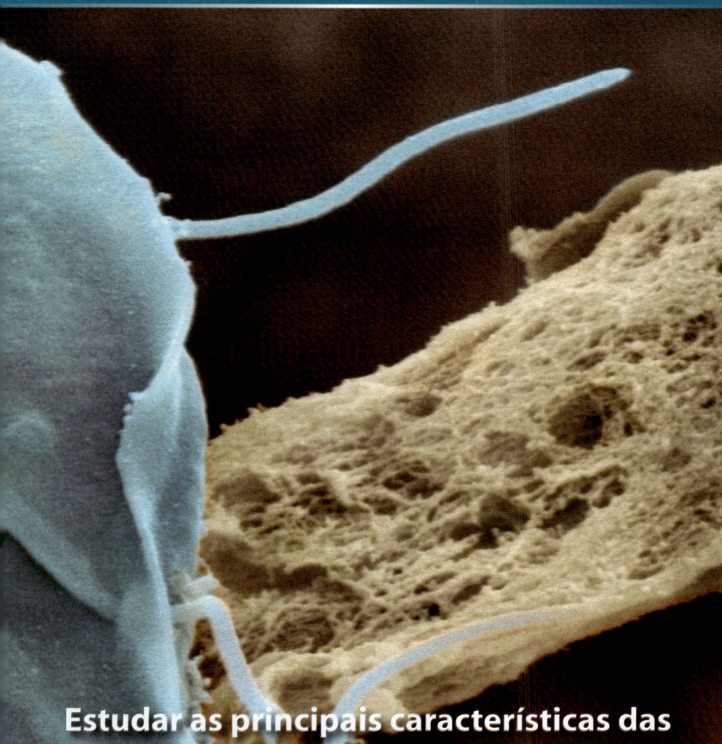

Estudar as principais características das bactérias, cianobactérias, protozoários, algas e fungos é o objetivo desta unidade.

Capítulo 3

O reino Monera

Bactérias que se alimentam de petróleo

O petróleo é um líquido viscoso formado pela mistura de um grande número de compostos, especialmente hidrocarbonetos. Por sua grande importância para a sociedade moderna, também é conhecido como ouro negro – ele é matéria-prima para combustíveis, plásticos, tintas e mais uma infinidade de produtos que podem ser obtidos com seus derivados.

Em geral, seu transporte a longas distâncias é feito por navios petroleiros e, lamentavelmente, alguns grandes desastres ecológicos já ocorreram em virtude de acidentes com esses navios e consequente derramamento de petróleo no mar. Quando isso acontece, um dos desafios é justamente encontrar maneiras de conter o derramamento e limpar a área atingida. A boa notícia é que cientistas descobriram que algumas bactérias apresentam a incrível capacidade de digerir e se alimentar de petróleo: a *Alcanivorax borkumensis*, por exemplo, é uma bactéria em forma de bastonete que apresenta essa característica. Esses microrganismos são relativamente raros em águas não poluídas por petróleo, mas quando algum derramamento acontece, elas conseguem rapidamente dominar o ambiente, auxiliando na degradação do combustível fóssil.

Neste capítulo, vamos estudar as bactérias, esses microrganismos tão interessantes. Veremos que algumas podem nos causar doenças, enquanto outras são importantes para nossa vida.

O reino Monera é formado por **bactérias**, **cianobactérias** e **arqueobactérias** (também chamadas **arqueas**), todos seres muito simples cuja característica mais marcante é o fato de possuírem célula procariótica (sem núcleo diferenciado).

▪ AS BACTÉRIAS

De grande importância para a saúde, para o ambiente e para a economia, as bactérias são encontradas em praticamente qualquer tipo de meio: mar, água doce, solo, ar e, até, no interior de muitos seres vivos. São importantes:

1. em **processos industriais**, como, por exemplo, os lactobacilos, utilizados na indústria de transformação do leite em coalhada;
2. na **decomposição** de matéria orgânica morta. Esse processo é efetuado tanto aeróbia como anaerobiamente;
3. no chamado **ciclo do nitrogênio**, em que atuam em diversas fases, fazendo com que o nitrogênio atmosférico possa ser utilizado pelas plantas;
4. agentes que provocam **doenças** no homem;
5. em **Engenharia Genética** e **Biotecnologia** para a síntese de várias substâncias, entre elas a insulina e o hormônio de crescimento.

A Estrutura das Bactérias

Bactérias são microrganismos unicelulares, procariotos, podendo viver isoladamente ou constituir agrupamentos coloniais de diversos formatos. A célula bacteriana contém os quatro componentes fundamentais a qualquer célula: membrana plasmática, hialoplasma, ribossomos e cromatina (uma molécula de DNA circular, que constitui o único cromossomo bacteriano). A região ocupada pelo cromossomo bacteriano costuma ser denominada de **nucleoide**. Externamente à membrana plasmática existe uma parede celular (membrana esquelética, de composição química específica das bactérias). É comum existirem **plasmídios** – moléculas de DNA não ligado ao cromossomo bacteriano –, espalhados pelo hialoplasma. Plasmídios costumam conter genes para resistência a antibióticos (veja a Figura 3-1).

Algumas espécies de bactérias possuem, externamente à membrana esquelética, outro envoltório, mucilaginoso, chamado de **cápsula**. É o caso dos *pneumococos* (bactérias causadoras de pneumonia). Descobriu-se que a periculosidade dessas bactérias reside na cápsula: em um experimento, ratos infectados com pneumococos sem cápsula tiveram a doença, porém não morreram, enquanto pneumococos capsulados causaram pneumonia letal.

Anote!
Na fabricação de coalhada, a fermentação dos açúcares do leite pelas bactérias leva à produção de ácido láctico. A acidez decorrente dessa produção leva à precipitação das proteínas do leite, conduzindo ao aumento da consistência, típica da coalhada.

Figura 3-1. (a) Cocos (isolados e agrupados), (b) bacilos, (c) espirilo e (d) esquema de célula bacteriana.

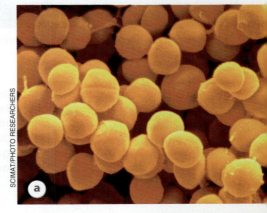
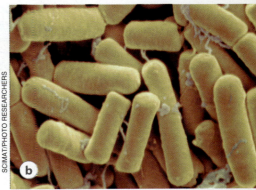
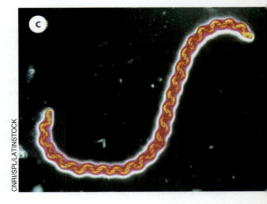
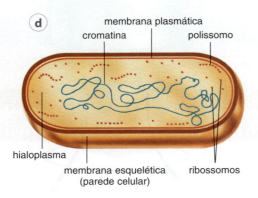

O reino Monera **39**

A Parede Celular das Bactérias

A parede da célula bacteriana, também conhecida como membrana esquelética, reveste externamente a membrana plasmática e é constituída de uma substância química exclusiva das bactérias conhecida como *mureína* (ácido n-acetil murâmico).

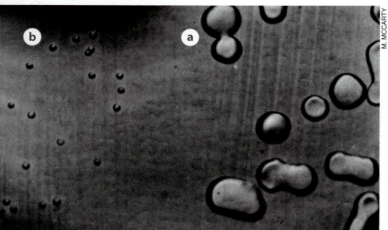

Os pneumococos capsulados (a) são mais perigosos que os sem cápsula (b).

Nas bactérias Gram-positivas (leia "De olho no assunto!" da página seguinte), a parede celular bacteriana é uma espessa camada (15 a 80 nm) de peptidioglicanos (mureína) formada por polissacarídeos complexos existentes apenas em bactérias – N-acetilglucosamina e ácido N-acetilmurâmico –, unidos uns aos outros por polipeptídios. Nas bactérias Gram-negativas, essa camada é menos espessa (10 nm), porém ela é revestida externamente por outra membrana de natureza lipopolissacarídica entremeada por moléculas proteicas, assemelhando-se, assim, à membrana plasmática.

Muitas bactérias são dotadas de flagelos de natureza e origem diferentes em relação às células eucarióticas. Surgem da parede celular, são constituídos da proteína flagelina, possuem comprimento de cerca de 3 a 12 µm e pequena espessura (cerca de 10 a 20 nm).

O filamento de flagelina, intimamente ligado a um ducto proteico, passa por uma espécie de roldana existente na membrana externa e, através de um poro na camada de peptidioglicanos, chega à membrana plasmática (veja a Figura 3-2). Nesta, há proteínas dispostas em anéis, como se fossem rolamentos de esferas. O ducto gira quando o anel proteico interno ligado a ele gira em relação ao anel proteico externo que está fixo na parede celular.

Anote!
Plasmídios bacterianos são utilizados na técnica do DNA recombinante. Por essa técnica, conseguiu-se produzir insulina humana em bactérias.

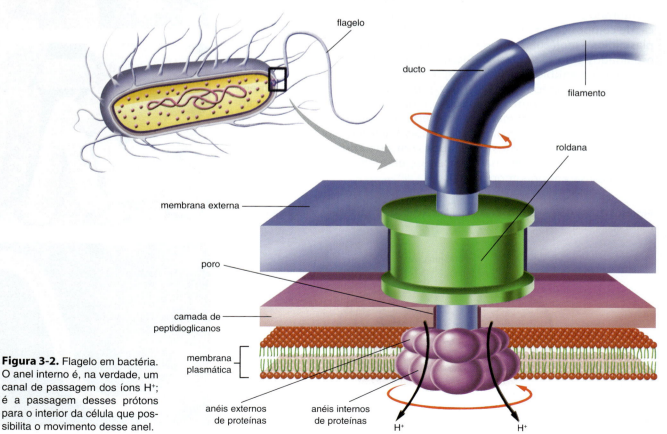

Figura 3-2. Flagelo em bactéria. O anel interno é, na verdade, um canal de passagem dos íons H^+; é a passagem desses prótons para o interior da célula que possibilita o movimento desse anel.

De olho no assunto!

A coloração das bactérias

Em 1884, o médico dinamarquês Christian Gram desenvolveu um corante até hoje utilizado para a separação das bactérias em dois grandes grupos: Gram-positivas e Gram-negativas. As Gram-positivas, devido às características típicas de sua parede celular (veja a figura abaixo), retêm o corante de Gram, o que não ocorre com as Gram-negativas.

Considera-se que as bactérias patogênicas (causadoras de doenças) mais agressivas são as Gram-negativas, em razão da natureza tóxica da parede lipopolissacarídica que as reveste, além de serem mais resistentes aos antibióticos utilizados para o seu combate. Por outro lado, o antibiótico *penicilina* é indicado principalmente para o combate de infecções causadas por bactérias Gram-positivas, uma vez que interfere na formação da parede celular. Sem a proteção conferida pela parede celular, essas bactérias não conseguem sobreviver e acabam por estourar em meios hipotônicos.

Nem toda bactéria é reconhecida por meio do método de Gram. É o caso da bactéria causadora da tuberculose, conhecida como *Mycobacterium tuberculosis*, cujo reconhecimento em exames de laboratório depende da utilização de métodos de coloração mais sofisticados que os de Gram.

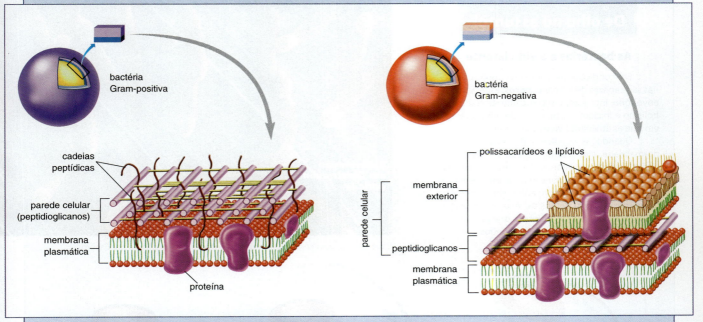

Em virtude da estrutura da parede bacteriana, as bactérias, quando submetidas à coloração pelo método de Gram, apresentam respostas diferentes.

A Diversidade Metabólica das Bactérias

Se há um grupo de seres que apresenta grande diversidade metabólica, certamente é o das bactérias. Existem espécies heterótrofas e espécies autótrofas. Entre as primeiras, destacam-se as parasitas, as decompositoras de matéria orgânica e as que obtêm matéria orgânica de outros seres vivos, com os quais se associam, sem prejudicá-los. Entre as autótrofas, existem espécies que produzem matéria orgânica por fotossíntese e outras que a produzem por quimiossíntese.

As bactérias heterótrofas

As bactérias **parasitas** são as que, por meio de inúmeros mecanismos, agridem outros seres vivos para a obtenção de alimento orgânico e causam inúmeras doenças. As **decompositoras** (frequentemente denominadas de *sapróvoras*, *saprofíticas* ou *saprofágicas*) obtêm o alimento orgânico recorrendo à decomposição da matéria orgânica morta e são importantes na reciclagem dos nutrientes minerais na biosfera. As que vivem associadas a outros seres vivos são denominadas de **simbiontes** e não agridem os parceiros. É o caso das bactérias encontradas no estômago dos ruminantes (bois, cabras), que se nutrem da celulose ingerida por esses animais, fornecendo, em troca, aminoácidos essenciais para o metabolismo proteico deles.

O reino Monera   **41**

Muitas bactérias heterótrofas são **anaeróbias obrigatórias**, como o bacilo do tétano. São bactérias que morrem na presença de oxigênio. Nesse caso, a energia dos compostos orgânicos é obtida por meio de fermentação. As **anaeróbicas facultativas**, por sua vez, vivem tanto na presença como na ausência de oxigênio. Outras espécies só sobrevivem em presença de oxigênio – são as **aeróbias obrigatórias**. Um curioso grupo de bactérias é o que realiza a **respiração anaeróbia**. Nessa modalidade de metabolismo energético existem todas as etapas típicas da respiração celular. Muda apenas o aceptor final de elétrons na cadeia respiratória. No lugar do oxigênio, essas bactérias utilizam nitrato, nitrito ou sulfato, obtendo, no final, praticamente o mesmo rendimento energético verificado na respiração celular aeróbia. É o que ocorre com as **bactérias desnitrificantes**, que participam do ciclo do nitrogênio na natureza. Nelas, o aceptor final de elétrons é o nitrato.

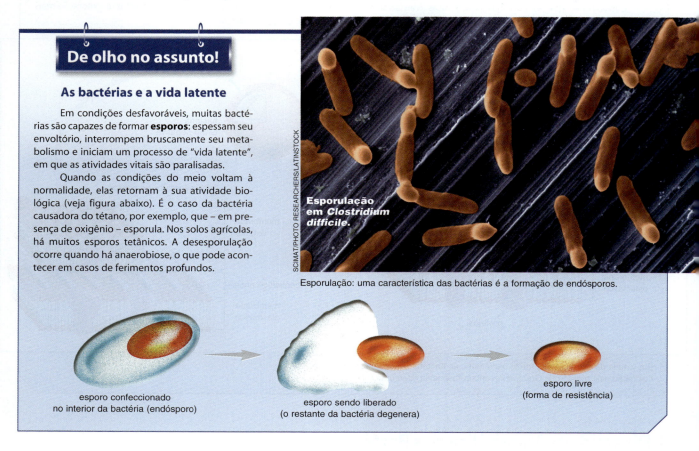

De olho no assunto!

As bactérias e a vida latente

Em condições desfavoráveis, muitas bactérias são capazes de formar **esporos**: espessam seu envoltório, interrompem bruscamente seu metabolismo e iniciam um processo de "vida latente", em que as atividades vitais são paralisadas.

Quando as condições do meio voltam à normalidade, elas retornam à sua atividade biológica (veja figura abaixo). É o caso da bactéria causadora do tétano, por exemplo, que – em presença de oxigênio – esporula. Nos solos agrícolas, há muitos esporos tetânicos. A desesporulação ocorre quando há anaerobiose, o que pode acontecer em casos de ferimentos profundos.

Esporulação em *Clostridium difficile*.

Esporulação: uma característica das bactérias é a formação de endósporos.

esporo confeccionado no interior da bactéria (endósporo) → esporo sendo liberado (o restante da bactéria degenera) → esporo livre (forma de resistência)

As bactérias autótrofas

Fotossintetizantes

Nas bactérias que realizam fotossíntese, a captação da energia solar fica a cargo de uma clorofila conhecida como *bacterioclorofila*.

A partir da utilização de substâncias simples do meio, ocorre a síntese do combustível biológico. De maneira geral, não há liberação de oxigênio. Como exemplo, podemos citar as bactérias sulfurosas do gênero *Chlorobium*, que efetuam esse processo com a utilização de H_2S e CO_2, segundo a equação:

$$2\ H_2S + CO_2 + luz \xrightarrow{bacterioclorofila} (CH_2O) + 2\ S + H_2O$$

Note que é o gás sulfídrico, e não a água, que atua como fornecedor dos hidrogênios que servirão para a redução do gás carbônico. Não há liberação de oxigênio. O enxofre permanece no interior das células bacterianas sendo, posteriormente, eliminado para o meio em que vivem esses microrganismos, em geral fontes sulfurosas. Nesse processo, CH_2O representa a matéria orgânica produzida.

Quimiossíntese: uma alternativa

A quimiossíntese é um processo efetuado por um pequeno número de espécies de bactérias, que se utilizam do gás carbônico para a produção do seu combustível biológico. A energia necessária para a síntese da matéria orgânica é proveniente de reações químicas inorgânicas liberadoras de energia. Como exemplo, podemos citar as bactérias do gênero *Nitrosomonas*, que oxidam a amônia segundo a equação:

$$2\ NH_3 + 3\ O_2 \rightarrow 2\ HNO_2 + 2\ H_2O + \text{energia}$$

A energia liberada é canalizada para a produção de compostos orgânicos, que atuarão como combustíveis biológicos.

Veja, portanto, que o nome *quimiossíntese* é aplicado para a *síntese de matéria orgânica com utilização da energia proveniente de uma reação química inorgânica* (*quimio* sugere a fonte de energia utilizada; *síntese*, fabricação ou produção). É um processo que não utiliza a luz solar e, consequentemente, nem a clorofila.

Um caso curioso é o representado pela versátil bactéria *Beggiatoa sp.* Algumas linhagens podem viver de modo autotrófico por meio da utilização da energia gerada pela oxidação de compostos inorgânicos (por exemplo, o H_2S), para a síntese de compostos orgânicos. No entanto, outras variedades recorrem ao heterotrofismo e obtêm energia por meio da oxidação de compostos orgânicos.

> *Anote!*
> Nas grandes profundidades oceânicas, existem verdadeiras "chaminés" – as *fontes hidrotermais* – que constituem ecossistemas submersos. O sulfeto de hidrogênio emitido por essas fontes é oxidado por certas espécies de bactérias autótrofas, que, por quimiossíntese, obtêm energia para a sua sobrevivência. Inúmeros animais, muitos dos quais são simbiontes com as bactérias, obtêm alimento direta ou indiretamente produzido pelos microrganismos.

As bactérias super-resistentes

Acredita-se que, antes da descoberta dos antibióticos, de cada 10 pessoas acometidas por infecção grave, 8 morriam. Essas substâncias trouxeram um grande alívio, uma vez que com sua descoberta se supôs que o homem finalmente dispunha de "balas mágicas" para combater qualquer tipo de bactéria causadora de doença.

No entanto, logo surgiriam relatos de resistência bacteriana aos antibióticos.

Uma das mais conhecidas bactérias causadoras de infecção hospitalar, o *Staphylococcus aureus*, apresenta resistência múltipla a vários antibióticos, exceto à vancomicina, uma droga de última geração de combate à bactéria.

A situação é preocupante porque bactérias conhecidas como *Enterococcus*, aparentadas ao *S. aureus*, já apresentam resistência até mesmo à vancomicina e podem transferir o gene para resistência ao *S. aureus*.

Para muitos cientistas, a situação lembra uma corrida: os antibióticos partiram na frente das bactérias, sofreram algumas ultrapassagens, voltaram eventualmente à dianteira, mas estão ficando para trás neste começo de século. Será que a batalha contra as bactérias poderá ser um dia vencida? A transmissão de resistência por métodos de recombinação em bactérias constitui uma séria ameaça e nos deve fazer refletir cada vez mais sobre a necessidade de usar corretamente os antibióticos.

O mecanismo de ação dos antibióticos

Entre os antibióticos utilizados no tratamento de infecções bacterianas, destacam-se os que impedem a síntese da parede bacteriana (penicilina), os que atuam na membrana plasmática (polimixina), os que inibem a síntese proteica das bactérias (tetraciclina e cloranfenicol), os que provocam a síntese de proteínas defeituosas (aminoglicosídeos), os que agem nos ácidos nucleicos bacterianos (rifampicina e quinolona) e os que interferem nas reações metabólicas, atuando como competidores de substâncias normalmente utilizadas pelas bactérias (sulfamídicos).

Riquétsias, clamídias e micoplasmas: bactérias simples

Existem microrganismos que podem ser considerados limítrofes entre as bactérias e os vírus. Muitos são causadores de sérias doenças no homem. Na Tabela 3-1 a seguir, fazemos um resumo das características desses microrganismos, enfatizando o seu tamanho e as doenças que provocam na espécie humana.

Tabela 3-1. Principais características das doenças causadas por riquétsias, clamídias e micoplasmas.

Grupo	Características
Riquétsias	Parasitas intracelulares muito pequenos: 1 mm de comprimento por 0,3 μm de diâmetro. Possuem parede celular. Não crescem em meios de cultura artificiais, somente no interior de células. Provocam tifo (são transmitidas por piolhos) e febre maculosa (transmitida por carrapatos). Prováveis causadoras das "pestes" do passado.
Clamídias	Parasitas intracelulares obrigatórios. Possuem parede celular e o diâmetro não passa de 0,5 μm. Causadores de tracoma (doença que afeta os olhos, podendo provocar cegueira) e pneumonias. Por provocarem doenças venéreas, são consideradas sexualmente transmissíveis.
Micoplasmas (também conhecidas como PPLO, do inglês *Pleuropneumonia Like Organisms*)	As menores células atualmente conhecidas. Os micoplasmas foram descobertos a partir da análise de casos de pleuropneumonia bovina. Não ultrapassam 0,2 μm de diâmetro. Não possuem parede celular. Possuem menos da metade de todo o DNA existente em outros procariotos. O DNA desses seres é capaz de codificar apenas a síntese de substâncias absolutamente essenciais para a sua sobrevivência. Atuam como parasitas intracelulares obrigatórios de plantas e animais. No homem, são causadores de pneumonias. Por não possuírem parede celular, não são atacados pela penicilina.

Leitura

O "microbioma" humano

Acredita-se que a massa de bactérias que vivem na superfície ou no interior do corpo dos seres humanos chegue a incríveis 1,25 kg! Nosso corpo serve de residência para bilhões de bactérias, muitas delas úteis.

Fonte: AINSWORTH, C. I am legion. *New Scientist,* London, n. 2.812, p. 44, 14 May, 2011.

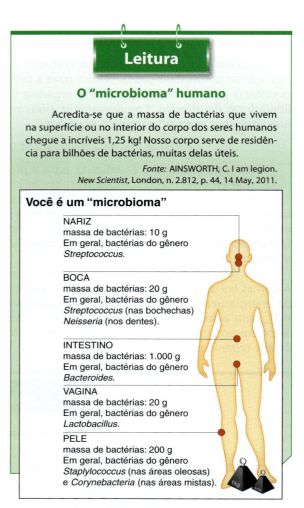

Você é um "microbioma"

NARIZ
massa de bactérias: 10 g
Em geral, bactérias do gênero *Streptococcus*.

BOCA
massa de bactérias: 20 g
Em geral, bactérias do gênero *Streptococcus* (nas bochechas) *Neisseria* (nos dentes).

INTESTINO
massa de bactérias: 1.000 g
Em geral, bactérias do gênero *Bacteroides*.

VAGINA
massa de bactérias: 20 g
Em geral, bactérias do gênero *Lactobacillus*.

PELE
massa de bactérias: 200 g
Em geral, bactérias do gênero *Staphylococcus* (nas áreas oleosas) e *Corynebacteria* (nas áreas mistas).

Reprodução e Recombinação Gênica nas Bactérias

A reprodução **assexuada** nas bactérias ocorre por **divisão binária**: a célula bacteriana divide-se em duas por *amitose*. É um processo que ocorre rapidamente: em condições favoráveis, uma bactéria produz duas em cerca de 20 minutos. A separação dos cromossomos-irmãos conta com a participação de *mesossomos*, pregas internas da membrana plasmática nas quais existem também as enzimas participantes da maior parte da respiração celular. Repare que não existe a formação de fuso de divisão nem de figuras clássicas e típicas de mitose. Logo, não é mitose (veja a Figura 3-3).

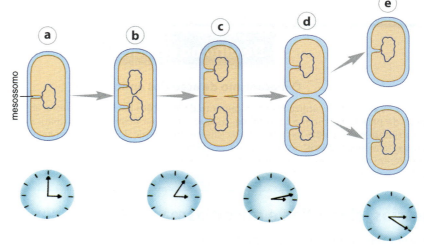

Figura 3-3. (a) Amitose em bactérias, caracterizando a divisão binária. Em (b) ocorreu duplicação do mesossomo e da cromatina. A divisão da célula (c-d) completa-se após 20 minutos (e).

Em bactérias, os processos de recombinação gênica* são relativamente comuns. Há três processos conhecidos: **conjugação**, **transdução** e **transformação**.

---

*Alguns autores ainda consideram essas modalidades de recombinação como processos de reprodução sexuada.

Conjugação

Na conjugação, ocorre a passagem de um pedaço de DNA – muitas vezes plasmidial – de uma bactéria para outra, através de um canal de comunicação (pili) que se forma entre elas por fusão de suas paredes em determinado ponto. O DNA transferido incorpora-se ao cromossomo da bactéria receptora (veja a Figura 3-4). Essa bactéria, agora com novos genes, divide-se e origina uma população com novas características.

> *Anote!*
> A conjugação é um dos processos de transferência de genes entre as bactérias e que gera variabilidade e a possibilidade de resistência a antibióticos.

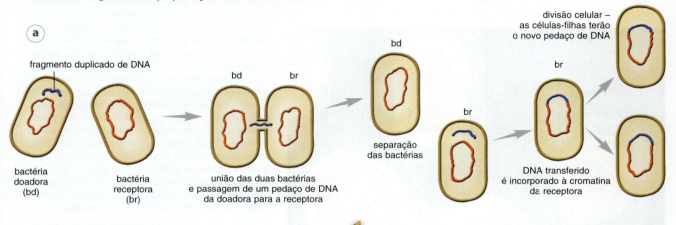

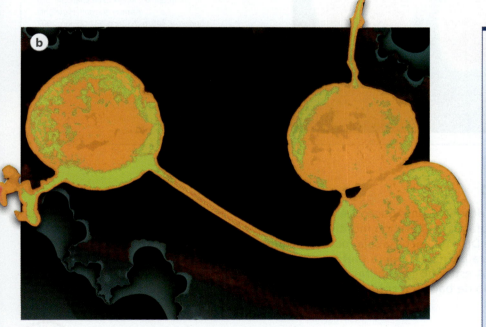

Figura 3-4. (a) Esquema de conjugação bacteriana. De modo geral, são transferidos fragmentos de plasmídios. (b) Microscopia eletrônica de transmissão mostrando conjugação na bactéria *Neisseria gonorrhoeae*, causadora da gonorreia (doença sexualmente transmissível). Note o pili sexual, por meio do qual ocorre a transferência do fragmento de material genético.

De olho no assunto!

Entre bactérias, é comum a transferência de genes. Tal mecanismo, denominado de **transferência lateral de genes**, parece ocorrer também entre bactérias e seres pluricelulares. Cientistas relataram a descoberta de transferência lateral de DNA de bactérias da espécie *Wolbachia pipientis* para a mosca-das-frutas *Drosophila ananassae*. Provavelmente, essa transferência deve proporcionar alguma vantagem para a sobrevivência da mosca. Essa descoberta nos faz lembrar a história relativa à provável origem bacteriana de mitocôndrias e cloroplastos (hipótese endossimbiótica).

Fonte: HOTCP, J. C. et al. Widespread lateral gene transfer from intracellular bacteria to multicellular eukaryotes. *Disponível em:* <http://www.scienceexpress.org>. *Acesso em:* 18 abr. 2012.

De olho no assunto!

A bactéria KPC⁺

Surgiu nos EUA no ano de 2000. Está presente no intestino humano, no solo e em alimentos. Recentemente, a bactéria *Klebsiella pneumoniae carbapenemase*, mais conhecida como KPC⁺, ganhou destaque por ser uma espécie multirresistente a antibióticos. Essa variedade é provavelmente uma bactéria mutante, cujo gene para a resistência a antibióticos está localizado em plasmídios. A ação do gene consiste em codificar a síntese de enzimas capazes de anular o efeito de antibióticos. É preocupante destacar que a variedade é capaz de passar o plasmídio, na conjugação, para outras bactérias, até de espécies diferentes. No Brasil, alguns casos de infecções fatais por essa variedade resistente de bactéria já foram registrados.

De olho no assunto!

A toxina do SARM

Pesquisadores descreveram uma toxina – chamada de leucocidina – secretada por algumas linhagens da ameaçadora bactéria *Staphylococcus aureus* resistente ao antibiótico meticilina (SARM, **S**taphylococcus **a**ureus **R**esistente à **M**eticilina, veja foto abaixo). Essas linhagens causam uma forma grave de pneumonia e são encontradas tanto em hospitais (infecção hospitalar) como fora deles. A toxina estimula a expressão de duas outras proteínas bacterianas: uma delas promove inflamação e a outra aumenta a capacidade de adesão das bactérias nos órgãos lesados das vias aéreas inferiores.

O receio dos cientistas é que essas linhagens propaguem o gene responsável pela produção da toxina. Isso pode ocorrer por **conjugação** (veja novamente a Figura 15-3). A conjugação é um mecanismo de *recombinação gênica*, gerando variabilidade. Como vimos, nesse processo duas bactérias se aproximam e uma delas, através de uma ponte de conexão (**pili**), transfere genes – *de modo geral plasmidiais* – para a outra. Por meio desse mecanismo ocorre a passagem de genes – muitos deles relacionados à resistência a antibióticos.

Adaptado de: MRSA toxin characterized. *Nature, Research Highlights,* London, v. 445, n. 7.126, p. 342, 25 Jan. 2007.

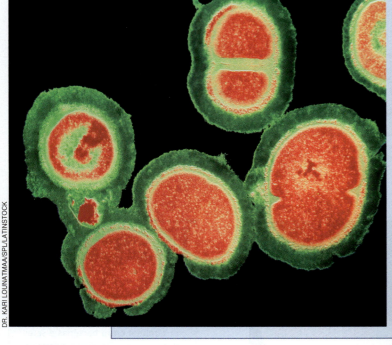

Bactérias do gênero *Staphylococcus*, resistentes à meticilina, vistas ao microscópio eletrônico de transmissão (imagem colorida artificialmente). Podem-se ver algumas delas em divisão.

Transdução

Modalidade de recombinação gênica que depende da "ajuda" de um vírus. Quando novos bacteriófagos estão sendo montados no interior de uma bactéria, pode acontecer que um pedaço de DNA da bactéria seja montado com o DNA viral. Esse vírus, parasitando posteriormente outra bactéria, poderá efetuar a transferência do DNA estranho para a nova bactéria. Esse DNA estranho incorpora-se ao cromossomo bacteriano e, assim, pode ser gerada uma população de bactérias com características genéticas novas (veja a Figura 3-5).

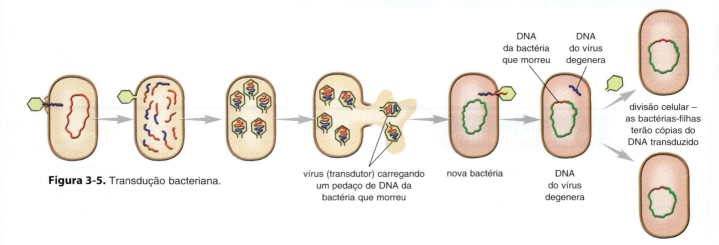

Figura 3-5. Transdução bacteriana.

Transformação

Pedaços de DNA estranhos, existentes no meio, entram nas bactérias e se incorporam à cromatina. Esse processo ocorre espontaneamente na natureza, podendo ser constatado de forma experimental: ao meio de cultivo em que estão crescendo bactérias são adicionados pedaços de DNA estranhos; esses fragmentos de DNA penetram nas bactérias, incorporam-se aos cromossomos e condicionam novas características genéticas à população bacteriana (veja a Figura 3-6).

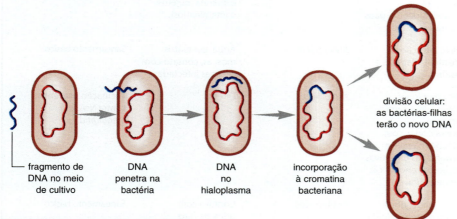

Figura 3-6. Transformação bacteriana.

Anote!
Os processos de recombinação gênica em bactérias geram variabilidade.
A transmissão de resistência bacteriana a antibióticos está cada vez mais relacionada às trocas de genes durante esses eventos.

Tecnologia & Cotidiano

Bactéria "sintética"?

Cientistas norte-americanos relataram a criação da bactéria "sintética" *Mycoplasma mycoides*. Produziram o DNA dessa bactéria em laboratório, utilizando dados gerados em computador. Em seguida, transplantaram esse DNA para o hialoplasma de outra bactéria, *Mycoplasma capricolum*, cujo DNA foi previamente removido. Resultado: o DNA da "nova" *Mycoplasma mycoides*, considerada bactéria "sintética", passou a comandar as estruturas hialoplasmáticas da receptora. E mais: houve multiplicação das "novas" bactérias, gerando um clone em poucas horas, com as características genéticas derivadas do DNA transplantado. Nas palavras dos cientistas, "o software existente no DNA construiu o seu próprio hardware". Quer dizer, a informação genética foi a do DNA transplantado. Já a nova "máquina", quer dizer, a célula receptora, passou a ser denominada de "sintética", embora preexistente.

E qual o interesse desse tipo de pesquisa? Para os pesquisadores, no futuro, com essa técnica, espera-se programar geneticamente microrganismos para a produção de vacinas, medicamentos e, quem sabe, biocombustíveis.

Fonte: GIBSON, D. G. et al. Creation of a Bacterium Cell Controlled by a Chemically Synthesized Genome. *Science*, London, v. 329, p. 52, 2 July 2010.

Doenças Provocadas por Bactérias

A Tabela 3-2 relaciona as principais doenças bacterianas que você precisa conhecer. Entre elas, as doenças seculares, como tétano, gonorreia, sífilis e tuberculose, que ainda são muito frequentes. Cólera e leptospirose são doenças associadas a locais de precárias condições sanitárias. Água e alimentos contaminados podem favorecer a ocorrência de salmonelose e botulismo. A meningite meningocócica (epidêmica) é causada por uma bactéria extremamente agressiva e comum em ocasiões de temperatura ambiental baixa e em locais de grandes aglomerados humanos. Ao consultar a tabela, valorize os mecanismos de transmissão e a prevenção.

Tabela 3-2. Principais doenças causadas por bactérias.

Doença	Agente causador	Sinais e sintomas	Tratamento	Transmissão	Prevenção
Tuberculose	*Mycobacterium tuberculosis*	Afeta pulmões (cavernas), rins, intestinos, ossos.	Cura total com antibióticos.	Tosse, saliva, expectoração. Leite de vaca contaminado.	Vacina BCG.
Hanseníase (lepra)	*Mycobacterium leprae*	Afeta pele (lesões variáveis, com alterações na sensibilidade) e órgãos viscerais.	Cura total com vários medicamentos.	Direta (contato com lesões, muco nasal) e indireta (objetos contaminados).	Educação sanitária.
Cólera	*Vibrio cholerae*	Grave infecção intestinal, diarreias e desidratação.	Antibióticos.	Água, alimentos, moscas, contato com pessoas infectadas.	Saneamento básico.
Meningite meningocócica (epidêmica)	*Neisseria meningitidis* (o agente mais frequente)	Afeta meninges. Provoca septicemia (infecção generalizada), com manchas na pele e hemorragias digestivas etc. Lesões encefálicas (sequelas graves).	Antibióticos.	Direta.	Vacinação preventiva contra *Neisseria meningitidis*.
Leptospirose	*Leptospira interrogans* e *Leptospira biflexa*	Afeta fígado, rins e provoca icterícia (pele amarelada).	Antibióticos.	Contato com urina de rato contaminada.	Saneamento básico.
Gonorreia (blenorragia)	*Neisseria gonorrhoeae*	Pus espesso e amarelado na uretra.	Antibióticos.	Contato sexual.	Evitar contato com pessoas contaminadas.
Sífilis	*Treponema pallidum*	Primeira manifestação: cancro duro. Depois, lesões progressivas na pele e nos sistemas nervoso e circulatório.	Antibióticos.	Contato sexual. Contaminação do feto por passagem de bactérias pela placenta.	Evitar contato com pessoas contaminadas.
Botulismo	*Clostridium botulinum*	A toxina afeta o sistema nervoso e a musculatura estriada (provoca relaxamento muscular). A bactéria é anaeróbia obrigatória.	Lavagem gástrica, purgativos. Soro antibotulínico. Antibióticos. Assistência respiratória.	Adquirida por ingestão de alimentos enlatados contaminados com toxina botulínica.	Cuidados na conservação de alimentos; recusar latas de conservas abauladas e com odores suspeitos.
Tétano	*Clostridium tetani*	Afeta a musculatura estriada. Toxina tetânica liberada pela bactéria (que é anaeróbia) em ferimentos profundos. Contração violenta e generalizada de músculos estriados.	Sedativos, relaxantes musculares, antibióticos, soro antitetânico.	Ferimentos profundos causados por objetos contaminados por esporos tetânicos. Tétano umbilical por contaminação da área de corte do cordão umbilical.	Presente normalmente nas fezes de cavalo: cuidados na manipulação do esterco. Cuidado com locais onde existem esporos tetânicos. Ferrugem, isoladamente, não provoca tétano. Vacinação antitetânica.
Febre maculosa	*Rickettsia ricketsii*	Hemorragias na pele com manchas (máculas), febre, dor de cabeça, confusão mental.	Antibióticos.	Picada do carrapato-estrela (*Amblyomma cajennense*).	Evitar contato com carrapatos.
Salmonelose (gastrenterite aguda)	*Salmonella typhimurium*	Náuseas, vômitos, diarreia líquida, dor abdominal, febre.	Correção da desidratação. Antibióticos apenas em casos graves.	Alimentos (ovos) e água contaminados.	Beber água tratada. Lavar as mãos. Não ingerir ovos crus ou mal cozidos.
Peste bubônica	*Yersinia pestis*	Febre, calafrios, bubão (inchaço de nódulos linfáticos da região inguinal). Existe fase pulmonar e sistêmica.	Antibióticos.	Picada de pulgas *Xenopsylla brevis* (que vivem em ratos).	Controle da população de roedores (ratos).

De olho no assunto!

Helicobacter pylori e úlcera estomacal

Em 1984, o jovem médico australiano Barry Marshall engoliu uma solução de bactérias. Ele queria provar que essas bactérias eram causadoras de úlcera estomacal. Já em 1981, o patologista Robin Warren havia detectado a presença delas em pacientes acometidos de úlcera no estômago. Marshall queria confirmar a hipótese de que a *Helicobacter pylori* era realmente a causadora da doença. Hoje, sabe-se que aproximadamente metade da população humana abriga essa bactéria em seus estômagos, muito embora uma pequena quantidade desenvolva a doença. A descoberta e a confirmação do médico australiano contribuíram para aliviar o sofrimento de milhares de pessoas, que, tratadas com antibióticos específicos, veem-se livres da bactéria causadora de úlcera em seres humanos.

Fonte: Le PAGE, M. A cure for ulcers. *New Scientist*, London, p. 39, 11 Sept. 2010.

Tecnologia & Cotidiano

Nova vacina contra a meningite

Pesquisadores desenvolveram uma nova vacina contra a meningite, agora contra a meningite do tipo B. As vacinas até então existentes imunizavam contra as meningites dos tipos A e C. Os antígenos existentes nessas duas vacinas eram correspondentes a açúcares encontrados na parede celular do meningococo, a *Neisseria meningitidis*. Na nova vacina, os antígenos são proteínas encontradas na membrana plasmática do agente causador.

Testes clínicos realizados no Chile mostraram que duas doses da nova vacina resultaram em proteção de quase 100%. É uma boa notícia referente a uma doença infecciosa extremamente agressiva, que, se não tratada adequadamente com antibióticos, pode resultar na morte do portador das bactérias. O melhor remédio é a prevenção, representada pela nova vacina imunizante.

▪ AS CIANOBACTÉRIAS

Extremamente parecidas com as bactérias, as cianobactérias são também procariontes. São todas autótrofas fotossintetizantes, mas suas células não possuem cloroplastos. A clorofila, do tipo *a*, fica dispersa pelo hialoplasma e em lamelas fotossintetizantes, que são ramificações da membrana plasmática.

Além da clorofila, possuem outros pigmentos acessórios, como os *carotenoides* (pigmentos semelhantes ao caroteno da cenoura), a *ficoeritrina* (um pigmento de cor vermelha, típico das cianobactérias encontradas no Mar Vermelho) e a *ficocianina* (um pigmento de cor azulada, que originou o nome das cianobactérias, anteriormente denominadas "algas azuis"). Elas vivem no mar, na água doce e em meio terrestre úmido (veja a Figura 3-7).

Há espécies que possuem células isoladas e outras que formam colônias de diferentes formatos.

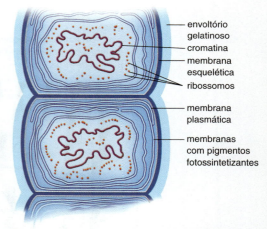

Figura 3-7. Esquema de células de cianobactéria, ampliado e baseado em fotografia feita ao microscópio eletrônico.

Duas espécies de cianobactérias filamentosas vistas ao microscópio eletrônico de varredura: *Microcoleus* (mais larga) e *Anabaena* (suas células formam um "colar de contas"). Na *Anabaena*, algumas células deixam de realizar fotossíntese, especializando-se no processo de fixação de nitrogênio.

Anote!

Nas cianobactérias existem os carboxissomos, ou seja, microcompartimentos citoplasmáticos armazenadores de íons bicarbonato, decorrentes da reação de gás carbônico com água. Sob a ação da enzima anidrase carbônica, íons bicarbonato são convertidos em gás carbônico, facilitando a ocorrência de fotossíntese.

Fonte: HOLMES, B. Billion-year upgrade. *New Scientist*, London, p. 43, 19 Feb. 2011.

De olho no assunto!

Microcistina é uma toxina produzida pela cianobactéria *Microcystis aeruginosa*, cuja população costuma aumentar em lagoas, represas e estuários poluídos. Sua presença na água de consumo é revelada por um odor característico e desagradável. A toxina é liberada ao ocorrer lise das cianobactérias. É extremamente tóxica para animais e para populações humanas que utilizam as águas daqueles locais para pesca e lazer. Causa irritação da pele, lesões no fígado (hepatotóxica) e no sistema nervoso (neurotóxica).

A Reprodução nas Cianobactérias

Anote!
Desconhece-se, atualmente, a ocorrência de reprodução sexuada entre as cianobactérias.

Nas cianobactérias unicelulares, a reprodução assexuada dá-se por **divisão binária** da célula. Nas espécies filamentosas, é comum a ocorrência de fragmentação do filamento, produzindo-se vários descendentes semelhantes geneticamente uns aos outros. A esses fragmentos contendo muitas células dá-se o nome de **hormogônios**.

De olho no assunto!

A fixação de nitrogênio nas cianobactérias

Assim como algumas espécies de bactérias, as cianobactérias também são capazes de fixar nitrogênio atmosférico.

Em muitas plantações de arroz (como a da foto), a água em que os pés de arroz crescem (lugares brejosos) fica repleta de cianobactérias. Os compostos nitrogenados por elas produzidos fertilizam a água e são aproveitados pelas plantas de arroz.

▪ AS ARQUEOBACTÉRIAS E SEU INCRÍVEL MODO DE VIVER

Viver em *condições extremas*, altamente específicas, é o hábito de inúmeras espécies de arqueobactérias. Comparadas às eubactérias, as arqueobactérias apresentam diferenças na natureza da parede celular, na composição gênica, no metabolismo e abrangem as:

▪ **halófilas extremas** (do grego, *halós* = sal + *philos* = amigo), também chamadas de halobactérias, que vivem em ambientes de alta salinidade, típicos das salinas decorrentes da evaporação da água do mar. Em ambientes artificialmente salgados (molhos e carnes salgadas) também pode haver halobactérias. Algumas espécies contêm um pigmento proteico; a maioria é aeróbia, mas algumas espécies são *quimiorganotróficas* (utilizam aminoácidos, ácidos orgânicos e açúcares para a obtenção de energia). A bactéria *Halobacterium salinarum* utiliza o pigmento *bacteriorodopsina* para a produção de ATP, com a utilização de luz solar;

- **termófilas** (do grego, *thermós* = quente) e **acidófilas extremas**, que são as que vivem em ambientes de temperatura elevada (até cerca de 113 °C!) ou em meios extremamente ácidos (até em pH próximo de zero!). Muitas espécies são *quimiolitotróficas* (quimiossintetizantes) e utilizam sais de ferro ou de enxofre para a obtenção de energia;
- **metanogênicas** (do grego, *génesis* = geração), que são as produtoras de metano. Vivem em aterros sanitários, fontes hidrotermais, plantações de arroz e no tubo digestório de bois, cavalos, cupins e do homem. São heterótrofas, anaeróbias obrigatórias, comuns em ambientes anóxicos ricos em matéria orgânica, que é convertida em metano.

Ética & Sociedade

As bactérias que podem ajudar...

A bactéria *Streptomyces hygroscopicus*, encontrada no solo da Ilha de Páscoa, é responsável pela produção da rapamicina. Essa droga, originalmente desenvolvida para o tratamento de micoses, já foi utilizada em transplantes de órgãos e ficou, posteriormente, conhecida como capaz de prolongar a vida em cerca de 14%. Ela age inibindo um mecanismo chamado mTOR, responsável, entre outras coisas, pelo envelhecimento das células. O uso da substância, entretanto, deve ser realizado com extrema cautela, pois causa significativo enfraquecimento do sistema imunológico.

Como são altos os lucros da indústria farmacêutica com medicamentos que retardam o envelhecimento, o interesse na droga aumentou e, quando os cientistas acreditavam ter descoberto todas as possibilidades de utilização da droga, ela se mostrou como a primeira possibilidade de tratamento para a *progéria*, rara doença que faz com que as crianças envelheçam muito rapidamente.

- Imagine que a rapamicina fosse capaz de prolongar a vida sem causar problemas no sistema imunológico. Que tipo de efeito em nossa sociedade poderia ser percebido se a maioria das pessoas tivesse sua vida prolongada em 14%?

Passo a passo

Utilize a ilustração a seguir, que representa o esquema genérico de uma célula bacteriana, para responder às questões 1 e 2.

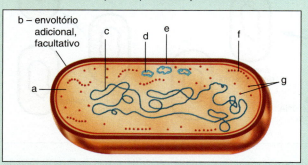

1. a) Reconheça as estruturas apontadas pelas setas. Por que se diz que o esquema ilustrado é o de uma célula procariótica?
   b) Que denominação recebe a região ocupada pelo material genético principal da célula bacteriana? Quais os quatro componentes fundamentais presentes na célula bacteriana e em qualquer outra célula de ser vivo?

2. A bactéria representada no esquema possui formato alongado, enquanto outras bactérias são esféricas. Em ambos os casos, podem ser encontradas bactérias isoladas ou agrupadas, formando diferentes tipos de colônia. O reconhecimento da espécie de bactéria causadora de determinada doença é fundamental para o sucesso do tratamento instituído, no caso de uma infecção bacteriana. Considerando as informações do texto, responda:
   a) Como são denominados os dois tipos básicos de célula bacteriana, considerando o formato (alongado ou esférico) por ela apresentado?
   b) Qual o significado dos termos Gram-positiva e Gram-negativa, relativamente ao reconhecimento do tipo de bactéria causadora de uma infecção?

Utilize as informações do texto a seguir e os seus conhecimentos sobre o assunto para responder às questões 3 a 5.

Se há um grupo de seres vivos que apresenta grande diversidade metabólica, certamente é o das bactérias. Existem espécies heterótrofas e bactérias autótrofas. Por outro lado, bactérias são encontradas em praticamente todos os lugares da Terra, habitando uma infinidade de meios, até mesmo o interior de muitos seres vivos. O conhecimento da importância das bactérias e o seu domínio pelo ser humano certamente contribui para aumentar o bem-estar dos ecossistemas e da humanidade, embora algumas poucas espécies de bactérias constituam motivo de preocupação em termos de saúde pública.

3. a) Quais são os três tipos básicos de bactérias heterótrofas, relativamente ao procedimento utilizado na obtenção da matéria orgânica necessária à sobrevivência?
   b) Como caracterizar as bactérias, relativamente à utilização do oxigênio no metabolismo energético celular?

4. As duas modalidades de metabolismo autotrófico encontradas nas bactérias são a fotossíntese e a quimiossíntese, nas quais ocorre a produção de matéria orgânica. Relativamente a esses dois processos bioenergéticos:
   a) Qual a principal diferença existente entre eles, relativamente à fonte de energia utilizada para a síntese de matéria orgânica?
   b) Em que ambiente se encontram bactérias que recorrem a essas modalidades de metabolismo bioenergético?

5. Considere as equações químicas simplificadas a seguir representadas, em que o termo (CH_2O) corresponde à molécula orgânica produzida:

   I) $2 H_2S + CO_2 + luz \xrightarrow{bacterioclorofila} (CH_2O) + 2 S + H_2O$

   II) $2 NH_3 + 3 O_2 \rightarrow 2 HNO_2 + 2 H_2O + energia$

   $CO_2 + H_2O + energia \rightarrow (CH_2O)$

   a) A que modalidade de metabolismo bioenergético autotrófico – quimiossíntese ou fotossíntese – corresponde cada uma das equações representadas? Justifique sua resposta.
   b) Observando a equação representada em I, um leitor afirmou tratar-se de uma modalidade metabólica bioenergética que ocorre no interior dos cloroplastos de uma célula bacteriana. Essa afirmação é correta ou incorreta? Justifique sua resposta.

O reino Monera **51**

6. Nas bactérias, a produção de clones ocorre por meio de um processo de multiplicação celular equivalente ao representado no esquema a seguir. Observando-o atentamente, responda:

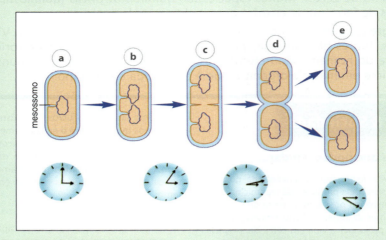

a) Que processo biológico está representado no esquema? Por meio de qual modalidade de divisão celular o processo acima representado ocorre, mitose ou amitose? Justifique sua resposta.
b) Qual o significado do termo *clone*, relativamente à multiplicação bacteriana?

7. O processo esquematizado a seguir corresponde a uma modalidade de transferência de material genético entre bactérias. Observando-o atentamente, responda:

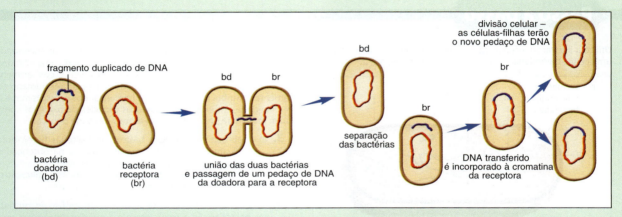

a) Que modalidade de transferência de material genético é ilustrada no esquema? Qual a consequência dessa transferência de material genético para a população bacteriana resultante?
b) Cite as duas outras modalidades de transferência ou aquisição de material genético entre bactérias. Em qual das duas modalidades ocorre participação de vírus bacteriófagos? Qual a consequência dessa aquisição para a população bacteriana resultante?

---

8. Algumas espécies de bactérias revestem-se de importância no que se refere à saúde humana, principalmente por serem causadoras de doenças. Vários são os órgãos humanos afetados por infecções bacterianas. Duas dessas doenças são adquiridas por meio da contaminação por esporos bacterianos. Relativamente a esse assunto e consultando a tabela de doenças causadas por bactérias no texto do livro:

a) Cite, na ordem, pelo menos uma doença bacteriana, com a espécie causadora, que afeta: pulmões, intestinos e órgãos genitais (DST). Qual a infecção bacteriana em que carrapatos atuam como agentes transmissores?
b) Quais são as duas doenças adquiridas por meio de esporos bacterianos?

9. A proliferação de certas espécies de cianobactérias que vivem em água doce de represas e lagoas provoca um odor característico e desagradável. As toxinas por elas liberadas são frequentemente tóxicas para muitos animais, até mesmo para o homem. Com relação a essas bactérias:

a) Qual a semelhança celular básica existente entre elas e as demais bactérias? Cite pelo menos uma diferença entre esses dois grupos de bactérias.
b) Cianobactérias são fotossintetizantes, talvez as formas mais abundantes de bactérias autótrofas, pelo menos nos oceanos. Em que local da célula é executada a fotossíntese nessas bactérias? Possuem cloroplastos? Que pigmentos atuam no processo de fotossíntese nesses seres?

10. Bactérias metanogênicas, halófilas, termófilas e acidófilas compõem um grupo diversificado de Arqueobactérias que vivem em condições extremas, sendo conhecidas, por esse motivo, como *extremófilas*. Para cada um desses grupos de bactérias:

a) Cite em poucas palavras a atividade metabólica e o hábitat em que são encontrados.
b) Qual o tipo celular – procariótico ou eucariótico – representativo de todos esses grupos de arqueobactérias?

11. *Questão de interpretação de texto*

Utilize as informações do texto e da ilustração a seguir para responder às questões.

A superbactéria KPC+ (*Klebsiella pneumoniae carbapenemase*), resistente à maior parte dos antibióticos, avançou nos hospitais brasileiros desde a ocorrência de um surto em 2010. Segundo a Anvisa (Agência Nacional de Vigilância Sanitária), a superbactéria existe em hospitais porque nesses ambientes há uso frequente de antibióticos, o que favorece o aumento de resistência. Bactérias resistentes produzem a enzima *carbapenemase*, que atua principalmente no antibiótico *Carbapenem*, utilizado no seu controle.

Adaptado de: BANDEIRA, L. Casos de infecção por superbactéria KPC+ crescem no país.
Folha de S.Paulo, São Paulo, 29 mar. 2012. Caderno Saúde, p. C14.

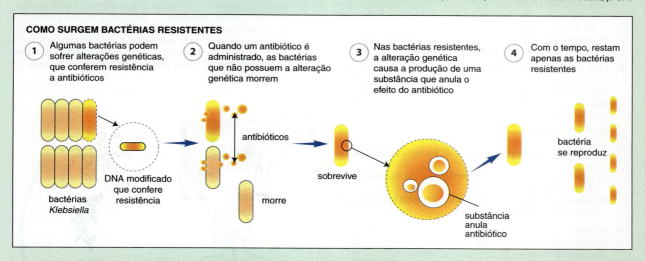

a) No texto da ilustração diz-se que "algumas bactérias podem sofrer alterações genéticas que conferem resistência a antibióticos". A que evento citológico se relaciona a expressão "alterações genéticas", referida no item 1 da ilustração?
b) A bactéria *Klebsiella pneumoniae carbapenemase* pode transferir o gene para resistência a antibióticos como o *Carbapenem* para outras bactérias. Por meio de qual mecanismo direto essa transferência pode ocorrer?

Questões objetivas

1. (UFC – CE) As bactérias são organismos unicelulares denominados procarióticos em função de a sua estrutura celular apresentar:
a) envoltório nuclear.
b) parede celular rica em quitina.
c) numerosos e pequenos vacúolos.
d) ácido nucleico associado a proteínas do mesossomo.
e) ausência de compartimentalização interna por membranas.

2. (UEL – PR) O tratamento de infecções bacterianas foi possível com a descoberta dos antibióticos, substâncias estas capazes de matar bactérias. Como exemplos de mecanismos de ação dos antibióticos, podemos citar:

Ação I: inibe a enzima responsável pelo desemparelhamento das fitas do DNA.
Ação II: inibe a ligação da RNA polimerase, DNA-dependente.
Ação III: ao ligar-se à subunidade ribossomal, inibe a ligação do RNA transportador.

Quanto à interferência direta dessas ações nas células bacterianas, é correto afirmar:
a) Ação I inibe a duplicação do DNA, impedindo a multiplicação da célula.
b) Ação II inibe a tradução, interferindo na síntese de DNA bacteriano.
c) Ação III inibe a transcrição do RNA mensageiro.
d) Ações I e III inibem a síntese de ácidos nucleicos.
e) Ações II e III inibem a síntese de proteínas bacterianas.

3. (UFG – GO) O uso abusivo de antibióticos seleciona bactérias que possuem genes de resistência que podem ser repassados para outras bactérias, por meio de processos de recombinação genética. Um desses processos é a transdução, que envolve
a) a transferência de moléculas de DNA entre bactérias via bacteriófago.
b) a absorção pelas bactérias de moléculas de DNA do ambiente.
c) a passagem de moléculas de DNA entre bactérias via pili sexual.
d) a duplicação do DNA e a divisão da bactéria em duas novas células idênticas.
e) o armazenamento da molécula de DNA em estruturas conhecidas como endósporos.

4. (UEG – GO) A utilização de antibióticos tem se tornado cada vez mais comum entre a população humana. A figura abaixo apresenta o resultado de um antibiograma.

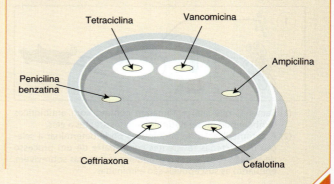

O reino Monera **53**

Com base nas informações apresentadas no antibiograma, é CORRETO afirmar:

a) Os antibióticos Tetraciclina, Vancomicina, Ceftriaxona e Cefalotina oferecem resistência a determinadas bactérias, uma vez que garantem a sua multiplicação.
b) A cultura bacteriana apresentou maior resistência aos antibióticos Penicilina Benzatina e Ampicilina, uma vez que não houve a interrupção da sua propagação.
c) O antibiograma é um método utilizado para detectar quais antibióticos são considerados eficientes no tratamento de determinadas bacterioses e viroses.
d) Os antibióticos Penicilina Benzatina e Cefalotina podem ser considerados os mais eficientes contra a bactéria em questão.

5. (UFV – MG) Com o intuito de conservar alimentos de origem animal, principalmente os embutidos e enlatados, a indústria utiliza um sal inorgânico denominado nitrito de sódio ($NaNO_2$), que, além de manter a cor avermelhada desses produtos, também é responsável por:

a) estimular a produção de etanol pela bactéria *Bacillus thuringiensis*.
b) estimular a fermentação láctica da bactéria *Clostridium perfringens*.
c) impedir a germinação dos endósporos da bactéria *Clostridium botulinum*.
d) impedir a produção do ácido succínico pela bactéria *Lactobacillus bulgaricus*.

6. (UFRGS – RS) O Programa Nacional de Imunização do Ministério da Saúde disponibiliza, na rede pública, vacinas imprescindíveis para a saúde de crianças de diferentes idades.

Assinale a alternativa que apresenta apenas doenças virais que podem ser prevenidas pelo uso de vacinas previstas pelo programa citado.

a) tuberculose – hepatite B – difteria – meningite
b) poliomielite – tétano – pneumonia – febre amarela
c) sarampo – febre tifoide – coqueluche – hepatite B
d) poliomielite – rubéola – caxumba – sarampo
e) difteria – tétano – coqueluche – varicela

7. (UFPE) Leia as notícias abaixo:

"Dezessete hospitais de Brasília estão contaminados com bactéria resistente a antibióticos."
Jornal Zero Hora

"... bactérias presentes na boca de tubarões tigre e cabeça-chata, apontados como responsáveis pelos ataques na costa de Pernambuco, são resistentes aos antibióticos..."
Jornal do Comércio

Sobre este assunto, considere as alternativas abaixo:

(0) Frederick Griffith mostrou que se duas linhagens da bactéria *Streptococcus pneumoniae*, uma viva e não patogênica (1) e outra patogênica (2), esta morta pelo calor, são misturadas e injetadas em um rato, como ilustrado abaixo, o animal morre. Assim, pode-se concluir que os mecanismos de transferência genética entre as duas bactérias também poderiam explicar a obtenção de resistência a antibióticos por algumas bactérias encontradas em hospitais.

(1) Bactérias que nunca tomaram contato com antibióticos também podem ser naturalmente resistentes a eles.
(2) A automedicação de antibióticos pode determinar a seleção de bactérias resistentes como parte de um processo de seleção natural, em que aquelas mais aptas sobrevivem, enquanto as susceptíveis são eliminadas.
(3) Quando se reproduzem em um tubo de ensaio, bactérias de uma única espécie produzem clones, caso não haja influência de fatores químicos ou físicos que possam induzir mutações.
(4) Vítimas sobreviventes de incidentes com tubarões são igualmente susceptíveis a infecções por bactérias resistentes e não resistentes no ambiente hospitalar.

8. (UFPE) A bactéria *Escherichia coli* possui como *habitat* natural o intestino humano e o de vários grupos animais. Contudo, algumas espécies são resistentes a antibióticos e geram infecções graves, além de intoxicações alimentares. No ano de 2011, um surto epidêmico causado por uma *E. coli*, na Alemanha, foi atribuído ao consumo de brotos de soja contaminados. Sobre esse assunto, observe a figura abaixo e considere as proposições que se seguem.

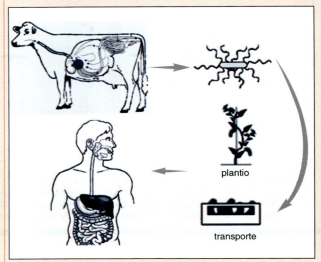

(0) A contaminação por fezes animais ou humanas de fontes naturais de água ou áreas cultivadas, além da falta de higiene na manipulação de alimentos, podem ser responsáveis por surtos epidêmicos.
(1) Uma *E. coli* comensal pode vir a se tornar patogênica, devido à inserção de genes de outra bactéria através de um vírus bacteriófago.
(2) No ecossistema intestinal, bactérias não patogênicas podem transferir plasmídios de resistência a antibióticos através de uma "*pili* sexual" para outras bactérias.
(3) Os eosinófilos são fagócitos importantes ativados pela resposta imune no controle de infecções bacterianas, como as que causaram a morte de pessoas na Alemanha.
(4) O uso de antibióticos contra infecções bacterianas só é indicado nos casos em que o organismo humano não gera resposta imunológica de defesa.

9. (UFPE) No ano de 2010, o respeitado cientista americano Craig Venter, cuja equipe já havia elucidado o código genético humano em 2000, anunciou a produção de vida artificial. Em seu experimento, um genoma bacteriano foi sintetizado em laboratório e inserido em uma bactéria de outra espécie, que estava livre de seu próprio material genético. A seguir, esta passou a reproduzir-se de forma independente, sob o comando de seu novo genoma sintético. Considerando tal descoberta e os princípios que caracterizam a vida tal como a conhecemos, considere as assertivas a seguir:

(0) o experimento acima confirma a teoria da geração espontânea, proposta para explicar a origem da vida a partir de compostos inertes.
(1) bactérias com material genético sintético não são realmente seres vivos, segundo os princípios da "teoria celular".
(2) como a célula recipiente do material genético sintético não fora sintetizada artificialmente, não se pode afirmar que o experimento gerou vida artificial.

(3) crescimento, metabolismo e resposta a estímulos devem estar presentes na bactéria artificialmente produzida, para que seja considerada viva.
(4) o experimento descrito ilustra o "*design inteligente*", pensamento que reafirma o criacionismo como responsável pelo surgimento da vida no planeta.

10. (UERJ) A influência de fatores ambientais, como a disponibilidade de alimentos, sobre o crescimento dos seres vivos pode ser avaliada experimentalmente. Considere, por exemplo, um inóculo da bactéria *E. coli* que foi introduzido em um meio nutritivo adequado. O tempo de geração, ou seja, o intervalo de tempo necessário para que uma célula se duplique, foi medido durante a fase de crescimento exponencial e durante a fase estacionária.

Observe os gráficos abaixo:

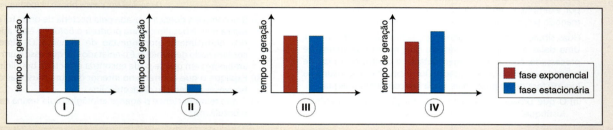

O resultado desse experimento, em relação à influência de fatores ambientais no crescimento bacteriano, está representado pelo gráfico de número:

a) I b) II c) III d) IV

Questões dissertativas

1. (UFJF – MG) Em 2010 e início de 2011, a imprensa noticiou a existência de uma superbactéria, a *Klebsiella pneumoniae carbapenemase* (KPC), como responsável pela morte de várias pessoas. A KPC está restrita a ambientes hospitalares e os pacientes imunologicamente debilitados são os mais suscetíveis a ela. Nos últimos anos, algumas bactérias têm se revelado resistentes à maioria dos antibióticos, como a KPC, com capacidade de transmitir a resistência aos seus descendentes, além de enviarem através de seu material genético essa informação para bactérias vizinhas, as quais "aprendem" a se defender dos ataques dos antibióticos. Com relação às bactérias:

a) Em qual dos reinos, segundo Whittaker ou Margulis e Schwartz, as bactérias se encontram?
b) Qual das figuras ao lado (A ou B) corresponde a uma célula de bactéria? Cite DUAS características morfológicas que definam esse tipo de célula.
c) Como as bactérias resistentes a antibióticos transmitem a resistência aos seus descendentes?
d) Nem todas as bactérias são patogênicas, algumas desempenham papéis importantes na manutenção da vida na Terra, destacando-se a transformação do gás nitrogênio em uma forma assimilável pelos seres vivos, assim como seu retorno para a atmosfera. Cite o nome das QUATRO etapas desse ciclo.

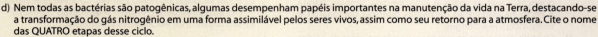
Figura A   Figura B

2. (UFRJ) Os gráficos a seguir apresentam o crescimento de uma espécie de bactéria e de um vírus bacteriófago em ciclo lítico, ambos em ambientes sem limitação de recursos.

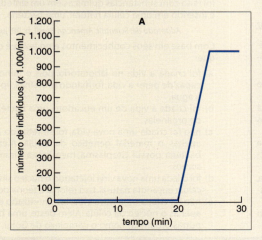
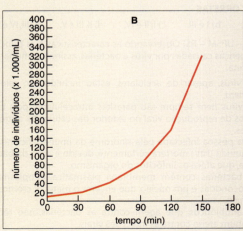

O reino Monera **55**

Identifique qual gráfico (A ou B) representa o crescimento das bactérias e qual representa o crescimento dos bacteriófagos. Justifique sua resposta.

3. (UFRN) Os produtos industrializados constituem uma grande parcela do mercado de alimentos. Como são bem práticos, pois já vêm prontos ou semiprontos, o trabalho que sobra é abrir a embalagem. Além da praticidade, os alimentos industrializados apresentam um prazo de validade bem maior do que o dos produtos "in natura", o que facilita o armazenamento. O iogurte, por exemplo, é um laticínio muito consumido que deve ser mantido sob condição apropriada de refrigeração.

Duas situações às vezes podem apresentar-se ao consumidor. Uma delas é comprar um iogurte que, mesmo devidamente processado, com a embalagem intacta e dentro do prazo de validade, encontra-se estragado. Outra situação é consumir o iogurte fora desse prazo, mas ainda em condições adequadas.

a) O que provoca cada uma das situações acima descritas? Justifique.

b) Como as bactérias adicionadas ao leite atuam na produção do iogurte?

4. (UFTM – adaptada) O *botox*®, ou toxina botulínica, é um composto produzido por uma bactéria anaeróbia e utilizado em tratamentos estéticos, em pequenas doses, para suavizar as marcas causadas pelas contrações musculares na face ao longo do tempo. Ao ser aplicada no rosto, a toxina bloqueia a liberação de acetilcolina, um neurotransmissor que leva mensagens elétricas do cérebro aos músculos faciais.

Disponível em: <www.bbc.co.uk/portuguese>.

a) Botulismo é a doença causada pela bactéria de onde foi retirada a toxina botulínica para produzir o *botox*® e ela é adquirida normalmente por ingestão de alimento. O alimento contaminado geralmente é o enlatado. Por que esse é um dos ambientes em que se pode encontrar a bactéria botulínica?
b) Explique o que ocorreria no interior da fibra muscular caso houvesse a liberação de acetilcolina.
c) A que reino pertence o agente etiológico cuja toxina causa o botulismo?

Programas de avaliação seriada

1. (SSA – UPE) As infecções por superbactérias, que são resistentes a quase todos os antibióticos, e por vírus, como os da dengue, representam um grande impacto na saúde pública. Sobre essas infecções e seus respectivos agentes etiológicos, analise as afirmativas abaixo:

I – As bactérias se reproduzem assexuadamente, por divisão binária, formando clones. Entretanto, pode ocorrer mistura de genes entre indivíduos diferentes, por meio dos mecanismos de recombinação genética, contribuindo para o aumento da resistência antimicrobiana.
II – Alguns vírus são transmitidos ao homem por meio de vetores animais, principalmente insetos, sendo conhecidos genericamente como arbovírus, como o vírus da dengue.
III – Os vírus são acelulares, parasitas intracelulares obrigatórios; logo, dependem de células vivas para completar seu ciclo reprodutivo. É durante a invasão de uma célula por vírus que ocorrem várias doenças virais, como a dengue, a raiva, o sarampo, a cólera e o tétano.
IV – A higiene é a principal medida preventiva contra muitas doenças. Lavar as mãos é uma medida simples, barata e eficaz na prevenção de muitas doenças bacterianas e virais, inclusive a dengue.
V – Os antibióticos, que atuam bloqueando a síntese de ácidos nucleicos, atuam, com eficácia, contra as bactérias e são grandes aliados também no combate aos vírus.

Estão **CORRETAS**

a) I e II.   b) I e III.   c) I, II e IV.   d) II, III e V.   e) III, IV e V.

2. (PEIES – UFSM – RS) Observando as características e as principais doenças causadas por vírus e bactérias, assinale a afirmativa correta.

a) Os vírus, apesar de acelulares, estão incluídos no reino Monera.
b) Os vírus nem sempre são parasitas intracelulares, pois há casos de reprodução viral no exterior das células de outros seres.
c) Toda pessoa infectada pela síndrome da imunodeficiência adquirida (HIV) morrerá certamente, devido à ação da bactéria, que ataca os linfócitos do organismo.
d) As bactérias contêm membrana plasmática, citoplasma, mitocôndrias e um núcleo, que encerra o material cromossômico.
e) Os antibióticos, que agem contra as bactérias, não têm nenhum efeito contra as infecções virais.

3. (UFJF – MG) A presença de cianotoxinas em mananciais de abastecimento público tem se tornado um problema crescente no Brasil e existe uma preocupação, tanto dos governantes quanto da opinião pública, de que estas toxinas possam afetar a saúde humana, seja através do consumo de água contaminada, seja através do consumo de pescado. A ocorrência de casos de contaminação de humanos por água de abastecimento público já é um fato no Brasil, como a tragédia ocorrida em Caruaru (PE) em 1996 e um episódio de intoxicação de pacientes de hemodiálise no Rio de Janeiro em 2001.

FERRÃO-FILHO. A. S. et al. Florações de cianobactérias tóxicas no Reservatório do Funil: dinâmica sazonal e consequências para zooplâncton. *Oecologia brasiliensis*, Rio de Janeiro, v. 13, n. 2, fev. 2009. p. 346-365.

As cianotoxinas são substâncias tóxicas produzidas por cianobactérias. Sobre cianobactérias, é **CORRETO** afirmar que:

a) são sempre organismos marinhos.
b) não fixam nitrogênio, pois não habitam os solos.
c) são autótrofas fotossintetizantes, com clorofila *a* como pigmento principal.
d) estão incluídas no Reino Plantae, uma vez que cianobactérias ancestrais deram origem aos vegetais terrestres.
e) são organismos eucariontes autótrofos.

4. (PAVE – UFPel – RS) **É possível criar vida a partir do zero?**

Foi divulgada a criação de uma 'bactéria sintética'. Um genoma foi feito com substâncias químicas em um sintetizador químico e inserido em uma célula natural, uma bactéria.

Adaptado de: *Scientific American Brasil*, n. 98, jul. 2010. p. 26-27.

Com base em seus conhecimentos e no texto, é correto afirmar que

a) foi criada a vida no laboratório, pois o genoma sozinho é capaz de gerar a vida, formando proteínas, lipídios, açúcares e água.
b) foi criada a vida de um eucarioto, uma bactéria desprovida de organelas.
c) não foi criada uma nova vida, foi sintetizado artificialmente apenas o material genético da célula. Além deste, uma bactéria possui citoplasma, membrana plasmática e ribossomos.
d) foi criada uma nova vida injetando o núcleo sintético em uma célula eucariota natural. Isso reforça a teoria do criacionismo.
e) não foi criada uma nova vida, foi sintetizado em laboratório apenas o núcleo da célula. Além deste, uma bactéria possui outras organelas como o complexo de Golgi.

Reino Protoctista (Protista): protozoários, algas, mixomicetos e oomicetos

Capítulo **4**

Uma doença muito antiga

Das doenças provocadas por protozoários, que você aprenderá neste capítulo, destaca-se a malária, uma parasitose muito antiga, já conhecida dos egípcios no tempo dos faraós.

No passado, acreditava-se que as pessoas se contaminavam pelo ar fétido, ruim, próximo aos pântanos, daí o significado da palavra (do italiano, *mala aria* = ar ruim). A descoberta do parasita coube ao médico francês Alphonse Laveran, em 1880, no sangue de um paciente. Em 1897, o cientista britânico Ronald Ross identificou o plasmódio no intestino de um mosquito que havia picado um paciente infectado. Aos poucos, elucidou-se o ciclo reprodutivo do parasita no mosquito e no homem, o que rendeu o Prêmio Nobel de Medicina para Ross, em 1902.

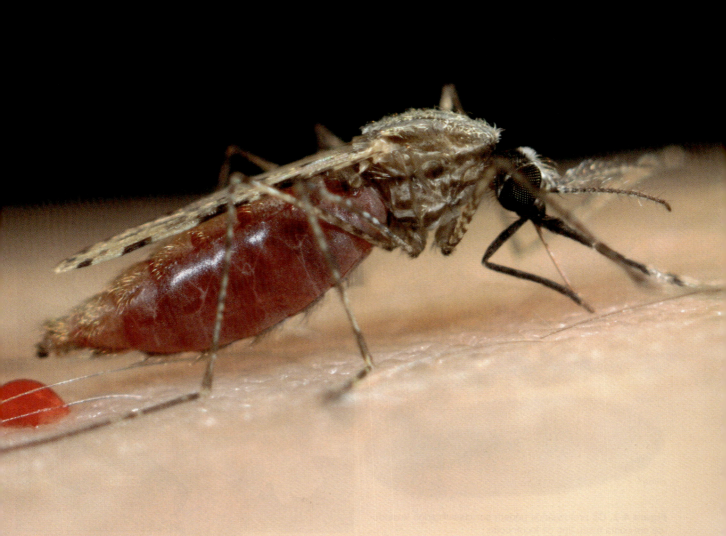

A complexidade da célula eucariótica de um protozoário é tão grande que ela – sozinha – executa todas as funções que tecidos, órgãos e sistemas realizam em um ser pluricelular complexo.

Locomoção, respiração, excreção, controle hídrico, reprodução e relacionamento com o ambiente, tudo é executado pela única célula, que conta com algumas estruturas capazes de realizar alguns desses papéis específicos, como em um organismo pluricelular (veja a Figura 4-1).

Muitos protozoários vivem livremente na natureza. Alguns, porém, associam-se a outros seres vivos. Entre estes, muitos adotam a vida **parasitária**, enquanto outros vivem em uma relação de simbiose, atuando como **mutualistas** (benefício para ambos) ou como **comensais** (benefício apenas para o protozoário, sem prejuízo para o hospedeiro).

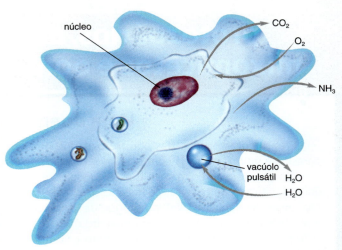

Figura 4-1. Em um protozoário, todas as atividades vitais são executadas pela única célula.

▪ TIPOS DE PROTOZOÁRIO

Entre os protozoários mais conhecidos estão as amebas, os tripanossomos, os paramécios e os plasmódios, causadores da malária. Cada um é representante de uma categoria de protozoários em função do mecanismo de locomoção que apresentam (veja Tabela 4-1 e Figura 4-2).

Tabela 4-1. Classes dos protozoários e seu mecanismo de locomoção.

Classe	Mecanismo de locomoção	Exemplo
Rizópodes (ou sarcodíneos)	Pseudópodes.	Ameba.
Flagelados	Flagelos.	Tripanossomo.
Ciliados	Cílios.	Paramécio.
Apicomplexos (esporozoários)	Ausente.	Plasmódio.

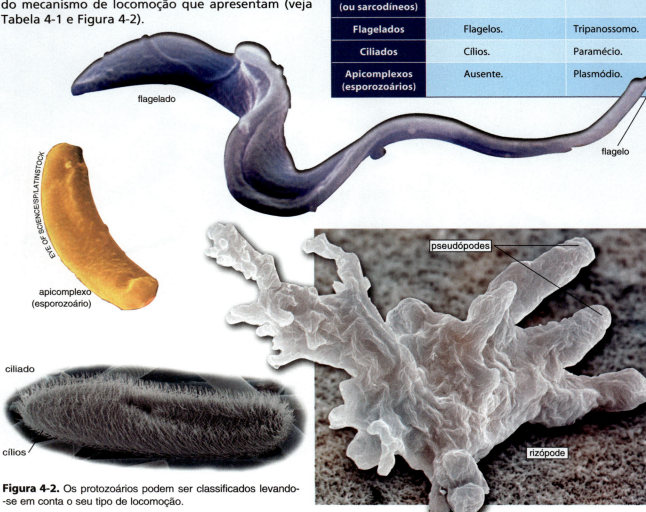

Figura 4-2. Os protozoários podem ser classificados levando-se em conta o seu tipo de locomoção.

Rizópodes: Os Protozoários mais Simples

Amebas são protozoários muito simples e servem como introdução ao estudo dos rizópodes. As de vida livre são aquáticas e podem ser facilmente encontradas e coletadas junto às folhagens velhas ou sobre o lodo de lagoas. Embora muito pequenas, algumas delas podem ser vistas a olho nu, movimentando-se muito lentamente no fundo do recipiente de coleta.

Uma organela chama a atenção do observador mais atento: o **vacúolo pulsátil**, também chamado de *vacúolo contrátil* que atua como uma "bombinha", que se contrai e se relaxa (veja a Figura 4-3).

Sua função é regular o conteúdo de água que penetra nas amebas que vivem na água doce. Como nesses organismos o citoplasma é mais concentrado do que a água circundante, há um fluxo contínuo de água, por osmose, para o interior da célula. É preciso, então, remover o excesso de água. Essa função osmorreguladora é executada com eficiência pelo vacúolo pulsátil (pode haver mais de um).

Anote!
Por possuírem mecanismo de locomoção dependente da formação de pseudópodes (= falsos pés), as amebas são classificadas como rizópodes. É um termo originado do grego, em que *rizo* = = raiz e *podos* = pés ("pés em forma de raiz").

Anote!
Em amebas que vivem no mar não se constata a presença de vacúolos pulsáteis. O motivo é simples: a concentração do citoplasma é a mesma do meio circundante. Colocadas em água doce, porém, essas amebas formam vacúolos pulsáteis.

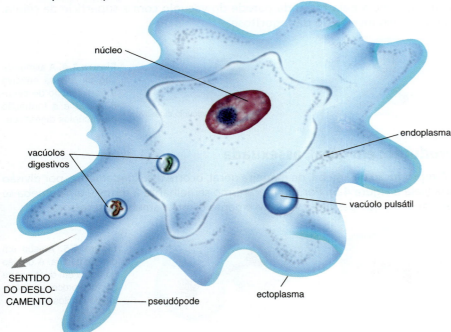

Figura 4-3. Célula de ameba, com seus componentes principais.

A Locomoção das Amebas: Os Pseudópodes

A ameba locomove-se muito lentamente por meio da emissão de **pseudópodes**. São projeções da célula, que se deforma toda, que encaminham a ameba para várias direções. Ao microscópio, nota-se que a célula de uma ameba é transparente, confundindo-se com uma partícula gelatinosa em movimento. À primeira vista, parece que a célula não possui nenhum envoltório. Na realidade, ele é tão delgado que realmente não é visível ao microscópio óptico. A microscopia eletrônica, porém, revelou a presença de uma película semelhante à membrana plasmática.

O citoplasma da ameba possui duas regiões bem diferenciadas: uma periférica, mais viscosa, e outra interna, mais fluida, respectivamente **ectoplasma** e **endoplasma**.

Anote!
Uma espécie de ameba, a *Entamoeba histolytica*, atua como parasita do tubo digestório do homem e provoca a doença conhecida por amebíase ou disenteria amebiana.

Microscopia eletrônica de varredura do protozoário *Amoeba proteus*. Observe os numerosos pseudópodes utilizados para locomoção e captura de alimento.

As amebas se alimentam por fagocitose

O mecanismo que leva à formação dos pseudópodes está hoje razoavelmente esclarecido: na região de formação de uma dessas projeções, a parte viscosa do citoplasma torna-se fluida, permitindo que o restante da célula flua nessa direção. Vários pseudópodes podem ser formados ao mesmo tempo, modificando constantemente a forma da ameba.

Os pseudópodes, na ameba, não servem apenas à locomoção. Também são utilizados para a captura de alimento: pequenas algas, bactérias, partículas soltas na água etc. Eles rodeiam o alimento e o englobam (veja a Figura 4-4).

O **vacúolo alimentar** formado (também chamado de *fagossomo*) une-se a lisossomos e se transforma em **vacúolo digestivo**. Inicia-se a digestão, a partir de enzimas lisossômicas que atuam em meio ácido. Progressivamente, o conteúdo do vacúolo digestivo torna-se alcalino, até completar-se a digestão.

Partículas digeridas atravessam a membrana do vacúolo, espalham-se pelo citoplasma e vão participar do metabolismo celular. Partículas residuais são expelidas da célula pela fusão da parede do vacúolo com a superfície da célula, em um processo inverso ao da fagocitose.

Figura 4-4. A alimentação da ameba envolve a participação de pseudópodes e a formação de vacúolos digestivos.

Reprodução: em geral, assexuada

A reprodução da ameba, de maneira geral, ocorre assexuadamente, por divisão binária (veja a Figura 4-5). Por um mecanismo semelhante à mitose, uma ameba se divide em duas, que passam a viver livremente como a ameba antecessora.

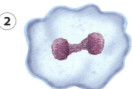

Figura 4-5. Ameba em divisão binária. A divisão da célula em duas ocorre por um processo semelhante à mitose.

Leitura

Existem protozoários com esqueleto

A ameba que acabamos de estudar não possui nenhum outro envoltório além da membrana que rodeia a célula. Existem, no entanto, outros rizópodes, dotados de carapaças que funcionam como esqueletos. Entre estes, podemos citar os *foraminíferos* encontrados nos oceanos, cujo esqueleto é constituído de uma ou mais "lojas" calcárias com uma ou várias aberturas (do latim, *foramen* = orifício; e do grego, *ferre* = portador de).

São protozoários muito antigos, que existem desde o período Pré-cambriano. Quando morrem, seus esqueletos afundam e passam a compor os sedimentos oceânicos.

Trocas gasosas e excreção

As trocas gasosas respiratórias e a eliminação de resíduos tóxicos nitrogenados correm por simples difusão por toda a superfície celular. O produto nitrogenado de excreção é a *amônia*. Não se esqueça do papel osmorregulador dos vacúolos pulsáteis, que foram citados anteriormente.

Flagelados: Mais Rápidos que as Amebas

Muitos protozoários flagelados vivem como parasitas no organismo de animais, neles causando diversos tipos de moléstia. O *Trypanosoma cruzi*, causador da doença de Chagas, é um deles. Sua célula é alongada, dotada de um flagelo que se origina em uma das extremidades e que, antes de emergir da célula, provoca a formação de uma **membrana ondulante**. Próximo ao ponto de origem do flagelo, existe o **cinetoplasto**, organela que contém DNA, capaz de se autoduplicar e que fica incluído no interior de uma longa mitocôndria de formato irregular que se estende por toda a célula (veja a Figura 4-6(a)).

A forma acima descrita é encontrada nadando livremente no sangue de hospedeiros vertebrados. Reproduz-se por divisão binária e, ao atingir outros tecidos (por exemplo, o cardíaco), modifica-se e adquire forma esférica (veja a Figura 4-6(b)), não flagelada, provocando graves lesões no órgão afetado.

Entre as espécies parasitas, podemos citar:

- *Trypanosoma gambiense*, causador da doença do sono, comum na África e transmitida pela mosca tsé-tsé;
- *Trypanosoma cruzi*, causador da doença de Chagas, comum em nosso país e na América do Sul e transmitida por percevejos popularmente conhecidos como barbeiros; e
- *Leishmania braziliensis*, causadora da úlcera de Bauru ("ferida brava") e transmitida pelo mosquito-palha (birigui). Vive no interior das células da pele.

Anote!
No intestino dos cupins e das baratas que comem madeiras, existem flagelados. Essa convivência é pacífica e caracteriza uma associação em que ambos os participantes são beneficiados (**mutualismo**). A madeira ingerida pelos insetos é digerida por enzimas produzidas pelos flagelados. Ambos aproveitam os produtos da digestão.

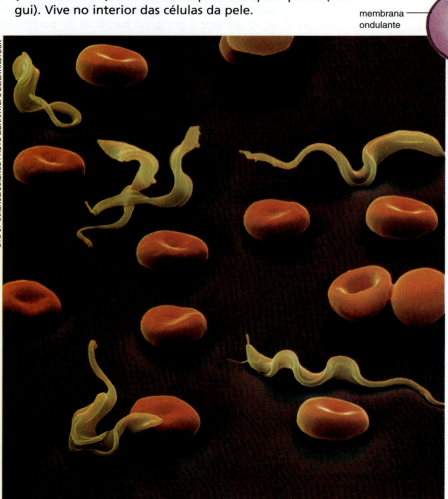

Figura 4-6. (a) Tripanossomo: antes de emergir da célula, o flagelo provoca a formação da membrana ondulante. (b) Forma parasitária endocelular imóvel.

Trypanosoma brucei, causador da doença do sono, próximo a glóbulo vermelho, visto ao microscópio eletrônico de varredura.

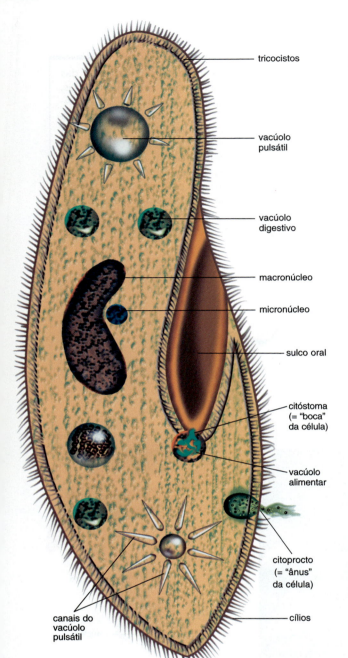

Figura 4-7. Esquema de paramécio com seus componentes principais.

Ciliados: os Protozoários mais Complexos

Os ciliados são, seguramente, os mais complexos protozoários conhecidos. Como exemplo, podemos fazer o estudo do paramécio, encontrado em lagoas de água parada e facilmente mantido em meios de cultura contendo água e grãos de arroz.

Os paramécios deslocam-se muito mais rapidamente que os flagelados e as amebas. A razão para isso é a existência de inúmeros cílios, que se projetam da parede do corpo e permitem o deslocamento em várias direções. A Figura 4-7 evidencia importantes modificações em relação aos flagelados:

- *dois vacúolos pulsáteis* funcionam alternadamente, efetuam a regulação osmótica e possivelmente a expulsão de toxinas. Cada vacúolo possui canais que recolhem a água celular, encaminhando-a para um reservatório que efetua a sua expulsão da célula;
- *dois núcleos*, sendo um maior, o **macronúcleo**, e outro menor, o **micronúcleo**. O primeiro possui função reguladora das atividades metabólicas do paramécio. O micronúcleo está relacionado à atividade reprodutiva e atua em um processo reprodutivo denominado conjugação, que será estudado mais adiante;
- uma verdadeira *"boca celular"* (citóstoma), localizada no fim de um sulco existente na região central da célula, forrado de cílios. O alimento, em geral bactérias ou partículas em suspensão, é encaminhado para a boca pelo batimento dos cílios. Formam-se vários vacúolos digestivos que circulam pela célula durante a digestão do alimento;
- a *expulsão dos restos alimentares* se dá por um orifício que se forma na membrana plasmática, quando um vacúolo contendo resíduos funde-se a ela. Localiza-se lateralmente e funciona como se fosse um ânus (poro anal ou *citoprocto*).

Trocas gasosas e excreção, como nos demais protozoários, ocorrem pela superfície da célula. A reprodução assexuada, como na ameba e na euglena, ocorre por divisão binária (veja a Figura 4-8).

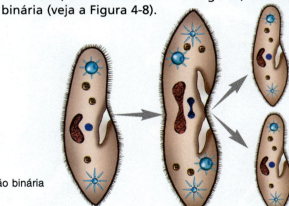

Figura 4-8. Divisão binária em paramécio.

Anote!
Os ciliados são, na maioria, aquáticos, de vida livre. Pouquíssimas espécies são parasitas, ao contrário dos rizópodes, dos flagelados e dos esporozoários, que apresentam muitas espécies parasitas, principalmente do homem.

A reprodução sexuada: conjugação

A conjugação é um tipo de reprodução sexuada que consiste na união temporária de dois paramécios, com troca de material genético micronuclear entre eles. É um processo complexo e que envolve vários passos, ao final dos quais surgem descendentes que apresentam grande variabilidade em relação aos progenitores (veja a Figura 4-9, que ilustra esse processo em *Paramecium caudatum*).

Leitura

O significado adaptativo da conjugação

Qual o significado desse complexo processo de reprodução? Acredita-se que sirva como rejuvenescimento da espécie. A reprodução assexuada por divisão binária é um processo repetitivo que não envolve a ocorrência de variabilidade. Isso pode provocar o envelhecimento e a degeneração da população ao longo do tempo. A conjugação, por sua vez, envolve a ocorrência de *meiose* e de *fusão micronuclear*. Esse fato promove grande variabilidade e revigora a espécie, favorecendo seu ajuste constante ao meio.

Micrografia eletrônica de varredura de dois exemplares de *Paramecium caudatum* em conjugação. Observe os numerosos cílios que revestem o corpo dos protozoários, que se encontram sobre filamentos de algas.

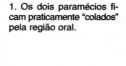
1. Os dois paramécios ficam praticamente "colados" pela região oral.
— micronúcleo (2n)

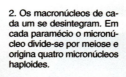
2. Os macronúcleos de cada um se desintegram. Em cada paramécio o micronúcleo divide-se por meiose e origina quatro micronúcleos haploides.
— micronúcleos haploides (n)
— macronúcleo em desintegração

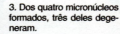
3. Dos quatro micronúcleos formados, três deles degeneram.
— micronúcleo remanescente

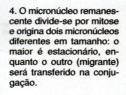
4. O micronúcleo remanescente divide-se por mitose e origina dois micronúcleos diferentes em tamanho: o maior é estacionário, enquanto o outro (migrante) será transferido na conjugação.
— micronúcleo migrante
— micronúcleo estacionário

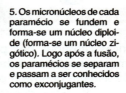
5. Os micronúcleos de cada paramécio se fundem e forma-se um núcleo diploide (forma-se um núcleo zigótico). Logo após a fusão, os paramécios se separam e passam a ser conhecidos como exconjugantes.
— fusão de micronúcleos haploides

6. Três mitoses sucessivas do micronúcleo diploide originam oito núcleos diploides em cada exconjugante.

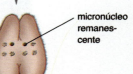

7. Quatro dos micronúcleos transformam-se em macronúcleos. Dos outros quatro, três degeneram e o que restou passa a constituir um novo micronúcleo.

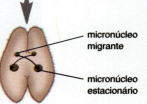
— micronúcleos em desintegração
— micronúcleo remanescente
— exconjugante

8. A seguir, cada exconjugante sofre duas divisões binárias, originando quatro paramécios geneticamente iguais. Cada um deles possui um macronúcleo e um micronúcleo.

— micronúcleo
— macronúcleo

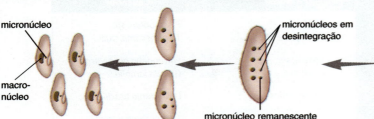

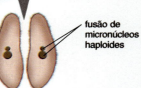
— exconjugante

Figura 4-9. Conjugação em *Paramecium caudatum*. Ao final do processo, originam-se oito paramécios.

Reino Protoctista (Protista): protozoários, algas, mixomicetos e oomicetos

Apicomplexos (Esporozoários): Todos São Parasitas

Ao contrário dos demais protozoários já estudados, os apicomplexos não possuem organelas especializadas para locomoção. Todas as espécies dessa classe são parasitas. Como exemplo, podemos citar as *gregarinas*, esporozoários de alguns milímetros de comprimento que parasitam o tubo digestório de minhocas, baratas, besouros e piolhos-de-cobra.

Sem dúvida, os esporozoários mais importantes para o homem são as espécies de *plasmódios*, causadoras de malária.

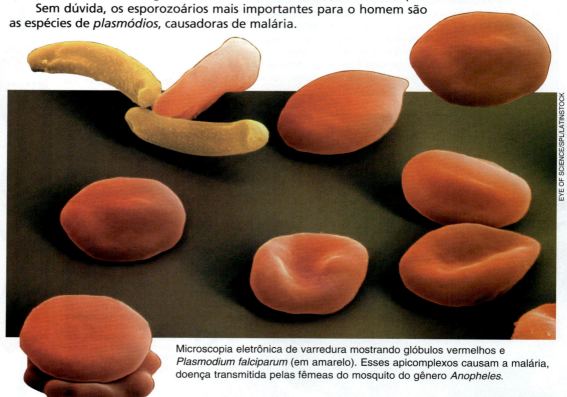

Microscopia eletrônica de varredura mostrando glóbulos vermelhos e *Plasmodium falciparum* (em amarelo). Esses apicomplexos causam a malária, doença transmitida pelas fêmeas do mosquito do gênero *Anopheles*.

▪ DOENÇAS CAUSADAS POR PROTOZOÁRIOS

Doenças causadas por protozoários parasitas envolvem, basicamente, dois locais de parasitismo: o sangue e o tubo digestório (veja Tabela 4-2). No entanto, a pele, o coração, os órgãos do sistema genital e o sistema linfático também constituem locais onde os parasitas podem se instalar. Essas doenças envolvem, em seu ciclo, hospedeiros, isto é, organismos vivos em que os parasitas se desenvolvem.

Tabela 4-2. Parasitoses mais frequentes no Brasil causadas por protozoários.

Parasitose	Nome	Causador
Sanguínea	Malária. Doença de Chagas.	*Plasmodium sp.* *Trypanosoma cruzi.*
Intestinal	Amebíase. Giardíase.	*Entamoeba histolytica.* *Giardia lamblia.*
Da pele e mucosas	Leishmaniose.	*Leishmania braziliensis.*
Das vias genitais	Tricomoníase.	*Trichomonas vaginalis.*
Diversos tecidos e órgãos	Toxoplasmose.	*Toxoplasma gondii.*

Caso o agente parasitário utilize dois hospedeiros para completar seu ciclo de vida, considera-se como **hospedeiro definitivo** aquele no qual o parasita se reproduz *sexuadamente*. **Hospedeiro intermediário** é aquele no qual o parasita se reproduz *assexuadamente*.

Quase sempre o homem atua como hospedeiro definitivo; na malária, no entanto, a reprodução *sexuada* dos parasitas ocorre nos pernilongos que são, então, considerados hospedeiros definitivos, sendo o homem o hospedeiro intermediário.

Malária

Causadores: *Plasmodium vivax, Plasmodium malariae, Plasmodium falciparum, Plasmodium ovale*.

Hospedeiro definitivo (invertebrado): mosquitos do gênero *Anopheles*. Só as fêmeas sugam sangue humano e podem atuar como transmissoras dos parasitas. Os machos se alimentam de seiva vegetal. O sangue humano contém nutrientes essenciais para a maturação e fertilidade das fêmeas desses insetos.

Hospedeiro intermediário (vertebrado): homem.

Locais de parasitismo: glóbulos vermelhos do sangue, fígado e baço.

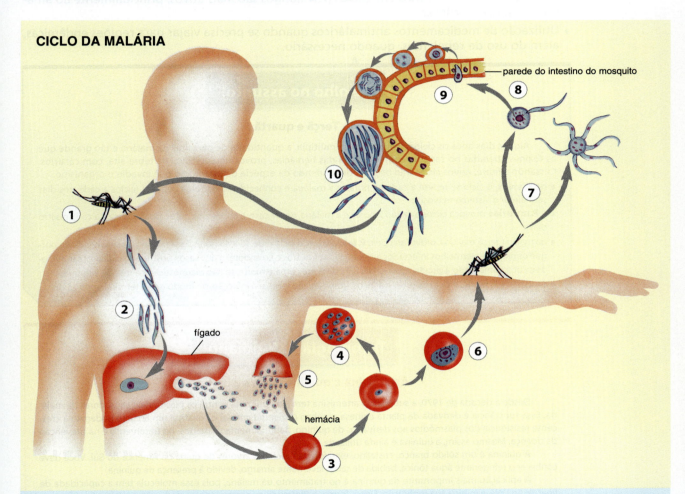

CICLO DA MALÁRIA

1. **No homem:** por ocasião da picada do pernilongo, formas infectantes do parasita, conhecidas como **esporozoítos**, abandonam as glândulas salivares do inseto e invadem o organismo humano.
2. Dirigem-se, pelo sangue, às células do fígado, onde se multiplicam.
3. A seguir, abandonam o fígado e se espalham pelo sangue, invadindo glóbulos vermelhos.
4. Em cada glóbulo vermelho, consomem a hemoglobina, sendo então chamados de **trofozoítos**. Por um processo de reprodução assexuada múltipla (conhecido como **esquizogonia**) cada trofozoíto dá origem a cerca de 36 células-filhas chamadas de **merozoítos**.
5. Esses merozoítos provocam a ruptura do glóbulo vermelho, ficam livres no sangue e invadem novos glóbulos vermelhos. Nova reprodução múltipla ocorre e o ciclo se repete.
6. Após alguns ciclos de esquizogonia nas hemácias humanas, certos merozoítos transformam-se em células sexuais, os **gametócitos**; porém, não formam gametas no organismo humano.
7. **No pernilongo:** sugadas por um *Anopheles* fêmea, hemácias contendo gametócitos chegam ao tubo digestório do inseto. Os gametócitos femininos (macrogametócitos) crescem e se transformam em megagametas. Cada gametócito masculino (microgametócito) divide-se e origina de 6 a 8 microgametas, com forma de espermatozoide.
8. As fecundações ocorrem no tubo digestório do inseto, caracterizando-o, assim, como hospedeiro definitivo do ciclo vital do plasmódio.
9. Os zigotos formados penetram na parede intestinal e se encistam. Dentro de cada cisto ocorre uma reprodução múltipla (a **esporogonia**), com formação de milhares de esporozoítos.
10. Os esporozoítos arrebentam a parede do cisto e migram em direção às glândulas salivares do inseto. Ali permanecem até que o inseto os introduza, por meio de uma picada, no corpo de outra pessoa para, assim, darem continuidade ao ciclo vital da espécie. A duração do ciclo no mosquito é de 7 a 19 dias, após os quais o pernilongo é capaz de inocular esporozoítos na próxima vítima.

Prevenção da malária

- Controle dos insetos transmissores adultos, com utilização de inseticidas não agressivos ao meio ambiente ou de controle biológico (incentivo ao emprego de inimigos naturais dos insetos transmissores).
- Controle das larvas dos pernilongos, que se desenvolvem em meio aquático doce. Para isso, deve-se evitar água parada em vasos de plantas, pneus vazios ou qualquer objeto que sirva de depósito de água.
- Tratamento adequado da água de piscina.
- Utilização de telas (mosquiteiros) nas janelas de residências para impedir o ingresso de pernilongos.
- Não exposição nos horários em que os pernilongos são mais ativos, principalmente ao amanhecer e ao entardecer.
- Utilização de medicamentos antimaláricos quando se precisa viajar para regiões endêmicas, além do uso de repelentes, quando necessário.

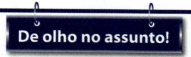

Terçã e quartã

Alguns dias após os ciclos de reprodução múltipla, a quantidade de parasitas da malária é tão grande que as toxinas liberadas no sangue, com a ruptura das hemácias, provocam episódios de febre alta, com calafrios. Cessando a febre, novos ciclos irão ocorrer, dependendo da espécie de plasmódio que invadiu o organismo:

- no **P. vivax**, o ciclo se repete a cada 48 horas e a malária é conhecida como terçã benigna (ciclos a cada três dias sem afetar o sistema nervoso);
- o **P. malariae** provoca ciclos a cada 72 horas e a malária, nesse caso, é conhecida como quartã (ciclos a cada quatro dias);
- na malária terçã maligna, provocada pelo **P. falciparum**, o ciclo é de 36 a 48 horas. Essa malária é assim chamada porque os glóbulos vermelhos infectados aderem uns aos outros e ao endotélio dos vasos, obstruindo capilares sanguíneos e comprometendo a circulação encefálica. Resulta em coma e morte, se não diagnosticada e tratada a tempo;
- na espécie **P. ovale**, o ciclo dura 48 horas, os sintomas são leves e a infecção, de modo geral, termina após 15 dias.

Artemisina e quinina contra a malária

Desde a década de 1970, a substância artemisina tem sido utilizada contra os plasmódios causadores da malária. Essa substância é derivada da planta chinesa qinghao (*Artemisia annua*) e constitui um recurso poderoso à crescente resistência dos plasmódios aos derivados de quinino, habitualmente utilizados no tratamento e na prevenção da doença. Mesmo assim, a quinina é ainda utilizada.

A quinina é um sólido branco, cristalino, extraído da casca das árvores de quina da América do Sul. Você deve conhecer o refrigerante água tônica, bebida de sabor levemente amargo, devido à presença de quinina.

A aplicação mais importante da quinina é no tratamento da malária, pois essa molécula tem a capacidade de ligar-se ao DNA e inibir a sua replicação. Dessa forma, o *Plasmodium*, protozoário causador da malária, não consegue se reproduzir e o indivíduo estará livre da doença.

Mas talvez você esteja se perguntando: não há perigo de a quinina entrar nas células sãs e prejudicar a divisão celular?

Não, a quinina afeta apenas as células infectadas com *Plasmodium*, porque estas absorvem essa molécula em concentrações maiores que as células sãs.

Amebíase

Causador: *Entamoeba histolytica*.
Hospedeiro definitivo (vertebrado): homem.
Hospedeiro intermediário (invertebrado): não há.
Local do parasitismo: intestino grosso. Podem, também, ser afetados o fígado, os pulmões e o cérebro.

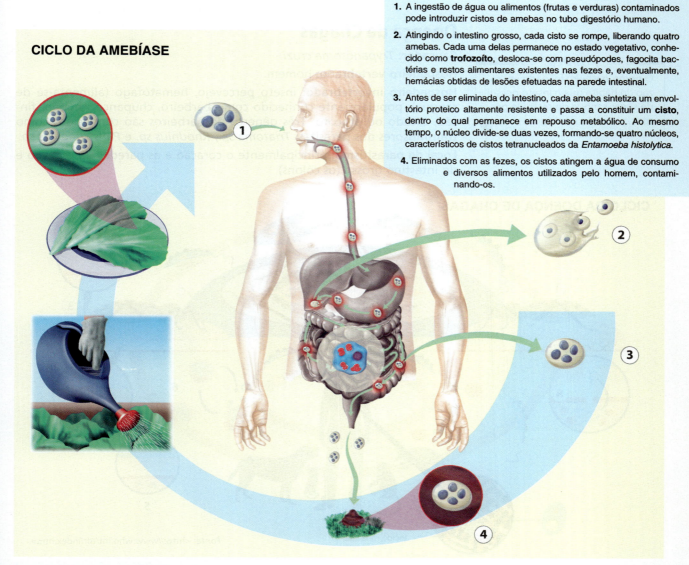

CICLO DA AMEBÍASE

1. A ingestão de água ou alimentos (frutas e verduras) contaminados pode introduzir cistos de amebas no tubo digestório humano.
2. Atingindo o intestino grosso, cada cisto se rompe, liberando quatro amebas. Cada uma delas permanece no estado vegetativo, conhecido como **trofozoíto**, desloca-se com pseudópodes, fagocita bactérias e restos alimentares existentes nas fezes e, eventualmente, hemácias obtidas de lesões efetuadas na parede intestinal.
3. Antes de ser eliminada do intestino, cada ameba sintetiza um envoltório proteico altamente resistente e passa a constituir um **cisto**, dentro do qual permanece em repouso metabólico. Ao mesmo tempo, o núcleo divide-se duas vezes, formando-se quatro núcleos, característicos de cistos tetranucleados da *Entamoeba histolytica*.
4. Eliminados com as fezes, os cistos atingem a água de consumo e diversos alimentos utilizados pelo homem, contaminando-os.

Prevenção da amebíase

- Construção de uma rede de esgotos adequada, que possa destinar as fezes para lugar seguro.
- Controle da qualidade da água, na medida em que muitas pessoas se utilizam de água de poço que não deve, de modo algum, ser contaminada por fezes humanas.
- Fervura da água de locais suspeitos, correta lavagem de verduras com água não contaminada e hábitos de higiene pessoal, como lavar as mãos após o uso do sanitário e antes das refeições.

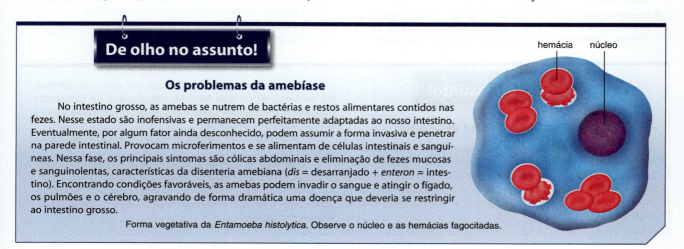

De olho no assunto!

Os problemas da amebíase

No intestino grosso, as amebas se nutrem de bactérias e restos alimentares contidos nas fezes. Nesse estado são inofensivas e permanecem perfeitamente adaptadas ao nosso intestino. Eventualmente, por algum fator ainda desconhecido, podem assumir a forma invasiva e penetrar na parede intestinal. Provocam microferimentos e se alimentam de células intestinais e sanguíneas. Nessa fase, os principais sintomas são cólicas abdominais e eliminação de fezes mucosas e sanguinolentas, características da disenteria amebiana (*dis* = desarranjado + *enteron* = intestino). Encontrando condições favoráveis, as amebas podem invadir o sangue e atingir o fígado, os pulmões e o cérebro, agravando de forma dramática uma doença que deveria se restringir ao intestino grosso.

Forma vegetativa da *Entamoeba histolytica*. Observe o núcleo e as hemácias fagocitadas.

Reino Protoctista (Protista): protozoários, algas, mixomicetos e oomicetos **67**

Doença de Chagas

Anote!
O nome *barbeiro* foi dado em razão do hábito que o inseto possui de sugar sangue do rosto de pessoas que estão dormindo.

Causador: *Trypanosoma cruzi*.

Hospedeiro vertebrado: homem.

Hospedeiro invertebrado: inseto percevejo, hematófago (alimenta-se de sangue), popularmente conhecido como barbeiro, chupança, chupão, fincão, bicudo ou procotó. Três gêneros de barbeiros são conhecidos como transmissores dos parasitas: *Triatoma sp.*, *Rhodnius sp.* e *Panstrongylus sp.*

Local de parasitismo: principalmente o coração e as paredes do esôfago e do intestino grosso (os cólons).

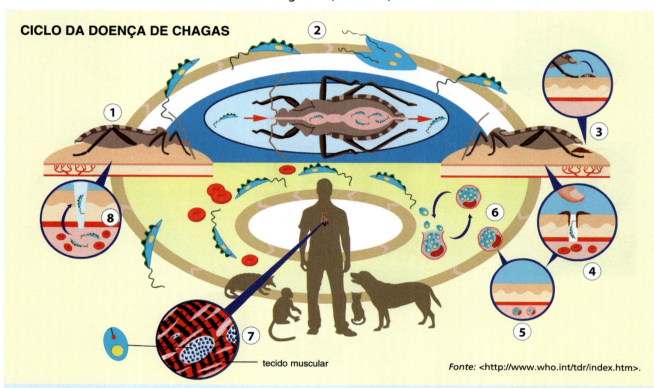

Fonte: <http://www.who.int/tdr/index.htm>.

1. Os barbeiros possuem hábitos noturnos. À noite, saem de suas tocas à procura de alimento, de preferência a pele delicada do rosto. Ao picarem pessoas cujo sangue esteja contaminado com tripanossomos, adquirem o parasita.
2. Os tripanossomos se multiplicam assexuadamente (divisão binária) no intestino do percevejo, cuja porção final fica repleta de formas infectantes.
3. Ao picarem, os barbeiros defecam e libertam as formas infectantes do parasita. A picada não dói, pois os insetos possuem na saliva uma substância anestésica.
4. Passado o efeito do anestésico, a pessoa se coça e introduz os tripanossomos que estavam nas fezes do barbeiro no local da picada. Portanto, **a transmissão dos parasitas não ocorre pela picada**.
5. Uma vez na pele, os tripanossomos invadem células do tecido conjuntivo e assumem a forma esférica, intracelular, multiplicando-se ativamente.
6. Após alguns dias, as células arrebentam e libertam no sangue os tripanossomos, agora com a forma alongada. Pela corrente sanguínea espalham-se e atingem outros órgãos, entre eles o coração.
7. No tecido cardíaco, assumem novamente a forma esférica, proliferam, formam ninhos cheios de parasitas e destroem inúmeras células cardíacas, a principal consequência dessa lamentável parasitose.
8. Os barbeiros, ao picarem pessoas contaminadas, dão continuidade ao ciclo vital do parasita.

De olho no assunto!

Os problemas da doença de Chagas

Os *tripanossomos* destroem o tecido cardíaco. À medida que as fibras doentes vão morrendo, as células sãs tentam compensar o prejuízo, trabalhando mais ativamente, o que leva a um aumento generalizado do volume do coração. Com o tempo, advém uma insuficiência cardíaca que ou é corrigida com transplante ou leva a pessoa à morte.

O marca-passo e suas ramificações, que geram os batimentos cardíacos do coração, também são afetados. Os batimentos cardíacos ficam irregulares, sem comando próprio e muitas vezes o coração apresenta ritmo lento.

O tubo digestório humano pode ser outro local de ataque dos parasitas.

As paredes do esôfago e do intestino grosso, principalmente os cólons, têm a sua inervação lesada pelos tripanossomos, retardando os movimentos peristálticos, levando ao aumento de volume desses órgãos, situação conhecida, respectivamente, como megaesôfago e megacólon.

Prevenção da doença de Chagas

- Melhoria das condições habitacionais da população.
- Controle dos insetos transmissores.
- Inspeção do sangue utilizado para transfusões.

Giardíase

Causador: *Giardia lamblia*.

Hospedeiro definitivo: homem.

Hospedeiro intermediário: não há.

Local do parasitismo: intestino delgado, preferencialmente o duodeno. Pode, excepcionalmente, afetar o intestino grosso.

Ciclo da giardíase: os parasitas (veja a Figura 4-10) vivem livremente na luz intestinal. Ao serem eliminados do intestino pelas fezes, encontram-se na forma de cistos. A ingestão de alimentos e água contaminados por cistos reintroduz giárdias no intestino humano.

Prevenção da doença: valem as mesmas medidas descritas para a amebíase.

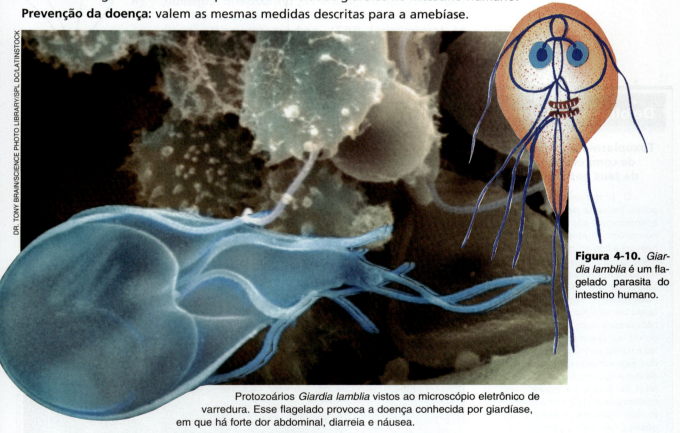

Figura 4-10. *Giardia lamblia* é um flagelado parasita do intestino humano.

Protozoários *Giardia lamblia* vistos ao microscópio eletrônico de varredura. Esse flagelado provoca a doença conhecida por giardíase, em que há forte dor abdominal, diarreia e náusea.

Leishmaniose Cutâneo-Mucosa (Tegumentar Americana)

Causador: *Leishmania braziliensis*.

Hospedeiro vertebrado: homem.

Hospedeiro invertebrado: inseto conhecido como birigui ou mosquito-palha, pertencente ao gênero *Lutzomyia*. Faz parte de um grupo de insetos conhecidos vulgarmente como flebótomos.

Ciclo da leishmaniose: os parasitas se reproduzem no corpo dos insetos e são inoculados durante a picada. Os ferimentos provocados pela picada ulceram e neles os parasitas se multiplicam. Novas picadas espalham as leishmânias de pessoa a pessoa.

Prevenção da doença: controle dos insetos transmissores, além de medidas que impeçam o contato dos insetos com os habitantes de regiões afetadas (matas tropicais).

Anote!

A leishmaniose cutânea é uma parasitose restrita à pele e mucosas (nasal, oral). Os órgãos internos não são afetados. No local da picada, onde se multiplicam as leishmânias, surge uma ferida arredondada, com forma de moeda. O tratamento eficiente leva à cura total, porém a ferida cicatriza e deixa a marca arredondada.

De olho no assunto!

Existem duas outras leishmanioses, provocadas por espécies diferentes de flagelados pertencentes ao gênero *Leishmania* e transmitidas por insetos vulgarmente conhecidos como flebótomos:

- **botão-do-oriente**, uma leishmaniose cutânea típica de muitos países orientais. Agente causador: *Leishmania tropica*;
- **leishmaniose visceral**, também conhecida como calazar (termo africano proveniente de *Kala-azar*, que significa febre negra) ou febre Dum-Dum. Agente causador: *Leishmania chagasi*. Afeta órgãos internos (baço e fígado, entre outros). No Brasil, vários casos foram detectados no ano de 1999, causados por *L. chagasi*. Cães e raposas costumam abrigar esses protozoários.

Tricomoníase

A tricomoníase, cujo causador é o *Trichomonas vaginalis* (veja a Figura 4-11), protozoário flagelado, atualmente é considerada uma doença sexualmente transmissível (DST), embora raramente possa também ser transmitida por vias não sexuais como, por exemplo, objetos contaminados (toalhas, vasos sanitários etc.). Afeta os órgãos genitais (vagina, colo uterino, uretra, próstata). Na mulher, o sintoma mais comum é um corrimento esverdeado. O homem é, quase sempre, portador assintomático. Facilmente tratável.

De olho no assunto!

Toxoplasmose e mudança de comportamento de seus hospedeiros

O protozoário *Toxoplasma gondii*, causador da toxoplasmose, é responsável por uma atividade, no mínimo, curiosa. A execução bem-sucedida do ciclo reprodutivo desse parasita envolve sua penetração no intestino de gatos, um de seus hospedeiros. Como fazer para neles penetrar? Inicialmente, infectando um rato. Normalmente, ratos não contaminados pelo *Toxoplasma gondii*, ao verem um gato, fogem. No entanto, quando esse protozoário é ingerido pelo roedor (por meio de alimentos contaminados com as fezes de gatos), ele provoca uma mudança radical de comportamento dos ratos, que passam a ficar dóceis e não mais fogem ao verem um gato. O felino, ao se alimentar de roedores contaminados, ingere os protozoários, que, conseguindo atingir o intestino do animal, podem prosseguir com seu ciclo vital.

O curioso é que cientistas constataram que seres humanos afetados por toxoplasmose também demonstram alterações em sua personalidade e comportamento.

Fonte: KAPLAN, M. Befriending the body snatchers. *New Scientist*, London, p. 41, 27 Aug. 2011.

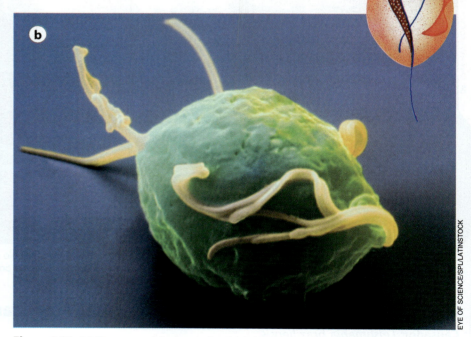

Figura 4-11. (a) Esquema e (b) micrografia eletrônica de varredura do flagelado *Trichomonas vaginalis*.

Toxoplasmose

A toxoplasmose é uma doença humana causada pelo espozoário *Toxoplasma gondii*, transmitido por fezes contaminadas de cães e gatos. Também pode ocorrer a transmissão pela placenta e, provavelmente, por algumas aves. Afeta os olhos, o fígado, os pulmões, o sistema nervoso (encefalite) e o sistema linfático.

ALGAS: AS FLORESTAS AQUÁTICAS

Nos ecossistemas aquáticos marinhos, existe uma comunidade formadora de uma verdadeira floresta. Ao contrário do que acontece no meio terrestre, essa floresta não é formada por árvores espessas, enormes e cheias de galhos. Ela é constituída por inúmeros protistas conhecidos simplesmente como algas. Assim como as florestas terrestres, essa comunidade aquática contribui para o abastecimento do oxigênio da biosfera.

Afinal, como são os componentes dessa floresta? Vamos conhecer um pouco as principais características das algas.

O *Habitat* e a Importância das Algas

Sob a denominação *algas* enquadram-se diversos grupos de *protoctistas* diferentes entre si, mas que mantêm uma característica em comum: são todos **eucariontes**, **autótrofos fotossintetizantes dotados de clorofila**. Existem algas formadas somente por uma célula. Outras são organizadas em diferentes tipos de *colônia*. E ainda há as que são macroscópicas, pluricelulares, **sem**, contudo, **formar tecidos ou órgãos**. O corpo de uma alga é um talo, ou seja, não possui raiz, caule ou folha, mesmo que seja gigante.

Embora sejam encontradas no meio terrestre úmido, é nas águas doces e no mar que as algas são mais abundantes.

No meio aquático, dependendo do local onde vivem, podem constituir comunidades conhecidas como **fitoplâncton** e **fitobentos**.

O fitoplâncton é uma comunidade formada principalmente por numerosas microalgas que *flutuam livremente* ao sabor das ondas. São importantes produtoras de alimento orgânico e liberam oxigênio para a água e a atmosfera. Constituem a base das cadeias alimentares aquáticas, formando o que se denomina de "pasto marinho".

O fitobentos é uma comunidade de algas, em geral macroscópicas (algumas atingem dezenas de metros), *fixas no solo marinho* (principalmente em rochas).

As algas apresentam grande diversidade, desde as unicelulares (a) *Chlamydomonas sp.* (algas verdes) até as coloniais e macroscópicas (b) *Ulva sp.* (alga verde), (c) *Palmaria sp.* (alga vermelha) e (d) *Laminaria sp.* (alga parda). As três últimas são comestíveis.

Reino Protoctista (Protista): protozoários, algas, mixomicetos e oomicetos

De olho no assunto!

Principais grupos das algas

A tabela a seguir resume as principais características de alguns filos de algas. No conjunto, todos eles fazem parte do reino Protoctista. Admite-se atualmente que as clorofíceas (algas verdes) foram as ancestrais das plantas, com as quais compartilham muitas características.

Em muitas algas, embora se constate a presença de clorofila, a cor predominante é determinada por outro pigmento, que mascara a cor verde da clorofila.

Filo	N.º de espécies	Características	*Habitat*/importância
Clorofíceas (verdes)	17.000	Clorofilas *a* e *b*. Carotenoides. Amido armazenado nos cloroplastos. Parede celular celulósica ou não. Unicelulares, coloniais ou pluricelulares.	Mar e água doce. Também na neve, troncos de árvores e em associação com fungos (liquens). Muitas fazem parte do fitoplâncton.
Feofíceas (pardas)	1.500	Clorofilas *a* e *c*. Fucoxantina (um carotenoide). Reserva de laminarina (um carboidrato). Parede celular celulósica embebida em algina (uma mucilagem). Pluricelulares (as maiores algas conhecidas).	Maioria no mar. Algas macroscópicas (*kelps*). Algina utilizada na confecção de alimentos e tintas. Algumas comestíveis (*kombu*).
Rodofíceas (vermelhas)	4.000 a 6.000	Clorofila *a* e ficobilinas (pigmentos vermelhos) em cloroplastos. Reserva de amido (*das florídeas*) no citoplasma. Parede celulósica embebida em ágar, carragenina ou calcário (em algumas espécies). Todas pluricelulares.	Maioria marinha. O ágar é utilizado para confecção de meios de cultivo ou medicamentos. Algumas comestíveis (*nori*).
Bacilariofíceas (diatomáceas)	100.000	Clorofilas *a* e *c*. Carotenoides (fucoxantina). Parede celular não celulósica, impregnada de sílica. Unicelulares e coloniais.	Mar e água doce. Principais componentes do fitoplâncton.
Haptofíceas (cocolitoforídeos)	300	Clorofilas *a* e *c*, fucoxantinas. Presença de *haptonema*, que lembra um flagelo, de função sensorial. Muitos possuem escamas de calcário (*cocolitos*) revestindo a célula. Unicelulares, coloniais e formas imóveis.	Marinhas, água doce e alguns terrestres. Importantes componentes do fitoplâncton. Constituem depósitos de carbono orgânico e carbonatos. Ameaçadas pela acidez da água decorrente do excesso de CO_2.
Crisofíceas (douradas)	1.000	Clorofilas *a* e *c*. Carotenoides (fucoxantina). Parede celular de celulose, com escamas de sílica. Unicelulares.	Maioria na água doce. Componentes do fitoplâncton.
Dinofíceas (dinoflagelados)	2.000 a 4.000	Clorofilas *a* e *c* (podem estar ausentes em muitas espécies). Parede celular contendo placas de celulose. Unicelulares com dois flagelos. Algumas (*Noctiluca*) emitem luz.	Maioria marinha. Em recifes de coral associam-se aos pólipos (zooxantelas). Algumas espécies causam as "marés vermelhas".
Euglenofíceas (euglenas)	900	Clorofilas *a* e *b* (podem estar ausentes). Parede celular ausente. Membrana celular revestida por fina película proteica. Unicelulares.	Maioria na água doce. As espécies heterótrofas alimentam-se de partículas orgânicas existentes na água.

Diatomáceas marinhas, vistas ao microscópio óptico. Essas algas unicelulares são encontradas em abundância tanto em água salgada como em água doce. A célula é envolvida por duas valvas impregnadas por sílica que encaixam uma na outra pelas bordas. Essas valvas acumuladas durante milhões de anos formam um tipo de rocha chamada *diatomito*, que serve para produzir abrasivos usados no polimento de metais (prata, por exemplo) e em dentifrícios.

Muitas são as possibilidades de utilização das algas, o que justifica sua importância. A Tabela 4-3 explora algumas delas.

Tabela 4-3. Segmentos em que as algas têm particular importância.

Importância	Característica
Ecológica	Por serem autótrofas fotossintetizantes, as algas (principalmente as do fitoplâncton) abastecem os ecossistemas de alimento e oxigênio. Há quem diga que as algas são responsáveis por cerca de 70% da fotossíntese mundial.
Uso industrial	Extraem-se das algas diferentes tipos de substância de uso industrial. A **algina**, das algas pardas, é utilizada em cremes, sorvetes, maionese e cosméticos. O **ágar**, das algas vermelhas (*Gelidium*), é usado para a produção de medicamentos e como meio de cultivo para a criação de bactérias e fungos. Os **esqueletos silicosos**, de algas diatomáceas (algas unicelulares do fitoplâncton), são utilizados em dentifrícios, filtros, tintas etc.
Alimento	Algumas algas são comestíveis, principalmente as pardas, vermelhas e verdes. No Japão existem diversos criadouros de algas para essa finalidade.

De olho no assunto!

Você sabe o que é cariocleptia?

Recentemente, descobriu-se que um protoctista ciliado (*Myrionecta rubra*) fagocita uma alga (também protoctista) unicelular (*Geminigera cryophila*) e, em vez de digeri-la, sequestra o seu núcleo, utilizando-o para manter em funcionamento os cloroplastos da alga! Quer dizer, o ciliado "rouba" o núcleo da alga, fazendo-o trabalhar para ele. Esse fenômeno foi denominado de **cariocleptia** (do grego, *káryon* = núcleo + *klépto* = roubar) ou **nucleocleptia**. A atividade do núcleo sequestrado dura cerca de 30 dias. Você poderia perguntar: mas e depois que o núcleo deixa de funcionar? A resposta é fácil. O ciliado se "alimenta" continuamente de algas, de modo que ele sempre terá núcleos sequestrados em funcionamento. Essa descoberta é um apoio à hipótese *endossimbiótica* de Lynn Margulis, que sugere que cloroplastos são organelas derivadas de cianobactérias, ao longo do surgimento e evolução da célula eucariótica.

Extraído de: JOHNSON, M. D.
Retention of transcriptionally active cryptophyte nuclei by the ciliate *Myrionecta rubra*.
Nature, London, v. 445, n. 7.126, p. 426, 25 Jan. 2007.

Maré vermelha

Um importante fenômeno associado à proliferação de algas dinofíceas, provavelmente devido à poluição orgânica, é a **maré vermelha**. Nesse caso, devido ao excesso de nutrientes, ocorre aumento de algas fitoplanctônicas *dinofíceas*, que liberam um pigmento tóxico avermelhado. Essa toxina provoca a morte de peixes, crustáceos, moluscos etc., e pode prejudicar o homem, se ele consumir, inadvertidamente, esses animais intoxicados. No Brasil, esse fenômeno ocorre ocasionalmente no litoral sul do país.

Maré vermelha no Golfo de Carpentária, Austrália.

Reprodução nas Algas

Reprodução assexuada

Nas algas há dois tipos básicos de reprodução assexuada:
- **divisão binária:** comum nas formas unicelulares, que recorrem à mitose para efetuar a divisão da célula (veja a Figura 4-12);
- **zoosporia:** comum em algas multicelulares aquáticas. Cada zoósporo, dispersando-se pelo meio, é capaz de gerar nova alga (veja a Figura 4-13).

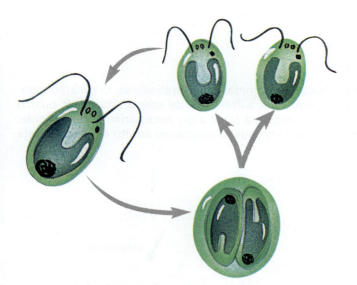

Figura 4-12. Divisão binária em *Chlamydomonas*, uma clorofícea unicelular.

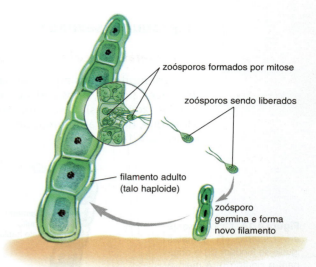

Figura 4-13. Reprodução assexuada por meio da produção de zoósporos em uma alga verde filamentosa de água doce (*Ulothrix*).

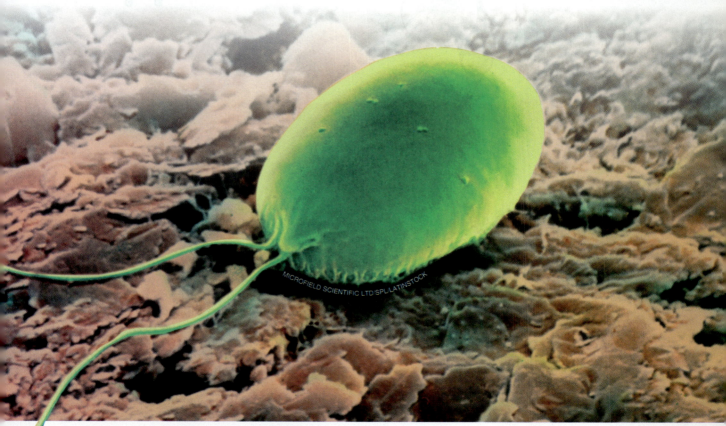

Alga verde unicelular de água doce *Chlamydomonas chlorostellata* (micrografia eletrônica de varredura).

De olho no assunto!

O **ágar**, das algas vermelhas (*Gelidium*), é usado para a produção de medicamentos e como meio de cultivo para a criação de bactérias e fungos.

Os **esqueletos silicosos**, de algas *bacilariofíceas diatomáceas* (algas unicelulares do fitoplâncton), são utilizados em dentifrícios, filtros, tintas etc. Em algumas regiões do globo, que já foram bacias oceânicas no passado, encontram-se até hoje rochas silicosas constituídas desses esqueletos (diatomitos), que servem até para a construção de casas.

Reprodução sexuada

Os gametas e os ciclos reprodutivos

Em muitas algas aquáticas há a produção de gametas que, fundindo-se, originarão zigotos. Esses zigotos, após curto período de dormência, sofrem meiose com produção de quatro células (zoósporos). Cada uma dessas células originará nova alga, necessariamente haploide. Note que, nesse caso, temos um ciclo reprodutivo no qual o organismo adulto é haploide (veja a Figura 4-14).

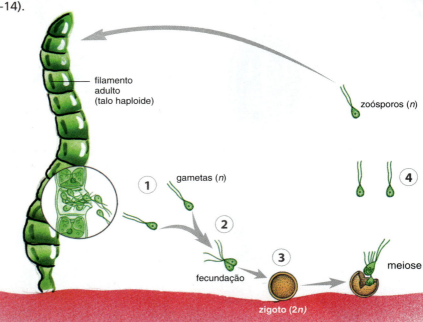

Figura 4-14. Ciclo haplonte em *Ulothrix*: (1) gametas iguais se fundem (2) e originam o zigoto (3). A meiose é zigótica. Cada zoósporo meiótico (4) é capaz de se desenvolver e formar um novo filamento haploide.

O ciclo é chamado de **haplonte**. A meiose ocorre na fase de zigoto, sendo chamada **zigótica**. Também é chamada **meiose inicial**, uma vez que cada célula iniciará a formação de novo organismo adulto.

Em outras algas, a geração adulta é diploide e produz gametas por meiose. Do encontro de gametas na fecundação surge um zigoto que acaba originando um adulto diploide. O ciclo reprodutivo é **diplonte**. A meiose é **gamética**, pois serviu para formar gametas. Também é chamada de **meiose final** porque ocorre no fim do período de desenvolvimento do indivíduo adulto diploide (veja a Figura 4-15). No Capítulo 20, estudaremos o ciclo haplontediplonte que ocorre também em algumas algas.

Quanto aos gametas produzidos pelas algas, há casos de:

- **isogamia** – gametas masculinos e femininos iguais;
- **heterogamia** – gametas masculinos e femininos móveis, flagelados, porém o masculino bem menor em tamanho do que o feminino; e
- **oogamia** – gameta masculino pequeno e móvel e gameta feminino grande e imóvel.

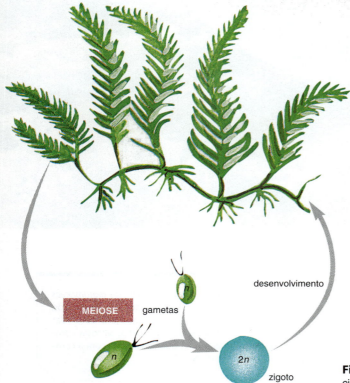

Figura 4-15. Ciclo reprodutivo diplonte na alga verde *Caulerpa*. A espécie representada é monoica (ou hermafrodita). O adulto é diploide.

A conjugação

Em algumas algas filamentosas de água doce ocorre pareamento de dois indivíduos com a passagem, por um canal de comunicação, de células inteiras de um para outro filamento.

As células são haploides e após se juntarem originam zigotos. Os zigotos dividem-se por meiose e cada célula formada será capaz de originar novo filamento haploide. Note que essa conjugação faz parte do ciclo haplonte e a meiose do zigoto contribui para o surgimento de variabilidade.

(a) 25 μm

(b) 25 μm

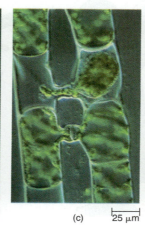
(c) 25 μm

(d) 25 μm

Conjugação na alga verde *Spirogyra*. Observa-se a passagem de células do filamento da esquerda para o da direita.

▪ MIXOMICETOS E OOMICETOS

Mixomicetos e oomicetos são dois pequenos grupos (contendo, respectivamente, cerca de 500 e 580 espécies) de protoctistas heterótrofos, que já foram considerados fungos, o que pode ser percebido pela terminação *miceto* (do grego, *múkes* = = fungo). Diferenças estruturais e funcionais, em relação aos fungos, promoveram o seu deslocamento provisório para o reino Protoctista.

Micrografia eletrônica de varredura de esporângios rompidos do mixomiceto *Hemitrichia serpula*, mostrando uma "rede" de filamentos que auxilia na dispersão dos esporos liberados (pequenos pontos em laranja).

Mixomicetos (do grego, *múksa* = muco) são encontrados sob as folhas e galhos em decomposição de bosques e matas úmidas. Possuem aspecto mucoso, são semelhantes a amebas multinucleadas e se nutrem de bactérias e partículas orgânicas do meio. Em condições ambientais desfavoráveis, os movimentos ameboides cessam e são produzidas estruturas pedunculadas que produzem esporos por meiose. Ao retornarem às condições ambientais favoráveis, os esporos germinam e originam pequenas células ameboides que se fundem e geram um novo organismo diploide. Veja a Figura 4-16.

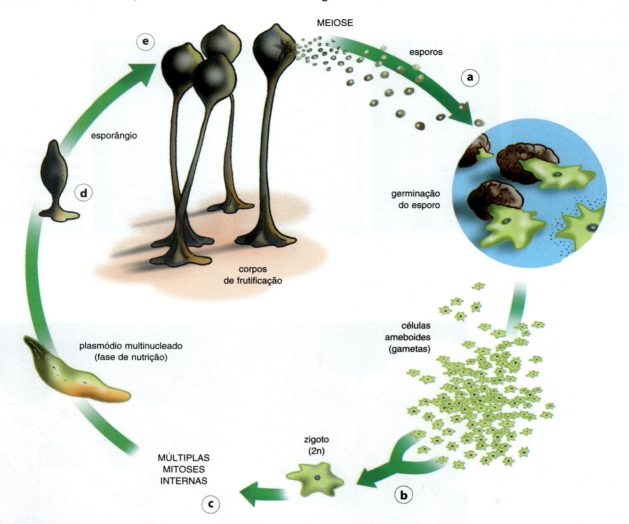

Figura 4-16. Ciclo de vida de um mixomiceto. (a) Em condições favoráveis, os esporos germinam, podendo cada um deles dar origem a até quatro gametas haploides. (b) Da fusão de dois gametas resulta um zigoto diploide. (c) Divisões mitóticas do núcleo desse zigoto, sem a correspondente divisão citoplasmática, dão origem a um plasmódio (massa de protoplasma multinucleada, formada por sucessivas divisões nucleares, sem que ocorra divisão do citoplasma). (d) O plasmódio migra e se diferencia em uma massa ereta, formando os esporângios (e). Quando o esporângio está maduro, ocorre a liberação dos esporos, que podem sobreviver em condições extremas.

Oomicetos (do grego, *oión* = ovo) vivem em meios aquático (os "mofos" aquáticos) e terrestre. As paredes celulares contêm celulose. No meio aquático, podem decompor matéria orgânica ou parasitar outros seres vivos. Dentre esses últimos, destaca-se o gênero *Saprolegnia*, parasita de peixes de aquário, nos quais provoca a formação de manchas esbranquiçadas. Uma espécie terrestre de importância econômica é a *Phytophthora infestans*, causadora da severa epidemia que dizimou as plantações de batata, em 1846, na Irlanda.

O esquema da Figura 4-17 ilustra o ciclo reprodutivo da *Saprolegnia*. Note, à esquerda, a ocorrência de reprodução assexuada, com formação de esporângios produtores de *zoósporos* – esporos dotados de dois flagelos desiguais – que nadam durante certo tempo na água até formarem cistos. Cada cisto dá origem a um zoósporo secundário, que também encista até germinar e formar uma rede filamentosa esbranquiçada (um micélio), que cresce em moscas mortas na água ou em escamas de peixe. À direita, no ciclo, ilustra-se a reprodução sexuada. Em certos pontos dos filamentos, formam-se estruturas reprodutoras femininas (oogônios) e masculinas (anterídios). Núcleos masculinos encontram-se com os femininos no interior de um oogônio, determinando a formação de zigotos, os *oósporos*. Cada oósporo germina e origina uma nova rede filamentosa.

Na metade inferior dessa micrografia eletrônica de varredura, observa-se um corte transversal de folha de batata, infectada pelo oomiceto *Phytophthora infestans*. As estruturas produtoras de esporos (em cinza, na metade superior da foto) emergem da folha através dos poros formados pelos estômatos, componentes do revestimento da folha relacionados às trocas gasosas. No interior da folha, notam-se, em roxo, os filamentos do oomiceto. Observe, também, os espaços (lacunas) existentes entre as células do interior da folha.

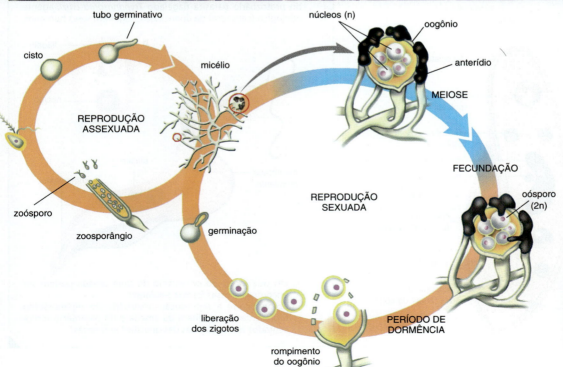

Figura 4-17. Ciclo reprodutivo de um oomiceto (*Saprolegnia*, por exemplo). Acompanhe o ciclo com a leitura do texto.

79

Passo a passo

As ilustrações a seguir mostram esquemas de representantes das quatro classes conhecidas de protozoários.

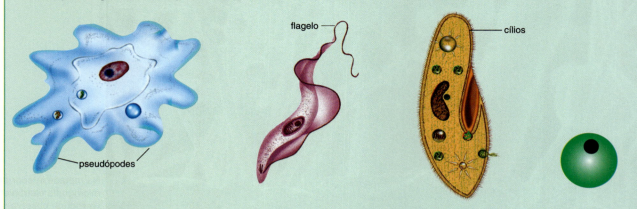

1. a) Reconheça cada protozoário esquematizado e cite a classe a que cada um deles pertence. Em que característica se baseia a classificação dos protozoários?
   b) Caracterize os protozoários quanto ao reino a que pertencem, ao número e tipo de célula (procariótica ou eucariótica) que possuem e quanto ao tipo de nutrição (heterotrófica ou autotrófica).

As ilustrações a seguir representam esquemas de dois conhecidos protozoários, ameba (**a** – *Amoeba proteus*) e paramécio (**b** – *Paramecium caudatum*), com os seus componentes celulares mais significativos. Com base nas ilustrações e utilizando seus conhecimentos sobre esses seres, responda às questões **2** e **3**.

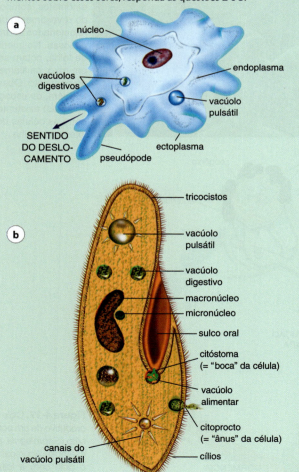

2. a) Além de serem utilizados na locomoção, que outra função é atribuída aos pseudópodes da ameba e aos cílios localizados junto ao sulco oral do paramécio?
   b) Em que *habitat* são encontrados os dois protozoários esquematizados?

3. Vacúolos pulsáteis e vacúolos digestivos são duas organelas comuns aos dois protozoários esquematizados. Com relação a essas organelas:
   a) Qual o papel desempenhado pelos vacúolos pulsáteis? É comum a ocorrência dessas organelas em amebas que vivem em ambiente aquático marinho?
   b) Como ocorre a formação de um vacúolo digestivo nos protozoários esquematizados? Como ocorre a expulsão dos resíduos não aproveitáveis após a ocorrência de digestão do alimento?

4. Os esquemas a seguir correspondem às duas formas celulares do protozoário parasita flagelado *Trypanosoma cruzi*, agente etiológico (causador) da doença de Chagas em seres humanos.

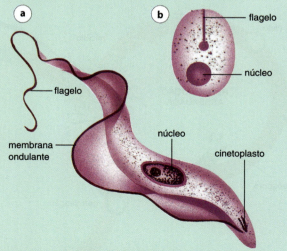

a) Em que locais do organismo de uma pessoa podem ser encontradas essas formas celulares?
b) Como ocorre a reprodução assexuada do tripanossomo representado e também da ameba e do paramécio representados nos esquemas das questões anteriores?

80 BIOLOGIA 2 • 4.ª edição

c) Nos paramécios, é comum a ocorrência de uma modalidade de reprodução sexuada, com troca de material genético entre os parceiros. Qual é essa modalidade de reprodução sexuada e qual o seu significado adaptativo?

5. Doenças causadas por protozoários envolvem alguns tecidos e órgãos humanos. A respeito desse assunto:
  a) Cite pelo menos uma doença causada por protozoários que envolva o tecido sanguíneo, o tecido cardíaco, o intestino, a pele e as vias genitais.
  b) Qual a diferença entre os conceitos de hospedeiro definitivo e hospedeiro intermediário?

6. Malária e doença de Chagas são duas doenças que ainda afligem milhares de brasileiros. Para cada uma dessas doenças cite:
  a) O agente causador, o agente transmissor (vetor), o mecanismo de transmissão e o tecido ou órgão mais comumente afetado no ser humano.
  b) Pelo menos duas medidas preventivas relacionadas a cada uma delas.

7. Amebíase, giardíase, leishmaniose cutânea, tricomoníase e toxoplasmose são doenças causadas por protozoários que, em certas regiões, ainda preocupam as autoridades de saúde pública em nosso país. Para cada uma dessas protozoonoses cite:
  a) O agente causador (etiológico), a classe de protozoários a que pertence e o órgão ou órgãos afetados pela doença.
  b) Os principais mecanismos preventivos recomendados para cada uma delas.

As fotos a seguir mostram representantes do grupo das algas. Em (a), algas unicelulares diatomáceas. Em (b), (c) e (d), algas pluricelulares, da esquerda para a direita, verde, vermelha e parda. A respeito desse importante grupo de seres vivos do Reino Protoctista, consulte a tabela dos principais grupos de alga para responder às questões **8** e **9**.

8. a) Cite os principais filos de algas atualmente existentes, relacionando, para cada um deles, a existência de representantes unicelulares, coloniais e pluricelulares.
  b) Algas são importantes componentes das comunidades aquáticas. No meio aquático, principalmente marinho, quais são os dois grandes grupos de algas?

9. a) Algas são dotadas de moléculas de clorofila, pigmentos relacionados à realização de fotossíntese. Nesse sentido, qual a principal importância atribuída aos dois grandes grupos de algas citados no exercício anterior?
  b) Determinadas espécies de algas unicelulares são responsáveis por um fenômeno ecológico no qual a água é contaminada por toxinas por elas produzidas e que contaminam animais marinhos. Qual é o fenômeno ecológico e quais os seus causadores?

10. O tema desta questão é reprodução das algas. Nos esquemas I e II está representada a ocorrência de reprodução na alga clorofícea *Ulothrix*. O esquema III relaciona-se à reprodução na alga clorofícea *Caulerpa*. Em IV, as fotos estão relacionadas a uma modalidade de reprodução na alga clorofícea *Spirogyra*. Com base em seus conhecimentos sobre o tema, responda:

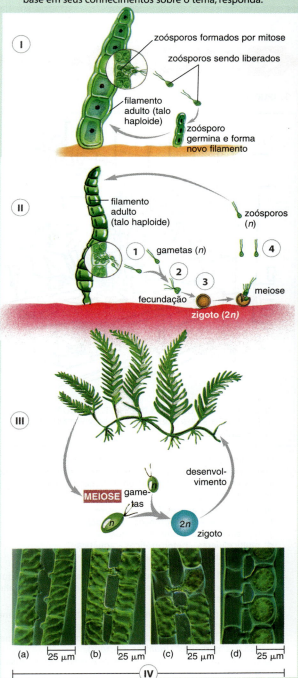

Reino Protoctista (Protista): protozoários, algas, mixomicetos e oomicetos

a) Que modalidade de reprodução – assexuada ou sexuada – está esquematizada em I? Justifique sua resposta.
b) Em II, III e IV estão representadas modalidades de reprodução sexuada, com execução de ciclos reprodutivos. Reconheça cada uma das modalidades de ciclo reprodutivo dos quais as algas correspondentes participam. No caso das fotos mostradas em IV, cite o nome do processo de pareamento executado pelas algas.

11. *Questão de interpretação de texto*

Cientistas do Instituto do Coração (Incor-USP) descobriram um aliado onde menos esperavam. Uma proteína do *Trypanosoma cruzi* apresentou, em coelhos, ação protetora contra deposição de colesterol nos vasos sanguíneos. A ideia de isolar e utilizar a proteína para, no futuro, ser utilizada em seres humanos surgiu de uma observação clínica: pacientes chagásicos não costumam sofrer infarto. A doença evolui cronicamente com o aumento do volume do coração e pode terminar em insuficiência cardíaca. Mas autópsias revelam vasos sanguíneos em estado invejável, sem resquícios de placas de colesterol.

Adaptado de: GONÇALVES, A. Doença de Chagas inspira nova droga. *O Estado de S. Paulo*, São Paulo, 17 out. 2011. Caderno Saúde, p. A12.

Com base nas informações do texto e em seus conhecimentos sobre o assunto, responda:

a) A que grupo biológico pertence o *Trypanosoma cruzi*? Qual a doença causada por esse parasita?
b) Como se dá a transmissão da doença em seres humanos e quais as medidas preventivas que podem ser adotadas no sentido de evitar novos casos dessa doença?

Questões objetivas

1. (PUC – RS)

"É DO COMITÊ DE DIREITOS DOS PROTOZOÁRIOS. ELES QUEREM SABER PARA QUE O SENHOR ESTÁ USANDO SEUS CLIENTES."

O cartum acima refere-se aos protozoários, seres _____ que servem como bons indicadores da qualidade do meio ambiente. Os protozoários são, em sua maioria, seres _____ de vida livre e _____.

a) unicelulares – autotróficos – terrestre
b) unicelulares – heterotróficos – aquática
c) unicelulares – autotróficos – aquática
d) multicelulares – heterotróficos – aquática
e) multicelulares – autotróficos – terrestre

2. (UDESC – adaptada) A respeito das doenças parasitárias que atingem o homem brasileiro, é correto fazer as seguintes afirmações, exceto:

a) Uma das maneiras de combater a esquistossomose é eliminar os caramujos transmissores do verme.
b) Para erradicar a Doença de Chagas é importante a eliminação dos "barbeiros" (*Triatoma infestans*).
c) O *Plasmodium falciparum* é um protozoário que causa a malária.
d) A leishmaniose é causada pela picada do mosquito-palha contaminado pelo parasita *Leishmania brasiliensis*.
e) Os hospedeiros intermediários do *Ascaris lumbricoides* são os suínos e os bovinos.

3. (UFMS) Com relação aos protozoários que afetam a população brasileira, assinale a(s) alternativa(s) correta(s) e dê sua soma ao final.

(01) A doença de Chagas, nome adotado em homenagem ao pesquisador Carlos Chagas, é causada pelo protozoário *Trypanosoma cruzi*.
(02) A Amebíase (Disenteria Amebiana) e a Giardíase são causadas, respectivamente, pela *Entomoeba histolytica* e pela *Giardia lamblia*, sendo a transmissão para o ser humano, de ambas as doenças, causada pela ingestão de água e alimentos contaminados por cistos desses protozoários.
(04) A Leishmaniose Tegumentar Americana (LTA), conhecida por calazar, é causada pelo protozoário *Leishmania chagasi*.
(08) A Malária é causada por protozoário do gênero *Plasmodium* do qual existem três espécies encontradas no Brasil: *Plasmodium vivax*, *Plasmodium malariae* e *Plasmodium falciparum*.
(16) A transmissão da Toxoplasmose, causada pelo *Toxoplasma gondii*, é realizada por um mosquito do gênero *Anopheles*, conhecido popularmente como mosquito-prego.
(32) A Malária é transmitida por um mosquito do gênero *Lutzomyia* (flebótomos), denominado popularmente mosquito-palha.

4. (PUC – RJ) A malária é reconhecida como grave problema de saúde pública no mundo, ocorrendo em quase 50% da população, em mais de 109 países e territórios. Sua estimativa é de 300 milhões de novos casos e 1 milhão de mortes por ano, principalmente em crianças menores de 5 anos e mulheres grávidas do continente africano. A região amazônica é considerada a área endêmica do país para malária. A maioria dos casos ocorre em áreas rurais, mas há registro da doença também em áreas urbanas (cerca de 15%).

Fonte: <http://portal.saude.gov.br>.

Entre as medidas propostas pelo Ministério da Saúde para prevenir a doença acima noticiada, estão:

a) usar mosquiteiros e repelentes, fazer obras de saneamento, controlar a vegetação de corpos d'água.
b) usar inseticidas e substituir casas de pau a pique por casas de alvenaria.
c) promover vacinação coletiva e usar inseticidas.
d) evitar o contato com pessoas infectadas.
e) evitar o consumo de alimentos crus e lavar as mãos sempre que entrar em contato com animais.

5. (UPE) Muitos microrganismos são agentes etiológicos de diversas doenças infecciosas e parasitárias em humanos. Observe o quadro a seguir e identifique seus respectivos agentes etiológicos.

Agente etiológico	Modo de Transmissão	Sintoma	Profilaxia
I	A transmissão é fecal-oral e se dá por meio da água e de alimentos contaminados pelas fezes.	Diarreia volumosa, com fezes em "água de arroz", que começa de repente, acompanhada de vômitos, cãibras e, raramente, de febre e dores abdominais.	Ingerir água fervida ou clorada; lavar bem as mãos e as frutas e verduras; não ingerir frutos do mar crus.
II	Ingestão de cistos presentes nas fezes do gato, que podem estar no solo ou no pelo do animal ou em carne crua ou malcozida.	Geralmente evolui sem sintomas; pode causar cegueira; em gestantes, pode passar para o feto, causando lesões no seu sistema nervoso.	Lavas as mãos ao lidar com animais ou com a terra utilizada por estes; só ingerir carnes bem cozidas.
III	Lesões na pele causadas por objetos contaminados, corte do cordão umbilical com instrumentos não esterilizados.	Dor de cabeça, febre e fortes contrações musculares, que provocam rigidez na nuca e na mandíbula.	Vacinar com reforço a cada 10 anos.
IV	Mordida de animal infectado, principalmente de cão e gato.	Alterações respiratórias, taquicardia; afeta o sistema nervoso central.	Vacinar cães e gatos.

Assinale a alternativa que apresenta a sequência **CORRETA** dos agentes etiológicos.
a) I – *Vibrio cholerae*; II – *Toxoplasma gondii*; III – *Clostridium tetani*; IV – Vírus da raiva.
b) I – *Balantidium coli*; II – *Clostridium tetani*; III – *Toxoplasma gondii*; IV – HPV.
c) I – *Giardia lamblia*; II – *Trypanosoma cruzi*; III – *Leishmania chagasi*; IV – *Neisseria meningitidis*.
d) I – *Entamoeba histolytica*; II – *Rickettsia rickettsii*; III – Vírus da hepatite A; IV – Vírus da raiva.
e) I – *Esquerichia coli*; II – *Leishmania chagasi*; III – *Neisseria meningitidis*; IV – Vírus da herpes.

6. (UFPE) Apesar do aumento da expectativa de vida do brasileiro, as principais causas de mortes no planeta ainda se devem a doenças infecciosas comuns, especialmente nos países em desenvolvimento. A Secretaria Estadual de Saúde de Pernambuco, por exemplo, registrou, de janeiro a agosto de 2010, 552 casos suspeitos de leptospirose, sendo 92 confirmados. Sobre esta doença, considere as alternativas.

(0) A leptospirose é causada por organismos sem carioteca ou mitocôndrias, e com uma única molécula de DNA circular em seu interior.
(1) As chuvas, como as que arrasaram cidades como Barreiros, no litoral sul pernambucano, não influenciam no aumento no número de casos da doença.
(2) A leptospirose é considerada uma endemia, ou seja, está limitada às regiões Norte e Nordeste do Brasil.
(3) A leptospirose tem o rato como principal veiculador da doença, através de mordeduras desferidas na pele.
(4) Assim como a leptospirose, doenças como a amebíase e cólera poderiam ser evitadas com a adoção preventiva de práticas higiênico-sanitárias.

7. (UFF – RJ) Hoje em dia, a África é quase toda atingida pela malária, com exceção apenas da África do Sul, onde aconteceu a copa mundial de futebol, e dos países localizados no norte do continente africano junto ao Mediterrâneo. No Brasil, além dos casos de malária notificados anualmente na Amazônia, doenças sazonais como a dengue ainda afetam grande parte da população.
Quanto aos agentes transmissores e aos agentes etiológicos da malária e da dengue, pode-se afirmar que

a) essas doenças são transmitidas pelos mosquitos *Anopheles* e *Aedes*, respectivamente; mas os causadores são de origens diferentes. Enquanto a malária é causada pelo protozoário do gênero *Leishmania*, a dengue tem o parasita do gênero *Plasmodium* como agente causador.
b) essas doenças são transmitidas pelos mosquitos *Aedes* e *Anopheles*, respectivamente; mas os causadores são de origens diferentes. Enquanto a malária é causada por protozoários do gênero *Plasmodium*, a dengue tem o vírus do gênero *Flavivirus* como agente causador.
c) essas doenças são transmitidas pelos mosquitos *Anopheles* e *Aedes*, respectivamente; mas os causadores são de origens diferentes. Enquanto a malária é causada por protozoários do gênero *Plasmodium*, a dengue tem o vírus do gênero *Flavivirus* como agente causador.
d) essas doenças são transmitidas pelos mosquitos *Aedes* e *Anopheles*, respectivamente; mas os causadores são de origens diferentes. Enquanto a malária é causada pelo vírus do gênero *Flavivirus*, a dengue tem o parasita do gênero *Plasmodium* como agente causador.
e) essas doenças são transmitidas pelos mosquitos *Aedes* e *Anopheles*, respectivamente; mas os causadores são de origens diferentes. Enquanto a malária é causada pelo protozoário do gênero *Leishmania*, a dengue tem o vírus da família *Flavivirus* como agente causador.

8. (MACKENZIE – SP – adaptada) Planta encontrada no sapato de suspeito. Esse foi o título de uma reportagem publicada em um jornal. O texto dizia que o sapato foi levado a um especialista do Instituto de Botânica, que identificou a amostra como sendo uma alga clorofícea (verde).

Atualmente as algas não são consideradas como plantas verdadeiras porque

a) não possuem organelas membranosas em suas células.
b) não possuem os mesmos pigmentos que as plantas.
c) não apresentam tecidos especializados.
d) não usam água como matéria-prima para a fotossíntese.
e) não possuem flores, presentes apenas nos fungos.

9. (UDESC) Analise as proposições a respeito dos organismos do Reino Protista.

I – Os protozoários são eucariontes unicelulares heterótrofos.
II – A organela de locomoção dos protozoários é apenas do tipo flagelado.
II – O *Trypanosoma cruzi* é o protozoário flagelado causador da doença de Chagas.
IV – As diatomáceas são algas do grupo das crisófitas; têm parede celular rígida por causa da presença de celulose.
V – Nos protistas predomina a reprodução assexuada por cissiparidade, que se inicia com a divisão do núcleo e depois divisão do citoplasma.

Reino Protoctista (Protista): protozoários, algas, mixomicetos e oomicetos **83**

Assinale a alternativa **correta**.
a) Somente as afirmativas I, III e V são verdadeiras.
b) Somente as afirmativas I, II, III e V são verdadeiras.
c) Somente as afirmativas II e IV são verdadeiras.
d) Somente a afirmativa III é verdadeira.
e) Todas as afirmativas são verdadeiras.

10. (ENEM) Certas espécies de algas são capazes de absorver rapidamente compostos inorgânicos presentes na água, acumulando-os durante seu crescimento. Essa capacidade fez com que se pensasse em usá-las como biofiltros para a limpeza de ambientes aquáticos contaminados, removendo, por exemplo, nitrogênio e fósforo de resíduos orgânicos e metais pesados provenientes de rejeitos industriais lançados nas águas. Na técnica do cultivo integrado, animais e algas crescem de forma associada, promovendo um maior equilíbrio ecológico.

Adaptado de: SORIANO, E. M.
Filtros vivos para limpar a água.
Revista Ciência Hoje, Rio de Janeiro, v. 37, n. 219, 2005.

A utilização da técnica do cultivo integrado de animais e algas representa uma proposta favorável a um ecossistema mais equilibrado porque
a) os animais eliminam metais pesados, que são usados pelas algas para a síntese de biomassa.
b) os animais fornecem excretas orgânicos nitrogenados, que são transformados em gás carbônico pelas algas.
c) as algas usam os resíduos nitrogenados liberados pelos animais e eliminam gás carbônico na fotossíntese, usado na respiração aeróbica.
d) as algas usam os resíduos nitrogenados provenientes do metabolismo dos animais e, durante a síntese de compostos orgânicos, liberam oxigênio para o ambiente.
e) as algas aproveitam os resíduos do metabolismo dos animais e, durante a quimiossíntese de compostos orgânicos, liberam oxigênio para o ambiente.

11. (CESGRANRIO – RJ) A lesma do mar (*Elysia chlorotica*) é um curioso molusco que habita a costa leste dos EUA e do Canadá. Esse animal apresenta uma cor verde-esmeralda, capaz de se misturar com as algas verdes e passar despercebido pelos predadores.

Os três importantes processos que estão envolvidos no contexto acima são:
a) fagocitose, simbiose e fotossíntese.
b) camuflagem, simbiose e fotossíntese.
c) predação, camuflagem e respiração.
d) fagocitose, respiração e fotossíntese.
e) fagocitose, camuflagem e fotossíntese.

12. (UFPR) Sabendo que a filogenia pode ser entendida como o conjunto de relações evolutivas que se dão entre os organismos, do mesmo ou de diferentes grupos taxonômicos, as algas podem ser consideradas como um grupo não natural polifilético. Com base nisso, identifique as afirmativas a seguir como verdadeiras (V) ou falsas (F).

( ) São classificadas como polifiléticas, pois podem estar associadas a outros organismos em processos de simbioses, como no caso das algas verdes, que fazem simbiose com liquens e zooxantelas com os corais.
( ) São chamados de grupo não natural, pois várias das espécies existentes hoje foram desenvolvidas através de ferramentas de engenharia genética.
( ) São consideradas como um grupo não natural polifilético, pois não apresentam um único ancestral comum de todos os organismos.
( ) Apresentam organismos representativos de diferentes reinos, como o Monera (cianobactérias, ainda hoje conhecidas como algas azuis ou cianofíceas), o protista e o *Plantae*.

Assinale a alternativa que apresenta a sequência correta, de cima para baixo.
a) F – F – V – V.
b) V – F – F– V.
c) F – F – F– V.
d) V – V – V – F.
e) V – V– F– F.

Questões dissertativas

1. (UNICAMP – SP) A malária é a principal parasitose dos países tropicais. Segundo a Organização Mundial de Saúde, há mais de 200 milhões de casos de malária a cada ano e 500 mil deles ocorrem no Brasil. Até hoje, a principal forma de combate à malária consiste no controle do vetor de seu agente etiológico. No entanto, em estudo publicado na revista *Science* em setembro de 2011, cientistas anunciaram que vacinas produzidas a partir de células inteiras do agente causador da malária, depois de submetidas a uma dose letal de radiação γ, deram bons resultados em estudos preliminares realizados inclusive com humanos.
a) Qual é o agente causador da malária? E qual é o seu vetor?
b) Qual é a importância do tratamento das células dos agentes causadores da malária com dosagem letal de radiação? Como células mortas podem agir como vacina?

2. (UFG – GO) Leia o texto apresentado a seguir.

No Brasil, a leishmaniose visceral (LV) é notificada em 20 unidades federativas e anualmente são registrados 3.370 casos, com 7,4% de letalidade. Atualmente, a doença é considerada de alta magnitude e encontra-se em franca expansão territorial e com alteração do perfil epidemiológico, ocorrendo em áreas periurbanas e urbanas de municípios de médio e grande porte. A cadeia epidemiológica de transmissão da LV possui três componentes: vetor, reservatório doméstico e ser humano suscetível. O cão é o principal reservatório doméstico. Uma condição de transmissibilidade nos novos ambientes está relacionada à presença de reservatórios domésticos, à circulação do parasita e à adaptação do vetor ao peridomicílio.

Adaptado de: MINISTÉRIO DA SAÚDE.
Nota técnica n. 2 COVEV/CGDT/DEVEP/SVS/MS, 2008.

Neste cenário, Goiânia tornou-se recentemente foco de atenção pública ao notificar diversos casos de LV. Há várias condições que sustentam a explicação para a expansão dessa doença na cidade. Uma delas baseia-se nas mudanças de comportamento social, como se observa nas afirmações a seguir.

I – As viagens interestaduais têm aumentado de forma significativa nos últimos anos, e as classes sociais A, B e C costumam levar animais de estimação em suas viagens.
II – A ocupação territorial do município de Goiânia cresce em direção às áreas silvestres.
III – Apesar de existirem várias regiões endêmicas de LV no Brasil, Goiânia ainda não é uma delas.

Considerando-se o exposto,
a) cite, respectivamente, o agente etiológico e o vetor da doença;
b) construa uma hipótese para explicar o aumento de casos dessa doença em Goiânia.

3. (UEG – GO) Na década de 1930, o biólogo alemão Joachim Hammerling, com o objetivo de entender a importância do núcleo celular, realizou transplantes entre duas espécies de algas unicelulares marinhas: a *Acetabularia mediterranea*, cuja umbela tem forma lisa, e a *Acetabularia crenulata*, cuja umbela tem forma ondulada. A seguir, está a representação esquemática dos experimentos realizados.

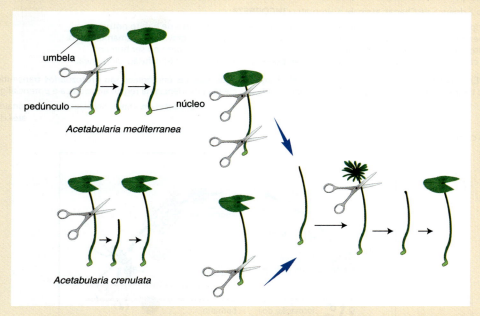

AMABIS, J. M.; MARTHO, G. R. *Biologia*. 2. ed. São Paulo: Moderna, 2004. p. 159.

Sobre os resultados obtidos a partir dos experimentos, explique:
a) o que ocorreu em A e B, com ambas as espécies;
b) o que ocorre em C quando há a enxertia do pedúnculo de *A. mediterranea* em uma base de *A. crenulata*.

4. (FUVEST – SP – adaptada) Recifes de coral são rochas de origem orgânica, formadas principalmente pelo acúmulo de exoesqueletos de carbonato de cálcio secretados por alguns cnidários que vivem em colônias. Em simbiose com os pólipos dos corais, vivem algas zooxantelas.

Encontrados somente em mares de águas quentes, cujas temperaturas, ao longo do ano, não são menores que 20 ºC, os recifes de coral são ricos reservatórios de biodiversidade. Como modelo simplificado para descrever a existência dos recifes de coral nos mares, pode-se empregar o seguinte equilíbrio químico:

$$CaCO_3 (s) + CO_2 (g) + H_2O (l) \rightarrow Ca^{2+} (aq) + 2\ HCO_3^- (aq)$$

Descreva o mecanismo que explica o crescimento mais rápido dos recifes de coral em mares cujas águas são transparentes.

Programas de avaliação seriada

1. (PISM – UFJF – MG) Os protozoários são organismos unicelulares eucarióticos. Escolha a alternativa **CORRETA** que corresponde à sequência de funções desempenhadas pelas organelas celulares nesses organismos: 1) mitocôndrias, 2) membrana celular, 3) lisossomos, 4) citóstoma, 5) citoesqueleto, 6) cílios e flagelos, 7) vacúolo pulsátil.

a) 1) osmorregulação, 2) locomoção, 3) sustentação, 4) digestão de partículas alimentares, 5) sustentação, 6) reconhecimento do ambiente, 7) ingestão de partículas alimentares.
b) 1) obtenção de energia, 2) reconhecimento do ambiente, 3) digestão de partículas alimentares, 4) ingestão de partículas alimentares, 5) sustentação, 6) locomoção, 7) osmorregulação.
c) 1) digestão de partículas alimentares, 2) sustentação, 3) obtenção de energia, 4) osmorregulação, 5) reconhecimento do ambiente, 6) locomoção, 7) ingestão de partículas alimentares.
d) 1) obtenção de energia, 2) reconhecimento do ambiente, 3) osmorregulação, 4) ingestão de partículas alimentares, 5) sustentação, 6) locomoção, 7) digestão de partículas alimentares.
e) 1) obtenção de energia, 2) osmorregulação, 3) ingestão de partículas alimentares, 4) obtenção de energia, 5) sustentação, 6) locomoção, 7) reconhecimento do ambiente.

2. (PSS – UFPB) O Brasil hoje apresenta um quadro peculiar em relação ao perfil epidemiológico da população. Problemas de saúde considerados de países desenvolvidos, como câncer, convivem com problemas de saúde característicos de países subdesenvolvidos, a exemplo de parasitoses.

Nesse contexto, um conjunto de fatores, como falta de condições sanitárias adequadas, ausência de água tratada e descuido com a higiene pessoal, pode levar ao surgimento de:

a) doença de Chagas.
b) malária.
c) amebíase.
d) AIDS.
e) tuberculose.

3. (PASES – UFV – MG) A doença de Chagas, eficientemente controlada quando o tratamento ocorre no estágio inicial, atualmente causa a morte de cerca de 50 mil pessoas/ano no mundo. Portanto, o conhecimento das formas de transmissão e de medidas preventivas é fundamental para o seu controle.

Em relação à doença de Chagas, assinale a alternativa **INCORRETA**:

a) O principal vetor da doença é o *Triatoma infestans*, um inseto hematófago e de hábito noturno.
b) A mulher infestada pode transmitir o agente causador ao filho durante a gravidez ou amamentação.
c) O agente causador da doença se reproduz por bipartição, tanto no vetor como no ser humano.
d) Por ser causada por um protozoário, a doença não pode ser transmitida por transfusão sanguínea.

4. (SSA – UPE) A malária é uma doença infecciosa, febril, aguda, cujos agentes etiológicos são protozoários transmitidos por vetores. Reveste-se de importância epidemiológica, atualmente, pela sua elevada incidência na região amazônica e potencial gravidade clínica.

Disponível em: <http://portal.saude.gov.br/portal/saude/profissional/area.cfm?id_area=1526>.

Observe o ciclo a seguir:

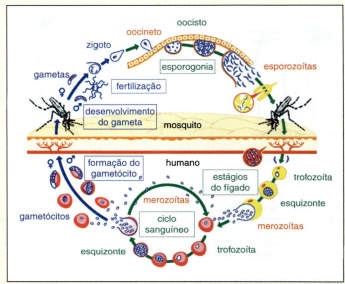

Esquema do ciclo de vida do *Plasmodium*. Imagem adquirida do CD *Topics in International Health – Malaria* de autoria da Wellcome Trust.

Disponível em: <http://www.virtual.unifesp.br/unifesp/malaria/restrito/pop_agt_ciclo.htm>.

Em relação ao ciclo da Malária, assinale a alternativa **CORRETA**.

a) Uma pessoa adquire Malária ao ser picada por fêmeas infectadas do mosquito *Culex*, que são hematófagas.
b) Na picada, as fêmeas do mosquito injetam uma secreção anticoagulante, que pode conter as formas infestantes do plasmódio, chamadas merozoítas.
c) As merozoítas crescem e se transformam em formas sexuadas chamadas esporozoítas masculinos e femininos.
d) Os picos de febre alta, entre 39 ºC e 40 ºC, coincidem com a ruptura das hemácias infectadas e a consequente liberação das merozoítas no plasma.
e) Parte das esporozoítas penetra nas células hepáticas, onde se multiplica de modo sexuado.

Reino *Fungi*

Capítulo 5

Molho de soja: ingrediente que não pode faltar na culinária oriental

Um dos ingredientes mais utilizados na culinária oriental é o molho de soja, conhecido também como *shoyu*. Quem gosta de comida japonesa e chinesa certamente já o experimentou para acompanhar os *sushis*, *sashimis*, *yakisobas* e tantos outros pratos típicos dessa culinária.

Acredita-se que o molho de soja tenha surgido na China há cerca de 2.500 anos, sendo que a soja já é conhecida dos chineses há 3.500 anos aproximadamente. Perdem-se no tempo as técnicas primitivas do preparo desse molho, mas sabe-se que ele era utilizado principalmente como um conservante para os alimentos que precisassem ser transportados.

Pode ser surpresa para muitos, mas o molho de soja é obtido por meio de um processo de fermentação: nesse caso, o fungo *Aspergillus oryzae* é utilizado para a fermentação natural dos grãos de soja. Depois, ele é salgado com uma salmoura (água com grande quantidade de sal). Se, por um lado, o *shoyu* apresenta as qualidades da soja, como riqueza em cálcio, proteínas e vitaminas, por outro, o excesso de sal é fator preocupante, principalmente para aqueles que sofrem de hipertensão.

As características e a importância dos fungos, como o *Aspergillus oryzae*, serão o tema deste capítulo.

O bolor que cresce no pão representa apenas a parte visível do corpo de um fungo, componente de um grupo atualmente muito numeroso, formado por cerca de 200.000 espécies espalhadas por praticamente todo tipo de ambiente.

Os fungos mais conhecidos são os formadores de bolores, mofos, cogumelos, orelhas-de-pau e o *Saccharomyces cerevisiae* (a levedura, utilizada como fermento biológico).

▪ FUNGOS UNICELULARES

À primeira vista, parece que todo fungo é macroscópico. Existem, porém, fungos microscópicos, unicelulares. Entre estes, pode ser citado o *Saccharomyces cerevisiae*. Esse fungo é utilizado para a fabricação de pão, cachaça, cerveja etc., graças à fermentação que ele realiza.

Anote!
Os 16 bilhões de litros de etanol produzidos pelo Brasil em 2006 resultaram da fermentação alcoólica executada pelo fungo *Saccharomyces cerevisiae*. O fungo desdobra a sacarose produzida pela cana-de-açúcar em glicose e frutose, obtém na fermentação desses monossacarídeos a energia para a sua sobrevivência e elimina, como resíduo, o álcool etílico utilizado nos automóveis.

Saccharomyces cerevisiae: fungos unicelulares. Note que os pequenos brotos são novos indivíduos que estão sendo formados por reprodução assexuada.

A diversidade dos fungos macroscópicos.

FOTOS: PHOTOS.COM

▪ FUNGOS PLURICELULARES

Os fungos pluricelulares possuem uma característica morfológica que os diferencia dos demais seres vivos.

Seu corpo é constituído por dois componentes: o **corpo de frutificação** e o **micélio**. O corpo de frutificação é responsável pela reprodução do fungo, por meio de células reprodutoras especiais, os **esporos**, e o micélio é constituído por uma trama de filamentos, em que cada filamento é chamado de **hifa** (veja a Figura 5-1).

Na maioria dos fungos, a parede celular é complexa e constituída de **quitina**, a mesma substância encontrada no esqueleto dos artrópodes.

O carboidrato de reserva energética da maioria dos fungos complexos é o **glicogênio**, do mesmo modo que acontece nos animais.

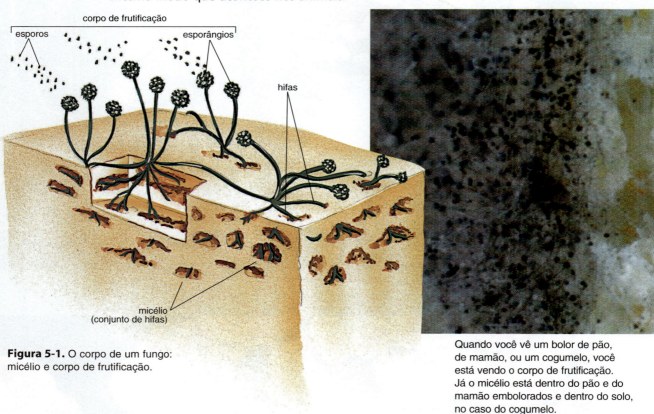

Figura 5-1. O corpo de um fungo: micélio e corpo de frutificação.

Quando você vê um bolor de pão, de mamão, ou um cogumelo, você está vendo o corpo de frutificação. Já o micélio está dentro do pão e do mamão embolorados e dentro do solo, no caso do cogumelo.

Tipos de Hifa

Dependendo do grupo de fungos, as hifas podem apresentar diferentes tipos de organização. Nas **hifas cenocíticas**, presentes em fungos simples, o fio é contínuo e o citoplasma contém numerosos núcleos nele inseridos. Fungos mais complexos possuem **hifas septadas**, isto é, há paredes divisórias (septos) que separam o filamento internamente em segmentos mais ou menos parecidos. Em cada septo há poros que permitem o livre trânsito de material citoplasmático de um compartimento a outro (veja a Figura 5-2).

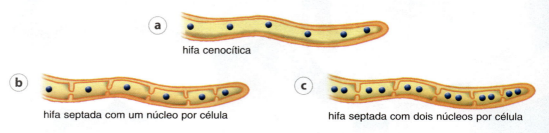

Figura 5-2. Tipos de hifa. Pelos poros das hifas septadas ocorre trânsito de citoplasma e de núcleos de uma célula para outra. Nos fungos, os núcleos são haploides.

O *Habitat* dos Fungos

Como você viu, o micélio fica dentro do pão, do mamão, do solo etc., e em contato íntimo com o alimento que interessa ao fungo. Todo fungo é heterótrofo e precisa retirar do local em que está o micélio as substâncias de que precisa para viver. Assim, os fungos alimentam-se por *absorção* da matéria orgânica por eles decomposta.

> *Anote!*
> Em determinados momentos, o micélio libera substâncias metabólicas, muitas vezes toxinas, que se espalham no meio em que se encontram as hifas.

As partículas de alimento são grandes demais para entrarem nas hifas e serem digeridas. Assim, dá-se o contrário: as hifas liberam enzimas digestivas para o meio que as rodeia, já que estão em íntimo contato com o alimento, e dessa forma ocorre uma digestão extracelular.

Efetuada a digestão, os produtos digeridos são absorvidos, *difundindo-se* para todo o corpo do fungo que pode, assim, crescer.

■ A IMPORTÂNCIA DOS FUNGOS

Ecológica

A principal atividade dos fungos é o "desmanche" de moléculas orgânicas. Isso corresponde à decomposição de matéria orgânica. Com as bactérias, os fungos são importantes agentes de reciclagem de nutrientes na biosfera terrestre.

> *Anote!*
> Umidade e matéria orgânica abundante são os dois requisitos fundamentais para a sobrevivência dos fungos.

Essa atividade decompositora pode parecer prejudicial para o homem que, anualmente, perde alimentos, móveis de madeira, máquinas fotográficas, filmes, roupas, vê paredes emboloradas, mofadas, devido à ação dos fungos.

Cabe ao homem proteger-se da atividade dos fungos, mantendo o que se quer preservar em lugar seco, uma vez que até em geladeiras e câmaras frigoríficas observa-se o crescimento de mofo nos alimentos.

Doenças Causadas por Fungos

No homem, as micoses são provocadas por fungos. Frieiras, pé de atleta, sapinhos (candidíase causada pela levedura *Candida albicans*), unhas deformadas, micose de piscina (pitiríase) e micose pulmonar (blastomicose) são causadas por eles.

Nas plantas, também acarretam prejuízos incalculáveis. Em plantações de laranja, os fungos provocam

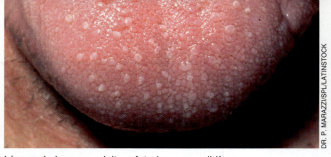

Língua de homem adulto, afetada por candidíase (manchas esbranquiçadas), doença causada pelo fungo unicelular *Candida albicans*.

o escurecimento das folhas e os milharais podem ser totalmente destruídos pelo fungo que cresce nas espigas, assemelhando-se a carvão. A uva e o trigo estão entre os cultivares humanos afetados por esses fungos, que causam consideráveis estragos nas folhas e diminuem sobremaneira a produtividade vegetal. O fungo *Aspergillus flavus* – que cresce em grãos de amendoim e de soja, entre outros – libera toxinas chamadas *aflatoxinas*, comprovadamente cancerígenas. A ferrugem do cafeeiro é causada pelo fungo *Hemileia vastatrix*.

Champignons: Estes Podemos Comer

O *champignon* é um cogumelo tradicionalmente cultivado pelo homem para fins alimentares. Há, porém, cogumelos semelhantes ao *champignon* que produzem substâncias extremamente tóxicas, podendo causar a morte.

Morchellas são fungos cujos corpos de frutificação são muito apreciados pelos "*gourmets*", assim como o *champignon* e os *shiitake*.

De olho no assunto!

Cuidado com os fungos que provocam alucinações

Dentre as substâncias produzidas por fungos, descobriu-se que algumas têm efeitos alucinógenos. Destacam-se os cogumelos que crescem sobre esterco de gado, cuja ingestão é extremamente perigosa, podendo levar à morte.

O LSD (dietilamida do ácido lisérgico) é uma substância alucinógena sintética, produzida a partir de um composto normalmente elaborado por um fungo (*Claviceps sp.*), causador do chamado esporão do centeio e que afeta as espigas dessa planta. A ergotamina, substância produzida pelo fungo, foi descoberta a partir do estudo de animais mortos que haviam se alimentado do centeio parasitado pelo fungo. Constatou-se que a ergotamina possuía ação vasoconstritora e, em grandes doses, era mortal. A partir dela, bioquímicos sintetizaram o LSD. Como essa droga passou a ser usada de forma indiscriminada e abusiva, com efeitos desastrosos para a vida, ela foi proibida.

Tecnologia & Cotidiano

A medicina, a genética e os fungos

A fabricação do antibiótico **penicilina** deve-se à descoberta, pelo cientista britânico **Alexander Fleming**, de que fungos do gênero **Penicillium** liberam substâncias derivadas do seu metabolismo e que possuem ação bactericida. Essa descoberta aliviou a espécie humana de muitas doenças infecciosas de difícil cura e abriu a porta para a síntese de novos antibióticos de amplo uso atual.

A Genética experimental faz uso de alguns fungos para suas pesquisas de elucidação da ação gênica.

A ingestão de certos fungos pode prejudicar a saúde. Sem dúvida, a maioria não é prejudicial quando ingerida acidentalmente. É provável que muitos dos alimentos que comemos devam ter algum tipo de contaminação por fungo. No entanto, raramente temos algum tipo de sintoma que revele a presença deles no alimento.

Placas de Petri com cultura de *Staphylococcus aureus*. Uma pastilha de penicilina foi colocada ao centro de cada cultura. Acima, o antibiótico produzido a partir de fungos inibe o crescimento das bactérias que estão em cultura na placa. Observe o halo escuro em torno da pastilha, indicativo de ausência de bactérias. Abaixo, as bactérias mostram resistência ao antibiótico.

▪ REPRODUÇÃO NOS FUNGOS

Reprodução Assexuada

Pode se dar por:
- **brotamento:** brotos ou gêmulas são formados nos fungos e podem manter-se unidos a eles, ou separar-se, formando novo indivíduo. Ocorre, por exemplo, em *Saccharomyces cerevisiae*;
- **fragmentação:** um micélio se parte, formando novas hifas e micélios;
- **esporulação:** nos fungos aquáticos é comum a formação de esporos flagelados (**zoósporos**) mitóticos, que se dispersam pelo meio e geram novos fungos. Nos fungos terrestres, os corpos de frutificação produzem, por mitose, células abundantes, leves, que são espalhadas pelo meio. Cada célula dessas, um esporo conhecido como **conidiósporo** (do grego, *kónis* = = poeira), ao cair em um material apropriado, é capaz de gerar sozinha um novo mofo, bolor etc. Para a produção desse tipo de esporo, a ponta de uma hifa destaca-se do substrato e, repentinamente, produz centenas de conidiósporos, que permanecem unidos até serem liberados. É o que acontece no fungo *Penicillium*, que assim foi chamado em razão de a estrutura produtora de esporos – o conídio – se assemelhar a um pincel, como mostra a Figura 5-3.

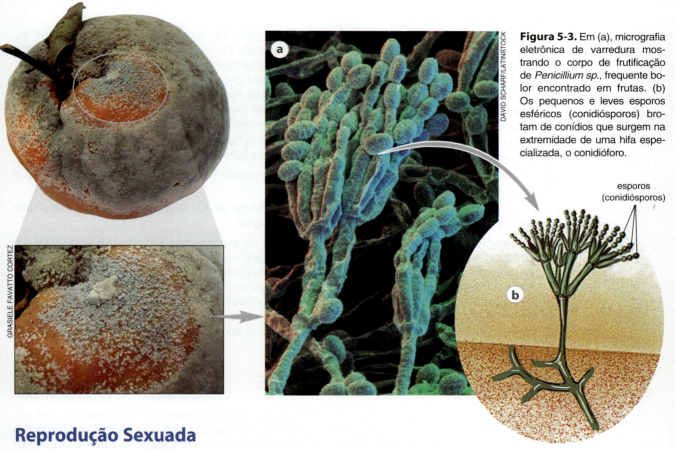

Figura 5-3. Em (a), micrografia eletrônica de varredura mostrando o corpo de frutificação de *Penicillium sp.*, frequente bolor encontrado em frutas. (b) Os pequenos e leves esporos esféricos (conidiósporos) brotam de conídios que surgem na extremidade de uma hifa especializada, o conidióforo.

Reprodução Sexuada

No ciclo reprodutivo de alguns fungos aquáticos, há a produção de gametas flagelados, que se fundem e geram zigotos que produzirão novos indivíduos. Nos fungos terrestres, existe um ciclo de reprodução no qual há produção de esporos por meiose. Desenvolvendo-se, esses esporos geram hifas haploides que posteriormente se fundem e geram novas hifas diploides, dentro das quais ocorrerão novas meioses para produção de mais esporos meióticos. A alternância de meiose e fusão de hifas (que se comportam como gametas) caracteriza o processo como sexuado.

O esquema da Figura 5-4 ilustra um ciclo de reprodução genérico, válido para a maioria dos fungos. Muitos alternam a reprodução sexuada com a assexuada. Em outros, pode ocorrer apenas reprodução sexuada ou apenas a reprodução assexuada.

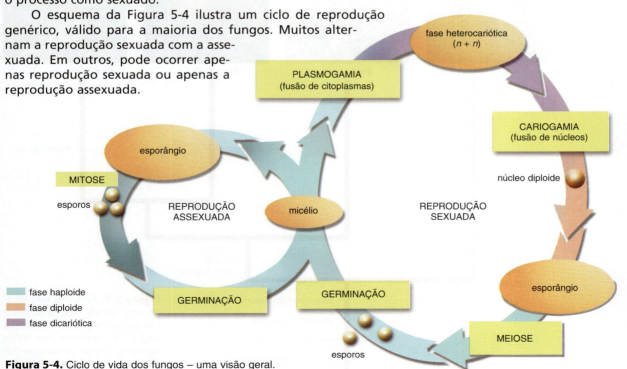

Figura 5-4. Ciclo de vida dos fungos – uma visão geral.

De modo geral, a *reprodução sexuada* dos fungos se inicia com a fusão de hifas haploides, caracterizando a **plasmogamia** (fusão de citoplasmas). Os núcleos haploides geneticamente diferentes, provenientes de cada hifa parental, permanecem separados (**fase heterocariótica**, *n + n*). Posteriormente, a fusão nuclear (**cariogamia**) gera núcleos diploides que, dividindo-se por meiose, produzem esporos haploides. Esporos formados por meiose são considerados sexuados (pela variabilidade decorrente do processo meiótico).

Algumas curiosidades merecem ser citadas a respeito da *fase sexuada* da reprodução:

- antes de ocorrer plasmogamia, é preciso que uma hifa "atraia" a outra. Isso ocorre por meio da produção de *feromônios*, substâncias de "atração sexual" produzidas por hifas compatíveis;
- em muitos fungos, após a plasmogamia decorre muito tempo (dias, meses, anos) até que aconteça a cariogamia;
- a produção de esporos meióticos, após a ocorrência de cariogamia, se dá em estruturas especiais, frequentemente chamadas de **esporângios**.

Na *reprodução assexuada*, ocorre a produção de esporos por mitose que germinarão e produzirão novos micélios. Os esporos produzidos por mitose são considerados assexuados (a mitose, de modo geral, não produz variabilidade nas células formadas).

Também aqui, alguns fatos devem ser lembrados: em certos fungos (por exemplo, o causador do sapinho da boca, *Candida albicans*), só se conhece a fase de reprodução assexuada. Os vários tipos de *Penicillium*, entre os quais os produtores de penicilina e os utilizados na produção dos famosos queijos Camembert e Roquefort, também apresentam esse tipo de reprodução.

▪ CLASSIFICAÇÃO DOS FUNGOS

Classificar fungos não é tarefa fácil. Trata-se de um grupo muito antigo (mais de 540 milhões de anos) e existem muitas dúvidas a respeito de sua origem e evolução. A Figura 5-5 estabelece uma possível filogenia desses seres. Sem dúvida, os fungos mais conhecidos são os **ascomicetos** e **basidiomicetos**. Como curiosidade, citaremos também o grupo dos **quitridiomicetos** e o dos **zigomicetos**.

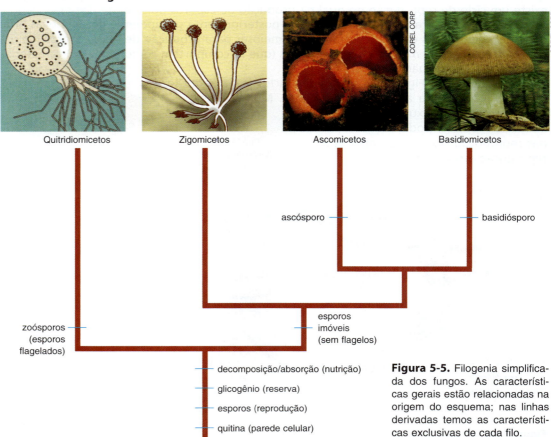

Figura 5-5. Filogenia simplificada dos fungos. As características gerais estão relacionadas na origem do esquema; nas linhas derivadas temos as características exclusivas de cada filo.

Quitridiomicetos: Ancestrais dos Fungos?

A maioria das 790 espécies de quitridiomicetos vive no meio aquático. Algumas são encontradas em solos úmidos, próximos de represas, rios e lagos. Existem espécies unicelulares, que não formam micélio. Habitualmente, vivem da absorção de matéria orgânica que decompõem (por exemplo, insetos mortos) e, muitas vezes, parasitam algas, protozoários, outros fungos, plantas e animais. Plantas de interesse comercial (milho e alfafa) são atacadas por esses fungos, causando consideráveis prejuízos na Europa e no Canadá.

A característica marcante desse filo é a produção de células reprodutoras flageladas (gametas e zoósporos).

Evidências moleculares revelam que os quitridiomicetos podem ser os ancestrais dos demais fungos. A presença de quitina nas paredes celulares, a reserva energética na forma de glicogênio e a existência de certas enzimas fundamentais e vias metabólicas comuns confirmam o parentesco existente entre esse e os outros filos dos fungos.

Anote!
Existe a hipótese de que a diminuição da quantidade de anfíbios esteja de algum modo relacionada ao parasitismo por quitridiomicetos.

De olho no assunto!

Ciclo reprodutivo de quitridiomiceto

A Figura 5-6 apresenta o ciclo de vida do *Allomyces macrogynus*, um quitridiomiceto típico. Note a alternância de fases haploide e diploide, bem como a ocorrência de reprodução sexuada e assexuada. Zoósporos assexuados (chamados **mitósporos**) e sexuados (chamados **meiósporos**) também são produzidos.

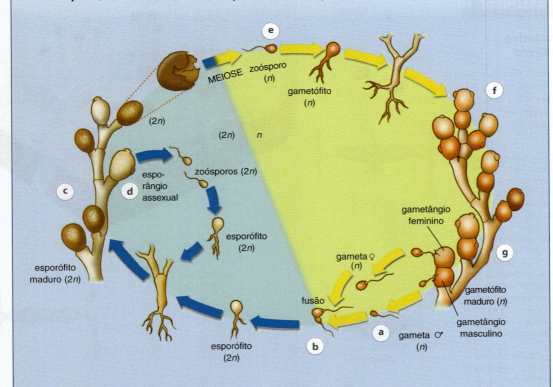

Figura 5-6. Os gametas haploides (a) fundem-se formando um zigoto diploide (b) que, por mitoses sucessivas, forma um micélio com 2 tipos de esporângio (c). Os esporângios que produzem mitósporos diploides (d) – que por mitoses sucessivas formam novos micélios com novos esporângios – ou meiósporos haploides (e). Esses meiósporos sofrem mitoses sucessivas e formam micélio com gametângios (f). Observe que há gametângios femininos e masculinos (g), que liberam gametas femininos e masculinos, recomeçando o ciclo.

Adaptado de: ALEXOPOLUS. *Introductory Mycology.* 3. ed. New York: Wiley, 1979.

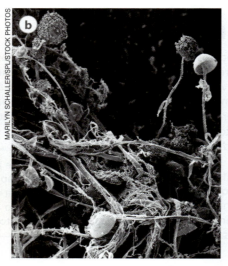

(a) Fatia de pão em que podem ser vistos como pontos escuros os esporângios (corpos de frutificação) do bolor *Rhizopus stolonifer*.
(b) Micrografia eletrônica de varredura desse bolor. Destacando-se do emaranhado de hifas, que formam o micélio desse fungo, notam-se os esporângios arredondados. Dentro dessas estruturas estão os esporos que, quando liberados em local apropriado, podem dar origem a novos indivíduos.

Zigomicetos: Fungos Formadores de "Zigotos de Resistência"

Os zigomicetos – que contam aproximadamente com mil espécies – são fungos profusamente distribuídos pelo ambiente. Muitos vivem livremente nos solos, decompondo restos de animais e de vegetais, enquanto outros atuam como parasitas e comensais de animais. Uma das espécies mais conhecidas é o bolor do pão e de frutas *Rhizopus stolonifer*, assim chamado por conter hifas não septadas que crescem rentes ao substrato na forma de *estolões*. A partir dos estolões surgem *rizoides* que penetram no substrato e liberam enzimas de ação extracelular, que efetuam a decomposição da matéria orgânica. O corpo de frutificação desse fungo forma uma penugem branca que lembra filamentos de algodão repletos de pontos escuros, que representam esporângios produtores de esporos.

De olho no assunto!

Ciclo reprodutivo de zigomiceto

A reprodução dos zigomicetos também pode ser assexuada e sexuada. Acompanhe pela Figura 5-7 o ciclo de vida do *Rhizopus stolonifer*, um representante típico desse filo.

Figura 5-7. Na reprodução assexuada (a), brotam hifas especializadas na produção de esporângios, que produzem esporos mitóticos, assexuados. Ao serem liberados, esses esporos espalham-se pelo meio e atingem mais pães e também frutas (b), nas quais se desenvolvem para formar novos fungos.
Na reprodução sexuada, que ocorre em ocasiões desfavoráveis, hifas haploides de linhagens diferentes (+ e –) se tocam e se fundem (c), determinando a formação de gametângios que se isolam do restante do micélio. Ocorre a (d) *plasmogamia* (fusão dos *gametângios* multinucleados). A seguir, núcleos + e – dispõem-se aos pares, formando *zigosporângios* de paredes espessas (e).
No interior dos zigosporângios ocorrem fusões nucleares (cariogamia) originando zigósporos (2n), correspondentes a formas de resistência que permanecem longo tempo dormentes até que as condições ambientais voltem a ser favoráveis. Nessas condições os zigósporos germinam, ocorrem meioses que produzem esporos haploides (f) que, liberados para o meio e em um substrato adequado, germinam (g) e originam novos micélios haploides, fechando o ciclo.

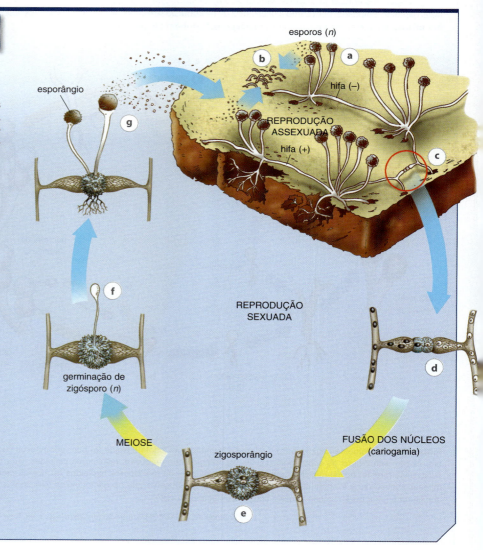

96 BIOLOGIA 2 • 4.ª edição

Ascomicetos: Leveduras, Trufas, Bolores, Pragas Agrícolas...

As mais de 32.000 espécies desse filo podem ser encontradas no mar, na água doce ou no meio terrestre. A esse filo pertencem as mais devastadoras espécies, que causam consideráveis estragos em plantas cultivadas. Existe, porém, o lado positivo: mais de 40% das espécies se associam a algas e cianobactérias na constituição de liquens; algumas espécies atuam como parceiras de raízes de plantas na formação das micorrizas; outras vivem no interior de folhas de vegetais e produzem toxinas que as protegem do ataque de insetos.

O lêvedo *Saccharomyces cerevisiae*, o popular fermento de padaria e dos cervejeiros e produtores de vinhos, é um fungo ascomiceto unicelular. No entanto, a maioria é pluricelular e suas hifas costumam ter uma característica notável: são *septadas* e, por meio de poros existentes nos septos, ocorre o trânsito de citoplasma e de núcleos de uma para outra célula.

As delicadíssimas trufas, uma iguaria da culinária internacional, são corpos de frutificação subterrâneos de ascomicetos formadores de micorriza.

De olho no assunto!

Ciclo reprodutivo de ascomiceto

Como padrão para o grupo dos ascomicetos, escolhemos outro tipo de bolor de pão, a *Neurospora crassa*. Esse fungo, em específico, teve uma importância extraordinária em pesquisa genética, na época em que se discutia intensamente o papel dos genes com a hipótese **um gene, uma proteína**. Acompanhe pela Figura 5-8 o ciclo de vida desse ascomiceto.

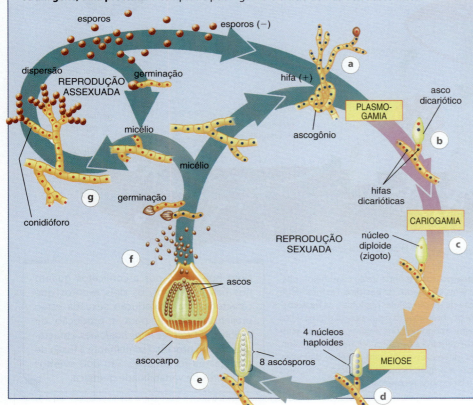

Figura 5-8. A reprodução em *Neurospora crassa*, um ascomiceto, pode se dar tanto de forma sexuada como assexuada. Na reprodução sexuada, formam-se hifas especiais (+ e –), que se fundem (a), em um processo chamado plasmogamia, levando à formação de um esporângio. Esse esporângio, também chamado **asco**, é dicariótico (b), pois ainda não houve fusão dos núcleos que aparecem aos pares nesse asco. A seguir, ocorre a fusão de um par de núcleos do esporângio (c), processo denominado **cariogamia**, com a consequente formação de um núcleo diploide. Esse núcleo sofre meiose e formam-se quatro núcleos haploides (d). Note, em (e), que cada núcleo sofre uma divisão mitótica, resultando em oito núcleos haploides (chamados **ascósporos**), que serão separados uns dos outros por uma membrana. A abertura da estrutura que contém os ascósporos (o *ascocarpo*) promove a sua dispersão (f). Em contato com ambiente favorável, esses ascósporos germinam em micélios, dando início a um novo ciclo.
Mas também pode ocorrer que (g) esses micélios formem hifas especiais (chamadas conidióforos) em cujas extremidades formam-se esporos (+ e –) (reprodução assexuada). A dispersão desses esporos, seguida de germinação, dá origem a um novo micélio.

Reino *Fungi* **97**

Basidiomicetos: Cogumelos, *Champignons*, *Shiitakes*, Orelhas-de-pau...

Esse filo contém cerca de 30.000 espécies, incluindo mofos, cogumelos, orelhas-de-pau, fungos de micorriza e alguns representantes parasitas em culturas vegetais agrícolas. Muitos componentes desse filo são importantes decompositores de troncos de árvores, sendo especialistas na digestão da lignina existente nesses materiais. Algumas espécies são tóxicas (*Amanita sp.*, formadora de cogumelos venenosos) e alucinogênicas. Também existem aspectos positivos: cogumelos comestíveis como o *shiitake* (criado em pedaços de troncos de árvores) e o *champignon*, cultivado em solo estercado e enriquecido com serragem.

De olho no assunto!

Ciclo reprodutivo de basidiomiceto

A Figura 5-9 ilustra o ciclo reprodutivo do *champignon* (*Agaricus sp.*), representante típico desse filo.

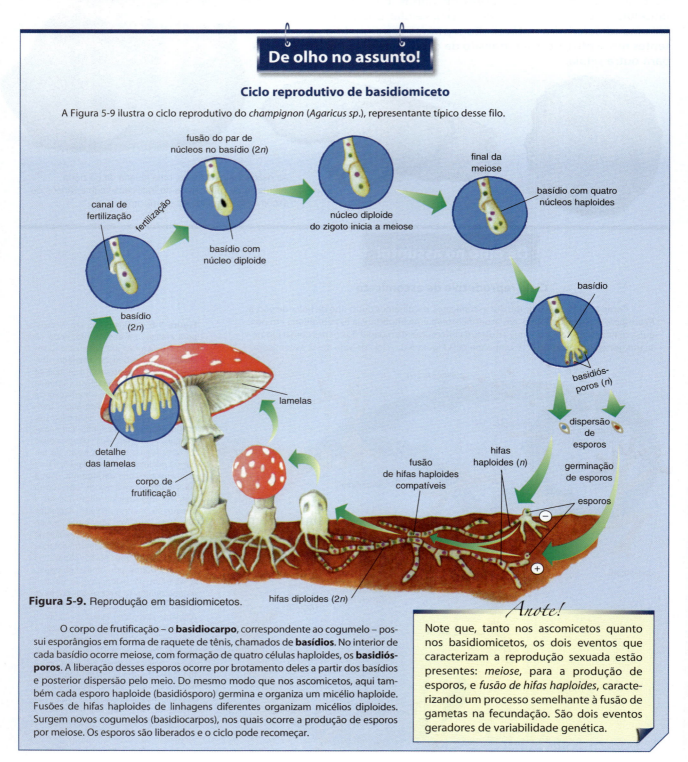

Figura 5-9. Reprodução em basidiomicetos.

O corpo de frutificação – o **basidiocarpo**, correspondente ao cogumelo – possui esporângios em forma de raquete de tênis, chamados de **basídios**. No interior de cada basídio ocorre meiose, com formação de quatro células haploides, os **basidiósporos**. A liberação desses esporos ocorre por brotamento deles a partir dos basídios e posterior dispersão pelo meio. Do mesmo modo que nos ascomicetos, aqui também cada esporo haploide (basidiósporo) germina e organiza um micélio haploide. Fusões de hifas haploides de linhagens diferentes organizam micélios diploides. Surgem novos cogumelos (basidiocarpos), nos quais ocorre a produção de esporos por meiose. Os esporos são liberados e o ciclo pode recomeçar.

Anote!
Note que, tanto nos ascomicetos quanto nos basidiomicetos, os dois eventos que caracterizam a reprodução sexuada estão presentes: *meiose*, para a produção de esporos, e *fusão de hifas haploides*, caracterizando um processo semelhante à fusão de gametas na fecundação. São dois eventos geradores de variabilidade genética.

▪ AS ASSOCIAÇÕES DE FUNGOS

Muitos fungos estabelecem associações com outros seres vivos. Há os que se associam a algas, formando os **liquens**, e os que o fazem com raízes de muitas plantas superiores, constituindo as **micorrizas**.

Nessas duas situações, há vantagens para ambos os participantes da associação, que é um caso de mutualismo.

Várias espécies de formigas, entre elas as saúvas, mantêm em seus formigueiros um verdadeiro "jardim" de fungos. Fragmentos de folhas trazidos pelas formigas servem de alimento para os fungos, cujos corpos de frutificação são comidos pelas formigas, caracterizando um tipo de interação obrigatória (mutualismo) para ambas as espécies.

Os liquens são formados pela associação de uma alga com um fungo. Nessa associação, um tipo de simbiose com mutualismo, a alga fornece alimento orgânico ao fungo que, por sua vez, é encarregado de fornecer umidade à alga. Assim, ambos têm vantagem na associação.

Os fungos das micorrizas ampliam a superfície de absorção de nutrientes minerais pelas plantas da direita. Em troca recebem nutrientes orgânicos das plantas, caracterizando um caso de mutualismo. As da esquerda não receberam os fungos da micorriza.

> **Anote!**
> Os liquens crescem lentamente, menos de 1 cm de diâmetro por ano.

Há diversos tipos de líquen: os crostosos, os folhosos, os que lembram fios de barba etc. A cor em geral é verde, devido à clorofila existente na alga, mas há um número grande de liquens vermelhos, alaranjados, entre outros. Os liquens vivem presos em árvores ou em rochas de regiões não poluídas.

De olho no assunto!

Fungo que modifica o comportamento de sua formiga hospedeira

Parece um filme de terror. Ao se introduzir no corpo de sua formiga hospedeira, o esporo do fungo parasita *Ophicordyceps camponoti-balzani* germina e cresce, originando o micélio nutridor. Aparentemente, não causa muitos danos à formiga, que permanece viva. Ao atingir a maturidade sexual, porém, o fungo libera substâncias que atuam nos gânglios cerebrais da hospedeira, modificando o seu comportamento. A formiga sobe em uma planta, onde crava suas mandíbulas na face inferior de uma folha, ali permanecendo por algum tempo. Dias depois, um elaborado corpo de frutificação emerge do corpo desgastado do inseto e libera inúmeros esporos que se disseminam no ambiente, eventualmente atingindo novas hospedeiras. E o ciclo recomeça!

Fonte: KAPLAN, M. Befriending the body snatchers. *New Scientist*, London, p. 37, 27 Aug. 2011.

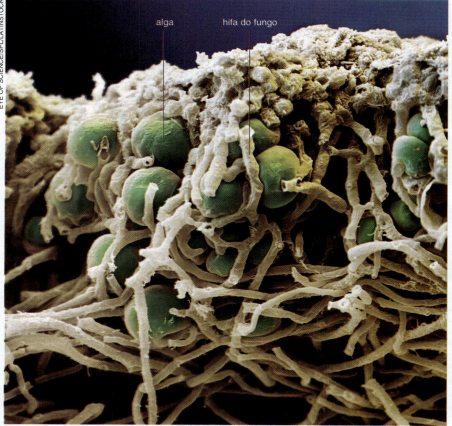

Líquen em casca de árvore. O detalhe mostra hifas de fungos, entrelaçadas com as algas.

A Reprodução dos Liquens: Os Sorédios

A maneira mais comum de reprodução dos liquens ocorre por fragmentação do talo, produzindo-se vários pedaços que se espalham pelos ambientes. Outra modalidade reprodutiva comum nesses organismos é a produção de **sorédios**: grupos de uma ou mais células de alga, circundados por hifas do fungo.

Ambos os processos constituem mecanismos de propagação vegetativa, sendo, portanto, considerados modalidades de reprodução assexuada.

Anote!

Se você mora em uma grande cidade e não encontra liquens nas árvores, isso não é um bom sinal, pois sua ausência é considerada um excelente indicador de poluição atmosférica por gases. Os liquens são incapazes de "excretar" as substâncias tóxicas que absorvem, porém, são extremamente sensíveis a gases poluentes liberados por indústrias e veículos movidos a derivados de petróleo, especialmente ao dióxido de enxofre (SO_2).

Ética & Sociedade

Verão e micose: uma combinação nada agradável

A associação é bastante frequente: sempre que chega o verão, a preocupação com as micoses aumenta, e muito. As micoses são doenças causadas por diversos gêneros de fungos que costumam se alimentar de queratina, uma proteína frequentemente encontrada na pele, nas unhas e nos cabelos. No verão, época mais quente do ano, as micoses aparecem mais, já que os fungos, de modo geral, preferem ambientes quentes e úmidos.

Tendo em vista que os principais ambientes úmidos públicos frequentados no verão são praias, piscinas, vestiários e banheiros de clubes, que medidas você conhece e quais você sugere implantar para que não ocorra a disseminação de micoses?

Passo a passo

As ilustrações a seguir representam esquemas de dois conhecidos fungos pluricelulares: I – bolor do pão (*Rhizopus sp.*) e II – cogumelo *champignon* comestível (*Agaricus sp.*). Em ambos, são mostradas estruturas de sobrevivência e de reprodução. As células apontadas em *d* no bolor do pão foram produzidas por mitose e as correspondentes células apontadas em *d* no cogumelo foram produzidas por meiose. Utilize as informações dos esquemas e seus conhecimentos sobre os componentes do reino *Fungi* para responder às questões de **1** a **6**.

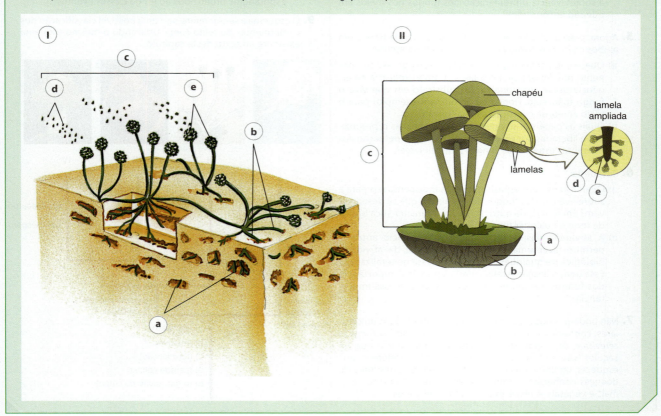

Reino *Fungi*   **101**

1. Com relação aos dois esquemas, responda às questões de 1 a 5.
   a) Reconheça as correspondentes estruturas ou células apontadas pelas letras *a* a *e*, constantes dos esquemas representativos dos dois fungos pluricelulares.
   b) Embora os dois fungos representados sejam eucariontes e pluricelulares, considera-se que não possuem importantes estruturas relativas à reunião de células, comuns em seres pluricelulares de complexidade maior, como animais e vegetais. Quais são essas estruturas?

2. Relativamente às estruturas *d* e *e* mostradas nos esquemas:
   a) Qual o significado desses dois componentes, relativamente à multiplicação dos dois fungos representados?
   b) Qual a principal diferença de origem, quanto ao tipo de divisão celular, relativamente às células *d*, nos dois fungos representados? Que importância possui essa diferença de origem quanto à variabilidade gerada na reprodução desses fungos?

3. Nos fungos pluricelulares, como os representados nos esquemas, constata-se a existência de paredes celulares e polissacarídeos de reserva energética semelhantes aos que ocorrem em células de muitos animais. A respeito desse tema:
   a) Qual é a composição química da parede celular desses fungos? Em que grupo animal a mesma substância química é encontrada?
   b) Qual é o polissacarídeo de reserva energética encontrado no interior das células desses fungos? Em que grupos de seres vivos esse mesmo polissacarídeo de reserva energética é encontrado?

4. Relativamente à estrutura *a* mostrada nos esquemas dos dois fungos:
   a) Qual o papel desempenhado por essa estrutura na sobrevivência dos fungos representados?
   b) Que mecanismo é utilizado pelos filamentos apontados em *b*, relativamente à obtenção do alimento necessário à sobrevivência e proliferação dos fungos nos meios em que são encontrados?

5. Agora, o assunto é o componente indicado pela letra *c* em ambos os fungos. Relativamente a esse componente:
   a) Qual o importante papel desempenhado por esse componente nos fungos pluricelulares? Como explicar a emergência desse componente, do substrato em que vive o fungo (pão, solo, tronco de árvore, por exemplo) para o meio aéreo, na execução de sua função?
   b) Quais os papéis desempenhados pelas células *d*, produzidas e liberadas por esse componente, na perpetuação das diferentes espécies de fungos pluricelulares?

6. Responda:
   a) Quais são os dois requisitos básicos indispensáveis para a sobrevivência dos fungos nos locais em que se desenvolvem? Em termos de nutrição, qual é a característica básica de todo e qualquer fungo?
   b) A atividade das hifas, relatadas no exercício anterior, permite fazer uma generalização acerca da atividade biológica de qualquer fungo. Qual é essa generalização? Essa generalização é relacionada à principal importância dos fungos nos ambientes naturais. Qual é essa importância?

7. Não podemos nos esquecer dos importantes fungos unicelulares, conhecidos como lêvedos, da espécie *Saccharomyces cerevisiae*, de importância industrial e alimentar e que há séculos são utilizados pelo homem. Não podemos nos esquecer, também, dos fungos pluricelulares causadores de doenças conhecidas como *micoses* em seres humanos, animais e vegetais. A respeito desse tema, responda:

   a) Em que processos alimentares e industriais são utilizados os lêvedos da espécie *Saccharomyces cerevisiae* pelo homem? Que mecanismo bioquímico os lêvedos utilizam, em condições anaeróbias, na execução de sua atividade metabólica?
   b) Quanto às micoses, suponha que você queira inventar uma pomada que elimine fungos que existem na sola do pé e tenha, para combinar nessa pomada, os princípios ativos e seus modos de ação discriminados a seguir:

Princípio ativo	Modo de ação
M	Destrói polissacarídeo complexo, como o encontrado no esqueleto externo dos artrópodes.
N	Fragmenta moléculas circulares principais de DNA presentes nas células.
O	Impede a síntese de celulose na parede celular.
P	Degrada o glicogênio presente na célula.

   Quais os princípios ativos que você utilizaria para atingir seu objetivo? Justifique sua resposta.

8. A reprodução dos fungos pluricelulares pode ser assexuada ou sexuada. Em cada uma dessas modalidades há eventos característicos que devem ser considerados. A respeito desse tema:
   a) Cite as três modalidades de reprodução assexuada encontradas entre os fungos. O que representam os conidiósporos? Por meio de qual tipo de divisão celular são produzidos?
   b) Pelo menos três eventos fundamentais caracterizam a reprodução sexuada de um fungo pluricelular. Cite esses eventos e explique o seu papel na geração de variabilidade constatada entre os fungos. O que representam os esporângios produzidos ao longo desses eventos?

9. O esquema a seguir refere-se a uma possível classificação dos componentes do reino *Fungi*. Utilizando o mesmo esquema existente no texto deste capítulo:

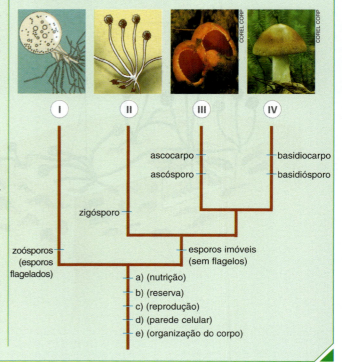

a) Reconheça os grupos de fungos indicados de I a IV.
b) Reconheça as estruturas e/ou características relacionadas de *a* a *e*.

10. Muitas espécies de fungos vivem isoladas na natureza. Outras, no entanto, estabelecem associações benéficas com outros seres vivos. Entre as espécies que se associam a outros seres vivos, podem ser citados os *fungos de micorriza* e os que participam de um *líquen*. Considerando esse tema, responda:

a) Com quais seres vivos os fungos de micorriza se associam? Em qual órgão desses seres vivos ocorre a associação? Explique os benefícios resultantes dessa associação para ambos os seres vivos que dela participam.
b) Com quais grupos de seres vivos os fungos se associam na formação de um líquen? Que benefícios são decorrentes dessa associação, para os participantes?

11. Questão de interpretação de texto

O cogumelo-do-sol (*Agaricus brasiliensis*), velho conhecido da medicina fitoterápica, combate a leishmaniose, doença que pode deixar sequelas graves e levar à morte. Um grupo de pesquisadores de Minas Gerais propõe um novo tratamento com substâncias derivadas do fungo, que teria grande vantagem em relação ao método atual: ausência de efeitos colaterais. O tratamento tradicional da leishmaniose tem sido feito com os chamados antimoniais pentavalentes injetáveis, que são muito agressivos e podem provocar efeitos adversos, especialmente no coração, rins e fígado. A terapia à base do cogumelo é por via oral e, por isso, menos dolorosa. O método usa somente o fungo para produzir o medicamento. Os pesquisadores fazem um extrato com o cogumelo, de onde tiram apenas as substâncias que combatem os parasitas. Camundongos receberam a medicação por via oral e tiveram excelentes resultados.

Adaptado de: MIRANDA, J. Brasileiros usam cogumelo contra a leishmaniose. *Folha de S.Paulo*, São Paulo, 2 abr. 2011. Caderno Ciência, p. C13.

Utilizando os seus conhecimentos sobre os organismos citados e seus conhecimentos sobre o assunto, responda:

a) Qual o reino e o grupo biológico a que pertence o agente causador da leishmaniose?
b) Relativamente ao número de células e à constituição celular, qual a principal diferença entre o agente causador da leishmaniose e o cogumelo-do-sol?
c) Em termos de modo de vida, qual a principal diferença entre os dois organismos citados?

Questões objetivas

1. (UFRGS – RS) Assinale a alternativa correta sobre fungos.
a) Trata-se de organismos heterotróficos, cuja nutrição ocorre por absorção de substâncias orgânicas.
b) Incluem espécies parasitas que podem causar doenças como, por exemplo, a herpes.
c) Possuem queratina nas paredes celulares, o que lhes confere maior resistência estrutural.
d) Apresentam hifas que, no processo de reprodução assexuada, formam corpos de frutificação.
e) As leveduras são exemplos de fungos multicelulares que fazem fermentação.

2. (PUC – RJ) Os fungos são organismos que:
a) realizam a reserva de carboidratos na forma de amido.
b) sempre apresentam o corpo constituído por uma célula (unicelulares), geralmente filamentosa, exceto as estruturas reprodutivas.
c) são procariontes que geralmente formam colônias.
d) desempenham um papel muito importante na nutrição vegetal, através das associações simbióticas com as raízes das plantas, sendo chamados micorrizas.
e) são autotróficos ou heterotróficos.

3. (UFTM – MG) Considere algumas características que podem ser encontradas em diferentes seres vivos.

 I – Parede celular de quitina e digestão extracorpórea.
 II – Material genético disperso no citoplasma e presença de plasmídeos dispersos no citosol.
 III – Cápsula proteica envolvendo o material genético, podendo ser DNA ou RNA.
 IV – Multicelulares, presença de tecidos e autótrofos.

Vírus, bactérias, vegetais e fungos apresentam, respectivamente, as características
a) I, II, III e IV.
b) II, IV, III e I.
c) III, I, II e IV.
d) II, I, IV e III.
e) III, II, IV e I.

4. (UEG – GO) A micologia é o ramo da Biologia que estuda os fungos. Esses organismos são popularmente conhecidos como leveduras, bolores, mofos, orelhas-de-pau e cogumelos. Sobre esse grupo, é CORRETO afirmar:
a) os fungos vivem em diversos ambientes, com predominância em locais ricos em matéria orgânica e, assim como as algas, desempenham um importante papel ecológico na realização da fotossíntese.
b) algumas espécies de fungos são utilizadas pelos seres humanos, pois apresentam importante potencial econômico voltado à alimentação, à produção de medicamentos e de diversas enzimas.
c) os fungos, pertencentes ao reino *Fungi*, possuem hifas e se caracterizam, assim como as plantas, pela presença de parede celular constituída de celulose.
d) os fungos são importantes decompositores de matéria orgânica, e, no processo de decomposição, liberam O_2 para a atmosfera.

5. (FUVEST – SP) A cana-de-açúcar é importante matéria-prima para a produção de etanol. A energia contida na molécula de etanol e liberada na sua composição foi
a) captada da luz solar pela cana-de-açúcar, armazenada na molécula de glicose produzida por fungos no processo de fermentação e, posteriormente, transferida para a molécula de etanol.
b) obtida por meio do processo de fermentação realizado pela cana-de-açúcar e, posteriormente, incorporada à molécula de etanol na cadeia respiratória de fungos.
c) captada da luz solar pela cana-de-açúcar, por meio do processo de fotossíntese, e armazenada na molécula de clorofila, que foi fermentada por fungos.
d) obtida na forma de ATP no processo de respiração celular da cana-de-açúcar e armazenada na molécula de glicose, que foi, posteriormente, fermentada por fungos.
e) captada da luz solar por meio do processo de fotossíntese realizado pela cana-de-açúcar e armazenada na molécula de glicose, que foi, posteriormente, fermentada por fungos.

Reino *Fungi* **103**

6. (UDESC) As doenças infecciosas e parasitárias são causadas por um agente biológico, como vírus, bactérias, fungos, protozoários e metazoários (vermes).

Associe a primeira coluna (doença) de acordo com a segunda coluna (agente biológico causador da doença).

(1) sífilis   ( ) protozoário
(2) dengue   ( ) verme
(3) tricomoníase ( ) vírus
(4) oxiurose   ( ) fungo
(5) onicomicose   ( ) bactéria

Assinale a alternativa que contém a sequência **correta**, de cima para baixo.

a) ( ) 3 – 4 – 2 – 5 – 1
b) ( ) 4 – 3 – 5 – 2 – 1
c) ( ) 4 – 1 – 2 – 5 – 3
d) ( ) 3 – 2 – 4 – 1 – 5
e) ( ) 4 – 1 – 5 – 3 – 2

7. (UEL – PR) As micoses de pele, como "frieira" ou "pé de atleta", são causadas por fungos deuteromicetos que se desenvolvem no calor e na umidade. Os medicamentos antimicóticos de uso externo de aplicação sobre a pele, como é o caso de pomadas e cremes, agem impedindo a proliferação dos fungos.

Com base nessas informações, considere as ações dos fármacos ativos desses medicamentos sobre as micoses:

I – Degradam o polissacarídeo nitrogenado quitina da parede celular.
II – Impedem a formação das membranas dos cloroplastos.
III – Fragmentam a molécula de DNA dispersa no citoplasma.
IV – Digerem o glicogênio utilizado como reserva de energia.

Assinale a alternativa correta.

a) Somente as afirmativas I e IV são corretas.
b) Somente as afirmativas II e III são corretas.
c) Somente as afirmativas III e IV são corretas.
d) Somente as afirmativas I, II e III são corretas.
e) Somente as afirmativas I, II e IV são corretas.

8. (UFLA – MG) Considerando a classificação e as características dos fungos, relacione a Coluna I (divisão e exemplo) com a Coluna II (característica e importância).

Assinale a alternativa que apresenta a relação CORRETA entre as duas colunas.

a) I c; II a; III d; IV b.
b) I a; II c; III b; IV d.
c) I d; II b; III a; IV c.
d) I b; II d; III c; IV a.

Coluna I	Coluna II
(I) Deuteromicetos; *Trycophyton sp.*	a) Reproduzem-se sexualmente; são usados comercialmente para produção de molho de soja e medicamentos.
(II) Zigomicetos; mofo-negro-do-pão	b) Apresentam esporos agrupados em corpo de frutificação; produzem aflatoxinas, que são substâncias tóxicas ao ser humano.
(III) Basidiomicetos; *Amanita muscaria*	c) Também denominados fungos imperfeitos por não terem reprodução sexuada conhecida; alguns causam micoses nos pés por crescerem em ambientes com umidade e temperatura elevadas.
(IV) Ascomicetos; *Aspergillus flavus*	d) O corpo frutífero tem a forma de chapéu; são altamente tóxicos.

9. (UECE) Os cogumelos são estruturas importantes para a reprodução de determinados tipos de fungos e apresentam uma morfologia muito particular que permite sua identificação taxonômica. O *shimeji* é um dos cogumelos mais difundidos no mundo. Assim como o *shiitake* (*Lentinula edodes*), o *shimeji* (*Pleorotus*) é muito consumido na Ásia, principalmente na China, sendo também muito utilizado na preparação de pratos japoneses. Já o cogumelo-do-sol (*Agaricus blazei*) vem sendo muito consumido por suas propriedades medicinais.

As espécies mencionadas no texto pertencem ao filo

a) Chytridiomycota.
b) Zygomycota.
c) Ascomycota.
d) Basiomycota.

10. (UNESP) *Cogumelos iluminam a floresta* é o título da reportagem de capa da *Revista Pesquisa Fapesp* de fevereiro de 2010. Na reportagem, os pesquisadores descrevem algumas espécies de fungos bioluminescentes encontrados no Brasil.

Antes de entregar a revista para que os alunos lessem a reportagem, a professora de biologia pediu-lhes que apresentassem hipóteses sobre o desenvolvimento da bioluminescência na evolução desses fungos.

Foram apresentadas três hipóteses:

I – A bioluminescência, resultante de reações de oxirredução que consomem oxigênio, poderia desempenhar um papel antioxidante que protegeria os fungos bioluminescentes de radicais livres produzidos por seu metabolismo.
II – A bioluminescência poderia servir como um sinalizador de perigo, similar ao existente em algumas espécies de insetos, o qual alertaria os eventuais predadores tratar-se de um fungo venenoso.
III – A bioluminescência teria se desenvolvido para promover a iluminação da floresta, favorecendo inúmeras espécies de hábitos noturnos, como algumas aves e mamíferos, que dependem da luz para suas atividades.

Pode-se afirmar que, do ponto de vista evolutivo, são plausíveis as hipóteses:

a) I, II e III.
b) I e II, apenas.
c) II e III, apenas.
d) I, apenas.
e) III, apenas.

Questões dissertativas

1. (UFMG) As leveduras são fungos unicelulares que participam de processos biológicos importantes. Evidências da ação desses microrganismos podem ser identificadas no experimento a seguir descrito.

Em dois tubos de ensaio, foram colocados 2 mL de uma solução que contém fermento biológico – leveduras vivas – e 4 mL de suco de uva. Na extremidade aberta de ambos os tubos, colocou-se um balão de borracha. Isso feito, cada tubo foi submetido a uma destas condições:

– 60 min na geladeira, a 10 °C;
– 60 min em estufa, a 30 °C.

Os resultados obtidos estão mostrados nestas figuras:

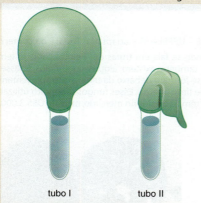

tubo I   tubo II

Com base nos resultados desse experimento e em outros conhecimentos sobre o assunto, **INDIQUE** o tubo – I ou II – que foi colocado na estufa e **EXPLIQUE** o resultado obtido, considerando o processo metabólico envolvido.

Tubo:

Explicação:

2. (UFMG – adaptada) Analise estas figuras, em que estão representados os ciclos reprodutivos de duas espécies de leveduras.

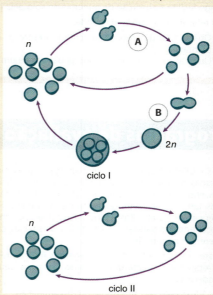

ciclo I

ciclo II

Com base nas informações dessas figuras e em outros conhecimentos sobre o assunto, faça o que se pede.

a) **CITE** os tipos de divisão celular envolvidos no ciclo de vida de **cada uma** das espécies de leveduras representadas.
Ciclo I: Ciclo II:

b) Leveduras com ciclo de vida semelhante à representada em **II** são, preferentemente, utilizadas na indústria alimentícia ou química.

EXPLIQUE o porquê dessa preferência.

---

3. (FUVEST – SP) O fungo *Neurospora crassa* é capaz de crescer sobre substrato pobre em nutrientes (substrato mínimo), pois consegue produzir a maioria dos nutrientes de que precisa. Num experimento realizado nos anos de 1940, a exposição de esporos a raios X produziu uma linhagem de fungo que não conseguia se desenvolver em substrato mínimo. O quadro a seguir mostra como foram feitos os testes de crescimento dessa linhagem de fungo em diferentes substratos e parte dos resultados observados.

	Tubo 1	Tubo 2	Tubo 3	Tubo 4	Tubo 5
Conteúdo dos tubos	Esporos da nova linhagem + Substrato completo	Esporos da nova linhagem + Substrato mínimo	Esporos da nova linhagem + Substrato mínimo + nutriente A	Esporos da nova linhagem + Substrato mínimo + nutriente B	Esporos da nova linhagem + Substrato mínimo + nutriente C
Resultado observado	Fungo cresceu	Fungo não cresceu			

a) O experimento mostrou que a nova linhagem de fungos deixou de produzir o nutriente C, mas que produzia os nutrientes A e B. Quais foram os resultados observados nos tubos 3, 4 e 5 que levaram a essa conclusão?

	Tubo 3	Tubo 4	Tubo 5
Resultado observado			

b) Que alterações os raios X devem ter provocado nos esporos para levar ao surgimento de uma linhagem de fungo incapaz de sobreviver em substrato mínimo?

4. (UDESC – adaptada) As micorrizas são associações ecológicas entre espécies de fungos e raízes de certas plantas. Os filamentos do fungo se enrolam e penetram nas raízes onde se nutrem de substâncias produzidas pelo vegetal. Em contrapartida, o fungo facilita a absorção de minerais do solo pela planta.

Em relação ao contexto, responda:
a) Qual o tipo de associação ecológica entre os fungos e as plantas?
b) Quais as estruturas morfológicas básicas de um fungo?

5. (UFRJ) Os liquens são uma associação cooperativa entre fungos e algas. Tal associação permite que esses organismos habitem ambientes inóspitos tais como rochas nuas, onde não sobreviveriam independentemente. Os benefícios proporcionados pelo fungo para a alga podem incluir: proteção contra a dessecação e radiação excessiva, fixação e provisão de nutrientes minerais retirados do substrato.

Explique por que a alga é fundamental para a sobrevivência do fungo nesse exemplo de associação cooperativa.

Programas de avaliação seriada

1. (PSS – UFPB) O processo de globalização aumentou o fluxo de pessoas em todo o mundo, e possibilitou a troca de experiências entre distintas populações. O aumento do fluxo de pessoas também acarretou a disseminação rápida de diferentes doenças, antes restritas a algumas regiões, podendo levar ao surgimento de pandemias, em diversas espécies, causadas por diferentes agentes infectantes.

Nesse contexto, identifique os agentes infectantes que estão corretamente caracterizados como possíveis causadores de pandemias:

I – Vírus, pelo seu alto poder de disseminação.
II – *Archaea*, por apresentar diversos cromossomos, aumentando seu poder de infecção.
III – Protozoários flagelados, pela alta mobilidade.
IV – Fungos, pela fácil disseminação de seus esporos.
V – Bactérias, por serem transmitidas pelo contato entre pessoas e apresentarem resistência a diversos antibióticos.

2. (PEIES – UFSM – RS) Os *tempehs* são alimentos que se apresentam sob a forma de um doce de matéria vegetal recoberto e penetrado pelo micélio branco de uma espécie de *Rhizopus*. Mesmo que você não conheça esse alimento típico da Indonésia, já compreendeu, pela palavra-chave sublinhada, que os *tempehs* contam com a ação de _____ para serem produzidos. Assinale a alternativa que completa corretamente a lacuna.

a) bactérias
b) fungos
c) bactérias e fungos
d) bactérias e algas unicelulares
e) algas unicelulares

3. (PAVE – UFPel – RS – adaptada) Trufa: é de comer?

Quando se fala em trufas em Pelotas, logo se lembra do doce, mas também existem alguns cogumelos (Classe *Ascomycota*) que se formam debaixo da terra e que apresentam esse mesmo nome (foto abaixo). Esses fungos são muito utilizados na culinária e têm alto valor no mercado, mais de US$ 3.000,00 por quilo.

Disponível em: <http://www.pelliccioli.com.br/culinaria/especiarias_produtos/trufas.html>. Acesso em: 6 out. 2011.

Com base no texto e em seus conhecimentos, é correto afirmar que os fungos são organismos

a) eucariotos, e todos os fungos são comestíveis, assim como a trufa.
b) eucariotos e obtêm alimento por absorção de nutrientes do meio.
c) procariotos, e alguns fungos podem ser parasitas.
d) procariotos, e sua reprodução tem as fases assexuada e sexuada.
e) autotróficos, e apresentam parede celular de quitina, assim como os insetos.

O que saber sobre... bactérias, vírus, protistas e fungos?

Grupo	Características
Bactérias	**Reino *Monera*.** • Eubactérias: bactérias e cianobactérias. • Arqueobactérias: metanogênicas, halófilas, acidófilas e termófilas. Procariontes. Unicelulares, algumas coloniais. • Fotossíntese (bactérias e cianobactérias, abundantes no meio aquático), quimiossíntese (bactérias). • Participação no ciclo do nitrogênio (fixação biológica, nitrificação e desnitrificação). • Decomposição de matéria orgânica. • Doenças: cólera, botulismo, tétano, salmonelose, tuberculose, meningite meningocócica, sífilis e gonorreia (blenorragia), sendo as duas últimas transmitidas sexualmente. Importância industrial (medicamentos, derivados de laticínios, vinagre). • Utilização em engenharia genética para síntese de insulina e hormônio do crescimento.
Vírus	**Sem reino.** • Acelulares. • Material genético: DNA ou RNA (nunca os dois juntos), envolvido por proteína (como no bacteriófago) e outros envoltórios (como no HIV, no vírus da gripe). • Retrovírus: produção de DNA a partir de RNA. • Importância médica, doenças: AIDS, caxumba, catapora, sarampo, rubéola, poliomielite, hepatites, raiva, gripes, dengue e febre amarela (as duas últimas, transmitidas por pernilongos *Aedes aegypti*).
Algas	**Reino *Protoctista*.** • Eucariontes, unicelulares ou pluricelulares, sem tecidos verdadeiros. • *Habitat:* aquático (doce e marinho) e algumas no meio terrestre úmido. • Autótrofas fotossintetizantes. • Fitoplâncton: comunidade em geral de microalgas (com as cianobactérias), base das teias alimentares aquáticas, "pasto" marinho. • Fitobentos: algas de grande porte, fixas no substrato oceânico. Derivados de paredes celulares: ágar (polissacarídeo derivado de algas vermelhas), algina (polissacarídeo derivado de algas pardas), terra de diatomáceas (esqueletos silicosos de bacilariofíceas). • Reprodução sexuada por ciclo haplonte e haplontediplonte. Vários filos: clorofíceas, euglenofíceas, crisofíceas, bacilariofíceas, pirrofíceas, feofíceas ("florestas" de algas pardas) e rodofíceas.
Protozoários	**Reino *Protoctista*.** • Eucariontes, unicelulares, alguns coloniais. • Vida livre e parasitária. • Classificação segundo o mecanismo locomotor: flagelados (tripanossomo), ciliados (paramécio), rizópodes (amebas), esporozoários ou apicomplexos, sem organelas locomotoras (plasmódio). • Doenças: amebíase, malária, toxoplasmose, doença de Chagas, leishmaniose, giardíase, tricomoníase (doença sexualmente transmissível).
Mixomicetos e oomicetos	**Reino *Protoctista*.** • Eucariontes, heterótrofos. • Já foram considerados fungos. • Mixomicetos: massa citoplasmática multinucleada mucosa, esporângios produtores de esporos meióticos. • Oomicetos: "mofos" aquáticos, parede celular celulósica. No meio aquático, atuam como decompositores de matéria orgânica ou parasitas. • *Saprolegnia*: parasita e decompositor de peixes de aquário. Zoósporos e oósporos produzidos na reprodução assexuada e sexuada, respectivamente.
Fungos 	**Reino *Fungi*.** • Eucariontes, heterótrofos. • Parede celular de quitina. • Reserva energética: glicogênio. • Maioria com hifas, micélio e variados corpos de frutificação (esporocarpos). • *Saccharomyces sp.*: lêvedos unicelulares fermentadores (etanol, pão, vinho e cerveja). • Grupos principais: quitridiomicetos, zigomicetos, ascomicetos, basidiomicetos e deuteromicetos. • Grande maioria: decompositores de matéria orgânica. • Reprodução sexuada com produção de esporos meióticos e fusão de hifas haploides (ciclo haplontediplonte). • Algumas espécies causam micoses.

Reino *Fungi* 107

Unidade 3

Reino *Animalia*

As características que diferenciam os grupos animais, seu modo de vida e sua importância serão o foco desta nova unidade.

Capítulo 6

Os grupos animais

Proteger e conservar a fauna brasileira: obrigação de todos

A exploração desordenada do território brasileiro é uma das principais causas de extinção de espécies. O desmatamento e a degradação dos ambientes naturais, o avanço da fronteira agrícola, a caça – tanto de subsistência como a predatória – e a introdução de espécies exóticas em território nacional são fatores que participam de forma efetiva do processo de extinção. Esse processo vem crescendo nas últimas duas décadas à medida que a população e os índices de pobreza aumentam.

O efeito deletério da exploração desordenada das áreas nativas ficou evidente com o acréscimo significativo do número de espécies na lista oficial de fauna silvestre ameaçada de extinção. Essa lista, revista pelo IBAMA e o Ministério do Meio Ambiente, em parceria com outras entidades, nos indica alguns caminhos: com ela podemos definir melhor quais espécies e ecossistemas devem ser prioritariamente protegidos e conservados e aqueles que poderiam ser utilizados dentro de princípios sustentáveis.

Proteger e utilizar racionalmente os recursos faunísticos são ações de manejo que demandam conhecimento, técnica, controle e monitoramento. Porém, a busca pela conservação da fauna silvestre **pode** e **deve** ser feita pelo Governo e pela sociedade, de forma integrada, no sentido de defender o que é de todos: o patrimônio natural do Brasil, bem de uso comum de todos os brasileiros e garantia para as futuras gerações.

Adaptado de: <http://www.ibama.gov.br/fauna/home.php>. Acesso em: 16 maio 2011.

Neste capítulo, iniciaremos nosso estudo sobre os grupos animais.

▪ OS METAZOÁRIOS

A partir deste capítulo, iniciaremos o estudo da Zoologia, ou seja, dos integrantes do reino *Animalia*. É um reino constituído basicamente pelos **invertebrados**, com seus oito filos principais, e pelo filo dos **cordados**, com seus subfilos *protocordados* e *vertebrados* (veja a Tabela 6-1 e a Figura 6-1).

Tabela 6-1. Filos que compõem o reino *Animalia*.

Grupo	Filo	Exemplos
Invertebrados	Poríferos.	Esponjas.
	Cnidários (celenterados).	Hidras, águas-vivas, corais, anêmonas.
	Platelmintos.	Planárias, esquistossomo, tênias.
	Nematelmintos (nematódeos).	Áscaris, ancilóstomo, oxiúro, filárias.
	Moluscos.	Caramujos, ostras, lulas, polvos.
	Anelídeos.	Minhocas, sanguessugas, poliquetos.
	Artrópodes.	Insetos, crustáceos, aracnídeos.
	Equinodermos.	Estrelas-do-mar, ouriços-do-mar.
Protocordados (cordados invertebrados)	Cordados.	Anfioxo, ascídias.
Vertebrados	Cordados.	Ciclóstomos.
		Peixes cartilaginosos.
		Peixes ósseos.
		Anfíbios.
		Répteis.
		Aves.
		Mamíferos.

Os invertebrados e os vertebrados são considerados metazoários (animais pluricelulares, cujas células se organizam em conjuntos com diferentes funções) e heterotróficos.

PANTHERMEDIA/KEYDISC

Figura 6-1. Grupos animais: invertebrados e vertebrados que fazem parte do estudo da Zoologia.

▪ AS CARACTERÍSTICAS QUE DISTINGUEM OS ANIMAIS

Vamos apresentar algumas das características ou critérios gerais que servem para separar os filos que serão estudados nos próximos capítulos.

Simetria e Locomoção

Animais de organização mais simples, como diversas esponjas, possuem formas irregulares, sendo, por isso, chamados **assimétricos** (veja a Figura 6-2(a)).

Em outros animais, podemos traçar por seus corpos diversos planos verticais de simetria que passam pelo eixo central longitudinal (como nos tipos de esponja que crescem com a forma aproximada de vasos, nos cnidários e na maioria dos equinodermos, por exemplo); cada plano permite a separação do animal em metades equivalentes. São os chamados **simétricos radiais**, em geral animais cilíndricos ou em forma de sino (veja a Figura 6-2(b, c, d)). Os animais simétricos radiais, em sua maioria, são fixos ao substrato (esponjas adultas, pólipos de cnidários etc.), ou movem-se com lentidão (medusas, estrelas e ouriços-do-mar etc.).

No entanto, a simetria predominante no reino animal é a **bilateral**. Os animais bilaterais possuem *lados esquerdo* e *direito*, *faces ventral* e *dorsal* e *extremidades anterior* e *posterior*. A extremidade anterior é aquela em que fica localizada a cabeça, que contém a central de comando nervoso. A extremidade posterior é aquela na qual, na maioria das vezes, se situam o ânus e os orifícios reprodutores.

Nesse tipo de simetria existe somente um plano sagital que divide o animal em duas metades equivalentes (veja a Figura 6-2(e, f, g)). De modo geral, a simetria bilateral é relacionada ao modo de vida de "ir em busca" do alimento de uma forma mais dirigida.

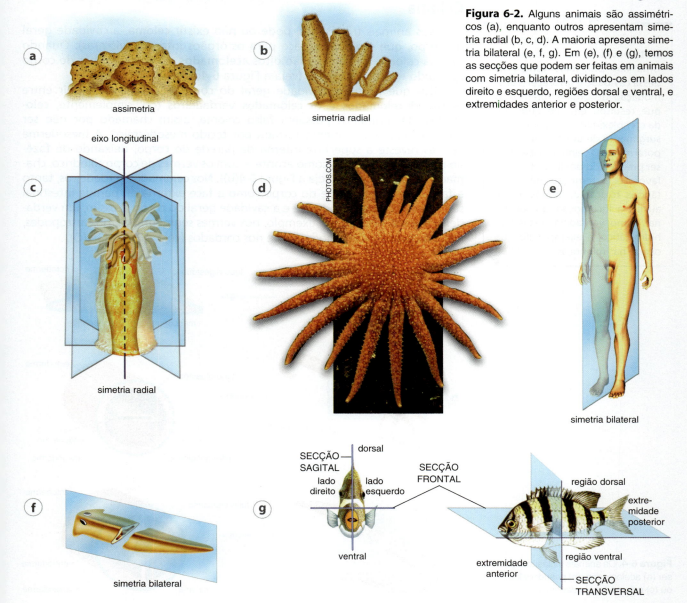

Figura 6-2. Alguns animais são assimétricos (a), enquanto outros apresentam simetria radial (b, c, d). A maioria apresenta simetria bilateral (e, f, g). Em (e), (f) e (g), temos as secções que podem ser feitas em animais com simetria bilateral, dividindo-os em lados direito e esquerdo, regiões dorsal e ventral, e extremidades anterior e posterior.

Os grupos animais **113**

Classificação dos Animais de Acordo com a Embriologia

Número de folhetos germinativos

Alguns animais são formados, em sua fase embrionária, por apenas duas camadas de células (derivadas da ectoderme e da endoderme). Esses animais são considerados **diblásticos** (ou **diploblásticos**), como, por exemplo, os cnidários (veja a Figura 6-3).

Outros animais, em sua fase embrionária, são constituídos por três camadas de células, derivadas da ectoderme, da endoderme e da mesoderme. São os chamados **triblásticos** (ou **triploblásticos**), como, por exemplo, os vermes, os moluscos, os artrópodes, os equinodermos e os cordados.

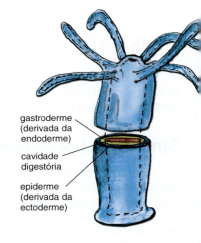

Figura 6-3. Os cnidários, como a hidra e a anêmona-do-mar, por exemplo, são animais diblásticos.

Celoma

Nos animais triblásticos, pode ou não existir **celoma**, a cavidade geral do corpo, que serve de espaço para os órgãos internos (vísceras). Quando não há celoma, os animais são ditos **acelomados**, como os vermes de corpo achatado – os platelmintos (veja a Figura 6-4(a)).

Dos que possuem cavidade geral do corpo, é preciso distinguir entre os **pseudocelomados** e os **celomados verdadeiros** (ou, simplesmente, **celomados**). Os primeiros possuem falso celoma, assim chamado por não ser uma cavidade inteiramente forrada por tecido mesodérmico. A mesoderme apenas reveste a superfície interna da parede do corpo, deixando de fazê-lo na parede intestinal, como acontece com os vermes de corpo cilíndrico, chamados nematelmintos (veja a Figura 6-4(b)). Nos celomados verdadeiros, tanto a face interna da parede do corpo como a face externa da parede intestinal são revestidas por mesoderme e a cavidade geral do corpo é, assim, um verdadeiro celoma – como, por exemplo, nos vermes segmentados, nos artrópodes, nos moluscos, nos equinodermos e nos cordados (veja a Figura 6-4(c)).

Anote!

O celoma constitui uma importante novidade no reino animal. Uma das principais vantagens dessa cavidade é favorecer a acomodação de órgãos internos, o que resultou em um aumento da complexidade e possibilitou o surgimento de um tamanho corporal maior. O celoma ainda pode ser preenchido por líquido, o que favorece a remoção de substâncias tóxicas e, muitas vezes, auxilia a locomoção, ao funcionar como verdadeiro esqueleto hidrostático, a exemplo do que ocorre nas minhocas.

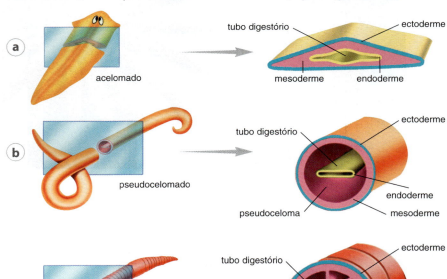

Figura 6-4. Os animais triblásticos podem ser (a) acelomados, (b) pseudocelomados ou (c) celomados verdadeiros.

Destino do blastóporo

Outra característica embriológica dos animais triblásticos é a relacionada ao surgimento da boca.

Quando a boca é derivada do *blastóporo* (a abertura do arquêntero para o meio externo), dizemos que os animais são **protostômios** (do grego, *proto* = primitivo *stoma* = boca), o que inclui desde os platelmintos até os artrópodes. Se o blastóporo originar o ânus (e a boca se originar na extremidade oposta, como um novo orifício), dizemos que os animais são **deuterostômios** (do grego, *deutero* = secundário, o que veio depois).

De olho no assunto!

A formação do celoma

O celoma pode ser formado por *esquizocelia* ou *enterocelia*. No primeiro caso, blocos de células diferenciam-se precocemente em mesoderme, migrando para o espaço compreendido entre a ectoderme e a endoderme. A cavidade celomática origina-se por meio de fendas nesses blocos e, por isso, é chamada de *esquizocela* (do grego *schízein*, fender, separar). No segundo caso, ocorrem evaginações do revestimento do teto arquêntero (endoderme) em forma de bolsas, que se destacam para a constituição das cavidades celomáticas. Esse modo de formação do celoma caracteriza os deuterostômios (veja a Figura 6-5).

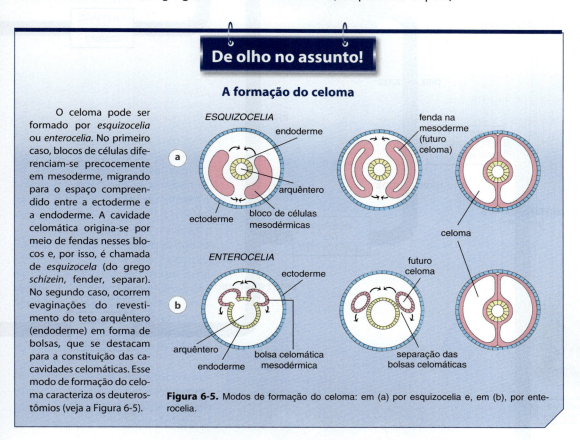

Figura 6-5. Modos de formação do celoma: em (a) por esquizocelia e, em (b), por enterocelia.

Tipo de clivagem

O tipo de clivagem (segmentação que ocorre nas primeiras fases do desenvolvimento embrionário) é um critério que diferencia os protostômios dos deuterostômios. Nos protostômios, a clivagem é espiral. Os fusos de divisão mitóticos são oblíquos em relação ao eixo que passa pelos polos animal-vegetativo da célula. Nos deuterostômios, a clivagem é radial. Nesse caso, os fusos mitóticos são orientados paralelamente ou perpendicularmente ao eixo das células (veja a Figura 6-6).

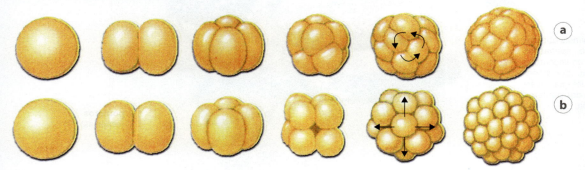

Figura 6-6. (a) A clivagem nos protostômios é espiral, enquanto (b) nos deuterostômios é radial.

Cavidade digestória

Também é utilizado o critério de *existência* ou *ausência* de cavidade digestória na classificação dos grupos animais: os **enterozoários** (do grego, *énteron* = intestino) são os que possuem cavidade digestória e os **parazoários** (do grego, *pará* = ao lado de) não a possuem (esponjas). Veja a Figura 6-7.

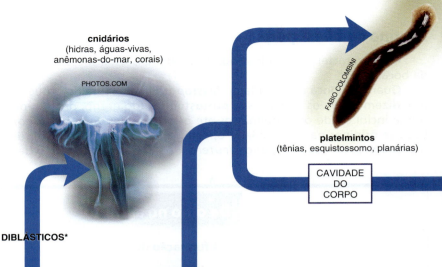
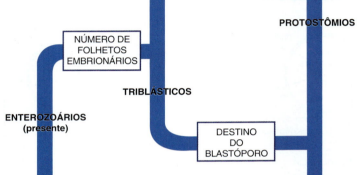

* Dos grupos animais abordados neste livro, apenas os cnidários são considerados diblásticos. Não há consenso, entre os zoólogos, acerca da inclusão dos poríferos nessa categoria.

Figura 6-7. Classificação animal com a utilização de critérios embriológicos.

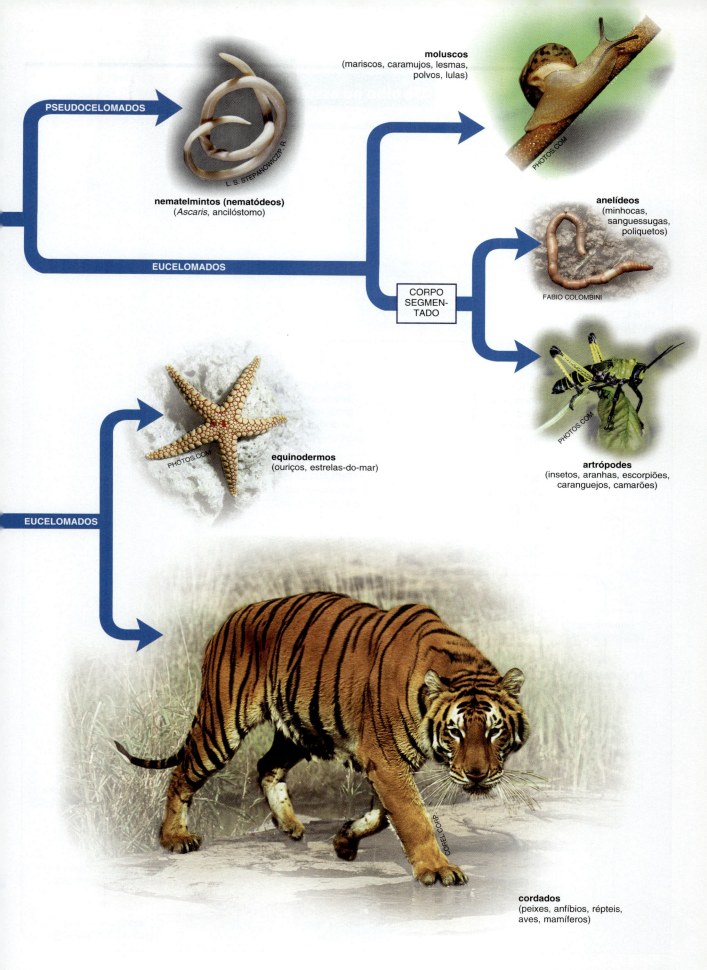

Os grupos animais 117

De olho no assunto!

Reveja, no mapa de conceitos a seguir, a classificação dos animais, tendo como base critérios embriológicos.

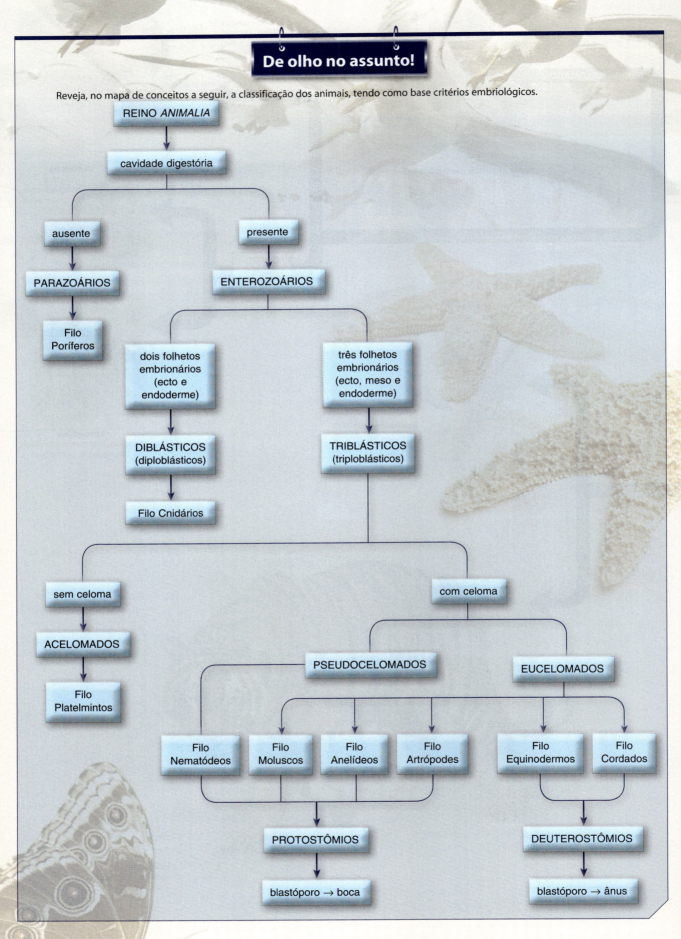

Passo a passo

1. O estudo da Zoologia se relaciona aos componentes do Reino *Animalia*. Nesse reino são estudados nove principais filos que interessam ao estudante do Ensino Médio. No esquema abaixo estão relacionados esses principais filos.

Observando atentamente o esquema:
a) Reconheça os filos representados por alguns animais, de *a* a *i*.
b) Dos filos representados pelos animais, quais correspondem aos invertebrados e qual deles inclui os vertebrados?

Os animais podem ou não ser simétricos, ou seja, apresentar ou não simetria, que pode ser radial ou bilateral. No esquema a seguir estão representadas essas possibilidades. Utilize-o para responder aos itens da questão **2**.

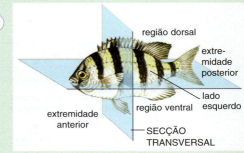

2. Considerando o esquema:
a) Qual dos animais é assimétrico?
b) Quais dos animais possuem simetria radial e bilateral, respectivamente?

Na classificação dos animais, pode-se recorrer a critérios embriológicos. Um desses critérios é relativo ao celoma. Nesse sentido, os animais podem ser acelomados, pseudocelomados e celomados verdadeiros (ou eucelomados). Considere essas informações e o esquema a seguir para responder aos itens da questão **3**.

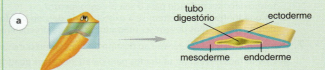

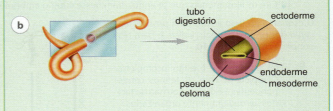

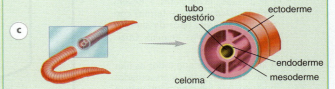

3. Considerando o esquema:
a) Identifique o animal acelomado, o pseudocelomado e o eucelomado (ou celomado verdadeiro), na ordem em que são citados. Justifique sua resposta com base no seu conhecimento do que representa a cavidade celomática.
b) A que filos pertencem os animais representados em *a*, *b* e *c*?
c) Cite os demais filos cujos animais são celomados.

Grupos animais **119**

4. Considerando, ainda, os critérios embriológicos utilizados na classificação dos animais, responda:
   a) Quais são e como são denominados os filos em que os animais possuem apenas dois folhetos embrionários, ou seja, ectoderme e endoderme?
   b) Quais são e como são denominados os filos em que os animais possuem três folhetos embrionários, ou seja, ectoderme, mesoderme e endoderme?

5. Outra possibilidade de classificação dos animais com base em critérios embriológicos divide-os, segundo o destino do blastóporo, em protostômios e deuterostômios. De acordo com esse critério:
   a) Qual o significado dos termos protostômios e deuterostômios?
   b) Quais são os filos animais que se enquadram nessas denominações?

O mapa de conceitos a seguir ilustra a classificação dos animais segundo critérios embriológicos. Utilize-o para responder às questões **6**, **7** e **8**.

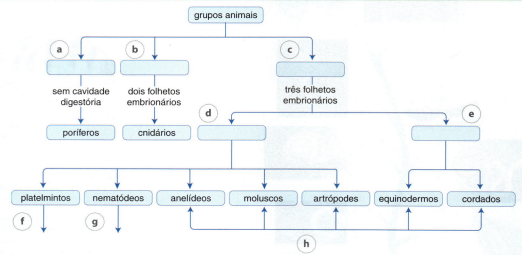

6. a) O quadrinho *a*, referente aos animais do filo Poríferos, está relacionado à ausência de simetria, de modo geral, nesses animais. Que termo deve ser utilizado para o seu preenchimento?
   b) Os quadrinhos *b* e *c* referem-se à existência de dois ou três folhetos embrionários durante o desenvolvimento dos filos correspondentes. Que termos devem ser utilizados para esse preenchimento?

7. Os quadrinhos *d* e *e* referem-se ao destino do blastóporo durante o desenvolvimento embrionário dos animais.
   a) Que termos devem ser utilizados para preencher esses quadrinhos?
   b) Cite os filos de animais que se enquadram nessas conceituações.

8. Por fim, as letras *f*, *g* e *h* referem-se ao critério embriológico celoma.
   a) Que termos devem ser utilizados na substituição dessas letras, respectivamente?
   b) Cite os filos animais que se enquadram nesse critério embriológico.

O esquema ao lado ilustra uma *possível filogenia* dos grupos animais. Utilize-o para responder às questões **9** e **10**.

9. a) Os quadros *a* e *b* estão incompletos. Complete-os com os termos correspondentes à existência ou não de tecidos verdadeiramente organizados.
   b) Do mesmo modo, os quadrinhos *c* e *d* estão incompletos e devem ser preenchidos com os termos correspondentes aos tipos de simetria apresentados pelos animais. Quais são esses termos?

10. a) A linha *e* significa que todos os filos cujos animais estão representados possuem três folhetos embrionários. Que termo deve ser utilizado em substituição à letra *e*?
   b) As letras *f*, *g*, *h* e *i* estão relacionadas a dois critérios embriológicos: celoma e destino do blastóporo. Que termos devem ser utilizados simultaneamente para substituir as letras correspondentes, na ordem em que são citadas?

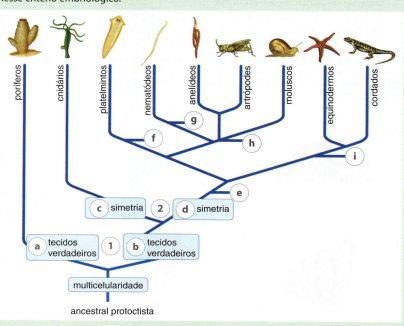

Questões objetivas

1. (UDESC) Assinale a alternativa que apresenta uma característica comum entre os organismos conhecidos como planárias, lombrigas, minhocas, borboletas e caramujos.
   a) deuterostômios
   b) corpo segmentado
   c) folhetos embrionários diblásticos
   d) celomados
   e) simetria bilateral

2. (UFC – CE) Na história evolutiva dos animais, destaca-se o aparecimento das seguintes características: **simetria bilateral, presença de três folhetos germinativos, cavidade digestória completa com boca e ânus, cavidade corporal e metameria**. Com relação à ocorrência destas características entre os diversos grupos animais, assinale a alternativa correta.
   a) Todos os animais com metameria apresentam cavidade corporal e simetria bilateral.
   b) Todos os animais com simetria bilateral apresentam metameria e três folhetos germinativos.
   c) Todos os animais com cavidade corporal apresentam três folhetos germinativos e metameria.
   d) Todos os animais com cavidade digestória completa apresentam simetria bilateral e metameria.
   e) Todos os animais com três folhetos germinativos apresentam cavidade digestória completa e cavidade corporal.

3. (UDESC) Assinale a alternativa **incorreta** quanto ao reino animal.
   a) Os animais, em sua maioria, são celomados.
   b) Os platelmintos são organismos acelomados.
   c) Os anelídeos são organismos pseudocelomados.
   d) Os nematódeos são organismos pseudocelomados.
   e) Animais diblásticos possuem apenas dois folhetos embrionários: ectoderma e endoderma.

4. (UFPI – adaptada) Desde o período Cambriano, os protostomados e os deuterostomados, linhagens monofiléticas, vêm evoluindo separadamente. Os protostomados possuem sistema nervoso ventral, cordões nervosos pareados e larvas com cílios compostos, ao passo que os deuterostomados apresentam um sistema nervoso dorsal e larvas com um único cílio. São exemplos de protostomados pseudocelomados os animais que pertencem ao filo:
   a) platelmintos.   c) cordados.   e) cnidários.
   b) anelídeos.   d) nemátoda.

5. (UFJF – MG) O grau de semelhança entre os organismos sempre foi o principal critério para os seus agrupamentos. Com o advento da ideia de evolução entre os seres vivos, o grau de semelhança também passou a significar grau de parentesco evolutivo. O grau de parentesco evolutivo entre os metazoários é determinado por semelhanças exclusivas fundamentais que caracterizam os grupos. As letras A, B e C representam as seguintes características, RESPECTIVAMENTE:

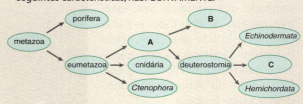

   a) simetria bilateral; boca derivada do blastóporo; presença de notocorda.
   b) simetria radial; boca derivada do blastóporo; tegumento quitinoso.
   c) simetria bilateral; ausência de celoma verdadeiro; presença de um pseudoceloma.
   d) presença de celoma; metamerizados; ausência de apêndices articulados.
   e) simetria radial; três folhetos germinativos; ausência de metameria.

Questão dissertativa

1. (UFPR) A figura ao lado representa esquematicamente cortes do corpo de três diferentes grupos de animais multicelulares: anelídeos, platelmintos e nematelmintos (não necessariamente nessa ordem). Elas representam o processo evolutivo que levou ao surgimento de cavidades no corpo dos animais.
   a) Correlacione cada figura com os grupos animais apresentados no enunciado.
      Figura 1:
      Figura 2:
      Figura 3:
   b) Discorra sobre duas vantagens trazidas pelo surgimento de cavidades corpóreas.
      Vantagem 1:
      Vantagem 2:

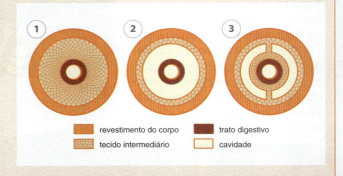

Programa de avaliação seriada

1. (UFLA – MG) O esquema a seguir representa a diferenciação do tecido mesodérmico em animais triploblásticos.

   Os animais representados pelos esquemas 1, 2 e 4 são classificados, respectivamente, como:
   a) pseudocelomados, acelomados e enterocelomados.
   b) acelomados, pseudocelomados e enterocelomados.
   c) pseudocelomados, enterocelomados e esquizocelomados.
   d) enterocelomados, acelomados e esquizocelomados.

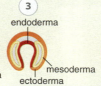

Capítulo 7

Poríferos e cnidários (celenterados)

As esponjas conquistam o universo infantil

Todos que convivem com crianças certamente já devem conhecer um dos atualmente mais famosos personagens do universo infantil, inspirado nos poríferos. Sim, estamos falando do Bob Esponja Calça Quadrada, criado em 1999 pelo desenhista e biólogo marinho norte-americano Stephen Hillenburg, que teve a ideia do desenho enquanto dava aulas de Biologia.

Bob Esponja vive em aventuras com seus dois principais companheiros, uma estrela-do-mar, chamada Patrick Estrela, e um polvo, chamado Lula Molusco. Juntos, eles costumam caçar águas-vivas e comer o famoso hambúrguer de siri, vendido na lanchonete em que Bob Esponja trabalha.

Na verdade, as semelhanças entre o personagem de sucesso e as esponjas do mundo real param no nome. Os poríferos são animais fixos e se alimentam do que filtram da água que passa por seus corpos.

Neste capítulo, você vai aprender detalhes interessantes sobre as esponjas e os cnidários, entre eles as águas-vivas, que na ficção são caçadas pelo Calça Quadrada e seus inseparáveis amigos.

Neste capítulo, estudaremos as principais características dos animais pertencentes aos filos *Porifera* e *Cnidaria*.

▪ PORÍFEROS

Os representantes do filo *Porifera* são as *esponjas*, os primeiros animais pluricelulares a surgirem na Terra. São animais aquáticos, fixos na fase adulta, a maioria habita o ambiente marinho e sua nutrição é dependente da filtração de alimentos trazidos pela água. Por isso, é impossível pensar na existência de esponjas no *habitat* terrestre, uma vez que dependeriam da chegada de alimentos pelo ar, cuja filtração seria inimaginável. Além disso, não têm proteção contra a desidratação e seu esqueleto não tem a resistência necessária para mantê-las erguidas fora da água.

Não possuem órgãos, nem sistemas, nem tecidos rudimentares. Não possuem boca, nem cavidade digestória e muito menos as células que caracterizam animais mais complexos, como as musculares e as nervosas.

Como padrão, vamos descrever uma esponja de estrutura simples, cujo aspecto lembra um vaso aberto em uma das extremidades, e que corresponde ao chamado tipo **asconoide** (veja a Figura 7-1).

Em esponjas desse tipo, a superfície externa é constituída por células denominadas **pinacócitos** e a superfície interna é formada por células flageladas chamadas **coanócitos**, que forram uma cavidade interna, o **átrio** (ou **espongiocela**). Entre as duas superfícies existe um preenchimento gelatinoso proteico contendo componentes do esqueleto e um grupo de células circulantes, os **amebócitos**. Atravessando a parede do corpo, inúmeros *poros*, formados por células tubulares especiais, os **porócitos**, permitem a entrada de água para o átrio. A água que chega ao átrio abandona a esponja por um orifício presente em sua extremidade livre, o **ósculo**.

O esqueleto das esponjas é constituído por finíssimas **espículas**, que podem ser de natureza calcária ou silicosa e são produzidas por amebócitos especiais.

Muitas esponjas apresentam esqueleto orgânico formado por fibras de espongina, outras têm um esqueleto misto de espículas e espongina.

Anote!
Nas esponjas, não há tecidos. Suas células são praticamente todas totipotentes e podem sofrer mudanças na forma e na função.

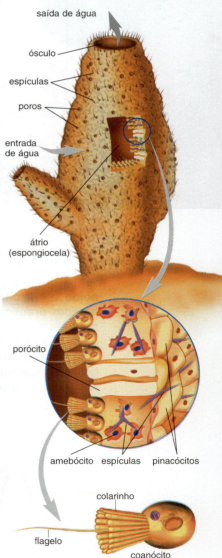

Figura 7-1. Esquema de esponja asconoide com os principais constituintes celulares e espículas. Os coanócitos, células com colarinho e flagelo, são exclusivos das esponjas.

Poríferos e cnidários (celenterados) **123**

> **De olho no assunto!**
>
> As espículas de carbonato de cálcio são características das *esponjas calcárias*. Já as espículas silicosas caracterizam as chamadas *esponjas-de-vidro*, por analogia à participação dos silicatos na confecção de vidros. Muitas espículas se projetam para fora da camada externa e podem ser sentidas ao se passar a mão delicadamente pela superfície da esponja.

As Esponjas mais Complexas: Siconoides e Leuconoides

A organização das esponjas forma estruturas típicas, conhecidas como **asconoide**, **siconoide** e **leuconoide**. As esponjas *asconoides* são as mais simples. As *siconoides* possuem paredes pregueadas com a formação de canais internos e externos. Já nas *leuconoides*, o pregueamento é muito mais intenso, com verdadeiras câmaras internas flageladas, repletas de coanócitos. Veja a Figura 7-2.

A água e os alimentos penetram nas esponjas pelos poros ou pelos canais externos e atingem os canais ou câmaras internas flageladas. Filtrada pelos coanócitos, a água atinge o átrio e abandona a esponja por um ou por diversos ósculos.

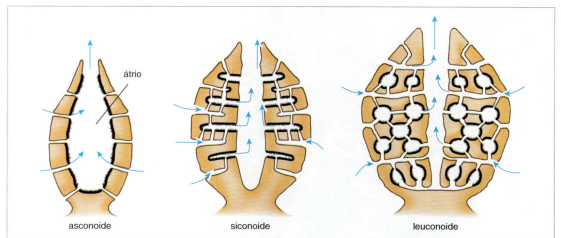

Figura 7-2. As estruturas das esponjas e o percurso da água.

Como as esponjas adultas são imóveis e não podem sair à procura do alimento, elas possuem adaptações para fazer com que a água chegue até elas, trazendo partículas de alimento. Esse papel é exercido pelos coanócitos. Cada coanócito possui um flagelo, circundado por um colarinho, que é um prolongamento da membrana celular.

Os movimentos flagelares dos diversos coanócitos criam uma corrente de água que penetra pelos poros, atinge o átrio e sai da esponja pelo ósculo. Nesse fluxo, partículas de alimento são encaminhadas para o colarinho, que as retém e as encaminha para a base da célula. Por fagocitose, o coanócito engloba o alimento e dá início à *digestão intracelular* do alimento ingerido. Essa adaptação caracteriza as esponjas como animais exclusivamente filtradores de alimento contido na água. O alimento, parcialmente digerido pelos coanócitos, é lançado na camada gelatinosa média e a digestão termina em amebócitos, que também o distribuem a outras células.

Anote!
É importante salientar que o átrio não é uma cavidade digestória e o ósculo não é boca ou ânus. Nas esponjas, não existe tubo digestório. A digestão é intracelular.

Anote!
Atualmente existem cerca de 7.000 espécies de esponjas. Podem ter diferentes cores, como o amarelo, vermelho, pardo, alaranjado etc. As pequenas esponjas não excedem 10 cm, as maiores podem atingir até 100 cm. A maioria vive em mares rasos. Algumas, porém, podem ser encontradas em profundidades que variam de 200 a 2.000 m.

Leitura

O banho já não é o mesmo!

Andando em um supermercado, no setor de produtos para limpeza, você verá esponjas para limpar panelas, frigideiras, vidros, copos, refratários etc.

Passando pelas prateleiras de produtos para higiene pessoal, você encontrará uma esponja especial desenvolvida para o contato com a pele. Todas essas esponjas são produzidas a partir de poliuretanos.

Houve uma época, no entanto, em que não existiam esponjas sintéticas, e as pessoas utilizavam as esponjas encontradas na natureza para tomar banho. Elas eram coletadas em águas rasas no Mediterrâneo, golfo do México e nas Caraíbas. Após a coleta, as esponjas eram limpas para remover os restos celulares ou de invertebrados que se abrigavam na esponja viva. Depois de secas, estavam prontas para serem vendidas nos mercados. Hoje, você pode encontrá-las em algumas lojas de cosméticos. Não estranhe se as encontrar também em lojas de materiais para construção; elas são usadas para aplicação de massas ou tintas, criando efeitos especiais de texturização. As buchas de origem vegetal são frutos secos e fibrosos.

Poríferos e cnidários (celenterados) **125**

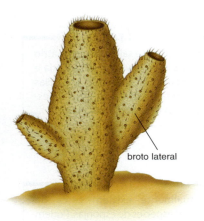

Figura 7-3. Brotamento em esponja.

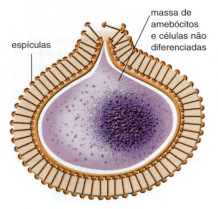

Figura 7-4. Esquema de secção transversal em gêmula de esponja-d'água-doce.

Reprodução

A reprodução assexuada

Brotamento

É a forma mais comum de reprodução assexuada. Nesse processo, uma esponja produz brotos, que se desenvolvem a partir da esponja-mãe (veja a Figura 7-3).

Esses brotos podem permanecer ligados uns aos outros, organizando uma **colônia**.

> *Anote!*
> Colônia é um agrupamento de indivíduos "grudados" uns aos outros e que apresentam elevado grau de interdependência.

Formação de gêmulas

Outro processo de reprodução assexuada é a **formação de gêmulas**, fenômeno que ocorre principalmente em esponjas de água doce. Nesse processo, grupos de amebócitos e outras células não diferenciadas se isolam e elaboram uma espessa membrana protetora contendo espongina e espículas (veja a Figura 7-4). Isso acontece à medida que a esponja morre e se desintegra.

Essas gêmulas, formadas principalmente em épocas de condições ambientais desfavoráveis, são verdadeiras formas de resistência – persistem longo tempo no ambiente e ficam em estado de repouso metabólico até que as condições externas ambientais voltem ao normal. Nesse momento, a espessa membrana é rompida e as células retomam a atividade normal e reorganizam uma ou mais novas esponjas.

A reprodução sexuada

As esponjas podem ser monoicas (hermafroditas) ou dioicas (sexos separados). Não há órgãos reprodutores permanentes. Tanto os espermatozoides como os óvulos são formados principalmente de coanócitos, que se diferenciam em gametas na estação reprodutiva.

Nas esponjas monoicas não há autofecundação. Os espermatozoides são liberados antes que ocorra a formação dos óvulos. A liberação de espermatozoides ocorre pela corrente de água que abandona a esponja pelo ósculo. Eles penetram em outra esponja pelos poros e, no átrio, são capturados por coanócitos. Nesse momento, o coanócito contendo um espermatozoide no seu interior perde o seu flagelo e circula na camada média gelatinosa até encontrar um óvulo. A seguir, ele transfere o espermatozoide ao óvulo e, assim, ocorre a fecundação, com a formação de um zigoto.

De modo geral, o desenvolvimento embrionário ocorre no interior da esponja, até que se forme uma fase larval que possui muitos flagelos (**anfiblástula**). A larva, então, é liberada pelo ósculo, nada durante certo tempo até que se fixa no substrato e origina uma nova esponja.

> **De olho no assunto!**
> O pequeno grau de diferenciação apresentado pelas esponjas é responsável por um dos mais fascinantes fenômenos a elas relacionado: a regeneração. Normalmente, muitas esponjas soltam pedaços de si mesmas que prontamente regeneram esponjas inteiras. O incrível é que se uma esponja for amassada e passada por uma peneira de malhas finas, sendo completamente fragmentada, ainda assim o que restou acabará reconstituindo uma ou mais esponjas.

De olho no assunto!

A filogenia dos poríferos

A Figura 7-5 ilustra a proposta tradicional da filogenia dos poríferos.

Note que o parentesco dos grupos colocados à direita (*Demospongiae* e *Hexactinellida*), ambos dotados de espículas silicosas, é maior. O grupo *Calcarea* inclui os poríferos dotados de espículas calcárias. As poucas espécies de água doce pertencem ao grupo das *Demospongiae*.

Fonte: RUPPERT, E. E.; FOX, R. S.; BARNES, R. D. *Invertebrate Zoology* – a functional evolutionary approach. 7. ed. Thomson: Australia, 2004.

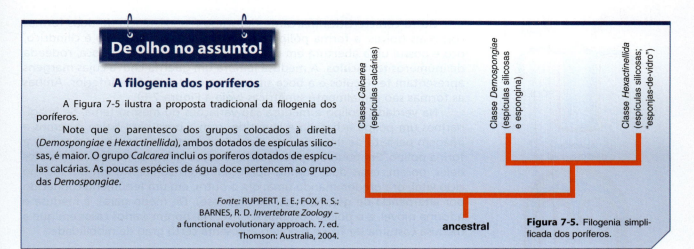

Figura 7-5. Filogenia simplificada dos poríferos.

■ CNIDÁRIOS (CELENTERADOS)

Este é um filo de animais aquáticos, predominantemente marinhos. As *hidras* são praticamente as únicas representantes de água doce. Além delas, fazem parte desse filo as *medusas* (popularmente conhecidas como águas-vivas); as *anêmonas-do-mar* e os *corais*, dos quais a maioria é colonial, formadora de recifes. Quando comparados aos poríferos, observamos muitas novidades, sendo que duas se destacam: a presença de uma *cavidade digestória*, "inaugurando" a digestão extracelular, e a existência de *células nervosas*.

Os cnidários são animais diblásticos, visto que seus tecidos originam-se apenas de dois folhetos germinativos, a ectoderme e a endoderme.

PANTHERMEDIA/KEYDISC

A água-viva é um representante típico dos cnidários.

Anote!
A origem do nome

O nome *cnidário* refere-se à existência de um tipo de célula, o **cnidócito** (do grego, *knide* = urtiga), especializada principalmente na captura de alimentos e na defesa contra agressores. Cnidócitos são células diferenciadas derivadas de células indiferenciadas, os cnidoblastos. Por sua vez, os cnidoblastos são derivados de células *intersticiais* indiferenciadas existentes na epiderme e, muitas vezes, na gastroderme. O nome **celenterado** (do grego, *koîlos* = oco + *enteron* = = intestino) está relacionado à existência, pela primeira vez, evolutivamente, entre os animais, de uma cavidade digestória, um intestino primitivo. Na verdade, o corpo de um cnidário lembra um saco oco: a cavidade do saco é o intestino, aberto em uma extremidade pela boca, que serve simultaneamente à entrada de alimentos e à saída de resíduos. É, portanto, um tubo digestório incompleto.

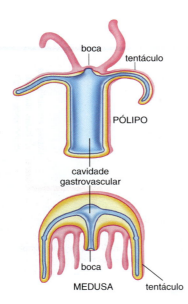

Outra característica marcante do grupo é a existência de duas formas corporais típicas: a forma **pólipo** e a forma **medusa**. O pólipo é cilíndrico, oco e possui uma abertura em uma de suas extremidades, a boca, rodeada de inúmeros **tentáculos**. A medusa lembra um guarda-chuva cujas margens apresentam tentáculos e a boca situa-se no centro da face inferior. Ambas as formas são radialmente simétricas (veja a Figura 7-6).

Na verdade, pólipo e medusa são variações do mesmo tema. Se imaginarmos um pólipo achatado e invertido, com a boca para baixo, teremos a imagem perfeita de uma medusa. Em vários grupos de cnidários só existe a forma pólipo. Em poucas espécies, mais raras, só a forma medusa. Em muitos deles, porém, essas duas formas aparecem alternadamente em um mesmo ciclo vital, ora predominando uma, ora a outra, em um fenômeno conhecido por **alternância de gerações** (ou **metagênese**). De modo geral, a medusa é a forma móvel, e o pólipo costuma ser fixo. Há, porém, vários casos em que a medusa costuma ser fixa e o pólipo apresenta certo grau de mobilidade.

Figura 7-6. Pólipo e medusa possuem o mesmo padrão estrutural.

De olho no assunto!

Classificação e filogenia dos cnidários

Como veremos mais adiante neste capítulo, podemos classificar os cnidários nas seguintes classes:

- **Hydrozoa** – hidras e caravelas;
- **Scyphozoa** – águas-vivas;
- **Anthozoa** – anêmonas e corais; e
- **Cubozoa** – cubozoários, como a vespa-do-pacífico.

Quanto à evolução dos cnidários, há dois possíveis cenários: o primeiro é que o ancestral comum teria sido um animal de forma medusoide, de organização simples, com o pólipo se formando posteriormente e se tornando progressivamente mais complexo. Nesse caso, o grupo ancestral teria sido o dos *Hydrozoa*. No outro cenário, em que o grupo ancestral seria o dos *Anthozoa*, o primitivo animal teria sido um pólipo complexo, com a medusa se formando posteriormente. Nesse caso, teria havido a eliminação da forma medusoide dos antozoários (veja a Figura 7-7).

Figura 7-7. Possíveis filogenias dos cnidários.
(a) **Tradicional**, com base em dados morfológicos: *Hidrozoa* é o grupo primitivo. *Scyphozoa*, *Cubozoa* e *Anthozoa* são grupos derivados. Cubozoários e cifozoários, cujas medusas são complexas, são grupos irmãos. Nos cubozoários, as medusas são formadas diretamente por meio de metamorfose dos pólipos. Nos antozoários, o estágio medusa é inexistente e o pólipo apresenta grande complexidade morfológica, quando comparado ao pólipo dos hidrozoários.
(b) **Recente**, com base em dados moleculares e morfológicos: *Anthozoa* é o grupo primitivo, sem o estágio de medusa. A morfologia do estágio pólipo se torna progressivamente mais simples, de antozoários para hidrozoários.

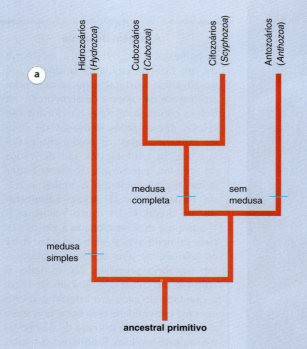
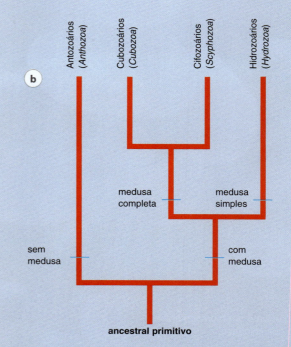

Fonte: PECHENIK, J. A. *Biology of the Invertebrates.* 4. ed. New York: McGraw-Hill, 2000, p. 111.

De olho no assunto!

Uma diversidade de formas

Com células já organizadas em tecidos e com a presença de uma cavidade gastrovascular, os cnidários (ou celenterados) apresentam grande variedade de formas e cores, vivendo de maneira isolada ou em colônias, livre-natantes ou fixos ao substrato.

(a) e (b) Medusas, indivíduos livre-natantes, popularmente conhecidas como águas-vivas, pertencentes à classe dos *Scyphozoa*; (c) colônia de coral e (d) anêmona-do-mar; pertencentes à classe *Anthozoa*; (e) grupo de hidras verdes (*Hydra viridis*), pertencente à classe *Hydrozoa*; (f) *Carybdea marsupialis*, um cubozoário.

Poríferos e cnidários (celenterados) **129**

> **Anote!**
> Essa associação hidra-alga é benéfica para ambas. A alga fornece oxigênio e alimento orgânico para a hidra que, em troca, oferece residência e gás carbônico para as algas. Uma associação em que há benefício mútuo é conhecida como **mutualismo**.

A Hidra: Um Típico Representante dos Cnidários

A hidra verde, pólipo comumente encontrado em lagoas, lagos e pequenos riachos de água limpa, serve muito bem como representante dos cnidários e será estudada como padrão do grupo. Dentro dela vivem algas verdes microscópicas que necessitam da energia luminosa para a realização da fotossíntese.

O corpo da hidra é cilíndrico e extremamente delicado; a extremidade inferior se apoia no substrato (base à qual se prendem os animais sedentários ou fixos) e a outra, superior, apresenta uma boca rodeada por 6 a 8 tentáculos longos (veja a Figura 7-8). O tamanho da hidra é variável, chegando a 1,5 cm com os tentáculos distendidos.

A cavidade intestinal é conhecida como **cavidade gastrovascular** e estende-se até os tentáculos que são, assim, ocos.

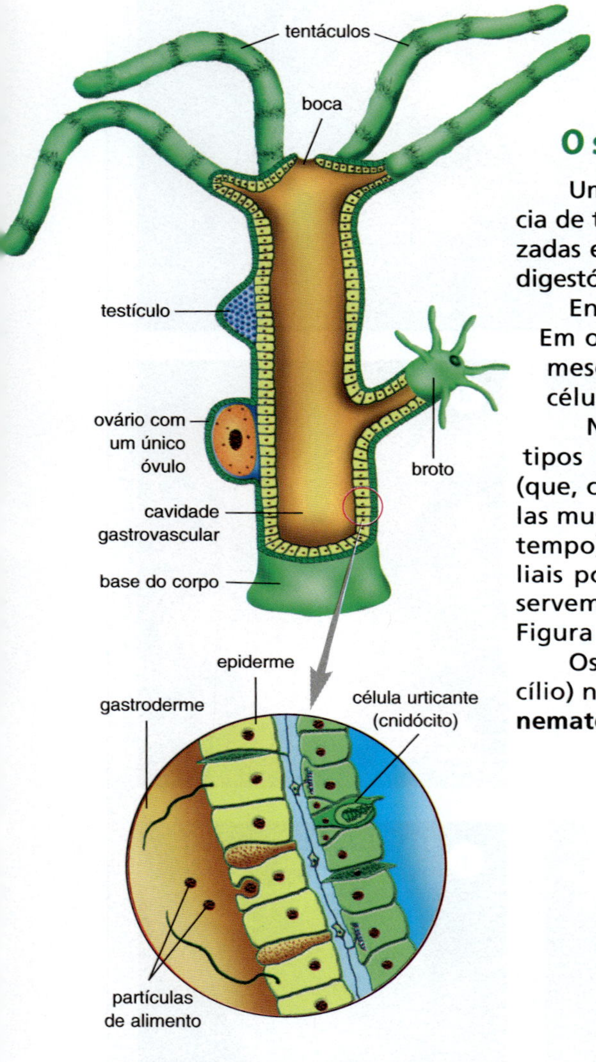

O surgimento dos tecidos

Um exame na organização da parede do corpo da hidra revela a existência de tecidos verdadeiros, formados por diferentes tipos de células, organizadas em duas camadas: uma interna, a **gastroderme**, forrando a cavidade digestória, e a outra externa, a **epiderme**, de relação com o meio.

Entre as duas existe uma camada gelatinosa, a **mesogleia**. Em outros cnidários, principalmente nas medusas, a mesogleia é muito espessa e pode ou não conter células dispersas, derivadas da epiderme.

Na camada externa, destacam-se dois tipos celulares: as **células mioepiteliais** (que, como o nome diz, servem como células musculares e de revestimento ao mesmo tempo) e os **cnidócitos**. As células mioepiteliais possuem filamentos contráteis na base e servem às contrações e aos movimentos do corpo (veja a Figura 7-9).

Os cnidócitos são células dotadas de um cílio (cnidocílio) na sua porção livre e de uma vesícula interna, o **nematocisto**, contendo um filamento enovelado.

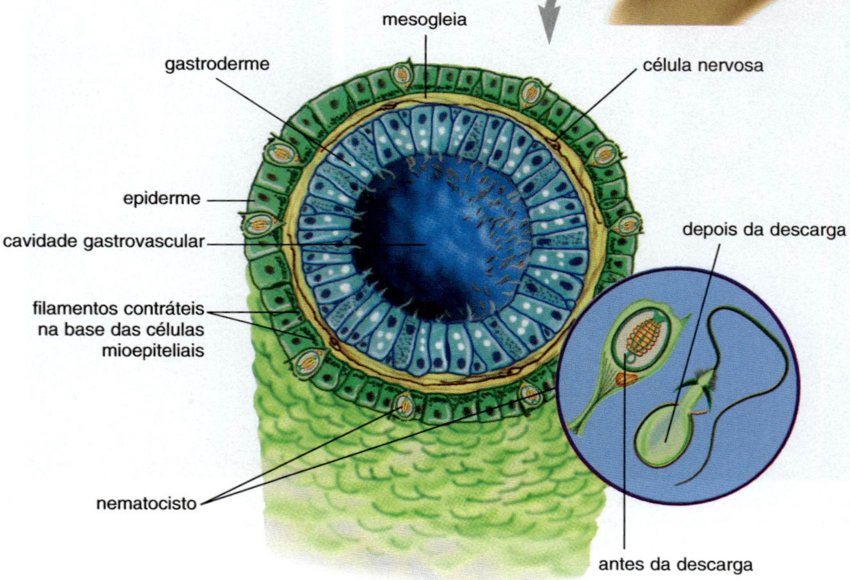

Figura 7-8. A hidra é um representante típico dos cnidários.

Figura 7-9. A organização estrutural da hidra: vários tipos celulares desempenham funções específicas. No detalhe, um cnidócito e sua cápsula, o nematocisto, antes e depois de acionado.

130 BIOLOGIA 2 • 4.ª edição

Quando estimulado, o cnidócito funciona como uma verdadeira mina explosiva: o filamento é bruscamente liberado com uma substância irritante, uma toxina, que paralisa as presas (veja a Figura 7-10). Alguns nematocistos não liberam toxinas; servem, por exemplo, para laçar a presa.

Entre as células mioepiteliais e os cnidócitos existem várias células sensoriais, dotadas de cílios, e que ficam conectadas ao tecido nervoso da hidra. Essas células estabelecem um importante mecanismo de relação da hidra com o meio ambiente, permitindo que ela atue como carnívora predadora, que caça praticamente parada.

A camada interna de células é semelhante à externa, destacando-se dois tipos celulares: as células **glandulares** e as **epitélio-digestivas**.

As células glandulares possuem várias vesículas de secreção cheias de enzimas digestivas e que são eliminadas para a cavidade digestória. A digestão do alimento é assim iniciada fora das células (*digestão extracelular*), na cavidade.

As células epitélio-digestivas possuem dois cílios e assemelham-se a células da camada externa por também serem dotadas, em sua base, de filamentos contráteis, o que torna elástico o corpo da hidra, principalmente quando o alimento ingerido é volumoso.

O batimento dos cílios promove a circulação constante do fluido contendo alimento e justifica assim o nome de **cavidade gastrovascular** dado à cavidade digestória da hidra. A digestão dos alimentos, que foi iniciada extracelularmente na cavidade digestória, termina no interior de células que revestem essa cavidade.

Junto à mesogleia, localiza-se uma **rede de neurônios** que forma o tecido nervoso da hidra. Esse *tecido nervoso em rede* é conectado às diversas células sensoriais espalhadas pelo corpo da hidra e à base contrátil das células epiteliais.

Estímulos aplicados em qualquer parte do organismo produzem impulsos que são propagados de maneira semelhante aos círculos concêntricos originados quando se joga uma pedra em um lago. O organismo reage aos estímulos obedecendo ao seguinte princípio: a amplitude das respostas é proporcional à intensidade dos estímulos.

Não há um centro de controle, não há cérebro; trata-se de uma rede nervosa difusa de neurônios. É um mecanismo de coordenação primitivo, o primeiro que surge entre os animais pluricelulares.

Figura 7-10. Cnidócito. (a) Nematocisto penetrante carregado e (b) descarregado.

De olho no assunto!

Um espetáculo fascinante é observar uma hidra caçando uma presa sem se deslocar. Ao tocar em cnidócitos localizados nos tentáculos, a presa rapidamente é imobilizada pelos filamentos liberados pelos nematocistos. A ação das toxinas inoculadas é rápida e a presa, paralisada, é encaminhada à boca pelos tentáculos que a prenderam. Após a demorada digestão, os dejetos são eliminados pela própria boca. Veja a Figura 7-11.

Figura 7-11. Captura e ingestão de alimento por uma hidra.

Poríferos e cnidários (celenterados) **131**

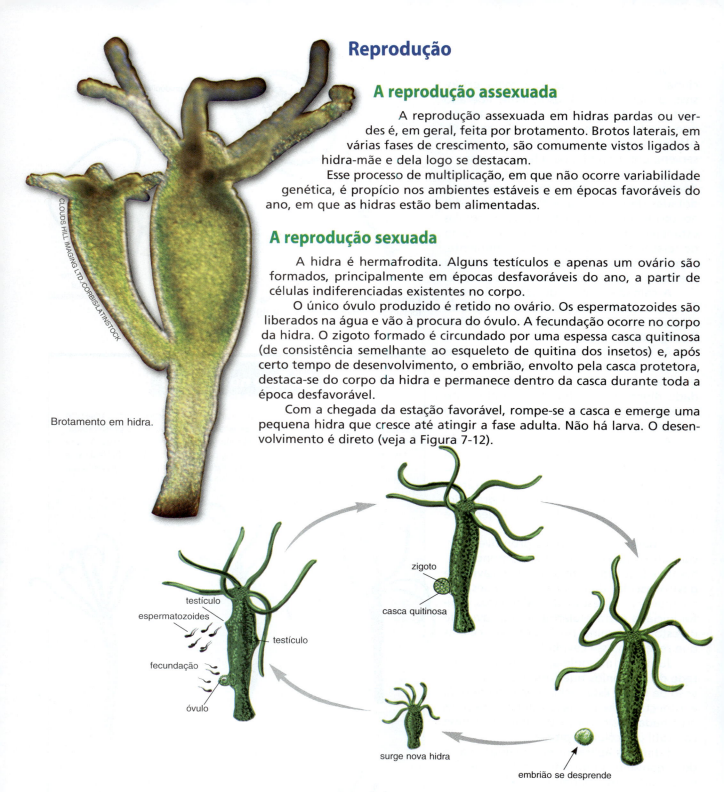

Reprodução

A reprodução assexuada

A reprodução assexuada em hidras pardas ou verdes é, em geral, feita por brotamento. Brotos laterais, em várias fases de crescimento, são comumente vistos ligados à hidra-mãe e dela logo se destacam.

Esse processo de multiplicação, em que não ocorre variabilidade genética, é propício nos ambientes estáveis e em épocas favoráveis do ano, em que as hidras estão bem alimentadas.

A reprodução sexuada

A hidra é hermafrodita. Alguns testículos e apenas um ovário são formados, principalmente em épocas desfavoráveis do ano, a partir de células indiferenciadas existentes no corpo.

O único óvulo produzido é retido no ovário. Os espermatozoides são liberados na água e vão à procura do óvulo. A fecundação ocorre no corpo da hidra. O zigoto formado é circundado por uma espessa casca quitinosa (de consistência semelhante ao esqueleto de quitina dos insetos) e, após certo tempo de desenvolvimento, o embrião, envolto pela casca protetora, destaca-se do corpo da hidra e permanece dentro da casca durante toda a época desfavorável.

Com a chegada da estação favorável, rompe-se a casca e emerge uma pequena hidra que cresce até atingir a fase adulta. Não há larva. O desenvolvimento é direto (veja a Figura 7-12).

Figura 7-12. Reprodução sexuada em hidra.

Classificação dos Cnidários

As principais classes dos cnidários são:

- **Hydrozoa** – hidras e caravelas;
- **Scyphozoa** – águas-vivas;
- **Anthozoa** – anêmonas e corais; e
- **Cubozoa** – cubozoários, como a vespa-do-pacífico.

Os hidrozoários

A classe dos hidrozoários possui inúmeros representantes, além da hidra. Todos os demais componentes dessa classe são marinhos. Entre eles, podemos citar como exemplos a *Obelia* e a caravela (*Physalia*), esta um indivíduo colonial muito comum nos mares tropicais e temperados.

Na *Obelia*, a reprodução ocorre durante um ciclo em que se alternam pólipos (fase assexuada e duradoura) e medusas (fase sexuada e pouco duradoura). Dois tipos de pólipos existem em um polipeiro (colônia): o nutridor e o reprodutor. Os reprodutores geram medusas por brotamento. Estas, de pequeno tamanho, produzem gametas que se encontram na água (fecundação externa). Forma-se o zigoto, ocorre o desenvolvimento embrionário e surge uma larva ciliada, a **plânula**, que constitui uma importante forma de dispersão da espécie. Fixando-se a um substrato apropriado, a larva transforma-se em um novo pólipo, que acaba gerando novo polipeiro (veja a Figura 7-13).

Caravela.

Figura 7-13. Ciclo reprodutivo com alternância de reprodução sexuada e assexuada em *Obelia*.

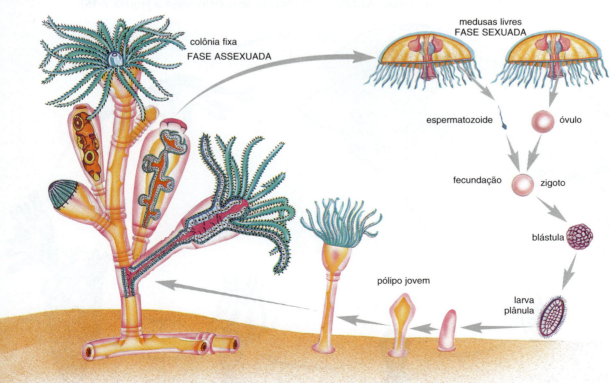

Os cifozoários

> **Anote!**
> De modo algum deve-se pegar uma medusa pelos braços. O perigo de queimaduras é muito grande. Deve-se segurá-la, sem medo, apenas pela região superior da umbrela (a porção mais larga).

Na classe dos cifozoários, as formas predominantes e sexuadas são bonitas medusas de cores variadas, as verdadeiras "águas-vivas", frequentemente vistas em nosso litoral. Os pólipos são pequenos e correspondem à fase assexuada, pouco duradoura.

As medusas têm formato de guarda-chuva e são diferentes das do grupo dos hidrozoários (veja a Figura 7-14). Podem alcançar de 2 a 40 cm de diâmetro. A gigante do grupo é uma medusa do Atlântico Norte, que chega a ter 2 m de diâmetro.

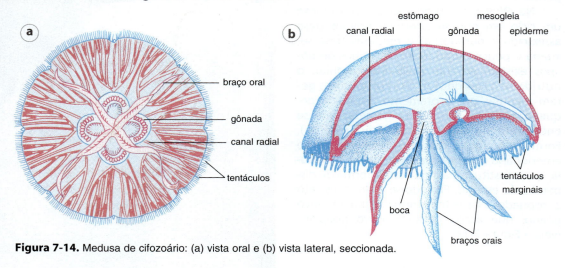

Figura 7-14. Medusa de cifozoário: (a) vista oral e (b) vista lateral, seccionada.

No caso da espécie *Aurelia aurita*, a fecundação é interna. A plânula nada durante certo tempo e origina um pólipo fixo, o **cifístoma**. Esse pequeno pólipo é a geração assexuada e se reproduz por um processo conhecido por **estrobilização**. Nesse processo, fragmentações sucessivas do corpo do pólipo formam uma pilha de discos que permanecem amontoados uns sobre os outros. Cada disco, uma **éfira** (medusa jovem), destaca-se e, após certo tempo de crescimento, origina uma medusa adulta, fechando-se o ciclo (veja a Figura 7-15).

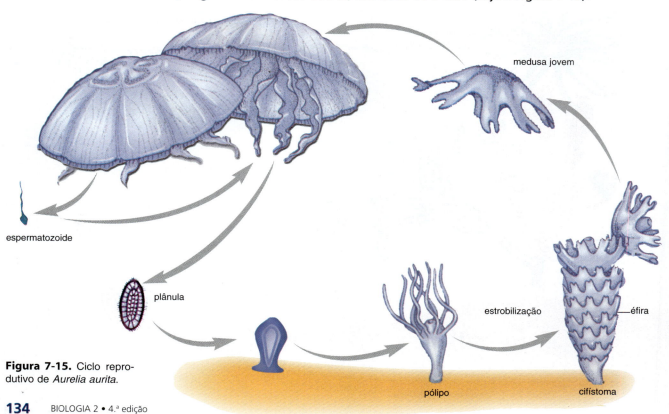

Figura 7-15. Ciclo reprodutivo de *Aurelia aurita*.

Os antozoários

Anêmonas e corais são os representantes mais conhecidos dessa classe. As anêmonas são facilmente vistas no nosso litoral, principalmente na maré baixa, sobre rochas emersas ou enterradas na areia por entre as rochas.

A forma de muitos corais é variada. Alguns possuem formato de pequenas árvores, outros lembram grandes penas coloridas e outros, ainda, possuem formato escultural, como é o caso do famoso coral-cérebro, cujo aspecto lembra os sulcos e circunvoluções existentes no cérebro humano.

Os antozoários frequentemente se reproduzem por brotamento ou fragmentação. A reprodução sexuada envolve a formação e fusão de gametas e habitualmente existe uma larva plânula antecedendo a fase adulta.

Como na classe dos antozoários só há a forma pólipo, não existe metagênese. Após a reprodução sexuada dos pólipos, as larvas plânulas se diferenciam diretamente em novos pólipos. A organização dos pólipos dessa classe é mais complexa que nas outras classes (veja a Figura 7-16).

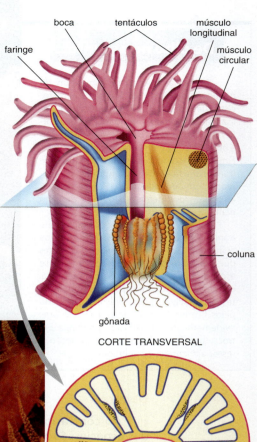

Figura 7-16. Esquema de pólipo de anêmona-do-mar, um antozoário, e corte transversal na altura da faringe.

Anote!

A alternância de duas gerações, uma assexuada, representada pelos pólipos, e outra sexuada, representada pelas medusas, é conhecida como **metagênese**, uma das importantes características dos cnidários.

De olho no assunto!

Muitas anêmonas se alimentam de pequenos peixes e crustáceos. Os nematocistos descarregados pelos tentáculos paralisam a vítima e, do mesmo modo que ocorre na hidra, os tentáculos levam o alimento à boca. Existe, porém, um peixinho colorido, conhecido como peixe-palhaço, que vive tranquilamente entre os tentáculos da anêmona sem ser molestado. Provavelmente, as toxinas dos nematocistos não exercem nenhum efeito sobre ele.

Essa associação é benéfica tanto para a anêmona como para o peixe. Este funciona como uma isca viva: ele atrai outros peixes que procuram caçá-lo, mas rapidamente se esconde entre os tentáculos da anêmona, enquanto o predador toca inadvertidamente os tentáculos e fica preso e paralisado pelos filamentos dos nematocistos, o que, evidentemente, é bom para a anêmona. Em troca, o peixe-palhaço recebe proteção e restos alimentares da anêmona.

PANTHERMEDIA/KEYDISC

Os corais

Ao contrário das anêmonas, geralmente solitárias, os corais são coloniais na maioria das espécies. São pólipos muito pequenos, bem menores que as anêmonas.

Como se reproduzem assexuadamente por brotamento e os brotos não se separam, eles vão constituindo grandes agrupamentos coloniais. E, como cada pólipo constrói ao redor de si um esqueleto geralmente constituído de calcário (carbonato de cálcio), todos os esqueletos acabam se juntando, o que origina uma grande formação calcária comum à colônia.

Anote!

A cor de muitos corais pode ser devida a pigmentos produzidos por eles mesmos. Com muita frequência, porém, deve-se à existência de algas microscópicas, conhecidas como zooxantelas, que vivem no interior dos pólipos. Nesse caso, a relação entre os pólipos e as algas é benéfica para ambos, acreditando-se até que muitos corais formadores de recife só conseguem estabelecer-se graças a certas condições de vida oferecidas pelas algas que com eles interagem simbioticamente.

FOTOS: PHOTOS.COM

De olho no assunto!

Os recifes: mares rasos e quentes, água limpa

Os corais formadores de recifes são comuns em mares rasos (entre 10 e 60 m), quentes (de 23 a 28 °C) e de água límpida e transparente. Como as microscópicas algas que vivem no interior dos corais necessitam de luz para a realização da fotossíntese, a pequena profundidade e a limpidez da água são fundamentais para a penetração de luz. A temperatura também é fator de extrema importância, já que a sobrevivência das algas associadas aos pólipos depende de uma faixa térmica adequada. Por esse motivo, os recifes são encontrados em oceanos de águas quentes tropicais e semitropicais e são comuns no Caribe e nos oceanos Índico e Pacífico tropical.

Três principais tipos de recife são hoje reconhecidos: **em franja**, **em barreira** e **atóis**. *Recifes em franja*, como os existentes no Nordeste brasileiro, são os que margeiam litorais e costas oceânicas e se projetam em direção ao mar, a partir da praia; *recifes em barreira* são os paralelos à costa e ficam separados da praia por um grande lago. O mais conhecido, e talvez o mais rico, é a Grande Barreira de recifes da Austrália, que se estende por mais de 1.600 km ao longo da costa nordeste da Austrália. Os *atóis* são recifes circulares ou ovais, que cresceram ao redor de vulcões submersos e subiram em direção à superfície. Possuem um grande lago central e pequenas ilhas podem ser formadas a partir da plataforma principal. Esse mecanismo de origem foi sugerido pela primeira vez por Charles Darwin, no século XIX, com base em dados obtidos durante sua célebre viagem ao redor do mundo a bordo do navio inglês *Beagle*. Recentes pesquisas, com perfuração dos atóis por sondas, confirmaram que em sua base existe rocha vulcânica.

Leitura

Branqueamento de recifes e a acidificação da água dos oceanos

As crescentes emissões de gases de estufa, notadamente o gás carbônico, podem colocar em risco os recifes de corais. Por dois motivos. O primeiro é que a elevação da temperatura da água dos oceanos acima de certo limite faz com que, por motivos ainda não bem compreendidos, os pólipos dos corais expulsem as zooxantelas que com eles vivem e acabem morrendo. Como consequência, muitas áreas dotadas de recifes sofrem um processo de "branqueamento", revelador do dano, muitas vezes irreversível, que acomete esses ecossistemas. Esse fenômeno não é desconhecido dos cientistas. É o que ocorreu, por exemplo, em 1998, ano em que um episódio de aquecimento das águas do Pacífico, provocado pela ocorrência do fenômeno El Niño, seguido do fenômeno La Niña, acarretou a morte de 16% dos corais de várias localidades, com o consequente branqueamento dos recifes.

O outro motivo é a possível "acidificação" das águas oceânicas devido ao excesso de gás carbônico nelas dissolvido. A produção de maiores quantidades de ácido carbônico, consequência da reação do gás carbônico com a água, pode ajudar a dissolver os esqueletos de carbonato de cálcio dos pólipos formadores dos recifes e constitui uma ameaça a mais para a manutenção desses ecossistemas. Nem só os pólipos sofrem com a acidificação. O mesmo ocorre com diversos outros seres dotados de "esqueletos" calcários. É o caso dos cocolitóforos, algas do fitoplâncton, e de diversos animais, como, por exemplo, os ouriços-do-mar, que também possuem esqueletos calcários.

Branqueamento de coral. Parte do coral já perdeu sua cor devido à expulsão, em virtude do aquecimento da água, das algas unicelulares zooxantelas que viviam em seu interior.

Poríferos e cnidários (celenterados) **137**

Os cubozoários

Cnidários semelhantes aos cifozoários por apresentarem fase medusoide bem desenvolvida e uma fase polipoide reduzida. Algumas espécies são extremamente virulentas.

De olho no assunto!

Staurozoa: nova classe de cnidários

Os cnidários têm uma nova classe, chamada de **Staurozoa**, identificada pelo biólogo Antonio Carlos Marques, do Instituto de Biociências da USP, em colaboração com outros pesquisadores do Brasil e do exterior. É formada por duas ordens, sendo uma delas constituída apenas por fósseis. A outra ordem, *Stauromedusae*, com cerca de 50 espécies vivas, é constituída apenas de medusas, com uma particularidade: são fixas, *agarradas a rochas ou algas por meio de uma estrutura semelhante a uma ventosa, o pedúnculo*. Atingem até 5 cm de comprimento, possuem cores variadas (de vermelho ou laranja vivos a um marrom pálido), são carnívoras (alimentam-se de larvas de crustáceos e outros animais) e habitam águas frias do litoral do Japão, do Canadá e dos Estados Unidos. O Brasil possui apenas uma espécie, a *Kishinouyea corbini*, cujos representantes têm, no máximo, 1 cm de comprimento. O pesquisador acredita que o ancestral comum desse filo deve ter sido uma "linhagem que vivia fixa, sem se deslocar".

Com essa descoberta, passam a ser cinco as classes de cnidários: *Anthozoa* (anêmonas e corais), *Scyphozoa* (grupo de águas-vivas), *Hydrozoa* (hidras, caravelas), *Cubozoa* (como a vespa-do-pacífico, *Chironex fleckeri*, que habita os mares próximos à Austrália), e, agora, *Staurozoa*, que inclui as espécies de medusas fixas.

Fonte: Testemunhas da terra primitiva. Revista Pesquisa Fapesp, São Paulo, n. 100, p. 102, jun. 2004.

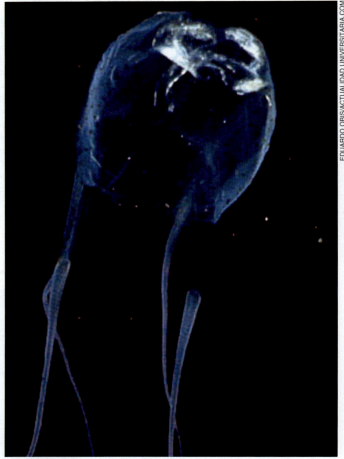

Carybdea marsupialis, um cubozoário.

Passo a passo

1. Qual o nome das células presentes nos poríferos cujos movimentos flagelares criam uma corrente de água que penetra no organismo?

2. Onde está localizado o esqueleto dos poríferos? Qual a sua constituição?

3. Brotamento é um tipo de reprodução sexuada ou assexuada?

4. Os poríferos são os primeiros animais pluricelulares a surgirem na Terra. Entre as diferentes funções de suas células, os
   a) pinacócitos apresentam poros para a passagem de água.
   b) coanócitos produzem espículas.
   c) amebócitos revestem externamente o corpo.
   d) neurônios realizam condução do impulso nervoso.
   e) coanócitos revestem o átrio.

5. Assinale **E** para as alternativas incorretas e **C** para as corretas a respeito dos poríferos.
   a) São animais aquáticos, exclusivamente marinhos.
   b) Possuem tecidos simples como uma rede de neurônios.
   c) Apresentam diferentes tipos de célula.
   d) O ósculo pode ser considerado como boca.
   e) O átrio é um tipo de intestino.

6. Presença de neurônios (células nervosas) sem um centro de controle é uma característica dos poríferos ou dos celenterados?

7. Nos celenterados, cite o nome da célula responsável pela captura dos alimentos e pela defesa contra agressores.

8. Qual o nome do tubo digestório que possui apenas uma abertura na extremidade da boca?

9. Cite o nome das duas formas corporais que se alternam no processo da metagênese nos celenterados. Em qual delas ocorre a fase sexuada e assexuada?

10. A respeito dos cnidários, assinale **E** para as alternativas incorretas e **C** para as corretas.
    a) Apresentam simetria bilateral.
    b) São animais de vida livre ou parasitas.
    c) Todas as espécies são de vida aquática, principalmente marinha.
    d) Possuem cavidade digestória chamada átrio.
    e) Esses animais vivem fixos ou são nadantes, mas todos são heterótrofos.

11. Segundo o esquema do ciclo dos poríferos representado ao lado:
a) a reprodução apresentada é do tipo assexuada.
b) ocorre desenvolvimento direto.
c) a larva se locomove na água.
d) a reprodução por brotamento está representada.
e) o gameta masculino e o feminino são móveis.

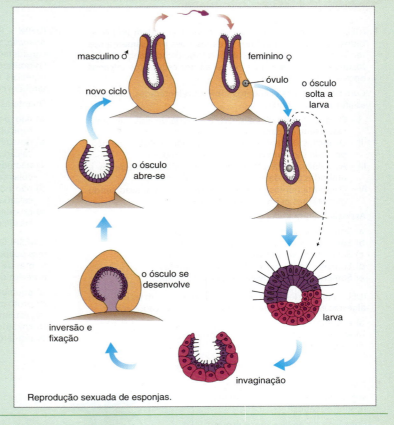
Reprodução sexuada de esponjas.

12. Sobre os cnidários são feitas as seguintes afirmações:
I – Os indivíduos de vida terrestre são representados pelos pólipos.
II – As células que liberam toxinas, chamadas coanócitos, são responsáveis pela defesa e captura de alimento.
III – São representadas por diferentes animais, sendo que algumas espécies, como a dos corais, apresentam alternância de gerações.

Assinale:
a) se apenas uma afirmativa estiver correta.
b) se as afirmativas I e II estiverem corretas.
c) se as afirmativas I e III estiverem corretas.
d) se as afirmativas II e III estiverem corretas.
e) se as três afirmativas estiverem incorretas.

13. Os ciclos esquematizados a seguir pertencem a dois filos distintos de animais. Exclusivamente a partir dessas figuras podemos afirmar que no ciclo "A" ocorre __1__ e no ciclo "B" ocorre __2__. A alternativa que preenche corretamente os espaços 1 e 2 é:

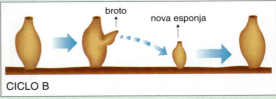
CICLO B

a) reprodução assexuada, reprodução assexuada.
b) alternância de gerações, metagênese.
c) alternância de gerações, reprodução sexuada.
d) reprodução sexuada, produção de larva.
e) produção de larva, produção de gametas.

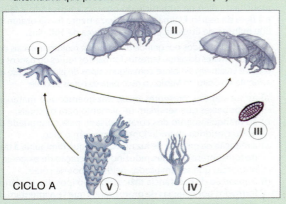
CICLO A

14. *Questão de interpretação de texto*
(UFLA – MG) Os celenterados (*Cnidaria*) formam um dos grupos mais antigos de metazoários e apresentam dois tipos morfológicos, polipoide e medusoide.

A figura seguinte ilustra uma das hipóteses de relações filogenéticas entre as classes de *Cnidaria*, e os pontos numerados de 1 a 4 assinalam possibilidades de surgimento de novidades evolutivas em cada linhagem.

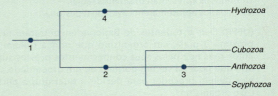

Com base na figura, é **CORRETO** afirmar que
a) na linhagem 1 ocorreu apenas a fase medusoide.
b) na linhagem 3 ocorreu a perda da fase medusoide.
c) na linhagem 4 ocorreu perda da fase medusoide.
d) na linhagem 2 surgiu a fase medusoide.

Questões objetivas

1. (UEL – PR) Os efeitos do aquecimento global podem ser percebidos na região tropical dos oceanos, mais precisamente nos recifes de coral. O fenômeno é conhecido como branqueamento, que é consequência da exposição dos esqueletos calcários após a morte dos corais.

Com base nos conhecimentos sobre os celenterados, considere as afirmativas a seguir:

I – O aquecimento global provoca a morte de algas simbióticas, essenciais para a vida de certas espécies de coral.
II – Os recifes são constituídos por grandes colônias de pólipos, que são formas sésseis de celenterados.
III – As células-flama são características dos celenterados e utilizadas para defesa e captura de alimentos.
IV – O sistema nervoso dos celenterados é centralizado, sendo os primeiros animais a apresentá-lo.

Assinale a alternativa correta.

a) Somente as afirmativas I e II são corretas.
b) Somente as afirmativas I e III são corretas.
c) Somente as afirmativas III e IV são corretas.
d) Somente as afirmativas I, II e IV são corretas.
e) Somente as afirmativas II, III e IV são corretas.

2. (UEL – PR) Invertebrados sésseis, sem órgãos e sem tecidos, com digestão exclusivamente intracelular, são classificados como:

a) esponjas.
b) anêmonas-do-mar.
c) lírios-do-mar.
d) cracas.
e) mexilhões.

3. (UFPel – RS) As esponjas constituem o filo *Porifera* do reino *Animalia*, sendo indivíduos de organização corporal simples, consideradas um ramo primitivo na evolução dos metazoários. Os poríferos são usados pelos pintores para obter certos efeitos especiais na técnica de aquarela; antigamente, eram usados também como esponjas de banho.

Quanto às esponjas, é correto afirmar que:

a) não possuem tecidos verdadeiros e apresentam apenas espículas silicosas.
b) possuem tecidos verdadeiros e podem apresentar espículas calcárias ou silicosas.
c) não possuem tecidos verdadeiros e podem apresentar espículas calcárias ou silicosas.
d) não possuem tecidos verdadeiros e apresentam espículas calcárias.
e) possuem tecidos verdadeiros e apresentam apenas espículas silicosas.

4. (UNESP) O fenômeno de alternância de gerações com as formas pólipo e medusa, que correspondem, respectivamente, às formas de reprodução assexuada e sexuada, ocorre em muitas espécies de:

a) equinodermos.
b) protozoários.
c) platelmintos.
d) cnidários.
e) poríferos.

5. (UFMG) Observe o esquema a seguir do ciclo vital de um animal de vida aquática.

Com base na análise desse esquema, todas as afirmativas estão corretas, EXCETO:

a) 1 e 2 são resultantes de reprodução assexuada.
b) 3 representa uma fase embrionária.
c) 4 representa fase larvária diploide de vida livre.
d) 5 é um indivíduo adulto fixo, em que ocorre meiose.
e) no ciclo ocorre alternância de gerações.

6. (FMTM – MG) Se você tivesse de justificar a seguinte frase: "Os cnidários são mais evoluídos que os poríferos", você usaria como argumento o fato de os

a) cnidários apresentarem sistema excretor com células-flama.
b) poríferos realizarem as trocas gasosas por difusão.
c) cnidários terem reprodução assexuada e sexuada.
d) poríferos apresentarem simetria radial.
e) cnidários apresentarem cavidade digestória.

7. (UFPR) Dois estudantes de Biologia encontraram no mar, próximo à praia, um organismo que nunca tinham visto antes, mas que pelos seus conhecimentos prévios supuseram que poderia ser um porífero ou um urocordado. Como eles devem proceder para decidir a qual grupo pertence esse organismo?

a) Verificar se é unicelular ou pluricelular.
b) Verificar se é um procarioto ou um eucarioto.
c) Descobrir se ele é séssil ou se se desloca em um substrato.
d) Descobrir se ele é predominantemente aquático ou terrestre.
e) Verificar se possui tubo digestivo.

8. (UNICAMP – SP – adaptada) O vazamento de petróleo no Golfo do México, em abril de 2010, foi considerado o pior da história dos EUA. O vazamento causou o aparecimento de uma extensa mancha de óleo na superfície do oceano, ameaçando a fauna e a flora da região. Estima-se que o vazamento foi da ordem de 800 milhões de litros de petróleo em cerca de 100 dias.

Os corais, espalhados por grande extensão de regiões tropicais dos oceanos e mares do globo terrestre, formam os recifes ou bancos de corais e vivem em simbiose com alguns tipos de algas. No caso do acidente no Golfo do México, o risco para os corais se deve

a) às substâncias presentes nesse vazamento, que matariam vários peixes que serviriam de alimento para os corais.
b) ao branqueamento dos corais, causado pela quantidade de ácido clorídrico liberado juntamente com o óleo.
c) à redução na entrada de luz no oceano, que diminuiria a taxa de fotossíntese de algas, reduzindo a liberação de oxigênio e nutrientes que seriam usados pelos pólipos de corais.
d) à absorção de substância tóxica pelos pólipos dos cnidários, formados por colônias de protozoários que se alimentam de matéria orgânica proveniente das algas.

9. (FGV – SP) PLANTA OU ANIMAL? CONHEÇA ALGUNS DOS MISTÉRIOS DOS CERIANTOS, ESTES SERES TÃO DIFERENTES DAS DEMAIS ESPÉCIES MARINHAS.

Terra da Gente, ago. 2008.

Os ceriantos pertencem ao filo *Cnidaria*, o mesmo das águas-vivas e das anêmonas marinhas. Desse modo, é correto dizer que os ceriantos

a) são animais, reino *Animalia*, cujos representantes são eucariontes, multicelulares e heterótrofos.
b) são animais, reino *Animalia*, cujos representantes podem ser unicelulares ou multicelulares, mas exclusivamente eucariontes e heterótrofos.
c) são plantas, reino *Plantae*, cujos representantes são eucariontes, multicelulares e autótrofos.
d) são plantas, reino *Plantae*, cujos representantes podem ser unicelulares ou multicelulares, mas exclusivamente eucariontes e autótrofos.
e) não são plantas nem animais, mas pertencem ao reino *Protista*, cujos representantes podem ser eucariontes unicelulares heterótrofos ou multicelulares autótrofos.

10. (UFMS) Anêmonas e corais... podem causar dermatites tão severas como aquelas provocadas por águas-vivas e caravelas. No local estabelecem-se edema e eritema que podem persistir por dias, sendo o acidente muito doloroso no início.

Adaptado de: <http://www.anaisdedermatologia.org.br/artigo imprimir.php?artigoid=122>.

Todos os animais citados no trecho acima estão incluídos no Filo *Cnidaria*. Sobre os cnidários, é correto afirmar:

(01) São animais triploblásticos.
(02) No ciclo de vida, há uma forma livre natante, a medusa, e uma forma fixa com pouco movimento, o pólipo. Uma das formas pode estar ausente em algumas espécies.
(04) Todas as espécies se alimentam de partículas de origem vegetal.
(08) Possuem células chamadas de cnidócitos, que abrigam estruturas urticantes localizadas principalmente nos tentáculos.
(16) Possuem um sistema nervoso periférico em forma de malha e um cérebro pouco desenvolvido próximo da boca.
(32) Todas as espécies são aquáticas, sendo a maioria marinha.

Questões dissertativas

1. (UNICAMP – SP) Alguns hidrozoários coloniais, como a *Obelia sp.*, ocorrem na natureza sob a forma de pólipos e medusas.
a) Como uma colônia desses hidrozoários se origina? E como essa colônia dá origem a novas colônias?
b) Que estrutura comum aos pólipos e medusas é encontrada somente nesse filo? Qual a sua função?

2. (FMTM – MG) O esquema abaixo representa o ciclo de vida de um invertebrado.
a) A que filo pertence esse invertebrado?
b) Como é o tubo digestório e como se dá a digestão nesse invertebrado?

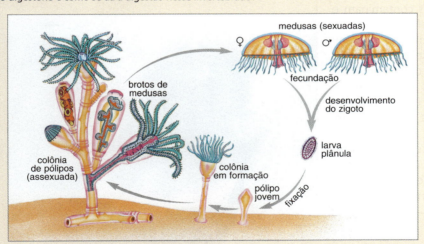

3. (FUVEST – SP – adaptada) Recifes de coral são rochas de origem orgânica, formadas principalmente pelo acúmulo de exoesqueleto de carbonato de cálcio secretado por alguns cnidários que vivem em colônias. Em simbiose com os pólipos dos corais, vivem algas zooxantelas. Encontrados somente em mares de águas quentes, cujas temperaturas, ao longo do ano, não são menores que 20 °C, os recifes de coral são ricos reservatórios de biodiversidade. Como modelo simplificado para descrever a existência dos recifes de coral nos mares, pode-se empregar o seguinte equilíbrio químico:

$$CaCO_3(s) + CO_2(g) + H_2O(l) \rightleftarrows Ca^{2+}(aq) + 2\ HCO_3^-(aq)$$

Descreva o mecanismo que explica o crescimento mais rápido dos recifes de coral em mares cujas águas são transparentes.

4. (FUVEST – SP) Os acidentes em que as pessoas são "queimadas" por cnidários ocorrem com frequência no litoral brasileiro. Esses animais possuem cnidoblastos ou cnidócitos, células que produzem uma substância tóxica, composta por várias enzimas e que fica armazenada em organelas chamadas nematocistos. Os cnidários utilizam essa substância tóxica para sua defesa e captura de presas.
a) Em que organela(s) do cnidoblasto ocorre a síntese das enzimas componentes da substância tóxica?
b) Após a captura da presa pelo cnidário, como ocorrem sua digestão e a distribuição de nutrientes para as células do corpo do animal?

Poríferos e cnidários (celenterados) **141**

Capítulo 8

Platelmintos e nematódeos

Vermífugo: um grande aliado do melhor amigo do homem

Quem tem cachorro deveria saber que para prevenir nossos amigos de quatro patas contra uma série de doenças as vacinas e os vermífugos são aliados importantíssimos. Afinal, os vermes, tema deste nosso capítulo, podem se tornar um grave problema de saúde para os animais domésticos e até mesmo para a família que convive com eles.

Os parasitas intestinais podem facilmente contaminar os cães de diversas maneiras, como, por exemplo, quando em contato direto com fezes de outros animais contaminadas com ovos ou larvas de parasitas. Algumas delas contaminam o cão penetrando pela pele.

Mas como então se prevenir sem evitar os passeios e o contato de seu cão com outros animais? Um dos métodos mais eficientes de prevenção é o uso de vermífugos. Esse tipo de medicamento, indicado única e exclusivamente por médicos veterinários, combate os parasitas intestinais mais comuns que podem acometer o seu animal de estimação.

As pessoas costumam reagir com alguma repugnância ao ouvirem a palavra "vermes". A impressão que têm é de algo viscoso, rastejante e perigoso à saúde. A palavra *verminose*, aplicada a doenças causadas por alguns desses animais, contribui para essa noção. Realmente, alguns vermes são causadores de doenças, principalmente em populações que vivem em condições de saúde pública precárias. No entanto, há numerosos vermes que são totalmente inofensivos e de aparência não repugnante.

Três são os filos de animais que mais frequentemente são reconhecidos como vermes: *Platyhelminthes*, *Nematoda* (*Nemata*) e *Annelida* (que estudaremos no próximo capítulo).

▪ FILO *PLATYHELMINTHES*: VERMES ACHATADOS

Os platelmintos (organismos pertencentes ao filo *Platyhelminthes*) são vermes de corpo achatado. Seu nome é derivado do grego (*platys* = chato + *helminthos* = verme).

São indivíduos bem-sucedidos em meio aquático, tanto de água doce como marinho, e habitam o meio terrestre com relativo sucesso, sendo encontrados em locais de razoável umidade (veja a Figura 8-1).

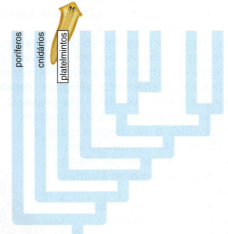
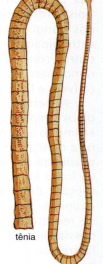

Figura 8-1. Platelmintos podem ser encontrados vivendo livremente na natureza, como é o caso da planária, ou parasitando outros seres vivos, como fazem o esquistossomo e a tênia (ou solitária).

Classificação dos Platelmintos

As cerca de 20.000 espécies de platelmintos podem ser agrupadas em três grandes classes:

- classe **Cestoda** – endoparasitas, geralmente com hospedeiros intermediários. Exemplo: tênias;
- classe **Trematoda** – parasitas, a maioria dos ciclos de vida inclui a presença de um hospedeiro intermediário. Exemplo: *Schistosoma mansoni*;
- classe **Turbellaria** – animais de vida livre, sendo a maioria de ambiente aquático, apenas alguns terrestres; são predadores e necrófagos. Exemplo: planárias.

A Planária como Padrão dos Platelmintos

O estudo dos platelmintos pode ser feito com base em um padrão, representado pela planária, que vive em lagoas e riachos de pequena profundidade, próximo da vegetação e dos detritos do fundo.

Planária (*Dugesia tigrina*), o padrão de estudo dos platelmintos.

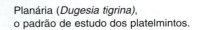

Simetria bilateral e cefalização, as novidades do filo

A grande novidade desse grupo é o aparecimento, pela primeira vez entre os animais, de **simetria bilateral**. Na planária, isso é evidenciado por uma região ventral mais clara, que se apoia no substrato, e outra dorsal mais escura, que possui duas formações correspondentes aos "olhos". Além disso, a planária possui lados direito e esquerdo e extremidades anterior e posterior. Um animal assim só admite um plano de simetria, que o separa em duas metades equivalentes (veja a Figura 8-2).

Outra característica marcante é a **cefalização**: a existência de uma "cabeça" como centro de comando do corpo.

A cefalização envolve o surgimento de um centro de controle, localizado na cabeça, representado por um par de massas globosas – na verdade, uma concentração de corpos celulares de neurônios – responsáveis pela organização dos chamados **gânglios "cerebroides"**, que funcionam como "cérebro" da planária. Dois cordões nervosos paralelos e ventrais partem dos gânglios cerebroides e se dirigem para a extremidade posterior, interligando-se um ao outro, como uma escada de corda. Curtos ramos nervosos dirigem-se também à cabeça (veja a Figura 8-3).

A percepção da luz é função dos olhos simples (ocelos); estes enviam estímulos ao "cérebro", que aciona a musculatura do animal e possibilita seu afastamento da fonte luminosa. A percepção de substâncias químicas fica a cargo de receptores localizados nas duas expansões laterais situadas na cabeça.

> **Anote!**
> O animal bilateralmente simétrico desloca-se com a cabeça para a frente, explorando seu ambiente.

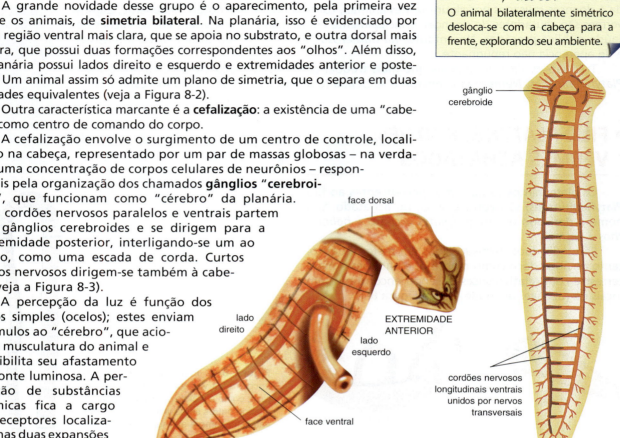

Figura 8-2. Nos animais, a simetria bilateral surge pela primeira vez nos platelmintos.

Figura 8-3. Sistema nervoso da planária.

De olho no assunto!

A planária é acelomada

Na planária e em todos os platelmintos existem três camadas de células constituindo o corpo: uma externa, a epiderme, que reveste o corpo, derivada da ectoderme; uma interna, que reveste o intestino, derivada da endoderme; e entre as duas encontra-se um tecido de preenchimento (parênquima) de origem mesodérmica e que constitui um verdadeiro tecido conjuntivo frouxo (veja a Figura 8-4). Não se constata, portanto, uma cavidade celomática. Considera-se que os platelmintos são vermes acelomados.

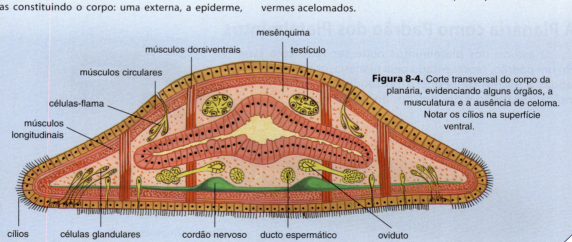

Figura 8-4. Corte transversal do corpo da planária, evidenciando alguns órgãos, a musculatura e a ausência de celoma. Notar os cílios na superfície ventral.

Alimentação e digestão

O tubo digestório da planária é **incompleto**. Ao contrário do que se poderia esperar, a boca não é encontrada na cabeça. Ela surge no meio da região ventral e fica na ponta de um tubo musculoso protrátil, a faringe. O intestino (cavidade digestória) possui três ramos principais: um que se dirige para a extremidade anterior e outros dois, para a extremidade posterior (veja a Figura 8-5). Os três ramos, por sua vez, são altamente ramificados, o que representa uma excelente adaptação para a difusão de alimento para todas as células do corpo. Isso é importante, já que não existe sistema circulatório que exerça esse papel. O intestino amplamente ramificado é, assim, um órgão de digestão, absorção e distribuição de alimento.

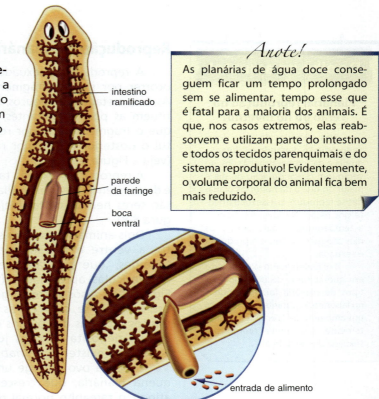

Figura 8-5. Tubo digestório incompleto da planária. Note o intestino formado por três ramos principais, cada qual altamente ramificado. Não há ânus.

Anote!
As planárias de água doce conseguem ficar um tempo prolongado sem se alimentar, tempo esse que é fatal para a maioria dos animais. É que, nos casos extremos, elas reabsorvem e utilizam parte do intestino e todos os tecidos parenquimais e do sistema reprodutivo! Evidentemente, o volume corporal do animal fica bem mais reduzido.

De olho no assunto!

A planária se alimenta de um modo curioso. Em contato com o alimento (pequenos animais aquáticos ou mesmo pequenos fragmentos de alimento), projeta a faringe e libera enzimas digestivas pela boca, que efetuam a digestão extracelular e extracorpórea. Em seguida, o caldo semidigerido é sugado e enviado para todas as partes do intestino, onde a digestão prossegue no interior das células intestinais, e é distribuído por difusão para todas as células do corpo. A digestão, assim, a exemplo do que ocorre nos celenterados, inicia-se extracelularmente e termina no interior das células que forram a cavidade intestinal.

Trocas gasosas e excreção

As trocas gasosas – eliminação de CO_2 e entrada de O_2 – se dão pela superfície corporal e ocorrem por simples difusão.

Surgem, pela primeira vez, estruturas especializadas na osmorregulação e remoção de resíduos tóxicos. Dois cordões laterais longitudinais se abrem em orifícios na parede do corpo e eliminam o excesso de água que penetra, por osmose, no corpo da planária.

Esse excesso de água é removido por células especiais, que contêm uma porção em forma de tubo, no interior do qual vários flagelos ficam em constante batimento, direcionando a água para os túbulos laterais longitudinais, aos quais estão conectados (veja a Figura 8-6).

Os batimentos flagelares lembram o movimento de uma chama de vela, motivo pelo qual essas células recebem o nome de **células-flama** (*flama* = = chama). Acredita-se que a principal função das células-flama seja a de remover o excesso de água. É provável, porém, que também removam amônia e sais. No entanto, a principal via de excreção dos compostos nitrogenados é a parede do corpo.

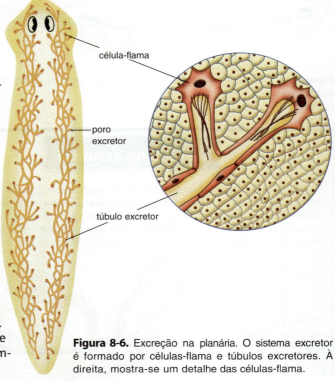

Figura 8-6. Excreção na planária. O sistema excretor é formado por células-flama e túbulos excretores. À direita, mostra-se um detalhe das células-flama.

Platelmintos e nematódeos **145**

> ### De olho no assunto!
>
> **Planária: reprodução no verão ou no inverno?**
>
> Nas planárias de água doce, a reprodução depende da duração do dia e da temperatura. Assim, no verão (em que a duração do dia é maior do que a da noite), as planárias se reproduzem assexuadamente por fissão. No inverno, quando a temperatura é mais baixa e os dias são mais curtos, a reprodução é sexuada.
>
> Foi realizado um experimento em que culturas de determinados tipos de planária foram mantidas no laboratório durante seis anos em um ambiente de "verão" e, evidentemente, não houve reprodução sexuada desses animais.

Reprodução em planárias

A reprodução assexuada pode ocorrer por simples **fragmentação**. As duas metades, aos poucos, reconstituem as porções faltantes, sendo que o fragmento anterior reconstitui o posterior com maior rapidez (veja a Figura 8-7).

A reprodução sexuada também é de ocorrência frequente. Planárias são seres hermafroditas (veja a Figura 8-8).

Dois animais encostam-se ventre a ventre e trocam espermatozoides, que são armazenados em vesículas apropriadas (veja a Figura 8-9). Após as trocas gaméticas, separam-se, ocorrem as fecundações internas dos óvulos e cada animal deposita os ovos junto à vegetação existente no *habitat*.

De cada ovo emerge uma pequena planária, que crescerá até atingir o tamanho normal da fase adulta. O desenvolvimento, portanto, é direto, não há larva.

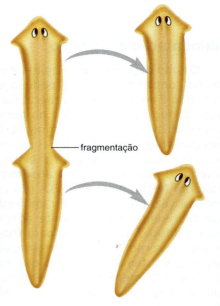

Figura 8-7. Reprodução assexuada em planária: fragmentação e reconstituição.

> ### Anote!
> Além da planária, outros platelmintos de vida livre são encontrados em meio terrestre e aquático, inclusive marinho. Algumas espécies chamam atenção por atuarem como parasitas da espécie humana. Entre elas podemos citar os esquistossomos e as tênias.

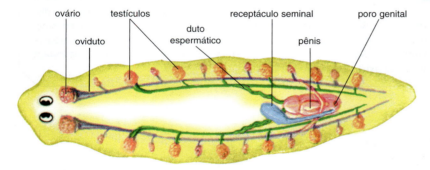

Figura 8-8. O sistema reprodutor da planária inclui tanto os órgãos femininos como os masculinos.

Figura 8-9. Reprodução sexuada em planária (posição de cópula).

Doenças Causadas por Platelmintos

A esquistossomose: barriga-d'água e caramujos

Causador: *Schistosoma mansoni*.

Hospedeiro definitivo (vertebrado): homem.

Hospedeiro intermediário (invertebrado): caramujos do gênero *Biomphalaria*.

Local de parasitismo: veia porta hepática, um vaso de grosso calibre, que encaminha o sangue proveniente do intestino para o interior do fígado.

> ### De olho no assunto!
>
> Os sexos do *Schistosoma* são separados. O macho mede de 6 a 10 mm de comprimento. É robusto e possui um sulco ventral, o **canal ginecóforo**, que abriga a fêmea durante o acasalamento (veja a Figura 8-10). A fêmea é mais comprida e delgada que o macho. Ambos possuem ventosas de fixação, localizadas na extremidade anterior do corpo e que facilitam a adesão dos vermes às paredes dos vasos sanguíneos.
>
>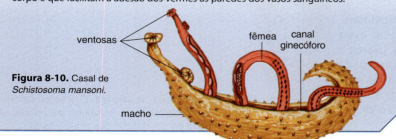
>
> **Figura 8-10.** Casal de *Schistosoma mansoni*.

CICLO DA ESQUISTOSSOMOSE

Anote!

O ditado popular "se nadou e depois coçou, é porque pegou", é uma alusão à contaminação por cercárias, comuns nas chamadas "lagoas de coceira", que abrigam os caramujos hospedeiros intermediários desses vermes.

1. Os vermes adultos vivem no interior das veias da parte interna do fígado. Durante o acasalamento, encaminham-se para as veias da parede intestinal executando, portanto, trajeto inverso ao do fluxo sanguíneo.
2. Lá chegando, separam-se e a fêmea inicia a postura de ovos (mais de 1.000 por dia) em veias de pequeno calibre que ficam próximas à parede do intestino grosso. Os ovos ficam enfileirados e cada um possui um pequeno espinho lateral. Cada um deles produz enzimas que perfuram a parede intestinal e um a um vão sendo liberados na luz do intestino.
3. Misturados com as fezes, alcançam o meio externo. Caindo em meio apropriado, como lagoas, açudes e represas de água parada, cada ovo se rompe e libera uma larva ciliada, o **miracídio**, que permanece viva por apenas algumas horas.
4. Para continuar o seu ciclo vital, cada miracídio precisa penetrar em um caramujo do gênero *Biomphalaria*. Dentro do caramujo, perde os cílios e passa por um ciclo de reprodução assexuada que gera, depois de aproximadamente 30 dias, numerosas larvas de cauda bifurcada, as **cercárias**.
5. Cada cercária permanece viva de 1 a 3 dias. Nesse período, precisa penetrar através da pele de alguém, por meio de movimentos ativos e utilizando enzimas digestivas que abrem caminho entre as células da pele humana. No local de ingresso, é comum haver coceira. Atingindo o sangue, são encaminhadas ao seu local de vida.

De olho no assunto!

A esquistossomose é uma verminose que afeta milhões de brasileiros. Dos sintomas da doença, o mais conhecido é a "barriga-d'água": inchaço do abdômen, em consequência de acúmulo de líquido na cavidade abdominal e aumento de tamanho do fígado e do baço.

Platelmintos e nematódeos

A prevenção da esquistossomose

- Saneamento básico: construção de fossas e rede de esgotos.
- Evitar exposição da pele em locais suspeitos de contaminação por cercárias.
- Não nadar ou lavar roupas em açudes, represas ou lagoas contaminadas.
- Controle dos caramujos hospedeiros intermediários por meio de métodos químicos (moluscocidas) ou biológicos (utilização de animais que se alimentem de caramujos, como peixes ou outras espécies de caramujos).
- Realização periódica de exame de fezes para a procura de ovos de esquistossomos.
- Tratamento dos portadores.

Tecnologia & Cotidiano

Vacina contra esquistossomose

A vacina contra a esquistossomose é a primeira tentativa no mundo em se combater com eficácia o parasita *Schistosoma mansoni*, agente causador da enfermidade. Essa é uma doença tropical e que tem se alastrado de maneira marcante: dados da Organização Mundial da Saúde (OMS) revelam que, em 1996, cerca de 200 milhões de pessoas em todo o mundo apresentavam a doença e que o número de mortes chegou a 20 mil.

Desde 1972 a pesquisadora Miriam Tendler trabalha no desenvolvimento de uma vacina contra esquistossomose, desenvolvida pelo Instituto Butantan em parceria com a Fundação Oswaldo Cruz (Fiocruz), doença que afeta 10 milhões de brasileiros. Segundo estimativas da própria pesquisadora, o projeto de vacina de esquistossomose consumiu durante todos esses anos cerca de 4 milhões de dólares.

A proteína SM 14, descoberta por Miriam, é a base da primeira vacina contra helmintos, os vermes causadores da esquistossomose e da fasciolose hepática, e foi um dos três antígenos (substâncias que estimulam a produção de anticorpos) selecionados pela Organização Mundial da Saúde para fazer parte dos testes de produção, etapa em que se desenvolve a vacina para possível comercialização. Esta é a primeira vez que o Brasil chega na seleção final de antígenos, o topo da competição biotecnológica. A OMS selecionou seis antígenos prioritários (os que têm mais possibilidades de resultar em uma vacina efetiva): quatro desenvolvidos nos Estados Unidos, um na França e o brasileiro. Destes, apenas três até agora obtiveram aprovação da organização para passar para a fase experimental, preparatória para a etapa de testes em humanos.

Testada em camundongos e coelhos, a vacina obteve entre 75 e 90% de eficácia. Vencidas as etapas preliminares, a OMS aprovou a fase dos testes clínicos, que vai contar com o apoio do Instituto Butantan, em São Paulo. "Primeiramente, a vacina deve ser testada no país onde foi desenvolvida, para depois a eficácia ser avaliada em outras áreas endêmicas", explica Tendler. A vacina já teve a patente reconhecida em vários países, inclusive Estados Unidos, e é considerada como o único meio de conseguir uma boa proteção a longo prazo contra o desenvolvimento da doença, pois até hoje só se consegue controlar a doença com profilaxia, que nem sempre é possível.

Baseado em: <http://www.fiocruz.br>. Acesso em: 8 ago. 2012.

Casal de esquistossomos visto ao microscópio eletrônico de varredura. Observe que, durante a cópula, o macho envolve a fêmea (mais lisa e mais clara) com seu corpo, formando um canal (canal ginecóforo), como se fosse um "ninho".

A teníase: cuidado com a carne de porco ou de boi

Causadores: *Taenia solium* (tênia do porco) e *Taenia saginata* (tênia do boi).

Hospedeiro definitivo (vertebrado): homem.

Hospedeiros intermediários (vertebrados): porco (para a *Taenia solium*) e boi (para a *Taenia saginata*).

Local de parasitismo: intestino delgado.

Características dos vermes: vermes achatados, em forma de fita, hermafroditas e de grande tamanho, podendo atingir alguns metros de comprimento. O corpo começa com uma pequena cabeça, o **escólex**, de cerca de 1 mm de diâmetro, seguida de um curto pescoço liso e de uma longa série de anéis, as **proglotes** (veja a Figura 8-11).

O primeiro metro após o pescoço contém *proglotes imaturas*. Nos metros seguintes, as proglotes são *maduras*, contêm testículos e ovários, podendo haver fecundações cruzadas entre proglotes. Nos metros finais, as proglotes são *grávidas* e possuem inúmeros *ovos embrionados microscópicos*.

No desenvolvimento das tênias, os ovos microscópicos originam uma fase larval chamada **cisticerco** – uma vesícula esférica, semelhante a um grão de milho de pipoca, em cujo interior há um escólex (cabeça) da futura solitária adulta. Para situar essas fases da metamorfose das tênias, como e onde se desenvolvem, acompanhe o ciclo de vida da *Taenia solium* na página 150.

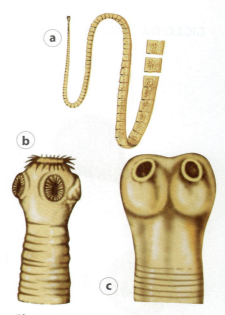

Figura 8-11. (a) O corpo da tênia é iniciado por uma cabeça (ou escólex) contendo ventosas fixadoras, seguida de uma sucessão de anéis, as proglotes. (b) Na *Taenia solium*, o escólex é dotado, ainda, de ganchos fixadores. (c) Na *Taenia saginata*, não há ganchos fixadores, apenas ventosas.

De olho no assunto!

As tênias são chamadas solitárias porque só um verme costuma viver no intestino delgado da pessoa afetada. Na tênia do porco, os proglotes grávidos desprendem-se unidos em grupos de 2 a 6 e são liberados durante ou após as evacuações. Na tênia do boi, os proglotes desprendem-se isoladamente e costumam sair pelo ânus ativamente, mesmo sem evacuação. No solo, os proglotes se rompem e liberam os ovos embrionados. Cada ovo é esférico e já contém um embrião com seis pequenos ganchos (espinhos), motivo pelo qual é conhecido como **oncosfera** (do grego, *oncos* = gancho) ou **embrião hexacanto** (= seis espinhos).

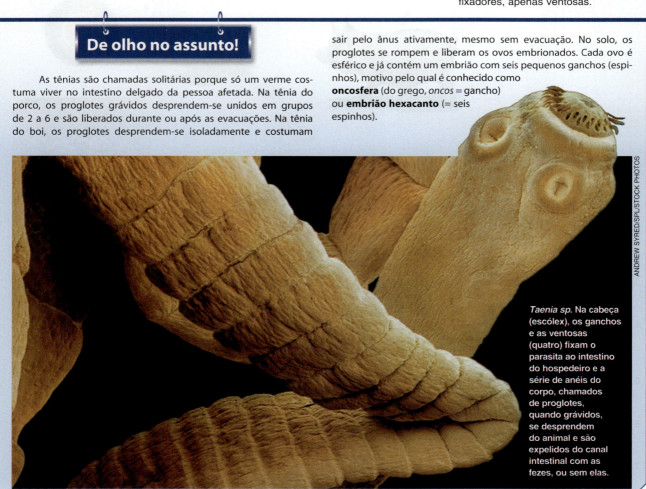

Taenia sp. Na cabeça (escólex), os ganchos e as ventosas (quatro) fixam o parasita ao intestino do hospedeiro e a série de anéis do corpo, chamados de proglotes, quando grávidos, se desprendem do animal e são expelidos do canal intestinal com as fezes, ou sem elas.

Platelmintos e nematódeos

CICLO DA TENÍASE

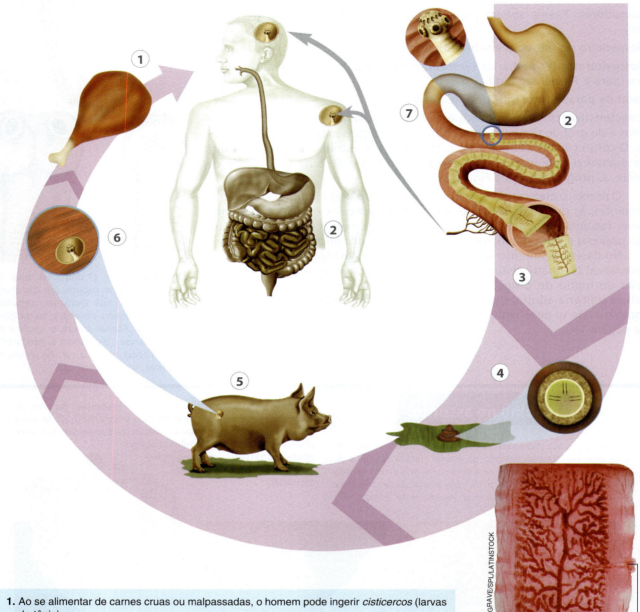

Proglote grávida.

poro genital

1. Ao se alimentar de carnes cruas ou malpassadas, o homem pode ingerir *cisticercos* (larvas da tênia).
2. No intestino, a larva se liberta, fixa o escólex, cresce e origina a tênia adulta.
3. Proglotes maduras, contendo testículos e ovários, reproduzem-se entre si e originam proglotes grávidas, cheias de ovos. Proglotes grávidas desprendem-se unidas em grupos de 2 a 6 e são liberadas durante ou após as evacuações.
4. No solo, rompem-se e liberam ovos. Cada ovo é esférico, mede cerca de 30 μm de diâmetro, possui 6 pequenos ganchos e é conhecido como **oncosfera**. Espalham-se pelo meio e podem ser ingeridos pelo hospedeiro intermediário.
5. No intestino do animal, os ovos penetram no revestimento intestinal e caem no sangue. Atingem principalmente a musculatura sublingual, diafragma, sistema nervoso e coração.
6. Cada ovo se transforma em uma larva, uma tênia em miniatura, chamada **cisticerco**, cujo tamanho lembra o de um pequeno grão de canjica. Essa larva contém escólex e um curto pescoço, tudo envolto por uma vesícula protetora.
7. Por autoinfestação, ovos passam para a corrente sanguínea e desenvolvem-se em cisticercos (larvas) em tecidos humanos, causando uma doença – a **cisticercose** – que pode ser fatal.

Anote!
A oncosfera (esfera com "garras") também é chamada de **embrião hexacanto** (seis espinhos).

A prevenção da teníase

- Controle sanitário das carnes que são vendidas em açougues.
- Um perfeito cozimento das carnes é outra medida útil. O congelamento e o descongelamento brusco são, igualmente, medidas satisfatórias para matar os cisticercos que, porventura, existam nas carnes de porcos ou bois.
- Tratamento dos portadores e saneamento básico.

A sutil diferença entre cisticercose e teníase

Uma pessoa que hospede uma *Taenia solium* ou solitária fixada à parede de seu intestino apresentará sintomas de uma doença a que os médicos chamam de *teníase*.

Ocorre que, muitas vezes, há a ingestão e/ou absorção intestinal de ovos embrionados de tênia, que passam à corrente sanguínea indo se alojar em vários tecidos. Nesse caso, a doença que ocasionam é a cisticercose.

No homem, para ocorrer cisticercose basta que os ovos embrionados se instalem no organismo humano, o que não é difícil de ocorrer, pois muitos alimentos, como verduras e frutas, podem estar contaminados. Por isso, é preciso lavá-las muito bem antes de serem ingeridas. Outra possibilidade é a autoinfestação (ovos nas mãos contaminadas pelas próprias fezes ou passagem dos ovos do intestino para a corrente sanguínea e dela para diversos tecidos do corpo). A modalidade mais grave da doença é a **neurocisticercose**, aquela em que os ovos desenvolvem cisticercos no tecido nervoso e podem, em consequência, acarretar diversos tipos de anomalia, como dores intensas de cabeça, convulsões, desmaios, distúrbios psíquicos, perda de sensações (visão, audição etc.) e paralisias. Muitas vezes provocam a morte por lesão cerebral irreversível.

Outras doenças relevantes causadas por platelmintos

Doença	Causador/transmissão	Características	Prevenção/tratamento
Difilobotríase (esparganose, tênia do peixe)	– *Diphyllobothrium latum* (tênia do peixe). – Cestódeo – Consumo de peixes crus, defumados ou mesmo malcozidos.	Verme adulto hermafrodita, vive no intestino humano e pode ter de 3 a 10 m de comprimento. Duas fases larvais: a primeira em um microcrustáceo e a segunda na musculatura de peixes (salmão, robalo).	– Congelamento e cozimento adequados da carne de peixe. – Inspeção sanitária do pescado. – Rede de esgotos. – Tratamento: anti-helmínticos.
Fasciolíase	– *Fasciola hepatica* – Trematódeo – Ingestão de cistos (contendo formas larvais – metacercárias) existentes no capim e nas hortaliças (agrião).	Vermes adultos, de 2 a 4 cm de comprimento por 1 ou 2 cm de largura, hermafroditas, vivem na vesícula e canais biliares do boi, carneiro e raramente no homem. Ovos expelidos com as fezes. Miracídios (em meio aquático), penetram em caramujos do gênero *Lymnaea* (hospedeiros invertebrados). Cercárias perdem as caudas e se transformam em metacercárias encistadas na vegetação das margens.	– Lavar bem as hortaliças (agrião). – Impedir contaminação da água de consumo. – Fervura e filtragem da água. – Rede de esgotos. – Tratamento: anti-helmínticos.
Equinococose (hidatidose)	– *Echinococcus granulosus* – Cestódeo – Ingestão de ovos liberados por fezes de cães.	Vermes adultos, de 0,5 cm de comprimento, vivem no intestino de cães. Ovos ingeridos por carneiros geram formas larvais contidas em cistos hidáticos (hidátides), no fígado. No homem, são afetados principalmente o fígado e os pulmões.	– Tratamento de cães contaminados. – Evitar que cães consumam vísceras de carneiros contaminadas. – Congelamento de vísceras (–18 °C) oferecidas aos cães. – Educação sanitária. – Tratamento cirúrgico e anti-helmínticos.

Platelmintos e nematódeos **151**

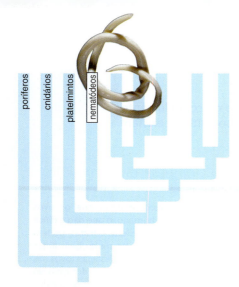

FILO *NEMATODA* (*NEMATA*): VERMES EM FORMA DE FIO

Os **nematódeos**, organismos pertencentes ao filo *Nematoda* (do grego, *nematos* = fio), também conhecidos como **nemátodos** ou **nematoides**, são vermes cilíndricos, de corpo liso, alongado. Nesse grupo, o tubo digestório é **completo** e termina em ânus, *característica que aparece pela primeira vez entre os animais*.

Os nematódeos conquistaram com sucesso os *habitats* marinho, de água doce e terrestre. Embora a maioria seja de vida livre, há muitos representantes parasitas de praticamente todos os tipos de plantas e animais. Seu tamanho é muito variável, indo de aproximadamente 1 mm até cerca de 8 m de comprimento.

A Lombriga: Um Típico Representante dos *Nematoda*

Uma doença muito comum no homem é a ascaridíase, causada pelo nematódeo *Ascaris lumbricoides*, popularmente conhecido como lombriga, que utilizaremos como exemplo para o estudo do filo.

Seu corpo cilíndrico alongado, em forma de barbante, pode ser considerado um tubo dentro de outro tubo. O tubo externo é a parede do corpo. O tubo interno é o intestino retilíneo, que se estende da boca ao ânus.

Entre os dois tubos existe uma cavidade, o **pseudoceloma**, na qual se localizam principalmente os órgãos reprodutores, e um líquido que favorece a distribuição de nutrientes após a absorção intestinal, a remoção de toxinas, além de atuar como esqueleto hidrostático.

A parede do corpo é revestida por uma cutícula espessa e não ciliada. Frequentemente, durante o crescimento do animal, a cutícula é trocada.

O poder de locomoção da lombriga é pequeno. Suas células musculares são simples e dispostas apenas no sentido longitudinal, permitindo somente movimentos de flexão.

Anote!
No homem, os nematódeos são causadores de doenças como a ascaridíase, o amarelão, a oxiuríase e a elefantíase.

Anote!
O pseudoceloma possui mesoderme forrando apenas a parede interna do corpo. A parede intestinal não possui revestimento mesodérmico, como acontece nos animais que possuem celoma verdadeiro.

Fêmea de *Ascaris lumbricoides* (pode medir até 35 cm de comprimento). Seu corpo cilíndrico é recoberto por uma espessa película protetora, praticamente inelástica; move-se por ondulações do corpo. A extremidade mais afilada contém a boca; o ânus fica em uma posição subterminal, na extremidade oposta.

Alimentação, excreção e sistema nervoso

A lombriga é parasita do tubo digestório humano, vive no intestino delgado e *se nutre de substâncias* já digeridas pelo *hospedeiro*.

A boca possui três lábios carnosos, seguida de uma faringe musculosa que efetua a sucção de alimento, bombeando-o para o intestino (veja a Figura 8-12).

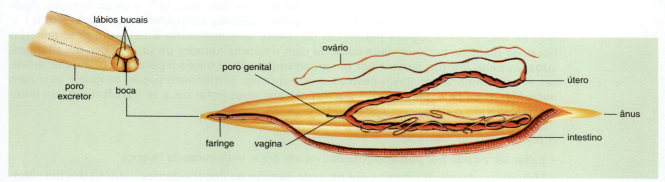

Figura 8-12. Fêmea de *Ascaris* dissecada, evidenciando tubo digestório completo e retilíneo, e o sistema reprodutor.

O recolhimento de excretas existentes no líquido do pseudoceloma é feito por canais longitudinais que eliminam o seu conteúdo por um poro excretor único que se localiza ventralmente depois da boca.

O sistema nervoso é formado por um anel nervoso ao redor da faringe e por dois ramos nervosos longitudinais, um dorsal e outro ventral (veja a Figura 8-13).

Figura 8-13. Corte transversal do corpo de *Ascaris* fêmea, evidenciando os cordões nervosos dorsal e ventral, os canais excretores laterais, o intestino e o pseudoceloma.

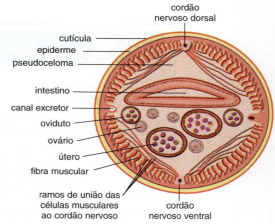

Reprodução em nematódeos

Os sexos são separados. A fecundação é interna. De modo geral, ocorre postura de ovos e o desenvolvimento é indireto, com fases larvais.

Doenças Causadas por Nematódeos

A oxiuríase: coceira anal

Causador: *Oxyurus vermicularis* (também chamado de *Enterobius vermicularis*).
Hospedeiro definitivo: homem.
Hospedeiro intermediário: não há.
Local de parasitismo: intestino grosso e ânus.
Ciclo da oxiuríase: após o acasalamento, as fêmeas dirigem-se para a região anal e liberam grande quantidade de ovos. Isso provoca muita coceira e especialmente as crianças, ao se coçarem, infectam os dedos com os ovos e, levando as mãos à boca, se autoinfestam.

A prevenção da oxiuríase

A higiene pessoal é fundamental, além de cuidado com as verduras, que devem ser bem lavadas. Limpeza profunda em ambientes onde moram pessoas afetadas.

Anote!
Na lombriga, os sexos são separados; o macho, menor que a fêmea, possui a extremidade posterior em forma de gancho com espículas copulatórias, com as quais se prende à fêmea durante a cópula.

A filaríase (ou elefantíase): grandes edemas

Causador: *Wuchereria bancrofti*.

Hospedeiro vertebrado: homem.

Hospedeiro invertebrado: pernilongos comuns, do gênero *Culex* (podem existir outros).

Local de parasitismo: vasos do sistema linfático.

Ciclo da filaríase: os vermes adultos vivem no interior dos vasos linfáticos do homem. Após o acasalamento, as fêmeas liberam diretamente as larvas, **microfilárias**, que possuem o hábito de migrar para regiões periféricas do corpo, principalmente a pele, em determinadas horas do dia. Essa periodicidade coincide com o hábito sugador de sangue dos pernilongos. Sugados pelos insetos, passam por um amadurecimento e migram para suas glândulas salivares. A contaminação de novas pessoas ocorre quando pernilongos sugam sangue e inoculam microfilárias na pele. Elas migram em direção aos vasos linfáticos e se transformam em adultos, reiniciando o ciclo.

A prevenção da filaríase

- Evitar ser picado por pernilongos comuns em áreas endêmicas da doença.
- Efetuar o controle dos insetos por meio da eliminação dos criadouros naturais dos pernilongos. As larvas desses insetos são aquáticas.

De olho no assunto!

Os problemas da elefantíase

O acúmulo de vermes nos vasos linfáticos provoca seu entupimento. Fica impossível a drenagem da linfa, que passa a se acumular nos locais afetados, provocando inchaços. Pernas, braços, escroto e seios são os principais locais afetados. A manifestação mais comum é o exagerado aumento de volume das pernas, que lembram as patas de elefante. Daí se originou o nome **elefantíase**, dado a essa verminose.

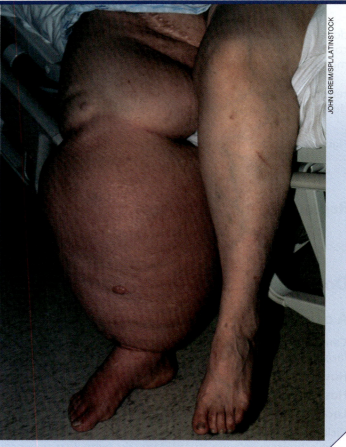

Inchaço em perna de mulher, causado pela doença conhecida como elefantíase ou filaríase, que ataca o sistema linfático.

A ascaridíase: lombriga, quase todos já tiveram uma

Causador: *Ascaris lumbricoides*.

Hospedeiro definitivo: homem.

Hospedeiro intermediário: não há.

Local de parasitismo na fase adulta: intestino delgado.

CICLO DA ASCARIDÍASE

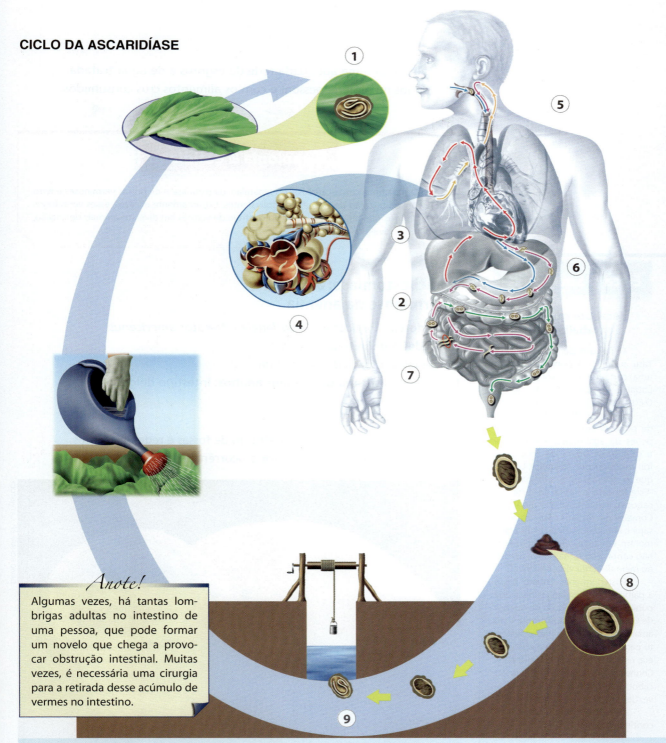

Anote!
Algumas vezes, há tantas lombrigas adultas no intestino de uma pessoa, que pode formar um novelo que chega a provocar obstrução intestinal. Muitas vezes, é necessária uma cirurgia para a retirada desse acúmulo de vermes no intestino.

1. A ingestão de água ou alimentos (frutas e verduras) contaminados pode introduzir ovos de lombriga no tubo digestório humano (setas azuis).
2. No intestino delgado, cada ovo se rompe e libera uma larva.
3. Cada larva penetra no revestimento intestinal e cai na corrente sanguínea, atingindo fígado, coração e pulmões (setas vermelhas), onde sofre algumas mudas de cutícula e aumenta de tamanho.
4. Permanecem nos alvéolos pulmonares podendo causar sintomas semelhantes aos de pneumonia.
5. Ao abandonar os alvéolos, passam para os brônquios (setas amarelas), traqueia, laringe (onde provocam tosse com os movimentos que executam) e faringe.
6. Em seguida, são deglutidas (setas rosas) e atingem o intestino delgado, onde crescem e se transformam em vermes adultos.
7. Após o acasalamento, a fêmea inicia a liberação de ovos (setas verdes). Cerca de 15.000 por dia (há quem diga que são 200.000 por dia!). Todo esse ciclo que começou com a ingestão de ovos, até a formação de adultos, dura cerca de 2 meses.
8. Os ovos são eliminados com as fezes. Dentro de cada ovo, dotado de casca protetora, ocorre o desenvolvimento de um embrião que, após algum tempo, origina uma larva.
9. Ovos contidos nas fezes contaminam a água de consumo e os alimentos utilizados pelo homem.

Platelmintos e nematódeos

A prevenção da ascaridíase

- Instalação de uma adequada rede de esgotos e de água tratada.
- Cuidados na higiene pessoal e com os alimentos crus consumidos.

Tecnologia & Cotidiano

O tratamento da ascaridíase, do amarelão, da oxiuríase e de outras verminoses é feito hoje com a utilização de vermífugos polivalentes. Extremamente eficazes, esses vermífugos são utilizados também com sucesso no controle de vermes em diversos animais de criação, como bois, cavalos e cães.

Ética & Sociedade

Jeca, por que não trabalhas?

O famoso personagem Jeca Tatu surge pela primeira vez em uma carta enviada por Monteiro Lobato e publicada no jornal *O Estado de S. Paulo* em 1914.

Representativo da situação de pobreza em que vivem nossos peões da agricultura, inicialmente o caipira, na figura de Jeca Tatu, foi ironizado por Monteiro Lobato que o comparou a um parasita: "Este funesto parasita da terra é o caboclo, inadaptável à civilização... Começa na morada. Sua casa de sapé e lama faz sorrir os bichos que moram em toca... Só ele não fala, não canta, não ri, não ama. Só ele, no meio de tanta vida, não vive".

Posteriormente, Lobato passa a participar de campanhas de saúde pública para a prevenção da doença de Chagas, da esquistossomose e do amarelão e percebe que esse "funesto parasita" – preguiçoso e apático – era, na verdade, uma pessoa doente. Conhecendo melhor a realidade do caboclo, Lobato em novo texto escreve: "Jeca não é assim, ele está assim".

Um século depois, o brasileiro continua doente!

- O engajamento de Monteiro Lobato na melhoria das condições sanitárias do brasileiro e as campanhas de que participou fizeram com que o governo desse maior atenção à Saúde Pública. E você: o que *você* poderia fazer para ajudar a melhorar a saúde ou as condições sanitárias das pessoas que lhe são próximas?

A ancilostomíase: amarelão, a verminose da anemia

Causadores: *Ancylostoma duodenale* e *Necator americanus*.
Hospedeiro definitivo: homem.
Hospedeiro intermediário: não há.
Local de parasitismo dos vermes adultos: intestino delgado.

A prevenção da ancilostomíase

- Saneamento básico, com a construção de fossas e rede de esgotos.
- Andar calçado em solos sujeitos à ocorrência das larvas.

Porção anterior de *Ancylostoma duodenale*, mostrando boca com dentículos dilacerantes.

CICLO DA ANCILOSTOMÍASE

Anote!
Na ascaridíase e na ancilostomíase ocorre ciclo pulmonar.

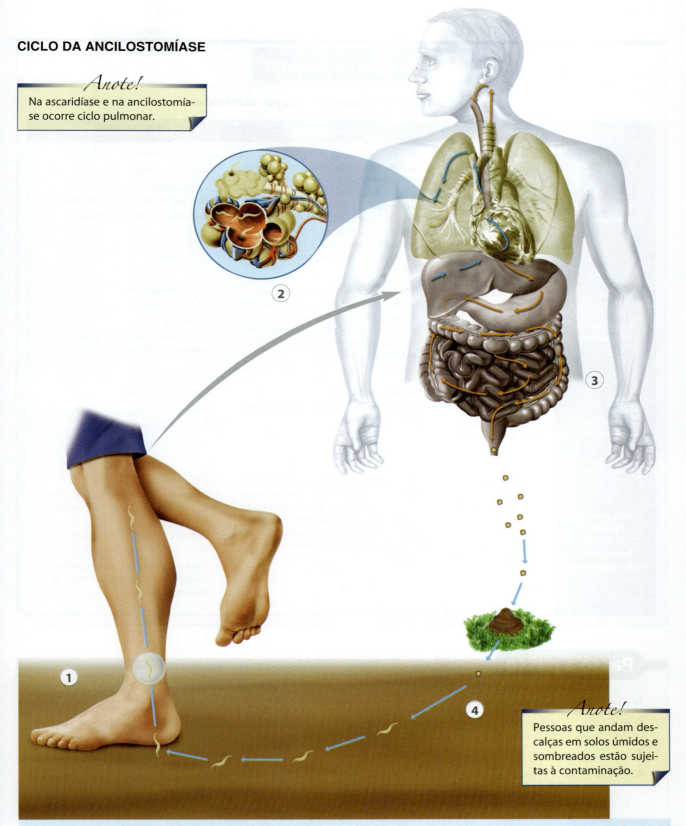

Anote!
Pessoas que andam descalças em solos úmidos e sombreados estão sujeitas à contaminação.

1. As larvas penetram ativamente através da pele, atingem a circulação (setas azuis) e executam uma viagem semelhante àquela realizada pelas larvas de lombriga, migrando do coração para os alvéolos pulmonares.
2. Dos alvéolos, seguem pelos brônquios (setas laranjas), traqueia, laringe, faringe, esôfago, estômago e intestino delgado, local em que se transformam em adultos.
3. Após acasalamento no intestino, as fêmeas iniciam a postura dos ovos, que, misturados às fezes, são eliminados para o solo. A diferença em relação à ascaridíase é que, neste caso, os ovos eclodem no solo e liberam uma larva.
4. Em solos úmidos e sombrios, as larvas permanecem vivas e se alimentam. Sofrem muda da cutícula durante esse período.

Platelmintos e nematódeos

De olho no assunto!

Outras doenças relevantes causadas por nematódeos

Doença	Causador/transmissão	Características	Prevenção/tratamento
Estrongiloidíase (estrongilodiose)	– *Strongyloides stercoralis* – Penetração de larvas através da pele ou autoinfestação.	Apenas fêmeas adultas (2,2 mm), partenogenéticas, vivem no intestino delgado humano. Fixam-se na mucosa e se alimentam do tecido intestinal. Geram ovos que liberam larvas, expelidas pelas fezes. No meio externo, larvas geram machos (0,7 mm) e fêmeas (1,5 mm). Há ciclo pulmonar. Os sintomas mais comuns são cólicas e diarreias.	– Educação sanitária. – Rede de esgotos. – Evitar contato com solos contaminados (uso de calçados). – Tratamento: anti-helmínticos.
Triquinelose (triquinose)	– *Trichinella spiralis* – Ingestão de carne de porco crua ou malcozida contendo cistos com larvas encistadas (carne triquinada).	Machos (1,5 mm) e fêmeas (3,5 mm) adultos vivem na mucosa do intestino delgado. Larvas migram para músculos estriados e se encistam. Dor abdominal, dor muscular e febre. Porcos e cavalos também são infestados.	– Educação sanitária. – Inspeção sanitária da carne de consumo. – Tratamento: anti-helmínticos, corticosteroides e ácido acetilsalicílico.
Tricuríase (tricurose)	– *Trichocephalus trichiurus* – Ingestão de ovos embrionados que liberam larvas no intestino grosso.	Vermes adultos (3 a 5 cm de comprimento) fixam-se na mucosa do intestino grosso.	– Educação sanitária. – Rede de esgotos. – Tratamento: anti-helmínticos.
Larva migrans cutânea (dermatite serpiginosa, bicho-geográfico)	– *Ancylostoma braziliense* (parasita habitual do intestino de cães e gatos, cujas fezes contêm ovos. Destes, surgem larvas que contaminam o solo). – Penetração ativa de larvas na pele humana.	As larvas caminham ("migram") entre a epiderme e a derme e constroem túneis sinuosos. Mãos, pés, antebraços e perna são os locais mais atingidos. Sintomas mais frequentes: coceira (prurido) intensa e avermelhamento da pele no local afetado.	– Evitar contato da pele em locais frequentados por cães e gatos (praias, jardins, bancos de areia de escolas etc.). – Controle dos parasitas em cães e gatos, com anti-helmínticos. – Tratamento: anti-helmínticos via oral ou aplicação local. Muitas vezes, há cura espontânea.

Passo a passo

1. Cite o nome dos filos que são reconhecidos como vermes.

2. As hidras e as planárias são dotadas de neurônios (células nervosas), no entanto existe uma diferença em sua organização nos animais citados. Que diferença é essa?

3. As planárias e as tênias são hermafroditas. No entanto existe uma diferença no processo reprodutivo delas. Que diferença é essa?

4. Assinale **E** para as alternativas erradas e **C** para as corretas.
   a) Todos os platelmintos são animais de vida livre.
   b) Os platelmintos vivem em meio aquático, terrestre e no interior de animais.
   c) As planárias apresentam corpo achatado, simetria bilateral e tubo digestório incompleto.
   d) Nos platelmintos, os produtos da digestão são distribuídos para todas as partes do corpo por meio de um sistema circulatório muito simples.
   e) O pseudoceloma dos platelmintos possui líquido que atua como esqueleto hidrostático.

5. Qual o nome da larva que penetra no caramujo e no homem no ciclo da esquistossomose?

6. Um indivíduo, ao se alimentar com carne de porco crua ou malpassada, infectada com larvas de tênia, poderá ter teníase ou neurocisticercose? Justifique a resposta.

7. Os nematódeos comparados aos platelmintos deram um passo à frente no que diz respeito à digestão. Que passo foi esse?

8. Dos parasitas nemátodos estudados, qual é o verme que para terminar o ciclo de vida necessita passar duas vezes pelo tubo digestório do homem?

9. A penetração ativa através da pele, devido ao fato de o indivíduo andar descalço em solos sujeitos a ocorrência de larvas de vermes, é uma maneira de se adquirir a doença conhecida como ascaridíase? Justifique a resposta.

10. Assinale **E** para as alternativas incorretas e **C** para as corretas.
   a) Os nematódeos são vermes exclusivamente parasitas.
   b) Os nematódeos são vermes de corpo cilíndrico e segmentado.
   c) Os nematódeos são animais diblásticos e pseudocelomados.
   d) Os nematódeos possuem uma cavidade preenchida por fluidos.
   e) O intestino da lombriga não é envolvido pela mesoderme.

11. Para prevenir a população humana de uma região endêmica de esquistossomose, os agentes de saúde devem:
   a) alertar quanto ao perigo de contágio direto, pessoa a pessoa.
   b) orientar as pessoas a usar repelentes de insetos.
   c) utilizar o apoio dos jornais para comunicar a existência de áreas de risco.
   d) educar as crianças e adultos para lavar as mãos frequentemente.
   e) estimular as pessoas a não consumir carne malpassada de boi e porco.

12. A atuação do poder público é fundamental para diminuir a incidência de casos de teníase entre as pessoas. Entre as ações que podem ser tomadas, podemos citar:
   a) manter equipes de vigilância sanitária fiscalizando criadouros e abatedouros.
   b) construir estações de tratamento de água e esgoto.
   c) patrocinar para que casas com parede de barro sejam revestidas com cimento.
   d) o envio de equipes de pulverização de inseticidas.
   e) a fixação de cartazes e placas nas lagoas de coceira.

13. A respeito da elefantíase, assinale as alternativas corretas e dê a soma delas ao final.

(01) As larvas microfilárias são ingeridas por mosquito à noite.
(02) Apresenta vermes em fase adulta, que habitam o intestino delgado humano e periodicamente os vasos linfáticos.
(04) No sistema linfático humano os vermes adultos realizam reprodução sexuada.
(08) O causador é um platelminto chamado *Wuchereria bancrofti*.
(16) O hospedeiro intermediário é o percevejo chamado *Culex fatigans*.

14. Em um folheto criado por alunos de uma escola de nível médio, estão as seguintes medidas de prevenção contra ascaridíase:
   I – lave frutas e verduras antes de consumi-las;
   II – use calçados para caminhar;
   III – coma somente carne bem passada;
   IV – ferva e filtre a água antes de beber.

Quais delas são eficientes contra esta verminose?
   a) I e II.   c) IV e II.   e) II e III.
   b) III e I.   d) I e IV.

15. Em uma viagem à zona rural, um amigo diz ao outro "– A vida no interior é que é boa, veja só a criançada bonita, brincando ao ar livre, barrigudinhas, respirando ar puro".

O amigo respondeu: "– Na verdade, essas crianças que você viu estão doentes".

Segundo a história real acima, podemos concluir que a doença mencionada é __1__ e uma forma de contágio é __2__. Assinale a alternativa que preenche corretamente as lacunas.
   a) amarelão – andar descalço
   b) ascaridíase – ingerir ovos presentes em água contaminada
   c) malária – picada do *Anopheles sp*.
   d) doença de Chagas – picada do barbeiro
   e) esquistossomose – nadar em lagoas

16. A proibição de cães e gatos nas praias, mesmo em presença de seus donos e com o uso de coleiras-guias, tem por finalidade:
   a) diminuir o contágio de pessoas por vermes do gênero *Ancylostoma*.
   b) reduzir o índice de infecções pelo vírus da raiva.
   c) prevenir uma possível epidemia de leishmaniose visceral.
   d) evitar o contato de pessoas com a urina de animais com larvas de bicho-geográfico.
   e) reduzir a infestação de pulgas transmissoras de peste.

17. *Questão de interpretação de texto*

(UNESP) Observe a tabela.

Doença	Agente etiológico ou causador	Forma de transmissão ou infestação	Medida profilática
I	vírus	principalmente pelo contato com secreções das vias respiratórias de doentes	por meio de vacina
II	bactéria	principalmente pelo contato com secreção das vias respiratórias de doentes	por meio de vacina e tratamento de doente
III	helminto (verme)	penetração de larvas existentes no solo através da pele	saneamento básico e uso de calçados
IV	protozoário	principalmente pela ingestão de cistos presentes nos alimentos	higiene dos alimentos e das mãos

As doenças I, II, III e IV podem ser, respectivamente,
   a) tuberculose, blenorragia, ascaridíase e malária.
   b) rubéola, tuberculose, ancilostomose e amebíase.
   c) rubéola, difteria, ascaridíase e giardíase.
   d) sarampo, sífilis, cisticercose e chagas.
   e) poliomielite, tuberculose, esquistossomose e úlcera de Bauru.

Questões objetivas

1. (UFU – MG) Com relação aos platelmintos, assinale a alternativa correta.

a) O sistema nervoso dos platelmintos é bem mais desenvolvido que o dos cnidários, possuindo duas pequenas "estações nervosas", os gânglios cerebroides, ligadas entre si por cordões nervosos.
b) Menos complexos que os antozoários, os platelmintos têm sistema excretor primitivo, formado por células que se assemelham a uma vela acesa – as células-flama.
c) Não reagem à luz, nem apresentam quimiorreceptores; toda a sensibilidade do animal é puramente tátil, com exceção das planárias, que possuem ocelos.
d) Apresentam reprodução por esporulação e bipartição. A reprodução sexual é semelhante a uma conjugação.

2. (VUNESP) Existe uma frase popular usada em certas regiões, relativa a lagos e açudes: "Se nadou e depois coçou, é porque pegou". Essa frase refere-se à contaminação por:

a) *Plasmodium vivax*.
b) *Trypanosoma cruzi*.
c) *Schistosoma mansoni*.
d) *Taenia solium*.
e) *Ancylostoma duodenale*.

3. (UFPE) Filariose, tuberculose, malária e febre amarela são, respectivamente, causadas por:

a) protozoário, bactéria, vírus e vírus.
b) nematódeo (verme), bactéria, protozoário e vírus.
c) bactéria, vírus, protozoários e vírus.
d) verme (platelminto), vírus, bactérias e protozoário.
e) protozoário, bactéria, vírus e bactéria.

4. (UNESP) Segundo a Organização Mundial da Saúde (OMS), dentre as principais doenças parasitárias da atualidade podem ser citadas malária, esquistossomose, filariose, giardíase, ascaridíase e ancilostomíase.

Considerando essas parasitoses, pode-se dizer que

a) os protozoários são responsáveis por pelo menos três dessas doenças.
b) pelo menos quatro dessas doenças são transmissíveis por picada de insetos.
c) pelo menos uma dessas doenças é causada por vírus.
d) pelo menos uma dessas doenças é causada por bactéria.
e) pelo menos quatro dessas doenças são causadas por helmintos (vermes).

5. (UFCG – PB) Os nematódeos, importantes invertebrados, estão presentes no solo, na água e parasitando outros animais e vegetais. São causadores de várias parasitoses de ocorrência no Brasil e no mundo, a maioria das doenças em humanos está relacionada, principalmente, à falta de saneamento básico e de medidas de higiene pessoal, entre outras. Sobre os nematódeos agentes de doenças humanas é correto afirmar que:

I – *Ascaris lumbricoides*, conhecida como lombriga, é o agente causador da ascaridíase.
II – *Ancylostoma duodenale* é o agente causador das doenças ancilostomose ou ancilostomíase, amarelão ou opilação, e da tricocefalose.
III – A *Wuchereria bancrofti* é o agente causal da filariose linfática ou elefantíase, de ocorrência, principalmente, em países tropicais, inclusive no Brasil.
IV – *Strongiloides stercoralis* está relacionado à enterobiose, muito conhecida por oxiurose.

Assinale a alternativa correta:

a) I, II, III e IV.
b) I e II.
c) I, II e III.
d) II, III e IV.
e) I e III.

6. (UFOP – MG) Monteiro Lobato criou o personagem Jeca Tatu, o brasileiro do meio rural que andava descalço e, por isso, era acometido por uma verminose que o deixava fraco, pálido (com características de anemia) e magro. Monteiro Lobato retratava o personagem: "ele está assim; ele não é assim". Os vermes causadores dos sintomas apresentados pelo personagem criado pelo escritor são:

a) *Balantidium coli* e *Taenia saginata*.
b) *Ascaris lumbricoides* e *Toxoplasma gondii*.
c) *Necator americanus* e *Ancylostoma duodenale*.
d) *Giardia intestinalis* e *Enterobius vermicularis*.

7. (UEL – PR) No ciclo biológico dos parasitas, considera-se hospedeiro intermediário aquele no qual ocorre a reprodução assexuada do agente causador e que, portanto, abriga as formas assexuadas do parasita. Já o hospedeiro definitivo é aquele no qual ocorre a reprodução sexuada do agente causador, abrigando, então, as formas sexuadas do parasita.

Com base nessas informações, considere as afirmativas a seguir:

I – No ciclo biológico do *Ancylostoma duodenale*, causador do amarelão, o ser humano é hospedeiro definitivo, enquanto que o porco é hospedeiro intermediário.
II – No ciclo biológico da *Leishmania braziliensis*, causadora da úlcera de Bauru, o ser humano é hospedeiro intermediário, enquanto que o mosquito flebótomo é o hospedeiro definitivo.
III – No ciclo biológico do *Plasmodium vivax*, causador da malária, o ser humano é hospedeiro intermediário, enquanto que o mosquito do gênero *Anopheles* é o hospedeiro definitivo.
IV – No ciclo biológico da *Wuchereria bancrofti*, causadora da elefantíase, o ser humano é hospedeiro definitivo, enquanto que o mosquito do gênero *Culex* é o hospedeiro intermediário.

Assinale a alternativa correta.

a) Somente as afirmativas I e II são corretas.
b) Somente as afirmativas I e III são corretas.
c) Somente as afirmativas III e IV são corretas.
d) Somente as afirmativas I, II e IV são corretas.
e) Somente as afirmativas II, III e IV são corretas.

8. (UFPE) Os vermes podem ser livres ou parasitários em homens e animais. Apesar dos sintomas das verminoses variarem de acordo com cada tipo de verme, eles podem provocar graves problemas de saúde. Em relação a esses invertebrados, podemos afirmar o que se segue.

(0) Muitas espécies de nematelmintos são parasitas de plantas; outras, parasitam os mais diferentes animais, vertebrados e invertebrados. O exemplo mais comum que parasita o intestino humano é o *Ascaris lumbricoides*, que apresenta reprodução sexuada e monoica com desenvolvimento direto.
(1) Os platelmintos são vermes de corpo achatado. Podem ser monoicos, como as planárias e tênias, ou dioicos, como os esquistossomos, mas sempre apresentam estádio larval.
(2) Os nematelmintos pertencem ao primeiro grupo, na escala evolutiva, que apresenta sistema circulatório fechado e sistema respiratório estruturado.
(3) Os platelmintos têm o sistema nervoso mais complexo que os celenterados; nas planárias podemos observar gânglios cerebrais na região anterior e dois cordões nervosos longitudinais.
(4) Os platelmintos foram os primeiros seres a apresentarem um tubo digestivo completo, com boca e ânus, de modo que o alimento se desloca em um só sentido, o que gera uma maior eficiência do processo digestivo.

9. (UNIR – RO) Impedir que as larvas penetrem na pele, que os ovos caiam na água e destruir os caramujos são maneiras de controlar a transmissão da:

a) esquistossomose.
b) febre amarela.
c) doença de Chagas.
d) cisticercose.
e) malária.

10. (UFT – TO) Doenças negligenciadas é a denominação dada pela Organização Mundial de Saúde (OMS) para as doenças típicas de países subdesenvolvidos. Uma característica comum a todas essas doenças é o baixo investimento em pesquisas que resultem em seu controle. Isto se deve principalmente ao desinteresse da indústria farmacêutica em investir recursos sem a garantia de retorno econômico, já que as pessoas, que se beneficiariam diretamente dos seus produtos, não possuem um alto poder de compra. Sendo assim, uma das alternativas que possibilitaria reverter esse quadro é o investimento em pesquisas pelos próprios países onde essas doenças ocorrem. Dentre as doenças negligenciadas, que ocorrem no Brasil, podemos citar: dengue, doença de Chagas, esquistossomose, hanseníase, leishmanioses, malária e tuberculose.

Utilizando como base as informações contidas na coluna A, preencha os parênteses presentes na coluna B e assinale a alternativa que contém a sequência correta.

Coluna A	Coluna B
(1) Dengue	( ) Doença adquirida quando o hospedeiro expõe a pele em uma lâmina d´água contaminada com a forma infectante do parasita.
(2) Doença de Chagas	( ) O agente etiológico é a bactéria denominada *Mycobacterium leprae*.
(3) Esquistossomose	( ) O agente etiológico está presente nas fezes do vetor e atinge a corrente sanguínea quando o hospedeiro coça o local da lesão provocada pela picada do vetor.
(4) Hanseníase	( ) Doença transmitida pelos mosquitos dos gêneros *Phlebotomus* ou *Lutzomyia*.
(5) Leishmaniose	( ) Doença viral.
(6) Malária	( ) Os canídeos são reservatórios do parasita.
(7) Tuberculose	( ) Doença caracterizada por acessos febris cíclicos.

a) 3, 4, 2, 5, 1, 5, 6
b) 3, 7, 2, 7, 1, 2, 6
c) 4, 4, 2, 5, 1, 3, 7
d) 3, 4, 2, 5, 7, 5, 3

11. (UFPR) A tabela abaixo mostra o número de casos de cinco doenças notificadas pelo Hospital de Clínicas da UFPR entre os anos 2004 e 2007.

	2004	2005	2006	2007	TOTAL
cisticercose	23	12	24	13	72
dengue	1	3	3	12	19
esquistossomose	1	0	1	1	3
leishmaniose tegumentar	13	13	9	8	43
malária	12	5	3	2	22
TOTAL ANUAL	50	33	40	36	159

Boletim Epidemiológico HC – out. 2008.

A partir dos dados da tabela, é correto afirmar que entre 2004 e 2007:

a) o número de casos de doenças causadas por protozoários superou o número de casos de doenças causadas por vírus.
b) o número de casos de doenças causadas por bactérias superou o número daquelas causadas por vírus.
c) o número de casos de doenças causadas por vermes representou mais da metade do número total de casos apresentados.
d) o número de casos de doenças causadas por fungos superou o número de casos de doenças causadas por protozoários.
e) o número de casos de doenças transmitidas por mosquitos representa menos da metade do número total de casos apresentados.

12. (UNICAMP – SP) A teníase e a cisticercose são doenças parasitárias que ainda preocupam as entidades sanitaristas. São medidas que controlam a incidência de casos dessas parasitoses: lavar bem os alimentos e tomar água fervida ou filtrada, para evitar a

a) ingestão de ovos dos platelmintos causadores dessas doenças; e controlar as populações de caramujos, que são hospedeiros intermediários dos platelmintos.
b) ingestão de ovos dos nematelmintos, além de cozinhar bem as carnes de porco e de boi, ambos portadores desses nematelmintos.
c) ingestão de cisticercos; e controlar a população de insetos vetores, como o barbeiro, que transmite os ovos do parasita ao picar o homem.
d) ingestão de ovos do parasita; e cozinhar adequadamente as carnes de porco e de boi para evitar a ingestão de cisticercos.

13. (MACKENZIE – SP) O *Ascaris lumbricoides* é um verme causador da ascaridíase, uma verminose muito comum em países subdesenvolvidos. Quando adultos, esses vermes se instalam no intestino, onde se reproduzem. Assinale a alternativa **correta**.

a) Uma vez instalados, esses vermes provocam, com seus dentes, lesões na parede do intestino, causando disenterias.
b) Essa verminose é contraída quando as larvas penetram pela pele.
c) No intestino, os vermes competem com o hospedeiro pelo alimento digerido, provocando quadros de desnutrição.
d) As larvas desses vermes podem se instalar no cérebro, condição conhecida como cisticercose cerebral.
e) Esses vermes são hermafroditas e podem se reproduzir por autofecundação ou por fecundação cruzada.

14. (MACKENZIE – SP) As verminoses representam um grande problema de saúde, principalmente nos países subdesenvolvidos. A falta de redes de água e de esgoto, de campanhas de esclarecimento público, de higiene pessoal e de programas de combate aos transmissores leva ao aparecimento de milhares de novos casos na população brasileira.

Dentre as verminoses humanas causadas por nemátodos, citam-se corretamente.

a) teníase, ascaridíase e ancilostomose.
b) filariose, ancilostomose e ascaridíase.
c) esquistossomose, ascaridíase e ancilostomose.
d) esquistossomose, filariose e oxiurose.
e) teníase, filariose e esquistossomose.

15. (PUC – RJ) O cuidado na lavagem de frutas e verduras e o cozimento apropriado de carnes que se pretende ingerir são algumas medidas preventivas de doenças causadas por helmintos e protozoários. Essas medidas não serão eficazes contra:

a) amebíase.
b) ascaridíase.
c) elefantíase.
d) giardíase.
e) teníase.

16. (UFMS) Em relação às doenças parasitárias que afetam o homem, é correto afirmar:

(01) O nematódeo *Necator americanus* é causador da oxiurose no homem.
(02) O popular "bicho-geográfico" é causado por larvas do nematódeo *Ancylostoma duodenale* que penetram na pele humana causando intensa coceira e deixam linhas sobre o corpo semelhantes a traçados de mapas.
(04) O trematódeo *Schistosoma mansoni* provoca no homem a esquistossomose, caracterizada por aumento abdominal, popularmente conhecida como "barriga-d'água".

(08) No Brasil, o nematódeo *Wuchereria bancrofti* causa a filariose, doença também conhecida como "elefantíase".
(16) No caso da teníase no homem, o bovino é hospedeiro intermediário da *Taenia solium* e o suíno é hospedeiro intermediário da *Taenia saginata*.
(32) A doença ancilostomíase, conhecida por "amarelão", é causada pelo nematódeo *Ascaris lumbricoides*.

17. (FUVEST – SP) Ao noticiar o desenvolvimento de mecanismos de prevenção contra a esquistossomose, um texto jornalístico trouxe a seguinte informação:

Proteína do parasita da doença "ensina" organismo a se defender dele.
Folha de S.Paulo, São Paulo, 6 ago. 2010.

Traduzindo a notícia em termos biológicos, é correto afirmar que uma proteína, presente

a) no platelminto causador da doença, ao ser introduzida no ser humano, estimula resposta imunológica que, depois, permite o reconhecimento do parasita no caso de uma infecção.
b) no platelminto causador da doença, serve de modelo para a produção de cópias de si mesma no corpo do hospedeiro que, então, passa a produzir defesa imunológica contra esse parasita.
c) no molusco causador da doença, estimula a produção de anticorpos no ser humano, imunizando-o contra uma possível infecção pelo parasita.
d) no molusco causador da doença, atua como anticorpo, no ser humano, favorecendo a resposta imunológica contra o parasita.
e) no nematelminto causador da doença, pode ser utilizada na produção de uma vacina capaz de imunizar o ser humano contra infecções por esses organismos.

18. (UNIFEI – MG) A maioria dos mosquitos apresenta hábito noturno ou crepuscular. Ao entardecer, procuram hospedeiros orientados pela temperatura do corpo e pela liberação de gás carbônico. Os mosquitos pertencem à ordem díptera e três gêneros podem ser considerados de grande importância: *Culex*, *Aedes* e *Anopheles*.

Das alternativas a seguir, assinale aquela INCORRETA.

a) Mosquitos do gênero *Aedes* estão presentes em locais de grande circulação humana devido ao desmatamento das florestas tropicais e podem ser os vetores virais da febre amarela e da dengue.
b) Mosquitos do gênero *Anopheles* podem ser vetores de protozoários causadores da malária.
c) Mosquitos do gênero *Culex* podem ser vetores de protozoários causadores da filariose e elefantíase.
d) A água é, normalmente, o ambiente em que ocorre a multiplicação dos mosquitos. A eliminação de recipientes com água (potes, pneus, vasos etc.) pode reduzir a ocorrência de mosquitos em residências.

19. (UFU – MG) Considere o quadro abaixo.

Classificação zoológica	Doença	Agente causador
Bactéria	I	*Treponema pallidum*
II	leishmaniose visceral	III
IV	neurocisticercose	*Cisticerccus cellulosae* (*Taenia solium*)
nematódeos	V	*Enterobius vermiculares*

Assinale a alternativa que corresponde corretamente aos números I, II, III, IV e V apresentados no quadro acima.

a) I – sífilis; II – protozoário; III – *Leishmania donovani*; IV – platelminto; V – oxiurose.
b) I – oxiurose; II – bactéria; III – *Leishmania major*; IV – artrópode; V – doença de Chagas.
c) I – coqueluche; II – vírus; III – *Leishmania braziliensis*; IV – nematódeos; V – filariose.
d) I – tétano; II – fungo; III – *Leishmania enrietti*; IV – protozoário; V – esquistossomose.

20. (UNIFESP) Acerca da doença conhecida como amarelão (ou ancilostomíase), é correto afirmar que:

a) seu agente causador pertence ao mesmo filo da lombriga (*Ascaris lumbricoides*), que causa a ascaridíase, e da tênia (*Taenia solium*), que causa a teníase.
b) no filo do agente causador do amarelão, os organismos são sempre parasitas, uma vez que não possuem cavidade celomática verdadeira.
c) o doente apresenta cor amarela na pele porque o parasita aloja-se nas células hepáticas, produzindo aumento do fígado (hepatomegalia).
d) o ciclo de vida do agente causador é igual ao da lombriga (*Ascaris lumbricoides*), com a diferença de que as larvas do amarelão penetram ativamente no corpo do hospedeiro.
e) medidas de saneamento só são efetivas no combate à doença se forem eliminados também os hospedeiros intermediários.

Questões dissertativas

1. (UNIFESP) Agentes de saúde pretendem fornecer um curso para moradores em áreas com alta ocorrência de tênias (*Taenia solium*) e esquistossomos (*Schistosoma mansoni*). A ideia é prevenir a população das doenças causadas por esses organismos.

a) Em qual das duas situações é necessário alertar a população para o perigo do contágio direto, pessoa-a-pessoa? Justifique.
b) Cite duas medidas – uma para cada doença – que dependem de infraestrutura criada pelo poder público para preveni-las.

2. (UFSCar – SP) Em termos populacionais, as doenças causadas por agentes patogênicos podem existir no estado endêmico ou epidêmico. Uma das doenças endêmicas do Brasil é a esquistossomose, popularmente conhecida como barriga-d'água, e que afeta mais de 10 milhões de brasileiros. É causada pelo *Schistosoma mansoni*, um endoparasita platelminto da classe dos trematódeos, que utiliza o homem (hospedeiro definitivo) e um caramujo planorbídeo (hospedeiro intermediário) para completar seu ciclo de vida.

a) O que define um hospedeiro como definitivo ou como intermediário?
b) O que caracteriza uma doença como endêmica ou epidêmica?

3. (FUVEST – SP) Esquistossomose, teníase, cisticercose, gonorreia, malária, filariose e amebíase são doenças parasitárias humanas.

a) Quais delas podem ser diagnosticadas por exame parasitológico de fezes?
b) Quais delas são causadas por protozoários?

4. (UNICAMP – SP) Notícias recentes informam que, no Brasil, há mais de quatro milhões de pessoas contaminadas pela esquistossomose. A doença, que no século passado era comum apenas nas zonas rurais do país, já atinge mais de 80% das áreas urbanas, sendo considerada pela Organização Mundial da Saúde uma das doenças mais negligenciadas no mundo. A esquistossomose é causada pelo *Schistosoma mansoni*.

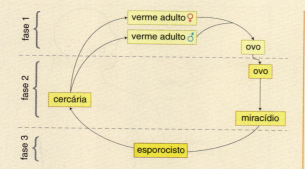

a) O ciclo do *Schistosoma mansoni*, anteriormente esquematizado, está dividido em três fases. Em qual das três fases ocorre a infestação do homem? Explique como ocorre a infestação.

b) O *Schistosoma mansoni* pertence ao filo *Platyhelminthes*, assim como outros parasitas, como *Taenia saginata*, *Taenia solium* e *Fasciola hepatica*. Esses parasitas apresentam características relacionadas com o endoparasitismo. Indique duas dessas características e dê sua função.

5. (UFES) Um turista veio para Vitória pela primeira vez em sua vida para conhecer o mar. Quando chegou à praia, observou cada detalhe e notou, entre tantas coisas, que havia placas com o indicativo de proibição de cachorros na praia, de acordo com uma lei municipal. Ele não entendeu bem o significado daquilo, mas, independentemente disso, aproveitou ao máximo seus dias de lazer. Alguns dias após retornar para sua cidade, ele percebeu o surgimento de uma pequena ferida na pele de sua perna, que se desenvolveu na forma de linhas tortuosas. Essa ferida foi diagnosticada como uma doença parasitária.

Com base nessas informações, faça o que se pede.

a) Indique o nome da doença parasitária (ou do parasita) de que trata o texto acima.
b) Indique a relação existente entre a proibição da lei municipal mencionada e essa parasitose.
c) Esse parasita pertence a um filo que apresenta o preenchimento da cavidade corporal bastante típico, quando comparado com a cavidade corporal de outros parasitas humanos. Explique como a cavidade corporal do parasita em questão está preenchida e indique uma de suas funções.

Programas de avaliação seriada

1. (PASES – UFV – MG) Das doenças parasitárias abaixo, assinale aquela em que o agente etiológico NÃO depende de hospedeiro intermediário.

a) esquistossomose c) ascaridíase
b) teníase d) toxoplasmose

2. (PSS – UFAL) A figura abaixo está relacionada a uma doença humana causada por um verme platelminto, cujo ciclo vital envolve um tipo de hospedeiro intermediário (porco ou boi), e no hospedeiro definitivo são produzidas as proglótides.

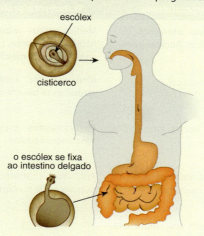

A doença de que trata a questão consta na alternativa:

a) esquistossomose d) amebíase
b) teníase e) filariose
c) malária

3. (SSA – UPE) Assinale na coluna I as afirmativas verdadeiras e, na coluna II, as falsas.

Extra, Extra: Pernambuco e sua capital continuam sofrendo com doenças que já deveriam ter sido erradicadas ou controladas, com medidas profiláticas simples, mas que continuam afetando a população.

Leia as reportagens a seguir.

PE no combate à esquistossomose – Estado é o pior no controle da doença que vitimou 1,2 mil pessoas em 12 anos

Pernambuco é o pior estado do País no controle à esquistossomose, mais conhecida como "doença do caramujo" ou "barriga-d'água". "Antigamente, no interior, quando a gente ia tomar banho de rio, todo o mundo avisava para ter cuidado em não ficar doente. (...)"

"(...) a base do problema é muito mais séria, como, por exemplo, a falta de saneamento básico em diversos lugares", explicou a gerente geral de Vigilância em Saúde, Zailde Carvalho.

Adaptado de: Folha digital por Jones Albuquerque.

Recife inicia nova estratégia para erradicar a filariose

Uma nova estratégia para tratar a filariose, uma doença transmitida pela muriçoca, está sendo colocada em prática no Recife. De todas as capitais brasileiras, o Recife é a única que continua a registrar casos de filariose. A filariose é causada por um verme que é transmitido pela muriçoca. A doença tem diversas consequências... "Para prevenir, é preciso excluir a muriçoca, limpando as canaletas e retirando a sujeira."

Adaptado de: <tribunapopular.wordpress.com/.../recife-inicia-nova-estrategia-para-erradicar-a-filariose/>.

Sobre os vetores, os modos de transmissão e as formas de combate, analise as afirmativas e conclua.

I	II	
0	0	A esquistossomose é causada por platelmintos do gênero *Schistosoma mansoni*, enquanto a filariose é causada pelo nematelminto *Wuchereria bancrofti*.
1	1	Ao atingirem a água, os ovos de *Schistosoma mansoni*, eliminados pelas fêmeas do esquistossomo, eclodem e liberam as larvas ciliadas, denominadas de cercárias; essas se alojam nos caramujos do gênero *Biomphalaria*, onde se tornam miracídios, larvas dotadas de cauda. Livres do caramujo, nadam livremente e podem penetrar através da pele em pessoas que usam águas contaminadas.

2	2	A filária é transmitida ao homem pela picada do mosquito *Culex fatigans*. No corpo humano, as filárias passam do sangue para a linfa, onde formas adultas masculinas fecundam as femininas e liberam ovos embrionados. Esses evoluem para as larvas denominadas de microfilárias, que permanecem durante o dia nos vasos linfáticos e, à noite, deslocam-se para vasos sanguíneos.
3	3	Os sintomas mais comuns na esquistossomose são, na fase aguda, coceiras, diarreia, enjoos e, na fase crônica, há aumento do fígado e baço. A filariose provoca obstrução dos vasos linfáticos, dor, vermelhidão e edema, geralmente nos membros inferiores.
4	4	O tratamento mais indicado para a esquistossomose é o uso de drogas capazes de matar o verme no organismo humano e a aplicação de medidas preventivas, como o combate ao caramujo transmissor. No combate à filariose, devem ser empregados antibióticos para tratar os doentes.

4. (PASUSP) Observe o esquema simplificado do ciclo de vida da lombriga, causadora da doença chamada ascaridíase, e a lista de medidas a seguir.

I – Eliminar o mosquito transmissor.
II – Incentivar o saneamento básico.
III – Ingerir frutas e verduras bem lavadas.
IV – Evitar transfusões de sangue.

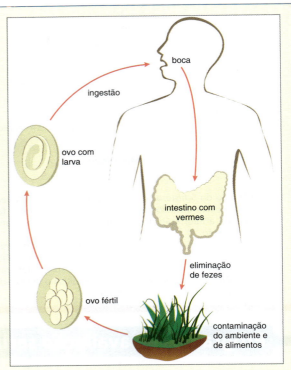

Pode-se diminuir a ocorrência de ascaridíase apenas por meio das seguintes medidas:

a) I e II.   b) I e IV.   c) II e III.   d) III e IV.   e) II, III e IV.

5. (SSA – UPE) O lema "conhecer para preservar" pode ser utilizado na formação de condutas ecologicamente corretas bem como em uma visão preventiva de preservação da saúde. Várias doenças podem ser evitadas por métodos simples de higiene pessoal e alimentar, quando se têm conhecimentos primários da epidemiologia. O quadro abaixo apresenta cinco parasitas ocorrentes em nossa região, que causam doenças no homem, associados a alguns aspectos epidemiológicos.

Parasita e doença	Modo de transmissão	Sintomatologia	Tratamento/profilaxia
Toxoplasma gondii (protozoário) **Toxoplasmose**	3	Lesão ocular, alterações neurológicas. Abortamento.	Medicamentos específicos/ hábitos de higiene, cuidados com animais domésticos.
Schistosoma mansoni (verme platelminto) **Esquistossomose**	Penetração de cercárias através da pele.	4	Medicamentos específicos/ saneamento básico.
Entamoeba histolytica (1) **Amebíase**	Ingestão de água e alimentos contaminados.	Diarreia, lesões intestinal e hepática.	Medicamentos específicos/ saneamento básico.
2 (bactéria) **Leptospirose**	Contaminação com urina de ratos.	Febre alta, calafrios, dores de cabeça e musculares.	Antibiótico/controle da população de roedores.
Neisseria meningitidis (bactéria) **Meningite**	Contato direto com doentes.	Vômito em jato, febre alta, afeta as meninges e provoca septicemia.	5

Assinale a alternativa que apresenta CORRETAMENTE a sequência de palavras e expressões que preenchem corretamente os espaços em branco, numerados de 1 a 5.

a) 1 – vírus; 2 – *Yersinia pestis*; 3 – contato com doentes; 4 – bolhas e úlceras na pele; 5 – isolamento/vacinação.
b) 1 – protozoário; 2 – *Leptospira interrogans*; 3 – ingestão de cistos contidos nas fezes de cães e gatos, transplacentária; 4 – aumento do volume do fígado e baço; 5 – antibióticos/vacinação.
c) 1 – bactéria; 2 – *Leptospira interrogans*; 3 – contato direto com doentes; 4 – bolhas e úlceras na pele; 5 – antibióticos/vacinação.
d) 1 – verme nematelminto; 2 – *Leptospira interrogans*; 3 – ingestão de cistos contidos nas fezes de cães e gatos, transplacentária; 4 – aumento do volume do fígado e baço; 5 – antibióticos/eliminação dos vetores.
e) 1 – protozoário; 2 – *Leptospira interrogans*; 3 – ingestão de cistos contidos nas fezes de cães e gatos, transplacentária; 4 – febre alta, perda da sensibilidade e manchas na pele; 5 – antibióticos/eliminação dos vetores.

Moluscos e anelídeos

Capítulo **9**

Ostras: iguarias da culinária mundial e brasileira

As ostras são representantes importantes do filo dos moluscos, um dos temas deste capítulo, caracterizados por apresentarem corpo mole. Neste caso, seu corpo é protegido por uma concha dura, grossa, e de cor cinza-escuro. Elas podem ser consumidas de várias maneiras, mas uma das mais tradicionais é comê-la *in natura*, isto é, crua, temperada apenas com um pouco de sal, azeite, limão e pimenta. Para os não adeptos das ostras cruas, elas podem ser o ingrediente principal de várias receitas, como, por exemplo, de moquecas, ou simplesmente serem consumidas grelhadas ou fritas.

Importante fonte de minerais, entre eles, o zinco, as ostras são um dos frutos do mar mais importantes para a gastronomia mundial, sendo seu consumo tão relevante que atualmente há em diversos países criadouros artificiais para atender à demanda por esses moluscos. Esses criadouros são popularmente conhecidos como "fazendas de ostras".

Se você observar um jardim, muito provavelmente encontrará minhocas, alguns caracóis e lesmas, entre outros animais. As minhocas, esses animais de corpo segmentado, pertencem ao filo *Annelida* (anelídeos), que, como vimos no capítulo anterior, é o terceiro grupo dos vermes. Já os caracóis de jardim e as lesmas pertencem a outro filo, o dos *Mollusca* (moluscos), grupo cujo nome é devido à consistência macia de seu corpo.

▪ FILO *MOLLUSCA:* ANIMAIS DE CORPO MOLE

Caracóis de jardim, caramujos, mariscos, ostras, lesmas, lulas e polvos pertencem ao filo *Mollusca*.

Muitos moluscos podem ter uma concha calcária única, ou formada por duas metades articuladas revestindo o corpo, que funciona como um esqueleto externo (exoesqueleto). Internamente, um conjunto de órgãos, conhecido como **massa visceral**, é coberto por uma dobra de pele chamada **manto**.

A locomoção da maioria dos representantes é lenta em razão de um **pé musculoso**. Os que são rápidos, como as lulas e os polvos, locomovem-se graças à expulsão de jatos de água que saem através de um **sifão**. Muitos, porém, são fixos ao substrato, como as ostras e os mariscos na fase adulta.

Didaticamente, podemos considerar o corpo dos moluscos como composto de **cabeça** (às vezes, reduzida), **massa visceral** e **pé musculoso**.

(a) Concha de molusco univalve e (b) mexilhão, molusco bivalve.

Classificação dos Moluscos

As seis principais classes dos moluscos e seus representantes são:

- **Polyplacophora** (ou **Amphineura**): quíton;
- **Monoplacophora**: *Neopilina*;
- **Gastropoda**: caramujos, caracóis, lesmas;
- **Cephalopoda** (ou **Siphonopoda**): lulas, polvos, náutilos;
- **Bivalvia** (ou **Pelecypoda**): ostras, mexilhões, mariscos;
- **Scaphopoda**: *Dentalium* (dentálio ou dente-de-elefante).

Os moluscos possuem uma grande diversidade de formas. Em (a) um caracol (gastrópodo); (b) polvo (cefalópodo); (c) quíton (anfineuro) e (d) mexilhões (bivalves).

Conchas de *Dentalium*, molusco da classe *Scaphopoda* (do grego, *skáphos* = quilha de barco + *podos* = pés). Os exemplares que encontramos no Brasil (a) são de pequeno tamanho quando comparados aos da Indonésia (b). O palito de fósforo (à direita, nas fotos) serve como referência de tamanho.

De olho no assunto!

A filogenia dos moluscos

A Figura 9-1 ilustra, simplificadamente, uma provável filogenia dos moluscos. Diversos grupos menores foram omitidos, enfatizando-se apenas os mais conhecidos.

Figura 9-1. Árvore filogenética simplificada dos moluscos.

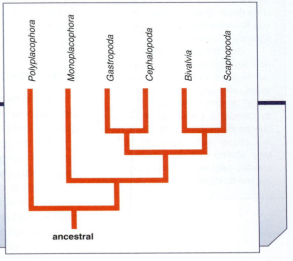

Os Gastrópodos: Estômago junto ao Pé

O caracol de jardim ilustra bem a classe dos gastrópodos (do grego, *gastros* = estômago + *podos* = pé). Quando o caracol está se movimentando, é possível perceber o **pé musculoso** estendido, uma verdadeira *sola musculosa* que, ao movimentar o animal, deixa um rastro mucoso (pode-se perceber a ação desse pé colocando-se um caracol sobre uma placa de vidro e observando-se por baixo a sua movimentação).

Acima do pé musculoso e cobertos pela concha calcária única, existem os órgãos internos, cujo conjunto é conhecido como **massa visceral** (veja a Figura 9-2).

Anote!
Você deve ter percebido que os caracóis de jardim sempre são encontrados debaixo de pedras, de madeiras e da vegetação. Esse *habitat* mais úmido e a atividade noturna reduzem a possibilidade de perderem água do corpo por evaporação.

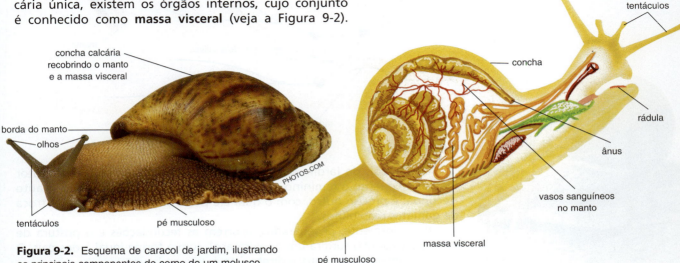

Figura 9-2. Esquema de caracol de jardim, ilustrando os principais componentes do corpo de um molusco.

Moluscos e anelídeos **167**

> ### De olho no assunto!
>
> #### Os caramujos marinhos
>
> Os gastrópodos marinhos são em quase tudo parecidos com o caracol de jardim. Como já dissemos, a cavidade do manto é ocupada por uma brânquia. A água precisa ingressar na cavidade do manto, oxigenar a brânquia e, depois, ser expelida. Em alguns caramujos marinhos, essa cavidade abre-se por meio de um **sifão** (um tubo retrátil), cuja função é facilitar o ingresso de água na câmara branquial.
>
> Os caramujos marinhos podem ser vegetarianos, alimentando-se de algas, ou carnívoros predatórios, efetuando uma verdadeira "caça" a outros moluscos. É muito comum a perfuração de uma concha de marisco pela rádula de um caracol que, depois de fazer uma abertura circular perfeita na concha, calmamente suga a massa visceral da vítima.

Toda essa massa visceral fica coberta pela epiderme dorsal, o **manto**, que também possui a função de produzir a concha. Uma dobra lateral (reentrância) do manto forma uma *cavidade interna*, localizada à direita da concha e *que atua como um pulmão*. Lateralmente, na porção do manto que acompanha a borda da concha é possível ver um orifício respiratório por onde o ar penetra, passando à cavidade pulmonar. Em gastrópodos marinhos, essa cavidade abriga uma brânquia. Junto ao orifício respiratório existe outro, o ânus, destinado à eliminação dos restos alimentares.

A **cabeça** é outro importante componente do caracol. É o centro de comando do animal e possui dois pares de **tentáculos** de função sensorial. Na ponta de cada tentáculo longo existe um olho.

A boca é ventral e no seu interior existe uma língua raspadora (**rádula**) que executa movimentos de vaivém durante a alimentação do caracol. A rádula é uma adaptação fundamental para a alimentação (folhas de plantas) dos caracóis: a celulose precisa ser bem fragmentada antes de ser encaminhada ao tubo digestório.

Circulação, excreção e sistema nervoso

O **sistema circulatório** dos gastrópodos é do tipo **lacunar** ou **aberto**. Um vaso sai de um coração simples e distribui o sangue para lacunas, nas quais o contato com os tecidos possibilita a difusão de nutrientes, excretas e gases de respiração (veja a Figura 9-3). Daí o sangue retorna ao coração, após ser oxigenado na cavidade pulmonar ou branquial, se for um caramujo marinho. O sangue da maioria dos moluscos contém um pigmento respiratório conhecido como **hemocianina**.

A excreção é efetuada por rins simples, formados por estruturas chamadas **metanefrídios**. O sistema nervoso é basicamente constituído por pares de gânglios ligados às três principais regiões do caramujo: cabeça, massa visceral e pé musculoso. Cordões nervosos conectam os diversos gânglios entre si.

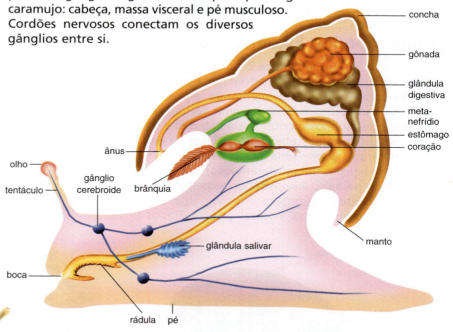

Figura 9-3. Esquema de caramujo marinho, ilustrando a massa visceral, contendo os sistemas digestório, respiratório, circulatório, excretor, reprodutor e nervoso.

Reprodução

Os caracóis de jardim são hermafroditas: tanto o sistema reprodutor masculino quanto o feminino estão presentes. Só que o animal não se auto-fecunda: é preciso outro, com o qual ele possa se juntar e efetuar a troca de gametas masculinos.

Posteriormente, já separados, ocorrem as fecundações e a postura de ovos. De cada ovo surgirá um novo caracol, com a forma igual à dos pais. O desenvolvimento, portanto, é direto, isto é, não há larva.

De olho no assunto!

Esses coloridos nudibrânquios

Há uma ordem dos gastrópodes que chama a atenção por seu atraente colorido. São os nudibrânquios, também conhecidos como lesmas-marinhas. Os adultos não têm conchas e, por não possuírem brânquias verdadeiras, respiram pela pele. Podem apresentar brânquias modificadas no dorso ou na borda lateral do manto ou mesmo ao redor do ânus.

Moluscos e anelídeos **169**

Os Bivalves: Duas Conchas

Anote!

Os bivalves também costumam ser chamados de **lamelibrânquios** e de **pelecípodos**. O primeiro nome refere-se ao fato de que muitos possuem brânquias formadas por delgadas lâminas (também denominadas de lamelas; daí, lamelibrânquios). O segundo nome é derivado da forma do pé musculoso existente em alguns bivalves. Como esse pé se projeta na areia, durante a locomoção, de forma parecida a um machado (*pélekys*, em grego), os bivalves que o possuem passaram a receber a designação de pelecípodos.

Vamos supor que o nosso molusco-padrão pudesse ser bilateralmente comprimido com as nossas duas mãos e tivesse sua concha partida em duas. O resultado seria um molusco achatado, cuja concha passaria a ter duas metades articuladas entre si. A massa visceral ficaria comprimida entre as duas conchas e protegida pelo manto que acompanha cada uma delas. O pé musculoso passaria a se projetar por uma abertura ventral. Teríamos, assim, uma ideia de como seria um bivalve, molusco que apresenta duas conchas.

Exclusivamente aquáticos, os bivalves são adaptados à filtração do alimento contido na água. Não há cabeça diferenciada; na região anterior há uma boca circundada por palpos labiais sensoriais. Não há rádula. A respiração é efetuada por brânquias que recebem água que entra na câmara branquial (cavidade do manto) através de uma abertura ou **sifão inalante**, localizado na extremidade posterior e formado por uma extensão do manto. A expulsão da água, que oxigenou as brânquias e deixou alimento, é efetuada por outra abertura ou sifão, o **exalante**, localizado dorsalmente em relação ao inalante (veja a Figura 9-4).

Mexilhões fixos em rocha. Guarapari, ES.

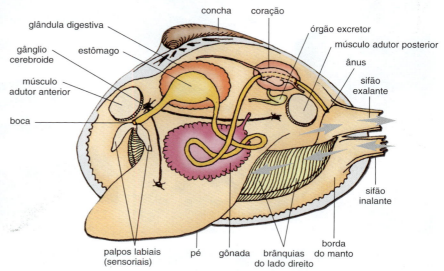

Figura 9-4. Esquema de um bivalve sem a representação das brânquias, do manto e da concha do lado esquerdo.

Leitura

Pérolas

As pérolas são formadas pela deposição de camadas de material calcário ao redor de um grão de areia ou de qualquer objeto estranho que se aloje entre o manto e a concha de um molusco.

Comercialmente, as pérolas podem ser produzidas ("cultivadas") introduzindo-se um pequeno pedaço de concha envolvido por um saco de manto entre o manto e a concha de outra ostra.

Leva-se aproximadamente três anos para se obter uma pérola cultivada de tamanho comercialmente interessante.

O pé musculoso de muitos bivalves é inexistente. É o caso das ostras que ficam presas a um substrato. Já os mexilhões fixam-se em rochas pelos filamentos escuros do **bisso**, que você pode muito bem observar ao tentar retirá-los do seu substrato. Algumas espécies de bivalves nadam rapidamente por *jato-propulsão*, contraindo e relaxando músculos que unem as duas valvas da concha.

A reprodução dos bivalves é muito simples. Os sexos são separados.

Os gametas são liberados com a água que é expelida pelo sifão exalante e a fecundação ocorre na água (é externa, portanto). Após o desenvolvimento embrionário, surge uma larva (chamada véliger) que origina o adulto.

Anote!

Nos mariscos, as gônadas estendem-se pelo manto conferindo-lhe cores distintas de acordo com o sexo. Assim, as fêmeas têm o manto alaranjado (cor dos óvulos e, portanto, dos ovários) e os machos, amarelo-pálido leitoso (cor dos espermatozoides e, portanto, dos testículos). Passe a observar isso da próxima vez que você comer algum prato que contenha mariscos.

Mexilhão fixo à rocha pelos filamentos do bisso.

Os Cefalópodos (ou Sifonópodos): Moluscos Exclusivamente Marinhos

A classe dos cefalópodos inclui as lulas, os polvos, as sépias e os náutilos. São todos dotados de locomoção por jato-propulsão, graças à eliminação de água, em jatos, por um **sifão**. A cabeça é muito modificada e rodeada por vários "braços" longos, os **tentáculos**.

A concha externa só existe mesmo nos náutilos, que a têm espiralada, dotada de várias câmaras, sendo que a última abriga o animal e as demais ficam cheias de gás, o que contribui para sua flutuação. Nas sépias, a concha é interna e constitui o chamado "osso de siba". Pode ser encontrado em lojas de pássaros – pendura-se um pedaço na gaiola e o pássaro tem uma fonte de cálcio, além de manter o bico afiado. Nas lulas, a concha interna é bem reduzida e nos polvos, a concha é inexistente.

Anote!
Nos cefalópodos, durante a evolução, o manto praticamente envolveu a concha, que sofreu redução ou desapareceu.

De olho no assunto!

Com o pé na cabeça?

O nome cefalópodos sugere que, durante o alongamento do corpo, o pé tenha se ligado à cabeça e se transformado nos tentáculos. No entanto, atualmente há um consenso em considerar que, na realidade, o pé acabou se transformando no sifão usado na locomoção desses animais. Por isso, hoje, prefere-se denominar essa classe de **Siphonopoda**.

(a) Lula, (b) polvo, (c) sépia e (d) náutilo são também chamados de sifonópodos. Em (e), concha seccionada de náutilo, em que se evidenciam os septos que separam as câmaras.

Moluscos e anelídeos **171**

> **Anote!**
> A famosa tinta nanquim chinesa é derivada das tintas encontradas em bolsas de sépias que vivem no litoral chinês.

Para compreender a forma do corpo de um cefalópodo como a lula, suponha que o corpo do nosso molusco-padrão seja "espichado", alongado, no sentido anteroposterior.

A cabeça, volumosa, sofre modificações consideráveis e fica rodeada por diversos "braços" longos, os *tentáculos* (veja a Figura 9-5). O *pé*, também modificado, passa a constituir o *sifão*. O manto envolve todo o corpo, o que inclui a massa visceral e a concha interna muito reduzida. Duas expansões laterais do manto, em forma de nadadeira, direcionam a natação da lula em baixas velocidades.

Interna e lateralmente, na cavidade do manto, existem duas brânquias que recebem continuamente água para oxigenação.

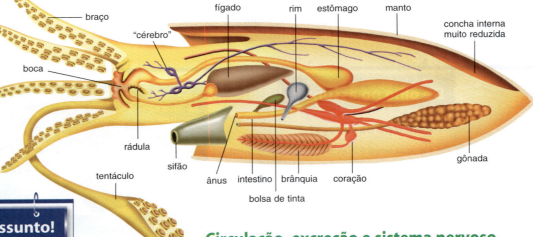

Figura 9-5. Esquema ilustrando a organização do corpo de uma lula. A rádula é composta de sete dentes e um bico quitinoso.

> **De olho no assunto!**
>
> **Bolsa de tinta: proteção**
>
> Entre os órgãos que compõem a massa visceral, a lula possui uma bolsa de tinta. Esta é comprimida toda vez que o animal se sente ameaçado por algum inimigo, o que provoca a liberação da tinta que sai em jatos pelo sifão. A mancha que a tinta deixa na água confunde o predador, enquanto a lula escapa rapidamente.

> **Anote!**
> Há provas experimentais de que nos polvos existe o reconhecimento perfeito de objetos e, até mesmo, a visão em cores.

Circulação, excreção e sistema nervoso

Ao contrário dos demais moluscos, o sistema circulatório da lula é do tipo **fechado**. Um sistema de circulação fechado possibilita o desenvolvimento de maior pressão sanguínea, favorece o metabolismo e permite maior rapidez do animal. Do coração sai sangue oxigenado que se dirige a vasos que o distribuirão, por capilares, a todas as partes do corpo. O retorno do sangue ao coração, depois de oxigenado nas brânquias, ocorre por veias.

Envolvidos com a excreção, temos as estruturas conhecidas como metanefrídios, reunidos em dois rins.

A cabeça da lula, a exemplo dos demais sifonópodos, é altamente diferenciada. Dois olhos laterais permitem a construção de imagens. Muitos estudos revelam a sua semelhança com o olho humano.

O sistema nervoso é bastante desenvolvido. Uma organização ganglionar que se assemelha a um verdadeiro cérebro permite a execução de atividades altamente elaboradas, a exemplo do que ocorre no ser humano.

Neurônios gigantes conectam o cérebro a diversas partes do corpo. Certos neurônios gigantes de lulas são muito utilizados nos estudos de neurofisiologia.

> **De olho no assunto!**
>
> Na lula, existem 10 tentáculos e dois deles são mais desenvolvidos que os demais. No polvo, os tentáculos são oito e todos iguais. Em cada tentáculo existem ventosas que aderem ao substrato, o que favorece a locomoção do polvo sobre rochas. As ventosas também são úteis na apreensão do alimento que, depois, é conduzido à boca pelos tentáculos.

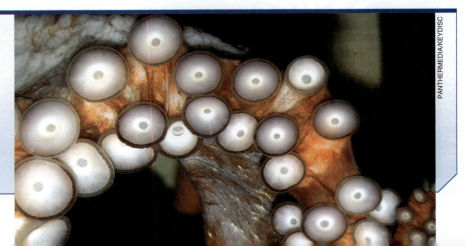

Reprodução

Na reprodução sexuada, um dos tentáculos do macho carrega um pacote de espermatozoides, que é introduzido na cavidade do manto da fêmea para as fecundações. Após as fecundações, são liberados milhares de ovos, dotados de casca gelatinosa. As fêmeas de muitas espécies depositam os ovos em lugares protegidos, debaixo de rochas, no interior de cavernas etc. Certas fêmeas de polvos até cuidam dos ovos, "arejando-os" com jatos de água expelida pelo sifão. O desenvolvimento é direto, sem larva. A maioria dos filhotes que nascem servirá de alimento para diversos predadores. Poucos polvos e lulas chegam à vida adulta, pois a morte da progenitora coincide com o nascimento dos filhotes.

▪ FILO *ANNELIDA*: ANIMAIS DE CORPO SEGMENTADO

A característica marcante do grupo é o **corpo segmentado**, visível externamente na forma de *anéis*, com sulcos bem marcados separando uns dos outros. Algumas estruturas, como os órgãos excretores e os gânglios do sistema nervoso, se repetem internamente em cada segmento, também chamado de **metâmero** (veja a Figura 9-6). Dizemos, por isso, que o corpo dos anelídeos é *metamerizado*. Internamente, os metâmeros são separados uns dos outros por paredes divisórias conhecidas como **septos**.

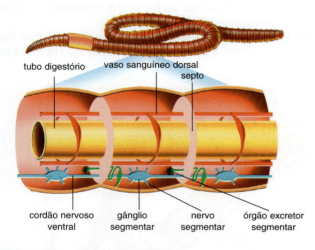

Figura 9-6. Em cada metâmero (segmento) do corpo dos anelídeos há repetição de algumas estruturas.

De olho no assunto!

A filogenia dos anelídeos

As 12.000 espécies de anelídeos são tradicionalmente distribuídas em três classes: *Polychaeta, Oligochaeta* e *Hirudinea*. Os poliquetos são os mais abundantes – cerca de 8.000 espécies – e habitam, fundamentalmente, o ambiente marinho. Os oligoquetos (com cerca de 3.500 espécies) e os hirudíneos (com cerca de 500 espécies), embora presentes nos oceanos, são anelídeos que colonizaram com sucesso os meios terrestre e aquático doce.

A Figura 9-7 ilustra uma proposta da filogenia dos anelídeos. Note que oligoquetos e hirudíneos são grupos monofiléticos.

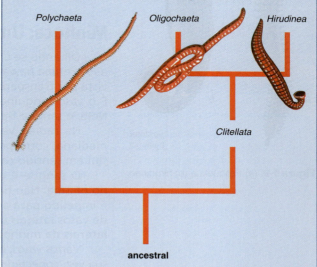

Figura 9-7. Árvore filogenética das classes dos anelídeos.

Baseado em: RUPPERT, E. E.; FOX, R. S. ; BARNES, R. D. *Invertebrate Zoology* – a functional evolutionary approach. 7. ed. Sidney: Thomson, 2004, p. 420.

Classificação dos Anelídeos

Três são as classes mais importantes pertencentes ao filo *Annelida*:

- classe **Oligochaeta** (do grego, *oligos* = pouco + *chaite* = cerda): possui representantes terrestres (as conhecidas minhocas) e de água doce (os tubifex, dados como alimento a peixes). Esses animais apresentam corpo uniformemente segmentado, contendo **cerdas curtas** no meio de cada segmento; possuem uma porção bem diferenciada na região anterior do corpo, o **clitelo**, resultado da fusão de alguns segmentos e que desempenha importante papel na reprodução (veja a Figura 9-8);

Figura 9-8. Oligoqueta.

Moluscos e anelídeos **173**

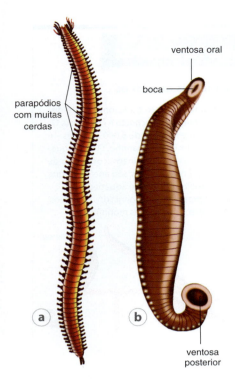

Figura 9-9. (a) Poliqueta e (b) hirudíneo.

- classe **Polychaeta** (do grego, *polys* = muitos + *chaite* = cerda): com representantes predominantemente marinhos, possui expansões laterais em cada segmento do corpo, os **parapódios**, dotados de muitas cerdas auxiliares da locomoção. Os organismos **errantes** deslocam-se livremente pelo solo oceânico e saem à procura de alimento (veja a Figura 9-9(a)). Outros, os *sedentários*, vivem em tubos construídos por eles, onde esperam pelo alimento;

- classe **Hirudinea** ou **Achaeta**: representada pelas sanguessugas, encontradas principalmente em meio aquático doce. Há algumas espécies marinhas, outras terrestres. Não possuem cerdas segmentares. Possuem clitelo. O exemplar mais conhecido é a sanguessuga medicinal, *Hirudo medicinalis*, muito utilizada no passado para extrair sangue de pessoas (veja a Figura 9-9(b)) e, ainda hoje, em hospitais de outros países, para ajudar nos processos de cicatrização e redução de edemas.

Minhoca: Um Típico Oligoqueta

Olhando-se uma minhoca, comumente encontrada nos solos brasileiros, a *Pheretima hawayana*, nota-se, na região dorsal, uma linha mediana escura vista por transparência, que se estende da extremidade anterior à posterior. É o vaso sanguíneo dorsal, revelador da existência de sistema circulatório. Nele, o sangue flui de trás para a frente.

Na região ventral, mais clara que a dorsal, pode-se ver outra linha mediana, correspondente ao vaso sanguíneo ventral. Nesse vaso, o sangue flui em sentido contrário, da frente para trás.

O sangue é vermelho e contém o pigmento hemoglobina dissolvido no plasma. Não há glóbulos vermelhos. O vaso dorsal é contrátil. O sangue é impelido para a frente e atinge o vaso ventral por meio de quatro pares de vasos laterais de ligação, também contráteis e considerados os **corações laterais** da minhoca (veja a Figura 9-10).

Vários vasos, em cada segmento, emergem dos vasos principais e são, por sua vez, conectados a capilares sanguíneos que se espalham pelos tecidos.

É um **sistema circulatório fechado**. O sangue nunca abandona os vasos e as trocas entre ele e os tecidos ocorrem pelas paredes delgadas dos capilares sanguíneos.

A pele da minhoca é constituída por uma epiderme revestida por uma fina cutícula, umedecida pela secreção mucosa de glândulas espalhadas pela parede do corpo. Essa umidade favorece a ocorrência das trocas gasosas respiratórias entre o sangue e o ar e reduz o atrito com o solo. A umidade do solo em que vive a minhoca também contribui para o umedecimento da pele e facilita a troca de gases.

Passando-se suavemente a mão na superfície do corpo da minhoca, da extremidade posterior à anterior, pode-se sentir certa aspereza da pele, decorrente da existência de finíssimas **cerdas**.

Próximo à extremidade anterior, nota-se uma região mais clara, que fica mais nítida na época da reprodução. É o **clitelo**, cujo papel na reprodução será esclarecido mais adiante.

As minhocas são anelídeos oligoquetos. A segmentação de seu corpo pode ser vista externamente. Na foto, o clitelo pode ser observado na parte superior, à esquerda.

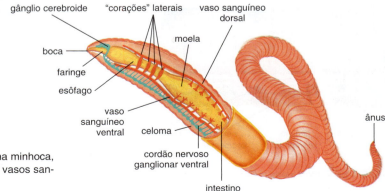

Figura 9-10. Visão lateral esquemática de uma minhoca, evidenciando os quatro corações laterais e os vasos sanguíneos dorsal e ventral.

Digestão e excreção

O tubo digestório da minhoca é **completo**. À boca, segue-se uma *faringe* sugadora de alimento, continuada por um longo esôfago, no meio do qual surge uma *moela*, que tem por função triturar os alimentos. Após o *esôfago*, o tubo digestório alarga-se e constitui o longo *intestino*, que se abre no ânus (veja a Figura 9-11(a)).

A meio caminho do intestino, existem os chamados **cecos intestinais**, bolsas de fundo cego que ampliam a superfície de absorção de alimentos. Outro recurso destinado a ampliar a superfície de digestão e absorção do intestino é uma dobra chamada **tiflossole**, um pregueamento para dentro da parede intestinal, que aparece depois do ponto de surgimento dos cecos (veja a Figura 9-11(b)).

A excreção na minhoca é efetuada por pares de unidades que se repetem na maioria dos segmentos, os chamados **nefrídios segmentares** (também conhecidos por **metanefrídios**). Cada um possui um funil ciliado (**nefróstoma**) mergulhado na cavidade celomática do segmento, cheia de líquido (veja a Figura 9-12).

Do funil emerge um tubo enovelado que perfura o septo do segmento seguinte e termina em um poro que se abre na parede lateral desse segmento. O funil recolhe substâncias do líquido contido na cavidade celomática e, ao longo do tubo, ocorrem reabsorções de substâncias úteis que retornam ao sangue pelos capilares que o envolvem.

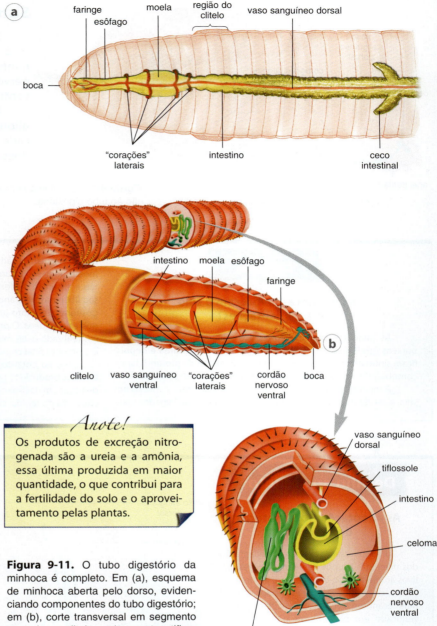

Anote!
Os produtos de excreção nitrogenada são a ureia e a amônia, essa última produzida em maior quantidade, o que contribui para a fertilidade do solo e o aproveitamento pelas plantas.

Figura 9-11. O tubo digestório da minhoca é completo. Em (a), esquema de minhoca aberta pelo dorso, evidenciando componentes do tubo digestório; em (b), corte transversal em segmento posterior ao clitelo, onde se nota a tiflossole intestinal.

Figura 9-12. Sistema excretor de minhoca. Os nefrídios (um par por segmento) são invisíveis a olho nu, tendo sido ampliados nessa representação.

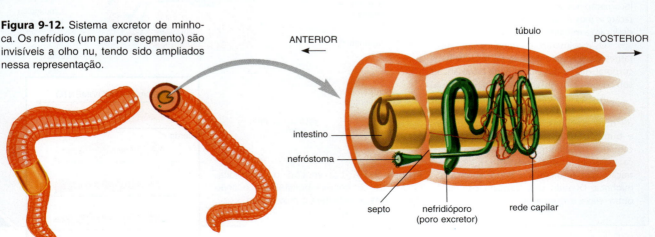

Moluscos e anelídeos **175**

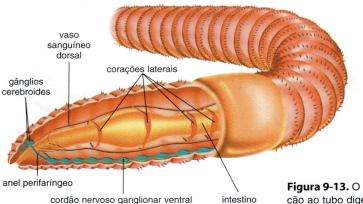

Sistema nervoso

Dois gânglios localizados dorsalmente à faringe constituem o "cérebro" da minhoca. Eles estão ligados por um anel nervoso a dois outros, situados na região ventral da faringe.

A partir daí, surge uma **cadeia ganglionar ventral**, com dois gânglios para cada segmento, unidos entre si por cordões nervosos (veja a Figura 9-13).

Figura 9-13. O sistema nervoso da minhoca é ganglionar e ventral em relação ao tubo digestório.

Leitura

As minhocas favorecem o solo e as plantações?

As minhocas podem ocorrer aos milhares por alqueire. Os buracos que cavam são quase verticais na parte de cima e depois ficam sinuosos, podendo atingir mais de 2 metros de profundidade, contribuindo para a ventilação do solo e das raízes das plantas.

A minhoca é detritívora: come restos de alimentos contidos no solo, quer de origem vegetal, quer de origem animal. Sugados pela ação muscular da faringe, esses detritos são encaminhados para a moela, onde são triturados. A seguir, passam ao intestino para digestão e absorção. As fezes, ricas em restos alimentares fragmentados, são liberadas pelo ânus, o que favorece a ação de bactérias decompositoras. Esse fato justifica a extraordinária importância ecológica desses anelídeos. O processo de transformação dos resíduos orgânicos realizado pelas minhocas é conhecido como *vermicompostagem* e o produto final como *vermicomposto* ou *húmus de minhoca*.

Há, no entanto, quem considere que o grande número de buracos produzidos pelas minhocas pode acelerar a erosão do solo de terras em declive e provocar também uma drenagem da água da chuva muito rápida, causando prejuízos para as plantas.

De olho no assunto!

As adaptações locomotoras dos vermes

Um interessante exemplo da adaptação dos diferentes grupos de vermes aos respectivos ambientes é o que se refere ao deslocamento do corpo. Os anelídeos apresentam um mecanismo locomotor que difere daquele verificado em platelmintos e nematelmintos. Conhecer a disposição da musculatura na parede do corpo, associada à ação de outras estruturas, auxilia a compreender o modo de locomoção dos animais. Para efeito de comparação, vamos descrever brevemente como se deslocam a minhoca, a planária e a lombriga.

Os movimentos da *minhoca* são resultantes da ação coordenada da musculatura corporal, das cerdas e do líquido celomático, sob comando do sistema nervoso.

A musculatura de natureza estriada encontra-se abaixo da epiderme e consta de duas camadas: uma **circular**, externa, e outra **longitudinal**, interna. Essas duas camadas trabalham de maneira antagônica, gerando **ondas peristálticas** de contração, que resultam no deslocamento da minhoca. Quando uma camada contrai, a outra relaxa, e vice-versa (veja a Figura 9-14).

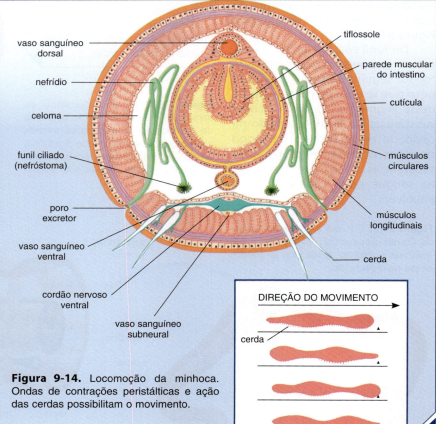

Figura 9-14. Locomoção da minhoca. Ondas de contrações peristálticas e ação das cerdas possibilitam o movimento.

A contração da musculatura circular diminui o diâmetro do segmento e comprime o líquido celomático. Nesse momento, está relaxada a musculatura longitudinal. Em seguida, o líquido celomático é forçado a se espalhar em direção às extremidades do segmento, provocando o seu alongamento. O inverso acontece quando se contrai a musculatura longitudinal e se relaxa a circular. Nesse caso, o líquido celomático exerce pressão na parede e o diâmetro do segmento aumenta. A locomoção é iniciada pela extremidade anterior da minhoca. A musculatura circular dos segmentos dessa região se contrai e a longitudinal se relaxa; as cerdas se retraem, isto é, a extremidade anterior fica livre para avançar. Por outro lado, as cerdas dos demais segmentos estão protraídas e fixadas às partículas do solo. A seguir, contrai-se a musculatura longitudinal dos segmentos anteriores e se relaxa a circular. Essa região se encurta ao máximo.

As cerdas protraem e prendem a minhoca ao solo. Na sequência, são as cerdas dos segmentos seguintes que se retraem, sua musculatura circular se contrai e a longitudinal se relaxa, impulsionando essa parte do corpo da minhoca para a frente.

Na *planária*, um platelminto, a musculatura lisa é disposta de três maneiras, abaixo da epiderme: uma camada **circular subepidérmica**, outra **longitudinal** e a terceira sob a forma de feixes **dorsiventrais**, cuja ação provoca maior achatamento do corpo da planária (veja a Figura 9-15). O deslocamento resulta da contração desses grupos musculares. A ação dos cílios localizados na epiderme ventral complementa o equipamento locomotor utilizado pela planária no seu suave deslocamento ao longo do substrato. Não há pressão de líquido celomático, uma vez que os platelmintos são acelomados.

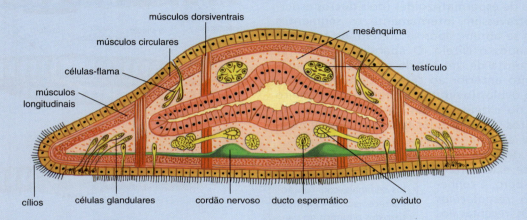

Figura 9-15. Locomoção na planária. A ação da musculatura corporal, juntamente com os cílios, promove o deslocamento lento do animal pelo substrato.

Na *lombriga*, um nematelminto, a musculatura corporal apresenta características totalmente diferentes. As fibras dispõem-se em apenas uma camada longitudinal abaixo da epiderme e organizam uma estrutura peculiar. Cada fibra emite um prolongamento em direção ao nervo longitudinal dorsal ou ventral correspondente, de modo que acabam se formando quatro quadrantes de musculatura corporal (veja a Figura 9-16). A contração das fibras origina um movimento ondulatório que conduz a dobramentos do corpo no sentido longitudinal. Nesse movimento, o líquido existente no pseudoceloma funciona como um esqueleto hidrostático e é comprimido. A rigidez da cutícula garante a manutenção da forma corporal durante o movimento. Em outros nematelmintos é essencial a existência de, pelo menos, um pequeno filme de água no qual possa se executar a locomoção, o mesmo ocorrendo para os que vivem no solo. Nestes, os movimentos ondulatórios provocam deslizamentos do animal ao longo do substrato. Retirados do meio em que se encontram, movem-se de modo semelhante a um chicote.

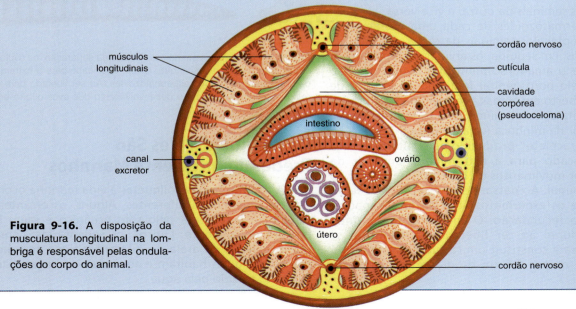

Figura 9-16. A disposição da musculatura longitudinal na lombriga é responsável pelas ondulações do corpo do animal.

Moluscos e anelídeos **177**

Reprodução em minhocas

A minhoca é hermafrodita. Isso quer dizer que em um mesmo animal existem os órgãos reprodutores masculino e feminino. No entanto, não ocorre autofecundação.

Os espermatozoides amadurecem antes que os óvulos, havendo, durante a cópula, a troca de gametas entre dois animais, favorecendo a fecundação cruzada (maior variabilidade nos descendentes).

O aparelho reprodutor masculino é formado por *testículos* e glândulas acessórias, entre as quais as *vesículas seminais*, ambos localizados em segmentos imediatamente anteriores ao clitelo. Túbulos condutores de espermatozoides (dois ductos espermáticos) atravessam internamente os segmentos clitelares e se abrem, após se unirem, no segundo segmento após o clitelo. O aparelho reprodutor feminino consta de um par de *ovários* localizados no segmento anterior ao clitelo. Os túbulos condutores de óvulos (ovidutos) se abrem no primeiro segmento do clitelo, em um poro genital único. Nos primeiros segmentos localizados na extremidade anterior existem vesículas, três de cada lado, cada qual se exteriorizando por um poro, e conhecidas como *receptáculos seminais*. Os receptáculos seminais de cada parceiro receberão os espermatozoides do outro e os armazenarão até que ocorra a fecundação.

Anote!
Não confunda receptáculos seminais, cuja função é a recepção de espermatozoides oriundos do parceiro, com vesículas seminais, que são aquelas associadas aos testículos.

Por ocasião da cópula, dois animais com testículos amadurecidos saem da terra e pareiam ventre-a-ventre. Nessa ocasião, os clitelos de ambos produzem uma secreção mucosa que os mantém unidos. A extremidade anterior de um volta-se para a posterior do outro, e vice-versa. O poro genital masculino de uma minhoca coincide com os poros dos receptáculos seminais da outra, e vice-versa.

Os espermatozoides de cada uma passam para os receptáculos seminais da outra e lá são armazenados. Em seguida, os animais se separam.

Inicia-se o amadurecimento dos óvulos que são liberados pelo poro genital feminino no interior de um casulo aberto em ambas as extremidades e produzido pelo clitelo, constituindo uma espécie de bracelete ao redor da minhoca (veja a Figura 9-17).

Esse "bracelete" produzido pelo clitelo começa a ser deslocado para a extremidade anterior da minhoca por movimentos de contração muscular do corpo do animal. Ao passar pelos receptáculos seminais, recebe os espermatozoides ali armazenados, ocorrendo a fecundação. O anel mucoso continua escorregando e, ao ser liberado da minhoca, se fecha e passa a constituir um casulo esbranquiçado de mais ou menos 0,5 cm de diâmetro, contendo ovos.

No interior do casulo ocorre o desenvolvimento dos embriões. Em geral, cada minhoca produz 50 a 60 casulos fertilizados por ano, mas apenas um filhote emerge de cada casulo, após certo tempo de desenvolvimento. Nas minhocas, não há reprodução assexuada, mas pode haver regeneração de segmentos das extremidades, principalmente os posteriores.

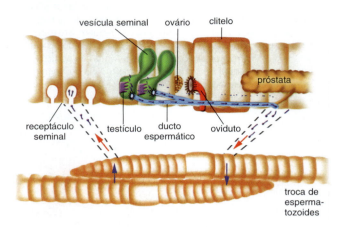

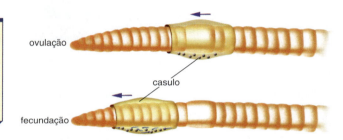

Figura 9-17. Minhocas em cópula. Depois da separação, os óvulos são liberados para o casulo que, ao ser deslocado para a extremidade anterior, recebe os espermatozoides. Ao ser liberado para o meio, o casulo se fecha e o desenvolvimento dos ovos ocorre em seu interior.

Os Poliquetas: Eles São Predominantemente Marinhos

A adaptação dos poliquetas à vida marinha ocorreu em dois modos diferentes. Alguns, os **errantes**, caminham livremente pelo solo oceânico e saem à procura do alimento. Outros, os **sedentários**, constroem galerias na areia ou diferentes tipos de tubo dentro dos quais habitam e aguardam a chegada de alimento trazido pela água.

Os poliquetas errantes possuem comprimento variável (alguns chegam a medir até 1 m) e corpo uniformemente segmentado. Cada segmento possui um par de expansões laterais bem desenvolvidas, os **parapódios**, dotadas de finíssimas cerdas e que são usadas para andar, nadar ou escavar. Movimentam-se ativamente e saem à procura de alimento. Os parapódios também auxiliam nas trocas gasosas, já que são ricos em capilares sanguíneos. A cabeça é bem diferenciada, com tentáculos, olhos e uma faringe que se exterioriza e contém fortes mandíbulas para trituração do alimento (veja a Figura 9-18).

Nos poliquetas sedentários, o alimento precisa chegar até eles. Nas praias brasileiras, destacam-se os que constroem verdadeiros castelos de tubos de areia apoiados em rochas. A areia é cimentada pela secreção de glândulas especiais. A violência das ondas não consegue desmanchar esses "castelos". Dentro deles vivem grupos de poliquetas, que retiram da água que os banha o alimento necessário para a sobrevivência.

Outros poliquetas sedentários vivem no interior de tubos ou galerias feitos de outros materiais.

Em todos os poliquetas sedentários, os parapódios são pouco desenvolvidos.

Anote!
Alguns poliquetas reproduzem-se assexuadamente por brotamento ou por fragmentação do corpo. A maioria se reproduz sexuadamente. De modo geral, a fecundação é externa e existe uma fase larval (larva trocófora).

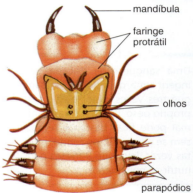

Figura 9-18. Cabeça bem diferenciada e parapódios desenvolvidos caracterizam os poliquetas errantes.

Poliqueta-de-penacho. Para os poliquetas construtores de galerias ou tubos, a estratégia é fazer o alimento chegar até eles. Os penachos são irrigados por sangue, servindo também como brânquias.

Os Hirudíneos: Sugadores de Sangue

As sanguessugas pertencem à classe dos hirudíneos e são encontradas no mar, na água doce e em meio terrestre úmido. Do mesmo modo que as minhocas, possuem corpo segmentado, clitelo e não têm nem cabeça diferenciada e muito menos parapódios. São hermafroditas e a reprodução sexuada inclui os mesmos passos descritos para as minhocas. Diferentemente das minhocas, porém, não possuem cerdas nos segmentos, sendo por isso também chamadas de anelídeos **aquetas** (= sem cerdas). O corpo é levemente achatado dorsiventralmente.

A principal diferença, porém, entre as sanguessugas e os outros anelídeos é a presença de **ventosas** fixadoras, que funcionam como "desentupidores de pia" e que se localizam nas duas extremidades do corpo (veja a Figura 9-19). A da região anterior abriga a boca e possui alguns dentículos raspadores. A da extremidade posterior não abriga o ânus, que se abre dorsalmente, antes da ventosa.

A maioria das sanguessugas, como o nome deixa claro, atua como ectoparasita de outros animais. Algumas espécies são predadoras de pequenos invertebrados. Quanto à locomoção, ela se dá com a utilização das duas ventosas alternadamente, em um mecanismo conhecido por "mede-palmos", embora muitos hirudíneos possam nadar por ondulações dorsiventrais do corpo (veja a Figura 9-20). Em alguns lagos e riachos do nosso país, é muito comum ver animais vertebrados e mesmo pessoas saindo da água com sanguessugas, presas nas mucosas bucal e nasal ou na pele.

> **Anote!**
> A existência de ventosas é uma característica adaptativa ao predatismo, parasitismo e locomoção.

> **Anote!**
> Uma sanguessuga é capaz de ingerir uma quantidade de sangue três vezes maior que o seu próprio peso. Dessa forma, o animal pode ficar bastante tempo sem se alimentar, podendo, muitas vezes, levar até 9 meses para nutrir-se novamente.

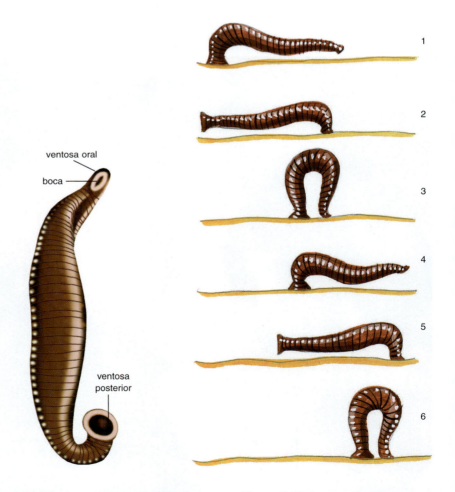

Figura 9-19. As ventosas voltam-se para o ventre da sanguessuga.

Figura 9-20. Locomoção da sanguessuga por "mede-palmos".

Leitura

Uma espécie de sanguessuga, a *Hirudo medicinalis*, foi por muito tempo utilizada para fazer sangrias. Toda vez que era preciso retirar sangue de pessoas que, por exemplo, tinham pressão alta ou cuja pele estava inflamada em consequência de retenção de sangue após cirurgia, colocavam-se algumas sanguessugas na pele do doente. Este não sentia dor porque, ao rasparem a pele com os dentes, as sanguessugas liberam uma substância ao mesmo tempo anestésica e anticoagulante, a hirudina. Farmacêuticos criavam esses animais em aquários e os alugavam para as sangrias. Ao sugarem o sangue, o corpo das sanguessugas inchava em consequência do enchimento do intestino e, espontaneamente, elas se desprendiam da pele.

O problema para os farmacêuticos é que a digestão do sangue no intestino desses anelídeos demorava meses. Para que os animais ficassem prontos mais rapidamente para outra sucção, os farmacêuticos os colocavam em cinza de carvão que, por motivo desconhecido, as fazia liberar o sangue ingerido.

As sanguessugas, como a *Hirudo medicinalis* da foto, foram muito usadas no passado para sangrias.

Ética & Sociedade

Foi um susto quando as telas apresentaram no primeiro filme *O Planeta dos Macacos* a cena de humanos enjaulados, esperando para fazerem parte de experiências de laboratório a serem realizadas pelos macacos, os verdadeiros "habitantes" do planeta naquele filme.

A ideia de fazermos parte de experiências não passa por nossa cabeça, de forma consciente, nem é eticamente aceitável sob muitos pontos de vista. Mas a pesquisa com seres vivos, os animais principalmente, é fundamental para a ciência. Sem eles, muitos medicamentos, aparelhos, mecanismos, cirurgias, não teriam sido desenvolvidos para nós, humanos.

- Você considera válida a pesquisa com seres vivos? Até que ponto? Justifique sua opinião.

Passo a passo

1. Cite 5 exemplos de animais do Filo *Mollusca*.
2. Quais são as três principais partes do corpo de um molusco?
3. Qual o nome da estrutura que produz a concha dos moluscos?
4. Qual o nome da estrutura das lulas que se origina do pé musculoso e é responsável pela locomoção desses animais?
5. É correto afirmar que a rádula é uma estrutura do aparelho respiratório? Justifique a resposta.
6. Cite o nome da classe dos moluscos cujas características são: presença de sifão inalante e exalante, ausência de rádula, animais filtradores.
7. Qual o nome da estrutura responsável pela formação da pérola?
8. Com relação aos moluscos, assinale **E** para as alternativas incorretas e **C** para as corretas.
    a) A cavidade do manto pode apresentar brânquias ou atuar como pulmão.
    b) A concha está presente em todos os moluscos.
    c) A massa visceral apresenta exclusivamente órgãos digestivos.
    d) Os moluscos são animais celomados e triblásticos.
    e) Rádula está presente nos cefalópodos e gastrópodos somente.
9. Assinale **E** para as alternativas incorretas e **C** para as corretas.
    a) Ostras, mexilhões e mariscos vivem fixos e são animais filtradores.
    b) Os tentáculos dos polvos apresentam ventosas que podem prender peixes.
    c) Rádula e bico estão presentes somente nos cefalópodos.
    d) As lulas não apresentam concha.
    e) Os moluscos apresentam tubo digestório completo e circulação aberta ou fechada.
10. Qual a característica externa marcante nos anelídeos e ausente nos demais vermes (platelmintos, nematelmintos)?
11. Cite o nome da classe dos anelídeos cujos representantes possuem as seguintes características:
    a) epiderme revestida por uma fina cutícula umedecida, poucas cerdas e curtas, presença de clitelo e que favorecem a agricultura;
    b) presença de ventosas fixadoras, ausência de cerdas, presença de clitelo, hermafroditas, produzem e liberam uma substância anticoagulante;
    c) presença de expansões laterais em cada segmento, muitas cerdas, sexos separados, errantes ou fixos.
12. Qual a característica do corpo das minhocas que favorece as trocas gasosas entre o sangue e o ar e reduz o atrito com o solo?
13. A respeito da reprodução das minhocas, responda aos itens abaixo.
    a) Qual a função dos receptáculos seminais?
    b) Cite o nome da estrutura que produz o "bracelete", local onde ocorre o encontro dos espermatozoides com os óvulos.
    c) Após o encontro dos gametas, qual o destino do "bracelete"?
14. Por que quando se coloca uma *Hirudo medicinalis* sobre a pele humana o paciente não sente dor?

Moluscos e anelídeos **181**

Questões objetivas

1. (UNIRIO – RJ – adaptada) Relacione os diagnósticos numerados de I a V com os filos de invertebrados designados de P a T.

   I – Animal filtrador, com nível de organização corporal simples.
   II – Animal com forma de pólipo ou de medusa, formado por duas camadas celulares (diblástico).
   III – Animal de corpo achatado, formado por três tecidos embrionários (triblástico).
   IV – Animal de corpo fino e tubular, triblástico, cavidade corporal denominada pseudoceloma.
   V – Animal de corpo mole, com ou sem concha, triblástico, cavidade corporal denominada celoma.

   P. *Porifera*
   Q. *Coelenterata*
   R. *Platyhelminthes*
   S. *Nemathelminthes*
   T. *Mollusca*

   a) I – P; II – Q; III – R; IV – S; V – T
   b) I – P; II – Q; III – R; IV – T; V – S
   c) I – Q; II – T; III – P; IV – S; V – R
   d) I – P; II – T; III – S; IV – R; V – Q
   e) I – Q; II – T; III – S; IV – T; V – S

2. (UFC – CE) Que diferença característica permite considerar os moluscos mais complexos que os cnidários?

   a) Os cnidários apresentam apenas reprodução assexuada, enquanto os moluscos apresentam reprodução sexuada.
   b) Os cnidários possuem simetria bilateral, enquanto os moluscos, simetria radial.
   c) Os cnidários possuem circulação aberta, enquanto todos os moluscos têm circulação fechada.
   d) Os cnidários possuem sistema nervoso difuso, enquanto os moluscos o possuem bastante desenvolvido.
   e) Os cnidários não apresentam defesa química, enquanto os moluscos a têm como principal arma de proteção.

3. (UERJ – adaptada) Acrescente **C** (certo) ou **E** (errado) adiante das frases:

   a) Moluscos são animais invertebrados de corpo mole, possuidores de manto, podendo ou não ter concha calcária.
   b) O corpo dos moluscos é segmentado.
   c) A locomoção de muitos moluscos é permitida graças à eficiência de um "pé" musculoso.
   d) O filo *Mollusca* foi bem-sucedido apenas nos ambientes marinho e terrestre, não sendo encontrados representantes na água doce.
   e) Ostras, mexilhões e mariscos são moluscos fixos, não possuidores de pé musculoso desenvolvido, podendo ser definidos mais apropriadamente como "animais filtradores".
   f) As lulas e os polvos são os únicos moluscos comestíveis e participantes da classificação "frutos do mar", nos cardápios dos restaurantes.

4. (UFF – RJ) Em uma aula de ciências, os alunos buscaram informações em jornais e revistas sobre a importância de espécies animais para o homem. Ao final da aula, entregaram um exercício no qual classificaram como corretas ou incorretas as informações encontradas. Algumas dessas informações são apresentadas abaixo.

   I – Cnidários possuem células especializadas, os cnidoblastos, capazes de causar queimaduras e irritações dolorosas na pele de pessoas que os tocam.
   II – Algumas espécies de moluscos gastrópodes podem formar pérola a partir de algas raspadas pela rádula (dentes raspadores).
   III – Protozoários flagelados causam a inflamação dos ossos das pernas, tornando-as deformadas e provocando uma doença conhecida como elefantíase.
   IV – Devido ao seu hábito alimentar, as sanguessugas foram muito utilizadas no passado na prática de sangrias, em pacientes com pressão alta.

   Assinale a opção que apresenta somente afirmativas **CORRETAS**.
   a) I e II
   b) I, II e III
   c) I e IV
   d) II e IV
   e) III e IV

5. (UFAC – adaptada) Evidências moleculares, baseadas em sequências de RNA, sugerem o parentesco entre moluscos e anelídeos. Esses dados reforçam a hipótese de que esses grupos apresentam um ancestral comum. O parentesco entre esses grupos pode ser evidenciado também levando-se em consideração características biológicas tais como:

   a) protostomia, cordão nervoso dorsal e desenvolvimento direto.
   b) metameria, presença de celoma e desenvolvimento indireto.
   c) presença de celoma, simetria bilateral.
   d) pseudoceloma, simetria bilateral e respiração branquial.
   e) protostomia e metameria.

6. (FUVEST – SP) Um determinado animal adulto é desprovido de crânio e apêndices articulares. Apresenta corpo alongado e cilíndrico. Esse animal pode pertencer ao grupo dos

   a) répteis ou nematelmintos.
   b) platelmintos ou anelídeos.
   c) moluscos ou platelmintos.
   d) anelídeos ou nematelmintos.
   e) anelídeos ou artrópodes.

7. (UFPel – RS – adaptada) As minhocas são animais do filo *Annelida*, da classe *Oligochaeta*. Analise a figura que representa dois indivíduos em cópula:

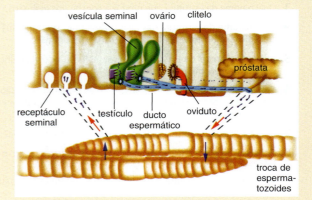

Sobre as minhocas, é correto afirmar que elas são

   a) heterossexuais e, para se reproduzirem, realizam a partenogênese.
   b) hermafroditas e, para se reproduzirem, realizam a fecundação cruzada mútua.
   c) assexuadas e, para se multiplicarem, realizam a fissão binária.
   d) monogaméticas, por isso a sua multiplicação pode ocorrer com apenas uma minhoca.
   e) bissexuais e, para se reproduzirem, realizam a autofecundação.

8. (UPE) Células ou estruturas especializadas em invertebrados são apresentadas na coluna A, definidas na coluna B e relacionadas a filos ou classes de organismo na coluna C, cujos representantes estão exemplificados na coluna D.

A	B	C	D
1. Coanócitos	1. Células com nematocistos, com função de secretar substâncias tóxicas e paralisantes sobre pequenos organismos.	1. *Oligochaeta*	1. Esponja
2. Clitelos	2. Estruturas com dentes quitinosos, situadas na faringe e com função de ralar o alimento.	2. *Platyhelminthes*	2. Minhoca
3. Células--flama	3. Células flageladas com colarinho membranoso que envolve o flagelo, cujos batimentos favorecem a saída de água do interior da cavidade do organismo.	3. *Coelenterata*	3. Hidra
4. Rádulas	4. Espessamentos glandulares com função de formar casulo que envolve os ovos.	4. *Porifera*	4. Caracol
5. Cnidócitos	5. Células que formam um tubo no interior do qual um grupo de cílios, em constante batimento, expele, para tubos longitudinais, as excreções recolhidas pelas células.	5. *Gastropoda*	5. Planária

Indique a alternativa que contenha 3 associações verdadeiras dentre as 5 que são possíveis.

	Associações		
	A B C D	A B C D	A B C D
a)	1 3 4 1	3 5 2 5	5 1 3 3
b)	1 5 3 1	2 4 1 2	5 3 5 3
c)	3 1 4 3	4 2 5 4	5 4 3 1
d)	1 3 2 5	2 4 3 1	3 2 5 4
e)	1 5 2 3	3 2 5 5	5 3 3 1

9. (UNESP) Observe o esquema

Suponha que o pássaro, se quiser comer a minhoca, tenha que passar por seis círculos que contenham pistas (informações) com características deste anelídeo, não podendo pular nenhum círculo. Um caminho correto a ser percorrido é

a) 2, 3, 6, 9, 8 e 11.
b) 2, 3, 6, 5, 8 e 11.
c) 1, 4, 7, 8, 9 e 11.
d) 2, 3, 6, 5, 8 e 10.
e) 3, 2, 1, 4, 7 e 10.

10. (UFMG – adaptada) Observe esta figura:

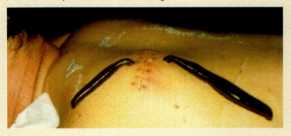

Na prática médica, a utilização de sanguessugas como agentes indutores de sangramento remonta ao ano 180 a.C. Atualmente, as sanguessugas têm sido usadas na prevenção de necrose tecidual, após cirurgias reparadoras.

Considerando-se essa situação, é **CORRETO** supor que o uso de sanguessuga se deve à

a) redução da oxigenação dos tecidos lesados.
b) estimulação da atividade coaguladora do sangue.
c) ação anestésica, visando-se à redução da dor.
d) prevenção da coagulação sanguínea.

Questões dissertativas

1. (UNICAMP – SP) Explique, de maneira comparativa, duas características que permitem considerar moluscos como animais mais complexos que celenterados.

2. (UNESP) Considere os versos da canção infantil:

Minhoca, minhoca, me dá uma beijoca
Não dou, não dou
Então eu vou roubar
Minhoco, minhoco, você é mesmo louco
Beijou o lado errado, a boca é do outro lado

Disponível em:
<www.escolapaulofreire.com.br/infantil/musica_amarelo.htm>.

a) Qual a importância das minhocas para as plantas?
b) Com relação à organização do corpo das minhocas (*Annelida*), justifique a frase "beijou o lado errado". Com relação à reprodução das minhocas, justifique a correção ou incorreção dos termos "minhoco" (macho) e minhoca (fêmea).

3. (UNICAMP – SP) Sob a denominação de "vermes", estão incluídos invertebrados de vida livre e parasitária, como platelmintos, nematódeos e anelídeos.

a) Os animais citados no texto apresentam a mesma simetria. Indique qual é essa simetria e dê duas novidades evolutivas associadas ao aparecimento dessa simetria.
b) *Hirudo medicinalis* (sanguessuga), *Ascaris lumbricoides* (lombrigas) e *Taenia saginata* (tênia) são exemplos de parasitas pertencentes a cada um dos filos citados que podem ser diferenciados também pelo fato de serem endoparasitas ou exoparasitas. Identifique o filo a que pertencem e separe-os quanto ao modo de vida parasitária.

4. (UFLA – MG) A metameria é um processo que ocorre em determinados grupos animais, como os protostômios celomados e cordados, influenciando acentuadamente a estruturação corpórea e seu funcionamento. Ela pode ser mais facilmente observada nas fases juvenis, mas também na fase adulta de algumas espécies. Por metameria, entende-se:

a) divisão superficial do corpo, com repetição de alguns órgãos.
b) divisão completa do corpo formando os metâmeros, mas sem a repetição estrutural ou de órgãos.
c) divisão completa de parte do corpo em segmentos homólogos, com mesmo aspecto e estrutura.
d) divisão superficial do corpo, resultando na aparência anelada externamente, não havendo, entretanto, divisão interna.

5. (MACKENZIE – SP) A respeito dos moluscos, é correto afirmar que
a) são de simetria bilateral, celomados e não segmentados.
b) são encontrados, unicamente, no ambiente marinho.
c) todos apresentam sistema circulatório aberto.
d) a maioria é hermafrodita (monoicos).
e) têm excreção por túbulos de Malpighi.

Programa de avaliação seriada

1. (PSS – UFPA) *Achatina fulica*, caramujo originário da África e introduzido no Brasil, tornou-se uma praga em todas as regiões, podendo ser encontrado nos jardins, praças e principalmente em áreas rurais, onde provoca os maiores danos. Esse animal apresenta algumas características que permitem enquadrá-lo em um filo predominantemente marinho. As características desse animal, que foram usadas para enquadrá-lo em seu filo, estão referidas na alternativa

a) presença de cabeça e pé, de massa visceral e de concha; respiração pulmonar.
b) corpo segmentado; presença de concha; respiração por difusão.
c) corpo achatado; digestão extracelular; respiração branquial.
d) presença de cabeça, tórax e abdome e de concha; respiração branquial.
e) presença de cabeça, tórax e massa visceral; respiração pulmonar; tubo digestório completo.

Artrópodes

Capítulo **10**

Moscas varejeiras e berne

Duas espécies de moscas – insetos da ordem dos dípteros – chamam a atenção pelo caráter médico-veterinário que possuem: a mosca varejeira e a mosca do berne. As varejeiras, das espécies *Cochliomyia hominivorax* e *Cochliomya macellaria*, de coloração azul ou verde-metálica, são as causadoras das bicheiras ou míases que afetam animais e mesmo o homem. Depositam os ovos em feridas, nas quais se desenvolvem as inúmeras larvas que se alimentam dos tecidos sãos ou em decomposição.

Já as moscas da espécie *Dermatobia hominis* são responsáveis pelo "berne", que afeta bois, cães e mesmo o homem. O "berne" é a larva da mosca (como a da foto), que se desenvolve nas camadas profundas da pele e tem grande importância econômica, uma vez que provoca perfurações na pele, deixando cicatrizes praticamente permanentes. Nem sempre é a mosca "berneira", porém, que deposita seus ovos na pele humana ou de algum animal. De modo geral, ela captura um "transportador" – mosca comum, borrachudo, motuca – que frequentemente visita a pele dos animais e deposita nele vários ovos na região abdominal que, após alguns dias, já tem larvas formadas.

As características dos insetos, como as moscas, e de outras classes de artrópodes serão o tema deste nosso capítulo.

O filo *Arthropoda* (do grego, *arthron* = articulação + *podos* = pés) é o mais numeroso da Terra atual. Contém cerca de 1.000.000 de espécies conhecidas, o que é pelo menos quatro vezes o total de todos os outros grupos animais reunidos.

Seus representantes conquistaram eficientemente todos os *habitats* disponíveis: marinho, água doce e terrestre. Não existe um lugar sequer no planeta que não contenha um artrópode.

Os artrópodes possuem **corpo segmentado** (corpo metamerizado), **apêndices articulados** (patas, antenas, palpos etc.) e corpo coberto com **exoesqueleto de quitina** (veja a Figura 10-1). O esqueleto externo é uma característica adaptativa importante, uma verdadeira armadura protetora rígida composta de **quitina**, um polímero nitrogenado de polissacarídeos, impregnada de camadas de cera. Em alguns, o exoesqueleto é reforçado pela deposição de carbonato de cálcio (calcário). O esqueleto cobre todo o corpo e em cada segmento corporal forma verdadeiras placas.

Figura 10-1. (a) Esquema dos componentes da pata de barata, ilustrando as articulações existentes entre elas. (b) Note a segmentação do corpo do gafanhoto e os apêndices articulados.

Um dos problemas do esqueleto externo, porém, é a limitação que ele oferece ao crescimento. Durante a fase jovem, ocorre um ciclo que envolve descarte do esqueleto, crescimento, construção de novo esqueleto, novo descarte e assim por diante até atingir a fase adulta, em que não há mais crescimento – são as **mudas** ou **ecdises** (veja a Figura 10-2).

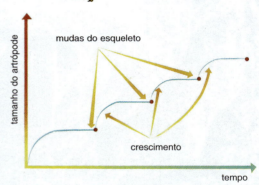

Figura 10-2. Gráfico ilustrando o padrão de crescimento de um artrópode.

Anote!
As carapaças deixadas por ocasião das mudas são as **exúvias** (do latim *exuviae*, "vestidos largados", "despojos").

▪ CLASSIFICAÇÃO DOS ARTRÓPODES

Costuma-se classificar os artrópodes levando-se em conta as divisões do corpo, o número de patas e a existência ou não de antenas e de outros apêndices (pedipalpos e quelíceras, por exemplo). Considerando esses elementos e a abordagem evolutiva, os representantes do filo *Arthropoda* seriam agrupados em cinco subfilos, sendo um desses já extinto, e algumas classes principais (veja a Figura 10-3 e a Tabela 10-1).

Figura 10-3. Cladograma com os subfilos de *Arthropoda* e as principais ocorrências diferenciadoras. Para alguns autores, hexápodes e miriápodes são reunidos sob a denominação de *Uniramia*, por possuírem apêndices unirremes (do latim, *unus* = um + *remus* = remo), ou seja, não bifurcados. Por outro lado, crustáceos, hexápodes e miriápodes, segundo outros autores, são agrupados e constituem o subfilo *Mandibulata*, por serem dotados de peças bucais conhecidas como mandíbulas. Neste livro, preferimos utilizar a classificação atualizada do filo *Arthropoda* nos cinco subfilos indicados neste cladograma.

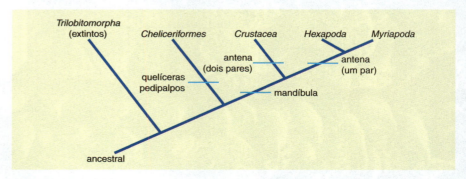

186 BIOLOGIA 2 • 4.ª edição

Tabela 10-1. Subfilos e principais classes do filo *Arthropoda*, com algumas características diferenciais e exemplos.

Subfilo	Classe	Divisão do corpo	Número de patas	Asas	Antenas	Exemplos
Cheliceriformes	*Chelicerata* (subclasse *Arachnida*)	Cefalotórax (fusão da cabeça com o tórax) e abdômen.	4 pares no cefalotórax.	Não há.	Não há.	Aranhas, escorpiões, carrapatos, ácaros.
Crustacea	*Malacostraca*	Cefalotórax e abdômen.	5 ou mais pares.	Não há.	2 pares.	Camarões, siris, lagostas, caranguejos, cracas, tatuzinho-de-jardim.
Hexapoda	*Insecta*	Cabeça, tórax e abdômen.	3 pares no tórax.	Pode haver 1 ou 2 pares no tórax. Há espécies que não as possuem.	1 par.	Abelhas, baratas, pulgas, cupins, gafanhotos, piolhos.
Myriapoda	*Chilopoda*	Cabeça e tronco.	1 par por segmento corporal.	Não há.	1 par de antenas longas.	Lacraias, centopeias.
	Diplopoda	Cabeça, tórax e abdômen.	1 par em cada segmento do tórax e 2 pares em cada segmento abdominal.	Não há.	1 par de antenas curtas.	Piolhos-de-cobra (embuás ou gongolôs).

De olho no assunto!

A filogenia dos artrópodes

Para alguns zoólogos, os artrópodes podem ser separados em grupos, conforme o esquema ao lado.

Note que os critérios utilizados para essa separação levam em conta a existência de quelíceras (apêndices presentes na parte anterior do cefalotórax dos aracnídeos, cujas funções serão vistas posteriormente), mandíbulas e traqueias (estruturas tubulares empregadas por insetos e miriápodes nas trocas gasosas, em contato direto com o ar atmosférico).

Para a filogenia dos artrópodes, a proposta que utilizaremos é a esquematizada ao lado. Perceba que, segundo o esquema, *Hexapoda* e *Myriapoda* são considerados grupos monofiléticos, de maior grau de parentesco evolutivo.

Baseado em: RUPPERT, E. E.; FOX, R. S.; BARNES, R. D. *Invertebrate Zoology – a functional evolutionary approach.* 7. ed. Sydney: Thomson, 2004, p. 719.

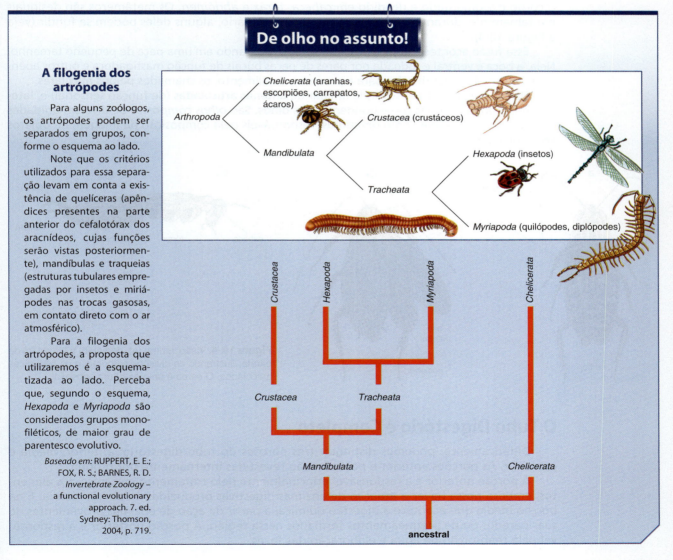

Artrópodes **187**

Trilobitas

Os artrópodes mais antigos conhecidos, todos extintos, pertencem ao grupo dos trilobitas, animais marinhos do Paleozoico. O corpo era composto de uma cabeça, um tronco com segmentos não fundidos e uma pequena região posterior. Possuíam um par de antenas e um par de olhos na cabeça, além de um par de apêndices em cada segmento do tronco.

OS INSETOS

Vamos utilizar a barata e o gafanhoto como exemplos para o estudo dos insetos. Neles, o corpo é segmentado e dividido em *cabeça*, *tórax* e *abdômen*. Os metâmeros são desiguais em tamanho e, durante o desenvolvimento embrionário, alguns deles podem se fundir (veja a Figura 10-4).

Essa fusão acontece na formação da cabeça, resultando em uma peça de pequeno tamanho. Nela, a boca é ventral e rodeada por pares de peças bucais de função mastigadora e outros apêndices articulados, modificados para a preensão do alimento, os chamados **palpos maxilares**.

Na cabeça encontram-se ainda um par de **antenas articuladas** (de função sensorial) e, lateralmente, duas manchas correspondentes aos **olhos**. São *olhos compostos* de diversas unidades hexagonais, conhecidas como **omatídios**, responsáveis pela composição da imagem de objetos vistos pela barata.

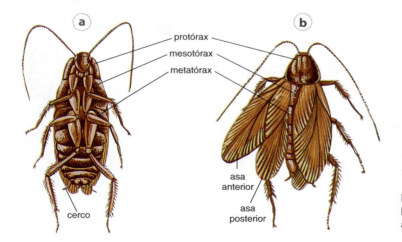

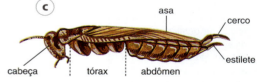

Figura 10-4. Visão ventral (a), dorsal (b) e lateral (c) da barata, ilustrando as divisões corporais e os apêndices articulados. O cerco é uma estrutura sensorial.

O Tubo Digestório é Completo

Didaticamente, podemos distinguir três porções do tubo digestório: *anterior*, *média* e *posterior*. As porções anterior e posterior são revestidas internamente por quitina.

A porção anterior é a responsável principalmente pelo tratamento mecânico dos alimentos, embora possa haver a atuação de enzimas digestivas produzidas na porção média. É na porção média que acontece a digestão química, a partir da ação de enzimas provenientes de suas paredes ou de pregueamentos formados nessa região. A porção posterior é a responsável pela reabsorção de água e elaboração das fezes.

Na boca, desembocam duas glândulas salivares cuja secreção inicia o processo de digestão química. Destacam-se ainda, no tubo digestório, um **papo**, de paredes finas, e uma **moela**, de paredes grossas (veja a Figura 10-5). No papo ocorre a ação de diversas enzimas digestivas e na moela se dá a trituração do alimento.

A seguir, o alimento é conduzido para o intestino, onde existem algumas projeções tubulares em fundo cego, os **cecos**. Nesses dois locais, a digestão química prossegue e ocorre a absorção do alimento digerido, que é enviado para o sangue. Na porção posterior do intestino, como já dissemos, ocorre absorção de água e formação das fezes, eliminadas na forma de grânulos secos, típicos da barata.

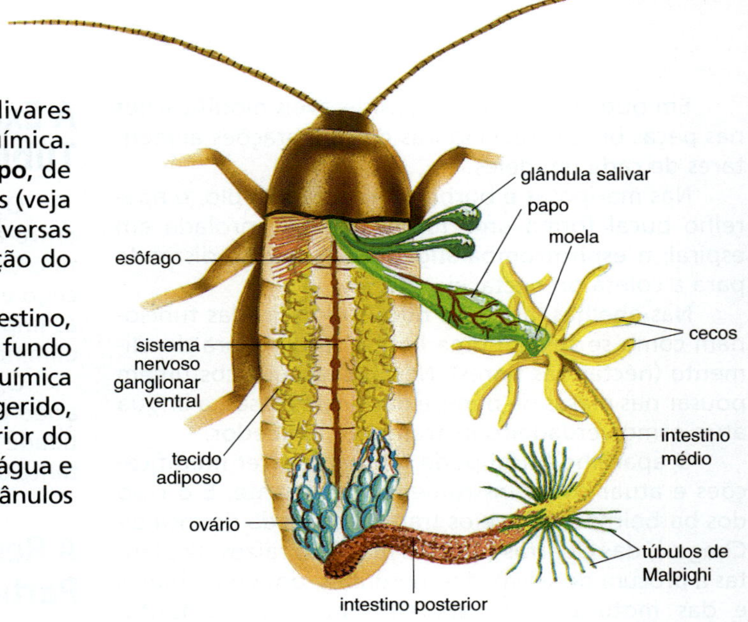

Figura 10-5. O interior da barata. O tubo digestório é completo e nele desembocam os túbulos de Malpighi, componentes do sistema excretor.

O aparelho bucal dos insetos

Na barata, a boca é rodeada por algumas peças bucais bilaterais com função mastigadora. Elas incluem mandíbulas, maxilas e peças manipuladoras de alimentos, os **palpos** maxilares e labiais. Além da barata, o gafanhoto, a libélula, o louva-a-deus, o cupim e o besouro, entre outros, também possuem peças bucais mastigadoras (veja a Figura 10-6).

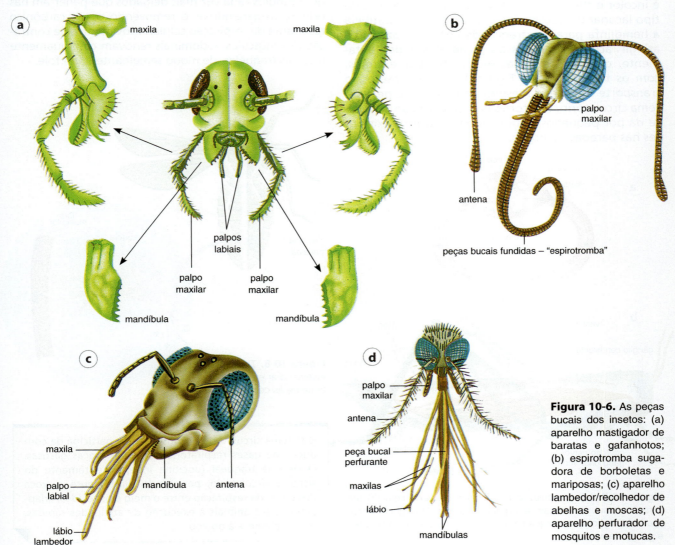

Figura 10-6. As peças bucais dos insetos: (a) aparelho mastigador de baratas e gafanhotos; (b) espirotromba sugadora de borboletas e mariposas; (c) aparelho lambedor/recolhedor de abelhas e moscas; (d) aparelho perfurador de mosquitos e motucas.

Artrópodes **189**

Em outros insetos, há consideráveis modificações nas peças bucais, reveladoras das adaptações alimentares de cada um deles.

Nas mariposas e borboletas, por exemplo, o aparelho bucal forma uma longa tromba enrolada em espiral, a **espirotromba sugadora**, e que se distende para a coleta do néctar das flores.

Nas abelhas, as peças bucais modificadas funcionam como se fossem uma **língua** recolhedora do alimento (néctar das flores). Nas moscas, que costumam pousar nas mesas de bares e das nossas casas, a língua atua como verdadeiro instrumento **lambedor**.

O aparelho bucal pode também sofrer modificações e atuar como instrumento perfurante. É o caso dos barbeiros (percevejos transmissores da doença de Chagas), das cigarras (que perfuram as raízes de plantas à procura de seiva), dos mosquitos, dos borrachudos e das motucas, cujo aparelho bucal é, portanto, do tipo **perfurante** e **sugador**.

A Circulação é Aberta

Na barata e na maioria dos insetos, o "sangue" é incolor e chamado de **hemolinfa**. A circulação é do tipo lacunar ou aberta. O coração é dorsal e bombeia a hemolinfa para a extremidade anterior, fazendo-a atingir **lacunas corporais** ou **hemocelas** onde, lentamente, ocorrem as trocas (nutrientes por excretas) com os tecidos (veja a Figura 10-7). Nos insetos, o transporte de gases da respiração não é feito pelo sistema circulatório. O retorno da hemolinfa ao coração se dá por pequenos orifícios laterais (óstios) existentes nas paredes do órgão.

A Excreção é Feita pelos Túbulos de Malpighi

Os túbulos de Malpighi se localizam no limite entre a porção média e a porção posterior do intestino (reveja a Figura 10-5). Cada túbulo possui fundo cego e mergulha nas lacunas do corpo, de onde retira as impurezas e as descarrega no intestino para serem eliminadas com as fezes.

O produto de excreção nitrogenada das baratas é o *ácido úrico*, substância que requer pequeníssima quantidade de água para sua eliminação (outro fator importante de adaptação dos insetos ao meio terrestre).

A Respiração Ocorre com a Participação de Traqueias

Os finíssimos túbulos traqueais contêm reforços de quitina em anel (veja a Figura 10-8). O ar penetra nesses túbulos através de orifícios que existem no tórax e no abdômen.

Cada túbulo, então, ramifica-se inúmeras vezes e gera túbulos cada vez mais delgados que penetram nas células, oxigenando-as e removendo o gás carbônico resultante da respiração celular. Movimentos de contração dos músculos abdominais renovam continuamente o ar das traqueias, de modo semelhante a um fole.

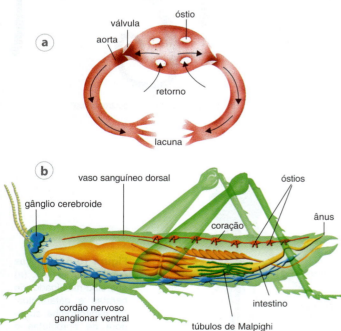

Figura 10-7. (a) A circulação nos insetos é aberta com (b) um coração dorsal. A excreção se dá pelos túbulos de Malpighi (observe sua localização nesse esquema de gafanhoto) e o sistema nervoso é ganglionar ventral.

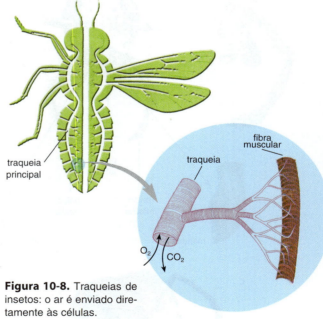

Figura 10-8. Traqueias de insetos: o ar é enviado diretamente às células.

Anote!

O sistema circulatório dos insetos não participa da condução de gases respiratórios nem das trocas gasosas. O sistema traqueal funciona independentemente do sistema circulatório, permitindo diretamente a troca dos gases da respiração entre o meio e os tecidos, adaptando esses animais à execução de atividades rápidas, principalmente a do voo.

O Sistema Nervoso é Semelhante ao dos Anelídeos

Dois gânglios localizados na região dorsal do esôfago, considerados como *gânglios cerebroides*, ligam-se a dois outros, localizados ventralmente, abaixo do esôfago. A partir daí surge uma **cadeia ganglionar ventral**, existindo praticamente um par de gânglios para cada segmento corporal (reveja a Figura 10-5).

De olho no assunto!

Os olhos dos artrópodes

Entre os artrópodes, há dois tipos de olhos: **simples**, também chamado de **ocelos** e **compostos** (veja a Figura 10-9).

Os olhos simples são conjuntos de células fotossensíveis, pequenos, revestidos por células pigmentadas, que se conectam ao nervo óptico. Esses olhos simples não têm a capacidade de formar imagens – apenas detectam a direção e a intensidade da luz.

Já os olhos compostos, comuns nos insetos, são assim chamados por serem constituídos por unidades menores, os **omatídios**. Cada omatídio é um tubo contendo células pigmentadas e um eixo, que recebe o estímulo luminoso e o envia a uma célula sensitiva. Vários omatídios compõem uma estrutura esférica, e cada um deles é responsável por um pedaço da imagem do objeto que o inseto enxerga. Transmitidas ao sistema nervoso, essas imagens são integradas em uma imagem total.

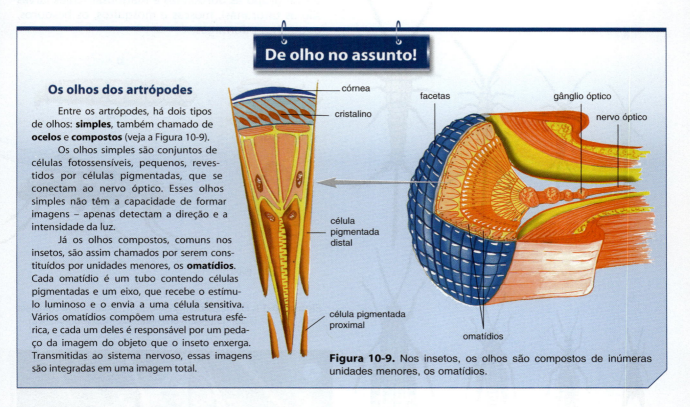

Figura 10-9. Nos insetos, os olhos são compostos de inúmeras unidades menores, os omatídios.

A Reprodução nas Baratas

Os sexos são separados e a fecundação é interna. A fêmea coloca os ovos fecundados dentro de uma ooteca, que ela costuma carregar por algum tempo, antes de depositá-la em alguma fresta de armário, em um canto de sala etc. Após algum tempo, eclodem pequenas baratas que possuem todas as características externas dos adultos, porém, não possuem asas nem conseguem se reproduzir. Essas formas jovens, conhecidas como **ninfas**, passam por um processo que envolve vários ciclos de **mudas** (ou **ecdises**) **do esqueleto** e crescimento corporal, até atingirem a fase adulta. Nesta, não mais ocorrem mudas do esqueleto, diferenciam-se as asas, os animais amadurecem sexualmente e podem se reproduzir.

O Desenvolvimento dos Insetos

Após a fecundação, o desenvolvimento do embrião se dá no interior de um ovo. Ao sair do ovo e até chegar à fase adulta, o inseto pode ou não passar por um processo de metamorfose (ou seja, *mudança de forma*). Os insetos que não passam por metamorfose são conhecidos como **ametábolos** e os que sofrem metamorfose são os **metábolos**.

Nos insetos ametábolos, o jovem que sai do ovo possui todas as características morfológicas do adulto. Apenas troca de esqueleto várias vezes até atingir o tamanho definitivo. É o caso das conhecidas traças-dos-livros (as lepismas).

Os insetos metábolos, isto é, os que sofrem metamorfose, pertencem a dois grandes grupos:

- aqueles nos quais a metamorfose é incompleta, chamados de **hemimetábolos**: o organismo que emerge do ovo, chamado de *ninfa*, é muito parecido com o adulto, apenas não possui asas nem é capaz de se reproduzir. Passa por várias fases de muda do exoesqueleto e crescimento, até atingir a fase adulta, em que se definem as asas, ocorre o amadurecimento sexual e cessam as mudas do esqueleto. Os insetos hemimetábolos incluem as baratas, os gafanhotos (as ninfas são os saltões), as cigarras, os percevejos, as libélulas e os cupins. Veja a Figura 10-10.

No interior da pupa, lentamente, o corpo vai sofrendo modificações radicais, até se diferenciar no animal adulto (também chamado de **imago**), com asas, patas longas e aparelho reprodutor desenvolvido. Os adultos não mais sofrem mudas do esqueleto e, muitas vezes, morrem após a reprodução. Pertencem a esse grupo as borboletas e mariposas (cujas larvas são as taturanas), moscas e mosquitos, os besouros, as abelhas e formigas.

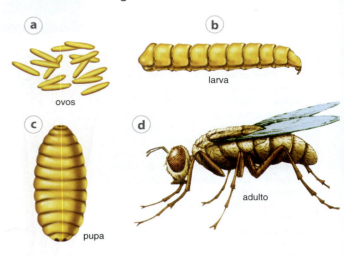

Figura 10-11. Holometábolo: inseto com metamorfose completa (a, b, c e d – fases do desenvolvimento da mosca doméstica).

Figura 10-10. Insetos (a) ametábolos: sem metamorfose; e (b) hemimetábolos: metamorfose incompleta.

- aqueles nos quais a metamorfose é completa, chamados de **holometábolos**: do ovo emerge uma **larva**, cuja forma é totalmente diferente do animal adulto (veja a Figura 10-11). As larvas das diversas espécies de insetos holometábolos variam muito na aparência, no tamanho e na cor. Algumas possuem patas verdadeiras (como os adultos, três pares), outras possuem patas falsas e muitas não as possuem (como as larvas vermiformes das moscas). A larva se alimenta ativamente, efetua trocas periódicas de esqueleto e cresce até atingir certo tamanho. Em determinada época, ela entra na fase de **pupa**, ocasião em que permanece em aparente repouso. O processo de empupação pode, em certas espécies, como o do bicho-da-seda, se dar dentro de um casulo previamente secretado pelas glândulas salivares da lagarta.

(a) Casulo (contém a pupa) e (b) lagarta (larva) do bicho-da-seda.

De olho no assunto!

Insetos sociais

Muitos insetos são solitários. É o caso dos gafanhotos. Alimentam-se por conta própria e só procuram um parceiro no momento do acasalamento. Reproduzem-se e cada qual segue o seu caminho.

Outros insetos, porém, vivem em grupos. É o que acontece com formigas, abelhas e cupins, considerados *insetos sociais*.

Assim como nas sociedades humanas, a vida em conjunto envolve divisão de trabalho entre os insetos, na qual grupos de indivíduos executam funções específicas que resultam em benefícios para o conjunto.

Em uma sociedade de insetos há categorias ou *castas*, executando funções especializadas. Em uma colmeia, essas castas são representadas por uma **rainha**, numerosas fêmeas **operárias** e, dependendo da época, alguns machos, os **zangões** (veja a Figura 10-12). A rainha é a abelha reprodutora. Durante sua vida, ela produz dois tipos de "ovo", que são depositados nos favos: os fecundados – diploides – e óvulos não fecundados (haploides). Os primeiros originarão fêmeas: a rainha (fértil) e as operárias (estéreis). Os outros se desenvolvem, por **partenogênese**, em machos haploides férteis, os zangões.

Partenogênese é um tipo de reprodução sexuada em que óvulos se desenvolvem sem serem fecundados, originando indivíduos haploides. Dependendo da espécie, são produzidos apenas machos, como nas abelhas, apenas fêmeas ou indivíduos de ambos os sexos (caso de muitas espécies de pulgões).

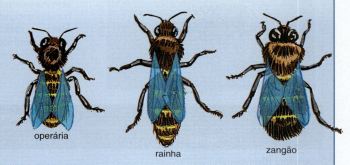

Figura 10-12. Nas abelhas, diferentes tipos de indivíduo compõem a sociedade existente na colmeia.

Tecnologia & Cotidiano

"Se o Brasil não acabar com a saúva, a saúva acabará com o Brasil"

A frase, do pesquisador francês Yves Saint-Hilaire, dita no início do século passado, pode até ser um exagero, mas a verdade é que, até hoje, as saúvas são verdadeiras pragas agrícolas. E, apesar de serem importantes na reciclagem de nutrientes e na fertilização do solo, possuem um alto poder de destruição.

Depois de descobrir que plantas como o gergelim (*Sesamum indicum*) e a mamona (*Ricinus communis*) possuem efeitos tóxicos contra formigueiros de saúvas, pesquisadores do Grupo de Produtos Naturais da Universidade Federal de São Carlos e do Grupo de Insetos Sociais da UNESP/Rio Claro conseguiram isolar algumas substâncias ativas dessas plantas e já estão a caminho do desenvolvimento de inseticidas naturais.

O resultado mais importante e recente da pesquisa, que vem sendo realizada desde 1991, foi o isolamento de um alcaloide tóxico e de gosto amargo, encontrado nas folhas da mamona, que possui atividade formicida (mata as formigas) e, quando associado à sesamina, fungicida (destrói o fungo). Lembre-se de que nos sauveiros existe uma associação mutuamente vantajosa entre as formigas e os fungos que elas criam como alimento. Outras plantas que estão sendo estudadas, além da mamona e do gergelim, são a batata-doce (*Ipomoea batatas*), a fava-branca (*Canavalia ensiformis*) e a *Virola sebifera*, planta facilmente encontrada no país e rejeitada pelas formigas. Todas essas plantas possuem ação fungicida e formicida e estão passando por testes laboratoriais, na tentativa de se encontrarem outras substâncias ativas, além dos ácidos graxos, que vêm se destacando nos estudos.

"Por enquanto, o maior potencial de uso está na mamona, porque o alcaloide que está sendo isolado tem uma atividade bastante ampla em pequenas concentrações", diz o químico João Batista Fernandes, professor titular da UFSCar e coordenador geral do projeto. (...)

Para se ter uma ideia do estrago que as saúvas podem causar a uma cultura, um único formigueiro adulto, por exemplo, de cerca de três metros de profundidade, provoca uma perda anual média de três toneladas por hectare em uma plantação de cana-de-açúcar. Um sauveiro adulto com cerca de seis anos de idade pode abranger uma área de 100 m² e 7 m de profundidade, e consome aproximadamente uma tonelada de matéria fresca por ano. Ele pode ter, em média, 2 milhões de formigas. "As formigas podem causar danos irreparáveis à agricultura e ao reflorestamento, mas não se pode simplesmente acabar com elas, porque esses insetos possuem uma atividade muito importante na fertilização e aeração do solo", alerta Fernandes.

Disponível em: <http://www.revistapesquisa.fapesp.br/showphp?id=revistas1.fapesp1..20020624.19971126.. SEC 1_3>. *Acesso em:* 8 ago. 2012.

De olho no assunto!

As principais ordens de insetos

"Um besouro é igual a um gafanhoto, que é igual a um pernilongo, que é igual a uma borboleta..." Nessa frase – que poderia continuar com numerosos outros exemplos –, o "**é igual a**" tem o significado de que os animais citados pertencem ao mesmo *filo* – dos Artrópodes – e à mesma *classe* – dos insetos. No caso dessa classe de invertebrados, é comum descer-se um degrau na classificação e abordar as principais *ordens*. A vantagem é fazer uma distinção mais completa entre os diversos representantes da classe. Ao ler a lista das principais *ordens* de insetos – que relacionamos a seguir –, você será capaz de dizer por que, afinal, um besouro é diferente de uma mariposa, por exemplo. Iniciaremos pelos *ametábolos*, seguindo-se os *hemimetábolos* e os *holometábolos*.

Ametábolos

Ordem	Exemplos e características
Thysanura (Tisanuros)  Traça-do-livro.	Traças-dos-livros (lepismas). Sem asas, corpo alongado (até 30 mm de comprimento), antenas longas, peças bucais mastigadoras. Abdômen com 11 segmentos, dotado, na extremidade posterior, de 2 cercos laterais e um filamento mediano. Alimentam-se de matéria vegetal em decomposição. Podem roer livros e papéis velhos.

Hemimetábolos

Ordem	Exemplos e características
Odonata (Odonatas)  Libélula.	Libélulas (lavadeiras). Cabeça grande e móvel, aparelho bucal mastigador, com poderosas mandíbulas. Antenas curtas. Dois pares de asas membranosas transparentes. Abdômen delgado, alongado. Alimentam-se de moscas, besouros, abelhas e vespas. Acasalam-se em pleno voo. Ovos depositados na água. Ninfas aquáticas.
Orthoptera (Ortópteros)  Gafanhoto.	Gafanhotos, grilos, louva-a-deus, bicho-pau, esperança, paquinha. Peças bucais mastigadoras. Asas anteriores estreitas, pergamináceas (tégminas), recobrindo as posteriores, que são membranosas. Alguns não possuem asas. Pernas longas, com diversas funções: saltar, escavar, correr etc. Alguns gafanhotos possuem hábitos solitários, enquanto outros vivem em bandos (nuvens de gafanhotos). Muitos herbívoros, outros predadores (louva-a-deus).
Blattodea (Blatódeos)  Barata.	Baratas. Hábito noturno, correm rapidamente no escuro, escondem-se em fendas. Onívoros, estragam alimentos, roupas, couro e livros. Aparelho bucal mastigador, corpo ovalado e achatado dorsoventralmente. Asas anteriores em tegmina. Hemimetábolos (ovo-ninfa-adulto). Ovos contidos em ootecas escuras depositadas em frestas, interior de gavetas etc.
Dermaptera (Dermápteros)  Tesourinha.	Tesourinha (também chamada de lacrainha). Peças bucais mastigadoras. Asas anteriores curtas, coriáceas. Asas posteriores longas e membranosas. Um par de fortes "pinças" na extremidade do abdômen. Alimentam-se de vegetais e insetos.

Hemimetábolos	
Ordem	Exemplos e características
Isoptera (Isópteros)  Cupins, vendo-se a rainha.	Cupins (ou térmitas, também conhecidos em algumas regiões do Brasil como siriris ou aleluias). Insetos sociais. Peças bucais mastigadoras. Tórax unido ao abdômen. Nos indivíduos alados, presença de dois pares de asas semelhantes, estreitas, membranosas, que se destacam depois do voo nupcial. Alimentam-se de vegetais, principalmente madeira.
Anoplura (Anopluros)  Piolho.	Piolhos e chatos. Peças bucais mastigadoras ou pungitivas e sugadoras. Sem asas. Alimentam-se de sangue ou componentes da pele. Ovos (lêndeas) aderentes aos cabelos e pelos.
Hemiptera (Hemípteros)  Percevejo.	Percevejos, barbeiros, baratas-d'água. Peças bucais picadoras-sugadoras (possuem uma "tromba" picadora que se dobra ventralmente). Primeiro par de asas duras, coriáceas na metade anterior, e moles, membranosas na metade posterior (hemiélitros). O segundo par de asas é membranoso. Às vezes, não há asas. Alimentam-se de sucos vegetais e sangue de animais. Barbeiros são transmissores da doença de Chagas.
Homoptera (Homópteros)  Cigarra.	Cigarras, pulgões-de-plantas, jequitiranaboia. Forma do corpo muito variada. Peças bucais picadoras-sugadoras. Tromba bucal se origina na parte inferior da cabeça, bem atrás dos olhos, e depois passa pelo meio das patas anteriores. Quatro asas membranosas (as anteriores apresentam aspecto mais ou menos espesso). Alimentam-se de seiva vegetal. Pulgões são parasitas de plantas.
Holometábolos	
Ordem	Exemplos e características
Coleoptera (Coleópteros)  Besouro.	Besouros, joaninhas, vaga-lumes, gorgulhos, potós. Peças bucais mastigadoras. Asas anteriores espessas (élitros), não utilizadas para o voo, e muitas vezes coloridas. Asas posteriores membranosas. Alimentam-se de substâncias vegetais e algumas espécies se alimentam de outros insetos, de carniça e de excremento.

Holometábolos	
Ordem	**Exemplos e características**
Diptera (Dípteros)  Mosquito.	Moscas (domésticas, das frutas, varejeira). Pernilongos (mosquitos), mutucas, borrachudos. Aparelho bucal picador-sugador ou sugador-lambedor. Um par de asas apenas, que emerge do mesotórax. Um segundo par, que funciona como órgão de equilíbrio (denomina-se halteres), emerge do metatórax.
Lepidoptera (Lepidópteros)  Borboleta.	Borboletas, mariposas, bichos-da-seda. Larvas (lagartas) com peças bucais mastigadoras. Adultos com peças bucais sugadoras (espirotromba). Quatro asas membranosas largas. Borboletas possuem hábitos diurnos e, pousadas, mantêm as asas em posição vertical. Mariposas têm hábitos noturnos e, ao pousar, mantêm as asas em posição horizontal. Larvas (lagartas) alimentam-se de folhas. Adultos sugam néctar de flores.
Hymenoptera (Himenópteros)  Formigas.	Formigas, abelhas, vespas, mamangavas, marimbondos. Peças bucais mastigadoras ou mastigadoras-lambedoras. Quatro asas (às vezes, ausentes), pequenas, membranosas. Insetos sociais. Alimentação diversificada (folhas, néctar). Alguns são parasitas de outros insetos.
Siphonatera (Sifonápteros) Pulga.	Pulgas, bichos-de-pé. Peças bucais picadoras-sugadoras. Sem asas. Adultos são parasitas externos de vertebrados. Alguns transmitem doenças (peste bubônica).

OS CRUSTÁCEOS

Assim como a barata, o camarão – exemplo para nosso estudo dos crustáceos (do latim, *crusta* = crosta) possui **apêndices articulados**, **corpo segmentado** e **exoesqueleto**. Há, porém, algumas diferenças. No camarão, a cabeça e o tórax estão fundidos em uma peça única, o **cefalotórax**; na cabeça, há dois pares de antenas e o abdômen apresenta apêndices articulados natatórios birremes (dois ramos presos a uma base). Veja a Figura 10-13.

Anote!
Os apêndices articulados exercem diversas funções e muitos estão relacionados à locomoção, enquanto outros são modificados para manipular e triturar alimentos.

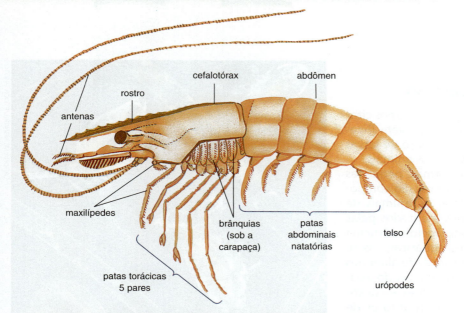

Figura 10-13. No camarão, o corpo é dividido em cefalotórax e abdômen. Na extremidade anterior, correspondente à cabeça, destacam-se os olhos pedunculados e dois pares de antenas. As patas locomotoras, localizadas na parte correspondente ao tórax, são em número de cinco pares. No abdômen, destacam-se cinco pares de apêndices adaptados à natação. Na fêmea, também servem para carregar ovos.

O exoesqueleto é constituído de quitina espessada com carbonato de cálcio. Uma placa contínua cobre grande parte do cefalotórax e termina na extremidade anterior em um **rostro** serrilhado.

Na cabeça, há um par de olhos pedunculados e dois pares de antenas: um longo, de função tátil, e outro curto, de função provavelmente olfativa.

As trocas gasosas respiratórias são efetuadas por **brânquias** localizadas bilateralmente sob a carapaça cefalotorácica. A corrente de água que as oxigena continuamente é criada por apêndices modificados.

O camarão é comedor de detritos que encontra no lodo oceânico. A excreção é efetuada pelas chamadas **glândulas verdes** (veja a Figura 10-14), cujo orifício excretor se abre na base das antenas maiores. O produto de excreção nitrogenada é a amônia.

A reprodução sexuada ocorre com o encontro de machos e fêmeas ao longo da costa litorânea e em profundidades que não ultrapassam 50 metros. A fecundação é interna e a fêmea carrega os ovos nas patas abdominais por algum tempo. Dos ovos surgem larvas que habitam a região costeira de manguezais e estuários de rios. Após o ciclo de crescimento, os jovens dirigem-se para regiões mais profundas e se misturam com os adultos.

Anote!

Cracas são crustáceos marinhos, filtradores de alimento, que constroem estruturas calcárias em forma de pequenos vulcões, fixos em uma rocha, no interior dos quais vivem os animais. Por outro lado, **tatuzinhos-de-jardim** são os únicos crustáceos encontrados em meio terrestre. Vivem em locais úmidos e respiram por brânquias protegidas em uma câmara branquial.

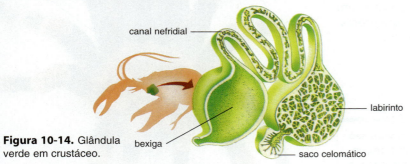

Figura 10-14. Glândula verde em crustáceo.

De olho no assunto!

Siris e caranguejos: camarões modificados

Macrocrustáceos comuns nas costas litorâneas brasileiras, os siris e os caranguejos são muito semelhantes ao camarão, embora o formato do corpo seja diferente.

No siri, o cefalotórax é alargado, achatado e tem formato elíptico com pontas bilaterais. A extremidade do último par de patas cefalotorácicas possui aspecto de leme e adapta o animal à natação.

Nos caranguejos, o cefalotórax é arredondado. As patas cefalotorácicas terminam em ponta e adaptam os animais à locomoção em solo oceânico e até mesmo a subirem em árvores, como é o caso dos caranguejos que habitam os manguezais.

A diferenciação dos sexos nesses animais se dá por meio da placa abdominal segmentada e dobrada sob o cefalotórax: nos machos, ela é afilada e nas fêmeas, larga, aproximadamente semicircular. A fecundação é interna e as fêmeas carregam os ovos na região ventral das placas abdominais.

Após a liberação dos ovos, surgem larvas livres que, depois de um processo de metamorfose, passam a apresentar o formato dos adultos.

Microcrustáceos: Constituintes do Zooplâncton

Os microcrustáceos, entre os quais podemos citar as artêmias, os copépodes e as dáfnias, vivem livremente na água, junto a um grande número de larvas e espécimes adultos de diferentes grupos animais.

Conjuntamente, todas essas formas pequenas de animais, incluindo os microcrustáceos, são componentes do **zooplâncton**, comunidade de animais de dimensões reduzidas e que são movimentados pelas ondas e correntes aquáticas. O zooplâncton participa das chamadas cadeias alimentares aquáticas, ao se alimentar das pequenas algas produtoras de alimento desses ecossistemas. Por sua vez, os animais do zooplâncton são comidos por animais maiores e constituem, assim, verdadeiro elo entre os produtores de alimento e os consumidores de ordens superiores.

Microcrustáceos do zooplâncton em meio a algas filamentosas. Na foto, veem-se quatro microcrustáceos: uma pulga-d'água (à direita, superior), um *Cyclops* (à esquerda, inferior), um ostrácode (à direita, inferior) e uma larva de copépode (à esquerda, superior).

▪ OS ARACNÍDEOS

A aranha, típico representante dos aracnídeos, possui **corpo segmentado**, **apêndices articulados**, um **exoesqueleto quitinoso** e abdômen **sem** apêndices articulados.

Há, no entanto, algumas diferenças em relação à barata. O corpo da aranha é dividido em cefalotórax e abdômen (como no camarão); há quatro pares de patas cefalotorácicas; não há antenas; como apêndices na extremidade anterior do corpo, existe um par de **pedipalpos** preensores e um par de **quelíceras**, inoculadoras de veneno (veja a Figura 10-15).

As Relações de Predatismo e Parasitismo

Na classe dos aracnídeos, que além das aranhas inclui os escorpiões, os carrapatos e os ácaros, a atividade da maioria dos representantes está voltada para o predatismo ou para o parasitismo. Essas adaptações ficam bem evidentes a partir da compreensão de como funcionam certos apêndices articulados.

Anote! Aranhas e escorpiões são carnívoros predadores, enquanto os carrapatos e a maioria dos ácaros atuam como parasitas.

Na aranha, a tática predatória envolve a utilização dos pedipalpos como instrumento de preensão e das quelíceras como via de inoculação de veneno. Cada quelícera contém uma glândula de veneno, cuja secreção flui por um canal que percorre um aguilhão (ferrão) inoculador. A ação paralisante do veneno permite a imobilização das vítimas (insetos e pequenos vertebrados).

Figura 10-15. Nas aranhas, o corpo é dividido em cefalotórax e abdômen. Um par de pedipalpos preênseis e um par de quelíceras inoculadoras de veneno caracterizam as aranhas como carnívoras predadoras (acúleos inoculadores ficam dobrados sob as quelíceras).

A aranha não mastiga o alimento. Enzimas digestivas, provenientes do tubo digestório, são liberadas pela boca e atuam nos tecidos da vítima, em um processo de digestão extracorpórea. O caldo resultante é sugado pela aranha e enviado ao tubo intestinal para digestão final e absorção.

Circulação, Trocas Gasosas e Excreção em Aracnídeos

Como nos outros artrópodes, o coração é dorsal e bombeia o sangue para lacunas, onde são feitas as trocas de substâncias com os tecidos.

As trocas gasosas podem ser efetuadas por dois tipos de estrutura: **filotraqueias (pulmões foliáceos)** e **traqueias**. Os pulmões foliáceos são formações existentes na região ventral do abdômen, constituídos por finíssimas lâminas de tecido irrigadas por hemolinfa (uma importante diferença em relação às traqueias). O ar penetra por orifícios existentes no abdômen e as trocas gasosas ocorrem com a participação da hemolinfa (veja a Figura 10-16).

As traqueias são semelhantes às dos insetos e, nesse caso, as trocas gasosas independem do sistema circulatório.

A excreção é feita pela ação dos **túbulos de Malpighi** e das **glândulas coxais**. Os túbulos de Malpighi funcionam de modo análogo aos dos insetos. As glândulas coxais são vesículas que lembram as glândulas verdes dos crustáceos. Recolhem os resíduos corporais das lacunas e os eliminam por ductos que se abrem na base das coxas. O produto de excreção nitrogenada é a guanina, eliminada como cristais brancos. Muitas aranhas possuem estrias brancas no corpo, em consequência da excreção dessa substância.

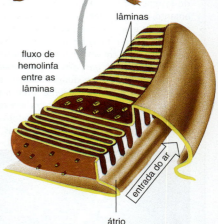

Figura 10-16. Nas aranhas, as trocas gasosas também são efetuadas por pulmões foliáceos que, diferentemente das traqueias, são irrigados pela hemolinfa.

De olho no assunto!

As aranhas e a construção de teias

O abdômen das aranhas não é segmentado e, assim como o cefalotórax e as patas, é dotado de muitos pelos (cerdas quitinosas). Na extremidade posterior e ventral, chamam a atenção as **fiandeiras**, cerca de 6, responsáveis pela confecção das teias. As fiandeiras são ligadas às **glândulas sericígenas**, localizadas no interior do abdômen. Essas glândulas secretam o material proteico que servirá para a confecção da seda das teias, a partir de uma ação semelhante a agulhas de tricotar.

Para muitas aranhas, a teia funciona como uma verdadeira rede de caça, principalmente de insetos que, uma vez imobilizados, podem ser facilmente digeridos e sugados.

Leitura

Conheça as aranhas

Toda aranha é venenosa. Nem toda aranha, porém, é agressiva. Muitas são benéficas para o homem, ao efetuarem o controle de insetos indesejáveis como pernilongos, cupins e moscas. No entanto, as quatro aranhas abaixo são as que causam mais acidentes às pessoas e aos animais domésticos. Ao encontrar qualquer uma delas afaste-se o mais rápido possível. Não as moleste. Se puder, colete-as vivas, encaminhando-as para um instituto especializado onde possam servir para extração de veneno.

Aranha armadeira: durante o dia esconde-se em lugares escuros e úmidos e frequentemente junto a bananeiras. Caça insetos à noite. Entra nas casas e penetra em tênis e sapatos, podendo causar graves acidentes. Ameaçada, adota a postura típica das patas anteriores em guarda, apoiando-se nas patas traseiras. Alcança tamanhos de até 9 cm de comprimento, esticada. Considera-se que é a aranha que mais acidentes provoca.

Aranha marrom: pequena (o corpo da fêmea atinge cerca de 1 cm e possui patas longas), vive junto a pilhas de tijolos ou telhas. Não costuma ser agressiva, picando somente se não puder fugir.

Viúva-negra: pequena, como as aranhas marrons (1 cm de corpo), costuma, quando molestada, atirar-se ao chão permanecendo imóvel, fazendo-se de morta. Não é agressiva.

Aranha de grama (tarântula): mede até 5 cm incluindo as patas. Costuma carregar ootecas (pacotes de ovos) nas costas e vive em pequenos buracos no solo. É frequente em gramados e foge quando ameaçada, ao contrário da armadeira.

Quando pernoitar em uma casa de campo, é recomendável deixar acesa alguma lâmpada externa, distante da casa. A luz atrai insetos que as aranhas caçam, afastando-as assim do lugar em que as pessoas estão dormindo. Nesse sentido, é recomendável não deixar acesas as luzes internas.

Aranha armadeira *(Phoneutria nigriventer)*

Viúva-negra *(Latrodectus curacaviensis)*

Aranha marrom *(Loxosceles sp.)*

Tarântula *(Lycosa sp.)*

Sistema Nervoso

Muitos gânglios fundidos estão concentrados em determinados pontos do cefalotórax.

O sistema nervoso da aranha é bem desenvolvido. De modo geral, existem oito olhos simples, localizados dorsalmente na metade anterior da placa cefalotorácica, com variada capacidade de elaboração de imagens, nem sempre bem interpretadas. Porém, são capazes de discriminar movimentos, razão pela qual devemos oferecer-lhes presas vivas, que se movam.

Nas aranhas há muitos pelos sensoriais (cerdas táteis) espalhados pelo corpo, principalmente nos apêndices articulados. Como as aranhas não têm antenas, esses pelos e outras estruturas sensoriais representam importante mecanismo de relacionamento desses animais com o meio ambiente e são excelentes auxiliares na percepção da existência de presas e inimigos. Certas estruturas sensoriais em forma de fendas, localizadas nas patas, são responsáveis pela percepção de vibrações. É por isso que se diz que as aranhas "ouvem" pelas patas.

A Reprodução nas Aranhas

A reprodução sexuada nas aranhas envolve complexos mecanismos de cortejamento e acasalamento. A fecundação é interna e, de maneira geral, os pedipalpos funcionam como instrumento de injeção de gametas masculinos na fêmea. Para isso, há bulbos copulatórios na extremidade dos pedipalpos onde é recolhido o esperma para posterior fecundação. De modo geral, a fêmea deposita centenas de ovos em um casulo (ovissaco) de seda. Dentro dele, o desenvolvimento é direto. É comum ver aranhas que tecem teias elaborarem o casulo no qual existem dezenas de jovens aranhas. Pouco a pouco, elas vão se libertando e se dispersam pelo ambiente. Certas aranhas carregam filhotes no dorso até que eles se libertem e passem a viver uma vida independente. O tempo de vida das aranhas é variável. Caranguejeiras mantidas em cativeiro podem durar até 25 anos. Mas, na natureza, a média parece ser de dois anos. Durante a fase de crescimento ocorrem várias mudas do exoesqueleto, até atingirem o estado final, adulto, quando acontece a maturidade sexual.

Aranha carregando um ovissaco (casulo onde estão os ovos).

PANTHERMEDIA/KEYDISC

Os Escorpiões

No escorpião, o cefalotórax é curto e formado por um escudo único, não segmentado. Na extremidade anterior, há um par de quelíceras trituradoras. No dorso, há um par de olhos medianos e alguns outros olhos simples, situados lateralmente. As patas localizam-se no cefalotórax e isso pode ser mais bem observado quando se olha a região ventral do animal, na qual sobressaem as volumosas coxas dos quatro pares de patas.

O abdômen é dividido em duas partes. A anterior, mais larga, o pré-abdômen, é composta de sete segmentos. A outra, impropriamente chamada de cauda, é o pós-abdômen, formada por cinco segmentos. Na extremidade do último segmento do pós-abdômen existe uma dilatação, o *télson*, dotado de um aguilhão. Por ele corre o veneno secretado por uma glândula localizada nesse apêndice.

No escorpião, os pedipalpos são longos e terminam em pinças – eles prendem a presa enquanto o pós-abdômen encurva, cravando o aguilhão, e então o veneno é inoculado. As quelíceras também são dotadas de pinças muito pequenas que esmagam a presa, extraindo-lhe os caldos nutritivos que são, então, sugados pelo escorpião.

Atingida a maturidade sexual, ocorrem o cortejo e o acasalamento, que envolvem complexos mecanismos de atração e aproximação. A fecundação é interna e, de modo geral, as fêmeas são vivíparas, isto é, libertam escorpiões diminutos completamente formados no interior da mãe. As fêmeas costumam carregar dezenas de jovens no dorso, até que se complete o desenvolvimento e que estes possam ter vida independente.

No escorpião, os pedipalpos são os maiores apêndices articulados e terminam em pinças.

PANTHERMEDIA/KEYDISC

Artrópodes

Os Carrapatos e os Ácaros

Nos carrapatos e ácaros, a principal modificação do corpo, em comparação às aranhas, é a fusão total do cefalotórax com o abdômen, formando um escudo dorsal contínuo.

Esses aracnídeos são predominantemente parasitas de animais domésticos, do homem e de plantas por ele cultivadas. Nas espécies parasitas, as peças bucais são adaptadas à perfuração e sucção e, nas demais, o hábito alimentar lembra o das aranhas, com liberação de enzimas sobre o alimento e posterior sucção do caldo formado.

Nas espécies de carrapatos que parasitam o homem, cavalos, bois, cachorros etc., o alimento preferido é o sangue. O carrapato incha à medida que suga o sangue, adquirindo tamanho que não excede 1 cm de comprimento.

OS MIRIÁPODES: QUILÓPODES E DIPLÓPODES

Se você comparar um piolho-de-cobra com uma lacraia (veja a Figura 10-17), notará algumas semelhanças: ambos possuem um grande número de patas locomotoras, corpo alongado contendo muitos segmentos e uma cabeça com um par de olhos e um par de antenas.

Diferem, no entanto, em muitos aspectos: a lacraia é achatada e tem o corpo dividido em cabeça e tronco; o piolho-de-cobra é cilíndrico e apresenta o corpo dividido em cabeça, tórax (contendo quatro segmentos) e abdômen. No primeiro segmento do corpo da lacraia há um par de garras inoculadoras de veneno. Nos demais, excetuando-se o último, há um par de patas locomotoras por segmento. O piolho-de-cobra não possui garras inoculadoras de veneno (ele não é venenoso) e dois dos segmentos torácicos apresentam um par de patas cada um. Já no abdômen, cada segmento possui dois pares de patas cada um.

Ambos preferem lugares úmidos e escuros, sob troncos caídos, madeira, pedras, vasos, e têm hábito predominantemente noturno.

Respiram por traqueias, excretam por meio de túbulos de Malpighi. Os sexos são separados (dioicos) e os jovens, quanto à forma, se assemelham aos adultos.

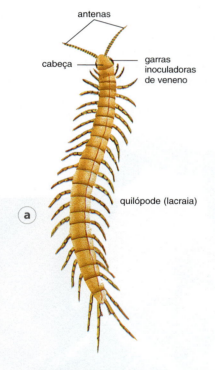

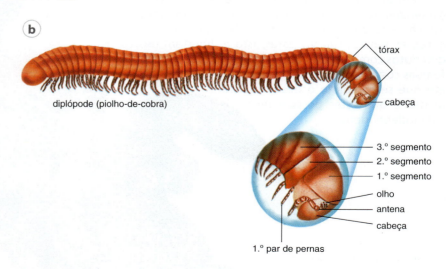

Anote!
A lacraia atua como predadora e vai rapidamente em busca de presas, pequenos roedores, insetos e minhocas; os piolhos-de-cobra movem-se lentamente e são comedores de detritos vegetais.

Figura 10-17. Os miriápodes. (a) Lacraia e (b) piolho-de-cobra.

De olho no assunto!

A origem do termo miriápode

O nome "miriápode" (do grego, *myriás* = dez mil, numeroso + *podos* = pés) sugere **uma infinidade de patas**. Nem sempre, porém, há tantas patas.

Diferentes espécies de lacraias podem ter de 15 a 181 segmentos, com um par de patas por segmento. Os piolhos-de-cobra podem ter de 9 a 100 segmentos, com 2 pares de patas por segmento.

Passo a passo

1. Qual estrutura constitui um problema no crescimento dos artrópodes?
2. Quais são as principais características usadas para classificar os artrópodes?
3. Cite o nome da(s) classe(s) de animais cujo corpo é dividido em cefalotórax e abdômen, possui 3 pares de patas, não têm antenas e possuem 1 par de patas por segmento.
4. Qual é a única classe dos artrópodes que é dotada de 2 pares de antenas?
5. Indique o tipo de respiração em que um túbulo se ramifica inúmeras vezes em túbulos cada vez mais finos, que chegam até as células.
6. É correto afirmar que nos insetos o sistema respiratório não tem relação com o sistema circulatório? Justifique sua resposta.
7. Qual o nome do inseto em cuja metamorfose passa por uma ninfa? E por uma larva?
8. Cite o nome do tipo de reprodução em que óvulos se desenvolvem sem serem fecundados, originando os zangões (machos existentes na sociedade das abelhas).
9. Que estrutura realiza as trocas gasosas nos crustáceos?
10. Qual a importância dos microcrustáceos, componentes do zooplâncton da cadeia alimentar nos ambientes aquáticos?
11. Qual a função das quelíceras na aranha e no escorpião?
12. Qual a principal diferença entre a respiração por pulmão foliáceo (estrutura filotraqueal) e a respiração traqueal?
13. Qual o nome da glândula responsável pela secreção do material que servirá para a confecção das teias das aranhas?
14. Qual a modificação que se observa no corpo dos ácaros quando comparados às aranhas?
15. Qual o nome do filo do grupo miriápode que possui apêndices inoculadores de veneno e, portanto, engloba animais predadores?
16. A respeito dos artrópodes, assinale **E** para as alternativas incorretas e **C** para as corretas:
    a) Os artrópodes são, de longe, o maior de todos os filos animais.
    b) Os artrópodes e os anelídeos possuem corpo segmentado e exoesqueleto, o que sugere terem ancestrais comuns.
    c) A queratina presente no exoesqueleto dos artrópodes proporciona impermeabilidade à água.
    d) Todas as suas classes podem apresentar asas.
    e) Apresentam patas articuladas que proporcionam ágil movimentação nos diferentes ambientes.

Artrópodes **203**

Questões objetivas

1. (UFF – RJ) Os insetos reúnem maior número de espécies animais conhecidas, sendo, portanto, o grupo mais diversificado dentro dos artrópodes e, consequentemente, dentre todos os animais.

Os diferentes grupos de artrópodes podem ser identificados com base nas características de sua morfologia externa. A tabela abaixo descreve as características das classes *Insecta*, *Chilopoda*, *Diplopoda* e *Arachnida*.

Classes	Características	
	Divisão do corpo	Número de pernas
A	cabeça e tronco	1 par por segmento do tronco
B	cefalotórax e abdome ou prossoma e opistossoma	4 pares
C	cabeça, tórax e abdome	3 pares
D	cabeça e tronco	2 pares por segmento do tronco

Assinale a alternativa que identifica corretamente as classes A, B, C e D respectivamente.

a) *Arachnida*, *Insecta*, *Chilopoda* e *Diplopoda*.
b) *Chilopoda*, *Diplopoda*, *Arachnida* e *Insecta*.
c) *Chilopoda*, *Arachnida*, *Insecta* e *Diplopoda*.
d) *Diplopoda*, *Chilopoda*, *Insecta* e *Arachnida*.
e) *Diplopoda*, *Arachnida*, *Chilopoda* e *Insecta*.

2. (UNESP) Para voar, os insetos consomem muito oxigênio, em consequência da elevada atividade muscular necessária para o movimento de suas asas. Para suprir a intensa demanda, o oxigênio é levado às células musculares

a) pelo sangue, através de um sistema cardiovascular fechado, o que favorece um rápido aporte desse gás aos tecidos.
b) pelo sangue, através de um sistema cardiovascular aberto, o que favorece um rápido aporte desse gás aos tecidos.
c) através de um sistema de túbulos denominados traqueias, o qual leva o sangue rico nesse gás aos tecidos musculares.
d) através de um conjunto de túbulos denominados traqueias, o qual transporta esse gás desde orifícios externos até os tecidos, sem que o sangue participe desse transporte.
e) através de um coração rudimentar dividido em câmaras, das quais partem túbulos, chamados traqueias, que distribuem o sangue rico nesse gás aos tecidos do corpo.

3. (UFOP – MG) A seguir, estão representadas três classes do filo *Arthropoda*.

(I)

(II)

(III)

Com relação aos animais representados, assinale a afirmativa **incorreta**.

a) I só apresenta asas na fase adulta.
b) II excreta por túbulos de Malpighi.
c) III é peçonhento.
d) III apresenta respiração pulmonar.

4. (UFAM) Os artrópodes estão distribuídos em cinco classes principais:

a) moluscos, crustáceos, aracnídeos, quilópodes e diplópodes.
b) insetos, crustáceos, aracnídeos, quilópodes e diplópodes.
c) moluscos, crustáceos, anelídeos, nematelmintos e cnidários.
d) insetos, crustáceos, anelídeos, nematelmintos e cnidários.
e) insetos, crustáceos, aracnídeos, quilópodes e cnidários.

5. (UFAC) Os insetos são extremamente importantes no desempenho de funções relacionadas à polinização de, aproximadamente, dois terços das plantas com flores. Esses animais possuem uma diversidade dos aparelhos bucais e hábitos alimentares. Mediante tais afirmações, indique a alternativa que possui um exemplo de inseto portador de aparelho bucal do tipo "mastigador".

a) borboleta
b) percevejo
c) abelha
d) vespa
e) gafanhoto

6. (UFG – GO) Em uma visita à Floresta Tropical Atlântica, Darwin escreveu o seguinte trecho:

> Ao atravessarmos a floresta, tudo estava imóvel, com exceção das borboletas grandes e brilhantes que esvoaçavam preguiçosamente de um lado para o outro.

O sucesso desses invertebrados no ambiente terrestre deve-se à presença de

a) órgãos sexuais, que permitem a fecundação externa e o desenvolvimento direto.
b) glândulas antenais, que permitem parte da excreção de amônia.
c) aparelho circulatório fechado, que possibilita uma troca mais eficiente de nutrientes entre os tecidos.
d) pulmões, que permitem a troca gasosa em uma maior superfície de contato.
e) aparelho bucal diversificado e asas, que aumentam a dispersão e a chance de conseguir alimento.

7. (MACKENZIE – SP) O quadro abaixo mostra algumas características (indicadas por A, B, C, D, E, F, G e H), referentes aos sistemas circulatório, excretor e respiratório, encontradas em animais invertebrados.

Sistema circulatório	Sistema excretor	Sistema respiratório
A – aberto	C – protonefrídio	F – traqueal
B – fechado	D – metanefrídio	G – cutânea
	E – túbulos de Malpighi	H – branquial

A respeito das características acima, são feitas as seguintes afirmações:

I – Insetos possuem A, E e F.
II – Anelídeos possuem B, D, G e H.
III – Moluscos possuem A, B, D e H.

Assinale:
a) se somente I estiver correta.
b) se somente I e II estiverem corretas.
c) se somente II e III estiverem corretas.
d) se todas estiverem corretas.
e) se todas estiverem incorretas.

8. (UEL – PR) Considerando um artrópode com cefalotórax e abdômen, de respiração branquial e com um tipo básico de apêndice birreme, é correto afirmar que este também possui:
a) dois pares de antenas.
b) um par de antenas.
c) excreção por túbulos de Malpighi.
d) sistema circulatório fechado.
e) cérebro bipartite.

9. (UEM – PR) Um colecionador de aranhas e gafanhotos possui 18 exemplares e informa que o total de pares de patas é 61. Com esses dados, é correto afirmar que o colecionador possui
a) 7 aranhas e 11 gafanhotos.
b) 8 aranhas e 10 gafanhotos.
c) 9 aranhas e 9 gafanhotos.
d) 10 aranhas e 8 gafanhotos.
e) 11 aranhas e 7 gafanhotos.

10. (UFJF – MG) O esquema abaixo ilustra algumas das etapas da reprodução em abelhas sociais.

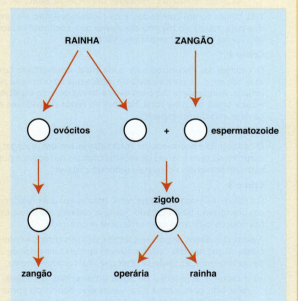

Considerando-se a alteração do número cromossômico e analisando o esquema acima, pode-se concluir que:

I – O zangão é haploide, enquanto a operária e a rainha são diploides.

II – O zangão é produzido por partenogênese, ou seja, a partir de um ovócito não fecundado.

III – Todos os ovócitos produzidos pela rainha são fecundados.

IV – As operárias são estéreis, pois são produzidas a partir de ovócitos não fecundados.

V – Ovócitos e espermatozoides são formados por divisões meióticas e mitóticas, respectivamente.

Assinale a opção que apresenta somente afirmativas **CORRETAS**.
a) I, II e V
b) I, II e IV
c) I, III e IV
d) II, III e V
e) III, IV e V

11. (UFPE) Analise as proposições a seguir, em que são apresentadas algumas características de grupos de animais e os respectivos filos biológicos aos quais pertencem, e reconheça as corretas.

( ) São parasitas, principalmente de vertebrados, como é o caso do agente etiológico da esquistossomose (ou barriga-d'água) – Filo *Cnidaria*.

( ) Foram antigamente usados em Medicina para sangrias, pois liberam um anticoagulante, produzindo assim hemorragias de difícil hemostase – Filo *Annelida*.

( ) Liberam toxinas que ao entrar em contato com a pele de outros animais, incluindo o homem, provocam uma reação urticante – Filo *Mollusca* (Bivalvia).

( ) Grupo com maior número de espécies bem-sucedidas na exploração dos mais variados ambientes: terrestre, aéreo, marinho e de água doce – Filo *Arthropoda*.

( ) Responsáveis pela produção das pérolas – Filo *Platyhelminthes* (Trematoda).

12. (UFF – RJ) Durante dois meses, 80 milhões de caranguejos invadem a Ilha Christmas, território australiano, no Oceano Índico. Ocupam estradas, devoram a vegetação e entram nas casas. Parece pesadelo, mas não é.

Superinteressante, jul. 1999.

Pode-se afirmar que, em sua grande maioria, os caranguejos apresentam respiração:
a) pulmonar.
b) traqueal.
c) cutânea.
d) branquial.
e) traqueopulmonar.

13. (UFT – TO) Em um trabalho de campo, realizado na Serra do Lajeado no município de Palmas, foram coletados alguns organismos invertebrados. Estes foram identificados, contados e liberados. O resultado obtido está disposto na tabela abaixo:

Invertebrados	Quantidade
formigas	100
aranhas	10
ácaros	5
caracóis	20
gafanhoto	50

Os grupos registrados representam respectivamente a:
a) Ordem *Coleoptera* – Classe *Arachnida* – Classe *Arachnida* – Classe *Gastropoda* – Ordem *Orthoptera*.
b) Ordem *Hymnoptera* – Classe *Arachnida* – Classe *Arachnida* – Classe *Gastropoda* – Ordem *Orthoptera*.
c) Ordem *Hymnoptera* – Classe *Arachnida* – Classe *Arachnida* – Classe *Cephalopoda* – Ordem *Orthoptera*.
d) Ordem *Hymnoptera* – Classe *Arachnida* – Ordem *Insecta* – Classe *Gastropoda* – Classe *Orthoptera*.

Artrópodes **205**

14. (UNEMAT – MT) Para conhecer a diversidade de artrópodes de uma determinada região, um grupo de pesquisadores coletou vários desses animais e os organizou em grupos conforme a tabela abaixo:

Características	Grupo I	Grupo II	Grupo III	Grupo IV
habitat principal	terrestre	terrestre	água doce	terrestre
divisão do corpo	cefalotórax e abdome	cabeça, tórax e abdome	cefalotórax e abdome	cabeça e tronco
n.º de pernas	oito	seis	variável	muitos (variável)
n.º de antenas	ausente	um par	dois pares	um par
respiração	pulmotraqueal	traqueal	branquial	traqueal

Assinale a alternativa que associa **corretamente** a classe dos artrópodes com as características descritas em cada grupo na tabela.
a) Grupo I – *Insecta*; Grupo II – *Arachnida*; Grupo III – *Crustacea*; Grupo IV – *Chilopoda*
b) Grupo I – *Arachnida*; Grupo II – *Insecta*; Grupo III – *Crustacea*; Grupo IV – *Chilopoda*
c) Grupo I – *Arachnida*; Grupo II – *Chilopoda*; Grupo III – *Crustacea*; Grupo IV – *Insecta*
d) Grupo I – *Chilopoda*; Grupo II – *Insecta*; Grupo III – *Arachnida*; Grupo IV – *Crustacea*
e) Grupo I – *Insecta*; Grupo II – *Chilopoda*; Grupo III – *Arachnida*; Grupo IV – *Crustacea*

15. (UFMS) O gráfico abaixo mostra o padrão de crescimento corporal de dois organismos.

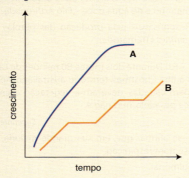

Analisando o gráfico acima, indique a(s) proposição(ões) correta(s) e dê sua soma ao final.
(01) Os dois animais apresentam o mesmo padrão de crescimento.
(02) O crescimento corporal da baleia pode ser representado pela linha A.
(04) O crescimento corporal do caranguejo pode ser representado pela linha B.
(08) A linha A representa o crescimento corporal de um animal que possui exoesqueleto.
(16) A linha B representa o crescimento corporal de um animal com coluna vertebral.
(32) O crescimento corporal no animal, representado pela linha A, é contínuo, enquanto, no animal da linha B, há períodos sem crescimento.

16. (UFMS) As aranhas são aracnídeos muito comuns e podem ser encontradas em áreas bem preservadas, rurais e urbanas. Sobre as aranhas, é correto afirmar:
(01) Todas as aranhas são carnívoras.
(02) A maioria das espécies tem peçonha.
(04) Somente as fêmeas possuem estruturas especiais para produção de seda, localizadas na região posterior do abdômen, denominadas fiandeiras.
(08) O sistema respiratório é extremamente especializado, com a presença de uma rede de traqueias que desembocam em brânquias foliares no abdômen.
(16) O corpo é dividido em cefalotórax e abdômen.
(32) As fiandeiras podem ser utilizadas como ovipositores em algumas espécies.

17. (UNESP) Moscas podem dizer onde, quando e como uma pessoa morreu.

As moscas são as principais estrelas de uma área relativamente nova no Brasil, a entomologia forense. ... A presença de insetos necrófagos em um cadáver pode dar pistas valiosas sobre a hora da morte ou o local do crime...

Adaptado de: Insetos Criminalistas. *Unesp Ciência*, Bauru, set. 2009.

Três crimes foram cometidos, e os cadáveres foram encontrados pela polícia no mesmo dia. Assim que encontrados, sobre eles foram obtidas as seguintes informações:

Crime 1
O cadáver foi encontrado na zona rural, apresentava larvas, mas não ovos, de uma espécie de mosca que só ocorre na zona urbana. Apresentava também ovos e larvas de uma espécie de mosca típica da zona rural. No solo ao redor do cadáver, não havia pupas dessas espécies.

Crime 2
O cadáver foi encontrado na zona urbana, em um matagal. No corpo havia ovos e larvas de moscas comuns na região, e pupas estavam presentes no solo ao redor do cadáver.

Crime 3
O cadáver foi encontrado na zona urbana, em área residencial, em um terreno pavimentado. Sobre o cadáver, moscas e baratas, poucos ovos, mas nenhuma larva encontrada.

A partir dos dados disponíveis sobre esses três crimes, e considerando-se que nos três casos as moscas apresentam ciclos de vida de mesma duração, pode-se dizer que, mais provavelmente,
a) o crime 1 aconteceu na zona urbana, mas o cadáver foi removido para a zona rural vários dias depois do crime ter sido cometido. O cadáver permaneceu no local onde foi encontrado por não mais que um dia.
b) os crimes 2 e 3 foram cometidos no mesmo dia, com intervalo de poucas horas entre um e outro. O crime 1 foi cometido dias antes dos crimes 2 e 3.
c) os crimes 1 e 3 foram cometidos no mesmo dia, com intervalo de poucas horas entre um e outro. O cadáver do crime 1 foi removido do local do crime e ambos os crimes foram cometidos no máximo no dia anterior ao do encontro dos corpos.
d) o crime 2 aconteceu vários dias antes do corpo ser encontrado e antes de terem sido cometidos os crimes 1 e 3. Estes últimos aconteceram também a intervalo de dias um do outro, sendo que o crime 1 foi cometido antes que o crime 3.
e) o crime 3 foi cometido antes de qualquer outro, provavelmente em um matagal, onde o corpo permaneceu por alguns dias. Contudo, o corpo foi removido desse local e colocado no terreno pavimentado poucas horas antes de ser encontrado.

Questões dissertativas

1. (UFPR) Os artrópodes representam um dos grupos zoológicos com maior número de espécies, vivendo nos mais diferentes *habitats*.
   a) Discorra sobre três aspectos biológicos desse grupo que permitiram seu grande sucesso evolutivo.
   b) Cite dois exemplos de animais artrópodes para cada aspecto biológico abordado na resposta anterior.

2. (UFES)

PANTHERMEDIA/KEYDISC

PANTHERMEDIA/KEYDISC

FABIO COLOMBINI

As figuras acima apresentam um inseto, um crustáceo e um anelídeo, respectivamente, que, apesar de serem animais metaméricos, podem ter estruturas corpóreas bem diferenciadas. Compare esses três animais quanto aos seus sistemas respiratórios e circulatórios.

3. (UFTM – MG) Considere os invertebrados minhoca, gafanhoto, planária e água-viva.
   a) Ao se utilizar como critério de classificação apenas a respiração, quais dos invertebrados citados podem ser colocados no mesmo grupo? Justifique sua resposta.
   b) Ao se levar em conta a evolução do tubo digestório, como se poderia agrupá-los, de modo a se estabelecer a ordem em que surgiram?

4. (UFG – GO) Os insetos constituem um grupo de animais que apresenta grande diversidade biológica e desempenha importante papel nos ecossistemas terrestres. Por outro lado, algumas espécies desse grupo podem causar sérios prejuízos à agricultura e à saúde humana e animal.
   a) Descreva três adaptações estruturais que contribuíram para o sucesso evolutivo dos insetos, bem como para sua ampla dispersão em ambientes terrestres.
   b) Explique o processo de transmissão de uma doença humana, na qual um inseto é o vetor de um protozoário, agente causador dessa doença.

5. (UNICAMP – SP) Doenças transmitidas por picadas de artrópodes são comuns ainda nos dias de hoje, como é o caso da malária, da dengue e da febre maculosa. Outra doença transmitida por picada de artrópode é a peste bubônica, também conhecida como peste negra, epidemia que causou a morte de parte da população europeia na Idade Média. A peste bubônica é provocada por uma bactéria transmitida pela picada de pulga, o hospedeiro intermediário, que se contamina ao se alimentar do sangue de ratos infectados.
   a) Aponte, entre as doenças citadas, aquela transmitida de forma semelhante à peste bubônica e explique como ela é transmitida.
   b) Indique duas características exclusivas dos artrópodes, que os diferenciam dos outros invertebrados.

6. (UFJF – MG) O estado de conservação das espécies de invertebrados terrestres brasileiros foi recentemente publicado pelo Ministério do Meio Ambiente. Na lista oficial da fauna brasileira ameaçada de extinção, constam 55 espécies de borboletas, 16 espécies de besouros, 11 espécies de gastrópodes, 8 espécies de aranhas, 5 espécies de oligoquetas, 4 espécies de formigas e 3 espécies de abelhas.

   a) Classifique os animais listados na 2.ª coluna de acordo com os grupos zoológicos numerados de 1 a 7, na 1.ª coluna.

Grupo zoológico	Animais ameaçados de extinção	Classificação
1. *Arthropoda*	formigas	Exemplo: 1 e 5 (**ou**) *Arthropoda* e *Insecta*
2. *Anellida*	borboletas	
3. *Platyhelminthes*	besouros	
4. *Mollusca*	gastrópodes	
5. *Insecta*	aranhas	
6. *Coleoptera*	oligoquetas	
7. *Arachnida*	abelhas	

   b) A extinção desses invertebrados pode afetar importantes processos ecológicos. Dentre esses animais, apresente um que esteja diretamente envolvido em cada processo ecológico listado a seguir.

Processos ecológicos	Animais envolvidos
produção de húmus	
aeração do solo	
polinização	

Artrópodes **207**

c) Como adaptação ao ambiente terrestre, observa-se que, na maioria desses invertebrados, os órgãos respiratórios estão localizados no interior do corpo. Por que essa adaptação é importante no ambiente terrestre?

d) Nos besouros, por exemplo, a presença de um exoesqueleto rígido e articulado é também reconhecida como uma adaptação à vida terrestre. Entretanto, o exoesqueleto é um fator limitante para alguns processos vitais dos besouros. Por que as ecdises do exoesqueleto são importantes para esses animais?

Programas de avaliação seriada

1. (PAS – UFLA – MG) Assinale a alternativa **CORRETA** com relação à digestão nos metazoários.
   a) Nos crustáceos, não existe digestão mecânica, e a digestão química ocorre no intestino por ação de enzimas produzidas no hepatopâncreas.
   b) Os cnidários possuem uma cavidade digestiva e os materiais não digeríveis são eliminados pela abertura anal por contração muscular.
   c) Nos insetos, o alimento trazido à boca passa pela faringe, esôfago e, no intestino, o tiflossole absorve os nutrientes que serão levados para todo o corpo.
   d) Os moluscos possuem tubo digestivo completo, e os resíduos sólidos são descarregados na cavidade do manto.

2. (PAS – UFLA – MG) A dengue é transmitida pela picada do mosquito *Aedes aegypti* infectado com vírus, sendo os sintomas mais comuns da doença: febre e dores na cabeça, no corpo e por trás dos olhos.

Considere as proposições abaixo sobre o *Aedes aegypti* e, a seguir, marque a alternativa CORRETA.

   I – Apresenta exoesqueleto quitinoso; corpo dividido em cefalotórax e abdome; e um par de antenas no cefalotórax.
   II – Corpo dividido em cabeça, tórax e abdome; tórax dividido em protórax, mesotórax e metatórax; e dois pares de antenas na cabeça.
   III – Corpo dividido em cabeça, tórax e abdome; e o tórax possui três pares de patas, um par de asas membranosas e um segundo par de asas transformadas em órgãos de equilíbrio.

   a) Somente as proposições I e II são corretas.
   b) Somente as proposições I e III são corretas.
   c) Somente a proposição II é correta.
   d) Somente a proposição III é correta.

3. (PSIU – UFPI) Os biólogos avaliam diversas características para inferir sobre a filogenia animal, as quais são evidenciadas, em primeiro lugar, em registros fósseis, por meio da observação de padrões de desenvolvimento embrionário, da morfologia, e fisiologia e, em segundo lugar, em estruturas moleculares. Analise as características dos diversos filos protostomados e assinale V, para as verdadeiras, ou F, para as falsas.

   1 ( ) Os rotíferos são animais, em sua maioria, marinhos, celomados e segmentados, com sistema digestivo completo.
   2 ( ) Os anelídeos são vermes segmentados que vivem somente em ambientes marinhos, acelomados, assegmentados e com tubo digestivo completo.
   3 ( ) Os crustáceos são os artrópodes marinhos dominantes, possuem corpo segmentado e dividido em cabeça, tórax e abdome, ou em cefalotórax e abdome, e apresentam sistema digestivo completo.
   4 ( ) Os moluscos sofreram uma das maiores radiações evolutivas, com base em um plano corporal, com pé, manto e massa visceral, e possuem celoma reduzido e sistema digestivo completo.

Equinodermos

Capítulo 11

Muco da estrela-do-mar de espinhos pode tratar inflamações

A estrela-do-mar de espinhos (*Marthasterias glacialis*) pode ser a chave para a descoberta de novos tratamentos de doenças como a asma ou a artrite. Pesquisadores do King's College, em Londres, estão estudando o muco que envolve o animal para desenvolver uma substância homóloga que proteja o corpo humano de inflamações.

Ao contrário de qualquer objeto colocado no oceano, que fica rapidamente coberto por organismos marinhos, as estrelas-do-mar conseguem manter a sua superfície "limpa". E foi justamente esta a característica que chamou a atenção dos cientistas, particularmente no que diz respeito a condições inflamatórias.

A inflamação é uma resposta do organismo em que os leucócitos se acumulam e se aderem às paredes das artérias e das veias, provocando danos ao tecido. Tendo em conta esse aspecto, a ideia dessa pesquisa consiste em criar um tratamento baseado no exemplo das estrelas-do-mar, em que as artérias seriam cobertas por uma espécie de muco que impedisse os leucócitos de aderirem ao tecido arterial.

Adaptado de: <http://www.cienciahoje.pt/index.php?oid=46413&op=all>. Acesso em: 6 mar 2012.

Neste capítulo, você irá aprender um pouco mais sobre os equinodermos e as características mais importantes presentes nos animais desse filo, entre eles as estrelas-do-mar.

▪ EXCLUSIVAMENTE MARINHOS

Conchas, mariscos, cracas, caranguejos, siris, camarões e muitos peixes são, de modo geral, habitantes tradicionais do mar. No entanto, todos esses animais pertencem a grupos que possuem representantes também em outros ambientes.

Certos grupos animais, porém, são conhecidos por **não** possuírem representantes em outro ambiente que não o marinho. É o caso, por exemplo, do *ouriço-do-mar* (muitas vezes encontrado na praia sob uma pedra, enfiado em um buraco), da *estrela-do-mar*, dos *pepinos-do-mar* (também conhecidos como *holotúrias*), encontrados junto às pedras que emergem da areia e cobertos pela água, ou das *bolachas-da-praia* dispersas pela areia. Não é muito incomum encontrar, também entre as pedras mergulhadas na água do mar, algumas formas que se locomovem serpenteando, conhecidas como serpentes-do-mar ou *ofiuroides*. Para aqueles que gostam de mergulhar, um bonito espetáculo é ver certos animais, presos nas rochas do fundo, que, pela sua semelhança com flores, os biólogos chamam de *lírios-do-mar*.

Anote!

Nos equinodermos, a simetria é pentarradiada, ou seja, muitas das estruturas e órgãos que participam da organização desses indivíduos aparecem em número de 5 ou múltiplo de 5: 5 dentes ao redor do orifício bucal, 5 ovários, 5 zonas ambulacrais, 5 nervos radiais etc.

Equinodermos: (a) estrela-do-mar, (b) lírio-do-mar, (c) serpente-do-mar, (d) pepino-do-mar, (e) bolacha-da-praia e (f) ouriço-do-mar.

Por que só no Mar?

Uma das razões para essa "preferência" pelo *habitat* marinho pode estar relacionada à incapacidade de adaptação a outros meios aquáticos. Os líquidos internos que existem no celoma dos equinodermos são isotônicos com o meio marinho e a aparente incapacidade de efetuar a regulação osmótica em meios de concentração salina menor parece ser a explicação para a dificuldade que esses animais têm para viver em estuários e meios aquáticos doces. Tal fato não ocorre, por exemplo, com muitos crustáceos que, por serem capazes de fazer um ajuste (regulação osmótica) da concentração dos líquidos corporais em relação à concentração salina do meio, invadem com muita tranquilidade estuários e rios de regiões litorâneas.

Quais São os Equinodermos?

Todos esses animais, restritos ao mar, pertencem ao filo *Echinodermata*, assim chamado porque a maioria dos seus representantes possui pele dotada de espinhos (do grego, *échinos* = espinho + *derma* = = pele). Podemos agrupar esses animais em cinco classes:

- **Classe *Asteroidea*** (estrelas-do-mar);
- **Classe *Echinoidea*** (ouriços-do-mar e bolachas-da-praia);
- **Classe *Holothuroidea*** (pepinos-do-mar ou holotúrias);
- **Classe *Crinoidea*** (lírios-do-mar); e
- **Classe *Ophiuroidea*** (serpentes-do-mar).

Anote!

Em alguns vilarejos litorâneos, ouriços e pepinos-do-mar são utilizados como alimento por algumas pessoas. Do pepino-do-mar os orientais fazem sopa e do ouriço comem-se as gônadas.

De olho no assunto!

A filogenia dos equinodermos

A Figura 11-1 ilustra a provável filogenia dos equinodermos, que revela o parentesco existente entre os representantes das cinco classes.

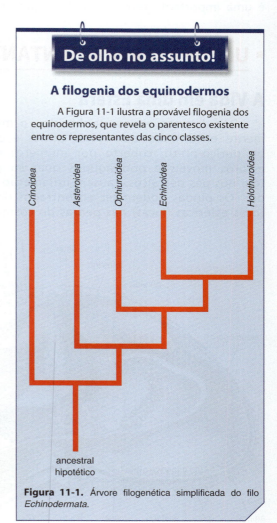

Figura 11-1. Árvore filogenética simplificada do filo *Echinodermata*.

AS ADAPTAÇÕES DOS EQUINODERMOS

Uma peculiaridade adaptativa dos equinodermos é a existência de um sistema interno de circulação de água, chamado de **sistema hidrovascular** ou **ambulacral** (do grego, *ambulare* = andar), envolvido principalmente com a locomoção.

Em todos os equinodermos o esqueleto é interno. É um **endoesqueleto** formado por placas calcárias, cobertas por fina epiderme. Em muitos deles, as placas ficam soltas, o que favorece a maleabilidade no deslocamento do corpo. No ouriço-do-mar, porém, as placas são unidas umas às outras, determinando a formação de uma esfera maciça rodeada pela epiderme e por espinhos móveis.

A reprodução de todos os equinodermos ocorre com a liberação de gametas na água. A fecundação é **externa** e o desenvolvimento é **indireto**, com formação de larvas que apresentam simetria bilateral. Essa é uma importante diferença em relação ao estágio adulto da maioria dos representantes, cuja simetria é pentarradial.

Parece não haver dúvida de que os ancestrais dos equinodermos tenham sido animais de simetria bilateral, o que é revelado pelo estágio larval, que possui esse tipo de simetria. Na verdade, esse grupo de animais é um verdadeiro quebra-cabeça para os zoólogos, na medida em que se sabe que a simetria bilateral favoreceu a cefalização, a existência de extremidades (anterior e posterior) e a consequente possibilidade de locomover-se com desenvoltura pelo meio. De repente, estamos diante de um grupo animal que subverte essa regra e "adota" a simetria radial (pentarradial) na fase adulta, sem cefalização e capaz de se deslocar, em geral lentamente, pelo meio! Isso tudo aumenta a nossa curiosidade no sentido de entender as características dos componentes desse fantástico filo.

UM TÍPICO REPRESENTANTE DA CLASSE *ECHINOIDEA*

A Vida em uma Esfera

Dos diversos ouriços conhecidos, o mais facilmente encontrado em nossas praias é o pindá, ou ouriço-preto, coberto por inúmeros espinhos escuros móveis e pontiagudos que, ao penetrarem nos pés descalços, causam inflamação e muita dor. Os pindás podem ser encontrados dentro de tocas esféricas (locas) nas pedras do costão rochoso. Como são esféricos e achatados, apoiam-se no substrato pela face inferior ou oral, onde se situa a boca. Na face oposta (superior ou aboral), localiza-se o ânus (veja a Figura 11-2). As locas são cavadas lentamente pelos próprios animais: por isso, ao caminhar pelas rochas de uma praia, procure observar com atenção as locas abandonadas de ouriço que, em algum momento, foram ocupadas por algum inquilino.

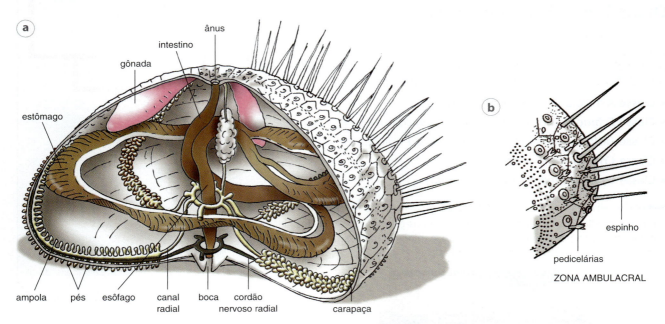

Figura 11-2. (a) Estrutura interna de um ouriço-do-mar. (b) Detalhe evidenciando a zona ambulacral.

Imagine, por um instante, se um ser extraterrestre olhasse um ouriço-do-mar e o comparasse, por exemplo, com um camarão: ficaria fascinado com os recursos existentes no organismo do ouriço no sentido de solucionar os diversos desafios decorrentes de "viver com um formato esférico".

Para começar, esses animais são dotados de um **endoesqueleto**, formado por fusão de inúmeras placas calcárias recobertas por uma fina epiderme, o que desfaz a ideia inicial de que poderia ser um exoesqueleto. Os espinhos são móveis. Filamentos musculares delicados prendem cada espinho a um nódulo existente nas placas do esqueleto, o que permite a sua movimentação como se fosse uma alavanca de câmbio de automóvel.

Observando-se cuidadosamente o ouriço, percebe-se, em faixas (cinco), entre os espinhos, uma grande quantidade de pequenos filamentos móveis com ventosas na extremidade distal, os **pés ambulacrais**, responsáveis pela fixação e locomoção do animal no substrato rochoso. Localizadas principalmente próximas à região oral, encontram-se as **pedicelárias**, pequenos filamentos com ponta em forma de pinça, destinados à remoção de partículas estranhas que aderem à superfície. Algumas pedicelárias são "venenosas" e descarregam toxinas de ação paralisante de pequenos animais intrusos, podendo ser úteis para afugentar animais maiores.

De olho no assunto!

Os ouriços-do-mar são considerados **equinoides regulares**, com simetria radial. As bolachas-da-praia (ou corrupios) são **equinoides irregulares**: o corpo é achatado e como o ânus se encontra próximo à boca, na face inferior, a simetria passa a ser bilateral. Veja a Figura 11-3.

O sistema ambulacral, geralmente reduzido, não atua na locomoção, mas sim nas trocas gasosas. Esses animais movem-se na areia do fundo graças aos espinhos diminutos que podem ser notados na face inferior.

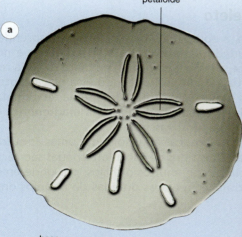
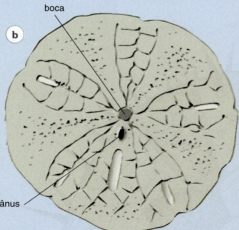

Figura 11-3. Nos corrupios, a simetria é bilateral. (a) Vista superior e (b) vista inferior.

O Ouriço por Dentro

A boca do ouriço-do-mar se situa na face oral. Ela é rodeada por uma estrutura dotada de cinco dentes, a **lanterna de Aristóteles**, responsável pela trituração de alimentos – algas, pequenos animais e vários tipos de detrito. Os dentes são móveis, articulados por peças calcárias e acionados por potentes músculos. O sistema digestório é completo, todo enovelado no interior da cavidade do corpo e constituído por esôfago, estômago e intestino, que se abre no ânus, na extremidade oposta à boca. O estômago secreta enzimas de ação extracelular e contém células que efetuam endocitose, digestão intracelular e armazenamento de nutrientes.

Um aspecto que chama a atenção nesses animais é a grande valorização do celoma, do qual se originam o **sistema hidrovascular** ou **ambulacral** e o **sistema hemal**. Ao primeiro, como veremos adiante, estão ligados os pés ambulacrários. A função do sistema hemal – dotado de várias cavidades e uma espécie de coração – é incerta, acreditando-se que atue na distribuição de produtos da digestão pelo organismo, o que o faz assemelhar-se a um sistema interno de circulação.

As **trocas gasosas** respiratórias (respiração orgânica) são efetuadas por **brânquias** situadas internamente ao redor da boca e pelos pés ambulacrários. A **excreção** ocorre por difusão e o principal resíduo nitrogenado é a amônia, eliminada por vários locais do organismo. No líquido celomático existem amebócitos (também chamados de **celomócitos**), células especializadas na remoção de resíduos e que acabam sendo descartadas para a água do mar através dos pés ambulacrais. Vários cílios existentes nas células do epitélio celomático impulsionam o fluido celomático que banha o celoma.

O sistema nervoso se restringe a um anel nervoso ao redor da boca, de onde partem cinco nervos radiais que se ramificam pelo corpo.

As placas calcárias formam o endoesqueleto

Tratando-se de um ouriço com água sanitária, a epiderme e os espinhos se desprendem e seu esqueleto, depois de lavado, pode ser estudado. A face oral é mais achatada e nela encontra-se a lanterna de Aristóteles. Na outra face, chama a atenção uma placa calcária central dotada de um orifício correspondente à abertura do ânus. Rodeando essa placa central, há cinco outras, as **placas genitais**, cada uma com um orifício destinado à saída de gametas. Uma dessas cinco placas genitais é toda perfurada e conhecida como **placa madrepórica** ou **madreporito**, que filtra a água que penetra no sistema hidrovascular.

O restante do esqueleto é formado por séries de placas calcárias soldadas umas às outras, formando faixas que se estendem até a região oral. Dois tipos de faixas alternadas são fáceis de perceber: as **faixas ambulacrais**, que contêm placas com muitos orifícios, por onde emergem os pés ambulacrais, e as **faixas interambulacrais**, com placas dotadas de nódulos onde os espinhos se articulam (veja a Figura 11-4).

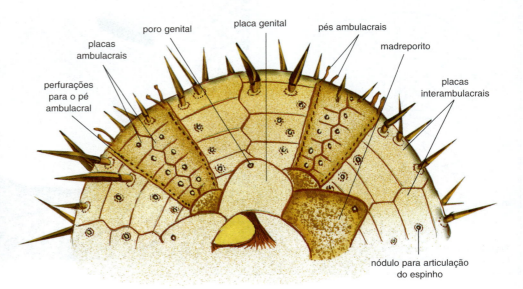

Figura 11-4. Esqueleto de ouriço-do-mar em que se notam as faixas ambulacrais e interambulacrais.

O sistema hidrovascular (vascular aquífero) ou ambulacral

Nenhum outro grupo apresenta uma adaptação locomotora tão original quanto os equinodermos. Essa adaptação consiste em uma série de tubos que funcionam cheios de água do mar e acionam projeções filamentosas, os **pés ambulacrais** ou **pés tubulares**, que se fixam ao substrato e possibilitam o deslocamento do animal.

Tudo começa na **placa madrepórica**, a partir da qual se origina um tubo longitudinal, o **canal madrepórico**, também chamado de **canal pétreo**, por possuir concreções calcárias em suas paredes. Esse canal se comunica com um **canal circular**, que circunda o intestino, nas proximidades das faces internas dos suportes dos dentes da lanterna de Aristóteles. Cinco **canais radiais** emergem do canal circular e correm pela face interna do esqueleto. De ambos os lados de cada canal radial emergem curtos canais laterais, que terminam em **ampolas**. Cada ampola fica na extremidade superior de um pé ambulacral. Os pés ambulacrais, por sua vez, atravessam os orifícios da faixa ambulacral existentes no esqueleto e se exteriorizam. A extremidade de cada pé ambulacral termina em um disco adesivo, semelhante a uma ventosa.

Como funciona o sistema hidrovascular

A água penetra pela placa madrepórica, preenchendo todo o sistema. A existência de uma projeção espiralada, dentro do canal pétreo, cria uma divisão em seu interior, permitindo o fluxo de água tanto no sentido do canal circular quanto no sentido contrário. Para a fixação em algum suporte do ambiente, a musculatura da ampola contrai e injeta água no pé ambulacral, que se distende. Simultaneamente, a ventosa existente na ponta do pé ambulacral adere firmemente ao substrato. Em seguida, a musculatura longitudinal da parede do pé ambulacral se contrai, a água retorna para a ampola e o pé, agora encurtado e flácido, solta-se.

Funcionando coordenadamente, os pés ambulacrais possibilitam o deslocamento do ouriço. Essa atividade é também auxiliada pelos espinhos que, sendo móveis, favorecem a locomoção do animal pelo ambiente.

Anote!
A larva dos ouriços assemelha-se bastante às larvas de certos grupos de cordados primitivos. Esse fato tem levado alguns zoólogos a sugerir um possível parentesco dos equinodermos com os cordados.

Reprodução do ouriço-do-mar

Os sexos são separados. A fecundação é externa. Os gametas são liberados na água, onde ocorre a fecundação. Após o desenvolvimento embrionário, forma-se uma larva (equinopluteus) que possui simetria bilateral. Metamorfoseando-se, a larva origina o adulto de simetria pentarradial. É interessante lembrar que os equinodermos, com os cordados, são deuterostômios, ou seja, durante o desenvolvimento embrionário o blastóporo diferencia-se em ânus e a boca surge na extremidade oposta, a partir de um novo orifício.

GRASIELE FAVATTO

■ OS OUTROS EQUINODERMOS

Classe *Asteroidea*

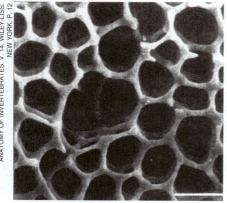

Detalhe microscópico do endoesqueleto de estrela-do-mar; o mesmo ocorre com o endoesqueleto dos crinoides.

Nosso amigo extraterrestre continuaria entusiasmado ao conhecer os componentes das outras classes de equinodermos. As estrelas-do-mar (classe *Asteroidea*) são, para nós, tão conhecidas quanto os ouriços-do-mar. O padrão geral de organização do corpo é praticamente o mesmo, exceto que no lugar de uma esfera existe uma região mais volumosa central, rodeada, frequentemente, por cinco braços. Boca na face inferior (oral) do disco e ânus, quando existe, na face oposta (aboral). Os braços irradiam-se do disco central (veja a Figura 11-5). Na região inferior dos braços emergem inúmeros pés ambulacrais e pedicelárias, de organização geral e funcionamento semelhantes aos dos ouriços-do-mar. O endoesqueleto, de origem dérmica, é formado por dois componentes: fibras de colágeno e ossículos calcários, os quais formam uma rede que se assemelha bastante com uma colmeia de abelha, o que contribui para a leveza do conjunto.

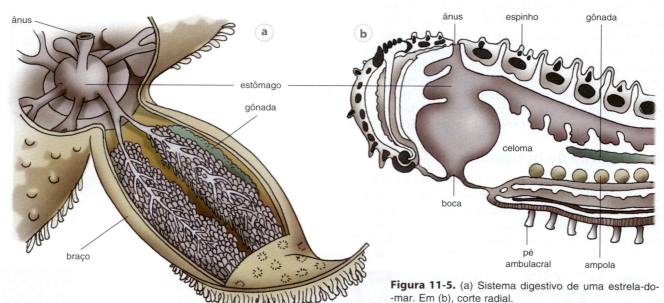

Figura 11-5. (a) Sistema digestivo de uma estrela-do-mar. Em (b), corte radial.

Estrelas-do-mar são carnívoras e sua importância ecológica é restrita ao predatismo de ostras e mariscos: aderindo firmemente às duas conchas de um marisco, elas provocam a fadiga muscular dos músculos que fecham as conchas, o que provoca a sua abertura. Então, as estrelas lançam o estômago na massa visceral da vítima e liberam enzimas digestivas de ação extracelular, de maneira semelhante ao que fazem as aranhas. O alimento parcialmente digerido é sugado e o estômago volta para o interior das estrelas, que, em seguida, abandonam a concha.

A respiração também é efetuada com a participação dos pés ambulacrários como nos ouriços, mas conta com uma novidade: as **pápulas** (veja a Figura 11-6). Trata-se de extensões de celoma cobertas por epiderme e que sobressaem na superfície do corpo das estrelas, favorecendo a ocorrência de trocas gasosas. A excreção nitrogenada (de amônia) ocorre por difusão simples pelos pés ambulacrários e pelas pápulas. Celomócitos carregando resíduos se projetam pelas pápulas e pelos pés ambulacrários e também contribuem para a eliminação de restos metabólicos. O epitélio celomático é ciliado e o batimento dos cílios faz circular o líquido celomático que se dirige às pápulas.

O funcionamento do **sistema hidrovascular** é semelhante ao dos ouriços (veja a Figura 11-7). As estrelas movem-se ativamente pelo meio, utilizando os inúmeros pés ambulacrais existentes nos braços. Uma espécie de coração bombeia líquido pelo **sistema hemal** não muito desenvolvido, cuja função, a exemplo do que ocorre nos ouriços-do-mar, não é bem definida, acreditando-se que sirva para a circulação de nutrientes. O sistema nervoso é constituído de um anel nervoso central, na região inferior, do qual partem nervos radiais que se dirigem para os braços. Órgãos sensoriais são difusamente distribuídos pelo corpo, destacando-se os de função táctil. Ocelos (fotorreceptores) existem nas pontas de cada braço.

A reprodução sexuada de modo geral envolve a participação de estrelas de sexos separados, a fecundação é externa e o desenvolvimento é indireto, com formação de dois estágios larvais: inicialmente *bipinária* e, a seguir, *braquiolária*. Uma metamorfose radical transforma larvas de simetria bilateral em adultos de simetria radial.

A capacidade de regeneração das estrelas é fantástica, assim como a chamada **autotomia** (fragmentação espontânea) de braços. Um braço contendo cerca de um quinto da porção central do corpo é capaz de regenerar uma estrela completa. Essa capacidade é que explica o insucesso de muitos pescadores e criadores de ostras que, ao tentar "matar" estrelas arrancando-lhes os braços, na verdade estimulam a proliferação de muitas outras estrelas.

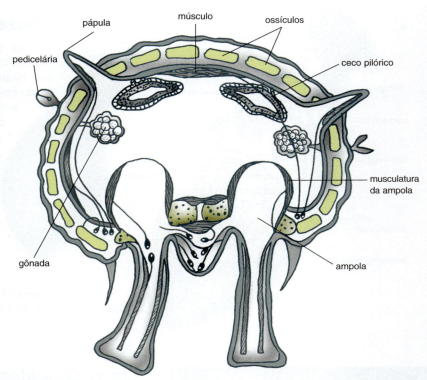

Figura 11-6. Corte transversal do braço de uma estrela-do-mar.

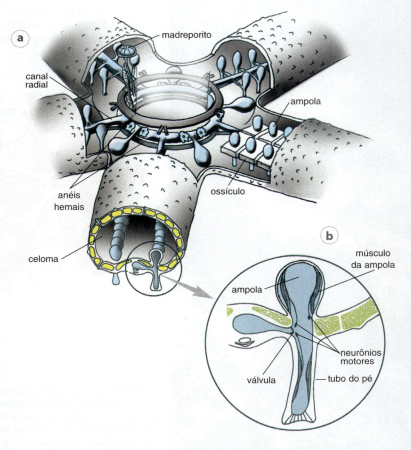

Figura 11-7. (a) Sistema hidrovascular. (b) Detalhe de um pé ambulacral.

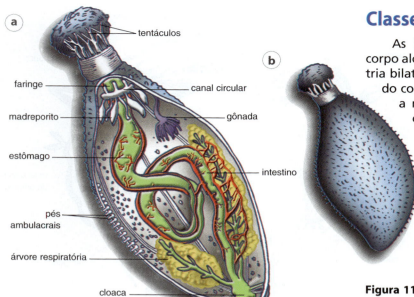

Classe *Holothuroidea*

As holotúrias, ou pepinos-do-mar, possuem corpo alongado; muitas espécies apresentam simetria bilateral no estágio adulto. Na parte anterior do corpo há uma série de tentáculos rodeando a região oral. O ânus fica na extremidade oposta (veja a Figura 11-8). O esqueleto é formado por minúsculas placas que ficam soltas na parede do corpo, o que confere certa maleabilidade na locomoção. Alimentam-se de detritos. Possuem um curioso comportamento de defesa quando são molestadas: eliminam a maior parte do tubo digestivo pela boca, em uma aparente tentativa de afugentar possíveis inimigos.

Figura 11-8. Anatomia (a) interna e (b) externa de um pepino-do-mar.

Classe *Crinoidea*

Os crinoides, ou lírios-do-mar, possuem um disco pentagonal do qual irradiam cerca de dez braços ramificados, forrados por cílios cujo batimento conduz água e partículas de alimento à boca (veja a Figura 11-9). Na face superior do disco, boca e ânus ficam lado a lado. São considerados os equinodermos mais primitivos e foram abundantes em épocas geológicas passadas.

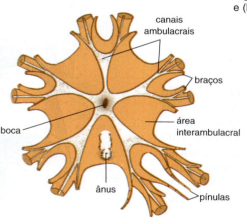

Figura 11-9. Anatomia (a) interna e (b) externa de um crinoide.

Lírio-do-mar, um crinoide, sobre uma esponja. Seus braços ramificados (em amarelo) movimentam a água e retêm as partículas de alimento, que são levadas à boca. Sésseis, permanecem no mesmo substrato por toda a vida.

Classe *Ophiuroidea*

Os ofiuroides são "versões simplificadas das estrelas-do-mar". Possuem braços delgados, cujo movimento lembra o rastejar de uma serpente (veja a Figura 11-10); daí serem popularmente conhecidos como "serpentes-do-mar" (do grego, *ophis* = serpente). Assim como as holotúrias, alimentam-se de detritos.

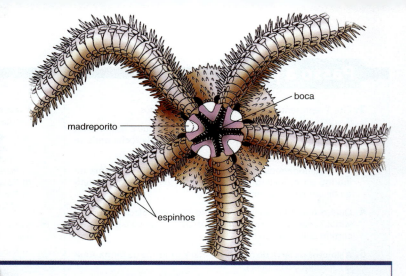

Figura 11-10. Vista oral de uma serpente-do-mar.

De olho no assunto!

Os equinodermos são parentes dos cordados?

Pode ser que alguém pergunte a você se é verdade que existe algum parentesco entre equinodermos e cordados. Provavelmente, essa dúvida surgiu a partir do conhecimento das características do Filo *Hemichordata* (do grego, *hemi* = pela metade, pelo meio). Trata-se de animais que guardam alguma semelhança com os cordados (veja a Figura 11-11), filo que estudaremos no capítulo seguinte. Acredita-se que os hemicordados possuíam uma estrutura semelhante à notocorda dos cordados, o que não foi comprovado. No entanto, são dotados de fendas (aberturas) na faringe – que servem primariamente para a filtração de alimento contido na água e, secundariamente, para a respiração –, além de possuírem um cordão nervoso dorsal, características típicas dos cordados. O desenvolvimento embrionário dos hemicordados lembra muito o dos equinodermos, e o estágio larval que possuem (larva denominada de *tornária*) é extremamente semelhante à larva bipinária das estrelas-do-mar, o que para muitos especialistas sugere a ideia de parentesco entre esses grupos de animais.

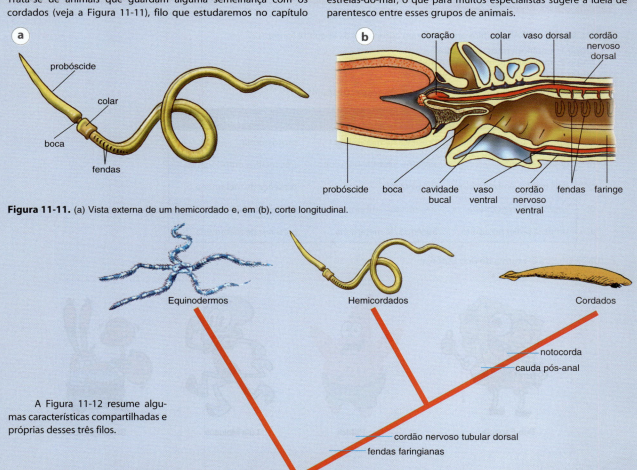

Figura 11-11. (a) Vista externa de um hemicordado e, em (b), corte longitudinal.

A Figura 11-12 resume algumas características compartilhadas e próprias desses três filos.

Figura 11-12. Cladograma simplificado ilustrando as relações filogenéticas dos deuterostomados.

Equinodermos **219**

Passo a passo

1. Cite 5 representantes do filo dos equinodermos.
2. Qual o nome da estrutura do ouriço-do-mar que é responsável pela obtenção de alimento e pela corrosão da rocha onde se instala esse animal?
3. Nos equinodermos, a localização da epiderme é externa ou interna ao esqueleto? Trata-se, então, de um exoesqueleto ou de um endoesqueleto?
4. Qual o nome do sistema formado por uma placa perfurada, vários canais que terminam em um disco adesivo e que é percorrido pela água do mar?
5. A simetria da larva do ouriço-do-mar é a mesma da forma adulta? Justifique a resposta.
6. Qual o motivo de alguns zoólogos sugerirem um parentesco entre os equinodermos e animais mais complexos, como os cordados?
7. Por que os equinodermos são conhecidos como animais dotados de simetria pentarradiada?
8. A respeito dos equinodermos, assinale **E** para as alternativas erradas e **C** para as corretas.
   a) O seu sistema de locomoção é exclusivo entre os filos animais.
   b) A água do mar penetra em seu corpo através da placa madrepórica.
   c) Realizam fecundação externa.
   d) Possuem tubo digestório completo.
   e) Possuem um cérebro e um sistema nervoso bem desenvolvido.
9. Assinale **E** para as alternativas erradas e **C** para as corretas a respeito dos equinodermos.
   a) São animais pluricelulares, celomados e deuterostômios.
   b) São animais exclusivamente aquáticos, sendo que algumas espécies habitam a água doce.
   c) Os ouriços-do-mar, as baratinhas-da-praia, as estrelas-do-mar e os pepinos-do-mar pertencem a esse grupo.
   d) A presença de um esqueleto externo formado por ossículos calcários é uma característica típica desse filo.
   e) Hidras são celenterados que se assemelham aos ouriços-do-mar quanto à simetria corporal.

Questões objetivas

1. (MACKENZIE – SP) Alguns filos animais foram agrupados da seguinte forma:
   – grupo 1: equinodermos e cnidários
   – grupo 2: moluscos, nematodos e platelmintos
   – grupo 3: cordados, artrópodes e anelídeos

   Os indivíduos dos grupos 1, 2 e 3 apresentam, respectivamente:

	Grupo 1	Grupo 2	Grupo 3
a)	simetria radial no adulto	presença de metameria	protostomia
b)	deuterostomia	simetria bilateral no adulto	três tecidos embrionários
c)	dois tecidos embrionários	protostomia	presença de metameria
d)	ausência de metameria	três tecidos embrionários	deuterostomia
e)	simetria radial no adulto	ausência de metameria	presença de metameria

2. (UNIFESP) Esta é a turma do Bob Esponja:

Lula Molusco é supostamente uma lula; Patrick, uma estrela-do-mar; o Sr. Sirigueijo, um caranguejo; e Bob é supostamente uma esponja-do-mar. Cada um, portanto, pertence a um grupo animal diferente. Se eles forem colocados segundo a ordem evolutiva de surgimento dos grupos animais a que pertencem, teremos, respectivamente:

a) esponja-do-mar, estrela-do-mar, lula e caranguejo.
b) esponja-do-mar, lula, caranguejo e estrela-do-mar.
c) estrela-do-mar, esponja-do-mar, caranguejo e lula.
d) estrela-do-mar, lula, caranguejo e esponja-do-mar.
e) lula, esponja-do-mar, estrela-do-mar e caranguejo.

3. (UFV – MG) Observe as figuras dos quatro invertebrados (I, II, III, e IV).

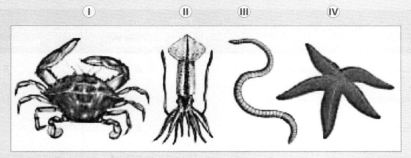

Assinale a alternativa que contém duas associações INCORRETAS:
a) I: presença da proteína quitina no exoesqueleto e abdome expandido.
b) II: presença de cromatóforos no tegumento e sistema nervoso difuso.
c) III: presença de cutícula na epiderme e sistema circulatório fechado.
d) IV: presença de gânglios no sistema nervoso e fecundação externa.

4. (UFPE) Os animais pertencentes aos diferentes filos apresentam características anatômicas e embrionárias que permitem distingui-los. Após analisar as figuras ao lado, analise as proposições abaixo.

(0) O filo representado pelo animal da Figura 1 apresenta algumas características de vertebrados, tais como ter esqueleto interno e ser deuterostômio.

(1) Os animais do filo representado na Figura 2 apresentam simetria radial e um anel nervoso do qual partem os nervos radiais.

(2) A principal característica do filo representado na Figura 4 é o corpo segmentado em anéis, nos quais existe um par de órgãos excretores e um par de gânglios nervosos.

(3) Também pertencem ao filo representado na Figura 3 as aranhas e os caranguejos, que apresentam esqueleto externo e são segmentados.

(4) O animal representado na Figura 4 é hermafrodita e seu desenvolvimento é direto, mas, no filo ao qual pertence, existem espécies dioicas e com estágios larvais.

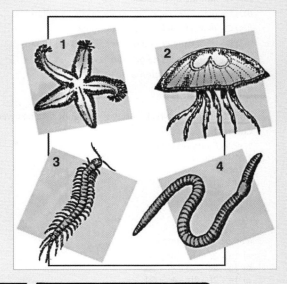

5. (UFG – GO)

Adaptado de: QUINO. *Toda a Mafalda.*
São Paulo: Martins Fontes, 2001, p. 67.

O invertebrado, observado por Mafalda, pertence ao filo que, evolutivamente, é mais próximo ao dos cordados por apresentarem, ambos,
a) *habitat* marinho.
b) mesoderme.
c) deuterostomia.
d) fecundação externa.
e) simetria radial.

6. (UFSC) Dê a soma da(s) proposição(ões) que completa(m) de forma CORRETA a tabela abaixo.

Características	Filos		
	Poríferos	Artrópodes	Equinodermos
habitat	aquáticos, fixos	A	B
esqueleto	C	exoesqueleto de quitina	D
excreção	difusão	E	difusão
reprodução	F	fecundação interna	fecundação externa
digestão	intracelular	tubo digestório completo	G

(01) A – grande diversidade
(02) E – glândulas especiais e túbulos de Malpighi
(04) C – espículas e fibras de espongina
(08) D – exoesqueleto de placas calcárias e espinhos
(16) B – águas doces, salgadas e salobras
(32) F – fecundação interna
(64) G – intracelular

7. (UFSM – RS) Na coluna I, é apresentada uma lista de invertebrados marinhos e, na coluna II, uma lista taxonômica.

Coluna I
1. bolacha-da-praia ou corrupio
2. lesma-do-mar
3. coral
4. lula
5. caravela

Coluna II
a. *Asteroidea*
b. *Anthozoa*
c. *Gastropoda*
d. *Hydrozoa*
e. *Echinoidea*
f. *Cephalopoda*
g. *Porifera*

A associação correta é
a) 1a – 2c – 3d – 4e – 5g.
b) 1e – 2c – 3b – 4f – 5d.
c) 1e – 2f – 3b – 4c – 5d.
d) 1a – 2c – 3b – 4f – 5d.
e) 1e – 2f – 3g – 4c – 5b.

8. (UFPI) Os termos: lanterna de aristóteles, manto, coanócitos, célula-flama e túbulos de Malpighi estão relacionados, respectivamente, aos seguintes invertebrados:

a) moluscos, poríferos, equinodermos, insetos e platelmintes.
b) moluscos, insetos, poríferos, equinodermos e platelmintes.
c) poríferos, moluscos, equinodermos, platelmintes e insetos.
d) equinodermos, moluscos, poríferos, platelmintes e insetos.
e) equinodermos, insetos, poríferos, platelmintes e moluscos.

Questões dissertativas

1. (UNICAMP – SP – adaptada) O número de espécies dos grandes grupos de animais está proporcionalmente representado no diagrama ao lado.

a) Cite dois filos em que os representantes possuam sistema circulatório aberto e dois filos em que os representantes possuam sistema circulatório fechado.

b) Um dos filos representados no esquema possui representantes de *habitat* exclusivamente marinho, dotados de endoesqueleto e de sistema digestório de modo geral completo. Qual é esse filo? Cite dois exemplos de animais pertencentes a ele.

c) Um dos filos representados no esquema inclui a classe mais abundante em número de espécies. Qual é essa classe? Indique duas características que contribuíram para o sucesso dessa classe.

EISNER, T.; WILSON, E. O. In: *Readings in Scientific American:* The Insects. W. H. Freeman, 1972, p. 3.

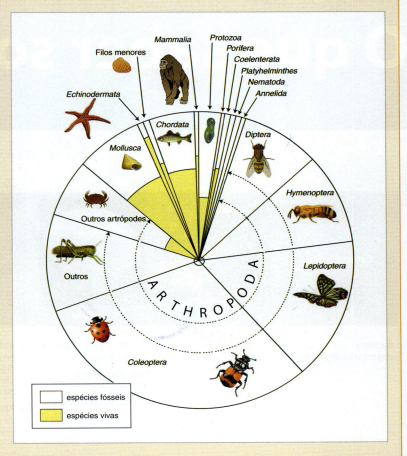

2. (UFABC – SP) Um aluno montou uma tabela comparativa entre dois filos de animais invertebrados e pediu para que seu colega de classe completasse com informações, de forma que ficasse correta.

Filos	Metameria	Destino do blastóporo	Presença de clitelo (importante para reprodução)
1	presença	protostomado	apresenta
2	ausência	deuterostomado	não apresenta

a) A quais filos correspondem os números 1 e 2, respectivamente?

b) Que filo indicado na tabela é considerado o parente mais próximo dos cordados? Que critério da tabela foi utilizado para se determinar esse grau de parentesco?

Programa de avaliação seriada

1. (PEIES – UFMS – RS) Sobre a organização morfológica e funcional dos animais referente à estruturação, sustentação e movimento corporal, assinale a alternativa correta.

a) Os *Cnidaria* apresentam estruturas duras e rígidas no corpo, ou seja, os nematocistos, que possibilitam movimentos rápidos de deslocamento.

b) *Platyhelminthes* diferem dos *Nematoda* por apresentarem mesoderma e celoma.

c) *Annelida* e *Arthropoda* compartilham características semelhantes, como a segmentação corporal e o exoesqueleto.

d) Filos com representantes sésseis (fixos em substrato) geralmente apresentam simetria radial.

e) Filos com representantes móveis (de vida livre), como os *Mollusca* e os *Echinoderma*, apresentam um sistema ambulacral que auxilia na locomoção.

Equinodermos **223**

O que saber sobre os...

Características	Poríferos	Cnidários	Platelmintos	Nematódeos
Sistema digestório/digestão	• Filtradores. • Digestão intracelular.	• Cavidade gastrovascular (incompleta). • Digestão extra e intracelular. • Carnívoros predadores.	• **Vida livre:** digestão extra e intracelular. Tubo digestório incompleto. Carnívoros predadores ou não. • **Parasitas:** absorção do alimento digerido pelo hospedeiro ou de nutrientes do sangue do hospedeiro. • Tênia: sem tubo digestório.	• **Vida livre:** digestão extra e intracelular. Tubo digestório completo (boca e ânus). Carnívoros e herbívoros. • **Parasitas:** alimentam-se dos tecidos ou do conteúdo intestinal do hospedeiro ou de nutrientes da linfa (filárias).
Respiração/ trocas gasosas	• Difusão simples.	• Difusão pela superfície corporal.	• Difusão pela superfície corporal. • Parasitas: anaeróbios facultativos.	• Difusão pela superfície corporal.
Sistema circulatório/circulação		• Cavidade gastrovascular funciona na distribuição de alimentos.	• Intestino amplamente ramificado compensa ausência de sistema circulatório.	• Fluido que preenche o pseudoceloma atua também no transporte dos alimentos absorvidos pelo intestino.
Excreção	• Difusão de excretas nitrogenadas (NH_3).	• Difusão de excretas nitrogenadas (NH_3).	• Células-flama (protonefrídios) removem NH_3, sais e excesso de água.	• Células glandulares excretoras, canais excretores. • NH_3 (principalmente).

invertebrados?

Moluscos	Anelídeos	Artrópodes	Equinodermos

• Tubo digestório completo.
• Digestão extracelular.
• Gastrópodes: herbívoros, carnívoros e detritívoros, com rádula.
• Bivalves: filtradores, sem rádula.
• Cefalópodes: carnívoros predadores, com rádula.
	• Tubo digestório completo.
	• Digestão extracelular.
	• Detritívoros (minhocas), predadores (poliquetas) e ectoparasitas (sanguessugas).
	• Alguns poliquetas são filtradores (micrófagos).
		• Tubo digestório completo.
		• Digestão extracelular.
		• Várias adaptações digestivas:
		  a) insetos: nutrição diversificada, com peças bucais picadoras, sugadoras, lambedoras;
		  b) crustáceos: filtradores, predadores e coletores de alimento;
		  c) aracnídeos: maioria carnívoros predadores;
		  d) miriápodes: predadores (quilópodes) e herbívoros (diplópodes).
		• Aranhas: digestão inicial extracorpórea.
			• Tubo digestório geralmente completo.
			• Digestão extracelular.
			• Adaptações digestivas: aparelho raspador (lanterna de aristóteles) nos ouriços; estrelas-do-mar são carnívoras predadoras.

• "Pulmões" simples (gastrópodes terrestres e de água doce). • Brânquias (gastrópodes marinhos, bivalves e cefalópodes).	• Trocas gasosas pela superfície corporal (minhocas). • Brânquias associadas a parapódios nos poliquetas.	• Traqueal (insetos, quilópodes e diplópodes). • Branquial (crustáceos). • Pulmões foliáceos e traqueias (aracnídeos). • Na respiração traqueal não há participação do sistema circulatório.	• Brânquias e pápulas (extensões do celoma cobertas por epiderme na estrela-do-mar) e eventualmente os pés ambulacrários atuam nas trocas gasosas.
• Sistema aberto (gastrópodes e bivalves). • Circulação fechada (cefalópodes). • Hemocianina no plasma.	• Sistema fechado. • Sangue com hemoglobina. • Vasos ("corações") pulsáteis.	• Sistema aberto. • Hemolinfa, de modo geral, não participa do transporte de gases quando há traqueias. • Nos crustáceos, a hemolinfa possui hemocianina (também presente em alguns aracnídeos com pulmões foliáceos).	• Fluido celômico (principal meio para transporte interno de alimentos).
• "Rins" (reunião de nefrídios). NH_3 (gastrópodes marinhos e de água doce, cefalópodes e bivalves), ureia (gastrópodes de água doce), ácido úrico (gastrópodes terrestres).	• Metanefrídios segmentares. • NH_3 (minhoca e poliquetas), ureia (minhoca).	• Túbulos de Malpighi: em insetos a excreção é uricotélica (ácido úrico). • Glândulas verdes: nos crustáceos, a excreção é amonotélica. • Glândulas coxais: nos aracnídeos, excretam guanina e ácido úrico. • Nos miriápodes (túbulos de Malpighi), amônia e ácido úrico.	• Remoção de excretas por difusão através dos finos revestimentos de pés ambulacrários, brânquias e pápulas. • Provavelmente amonotélicos (NH_3).

O que saber sobre os... invertebrados? 225

Características	Poríferos	Cnidários	Platelmintos	Nematódeos
Sistema nervoso		• Rede nervosa difusa. • Estruturas sensoriais (equilíbrio, luz) na margem da umbrela das medusas.	• Cordões nervosos longitudinais, ventrais. • Cefalização. • Gânglios cerebroides. • Órgãos sensoriais (quimiorreceptores e receptores de luz).	• Cordões nervosos (dorsal e ventral) longitudinais. • Anel nervoso ao redor do esôfago.
Reprodução	• Regeneração. • Brotamento. • Gêmulas. • Reprodução sexuada: hermafroditas. • Fecundação interna. • Larvas: anfiblástula e estereoblástula.	• Regeneração. • Brotamento. • Reprodução sexuada: em muitos, metagênese. • Larva plânula.	• Fragmentação, regeneração (planária). • Reprodução sexuada: hermafroditas (tênia com autofecundação e planária com fecundação cruzada). • Sexos separados: esquistossomo. • Várias formas larvais nos parasitas.	• Reprodução sexuada: maioria de sexos separados. • Fecundação interna. • Várias formas larvais nos parasitas.
Simetria	• Assimétricos ou radiais.	• Radial.	• Bilateral.	• Bilateral.
Celoma/diferenciação do blastóporo		• Diblásticos.	• Triblásticos acelomados. • Protostômios.	• Triblásticos pseudocelomados. • Protostômios.
Lembrar	• Esponjas. • Filtradores (micrófagos). • Célula típica: coanócito.	• Célula típica: cnidócito. • Pólipo e medusa: formas corporais típicas. • Metagênese. • Hidra, água-viva, anêmona, corais.	• Célula-flama. • Planária, tênia, esquistossomo, equinococo. • Miracídio e cercária (esquistossomo). • Oncosfera e cisticerco (tênias).	• Ascáride, anciióstomo, filariose, oxiurose.

Moluscos	Anelídeos	Artrópodes	Equinodermos
• Pares de gânglios (cabeça, pé e massa visceral). • Altamente desenvolvido nos cefalópodes, com olhos complexos.	• Ganglionar ventral. • Gânglios cerebroides dorsalmente à faringe, anel perifaríngeo. • Cordão nervoso ventral.	• Ganglionar ventral. • Nos insetos e crustáceos, semelhante ao dos anelídeos. • Nos aracnídeos, muitos gânglios fundidos, concentrados no cefalotórax.	• Pouco desenvolvido. • Anéis nervosos centrais e nervos radiais.
• Sexos separados (maioria) ou hermafroditas (gastrópodes terrestres e dulcícolas). • Fecundação interna ou externa. • Estádios larvais em bivalves, gastrópodes marinhos e grupos menores. • Em cefalópodes, o desenvolvimento é direto.	• Hermafroditismo (minhocas e sanguessugas), com desenvolvimento direto. • Sexos separados (poliquetas) com larva trocófora.	• Sexos geralmente separados. • Dimorfismo sexual. • Fecundação interna. • Desenvolvimento direto (alguns insetos, ametábolos). • Desenvolvimento indireto (insetos hemimetábolos e holometábolos). • Nos crustáceos, muitos tipos larvais com metamorfose. • Nos aracnídeos, ácaros e carrapatos, presença de formas jovens (ninfas).	• De modo geral, sexos separados. • Fecundação externa com desenvolvimento indireto (variados tipos de larvas).
• Bilateral.	• Bilateral.	• Bilateral.	• Pentarradial, como regra, na maioria dos adultos. • Larvas com simetria bilateral.
• Triblásticos celomados. • Protostômios.	• Triblásticos celomados. • Protostômios.	• Triblásticos celomados. • Protostômios.	• Triblásticos celomados. • Deuterostômios.
• Manto, massa visceral, concha, pé musculoso e rádula (exceto bivalves). • Ostra, marisco, mexilhão, caramujo, lesma, polvo, lula.	• Minhoca: clitelo, papo, moela, cecos intestinais, tiflossole, cerdas e húmus. • Poliquetas: parapódios, cerdas. • Sanguessuga: ventosas.	• Apêndices articulados. • Exoesqueleto de quitina. • **Divisão corporal:** a) insetos: cabeça, tórax, abdome; b) crustáceos e aracnídeos: cefalotórax e abdome; c) quilópodes: cabeça e tronco; d) diplópodes: cabeça, tórax, abdome. • **N.º de patas:** a) insetos: 3 pares; b) aracnídeos: 4 pares; c) crustáceos: 5 pares ou mais; d) miriápodes: várias. • **Antenas:** ausentes apenas nos aracnídeos. • **Quelíceras e pedipalpos:** presentes apenas nos aracnídeos. • **Asas:** apenas nos insetos.	• Ouriços, bolachas-da-praia, estrelas, pepinos, lírios-do-mar e ofiuroides. • Endoesqueleto calcário. • Sistema ambulacral (hidrovascular), pés ambulacrários; pápulas. • Pedicelárias.

Capítulo 12 — Cordados

Por que a carne do salmão é cor-de-rosa?

Todos que gostam de comer peixes conseguem identificar facilmente o salmão, afinal ele é bem conhecido por sua carne de cor rosada, diferentemente de outros peixes cuja carne é branca. Mas por que motivo o salmão apresenta essa coloração tão diferente?

Na realidade, o salmão é um peixe de carne branca, mas que pode se tornar rósea em função do acúmulo de um pigmento proveniente de sua alimentação. Esse pigmento é conhecido como *astaxantina*, uma substância semelhante ao caroteno, que é comumente encontrado em alimentos de cor avermelhada, como cenouras, tomates e beterrabas.

No início da cadeia alimentar, a astaxantina está presente em algas e organismos unicelulares que são ingeridos por camarões. (Aliás, é também por causa desse pigmento que os camarões apresentam sua coloração rosada.) Quando os salmões se alimentam de camarões, a astaxantina se acumula no tecido adiposo do peixe. Com o tempo e conforme a alimentação do salmão, a cor de sua carne pode variar de um rosa mais claro até uma coloração mais avermelhada.

É interessante notar que, além de camarões e salmões, os flamingos apresentam sua cor rosada também pelo acúmulo do pigmento astaxantina em seus tecidos.

Ao ler as próximas páginas deste capítulo você conhecerá as características dos cordados, filo ao qual pertencem protocordados, peixes, anfíbios, répteis, aves e mamíferos, como nós.

Cachorro, sapo, jacaré, tartaruga, sardinha, tubarão, galinha e canário pertencem ao filo *Chordata* (cordados). Nós mesmos, seres humanos, também somos cordados. Fica fácil aprender as características de um grupo formado por seres tão familiares.

▪ CARACTERÍSTICAS E CLASSIFICAÇÃO DOS CORDADOS

Todo cordado apresenta, pelo menos em alguma fase da sua existência:
- **notocorda** situada ao longo do eixo mediano dorsal do animal;
- um **tubo nervoso** localizado dorsalmente, acima da notocorda;
- **fendas** situadas bilateralmente na faringe;
- **cauda pós-anal**, primariamente importante para a propulsão no meio aquático. Dela, apenas um vestígio – o *cóccix*, formado por um conjunto de pequenas vértebras no fim da coluna vertebral – restou nos seres humanos.

Nos grupos de invertebrados, as características morfológicas sempre foram definidas com base em estudo de animais adultos. Nos cordados, no entanto, a caracterização do grupo deve ser procurada na fase embrionária. É nessa fase que todo cordado apresenta as quatro características típicas do grupo: *notocorda*, *tubo nervoso dorsal*, *fendas na faringe* e *cauda pós-anal* (veja a Figura 12-1). Na fase adulta dos vertebrados mais complexos, essas estruturas ou desaparecem, como é o caso da notocorda e das fendas na faringe, ou sofrem consideráveis modificações, como é o caso do tubo nervoso, que passa por uma grande expansão, levando à diferenciação do encéfalo e da medula espinhal.

Anote! Os protocordados não possuem crânio nem cartilagem, tampouco ossos.

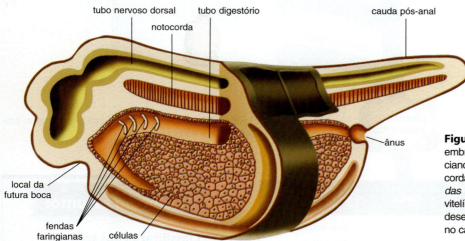

Figura 12-1. Desenho esquemático de embrião de sapo em corte longitudinal evidenciando os quatro componentes exclusivos dos cordados: *notocorda*, *tubo nervoso dorsal*, *fendas faringianas* e *cauda pós-anal*. As células vitelínicas armazenam alimento e garantem o desenvolvimento do embrião até o surgimento, no caso dos sapos, da fase larval, o girino.

Uma classificação satisfatória dos cordados consiste em agrupá-los em três subfilos: *Urochordata*, *Cephalochordata* e *Vertebrata* (ou *Craniata*). Os urocordados e cefalocordados também são conhecidos como **protocordados**.

Entre os **vertebrados**, os mais primitivos são os que possuem boca circular, não dotada de mandíbulas. Estes compõem o grupo dos vertebrados amandibulados ou **ágnatos** (do grego, *a* = ausência de + *gnathos* = maxila). Por possuírem boca circular, também são conhecidos por **ciclostomados** (do grego, *kúklos* = círculo + *stoma* = boca). Os exemplares mais conhecidos atualmente são as lampreias.

Nos vertebrados mais complexos, a boca possui mandíbulas. São os **gnatostomados**, que incluem dois grupos: o dos **peixes** – que, por sua vez, contém a classe dos peixes cartilaginosos e dos peixes ósseos – e o dos **tetrápodos** (do grego, *tetra* = quatro + *podos* = pés), assim chamados por possuírem apêndices locomotores pares (inclui os anfíbios, répteis, aves e mamíferos). Veja a Figura 12-2 e a Tabela 12-1.

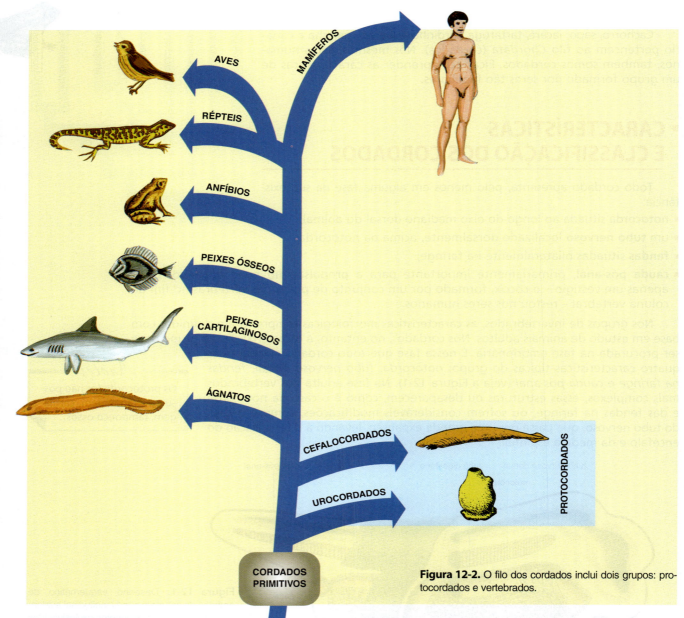

Figura 12-2. O filo dos cordados inclui dois grupos: protocordados e vertebrados.

Tabela 12-1. A divisão do filo *Chordata*.

Subfilo	Superclasse	Classe	Conhecidos como
Urochordata (Tunicata)			Urocordados (tunicados).
Cephalochordata			Cefalocordados.
Vertebrata (Craniata)	Agnatha	Cyclostomata.	Ciclostomados.
	Gnathostomata	Chondrichthyes.	Peixes cartilaginosos.
		Osteichthyes.	Peixes ósseos.
		Amphibia.*	Anfíbios.
		Reptilia.*	Répteis.
		Aves.*	Aves.
		Mammalia.*	Mamíferos.

* Anfíbios, répteis, aves e mamíferos formam o grupo dos tetrápodos.

De olho no assunto!

Classificação dos cordados

Os sistematas – cientistas envolvidos com a classificação (taxonomia) e a relação de parentesco entre os seres vivos – nem sempre adotam as mesmas categorias de classificação para determinado grupo e o mesmo se dá com os cordados. Assim, uma classe em um sistema pode ser considerada uma superclasse ou um subfilo em outro.

O esquema da página seguinte é uma proposta resumida de classificação filogenética – que se baseia em *relações evolutivas* – do filo *Chordata*. O surgimento de novas características determina um novo ramo, sendo compartilhadas pelos grupos que surgem acima dele.

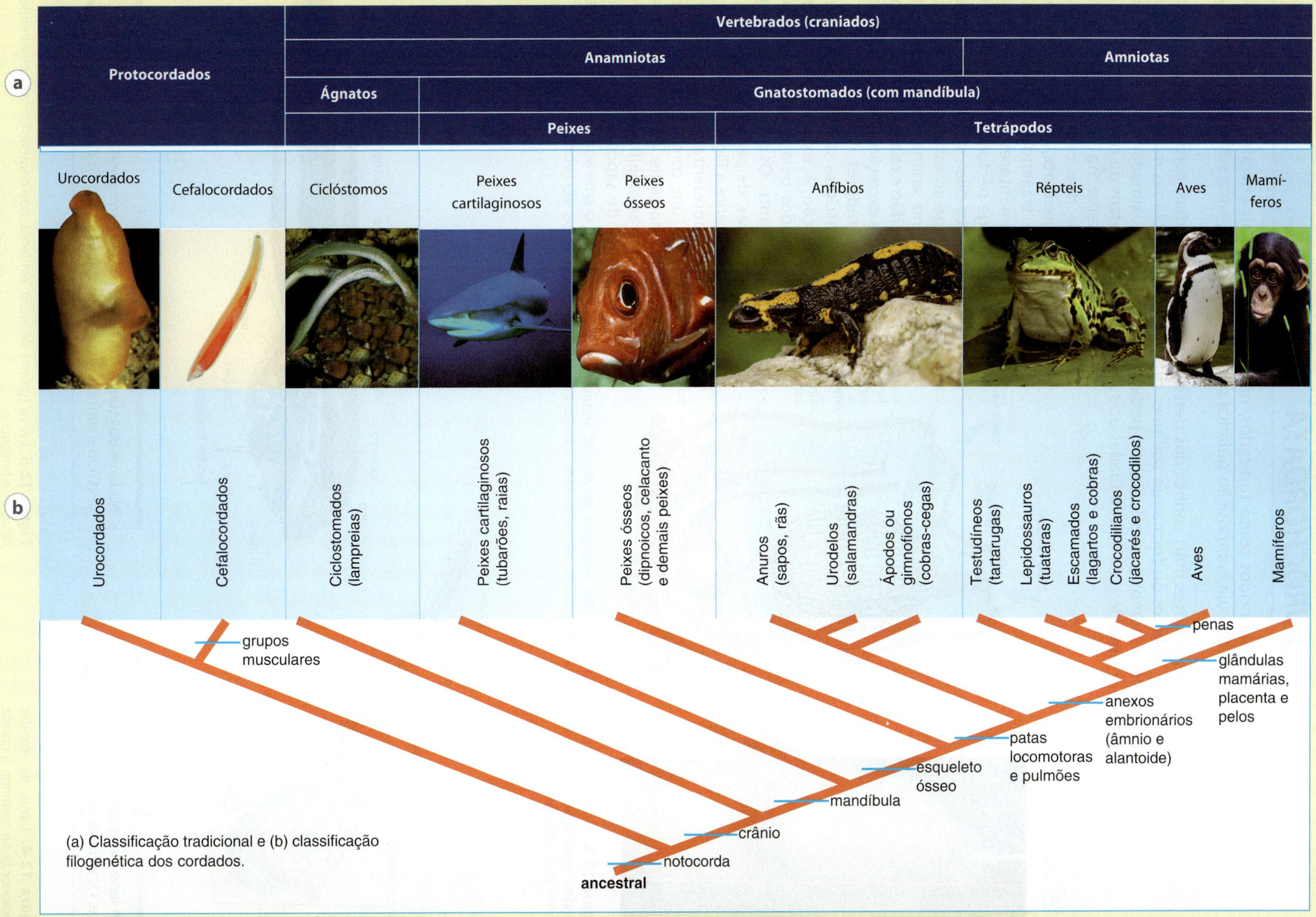

Protocordados		Vertebrados (craniados)						
		Ágnatos	Gnatostomados (com mandíbula)					
			Anamniotas		Amniotas			
			Peixes		Tetrápodos			
Urocordados	Cefalocordados	Ciclóstomos	Peixes cartilaginosos	Peixes ósseos	Anfíbios	Répteis	Aves	Mamíferos

Urocordados
Cefalocordados
Ciclóstomados (lampreias)
Peixes cartilaginosos (tubarões, raias)
Peixes ósseos (dipnoicos, celacanto e demais peixes)
Anuros (sapos, rãs)
Urodelos (salamandras)
Ápodos ou gimnofionos (cobras-cegas)
Testudíneos (tartarugas)
Lepidossauros (tuataras)
Escamados (lagartos e cobras)
Crocodilianos (jacarés e crocodilos)
Aves
Mamíferos

grupos musculares — notocorda — crânio — mandíbula — esqueleto ósseo — patas locomotoras e pulmões — anexos embrionários (âmnio e alantoide) — penas — glândulas mamárias, placenta e pelos

ancestral

(a) Classificação tradicional e (b) classificação filogenética dos cordados.

Cordados 231

▪ SUBFILO *UROCHORDATA*

Também conhecidos como tunicados, nome que se deve ao envoltório do corpo, uma *túnica* espessa, de cuja composição química participa a *tunicina*, uma substância semelhante à celulose.

Os representantes mais conhecidos desse grupo são as ascídias, cordados marinhos que podem viver isolados ou formando colônias. Uma das formas isoladas muito encontrada nas praias brasileiras lembra, no adulto, um pedaço de piche de aproximadamente 8 cm de altura, preso por uma de suas extremidades ao substrato (rochas, cascos de navios etc.).

Observe na Figura 12-3 a existência de dois orifícios. O primeiro, o **sifão inalante**, permite o ingresso de água trazendo oxigênio e partículas alimentares que ficam retidas na faringe perfurada por fendas. Por batimento ciliar, o alimento é levado da faringe ao estômago. A água que entrou no animal sai pelo segundo sifão, o **sifão exalante**, levando os produtos de excreção. São, portanto, animais filtradores.

As ascídias são hermafroditas. A fecundação é externa. Os gametas são levados pela água através do sifão exalante. Os ovos fertilizados geram larvas, de pequeno tamanho.

Observe a Figura 12-4 e note que a larva apresenta todas as características de um cordado. Uma característica marcante dessa fase é que a larva se assemelha bastante às larvas (girinos) de sapos e rãs (veja a Figura 12-5), o que sugere forte parentesco com os vertebrados.

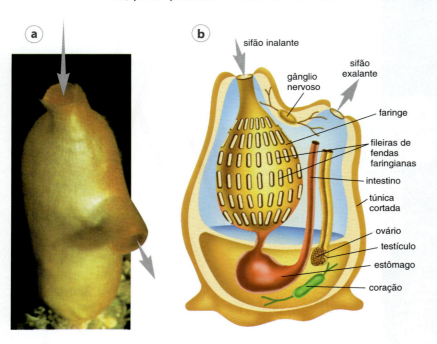

Figura 12-3. Em (a), foto de *Ascidia sp.* Em (b), esquema de *Ascidia* aberta, evidenciando a circulação de água a partir do sifão inalante, atravessando a cesta branquial e saindo pelo sifão exalante.

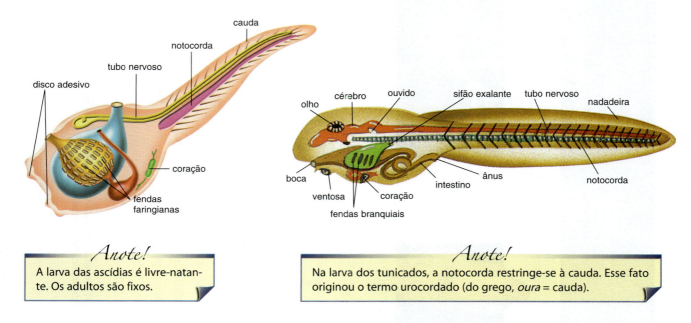

Anote!
A larva das ascídias é livre-natante. Os adultos são fixos.

Anote!
Na larva dos tunicados, a notocorda restringe-se à cauda. Esse fato originou o termo urocordado (do grego, *oura* = cauda).

Figura 12-4. Larva de ascídia. A notocorda se restringe à cauda.

Figura 12-5. Larva (girino) de sapo, evidenciando características semelhantes à larva dos tunicados.

▪ SUBFILO *CEPHALOCHORDATA*

O anfioxo é o principal representante desse subfilo. Esse animal mede aproximadamente 5 cm, possui a aparência perfeita de um pequeno peixe, é achatado lateralmente e pode ser encontrado entre os grãos de areia grossa de algumas praias brasileiras.

A extremidade anterior não possui cabeça diferenciada. Nela, destacam-se os chamados **cirros bucais**, uma espécie de "peneira" na região da boca cuja função é filtrar partículas de alimento contidas na água (veja a Figura 12-6). Não possui apêndices locomotores, mas finas expansões, as chamadas **nadadeiras dorsal**, **caudal** e **ventral**, auxiliares da locomoção. O ânus abre-se próximo da extremidade posterior. Por transparência, veem-se pacotes musculares segmentares, de cada lado do corpo, e na região ventral de ambos os lados veem-se as gônadas.

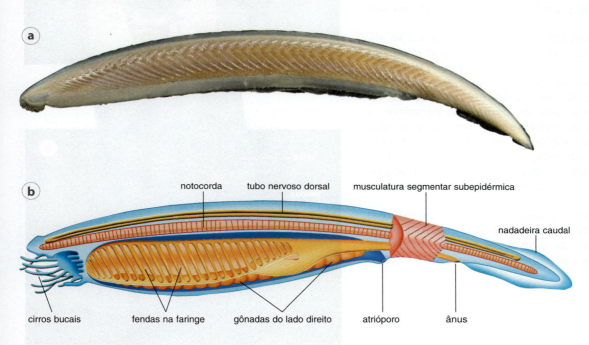

Figura 12-6. (a) Foto e (b) aspecto esquemático de anfioxo, um cefalocordado.

São animais filtradores. A água, contendo partículas alimentares e oxigênio, penetra pela boca, passa pelas fendas da faringe, onde o alimento é retido, e sai pelo **atrióporo**, uma abertura na região ventral do anfioxo, levando os produtos de excreção. A notocorda estende-se da extremidade anterior até a cauda. Por esse motivo, esse animal é classificado no grupo dos **cefalocordados**, ou seja, *com notocorda na "cabeça"* (do grego, *kephalé* = cabeça). É discutível o papel da notocorda como eixo de sustentação.

▪ SUBFILO *CRANIATA* OU *VERTEBRATA*

Os cordados vertebrados apresentam uma série de avanços com relação aos protocordados: massa encefálica protegida por uma caixa craniana e uma coluna segmentada em vértebras. O subfilo *Vertebrata* possui aproximadamente 40.000 espécies vivas e é o maior subfilo dos *Chordata*.

A abordagem que faremos será preferencialmente relacionada às adaptações que neles existem e que favorecem a sua sobrevivência nos diversos meios em que são encontrados.

Ágnatos ou Ciclostomados: "Peixes" Primitivos e sem Mandíbulas

Atualmente, os vertebrados aquáticos mais primitivos são os **ciclostomados**, representados principalmente pelas lampreias, não encontradas em nosso meio. São alongados, de corpo vermiforme, cujo comprimento alcança quase 1 metro. Possuem nadadeiras ímpares, e o número de fendas branquiais é reduzido, de 6 a 14 pares. O esqueleto é formado por uma coluna vertebral com peças cartilaginosas simples circundando a notocorda que, nesses animais, persiste a vida toda. O encéfalo é pequeno e não possui as subdivisões comuns nos vertebrados.

As lampreias são ectoparasitas, adaptação alimentar rara entre os vertebrados. Vivem grudadas em outros peixes. A boca, desprovida de mandíbulas, é circular e funciona como ventosa.

Pequenos dentes existentes na boca e na língua raspam a pele do peixe que parasitam e permitem que se alimentem de sangue e tecidos da vítima. Uma substância anticoagulante impede a coagulação do sangue. Muitos prejuízos têm sido causados por lampreias que parasitam peixes, notadamente na região dos Grandes Lagos dos Estados Unidos.

Os sexos são separados. A fecundação é externa. Existe a fase larval (**larva amocetes**) que, ao contrário dos adultos, faz escavações no solo lodoso de lagos e oceanos e se alimenta de detritos.

(a) Lampreias e (b) detalhe de sua boca circular.

De olho no assunto!

Feiticeiras, esses estranhos ágnatos

Feiticeiras, também chamadas de peixes-bruxa (*hagfish*, na língua inglesa), são ágnatos primitivos, exclusivamente marinhos, que você não encontrará no Brasil. São comuns na Europa e na América do Norte e pelo menos um gênero habita as águas costeiras do Chile. O corpo é alongado (até 76 cm de comprimento), viscoso, sem escamas, dotado de 1 a 15 aberturas branquiais, com linha lateral (estrutura sensorial). A boca é terminal (rodeada por 6 tentáculos móveis), contendo uma língua protrátil na qual há duas placas queratinizadas (semelhantes a dentes), uma de cada lado e com função raspadora. Internamente, não há nenhum vestígio de vértebras, ao contrário das lampreias, que as possuem rudimentares. Com essas características, já é possível perceber que esses animais são extremamente ágeis e maleáveis. Vivem enfiados no assoalho oceânico, cavando galerias e misturando-se ao lodo, hábito de vida semelhante ao de uma toupeira. Sua nutrição é bastante curiosa: atuam como necrófagos (são carniceiros dos mares profundos) e, mais importante, são vorazes endoparasitas de peixes. Penetram nos seus hospedeiros pela câmara branquial ou pelo ânus e devoram a carne, muitas vezes sobrando apenas o esqueleto e a pele.

São hermafroditas e a autofecundação é evitada por meio da protandria (do grego, *proto* = primeiro + *andrós* = homem, macho), isto é, primeiro são produzidos e liberados os espermatozoides e, depois, os óvulos. A fecundação é externa, são formados poucos ovos (20 a 30) de grande tamanho (10 a 30 mm), e o desenvolvimento é direto, sem fase larval.

Considera-se que esses animais causem prejuízos ao homem, uma vez que é frequente o encontro de peixes danificados pelas feiticeiras nas redes de pesca. Como resposta, os pescadores recorrem à "caça" desses animais, cuja pele, conhecida como "couro de enguia", é muito valorizada. Esse comportamento causou uma drástica redução das populações desses ágnatos em alguns oceanos.

Os Gnatostomados

Há evidências fósseis de que os peixes mais antigos são primitivos ágnatos, conhecidos como **ostracodermos**, assim chamados por seu esqueleto em forma de concha (do grego, *ostrakon* = concha), que teriam surgido a partir de cordados sem vértebras, há 500 milhões de anos. Só posteriormente é que teriam surgido as lampreias, hoje representadas por poucas espécies.

No final do período Devoniano, também chamado de *Período dos Peixes*, há cerca de 400 milhões de anos, os ostracodermos se extinguiram. A partir deles, provavelmente surgiram peixes mais complexos, os **placodermos**, dotados de mandíbulas e nadadeiras pares. Os placodermos foram os primeiros vertebrados **gnatostomados** (do grego, *gnathos* = maxila + + *stoma* = boca). Deles se originaram todos os peixes atuais e os tetrápodos.

Leitura

O relógio do tempo: o domínio dos peixes

Foi no período Devoniano que esse grupo passou pela sua melhor fase. Muitas espécies surgiram, entre elas algumas que possuíam uma bolsa ligada à porção anterior do tubo digestivo e que funcionava como verdadeiro pulmão. Esses seres ficaram conhecidos como **peixes pulmonados**. A existência de um pulmão conferiu uma grande vantagem adaptativa. Muitos ambientes passavam por secas periódicas. Sobreviviam apenas aqueles peixes que escavavam um buraco no lodo e ali permaneciam parados, respirando ar. Os outros ou migravam para os mares ou morriam. A estrutura das nadadeiras dos peixes pulmonados também era diferente. Elas lembravam verdadeiras patas. Assim, era possível deslocar-se de uma poça para outra.

Atualmente, algumas espécies de peixes pulmonados sobrevivem, entre elas, a *piramboia*, encontrada na região amazônica.

Cordados **235**

Condrictes: Os Peixes Cartilaginosos

Os peixes cartilaginosos (classe *Chondrichthyes*) são vertebrados dotados de **mandíbulas**, fortes peças forradas de dentes que habilitam os seus portadores a recorrer a uma variedade maior de alimentos, tanto no tamanho quanto na qualidade. Essa característica, associada à maior mobilidade devida à ação de grupos musculares segmentares distribuídos ao longo do corpo, favorece a atividade predatória que passa a ser comum à maioria dos vertebrados.

As raias, também conhecidas por arraias, pertencem à classe dos peixes cartilaginosos.

Tubarões, cações e raias são os representantes mais conhecidos dessa classe de peixes, encontrados principalmente nos mares. Poucas espécies foram bem-sucedidas na água doce, como é o caso de algumas raias da região amazônica. Várias características revelam o aumento de complexidade dos peixes cartilaginosos em relação aos ciclostomados (veja a Figura 12-7).

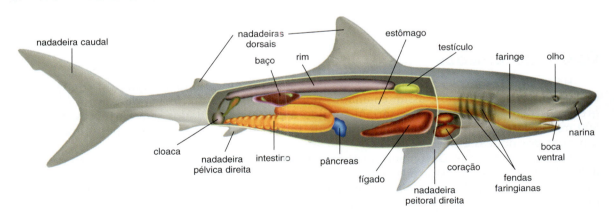

Figura 12-7. Esquema de tubarão evidenciando a boca ventral e as cinco fendas faringianas do lado direito.

- *O esqueleto é inteiramente cartilaginoso*.
- O tubo nervoso, bem desenvolvido, apresenta um *encéfalo protegido pelo crânio*.
- *A natação torna-se mais ágil*, não só por causa dos grupos musculares segmentares, existentes ao longo do corpo, mas também porque passam a existir nadadeiras pares, peitorais e pélvicas, que agilizam a movimentação do peixe, dando a ele uma impulsão, inexistente nos ciclostomados. Uma nadadeira caudal, cujas porções dorsal e ventral são diferentes em tamanho, favorece rápidas mudanças de direção.
- *A boca é ventral e as fendas faringianas estão reduzidas a cinco pares*. As trocas gasosas respiratórias ocorrem nas brânquias, constantemente oxigenadas pela água que ingressa na boca e flui em direção às fendas.

- A pele é revestida por diminutas **escamas placoides** de estrutura semelhante à dos nossos dentes, que possuem origem dermoepidérmica (veja a Figura 12-8). O esmalte tem origem epidérmica; a dentina e a polpa são formadas pela derme.

Figura 12-8. Escama placoide de tubarão. É dermoepidérmica e possui a estrutura de um dente.

A nadadeira caudal do tubarão não é simétrica. Por isso diz-se que ela é heterocerca. Sua porção superior é maior que a inferior.

- A circulação é **simples** e **completa**: simples, porque o sangue passa apenas uma vez pelo coração, a cada ciclo de circulação, e completa porque o sangue rico em oxigênio não se mistura com o que contém grande quantidade de gás carbônico (veja a Figura 12-9).

Anote!
Nos peixes, a circulação é simples e completa. O coração é dotado de duas câmaras: **um átrio** e **um ventrículo**.

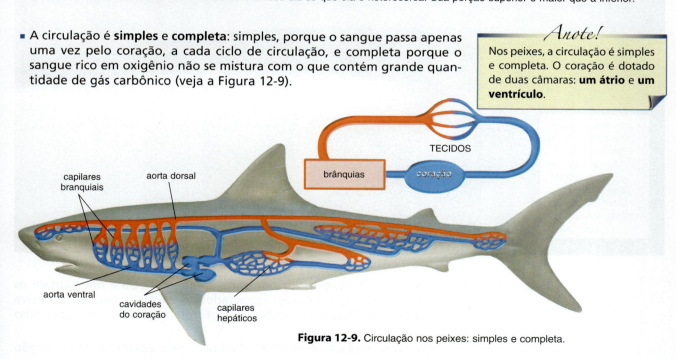

Figura 12-9. Circulação nos peixes: simples e completa.

- A *circulação é fechada, como em todos os vertebrados*. O sangue circula o tempo todo no interior de vasos. As trocas de alimentos, gases e excretas entre o sangue e os tecidos são efetuadas pelas paredes de finíssimas ramificações de vasos, os *capilares sanguíneos*.
- São heterotermos: a temperatura corporal oscila de acordo com a variação da temperatura do ambiente.

Cordados **237**

- Na cabeça dos condrictes veem-se inúmeros pontinhos escuros onde se situam as chamadas **ampolas de Lorenzini**, que adaptam esses peixes à percepção de correntes elétricas de baixa intensidade, geradas pelas contrações musculares de outros animais, facilitando sua captura.

Os pontos que se veem próximos à boca e à narina do tubarão são as aberturas das ampolas de Lorenzini (a seta aponta uma dessas aberturas).

- Presença de *linha lateral*: inúmeros orifícios por onde a água penetra e que captam os estímulos do meio e os encaminham a nervos conectados ao encéfalo. Seu nome deriva de sua localização nas laterais do animal, embora não forme uma linha definida como nos peixes ósseos.
- *Os sexos são separados*. A fecundação é interna e facilitada pela existência de um órgão copulador no macho, o **clásper**, na verdade um prolongamento de cada uma das nadadeiras pélvicas. O desenvolvimento embrionário pode ocorrer no interior de um ovo, nas espécies ovíparas, ou no interior do corpo materno, nas espécies ovovivíparas. Há casos de viviparidade, em que o desenvolvimento do embrião ocorre preso ao oviduto e nutrido por meio de uma estrutura semelhante à placenta dos mamíferos. Porém, não se trata de uma placenta verdadeira, esta exclusiva dos mamíferos placentários.

De olho no assunto!

Homeotermos/heterotermos ou endotermos/ectotermos: o que vale hoje?

A classificação dos vertebrados em homeotermos (de *homeo* = o mesmo) e heterotermos (ou pecilotermos, de *poikilo* = = variável) foi amplamente utilizada até meados do século XX. Nos homeotermos, também chamados de animais de "sangue quente", a temperatura corporal permanece praticamente a mesma a despeito de ocorrerem variações na temperatura ambiental. É o que ocorre nas aves e nos mamíferos. Nos heterotermos, conhecidos como animais de "sangue frio", a temperatura corporal varia em função da temperatura ambiente. É o caso dos peixes, anfíbios e répteis.

Ocorre que novas descobertas passaram a colocar em dúvida essa classificação: existem alguns mamíferos nos quais a temperatura corporal sofre uma queda acentuada de até 20 °C durante a noite ou ao longo do inverno. São animais que permanecem em um estado de torpor ou de hibernação, às vezes por longos períodos. Por outro lado, certos peixes vivem em ambientes aquáticos em que a temperatura ambiente ao longo do ano sofre uma variação de no máximo cerca de 2 °C, o mesmo ocorrendo com a temperatura corporal que, assim, fica praticamente constante.

Em razão disso, muitos biólogos preferem utilizar os termos **endotermos** e **ectotermos** quando se referem à temperatura corporal. A diferença é fácil de entender. Nos endotermos (principalmente aves e mamíferos), a manutenção da temperatura corporal depende, em grande parte, da produção metabólica de calor em seus organismos, por meio da oxidação de alimentos. Os ectotermos, por sua vez, ganham a maior parcela de calor a partir de fontes externas. É o que acontece, por exemplo, com muitos lagartos que permanecem longo tempo expostos ao sol e, assim, adquirem do ambiente a energia necessária para o aquecimento corporal.

Utilizando-se dessa conceituação, a origem da fonte do calor necessário para manter o corpo aquecido é a maior diferença existente entre endotermos e ectotermos. Neste volume, continuamos a utilizar os termos homeotermos e pecilotermos ou heterotermos, mas esteja preparado para entender o significado da outra conceituação toda vez que você ler um texto que a ela recorra.

Pode-se representar graficamente a resposta à temperatura ambiental. No gráfico (a), relaciona-se temperatura do corpo em função da temperatura ambiental. Em (b), a relação é feita entre o consumo de oxigênio e a variação da temperatura do meio. Nesse caso, note que, nos heterotermos, o consumo de oxigênio aumenta à medida que cresce a temperatura ambiental. Nos homeotermos, o consumo é maior em temperaturas menores, em função de ser necessária a geração de energia metabólica para manter constante a temperatura corporal. Note, porém, que há diminuição do consumo de oxigênio à medida que a temperatura ambiental aumenta, até certo limite a partir do qual o consumo de oxigênio passa a ser constante. Esse ponto, em que a geração de energia para a regulação da temperatura corporal atinge um valor mínimo, é conhecido como zona de neutralidade térmica.

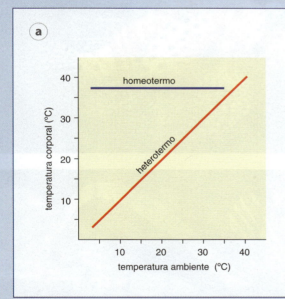
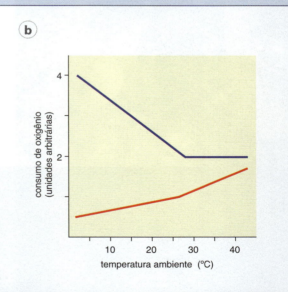

Osteíctes: Os Peixes Ósseos

Os peixes ósseos (classe *Osteichthyes*) são hoje representados por diversas espécies que habitam tanto os mares quanto a água doce. Essa classe pode ser dividida em duas subclasses:

- *Sarcopterygii* (do grego, *sarkós* = carne + *pterúgion* = barbatana) – peixes ósseos conhecidos como peixes de nadadeiras lobadas, típicas dos *dipnoicos* (peixes pulmonados) e dos *actinístias*, representados pelos celacantos; e
- *Actinopterygii* (do grego, *aktis* = raio + *pterúgion* = barbatana) – peixes ósseos que possuem nadadeiras raiadas, características dos demais peixes conhecidos.

São as mais diversas as cores dos peixes ósseos atuais e suas nadadeiras raiadas.

De olho no assunto!

Piramboias, os nossos "peixes pulmonados"

Peixes *dipnoicos* (do grego, *di* = duas + *pnoé* = respiração), também chamados de *peixes pulmonados*, são os atualmente representados por gêneros encontrados na África (*Protopterus*), na Austrália (*Neoceratodus*) e na América do Sul (*Lepidosiren*). A esse último gênero pertencem as piramboias, encontradas principalmente na Amazônia, na Ilha de Marajó e no delta do Paraná. O corpo é alongado, de cerca de 1,20 m de comprimento, coberto de pequenas escamas e alimentam-se predominantemente de moluscos. Em condições de seca, introduzem-se na lama, a uma profundidade de até 50 cm, enrolam-se e produzem um muco que origina uma espécie de "casulo" protetor, assim permanecendo por cerca de 5 a 6 meses. Nesse período, obtêm o oxigênio diretamente do ar por meio de um "pulmão" primitivo e consomem as reservas acumuladas durante a estação favorável. Em meio aquático, a respiração "pulmonar" ocorre simultaneamente com a branquial (que parece não ser tão eficiente na obtenção de oxigênio), principalmente quando os animais atingem a superfície da água. Na reprodução, os ovos são postos em ninhos construídos na lama, a uma profundidade de 25 cm. Cabe aos machos o papel de vigiar os ovos e cuidar dos filhotes recém-nascidos (alevinos).

Celacanto, um fóssil vivo?

Em 1938, o pesquisador J. L. B. Smith anunciou a descoberta, nos mares da África do Sul, do **celacanto**, um tipo de peixe que se supunha extinto desde o Eoceno, há 70 milhões de anos. O peixe foi denominado de *Latimeria chalumnae*, em homenagem a uma aluna (de sobrenome Latimer) do pesquisador. Posteriormente, outros exemplares – de tamanho variando entre 75 cm a 2 m e pesando de 13 a 80 quilos – foram capturados no Arquipélago de Comoro, em Madagascar e em Moçambique. Vivem em grandes profundidades, são fortes, agressivos, de cor azul-acinzentada e são predadores de peixes e cefalópodes. A fecundação supostamente é interna (não se sabe ainda como ocorre a cópula, uma vez que os machos não possuem órgão especializado para essa função) e tudo leva a crer que sejam vivíparos.

Discute-se atualmente sobre a importância desses peixes – para muitos pesquisadores, são verdadeiros "fósseis vivos" – na evolução dos outros grupos de vertebrados. A razão para isso é que possuem características que se assemelham à dos peixes cartilaginosos, outras lembram as encontradas nos dipnoicos e algumas se relacionam às existentes nos actinopterígios. Muitos pesquisadores admitem que os celacantos constituam um grupo irmão da linhagem que originou os peixes pulmonados e os tetrápodos.

Piramboia.

Celacanto.

Com relação aos peixes cartilaginosos, os peixes ósseos apresentam as seguintes diferenças:
- *A boca é terminal* e as fendas branquiais, agora em número de quatro pares, não mais se exteriorizam. São protegidas por uma placa óssea, o **opérculo**, que protege a câmara branquial, onde se localizam as guelras (brânquias). Veja a Figura 12-10.

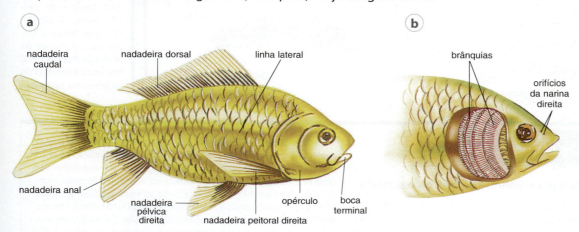

Figura 12-10. (a) Características externas de peixe ósseo: opérculo, nadadeiras e boca terminal. (b) Opérculo removido expondo as brânquias.

Cordados **241**

- *A pele quase sempre tem escamas de origem dérmica e é lubrificada com muco que facilita o deslocamento na água, ao promover a diminuição do atrito.*
- *Apresentam linha lateral.* Além da visão e da olfação, extremamente apuradas nesses seres vivos, também as variações de pressão da água e pequenas vibrações são captadas por um eficiente mecanismo sensorial localizado nas **linhas laterais**. Cada linha lateral é constituída de inúmeros orifícios enfileirados, com acesso a terminações nervosas, que captam os estímulos do meio e os encaminham a nervos conectados ao encéfalo (veja a Figura 12-11).

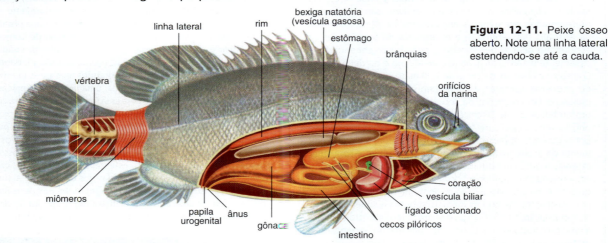

Figura 12-11. Peixe ósseo aberto. Note uma linha lateral estendendo-se até a cauda.

- *A circulação é fechada,* como nos peixes cartilaginosos, *e completa*. O coração possui duas cavidades: um átrio e um ventrículo.
- *O esqueleto ósseo é formado pelo crânio, protetor do encéfalo, e pela coluna vertebral.*
- *O intestino é longo, dobrado e possui expansões.* Possui pequenos **cecos** que ampliam a superfície de digestão e a absorção de alimentos. Restos alimentares são eliminados pelo ânus.
- Os sexos são separados. A fecundação, de maneira geral, é externa (ocorre na água). As fêmeas descarregam óvulos e os machos depositam espermatozoides sobre eles. Uma fase larval, denominada de **alevino**, precede o adulto. Em algumas espécies, a fecundação é interna e ocorre ovoviviparidade (comum, por exemplo, em *lebistes*, facilmente criados em aquários).
- São heterotermos, a exemplo dos peixes cartilaginosos.
- *Vesícula gasosa*: dorsalmente ao tubo digestório, na porção anterior, nota-se uma bolsa cheia de gases, a **bexiga natatória**, também denominada de **vesícula gasosa**. É um órgão de equilíbrio hidrostático: por meio dela, o peixe pode ajustar a sua posição na água, permanecendo em equilíbrio e ficando praticamente parado, em diferentes profundidades. A secreção de gases, principalmente oxigênio, é efetuada por uma rede de capilares sanguíneos localizada na parede interna da vesícula gasosa (veja a Figura 12-12).

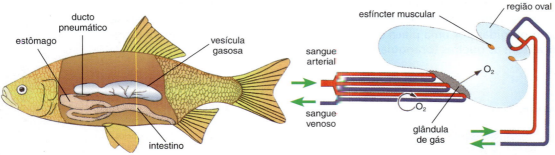

Figura 12-12. Vesícula gasosa de peixes ósseos. A glândula de gás "secreta" gases para o interior da vesícula. A região oval favorece a entrada de oxigênio no sangue.

De olho no assunto!

Densidade da água e volume da bexiga natatória

Nos peixes ósseos marinhos, em função da elevada densidade da água, a bexiga natatória possui menor volume (cerca de 5% do volume corporal), em relação aos peixes que vivem em água doce, nos quais a vesícula gasosa ocupa cerca de 7% do volume corporal.

Nos peixes cartilaginosos, não existe bexiga natatória. Nesses peixes, o ajuste da densidade em relação à da água circundante é função principalmente do elevado teor de óleo no fígado, órgão responsável por cerca de 25% da massa corporal. Ainda assim, se pararem de nadar, afundam. Ao visitar aquários públicos, poderão ser vistos tubarões apoiados no fundo, movimentando a pele à frente de cada fenda lateral, criando, assim, um fluxo de água para oxigenar as brânquias. É claro que em situações de repouso (estariam dormindo?) as demandas de oxigênio são muito pequenas. Não se esqueça, os condrictes são peciloteros.

Anfíbios: O Início da Conquista do Meio Terrestre

Os anfíbios não são encontrados no ambiente marinho, apenas na água doce e em ambiente terrestre. O nome do grupo, anfíbios (do grego, *amphi* = = dos dois lados + *bios* = vida), foi dado em razão de a maioria de seus representantes possuir a fase larval aquática e de respiração branquial (lembre-se dos girinos) e uma fase adulta, de respiração pulmonar e cutânea, que habita o meio terrestre úmido. São heterotermos, como os peixes.

> **Anote!**
> Qualquer um de nós é capaz de lembrar dos locais em que sapos, rãs e pererecas são encontrados – brejos, lagos, córregos e mesmo no interior de banheiros úmidos das casas de praia, de sítios e de chácaras.

Alguns representantes dos anfíbios atuais: (a) perereca, (b) rã, (c) salamandra e (d) cobra-cega.

De olho no assunto!

Classificação dos anfíbios

Os sapos, as rãs e as pererecas são anfíbios que pertencem à ordem dos **anuros**, assim chamados por não possuírem cauda na fase adulta (do grego, *a* = ausência de + *oura* = cauda).

Na Terra atual, duas outras ordens de anfíbios são comuns: a dos **urodelos** (do grego, *oura* = cauda + *delos* = aparente) e a dos **ápodos** (do grego, *a* = ausência de + *podós* = pés). Veja a Figura 12-13.

Figura 12-13. A filogenia dos anfíbios.

Cordados **243**

> **Anote!**
> Queratina é uma proteína da pele de vertebrados terrestres.

As trocas gasosas: pulmões simples e pele

Os anfíbios adultos precisam viver perto da umidade: sua pele é fina e pobremente queratinizada, muito sujeita à perda de água. Uma delgada epiderme, dotada de inúmeras glândulas mucosas, torna a pele úmida e lubrificada, constituindo-se em um importante órgão respiratório (veja a Figura 12-14).

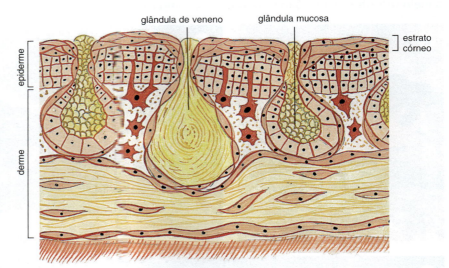

Figura 12-14. Corte transversal da pele de sapo, mostrando a pequena espessura da epiderme e as glândulas mucosa e de veneno.

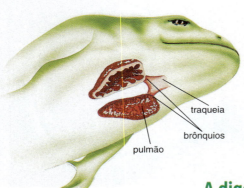

Nos sapos, os pulmões são extremamente simples, equivalem a dois "sacos" de pequeno volume e de pequena superfície de trocas gasosas (veja a Figura 12-15). Essa característica é que aumenta a importância da pele como órgão respiratório.

Figura 12-15. Os pulmões do sapo apresentam pequena superfície interna para as trocas gasosas, o que é compensado pela importância das trocas respiratórias que ocorrem na pele.

A digestão e a excreção

Da boca, o alimento é encaminhado para digestão nas porções posteriores do tubo digestivo, composto de faringe, esôfago, estômago e intestino. Duas glândulas digestivas anexas, o fígado e o pâncreas, descarregam suas secreções diretamente no intestino, através de ductos de conexão com esse órgão. Os restos alimentares são encaminhados para uma cloaca, local para onde também vão gametas e a urina produzida pelos rins. As larvas (aquáticas) excretam amônia e gradualmente passam a eliminar ureia, excreta nitrogenada dos anfíbios adultos.

A circulação: dupla e incompleta

O coração apresenta três cavidades: dois átrios (um direito e um esquerdo) e um ventrículo. O sangue venoso, pobre em O_2, penetra no átrio direito. Sangue arterial, rico em O_2, vindo dos pulmões, penetra no átrio esquerdo. Os dois tipos de sangue passam para o único ventrículo onde se misturam, ainda que parcialmente (veja a Figura 12-16). Do ventrículo, o sangue é bombeado para um tronco arterial (conjunto de vasos) que distribui sangue para a cabeça, para o tronco e para os pulmões. A circulação é **dupla** e **incompleta**: dupla, porque o sangue passa duas vezes pelo coração a cada ciclo de circulação, e incompleta, porque o ventrículo é único e nele os sangues arterial e venoso se misturam.

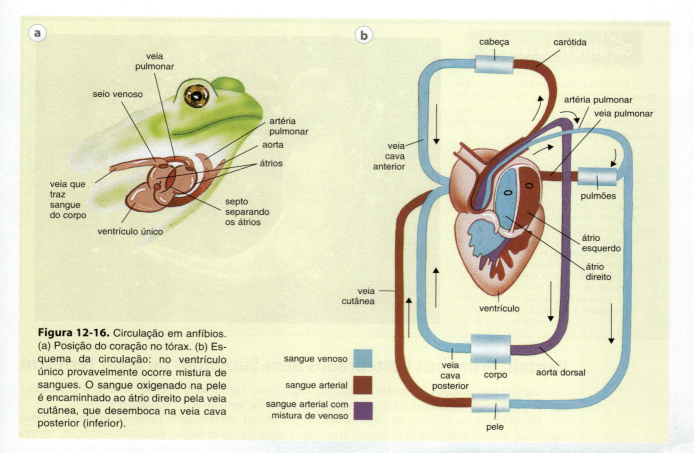

Figura 12-16. Circulação em anfíbios. (a) Posição do coração no tórax. (b) Esquema da circulação: no ventrículo único provavelmente ocorre mistura de sangues. O sangue oxigenado na pele é encaminhado ao átrio direito pela veia cutânea, que desemboca na veia cava posterior (inferior).

A reprodução: fecundação externa e desenvolvimento geralmente indireto

Nos sapos, rãs e pererecas, os sexos são separados. A fecundação é externa, em meio aquático. As fecundações vão ocorrendo, e cada ovo possui uma membrana transparente que contém, no seu interior, um embrião em desenvolvimento que consome, para sua sobrevivência, alimento rico em reservas originadas do óvulo.

Após certo tempo de desenvolvimento, de cada ovo emerge uma larva sem patas, o **girino**, contendo cauda e brânquias (veja a Figura 12-17). Depois de algum tempo de vida na água, inicia-se uma série de modificações no girino, que prenunciam a fase adulta. A **metamorfose** consiste na reabsorção da cauda e das brânquias e no desenvolvimento de pulmões e das quatro patas.

Figura 12-17. A reprodução no sapo. A fecundação é externa (dependente da água ambiental) e o desenvolvimento é indireto (com larva – girino).

De olho no assunto!

Pele fina e permeável, fecundação externa e girino totalmente dependente do meio aquático são os principais fatores que impedem os anfíbios de se afastarem da água ambiental.

Fase embrionária de girino de rã ainda preso ao envoltório gelatinoso do ovo. O embrião nutre-se à custa da reserva vitelínica contida em células (macrômeros) derivadas da etapa de segmentação do ovo, enquanto vão se sucedendo as modificações: as brânquias tornam-se internas, os olhos tornam-se funcionais, boca e ânus são formados e a cauda se alonga. Finalmente, surge a larva (girino) livre-natante, que se alimenta principalmente de algas.

Répteis: Primeiros Vertebrados Bem-Sucedidos no Meio Terrestre

Tartarugas, jabutis, cágados, lagartos, lagartixas, camaleões, cobras, jacarés e crocodilos são os principais representantes atuais dessa classe de vertebrados tetrápodos.

Em termos evolutivos, os répteis são os primeiros vertebrados bem-sucedidos no meio terrestre, embora alguns representantes, por causa da locomoção e/ou alimentação, vivam em ambiente aquático doce ou marinho, como crocodilos, cágados, jabutis, tartarugas e algumas serpentes (ou cobras).

O sucesso do grupo deveu-se a adaptações importantes, entre as quais podemos citar:

- impermeabilização da pele, com redução significativa das perdas de água;
- eficiência do pulmão como órgão respiratório;
- economia de água na eliminação de excretas nitrogenadas;
- independência da água para a reprodução, por meio da fecundação interna; e
- postura de ovos com casca protetora dentro da qual o desenvolvimento é auxiliado por anexos embrionários: o *âmnio*, membrana que envolve o líquido amniótico, no qual o embrião flutua nas primeiras fases do desenvolvimento, protegido contra choques mecânicos e evitando possíveis deformações ou aderências; o *alantoide*, onde as excretas nitrogenadas tóxicas são armazenadas até a eclosão do ovo; e o *saco vitelino*, que contém reserva alimentar (vitelo) para o desenvolvimento embrionário. A presença de âmnio caracteriza os répteis como vertebrados **amniotas** (talvez o ovo amniótico seja a característica que possibilitou a esse grupo animal viver em *habitats* tão variados).

Alguns répteis atuais: (a) tuatara, (b) monstro-de-gila, (c) lagarto, (c) serpente, (e) cágado e (f) crocodilo.

De olho no assunto!

Classificação filogenética dos répteis

O surgimento de membranas extraembrionárias durante o desenvolvimento do embrião (âmnio, cório e alantoide) é uma característica que diferencia os vertebrados vistos até agora daqueles pertencentes às classes *Reptilia*, *Aves* e *Mammalia* (répteis, aves e mamíferos, respectivamente). A Figura 12-18 apresenta, de forma simplificada, a árvore filogenética dos répteis. Observe que aves, répteis e mamíferos são amniotas, pois seu desenvolvimento embrionário ocorre dentro de uma bolsa cheia de líquido, limitada pelo âmnio.

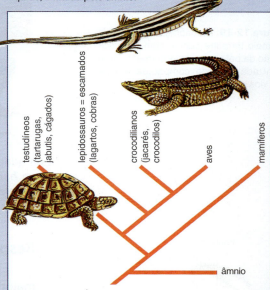

Figura 12-18. Árvore filogenética simplificada dos répteis.

Economia de água: uma adaptação importante

A impermeabilização da pele ocorreu graças à intensa produção de uma molécula proteica, a **queratina**, a grande novidade bioquímica produzida em grande quantidade pela epiderme dos répteis, fato que se repetirá também nas aves e nos mamíferos. Na verdade, na pele dos anfíbios, essa molécula já existe, só que em pequeníssima quantidade, sendo incapaz de tornar a pele impermeável à água e aos gases da respiração (veja a Figura 12-19).

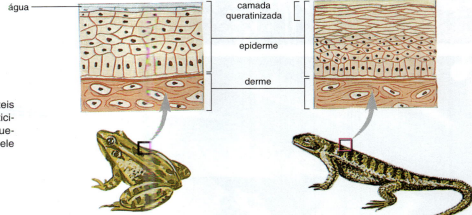

Figura 12-19. A adaptação dos répteis ao meio terrestre contou com a participação da pele seca, extremamente queratinizada, quando comparada à pele fina dos anfíbios.

Essa adaptação permitiu aos répteis a economia de água, possibilitando a vida em *habitats* os mais diversos, até mesmo desérticos. Por outro lado, a secura da pele e a riqueza em queratina impedem as trocas gasosas que, assim, passaram a ser executadas exclusivamente por pulmões.

Respiração, excreção e circulação em répteis

Em comparação aos anfíbios, os pulmões dos répteis possuem maior superfície de trocas gasosas e compensam a perda da capacidade respiratória da pele (veja a Figura 12-20).

Outra característica adaptativa dos répteis ao meio terrestre está relacionada com a excreção. O produto de excreção nitrogenada é o ácido úrico, eliminado pela cloaca, com as fezes, na forma de uma pasta semissólida, o que envolve perdas mínimas de água.

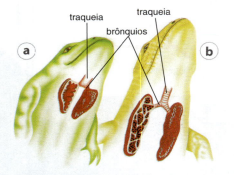

Figura 12-20. Comparados aos dos anfíbios (a), os pulmões dos répteis (b) possuem maior superfície interna de trocas gasosas.

Anote!
Muitas tartarugas (quelônios marinhos) são capazes de efetuar trocas gasosas respiratórias pelo revestimento da faringe e da cloaca, ricamente vascularizado.

Na maioria dos répteis, o coração ainda possui três cavidades, como nos anfíbios. Há, porém, uma importante modificação no ventrículo: uma parede divisória incompleta separa parcialmente o ventrículo em metades direita e esquerda (veja a Figura 12-21).

Como é uma divisão **incompleta**, há mistura de sangues rico e pobre em oxigênio no coração. Nos *crocodilianos*, porém, a separação ventricular em metades direita e esquerda é *completa* e, pelo menos no coração, a mistura não existe. No entanto, ela acontece fora do coração por meio de uma comunicação que existe entre as duas artérias aortas.

A circulação dos répteis é **dupla** e **incompleta**, como nos seus ancestrais, os anfíbios.

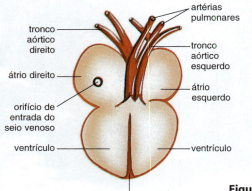

Figura 12-21. No coração dos répteis, o ventrículo é incompletamente dividido e ocorre mistura de sangues. Observe os dois troncos aórticos emergindo do coração.

De olho no assunto!

Mais detalhes sobre a circulação em répteis

Nos quelônios (tartarugas) e escamados (cobras e lagartos) o coração possui três cavidades (dois átrios e um ventrículo), um reduzido seio venoso e um cone arterial do qual emergem três grandes artérias: o tronco pulmonar, o tronco aórtico direito e o tronco aórtico esquerdo. No ventrículo, um septo parcial o divide incompletamente em metades direita e esquerda.

Com relação à ocorrência de mistura de sangues venoso e arterial nas tartarugas, estudos anatômicos e funcionais revelaram que, no coração, a mistura de sangues não ocorre. No entanto, certo grau de mistura ocorre principalmente no sangue que atinge o tronco aórtico esquerdo. No tronco aórtico direito, que conduz sangue para a cabeça, a mistura não ocorre. Esse tipo de circulação se dá nos períodos em que as tartarugas respiram ar atmosférico. Quando estão imersas na água, o padrão de circulação se modifica: o animal prende o ar, ocorre a obstrução temporária da artéria pulmonar (por meio da contração de um esfíncter situado na base dessa artéria) e o sangue flui em direção a ambos os arcos aórticos, que estão fundidos após emergirem do coração. Veja a Figura 12-22.

Nos crocodilianos, um septo completo separa o ventrículo em duas cavidades: ventrículo direito e ventrículo esquerdo. O sangue venoso proveniente do corpo ingressa em um reduzido seio venoso e passa para o átrio direito, ingressando, a seguir, no ventrículo direito. O sangue oxigenado nos pulmões penetra no átrio esquerdo e daí ingressa no ventrículo esquerdo. Agora, atenção: o arco aórtico voltado para o lado direito do corpo parte do ventrículo esquerdo e recebe sangue oxigenado, conduzindo-o para a cabeça e para a região posterior do corpo. Portanto, a cabeça recebe apenas sangue oxigenado. O arco aórtico voltado para o lado esquerdo do corpo parte do ventrículo direito – assim como a artéria pulmonar – e recebe sangue venoso, conduzindo-o apenas para a região posterior do corpo.

Figura 12-22. Esquema da circulação em tartarugas. A artéria pulmonar recebe sangue desoxigenado proveniente do lado direito do coração, não evidenciado no esquema.

Nos quelônios, o coração é tricavitário: possui dois átrios e um ventrículo.

Cordados **249**

Então – você poderá perguntar – existe mistura de sangues também nos crocodilianos, pelo menos fora do coração? A resposta é: tudo depende da atividade do animal. Estudos efetuados com crocodilos revelaram a existência de três possibilidades (acompanhe pela Figura 12-23):

a) no animal em repouso, as pressões geradas nos ventrículos direito e esquerdo se equivalem. Nessas condições, o sangue venoso passa para o arco aórtico esquerdo, enquanto o sangue oxigenado atinge o arco aórtico direito. A fusão de ambos origina uma aorta comum, que transporta sangue misturado para as vísceras e a região posterior do corpo;

b) no animal em atividade, a pressão no **ventrículo esquerdo** é maior do que a no ventrículo direito. Por meio do *forâmen de Panizza* – uma comunicação existente entre os dois arcos aórticos –, o sangue com mais pressão proveniente do **arco aórtico direito** penetra no **arco aórtico esquerdo**. Isso mantém fechada a valva de acesso do sangue do **ventrículo direito** para esse arco aórtico e, assim, o sangue venoso é impedido de atingir esse vaso.

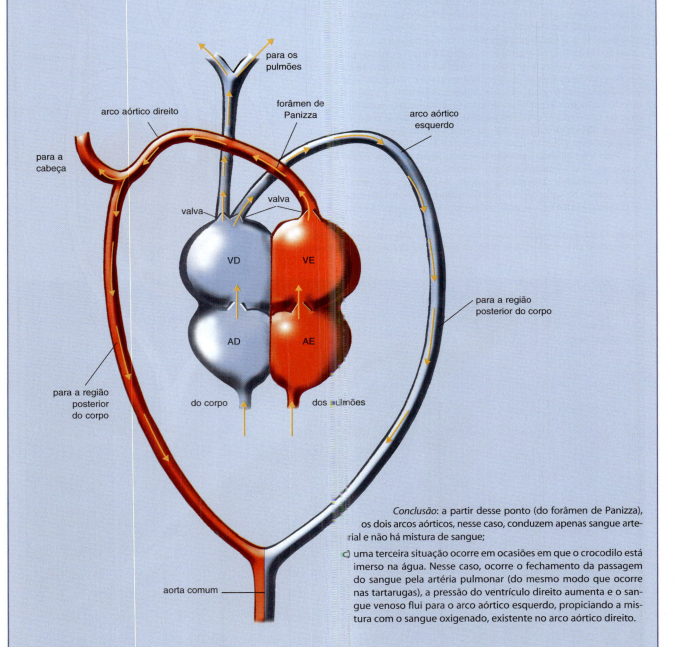

Conclusão: a partir desse ponto (do forâmen de Panizza), os dois arcos aórticos, nesse caso, conduzem apenas sangue arterial e não há mistura de sangue;

c) uma terceira situação ocorre em ocasiões em que o crocodilo está imerso na água. Nesse caso, ocorre o fechamento da passagem do sangue pela artéria pulmonar (do mesmo modo que ocorre nas tartarugas), a pressão do ventrículo direito aumenta e o sangue venoso flui para o arco aórtico esquerdo, propiciando a mistura com o sangue oxigenado, existente no arco aórtico direito.

Figura 12-23. Esquema da circulação em crocodilianos.

Fontes: POUGH, H. F.; JANIS, C. M.; HEISER, J. B. *Vertebrate Life*. 5. ed. New Jersey: Prentice-Hall, 1999, p. 349, 375.
KARDONG, K. V. *Vertebrates:* comparative anatomy, function, evolution. 2. ed. New York: McGraw-Hill, 1998, p. 451.

A reprodução: fecundação interna e desenvolvimento dentro de um ovo

Os sexos são separados. A fecundação é interna, o que garante maior proteção aos gametas e torna o seu encontro independente da água ambiental.

Os jabutis, assim como a maioria dos répteis, são ovíparos. O desenvolvimento embrionário ocorre inteiramente no interior de um ovo dotado de *casca protetora calcária porosa*, que permite a ocorrência de trocas gasosas.

Uma bolsa cheia de líquido, a **vesícula amniótica**, garante o desenvolvimento do embrião em meio aquoso (veja a Figura 12-24). Uma **vesícula vitelínica** repleta de reservas alimentares, o **vitelo**, garante a sobrevivência do embrião com alimentos provenientes do óvulo. E, para completar a eficiência desse novo método reprodutivo, uma bolsa excretora, a **alantoide**, recolhe o ácido úrico e o imobiliza na forma de cristais que não interferem na vida do embrião. Aderido à membrana da casca, encontra-se mais um anexo embrionário, o **cório**, sob a forma de uma membrana ricamente vascularizada, que garante as trocas gasosas respiratórias com o sangue que encaminha o oxigênio para as células embrionárias.

Não há fase larval. Terminado o desenvolvimento, o jovem indivíduo, com as características do adulto, quebra a casca e sai do ovo.

Anote!
A impermeabilização da pele, a respiração pulmonar, a fecundação interna e o embrião protegido foram os principais fatores que permitiram aos répteis se afastarem do ambiente aquático e se aventurarem no ambiente terrestre.

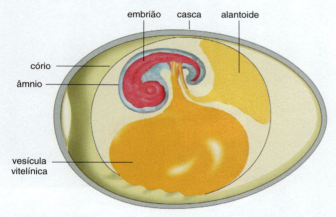

Figura 12-24. O ovo reptiliano apresenta adaptações para o desenvolvimento do embrião no meio terrestre: alantoide, cório, âmnio e vesícula vitelínica.

De olho no assunto!

A temperatura e o sexo das tartarugas

Em algumas espécies de tartarugas que depositam seus ovos em praias, há uma relação entre a temperatura e a determinação do sexo. A postura de ovos em locais sombreados, de menor temperatura ambiental, favorece o nascimento de mais machos do que fêmeas. Ao contrário, em locais ensolarados, em que a temperatura é maior, nascem mais fêmeas do que machos.

Onde ocorre o desenvolvimento embrionário

Os vertebrados nos quais a fecundação é interna podem ser *ovíparos*, *vivíparos* ou *ovovivíparos*, de acordo com o local em que ocorre o desenvolvimento embrionário.

Nos *ovíparos*, o desenvolvimento embrionário completo acontece fora do organismo materno, no interior de um ovo, à custa das reservas nutricionais do próprio ovo. Exemplos: muitos répteis, todas as aves, mamíferos monotremados (ornitorrinco e equidna). Nos *vivíparos*, o desenvolvimento embrionário ocorre inteiramente no organismo materno, que libera um ser inteiramente formado, cópia do adulto. Nesse caso, a nutrição é fornecida pelo organismo materno, através de uma placenta verdadeira (exclusiva dos mamíferos placentários) ou de uma estrutura que a ela se assemelha (em algumas espécies de peixes cartilaginosos; no caso desses peixes, usa-se a denominação *vivíparos aplacentários*). São vivíparas algumas espécies de peixes cartilaginosos (tubarões) e todos os mamíferos placentários. Nos vertebrados *ovovivíparos*, o desenvolvimento dos ovos ocorre no interior do corpo materno, porém à custa das reservas do ovo, sendo eliminados os organismos nas fases finais do desenvolvimento. Nesse grupo incluem-se alguns peixes ósseos e cartilaginosos e algumas espécies de serpentes.

De olho no assunto!

Partenogênese no dragão-de-komodo

Uma fêmea solitária de dragão-de-komodo (*Varanus komodoensis*) – o maior lagarto vivo na Terra, habitante da ilha de mesmo nome na Indonésia – produziu descendentes por partenogênese em zoológico de Londres, na Inglaterra. De um total de 22 ovos não fecundados que ela produziu, apenas 4 se desenvolveram em filhotes viáveis. A análise genética dos descendentes – todos machos – revelou que o seu genótipo combinado geral era exatamente igual ao da mãe. Nessa espécie de lagarto a partenogênese é facultativa, alternando-se com a reprodução sexuada normal, em que os filhotes são produzidos após acasalamento. Para os cientistas, essa estratégia de reprodução é altamente adaptativa, uma vez que, em ilhas isoladas, uma fêmea sozinha pode gerar uma população na ausência de machos.

Fonte: WATTS, P. C. *et al*. Parthenogenesis in Komodo dragons – Brief Communications. *Nature*, London, v. 444, n. 7.122, p. 1.021.

Dragão-de-komodo, o maior lagarto vivo da Terra. Assim como as serpentes, possui língua bífida (ou seja, partida em duas).

PANTHERMEDIA/KEYDISC

Termorreceptores

A exemplo dos peixes e anfíbios, os répteis também são heterotermos.

A atividade de caça noturna de muitas serpentes venenosas envolve uma adaptação que lhes facilita encontrarem presas: a *fosseta loreal*. Localizada a meio caminho entre a narina e o olho, a fosseta loreal é dotada de receptores de calor e pode localizar, por exemplo, um roedor situado a distâncias de 1 a 2 metros. Veja a Figura 12-25.

Figura 12-25. A fosseta loreal de serpentes venenosas possui termorreceptores que registram a radiação térmica de presas homeotermas, como o rato da figura.

PANTHERMEDIA/KEYDISC

As cobras: atraentes e temíveis?

As cobras são os típicos representantes do grupo dos répteis chamados "escamosos" (ou "escamados"). Além delas, fazem parte desse grupo os lagartos, como os teiús e os iguanas, as lagartixas e as anfisbenas (impropriamente chamadas de cobras-de-duas-cabeças).

As cobras são desprovidas de patas. Chama a atenção nesses animais a muda, isto é, a troca da camada superficial queratinizada da epiderme. Muito temidas pelas pessoas, são, no entanto, de extrema importância na manutenção do equilíbrio ecológico dos ecossistemas.

A visão é limitada, exceto nas espécies arborícolas. A audição é reduzida, mas a existência do ouvido interno lhes permite perceber uma limitada escala de baixa frequência. Também são sensíveis a vibrações do solo por meio dos ossos do crânio. Assim, para a maioria das serpentes, são os sentidos químicos os mais importantes na localização de suas presas. Como veremos mais adiante, a termopercepção é fundamental nas serpentes que se alimentam de animais homeotermos.

À língua molhada aderem partículas odoríferas presentes no ar. As pontas são introduzidas em duas pequenas cavidades no teto anterior da cavidade bucal, que constituem os chamados **órgãos de Jacobson**, com função olfativa. São importantes no reconhecimento sexual e no rastreamento de alimentos (no caso da maioria das serpentes peçonhentas brasileiras – noturnas –, auxiliam a encontrar, no escuro, a presa que, mesmo tendo sido alvejada pelo bote, possa ter escapado, indo agonizar em local mais distante).

Anote!
O extermínio desenfreado das cobras pode favorecer a proliferação de espécies indesejáveis para o homem, como, por exemplo, a de ratos, que se tornaram abundantes nas grandes cidades.

Tecnologia & Cotidiano

Os cuidados com a picada de cobras e algumas medidas preventivas

A principal característica das cobras é a capacidade ou não de inocular veneno, produzido por um par de glândulas salivares modificadas, localizadas uma em cada lado do maxilar superior, ligadas ou não a dentes especiais (presas) por um ducto.

Na ocorrência de uma picada de cobra, é preciso tomar algumas medidas importantes quanto ao socorro da vítima: mantenha-a deitada. Evite que ela se movimente para não favorecer a absorção do veneno. Se a picada for na perna ou no braço, mantenha-os em posição elevada. Não faça torniquete; impedindo a circulação do sangue, você pode ajudar a causar gangrena ou necrose. Não corte o local da ferida nem aplique folhas, pó de café ou terra sobre ela, para não provocar infecção. Não dê à vítima pinga, querosene ou fumo, como é costume em algumas regiões do país. Leve-a imediatamente ao serviço de saúde mais próximo, para que possa receber o soro em tempo.

Seguem algumas medidas preventivas:

1. **Use botas:** o uso de botas de cano alto evita até 80% dos acidentes (geralmente as cobras picam do joelho para baixo). Botinas e sapatos evitam até 50% dos acidentes. Mas, antes de calçá-los, verifique se dentro deles não há cobras, aranhas ou outros animais peçonhentos.
2. **Proteja as mãos:** não enfie as mãos em tocas, cupinzeiros, ocos de troncos etc. Use um pedaço de pau. É preciso estar sempre atento para evitar surpresas. Protegendo as pernas e as mãos, você reduzirá ao máximo o risco de acidentes.
3. **Acabe com os ratos:** eles atraem cobras. Mantenha sempre limpos os terrenos, quintais, paióis e plantações. A maioria das cobras alimenta-se de roedores.
4. **Preserve os predadores:** emas, seriemas, gaviões, gambás e a cobra muçurana são os predadores naturais das cobras venenosas e garantem o equilíbrio do ecossistema.
5. **Conserve o meio ambiente:** desmatamentos e queimadas devem ser evitados; além de destruir a natureza, provocam mudanças de hábitos de animais, que se refugiam em paióis, celeiros ou mesmo dentro das casas. Também não se deve matar as cobras. Elas contribuem para o equilíbrio ecológico, alimentando-se de ratos.

Fonte: *Evite Acidentes*. São Paulo: Divisão Desenvolvimento Cultural, Instituto Butantan.

Extração de veneno de cobra. O veneno, encontrado nas glândulas modificadas, escorre, no caso da serpente da foto, por um canal existente nas presas do animal.

Cordados **253**

De olho no assunto!

Anfisbenas: cobras ou lagartos?

Quem já viu, achou sensacional e confundiu com grandes minhocas (minhocoçu) ou pequenas cobras – especialmente com a chamada "cobra-cega", que não é um réptil, mas um anfíbio terrestre sem patas. Anfisbenas são répteis sem membros locomotores, de corpo alongado e visão reduzida e que são popularmente conhecidas como "cobras-de-duas-cabeças". Vivem em galerias no solo, que constroem graças a um crânio modificado e muito resistente. São capazes de se movimentar para a frente ou para trás com a mesma facilidade, o que gerou o nome científico do grupo: *Amphisbaenia* (do grego, *amphis* = de ambos os lados + *baina* = andar). Embora se assemelhem a serpentes, alguns pesquisadores as consideram parentes de lagartos, enquanto outros acham que devem ser classificadas em uma ordem à parte.

A pele desses animais é dotada de escamas dispostas em anéis ao longo do corpo e da cauda. No entanto, ela quase não possui conexões com os tecidos subjacentes, funcionando como um tubo no qual o corpo desliza com facilidade para a frente e para trás. Com potentes mandíbulas dotadas de fortes dentes recurvados, alimentam-se de insetos, vermes e pequenos vertebrados, localizados pelo olfato bem desenvolvido ou por vibrações no solo, já que os olhos são reduzidos e recobertos por escamas, sendo, por isso, pouco eficientes.

O papel ecológico desempenhado por esses animais é semelhante ao das minhocas, graças a galerias e túneis que constroem, o que favorece o arejamento e a penetração de água, fundamentais para o desenvolvimento da vegetação e para a sobrevivência da comunidade do solo. O lado triste é o medo que as pessoas têm ao encontrá-las, após uma escavação ou chuva – do mesmo modo que as minhocas, elas abandonam as galerias quando o solo fica encharcado – e por serem confundidas com cobras, assustam a população, o que aumenta o perigo de extermínio desses seres.

Fonte: NAVEGA-GONÇALVES, M. E. C. Anfisbênias: quem são essas desconhecidas. *Ciência Hoje*, Rio de Janeiro, v. 34, n. 204, maio de 2004, p. 66.

Amphisbaenia alba.

Leitura

Nasceu em Campanha, MG, em 28 de abril de 1865. O nome Vital Brasil Mineiro da Campanha não tem nenhuma relação com seu nome de família: é uma particularidade adotada por seu pai – procurava o nome do santo do dia e acrescentava-lhe o nome da cidade ou da região em que nascia cada um de seus filhos, formando assim os seus nomes.

Cursou Humanidades em São Paulo, enquanto trabalhava com seu pai como ferroviário, tipógrafo, condutor de bondes e nivelador. No Rio de Janeiro, estudou Medicina, sua vocação desde a infância, e defendeu a tese de doutorado sobre as funções do baço.

Depois de formado, seguiu para Botucatu. No exercício da Medicina, viu como eram frequentes as mortes ocasionadas por mordidas de cobras e começou a pesquisar um remédio contra esse mal.

O governo do Estado de São Paulo instalou, em uma fazendola chamada Butantan, às margens do rio Pinheiros, um laboratório para o fabrico de soros e vacinas, sendo Vital Brasil nomeado chefe dos cientistas que para aí se dirigiram.

Trabalhou em busca da solução para o problema do ofidismo, defrontando-se com inúmeras dificuldades, principalmente a aquisição de cobras para as experiências. Por meio de uma enorme campanha, ele e sua equipe conseguiram que os agricultores lhes remetessem cobras em troca de ampolas de soro.

Em 1915, quando o cientista brasileiro foi hóspede oficial do Congresso Científico Pan-Americano, em Washington, presenciou um fato que veio a consagrar seu soro antiofídico: um empregado de Bronx Park limpava as gaiolas de cobras, quando foi mordido por uma "Crotalus" do Texas, uma das serpentes mais venenosas que existem. Ele foi levado ao hospital, mas todas as tentativas para resolver o problema davam resultado negativo. Já haviam decorrido 36 horas após a mordida, quando foi chamado o jovem brasileiro. O agonizante tinha o braço muito inchado, aproximadamente o dobro do tamanho natural. Vital aplicou-lhe o seu soro que, até então, não havia sido experimentado em seres humanos. Seis horas após a aplicação, o doente começou a melhorar e doze horas após estava fora de perigo.

De volta ao Brasil, deixou a direção do Instituto Butantan, em 1919, fundando em Niterói o Instituto "Vital Brasil".

Em 1924 voltou a dirigir o Instituto Butantan, deixando-o definitivamente em 1927. Nessa época, já se dedicava ao estudo do antídoto contra o veneno de aranhas, área em que também obteve muito sucesso.

Faleceu aos 85 anos, em maio de 1950.

Adaptado de: OLIVEIRA, C. R. R. *Biografia de Personalidades Célebres.* São Paulo: Editora do Mestre, 1964, p. 206-208.

Dinossauros: eles dominaram a Terra

Há aproximadamente 350 milhões de anos, no período Carbonífero, teriam surgido os dinossauros, segundo registros fósseis atualmente disponíveis. Eles dominaram a Era Mesozoica (que inclui três períodos: Triássico, Jurássico e Cretáceo). De repente, ao final do período Cretáceo, cerca de 70 milhões de anos atrás, todos desapareceram.

A hipótese mais aceita atualmente é a de que teria havido o choque de um meteorito gigante com a Terra. Tal impacto teria levantado uma nuvem de poeira que escureceu a atmosfera terrestre, impedindo a passagem dos raios solares, com prejuízos para a realização de fotossíntese pelos vegetais, e diminuindo a temperatura terrestre durante meses. Com a diminuição do alimento disponível, os dinossauros não resistiram e, aos poucos, foram desaparecendo. Essa hipótese é sustentada pelo achado de um metal, o *irídio*, em alguns lugares da Terra, elemento comum em meteoritos, mas que não faz parte da composição química da crosta terrestre.

O desaparecimento dos dinossauros favoreceu o desenvolvimento das aves e dos mamíferos que, naquela época, já existiam (veja a Figura 12-26).

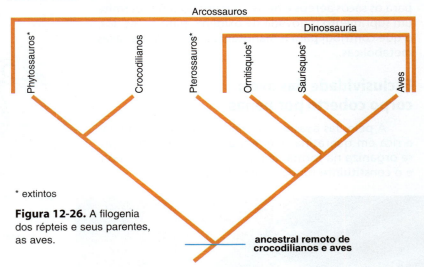

* extintos

Figura 12-26. A filogenia dos répteis e seus parentes, as aves.

Aves: Homeotermos com Corpo Recoberto por Penas

As aves conquistaram o meio terrestre de modo muito mais eficiente que os répteis.

A principal característica que permitiu essa conquista foi, sem dúvida, a **homeotermia**, a capacidade de manter a temperatura corporal relativamente constante à custa de uma alta taxa metabólica gerada pela intensa combustão de alimento energético nas células.

Essa característica permitiu às aves, e também aos mamíferos, a invasão de qualquer ambiente terrestre, incluindo os permanentemente gelados, até então não ocupados pelos outros vertebrados.

As características marcantes do grupo são: *corpo coberto por penas*, *membros anteriores transformados em asas*, *circulação sanguínea eficiente* (*dupla* e *completa*) e *ossos pneumáticos*.

A circulação: dupla e completa

Uma característica que favorece a homeotermia nas aves é a existência de um coração totalmente dividido em quatro cavidades: **dois átrios** e **dois ventrículos** (veja a Figura 12-27).

Não ocorre mistura de sangues. A metade direita (átrio e ventrículo direitos) trabalha exclusivamente com sangue pobre em oxigênio, encaminhando-o aos pulmões para oxigenação. A metade esquerda trabalha apenas com sangue rico em oxigênio. O ventrículo esquerdo, de parede musculosa, bombeia o sangue para a artéria aorta. Assim, a todo momento, os tecidos recebem sangue ricamente oxigenado, o que garante a manutenção constante de altas taxas metabólicas. Esse fato, associado aos mecanismos de regulação térmica, favorece a sobrevivência em qualquer tipo de ambiente. A circulação é dupla e completa.

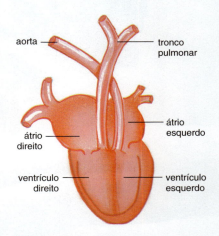

Figura 12-27. Coração das aves. A artéria aorta está voltada para o lado direito do coração. Note a maior espessura da parede do ventrículo esquerdo.

A respiração: pulmões e sacos aéreos

O sistema respiratório também contribui para a manutenção da homeotermia. Embora os pulmões sejam pequenos, existem **sacos aéreos**, ramificações pulmonares membranosas que penetram por entre algumas vísceras e mesmo no interior de cavidades de ossos longos.

A movimentação constante de ar dos pulmões para os sacos aéreos e destes para os pulmões permite um suprimento renovado de oxigênio para os tecidos, o que contribui para a manutenção de elevadas taxas metabólicas.

Exclusividade das aves: corpo coberto por penas

A pele das aves é seca, não dotada de glândulas e rica em queratina que, em alguns locais do corpo, se organiza na forma de placas, garras, bico córneo e é o constituinte fundamental das penas.

As aves não têm glândulas na pele. No entanto, há uma exceção: a **glândula uropigial** (ou **uropigiana**), localizada na porção dorsal da cauda e cuja secreção oleosa lubrificante é espalhada pela ave, com o bico, nas penas (veja a Figura 12-28). Essa adaptação impede o encharcamento das penas em aves aquáticas e ajuda a entender por que as aves não se molham, mesmo que fiquem desprotegidas durante uma chuva.

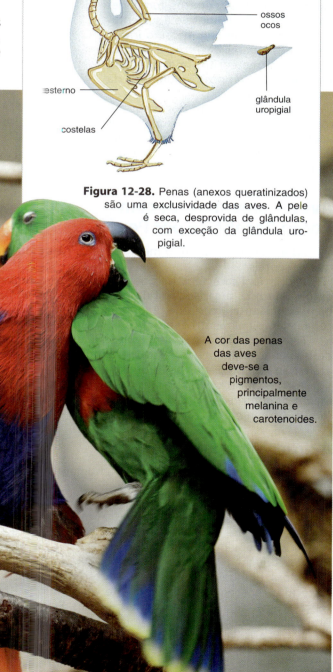

Figura 12-28. Penas (anexos queratinizados) são uma exclusividade das aves. A pele é seca, desprovida de glândulas, com exceção da glândula uropigial.

A cor das penas das aves deve-se a pigmentos, principalmente melanina e carotenoides.

A manutenção da homeotermia

Em dias muito frios, as aves se utilizam de recursos que evitam a dissipação do calor do corpo para o ambiente. As penas são "eriçadas" por ação muscular e favorecem a formação de uma camada de ar isolante que impede a irradiação do calor para o meio. Em dias muito quentes, ao contrário, as aves dissipam calor do corpo com facilidade. Isso é conseguido com o abaixamento das penas, que são mantidas em contato íntimo com o corpo, o que favorece a irradiação térmica. Além disso, é comum ver aves com o bico aberto, "ofegando". A ofegação facilita a saída de vapor-d'água, cuja eliminação requer energia retirada do corpo. Os sacos aéreos contribuem para a dissipação de calor.

Correlação da temperatura corporal de um vertebrado com a temperatura ambiente

Gráficos que relacionam a variação da temperatura corporal com a temperatura ambiente nos dão todas as informações necessárias para sabermos se o animal é endo ou ectotérmico. Veja a Figura 12-29.

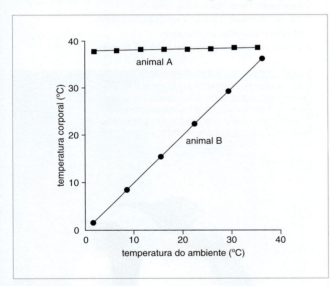

Figura 12-29.

Animais endotérmicos (ou homeotérmicos), como o animal A (que pode ser uma ave ou um mamífero), são capazes de regular sua temperatura corporal, mantendo-a relativamente independente da temperatura ambiental. Dessa forma, quando a temperatura ambiente se eleva, aproximando-se da temperatura corporal de um homeotermo, a sua necessidade de "gerar" calor diminui, e, portanto, diminui também seu consumo de O_2 (utilizado no processo da respiração celular, que libera calor). Já os animais ectotérmicos (ou pecilotérmicos), como o animal B (que pode ser um anfíbio ou um réptil), têm sua temperatura corporal aproximadamente igual à temperatura do ambiente em que estão vivendo; com o aumento da temperatura ambiente, aumenta também a temperatura corporal.

Digestão e excreção em aves

O aparelho digestório possui, em sua porção inicial, um **papo** (**dilatação do esôfago**) armazenador de alimento (veja a Figura 12-30). A seguir, o **estômago químico** (**proventrículo**), estreito e curto, produz suco gástrico, que é lançado e atua na porção seguinte, uma **moela** trituradora, local em que o alimento é "esmagado" (digestão mecânica) e dirigido ao **intestino**, onde a digestão química prossegue.

É comum o hábito de certas aves (a galinha, por exemplo) engolirem pequenas pedras, que são utilizadas na moela como se fossem "dentes". Os restos alimentares são conduzidos para uma **cloaca**, onde também são descarregadas as excretas nitrogenadas, representadas por uratos (sais de coloração esbranquiçada derivados do ácido úrico, cuja eliminação requer pouquíssima quantidade de água).

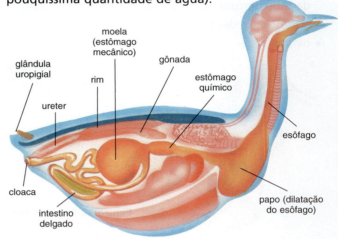

Figura 12-30. O papo e a moela são adaptações digestivas nas aves. O intestino termina na cloaca, onde também são lançadas as excreções nitrogenadas (ácido úrico). As fezes são pastosas.

A reprodução: fecundação interna e ovos chocados

Os sexos são separados, a fecundação é interna e ocorre a postura de ovos, como na maioria dos répteis. Os ovos são chocados (lembre-se de que são animais homeotermos) fora do corpo do animal. O ovo é protegido por uma casca calcária porosa e internamente, como nos répteis, formam-se os mesmos anexos embrionários: vesícula amniótica, vesícula vitelínica, alantoide e cório. Não há fase larval.

Adaptações ao voo

Nas aves que *voam bem*, o osso esterno possui uma porção bem desenvolvida e saliente – a *quilha* ou *carena* (do latim, *carina* = quilha do navio) –, local em que se inserem os poderosos músculos do voo. Por esse motivo, essas aves são denominadas de *carenadas* (ou *carinatas*). Nas aves não voadoras (por exemplo, avestruz, ema), o esterno é achatado, desprovido de quilha, sendo, nesse caso, conhecidas como aves *ratitas* (do latim, *ratis* = jangada).

Embora não sejam os únicos seres capazes de voar, as aves possuem extraordinárias adaptações corporais que favorecem a ocorrência dessa atividade:

- o esqueleto é leve e dotado de ossos longos e ocos, os chamados **ossos pneumáticos**, parcialmente cheios de ar (veja a Figura 12-31);
- os sacos aéreos contribuem para a diminuição da densidade corporal, aumentam a capacidade respiratória e favorecem a dissipação de calor (veja a Figura 12-32);
- não existe bexiga urinária, uma vez que o acúmulo de urina elevaria a massa corporal;
- a forma do corpo é aerodinâmica;
- as asas são forradas de penas que ampliam a superfície de ação durante o voo; a cobertura plumosa é leve e atua como excelente isolante térmico;
- quilha (ou carena) no osso esterno para a inserção da musculatura peitoral, que movimenta as asas;
- ausência de dentes;
- oviparidade.

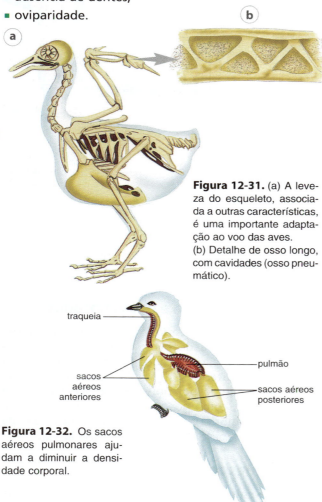

Figura 12-31. (a) A leveza do esqueleto, associada a outras características, é uma importante adaptação ao voo das aves.
(b) Detalhe de osso longo, com cavidades (osso pneumático).

Figura 12-32. Os sacos aéreos pulmonares ajudam a diminuir a densidade corporal.

Anote!
Assim como nos peixes, eficientes nadadores, o encéfalo das aves é dotado de um *cerebelo* muito desenvolvido. Esse órgão nervoso está relacionado ao controle do equilíbrio, o que é fundamental durante a natação e o voo.

De olho no assunto!

Conheça algumas ordens de aves

Entre as várias ordens de aves carenadas, podemos citar:
- **Anseriformes:** cisnes, patos, gansos, marrecos, irerês;
- **Apodiformes:** beija-flores (também chamados de colibris), andorinhões;
- **Charadriiformes:** gaivotas, trinta-réis;
- **Ciconiiformes:** garças, socós, colhereiros, flamingos, guarás;
- **Columbiformes:** pombos e rolinhas;
- **Falconiformes:** urubu-rei, carcará, gaviões, águias, urubus;
- **Galliformes:** galinhas, perus, mutuns, jacutingas;
- **Gruiformes:** saracuras, seriemas;
- **Passeriformes:** pardal, sabiá, tico-tico, joão-de-barro, bem-te-vi, canário-da-terra, sanhaço;
- **Pelecaniformes:** biguás, atobás, pelicanos;
- **Piciformes:** tucanos, pica-paus, araçaris;
- **Procellariiformes:** albatrozes, andorinha-do-mar;
- **Psittaciformes:** araras, periquitos, papagaios, maritacas, tuins;
- **Strigiformes:** corujas.

Entre as aves que não voam, sem quilha no esterno, podemos citar as ordens:
- **Apterygiformes:** quivis (Nova Zelândia);
- **Casuariiformes:** casuares e emus (Nova Guiné);
- **Rheiformes:** emas ou nhandus;
- **Struthioniformes:** avestruzes (África e Arábia).

Pinguins são aves carenadas (ordem Sphenisciformes), com músculos peitorais e quilha bem desenvolvidos, embora não voem. Os membros anteriores assemelham-se a remos, adaptados à natação. As penas são pequenas e iguais, e se distribuem por todo o corpo.

Garça. Cisne.

Coruja.

Pica-pau.

Pelicano.

> ### Ética & Sociedade
>
> #### Zé Carioca
>
> Walt Disney construiu um império, dedicando-se – em última análise – a entreter e dar momentos de felicidade às pessoas, coisas que lhe faltaram na infância.
>
> Por ser de família bastante modesta, Disney via de sua casa, na infância, um parque de diversões e sonhava em poder brincar nele, algo que a condição financeira de sua família não lhe permitia. Determinado, acabou por construir um enorme complexo, com parques, filmes, revistas em quadrinhos e personagens que agradam ainda hoje a adultos e crianças.
>
> Um de seus personagens foi inspirado após Disney conhecer o Brasil – gostou tanto daqui que uma de suas viagens, prevista para uma semana, levou duas. Quando deixou o país, Disney já tinha em mente o nome (Zé Carioca, por José ser um nome comum e "Carioca" como consequência de sua visita ao Rio de Janeiro) e a roupa que o simpático papagaio deveria usar: um fraque, acompanhado de guarda-chuva e chapéu de palha (inspirado em um tipo popular do Rio dos anos 1940), o que lhe conferia um certo ar de respeitabilidade.
>
> Nas histórias em quadrinhos, Zé Carioca foi apresentado como um tipo "malandro, folgado, golpista, que gosta de enganar a todo o mundo, passar cheques sem fundos, bancar o vivo e paquerar muitas mulheres. Segundo um de seus criadores no Brasil, essas características foram adquiridas principalmente na versão brasileira, mais do que apresentadas pela de Disney".
>
> - Com base nas notícias que os jornais diários e revistas semanais apresentam sobre o cenário brasileiro, e levando em conta também sua experiência pessoal, você diria que as características de personalidade do personagem, idealizado em 1940, ainda são atuais?

Mamíferos: Únicos a Apresentar Glândulas Mamárias

As aves e os mamíferos são os únicos homeotermos da Terra atual. A capacidade de manter a temperatura do corpo elevada e constante foi o principal fator adaptativo dos representantes desses grupos a praticamente qualquer ambiente terrestre.

Muitos mamíferos voltaram para o meio aquático (baleia, foca, golfinho, peixe-boi) e outros adaptaram-se ao voo (morcego) e compartilham o meio aéreo com as aves e os insetos.

De olho no assunto!

Classificação dos mamíferos

A Tabela 12-2 relaciona a classificação dos mamíferos atualmente existentes na Terra, e o cladograma da Figura 12-33 ilustra a provável filogenia dessa classe.

Tabela 12-2. Classificação dos mamíferos.

Subclasse	Infraclasse
prototérios[1] (monotremados)	
térios[2]	metatérios[3] (marsupiais)
	eutérios[4] (placentários verdadeiros)

[1] Prototérios (do grego, *protos* = primeiro)
[2] Tério (do grego, *therion* = designativo de mamíferos)
[3] Metatérios (do grego, *metá* = em seguida, depois)
[4] Eutérios (do grego, *eu* = propriamente dito)

Fontes: POUGH, H. F.; JANIS, C. M.; HEISER, J. B. *Vertebrate Life*. 6. ed. New Jersey: Prentice-Hall, 2002, p. 542. KARDONG, K. V. *Vertebrates* – comparative anatomy, function, evolution. 2. ed. New York: McGraw-Hill, 1998.

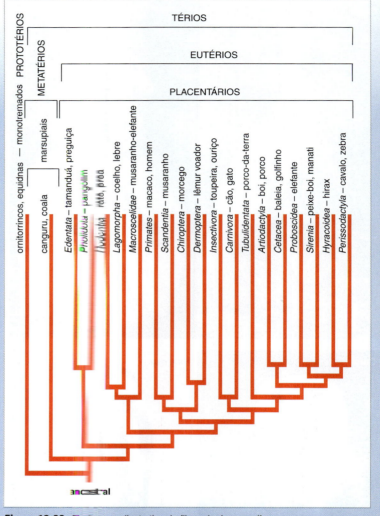

Figura 12-33. Cladograma ilustrativo da filogenia dos mamíferos.

As características dos mamíferos

Algumas características diferenciam os mamíferos de todos os outros vertebrados:

- **glândulas mamárias** produtoras de leite com substâncias nutritivas para alimentação dos recém-nascidos;
- corpo coberto por **pelos**, estruturas de origem epidérmica, ricas em queratina, e elaboradas por **folículos pilosos**;
- pele contendo **glândulas sebáceas**, cuja secreção oleosa lubrifica os pelos e a própria pele, e **glândulas sudoríparas**, produtoras de suor (na verdade, um filtrado de água, sais e ureia), recurso de manutenção da homeotermia e via de eliminação de excretas. Ambas as glândulas têm origem epidérmica;
- **músculo diafragma**, localizado entre o tórax e o abdômen, utilizado na ventilação pulmonar;
- **artéria aorta** voltada para o lado **esquerdo** do coração;
- **placenta**, órgão que regula as trocas de alimento entre o sangue materno e o sangue fetal, presente na maioria dos mamíferos, chamados placentários;
- coluna vertebral com **sete vértebras cervicais** (da região do pescoço).

Anote!
Nas aves, a aorta é voltada para o lado direito do coração.

De olho no assunto!

Chifre cai e cresce novamente. Corno é para sempre

Chifre e corno: existe diferença? Sim. **Chifre** (presente nos alces, por exemplo) é o osso frontal, coberto por uma pele (o "veludo"), que cai à medida que ele se desenvolve ou como resultado do hábito do animal de roçar o chifre em árvores ou em outros objetos. Chifres caem e crescem novamente, ramificando-se. De modo geral, só os machos os possuem.

Corno é uma formação óssea permanente, cresce a vida inteira e é coberto por uma pele que fica fortemente queratinizada. Presente, por exemplo, nos bovinos e caprinos, tanto nos machos como nas fêmeas.

(a) Animal com chifre. Observe o aspecto aveludado, em virtude da pele que recobre o osso do chifre, que cai à medida que ele se desenvolve. (b) Animal com corno. A pele que recobre o osso do corno torna-se fortemente queratinizada e permanece.

Respiração, excreção e circulação em mamíferos

As trocas gasosas respiratórias ocorrem exclusivamente nos pulmões, cuja superfície é ampliada por alvéolos ricamente vascularizados. Os movimentos respiratórios de inspiração e expiração ocorrem graças à ação de músculos localizados entre as costelas (musculatura intercostal) e, também, pela ação do diafragma, importante músculo estriado que separa o tórax do abdômen.

Nos mamíferos, o principal produto de excreção nitrogenada é a ureia, substância sintetizada no fígado e filtrada no rim.

Cordados **261**

O coração dos mamíferos, a exemplo das aves, possui quatro cavidades: **dois átrios** e **dois ventrículos** (veja a Figura 12-34). Não há mistura de sangues. A diferença em relação ao coração das aves é que a artéria aorta, que encaminha sangue oxigenado para o corpo, é curvada para o lado esquerdo do coração. A circulação é dupla e completa.

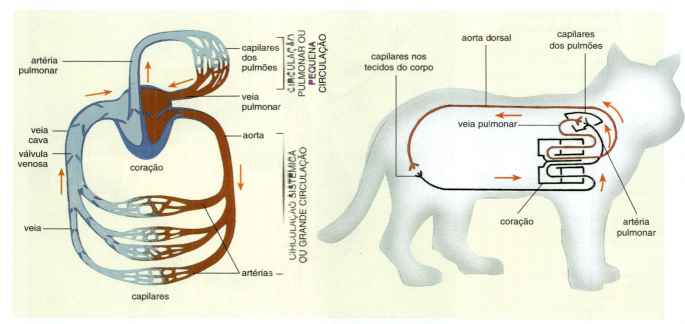

Figura 12-34. Nos mamíferos, a circulação é dupla e completa. A artéria aorta é voltada para o lado esquerdo do corpo.

A reprodução: surge a placenta

Os sexos são separados. O dimorfismo sexual é acentuado, isto é, as fêmeas possuem características externas que as diferenciam dos machos e vice-versa. A fecundação é interna. Na maioria, o desenvolvimento embrionário ocorre no interior do corpo materno, em um órgão musculoso chamado **útero**. Surge um órgão de trocas metabólicas, a **placenta**, organizada por tecidos maternos e tecidos do embrião (veja a Figura 12-35). Alimentos, oxigênio, anticorpos e hormônios são passados do sangue materno para o embrionário, que, em troca, transfere para a mãe excretas e gás carbônico.

A **vesícula amniótica**, muito desenvolvida, desempenha importante papel protetor ao amortecer choques que incidem contra a parede abdominal da fêmea e também ao possibilitar um meio aquático para o desenvolvimento embrionário. A vesícula vitelínica e a alantoide perdem sua função, que passa a ser desempenhada pela placenta.

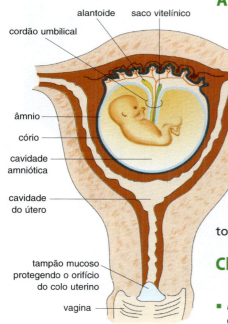

Figura 12-35. Na maioria dos mamíferos, o desenvolvimento do embrião ocorre no interior do útero materno. A bolsa amniótica funciona como amortecedor de choques e a placenta é o órgão de trocas metabólicas materno-fetais. A vesícula vitelínica e a alantoide contribuem para a formação do cordão umbilical.

Classificação dos mamíferos

Na Terra atual existem três subclasses de mamíferos:

- *monotremados*. São mamíferos primitivos cuja boca possui bico córneo e que se reproduzem por meio da postura de ovos. Os representantes atuais, os ornitorrincos e as equidnas, restringem-se à região australiana (Austrália e Nova Guiné);

- *marsupiais*. Esse grupo inclui representantes da fauna australiana, como os cangurus e os coalas, e representantes norte-americanos e sul-americanos, como os nossos gambás e cuícas. Após curta fase de desenvolvimento em um pequeno útero materno, os embriões são expulsos e terminam o desenvolvimento em uma dobra da pele do abdômen da mãe, com aspecto de bolsa, o marsúpio;

- *placentários*. Inclui a maioria dos mamíferos, separados em ordens como a dos carnívoros, roedores, ungulados, cetáceos, quirópteros e a dos primatas, à qual pertence a espécie humana. Nesses animais, útero e placenta são bem desenvolvidos, o que permite o desenvolvimento no interior do organismo materno.

Representantes dos mamíferos: (a) ornitorrinco, subclasse dos monotremados; (b) canguru, representante dos marsupiais – observe, em (c), o filhote de canguru no marsúpio; e (d) cavalo, pertencente à subclasse dos placentários.

De olho no assunto!

As principais ordens de mamíferos placentários

Ordem	Número aproximado de espécies	Exemplos e características
Xenarthra (Desdentados) — Tamanduá.	30	Tamanduá (recorre a cupins e formigas para sua nutrição), preguiça (alimenta-se de folhas, frutos e ovos de pássaros) e tatu (comedor de pequenos invertebrados do solo, como as minhocas). O nome dessa ordem pode dar a falsa impressão de que não possuem dentes. Na verdade, eles são ausentes nos tamanduás. Nos demais eles existem em número reduzido, sendo que no tatu não há esmalte e são todos iguais. Presentes na América do Sul e no sul dos Estados Unidos.
Rodentia (Roedores) — Esquilo.	1.814	Rato, camundongo, preá, cotia, capivara, esquilo, castor. Alimentam-se de sementes, grãos, madeira e uma infinidade de materiais duros, graças a um par de incisivos em forma de cunha, muito afiados, localizados no maxilar superior. Ampla distribuição pelos ambientes terrestres, exceto a Antártida.
Lagomorpha (Lagomorfos) — Coelho.	69	Coelhos e lebres. Herbívoros (alimentam-se de folhas, cascas e ramos). Um par de dentes incisivos em forma de cunha, que crescem continuamente, localizados no maxilar superior (um segundo par de dentes incisivos menores, atrás do primeiro, os diferencia dos roedores). Amplamente distribuídos pela Terra, exceto na Antártida. Na Austrália, foram introduzidos pelo homem.
Insectivora (Insetívoros) — Toupeira.	390	Musaranho e toupeira. Longos focinhos e dentes pequenos e pontiagudos. Alimentam-se de insetos e pequenos invertebrados (vermes, moluscos). Exclusivos do Hemisfério Norte, Índias Ocidentais e África.

Ordem	Número aproximado de espécies	Exemplos e características
Primates (Primatas) Chimpanzé.	235	Lêmures, macacos, orangotangos, gorilas, társios, chimpanzés, homem. Olhos frontais, conferindo visão binocular (em profundidade). Oponência de polegares. Regiões tropicais e subtropicais. Muitos são adaptados à vida em árvores.
Chiroptera (Quirópteros) Morcego.	986	Morcegos. Membros anteriores transformados em asas, o que lhes permite voar. Herbívoros (alimentam-se de pólen, frutos e néctar de flores), insetívoros e algumas espécies hematófagas (alimentam-se de sangue). É a segunda maior ordem de mamíferos em número de espécies. Encontrados em vários ambientes terrestres, exceto Antártida.
Carnivora (Carnívoros) Urso.	274	Cão, gato, urso, hiena, leão, tigre, foca, ariranha, raposa, coiote, lobo. Dentes caninos pontiagudos perfurantes. Pré-molares e molares carniceiros (para rasgar carne). Ampla distribuição por vários ambientes terrestres.
Artiodactyla (Artiodáctilos) Girafa.	213	Boi, cabra, ovelha, porco, javali, hipopótamo, camelo, dromedário, girafa, veado, lhama. Apoiam-se sobre um número par de dedos (dois ou mais, revestidos por um casco córneo, conhecido como casco fendido). Herbívoros, muitos deles com estômago formado por vários compartimentos. Com os perissodáctilos, compõem o grupo dos ungulados (animais que se locomovem apoiados sobre as unhas). No mundo todo, exceto Antártida e Austrália.

Cordados **265**

Ordem	Número aproximado de espécies	Exemplos e características
Perissodactyla (Perissodáctilos) Cavalo.	17	Cavalo, asno (jumento), zebra, anta, tapir, rinoceronte. Ungulados de dedos ímpares (um ou três, revestidos por casco, não fendido). Ampla distribuição pelos ambientes terrestres, exceto Antártida.
Proboscidea (Proboscídeos) Elefante.	2	Elefantes. Tromba formada pelo nariz e lábio superior modificados, com várias funções. Herbívoros (alimentam-se de folhas e ervas). Dentes incisivos superiores modificados em presas. Apenas África e Ásia.
Cetacea (Cetáceos) Orca.	80	Baleias, golfinhos, botos. Mamíferos que retornaram secundariamente para o meio aquático. Respiração pulmonar (retornam periodicamente à superfície nas ocasiões em que necessitam respirar). Alimentação diversificada (plâncton, peixes, focas etc.). Muitas espécies caçadas impiedosamente e ameaçadas de extinção.
Sirenia (Sirênios) Peixe-boi.	4	Peixe-boi, manati. Aquáticos, herbívoros, com membros anteriores adaptados à natação. Cauda achatada. Lentos e dóceis, correm perigo de extinção devido à caça impiedosa promovida pelo homem. Regiões costeiras e estuários de regiões tropicais e subtropicais.

Ética & Sociedade

Os seres humanos, como espécie biológica, são bastante complexos. Comparados com alguns grandes animais, nós não somos tão fortes ou tão rápidos nem possuímos presas ou garras. A diferença é o cérebro humano que, com seu córtex cerebral bastante desenvolvido, nos separa dos outros animais. Nosso cérebro dá vazão à nossa mente, que foi capaz de criar maravilhas. Sozinhos, podemos controlar a transmissão de doenças, domesticar outras formas de vida, ir ao espaço a bordo de naves espaciais e voar até as estrelas com nossa imaginação.

Mesmo assim, somos nós a mais bem-sucedida forma de vida? A duração da existência humana é um pequeno instante nos 3,5 bilhões de anos da vida na Terra. Mas, pelos últimos 300 anos, a população humana cresceu de 0,5 bilhão para 5,5 bilhões e, atualmente, cresce à taxa de, aproximadamente, 1 milhão a cada 4 dias. É essa uma medida do nosso sucesso? Durante a nossa vida, a rápida destruição das florestas tropicais e outros *habitats* pode arrasar milhões de espécies de plantas, invertebrados e vertebrados, muitos dos quais nós nunca conheceremos. Muitas das nossas atividades alteraram o meio ambiente, tornando-o desfavorável à vida – até mesmo para nós. Desertos se espalham enquanto o solo sofre erosão devido, por exemplo, à demanda por madeira. Chuvas ácidas com poluentes vindos de usinas e automóveis ameaçam as florestas e os lagos. *Habitats* anteriormente contínuos são constantemente fragmentados pela ação humana, ameaçando a manutenção da biodiversidade.

Esse comportamento agressivo, empurrado por pressões para o progresso, nos deu a capacidade de destruir a nós mesmos e a muitas outras formas de vida.

A mente humana é a fonte de muitos desses problemas – e da esperança de resolvê-los também.

- Será que utilizaremos toda a nossa capacidade para reduzir o impacto ambiental, controlar nosso crescimento e preservar a biosfera que sustenta a todos os seres?
- Será que somos um grande sucesso biológico – ou uma tremenda catástrofe?

Passo a passo

1. Quais são as principais características que estão presentes nos cordados em alguma fase de sua existência?
2. Quais são os dois subfilos que constituem o grupo dos protocordados?
3. Qual a principal diferença entre os vertebrados mais primitivos, como a lampreia, por exemplo, e os vertebrados mais complexos, como os peixes, anfíbios etc.?
4. Cite as classes dos vertebrados com mandíbula.
5. Em que fase da vida da ascídia (urocordado) se observam todas as características de um cordado?
6. É correto afirmar que no anfioxo (cefalocordado) a notocorda é substituída pela coluna vertebral? Justifique a resposta.
7. A respeito das classes dos peixes, preencha o quadro abaixo.

	Condrichthyes (peixes cartilaginosos)	Osteichthyes (peixes ósseos)
Localização da boca		
N.º de pares de fendas branquiais		
Presença de opérculo		
Presença de linha lateral		
Presença de vesícula gasosa		
Escamas semelhantes aos nossos dentes		
Tipo de circulação sanguínea		
Temperatura corporal		
Habitat		

8. Qual é o ambiente ocupado pelos anfíbios?
9. Qual é o motivo de os anfíbios adultos necessitarem viver em ambientes úmidos?
10. Explique a razão de a pele ter uma importância enorme como órgão respiratório.
11. Cite o tipo de circulação sanguínea que se observa nos anfíbios.
12. Cite os três principais fatores que impedem os anfíbios de se afastarem do ambiente aquático.
13. Entre os vertebrados, qual é a primeira classe que possui a pele ricamente queratinizada?
14. Explique por que os pulmões dos répteis possuem maior superfície de trocas gasosas quando comparados aos dos anfíbios.
15. A circulação dos anfíbios e répteis é do tipo dupla e incompleta, porém existe uma diferença estrutural no coração desses dois grupos de animais. Que diferença é essa?
16. Cite as principais características que permitiram aos répteis se afastarem do ambiente aquático e conquistarem o ambiente terrestre.
17. Qual a diferença entre desenvolvimento embrionário do tipo ovíparo, vivíparo e ovovivíparo?
18. Qual o nome do anexo da pele exclusivo das aves?
19. Qual a principal característica que permitiu às aves conquistarem o meio terrestre de modo mais eficiente do que os répteis?
20. Como se explica que as aves têm uma respiração muito eficiente (contribui para a manutenção da homeotermia) com pulmões tão pequenos?
21. Qual a característica presente no coração das aves que favorece a homeotermia?

22. Qual a importância da quilha para as aves voadoras?

23. Cite 4 características que favorecem o voo das aves, além da presença da quilha.

24. Veja abaixo algumas estruturas exclusivas dos mamíferos. Cite a função de cada uma delas.
   a) glândulas mamárias
   b) pelos
   c) glândulas sebáceas
   d) glândulas sudoríparas
   e) músculo diafragma

25. É possível diferenciar uma ave de um mamífero por meio do sentido da aorta? Justifique a resposta.

26. Qual a função da placenta?

27. Todos os mamíferos possuem placenta? Justifique sua resposta.

28. Assinale **E** para as alternativas erradas e **C** para as corretas a respeito dos cordados.
   a) São animais celomados, deuterostômios, com notocorda durante toda a vida.
   b) Protocordados têm uma coluna vertebral formada por tecido cartilaginoso.
   c) Os protocordados são animais aquáticos de água doce e de ambiente marinho.
   d) Anfioxo é um pequeno peixe que vive a maior parte do tempo enterrado no fundo arenoso.
   e) O anfioxo na fase adulta mantém as características típicas dos cordados: tubo nervoso dorsal, fendas na faringe, notocorda e cauda pós-anal.

29. Assinale **E** para as alternativas erradas e **C** para as corretas a respeito dos ciclostomados.
   a) A lampreia é um peixe ectoparasita de outros peixes.
   b) Podem perfurar a pele de peixes por meio de pequenos dentes existentes na boca circular.
   c) Apresentam desenvolvimento direto como todos os peixes.
   d) São animais muito pequenos e por isso quase não causam prejuízo a seus hospedeiros.
   e) Possuem boca que pode servir como ventosa.

30. Assinale **E** para as alternativas erradas e **C** para as corretas.
   a) Os pulmões dos répteis apresentam maior superfície de trocas gasosas do que os dos anfíbios.
   b) A excreção dos répteis é mais vantajosa para a vida no meio terrestre do que a dos anfíbios.
   c) Os anfíbios apresentam pele mais adaptada ao ambiente terrestre do que os répteis.
   d) Tanto anfíbios quanto répteis apresentam fecundação interna.
   e) A metamorfose observada no ciclo de vida dos répteis lhes possibilita viver em ambiente terrestre na fase adulta.

31. A respeito das aves, assinale **E** para as alternativas erradas e **C** para as corretas.
   a) Seus ossos são leves, porém resistentes.
   b) A glândula uropigial, localizada na cauda, secreta proteínas lubrificantes.
   c) A ação trituradora de seus dentes é auxiliada pela ação da moela.
   d) São os únicos animais a apresentar papo.
   e) Muito espaço interno de seu corpo é ocupado pelos sacos aéreos.

32. Assinale **E** para as alternativas erradas e **C** para as corretas.
   a) Somente mamíferos apresentam pulmões alveolares.
   b) Todos os mamíferos são triblásticos e deuterostômios.
   c) Não são todas as espécies de mamíferos que produzem leite.
   d) Assim como os peixes, as baleias respiram por brânquias.
   e) Pinguins possuem pelos que os ajudam a viver na Antártida.

Questões objetivas

1. (UEL – PR) Os zoólogos consideram o *Chordata* como um grupo filogeneticamente mais próximo de *Echinodermata* do que de *Arthropoda*.
Assinale a alternativa que contém uma característica comum aos grupos *Chordata* e *Echinodermata* que não ocorre no grupo *Arthropoda*.
   a) Três folhetos germinativos.
   b) Simetria bilateral no estágio adulto.
   c) Formação da boca na extremidade oposta ao blastóporo.
   d) Tubo digestivo completo.
   e) Celoma.

2. (UFJF – MG) São características evolutivas comuns aos grupos apresentados na figura ao lado pelas letras A, B e C, respectivamente:
   a) Radiada, Protostomia, *Arthropoda*.
   b) Bilateria, Acelomados, *Nematoda*.
   c) Bilateria, Metameria, *Annelida*.
   d) Bilateria, Protostomia, *Chordata*.
   e) Pentarradiada, Protostomia, *Chordata*.

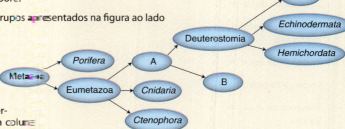

3. (UFPR) Relacione os grupos animais da coluna da esquerda com as estruturas que os caracterizam, indicadas na coluna da direita.

   1. moluscos   ( ) tubo nervoso dorsal
   2. anelídeos   ( ) rádula
   3. crustáceos   ( ) um par de nervos por segmento
   4. equinodermos   ( ) segundo par de antenas
   5. cordados   ( ) sistema ambulacral

Assinale a alternativa que apresenta a sequência correta da coluna da direita, de cima para baixo.
   a) 5 – 1 – 2 – 3 – 4
   b) 5 – 2 – 1 – 3 – 4
   c) 2 – 1 – 3 – 4 – 5
   d) 3 – 4 – 1 – 2 – 5
   e) 2 – 3 – 5 – 1 – 4

4. (UFRR) A saída da água em busca de alimentos levou os animais à conquista da terra firme. Mas a independência da água para a reprodução foi crucial para a conquista definitiva. Considere o cladograma sobre a provável origem evolutiva dos cordados atuais e indique o grupo referente aos números de 1 a 5 na sequência correta.

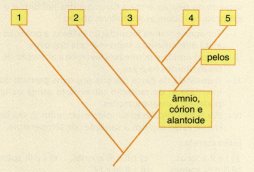

a) Aves, mamíferos, anfíbios, peixes e répteis.
b) Peixes, anfíbios, répteis, aves e mamíferos.
c) Peixes, répteis, anfíbios, aves e mamíferos.
d) Répteis, peixes, anfíbios, mamíferos e aves.
e) Mamíferos, aves, répteis, anfíbios e peixes.

5. (UNIFESP) Atualmente, os seres vivos são classificados em cinco grandes reinos. Na caracterização do reino *Animalia* (animais), é correto afirmar que:

a) estão excluídos os organismos multicelulares e que não possuem tecidos verdadeiros.
b) a segmentação do corpo aproxima evolutivamente os anelídeos e os nematódeos.
c) são incluídos tanto organismos unicelulares quanto seres vivos multicelulares.
d) a simetria radial é uma característica que evidencia parentesco evolutivo entre os organismos que a possuem.
e) grupos como equinodermos e cordados são aproximados evolutivamente pela origem do celoma.

6. (UFSC) A figura abaixo representa uma das hipóteses para explicar a filogenia animal.

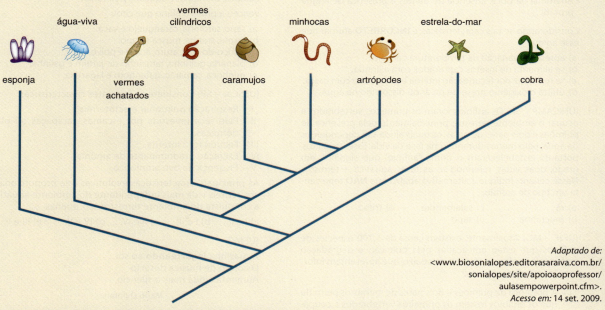

Adaptado de:
<www.biosonialopes.editorasaraiva.com.br/sonialopes/site/apoioaoprofessor/aulasempowerpoint.cfm>.
Acesso em: 14 set. 2009.

Após analisar o gráfico, indique a(s) proposição(ões) **CORRETA(S)** quanto à evolução dos animais e dê sua soma ao final.

(01) Todos os animais representados possuem ancestralidade comum.
(02) A característica mais importante usada para separar os animais em filos distintos é a sua distribuição no ambiente.
(04) Os equinodermos são representados na figura acima por animais como minhocas, caramujos e vermes cilíndricos.
(08) Peixes, anfíbios e cobras são animais cordados.
(16) Os répteis não aparecem representados nesta figura.
(32) Os cnidários, representados pelas esponjas do mar, são animais muito simples e não apresentam tecidos verdadeiros.
(64) Os animais se caracterizam por serem pluricelulares, eucariontes e heterótrofos.

7. (UFG – GO) Os cardumes deslocam-se sincronizadamente na água, sem colisões entre os peixes. Esse fato deve-se à presença de

a) cóclea.   b) glândulas mucosas.   c) opérculo.   d) fosseta loreal.   e) linha lateral.

8. (UFF – RJ) Os vertebrados aquáticos podem ser divididos em três grupos, que apresentam particularidades biológicas. As informações abaixo se referem a características de cada um desses grupos.

I – Esqueleto ósseo; brânquias protegidas por opérculos; fecundação geralmente externa e desenvolvimento com fase larval.

II – Corpo alongado, cilíndrico, desprovido de escamas; pele recoberta por muco; boca que funciona como uma ventosa.

III – Esqueleto cartilaginoso; presença de espiráculos; fecundação interna e desenvolvimento sem fase larval.

Escolha a alternativa que apresenta exemplos de animais com as características das afirmativas **I, II e III, RESPECTIVAMENTE**.

a) Tubarão, bagre e lampreia.
b) Sardinha, raia e lampreia.
c) Atum, lambari e raia.
d) Raia, lampreia e lambari.
e) Bacalhau, lampreia e tubarão.

Cordados **269**

9. (UEL – PR) Esporadicamente a imprensa divulga acidentes de banhistas atacados por tubarões. Alguns especialistas supõem que estejam relacionados com a destruição de ambientes naturais, principalmente de manguezais, que esses animais utilizariam para a reprodução e obtenção de alimentos. A procura por outros locais onde possam conseguir esses recursos promove o encontro com os banhistas, provocando acidentes.
Com os conhecimentos sobre o sistema sensorial dos tubarões, identifique as estruturas que eles podem utilizar para localizar suas presas:

I – ampolas de Lorenzini;   III – linha lateral;
II – válvula espiral;   IV – narinas.

Assinale a alternativa correta.

a) Somente as afirmativas I e II são corretas.
b) Somente as afirmativas II e IV são corretas.
c) Somente as afirmativas III e IV são corretas.
d) Somente as afirmativas I, II e III são corretas.
e) Somente as afirmativas I, III e IV são corretas.

10. (UFMG) Analise estas características de um animal na fase adulta:
- *Habitat*: brejos
- Trocas gasosas: pele e/ou pulmões
- Nutrição: carnívoros
- Anatomia da boca: ausência de dentes e presença de língua protátil

Considerando-se tais características, é **INCORRETO** afirmar que esse animal

a) apresenta variação de temperatura corporal.
b) se alimenta de insetos capturados com a língua.
c) se reproduz por fecundação interna e possui ovo com casca.
d) utiliza o oxigênio presente no ar ou dissolvido na água.

11. (UNICAMP – SP) Os anfíbios foram os primeiros vertebrados a ocupar o ambiente terrestre, principalmente pela presença de pulmões e dois pares de patas, os quais ainda são dependentes da água, pelo menos durante uma fase da vida. Esses aspectos, portanto, estabeleceram o nome "anfíbio", que significa, em grego, duas vidas, referindo-se às fases aquática e terrestre. Nesse cenário, indique a alternativa abaixo que **NÃO** representa um tipo de anfíbio.

a) rã   c) salamandra   e) tritão
b) muçurana   d) sapo

12. (UFJF – MG) Atualmente, existem cerca de 5.700 espécies de anfíbios que estão ameaçadas pela poluição e degradação ambiental. Analise as afirmativas abaixo, que apresentam informações sobre os anfíbios.

I – A presença de pulmões e dois pares de membros permitiu que os anfíbios fossem os primeiros vertebrados a ocuparem o ambiente terrestre.
II – A pele dos anfíbios é úmida, pouco vascularizada e rica em queratina, o que a torna impermeável.
III – Os ovos dos anfíbios não possuem casca protetora, sendo envoltos por uma camada gelatinosa.
IV – As larvas dos anfíbios possuem respiração traqueal, enquanto os adultos respiram por pulmões em terra, e, quando na água, respiram somente pela pele.

Assinale a alternativa que apresenta somente afirmativas CORRETAS.

a) I e II.   c) I, III e IV.   e) II, III e IV.
b) I e III.   d) II e IV.

13. (UFC – CE) A exploração de uma maior variedade de habitats pelos animais foi possível graças a mecanismos metabólicos de regulação térmica. Assinale a alternativa que inclui apenas animais que apresentam essa característica.

a) Cobras, lagartos e rãs.
b) Baleias, raias e golfinhos.
c) Morcegos, urubus e corujas.
d) Tamanduás, capivaras e jacarés.
e) Gafanhotos, borboletas e abelhas.

14. (MACKENZIE – SP) Um estudo publicado recentemente demonstrou o aumento no risco da extinção de anfíbios, cujas características fisiológicas os tornam mais vulneráveis a mudanças ambientais. A poluição das águas com pesticida e com resíduos orgânicos e o aumento da radiação ultravioleta são os maiores responsáveis pelo aumento desse risco. A respeito da relação entre a fisiologia dos anfíbios e o risco de extinção, considere as afirmativas abaixo.

I – Por apresentarem fecundação externa, a poluição da água afeta diretamente a sobrevivência dos ovos.
II – A pele úmida e permeável favorece a absorção de poluentes existentes na água.
III – A ausência de casca calcária nos ovos permite que maior intensidade de radiação ultravioleta atinja os embriões, podendo causar mutações.
IV – Por terem circulação simples, esses animais são heterotermos e estão sujeitos a variações de temperatura.

Estão corretas

a) I e II apenas.   c) I, II e III apenas.   e) I e III apenas.
b) II e IV apenas.   d) I, II, III e IV.

15. (FGV – SP) Na gincana da escola, os concorrentes deveriam citar 4 animais que realizassem, respectivamente, respiração cutânea, branquial, traqueal e pulmonar.

Venceu a prova o aluno que citou

a) sapo, sardinha, caranguejo e vaca.
b) lesma, aranha, mosca e sapo.
c) ouriço-do-mar, atum, ácaro e polvo.
d) planária, golfinho, tatuzinho-de-jardim e galinha.
e) minhoca, camarão, gafanhoto e lagartixa.

16. (UFSCar – SP) Considere as seguintes características:

I – Respiração pulmonar e ectotermia.
II – Pele seca revestida por escamas, carapaças ou placas dérmicas.
III – Fecundação interna.
IV – Excreção predominante de amônia.
V – Presença de ovo amniótico.

As principais características evolutivas que proporcionaram aos répteis vida mais independente do ambiente aquático e a conquista do ambiente terrestre são, apenas,

a) I e II.   b) I e III.   c) II e IV.   d) IV e V.   e) III e V.

17. (UFMG)

A ruazinha **lagarteando** ao sol.
O coreto de música deserto
Aumenta ainda mais o silêncio.

Mário Quintana

A expressão **lagartear** – 'deitar-se ao sol' – resultou da observação de um comportamento comum aos lagartos.

É **CORRETO** afirmar que, **do ponto de vista biológico**, esse comportamento se explica com base no fato de que os lagartos

a) dependem de fonte externa de calor para a regulação da temperatura, o que os torna muito ativos ou muito lentos.
b) evitam a dessecação por meio de placas córneas e de corpo revestido por pele grossa, o que lhes dificulta a locomoção.
c) excretam ureia, composto volátil e tóxico, que requer água para ser eliminada e induz a um estado de paralisia.
d) possuem pequena superfície pulmonar para uma troca gasosa eficiente, o que os torna sonolentos e preguiçosos.

18. (FUVEST – SP) Qual das alternativas abaixo é a melhor explicação para a expansão e domínio dos répteis durante a Era Mesozoica, incluindo o aparecimento dos dinossauros e sua ampla distribuição em diversos nichos do ambiente terrestre?

a) Vantagens sobre os anfíbios na competição pelo alimento.
b) Extinção dos predadores naturais e consequente explosão populacional.
c) Abundância de alimento nos ambientes aquáticos abandonados pelos anfíbios.

270 BIOLOGIA 2 • 4.ª edição

d) Prolongado cuidado com a prole, garantindo proteção contra os predadores naturais.
e) Aparecimento de ovo com casca, capaz de evitar o dessecamento.

19. (UFC – CE) Assinale a alternativa que apresenta o componente do corpo dos animais cujo constituinte principal é a **queratina**.
a) Camada dérmica da pele de mamíferos.
b) Endoesqueleto de condrictes e osteíctes.
c) Escamas da pele de serpentes e lagartos.
d) Cutícula dos diplópodes e quilópodes.
e) Concha dos gastrópodes e bivalves.

20. (UEL – PR) Leonardo da Vinci acreditava que o homem poderia voar e, para isso, estudou detalhadamente o voo das aves, conforme se pode notar em suas anotações sobre a "Estrutura das asas dos pássaros", em que aponta que se deve "Estudar a anatomia das asas de um pássaro junto com os músculos do peito, que são movedores destas asas".

DA VINCI, L. *Da Vinci por ele mesmo*. Trad. Marcos Malvezi. São Paulo: Madras, 2004, p. 351.

Com base no texto e nos conhecimentos sobre as aves e o seu voo, considere as afirmativas a seguir.

I – Os músculos peitorais das aves voadoras devem ser ricos em mitocôndrias, uma vez que apresentam um metabolismo muito alto.
II – As aves voadoras possuem sacos aéreos e ossos pneumáticos que auxiliam a reduzir o peso específico do corpo.
III – O grupo de aves que não voam tem os membros posteriores adaptados para a marcha e é conhecido como "ratitas".
IV – As asas das aves são homólogas às das borboletas, pois ambas são utilizadas para o voo batido e não planado.

Assinale a alternativa correta.
a) Somente as afirmativas I e IV são corretas.
b) Somente as afirmativas II e III são corretas.
c) Somente as afirmativas III e IV são corretas.
d) Somente as afirmativas I, II e III são corretas.
e) Somente as afirmativas I, II e IV são corretas.

21. (UNESP) Um pesquisador, ao acompanhar o desenvolvimento de ovos de um determinado grupo de animais, encontrou as seguintes características:

I – presença de âmnio e alantoide;
II – grande quantidade de vitelo;
III – fragmentos de casca calcária;
IV – ácido úrico armazenado na alantoide.

Baseado nessas características, o pesquisador concluiu que os ovos estudados poderiam ser de:
a) peixe ou anfíbio.
b) ave ou réptil.
c) réptil ou anfíbio.
d) peixe ou réptil.
e) ave ou anfíbio.

22. (UFPR) Sobre as adaptações apresentadas pelos animais em relação ao meio em que vivem, é correto afirmar:
a) Ossos pneumáticos reduzem o peso das aves e são favoráveis ao voo.
b) A flutuação dos peixes na água é regulada pela bexiga natatória, que se enche de líquido para ficar mais pesada quando o animal quer ir ao fundo.
c) Para manter o controle osmótico, peixes de água doce devem beber muita água e eliminar muitos sais com a urina.
d) Para a conquista do ambiente terrestre, os répteis tornaram-se vivíparos, ou seja, independentes de fontes de água.
e) O canto das aves é produzido pelo sistema de sacos aéreos.

23. (FGV – SP) Nas prateleiras das farmácias e supermercados, encontramos várias marcas de produtos antiperspirantes, os quais restringem a quantidade de secreção das glândulas sudoríparas na zona onde foi aplicado. Portanto, limitam a quantidade de suor na superfície da pele.

Gustavo, consumidor desse tipo de produto, procurava por algo que fizesse o mesmo em todo o seu corpo, e não apenas nas axilas. Afinal, considerava o suor algo desnecessário e não higiênico.

Do ponto de vista fisiológico, pode-se dizer que o produto desejado por Gustavo não é aconselhável, pois sua consequência imediata seria

a) favorecer a morte das células superficiais da epiderme em razão do dessecamento decorrente da menor quantidade de suor.
b) comprometer a nutrição das células epiteliais, uma vez que estas se mantêm com os sais minerais presentes no suor.
c) impedir a eliminação do excesso de água do tecido subcutâneo, sobrecarregando as funções dos rins.
d) comprometer a eliminação do calor e a consequente manutenção da temperatura da pele.
e) favorecer o acúmulo das secreções das glândulas sebáceas sobre a epiderme, comprometendo a respiração das células desse tecido.

24. (PUCCAMP – SP) O gráfico apresenta a taxa metabólica basal, de sete diferentes animais, medida em duas diferentes condições ambientais (A e B).

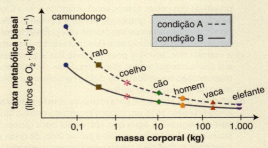

Analisando o gráfico com base em seus conhecimentos, é correto afirmar, **EXCETO**:

a) A condição A deve apresentar temperaturas ambientais mais elevadas do que a condição B.
b) Para todos os animais representados, alterações na taxa metabólica basal podem estar ligadas à manutenção da homeotermia.
c) A demanda de nutrição calórica para a manutenção do metabolismo basal, por unidade de massa corporal, decresce do camundongo para o elefante.
d) Quanto maior é o animal representado, menor é o seu metabolismo basal por unidade de massa corporal.

25. (UFPR) O gráfico abaixo mostra a temperatura de dois animais expostos ao Sol durante a manhã.

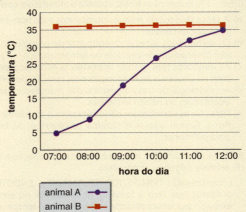

Os animais A e B podem ser, respectivamente:
a) uma galinha e uma tartaruga.
b) uma lagartixa e um cavalo.
c) um pato e um cachorro.
d) um gato e um sapo.
e) um jacaré e uma cobra.

26. (UFPR) A gema do ovo de galinha armazena uma grande quantidade de vitelo para suprir as necessidades nutricionais do embrião. Em contraste, organismos muito maiores, como, por exemplo, o ser humano, apresentam ovos microscópicos, os quais, obviamente, têm uma capacidade muito reduzida de armazenagem de nutrientes. Esse aparente contrassenso desfaz-se ao considerarmos

a) a presença de placenta em humanos.
b) a diferente composição das reservas nutricionais do ovo de galinha e dos ovos humanos.
c) as estruturas adaptadas à fecundação interna nos humanos.
d) a diferença no tempo de incubação do ovo de galinha e a gestação humana.
e) os diferentes tipos de segmentação dos ovos de aves e humanos.

27. (UFPB) Considerando aspectos morfológicos, funcionais e evolutivos de cordados, é INCORRETO afirmar:

a) cláspers são modificações das nadadeiras pélvicas dos indivíduos machos dos peixes cartilaginosos, cuja função é realizar a transferência de esperma para o corpo das fêmeas.
b) o pulmão é uma estrutura que apareceu nas linhagens mais primitivas dos peixes ósseos, sendo mantido com a função respiratória em alguns grupos de peixes e herdados pelos tetrápodes; na maioria dos peixes ósseos, este pulmão transformou-se em um órgão hidrostático denominado bexiga natatória.
c) a maioria dos anfíbios possui a pele lisa e permeável rica em vasos sanguíneos e glândulas. Estas últimas atuam na manutenção da umidade da pele e na defesa do animal, por meio da produção de veneno.
d) a faringe dos anfioxos é uma estrutura com fendas branquiais, envolvida pelo átrio, um espaço localizado entre a faringe e a parede corporal. A água que entra pela boca destes animais passa pelas fendas branquiais e cai no átrio, de onde sai para o exterior através de uma abertura denominada atrióporo.
e) anfíbios e répteis são vertebrados endotermos porque utilizam o próprio metabolismo como fonte principal de calor, enquanto as aves e mamíferos são denominados ectotermos porque utilizam o Sol como fonte principal de obtenção de calor.

28. (UFJF – MG) A pele e os anexos (glândulas, escamas córneas, penas, pelos etc.) constituem o tegumento que exerce diferentes funções nos diversos grupos de vertebrados. Com relação às funções do tegumento, é **CORRETO** afirmar que:

a) em peixes e mamíferos, participa do processo digestivo.
b) em aves e mamíferos, atua na manutenção da temperatura.
c) em anfíbios e répteis, realiza trocas gasosas.
d) em anfíbios e aves, contribui com a locomoção.
e) em peixes e répteis, protege contra desidratação.

29. (UEM – PR) Sobre os animais, assinale a alternativa **correta**.

a) A sarna, doença de animais domésticos e do homem, é causada por um inseto.
b) Os vertebrados, independentemente do grupo e do habitat, são desprovidos de controle de temperatura.
c) As minhocas têm grande importância ecológica, pois auxiliam no processo de fertilização e da aeração do solo.
d) A morfologia do trato digestório dos mamíferos não reflete adaptações ao hábito alimentar.
e) Para que os vertebrados conquistassem o ambiente de terra firme, bastou alterar o sistema respiratório de branquial para pulmonar.

30. (UEMT – adaptada) Em relação à estrutura, formação e biologia de animais, julgue as alternativas.

1. É considerado TRIBLÁSTICO, CELOMADO e ENDOTÉRMICO o animal que tem 3 folhetos germinativos no embrião, é formado por uma cavidade corpórea e cuja temperatura do corpo varia com a do ambiente, respectivamente.
2. Após a fecundação, o zigoto é formado e em seguida ocorrem sucessivas mitoses com diferenciação até a formação do embrião.
3. Qualquer organismo pluricelular realiza meiose para crescer e desenvolver como também para regenerar um tecido lesado.
4. Machos e fêmeas de animais realizam reprodução sexuada com várias estratégias: um exemplo são os peixes, sem dimorfismo sexual, que possuem fecundação externa e desenvolvimento direto; já os répteis têm fecundação interna mas com desenvolvimento indireto.
5. As aves e os mamíferos são os dois únicos grupos de animais (homeotérmicos) cuja temperatura é sempre constante, usando, cada grupo, penas, pelos e tecido adiposo como auxiliares nessa característica.

31. (UEL – PR) Durante o desenvolvimento embrionário de peixes, anfíbios, répteis, aves e mamíferos surgem estruturas que permitem a sobrevivência do embrião, denominadas de anexos embrionários.

Com base nessas informações, considere as afirmativas sobre o anexo embrionário alantoide:

I – Em embriões de peixes e anfíbios, o alantoide tem a função de permitir as trocas gasosas com o meio aquático.
II – Nas aves, o alantoide possui a função de armazenar os excretas nitrogenados do embrião.
III – Na maioria dos embriões de mamíferos, o alantoide é reduzido e participa da formação da placenta e cordão umbilical.
IV – Nos répteis, o alantoide tem a função de proteger o embrião contra a dessecação.

Assinale a alternativa correta.

a) Somente as afirmativas I e IV são corretas.
b) Somente as afirmativas II e III são corretas.
c) Somente as afirmativas III e IV são corretas.
d) Somente as afirmativas I, II e III são corretas.
e) Somente as afirmativas I, II e IV são corretas.

32. (UFAC) Leia o texto a seguir e assinale a alternativa correta.

Um fóssil extremamente bem conservado, de 380 milhões de anos, achado no noroeste da Austrália, é agora o exemplo mais antigo de uma mãe grávida vivípara.

Ciência Hoje, jul. 2008.

a) O fóssil provavelmente é de um mamífero, uma vez que a viviparidade é característica exclusiva desse grupo.
b) A presença de um saco vitelino no embrião fóssil seria uma característica segura para determinar o fóssil como vivíparo.
c) A conclusão de que o fóssil é de um animal vivíparo veio da observação de que o embrião estava se desenvolvendo dentro do corpo da mãe.
d) Uma das características que levaria à conclusão de que se tratava de um animal vivíparo seria a presença de um resquício de cordão umbilical.
e) O fóssil em questão poderia também ser de um animal ovovivíparo, pois, assim como os vivíparos, os ovovivíparos apresentam nutrição maternal durante o desenvolvimento embrionário.

33. (UEM – PR) Considerando a morfologia e a fisiologia dos animais, assinale a alternativa **correta**.

a) O saco visceral dos moluscos, que aloja os órgãos internos, é revestido pelo manto, que produz a concha.
b) A função realizada pelos metanefrídios nos aracnídeos é de responsabilidade das glândulas coxais nos anelídeos.
c) As pedicelárias dos equinodermatas servem para capturar o alimento.
d) Anfíbios e répteis reproduzem-se da mesma forma, com fecundação externa e desenvolvimento direto.
e) Os mamíferos, a depender do *habitat* aquático ou terrestre, variam o tipo de sistema respiratório e a forma de reprodução.

34. (FGV – SP)

O girino é o peixinho do sapo.
O silêncio é o começo do papo.
O bigode é a antena do gato.
O cavalo é o pasto do carrapato.

(Arnaldo Antunes. *In: As coisas*.)

Em relação à estrofe, um estudante de biologia fez as seguintes afirmações:

I – Cita animais de pelo menos 4 classes e dois filos.
II – Faz referência aos anfíbios, peixes e insetos, em cujas classes há espécies que sofrem metamorfose completa.

III – Faz referência a uma interação ecológica do tipo parasitismo.
IV – Apresenta um caso de analogia entre dois diferentes órgãos sensoriais de mamíferos.
V – Cita, talvez involuntariamente, o principal órgão digestório das aves, o qual funciona como um estômago mecânico, triturando os alimentos.

Estão corretas as afirmações
a) I e II, apenas.   c) II e III, apenas.   e) I, II, III, IV e V.
b) I e III, apenas.   d) III, IV e V, apenas.

35. (UFAM) Observe atentamente as colunas abaixo:

1. baleia   ( ) marsupial
2. morcego   ( ) proboscídeo
3. macaco   ( ) cetáceo
4. elefante   ( ) perissodáctilo
5. anta   ( ) carnívoro
6. tamanduá   ( ) monotremado
7. canguru   ( ) quiróptero
8. lobo-guará   ( ) xenartro
9. ornitorrinco   ( ) sirênio
10. peixe-boi   ( ) primata

Assinale a alternativa que relaciona corretamente a coluna da esquerda com a da direita.
a) 7; 4; 10; 5; 8; 9; 2; 6; 1; 3.   d) 7; 6; 1; 5; 8; 9; 2; 4; 10; 3.
b) 7; 5; 1; 4; 9; 8; 2; 6; 10; 3.   e) 7; 4; 1; 2; 9; 8; 5; 6; 10; 3.
c) 7; 4; 1; 5; 8; 9; 2; 6; 10; 3.

36. (FUVEST – SP) Durante a gestação, os filhotes de mamíferos placentários retiram alimento do corpo materno. Qual das alternativas indica o caminho percorrido por um aminoácido resultante da digestão de proteínas do alimento, desde o organismo materno até as células do feto?

a) Estômago materno → circulação sanguínea materna → placenta → líquido amniótico → circulação sanguínea fetal → células fetais.
b) Estômago materno → circulação sanguínea materna → placenta → cordão umbilical → estômago fetal → circulação sanguínea fetal → células fetais.
c) Intestino materno → circulação sanguínea materna → placenta → líquido amniótico → circulação sanguínea fetal → células fetais.
d) Intestino materno → circulação sanguínea materna → placenta → circulação sanguínea fetal → células fetais.
e) Intestino materno → estômago fetal → circulação sanguínea fetal → células fetais.

37. (UCS – RS) O reino animal é dividido em invertebrados e vertebrados. Os vertebrados, por sua vez, estão divididos em cinco grandes grupos, assim caracterizados:

GRUPO 1: temperatura do corpo variável, fecundação externa e diferentes tipos de respiração, dependendo do seu estágio de desenvolvimento;

GRUPO 2: corpo recoberto por escamas, circulação fechada, com coração de apenas um átrio e um ventrículo;

GRUPO 3: reprodução independente do ambiente aquático;

GRUPO 4: endotérmico e portador de glândula uropigial; e

GRUPO 5: placentário, com corpo coberto de pelos.

Considerando a história evolutiva dos vertebrados, pode-se afirmar que o **GRUPO 3** surgiu
a) depois dos grupos **4** e **5**.
b) antes do **GRUPO 1** e depois do **GRUPO 2**.
c) antes dos grupos **1** e **2**.
d) antes do **GRUPO 4** e depois do **GRUPO 1**.
e) antes do **GRUPO 1** e depois do **GRUPO 4**.

38. (UNEMAT – MT) Em uma loja de animais estava exposta uma placa com as seguintes informações:

Vendem-se animais vertebrados, de pele úmida, intensamente vascularizada e pobre em queratina. São pecilotérmicos e dependem da água para sua reprodução. Têm fecundação externa e desenvolvimento indireto. As larvas respiram por meio de brânquias e os adultos realizam trocas gasosas por meio de pulmões rudimentares dotados de pequena superfície e através da pele. O coração apresenta 3 câmaras, sendo 2 átrios e 1 ventrículo. A circulação sanguínea é fechada, dupla e incompleta. – PREÇOS PROMOCIONAIS –

O texto acima refere-se a que animal?
a) peixe   b) rã   c) papagaio   d) cachorro   e) iguana

39. (UFMS) Leia o texto abaixo e, a seguir, indique a(s) proposição(ões) correta(s) e dê sua soma ao final.

Um sapo sem pulmão acaba de ser descoberto na ilha de Bornéu, na Indonésia. Trata-se do primeiro caso confirmado do tipo e, segundo os cientistas responsáveis pelo estudo, a espécie aquática *Barbourula kalimantanensis* aparentemente respira através da pele. (...) Duas populações da espécie, sobre a qual havia relatos, foram encontradas durante recente expedição dos pesquisadores. (...) De todos os tetrápodes, vertebrados terrestres com quatro membros, sabe-se que a ausência de pulmões ocorre apenas em anfíbios. São conhecidas algumas espécies de salamandras sem o órgão, além de uma cobra-cega. Para os autores do estudo, a descoberta de uma rara espécie de sapo em Bornéu reforça a ideia de que os pulmões sejam uma característica maleável nos anfíbios. Como a *B. kalimantanensis* vive em água corrente e fria, a ausência de pulmões poderia ser uma adaptação para uma combinação de fatores, como um meio com mais oxigênio, o baixo metabolismo do animal, o achatamento do corpo que aumenta a área superficial da pele e a preferência por afundar em relação a boiar.

Agência FAPESP. *Disponível em:* <http://www.agencia.fapesp.br/materia/8679/divulgacao-cientifica/sapo-sem-pulmao-e-descoberto.htm>.

(01) Os sapos, as salamandras e as cobras-cegas são anfíbios.
(02) Além dos anfíbios, minhocas também possuem respiração cutânea.
(04) Apesar do baixo metabolismo, a *B. kalimantanensis* é animal endotérmico, como todos os anfíbios.
(08) Por ter somente respiração cutânea, a *B. kalimantanensis* precisa manter a pele sempre úmida. Por essa razão, sua dependência de viver no meio aquático é maior do que a dos sapos que possuem pulmões.
(16) Nos anfíbios, quando os pulmões estão ausentes, há apenas a circulação do sangue venoso.
(32) O baixo metabolismo está associado com rápida digestão do alimento e alta taxa de natalidade.

40. (UFMS) Leia o trecho a seguir, extraído e adaptado do *informativo Notícias da Onça-pintada* do Instituto Onça-pintada.

No Rio Araguaia, os pesquisadores têm observado botos acuando peixes em águas rasas com parte de seu corpo para fora da água. É durante esse momento, de acordo com os pescadores locais, que as onças-pintadas pulam, mordem e arrastam os botos para fora do rio. Eles dizem ter visto a onça sobre o boto se alimentando da carcaça ao longo do dia e defendendo-a dos jacarés.

Sobre os animais que participam do episódio acima, indique a(s) proposição(ões) correta(s) e dê sua soma ao final.

(01) A onça-pintada, o boto-rosa e o jacaré são animais típicos encontrados no Pantanal sul-mato-grossense.
(02) Apesar de ser um animal aquático, o boto-rosa apresenta, como órgão responsável pelas trocas gasosas, o pulmão.
(04) Na cadeia trófica, quando a onça-pintada preda o boto-rosa, ela é um consumidor de terceira ordem ou de qualquer nível acima.
(08) O boto-rosa, por ser um animal aquático, é ovíparo, como o jacaré e a maioria dos peixes de água-doce.
(16) O boto-rosa e a onça-pintada são mamíferos, e as fêmeas alimentam seus filhotes com leite produzido por glândulas mamárias.
(32) A interação entre a onça-pintada e o jacaré, na disputa pela carcaça do boto-rosa, é benéfica para ambos e é denominada amensalismo.

Questões dissertativas

1. (UNESP) A figura representa uma proposta sobre as relações de parentesco entre os grupos de animais (*Animalia* ou *Metazoa*).

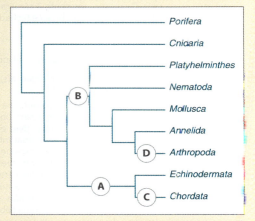

(www.tolweb.org. Modificado.)

Cite para cada um dos ramos indicados, A, B, C e D, uma característica presente apenas nos grupos representados nos ramos à direita desses pontos.

2. (UFBA) A árvore representa os três grandes grupos na evolução dos mamíferos: monotremados, marsupiais e placentários.

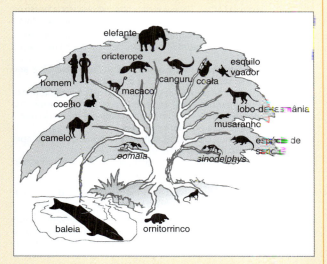

Com base em aspectos reprodutivos, justifique a inclusão desses animais em ramos distintos de um tronco comum.

3. (UFC – CE) a) Cite duas características dos anfioxos, pertencentes ao táxon **Cephalochordata**, que são utilizadas para embasar as relações filogenéticas com os vertebrados. Em que se baseia a denominação do táxon?
b) Diga em qual etapa do desenvolvimento embrionário é reconhecida a característica que denomina o táxon e descreva como esta característica se origina embriologicamente.

4. (UNICAMP – SP) Uma dona de casa, querendo preparar uma caldeirada de frutos do mar, obteve uma receita que, além de vegetais e temperos, pedia a inclusão de cação, camarão, lagosta, mexilhão e lula. Ela nunca havia preparado a receita e não conhecia os animais. O filho explicou que esses animais eram: um peixe cartilaginoso (cação), crustáceos (camarão e lagosta) e moluscos (mexilhão e lula).

a) Indique duas características exclusivas dos moluscos que poderão permitir sua identificação pela dona de casa.

b) Ao comprar o peixe, a dona de casa não encontrou cação e comprou abadejo, que é um peixe ósseo. Além da diferença quanto ao tipo de esqueleto, indique outras duas diferenças que os peixes ósseos podem apresentar em comparação com os peixes cartilaginosos.

5. (UFG – GO) Os registros fósseis evidenciam que a conquista do ambiente terrestre pelos seres vivos ocorreu na Era Paleozoica, a partir do ambiente aquático.

a) Explique por que a conquista do ambiente terrestre pelos animais foi posterior à dos vegetais.
b) Explique duas características morfofisiológicas que permitiram a ocupação do ambiente terrestre pelos animais.

6. (UFG – GO) Leia o trecho do poema a seguir.

> **A seca de setenta**
> O sertanejo assistido
> Não quer guerra, só paz
> Não carece fugir da seca
> Sua terra lhe satisfaz
> Molhada, nela dá tudo
> Com labuta lhe dá mais.
> Chove, por exemplo, hoje
> eis o festim do agreste
> canta o sapo na lagoa
> e o passarinho no cipreste
> cupim cria asa e voa
> com pouco o mato se veste.
>
> BANDEIRA, P. F. Disponível em:
> <http://www.jangadabrasil.com.br/marco43/cn43030.htm>.
> Acesso em: 29 set. 2008.

a) O trecho do poema apresenta vários organismos do reino *Animalia*. Identifique quais são esses organismos e classifique-os pelas classes, destacando duas características típicas de cada uma delas.
b) Explique a importância da lagoa para o sucesso reprodutivo do sapo, referido no poema.

7. (UNICAMP – SP) Os anfíbios foram os primeiros vertebrados a habitar o meio terrestre. Provavelmente surgiram de peixes crossopterígeos que eventualmente saíam da água à procura de insetos. Antes de ganharem o meio terrestre, esses ancestrais dos anfíbios passaram por modificações em sua estrutura e em sua fisiologia.

a) Mencione duas modificações importantes nessa transição.
b) Os anfíbios são classificados em três ordens: *Gymnophiona* ou *Apoda* (cobras-cegas), *Urodela* (salamandras) e *Anura* (sapos, rãs e pererecas). Mencione uma característica exclusiva de cada uma delas.

8. (UNESP) Em algumas espécies de tartarugas marinhas que usam as areias da praia para desovar, a determinação do sexo dos embriões, se machos ou fêmeas, está relacionada com a temperatura.
A figura mostra a porcentagem de machos e fêmeas eclodidos de ovos incubados a diferentes temperaturas.

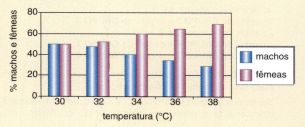

274 BIOLOGIA 2 • 4.ª edição

Tendo como referência as informações presentes na figura e considerando o aquecimento global causado pelo efeito estufa, qual seria a consequência mais imediata para as populações dessas espécies de tartarugas? Se um gráfico de mesmo tipo fosse construído para representar a porcentagem de embriões machos e fêmeas que se desenvolvem a partir de ovos das aves, na faixa de temperatura correspondente a 38 graus Celsius, quais seriam as porcentagens esperadas para cada um dos sexos? Justifique.

9. (UFBA) Há mais de 120 milhões de anos, enquanto gigantescos dinossauros destroçavam as florestas em combates titânicos, um drama mais silencioso se desenrolava sob os arbustos do Cretáceo: uma linhagem de seres minúsculos e peludos parou de pôr ovos e deu à luz seres jovens. Foram os progenitores de praticamente todos os mamíferos modernos. (CASTELVECCHI, 2009, p. 68).

No contexto da história reprodutiva dos vertebrados,
- identifique o órgão que torna possível "dar à luz seres jovens", caracterizando-o quanto à origem embriológica;
- explique o significado evolutivo do órgão referido, destacando as vantagens que ele confere aos mamíferos em relação aos organismos que põem ovos com casca.

10. (UNIFESP – adaptada) Pela primeira vez na história evolutiva, o embrião é protegido por um envoltório que o protege e impede que desidrate. Ali, há também substâncias de reserva que o nutrirão até que saia do envoltório e passe a ter vida livre.

Se essa frase for relacionada a um grupo animal, a que grupo ela se aplica com propriedade? Cite outra característica, reprodutiva ou do desenvolvimento do embrião, que também aparece nesse grupo pela primeira vez.

11. (UNIFESP) Um ser humano de aproximadamente 60 kg, em repouso, à temperatura de 20 °C, despende cerca de 1.500 kcal por dia. Um jacaré, de mesma massa, nas mesmas condições, despende cerca de 60 kcal por dia.
a) Cite um animal que tenha comportamento semelhante ao do jacaré e outro animal que tenha comportamento semelhante ao do ser humano no que diz respeito ao gasto de energia, mas que não sejam nem réptil nem mamífero.
b) Explique por que o ser humano despende mais energia que o jacaré e se há alguma vantagem adaptativa nessa situação.

12. (FUVEST – SP – adaptada) A figura abaixo mostra o esquema de um ovo de galinha, contendo um embrião, após 13 dias de incubação.

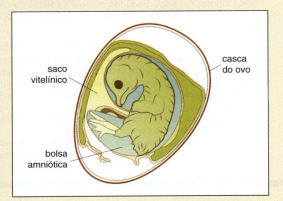

Explique a importância da casca do ovo e da bolsa amniótica para o sucesso do desenvolvimento da ave.

13. (UFG – GO – adaptada) "E os passarinhos do gigante eram cobras e lagartos."

Macunaíma, Mário de Andrade

O romance de Mário de Andrade é povoado de espécies animais. Na frase acima, por exemplo, há referência a dois grupos de animais que possuem características morfofisiológicas distintas. Com base nesses caracteres, complete: os passarinhos conquistaram o meio terrestre de modo mais eficiente que as cobras e os lagartos, porque...

14. (UNICAMP – SP) O gráfico abaixo mostra a variação da temperatura corporal de dois grupos de animais em relação à variação da temperatura do ambiente.

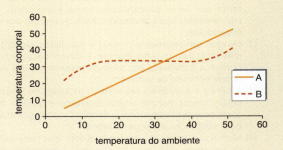

a) Dentre os anfíbios, aves, mamíferos, peixes e répteis, quais têm variação de temperatura corporal semelhante ao traço A e quais têm variação semelhante ao traço B? Justifique.
b) Como cada um desses grupos de animais (A e B) controla sua temperatura corporal?

15. (FUVEST – SP) Quanto à termorregulação, os animais são classificados em endotérmicos, ou seja, dependentes da produção metabólica de calor, e ectotérmicos, que utilizam fontes ambientais de calor para manter seu metabolismo.
a) Um *habitat* com baixo suprimento de alimentos favorece o estabelecimento de animais endotérmicos ou ectotérmicos? Justifique sua resposta.
b) Considerando as características do primeiro grupo de vertebrados a conquistar definitivamente o ambiente terrestre, seus representantes viviam em um clima mais próximo ao tropical ou ao temperado? Justifique sua resposta.

16. (UFJF – MG – adaptada) Os mamíferos apresentam mais de quatro mil espécies, incluindo a baleia-azul, com 160 toneladas de peso e 30 metros de comprimento, e o pequeno musaranho, com 3 gramas e 8 centímetros. Seus representantes possuem uma grande diversidade morfofisiológica, o que permitiu a ocupação de diferentes ambientes (terra, ar, água doce e mar).
a) Cite duas características que distinguem os mamíferos dos demais vertebrados.
b) Algumas espécies de mamíferos, como os ratos silvestres, que vivem em regiões de clima temperado, onde o frio é intenso, apresentam uma estratégia para suportar este período de condições climáticas desfavoráveis. Essa estratégia é conhecida como hibernação. Qual é o mecanismo fisiológico envolvido nesse processo e qual é a sua vantagem para o animal?

17. (UFPR) A estrutura do tegumento nos animais está associada ao grupo taxonômico a que pertencem e também ao ambiente em que vivem. Ao contrário do que se pode pensar à primeira vista, a pele não serve apenas para proteção: ela é, também, um sistema de integração do animal com o meio.

Apresente duas características do tegumento dos vertebrados que representem diferentes funções realizadas por esse órgão (pele e anexos), citando exemplos.

Programas de avaliação seriada

1. (PSS – UFS – SE) Os seres vivos formam cinco reinos, atualmente aceitos, podendo diferir ou assemelhar-se dependendo de suas características.

Analise as proposições que seguem.

(0) Nas grandes cidades, principalmente nas portuárias, ocorrem *Rattus rattus* e *Rattus norvegicus* que pertencem a subespécies diferentes.

(1) Dos cinco reinos de organismos vivos, um é formado exclusivamente por seres procarióticos, outro é formado tanto por seres procarióticos como eucarióticos e os três restantes são constituídos exclusivamente por seres eucarióticos.

(2) Musgos, samambaias, pinheiros e eucaliptos são organismos incluídos no reino *Plantae*. A disseminação dos dois primeiros é efetuada por meio de esporos e a dos outros ocorre por meio de sementes.

(3) A tainha e a sardinha são animais incluídos no táxon dos peixes ósseos porque ambos possuem esqueleto ósseo, corpo revestido com escamas dérmicas e um órgão especial para a flutuação, a bexiga natatória.

(4) Minhocas e sanguessugas são anelídeos que compartilham os seguintes caracteres: "metameria", "hermafroditismo" e "presença de ventosa nas duas extremidades do corpo".

2. (PSIU – UFPI) A maioria dos peixes ósseos apresenta sacos similares a pulmões, que permitem o controle da flutuação e da profundidade em que pode ficar na água, sem gastar energia. Marque a alternativa que contém a estrutura em questão.

a) nadadeira ventral
b) nadadeira lobada
c) nadadeiras pélvicas
d) nadadeiras peitorais
e) bexiga natatória

3. (PASES – UFV – MG) Os sapos são dotados de elegante movimento saltatório, visão relativamente acurada, agilidade para captura de alimento e capacidade de vocalização, mas, em geral, apresentam hábito predominantemente noturno o que pode ser visto como uma estratégia comportamental que:

a) evita competidores alimentares.
b) evita perda de água.
c) evita predadores.
d) facilita a percepção dos sons emitidos.

4. (PISM – UFJF – MG)

"Os anfíbios, que sobreviveram aos dinossauros, às erupções vulcânicas e a outras catástrofes, estão se extinguindo rapidamente por não conseguirem se adaptar às modificações ambientais no mundo contemporâneo."

Para muitos anfíbios anuros, como as rãs, a principal causa de extinção é a poluição do ambiente aquático, do qual dependem para a sobrevivência das espécies. Considere as características abaixo:

I – Respiração cutânea e pulmonar das rãs adultas.
II – Fecundação externa e ovos envoltos em cápsula gelatinosa.
III – Endotermia e respiração cutânea das larvas.
IV – Pele lisa e pobre em queratina nas rãs adultas.
V – Respiração branquial das larvas.

Assinale a alternativa que apresenta características que explicam **corretamente** a dependência que as rãs têm do ambiente aquático.

a) I, III e IV
b) I, IV e V
c) II, III e V
d) II, IV e V
e) III e V

5. (PISM – UFJF – MG) Considerando-se que os anfíbios adultos realizam as trocas gasosas pela pele e/ou pulmões, que são carnívoros, que apresentam língua protrátil e não possuem dentes, é **INCORRETO** afirmar que a maioria desses animais:

a) pode viver tanto em ambientes terrestres como aquáticos.
b) se alimenta de insetos capturados com a língua.
c) apresenta larvas com respiração branquial.
d) utiliza o oxigênio presente no ar ou dissolvido na água.
e) possui ovos envolvidos por casca calcárea.

6. (SSA – UPE) A conquista do meio terrestre pelos vertebrados, iniciada pelos répteis, envolveu a ocorrência da fecundação interna e o desenvolvimento de estruturas associadas ao embrião, os anexos embrionários. Embora não façam parte do corpo embrionário, são indispensáveis para o desenvolvimento do embrião, pois exercem várias funções, como, por exemplo, <u>armazenar os produtos de excreção produzidos pelo embrião, principalmente ácido úrico</u>. Por qual dos anexos embrionários abaixo essa função é realizada?

a) placenta
b) alantoide
c) saco vitelínico
d) âmnio
e) cório

7. (PISM – UFJF – MG) Uma transição evolutiva importante para as aves foi a conquista do meio aéreo. Marque a alternativa em que todas as adaptações morfológicas estão relacionadas à conquista do meio aéreo por esse grupo animal.

a) Penas, papo e bexiga urinária.
b) Penas, quatro dedos e postura de ovos.
c) Asas, moela e ossos pneumáticos.
d) Penas, ossos pneumáticos e asas.
e) Cloaca, penas e asas.

8. (PISM – UFJF – MG) Um bebê de apenas algumas horas de vida, abandonado à noite pela mãe de 14 anos, foi encontrado por um fazendeiro junto de uma cadela com sua ninhada, na cidade de La Plata, Argentina. A menina, sem roupas, era aquecida pelos filhotes da cadela. Segundo o jornal "La Nación", a criança foi levada a um hospital e apresentava boa saúde e apenas alguns arranhões.

Adaptado de: Folha online, 25 ago. 2008.

a) Considerando os conceitos de ectotermia e endotermia, classifique os mamíferos citados no texto. Explique.
b) Os cães e os humanos são mamíferos com formas similares de reprodução. Justifique sua inclusão na subclasse *Eutheria*.
c) Qual é a característica morfológica que permite a inclusão dos cães na ordem *Carnivora*?
d) Qual a aquisição evolutiva no sistema nervoso de mamíferos que lhes confere a capacidade de inteligência, memória e aprendizagem maior que a dos outros vertebrados?

O vestibular da Conquista do Meio Terrestre

Se tivéssemos de "avaliar" a passagem do meio aquático para o terrestre pelos vertebrados, que grupo você diria que possui o melhor "equipamento" que possibilitou a efetiva conquista do meio terrestre? Vamos tentar?

Os anfíbios constituem um grupo de "transição" do meio aquático para o terrestre. Embora possuam um esqueleto adequado à locomoção no meio terrestre, a excreção de ureia (amônia nas formas aquáticas), que exige muita água para a sua eliminação, a pele fina, os pulmões de pequena superfície de trocas gasosas e a dependência da água ambiental para ocorrer o encontro de gametas (destaque para a fecundação externa), além da heterotermia, são fatores que limitaram a distribuição geográfica dessa classe.

Os répteis deram um "salto de qualidade". A pele é espessa, os pulmões são mais eficientes, a excreção tem como base o ácido úrico (economia de água), o encontro de gametas deixa de ser dependente da existência da água ambiental (a fecundação é interna) e, na reprodução, existem ovos dotados de casca calcária (muitas vezes membranácea) e anexos embrionários que possibilitam o desenvolvimento do embrião em meio terrestre. A heterotermia, porém, limita a sua ampla distribuição pelos ambientes terrestres.

As aves dão inveja. A leveza do esqueleto, a excreção de ácido úrico (economia de água), pulmões extremamente eficientes, as penas, o bico leve, a reprodução – fecundação interna e postura de ovos dotados de casca calcária porosa e dos mesmos anexos embrionários existentes nos répteis –, a capacidade de voo e, também, a homeotermia possibilitaram, sem dúvida, uma ampla distribuição geográfica.

E os mamíferos? Pulmões certamente eficientes, pelos, reprodução – fecundação interna e, em muitos deles, existência de útero com formação de placenta e alguns dos anexos embrionários bem desenvolvidos, a exemplo do que ocorre com répteis e aves – e homeotermia também possibilitaram uma eficiente distribuição geográfica. No entanto, a excreção nitrogenada tem como base a ureia, que exige muita água para a sua eliminação.

E então? Que grupo de vertebrados, em sua opinião, merece nota dez no "vestibular" de acesso aos diversos ambientes terrestres?

O que saber sobre os...

Características	Peixes cartilaginosos	Peixes ósseos	Anfíbios
Sistema digestório/digestão	• Tubo digestório completo. • Digestão extracelular.	• Tubo digestório completo. • Digestão extracelular.	• Tubo digestório completo. • Digestão extracelular.
Respiração/ trocas gasosas	• Brânquias.	• Brânquias. • Alguns pulmonados.	• Brânquias (fase larval), pulmões, epitélio da boca e da faringe, pele (adultos).
Sistema circulatório/circulação	• Fechado. • Coração com duas cavidades (A e V). • Circulação simples e completa. • Sangue com hemoglobina. • Heterotermos.	• Fechado. • Coração com duas cavidades (A e V). • Circulação simples e completa. • Sangue com hemoglobina. • Heterotermos.	• Fechado. • Coração com três cavidades (2A + V). • Circulação dupla e incompleta. • Sangue com hemoglobina. • Heterotermos.
Excreção	• Rins. Cloaca. • Excreta nitrogenada principal: ureia.	• Rins/bexiga urinária. • Excreta nitrogenada principal: amônia (NH_3).	• Rins/bexiga urinária/cloaca. • Excreta nitrogenada principal: ureia.
Sistema nervoso	• Tubular, dorsal. • Encéfalo e medula espinal.	• Tubular, dorsal. • Encéfalo e medula espinal.	• Tubular, dorsal. • Encéfalo e medula espinal.
Reprodução	• Sexos separados. • Fecundação interna.	• Sexos geralmente separados. • Fecundação externa ou interna. • Ovíparos ou ovovivíparos. • Alevino (estágio larval).	• Sexos separados. • Fecundação, de modo geral, externa. • Larvas (girinos) em espécies aquáticas.
Simetria	• Bilateral.	• Bilateral.	• Bilateral.
Celoma/diferenciação do blastóporo	• Triblásticos celomados. • Deuterostômios.	• Triblásticos celomados. • Deuterostômios.	• Triblásticos celomados. • Deuterostômios.
Lembrar	• Esqueleto cartilaginoso. • Boca ventral. • Cinco pares de fendas faringianas. • Escamas dermoepidérmicas (placoides). • Linha lateral nos cações ou tubarões e arraias.	• Esqueleto ósseo. • Boca terminal. • Quatro pares de fendas branquiais. • Opérculo e câmara branquial. • Escamas dérmicas. • Vesícula gasosa ("bexiga natatória"). • Linha lateral.	• Pele fina e úmida (trocas gasosas). • Não há anfíbios no mar. • Sapos, rãs, pererecas, salamandras, cobras-cegas (terrestres).

vertebrados?

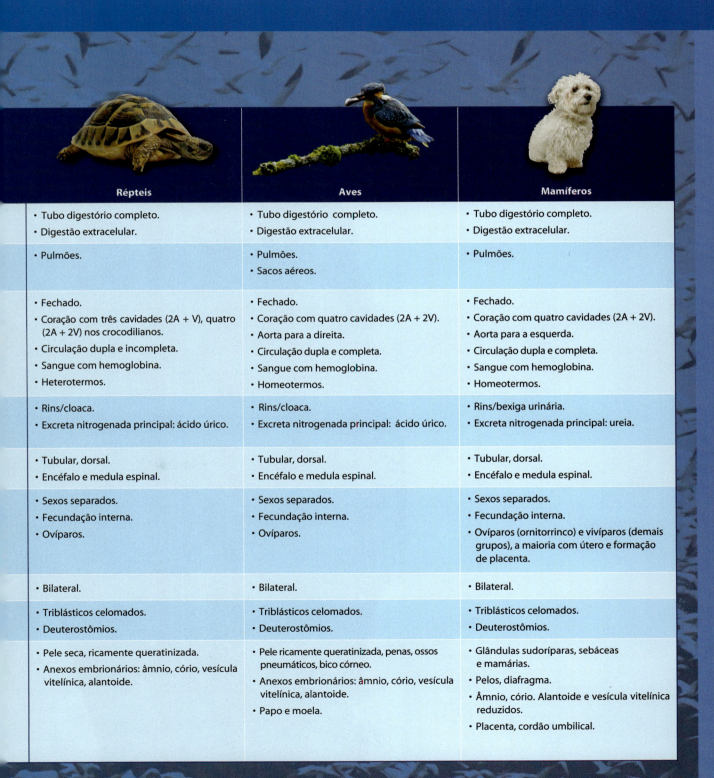

Répteis	Aves	Mamíferos
• Tubo digestório completo. • Digestão extracelular.	• Tubo digestório completo. • Digestão extracelular.	• Tubo digestório completo. • Digestão extracelular.
• Pulmões.	• Pulmões. • Sacos aéreos.	• Pulmões.
• Fechado. • Coração com três cavidades (2A + V), quatro (2A + 2V) nos crocodilianos. • Circulação dupla e incompleta. • Sangue com hemoglobina. • Heterotermos.	• Fechado. • Coração com quatro cavidades (2A + 2V). • Aorta para a direita. • Circulação dupla e completa. • Sangue com hemoglobina. • Homeotermos.	• Fechado. • Coração com quatro cavidades (2A + 2V). • Aorta para a esquerda. • Circulação dupla e completa. • Sangue com hemoglobina. • Homeotermos.
• Rins/cloaca. • Excreta nitrogenada principal: ácido úrico.	• Rins/cloaca. • Excreta nitrogenada principal: ácido úrico.	• Rins/bexiga urinária. • Excreta nitrogenada principal: ureia.
• Tubular, dorsal. • Encéfalo e medula espinal.	• Tubular, dorsal. • Encéfalo e medula espinal.	• Tubular, dorsal. • Encéfalo e medula espinal.
• Sexos separados. • Fecundação interna. • Ovíparos.	• Sexos separados. • Fecundação interna. • Ovíparos.	• Sexos separados. • Fecundação interna. • Ovíparos (ornitorrinco) e vivíparos (demais grupos), a maioria com útero e formação de placenta.
• Bilateral.	• Bilateral.	• Bilateral.
• Triblásticos celomados. • Deuterostômios.	• Triblásticos celomados. • Deuterostômios.	• Triblásticos celomados. • Deuterostômios.
• Pele seca, ricamente queratinizada. • Anexos embrionários: âmnio, cório, vesícula vitelínica, alantoide.	• Pele ricamente queratinizada, penas, ossos pneumáticos, bico córneo. • Anexos embrionários: âmnio, cório, vesícula vitelínica, alantoide. • Papo e moela.	• Glândulas sudoríparas, sebáceas e mamárias. • Pelos, diafragma. • Âmnio, cório. Alantoide e vesícula vitelínica reduzidos. • Placenta, cordão umbilical.

O que saber sobre os... vertebrados? 279

Unidade 4

Fisiologia animal

Nesta unidade, analisaremos o funcionamento dos diferentes sistemas do organismo animal e como eles atuam na manutenção da homeostase.

Capítulo 13 — Digestão e nutrição

Por que as frutas escurecem?

Há duas categorias de frutas – aquelas que ficam escuras quando são amassadas ou batidas e aquelas que não apresentam mudança de cor. Por que isso acontece?

É que nas frutas que contêm vitamina C, esta impede a oxidação dos polifenóis e sua transformação em compostos marrons ou pretos. Dessa forma, as frutas não escurecem. Quem descobriu isso foi o notável bioquímico Albert Szvent-Gyorgui, a partir de uma observação rotineira.

Experimente descobrir quais frutas são ricas em vitamina C: amasse-as e verifique se elas não escurecem. Faça isso com a banana, a laranja e outras frutas.

A importância das vitaminas, dos alimentos e o processo digestivo serão o tema deste novo capítulo.

Nos seres unicelulares, todos os problemas de sobrevivência são resolvidos pela única célula. Nos pluricelulares, a execução de todas as tarefas relacionadas à sobrevivência é dificultada pelo grande número de células. Nem todas ficam próximas das fontes de alimento e oxigênio. A distância das células mais internas em relação ao meio ambiente é grande. A remoção das excretas passa a ser trabalhosa. A divisão do trabalho, exercido por diferentes tecidos e sistemas, passou a ser uma das principais características desses seres.

A adaptação à vida pluricelular envolveu, então, a organização de diferentes sistemas, cada qual destinado a determinada tarefa, mas todos mantendo relações de interdependência a fim de exercerem eficazmente suas funções.

▪ DIGESTÃO: QUEBRA DE ALIMENTOS

Digestão é o processo de *transformação* de moléculas de *grande tamanho*, por *hidrólise enzimática*, liberando unidades *menores* que possam ser *absorvidas* e *utilizadas* pelas células. Dessa forma, proteínas, gorduras e carboidratos, por exemplo, são desdobrados em aminoácidos, ácidos graxos e glicerol, glicose e outros monossacarídeos, respectivamente.

Dois Tipos de Digestão: Extra e Intracelular

Nos protozoários, a digestão do alimento deve ser efetuada no interior da célula, caracterizando o processo de **digestão intracelular**. De modo geral, são formados *vacúolos digestivos* no interior dos quais a digestão é processada.

Nos animais pluricelulares mais simples, como as esponjas, a digestão é exclusivamente intracelular e ocorre no interior de células especiais conhecidas como *coanócitos* e amebócitos.

Nos celenterados e platelmintos, já existe uma *cavidade digestiva incompleta*, isto é, com uma única abertura – a boca. Nesses animais, portanto, o início da digestão é **extracelular**, mas o término ainda é **intracelular**.

À medida que os grupos animais ficam mais complexos, a digestão ocorre exclusivamente na cavidade digestiva, ou seja, é totalmente **extracelular** (veja a Figura 13-1). É o que acontece a partir dos nematelmintos, nos quais a eficiência do processo digestivo garante a fragmentação total do alimento na cavidade digestiva. Os resíduos alimentares não digeridos são eliminados pelo ânus. Os primeiros animais com cavidade digestiva completa (boca e ânus) pertencem ao grupo dos nematelmintos.

No homem e em todos os vertebrados, a digestão é extracelular e ocorre inteiramente na cavidade do tubo digestório.

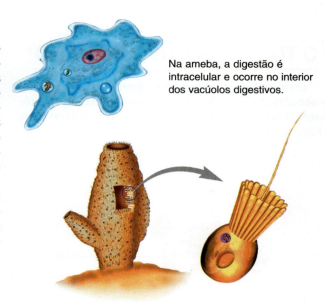

Na ameba, a digestão é intracelular e ocorre no interior dos vacúolos digestivos.

Na esponja, a digestão é intracelular e ocorre em vacúolos digestivos dos coanócitos e amebócitos.

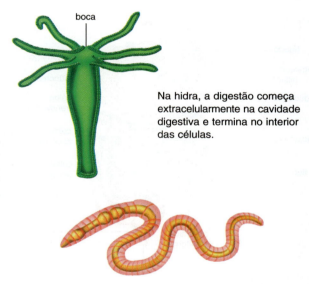

Na hidra, a digestão começa extracelularmente na cavidade digestiva e termina no interior das células.

Na minhoca e em outros invertebrados complexos (moluscos, artrópodes), a digestão é inteiramente extracelular e ocorre na cavidade digestiva.

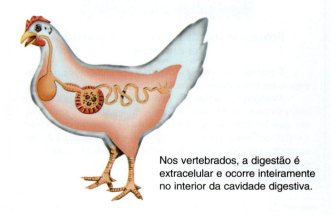

Nos vertebrados, a digestão é extracelular e ocorre inteiramente no interior da cavidade digestiva.

Figura 13-1. A digestão no reino animal.

Digestão e nutrição **283**

■ O TUBO DIGESTIVO HUMANO*

O tubo digestivo humano é formado pela seguinte sequência de órgãos: boca, faringe, esôfago, estômago, intestino delgado, intestino grosso e ânus (veja a Figura 13-2).

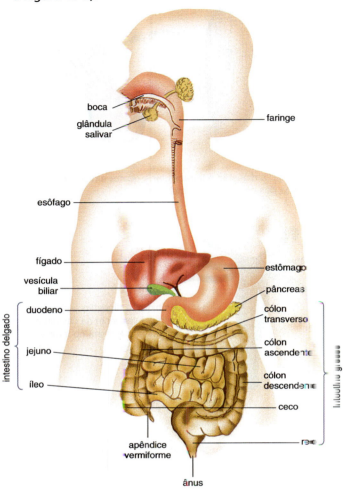

Figura 13-2. Sistema digestivo humano.

De olho no assunto!

Processos físicos e químicos envolvidos na digestão

É costume considerar a digestão dos alimentos no nosso organismo como dependente de fenômenos físicos e químicos. Mastigação, deglutição, peristaltismo e ação da bile são considerados fenômenos físicos. Os fenômenos químicos são aqueles em que há a participação de enzimas digestivas e incluem a insalivação, a quimificação e a quilificação. A fase química se processa em três órgãos principais: boca, estômago e intestino delgado.

A Digestão Começa na Boca

O alimento ingerido é fragmentado pelos dentes – em um processo denominado **mastigação** –, promovendo um aumento da superfície de ação para a enzima presente na saliva. A saliva – líquido viscoso contendo água (99%), sais inorgânicos, muco e a enzima **ptialina** (ou **amilase salivar**) – é liberada por três pares de glândulas salivares (**parótidas, sublinguais e submandibulares**) e é fundamental no amolecimento e na lubrificação do alimento (**insalivação**), favorecendo as condições para a atividade da ptialina.

Anote! O muco salivar lubrifica o alimento.

De olho no assunto!

Dentes: uma diversidade de funções

A boca de uma pessoa adulta possui 32 dentes. Em cada arcada, dispõem-se 16 dentes: 4 incisivos, 2 caninos, 4 pré-molares e 6 molares. Os incisivos cortam o alimento. Os caninos são perfurantes. Os pré-molares e molares trituram o alimento.

Cada dente possui uma *raiz* de implantação na arcada, uma *coroa* revestida por esmalte e uma base dura, a *dentina*, semelhante a um osso. Na *polpa*, há vasos sanguíneos que nutrem os dentes e terminações nervosas receptoras dos estímulos que sobre eles incidem (veja a Figura 13-3).

Em outros mamíferos, há uma variação considerável na distribuição dos dentes – nem todos estão presentes e alguns sofrem modificações notáveis, adaptando-se a funções específicas.

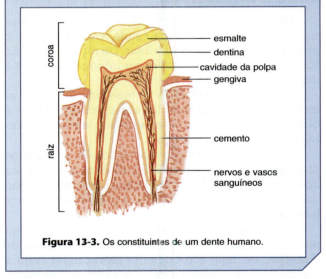

Figura 13-3. Os constituintes de um dente humano.

A ptialina atua em pH neutro ou ligeiramente alcalino (pH de 6,8 a 7,2) e promove a hidrólise do amido em moléculas menores de maltose. A digestão do amido é iniciada na boca e deve ser concluída no intestino delgado.

---

* Apesar da proposta de um grupo de anatomistas sugerir que se utilize o termo "digestório" em lugar de "digestivo", por uma questão didática também empregaremos o termo "digestivo" para caracterizar órgãos ou processos relacionados à digestão, independentemente se em seres humanos ou não.

Deglutição: Alimento a Caminho do Estômago

Após ter sido devidamente umedecido e lubrificado pela saliva, o bolo alimentar passa pela **faringe** em direção ao **esôfago** (**deglutição**), sob a ação da musculatura faringiana.

Para não haver passagem de alimento em direção ao sistema respiratório, a epiglote (uma pequena cartilagem) fecha a glote (abertura da laringe), orientando a passagem do bolo alimentar para o esôfago (veja a Figura 13-4).

> **Anote!**
> O esôfago secreta somente muco. Portanto, não atua na digestão química dos alimentos.

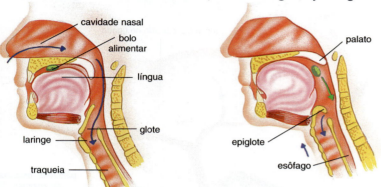
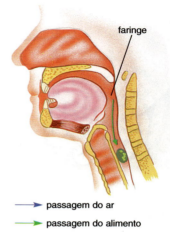

Figura 13-4. *Mastigação*: na boca, os alimentos são triturados pela ação dos dentes. Potentes músculos promovem os movimentos mastigatórios. *Deglutição*: durante a deglutição, a epiglote fecha o orifício de acesso à traqueia, impedindo que o alimento atinja a árvore respiratória. O bolo alimentar segue o caminho do esôfago.

→ passagem do ar
→ passagem do alimento

Estômago: O Início da Digestão de Proteínas

A musculatura lisa do esôfago contrai-se lenta e ritmicamente, empurrando o bolo alimentar em direção ao estômago. Essa contração, conhecida como **peristaltismo**, chega à junção do esôfago com o estômago e favorece o relaxamento de um esfíncter (anel muscular), a **cárdia**, permitindo a passagem do bolo alimentar (veja a Figura 13-5).

No estômago, o suco gástrico, produzido pelas glândulas da parede do órgão (em células parietais), passa a exercer sua ação digestiva. A **pepsina** é a principal enzima do suco gástrico, atuando em meio ácido, com pH ao redor de 2. Ela converte proteínas em moléculas menores (peptídios, proteoses e peptonas).

O meio ácido é conseguido mediante a secreção de ácido clorídrico por parte de células estomacais que, além de favorecer a atuação da pepsina, também contribui para a destruição de microrganismos. A pepsina é secretada na forma inativa, o *pepsinogênio*, que, em contato com o ácido clorídrico, se modifica na forma ativa.

O bolo alimentar, misturado ao suco gástrico e umedecido pelo muco secretado pela parede estomacal, transforma-se em uma pasta ácida, chamada **quimo**. Esse processo chama-se **quimificação**. O alimento permanece no estômago cerca de 4 horas.

A visão e/ou odor dos alimentos podem ser suficientes para estimular, via terminações nervosas, a secreção de suco gástrico pelo estômago.

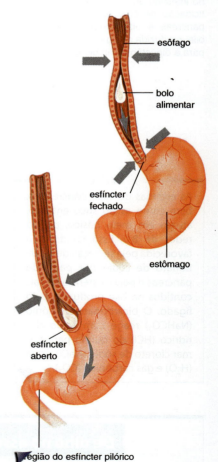

> **De olho no assunto!**
>
> Nos recém-nascidos, também está presente no estômago, em grandes quantidades, a enzima **renina**, que atua na coagulação da proteína solúvel do leite, o *caseinogênio*, transformando-a em um precipitado, a *caseína*. Isso faz com que o leite permaneça mais tempo no estômago, facilitando a ação da pepsina. O indivíduo adulto secreta muito pouca renina.

> **Anote!**
> O muco estomacal é importante na proteção da parede estomacal contra a ação corrosiva do ácido clorídrico, prevenindo, assim, o aparecimento de feridas, conhecidas como gastrites e úlceras.

Figura 13-5. Contrações peristálticas da musculatura do esôfago encaminham o alimento até o estômago.

Digestão e nutrição **285**

Em Direção ao Intestino Delgado

A passagem do bolo alimentar (isto é, do quimo) para o duodeno é regulada por outro esfíncter, o **piloro**, que separa o estômago do intestino delgado. Relaxamentos desse esfíncter permitem a passagem de pequenas porções de quimo ácido para o duodeno. Três sucos digestivos atuarão conjuntamente no intestino delgado para finalizar a digestão dos alimentos: **suco pancreático**, **suco entérico** (ou intestinal) e **bile** (veja a Figura 13-6).

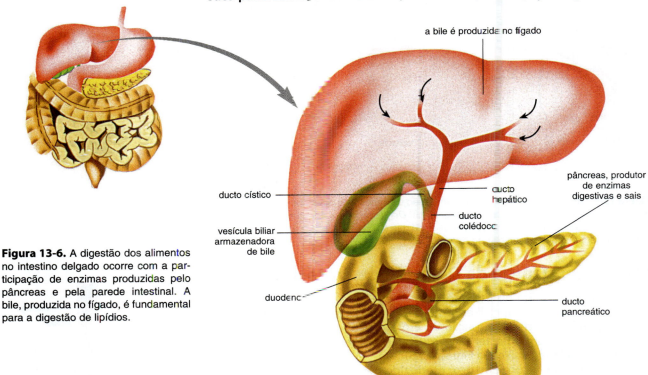

Figura 13-6. A digestão dos alimentos no intestino delgado ocorre com a participação de enzimas produzidas pelo pâncreas e pela parede intestinal. A bile, produzida no fígado, é fundamental para a digestão de lipídios.

O suco pancreático

O pâncreas secreta o **suco pancreático**, uma solução alcalina formada por sais (entre eles o bicarbonato de sódio), água e diversas enzimas, cujas principais são:

- **tripsina** e **quimotripsina**, duas proteases que desdobram as proteínas em peptídios. Essas enzimas são liberadas pelo pâncreas na forma inativa de *tripsinogênio* e *quimotripsinogênio*, respectivamente;
- **lipase pancreática**, que atua na digestão de lipídios (triglicerídios);
- **amilase pancreática** (ou **amilopsina**), que atua sobre o amido, transformando-o em maltose;
- diversas **peptidases**, que rompem ligações peptídicas existentes nos peptídios formados na digestão de proteínas, levando à liberação de aminoácidos;
- **nucleases**, que digerem ácidos nucleicos.

Anote!

As enzimas do suco pancreático, bem como as do suco entérico, atuam em meio básico, pH ao redor de 8,0. Essa condição é favorecida pela secreção de bicarbonato de sódio por parte do pâncreas e pela existência de sais contidos na bile produzida pelo fígado. O bicarbonato de sódio ($NaHCO_3$) reage com ácido clorídrico (HCl) do quimo para formar cloreto de sódio (NaCl), água (H_2O) e gás carbônico (CO_2).

De olho no assunto!

O tripsinogênio liberado pelo pâncreas é ativado pela ação de uma enzima produzida pelas células da parede do intestino delgado, a **enteroquinase**. Essa enzima atua separando uma pequena porção do tripsinogênio, liberando a tripsina e um pequeno fragmento peptídico. Uma vez formada, a própria tripsina ativa mais moléculas de tripsinogênio.

O quimotripsinogênio é ativado pela tripsina, liberando-se a quimotripsina, que também atuará na digestão de proteínas.

Lipases lingual e gástrica

Além de serem produzidas pelo pâncreas, lipases também são fabricadas em dois outros locais: glândulas salivares localizadas na base da língua e células da mucosa do estômago. Cerca de 10% a 30% das gorduras são degradadas no estômago (o pH ótimo de ação dessas lipases é ácido). Alguns autores admitem, ainda, a existência de uma lipase entérica (produzida por células da parede do intestino delgado), porém de atividade pouco importante.

Tecnologia & Cotidiano

Produção de amilase, uma indústria?

O amido é um carboidrato usado como fonte de energia pelos organismos. O homem, por exemplo, consome amido, intensamente, para produzir moléculas de ATP ("moeda" energética) – basta lembrar que o amido está presente no pão, na batata, no arroz, entre outros alimentos.

Ocorre que o amido é um polissacarídeo e para que a célula o use como fonte de energia é preciso transformá-lo em glicose (monossacarídeo). A *amilase*, produzida pelas glândulas salivares e pelo pâncreas, é uma das enzimas que participam da quebra do amido em glicose.

Em 1970 a indústria de refrigerantes viveu tempos difíceis, pois o preço do açúcar de cana (um dos produtos que compõem o xarope do refrigerante) aumentou, e muito! Para não inviabilizar a comercialização, a indústria de refrigerante desenvolveu uma tecnologia baseada na produção de um xarope adocicante a partir do milho, rico em amido. Essa nova tecnologia, além de baratear os custos, trouxe uma vantagem adicional, pois o amido de milho é convertido em xarope de milho rico em *frutose*, que tem um gosto cerca de duas vezes mais doce que o da glicose. Hoje, o adoçante usado praticamente em todos os refrigerantes é o xarope de frutose.

Evidentemente, a indústria de refrigerantes transforma o amido em xarope de frutose em escala industrial. Para tal, necessita de *amilase purificada*. Há indústrias que fabricam a *amilase purificada* cultivando a bactéria *Bacillus licheniformis* em tanques imensos, alimentando-a com milho. As bactérias crescem e se reproduzem, *secretando amilase*. Quando o ciclo de crescimento termina, removem-se as bactérias e a mistura é purificada e concentrada. Quinhentos mililitros de amilase industrial podem converter uma tonelada de amido em monossacarídeos.

Além dessa, a amilase industrial tem outras aplicações: ela é importante na produção de sabão para lavar roupa, pois remove manchas à base de amido; na produção do etanol, combustível usado nos veículos; no controle ambiental, pois reduz a quantidade de carboidratos insolúveis em detritos; na indústria têxtil, de papel, de produção de cerveja etc.

O suco entérico

O suco entérico (ou intestinal) é produzido pelas células da parede do intestino delgado. Em sua composição, existem muco e enzimas que deverão completar a digestão dos alimentos. As principais enzimas presentes são:

- **sacarase**, que atua na digestão da sacarose, liberando glicose e frutose;
- **lactase**, que atua na lactose (dissacarídeo presente no leite), desdobrando-a em galactose e glicose;
- **maltase**, que atua nas moléculas de maltose formadas na digestão prévia do amido, liberando moléculas de glicose;
- **nucleotidases**, que atuam nos nucleotídeos formados na digestão dos ácidos nucleicos, liberando pentoses, fosfatos e bases nitrogenadas;
- **peptidases**, que atuam nos peptídios, levando à liberação de aminoácidos.

Bile: ação física na digestão de lipídios

A bile é um líquido esverdeado produzido no fígado. Não contém enzimas digestivas. É rica em água e sais de natureza alcalina. É armazenada na vesícula biliar, onde é concentrada para posterior liberação no intestino delgado.

A ação da bile no processo digestivo é física. Age como um detergente e provoca a emulsificação das gorduras ao reduzir a tensão superficial existente entre as moléculas lipídicas. Isso promove a formação de gotículas, o que aumenta a superfície total de exposição dos lipídios, favorecendo, assim, a ação das lipases.

Anote!
A cor da bile é devida à presença do pigmento bilirrubina, derivado da destruição de glóbulos vermelhos no fígado.

A Absorção do Alimento Digerido

Assim que são liberados, os produtos finais da digestão vão sendo absorvidos pelas células da parede do intestino delgado, que contém inúmeras evaginações, as chamadas **vilosidades intestinais**, que aumentam a superfície de absorção (veja a Figura 13-7).

Aminoácidos, monossacarídeos (glicose, galactose, frutose), ácidos graxos e glicerol, vitaminas, sais minerais e água são absorvidos pelas células e passam diretamente para o sangue. Dali, são enviados para todas as células do corpo pelo sistema circulatório.

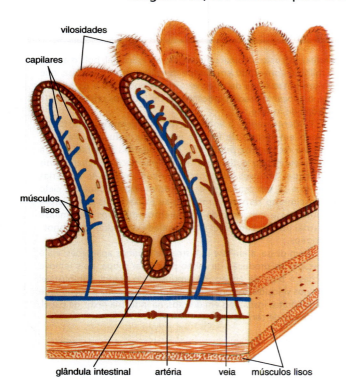

Os aminoácidos e a glicose entram nas células intestinais por transporte ativo. Os ácidos graxos e o glicerol seguem um caminho diferente: entram nas células intestinais passivamente e, no interior delas, reúnem-se novamente para formar triglicerídios. Em seguida, os triglicerídios são "empacotados" com proteínas, constituindo os chamados *quilomicrons*. Estes são, então, despejados em vasos linfáticos, também conhecidos como *lactíferos* ou *quilíferos*, que, por sua vez, despejam o seu conteúdo em vasos sanguíneos. Na corrente sanguínea, os quilomicrons são desfeitos e os ácidos graxos são, então, encaminhados às células para uso.

As vitaminas lipossolúveis (K, E, D e A), assim chamadas por serem solúveis em lipídios, seguem o mesmo trajeto dos ácidos graxos e do glicerol. Sua absorção é facilitada pela presença dos sais biliares existentes na bile.

Figura 13-7. A absorção dos alimentos digeridos é facilitada pela ampla superfície de absorção promovida pela existência das vilosidades intestinais. As células epiteliais das vilosidades apresentam microvilosidades na face voltada para a luz do canal alimentar.

Intestino Grosso: Absorção de Água e Sais e Formação de Fezes

Após a absorção dos resíduos úteis pelo intestino delgado, os restos alimentares são enviados – por movimentos peristálticos – ao intestino grosso, misturados com grande quantidade de água e sais, que são quase totalmente absorvidos pelas paredes do intestino grosso.

A perda dessas substâncias pelas fezes seria desastrosa para o nosso organismo. Assim, o bolo fecal é compactado. Sua cor característica deve-se à presença de pigmentos provenientes da bile. Atingindo o reto, as fezes são, por fim, liberadas pelo ânus.

Anote!
O intestino humano é o *habitat* de muitas bactérias que vivem simbioticamente com o nosso organismo. Muitas delas sobrevivem de restos não aproveitados dos alimentos que ingerimos. Em troca, produzem substâncias úteis ao nosso organismo, como as vitaminas K e B_{12}. A esse grupo benéfico de bactérias dá-se o nome genérico de *flora intestinal*.

De olho no assunto!

Ah, esses feijões...

A rafinose é um oligossacarídeo formado por um anel de frutose, um anel de glicose e galactose. A rafinose é encontrada em diferentes alimentos, como, por exemplo, nos feijões e nas ervilhas, e não é digerida no nosso aparelho digestivo, pois não produzimos a enzima correspondente. Dessa forma, a rafinose chega inteira ao intestino grosso. A flora intestinal é formada por bactérias, como a *Escherichia coli*, que necessitam de ATP e usam a rafinose como combustível, quebrando-a. Como subprodutos surgem grandes quantidades de gás (CO_2 e metano) em diferentes proporções, dependendo do indivíduo. Por essa razão, comer feijões, alimento tão rico e saboroso, pode gerar, algumas vezes, inconveniência social...

Celulose: as fibras que favorecem a evacuação

A celulose sai do tubo digestivo humano praticamente como entrou. Não possuímos uma enzima, a celulase, que poderia digeri-la. No entanto, a celulose possui papel fundamental na motilidade da parede intestinal: como ela tem grande afinidade com a água, formam-se verdadeiras "bolas" de celulose hidratada na luz intestinal. Essas formações forçam a passagem pela luz intestinal, e a parede do intestino, em reação, contrai-se ritmicamente, bombeando-as para a frente.

> **Anote!**
> Há muitas evidências indicando o papel das fibras vegetais na prevenção do câncer de cólon (ou colo): uma dieta rica em fibras favorece o peristaltismo intestinal, impedindo a presença demorada de substâncias nocivas que poderiam provocar lesões nas paredes do tubo intestinal.

De olho no assunto!

O aproveitamento da celulose por alguns vertebrados

Em alguns vertebrados, adaptações digestivas maximizam a utilização da celulose contida nos alimentos. Nos ruminantes (bovinos, caprinos, ovinos, cervídeos e camelídeos), o estômago é dividido em quatro compartimentos: a grande **pança** (ou rúmen), o **barrete** (ou retículo), o **folhoso** (ou omaso) e o **coagulador** (ou abomaso).

O capim ingerido é enviado para as duas primeiras câmaras do estômago, a pança (rúmen) e o barrete (retículo), onde é retido e sofre a ação de microrganismos anaeróbios que efetuam a digestão de celulose e também das proteínas vegetais. Periodicamente, o alimento é regurgitado e retorna à boca em porções pequenas para ser novamente mastigado e fragmentado (ruminação). Veja a Figura 13-8.

Ao retornar ao estômago – para a pança e para o barrete –, o alimento fragmentado sofre novamente a ação digestiva das bactérias. A digestão da celulose é acompanhada da liberação de grande quantidade de substâncias ácidas, que são neutralizadas por bicarbonato de sódio ($NaHCO_3$) contido em enormes volumes de saliva produzida por glândulas salivares. Os aminoácidos resultantes da digestão das proteínas são absorvidos pelas bactérias e participam do metabolismo desses microrganismos. A amônia resultante é enviada pelo sistema circulatório do ruminante para o fígado, onde é convertida em ureia. A ureia retorna, via circulação do boi, para o estômago, onde é aproveitada pelas bactérias para a síntese de aminoácidos e proteínas dos microrganismos. Muitos criadores acrescentam quantidades controladas de ureia às rações consumidas pelo rebanho, o que resulta em mais proteínas de qualidade a serem aproveitadas pelos animais.

A seguir, o alimento fragmentado poderá passar ao folhoso, onde se acredita que ocorra absorção de água.

Saindo do folhoso, o alimento atinge o coagulador, o verdadeiro estômago, no qual há a produção de suco gástrico ácido. No coagulador, muitas bactérias (as mesmas que efetuaram a digestão da celulose e das proteínas) são digeridas, aproveitando-se os aminoácidos por elas sintetizados. A digestão química dos alimentos e das bactérias continua e termina no intestino delgado, assim como acontece no homem. Embora muitas bactérias morram nas porções finais do estômago do ruminante, o ritmo de multiplicação delas na pança é enorme. Desse modo, a reposição de microrganismos é contínua, garantindo aos ruminantes o fornecimento constante de proteínas e de açúcares. Na verdade, a associação ruminante/bactérias ilustra um interessante caso de simbiose mutualística (uma relação harmônica interespecífica), em que ambos são beneficiados.

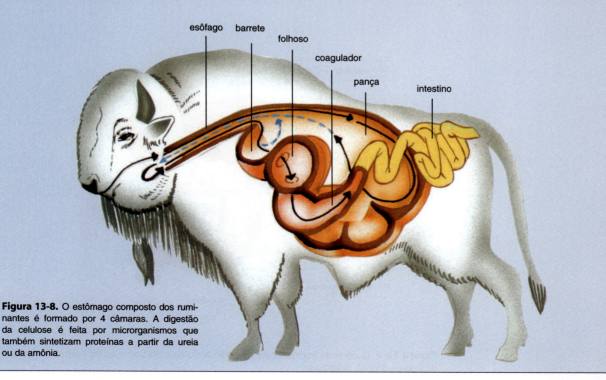

Figura 13-8. O estômago composto dos ruminantes é formado por 4 câmaras. A digestão da celulose é feita por microrganismos que também sintetizam proteínas a partir da ureia ou da amônia.

Digestão e nutrição **289**

OS HORMÔNIOS QUE CONTROLAM A DIGESTÃO

Vários hormônios regulam a atividade digestiva, estimulando ou inibindo tanto o peristaltismo como a secreção enzimática. Circulando pelo sangue, atuam nos órgãos envolvidos com a digestão, provocando vários estímulos e respostas.

Os hormônios que participam do processo digestivo estão apresentados na Tabela 13-1. Acompanhe também pela Figura 13-9.

Tabela 13-1. Principais hormônios que atuam no controle do processo digestivo.

Hormônio	Fonte	Estímulo	Modo de ação
Gastrina	Estômago.	Contato de alimentos proteicos com a parede do estômago.	• Estimula a secreção de suco gástrico e o peristaltismo, o que favorece o esvaziamento do estômago.
Secretina	Intestino delgado (duodeno).	Contato do HCl proveniente do estômago nas células do duodeno.	• Estimula o pâncreas a produzir suco rico em bicarbonato de sódio e o fígado a secretar bile; • inibe a produção de suco gástrico e o esvaziamento do estômago; • estimula a secreção enzimática do duodeno.
Colecistoquinina (CCK)	Intestino delgado (duodeno).	Contato de gordura e aminoácidos na parede intestinal.	• Estimula a liberação de enzimas digestivas do pâncreas e a contração da vesícula biliar, fazendo-a liberar bile no duodeno; • inibe a ação da gastrina no peristaltismo do estômago; • estimula o peristaltismo e a secreção do intestino delgado.
Insulinotrópico glicose-dependente – GIP* (peptídio inibidor gástrico – PIG)	Intestino delgado (duodeno).	Contato de gordura e carboidratos na parede intestinal.	• Inibe a secreção gástrica e o esvaziamento do estômago; • estimula a secreção de insulina pelo pâncreas.

*Ex-enterogastrona.

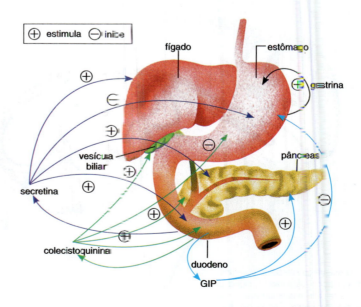

Figura 13-9. O controle hormonal da digestão envolve a participação de hormônios produzidos pelos órgãos digestivos.

A DIETA HUMANA

Indigestão é uma perturbação das funções digestivas. É muito difícil encontrar uma pessoa que alguma vez não teve indigestão, sendo que para a maioria das pessoas não passa de um incômodo passageiro. No entanto, para algumas pessoas os sintomas da indigestão podem ser tão severos que interferem na atividade diária, prejudicando a qualidade de vida.

Na indigestão breve, podemos nos sentir estufados depois de uma refeição opulenta, daí sentirmos certo alívio depois de eliminarmos alguns "arrotos". Uma parte do ar arrotado provém do próprio ar que engolimos e outra parte, significativa, resulta das reações químicas no estômago e também da ingestão de bebidas gaseificadas.

Uma indigestão mais persistente pode ocasionar graves problemas de saúde que estão ligados à produção excessiva de ácido pelo estômago. Assim, se "a válvula" que separa o esôfago do estômago estiver com problema, o suco produzido pelo estômago pode subir para o esôfago, provocando sensação de "queimação", que pode se irradiar até a garganta. À noite, esse fato costuma ser um problema, pois prejudica o descanso. O refluxo constante de ácido e pepsina no esôfago pode provocar uma inflamação conhecida como *esofagite*. Além disso, a indigestão mais persistente pode ocasionar uma doença muito disseminada na população, a úlcera.

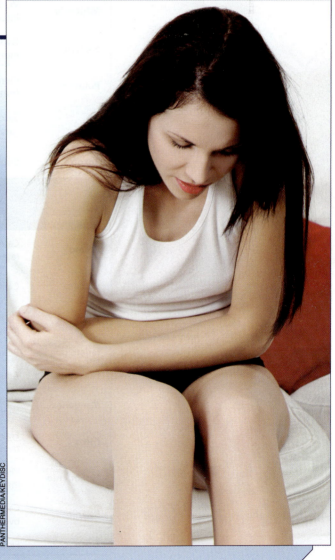

De olho no assunto!

Úlcera

Úlcera é uma escavação ou ferida em uma pequena área, devido à perda de tecido de suas camadas superiores. Uma úlcera ocorre, por exemplo, quando a camada de muco que protege o estômago e o intestino é rompida, permitindo a entrada de sucos digestivos que vão agredir os tecidos inferiores.

Um fator que pode desencadear essa doença é um estilo de vida estressante. No entanto, por volta de 1980, dois médicos australianos, Warren e Marshall, verificaram a existência de uma bactéria presente na camada interna do estômago, a *Helicobacter pylori*, que pode provocar úlcera.

Estudos recentes revelaram que cerca de 50% da população é portadora dessa bactéria, porém apenas 10% das pessoas infectadas apresentarão a doença. A *Helicobacter pylori* estimula a secreção de sucos digestivos sem necessidade, podendo levar o indivíduo a manifestar a doença.

Indigestão e úlcera são perfeitamente curáveis – existe uma droga feita a partir de algas (alginato), associada a um antiácido, que protege a camada interna do estômago. Outras drogas reduzem a secreção do suco gástrico; há também medicação natural, como o óleo de hortelã-pimenta, que reduz a tensão na camada muscular do estômago, aliviando a indigestão. Antibióticos são usados no combate à bactéria.

Porém, o ideal é prevenir-se contra a doença. Para isso, podemos, por exemplo,
- diminuir frituras (dar preferência aos cozidos, assados ou grelhados) e alimentos gordurosos em geral, carne vermelha, café, chás e bebidas alcoólicas em demasia;
- nas saladas, diminuir ou evitar pimenta, sal e vinagre;
- reduzir a ingestão de líquidos às refeições.

A Necessidade de Sais Minerais

Cada vez mais fica evidente a importância de certos elementos químicos e substâncias minerais para o metabolismo humano. A Tabela 13-2 resume os principais elementos químicos necessários ao organismo humano. Entre eles, os macronutrientes são os que utilizamos em grande quantidade e os micronutrientes, em pequenas quantidades.

Tabela 13-2. Principais elementos químicos necessários na dieta humana.

Macronutrientes		
Elemento	**Fontes principais**	**Funções principais**
Cálcio	Leite, ovos, verduras, cereais integrais.	Fortalecer ossos e dentes; atuar na coagulação do sangue e na contração muscular.
Cloreto (íon Cl⁻)	Carnes, sal de cozinha.	Atuar na digestão (componente do HCl do suco gástrico) e na condução nervosa.
Magnésio	Verduras, carnes, cereais integrais, leite, legumes.	Auxiliar no trabalho de muitas enzimas.
Fósforo	Ovos, carnes, cereais integrais.	Constituinte dos ácidos nucleicos e do ATP; constituinte dos ossos, com o cálcio.
Potássio	Carnes, cereais integrais, frutas, ovos, verduras.	Participar da condução nervosa e da contração muscular.
Sódio	Sal de cozinha, ovos, carnes, verduras.	Participar da condução nervosa e da contração muscular.
Enxofre	Ovos, carnes, legumes.	Participar de importantes aminoácidos; atuar como coenzima.

Micronutrientes		
Elemento	**Fontes principais**	**Funções principais**
Cromo	Carnes, cereais integrais, levedura de cerveja.	Atuar no metabolismo da glicose.
Cobalto	Carnes.	Essencial para a síntese da vitamina B_{12} e para a formação de glóbulos vermelhos.
Cobre	Fígado, peixes, cereais integrais, carnes em geral.	Produção de hemoglobina; ativador de muitas enzimas.
Iodeto (íon I⁻)	Peixes, mariscos.	Componente dos hormônios tireoidianos.
Fluoreto (íon F⁻)	Água de abastecimento.	Fortalecer os dentes e prevenir as cáries.
Manganês	Vísceras, cereais integrais, legumes, café, chás.	Ativador de muitas enzimas.
Ferro	Fígado, carnes, verduras, ovos, cereais integrais.	Constituinte da hemoglobina.
Molibdênio	Vísceras, verduras, cereais integrais, legumes.	Essencial para o funcionamento de algumas enzimas.
Selênio	Carnes, frutos do mar, ovos, cereais integrais.	Participar do metabolismo de gorduras.
Zinco	Fígado, peixes, mariscos.	Participar do metabolismo da insulina.

Fonte: PURVES, W. K. *et al. Life – The Science of Biology.* 3. ed. USA: W. H. Freeman, 1992.

Vitaminas: Necessárias em Pequenas Quantidades

As vitaminas são substâncias utilizadas em pequeníssimas doses no metabolismo celular. Quase sempre atuam como coenzimas de importantes sistemas enzimáticos do nosso metabolismo. Como não as produzimos – a exceção é a vitamina D, que depende, para sua síntese, de exposição ao Sol –, é preciso obtê-las dos alimentos que consumimos, frequentemente crus, uma vez que algumas são muito sensíveis a altas temperaturas, que provocam a sua inativação.

Anote!
Inicialmente, pensava-se que as vitaminas pertenciam ao grupo das aminas orgânicas, daí o nome do grupo. Na verdade, são componentes de diversos grupos químicos e são reunidas apenas pela afinidade de função que possuem.

As vitaminas de utilização mais frequentes são divididas em dois grupos:
- *lipossolúveis*, cuja absorção pelo intestino é facilitada pela existência de lipídios na alimentação. São as vitaminas K, E, D e A;
- *hidrossolúveis*, as que são absorvidas em solução aquosa. São as vitaminas do complexo B e a vitamina C.

As Tabelas 13-3 e 13-4 apresentam um resumo das principais vitaminas.

Tabela 13-3. Principais vitaminas lipossolúveis.

Vitamina	Papel	Deficiências/sintomas	Fontes
A (retinol)	Componente dos pigmentos visuais; essencial para a integridade da pele.	Cegueira noturna, lesões das membranas mucosas; pele e córnea secas.	Fígado, óleo de fígado de peixe, tomate, gema de ovo, cenoura (contém caroteno, a pró-vitamina A).
D (calciferol)	Absorção de cálcio e fosfato no intestino; fixação de cálcio nos ossos e dentes.	Raquitismo (fraqueza óssea); descalcificação óssea.	Margarinas, gema de ovo, leite, produzida na pele por meio da exposição à luz do Sol.
E (tocoferol)	Antioxidante de componentes celulares; fortificante muscular; provável auxiliar da fertilidade.	Anemia.	Carnes, germe de trigo, cereais integrais, nozes, ovos.
K (menadiona)	Atua na coagulação do sangue.	Hemorragias.	Fígado, verduras, ovos; sintetizada por bactérias intestinais.

Fontes: PURVES, W. K. *et al. Op. cit.* GANON, W. F. *Fisiologia Médica.* 3. ed. São Paulo: Ateneu, 1974. MOUNTCASTLE, V. B. *Fisiologia Médica.* 13. ed. Rio de Janeiro: Guanabara-Koogan, 1974. *A Boa Mesa.* São Paulo: Nova Cultural, 1990.

Tabela 13-4. Principais vitaminas hidrossolúveis.

Vitamina	Papel	Deficiências/sintomas	Fontes
B_1 (tiamina)	Coenzima na respiração celular.	Beribéri; fraqueza muscular; perda de apetite.	Gema de ovo, cereais integrais, fígado.
B_2 (riboflavina)	Coenzima na respiração celular.	Dermatites (ferimentos na pele).	Fígado, verduras, levedura de cerveja, ovos.
B_3 (niacina)	Coenzima no metabolismo dos aminoácidos.	Pelagra; distúrbios digestivos; lesões na pele.	Fígado, cereais integrais, levedura de cerveja, ovos.
B_6 (piridoxina)	Coenzima no metabolismo dos aminoácidos.	Anemia; convulsões; deficiências no crescimento.	Fígado, cereais integrais, banana.
B_{12} (cobalamina)	Atua no metabolismo dos ácidos nucleicos; essencial na produção de glóbulos vermelhos.	Anemia perniciosa.	Fígado, aveia, ovos, peixes.
Ácido pantotênico	Coenzima.	Fadiga; perturbações da reprodução e nervosas.	Fígado, ovos, levedura de cerveja, trigo integral, brócolis.
Biotina	Coenzima no metabolismo de proteínas.	Perda de cabelos; descamação da pele; falta de apetite.	Fígado, rim de boi, amendoim, levedura de cerveja.
Ácido fólico	Atua na formação dos glóbulos vermelhos.	Anemia.	Verduras escuras, melão, banana, fígado, leguminosas.
C (ácido ascórbico)	Antioxidante de componentes celulares; atua na manutenção da integridade do tecido conjuntivo; provável atuação na resistência a infecções.	Escorbuto; lesões nas gengivas; deficiência no desenvolvimento ósseo.	Frutos cítricos, tomate, caju, acerola, kiwi, goiaba.

Fontes: PURVES, W. K. *et al. Op. cit.* GANON, W. F. *Op. cit.*

Digestão e nutrição

Por que você Perde o Apetite depois de Comer?

A regulação do apetite conta com a participação de três hormônios: **grelina**, **PYY** e **leptina**. O primeiro é estimulador do apetite, enquanto os dois últimos o inibem:

- a *grelina* é secretada pela parede do estômago e sua concentração no sangue aumenta antes das refeições. Atua estimulando neurônios do hipotálamo – órgão do nosso encéfalo onde se localiza o centro regulador da fome e da saciedade – desencadeando a sensação de fome. A *grelina* é, portanto, o *hormônio da fome*;

- o *PYY* é produzido pelo intestino (delgado e grosso) e sua concentração sanguínea aumenta ao longo da refeição. Também atua no centro regulador da fome e da saciedade localizado no hipotálamo, porém inibindo o apetite. O PYY é o *hormônio da saciedade*, o oposto do hormônio grelina (veja a Figura 13-10);

- a *leptina* é um hormônio produzido pelo tecido adiposo (que, nesse sentido, funciona como uma glândula endócrina) e atua igualmente como inibidor do apetite, também agindo no hipotálamo. Quando a gordura corporal diminui, caem os níveis de leptina no sangue e o apetite aumenta.

Anote!
Em uma dieta para emagrecimento, os níveis de grelina no sangue encontram-se elevados, causando desconforto para a manutenção da dieta.

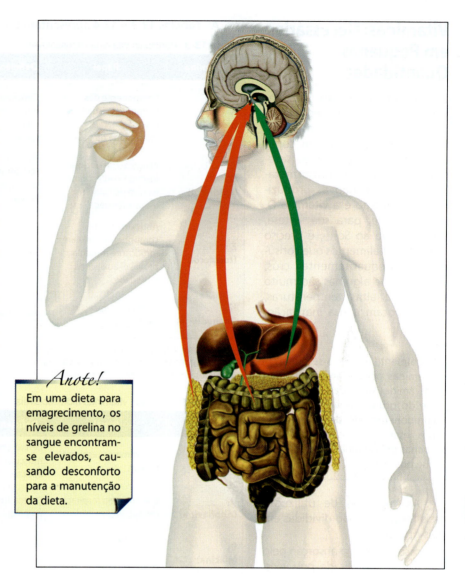

Figura 13-10. Secretados por vários órgãos e tecidos, os hormônios alcançam o cérebro via vasos sanguíneos. Os hormônios agem em uma região do cérebro que, por sua vez, controla o centro da fome e da saciedade, que gera o impulso nervoso que nos dá essas sensações. A seta verde indica um estimulador do apetite; as setas vermelhas representam supressores do apetite.

De olho no assunto!

Beber ou não beber durante as refeições, eis a questão...

É hora do almoço e você pega seu prato, se serve, enche seu copo com água, suco ou refrigerante e começa a comer. Só que o copo fica vazio muito antes do prato, certo? Algumas pessoas até ingerem vários copos de bebida durante as refeições. Mas será que é correto beber à vontade durante o almoço ou o jantar?

Na verdade, o líquido consumido durante as refeições pode dilatar momentaneamente o estômago, porém esse não é o principal problema.

Nosso estômago contém suco gástrico, que é um dos responsáveis pela digestão dos alimentos ingeridos. Esse ácido quebra os alimentos em moléculas menores, para que possam ser absorvidas pelo organismo. Mas se muito líquido for ingerido durante a refeição, o excesso de água pode diluir esse suco e comprometer a boa digestão e absorção dos nutrientes, principalmente de vitaminas e minerais.

No entanto, não pense que é preciso eliminar completamente a bebida durante o almoço ou o jantar: o consenso atual é que não se deve ultrapassar os 200 mL, ingeridos em pequenos goles, de maneira a não diluir significativamente o suco gástrico e atrapalhar a digestão.

Leitura

Obesidade, um problema genético?

Obesidade, atualmente, é caso de Saúde Pública, pois os obesos estão mais sujeitos a doenças, algumas muito graves, até mesmo fatais. Mas quais são os fatores que determinam nosso peso? São vários, entre eles herança genética (herança quantitativa), dieta alimentar e elementos hormonais.

A herança genética, no entanto, nem sempre é a grande vilã no caso de obesidade, pois a ingestão de alimentos em quantidades exageradamente acima das necessárias para executar as atividades diárias é fator importantíssimo para acarretar sobrepeso. (Para estimar quantas calorias você precisa por dia, consulte a Tabela 2-8.) Um exemplo de cardápio balanceado, que permite ao indivíduo levar uma vida saudável e apreciar o sabor dos diferentes pratos, inclui 40% de carboidratos, 40% de vegetais, legumes e frutas, e 20% de proteínas (carnes, peixes, ovos, queijos).

Evidentemente, em casos de obesidade é importantíssimo consultar um médico e um nutricionista para que o paciente receba a orientação correta para perder peso.

PANTHERMEDIA/KEYDISC

Ética & Sociedade

Redução do estômago para fugir do *bullying*

Você, com certeza, já ouviu comentários sobre alguém que fez uma cirurgia de redução de estômago ou pretende fazer. Normalmente, pessoas que apresentam um sobrepeso muito acentuado (obesidade mórbida) recebem do médico uma indicação para avaliar a possibilidade de se submeter a esse tipo de cirurgia.

São várias as técnicas cirúrgicas possíveis, entre elas a de derivação gástrica, em que um pedaço do estômago é retirado (fazendo com que o paciente não consiga ingerir uma grande quantidade de alimento) e é criado um desvio que faz com que, ao longo do processo digestivo, o alimento não passe por parte do intestino delgado (diminuindo a absorção).

Em muitos casos, a cirurgia é a única solução. Entretanto, vem aumentando a quantidade de jovens que buscam a cirurgia não para garantir a melhoria da qualidade de vida ou evitar problemas de saúde, mas, sim, para fugir do *bullying* que enfrentam na escola ou em seus grupos sociais pelo fato de estarem fora dos padrões estéticos definidos por esses grupos.

- Você consideraria outras possibilidades, além da cirurgia, para esses casos?
- Você já presenciou alguma situação de *bullying*?

PANTHERMEDIA/KEYDISC

Passo a passo

1. A mastigação está associada a um processo físico ou químico? Justifique sua resposta.

2. Defina peristaltismo. Trata-se de um processo físico ou químico?

3. A respeito do esquema abaixo, responda:

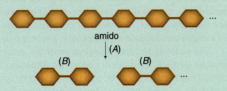

a) A letra (A) representa uma enzima. Qual o seu nome e onde ela é produzida?
b) Cite o nome da molécula representada pela letra (B).
c) Analisando cuidadosamente o esquema, você conclui que houve digestão total ou parcial? Justifique sua resposta.

4. A respeito do estômago, responda às perguntas abaixo:

a) Qual o nome da principal enzima do suco gástrico? Em que pH ela atua?
b) Cite o nome da substância química responsável pelo pH do quimo. Onde ela é produzida?
c) É correto dizer que no estômago ocorre a digestão total das proteínas? Justifique sua resposta.
d) O ácido e a pepsina poderiam seriamente agredir as células da parede estomacal. Isso não acontece devido a uma substância protetora que reveste a mucosa gástrica. Qual o nome dessa substância?
e) Caso a produção da substância citada no item d fosse deficiente e, consequentemente, a parede do estômago ficasse exposta ao ácido e à pepsina, isso resultaria em feridas. Que nome elas recebem?

5. A respeito do intestino delgado, responda às perguntas abaixo:

a) Cite os três sucos digestivos que atuam no intestino delgado, finalizando a digestão.
b) Qual o nome da enzima sintetizada pelo pâncreas que produz pequenos peptídeos?
c) É correto associar a bile com a lipase? Justifique a resposta.
d) No duodeno, as enzimas atuam em pH básico. No entanto, o alimento chega ácido no estômago. Qual é a substância responsável pela transformação do pH ácido em básico? Onde é produzida?
e) Qual a importância das vilosidades intestinais?

6. Analise cuidadosamente os esquemas abaixo.

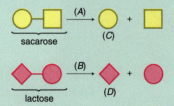

a) Cite o nome das enzimas representadas por (A) e (B).
b) Cite o nome das moléculas representadas por (C) e (D).

7. Durante a digestão, grande quantidade de água entra no estômago e no intestino delgado, secretada pelas glândulas digestivas. A perda dessa água pelas fezes seria desastrosa para o nosso organismo. Qual o nome do órgão que reabsorve essa água, evitando a desidratação?

8. Relacione corretamente as duas colunas abaixo.

1. boca ( ) microvilosidades
2. estômago ( ) absorve água e sais
3. intestino delgado ( ) produz lactase
4. intestino grosso ( ) secreta bicarbonato de sódio
5. fígado ( ) produz enzimas digestivas
6. pâncreas ( ) não produz enzimas digestivas

A alternativa que preenche corretamente os espaços entre parênteses de cima para baixo é:

a) 3, 4, 3, 3, 6, 5.
b) 3, 4, 4, 6, 6, 5.
c) 3, 4, 3, 6, 2, 5.
d) 3, 4, 3, 3, 2, 5.
e) 4, 4, 3, 3, 6, 5.

9. Assinale **E** para as alternativas erradas e **C** para as corretas a respeito das vitaminas.

a) Leite, ovos e fígado são alimentos importantes na dieta, pois podem fornecer vitaminas como A, B, D, E e K.
b) A falta de vitamina A pode causar xeroftalmia (secura da córnea) e cegueira.
c) A anemia pode ser curada com a ingestão de carne.
d) A dificuldade de cicatrização de um corte pode ser causada pela falta de vitamina K.
e) Vitamina C é fundamental para se evitar a cegueira noturna.

10. Após triturarem o revestimento interno do intestino delgado, os cientistas isolaram um extrato, que foi injetado no sangue de outro animal. O animal que recebeu o extrato passou a produzir suco pancreático. Pergunta-se:

a) Por que o extrato foi injetado no sangue do animal?
b) Qual o nome da substância que estimula o pâncreas a produzir suco pancreático?
c) É correto afirmar que no suco pancreático existe a enzima celulase, que digere a celulose no homem? Justifique a resposta.

11. O esôfago, um tubo muscular de 25 centímetros de comprimento, conduz o alimento da boca até o estômago. Porém, às vezes, ocorre o inverso: secreções do estômago refluem para o esôfago, podendo provocar uma doença conhecida como refluxo gastroesofágico. Trata-se da alteração orgânica mais frequente do sistema digestório, cujos principais sintomas são: regurgitação, sensação do retorno dos alimentos ou da secreção ácida do estômago para o esôfago, azia acompanhada de uma sensação de queimação do esôfago, que pode chegar até a garganta.

Pergunta-se: por que a secreção ácida não causa, normalmente, problemas no revestimento interno (mucosa) do estômago e provoca danos no esôfago?

12. A principal função do aparelho digestório é fornecer nutrientes para as células do organismo. Para isso, o alimento ingerido é submetido a ações físicas e químicas. Entre os fenômenos físicos, podemos destacar a ação dos músculos. Pergunta-se:

a) Quais são as duas funções dos músculos no processo digestivo?
b) É correto afirmar que a passagem do alimento no esôfago é lenta, enquanto no estômago e no intestino é rápida? Justifique sua resposta.

Questões objetivas

1. (MACKENZIE – SP) A respeito das glândulas anexas do tubo digestório, é correto afirmar que

a) todas produzem enzimas digestivas.
b) o alimento passa pelo interior delas para receber sua secreção.
c) a secreção das glândulas salivares é responsável por iniciar a digestão de proteínas.
d) a secreção do fígado se relaciona à digestão de carboidratos.
e) o pâncreas produz a maior parte das enzimas digestivas.

2. (UNESP) No homem, o processo químico da digestão pode ser dividido em três etapas: insalivação, que ocorre na boca; quimificação, que ocorre no estômago; quilificação, que ocorre no intestino.

Em cada uma dessas etapas, enzimas específicas atuam a um determinado pH ótimo. O pH ótimo em cada uma dessas etapas é, respectivamente,

a) 2, 7 e 8.
b) 7, 2 e 8.
c) 7, 8 e 2.
d) 8, 7 e 2.
e) 8, 2 e 7.

3. (UFF – RJ) O ser humano está adaptado estrutural e funcionalmente aos seus hábitos e ao meio em que vive. Para isso, foi necessário o desenvolvimento de diversas características e processos metabólicos.

Aristóteles.

Secreções salivar, gástrica, pancreática, bile e intestinal foram adicionadas respectivamente aos tubos I, II, III, IV e V, contendo lipídio, açúcar e proteína. Em seguida, os tubos foram submetidos às condições de pH e temperatura, sendo monitorados por um período de 10 min, representadas na figura abaixo:

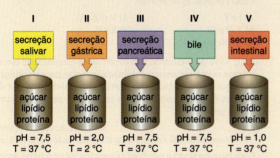

Analise a figura acima e assinale a alternativa que indica onde ocorre clivagem enzimática de macromoléculas, considerando as condições ideais para cada tipo de secreção durante o período avaliado.

a) Nos tubos I e III.
b) Nos tubos II e IV.
c) Nos tubos III e V.
d) Nos tubos IV e V.
e) Nos tubos V e I.

4. (MACKENZIE – SP)

I – Início da digestão de amido
II – Emulsionamento de lipídios
III – Absorção de água
IV – Término da digestão de proteínas

Os eventos da digestão citados acima ocorrem, respectivamente,

a) no esôfago, no fígado, no intestino grosso e no intestino delgado.
b) na boca, no pâncreas, no duodeno e no estômago.
c) na boca, no duodeno, no intestino grosso e no jejuno-íleo.
d) no estômago, no fígado, no pâncreas e no intestino grosso.
e) no esôfago, no estômago, no duodeno e no intestino grosso.

5. (UEL – PR) A maior parte dos nutrientes encontrados nos alimentos apresenta-se na forma de grandes moléculas que não podem ser absorvidas pelo intestino, devido ao seu tamanho ou pelo fato de não serem solúveis. O sistema digestório humano é responsável por reduzir estas moléculas em unidades que são prontamente absorvidas. Os mecanismos absortivos e de transporte são cruciais para a liberação de produtos de digestão para as unidades celulares. Mesmo na presença de uma dieta adequada, os desarranjos deste sistema podem resultar em desnutrição.

Adaptado de: MAHAM, L. K.; ESCOTT-STUMP, S. Alimentos, nutrição e dietoterapia. 9. ed. São Paulo: Roca. 1998.

Com base no texto e nos conhecimentos sobre o tema, assinale a alternativa correta.

a) A água, os dissacarídeos e os polissacarídeos são absorvidos na sua forma original, ao passo que os monossacarídeos, as vitaminas e os minerais precisam ser degradados para serem absorvidos.
b) A absorção é um processo simples, no qual os nutrientes passam através das células mucosas para dentro da corrente sanguínea pelo processo de transporte ativo.
c) O contato do quimo com a mucosa intestinal estimula a liberação de enteroquinase, uma enzima que transforma o tripsinogênio pancreático ativo em tripsina ativa, a qual tem por função ativar outras enzimas proteolíticas.
d) A enzima ptialina hidrolisa o amido e os ácidos graxos em dextrinas e maltoses. Esta reação se dá no estômago quando em contato com o ácido clorídrico, pois a hidrolisação dessas substâncias se dá em meio de pH baixo.
e) A celulose, hemicelulose, pectinas e outras formas de fibras são parcialmente digeridas pelos humanos através da ação das amilases salivar e pancreática, pois elas degradam as paredes celulares.

6. (VUNESP) O sanduíche que João comeu foi feito com duas fatias de pão, bife, alface, tomate e *bacon*. Sobre a digestão desse sanduíche, pode-se afirmar que

a) os carboidratos do pão começam a ser digeridos na boca e sua digestão continua no intestino.
b) as proteínas do bife são totalmente digeridas pela ação do suco gástrico no estômago.
c) a alface é rica em fibras, mas não tem qualquer valor nutricional, uma vez que o organismo humano não digere a celulose.
d) as vitaminas do tomate, por serem hidrossolúveis, têm sua digestão iniciada na boca, e são totalmente absorvidas ao longo do intestino delgado.
e) a maior parte da gordura do *bacon* é emulsificada pelo suco pancreático, facilitando a ação de lipases.

7. (UNIFESP) O DNA e o RNA que ingerimos em nossa alimentação são digeridos no mesmo local e sob ação da mesma secreção que promove, também, a digestão dos lipídios. Portanto, é correto afirmar que:

a) a digestão que ocorre na boca quebra grandes moléculas de DNA e RNA em cadeias polipeptídicas menores, que posteriormente sofrerão a ação dos ácidos presentes no estômago.
b) o local da digestão do DNA e RNA é o intestino delgado, mais propriamente o duodeno; a secreção que atua nessa digestão possui pH alcalino e não é produzida no duodeno.
c) o produto final da digestão dos lipídios são ácidos graxos e glicerol, ao passo que, no caso de DNA e RNA, o resultado da digestão são peptídeos de cadeia curta.
d) DNA e RNA, sendo compostos levemente ácidos, são digeridos mediante a ação de enzimas que atuam em meio fortemente ácido, ao passo que os lipídios são emulsificados não por ácidos, mas por sais presentes nessas enzimas.
e) os produtos da digestão dos lipídios são absorvidos no intestino delgado e utilizados pelo corpo, enquanto os produtos da digestão de DNA e RNA são eliminados nas fezes, por não serem passíveis de uso.

Digestão e nutrição **297**

8. (FGV – SP) Um estudante anotou em uma tabela as informações nutricionais (quantidade por porção) constantes nos rótulos de alguns produtos vendidos em supermercados.

Informações nutricionais	Produto 1	Produto 2	Produto 3	Produto 4	Produto 5
valor energético	215 kcal	77 kcal	114 kcal	143 kcal	120 kcal
carboidratos	2,3 g	18 g	9 g	*	19 g
proteínas	8,3 g	0,6 g	6 g	22 g	6 g
gorduras totais	18 g	*	6 g	5,7 g	2,1 g
fibra alimentar	0,8 g	0,6 g	*	*	3 g
sódio	654 mg	*	130 mg	69 mg	214 mg
cálcio	*	*	210 mg	*	*
ferro	*	*	*	2,7 mg	*

* não contém ou as quantidades são insignificantes.

Pode-se dizer que, mais provavelmente, os produtos de 1 a 5 são, respectivamente,

a) hambúrguer, achocolatado matinal em pó, leite integral em embalagem longa vida, carne bovina resfriada e pão de forma com grãos integrais.
b) achocolatado matinal em pó, hambúrguer, carne bovina resfriada, leite integral em embalagem longa vida e pão de forma com grãos integrais.
c) leite integral em embalagem longa vida, achocolatado matinal em pó, hambúrguer, pão de forma com grãos integrais e carne bovina resfriada.
d) hambúrguer, pão de forma com grãos integrais, achocolatado matinal em pó, leite integral em embalagem longa vida e carne bovina resfriada.
e) pão de forma com grãos integrais, hambúrguer, leite integral em embalagem longa vida, achocolatado matinal em pó e carne bovina resfriada.

9. (FUVEST – SP) O fígado humano é uma glândula que participa de processos de digestão e absorção de nutrientes, ao

a) produzir diversas enzimas hidrolíticas que atuam na digestão de carboidratos.
b) produzir secreção rica em enzimas que digerem as gorduras.
c) produzir a insulina e o glucagon, reguladores dos níveis de glicose no sangue.
d) produzir secreção rica em sais que facilita a digestão e a absorção de gorduras.
e) absorver excretas nitrogenadas do sangue e transformá-las em nutrientes proteicos.

10. (UFCG – PB) Os seres vivos necessitam de um suprimento de energia capaz de manter sua integridade metabólica. Os seres humanos extraem essa energia dos alimentos pelo processo da digestão, através do qual as grandes moléculas orgânicas são transformadas em compostos mais simples de forma a serem assimiladas pelo organismo.

Do ponto de vista da morfologia e fisiologia humana, analise as assertivas abaixo e marque as corretas:

I – O trato gastrintestinal é completo, pois é constituído de boca e ânus. Esse tipo anatômico de aparelho não é restrito apenas ao homem.
II – A digestão é exclusivamente extracelular, ou seja, todo o processo de digestão se processa fora da célula e no interior de cavidades dos organismos.
III – A digestão dos nutrientes é processada por substâncias orgânicas específicas, as enzimas, que atuam sobre elas e as transformam em compostos mais simples, por exemplo, o amido em glicose pela amilase.
IV – Na digestão estão envolvidos os mecanismos de mastigação, deglutição e movimentos peristálticos dos segmentos intestinais.
V – A digestão ocorre inicialmente na boca, por meio da mastigação e insalivação, onde se situam as estruturas anexas como a língua, os dentes e as glândulas salivares (parótidas, submaxilares e sublinguais).

Estão corretas as assertivas:

a) I e V.
b) II, III e IV.
c) I, II, III, IV e V.
d) V. e) II e V.
e) II e V.

11. (UEL – PR) As vitaminas são usualmente classificadas em dois grupos, com base em sua solubilidade, o que, para alguns graus, determina sua estabilidade, ocorrência em alimentos, distribuição nos fluidos corpóreos e sua capacidade de armazenamento nos tecidos.

MAHAN, L. K.; ESCOTT-STUMP, S. *Alimentos, nutrição e dietoterapia.* 9. ed. São Paulo: Roca, 1988. p. 78.

Com base no texto e nos conhecimentos sobre o tema, assinale a alternativa correta.

a) A vitamina E é lipossolúvel, age como um antioxidante, protege as hemácias da hemólise, atua na reprodução animal e na manutenção do tecido epitelial.
b) A vitamina A é hidrossolúvel, auxilia na produção de protrombina – um composto necessário para a coagulação do sangue – e apresenta baixa toxicidade quando consumida em grande quantidade.
c) A vitamina D é hidrossolúvel, auxilia no crescimento normal, melhora a visão noturna, auxilia o desenvolvimento ósseo e influencia a formação normal dos dentes.
d) A vitamina B_6 é lipossolúvel, auxilia na resposta imunológica, na cicatrização de feridas e reações alérgicas, além de estar envolvida na glicólise, na síntese de gordura e na respiração tecidual.
e) A vitamina C é lipossolúvel, auxilia na resposta imunológica, na cicatrização de feridas e reações alérgicas, na síntese e quebra de aminoácidos e na síntese de ácidos graxos insaturados.

12. (UNEMAT – MT) Os animais obtêm materiais e fonte de energia para suas células por meio dos alimentos. E até que eles estejam disponíveis às células, precisarão ser ingeridos, digeridos e absorvidos, através de processos que envolvem órgãos do sistema digestório.

Com relação à digestão e ao sistema digestório humano, foram feitas as seguintes afirmações:

I – A presença de alimentos na cavidade bucal estimula a liberação da saliva, que contém a enzima amilase salivar ou ptialina, que atua na digestão do amido.
II – No estômago, o bolo alimentar deglutido se mistura com o suco gástrico produzido por glândulas da parede desse órgão.
III – O intestino delgado apresenta 3 segmentos: o duodeno, onde ocorre a digestão dos componentes do alimento que ainda não haviam sido digeridos, e o jejuno e o íleo, onde ocorre a absorção de nutrientes.

Assinale a alternativa **correta**.
a) Apenas I está correta.
b) Apenas II está correta.
c) Apenas III está correta.
d) Todas estão corretas.
e) Todas estão incorretas.

13. (UFMS) As vitaminas podem ser classificadas, quanto à solubilidade, em hidrossolúveis ou lipossolúveis. Considerando tal classificação e observando que as deficiências vitamínicas, ou seja, as hipoavitaminoses ou avitaminoses, podem causar doenças, assinale a(s) proposição(ões) correta(s).

(01) A deficiência de vitamina B_1 (tiamina), classificada como hidrossolúvel, causa o beribéri.
(02) A pelagra é causada pela deficiência de vitamina E (tocoferol), classificada como hidrossolúvel.
(04) O escorbuto é causado pela deficiência de vitamina B_9 (ácido fólico), classificada como lipossolúvel.
(08) A vitamina A (retinol), classificada como hidrossolúvel, previne a anemia perniciosa.
(16) A deficiência de vitamina D (calciferol), classificada como lipossolúvel, causa o raquitismo.
(32) A vitamina C (ácido ascórbico), classificada como lipossolúvel, previne a cegueira noturna.

14. (UPE) Bebê anencéfalo completa nove meses e está bem de saúde.

> (...) Superando todas as expectativas médicas, a menina M. de J. F. chegou ao seu nono mês de vida. Ela nasceu portadora de anencefalia. Ao nascer, segundo os médicos, a garotinha teria apenas algumas horas de vida, mas ela continua crescendo e se desenvolvendo (...)
> *Fonte:* CN Notícias – Patrocínio Paulista, SP. *Disponível em:* <http://notícias.cancaonova.com/noticia>. Por Luciano Batista.

> (...) Anencefalia é uma desordem cerebral, que resulta de defeito no tubo neural. Acredita-se que a dieta da mãe e sua ingestão de vitaminas possam ter alguma influência. Estudos recentes têm mostrado que a suplementação de vitamina _____ ou _____ na dieta da mulher em idade reprodutiva possa reduzir significativamente a incidência de defeitos no tubo neural (...).
> *Disponível em:* <http://www.revistaneurociencias.com.br/edicoes/2010>.

Assinale a alternativa que preenche CORRETAMENTE as lacunas e que contém a vitamina envolvida na formação do tubo neural.
a) Vitamina A ou retinol.
b) Vitamina B3 ou niacina.
c) Vitamina B5 ou ácido pantotênico.
d) Vitamina B9 ou ácido fólico.
e) Vitamina C ou ácido ascórbico.

15. (UFT – TO) O termo vitamina é empregado para substâncias orgânicas necessárias em pequenas quantidades, desempenhando importante função biológica. Na tabela a seguir temos exemplos de vitaminas, principais funções e sintomas de deficiência.

Vitamina	Principais funções	Sintomas de deficiência
I	Mantém a integridade da pele e de epitélios	Cegueira noturna, pele escamosa e seca
C – Ácido ascórbico	II	Escorbuto
D – Calciferol	Absorção de cálcio e fósforo	III
E – Tocoferol	IV	Anemia e esterilidade

Assinale a alternativa que apresenta a sequência CORRETA para I, II, III e IV.
a) A – retinol; Síntese de queratina; Raquitismo; Pró-oxidante.
b) B_8 – biotina; Síntese de colágeno e antioxidante; Raquitismo; Pró-oxidante.
c) A – retinol; Síntese de colágeno e antioxidante; Raquitismo; Antioxidante.
d) A – retinol; Síntese de queratina e antioxidante; Raquitismo; Antioxidante.
e) B_8 – biotina; Síntese de colágeno e antioxidante; Cegueira noturna; Antioxidante.

16. (UNESP) O gráfico representa o efeito do pH em duas enzimas digestivas: uma, estomacal, e outra, intestinal.

Comparando-se as informações do gráfico com o processo de digestão no organismo humano, pode-se inferir que a enzima 1 corresponde à:

a) pepsina, que atua com eficácia no pH fortemente ácido do estômago, enquanto a enzima 2 corresponde à tripsina, que atua com bons resultados no pH levemente básico do intestino.
b) tripsina, que age com eficiência no ambiente ácido do estômago, enquanto a enzima 2 corresponde à pepsina, que tem o seu melhor desempenho no pH levemente básico do intestino.
c) amilase pancreática, que atua com eficácia no ambiente fortemente ácido do estômago, enquanto a enzima 2 corresponde à tripsina, que atua com bons resultados no pH levemente ácido no intestino.
d) pepsina, que atua com eficácia no pH levemente básico do estômago, enquanto a enzima 2 corresponde à tripsina, que atua com bons resultados no pH fortemente ácido do intestino.
e) ptialina, que atua com bons resultados no ambiente fortemente ácido do estômago, enquanto a enzima 2 corresponde à lipase gástrica, que atua eficientemente no ambiente alcalino do intestino.

17. (UFSC) Os seres vivos necessitam de um suprimento de energia capaz de manter sua atividade metabólica. Essa energia

Digestão e nutrição **299**

é extraída dos alimentos, que podem ser produzidos pelos próprios organismos, no caso dos autótrofos, ou obtidos a partir de uma fonte orgânica externa, no caso dos heterótrofos. As substâncias orgânicas, tais como proteínas, carboidratos e lipídios, devem ser desdobradas em compostos mais simples e mais solúveis, de tal maneira que possam ser assimiladas pelo organismo. A esse processo de transformação dos alimentos em compostos relativamente mais simples, absorvíveis e utilizáveis denominamos digestão.

PAULINO, W. R. *Biologia Atual*. São Paulo: Ática, 1996. p. 296.

Com relação a esse assunto, assinale a(s) proposição(ões) VERDADEIRA(S) e dê a soma ao final.

(01) A mastigação, a deglutição e os movimentos peristálticos constituem a digestão química.
(02) A água e os sais minerais são absorvidos, pelo tubo digestivo, sem transformação química.
(04) A digestão do amido é rápida e ocorre em dois momentos: na boca, pela ação da amilase salivar, e no estômago, sob a ação das peptidases.
(08) A bile não tem enzimas, mas apresenta sais biliares, que emulsificam os lipídios, transformando-os em gotículas menores que facilitam a digestão das gorduras.
(16) Os nutrientes digeridos são absorvidos principalmente no intestino delgado, onde as células epiteliais das vilosidades apresentam expansões digitiformes – as microvilosidades –, que aumentam, consideravelmente, a superfície de absorção dos nutrientes.
(32) Pessoas que tiveram sua vesícula biliar extirpada não apresentam dificuldade em digerir lipídios e, por isso, podem fazer uma dieta rica em gorduras.

18. (FATEC – SP) O gráfico a seguir registra a integridade química do alimento (sanduíche feito de carne, alface e pão) ingerido, em relação aos órgãos do aparelho digestivo que ele percorrerá.

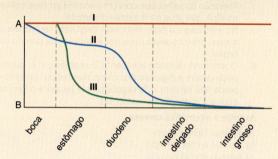

A = ponto no qual o alimento está quimicamente íntegro.
B = ponto no qual o alimento foi degradado em sua maior porcentagem.

Analise a alternativa que relaciona o gráfico com o alimento.
a) I – amido do pão; II – celulose da alface; III – proteína da carne.
b) I – proteína da carne; II – celulose da alface; III – amido do pão.
c) I – celulose da alface; II – proteína da carne; III – amido do pão.
d) I – amido do pão; II – proteína da carne; III – celulose da alface.
e) I – celulose da alface; II – amido do pão; III – proteína da carne.

Questões dissertativas

1. (UNESP) Um estudante levantou a hipótese de que a digestão do alimento no sistema digestório de um anelídeo ocorre na mesma sequência que em um ser humano. Para isso, analisou o conteúdo do trato digestório do anelídeo, segmento por segmento, à medida que a digestão progredia, e encontrou o seguinte resultado:

Segmento	Conteúdo químico
3	Dissacarídeos, gorduras, polipeptídios longos.
5	Dissacarídeos, gorduras, ácidos graxos, glicerol, polipeptídios curtos, aminoácidos.
7	Monossacarídeos, ácidos graxos, glicerol e aminoácidos.
11	Nada digerível, pequena quantidade de água.

a) Com base nos dados obtidos, a hipótese do estudante deve ser aceita ou rejeitada? Justifique.
b) Após o final da digestão, que tipo de sistema promoverá o transporte dos nutrientes até as células do anelídeo? Explique.

2. (UFABC – SP) O local onde ocorrem os principais eventos da digestão humana é o intestino delgado. Nele são encontradas as microvilosidades e uma mistura de sucos digestivos. No esquema simplificado a seguir, está representada por setas a trajetória de algumas substâncias para os capilares sanguíneos e destes para as células intestinais.

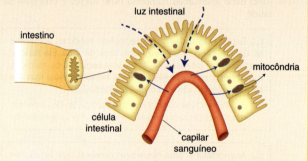

a) Mencione uma substância orgânica, resultante da digestão de proteínas, que pode seguir a trajetória das setas pontilhadas e uma substância inorgânica que pode seguir a trajetória das setas contínuas.
b) Suponha que uma pessoa tivesse perdido a capacidade de gerar células com microvilosidades. Que consequências ela teria no aproveitamento dos nutrientes? E se as células intestinais deixassem de receber a substância inorgânica do sangue, que problema ocorreria? Explique cada situação.

3. (UFU – MG) A obesidade começa a preocupar os governantes no momento em que passa a ser de alta incidência entre crianças, jovens e adultos. Essa preocupação se justifica porque tal problema pode levar ao surgimento de patologias como hipertensão, diabetes, entre outras.

A reeducação alimentar baseada numa dieta balanceada em que carboidratos, proteínas, lipídios e vitaminas estejam presentes é o que se prega como método eficaz para a resolução inicial do problema.

a) Quanto à solubilidade, que grupo de vitaminas, se consumido em excesso, mais comumente poderá causar distúrbios orgânicos? Por quê?

b) Quais vitaminas pertencem a cada grupo de acordo com a solubilidade?
c) Numa dieta balanceada, qual grupo de nutrientes deve ser consumido em maior quantidade diariamente? Por quê?
d) Considerando a presença da vitamina D como importante na prevenção do raquitismo, por que se indica tomar sol como parte da prevenção e do tratamento desta patologia?

4. (UFF – RJ) Para estudar a ação de agentes estimulantes da secreção exócrina do pâncreas, foram introduzidos diretamente no duodeno de uma pessoa em jejum alguns mililitros de óleo de milho. Em outra pessoa, nas mesmas condições, o óleo foi substituído por alguns mililitros de uma solução de HCl ajustada a um pH 2,0. Em cada caso, foi coletada uma amostra do suco pancreático produzido. Os gráficos I e II abaixo apresentam os resultados das análises de componentes dessas amostras.

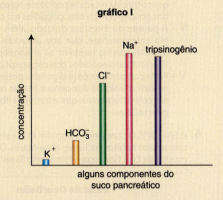
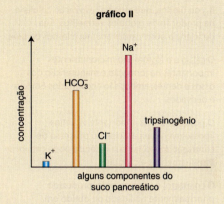

a) Identifique os gráficos que correspondem, respectivamente, aos resultados obtidos após a introdução do óleo de milho e da solução de HCl. Descreva o mecanismo de estimulação da secreção exócrina do pâncreas, em cada caso.
b) Em qual das duas situações há, também, um aumento na liberação de bile no duodeno? Justifique sua resposta.

Programas de avaliação seriada

1. (PSIU – UFPI) No sistema gastrintestinal, as secreções são necessárias para digerir e absorver nutrientes dos alimentos ingeridos diariamente. Analise as afirmativas a seguir e assinale **V**, para as verdadeiras, ou **F**, para as falsas.

1 ( ) As secreções são produzidas pelas células endócrinas secretoras de enzimas.
2 ( ) A saliva produzida pelas glândulas sublinguais é, principalmente, de natureza serosa.
3 ( ) A secreção gástrica de pepsinogênio e de ácido ocorre dentro das depressões gástricas.
4 ( ) As oligossacaridases completam, no intestino delgado, a digestão de carboidratos devido ao pouco significado fisiológico da amilase, que requer um pH quase neutro e que para de agir quando o alimento entra no estômago.

2. (PAS – UFLA – MG) No Egito, muitos pequenos artefatos de pedras vendidos como provenientes dos tempos dos faraós são falsificados. O processo de falsificação consiste em esculpir pequenas pedras e misturá-las com a comida oferecida às galinhas. Atravessando todo o tubo digestivo da galinha, as pedras adquirem o aspecto de objetos antigos e desgastados pelo uso. Esse processo de "envelhecimento mecânico" deve-se principalmente à ação

a) do papo.
b) do bico.
c) do estômago químico.
d) do intestino.
e) da moela.

3. (PSS – UFAL) Além da hereditariedade, outros fatores são responsáveis pela manifestação de problemas circulatórios, especialmente acidentes vasculares cerebrais (AVC) e cardiopatias. Dentre os fatores abaixo relacionados:

(1) obesidade;
(2) dieta rica em sal e gorduras saturadas;
(3) dieta rica em vitaminas D e B;
(4) sedentarismo;
(5) fumo;
(6) dieta rica em proteína vegetal;
(7) pressão arterial de 120 por 80 mm Hg;
(8) stress,

predispõem o homem a essas doenças:

a) 1, 3, 4 apenas.
b) 1, 2, 4, 5 e 8 apenas.
c) 2, 3, 5 e 6 apenas.
d) 2 e 5 apenas.
e) 1, 2, 3, 4, 5, 6, 7 e 8.

4. (SSA – UPE) Assinale, na coluna I, as afirmativas verdadeiras e, na coluna II, as falsas.

Shii...take!

Em Cunha, produtores ensinam receitas com shiitake (a pronúncia é chiitaque), cogumelo supernutritivo que pode substituir a carne.

O *shiitake*, um dos cogumelos mais importantes do mercado, é um fungo que se "alimenta" de celulose e lignina, contidas na madeira. Segundo a engenheira agrícola e ambiental Suzana Lopes de Araújo, o cogumelo *shiitake* é um alimento funcional rico em proteína. Seria, de acordo com Suzana, mais nutritivo que o trigo e o arroz. Rico em vitaminas, em aminoácidos essenciais para a saúde humana, carboidratos e fibras, bem como minerais, ferro, fósforo, cálcio e potássio, o *shiitake* tem poucas calorias. É bom para o sistema imunológico, melhora os níveis de colesterol, ajuda em tratamentos de asma, úlcera e no controle da pressão arterial.

Fonte: Rita Grimm, de Cunha, especial para o iG São Paulo, 28 ago. 2010.

Baseando-se no texto anterior, analise as afirmativas abaixo.

I	II	
0	0	A celulose é um polissacarídeo estrutural, que participa da constituição da parede celular de plantas.
1	1	O arroz consiste em excelente fonte de vitamina B₁₂ ou biotina, que atua na respiração celular e na produção de glóbulos vermelhos. Sua deficiência pode causar anemia e lesões na pele.
2	2	O cálcio e o fósforo são micronutrientes importantes na formação e manutenção dos ossos e dentes; ambos são encontrados em leite e derivados.
3	3	O potássio é uma importante vitamina lipossolúvel que participa do processo de contração muscular; sua carência pode provocar formigamentos e câimbras.
4	4	O colesterol é um esteroide, produzido principalmente no fígado ou obtido em alimentos de origem animal. As células o utilizam como matéria-prima para a produção das membranas celulares e dos hormônios esteroides, como estrógeno e testosterona.

5. (PSS – UFPB) O sistema digestório é formado por um conjunto de órgãos que transformam o alimento ingerido em moléculas menores. Estas podem ser absorvidas e utilizadas para a obtenção de energia necessária às funções vitais e como matéria-prima para a síntese de novas moléculas. A figura ao lado ilustra etapas do processo de digestão das proteínas presentes na dieta humana.

Adaptado de:
CHAMPE, HARVEY e FERIER.
Bioquímica Ilustrada. 3. ed.
Porto Alegre: Editora Artes Médicas, 2006, p. 246.

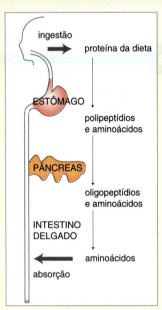

Com base na figura apresentada e nos aspectos fisiológicos gerais da digestão das proteínas, identifique as afirmativas corretas:

I – A digestão das proteínas tem início na boca por ação das enzimas encontradas na saliva.
II – A renina, no estômago, realiza a quebra das ligações peptídicas das proteínas, o que leva à produção de cadeias polipeptídicas menores.
III – O pâncreas libera, no duodeno, proteínas precursoras inativas, que, ao se tornarem ativas, originam as enzimas tripsina, quimotripsina e carboxipeptidase, responsáveis pela quebra dos polipeptídios e oligopeptídios em cadeias menores.
IV – A parede do intestino delgado, além de produzir a enzima enteroquinase, que age ativando a forma inativa da tripsina, produz também as aminopeptidases, que agem liberando aminoácidos dos oligopeptídios.
V – Proteínas parcialmente digeridas presentes no quimo estimulam células do duodeno a liberar, no sangue, o hormônio colecistoquinina, que estimula a liberação das enzimas pancreáticas.

6. (SSA – UPE) O cancioneiro popular é rico em músicas que retratam nossos hábitos, inclusive alimentares. Observe a letra desta música de Luiz Gonzaga e Humberto Teixeira.

> **Baião de Dois/Baião**
>
> Capitão que moda é essa
> Deixe a tripa e a cuié
> Homem não vai na cozinha
> Que é lugar só de mulhé
> Vô juntá feijão de corda
> Numa panela de arroz
> Capitão vai já pra sala
> Que hoje tem baião de dois
> Ai, ai, ai
> Ai baião que bom tu sois
> Ó baião é bom sozinho
> Que dirá baião de dois

Comida típica do sertão do Nordeste, o feijão é cozido em uma panela de ferro, e só depois acrescenta-se o arroz e deixa-se cozinhar. Sucesso antigo da dupla Luiz Gonzaga e Humberto Teixeira, honra e glória da música popular brasileira.

> O feijão e o arroz são alimentos ricos em vitamina B₁ ou ...., cuja principal função é a produção de .... pela .... celular e que previne a doença chamada de ...., que causa inflamação dos .... e atrofia muscular.

Assinale a alternativa que completa, CORRETAMENTE, as lacunas.
a) tiamina – energia – respiração – beribéri – nervos
b) cobalamina – colágeno – regeneração – escorbuto – neurônios
c) retinol – energia – cicatrização – raquitismo – nervos
d) riboflavina – fagocitose – respiração – xeroftalmina – epitélios
e) piridoxina – aminoácidos – regeneração – pelagra – epitélios

Circulação

Capítulo 14

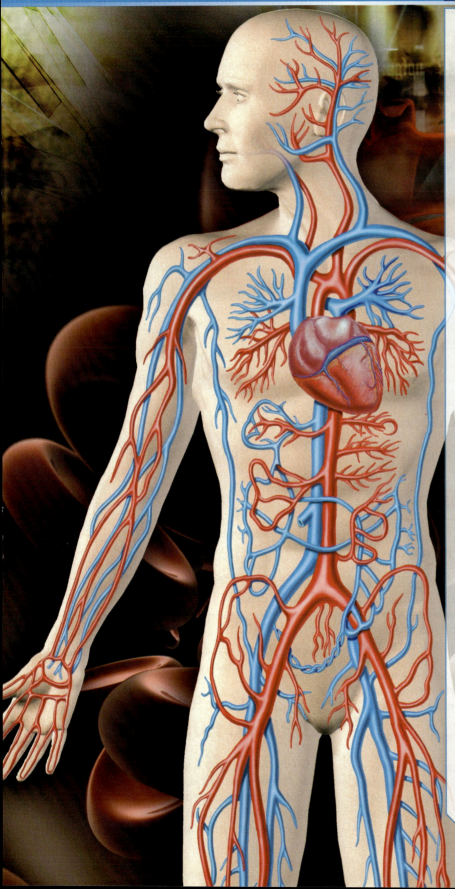

Nas batidas do coração

Desde os tempos antigos, o homem já havia percebido que o coração é o principal responsável pela circulação sanguínea.

O coração humano pesa cerca de 300 a 400 g e, em geral, é do tamanho de seu punho fechado. Ele é formado por um forte músculo, que se contrai e se relaxa ritmicamente, caracterizando os batimentos cardíacos. Chamamos de frequência cardíaca ou ritmo cardíaco o número de vezes que o coração bate em um minuto. Em um adulto normal, em repouso, o coração bate entre 60 e 100 vezes por minuto. Mas quando uma pessoa passa por algum estresse emocional ou realiza algum exercício físico, o ritmo cardíaco pode aumentar para até 200 batidas por minuto.

Pare para pensar um momento nesses números e faça algumas contas: se seu coração bater 70 vezes por minuto e você viver até os 70 anos de idade, quantas vezes seu coração, esse trabalhador incansável, terá batido durante sua vida?

Vamos lá, se seu coração bater 70 vezes por minuto, ao final de 24 horas ele terá batido cerca de 100 mil vezes. Em um ano terão sido quase 37 milhões de batidas e ao final de 70 anos, mais de 2,5 bilhões de batimentos cardíacos!

A cada batimento, cerca de 70 mL de sangue são bombeados para nosso corpo. Refazendo as contas, iremos perceber que, em média, um coração bombeia 5 litros de sangue por minuto, cerca de 7 mil litros por dia, mais de 2,5 milhões de litros por ano, chegando a impressionantes 180 milhões de litros em 70 anos.

Esse importante órgão dos animais e a circulação serão os temas deste capítulo.

As células de todos os seres vivos precisam receber nutrientes e eliminar os resíduos de seu metabolismo. Nos animais mais complexos e que possuem sistemas especializados no transporte de inúmeras substâncias, há um coração que bombeia o líquido circulante para as células com determinada frequência.

O líquido circulante pode ser incolor, chamado de **hemolinfa**, presente nos insetos, ou colorido, e neste caso recebe o nome de **sangue**. A cor é determinada pela existência de pigmentos, como é o caso da hemoglobina presente em muitos invertebrados e em todos os vertebrados, que contém átomos de ferro responsáveis pela coloração avermelhada do sangue.

A Tabela 14-1 apresenta um resumo da evolução da circulação de nutrientes nos animais.

> **Anote!**
> Nos crustáceos, a coloração do sangue é azulada devido à presença de hemocianina, que contém átomos de cobre.

Tabela 14-1. Como se dá a circulação nos diferentes filos animais.

Filo	Como é a circulação
Poríferos	Circulação de água pelo átrio; amebócitos móveis na camada gelatinosa da parede do corpo.
Cnidários	Cavidade gastrovascular – digestão de alimento e circulação de água e substâncias dissolvidas.
Platelmintos	Cavidade digestiva ramificada (cavidade gastrovascular).
Anelídeos em diante	Sistema circulatório – vasos favorecem o fluxo contínuo de material dissolvido em água.

OS DOIS TIPOS DE SISTEMA CIRCULATÓRIO

Nos animais, há dois tipos de sistema circulatório: **sistema aberto** e **sistema fechado** (veja a Figura 14-1).

No **sistema circulatório aberto**, o líquido bombeado pelo coração periodicamente abandona os vasos e cai em **lacunas corporais**. Nessas cavidades, as trocas de substâncias entre o líquido e as células são lentas. Vagarosamente, o líquido retorna para o coração, que novamente o bombeia para os tecidos. Esse sistema é encontrado entre os artrópodes e na maioria dos moluscos. A lentidão de transporte de materiais é fator limitante ao tamanho dos animais. Além disso, por se tratar de um sistema aberto, a pressão não é grande, suficiente apenas para o sangue alcançar pequenas distâncias.

No **sistema fechado**, o sangue nunca abandona os vasos. No lugar das lacunas corporais, existe uma grande rede de vasos de paredes finas, os **capilares**, pelos quais ocorrem trocas de substâncias entre o sangue e os tecidos.

Nesse tipo de sistema, o líquido circulante fica constantemente em movimento e a circulação é rápida. A pressão desenvolvida pela bomba cardíaca é elevada e o sangue pode alcançar grandes distâncias. O tamanho dos animais pode ser maior. Esse tipo de sistema circulatório é encontrado nos anelídeos, em alguns moluscos ágeis (lulas e polvos) e em todos os vertebrados.

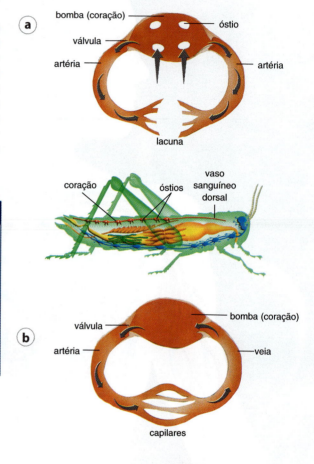

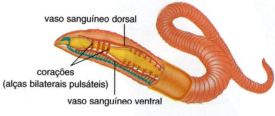

Figura 14-1. (a) Esquema de circulação aberta, como em insetos, e (b) de circulação fechada, como em anelídeos.

AS CARACTERÍSTICAS DO CORAÇÃO HUMANO

O coração humano é uma potente bomba pro-pulsora de sangue (veja a Figura 14-2). Assim como nas aves, ele é formado por quatro cavidades, duas localizadas à direita e duas, à esquerda. A metade direita do coração é constituída por um **átrio** e um **ventrículo direitos**.

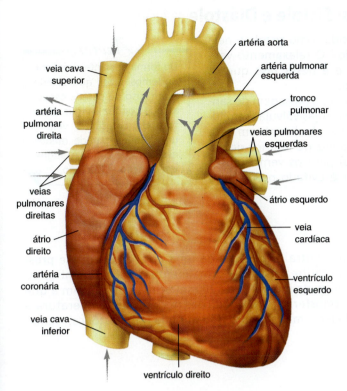

A espessura da parede ventricular esquerda é muito maior que a da parede do ventrículo direito. Isso é uma adaptação à maior pressão exercida pelo ventrículo esquerdo, uma vez que o sangue impulsionado por ele deve percorrer uma distância bem maior e a resistência ao fluxo é mais elevada.

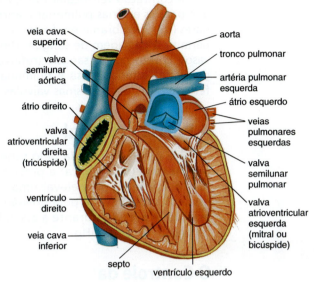

Figura 14-2. Coração humano: aspecto externo.

Figura 14-3. Coração humano: aspecto interno.

A metade esquerda é formada por um **átrio** e um **ventrículo esquerdos**.

O átrio direito recebe sangue proveniente do corpo, através de duas grandes veias que nele desembocam: **veia cava superior** e **veia cava inferior**. A primeira traz sangue da região superior do corpo, enquanto a segunda conduz o sangue que retorna da parte inferior do corpo.

Do átrio direito, o sangue passa para o ventrículo direito, atravessando uma válvula (ou valva) atrioventricular direita (chamada de **tricúspide** por ser composta de três partes – veja a Figura 14-3). A contração do ventrículo direito direciona o sangue para uma **artéria pulmonar**, que se bifurca em ramos direito e esquerdo, levando o sangue aos pulmões para oxigenação. O retorno do sangue oxigenado dos pulmões ocorre pelas **veias pulmonares**, que desembocam no átrio esquerdo. Este, contraindo-se, encaminha o sangue para o ventrículo esquerdo, atravessando a válvula atrioventricular esquerda (também chamada de válvula **mitral** ou **bicúspide**). O ventrículo esquerdo se contrai fortemente e impulsiona o sangue para a **artéria aorta**, o vaso mais calibroso do corpo, encaminhando sangue ricamente oxigenado para a cabeça (através da artéria carótida, que é um ramo da aorta) e para todo o restante do corpo (veja a Figura 14-4).

> *Anote!*
> Átrio significa espaço, cavidade. Antigamente falava-se em **aurícula**, que quer dizer **pequena orelha**. Esse termo, hoje, é restrito a uma pequena bolsa ligada a cada um dos átrios.

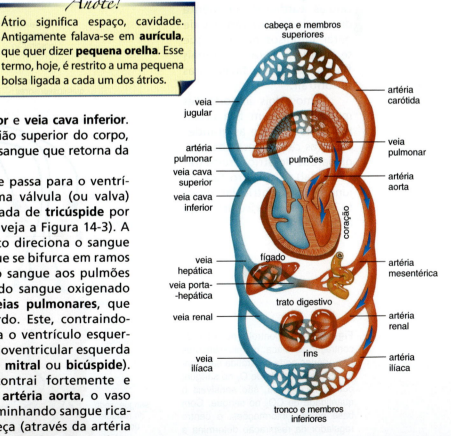

Figura 14-4. Esquema da circulação no homem, evidenciando as artérias e veias.

Circulação **305**

Os Movimentos Cardíacos: Sístole e Diástole

A *contração ventricular* é conhecida como **sístole** e nela ocorre o esvaziamento dos ventrículos. O relaxamento ventricular é conhecido como **diástole** e é nessa fase que os ventrículos recebem sangue dos átrios.

A contração ventricular força, então, a passagem de sangue para as artérias pulmonar e aorta, cujas válvulas semilunares (três membranas em forma de meia-lua) se abrem para permitir a passagem de sangue. Uma vez no interior desses vasos, o retorno do sangue (refluxo) para os ventrículos a partir das artérias aorta e pulmonar é evitado pelo súbito fechamento dessas mesmas válvulas.

Anote!
De forma bastante simplista, podemos dizer que artéria é um vaso de parede espessa que conduz sangue **para fora** do coração e veia é um vaso de parede menos espessa que conduz sangue **em direção** ao coração.

A Pressão Arterial

É a pressão exercida pelo sangue contra as paredes de uma artéria. Chama-se **pressão máxima** (ou sistólica) a pressão durante a sístole. Normalmente, é de 120 mmHg, ou seja, é suficiente para elevar uma coluna de mercúrio a 120 mm acima dos 760 mm a que essa coluna é elevada pela pressão atmosférica, nas condições normais de temperatura e pressão. A pressão durante a diástole é chamada de **pressão mínima** (ou diastólica), sendo da ordem de 80 mmHg.

O Controle da Contração Cardíaca

Os batimentos cardíacos são controlados por marca-passos. Em um marca-passo, células cardíacas altamente diferenciadas são capazes de gerar impulsos elétricos que se irradiam para as demais fibras cardíacas, fazendo-as se contrair.

Temos dois importantes marca-passos: um fica próximo do local onde as grandes veias (as cavas) desembocam, na parede do átrio direito (nó sinoatrial), e o outro fica na junção atrioventricular direita (nó atrioventricular). Veja a Figura 14-5.

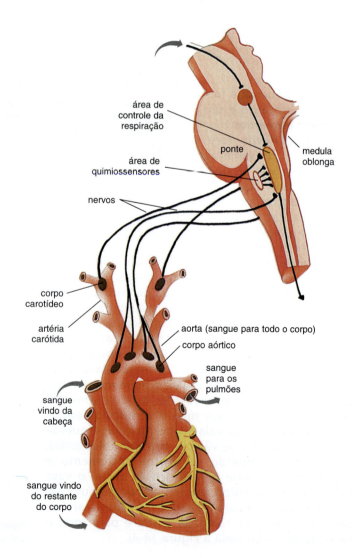

Figura 14-5. Controle nervoso da contração cardíaca: quimiossensores nas artérias aorta e carótida são sensíveis à quantidade de O_2 no sangue; outros, na medula, são sensíveis à quantidade de CO_2 no sangue. Com base nessas informações, o centro regulador da respiração determina a taxa respiratória para regularizar o metabolismo.

De olho no assunto!

Vertebrados: a evolução culminou com um coração de quatro câmaras

Nos peixes, o coração é bicavitário: possui um átrio e um ventrículo, apenas (acompanhe pela Figura 14-6). Não há mistura de sangues. Um seio venoso recebe sangue proveniente do corpo e o introduz no átrio, e deste para o ventrículo único. Um cone arterial emerge do ventrículo e conduz sangue para as brânquias e daí para o restante do corpo.

Nos anfíbios, o coração passa a ter uma cavidade a mais: dois átrios e um ventrículo. Um seio venoso introduz sangue vindo do corpo no átrio direito. O sangue que retorna dos pulmões desemboca pelas veias pulmonares no átrio esquerdo. Essa é uma importante novidade na circulação dos vertebrados: a pequena circulação (o sangue vai do coração aos pulmões para oxigenação e retorna ao coração, antes de ser conduzido ao corpo). O ventrículo único recebe sangue dos dois átrios. Certo grau de mistura de sangues sempre existe, compensado, no entanto, pela respiração cutânea, que renova o oxigênio do sangue nos capilares da pele.

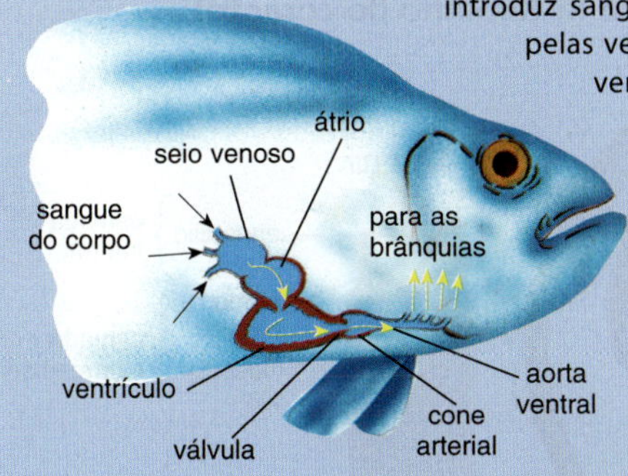

Nos répteis, começa a divisão ventricular, com um septo incompleto. A mistura de sangues rico e pobre em oxigênio ainda ocorre no coração. Nos crocodilianos, a separação ventricular é completa, porém continua a haver mistura de sangues fora do coração (uma comunicação entre vasos que emergem do coração favorece essa mistura).

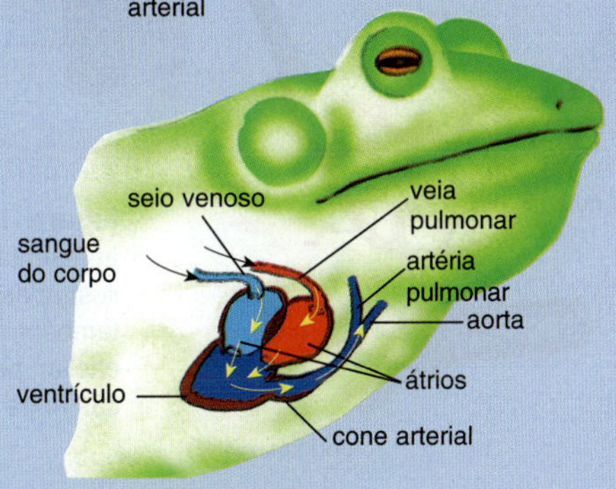

É nas aves e nos mamíferos que o coração atinge o máximo em eficiência: ele passa a ter quatro cavidades e os ventrículos estão completamente separados. Não há mistura de sangues. A metade direita trabalha com sangue pobre em oxigênio (sangue venoso), que está retornando do corpo em direção aos pulmões. A metade esquerda recebe sangue ricamente oxigenado (sangue arterial), proveniente dos pulmões, e que será enviado para o corpo pela artéria aorta.

A evolução do coração nas aves e nos mamíferos acompanhou a evolução do metabolismo desses animais, todos homeotermos. A ausência de mistura sanguínea garante o envio constante de sangue rico em oxigênio aos tecidos, favorecendo a manutenção da taxa metabólica elevada, característica da homeotermia.

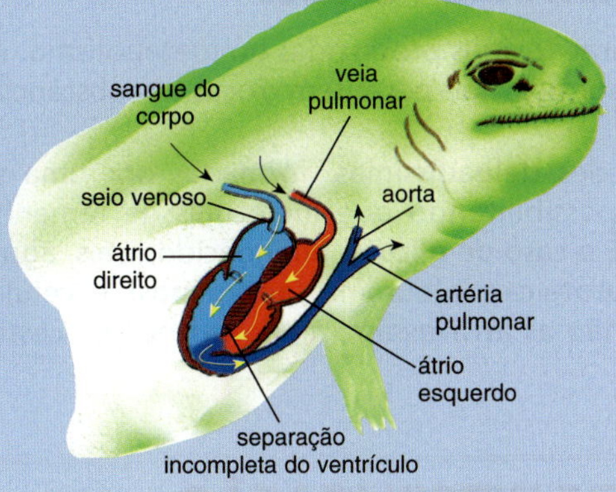

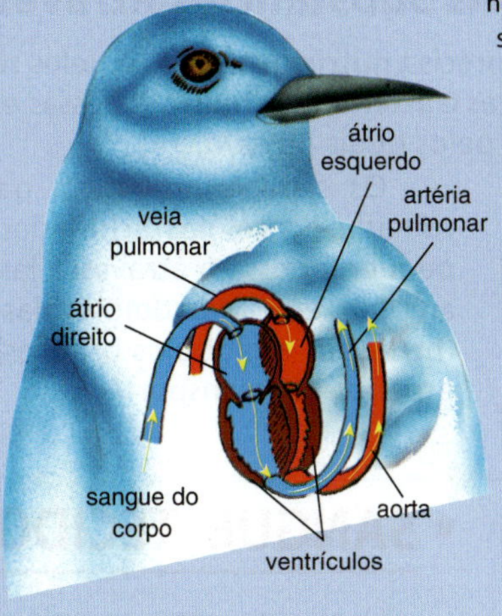

Figura 14-6. Evolução do coração dos vertebrados.

▪ VASOS SANGUÍNEOS: CONDUTORES DE SANGUE

Saindo do coração, a artéria aorta origina ramos de menor calibre que se dirigem para a cabeça (artérias carótidas) e os membros superiores e segue conduzindo sangue para o resto do corpo. As artérias sofrem cada vez mais ramificações, até se formarem as arteríolas e, por fim, os capilares. Pela parede finíssima dos capilares ocorrem as trocas de materiais entre o sangue e os tecidos.

Para o retorno do sangue ao coração, os capilares se reúnem, formando vênulas, que originam veias de calibre progressivamente maior, até se formarem as duas veias cavas, que desembocam no átrio direito.

Circulação **307**

Diferenças entre Artérias e Veias

Importantes diferenças podem ser encontradas entre esses dois tipos de vaso. Uma delas refere-se à estrutura da parede. Nas artérias, ela costuma ser mais espessa e rica em tecido elástico e fibras musculares lisas (veja a Figura 14-7).

Anote!
Os vasos linfáticos possuem parede menos espessa que a de veias e artérias, contendo praticamente as mesmas camadas.

Recorde que a parede das artérias deverá suportar maior pressão sanguínea derivada do bombeamento sistólico do coração. Nas veias, o retorno venoso ocorre sob baixa pressão. Não há refluxo de sangue, pois a parede de muitas veias é dotada de *válvulas* que, quando se abrem, permitem o fluxo de sangue em um único sentido (a caminho do coração).

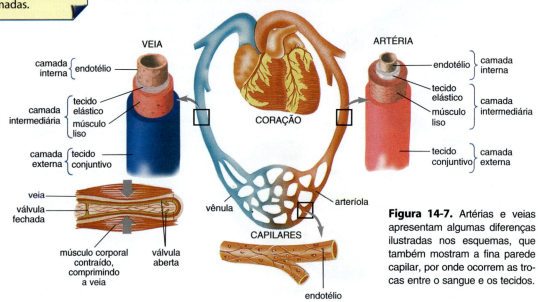

Figura 14-7. Artérias e veias apresentam algumas diferenças ilustradas nos esquemas, que também mostram a fina parede capilar, por onde ocorrem as trocas entre o sangue e os tecidos.

Capilares: As Substâncias Atravessam suas Paredes

O sangue precisa nutrir os tecidos e deles retirar toxinas produzidas no metabolismo. As paredes das veias e artérias são muito espessas e, por isso, não permitem trocas de substâncias com os tecidos pelos quais passam.

Os capilares possuem paredes delgadíssimas, formadas por uma só camada de células achatadas, possibilitando que moléculas de tamanho pequeno possam atravessá-las. É o caso de glicose, aminoácidos, sais, água, amônia etc. Macromoléculas proteicas (albumina, anticorpos) e células (hemácias e glóbulos brancos) não as atravessam, a não ser por processos especiais de transporte.

Tabela 14-2.
Composição e funções do sangue.

Composição
água
sais (Na^+, Cl^-, HCO_3^-, Ca^{++})
glicose
aminoácidos
proteínas (fibrinogênio, protrombina, anticorpos, albumina)
lipoproteínas (LDL, HDL)
triglicérides
hormônios
ureia
gases (O_2, CO_2)

Funções
transporte de nutrientes às células
remoção de resíduos metabólicos das células
transporte de hormônios e de anticorpos
distribuição de calor
transporte de gases respiratórios
coagulação
defesa

▪ SANGUE: TECIDO DE INTERLIGAÇÃO

O plasma, uma complexa mistura de substâncias químicas em água, representa 55% do volume total do sangue. Dele fazem parte aminoácidos, glicose, proteínas, triglicerídios, lipoproteínas, anticorpos, hormônios, ureia, sais minerais, gases etc. (veja a Tabela 14-2).

Os 45% restantes correspondem à parte figurada, formada por três tipos de elementos celulares: **glóbulos vermelhos** (hemácias ou eritrócitos), **glóbulos brancos** (leucócitos) e **plaquetas** (trombócitos, na verdade, fragmentos de células).

Esses elementos são todos produzidos na medula óssea dos ossos longos e chatos. Desempenham as seguintes funções:

Anote!
Existem aproximadamente 5,6 L de sangue no corpo de um homem de 70 kg, o que corresponde a cerca de 8% do peso corporal.

- *glóbulos vermelhos*: transporte de gases respiratórios, O_2 e CO_2;
- *glóbulos brancos*: defesa fagocitária (realizada pelos neutrófilos e monócitos) e defesa imunitária (realizada pelos linfócitos) do organismo;
- *plaquetas*: atuam no processo de coagulação do sangue.

Algumas situações podem provocar aumento ou diminuição do número das células sanguíneas. A produção de glóbulos vermelhos, por exemplo, aumenta em resposta à diminuição da pressão parcial de oxigênio em regiões de grande altitude. É comum, por exemplo, atletas brasileiros que vão participar de competições em La Paz, na Bolívia, a uma altitude de 3.650 m, terem de passar por um período de "aclimatação". Durante esse período, a medula óssea reage à diminuição do teor de oxigênio e produz mais glóbulos vermelhos. Com mais hemácias circulando pelo sangue, aumenta a capacidade de captação do oxigênio.

A diminuição no número de hemácias acontece nas anemias (do grego, *an* = sem + *haîma* = sangue). Essa condição é comum em verminoses (tipo amarelão), hemorragias, tumores da medula óssea e falta de vitamina B_{12}.

Anote! A forma bicôncava das hemácias aumenta a relação superfície/volume das células, o que torna possível que um número maior de moléculas de O_2 e de CO_2 se difunda através da membrana.

De olho no assunto!

Os elementos do sangue

Tipos	Quantidade média/mL	Funções	Variações
Glóbulos vermelhos (hemácias)	homem: 5,4 milhões mulher: 4,8 milhões	Transporte de O_2 e CO_2.	*Diminuição:* anemia (verminoses, hemorragias, deficiências de vitamina B_{12}). *Aumento:* pessoas que vivem em regiões de grande altitude.
Glóbulos brancos (leucócitos)	4.000 a 11.000	Defesa fagocitária e imunitária.	*Diminuição:* lesões na medula óssea e algumas infecções. *Aumento:* infecções e leucemia.
Plaquetas (trombócitos)	250.000 a 400.000	Coagulação do sangue.	*Diminuição* e *aumento* provocados por certas doenças.

De olho no assunto!

Eritropoietina e produção de hemácias

Em situações em que os tecidos deixam de receber adequadas quantidades de oxigênio, os rins sintetizam e liberam o hormônio **eritropoietina (EPO)**, que estimula a produção de mais glóbulos vermelhos na medula óssea.

Com a normalização do fornecimento de oxigênio aos tecidos, cessa a liberação de eritropoietina e a produção de hemácias retorna ao nível normal. É comum a utilização de derivados desse hormônio por atletas que participam de competições esportivas, com a finalidade de aumentar o fornecimento de oxigênio aos tecidos. Esse tipo de *doping* tem sido combatido com vigor pelas autoridades esportivas.

A Coagulação Sanguínea

Após um ferimento, as plaquetas desencadeiam o processo de coagulação do sangue por meio da liberação dos fatores de coagulação. O coágulo detém uma eventual hemorragia.

Inicialmente, as plaquetas liberam a enzima *tromboplastina* que, em presença de íon cálcio, converte a proteína solúvel *protrombina*, presente no plasma, na enzima *trombina*. A trombina catalisa a transformação da proteína solúvel *fibrinogênio*, presente no plasma, em *fibrina*, proteína insolúvel. A fibrina forma uma rede fibrosa (coágulo), que adere à região da ferida, estancando a perda de sangue.

Anote! A protrombina (do grego, *pró* = antes + *thrómbos* = coágulo) é produzida no fígado com auxílio de vitamina K. Essa vitamina é sintetizada por bactérias que vivem no nosso intestino.

Circulação **309**

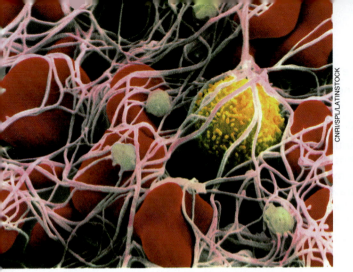

Coágulo sanguíneo visto ao microscópio eletrônico de varredura. Glóbulos vermelhos estão "aprisionados" em uma rede de fibrina, uma proteína insolúvel. Pequenas plaquetas (em verde) e um glóbulo branco (em amarelo) também podem ser vistos nesse coágulo.

Veja o esquema abaixo:

Anote!

Nos bancos de sangue, após coleta, o sangue é colocado em frascos contendo substâncias que impedem sua coagulação. Uma das medidas é a utilização de agentes descalcificantes.

Leitura

A síndrome da classe econômica

Quem poderia imaginar que uma simples viagem de avião pudesse causar problemas circulatórios graves e até levar à morte? O assunto é conhecido como *síndrome da classe econômica*. Quando o indivíduo fica sentado por um longo período de tempo, o retorno do sangue das pernas para o coração é mais lento, devido principalmente a três fatores: em repouso, há uma diminuição do ritmo cardíaco; não há a ajuda dos músculos para levar o sangue para cima, já que eles estão relaxados; e, por último, fica inativa uma camada de gordura na planta do pé que funciona como uma mola sobre o sistema circulatório.

O ar extremamente seco das aeronaves também contribui para essa complicação. Há uma tendência à desidratação, o que acarreta maior viscosidade sanguínea, facilitando a formação de coágulos.

Quando a pessoa volta a se movimentar, pode ocorrer uma embolia pulmonar: o coágulo se desloca pelo corpo, consegue passar pelo coração, mas acaba parando em uma das artérias do pulmão, diminuindo seu calibre.

Para evitar a síndrome é importante que pessoas sentadas movimentem os pés e as pernas pelo menos a cada duas horas.

Tecnologia & Cotidiano

A hemofilia

A hemofilia é uma anomalia genética em que o sangue não coagula. No tipo mais comum de hemofilia, um dos fatores de coagulação – o *fator VIII* – é produzido com defeito. Toda a cadeia que depende desse fator fica prejudicada. Não há produção de fibrina. O tratamento de pessoas com essa deficiência pode ser feito com injeções de fator VIII, obtido do sangue de pessoas normais. Tem-se procurado fazer a síntese desse fator por meio de técnicas de Engenharia Genética, evitando-se, assim, riscos de doenças, como, por exemplo, a AIDS e as hepatites, que podem ser contraídas durante uma transfusão.

As Trocas entre Sangue e Tecidos

Nas trocas entre o sangue e os tecidos, que ocorrem pelas paredes capilares, duas pressões estão em jogo, exercendo efeitos opostos: a *pressão sanguínea*, que tende a "empurrar" água e substâncias dissolvidas através da parede dos capilares, e a *pressão osmótica* de proteínas (determinada principalmente pela *albumina*), que tende a "puxar" de volta a água e demais substâncias que estão banhando os tecidos. Da relação de forças exercidas por essas duas pressões é que os tecidos são nutridos.

Assim, na extremidade inicial do capilar, a pressão sanguínea é maior que a osmótica. Como resultado, água e moléculas pequenas atravessam a parede capilar, em direção aos tecidos. Com a saída de água, porém, o sangue se concentra e, então, a pressão osmótica, que até então era baixa e constante, eleva-se superando a pressão sanguínea. Com a elevação da pressão osmótica de proteínas, ocorre o retorno da água carregando alguns nutrientes, assim como restos metabólicos. Veja a Figura 14-8.

Certa quantidade de líquido sempre permanece nos tecidos após as trocas entre eles e os capilares sanguíneos. Esse líquido residual é conhecido como **linfa** e sua absorção é feita por vasos linfáticos, componentes do sistema linfático.

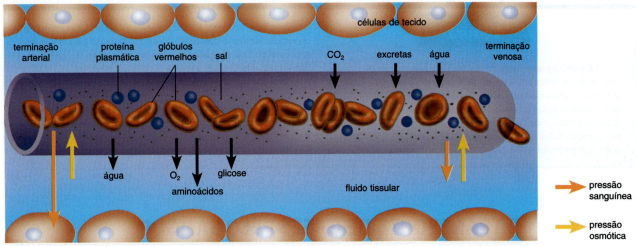

Figura 14-8. Ilustração das várias forças que interagem entre o fluxo capilar e o fluido que o envolve. Observe que na terminação arterial do capilar a pressão sanguínea é maior do que a pressão osmótica, o que faz com que a água tenda a sair do capilar em direção ao fluido circundante. O oposto ocorre na terminação venosa: com a pressão osmótica maior do que a pressão sanguínea, a água tende a voltar ao capilar. Entre as extremidades, há entrada e saída de moléculas, segundo o gradiente de concentração, mas não há entrada ou saída de glóbulos vermelhos e de proteínas plasmáticas em virtude do tamanho dessas estruturas.

De olho no assunto!

A pressão e a velocidade do sangue nos vasos sanguíneos

Com que velocidade o sangue flui pelos vasos sanguíneos? E qual a relação da pressão do sangue com a velocidade? Para responder a essas duas perguntas, você só precisa ter conhecimentos básicos de matemática, física, biologia e química. Veja como é fácil. A Figura 14-9 mostra a área da secção transversal de alguns vasos sanguíneos componentes do sistema circulatório de um vertebrado. Note que a área total dos capilares é maior do que as correspondentes da artéria e da veia.

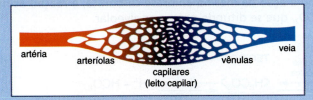

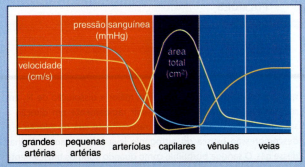

Figura 14-9. Área dos vasos e sua relação com a pressão e velocidade sanguíneas.

Agora, consulte os gráficos da Figura 14-10. Neles relacionamos a pressão arterial e a velocidade do sangue com a área total dos vasos. Perceba que, na artéria, de *pequena área* de secção transversal, a *pressão* e a *velocidade* são elevadas, fazendo ocorrer o fluxo de sangue em direção aos capilares. Nestes, a *pressão* do sangue é *menor* e, como a área total da secção transversal é maior do que a da artéria, a *velocidade* se *reduz*, o que favorece a lenta passagem e a troca de substâncias (por exemplo, gases) entre o sangue que percorre os capilares e os tecidos. Na veia, a *área diminui*, o que faz a *velocidade crescer* – embora a pressão permaneça baixa – e permite que ocorra o retorno do sangue ao coração.

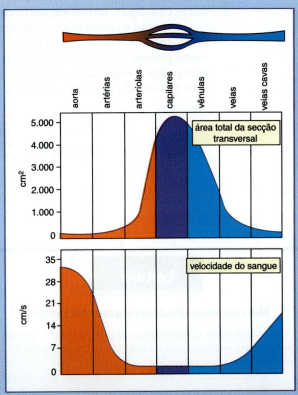

Figura 14-10. Relação entre a área total da secção transversal e a velocidade do sangue.

Circulação **311**

Leitura

A nutrição adequada de um tecido e a remoção de toxinas por ele produzidas resultam do perfeito relacionamento entre as pressões sanguínea e osmótica. Qualquer desvio no valor de uma delas pode resultar em danos para o organismo. Se, por exemplo, a pressão sanguínea for elevada em demasia (pressão alta), pode haver ruptura das paredes capilares com consequências danosas para o organismo, principalmente se essa ruptura ocorrer nos capilares que banham o tecido nervoso cerebral, resultando no chamado "derrame cerebral". O sangue jorra no tecido nervoso, a circulação fica prejudicada, não há renovação de oxigênio e nutrientes, provocando a morte de células nervosas.

Por sua vez, a redução da pressão osmótica de proteínas pode provocar a formação de "inchaços" nos tecidos. Em certas doenças nutricionais, como, por exemplo, no kwashiorkor, a albumina deixa de ser produzida em razão da deficiência de proteínas na dieta, levando à queda da pressão osmótica e à ocorrência de edemas ("inchaços") em algumas regiões do corpo.

▪ O TRANSPORTE DE GASES PELO SANGUE

O oxigênio é transportado praticamente apenas pelas hemácias, ligado à hemoglobina, uma molécula proteica composta de quatro unidades, cada qual contendo um íon Fe^{++}. Cada um desses íons associa-se a uma molécula de O_2. Forma-se assim a *oxiemoglobina*.

A reação de associação (oxigenação) da hemoglobina é, simplificadamente, assim representada: $Hb + 4\ O_2 \rightarrow Hb(O_2)_4$.

É uma reação reversível e, uma vez nos tecidos ávidos por oxigênio, o gás se dissocia da hemoglobina, encaminhando-se às células.

A solubilidade do CO_2 na água é vinte vezes maior que a do oxigênio. Por isso, uma parcela desse gás, aproximadamente 9%, é conduzida em solução na água do plasma. Outra parcela, cerca de 27%, liga-se à hemoglobina, constituindo a *carboemoglobina*, segundo a reação $CO_2 + Hb \rightarrow HbCO_2$. Essa reação também é reversível: a associação do gás carbônico com a hemoglobina ocorre nos tecidos e sua dissociação, nos alvéolos pulmonares.

A maior parcela de CO_2, porém, cerca de 64%, é transportada no plasma na forma de íons bicarbonato, HCO_3^-. Esses íons são formados quando o gás carbônico entra na hemácia e reage com água, formando ácido carbônico, H_2CO_3.

A reação é catalisada pela enzima *anidrase carbônica*, existente na hemácia. O H_2CO_3, um ácido instável, logo se ioniza em H^+ e HCO_3^-. O H^+ é preso pela hemoglobina. O HCO_3^- difunde-se no plasma, sendo assim transportado até os pulmões. Chegando aos capilares alveolares, o HCO_3^- volta a ingressar na hemácia. Sob a ação da mesma anidrase carbônica, a reação acontece em sentido contrário. Forma-se CO_2, que se difunde para o ar alveolar.

> **Anote!**
> HbO_2 é conhecida como oxiemoglobina e $HbCO_2$ como carboemoglobina.

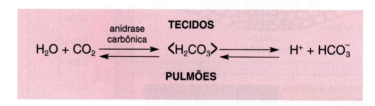

Leitura

Mal dos mergulhadores e gases no sangue

Quanto maior a profundidade, maior é a pressão a que um mergulhador está submetido – a cada 10 metros que ele desce, a pressão aumenta em 1 atmosfera.

O equipamento de mergulho deve fornecer ar à mesma pressão do local em que o mergulhador se encontra. Além de O_2 e CO_2, o ar do cilindro de mergulho também possui nitrogênio, um gás biologicamente inerte; porém, quanto maior a pressão a que o mergulhador está submetido, maior a dissolução de N_2 em seu sangue. Se o mergulhador subir rapidamente em direção à superfície, o N_2 tende a reverter rapidamente sua dissolução e a descompressão brusca do nitrogênio leva à formação de bolhas desse gás. O sangue borbulha, como quando abrimos bruscamente uma garrafa de refrigerante – as bolhas de nitrogênio deslocam-se pelo sangue, podendo obstruir importantes vasos, o que leva a uma embolia gasosa particularmente grave se ocorrer nos vasos que irrigam o cérebro. Outro problema grave é o referente à *narcose*, uma alteração no estado de consciência, gerada por esse gás, ao agir no sistema nervoso do mergulhador.

De olho no assunto!

Hemoglobina e oxigênio: uma união instável

O gráfico da Figura 14-11 mostra a **curva de saturação da hemoglobina**, que representa a *porcentagem de moléculas de oxigênio que ficam retidas na hemoglobina* (ordenada) em função da pressão parcial de oxigênio no local por onde a hemoglobina está transitando (abscissa).

Veja como é fácil entender a mensagem que a curva transmite: considere, por exemplo, a pressão parcial de 20 mmHg, normalmente encontrada em capilares que banham o tecido muscular esquelético. Note que apenas cerca de 33% do oxigênio permanece ligado à hemoglobina. Os 65% restantes se dissociaram (se separaram da hemoglobina) e se difundiram para as células musculares. No extremo oposto, ou seja, em um local em que a pressão parcial do oxigênio é 100% (caso dos alvéolos pulmonares), cerca de 98% da hemoglobina está saturada de oxigênio. Isso quer dizer que o oxigênio se difunde do ar existente nos alvéolos pulmonares para as hemácias, ligando-se às moléculas de hemoglobina. A curva sigmoide revela que a saturação aumenta progressivamente até atingir o máximo de 98%.

No gráfico da Figura 14-12, mostramos o comportamento da curva de saturação em duas outras situações.

A curva amarela, deslocada à esquerda em relação à curva normal, é a da saturação da hemoglobina fetal (HF), cuja composição difere da hemoglobina encontrada nas pessoas adultas (HA). Note que para a mesma pressão parcial de oxigênio, por exemplo, 20 mmHg, a porcentagem de oxigênio retido na hemoglobina é maior, o que revela que a afinidade da hemoglobina fetal pelo oxigênio é maior do que a da hemoglobina A (materna). Esse fato nos faz entender por que, no nível dos capilares da placenta, o oxigênio flui no sentido da hemoglobina materna para a hemoglobina fetal. Para um ser em desenvolvimento, retido em uma bolsa de água sem poder executar as suas próprias trocas gasosas, essa é uma adaptação extremamente importante na obtenção do máximo possível de oxigênio. Após o nascimento, progressivamente ocorre uma diminuição da hemoglobina fetal e a pessoa passa a ter apenas a hemoglobina normalmente encontrada na fase adulta.

A curva azul, deslocada à direita em relação à curva normal, é a da saturação do oxigênio em três situações combinadas: alta concentração de gás carbônico, diminuição do pH sanguíneo (7,2, um pouco menor que o pH normal do sangue, que é de 7,4) e temperatura elevada. Veja como é lógico: imaginando uma situação em que se realiza intenso esforço muscular, as células respiram bastante, liberam muito gás carbônico que, reagindo com a água do sangue, produz ácido carbônico. Isso faz a acidez aumentar um pouco (o pH vai para 7,2), o mesmo ocorrendo com a temperatura (mais calor é liberado). Nessa condição, a hemoglobina deve soltar com mais facilidade o oxigênio, o qual se dissocia da hemoglobina e se dirige às células musculares para uso na respiração aeróbia.

Você é capaz de responder o que ocorre no caso de uma pessoa estar com febre?

Anote!
Nos girinos, a hemoglobina possui maior afinidade pelo oxigênio do que a hemoglobina dos sapos adultos. Essas larvas costumam viver em locais de água parada, com pequena concentração de oxigênio, e, por isso, possuir moléculas de hemoglobina com elevada afinidade por oxigênio é uma vantagem adaptativa.

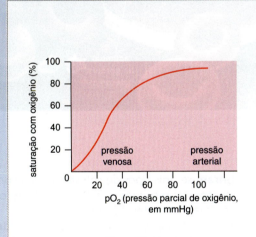

Figura 14-11.

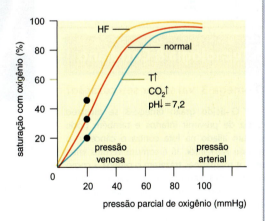

Figura 14-12.

▪ O COLESTEROL E O ENTUPIMENTO DAS ARTÉRIAS

A obstrução das artérias que irrigam o coração impede a passagem de sangue e a área à frente do bloqueio deixa de receber oxigênio, ocasionando a morte de parte do tecido cardíaco (**infarto do miocárdio**). Dependendo da extensão da morte das fibras cardíacas, o coração pode ficar muito comprometido e parar de funcionar. Se o bloqueio ocorrer em artérias que irrigam o cérebro, pode acontecer "derrame cerebral" ou AVC (acidente vascular cerebral).

> **Anote!**
> No Brasil, cerca de 30% das internações hospitalares são devidas às doenças cardiovasculares, sendo que 40.000 pessoas morrem, por ano, em decorrência de um ataque cardíaco.
> As principais causas de ataque cardíaco são: fatores genéticos, colesterol, fumo, hipertensão arterial e *stress*.

Uma das causas do entupimento de artérias é a formação de coágulos em algum lugar do corpo, que podem "viajar" pelo sangue, bloqueando um vaso. Outra causa é o *depósito de colesterol* que se forma na parede das artérias (veja a Figura 14-13).

O colesterol, para os químicos um álcool complexo e para os biólogos um lipídio, é normalmente sintetizado no fígado e participa da composição da membrana plasmática e de alguns hormônios. O depósito de colesterol nas artérias conduz à **aterosclerose**: a passagem do sangue fica cada vez mais dificultada até a artéria se entupir, ocasionando o infarto ou derrame.

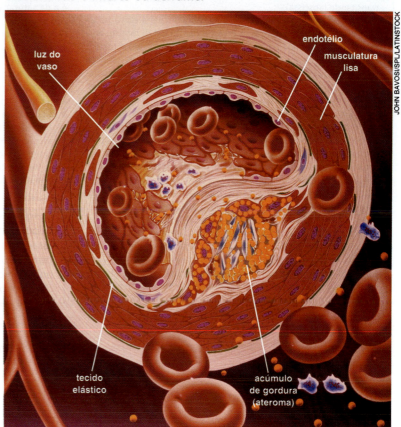

Figura 14-13. Deposição de colesterol na parede de artérias: um problema do homem moderno.

Tecnologia & Cotidiano

O ômega-3 vai salvar seu coração?

O ácido graxo ômega-3 se mostrou capaz de prevenir infartos e também pode ser um aliado na luta contra o câncer e o mal de Alzheimer. Já é comum vermos leite, ovos e margarinas trazerem o ômega-3 como um de seus componentes. Suas moléculas tiram de circulação os triglicérides, substâncias que estimulam a produção de coágulos que podem entupir as artérias. O ômega-3 também é uma barreira contra outras substâncias formadoras de coágulos. Os peixes são a melhor fonte de ômega-3, sugerindo-se consumi-los 3 vezes por semana. Deve-se evitar a fritura do peixe, pois isso pode levar à oxidação do ômega-3.

Pesquisadores observaram, durante um ano, o comportamento de 100 cardíacos. Durante esse tempo, metade deles comeu peixe todo dia. Os demais mantiveram seu cardápio normal. O resultado apontou que o consumo diário de peixes reduziu as placas de gordura existentes. Outros estudos mostram que o ômega-3 é fundamental para o funcionamento do cérebro e da retina.

HDL e LDL

Recentemente, descobriram-se dois tipos de colesterol, de acordo com a proteína que o transporta: o primeiro, o "bom" colesterol (proteína HDL), e o outro, o "mau" colesterol (proteína LDL).

A LDL (do inglês, *Low Density Lipoprotein* = lipoproteína de baixa densidade) transporta o colesterol para diversos tecidos e para glândulas endócrinas, onde é utilizado. Acontece, porém, que a LDL também conduz colesterol para as artérias. Quando há excesso, esse colesterol começa a ser depositado nas paredes arteriais, podendo levar à aterosclerose.

A HDL (do inglês, *High Density Lipoprotein* = lipoproteína de alta densidade) faz exatamente o contrário: transporta colesterol das artérias e outros órgãos para o fígado, onde é inativado.

Sabe-se hoje que uma dieta não adequada, rica em ácidos graxos saturados (carnes vermelhas, miúdos), *stress*, fumo e vida sedentária são fatores que promovem aumento de LDL. Por outro lado, dieta à base de óleos vegetais insaturados, carnes brancas (peixe e frango) e exercícios físicos regulares (andar, por exemplo) são fatores estimulantes da produção de HDL.

▪ O SISTEMA LINFÁTICO

O sistema linfático está ligado ao sistema cardiovascular e suas principais funções são:
- coletar e fazer retornar ao sangue a linfa retida nos tecidos;
- defender o organismo contra microrganismos;
- absorver lipídios resultantes da digestão de gorduras, que ocorre no duodeno.

O sistema linfático (veja a Figura 14-14) é composto de finos vasos, os **capilares linfáticos** (ou vasos linfocapilares). A **linfa** que banha os tecidos é absorvida por esses finíssimos vasos. Capilares linfáticos se reúnem formando vasos maiores, que terminam por formar um grande vaso linfático, o **ducto torácico**, que, por sua vez, desemboca em uma veia que se dirige ao coração. Qualquer obstrução ou lesão dos vasos linfáticos leva a inchaços (também conhecidos como *edemas linfáticos*).

Em muitos lugares do corpo, os vasos linfáticos penetram em **linfonodos** (também chamados de *nódulos* ou *gânglios linfáticos*), onde há grupamentos de linfócitos, estrategicamente situados no circuito linfático.

Os linfonodos, resumidamente, possuem duas importantes funções:
- filtrar a linfa que por eles passa lentamente e
- ser o local de amadurecimento de linfócitos, importantes células de defesa do corpo.

Anote!

Uma infecção viral ou bacteriana pode provocar aumento de volume de nódulos linfáticos, pois os linfócitos dos linfonodos começam a se multiplicar rapidamente. São as conhecidas *ínguas*.
Os linfonodos são inúmeros no pescoço, nas axilas, na região inguinal, no tórax e no abdômen. As *amígdalas* (ou tonsilas palatinas), por exemplo, são massas de tecido linfático e a *amigdalite* é o crescimento das amígdalas em virtude da reação à grande quantidade de bactérias ou vírus presentes.

Ética & Sociedade

O monóxido de carbono, CO, é um gás que possui cerca de 200 vezes mais afinidade pela hemoglobina que o oxigênio. Ele se liga à hemoglobina formando a *carboxiemoglobina* (HbCO). Nesse caso, com menos oxigênio ligado à hemoglobina, diminui a quantidade de oxigênio liberado aos tecidos.

Motores de explosão, que utilizam derivados de petróleo, e a queima de madeira ou carvão liberam monóxido de carbono. Uma causa provável das tonturas e dores de cabeça que as pessoas sentem nas grandes cidades é o elevado teor de CO existente no ar que elas respiram.

As autoridades estão cada vez mais conscientes da necessidade de regulamentar a emissão de gases tóxicos, mas é preciso que cada um faça sua parte: controlar o estado dos veículos automotores a fim de que operem segundo as normas do fabricante e não poluindo o meio ambiente é dever de cada cidadão.

- Os dirigentes de algumas cidades estão estimulando o uso de bicicletas pela população a fim de diminuir o trânsito de veículos automotores e, consequentemente, a emissão de CO para a atmosfera. Você considera seguro o trânsito de bicicletas pelas ruas ao lado de carros e ônibus? Por quê?
- Sugira uma medida que, de fato, você e sua família possam adotar para contribuir com a não emissão de monóxido de carbono para a atmosfera.

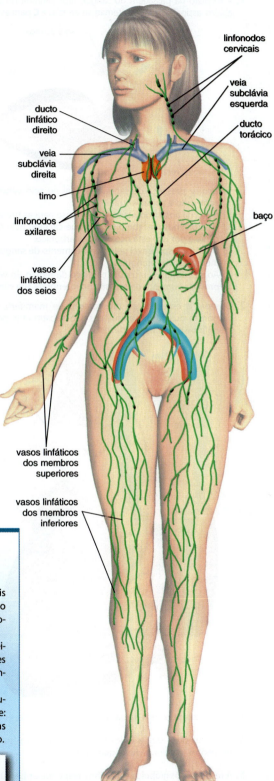

Figura 14-14. Sistema linfático humano.

Circulação **315**

Passo a passo

1. A respeito da passagem do sangue representada no esquema abaixo, assinale **E** para as alternativas erradas e **C** para as corretas.

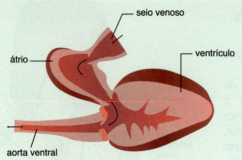

a) Ocorre presença de sangue arterial no seio venoso, átrio, ventrículo e aorta ventral.
b) A artéria aorta conduz sangue venoso para as brânquias.
c) O seio venoso recebe o sangue que circulou pelo corpo do peixe e por isso está rico em gás carbônico.
d) O átrio é responsável pelo bombeamento de sangue diretamente para as brânquias.
e) Ao se contrair, o músculo cardíaco da região do ventrículo provoca aumento de pressão no interior de sua câmara.

2. Observe o esquema de um coração de mamífero, no qual os nomes dos vasos sanguíneos são substituídos por letras. Identifique o nome de cada vaso.

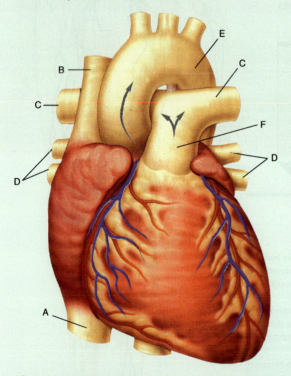

3. Cite os componentes da parte figurada do sangue.

4. É correto dizer que a única função do plasma é transportar nutrientes às células? Justifique sua resposta.

5. A respeito dos glóbulos vermelhos, responda às perguntas:
a) Onde são produzidos?
b) Quanto tempo dura um glóbulo vermelho no ser humano?
c) Cite o nome da molécula responsável pelo transporte dos gases da respiração.
d) O que acontece com o número de glóbulos vermelhos em região de grande altitude? Justifique sua resposta.

6. Com relação ao transporte de oxigênio e de gás carbônico pelo sangue:
a) Cite uma evidência de que a ligação do oxigênio à hemoglobina é reversível.
b) É correto dizer que ocorre uma reação química entre as moléculas de oxigênio e as de hemoglobina?
c) Sob que forma ocorre o transporte da maior porcentagem de gás carbônico?
d) Qual a diferença entre os termos carboemoglobina e carboxiemoglobina?
e) Que tipo de prejuízo ao organismo é causado pela união estável do monóxido de carbono à hemoglobina?

7. Um fluido é forçado a sair dos capilares pela pressão sanguínea para banhar os tecidos. Ocorre que de 1 a 2% desse fluido não volta para os capilares sanguíneos. Cite o nome da estrutura que recolhe esse fluido, encaminhando-o para o sistema circulatório, que o leva de volta ao coração.

8. Quem é o responsável pelo depósito de colesterol que pode entupir os vasos sanguíneos, HDL ou LDL? Justifique sua resposta.

9. A sequência correta dos vasos sanguíneos percorridos pelo sangue no sistema circulatório humano é:
a) veias cavas, veias pulmonares, artéria pulmonar, artéria aorta.
b) veias cavas, artéria pulmonar, veias pulmonares, artéria aorta.
c) artéria aorta, artéria pulmonar, veias pulmonares, veias cavas.
d) artéria pulmonar, veias pulmonares, veias cavas, artéria aorta.
e) veias cavas, artéria aorta, artéria pulmonar, veias pulmonares.

10. Assinale as alternativas corretas e dê a soma ao final. Os artrópodos e os moluscos, representados pelos dois animais ilustrados a seguir, apresentam:

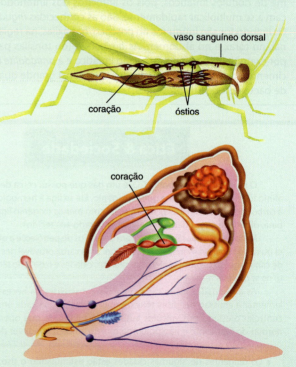

(01) circulação aberta.
(02) sangue com proteína responsável pelo transporte de oxigênio.
(04) trocas gasosas entre o sangue e os órgãos respiratórios.
(08) ausência de coração para impulsionar linfa ou sangue.
(16) menor pressão sanguínea do que a de um rato.

11. O coração dos mamíferos tem 4 cavidades, sendo dois ventrículos independentes um do outro e dois átrios também independentes um do outro. A comunicação entre o átrio e o ventrículo direito é feita pela válvula tricúspide, enquanto a comunicação entre o átrio e o ventrículo esquerdo é feita pela válvula bicúspide ou mitral. Explique a relação da abertura e do fechamento das válvulas com a sístole e a diástole.

12. O coração dos peixes é formado por quatro cavidades: um átrio, um ventrículo, o seio venoso, que se comunica com o átrio, e o cone arterial, que está em contato com o ventrículo. Apesar de os peixes possuírem quatro cavidades, qual a diferença entre a circulação deles e a dos mamíferos?

13. A função do sistema circulatório é manter um ambiente adequado para o funcionamento dos tecidos do corpo por meio do sangue. Esse ambiente consiste nas células sanguíneas e no plasma.

Como as células do organismo trabalham continuamente, o sangue tem de ser reabastecido para os tecidos receberem as substâncias de que necessitam para manter o seu metabolismo.

a) Cite o nome das estruturas que abastecem o plasma com nutrientes (glicose, por exemplo), eletrólitos (Na^+, K^+, Ca^+ etc.), vitaminas, hormônios, fatores coagulantes (protrombina, por exemplo), anticorpos e albumina (responsável pela pressão osmótica do sangue).

b) Cite os nomes das estruturas que abastecem o sangue com glóbulos vermelhos, glóbulos brancos e plaquetas.

c) Como o plasma é abastecido pelo bicarbonato (HCO_3^-)?

d) Qual o nome dos órgãos que retiram as excretas CO_2 e ureia?

14. Questão de interpretação de texto

(UNIRIO – RJ)

> Pesquisadores da Universidade de Cambridge, na Inglaterra, sugerem que o uso de *estatinas*, substâncias utilizadas no combate ao colesterol, podem retardar o envelhecimento das artérias.

As artérias dos pacientes que sofrem de doenças cardíacas (pressão alta, diabetes, colesterol alto) e têm hábitos desaconselhados (tabagismo, pouca ou nenhuma atividade física) envelhecem em uma progressão mais acelerada do que o resto do corpo.
As células das artérias mais "envelhecidas" não funcionam tão bem quanto as mais jovens. Por isso, são menos capazes de combater a ruptura dos depósitos de gordura, chamados de placas arterioscleróticas, o que pode bloquear as artérias e causar ataques cardíacos e derrames.
De acordo com o estudo, ao aumentar os níveis da proteína NBS-1, as estatinas aceleram a recuperação do DNA das células, aumentando o tempo de vida das artérias e prevenindo seu envelhecimento prematuro.

Disponível em: <http://www.bbc.co.uk>.

No plano estrutural, os vasos sanguíneos aos quais o texto se refere diferenciam-se das veias porque

a) nas artérias o sangue circula mais lentamente por estar sob baixa pressão.
b) as artérias possuem paredes mais espessas e ricas em fibras elásticas.
c) em geral, as artérias são bem mais visíveis e superficiais que as veias.
d) nas artérias o fluxo do sangue é impulsionado pela contração da musculatura estriada.
e) as artérias só transportam sangue arterial, rico em oxigênio.

Questões objetivas

1. (PUC – MG) Assinale o animal cujo sistema circulatório NÃO tem a função de transporte de gases.

a) minhoca   b) barata   c) polvo   d) lagosta   e) rã

2. (UNESP) O esquema representa uma visão interna do coração de um mamífero.

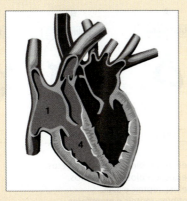

Considerando-se a concentração de gás oxigênio presente no sangue contido nas cavidades 1, 2, 3 e 4, pode-se dizer que

a) 2 = 3 < 1 = 4.
b) 2 = 3 > 1 = 4.
c) 2 = 1 > 3 = 4.
d) 2 > 3 = 1 > 4.
e) 2 < 3 = 1 < 4.

3. (UFV – MG) Durante a realização de atividade física, é natural que ocorra um aumento da pressão arterial. Esse aumento fisiológico difere do quadro de hipertensão durante atividades cotidianas e até quando se está em repouso. Por ser um quadro patológico e de evolução silenciosa, merece atenção e correta interpretação.

Considerando uma pressão arterial de 120 mmHg por 80 mmHg, assinale a alternativa correta.

a) No momento da sístole ventricular, a força que o sangue exerce na parede do vaso para passar pela área (artéria) comprimida (obliterada), como resultado do enchimento da bolsa de ar inflável que envolve o braço, é de 120 mmHg, representado no manômetro.
b) No momento da sístole atrial, a força que o sangue exerce na parede do vaso para passar pela área (artéria) comprimida (obliterada), como resultado do enchimento da bolsa de ar inflável que envolve o braço, é superior a 120 mmHg.
c) A bolsa de ar inflável que comprime o braço, quando exerce uma pressão acima de 120 mmHg, já permite um fluxo de sangue durante a diástole.
d) A bolsa de ar inflável que comprime o braço, quando exerce uma pressão abaixo de 80 mmHg, não permite um fluxo de sangue durante a sístole atrial.

4. (MACKENZIE – SP) Uma hemácia que esteja no ventrículo direito tem ___I___ e seguirá para __II__. Nesse local ocorrerá __III__ tornando o sangue __IV__.

Assinale a alternativa que preenche, correta e respectivamente, os espaços I, II, III e IV.

a) muito CO_2; o corpo; hematose; venoso
b) pouco O_2; os pulmões; hematose; arterial
c) muito O_2; o corpo; filtração; venoso
d) pouco CO_2; os pulmões; reabsorção; arterial
e) pouco O_2; o corpo; filtração; venoso

Circulação **317**

5. (FGV – SP) Em condições normais de saúde e repouso, o número de pulsações de um homem adulto é da ordem de 70 por minuto. Após um abundante almoço ou jantar, em que se ingerem carnes, conservas, pães e doces, o que se espera em relação ao número de pulsações por minuto é que

a) haja aumento desse número, devido à atividade cardíaca que se acelera em razão da diminuição da temperatura interna do corpo.
b) haja aumento desse número devido à maior necessidade de irrigação sanguínea dos tecidos do trato digestivo.
c) haja redução desse número, uma vez que a temperatura do corpo sofrerá pequena redução e, com isso, a atividade cardíaca diminui.
d) não haja qualquer alteração, uma vez que os alimentos ingeridos sofrerão digestão no estômago e intestino, sem qualquer interferência com a atividade cardíaca.
e) não haja qualquer alteração desse número, mas que haja aumento da pressão sanguínea em decorrência da quantidade de sal ingerida.

6. (FGV – SP) No filme *Viagem Insólita* (direção de Joe Dante, Warner Bros., EUA, 1987), um grupo de pesquisadores desenvolveu uma nave submergível que, juntamente com seu comandante, é miniaturizada e, em vez de ser injetada em um coelho, como previsto, é acidentalmente injetada na corrente sanguínea de um dos protagonistas da estória. Assim que chega a um dos vasos, o computador de bordo traça o trajeto da nave: (...) da veia ilíaca à veia cava inferior, ... à aorta, chegando ao primeiro destino: a área de junção do nervo óptico ao globo ocular.

Supondo que a nave acompanhe o fluxo da corrente sanguínea, entre a veia cava inferior e a aorta, a nave deve percorrer o seguinte trajeto:

a) átrio esquerdo; ventrículo esquerdo; pulmão; átrio direito; ventrículo direito.
b) átrio direito; ventrículo direito; pulmão; átrio esquerdo; ventrículo esquerdo.
c) ventrículo direito; átrio direito; pulmão; ventrículo esquerdo; átrio esquerdo.
d) ventrículo direito; átrio direito; ventrículo esquerdo; átrio esquerdo; pulmão.
e) pulmão; átrio direito; ventrículo direito; átrio esquerdo; ventrículo esquerdo.

7. (UFPR – adaptada) Considere a tabela abaixo, com informações sobre o sistema circulatório de vertebrados:

	Coração	Circulação
I –	dois átrios e dois ventrículos	dupla e completa, com aorta curvada para a direita
II –	um átrio e um ventrículo	simples e completa
III –	dois átrios e dois ventrículos	dupla e incompleta
IV –	dois átrios e dois ventrículos	dupla e completa, com aorta curvada para a esquerda
V –	dois átrios e um ventrículo trabeculado	dupla e incompleta

Assinale a alternativa com a sequência correta de animais a que corresponderiam as características indicadas de I a V.

a) I – bem-te-vi; II – truta; III – crocodilo; IV – homem; V – rã.
b) I – foca; II – sardinha; III – jacaré; IV – pato; V – sapo.
c) I – sabiá; II – salmão; III – rã; IV – boi; V – jabuti.
d) I – pardal; II – baleia; III – tartaruga; IV – onça; V – girino.
e) I – gato; II – atum; III – cascavel; IV – quero-quero; V – enguia.

8. (F. CARLOS CHAGAS) O esquema a seguir resume o sistema circulatório em um mamífero. Assinale a alternativa da tabela que indica corretamente os vasos que transportam sangue arterial e os que transportam sangue venoso.

	Sangue arterial	Sangue venoso
a)	I e II	III e IV
b)	I e III	II e IV
c)	I e IV	II e III
d)	II e III	I e IV
e)	III e IV	I e II

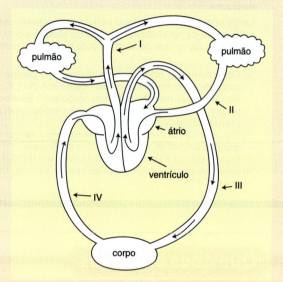

9. (UFT – TO) O transporte de substâncias pelo corpo é de extrema importância para levar os nutrientes, gases e resíduos pelo organismo e varia de acordo com a complexidade de cada ser, seguindo uma escala evolutiva. No esquema abaixo as letras A, B e C representam padrões de coração vertebrado e correspondem respectivamente a:

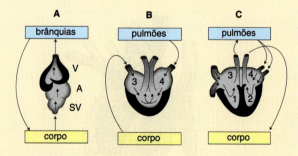

a) peixes, anfíbios, aves e mamíferos.
b) peixes, anfíbios e mamíferos.
c) peixes, répteis e aves.
d) anfíbios, répteis e mamíferos.
e) anfíbios, répteis, aves e mamíferos.

10. (UFSCar – SP) O sistema circulatório dos vertebrados mostra uma evolução ocorrida entre os grandes grupos. Na maioria das espécies de cada grupo, há um padrão na divisão das cavidades do coração. Isto pode ser confirmado na frase:

a) O coração dos peixes tem dois átrios e um ventrículo, ocorrendo a mistura do sangue venoso com o sangue arterial nos primeiros.

b) O coração dos anfíbios tem dois átrios e um ventrículo, ocorrendo a mistura de sangue venoso com o sangue arterial neste último.
c) O coração dos répteis tem dois átrios e um ventrículo, não ocorrendo mistura do sangue venoso com o sangue arterial.
d) O coração dos répteis é igual ao das aves, ocorrendo em ambos mistura do sangue venoso com sangue arterial.
e) O coração dos mamíferos apresenta dois átrios e dois ventrículos, parcialmente separados, ocorrendo mistura do sangue venoso com o sangue arterial em pequena escala.

11. (UNIR – RO) A hemoglobina é um pigmento vermelho dissolvido no plasma sanguíneo das minhocas. Sua função é o(a):
a) transporte de alimentos.
b) fagocitose.
c) transporte de gases.
d) digestão.
e) defesa.

12. (UNESP) Enquanto coletava plantas para a aula de botânica, Pedrinho acidentalmente perfurou o dedo com um espinho. Antes mesmo que providenciasse um curativo, percebeu que o sangue parara de escorrer pela pele perfurada. A formação do coágulo que estancou o sangue ocorreu porque
a) o fibrinogênio converteu-se em fibrina, por ação da enzima trombina.
b) a fibrina converteu-se em fibrinogênio, por ação da enzima tromboplastina.
c) a tromboplastina converteu-se em fibrina, por ação da enzima trombina.
d) a protrombina converteu-se em trombina, por ação da enzima fibrina.
e) a trombina converteu-se em fibrinogênio, por ação da enzima tromboplastina.

13. (UFAC) Os seres vivos necessitam de diversos tipos de sais minerais para o funcionamento eficaz das células. Na espécie humana, por exemplo, os íons de cálcio, dentre outras funções, participam da:
a) contração muscular e da formação do ácido clorídrico no estômago.
b) coagulação do sangue e da molécula dos ácidos nucleicos.
c) coagulação do sangue e da contração muscular.
d) composição do osso e da forma da hemoglobina.
e) forma da hemoglobina e da constituição dos hormônios da tireoide.

14. (FGV – SP) O gráfico ilustra a concentração de duas substâncias (I e II) no processo de coagulação sanguínea.

As substâncias I e II são, respectivamente,
a) fibrina e fibrinogênio.
b) protrombina e vitamina K.
c) protrombina e trombina.
d) trombina e cálcio.
e) protrombina e tromboplastina.

15. (MACKENZIE – SP) Um grupo de substâncias conhecidas como polissacarídeos sulfatados está envolvido em diversos processos como adesão, proliferação e diferenciação celular. Além disso, apresenta propriedades farmacológicas, podendo agir como anticoagulantes, anti-inflamatórios e antitumorais. Essas substâncias vêm sendo pesquisadas em animais, como ouriços-do-mar, pepinos-do-mar e ascídias.

Um dos mecanismos pesquisados está relacionado com o fato de que um espermatozoide de ouriço só fecunda um óvulo da mesma espécie. Em outro estudo, foi descoberto em ascídias uma substância semelhante à heparina, utilizada no tratamento de trombose.

Agência FAPESP,
10 set. 2010.

Assinale a alternativa correta.
a) Ouriços apresentam fecundação interna, exigindo um mecanismo de identificação dos gametas.
b) Mecanismos de identificação dos gametas têm como objetivo garantir a variabilidade genética.
c) A utilização de heparina no tratamento da trombose se deve ao fato de que essa substância impede a formação de fibrina.
d) Ouriços-do-mar, pepinos-do-mar e ascídias pertencem ao mesmo filo.
e) Os animais citados no texto são celomados e protostômios, como os demais invertebrados.

16. (UFOP – MG) Durante a respiração celular, será produzido gás carbônico, que se difunde para o líquido que banha os tecidos e é reabsorvido pelos capilares. A maior parte do gás carbônico penetra nos (1), onde reage com (2), formando (3), que se dissocia em (4) e (5).

Marque a alternativa que contém as palavras que completam corretamente a frase, substituindo os números entre parênteses.

a) leucócitos, água, íon bicarbonato, ácido carbônico, íon hidrogênio
b) eritrócitos, íon hidrogênio, ácido carbônico, água, íon bicarbonato
c) eritrócitos, água, ácido carbônico, íon hidrogênio, íon bicarbonato
d) leucócitos, íon hidrogênio, ácido carbônico, água, íon bicarbonato

17. (PUC – MG) Injeção de RNA diminui colesterol de animais

Bloqueio da síntese de proteína pode ser método alternativo para controlar substância no sangue

Uma nova estratégia para controlar o colesterol pode surgir de uma descoberta feita por um grupo internacional de pesquisadores. Eles mostraram que o bloqueio da síntese de uma única proteína é capaz de diminuir o colesterol sanguíneo de animais. O feito foi obtido com o uso da técnica conhecida como interferência de RNA (RNAi), cuja descoberta valeu a dois cientistas norte-americanos o Nobel de Medicina de 2006. Esse método permite "silenciar um gene" com a injeção de uma sequência de RNAi capaz de bloquear e eliminar um RNA mensageiro (RNAm) específico. No caso, a técnica foi usada para silenciar o gene responsável pela síntese da proteína que controla a quantidade de receptores de Lipoproteínas de Baixa Densidade (LDL). Esse bloqueio aumenta a quantidade de receptores de LDL nas membranas das células do fígado.

Adaptado de: Ciência Hoje online,
27 ago. 2008.

A esse respeito, é **INCORRETO** afirmar:
a) As partículas de lipoproteínas LDL transportam colesterol e outros lipídios na corrente sanguínea.
b) Os RNAi não impedem a transcrição, mas sim a tradução da mensagem genética.
c) Os animais normalmente produzem colesterol e sua ingestão pode contribuir para o aumento dos níveis sanguíneos desse lipídio.
d) Excesso de receptores de LDL hepático aumenta os níveis de colesterol sanguíneo e o risco de enfarto do miocárdio.

Circulação **319**

Questões dissertativas

1. (FUVEST – SP) O esquema abaixo representa o coração de um mamífero.

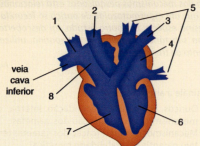

Indique, com os números correspondentes,
a) as câmaras do coração em que o sangue apresenta maior concentração de gás carbônico;
b) as câmaras do coração às quais chega sangue trazido por vasos;
c) o vaso que sai do coração com sangue venoso;
d) a câmara pela qual o sangue arterial sai do coração.

2. (UNICAMP – SP) Horas depois de uma pequena farpa de madeira ter espetado o dedo e se instalado debaixo da pele de uma pessoa, nota-se que o tecido ao redor desse corpo estranho fica intumescido, avermelhado e dolorido, em razão dos processos desencadeados pelos agentes que penetraram na pele juntamente com a farpa.
a) Indique quais células participam diretamente do combate a esses agentes externos. Explique o mecanismo utilizado por essas células para iniciar o processo de combate aos agentes externos.
b) Ao final do processo de combate forma-se muitas vezes uma substância espessa e amarelada conhecida como pus. Como essa substância é formada?

3. (UFRJ) O gráfico a seguir mostra a relação entre a disponibilidade de oxigênio na atmosfera e sua dissolução no sangue de indivíduos de duas populações. A curva *A* é típica de indivíduos aclimatados a grandes altitudes; já a curva *B* foi obtida em indivíduos que vivem ao nível do mar.

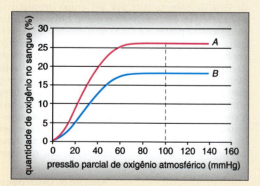

Observe que, por exemplo, sob uma pressão parcial de oxigênio de 100 mmHg, a quantidade de O_2 no sangue é de cerca de 18% na curva *B*, ao passo que, na curva *A*, à mesma pressão, há aproximadamente 26% de oxigênio no sangue.
Explique por que as quantidades de oxigênio dissolvido no sangue dos indivíduos A e B são diferentes.

4. (UFPR) O sistema circulatório é um importante sistema de integração entre as diferentes regiões de um organismo, em função do transporte de substâncias entre essas regiões. Em relação ao sistema circulatório, responda:

a) Como os cnidários sobrevivem sem esse sistema?
b) Quais são as consequências, para os animais, da presença de um sistema circulatório aberto? Dê um exemplo de animal com esse tipo de sistema.
c) Quais foram as tendências evolutivas relacionadas à circulação e ao coração dos vertebrados?

5. (PUC – RJ) O *stress* tem sido apontado como responsável por boa parte das doenças que afligem o homem moderno. Agora, entra na lista de mazelas mais um (e terrível) efeito colateral: o *stress* engorda. E não apenas porque o estressado costuma atirar-se avidamente sobre uma torta de chocolate. Num processo perverso, a vítima pode engordar mesmo com a boca fechada. O processo corre a sua revelia, porque a tensão contínua faz o organismo liberar, em maior quantidade, dois hormônios responsáveis pela obesidade – a adrenalina e a cortisona. Quanto mais tensão, maior o risco de engordar. Pior. Esse tipo de obesidade invariavelmente desencadeia doenças como diabetes, hipertensão arterial, infarto e derrame.

Revista *ISTOÉ*, 15 ago. 2010.

Considerando as doenças cardiovasculares destacadas na matéria jornalística:
a) Esquematize as circulações sistêmica e pulmonar nos seres humanos, indicando os principais componentes e os tipos de sangue em cada um deles.
b) Explique como ocorre o infarto do miocárdio.

6. (UFRJ) O hematócrito é a percentagem de sangue que é constituída de células. O hematócrito de três amostras de sangue está ilustrado nos tubos **1**, **2** e **3**, cujas partes escuras representam as células. As células foram sedimentadas, nos tubos graduados, por meio de centrifugação.

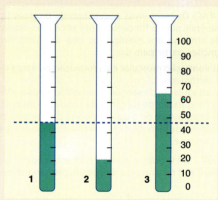

A linha tracejada representa o nível de hematócrito de um indivíduo normal, vivendo ao nível do mar. Uma das amostras de sangue foi obtida de um indivíduo normal, que morava há vinte anos numa cidade localizada a 4.500 m acima do nível do mar.
Qual amostra provém desse indivíduo? Justifique sua resposta.

7. (UNICAMP – SP) A alimentação rica em gordura, o sedentarismo e o consumo de cigarro são hábitos presentes na sociedade atual, sendo responsáveis, em parte, pela hipertensão arterial, que, por sua vez, favorece o acúmulo de placas de gordura na parede interna das artérias, causando a arteriosclerose.
a) O que ocorre com o fluxo sanguíneo nas artérias em que há acúmulo de placas de gordura? Justifique.
b) Em situação normal, quando o sangue bombeado pelo coração passa pelas artérias, esses vasos sofrem alterações estruturais, que permitem sua adaptação ao aumento da pressão. Explique como as artérias se alteram para se adaptar a esse aumento da pressão arterial. Que componente da parede da artéria permite essa adaptação?

8. (UFRJ) A eritropoetina (EPO) é uma proteína cuja atividade principal é estimular a produção de hemácias na medula óssea. A EPO produzida em laboratório tem sido usada pelos médicos no tratamento de certos tipos de anemia. Alguns atletas, no entanto, usam indevidamente a EPO com a finalidade de melhorar seu desempenho esportivo, prática denominada *doping* biológico.
Explique por que a EPO melhora o desempenho dos atletas.

9. (FUVEST – SP) As figuras a seguir ilustram um experimento realizado por William Harvey, cientista inglês do século XVII, que desvendou aspectos importantes da circulação sanguínea humana. Harvey colocou um torniquete no braço de uma pessoa, o que fez certos vasos sanguíneos tornarem-se salientes e com pequenas protuberâncias globosas (Fig. 1).

Ele pressionou um vaso em um ponto próximo a uma protuberância e deslizou o dedo em direção à mão (de O para H na Fig. 2) de modo a espremer o sangue. O vaso permaneceu vazio de sangue entre O e H, enquanto a pressão sobre esse último ponto foi mantida.

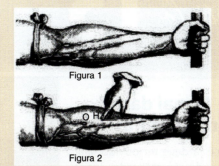

a) 1. Que vasos sanguíneos estão mostrados nos desenhos do experimento de Harvey?
   2. Por que eles se tornaram salientes com a colocação do torniquete?
b) Por que o vaso permaneceu vazio, entre a protuberância O e o ponto H, enquanto a pressão sobre esse último ponto foi mantida?

Programas de avaliação seriada

1. (PSS – UFAL) O tecido sanguíneo é caracterizado pela presença de diferentes tipos celulares. Sobre este assunto, assinale a alternativa que apresenta a correta correlação funcional das células abaixo.
   a) Hemácia – transporte de hemoglobina.
   b) Plaquetas – transporte de gás carbônico.
   c) Macrófagos – coagulação sanguínea.
   d) Linfócitos B – produção de anticorpos.
   e) Neutrófilos – produção de histamina.

2. (PISM – UFJF – MG) A entrada de um microrganismo patogênico no nosso corpo pode causar as reações abaixo, **EXCETO**:
   a) deslocamento de neutrófilos até o local infectado.
   b) produção de anticorpos pelos plasmócitos.
   c) fagocitose dos microrganismos invasores pelos macrófagos.
   d) ativação de linfócitos T.
   e) produção de antígenos pelas hemácias.

3. (PSIU – UFPI) O organismo dos mamíferos é suscetível à infecção por muitos agentes patogênicos, os quais devem, em primeiro lugar, fazer contato com o hospedeiro, para então estabelecer um foco de infecção, causando a doença. Tais microrganismos diferem muito em seus estilos de vida, nas estruturas de suas superfícies e nos métodos patogênicos, exigindo respostas diferentes do sistema imunológico. Sobre a imunidade, é correto afirmar:
   a) A imunidade inata funciona como primeira linha de defesa pela habilidade de reconhecer certos patógenos e de permitir uma imunidade protetora específica.
   b) A imunidade adaptativa está baseada na seleção clonal de um repertório de linfócitos portadores de diferentes receptores antígeno-específicos que permitam ao sistema imune reconhecer qualquer antígeno estranho.
   c) A imunidade adquirida não é específica e não muda de intensidade com a exposição ao agente invasor, depende da produção de substâncias e da ação de células fagocitárias.
   d) Os linfócitos B, que sofrem maturação no timo, diferenciam-se em células de memória, que reconhecem os antígenos na resposta imune primária.
   e) Os linfócitos T, que sofrem maturação na própria medula óssea, diferenciam-se em plasmócitos, que podem produzir anticorpos, liberando-os no plasma sanguíneo para a imunidade humoral.

4. (PAIES – UFU – MG) O gráfico a seguir representa a concentração de CO_2 no sangue em diferentes compartimentos do sistema circulatório humano.

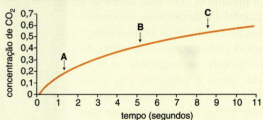

Com base nas informações gráficas, analise as seguintes afirmativas:

I – A concentração de CO_2 do sangue contido em capilares do fígado pode ser representada por A.
II – A concentração de CO_2 do sangue na aorta pode ser representada por B.
III – A concentração de CO_2 no sangue contido na veia cava inferior pode ser representada por C.

Assinale a alternativa correta.
   a) I, II e III são verdadeiras.
   b) Apenas I e II são verdadeiras.
   c) Apenas II e III são verdadeiras.
   d) Apenas I e III são verdadeiras.

5. (PSS – UFAL) Sabe-se que há uma relação direta entre a incidência de depósitos de placas gordurosas nas paredes das artérias e altas taxas de colesterol no sangue, onde ele se associa a lipídios e proteínas. Com relação a esse tema, é correto afirmar que:
   (1) o colesterol é um constituinte das membranas celulares.
   (2) os níveis plasmáticos de colesterol não dependem só de uma alimentação com maior ou menor ingestão de lipídios.
   (3) as lipoproteínas de baixa densidade (LDL) têm um percentual de colesterol bem mais alto do que as de alta densidade (HDL).
   (4) alta concentração de HDL no sangue e baixa concentração de LDL representam um maior risco de ateromas e enfartes.

Está(ão) correta(s):
   a) 1, 2, 3 e 4.   c) 3 e 4 apenas.   e) 2 apenas.
   b) 1, 2 e 4 apenas. d) 1, 2 e 3 apenas.

Circulação **321**

Capítulo 15 — Respiração

O mal das montanhas

Você já deve ter ouvido falar que, quando são realizados jogos em cidades altas, nossos jogadores ou chegam vários dias antes (para se aclimatar) ou praticamente no momento da partida. Isso porque quando uma pessoa se desloca para lugares de elevada altitude (geralmente, a partir de 2.500 m com relação ao nível do mar), sente dificuldade para respirar, entre outros desconfortos.

Conhecido como "mal das montanhas", esses sintomas ocorrem porque à medida que a altitude aumenta, a pressão atmosférica diminui e, com isso, altera-se a quantidade de oxigênio no organismo. Para compensar essa mudança, nosso corpo aumenta o ritmo da velocidade de respiração e, com isso, muda o equilíbrio dos gases dissolvidos no sangue, levando a uma maior concentração de sais no sangue. Em consequência, também fica alterada a concentração de água nos tecidos e no sangue, o que ocasiona o mal-estar. Com o passar do tempo, nosso organismo adapta a produção de glóbulos vermelhos e cessa o desconforto.

Neste capítulo, vamos estudar os mecanismos que regulam as trocas gasosas nos animais.

Os animais dependem de nutrientes orgânicos para seu metabolismo. Nas células, a oxidação desses nutrientes ocorre quase sempre em presença de oxigênio.

Excetuando alguns vermes parasitas intestinais, que independem de oxigênio para sobreviver, a maioria dos animais precisa obter do meio esse gás e conduzi-lo às células para utilização no metabolismo aeróbio.

A tomada de oxigênio e a remoção de gás carbônico, ou seja, as *trocas gasosas* efetuadas pelos animais, caracterizam o que se conhece por **respiração**.

▪ AS TROCAS GASOSAS NOS ANIMAIS

Nos organismos de pequeno porte e/ou com atividade metabólica menor, que vivem em ambiente aquático, as trocas gasosas não constituem problema. Elas simplesmente ocorrem pela superfície do corpo, por simples difusão. É o que acontece com a única célula dos protozoários e com os invertebrados como esponjas, cnidários, platelmintos e nematódeos.

Nos animais de organização mais complexa, muitas vezes maiores em tamanho e mais ativos, a distância entre as células mais internas e o meio aumenta, o que constitui um fator limitante da difusão de gases pelo corpo. Nesse caso, diversas adaptações, representadas pelos **órgãos respiratórios**, como pele, traqueias, brânquias e pulmões, facilitam a ocorrência de trocas gasosas (veja a Figura 15-1). Neles, uma característica básica é mantida: as trocas gasosas continuam se realizando por simples difusão, através de superfícies finas, úmidas e permeáveis. Os gases precisam estar em solução na água para entrar ou sair das células, por isso a superfície de trocas gasosas deve estar sempre umedecida.

Nas esponjas, a troca gasosa ocorre diretamente entre o meio e as células; portanto, não há um sistema respiratório.

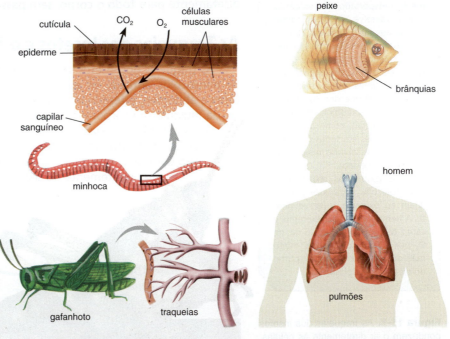

Figura 15-1. Nos animais pluricelulares mais complexos, existem órgãos responsáveis pelas trocas de gases respiratórios.

Respiração **323**

Pele: Órgão de Respiração para Anelídeos e Anfíbios

A *pele* é um eficiente órgão de trocas gasosas nos anelídeos, como as minhocas, e nos anfíbios, como os sapos. É ricamente vascularizada e contém inúmeros capilares sanguíneos espalhados por ela, o que amplia consideravelmente a capacidade para a troca de gases.

Os animais que respiram pela pele precisam viver em ambientes dotados de muita umidade e manter a pele constantemente umedecida para facilitar as trocas gasosas.

> **Anote!**
> A interiorização dos pulmões e das traqueias é uma eficiente proteção contra a dessecação no meio aéreo, o que possibilitou aos animais portadores desses órgãos a independência do ambiente aquático.

As Brânquias dos Peixes Ósseos

As brânquias (popularmente conhecidas como *guelras*) dos peixes ósseos são projeções laterais da faringe, localizadas em uma **câmara branquial**. Para encontrá-las, é preciso levantar o **opérculo**, uma tampa óssea protetora situada lateralmente, próxima à cabeça. Cada brânquia é constituída por delicados filamentos branquiais que se originam dos chamados arcos branquiais. Por sua vez, esses filamentos contêm várias lamelas, ricamente vascularizadas (veja a Figura 15-2). Através dessa rede capilar, de paredes extremamente finas, dá-se a troca de gases do sangue.

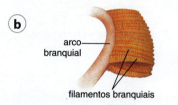
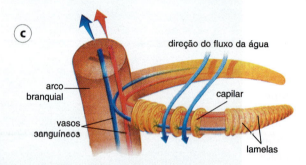

Figura 15-2. As brânquias dos peixes (a) são formadas por vários arcos aos quais se prendem filamentos branquiais (b). Esses filamentos têm sua superfície aumentada pelas inúmeras lamelas ricamente vascularizadas (c).

O fluxo de sangue em cada lamela segue em direção oposta à direção da água que a banha. Esse *fluxo em contracorrente* garante a perfeita oxigenação. Ao mesmo tempo, o gás carbônico é expulso para a água. Depois de passar pelas brânquias, o sangue ricamente oxigenado é conduzido diretamente para todo o corpo, sem passar pelo coração.

As Traqueias dos Insetos e o Transporte de Oxigênio

As traqueias dos insetos são finíssimos túbulos condutores. Originam-se de minúsculos orifícios, os espiráculos, localizados nas regiões laterais do tórax e abdômen, e terminam nas células (veja a Figura 15-3). As contrações da musculatura corporal funcionam como fole, bombeando e expulsando ar dos túbulos. Dessa forma, o ar entra com oxigênio e sai com gás carbônico. As traqueias estão diretamente em contato com os tecidos. Isso quer dizer que, nos insetos, o sistema respiratório funciona independentemente do sistema circulatório.

> **De olho no assunto!**
>
> O plasma sanguíneo, isto é, a parte líquida do sangue, não é bom meio transportador de oxigênio, que se dissolve em uma proporção de apenas 0,3 mL em 100 mL de plasma. Mas o sangue torna-se um excelente transportador desse gás quando apresenta substâncias transportadoras de oxigênio, os chamados **pigmentos respiratórios**, que podem estar contidos em células especiais, como as hemácias, presentes em todos os vertebrados, ou dissolvidos no plasma, como nos anelídeos.
>
> Os pigmentos respiratórios são moléculas orgânicas que se ligam ao oxigênio reversivelmente. A hemoglobina, por exemplo, é capaz de transportar até 25 mL de O_2 por 100 mL de plasma, muito mais do que o oxigênio transportado dissolvido no plasma.

Figura 15-3. As traqueias dos insetos conduzem o ar diretamente às células, que são oxigenadas sem a participação do sangue.

O Sistema Respiratório Humano

As fossas nasais (ou cavidades nasais) e a boca são os locais de entrada do ar que se dirige ao nosso sistema respiratório. O ar que entra pelas fossas nasais é filtrado, umedecido e aquecido, antes de ir para a traqueia. Cílios que revestem o epitélio das fossas nasais retêm partículas de sujeira e microrganismos que existem no ar. As partículas aderem ao muco produzido pelas células epiteliais e, posteriormente, são expelidas das fossas nasais. Em seguida, o ar passa pela faringe, ingressa na **laringe** (local em que se encontram nossas cordas vocais ou pregas vocais), atravessando a glote, que é a entrada da laringe. Logo acima dela há uma estrutura cartilaginosa, a epiglote, que fecha a passagem do alimento para a laringe, não havendo perigo de o alimento entrar nas vias respiratórias. A seguir, o ar penetra na **traqueia**, que se bifurca em dois brônquios principais (veja a Figura 15-4). Cada brônquio ramifica-se inúmeras vezes e origina **bronquíolos** progressivamente menos calibrosos, até se formarem os **bronquíolos terminais**. Estes, por sua vez, terminam em bolsinhas, de parede extremamente delgada, os **alvéolos pulmonares**.

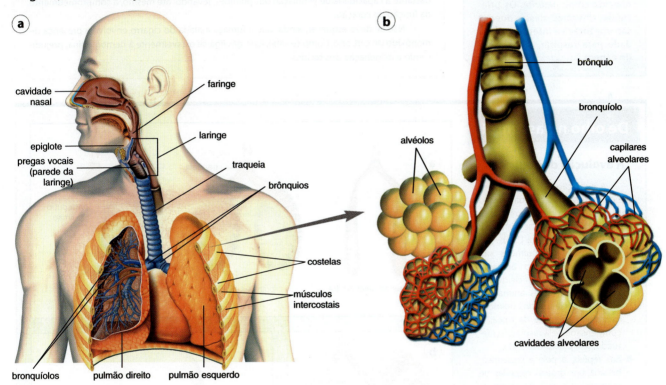

Figura 15-4. (a) A árvore respiratória humana e (b) detalhe dos alvéolos.

Trocas gasosas: acontecem nos alvéolos

As trocas gasosas se dão entre o ar alveolar e o sangue contido nos capilares. O sangue proveniente dos tecidos é rico em gás carbônico e pobre em oxigênio. O ar alveolar é rico em oxigênio e pobre em gás carbônico.

O gás carbônico se difunde do sangue para o ar alveolar, deixando livres as moléculas de hemoglobina existentes nas hemácias. Por sua vez, o oxigênio difunde-se do ar alveolar para o sangue, ocupando os lugares vagos existentes nas moléculas de hemoglobina (veja a Figura 15-5).

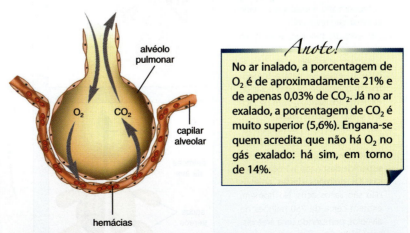

Figura 15-5. Trocas gasosas nos alvéolos. A *hematose*, ou seja, a oxigenação do sangue, ocorre ao mesmo tempo que o CO_2 abandona o sangue e se encaminha para o alvéolo.

Anote!
No ar inalado, a porcentagem de O_2 é de aproximadamente 21% e de apenas 0,03% de CO_2. Já no ar exalado, a porcentagem de CO_2 é muito superior (5,6%). Engana-se quem acredita que não há O_2 no gás exalado: há sim, em torno de 14%.

De olho no assunto!

Pleurite

Externamente, cada pulmão é revestido por uma membrana, a *pleura*, formada por dois folhetos praticamente unidos. Em processos inflamatórios da pleura, causados por pneumonia, tuberculose, tumores etc., os dois folhetos podem se separar, levando, algumas vezes, ao acúmulo de sangue, líquido, pus ou ar entre eles, condição conhecida como *pleurite*. Os principais sintomas dessa doença são dor torácica intensa, dificuldade para respirar, febre e dor de cabeça.

Tecnologia & Cotidiano

O fumo e o enfisema pulmonar

Além de ser importante causa de câncer pulmonar, o fumo exerce outros efeitos significativos no nosso sistema respiratório. Está provado que certas substâncias originadas da queima do cigarro inibem a movimentação dos cílios que revestem as células do epitélio traqueal. Essa inibição provoca acúmulo de muco e partículas danosas ao organismo e é uma das causas do pigarro dos fumantes. Outra consequência mais séria é a ruptura dos alvéolos pulmonares, provocada pelo excesso de gás inalado com a fumaça do cigarro. A ruptura dos alvéolos diminui a eficiência das trocas gasosas ao reduzir a superfície disponível para o intercâmbio de gases, além de promover uma perda de elasticidade pulmonar. A caixa torácica acaba tendo um aumento permanente de volume pela criação de um espaço morto e sem função. Essa situação é típica da doença conhecida como *enfisema pulmonar*, que reduz bastante a capacidade de ventilação dos pulmões, levando, até mesmo, a comprometimento da função do coração.

Não se deve esquecer, ainda, que a fumaça inalada do cigarro envolve a presença de monóxido de carbono. Como se sabe, esse gás liga-se estavelmente à hemoglobina, prejudicando a oxigenação dos tecidos.

De olho no assunto!

A evolução dos pulmões

A evolução dos pulmões entre os vertebrados guarda relação com o aumento de complexidade do metabolismo desses animais (acompanhe pela Figura 15-6):

a. nos anfíbios, os pulmões são simples "sacos" aéreos apresentando pequena superfície de trocas gasosas. Nesses animais, a relativa ineficiência dos pulmões quanto à superfície de trocas é compensada pela respiração efetuada pela pele umedecida;

b. nos répteis, a pele é impermeabilizada por grossas camadas de queratina. Os pulmões apresentam pregueamentos que ampliam a superfície de trocas gasosas, compensando a ausência da pele como órgão respirador;

c. nas aves, os pulmões, associados aos sacos aéreos pulmonares, garantem a eficiência das trocas gasosas, essencial para o fornecimento constante de altas taxas de oxigênio aos tecidos, além de facilitar o voo desses animais;

d. nos mamíferos, os pulmões alveolares correspondem a uma brilhante adaptação para aumento da superfície destinada às trocas gasosas. Os pulmões desses animais não são sacos ocos. No homem, existem cerca de 750 milhões de alvéolos, perfazendo uma área disponível de 80 m², o equivalente à de uma quadra de tênis.

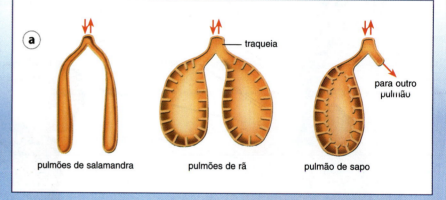
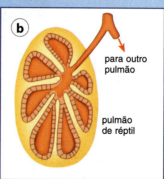
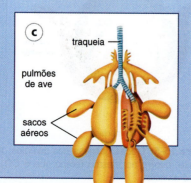
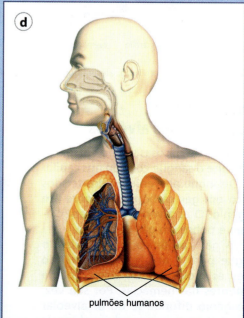

Figura 15-6.

Ventilação pulmonar humana: a ação do diafragma

Na inspiração, ocorre a contração da musculatura respiratória. O diafragma se achata e desce. Os músculos intercostais dirigem as costelas para cima e para a frente. Como consequência, amplia-se a caixa torácica, aumentando o seu volume interno. A pressão interna da caixa torácica se reduz e fica menor que a pressão atmosférica. O ar, então, penetra nos pulmões, como se fosse sugado (veja a Figura 15-7).

Na expiração, os músculos respiratórios relaxam. O diafragma fica abaulado e sobe. Os intercostais fazem com que as costelas voltem à posição original. O volume da caixa torácica diminui e a pressão interna aumenta, forçando a saída do ar.

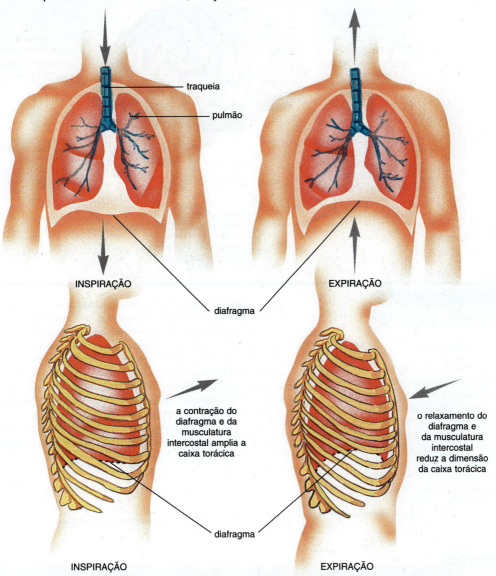

Figura 15-7. Movimentos respiratórios no homem. Na inspiração, o diafragma se contrai e desce. A contração dos músculos intercostais eleva as costelas. Ocorre aumento do volume da caixa torácica. Na expiração, o diafragma relaxa e sobe; a musculatura intercostal relaxa e as costelas abaixam. O volume da caixa torácica diminui.

Regulação: o bulbo como regulador da respiração

O que aconteceria a uma pessoa se ela tentasse segurar a respiração voluntariamente por algum tempo? Imediatamente, um comando localizado no bulbo – ou medula oblonga – (um órgão componente do nosso sistema nervoso central) enviaria mensagem aos músculos respiratórios, fazendo com que se contraíssem. Esse centro de comando, conhecido como **centro respiratório bulbar**, é altamente sensível ao aumento de CO_2 no sangue e à diminuição do pH sanguíneo decorrente do acúmulo desse gás.

Respiração **327**

Anote!

Hipoxia: deficiência de O_2 no sangue, tecidos ou células.

Anoxia: hipoxia que resulta em dano permanente para o indivíduo.

Lembre-se de que o CO_2 em solução aquosa forma H_2CO_3, ácido carbônico, que se ioniza em H^+ e HCO_3^-. O aumento da acidez e o próprio CO_2 em solução física no plasma estimulam os neurônios do centro respiratório.

Consequentemente, impulsos nervosos seguem pelo nervo que inerva o diafragma e a musculatura intercostal, promovendo sua contração e a realização involuntária dos movimentos respiratórios. De início, ocorre uma hiperventilação, ou seja, o ritmo dos movimentos respiratórios aumenta na tentativa de expulsar o excesso de gás carbônico. Lentamente, porém, a situação se normaliza e a respiração volta aos níveis habituais (veja a Figura 15-8).

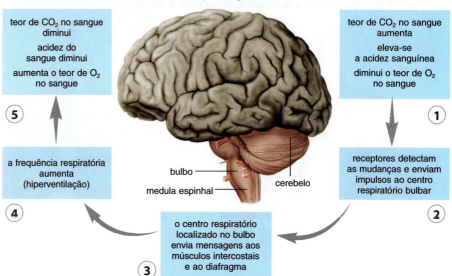

Figura 15-8. Regulação da respiração.

Ética & Sociedade

O fumo passivo

A nova lei que cria ambientes livres de tabaco em São Paulo visa defender a saúde, principalmente, das pessoas que não fumam, mas acabam obrigadas a inalar a fumaça do cigarro daquelas que fumam. O tabagismo passivo, fumo de segunda mão, tabagismo involuntário ou exposição à fumaça do tabaco ambiental são diferentes conceituações do mesmo fenômeno.

O fumo passivo é um grave problema de saúde pública. Já está comprovado que não existem níveis seguros de inalação da fumaça de cigarros. Já no início dos anos 1960, importantes instituições de saúde, como o *Royal College of Physicians* de Londres e o *Surgeon General* dos Estados Unidos, divulgaram dados indicando a relação entre fumo passivo e câncer do pulmão. Com o avanço das comprovações científicas sobre os males para a saúde pública, em 1971, os Estados Unidos já aprovavam leis protetoras aos fumantes passivos.

No começo da década de 1980 foi divulgado o célebre estudo de Hirayama, no Japão, que avaliava a incidência de câncer de pulmão em pessoas que nunca haviam fumado. Esse estudo pioneiro, desenvolvido pelo Instituto de Pesquisa do Centro Nacional de Câncer, avaliando mais de 100 mil mulheres, demonstrou que esposas de fumantes apresentavam incidência dobrada de câncer pulmonar quando comparadas às mulheres casadas com não fumantes.

Fonte: Vigilância Sanitária do Estado de São Paulo. *Disponível em:* <http://www.leiantifumo.sp.gov.br/portal.php/males_apresentacao>. *Acesso em:* 11 ago. 2012.

- Como você avalia a lei que proíbe o fumo em ambientes fechados?

Passo a passo

1. Qual é o caminho das moléculas de O_2 do ar para uma célula do corpo humano?

2. É correto afirmar que nos insetos o sistema respiratório funciona independentemente do sistema circulatório? Justifique a resposta.

3. A respeito do aparelho respiratório humano, responda às perguntas abaixo:
   a) Onde ocorre a troca de gases?
   b) Por que é preferível inspirar pelas fossas nasais em vez de pela boca?
   c) Qual o papel do diafragma na ventilação pulmonar?
   d) Qual a mudança que ocorre no sangue quando o indivíduo segura a respiração voluntariamente?
   e) Cite o nome do órgão que é sensível a essa mudança.

4. Por que os pulmões dos sapos são ineficientes para a sua sobrevivência?

5. Existe uma relação entre a pele dos anfíbios e os seus pulmões? Justifique sua resposta.

6. Como se explica que as aves com pulmões pequenos quando comparados com os dos mamíferos conseguem uma quantidade de O_2 que contribui para a manutenção da homeotermia?

7. O que é enfisema pulmonar?

8. A pressão atmosférica ao nível do mar eleva uma coluna de Hg a 760 mm de altura. Dos 760 mm, 155 mm resultam da pressão exercida pelo O₂ do ar (pressão parcial de O₂). A hemoglobina, molécula do glóbulo vermelho, combina-se com moléculas de O₂. Quanto maior a pressão do O₂, maior a facilidade da hemoglobina captar O₂ e, inversamente, quanto menor a pressão, a hemoglobina dissocia-se com mais facilidade desse gás.

Analise com cuidado a curva do gráfico abaixo, que revela a relação entre a pressão do O₂ e a hemoglobina.

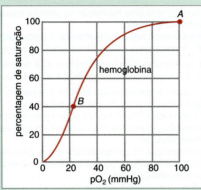

Pergunta-se:
a) O ponto A da curva pode ser associado aos capilares, vasos sanguíneos que alimentam os tecidos do corpo em geral? Justifique sua resposta.
b) O ponto B do gráfico pode ser associado aos pulmões? Justifique sua resposta.
c) O que acontece com a pressão do O₂ à medida que o sangue caminha dos pulmões até os tecidos? Qual a vantagem desse fato?

9. Na respiração humana, para que os eventos indicados respectivamente pelas letras **A** e **B** ocorram, é preciso que haja:

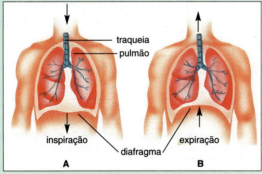

a) contração do diafragma, relaxamento do diafragma.
b) aumento da pressão interna nos pulmões, diminuição da pressão interna.
c) relaxamento dos músculos intercostais, contração dos músculos intercostais.
d) aumento do volume dos pulmões, diminuição do volume dos pulmões.
e) contração do diafragma e relaxamento dos músculos intercostais, relaxamento do diafragma e contração dos músculos intercostais.

10. Qual das alternativas abaixo completa corretamente a frase? "__I__ ocorrem reações enzimáticas catalisadas pela __II__, que produzem __III__ e este se ioniza, ocorrendo formação de __IV__, que é transportado __V__."

a) I = nas hemácias; II = lisozima; III = gás carbônico; IV = hidroxilas; V = por hemácias.
b) I = no plasma e nas hemácias; II = anidrase carbônica; III = ácido carbônico; IV = bicarbonato; V = por hemácias.
c) I = no plasma e nas hemácias; II = anidrase carbônica; III = ácido carbônico; IV = bicarbonato; V = pelo plasma.
d) I = nas hemácias; II = anidrase carbônica; III = ácido carbônico; IV = bicarbonato; V = pelo plasma.
e) I = no plasma; II = anidrase carbônica; III = ácido carbônico; IV = bicarbonato; V = por hemácias.

11. Na inspiração, os músculos intercostais e o diafragma se contraem, puxando a caixa torácica para cima e para fora, o que alarga a cavidade torácica, aumentando o seu volume. Disso resulta uma pressão negativa na cavidade. Explique o que significa pressão negativa na cavidade e qual a sua importância.

12. É possível aumentar deliberadamente o ritmo respiratório até certos limites; portanto, trata-se de um ato voluntário. Normalmente, porém, a respiração está sob controle involuntário. Explique por meio de um exemplo o significado da expressão controle involuntário da respiração.

13. Em um animal, quanto maior seu volume, tanto menor, proporcionalmente, é a área da superfície exposta ao ambiente. Alguns animais respiram através da superfície externa, por simples difusão. É o caso do verme chamado *tubifex*, vendido frequentemente como comida de peixe. Quando esse verme é colocado em água pobre em O₂, como a de um aquário mal ventilado, por que ele se estica e pode atingir um comprimento dez vezes maior que o normal?

14. *Questão de interpretação de texto*

(UNESP) João, com o sobrenome de Limeira, agrediu e insultou a moça, irritado naturalmente com os seus desdéns. Martinha recolheu-se à casa. Nova agressão, à porta. Martinha, indignada, mas ainda prudente, disse ao importuno: "Não se aproxime, que eu lhe furo". João Limeira aproximou-se, ela deu-lhe uma punhalada, que o matou instantaneamente.

Machado de Assis. *O Punhal de Martinha*, 1894.

Perfurações no tórax, provocadas por objetos pontiagudos como facas e punhais, ainda que não atinjam qualquer órgão vital, se permanecerem abertas podem matar o sujeito por asfixia. Explique por que isso pode ocorrer.

Questões objetivas

1. (UFOP – MG) Os vertebrados podem apresentar respiração:
a) apenas pulmonar.
b) cutânea, traqueal e pulmonar.
c) cutânea, branquial e pulmonar.
d) cutânea, traqueal, branquial e pulmonar.

2. (UFCG – PB) O processo de troca gasosa (aquisição de gás oxigênio e eliminação de gás carbônico), ou seja, a respiração, ocorre de várias maneiras entre os animais. São conhecidos 4 mecanismos básicos: respiração tegumentar ou cutânea, branquial, traqueal e pulmonar. De acordo com esses tipos de respiração, relacione-os aos respectivos organismos, podendo ocorrer mais de um mecanismo para o mesmo animal.

A) tegumentar ou cutânea   (1) peixes
B) branquial   (2) minhocas
C) traqueal   (3) cão
D) pulmonar   (4) mosca

Assinale a associação correta:

a) A-2; B-1; C-4; D-1; D-3.
b) A-1; A-2; B-2; C-3; D-4.
c) A-4; B-1; C-2; D-3; D-2.
d) A-2; B-1; C-2; C-3; D-4.
e) A-3; B-4; C-4; D-2; D-1.

3. (UCS – RS) A evolução deu origem a vários tipos de sistema respiratório. A maior parte deles atua em conjunto com os sis-

Respiração **329**

temas circulatórios, permitindo o contato do meio exterior com o meio interior de cada célula, com **EXCEÇÃO** do(s) sistema(s)

a) branquial.
b) branquial e tegumentar.
c) traqueal e cutâneo.
d) traqueal.
e) cutâneo.

4. (UCS – RS) Embora exista uma crescente propaganda informativa sobre os malefícios causados pelo hábito de fumar, muitas pessoas ainda não se deram conta de que esse hábito é o principal responsável pelo enfisema pulmonar, doença que compromete

a) as coronárias.
b) os alvéolos.
c) as pleuras.
d) os lobos.
e) os linfonodos.

5. (MACKENZIE – SP) Suponha que uma pessoa, que morava no litoral, se mude para uma cidade situada a 2.000 m de altitude. Depois de algum tempo de adaptação, seu organismo apresenta alterações fisiológicas. Dentre essas alterações, podemos, corretamente, citar

a) o aumento da quantidade de hemácias no sangue.
b) a diminuição da frequência respiratória.
c) a diminuição da pressão arterial.
d) a diminuição na taxa de filtração renal.
e) o aumento da permeabilidade dos capilares para facilitar absorção de oxigênio.

6. (UFV – MG) Observe o esquema apresentado ao lado, de parte do sistema respiratório humano, e assinale a alternativa INCORRETA.

a) O ar chega aos pulmões pelo esôfago, indicado por I.
b) O diafragma, indicado por V, auxilia nos movimentos respiratórios.
c) Os pulmões e brônquios estão indicados por III e IV, respectivamente.
d) Embora não esteja indicada, a laringe se localiza acima da traqueia.
e) Os bronquíolos, indicados por II, conduzem ar aos alvéolos.

7. (UFSC – adaptada) O esquema ao lado apresenta um modelo simplificado de nosso sistema respiratório.

Assinale a(s) proposição(ões) **CORRETA(S)** sobre o sistema respiratório e suas relações com os demais sistemas orgânicos e dê a soma ao final.
(01) Separadas pelo palato ("céu da boca"), as fossas nasais e a boca servem de entrada para o ar inspirado.
(02) A traqueia é um tubo formado por anéis ósteo-cartilaginosos que lhe dão rigidez e boa sustentação.
(04) A hematose ocorre nos alvéolos, com a troca do oxigênio atmosférico pelo gás carbônico sanguíneo.
(08) Pessoas portadoras de fenda palatina produzem sons anasalados, pois, quando falam, o ar sai tanto pela boca como pelo nariz.
(16) O esquema apresenta apenas o pulmão direito, visto ser ele o principal, tendo o esquerdo função secundária.

8. (UFG – GO) PNEUMOTÓRAX
Febre, hemoptise, dispneia e suores noturnos.
A vida inteira que podia ter sido e que não foi.
Tosse, tosse, tosse.
Mandou chamar o médico:
– Diga trinta e três.
– Trinta e três.
– Trinta e três... trinta e três... trinta e três...
– Respire.
....
– O senhor tem uma escavação no pulmão esquerdo e o pulmão direito infiltrado.
– Então, doutor, não é possível tentar o pneumotórax?
– Não. A única coisa a fazer é tocar um tango argentino.

Respire. A respiração é uma função vital. A propósito da anatomia e fisiologia dessa característica dos seres vivos,

( ) o órgão respiratório dos anfíbios é separado do abdômen por uma estrutura muscular, o diafragma.
( ) a respiração das aves e dos répteis é do tipo pulmonar.
( ) a respiração aeróbia nos mamíferos ocorre no interior das mitocôndrias.
( ) a respiração nos vegetais ocorre em períodos alternados com a fotossíntese, ou seja, a primeira ocorre durante o dia, e a segunda, à noite.

9. (UERJ) Uma pessoa em repouso respira normalmente. Em determinado momento, porém, ela prende a respiração, ficando em apneia pelo maior tempo que consegue suportar, provocando, daí em diante, hiperventilação pulmonar. As curvas mostradas no gráfico abaixo representam alterações de pH do sangue num determinado período de tempo, a partir do início da apneia.

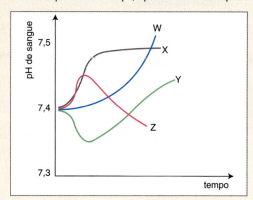

A única curva que representa as alterações do pH do sangue dessa pessoa, durante a situação descrita, é a identificada pela seguinte letra:

a) W.   b) X.   c) Y.   d) Z.

10. (PUC – RJ) Em junho de 2010, foi encontrado, em uma represa, o corpo de uma advogada desaparecida no mês anterior. Apesar de passado tanto tempo, o laudo do Instituto Médico Legal (IML) mostrou que a vítima, apesar de atingida por um tiro, teve o afogamento como causa de sua morte.

*Disponível em: <http://noticias.r7.com/sao-paulo/noticias/laudo-
-da-causa-da-morte-de-mercia-nakashima-ajuda-defesa-de-
-ex-namorado-diz-advogado-20100721.html>.*

Qual a evidência que os peritos devem ter encontrado para que pudessem afirmar o motivo da morte?

a) O sangue das artérias pulmonares da vítima estava coagulado.
b) Os alvéolos pulmonares da vítima estavam cheios de bolhas de ar.
c) Os fluidos corporais da vítima apresentavam traços químicos da água do lago.
d) O pulmão da vítima tinha água doce com características da água do lago.
e) O pH do sangue estava ácido em consequência do acúmulo de ácido carbônico.

11. (FGV – SP – adaptada) Desde 2009, uma lei estadual proíbe o fumo em ambientes fechados coletivos no Estado de São Paulo. A medida é bem-vinda, pois se sabe que dentre os inúmeros problemas de saúde causados ou agravados pelo fumo, um deles é o fato de o monóxido de carbono (CO), presente na fumaça do cigarro,

a) causar irritação no epitélio das vias aéreas superiores, favorecendo infecções e dificultando o aporte de oxigênio aos pulmões.
b) provocar lesões nas paredes dos alvéolos, que se rompem e ampliam a superfície do tecido para trocas gasosas.
c) provocar lesões nas organelas das células das mucosas das vias aéreas e dos pulmões, que é a causa primária do câncer.
d) provocar rigidez dos brônquios e do diafragma, comprometendo a capacidade de inspiração e expiração.
e) estabelecer uma ligação química com a hemoglobina, resultando em hemácias com baixo potencial de oxigenação.

12. (PUC – MG) O pH do sangue pode ser afetado pela concentração de CO_2 de acordo com o esquema a seguir.

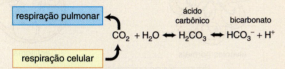

A afinidade da hemoglobina pelo oxigênio depende tanto da concentração relativa deste gás (PO_2) nos pulmões e nos tecidos quanto do pH do sangue, de acordo com o gráfico:

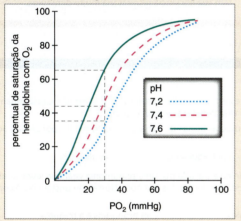

Analisando as informações anteriores de acordo com seus conhecimentos, é correto afirmar, **EXCETO**:

a) A eliminação de CO_2 nos pulmões tende a alcalinizar o sangue, aumentando a afinidade da hemoglobina pelo O_2.
b) O aumento da respiração pulmonar decorre do aumento das atividades físicas aeróbias e contribui para a manutenção do pH sanguíneo.
c) A alcalinização do sangue favorece a liberação de oxigênio nos tecidos.
d) A liberação de O_2 pelas hemácias pode ser influenciada pela redução da concentração de oxigênio (PO_2) nos tecidos.

13. (PUC – PR) A respiração é o fenômeno vital pelo qual os seres vivos extraem a energia química armazenada nos alimentos e a utilizam nos seus diversos processos metabólicos. No mecanismo respiratório, os animais podem efetuar as trocas gasosas com o ambiente, de várias maneiras. Assim, temos os exemplos de animais com o correspondente tipo de respiração:

(1) minhoca   ( ) respiração filotraqueal
(2) tubarão   ( ) respiração traqueal
(3) gafanhoto   ( ) respiração cutânea
(4) galinha   ( ) respiração branquial
(5) aranha   ( ) respiração pulmonar

Assinale a alternativa que apresenta a sequência correta:

a) 3 – 5 – 4 – 2 – 1
b) 5 – 3 – 2 – 4 – 1
c) 3 – 4 – 5 – 2 – 1
d) 5 – 3 – 1 – 2 – 4
e) 1 – 2 – 3 – 4 – 5

14. (MACKENZIE – SP) Aprender a nadar envolve, além de coordenação motora, o controle do ritmo respiratório. A respeito desse controle, considere as afirmações:

I – A alteração no ritmo respiratório é provocada principalmente pela diminuição da quantidade de oxigênio no sangue.
II – Receptores presentes na parede de vasos sanguíneos percebem alterações no pH sanguíneo e transmitem essas informações para o bulbo, que é o responsável pelo controle desse ritmo.
III – Esse controle é feito de forma voluntária pelo sistema nervoso central.

Assinale

a) se todas forem corretas.
b) se somente II for correta.
c) se somente II e III forem corretas.
d) se somente I e III forem corretas.
e) se somente III for correta.

Questões dissertativas

1. (UNIRIO – RJ)

Os atletas vão enfrentar um adversário inusitado nas Olimpíadas de Pequim: a poluição

A capital chinesa apresenta níveis de poluentes no ar superiores aos considerados seguros pela Organização Mundial da Saúde (OMS). A poluição, proveniente de indústrias, da queima do carvão e de grande número de veículos em circulação, pode causar problemas respiratórios e comprometer o desempenho dos competidores nas provas.

ComCiência, SBPC/LABJOR.

É sabido que a poluição mencionada no texto pode interferir numa série de processos fisiológicos ligados à respiração, dentre eles, a hematose. O que acontece nas hemácias e no plasma quando ocorre a hematose nos capilares dos alvéolos pulmonares, sob condições normais?

2. (UNICAMP – SP) A FIFA, entidade que dirige o futebol mundial, há alguns meses proibiu inicialmente jogos de futebol em altitudes acima de 2.500 m e, posteriormente, acima de 3.000 m. Essa medida foi tomada em função de tontura, cansaço, enjoo e dificuldades respiratórias sentidas pelos jogadores provindos de locais de baixas altitudes, o que provoca menor rendimento esportivo dos atletas.

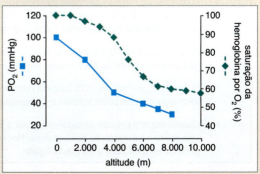

Respiração **331**

a) Observe o gráfico e explique o baixo rendimento dos jogadores de futebol em altitudes elevadas.

b) No período de aclimatação dos jogadores visitantes às altas altitudes, ocorre aumento da frequência respiratória. Que estímulo, recebido pelo centro respiratório do sistema nervoso central, acarreta tal fenômeno e como ele foi gerado?

3. (FUVEST – SP) De que maneira o gás oxigênio e os nutrientes resultantes da digestão dos alimentos chegam às diversas células do corpo de

a) uma planária?   b) um inseto?

4. (UFSCar – SP) O desenho representa um corte longitudinal de uma célula secretora de mucopolissacarídeos da parede interna de nossa traqueia.

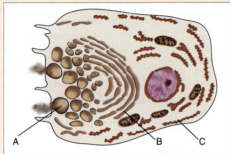

a) De que maneira o muco produzido por esse tipo celular protege nosso aparelho respiratório?

b) Que estruturas celulares estão indicadas pelas linhas A, B e C, respectivamente? Quais são as funções das estruturas B e C?

5. (UFRJ) O Ministério da Saúde adverte: FUMAR PODE CAUSAR CÂNCER DE PULMÃO, BRONQUITE CRÔNICA E ENFISEMA PULMONAR.

Os maços de cigarros fabricados no Brasil exibem advertências como essa. O enfisema é uma condição pulmonar caracterizada pelo aumento permanente e anormal dos espaços aéreos distais do bronquíolo terminal, causando a dilatação dos alvéolos, a destruição da parede entre eles e formando grandes bolsas, como mostram os esquemas a seguir:

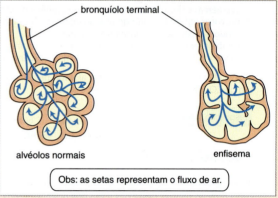

Obs: as setas representam o fluxo de ar.

Explique por que as pessoas portadoras de enfisema pulmonar têm sua eficiência respiratória muito diminuída.

Programas de avaliação seriada

1. (PEIES – UFSM – RS) O vírus da gripe H1N1 se liga às células que revestem o aparelho respiratório e as agride. Causa inflamação do sistema respiratório e pode acometer pulmões, ocorrendo pneumonia viral (Revista *Viva Saúde*, 2009).

Cada pulmão humano é constituído por cerca de 150 milhões de minúsculas bolsas de paredes finas, formadas por células achatadas. Essas bolsinhas são denominadas

a) pleuras.   b) bronquíolos.   c) capilares.   d) traqueídeos.   e) alvéolos.

2. (PSS – UFPB) Uma pessoa acometida pela gripe suína teve o quadro clínico agravado por uma pneumonia viral que levou à inflamação pulmonar, com acúmulo de líquido e decorrente obstrução nas unidades funcionais dos pulmões. Nessas circunstâncias, é correto afirmar que ficou prejudicado o acesso do oxigênio à(aos)

a) laringe e à faringe.
b) traqueia e aos alvéolos.
c) faringe e aos bronquíolos.
d) bronquíolos e aos alvéolos.
e) brônquios e à traqueia.

3. (SSA – UPE) Assinale, na coluna I, as afirmativas verdadeiras e, na coluna II, as falsas. Por que é perigoso deixar o motor de veículos ligado em ambiente fechado?

I	II	
0	0	A afinidade da hemoglobina com o oxigênio varia com a concentração desse gás, ou seja, quando a concentração de O_2 é alta, a hemoglobina se une fortemente a ele e, quando a concentração do O_2 diminui, a afinidade da hemoglobina ao oxigênio também diminui, e ele é liberado.
1	1	O controle do ritmo involuntário da respiração é exercido, principalmente, pela medula oblonga (bulbo). O aumento da concentração de CO_2 no sangue provoca a redução de pH, o que estimula os centros respiratórios do bulbo, que, por sua vez, determinam o aumento na frequência respiratória.
2	2	A concentração de O_2 é percebida pelas células quimiorreceptoras da aorta e das carótidas. Quando ocorre a diminuição da concentração de O_2, essas células enviam estímulo ao bulbo, que determina o aumento do ritmo respiratório.
3	3	O monóxido de carbono (CO) lançado pelos escapamentos dos automóveis tem pouca afinidade com a hemoglobina, formando um composto instável, a carboxiemoglobina (HbCO), que impede o transporte de oxigênio para as células.
4	4	Quanto maior a pressão do oxigênio, maior a percentagem de moléculas de hemoglobina combinadas a esse gás, ou seja, maior a saturação da hemoglobina. Nos tecidos onde a pressão de oxigênio é baixa, a hemoglobina libera a maior parte do oxigênio que a ela estava ligado.

Excreção e homeostase

Capítulo 16

A descoberta do elemento fósforo a partir da urina

Parece brincadeira, mas a urina foi muito importante para a descoberta de um dos elementos químicos mais importantes e conhecidos do mundo: o fósforo.

Tudo aconteceu na cidade de Hamburgo, na Alemanha, no final do século XVII. Foi nessa época que um alquimista alemão, chamado Henning Brand, estava em busca da pedra filosofal, que teria o poder de transformar metais não nobres em ouro. Teria sido justamente em uma dessas tentativas de transformar outros materiais (neste caso, a urina humana) em metais preciosos que ele teria feito a primeira descoberta científica de um elemento químico.

Conta a história que Henning Brand estaria tentando produzir ouro a partir de urina e teria juntado a incrível quantidade de 50 a 60 baldes de urina em sua casa para iniciar seus experimentos, que envolviam a destilação do material. O resultado foi a obtenção de uma pasta branca, que, ao ser aquecida, entrava em combustão e tinha a propriedade de brilhar no escuro. Estava descoberto o fósforo, cujo nome foi dado pelo próprio alquimista em função dessa última propriedade, já que *phosphorus* quer dizer "portador da luz".

Mas como isso aconteceu? Neste capítulo, você vai aprender que a urina é um líquido excretado proveniente da filtração do sangue nos rins. Além de outras substâncias, esse líquido contém fosfatos, que são capazes de entrar em combustão quando em presença de carbono.

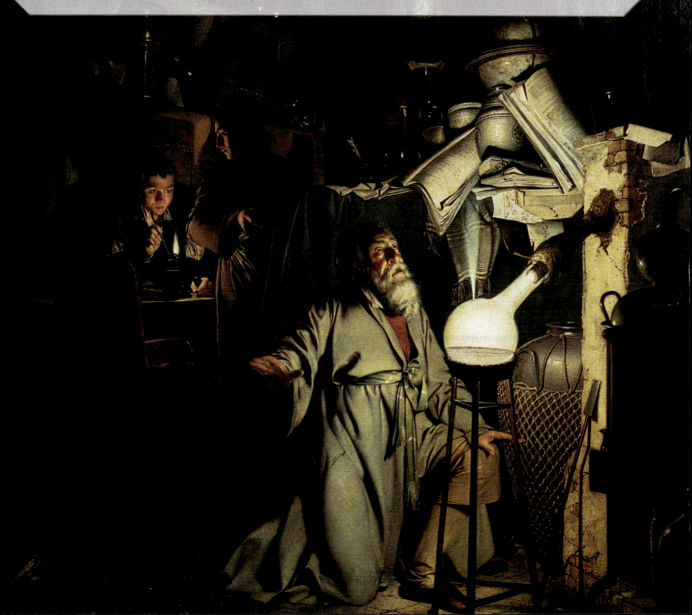

Excreção é o mecanismo pelo qual as estruturas ou órgãos excretores removem excretas, verdadeiros "lixos" celulares do organismo, como amônia (NH₃), ureia, CO₂, sais e H₂O. Dessa forma, o organismo manterá o equilíbrio do meio interno, isto é, a **homeostase**.

▪ MECANISMOS EXCRETORES EM ANIMAIS

> **Anote!**
> Os **vacúolos pulsáteis** dos protozoários de água doce, bem como os **protonefrídios** dos platelmintos, estão envolvidos na eliminação de certa quantidade de sais e amônia, embora sejam considerados primariamente estruturas de regulação osmótica.

Nos animais pouco complexos que vivem em meio aquático, de modo geral a eliminação do lixo celular resultante do metabolismo dá-se por **simples difusão** pela superfície corporal. Assim, nas esponjas e nos cnidários, os sais, a amônia e o CO₂ são excretados pela parede do corpo.

Nos platelmintos, como a planária, os **protonefrídios** são formados por células flageladas (células-flama) ligadas a túbulos e poros excretores que se distribuem longitudinalmente em ambos os lados do corpo.

Nos anelídeos, os **nefrídios segmentares** – complexas estruturas associadas a capilares sanguíneos – encarregam-se da expulsão dos resíduos nitrogenados. Nos artrópodes, várias estruturas estão relacionadas à excreção nitrogenada. Entre elas, podemos citar as **glândulas verdes** dos crustáceos, as **glândulas coxais** dos aracnídeos e os **túbulos de Malpighi**, encontrados tanto em aracnídeos como em insetos.

Nos vertebrados, os principais órgãos excretores são os **rins**. Ao receber sangue contendo diferentes tipos de substância, úteis ou não, os rins efetuam um processo de filtragem, selecionando o que será eliminado e devolvendo ao sangue o que poderá ser reutilizado.

Os Compostos Nitrogenados

A metabolização de aminoácidos e proteínas nas células resulta na formação de moléculas de amônia como resíduo nitrogenado. A amônia é uma molécula muito solúvel em água e extremamente tóxica.

Muitos animais, principalmente os que vivem no meio aquático, excretam amônia diretamente na água. É o que ocorre com invertebrados aquáticos, peixes ósseos e girinos.

A invasão do meio terrestre e a pequena disponibilidade de água, porém, passaram a depender de adaptações que envolvessem a produção de resíduos nitrogenados menos tóxicos e que pudessem ser eliminados sem muita perda de água. Uma dessas adaptações é a síntese de ureia a partir de amônia. Embora também muito solúvel em água, ela pode ser retida por mais tempo no organismo e ser eliminada com menor dispêndio de água. Anfíbios adultos e mamíferos recorrem a esse mecanismo para remover excretas nitrogenadas geradas no metabolismo.

Animais que vivem em regime de intensa economia de água recorrem a outra via de excreção: a amônia e outros resíduos nitrogenados são convertidos em sais derivados do ácido úrico, eliminados praticamente cristalizados, sem serem veiculados pela água e, em geral, misturados às fezes. É o tipo de excreção nitrogenada eliminada por insetos, caracóis e lesmas terrestres, répteis e aves.

De olho no assunto!

Ninguém come amônia, ureia ou ácido úrico...

A principal função dos carboidratos, como, por exemplo, a glicose, é ser fonte para a produção de ATP pelas células.

Os ácidos graxos, originados a partir da digestão de gorduras, e alguns aminoácidos também são utilizados pelas células para a obtenção de ATP (com exceção dos neurônios cerebrais). Para isso, os aminoácidos sofrem inicialmente **desaminação**, isto é, perdem o radical amina. O restante da molécula pode ser "quebrado" pelo processo da respiração celular em CO₂ e H₂O com liberação de grande quantidade de ATP. A desaminação do aminoácido ocorre no fígado, e o radical amina é convertido em *amônia*, substância tóxica que rapidamente no próprio fígado é convertida em **ureia**, substância relativamente pouco tóxica que, via sangue, chega aos rins para depois ser eliminada pela urina. Alguns animais transformam a amônia em *ácido úrico*, substância menos tóxica e que pode ser eliminada com um mínimo de desperdício de água.

A Excreção nos Seres Humanos*

O principal produto de excreção nitrogenado nos seres humanos é a ureia. Ela é sintetizada no fígado, a partir de amônia, em uma série de reações químicas conhecidas como *ciclo da ureia*.

As excretas produzidas em nosso metabolismo são eliminadas por diversos órgãos, entre eles a pele, os pulmões e principalmente os rins (veja a Figura 16-1). Pigmentos biliares, produzidos no fígado, são eliminados com as fezes, dando a elas a coloração marrom característica.

Os rins

Localizados abaixo do diafragma, próximo à parede posterior do abdômen, os rins possuem o tamanho de um punho fechado e seu formato assemelha-se ao de um grão de feijão. Cada um deles, quando aberto longitudinalmente, apresenta uma região periférica, o **córtex renal**, e outra mais interna, **a medula renal** (veja a Figura 16-2).

No córtex renal estão as unidades funcionais dos rins, os néfrons. Cada néfron é um tubo longo e enovelado, com uma porção inicial semelhante a uma taça, a **cápsula de Bowman**.

Anote!
Em cada rim há mais de 1 milhão de néfrons.

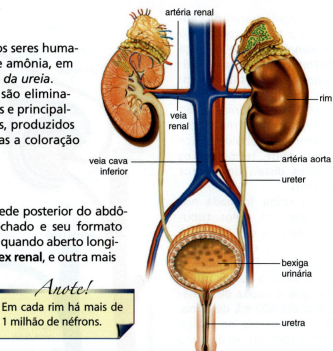

Figura 16-1. O sistema excretor humano.

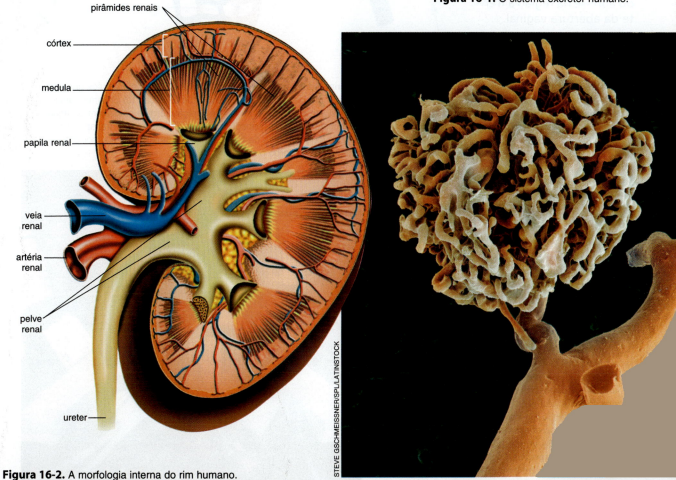

Figura 16-2. A morfologia interna do rim humano.

Glomérulo renal, visto ao microscópio eletrônico de varredura. Esse tubo longo e enovelado é envolvido pela cápsula de Bowman (que foi retirada para melhor visualização).

---

* Apesar de a proposta de um grupo de anatomistas sugerir que se utilize o termo "urinário" em lugar de "excretor", por uma questão didática empregaremos o termo "excretor" para caracterizar órgãos ou processos relacionados à excreção, independentemente se em seres humanos ou não.

A continuação da cápsula é o **túbulo contorcido proximal**, seguido da **alça de Henle** (ou segmento delgado) e de um **túbulo contorcido distal** (veja a Figura 16-3). Essa última porção desemboca em um ducto coletor (ou túbulo coletor reto), onde terminam os túbulos distais dos outros néfrons.

A urina formada nos néfrons flui pelos túbulos coletores em direção à pelve renal e desta para os **ureteres**. Em seguida, a urina desce à **bexiga urinária**, que é capaz de armazenar até 800 mL de urina. O esvaziamento da bexiga ocorre com o fluxo da urina ao longo de um canal, a **uretra**, que corre pelo pênis ou abre-se na região à frente da abertura vaginal.

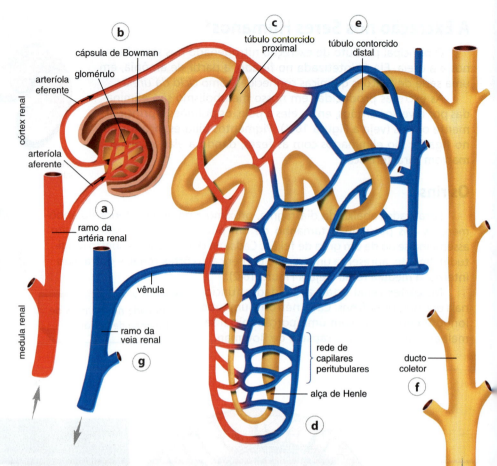

Figura 16-3. Néfron de rim humano. A (a) artéria renal entra no rim humano e sofre modificações até formar glomérulos que serão envolvidos por (b) cápsulas de Bowman. De cada cápsula emerge um longo tubo formado por uma porção (c) proximal, uma (d) alça de Henle e (e) uma porção distal, que desemboca em (f) um ducto coletor. A pressão de filtração força a passagem de água e de pequenas moléculas para a cápsula de Bowman. Diversas substâncias são reabsorvidas (por difusão ou por transporte ativo) e retornam para o sangue: a água é reabsorvida principalmente ao longo da alça de Henle; células tubulares distais, por processo ativo, removem substâncias do sangue. A veia renal (g) encaminha para o corpo o sangue "depurado".

Tecnologia & Cotidiano

No processo de formação da urina, sais e outras substâncias dissolvidas no filtrado passam pelos rins e são excretados naturalmente pela urina. Em alguns casos, entretanto, certos sais – principalmente os de cálcio – não se dissolvem. Ao contrário, ficam nos rins sob a forma de cristais – as chamadas "pedras nos rins" (ou cálculos renais).

Em geral, essas pedras são formadas principalmente em virtude de dieta rica em proteínas e cálcio, pouca ingestão de líquidos, predisposição genética e excesso de ácido úrico, entre outros fatores. As pequenas pedras, do tamanho de um grão de areia, passam pelos ureteres, pela bexiga e uretra, sendo eliminadas com a urina. Pedras maiores precisam de procedimento médico para removê-las.

Desde 1984, uma técnica chamada litotripsia extracorpórea está disponível. Com ela, é possível fragmentar as pedras no rim, sem a necessidade de uma cirurgia. O paciente é imerso até o pescoço em uma banheira com água e pulsos de ultrassom são direcionados às pedras, de modo a quebrá-las em pequenos pedaços, que poderão ser eliminados naturalmente pela urina.

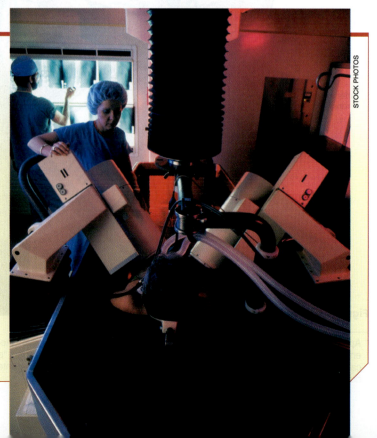

Leitura

O rim dos vertebrados

Nos vertebrados, o rim é derivado da mesoderme. Nos embriões, três porções se destacam: *pronefro*, *mesonefro* e *metanefro* (veja a Figura 16-4). Nos peixes e anfíbios adultos, a porção anterior (pronefro) desaparece, restando apenas as duas outras (meso e metanefro), constituindo um rim de localização dorsal posterior, denominado de **opistonefro**. Nos demais vertebrados (répteis, aves e mamíferos), o rim é compacto, composto apenas da última porção embrionária, e é chamado de **metanefro**.

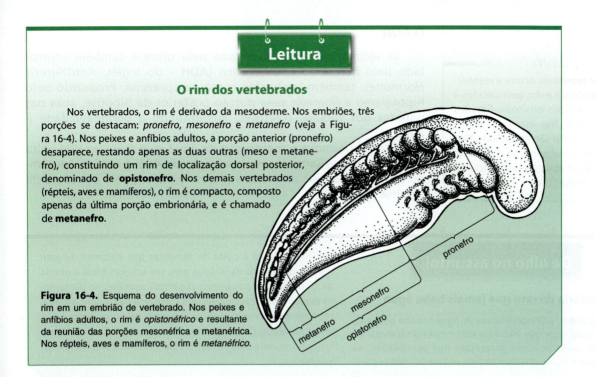

Figura 16-4. Esquema do desenvolvimento do rim em um embrião de vertebrado. Nos peixes e anfíbios adultos, o rim é *opistonéfrico* e resultante da reunião das porções mesonéfrica e metanéfrica. Nos répteis, aves e mamíferos, o rim é *metanéfrico*.

A filtração do sangue

O sangue que será filtrado entra no rim pela artéria renal. Essa artéria sofre várias ramificações e os seus ramos terminais, as **arteríolas aferentes**, originam **glomérulos renais** (também conhecidos como **glomérulos de Malpighi**) que penetram nas cápsulas de Bowman.

Cada glomérulo é uma rede de capilares altamente ramificada através da qual o sangue será filtrado. Uma **arteríola eferente** emerge da cápsula, sofre inúmeras ramificações e origina uma rede de capilares que circunda os túbulos renais e a alça de Henle.

Todos os capilares acabarão desembocando em vênulas que, fundindo-se umas às outras, formarão a veia renal, que possibilitará o retorno do sangue para a veia cava inferior, que se dirige ao coração.

> *Anote!*
> O volume sanguíneo médio que passa pelos rins humanos é de 1.200 mL/min.

A formação da urina

O sangue que entra no glomérulo está sob alta pressão, cerca de 75 mmHg. Essa pressão força a passagem de água e moléculas de pequeno tamanho (aminoácidos, glicose, sais, ureia etc.) para o interior da cápsula de Bowman. As células (glóbulos brancos e vermelhos) e as moléculas de grande tamanho (proteínas) não atravessam a parede glomerular. Ocorre uma filtração do sangue no glomérulo e o líquido filtrado é chamado de **filtrado glomerular** (ou urina inicial). Sua composição é semelhante à do plasma, exceto pela ausência de proteínas.

Ao longo dos túbulos renais, glicose, aminoácidos, sais e também pequena fração de ureia são ativamente reabsorvidos, retornando ao sangue dos capilares peritubulares com a água.

Feita a reabsorção, o que restou é a urina, líquido hipertônico contendo, entre outras substâncias, água, sais, ureia, ácido úrico e produtos de degradação da hemoglobina, que será encaminhada para o ducto coletor.

Dessa forma, os rins desempenham dupla função: eliminam as substâncias que não devem ser aproveitadas e reabsorvem os nutrientes úteis, devolvendo-os ao sangue. Assim, os rins contribuem para a manutenção da composição química do meio interno.

> *Anote!*
> O volume urinário médio produzido por uma pessoa normal é de 1 L/dia.

> *Anote!*
> Normalmente, a urina não contém glicose. Após uma refeição rica em carboidratos, no entanto, é comum e normal o surgimento de glicose na urina – é que os túbulos renais possuem um limite de reabsorção de açúcar. Quando há excesso de glicose no sangue, os túbulos não dão conta de reabsorvê-la e o excedente é perdido pela urina.
> Em pessoas diabéticas, em que a taxa de glicose sanguínea é constantemente elevada, deixa de haver reabsorção de toda a glicose que passa pelos glomérulos e um excedente sempre aparece na urina desses indivíduos.

O ADH

Anote!
Nos túbulos proximais, ocorre a reabsorção total da glicose e dos aminoácidos e de cerca de 60% dos íons sódio filtrados nos glomérulos. Nas alças de Henle, 25% dos íons sódio são absorvidos. Nos túbulos distais, reabsorve-se o restante dos íons sódio e água por influência do hormônio antidiurético.

O volume de água eliminado pela urina é também controlado pelo **hormônio antidiurético** (**ADH** – do inglês, *AntiDiuretic Hormone*), também conhecido como vasopressina. Produzido pelo hipotálamo e liberado pela porção posterior da hipófise, atua nas paredes dos túbulos coletores, aumentando a permeabilidade à água.

O ADH promove a reabsorção de água, que é enviada de volta para os capilares sanguíneos. A secreção de ADH é inibida em temperaturas baixas (em dias frios a diurese é maior), pelo álcool e pela cafeína.

De olho no assunto!

A história do rato que jamais bebe água

Nos desertos, a disponibilidade de água é muito pequena, o que não quer dizer que não haja vida nesses ambientes. Os seres que lá vivem possuem adaptações que possibilitam sua sobrevivência. É o caso do rato-canguru, um roedor que se mantém basicamente à custa de sementes que encontra durante sua atividade noturna. A água para sua sobrevivência é obtida da oxidação dos compostos orgânicos contidos no alimento. As perdas pelas fezes e pela urina, extremamente concentrada, são mínimas; as maiores perdas ocorrem pela respiração, sob a forma de vapor-d'água. No entanto, a água gerada no metabolismo é suficiente para manter o equilíbrio hídrico, conservando a homeostase.

Pressão baixa

Os rins possuem um eficiente mecanismo adaptativo para minimizar os prejuízos causados pela queda de pressão. Algumas células do rim produzem e liberam no sangue uma substância chamada *renina*, que transforma uma proteína normalmente existente no plasma em *angiotensina*. Esta estimula o córtex da glândula suprarrenal a liberar o hormônio **aldosterona**.

A aldosterona atua nos túbulos renais, estimulando-os a reabsorver sódio, cuja retenção promove reabsorção de mais água. O aumento de água no sangue eleva o volume sanguíneo, com o consequente aumento de pressão.

Leitura

Desidratação

Quando a perda de água ultrapassa sua ingestão, começa a se instalar no corpo um estado de desidratação. No início, a pele e os músculos fornecem o líquido para os órgãos vitais. Persistindo a falta de água, ocorre redução do líquido que banha as células dos tecidos (líquido intersticial) e, além disso, a água do plasma (constituinte do sangue) também começa a sofrer redução, tornando o sangue cada vez mais concentrado.

O próximo passo, caso prossiga a falta de ingestão ou perda excessiva de água, ou ambos, é as células iniciarem uma perda muito grande de água, e aí começam a aparecer os sintomas da desidratação: aparência enrugada da face e do corpo; a pele perde sua elasticidade, tornando-se endurecida – semelhante ao couro –; ocorre perda rápida de massa corporal. Prosseguindo a desidratação, haverá um momento em que a quantidade de água é tão pequena que ela não é mais suficiente para a remoção do calor do metabolismo, podendo ocorrer febres altas; à medida que o estado se agrava, há desenvolvimento de insuficiência circulatória, resultando em supressão ou diminuição de urina, o que leva o paciente a ter dor de cabeça violenta, náusea, vômitos, distúrbios visuais e, finalmente, o paciente entra em estado de coma.

O equilíbrio da água no organismo é obtido pela sua ingestão, manifestada pela sede, pela água produzida pelo metabolismo e pela água contida nos alimentos. Em contrapartida, as perdas de água ocorrem através da pele, dos pulmões, do tubo digestivo e, claro, via sistema urinário.

A sede deve-se a uma impressão sensorial subjetiva, que resulta do excesso de sal ou da falta de água. A base para o estímulo da sede é a sensação de sequidão das mucosas da boca e da faringe. As áreas do sistema nervoso central que estão envolvidas na sede estão localizadas em uma região do encéfalo chamada hipotálamo.

Em condições normais, as perdas diárias médias são as seguintes: 800 a 1.200 mL pela vaporização da pele e dos pulmões, 1.000 mL pela urina e de 100 a 200 mL via fezes. É evidente que o débito de perda de água apresenta-se grandemente aumentado em temperaturas elevadas e com o exercício físico (a transpiração aumenta), podendo a perda chegar a mais de 2 litros por hora. É por esse motivo que os maratonistas não correm agasalhados e a cada etapa vencida do percurso eles se hidratam.

■ MANUTENÇÃO DA HOMEOSTASE E BALANÇO HÍDRICO

Não é somente a remoção de excretas que contribui para a manutenção da homeostase. A regulação do teor de água do organismo, mantendo-a em níveis constantes, também é fundamental para a sobrevivência.

Nos invertebrados marinhos, a concentração da água do mar em que vivem é praticamente a mesma do interior de suas células e essa isotonicidade garante a sobrevivência do organismo sem problemas. O mesmo já não ocorre com muitos vertebrados marinhos, entre eles os *peixes ósseos*. Nestes, a concentração salina dos fluidos corporais é bem menor que a da água que os banha. Como o sangue desses animais é menos concentrado em sais que a água que os rodeia, eles perdem água constantemente, por osmose, para o meio, especialmente através de superfícies permeáveis, tais como as das brânquias. É preciso, então, repor a água perdida, o que se dá pela ingestão de água do mar. Com a água, porém, entra grande quantidade de sais, fazendo o sangue ficar muito concentrado. O excesso de sais é eliminado por transporte ativo pelas brânquias, cujas superfícies extremamente finas e ramificadas estão expostas na água (veja a Figura 16-5).

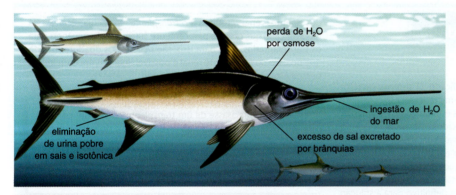

Figura 16-5. Regulação osmótica em peixe ósseo marinho, em que os rins possuem poucos glomérulos.

Nos peixes ósseos que vivem em água doce, a situação é inversa. A concentração salina dos fluidos corporais é maior do que a da água que os banha. Há entrada de água em grande quantidade, por osmose. Os rins, que, nesses animais, possuem glomérulos muito desenvolvidos, produzem urina rica em água, muito diluída. Nessa excreção de água os peixes perdem, também, certa quantidade de sais. Novamente entram em ação as brânquias, que retiram sais ativamente da água e ajudam a manter o equilíbrio salino (veja a Figura 16-6).

De olho no assunto!

A água gerada na oxidação dos alimentos contribui para o equilíbrio hídrico. Na combustão de 1 g de glicose, por exemplo, gera-se cerca de 0,6 g de água. Cada 1 g de gordura leva à produção de 1,1 g de água, enquanto 1 g de proteína produz cerca de 0,3 g de água. Ao se alimentar diariamente com 350 g de carboidratos, 100 g de gorduras e 100 g de proteínas, uma pessoa geraria cerca de 340 g de água.

Fonte: SCHMIDT-NIELSEN, K. *Fisiologia Animal.* São Paulo: Edgard Blücher/EDUSP, 1972.

Figura 16-6. Regulação osmótica em peixe de água doce, em que os rins possuem glomérulos muito desenvolvidos. O excesso de água é eliminado pelos rins, ao elaborarem urina diluída. As brânquias retiram íons ativamente da água.

Nos vertebrados terrestres, a manutenção do equilíbrio hídrico foi uma das conquistas evolutivas mais importantes na adaptação ao meio. Embora não haja mais trocas osmóticas de água pela pele, que em muitos deles é impermeável à água, há o risco de desidratação por conta de outros mecanismos, como sudorese, evaporação respiratória, fezes e urina. Essa água deve ser reposta por ingestão (o que inclui a existente nos alimentos) e/ou pela água gerada no próprio metabolismo celular.

De olho no assunto!

Tartarugas e aves que choram

Aves marinhas (por exemplo, gaivotas e albatrozes) e tartarugas marinhas eliminam o excesso de sal, obtido da água ou dos alimentos salinos que ingerem, por meio de glândulas secretoras de sal. Localizadas na cabeça, dentro ou ao redor da região orbital (a que contém o olho), essas glândulas produzem uma secreção fluida extremamente concentrada em sais que escorre pelo bico, no caso das aves. Nas tartarugas, a secreção é eliminada pelo canto do olho, o que é observável na época da reprodução, ocasião em que saem da água para efetuar a postura de ovos nas praias, dando a impressão de que estão chorando. Essas glândulas constituem uma alternativa à pobreza em alças de Henle no rim desses animais, o que dificulta a produção de uma urina concentrada. Assim, o excesso de sais existentes no sangue é retirado pelas glândulas, que eliminam um fluido altamente concentrado em sais.

Ética & Sociedade

Diálise

A urina é sangue altamente modificado. O sistema excretor humano funciona de tal modo que mantém praticamente constante a composição do sangue. Viver sem rins é impossível. Felizmente, métodos de filtragem do sangue, conhecidos coletivamente como *diálises*, permitem a sobrevivência de pessoas com lesões renais.

Há dois tipos de diálise: a *peritoneal* e a *sanguínea* (esta utiliza complexa aparelhagem pela qual o sangue é forçado a passar). São dois recursos temporários que favorecem a sobrevivência de doentes renais. Um recurso considerado quase definitivo para a solução dos doentes renais crônicos é o *transplante renal*, cuja técnica está tão avançada que oferece praticamente 100% de sobrevivência para os transplantados. Mas, para isso, são necessários doadores, sendo que no caso de transplante renal é possível doar um rim enquanto a pessoa está viva e gozando de boa saúde.

- Caso você precisasse de um transplante renal e um parente seu fosse compatível e estivesse disposto a doar-lhe o órgão você aceitaria?
- E se você precisasse doar um de seus rins para salvar a vida de uma pessoa, você também o faria?

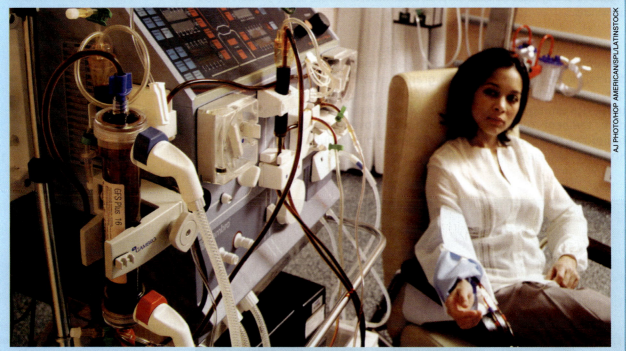

Paciente sendo submetida à hemodiálise, um procedimento que leva várias horas e é repetido, em média, três vezes por semana. A máquina de diálise (à esquerda na foto) trabalha como se fosse um rim artificial. O sangue da paciente passa por uma membrana semipermeável do equipamento, em que ficam retidos os produtos de excreção. O sangue "tratado" retorna ao paciente também por via endovenosa.

Passo a passo

1. Assinale **V** para as alternativas verdadeiras e **F** para as falsas.
   a) A amônia é resultante da metabolização dos aminoácidos.
   b) A amônia é excretada principalmente por animais aquáticos.
   c) Resíduos nitrogenados menos tóxicos favorecem a sobrevivência em ambiente terrestre.
   d) O ácido úrico é mais tóxico do que a ureia.
   e) Ácido úrico é excretado por aves, insetos, répteis e moluscos terrestres.

2. Qual a vantagem de transformar a amônia em ureia ou ácido úrico? Onde ocorre essa transformação?

3. Identifique, na figura abaixo, as estruturas de *a* a *f*.

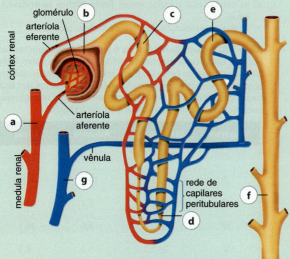

4. A respeito do funcionamento do rim humano:
   a) Cite o nome do vaso sanguíneo que entra no rim para ser filtrado.
   b) Defina filtrado glomerular.
   c) Ao longo do néfron o filtrado glomerular sofre alguma modificação? Justifique sua resposta.
   d) Defina ADH e explique a sua função no néfron.

5. Cite o percurso da ureia e das glicoses no rim humano.

6. Como se explica que os peixes ósseos marinhos estão "sujeitos a desidratação", fato que não ocorre com os peixes ósseos de água doce?

7. Leia com atenção o texto:
   Pela artéria renal o sangue chega ao rim e se ramifica, originando um número muito grande de arteríolos aferentes. Cada arteríolo, por sua vez, ramifica-se no interior da cápsula de Bowman, formando o glomérulo, que é um enovelado de capilares.
   Pergunta-se:
   a) É correto afirmar que a artéria renal e os glomérulos são ricos em oxigênio e pobres em ureia? Justifique sua resposta.
   b) Nos glomérulos, o sangue encontra-se sob alta ou baixa pressão? Por quê?

8. A alanina é um aminoácido usado no processo de síntese proteica. É correto afirmar que, na produção de proteínas pelas células, duas moléculas de alanina combinam-se com uma de oxigênio, originando duas moléculas de amônia e duas de ácido pirúvico? Justifique sua resposta.

9. A partir do enunciado da questão 8, é correto afirmar que as proteínas podem ser usadas como fonte de ATP? Justifique sua resposta.

10. O filtrado glomerular percorre o néfron passando por vários túbulos. Um deles é o túbulo contorcido proximal, que é formado por uma parede cujas células estão adaptadas ao transporte ativo. Nesse túbulo ocorre reabsorção ativa de sódio, que por sua vez promove a remoção de cloro. Pergunta-se:
    a) A saída de sódio e cloro faz com que a concentração do líquido dentro desse túbulo fique hipotônica ou hipertônica em relação ao plasma dos capilares que o envolvem? Justifique a resposta.
    b) Com a saída de sódio e cloro, qual o destino da água que percorre o túbulo contorcido proximal? Justifique sua resposta.

11. Acompanhe o resumo de uma das etapas da regulação da função renal feita por um aluno:

    O plasma encontra-se com pouca água → os receptores do hipotálamo (região do cérebro) são ativados → a produção de ADH é inibida → o túbulo distal e o coletor celular são mais impermeáveis à água → a reabsorção de água ocorre → a urina fica mais diluída.

    O professor constatou que o aluno cometeu um ou mais erros. Qual é ou quais são?

12. **Questão de interpretação de texto**
    A água do mar contém, aproximadamente, três vezes mais sais que o nosso sangue e o dos peixes. Nossos rins podem excretar uma solução salina de concentração intermediária entre a água do mar e a do nosso sangue. Caso um náufrago não tenha água doce para beber, para se hidratar seria a melhor opção:
    a) beber água do mar.
    b) ingerir peixes.
    c) ingerir seu suor.
    d) ingerir sua urina.
    e) não tomar nenhuma das atitudes citadas.

Questões objetivas

1. (UFRGS – RS) Quando analisamos os diferentes tipos de estruturas excretoras, encontramos os nefrídios, os túbulos de Malpighi e os rins. Assinale a alternativa que contém, respectivamente, os animais que apresentam tais estruturas.
   a) sanguessuga – gafanhoto – peixe
   b) aranha – jacaré – tartaruga
   c) mosca – borboleta – sapo
   d) estrela-do-mar – barata – baleia
   e) minhoca – caranguejo – cobra

2. (MACKENZIE – SP) Durante a evolução, a colonização do ambiente terrestre exigiu várias adaptações. Dentre elas,
   a) a presença de tubo digestório completo.
   b) a maior produção de gametas.
   c) a presença de pigmentos respiratórios no sangue.
   d) a eliminação de ureia ou ácido úrico como excreta nitrogenado.
   e) a presença de anexos epidérmicos como penas e pelos.

3. (UFMS) Identifique as alternativas corretas e dê sua soma ao final. Denomina-se sistema excretor o conjunto de órgãos responsáveis, num organismo, pela manutenção do meio interno, regulação do teor de água e sais minerais e eliminação de resíduos nitrogenados formados durante o metabolismo celular. Os resíduos nitrogenados que podem ser formados são amônia, ureia e ácido úrico.

São exemplos de animais que excretam amônia, ureia e ácido úrico, respectivamente:

(01) sapo, grilo, tubarão.
(02) anêmona-do-mar, cavalo e formiga.
(04) peixe, crocodilo e rato.
(08) mexilhão, cão e urubu.
(16) homem, polvo e minhoca.
(32) água-viva, porco e escorpião.

4. (PUC – RJ) Os tipos de excretas de animais estão intimamente relacionados ao ambiente em que vivem. Assinale a alternativa que correlaciona corretamente o grupo animal e seu tipo de excreta com a justificativa ecologicamente **correta**:

a) peixes excretam ureia porque esta é menos tóxica e tem maior solubilidade na água.
b) mamíferos excretam amônia porque esta é mais tóxica e tem menor solubilidade na água.
c) aves excretam ácido úrico porque este é menos tóxico e tem menor solubilidade na água.
d) rãs excretam ácido úrico porque este é menos tóxico e tem maior solubilidade na água.
e) cobras excretam amônia porque esta é menos tóxica e tem menor solubilidade na água.

5. (FUVEST – SP) No esquema abaixo, as letras **R** e **S** representam substâncias orgânicas, enquanto **X, Y** e **Z** referem-se a grupos de animais.

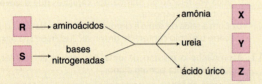

O metabolismo das substâncias **R** e **S** produz excretas nitrogenados. A amônia, a ureia e o ácido úrico são as substâncias nitrogenadas predominantes nos excretas dos animais dos grupos **X, Y** e **Z**, respectivamente. As letras **R, S, X, Y** e **Z** correspondem a:

	R	S	X	Y	Z
a)	proteínas	ácidos graxos	mamíferos	peixes ósseos	répteis
b)	ácidos nucleicos	proteínas	aves	anfíbios	répteis
c)	proteínas	ácidos nucleicos	peixes ósseos	mamíferos	aves
d)	ácidos graxos	proteínas	anfíbios	mamíferos	aves
e)	proteínas	ácidos nucleicos	peixes ósseos	aves	mamíferos

6. (UERJ) Como consequência dos mecanismos que regulam a pressão osmótica dos peixes marinhos, os peixes ósseos precisam beber água do mar, enquanto os cartilaginosos não.

O gráfico ao lado mostra a osmolaridade do plasma sanguíneo de peixes marinhos, em relação à da água do mar.

A coluna do gráfico que representa a osmolaridade do plasma dos elasmobrânquios

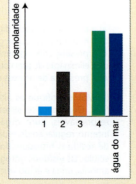

e a substância orgânica importante para a manutenção da pressão osmótica nesses animais estão indicadas em:

a) 1 – ácido úrico.
b) 2 – glicina.
c) 3 – glicose.
d) 4 – ureia.

7. (UFPE) Há uma relação direta entre a eliminação de urina e o volume de líquidos corporais, tanto intersticiais quanto do próprio plasma. Quando a concentração do sangue circulante aumenta, como em caso de grande perda de água, é correto afirmar que:

a) a urina torna-se mais diluída.
b) há aumento da produção do hormônio secretina.
c) a hipófise não libera o hormônio antidiurético (ADH).
d) as células dos túbulos renais ficam menos permeáveis à água.
e) há maior reabsorção de água do filtrado glomerular.

8. (UEL – PR) A caatinga nordestina é um ambiente caracterizado por um clima de temperatura média anual alta, baixo índice pluviométrico e de baixa umidade relativa do ar. Nesse ambiente, um pesquisador identificou 5 espécies de lagartos, dos quais foram examinadas as porcentagens de excretas nitrogenados encontradas na urina, conforme a tabela a seguir:

Lagartos	Ácido úrico	Amônia	Ureia
I	0,7	24,0	22,9
II	2,5	14,4	47,1
III	4,2	6,1	61,0
IV	6,7	6,0	29,1
V	56,1	6,2	8,5

Analisando os dados da tabela, conclui-se que a espécie melhor adaptada ao ambiente da caatinga é a do lagarto número:

a) I.
b) II.
c) III.
d) IV.
e) V.

9. (UFC – CE) O rato-canguru tem mecanismos fisiológicos surpreendentes. Consome água como qualquer animal, mas nunca a bebe. Ainda assim, sua água corpórea é similar a de qualquer outro mamífero. Este roedor se hidrata oxidando o hidrogênio de seus alimentos. Além disso, seu sistema regulador é tão especial que ele poderia se abastecer com água do mar. A alimentação deste roedor é composta exclusivamente de grãos de cevada, muito secos. O rato-canguru é, entre os roedores, aquele que possui menos glândulas sudoríparas.

Baseando-se no texto acima, analise, a seguir, as explicações para o sucesso do rato-canguru no ambiente árido onde vive.

I – Os carboidratos de sua dieta produzem grande parte da água, durante o processo de respiração celular.
II – Seus rins são especiais, conseguindo concentrar a urina mais eficientemente do que o homem consegue.
III – O rato-canguru consegue minimizar a perda de água através da superfície cutânea.

Considerando-se as três afirmações, assinale a alternativa correta.

a) Somente I é verdadeira.
b) Somente I e II são verdadeiras.
c) Somente II e III são verdadeiras.
d) Somente I e III são verdadeiras.
e) I, II e III são verdadeiras.

10. (UERJ) Os répteis se adaptam com facilidade à vida em regiões desérticas. Por excretarem o nitrogênio pela urina incorporado em uma substância pouco solúvel em água, seu volume de urina diário é pequeno e, consequentemente, sua ingestão de água é menor. Esse não é o caso do homem, que excreta o nitrogênio através de um produto muito solúvel em água.

Os gráficos abaixo representam a excreção urinária de produtos nitrogenados. Em cada um deles, no eixo da abscissa, estão indicados os produtos eliminados e, no eixo da ordenada, as respectivas quantidades excretadas em 24 horas.

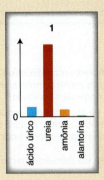
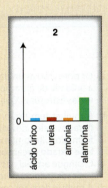

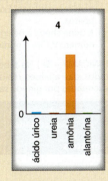

Os gráficos que correspondem, respectivamente, aos seres humanos e aos répteis são os de números:

a) 1 e 3.
b) 1 e 4.
c) 3 e 2.
d) 4 e 2.

11. (FUVEST – SP) O sangue, ao circular pelo corpo de uma pessoa, entra nos rins pelas artérias renais e sai deles pelas veias renais. O sangue das artérias renais

a) é mais pobre em amônia do que o sangue das veias renais, pois nos rins ocorre síntese dessa substância pela degradação de ureia.
b) é mais rico em amônia do que o sangue das veias renais, pois nos rins ocorre degradação dessa substância, que se transforma em ureia.
c) é mais pobre em ureia do que o sangue das veias renais, pois os túbulos renais secretam essa substância.
d) é mais rico em ureia do que o sangue das veias renais, pois os túbulos renais absorvem essa substância.
e) tem a mesma concentração de ureia e de amônia que o sangue das veias renais, pois essas substâncias são sintetizadas no fígado.

12. (MACKENZIE – SP) Os néfrons humanos são responsáveis pela eliminação de excretas nitrogenados e pela manutenção do equilíbrio osmótico do corpo.

Assinale a alternativa correta a respeito desses processos.

a) Os excretas são trazidos para os néfrons através de capilares nos quais circula sangue venoso.
b) Quando ingerimos uma grande quantidade de água, a alça renal aumenta a taxa de reabsorção.
c) O principal excreta nitrogenado existente na urina humana é o ácido úrico.
d) Quanto maior for a pressão nos capilares do glomérulo, menor será a quantidade de urina produzida.
e) O aumento de sudorese (produção de suor) provoca a diminuição do volume de urina produzido.

13. (FGV – SP) Com relação aos mecanismos de osmorregulação nos humanos, considere as seguintes afirmações:

I – Sendo absorvido pelo intestino, o sal passa para o sangue e aumenta a concentração osmótica deste, o qual retira água dos tecidos para o interior dos vasos, na tentativa de restabelecer o equilíbrio osmótico entre sangue e tecidos.
II – Na alça néfrica, ocorre grande reabsorção de sal. Assim, no rim, o sangue readquire uma razoável quantidade de sal, fazendo com que a concentração do filtrado, ao atingir o túbulo distal, seja hipotônica em relação ao sangue. Com o sangue mais concentrado em relação ao conteúdo do túbulo distal, ocorre o fluxo de água para o interior dos capilares sanguíneos.
III – A permeabilidade da parede do túbulo distal depende da presença do hormônio antidiurético (ADH), produzido pelo hipotálamo e armazenado e liberado no sangue pela neuro-hipófise. Contudo, o álcool etílico inibe a secreção de ADH e, por isso, quando se ingerem bebidas alcoólicas, o volume da urina produzida é alterado.

Pode-se dizer que

a) apenas II está correta. A consequência do explicado em II é a produção de urina mais diluída e a diminuição da pressão arterial.
b) apenas I e II estão corretas. A consequência do explicado em I é o aumento da pressão arterial e a consequência do explicado em II é a produção de urina mais concentrada.
c) apenas I e III estão corretas. A consequência do explicado em I é a diminuição da pressão arterial e a consequência do explicado em III é a produção de urina mais concentrada.
d) apenas II e III estão corretas. A consequência do explicado em II é a produção de urina mais concentrada e a consequência do explicado em III é a produção de urina mais concentrada e em maior volume.
e) I, II e III estão corretas. A consequência do explicado em I e II é o aumento da pressão arterial. A consequência do explicado em II é a produção de urina mais concentrada e, em III, a produção de urina mais diluída.

14. (UEL – PR) A ingestão de álcool inibe a liberação de ADH (hormônio antidiurético) pela hipófise. Assim sendo, espera-se que um homem alcoolizado:

a) produza grande quantidade de urina concentrada.
b) produza grande quantidade de urina diluída.
c) produza pequena quantidade de urina concentrada.
d) produza pequena quantidade de urina diluída.
e) cesse completamente a produção de urina.

15. (FUVEST – SP) Em algumas doenças humanas, o funcionamento dos rins fica comprometido. São consequências diretas do mau funcionamento dos rins:

a) acúmulo de produtos nitrogenados tóxicos no sangue e elevação da pressão arterial.
b) redução do nível de insulina e acúmulo de produtos nitrogenados tóxicos no sangue.
c) não produção de bile e enzimas hidrolíticas importantes na digestão das gorduras.
d) redução do nível de hormônio antidiurético e elevação do nível de glicose no sangue.
e) redução do nível de aldosterona, que regula a pressão osmótica do sangue.

Excreção e homeostase **343**

Questões dissertativas

1. (FUVEST – SP – adaptada) A tabela a seguir reúne algumas características de quatro animais não cordados: A, B, C e D.

Animal	Sistema digestivo	Sistema circulatório	Sistema respiratório	Sistema excretor	Habitat
A	incompleto	ausente	ausente	células-flama	aquático
B	ausente	ausente	ausente	ausente	aquático
C	completo	aberto	traqueal	túbulos de Malpighi	terrestre
D	completo	fechado	ausente	nefrídio	terrestre

Quais podem ser, respectivamente, os animais A, B, C e D?

2. (UFPR) Observe o diagrama abaixo, que mostra a evolução dos grupos animais e a correspondência com substâncias nitrogenadas excretadas.

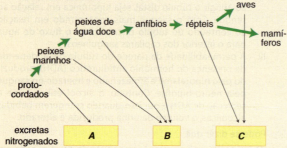

a) Identifique as substâncias indicadas por A, B e C.
b) Qual das letras corresponde ao principal excreta de mamíferos?
c) Qual a vantagem adaptativa da substância C em relação à substância A?

3. (UFV – MG – adaptada) Enquanto esperavam o resultado do exame de urina no laboratório, algumas senhoras faziam comentários sobre os rins. Uma delas disse que esse órgão parecia um filtro de água ao contrário, considerando que o organismo elimina aquilo que não é bom para o organismo e retém o que é útil. Para ajudar a esclarecer este ponto, observe o esquema de um corte anatômico de rim humano, e resolva os itens.

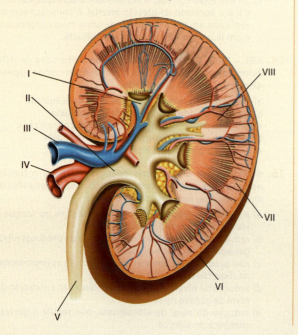

a) Os poros são as unidades filtradoras nos filtros de água, mas a unidade de filtração dos rins é mais complexa, envolvendo várias estruturas. Qual é o nome desta unidade?
b) A mulher tem razão, pois de 160 litros de sangue que são filtrados pelos rins, diariamente, apenas 1,0 litro de urina é formado. Cite o número que indica o local principal onde esse filtrado é reabsorvido.
c) O sangue arterial passa pela sua primeira filtração na região indicada pelo número ___.
d) A mulher deve ter considerado os catabólitos das proteínas, que são eliminados pela urina, como "aquilo que não é bom para o organismo". Exemplifique um desses principais catabólitos.
e) A urina chega à bexiga por meio da estrutura indicada pelo número V. Cite o nome dessa estrutura.

4. (UNICAMP – SP) Na tabela abaixo são apresentados os resultados das análises realizadas para identificar as substâncias excretadas por girinos, sapos e pombos.

Amostras	Substâncias excretadas Quantidade de água	Amônia	Ureia	Ácido úrico
1	grande	+	–	–
2	pequena	–	–	+
3	grande	–	+	–

a) Identifique, na tabela, qual amostra corresponde às substâncias excretadas por pombos. Explique a vantagem desse tipo de excreção para as aves.
b) Identifique, na tabela, qual amostra corresponde às substâncias excretadas por girinos e qual corresponde às dos sapos. Explique a relação entre o tipo de substância excretada por esses animais e o ambiente em que vivem.

5. (UFLA – MG)

A figura ilustra duas espécies de peixes ósseos (teleostei) vivendo em ambientes distintos: água salgada (mar) e doce (rio). Entre os mecanismos de regulação osmótica e iônica, estão a ingestão de substâncias pela boca, eliminação delas pela urina e o transporte pelas suas brânquias, como indicados pelas setas.

Com base na figura, responda:

a) Que substâncias seriam A, B, C e D?
b) Referente à concentração de soluto, como seria o sangue em relação ao meio nas duas espécies de peixes? Como seria a urina com relação à concentração de soluto?
c) Considerando que ambas as espécies de peixes apresentam mesmo tamanho corpóreo, qual delas teria a bexiga natatória com maior volume? Por quê?

6. (UERJ) A amônia é produzida pelos organismos vivos, especialmente durante o catabolismo dos aminoácidos. Por ser muito tóxica, alguns vertebrados a incorporam, antes da excreção, como ácido úrico ou como ureia.

Cite um vertebrado que excreta diretamente amônia e identifique o principal órgão excretor dessa substância. Aponte, também, uma vantagem de adaptação ambiental relativa às aves e outra relativa aos répteis, por excretarem ácido úrico, substância pouco solúvel em água.

7. (UFRJ) A passagem de água através da membrana plasmática se dá principalmente por canais proteicos específicos denominados *aquaporinas*. A vasopressina, também conhecida como ADH, regula a diurese (produção de urina) nas diversas situações fisiológicas, alterando a quantidade de aquaporinas na membrana das células do túbulo renal responsáveis pela reabsorção de água.

A tabela a seguir mostra as concentrações normais de alguns solutos no plasma e as respectivas concentrações apresentadas por um paciente com diarreia.

Soluto	Valores normais	Paciente
glicose	100	130
Na^+	135 a 145	155
K^+	3,5 a 5,0	7,0

Determine se a quantidade de aquaporinas na membrana plasmática das células dos túbulos renais do paciente, considerando os padrões mais regulares, deve estar maior ou menor do que a de um indivíduo normal. Justifique sua resposta.

8. (UNESP) A Falsa Tartaruga suspirou profundamente e enxugou os olhos com o dorso de uma patinha. Ela olhou para Alice e tentou falar, mas, durante um ou dois minutos, soluços impediram-na de dizer qualquer coisa.

CARROLL, L.
Alice no País das Maravilhas.

Suspeita-se que o autor criou tal personagem observando tartarugas marinhas que derramam "lágrimas" ao desovar nas praias. A que correspondem as "lágrimas" das tartarugas marinhas e por que essas tartarugas "choram"?

9. (FUVEST – SP) Os néfrons são as unidades funcionais dos rins, responsáveis pela filtração do sangue e pela formação da urina.

a) Complete a tabela abaixo, comparando as concentrações de aminoácidos, glicose e ureia no sangue que chega ao néfron com as concentrações dessas substâncias na urina e no sangue que deixa o néfron, em uma pessoa saudável. Marque com "X" os espaços da tabela correspondentes às alternativas corretas.

Substância	Concentração no sangue que chega ao néfron relativa à concentração na urina			Concentração no sangue que chega ao néfron relativa à concentração no sangue que deixa o néfron		
	Maior	Menor	Equivalente	Maior	Menor	Equivalente
aminoácidos						
glicose						
ureia						

b) Cerca de 30% da água presente no sangue que chega ao néfron passa para a cápsula renal, onde se inicia a filtração. Entretanto, a quantidade de água no sangue que sai do néfron é praticamente igual à quantidade de água do sangue que chega a ele. Explique como ocorre a recomposição da quantidade de água no sangue.

Programas de avaliação seriada

1. (PASES – UFV – MG) Com relação ao sistema excretor humano, é **CORRETO** afirmar que:

a) o hormônio antidiurético regula a reabsorção de sódio nos rins.
b) o hormônio aldosterona regula a absorção de água nos rins.
c) a principal excreta nitrogenada eliminada na urina é a amônia.
d) a principal excreta nitrogenada eliminada na urina é a ureia.

2. (PSS – UEPG – PR) O sistema urinário está envolvido com a excreção, que é o mecanismo de eliminação de substâncias em excesso e de substâncias tóxicas. A excreção garante, assim, o equilíbrio das condições fisiológicas do organismo. A respeito da anatomia e da fisiologia do sistema urinário, indique as alternativas corretas e dê sua soma ao final.

(01) A ureia é a mais tóxica e a mais solúvel das excretas nitrogenadas. Ela é resultado da degradação de proteínas e ácidos nucleicos no fígado e precisa ser eliminada, pois seu acúmulo é tóxico para o organismo.
(02) A quantidade de água na urina é regulada pelo hormônio antidiurético (sigla inglesa: ADH), que é produzido pelas glândulas suprarrenais.
(04) O sistema urinário é o principal responsável pelo controle da quantidade de água eliminada pelo organismo e pela excreção de sais minerais e excretas nitrogenadas.
(08) A espécie humana apresenta sistema urinário formado por dois rins e pelas vias uriníferas formadas pelas pelves renais, ureteres, bexiga urinária e uretra. Cada rim é constituído por milhares de unidades microscópicas denominadas néfrons.

3. (PSC – UFAM) O objetivo da produção de urina é manter a homeostase através da regulação do volume e da composição do sangue. Enquanto alguns produtos orgânicos devem ser excretados, outros devem ser retidos. Em um laboratório de análises clínicas, três amostras de urina de indivíduos distintos foram processadas com o seguinte resultado:

Amostra A: ureia, ácido úrico, cloreto de sódio, creatinina e água.
Amostra B: ácido úrico, cloreto de sódio, creatinina, glicose e água.
Amostra C: grandes proteínas, ureia, glicose e água.

Qual(ais) amostra(s) poderia(m) pertencer a um indivíduo normal:

a) apenas a amostra C.
b) apenas a amostra B.
c) apenas a amostra A.
d) amostras A e B.
e) amostras A, B e C.

4. (PSS – UFS – SE) As características estruturais e fisiológicas dos diferentes animais refletem adaptações a diferentes ambientes e estilos de vida.

(0) Nos invertebrados cujo corpo é sustentado por estruturas duras, o esqueleto é externo, ao passo que nos vertebrados é interno. Os músculos utilizados na locomoção sempre se inserem no esqueleto, tanto nos invertebrados como nos vertebrados.
(1) Nas esponjas, toda a digestão é intracelular. Nos cnidários, esse processo inicia-se extracelularmente e termina intracelularmente. Já nas aranhas, sempre se inicia como digestão extracorpórea porque esses animais só conseguem ingerir líquidos.
(2) Considerando-se os tipos de respiração cutânea, traqueal, branquial e pulmonar, constata-se que as trocas gasosas são efetuadas por superfícies úmidas somente no caso dos tipos branquial e cutâneo. Nos dois outros tipos, a superfície de trocas gasosas é seca.
(3) Nos seres humanos, todas as artérias transportam sangue arterial e todas as veias transportam sangue venoso.
(4) A excreção é o processo pelo qual os animais eliminam substâncias nitrogenadas tóxicas produzidas pelo metabolismo celular. Alguns animais excretam amônia e outros transformam essa substância em ureia e ácido úrico. A ureia é menos tóxica do que a amônia, sendo o principal produto de excreção de aves, répteis e insetos.

5. (PSS – UFAL) Um néfron é uma estrutura tubular que possui, em uma extremidade, uma expansão em forma de taça, a cápsula de Bowman, a qual se conecta ao túbulo renal, que desemboca em um duto coletor. O túbulo renal, conforme ilustrado esquematicamente na figura, compreende três regiões diferenciadas: o túbulo contornado proximal, a alça de Henle e o túbulo contornado distal.

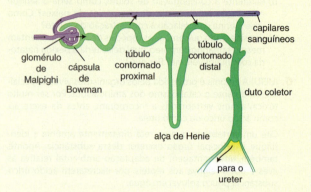

Com relação às informações apresentadas, analise as proposições a seguir.

1. Nos capilares dos glomérulos de Malpighi, a pressão do sangue força a saída de proteínas e glicose existentes no sangue, substâncias que passam entre as células da parede da cápsula de Bowman e atingem o túbulo renal.
2. No túbulo contornado proximal, as células reabsorvem ativamente glicose, aminoácidos, vitaminas, parte dos sais e a maior parte da água do filtrado glomerular, devolvendo essas substâncias ao sangue dos capilares que envolvem o néfron.
3. Na região da alça de Henle ocorre, principalmente, reabsorção de água do filtrado glomerular.
4. No túbulo contornado distal ocorre a eliminação passiva de água, e as células da parede do túbulo absorvem as vitaminas e os sais minerais para então o filtrado desembocar no duto coletor.

Estão corretas:

a) 1, 2, 3 e 4.
b) 1, 2 e 4 apenas.
c) 2 e 3 apenas.
d) 1 e 2 apenas.
e) 3 e 4 apenas.

Sistema nervoso e fisiologia dos órgãos dos sentidos

Capítulo 17

Papai Noel existe. E é brasileiro!

Glee é um seriado de TV que mostra as aventuras de adolescentes que integram o coral de uma escola. Esse grupo é formado por estudantes bem heterogêneos: gordos, magros, altos, baixos, dançarinos, cadeirante, loiros, morenos, rapazes, moças etc. Um de seus episódios, que se passava perto da época de Natal, girou em torno do fato de uma das adolescentes do grupo pedir "ao bom velhinho" que fizesse com que seu amigo cadeirante pudesse andar.

A mensagem que poderia ser retirada do episódio não era, naturalmente, a questão se Papai Noel existe, mas, principalmente, o que ele representa para cada um de nós: a possibilidade de tornar nossos sonhos realidade e acreditar que tudo é possível, por mais improvável que possa parecer.

Embarcando na fantasia do seriado, como poderia uma pessoa paralítica andar da noite para o dia? Depois de muita trama, o segredo para esse "milagre" se revelou dentro de uma grande caixa de presente que se encontrava sob a árvore de Natal: nela, uma "roupa", desenvolvida por neurocientistas, permitiu que, ao vesti-la, o adolescente paralítico pudesse ficar em pé para dar alguns passos.

A "roupa", na verdade uma "veste robótica", é um projeto cujas bases estão no consórcio científico internacional *The Walk Again* (Andar Novamente), que o neurocientista brasileiro Dr. Miguel Nicolelis, professor da Universidade de Duke (EUA), ajudou a fundar.

A Ciência, esse verdadeiro Papai Noel, a cada dia que passa aproxima ainda mais nossos sonhos da realidade.

O relacionamento do organismo com o ambiente e a coordenação do trabalho dos diversos órgãos internos ficam a cargo de dois importantes sistemas: o **nervoso** e o **hormonal**. A coordenação nervosa envolve a participação das células nervosas, os chamados **neurônios**. A coordenação hormonal conta com a participação de **hormônios**, substâncias químicas que se espalham pelo sangue e conectam diversos órgãos, controlando as suas ações.

▪ O AUMENTO DA COMPLEXIDADE DO SISTEMA NERVOSO

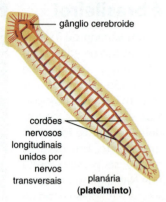

A coordenação nervosa nos animais pluricelulares surge pela primeira vez nos cnidários e é representada por um tecido formado por células nervosas que se organizam como uma rede (veja a Figura 17-1). Tocando-se uma hidra com uma pequena agulha em determinado ponto do corpo, o impulso nervoso gerado se propaga como uma onda. Não existe um centro de comando do organismo.

Com o aparecimento de animais com simetria bilateral, há duas novidades: uma cabeça (cefalização) e a centralização do sistema nervoso. A cabeça passa a abrigar a porção mais desenvolvida do sistema nervoso. Na planária, por exemplo, um platelminto, inicia-se uma central de coordenação do organismo, na forma de massas globosas, os **gânglios cerebroides**, que atuam como um "cérebro". Os movimentos já são mais coordenados e as respostas, mais controladas e eficientes.

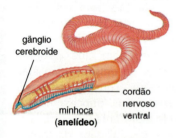

Nos anelídeos e artrópodes, além das centrais representadas pelos gânglios "cerebrais", existem **gânglios segmentares** na região ventral do corpo, constituindo um sistema de coordenação do organismo mais eficiente, ampliando a capacidade de resposta ante os estímulos ambientais.

Nos moluscos, a coordenação nervosa continua a ser feita por um sistema ganglionar; nos mais complexos, como os polvos e as lulas, há verdadeiros "cérebros" controladores das atividades dos animais, que são capazes de executar ações altamente complexas, como, por exemplo, o reconhecimento da forma de objetos e de cores.

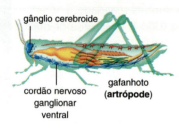

Nos vertebrados, o sistema nervoso é muito mais elaborado e complexo. O tubo nervoso dorsal sofre considerável aperfeiçoamento desde os grupos mais simples até os mais complexos, formando-se órgãos especializados no controle de diversas funções sensoriais e motoras, facilitando o ajuste do organismo desse grupo animal aos mais diversos meios.

Foi no homem, porém, que o sistema nervoso atingiu o máximo em complexidade, dotando-os de uma característica inexistente nos outros vertebrados: a capacidade de discernimento, de julgamento e de raciocínio lógico, que os habilita a pensar e a elaborar ações conscientes diante dos estímulos ambientais, favorecendo sobremaneira a dominação do ambiente, típica da espécie humana.

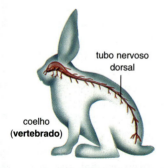

Figura 17-1. Evolução do sistema nervoso nos animais, culminando com o sistema nervoso dos vertebrados, altamente complexo.

▪ NEURÔNIO: A UNIDADE DO SISTEMA NERVOSO

O neurônio, a célula comum a todo e qualquer sistema nervoso existente no reino *Animalia*, assemelha-se, em sua função, a um fio condutor de eletricidade. Três componentes chamam a atenção: os **dendritos**, o **corpo celular** e o **axônio** (também conhecido como fibra nervosa). Os dendritos constituem locais de captação dos estímulos. No corpo celular estão localizados o núcleo e a maior parte dos orgânulos celulares (veja a Figura 17-2).

Figura 17-2. Um tipo de neurônio.

O axônio é o eixo de condução das mensagens geradas no corpo celular. Os axônios e os dendritos podem apresentar um revestimento externo lipídico, conhecido como **bainha de mielina**. Decorrente do enrolamento de células especiais ao redor desses prolongamentos, essa bainha funciona como material isolante, como nos fios elétricos encapados. Os neurônios mielinizados conduzem impulsos nervosos mais rapidamente que os não mielinizados.

De olho no assunto!

Neurônios e neuróglia

O elevado grau de especialização apresentado pelos neurônios durante a evolução dos seres vivos teve duas importantes consequências: *a perda da capacidade de se dividir por mitose* e a *dificuldade de se alimentar por conta própria*.

O primeiro problema é insolúvel. Todos os dias morrem neurônios em nosso organismo. Não há reposição, o que pode conduzir a sérias deficiências ao longo da nossa vida.

Com relação ao segundo problema, a solução foi altamente engenhosa. Existem células conjuntivas especiais, associadas ao tecido nervoso, com diferentes funções, sendo uma delas a de abastecer continuamente de nutrientes as células nervosas.

Essas células, que, além dos neurônios, também fazem parte do tecido nervoso, são componentes da **neuróglia** ou **glia**. Diferentemente dos neurônios, as células da neuróglia podem se dividir. Em ocasiões de traumatismos, em que muitos neurônios morrem, o espaço deixado por eles é ocupado por células neurogliais. Certos tumores são, também, originados por células desse componente do tecido nervoso.

Considera-se que a neuróglia seja a responsável pela sustentação do tecido nervoso. Suas principais células são:

- *micróglia:* pequenas células que exercem papel de macrófagos, fagocitando restos celulares mortos e microrganismos que invadem o tecido nervoso;
- *oligodendrócitos:* células que revestem neurônios com uma bainha de mielina semelhante à da célula de Schwann;
- *células de Schwann:* assim como os oligodendrócitos, revestem os axônios. A diferença entre eles é que os prolongamentos dos oligodendrócitos podem envolver diversos axônios, enquanto cada célula de Schwann reveste um trecho de apenas um axônio;
- *astrócitos:* células responsáveis pela nutrição dos neurônios. Prolongamentos dessas células ligam-se a capilares sanguíneos, de onde retiram os nutrientes que serão transferidos para os neurônios. Recentemente, descobriu-se que os astrócitos parecem induzir a proliferação de células-tronco do sistema nervoso, estimulando-as a se transformarem em novos neurônios, bem como em outras células da neuróglia.

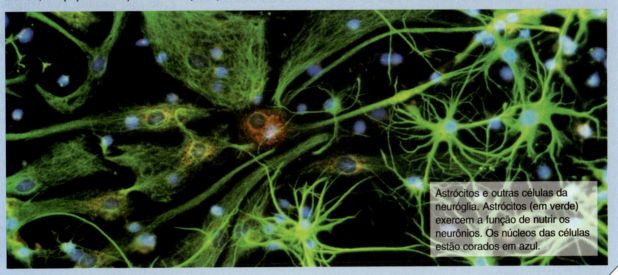

Astrócitos e outras células da neuróglia. Astrócitos (em verde) exercem a função de nutrir os neurônios. Os núcleos das células estão corados em azul.

Leitura

O mal de Alzheimer

No dia 14 de junho de 1864, nasceu Alois Alzheimer, na cidade alemã de Marktbreit. Estudou medicina em Berlim e foi nomeado médico-residente no Sanatório Municipal para Dementes e Epilépticos, na cidade de Frankfurt, em dezembro de 1888, sendo logo promovido a médico sênior. A origem do termo "mal de Alzheimer" deu-se em 1901, quando o Dr. Alzheimer iniciou o acompanhamento da Sra. August D., admitida em seu hospital, primeiro caso conhecido da doença. Em 1906, durante um congresso, o Dr. Alois Alzheimer fez sua conferência relatando o caso de sua paciente e o definiu como uma patologia neurológica, ainda não reconhecida, com sintomas de demência, destacando-se déficit de memória, alterações de comportamento e incapacidade para as atividades rotineiras. Relatou também, mais tarde, os achados de anatomia patológica dessa enfermidade, que seriam as placas senis e os novelos neurofibrilares. A doença levou seu nome em 1910, quando o Dr. Emil Kraepelin, ao escrever um manual de psiquiatria, descreveu os achados de Alzheimer.

O mal de Alzheimer deteriora algumas regiões do cérebro, alterando o comportamento físico, mental e a capacidade de linguagem, levando à demência. Costuma atingir pessoas a partir dos 60 anos de idade. A cura para o mal ainda não foi descoberta e também não há um exame específico para detectar antecipadamente o problema. Estima-se que, atualmente, em todo o mundo, existam entre 17 milhões e 25 milhões de portadores do mal de Alzheimer, sendo essa uma das doenças mais prevalentes entre a população idosa.

O Caminho do Impulso Nervoso

O neurônio, no estado de repouso, apresenta-se polarizado, isto é, a membrana plasmática é carregada positivamente do lado externo e negativamente do lado interno, devido à diferença de concentração de íons sódio e potássio dentro e fora da célula e ao predomínio de íons negativos (ânions orgânicos, HCO_3^-, Cl^-) dentro dela. Essa diferença, conhecida como **diferença de potencial**, é mantida à custa de ATP, pois o sódio é ativamente retirado da célula, enquanto o potássio é "puxado" para dentro dela.

Ao potencial da célula em repouso é dado o nome de **potencial de membrana** ou **potencial de repouso**. Quando, de alguma maneira, se estimula o neurônio, o potencial de repouso muda bruscamente. O sódio que estava em maior concentração do lado de fora da célula penetra pela membrana – permutando-se com os íons K^+ que, agora, fazem o caminho inverso –, fazendo com que ocorra uma inversão de polaridade em um fenômeno conhecido por **despolarização** (veja a Figura 17-3). O novo potencial recebe o nome de **potencial de ação** e se propaga através da membrana do axônio na forma de um impulso **nervoso**. Nesse caso, ocorre uma total mudança na disposição das cargas elétricas, tanto fora como dentro da membrana celular: o interior da membrana se torna positivo, enquanto a parte de fora se torna negativa.

Note que a despolarização acontece aos poucos, isto é, o potencial de ação desloca-se pela membrana até alcançar a terminação do axônio (veja a Figura 17-4).

Observe que o impulso nervoso se propaga em um único sentido: do(s) dendrito(s) para o corpo celular e, deste, para o axônio. Ao chegar às extremidades do axônio, são liberados neurotransmissores, substâncias que permitem ao impulso nervoso ser transmitido a outro neurônio.

> *Anote!*
> A despolarização acontece aos poucos, isto é, o potencial de ação vai despolarizando a membrana à medida que ele caminha.

> *Anote!*
> Existe uma anomalia do sistema nervoso, conhecida como adrenolipodistrofia (ALD), que se caracteriza pela dissolução da bainha de mielina dos neurônios. Nessas condições, a pessoa inicialmente apresenta movimentos descoordenados, culminando com paralisia. Essa situação foi bem caracterizada no filme *O Óleo de Lorenzo*.

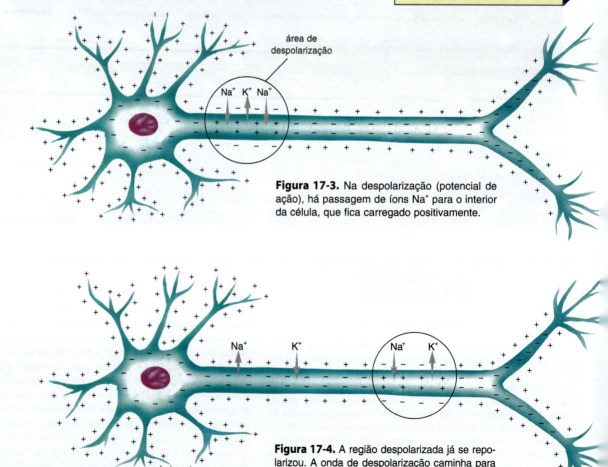

Figura 17-3. Na despolarização (potencial de ação), há passagem de íons Na^+ para o interior da célula, que fica carregado positivamente.

Figura 17-4. A região despolarizada já se repolarizou. A onda de despolarização caminha para a terminação do axônio.

De olho no assunto!

A condução saltatória

A velocidade de condução de impulsos é variável, sendo maior em neurônios mielinizados e de maior diâmetro. A mielina envolve todas as grandes fibras nervosas. É uma substância lipídica que não conduz corrente elétrica e atua como um isolante. A bainha de mielina é produzida pelas células de Schwann. Como a bainha de mielina é interrompida de intervalo a intervalo pelos chamados **nódulos de Ranvier**, a condução dos impulsos nervosos é feita aos "pulos" nos locais onde há as interrupções da mielina. Por esse motivo, dizemos que em um neurônio a condução é saltatória (veja a Figura 17-5). A velocidade de condução do impulso nervoso é da ordem de 0,5 m/s até 120 m/s.

Há fibras sem bainha de mielina, conhecidas por **amielínicas**, que conduzem estímulos com uma velocidade bem mais lenta que as mielinizadas, pois não existe o efeito "saltatório". As fibras amielínicas não determinam reações rápidas e controlam as contrações dos vasos sanguíneos, os movimentos gastrintestinais, o esvaziamento da bexiga. Já as fibras mielínicas estão associadas a estímulos cerebrais, que são extremamente rápidos.

Figura 17-5. Na condução saltatória, que ocorre em neurônios mielinizados, a condução acontece "aos pulos" na região dos nódulos de Ranvier.

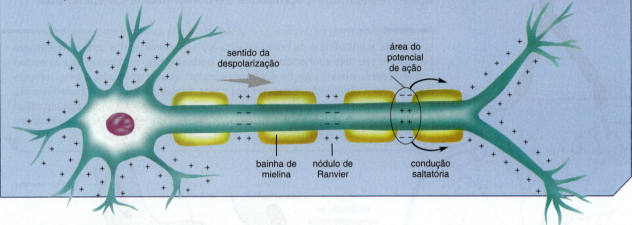

Períodos refratários

Enquanto o impulso nervoso está se propagando, a membrana celular – na região imediatamente anterior ao impulso – está despolarizada: quer dizer, após a passagem do impulso, o axônio deve recuperar aos poucos a sua polaridade, o que ocorre depois de certo intervalo de tempo durante o qual o neurônio não é excitável, por maior que seja o estímulo. Dizemos que, durante esse curto intervalo de tempo, o neurônio é refratário a novo estímulo. Perceba que a repolarização é iniciada a partir da extremidade que se despolarizou primeiro. Isso significa que haverá parte do neurônio já repolarizada, enquanto o restante ainda não está. Nesse momento, embora o neurônio não esteja totalmente repolarizado, é possível, com estímulo mais forte que o primeiro, fazer com que ele se despolarize.

Lei do tudo ou nada

Nem todo estímulo que atinge o neurônio é capaz de gerar potenciais de ação, ou seja, nem todo estímulo despolariza a membrana, originando um impulso. Para que isso aconteça, é necessário que o estímulo atinja certo valor a partir do qual a despolarização seja conseguida. Esse valor é denominado **limiar de excitação** ou **de estimulação** e o estímulo leva o nome de **estímulo limiar**. Estímulos sublimiares não provocam resposta. Em resumo, ou o estímulo não consegue atingir o limiar de excitação e não gera impulso ou é suficiente para atingir o limiar e gera impulso, sendo que aumentos sucessivos da intensidade do estímulo não mudarão a magnitude ou a velocidade do impulso nem a intensidade da resposta obtida. Esse fenômeno obedece à chamada *lei do tudo ou nada*.

Anote!

Alguns neurônios, em vez de responder a estímulos aplicados constantemente, acabam sofrendo o que se denomina de *acomodação*. Eles acabam se "acostumando" com os estímulos, não mais respondendo a eles. Isso se aplica muito aos órgãos sensoriais. É o que acontece, por exemplo, quando ouvimos música com um volume muito alto. De início, o som é irritante. Progressivamente, porém, ocorre uma acomodação dos receptores auditivos e o volume exagerado acaba passando despercebido.

Sinapses: Neurônios em Comunicação

A comunicação do axônio de um neurônio com o corpo celular ou dendritos do outro, ou mesmo com a membrana de uma célula muscular, ocorre por uma região conhecida como **sinapse** (do grego, *synapsis* = ação de juntar). Nesta, uma diminuta fenda sináptica de aproximadamente 20 nm separa as duas células (veja a Figura 17-6). A mensagem do axônio é liberada na forma de **mediadores químicos**, também conhecidos como **neurotransmissores** ou **neuro-hormônios**, substâncias químicas que entram em contato com receptores localizados nas membranas pós-sinápticas e desencadeiam uma alteração no comportamento do segundo neurônio ou célula muscular. Os neurotransmissores mais conhecidos no sistema nervoso dos vertebrados são a **acetilcolina** e a **noradrenalina** (ou **epinefrina**).

Anote!

Além da acetilcolina e da noradrenalina (ou epinefrina), vários outros neurotransmissores são hoje conhecidos. Entre eles, podemos citar as dopaminas e as endorfinas. Teores aumentados de dopaminas podem estar relacionados à esquizofrenia, enquanto a diminuição é comum nos casos de mal de Parkinson. Endorfinas são neurotransmissores associados ao aprendizado e à memória, sendo também ativas em ocasiões em que se realizam exercícios físicos. Também se relacionam à supressão da dor de cabeça.

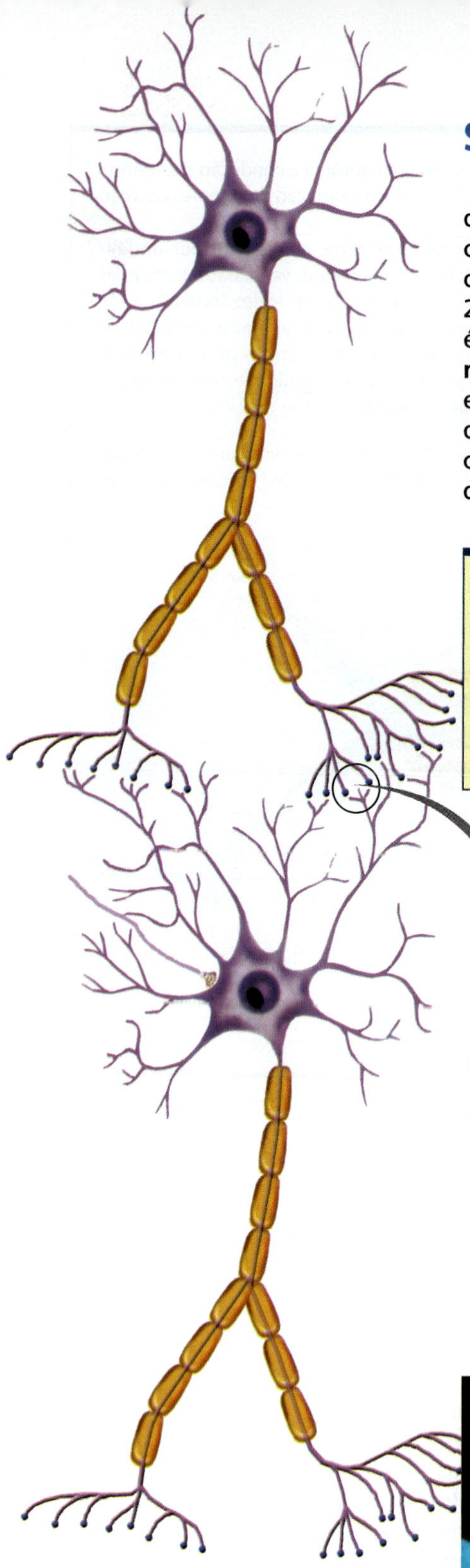

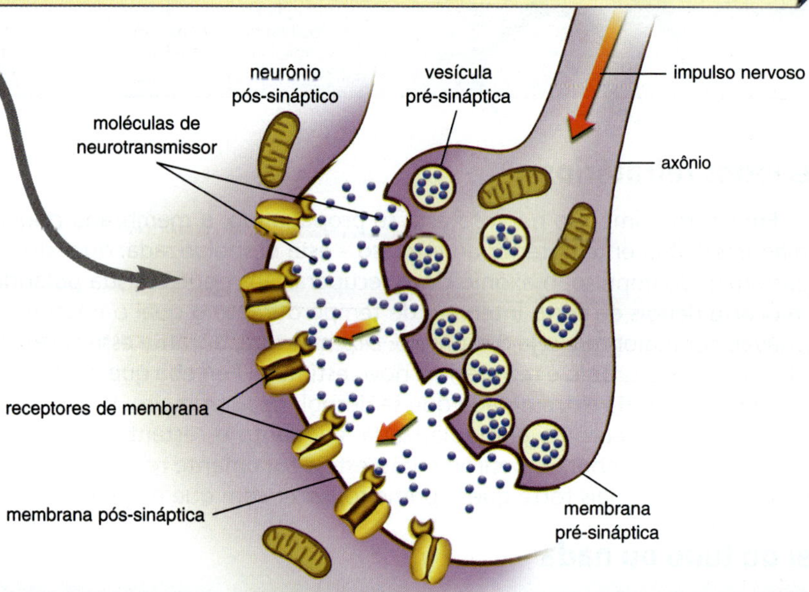

Figura 17-6. Na sinapse, uma diminuta fenda permite a liberação e a ação de mediadores químicos do axônio de um neurônio sobre o corpo celular ou dendritos de outro.

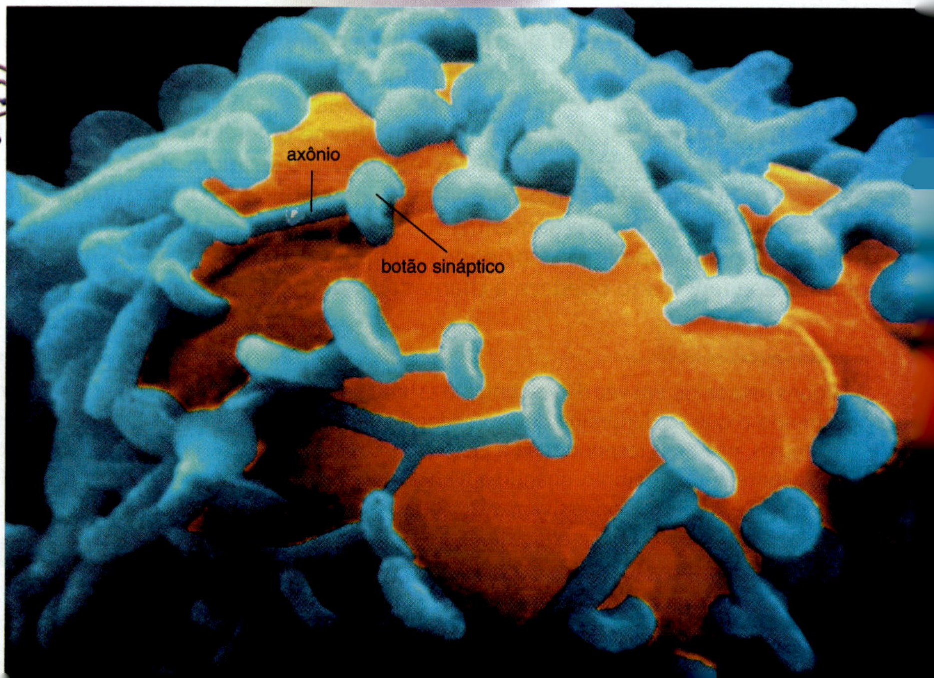

Sinapses, coloridas artificialmente, entre terminações de axônios de várias células nervosas (em azul) e o corpo celular de outro neurônio (em laranja). Os "botões terminais" são conhecidos como botões sinápticos.

Leitura

100 trilhões de sinapses no cérebro humano

Estima-se que existam aproximadamente 100 trilhões de sinapses no cérebro humano e os astrócitos exercem importante função na formação, funcionamento e remoção de sinapses. Essas células captam o neuromediador glutamato, que é liberado na sinapse, devolvendo-o na forma de glutamina ao neurônio que o produziu.

Os astrócitos são também importantes no fornecimento de elevados teores de oxigênio e glicose para o correto funcionamento dos neurônios em áreas de intensa atividade. Além disso, fortes evidências experimentais sugerem que essas células são participantes ativos na transmissão de impulsos nervosos.

Fontes: EROGLU, C.; Barres, B. A. Regulation of synaptic connectivity by glia. *Nature*, London, v. 468, n. 7.321, 11 Nov. 2010. p. 132. ATTWELL, D. *et al.* Glial and neuronal control of brain blood flow. *Nature*, London, v. 468, n. 7.321, 11 Nov. 2010. p. 232. SMITH, K. Settling the great glia debate. *Nature*, London, v. 468, n. 7.321, 11 Nov. 2010. p. 160.

De olho no assunto!

Receptores, nervos e gânglios

Todas as informações provenientes do meio externo ou geradas no interior do nosso organismo são captadas por células especiais, na maior parte das vezes neurônios modificados, conhecidos como **receptores**. Entre eles, podemos citar os receptores auditivos, os visuais, os que estão relacionados ao tato, à dor, ao reconhecimento de substâncias químicas (receptores olfativos e gustativos) e os proprioceptores, que fornecem informações a respeito do próprio organismo, como, por exemplo, o estado de contração dos nossos músculos.

De modo geral, os axônios e dendritos ficam reunidos nas vias nervosas e organizam cordões conhecidos como **nervos**. Assim como em um cabo telefônico, o nervo é constituído de inúmeras fibras, algumas levando informações para as centrais de comando, outras enviando respostas para os músculos e órgãos internos. O *nervo* é considerado um *órgão*. Possui um envoltório de tecido conjuntivo e recebe vasos sanguíneos responsáveis pela nutrição dos neurônios.

Os corpos celulares dos neurônios costumam ficar reunidos em determinados locais do organismo e constituem os chamados **gânglios**. Ao longo da porção dorsal da medula espinhal notam-se vários deles. Não devem ser confundidos com os "gânglios" linfáticos (na verdade "linfonodos"), presentes no pescoço e em outras regiões do corpo.

Arco Reflexo: Um Trabalho em Conjunto

Nenhum outro tecido ilustra tão bem o conceito de trabalho em equipe quanto o tecido nervoso. A transmissão de informação pelas células nervosas lembra uma verdadeira *corrida de revezamento*, em que um neurônio fica conectado a outro, cada qual executando determinado papel no circuito por eles organizado. Três tipos de neurônio podem ser reconhecidos com relação à atividade que desempenham:

- **neurônios sensoriais:** transmitem impulsos dos receptores sensoriais (por exemplo, nos órgãos dos sentidos) aos outros neurônios do percurso;
- **neurônios de associação (interneurônios):** recebem a mensagem dos neurônios sensoriais, processam-na e transferem um comando para as células nervosas seguintes do circuito. Alguns circuitos nervosos podem não ter esse tipo de neurônio;
- **neurônios efetores (ou motores):** são os que transmitem a mensagem para as células efetuadoras de resposta, isto é, células musculares ou glandulares que respondem por meio de contração ou secreção, respectivamente.

Anote!
Dos cerca de 10 bilhões de neurônios existentes no sistema nervoso humano, cerca de 90% são interneurônios.

Suponha que você leve uma pancada no joelho, logo abaixo da rótula ou patela (nomes dados a um osso que fica na frente do joelho). A pancada estimula um receptor localizado no interior do músculo da coxa (o quadríceps). Esse receptor está ligado aos dendritos de um **neurônio sensorial** – aferente –, também chamado de neurônio sensitivo, que recebe a mensagem e a encaminha para o corpo celular e, deste, para o axônio. Por sua vez, o axônio do neurônio sensorial estabelece uma sinapse com um **neurônio motor** – eferente (um neurônio de resposta). O axônio do neurônio motor é conectado ao músculo quadríceps e encaminha a resposta "mexa-se". De imediato, esse músculo se contrai e você movimenta a perna. Perceba que o ato de mexer a perna para a frente envolve o trabalho de apenas dois neurônios: o sensorial e o motor. No entanto, para que isso possa acontecer, é preciso que o músculo posterior da coxa permaneça relaxado. Então, ao mesmo tempo, o axônio do neurônio sensorial estabelece uma sinapse com um **interneurônio** (neurônio de associação) que, por sua vez, faz uma conexão com um segundo neurônio motor. O axônio desse neurônio motor se dirige para o músculo posterior da coxa, inibindo a sua contração (veja a Figura 17-7).

Figura 17-7. Esquema de arco reflexo. Dele participam receptores, neurônio sensorial, interneurônio e neurônio motor.

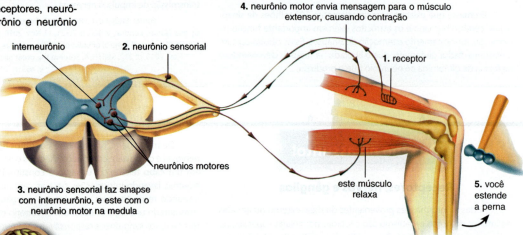

■ A ORGANIZAÇÃO DO SISTEMA NERVOSO

Dois grandes componentes fazem parte do sistema nervoso humano: sistema nervoso central (SNC) e sistema nervoso periférico (SNP).

O sistema nervoso central é formado pelo **encéfalo** e pela **medula espinhal**. O encéfalo é composto de vários órgãos, entre eles os dois **hemisférios cerebrais** (conjuntamente conhecidos como "cérebro"), o **diencéfalo**, o **cerebelo** e o **bulbo**. O encéfalo e a medula espinhal são os locais para onde são encaminhadas todas as informações captadas pelo organismo, quer se originem no meio externo, quer surjam no próprio organismo. São também os centros de processamento dessas informações e de elaboração de respostas.

O sistema nervoso periférico inclui os **receptores** espalhados pelo corpo, além dos **gânglios nervosos** e **todos os nervos** que chegam aos órgãos centrais trazendo informações ou que deles se originam, levando respostas.

Em resumo, o sistema nervoso compreende, de acordo com sua localização:

sistema nervoso
- central: encéfalo: cérebro, diencéfalo, cerebelo e bulbo; medula espinhal
- periférico: receptores, nervos, gânglios

Ilustração simplificada do sistema nervoso. O encéfalo e a medula espinhal formam o sistema nervoso central. Do encéfalo e da medula partem nervos para todas as partes do corpo e formam o sistema nervoso periférico, que recebe as informações do meio e de órgãos internos e as encaminha ao sistema nervoso central, que as processa e envia, por meio de impulsos nervosos, ao sistema nervoso periférico e aos efetuadores de respostas.

Sistema Nervoso Central (SNC)

Nosso SNC é protegido por caixas ósseas. O **crânio** envolve o encéfalo, enquanto a medula espinhal corre pelo interior dos orifícios existentes nas vértebras da **coluna vertebral**. **Meninges** (do grego, *meningos* = membrana) são membranas semelhantes a capas que envolvem os órgãos do sistema nervoso central. A mais externa, em contato com as caixas ósseas, é a **dura-máter**. A intermediária é a **aracnoide**. A interna, em contato direto com os delicados órgãos centrais, é a **pia-máter**. Entre a aracnoide e a pia-máter existe um espaço no qual corre o líquido cefalorraquidiano (ou cerebroespinhal), o líquor.

Anote!
A meningite meningocócica é uma doença na qual as meninges são atingidas por meningococos, bactérias que provocam infecção e inflamação das meninges.

Principais órgãos do sistema nervoso central

Bulbo

O bulbo (ou medula oblonga) é o órgão que está em contato direto com a medula espinhal, é via de passagem de nervos para os órgãos localizados mais acima (veja a Figura 17-8). No bulbo estão localizados corpos celulares de neurônios que controlam funções vitais, como os batimentos cardíacos, o ritmo respiratório e a pressão sanguínea. Também contém corpos celulares de neurônios relacionados ao controle da deglutição, da tosse e do vômito.

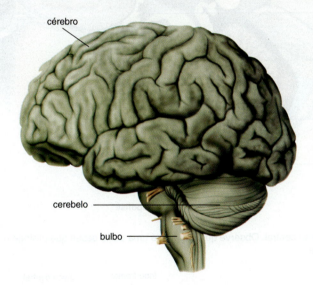

Figura 17-8. Principais órgãos do sistema nervoso central.

Cerebelo

Órgão que regula o equilíbrio e a postura corporal no ambiente. Está ligado a receptores periféricos, localizados no ouvido interno (labirinto), que enviam mensagens aos centros de controle do equilíbrio localizados no cerebelo. O sucesso de um equilibrista que cruza dois prédios, apoiado em um simples fio esticado entre eles, depende de uma boa atividade cerebelar.

Anote!
O álcool interfere nas funções cerebelares, o que é fácil notar em pessoas que abusam da bebida.

Tecnologia & Cotidiano

Pesquisas realizadas por um grupo de cientistas do Instituto de Saúde Mental dos EUA demonstraram que os esquizofrênicos têm uma tolerância à dor bem maior que os não esquizofrênicos. É que eles secretam muita endorfina, substância que alivia a dor.

Outra particularidade dos esquizofrênicos é que eles apresentam um déficit de atenção – se distraem com muita facilidade e confundem várias ideias.

Os pesquisadores administraram a droga naltrexona e houve uma notável melhora na atenção dos esquizofrênicos. Seu modo de ação é mediante o bloqueio da liberação de endorfina.

Esses dados levaram à conclusão de que a endorfina alivia a dor, porém prejudica o nível de atenção.

Diencéfalo

Órgão encefálico formado principalmente pelo **tálamo** e **hipotálamo** (veja a Figura 17-9). O hipotálamo contém centros de controle da temperatura corporal, do apetite, da sede, do sono e de certas emoções. Principal intermediário entre o sistema nervoso e o sistema hormonal, o hipotálamo está ligado à hipófise, principal glândula endócrina. Quando o hipotálamo detecta alterações no corpo, libera neurotransmissores que atuam sobre a hipófise. Por sua vez, esta libera ou inibe a secreção de seus próprios hormônios que regulam diversas atividades metabólicas.

> **Anote!**
> Animais que sobem em árvores, voam, nadam e executam complexas atividades que requerem um perfeito equilíbrio durante os movimentos corporais possuem *cerebelo* bem desenvolvido. É o que acontece com as aves, os peixes e os mamíferos. Lesões no cerebelo de uma ave, por exemplo, conduzem à total incapacidade de voar. Anfíbios e répteis em geral, que passam a maior parte do tempo imobilizados, possuem cerebelo pouco desenvolvido.

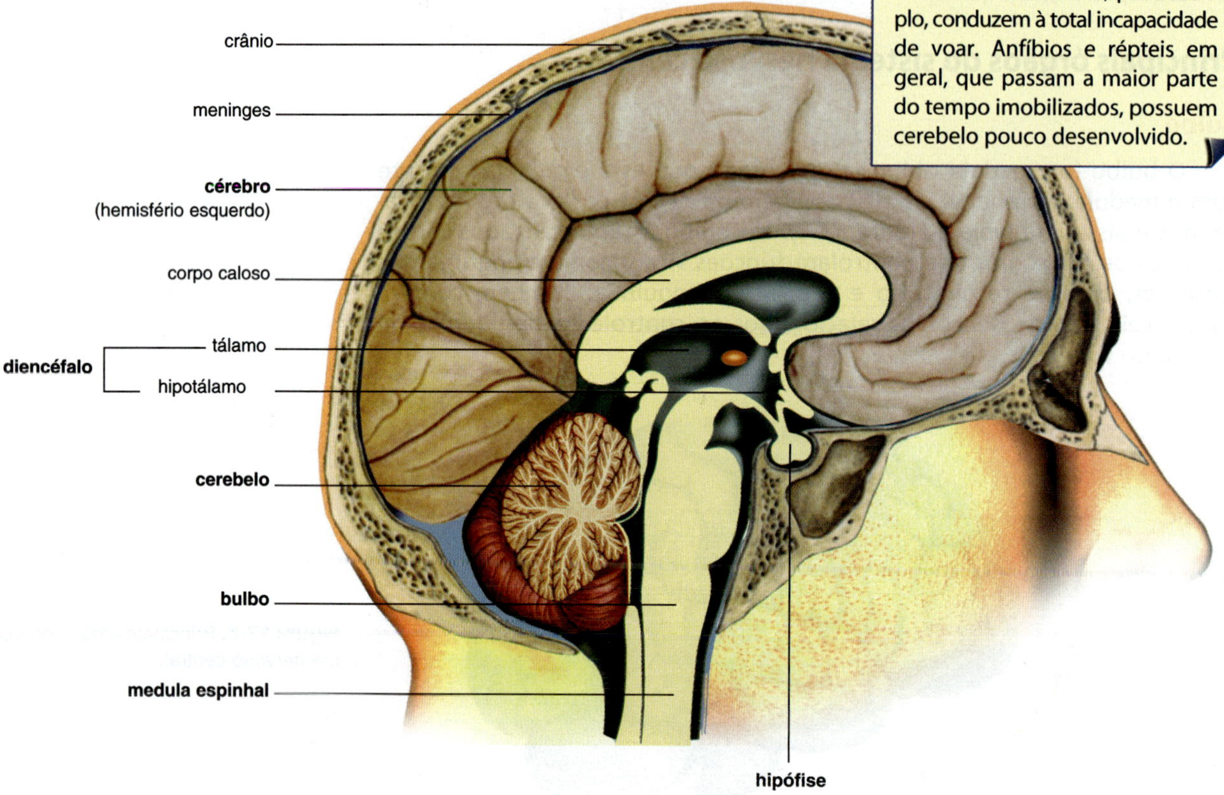

Figura 17-9. Principais estruturas do sistema nervoso central. Observe que o crânio é uma caixa óssea que protege o encéfalo. A hipófise é uma glândula que pertence ao sistema hormonal.

Cérebro

É o centro do intelecto, da memória, da consciência e da linguagem. Controla as nossas sensações e funções motoras. Cerca de 70% das células nervosas do encéfalo estão localizadas no cérebro, a parte mais desenvolvida do nosso sistema nervoso e que é separada em dois hemisférios, unidos um ao outro por uma região conhecida como corpo caloso. Cada hemisfério cerebral, por sua vez, possui inúmeras invaginações chamadas **sulcos**.

Sulcos mais profundos dividem cada hemisfério em quatro regiões denominadas **lobos**: o *frontal*, o *parietal*, o *temporal* e o *occipital* (veja a Figura 17-10). O sulco central é o mais acentuado e separa os lobos frontal e parietal.

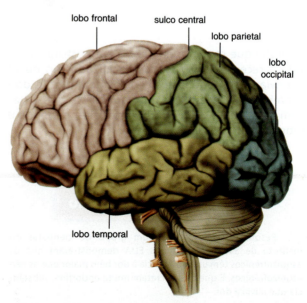

Figura 17-10. As divisões topográficas do cérebro humano.

Córtex cerebral

A superfície do cérebro, de 2 mm a 4 mm de espessura, é conhecida como **córtex cerebral** e consiste em várias camadas de corpos celulares de milhões de neurônios, dando a essa região uma coloração acinzentada, de onde vem a denominação *substância* (ou *massa*) *cinzenta* do cérebro.

As fibras (axônios e dendritos) dos neurônios que saem e chegam ao córtex cerebral estão localizadas mais internamente e constituem a *substância* (ou *massa*) *branca* do cérebro, em função da existência de mielina que envolve essas fibras.

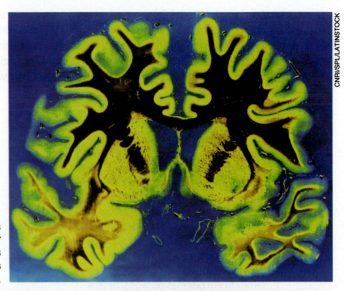

Secção transversal de cérebro, colorida artificialmente para salientar as estruturas: em amarelo, córtex cerebral, formado por substância cinzenta, onde se concentram corpos celulares dos neurônios; em marrom, substância branca formada pelas fibras (prolongamentos) dos neurônios.

De olho no assunto!

As áreas funcionais do cérebro

O córtex dos lobos cerebrais é o local de controle das atividades vitais – sensoriais e motoras – do nosso organismo.

Córtex do lobo	Regula a(s)
Frontal	Emoções e a agressividade.
Parietal	Informações sensoriais relacionadas a calor, frio, pressão e toque.
Vários lobos	Memória, fala, aprendizagem, linguagem, comportamento e personalidade.
Occipital	Visão.
Temporal	Audição.

Medula espinhal

Cortada transversalmente, a medula espinhal revela uma estrutura em forma de H que corresponde à substância cinzenta e onde estão localizados corpos celulares de neurônios. Externamente a esse H medular fica a substância branca, composta de fibras mielinizadas que levam informações às partes superiores do SNC e de outras fibras que trazem as respostas destinadas aos órgãos motores (veja a Figura 17-11). Note que a disposição interna da substância cinzenta e externa da substância branca é o oposto da encontrada no cérebro.

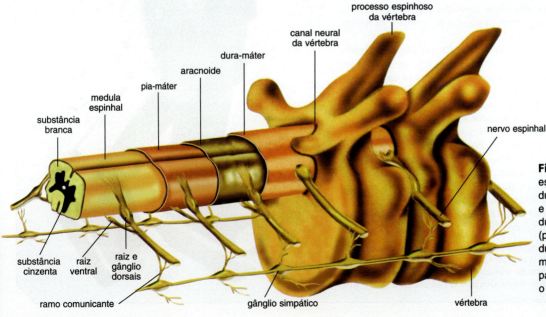

Figura 17-11. Medula espinhal: note o H medular e as raízes dorsal e ventral dos nervos medulares. As meninges (pia-máter, aracnoide e dura-máter) protegem a medula espinhal. No espaço da aracnoide corre o líquor.

Sistema nervoso e fisiologia dos órgãos dos sentidos

Ao longo da medula, há 31 pares de nervos. Cada nervo está ligado à medula como um "Y", isto é, apresenta duas raízes: uma *raiz dorsal* na qual existe um gânglio (dilatação), que contém os corpos celulares de neurônios sensoriais provenientes da periferia do corpo, e uma *raiz ventral* pela qual emergem feixes de axônios de neurônios motores, cujos corpos celulares estão situados na substância cinzenta da medula. Essas duas raízes se juntam formando o "cabo" único do "Y", percorrido tanto pelos feixes sensitivos como pelos feixes motores.

Anote!

Em acidentes envolvendo lesões da medula, todo cuidado é necessário na remoção da vítima. Em caso de lesões que afetem a região cervical (do pescoço) pode ocorrer secção da medula com consequente *tetraplegia*, isto é, paralisia total dos membros superiores e inferiores. Essa infeliz ocorrência costuma ser comum em nadadores desavisados que, ao saltarem em piscinas ou lagos, batem com a cabeça em regiões rasas, provocando fraturas da coluna vertebral que, muitas vezes, causam lesões irreversíveis na medula.

De olho no assunto!

Miguel Nicolelis

Nascido em São Paulo, Miguel Nicolelis formou-se em Medicina pela Universidade de São Paulo e está à frente de um dos grandes laboratórios de pesquisa nos Estados Unidos (o Duke's Center for Neuroengineering, da Universidade de Duke). Reconhecido internacionalmente e considerado pela *Scientific American* como um dos vinte cientistas mais influentes do mundo, suas pesquisas foram publicadas na *Science* e na *Nature*, duas das maiores revistas científicas.

Em seu livro *Muito além do nosso eu*, Miguel Nicolelis explica os avanços da neurociência e o que está sendo feito em termos de comunicação cérebro-máquina. Relata os trabalhos desenvolvidos com macacos que demonstraram a possibilidade de conectar tecido nervoso vivo com próteses ou ferramentas artificiais. O objetivo de sua equipe é possibilitar aos paralíticos restaurar sua mobilidade. Para isso, os cientistas que integram o consórcio científico internacional *The Walk Again*, do qual é um dos fundadores, estão empenhados na construção da "veste robótica" (criada pelo roboticista Gordon Cheng, professor da Universidade Técnica de Munique) da qual falamos na abertura deste capítulo. Essa "roupa" permitirá que os próprios pacientes controlem seus membros, sua postura e sua movimentação, tudo determinado por seus próprios pensamentos.

Ilustração do exoesqueleto de corpo inteiro a ser utilizado pelo projeto *The Walk Again* (cortesia do doutor Gordon Cheng, Universidade Técnica de Munique). In: NICOLELIS, M. *Muito além do nosso eu*. São Paulo: Companhia das Letras, 2011, p. 474.

Sistema Nervoso Periférico (SNP)

É a parte do sistema nervoso localizada fora do encéfalo e da medula espinhal. É constituído por **receptores sensoriais, nervos** e **gânglios**. Os receptores estão espalhados pelo corpo e sua função é captar informações originadas do ambiente ou em órgãos internos. Essas informações são passadas para neurônios sensoriais que entram na medula espinhal pela raiz dorsal. A medula espinhal processa a informação e dela emergem, pela raiz ventral, neurônios motores, que atingirão órgãos musculares, provocando a movimentação do organismo.

A porção do sistema nervoso periférico que regula o nosso contato com o meio externo e a movimentação da musculatura esquelética de todo o corpo (com o encéfalo e a medula) constitui o **sistema nervoso somático**, também conhecido como **sistema nervoso voluntário, não autônomo** ou **da vida de relação**.

Anote!
Quando você fica na frente de um aparelho de TV acionando o controle do seu *videogame*, você está pondo em funcionamento o seu sistema nervoso somático. Quando, porém, se trata de estimular o seu estômago a produzir suco digestivo para atuar nos alimentos que você comeu, entra em ação o sistema nervoso autônomo.

É a porção do sistema nervoso que nos põe em contato com o mundo, com a realidade das coisas. Costuma-se dizer que essa porção do nosso sistema nervoso regula as ações que estão sob o controle da nossa vontade, ou seja, ações voluntárias.

O trabalho das glândulas do nosso corpo e dos órgãos dos sistemas digestivo, circulatório, respiratório e excretor é regulado pela porção do sistema nervoso periférico conhecida como **sistema nervoso autônomo**. Costuma-se dizer que essa porção do nosso sistema nervoso regula as ações que não estão sob controle da nossa vontade, ou seja, as ações involuntárias. É importante ressaltar que os centros de controle autônomo situam-se no sistema nervoso central, especificamente na base do encéfalo e na medula.

Sistema nervoso somático

Vários nervos (sensoriais, motores ou mistos) fazem parte do sistema nervoso somático. Do encéfalo, cerca de **doze pares** de nervos, conhecidos como **nervos cranianos**, inervam a cabeça e o pescoço (órgãos dos sentidos, musculatura, dentes, faringe). Alguns desses nervos são formados apenas por fibras sensitivas (como o olfativo); outros são formados por fibras motoras (como o motor ocular, por exemplo) e há, ainda, os mistos

Sensações de toque, paladar, odor e luz estão relacionadas com nosso sistema nervoso periférico.

(como o facial, por exemplo). O décimo par de nervos cranianos, chamado nervo vago, constitui uma exceção no conjunto de nervos cranianos por conter apenas fibras envolvidas com controle involuntário: inerva os pulmões, coração, esôfago, estômago e intestino. Já os **nervos medulares** (**raquidianos** ou **espinhais**) são em número de **trinta e um pares** e todos são mistos, isto é, formados por feixes de fibras sensoriais e motoras. Porém, ainda nesse caso, esses nervos também servem como vias para a saída de fibras do sistema nervoso autônomo, que partem dos centros localizados na medula.

Sistema nervoso e fisiologia dos órgãos dos sentidos **359**

> ### De olho no assunto!
>
> **Reflexos inatos e reflexos adquiridos**
>
> Se passarmos suavemente o dedo no rosto de uma criança recém-nascida, ela vira o rosto e simula com os lábios um movimento de sucção. Esse ato reflexo, entre outros, aparece nos seres vivos desde o nascimento e sem ele seria difícil a sobrevivência. Podemos classificá-lo como pertencente aos *reflexos inatos*, aqueles com os quais nascemos e que nos adaptam à sobrevivência no ambiente.
>
> Alguns desses reflexos são controlados apenas pela medula, enquanto outros ficam sob controle do cérebro. Um reflexo inato dependente do controle cerebral é o movimento das nossas pálpebras. Sem percebermos, as pálpebras abaixam e levantam dezenas de vezes ao longo do dia, atividade que independe da vontade e é controlada por centros superiores do nosso cérebro.
>
> Ao longo da nossa vida adquirimos, por treinamento e condicionamento, uma série de reflexos. Dirigir um automóvel, por exemplo, depende da atuação perfeita dos pés nos pedais de embreagem, freio e acelerador. Esse e outros *reflexos adquiridos* fazem parte da nossa vida diária.

Sistema nervoso autônomo (SNA)

O sistema nervoso autônomo controla as atividades involuntárias, como, por exemplo, os batimentos cardíacos, peristaltismo do tubo digestório etc.

A respiração, digestão, circulação, excreção e reprodução funcionam perfeitamente bem, sem nenhum esforço consciente. Portanto, todos os órgãos desses aparelhos estão sob controle do **sistema nervoso autônomo**. No entanto, o termo autônomo pode dar a impressão de que funciona independentemente do controle do sistema nervoso central, o que nem sempre é verdade. Quando interrompemos os movimentos respiratórios durante um mergulho, estamos exercendo um controle voluntário sobre uma função que, *a priori*, é comandada pelo SNA.

O sistema nervoso autônomo divide-se em dois ramos: **simpático** e **parassimpático**. Ambos são formados por nervos, sendo que os nervos simpáticos liberam noradrenalina como mediador químico nas sinapses, enquanto os nervos parassimpáticos liberam acetilcolina. Seus efeitos são opostos: assim, por exemplo, o efeito da estimulação simpática acelera o ritmo do músculo cardíaco, enquanto a estimulação do parassimpático provoca uma diminuição do ritmo cardíaco.

Os centros de controle do simpático situam-se na medula e, do parassimpático, nas partes do encéfalo mais próximas da medula (como, por exemplo, o bulbo) e na porção sacral da própria medula.

A maioria dos principais órgãos internos do corpo está inervada por nervos dos dois sistemas. Observe na Tabela 17-1 as principais funções do sistema nervoso autônomo e repare que nem sempre os nervos simpáticos são estimuladores e os parassimpáticos inibidores; é o caso do peristaltismo, em que o simpático provoca diminuição e o parassimpático, aumento do processo. Os efeitos do simpático fazem-se notar especialmente nas situações de emergência e de estresse.

Tabela 17-1. Principais ações dos sistemas simpático e parassimpático em alguns órgãos.

Local de atuação	Parassimpático	Simpático
Olhos	Contrai pupila.	Dilata pupila.
Glândulas salivares	Estimula salivação.	Inibe salivação.
Coração	Retarda os batimentos.	Acelera os batimentos.
Brônquios	Contrai.	Relaxa.
Estômago e pâncreas	Estimula.	Inibe.
Fígado	Inibe a quebra de glicogênio.	Aumenta a quebra de glicogênio.
Rins		Estimula intensa constrição dos vasos sanguíneos renais, diminuindo a produção de urina.
Bexiga urinária	Contrai.	Relaxa.
Órgãos genitais	Estimula.	Inibe.

De olho no assunto!

Um acidente revelador

Um exemplo impressionante de como a estrutura física do cérebro está relacionada com a personalidade foi, acidentalmente, dado por Phineas Gage em 1848. Um terminal explosivo que ele estava preparando foi disparado prematuramente. A explosão atirou contra a cabeça de Phineas uma barra de metal medindo mais de 1 metro e pesando 6 quilos, atingindo os dois lobos frontais de seu cérebro. Incrivelmente, ele levantou-se, foi até a cidade e disse ao médico local: "– Há aqui bastante trabalho para você". Embora Gage tenha sobrevivido por muitos anos depois do acidente, sua personalidade mudou radicalmente. Antes do acidente, Gage era consciencioso, trabalhador e bem relacionado. Após sua recuperação, tornou-se impetuoso, irreverente e incapaz de trabalhar para alcançar um objetivo. Pesquisas subsequentes ligaram o lobo frontal à expressão de emoções, controle da agressão e habilidade de trabalhar por recompensas posteriores.

Fonte: AUDESIRK, T.; AUDESIRK, G. *Biology* – Life on Earth. 5. ed. New Jersey: Prentice-Hall, 1999.

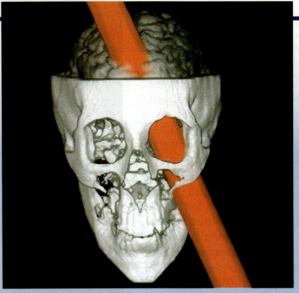

Com base nos estudos do crânio de Phineas Gage, os cientistas chegaram à reconstrução, por computador, do caminho feito pela barra de metal que foi atirada contra sua cabeça pela explosão. Ele sobreviveu, mas os dois hemisférios do lobo frontal foram grandemente atingidos.

Leitura

Medo e ansiedade

O medo é uma das emoções primordiais, representando uma resposta de sobrevivência contra os perigos que cercam os animais. É uma reação de alarme imediato diante de uma ameaça presente, como a visão de um predador. A emoção é caracterizada pela vontade de fugir, acompanhada por mudanças fisiológicas típicas, incluindo a aceleração do coração, aumentos da pressão arterial, da irrigação sanguínea do cérebro e dos músculos, da frequência respiratória e da sudorese, além da dilatação das pupilas.

O medo mobiliza o organismo para uma reação – a chamada resposta de fuga ou luta. Já a ansiedade é uma emoção orientada para o futuro, caracterizada pela antecipação de uma ameaça potencial. Fisiologicamente, a ansiedade corresponde ao estresse e sua função é manter o animal atento aos perigos potenciais que o cercam.

Emoções como o medo e a ansiedade estão relacionadas com a ação do sistema nervoso autônomo simpático. As terminações simpáticas liberam um mediador químico, a noradrenalina, e estimulam as glândulas suprarrenais a liberar no sangue o hormônio adrenalina. Os efeitos da noradrenalina e da adrenalina provocam as manifestações fisiológicas do estresse.

Desse modo, os perigos reais ou potenciais ativam o sistema nervoso autônomo simpático, o qual nos predispõe a fugir ou lutar, como fazia o homem primitivo diante de predadores, grupos inimigos ou catástrofes naturais. Esse mecanismo primordial foi, e ainda é, fundamental para a sobrevivência dos organismos.

Na vida atual, a ansiedade pode ser positiva ou negativa, dependendo de como ela influencia o nosso desempenho. É normal a ansiedade quando estudamos para um exame importante ou nos preparamos para apresentar uma palestra ou uma audição. Mas é prejudicial quando não conseguimos estudar ou mesmo fazer a prova ou quando metemos os pés pelas mãos em uma entrevista profissional.

Quando a reação do indivíduo é desproporcional ao grau de ameaça da situação e aumentada em termos de manifestação, duração ou intensidade, temos um dos chamados **transtornos de ansiedade**. Eles incluem o pânico, a fobia social (a incapacidade de utilizar um banheiro público, por exemplo), o transtorno obsessivo compulsivo (TOC) e o transtorno do estresse pós-traumático (alterações comportamentais após um trauma violento, como um assalto, estupro, rapto ou escapar de um grande incêndio).

Prof. Nelson H. Castro

ÓRGÃOS DOS SENTIDOS

Há várias maneiras de classificar os órgãos dos sentidos. Uma delas leva em conta a localização dos estímulos:

- **receptores de contato:** informam a respeito de estímulos que incidem sobre a superfície do organismo. São enquadrados nesse tipo os receptores de pressão (táteis), térmicos (termorreceptores) e químicos (quimiorreceptores);
- **receptores de distância:** informam a respeito de estímulos que se desenvolvem sem estarem em contato direto com o organismo: luz, som e alguma substância química (olfato);
- **proprioceptores:** os que fornecem informações a respeito do próprio organismo (equilíbrio, postura, dor etc.).

Quanto aos proprioceptores, é importante lembrar a existência de receptores desse tipo em vertebrados e invertebrados.

Receptores de Contato

Formados por células espalhadas ou localizadas, recebem estímulos específicos de pressão, térmicos e químicos, enviando-os a centros superiores de comando do organismo.

A língua de muitos vertebrados possui grupos de células, organizadas em *papilas gustativas* (ou gustatórias), responsáveis pelo reconhecimento do sabor de determinadas substâncias, evidentemente em solução aquosa (veja a Figura 17-12).

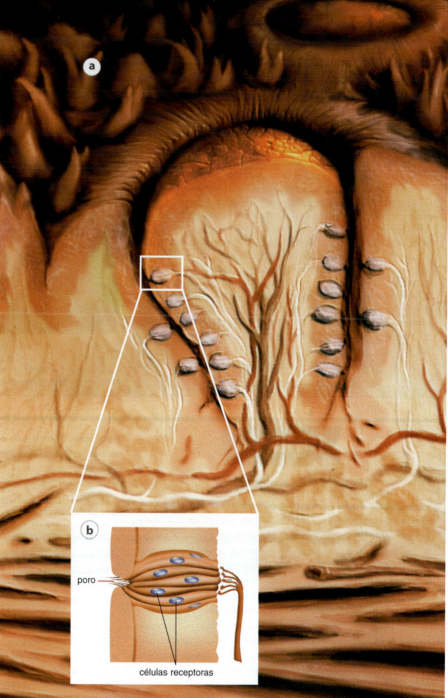

Figura 17-12. (a) Superfície da língua em que se encontram papilas de diferentes formatos e tamanhos. Nelas encontram-se os (b) botões gustativos com as células quimiorreceptoras.

ANATOMICAL TRAVELOGUE/SPL/LATINSTOCK

Tecnologia & Cotidiano

O quinto elemento: o gosto do cérebro

Essa história de existirem apenas quatro gostos básicos sempre foi contra a intuição de que sentimos mais do que isso. De fato, os japoneses bem que sabiam, há quase cem anos, que existe um quinto gosto, além dos tradicionais doce, salgado, azedo e amargo. Um gosto tão especial que o nome em japonês, de difícil tradução, acabou vingando também nas outras línguas: é o gosto "umami", que pode significar tanto "delicioso" como "pungente", "saboroso", "essencial" ou "de carne".

Mas existe uma tradução mais simples. Trata-se do gosto do glutamato, um sal encontrado nas prateleiras dos supermercados e nas mesas dos restaurantes orientais, adicionado ao tempero de macarrão instantâneo e a salgadinhos em geral. Está presente também no molho de soja e em vários alimentos, como queijo parmesão, tomate, leite, atum, frutos do mar e... no cérebro.

Sim, o cérebro não só é comestível (as versões bovina e ovina são encontradas no seu açougue favorito sob o nome pouco convidativo de "miolos", iguaria, aliás, muito apreciada pelos franceses), como também é um dos alimentos que mais contêm glutamato. Por uma razão muito simples: o glutamato é o principal neurotransmissor do cérebro, a "moeda" mais usada na troca de sinais entre neurônios.

Foi o japonês Kikunae Ikeda, da Universidade Imperial de Tóquio, quem, no início do século XX, caracterizou o gosto umami como um sabor inimitável por qualquer combinação dos quatro sabores básicos. (...)

Disponível em: <http://www.sbneurociencia.com.br/html>.
Acesso em: 11 ago. 2012.

Receptores de Distância

Os receptores olfativos

O epitélio olfativo localizado nas fossas nasais da maioria dos vertebrados, por exemplo, é dotado de células especializadas na captação de odores de vários tipos, mesmo em concentrações muito pequenas.

> **De olho no assunto!**
>
> ### Olfato e gustação: um ajuda o outro
>
> Admite-se, hoje, que a língua humana é capaz de distinguir cinco sabores básicos: *amargo*, *doce*, *azedo*, *salgado* e *umami* (este último relacionado ao reconhecimento de aminoácidos ou seus derivados, como, por exemplo, o monoglutamato de sódio, utilizado em culinária para realçar o sabor dos alimentos). Esses sabores são reconhecidos por *papilas gustativas* (ou gustatórias), localizadas em determinados locais da superfície da língua. Por sua vez, cada papila é constituída de *botões gustativos* repletos de *células receptoras* de sabor. Um modelo atualmente sugerido para a ação dessas células propõe que, no botão gustativo, existe uma mistura delas, cada qual responsável pelo reconhecimento de um sabor. Descobertas recentes sugerem não haver uma região preferencial na língua para o reconhecimento de cada sabor. Ou seja, a resposta para as cinco modalidades básicas deve ocorrer em todas as áreas da língua (veja a Figura 17-13).
>
> Na verdade, o sabor final de uma substância é devido à ação conjunta desses receptores associados aos receptores olfativos e térmicos. No teto das fossas nasais, o epitélio olfativo registra os diferentes tipos de odores, **de alimentos**, por exemplo, que chegam ao nosso corpo, **integrando-os aos alimentos** por nós ingeridos e dando uma noção do tipo de substância que está chegando ao nosso organismo. Ao contrário dos receptores gustativos, que reconhecem basicamente cinco sabores, nosso epitélio olfativo é capaz de reconhecer uma grande diversidade de substâncias na forma gasosa, cerca de 50. Essa capacidade nos habilita não só a selecionar o que é útil para a nossa nutrição e deleite, como, também, para evitar substâncias tóxicas que poderiam pôr em risco nossa saúde.
>
> **Figura 17-13.**

Os receptores de luz

Praticamente todos os animais possuem mecanismos para reconhecer luz. Poucos, porém, têm olhos. Na base de qualquer estrutura receptora de estímulos luminosos, entretanto, existem pigmentos fotossensíveis que, ao serem atingidos por radiações de determinados comprimentos de onda, sofrem modificações energéticas, transmitindo-as a células sensitivas. Nos cnidários medusoides, encontram-se grupos de células dotadas de pigmentos que simplesmente reconhecem a existência de luz. A partir daí, na escala zoológica, observam-se estruturas cada vez mais complexas.

Sempre que existe olho na escala animal, sua estrutura assemelha-se bastante à de um cálice voltado para o interior do corpo, sendo a superfície coberta pela epiderme ou cutícula. Qualquer olho funciona como se fosse uma máquina fotográfica. Na superfície interna do cálice existem células pigmentadas ligadas a sensitivas, que levam informações a centros superiores (veja a Figura 17-14).

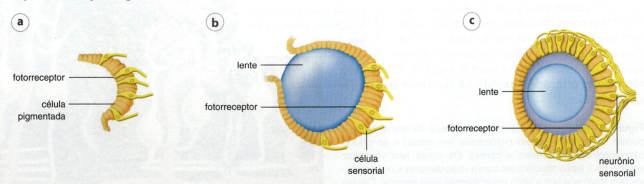

Figura 17-14. Cortes através de olhos primitivos: (a) e (b) gastrópodes; (c) oligoqueto.

Sistema nervoso e fisiologia dos órgãos dos sentidos

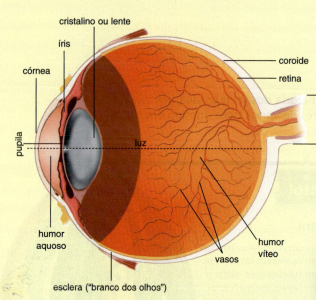

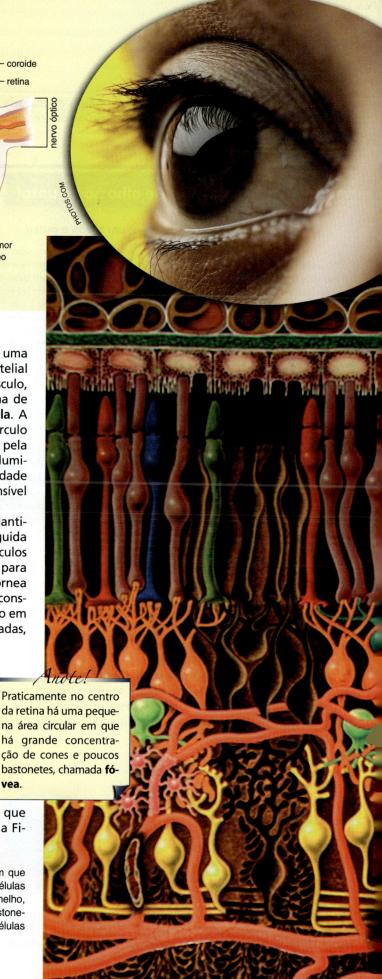

Figura 17-15. Secção transversal de olho humano.

De modo geral, na frente do olho existe uma **córnea** (veja a Figura 17-15), membrana epitelial protetora e transparente. A seguir, há um músculo, a **íris**, que funciona como se fosse um diafragma de máquina fotográfica. O orifício central é a **pupila**. A íris possui fibras musculares lisas dispostas em círculo e radialmente. O diâmetro da pupila é regulado pela ação conjunta desses músculos, de acordo com a luminosidade do ambiente, ajustando, assim, a quantidade de radiação luminosa que incide sobre a parte sensível do globo ocular.

A variação do diâmetro da pupila regula a quantidade de luz que incide no interior do olho. Em seguida vem uma lente, o **cristalino** ou **lente**, ligada a músculos que regulam a sua curvatura, o que é importante para o mecanismo de focalização de objetos. Com a córnea e com os líquidos que existem no olho, essa lente constitui o meio a ser atravessado pela luz, no caminho em direção a uma camada contendo células pigmentadas, chamada **retina**.

Na retina, dois tipos de células que contêm pigmentos em seu interior chamam a atenção: os *cones* e os *bastonetes*. Os bastonetes existem em maior quantidade na periferia da retina e são estimulados com luz de baixa intensidade. É frequente dizer que são usados para visão no escuro e não registram cores. Os cones, por sua vez, ocorrem principalmente na região central da retina e seu estímulo depende de altas intensidades luminosas, reconhecem cores e diz-se que são células utilizadas quando há claridade (veja a Figura 17-16).

Anote! Praticamente no centro da retina há uma pequena área circular em que há grande concentração de cones e poucos bastonetes, chamada **fóvea**.

Figura 17-16. Esquema ilustrando a estrutura da retina, em que podem ser vistos o epitélio pigmentado (em verde) e as células fotorreceptoras (bastonetes e cones). Os cones (em vermelho, verde e azul) estão relacionados com a visão de cores e os bastonetes (em rosa) auxiliam a visão em ambientes mais escuros. Células nervosas (em laranja) transmitem os impulsos ao cérebro.

Quando os pigmentos são estimulados, eles geram modificações energéticas que são transmitidas a células sensitivas, cujos prolongamentos se reúnem, formando o **nervo óptico**. Este conecta-se com o cérebro, conduzindo os impulsos para determinada área do lobo occipital, onde as informações são decodificadas e as imagens são reconhecidas.

Observe que no ponto de onde sai o nervo óptico em direção ao cérebro não há bastonetes ou cones – portanto, nesse local não há formação de imagens, sendo chamado de **ponto cego**.

De olho no assunto!

Entre os artrópodes, há dois tipos de olho: **simples** (conjuntos de células fotossensíveis) e **compostos**. Os olhos compostos, comuns nos insetos, são assim chamados por serem constituídos por unidades menores, os **omatídios**. Cada omatídio é um tubo contendo células pigmentadas e um eixo, que recebe o estímulo luminoso e o envia a uma célula sensitiva. Vários omatídios compõem uma estrutura esférica, e cada um deles é responsável por um pedaço da imagem do objeto que o inseto enxerga.

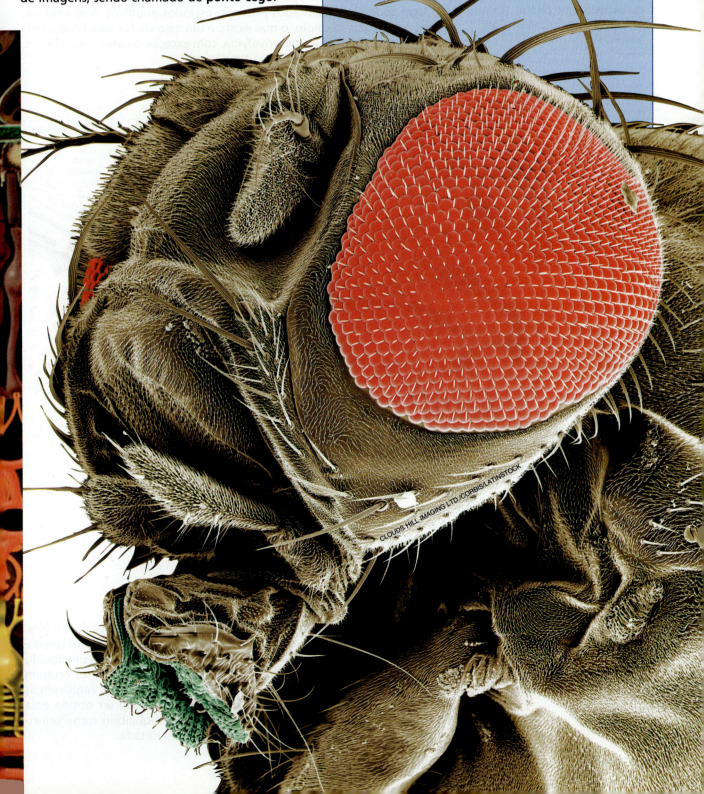

Os receptores de ondas sonoras

Nos ouvidos (ou orelhas) do homem, as ondas sonoras atingem a **membrana timpânica** (ou tímpano), fazendo-a vibrar (veja a Figura 17-17). A vibração é transmitida por meio de três ossículos existentes no ouvido médio (ou orelha média) – o *martelo*, a *bigorna* e o *estribo* – à **cóclea** (um dos componentes do ouvido interno ou orelha interna), assim chamada por ser parecida com a concha de um caracol. Da cóclea, a mensagem é conduzida pelo nervo auditivo até o cérebro, na região do lobo temporal.

A principal característica da audição humana é a sua possibilidade de detectar ondas sonoras, distinguir e analisar diferentes frequências (tons) e também determinar a direção de onde vem o som.

Nem todos os vertebrados possuem ossículos auditivos. Nos anfíbios, répteis e aves, por exemplo, o que existe é um osso só. Na maioria dos vertebrados, a cóclea é pouco desenvolvida, com exceção de aves e mamíferos. E quase todos possuem membrana timpânica.

> *Anote!*
> O homem é capaz de ouvir sons de frequências entre 16 Hz e 20.000 Hz. Os cães são capazes de ouvir até 30.000 Hz, enquanto os morcegos podem tanto ouvir como produzir sons de até 100.000 Hz.

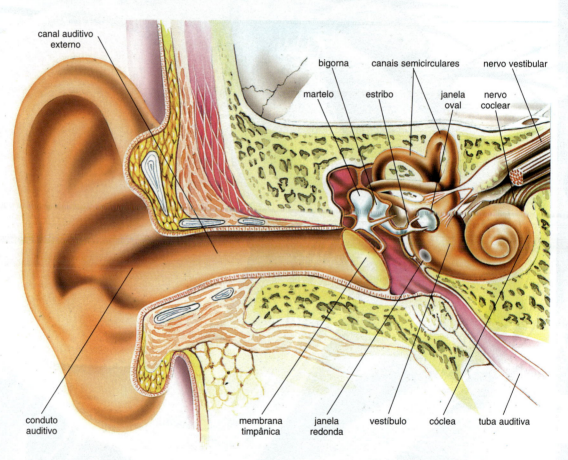

Figura 17-17. Esquema de ouvido (ou orelha) humano, destacando-se a membrana timpânica, os ossículos do ouvido médio e os componentes do ouvido interno (cóclea e canais semicirculares).

Os proprioceptores

Os mais importantes são os relacionados ao equilíbrio. Nos mamíferos, o ouvido interno possui, ligados à cóclea, três canais semicirculares dispostos perpendicularmente um ao outro. No interior de cada um há um líquido e concreções calcárias, os **otólitos**. Normalmente, essas pedrinhas ocupam posições características no interior dos canais. Fibras sensitivas registram as informações dos deslocamentos dos otólitos, o que pode ser obtido pela mudança de posição da cabeça. A sensação de desequilíbrio surge principalmente quando a posição normal dos otólitos é afetada.

A Linha Lateral dos Peixes

É comum verificar, principalmente em ambos os lados de peixes ósseos, a existência de uma linha mais escura que o resto do corpo, chamada **linha lateral**. A análise dessa linha mostra que, de intervalo a intervalo, há orifícios que conduzem a um canal onde há grupamentos de células sensitivas relacionadas ao reconhecimento da mudança de pressão da água, bem como de vibrações de baixa frequência (veja a Figura 17-18). As fibras que partem dessas células formam um nervo que se liga ao sistema nervoso central, de modo que a alteração de pressão na água seja prontamente reconhecida, fazendo o peixe mudar sua posição no meio.

Figura 17-18. Sistema de linha lateral em peixe ósseo.

Termorreceptores e Eletrorreceptores

A atividade de caça noturna de muitas cobras peçonhentas envolve uma adaptação que facilita o encontro de presas: a **fosseta loreal**. Situada a meio caminho entre a narina e o olho, a fosseta loreal é dotada de receptores de calor e pode localizar, por exemplo, um roedor situado a distâncias de 1 a 2 m. Os pernilongos e outros insetos possuem mecanismos de percepção do calor irradiado por suas vítimas. Em muitos deles, variações de cerca de 0,5 °C são captadas por receptores localizados nas antenas.

Em mamíferos, terminações nervosas localizadas na pele e na língua detectam mudanças de temperatura. Além delas, receptores de temperatura localizados no hipotálamo detectam variações da temperatura corporal, integrando-se aos receptores de temperatura localizados na superfície externa do organismo. Esse reconhecimento é fundamental para a geração de mecanismos de regulação térmica existentes em animais homeotermos, como é o caso do homem.

Em muitos peixes, existem órgãos receptores de correntes elétricas emanadas do meio ambiente. Esses receptores são ligados aos neurônios que correm pela linha lateral e auxiliam a recepção de corrente elétrica em meios em que a olfação e a visão ficam prejudicadas pela turvação da água. Alguns peixes, como arraias e enguias, possuem verdadeiros órgãos geradores de corrente elétrica, úteis na paralisação de presas e no combate a possíveis inimigos.

Ética & Sociedade

É preciso pensar com a própria cabeça

Muito se tem falado a respeito do efeito das drogas no organismo, a maior parte das vezes no intuito de alertar sobre as consequências de seu uso. Em primeiro lugar, vamos estabelecer em que contexto estamos considerando a palavra "droga". Ela tanto pode ser um princípio ativo, ou seja, uma substância que acarreta uma reação orgânica benéfica – como o componente de um remédio, por exemplo –, como pode se referir a uma substância que provoca o entorpecimento da consciência e dos sentidos. E é nesse contexto que estamos usando essa palavra.

Ao lado da violência, da conduta sem limites para conseguir dinheiro para comprar as drogas, da dependência, do sofrimento que advém quando passa o seu efeito e da escravidão – no sentido exato da palavra – que gera no usuário, é preciso raciocinar, enquanto a droga ainda não tomou conta de nosso cérebro e inutilizou nossa capacidade de pensar. Leia a tabela a seguir e analise os efeitos de cada droga. Observe se as sensações que produzem são agradáveis ou desagradáveis.

É bom lembrar que um usuário de droga é um indivíduo que precisa de ajuda profissional e há várias clínicas especializadas que fazem um bom trabalho no sentido de recuperá-lo e afastá-lo definitivamente do caminho das drogas. Acreditar que dominamos a droga e que não nos tornaremos dependentes dela é como acreditar em contos de fadas: o final soa feliz, mas é bem pouco verdadeiro... É compreensível que o grupo exerça pressão, e durante toda a nossa vida isso acontece. Mas ninguém pode nos forçar a fazer algo que, de fato, não queremos fazer.

Na vida, cada um escolhe o caminho que quer trilhar – e é responsável por ele!

Droga	Fonte	Efeitos
Álcool	■ Etanol produzido por fermentação.	■ Em doses baixas (um ou dois *drinks* leves), atua como estimulante. ■ Em doses maiores, entorpece o raciocínio, a coordenação, a memória e a visão. ■ Altas doses podem levar ao coma e à morte por problemas respiratórios.
Anfetaminas	■ Drogas sintéticas, desenvolvidas como coadjuvantes para regimes de emagrecimento.	■ Provocam sensação de euforia e estado de alerta. ■ Aceleram os batimentos cardíacos, aumentam a pressão sanguínea, ocasionam náuseas e irritabilidade. Cansaço ao final da "viagem". ■ A overdose varia brutalmente de pessoa para pessoa, sendo que reações agudas podem ocorrer com 2 mg, levando a convulsões, problemas cardíacos, coma e morte.
Cafeína	■ Alcaloide encontrado no café, chá, sementes de *Cola vera* e de guaraná. Muitas vezes encontrado em bebidas energéticas e remédios para gripe.	■ Atua como estimulante. Em pequenas doses, como uma xícara de café (cerca de 150 mg), aumenta o estado de alerta. Acelera os batimentos cardíacos e o ritmo da respiração, além de aumentar a produção de urina. ■ Altas doses levam à sensação de ansiedade. ■ A dose fatal está em torno de 10 g.
Cocaína e crack	■ Alcaloides extraídos das folhas de coca (*Erythroxylon coca*), planta nativa dos Andes.	■ Uma dose rapidamente conduz à sensação de autoconfiança e energia, o que dura aproximadamente 45 minutos. Depois, sobrevêm o cansaço e a melancolia. Aceleram o ritmo cardíaco e respiratório. ■ A dose fatal varia de indivíduo para indivíduo, mas foram constatados casos de morte com pequena quantidade da droga.
Ecstasy	■ Derivado de anfetamina.	■ Sentimentos de euforia, energia e desejo de contato com outras pessoas, além de alucinações auditivas, seguidas por letargia e depressão. ■ Pode ser letal em virtude do aumento da temperatura e da desidratação que acarreta ou por falência dos órgãos do sistema excretor.
Alucinógenos	■ Um grande número de compostos sintéticos faz parte desse tipo de droga. As mais usadas são as do grupo do LSD.	■ Alucinações auditivas e visuais (as superfícies ondulam e tremem, as cores tornam-se mais intensas), sinestesia (um estímulo provoca uma sensação que viria de outro tipo de estímulo), distorção do tempo, alteração da personalidade. Objetos são vistos com sua forma alterada. A experiência pode ser aterrorizante. Depois, sobrevêm a fadiga e um sentimento de desligamento.
Maconha e haxixe	■ Folhas, brotos, flores e resinas da planta *Cannabis sativa*, originária da Ásia Central. Normalmente, fumam-se suas folhas e brotos. Sua resina seca é conhecida como haxixe.	■ Em pequenas quantidades, podem oferecer sensação de bem-estar, porém interferem com a memória e aumentam desesperadamente o apetite. São frequentes as sensações de náusea, ansiedade e paranoia. Afeta espermatozoides, reduzindo a fertilidade.
Opiáceos	■ Resinas extraídas da papoula (*Papaver somniferum*). Incluem alcaloides como a morfina, heroína e metadona.	■ A heroína pode induzir sensação de euforia e bem-estar. Passado seu efeito, sobrevêm náusea, constipação intestinal, intensa sudorese, coceira, diminuição nos ritmos cardíaco e respiratório. ■ A dose fatal varia de indivíduo para indivíduo, mas têm sido constatados casos de morte com doses pequenas.
Tabaco	■ Extraída das folhas secas da planta de tabaco (*Nicotiana tabacum*), nativa da América do Sul. As folhas podem ser fumadas ou mascadas. O principal ingrediente ativo é o alcaloide nicotina.	■ Estimulante, aumenta o estado de alerta, a energia e a memória. Paradoxalmente, também são relatados efeitos de relaxamento. Aumenta a pressão sanguínea e a taxa respiratória. Diminui o apetite. Em altas doses pode causar alucinação, náusea, vômito e morte. ■ Seu uso constante leva ao desenvolvimento de enfisema pulmonar e câncer.

Baseado em: Drugs. The Intoxication Instinct. *New Scientist*, London, v. 184, n. 2.473, p. 32-41, 13 Nov. 2004.

Agora, responda:
■ Você se operaria com um médico sob efeito de cocaína? Voaria com um piloto sob os efeitos do *crack*? Andaria de carro com um motorista "viajando" com LSD? Por quê?

Passo a passo

1. Qual a vantagem da cefalização observada pela 1.ª vez nos platelmintos?
2. O sistema nervoso e o hormonal têm basicamente a mesma função. Que função é essa? E qual a diferença entre os dois?
3. Qual a diferença entre potencial de repouso e potencial de ação dos neurônios?
4. É possível associar a velocidade de condução do impulso nervoso com os nódulos de Ranvier? Justifique sua resposta.
5. Cite quatro neurormônios ou mediadores químicos que agem na sinapse.
6. Qual a função dos neurônios sensoriais, motores e associativos (interneurônios) no arco reflexo?
7. Cite as duas principais estruturas que constituem o sistema nervoso central.
8. Onde se localizam as meninges? E qual a sua função?
9. Cite o nome do órgão do encéfalo que controla os batimentos cardíacos, o ritmo respiratório e a pressão sanguínea.
10. Qual a diferença entre a substância branca e a substância cinzenta?
11. É correto afirmar que os dois ramos do SNA agem do mesmo modo no coração e no estômago? Justifique sua resposta.
12. Assinale **V** para as afirmações verdadeiras e **F** para as falsas.
    a) Em estado de repouso, o neurônio encontra-se polarizado.
    b) Durante a propagação do impulso nervoso ocorre rápida saída de íons de sódio do axônio.
    c) O impulso nervoso é caracterizado pela despolarização da membrana plasmática.
    d) A repolarização retoma o estado de repouso do neurônio.
    e) Para ocorrer o impulso nervoso há utilização de ATP.
13. É correto afirmar que o sabor dos alimentos depende exclusivamente da gustação? Justifique a resposta.
14. A respeito da estrutura e do funcionamento do olho humano, responda às perguntas abaixo:
    a) Qual o nome da estrutura do branco dos olhos?
    b) Qual a função do cristalino?
    c) Onde se localizam os fotopigmentos que absorvem determinados comprimentos de onda (cones e bastonetes)?
    d) Qual o nome do nervo que conduz os impulsos até a "região da visão" do cérebro?
    e) Esquematize um olho normal vendo um objeto, uma miopia, miopia corrigida, hipermetropia e hipermetropia corrigida.
15. A respeito da estrutura e do funcionamento do ouvido, responda às perguntas abaixo:
    a) Qual a função da membrana timpânica?
    b) Cite o nome dos três ossículos localizados no ouvido médio.
    c) Onde está localizada a cóclea?
    d) Qual o nome do nervo que conduz as mensagens provenientes da cóclea até a "região da audição" do cérebro?
    e) Qual a função dos três canais semicirculares dispostos perpendicularmente um ao outro?

16. Indique as alternativas corretas e dê sua soma ao final. A respeito das estruturas apontadas pelas setas:
    (01) 1 é constituído por três ossos: estribo, martelo e bigorna.
    (02) 2 recebe as ondas mecânicas do ar.
    (04) 3 possui células sensitivas relacionadas com o equilíbrio corporal.
    (08) 1 transmite vibrações para o osso chamado tímpano.
    (16) 3 está diretamente ligado à membrana timpânica.

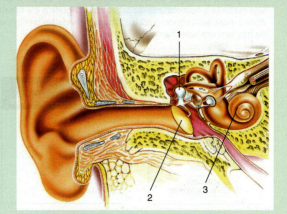

17. Ao pisar descalço sobre um prego, você provavelmente terá uma sensação de dor. Imediatamente o seu joelho dobra e consequentemente você levanta o pé. Esse ato chama-se reflexo de flexão, porque provoca o dobramento da perna. Esse tipo de reflexo ocorre com participação do cérebro? Justifique sua resposta.

18. Muitos reflexos são inatos, isto é, um indivíduo pode efetuá-los assim que ele nasce. Um exemplo é o reflexo causado por uma pancada no joelho, logo abaixo da rótula. Outro exemplo é o fechamento imediato dos olhos, isto é, os músculos das pálpebras são ativados quando um objeto se aproxima de seu rosto a uma certa velocidade. Pergunta-se: é possível mudar um reflexo inato? Justifique sua resposta.

19. *Questão de interpretação de texto*
    (FMTM – MG) A figura representa o encéfalo humano em vários ângulos.
    O grande número de circunvoluções (dobras sinuosas) do encéfalo humano garante:
    a) uma extensa região de substância cinzenta, que representa uma grande área cortical, rica em corpos celulares.
    b) maior número de arcos reflexos, permitindo maior rapidez nas atividades motoras e reflexas.
    c) menor área com neurônios sensitivos e motores, organizando melhor o número de conexões entre neurônios.
    d) uma grande distribuição de nervos raquidianos ou espinhais, evitando, assim, paralisias e movimentos involuntários.
    e) uma rica área com dendritos e axônios dos neurônios, permitindo maior acuidade visual, atividade motora e formação de longos nervos raquidianos.

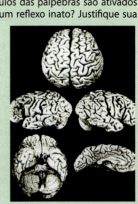

Questões objetivas

1. (UFPE) Assinale a alternativa que completa corretamente a afirmação: "O impulso nervoso apresenta duas etapas chamadas de despolarização e repolarização, causadas, respectivamente, por:

a) entrada de íons sódio e saída de cloro".
b) entrada de íons potássio e saída de sódio".
c) entrada de íons cloro e saída de sódio".
d) entrada de íons potássio e saída de cloro".
e) entrada de íons sódio e saída de potássio".

2. (UFRGS – RS) O que platelmintos e moluscos possuem em comum?

a) o sistema respiratório
b) a presença de celoma
c) o tipo de sustentação
d) o sistema digestivo
e) a ocorrência de cefalização

3. (UFOP – MG) As várias atividades do organismo dependem do perfeito funcionamento do sistema nervoso: os neurônios levam informações da periferia para o SNC e vice-versa. Para exercerem essas atividades, os neurônios apresentam certas características, que **não** estão bem definidas em:

a) As informações entre neurônios se dão por sinapses.
b) O impulso nervoso sempre é conduzido do corpo celular para o axônio, para passagem de informação entre neurônios.
c) Os mediadores químicos estão sempre armazenados no corpo celular dos neurônios.
d) A bainha de mielina torna a condução do impulso nervoso mais rápida nos neurônios.

4. (UFF – RJ) Os sais minerais são de importância vital para o bom funcionamento de diversos processos fisiológicos, sendo necessária a reposição da concentração de cada íon para que seja mantida a homeostasia do organismo. O gráfico e a tabela abaixo mostram a concentração e algumas atividades biológicas de três íons em seres humanos.

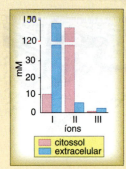

Atividade biológica	Íon envolvido
condução nervosa	I, II
contração muscular	III
coagulação	III

Analisando o gráfico e a tabela anterior, pode-se afirmar que os íons representados por I, II e III são, respectivamente:

a) Ca^{+2}, Na^+ e K^+
b) Na^+, K^+ e Ca^{+2}
c) K^+, Ca^{+2} e Na^+
d) K^+, Na^+ e Ca^{+2}
e) Na^+, Ca^{+2} e K^+

5. (MACKENZIE – SP) Algumas drogas utilizadas no tratamento de alguns tipos de depressão agem impedindo a recaptação do neurotransmissor serotonina, no sistema nervoso central. Assinale a alternativa correta.

a) Neurotransmissores são substâncias que agem no citoplasma do corpo celular dos neurônios, provocando o surgimento de um impulso nervoso.
b) Numa sinapse, os neurotransmissores são liberados a partir de vesículas existentes nos dendritos.
c) Após sua liberação, o neurotransmissor provoca um potencial de ação na membrana pós-sináptica e é recaptado pelo neurônio pré-sináptico.
d) Somente as sinapses entre dois neurônios utilizam neurotransmissores como mediadores.
e) Neurotransmissores diferentes são capazes de provocar potenciais de ação de intensidades diferentes.

6. (UNESP) De acordo com o Código Nacional de Trânsito, dirigir sob a influência do álcool, em nível superior a 0,8 grama de álcool por litro de sangue (= 2 copos de cerveja), é uma infração gravíssima sujeita a multa e suspensão do direito de dirigir. Com base nos conhecimentos sobre os efeitos do álcool sobre o organismo, indique a alternativa que fundamenta a regulamentação acima.

a) O álcool é uma droga que pode levar à dependência química.
b) O álcool provoca danos ao fígado, levando o indivíduo a desenvolver a cirrose hepática.
c) O álcool diminui a resistência do organismo e aumenta os riscos de alguns tipos de câncer.
d) O consumo de álcool inibe certos neurônios no cérebro, afetando o raciocínio, os reflexos e a coordenação motora.
e) O consumo de álcool leva a pessoa a se sentir mais alerta, confiante, com mais força física, disposição e capacidade mental.

7. (PUC – SP) O esquema abaixo representa um arco reflexo simples. O conhecimento sobre reflexos medulares deve-se a trabalhos pioneiros feitos, no início deste século, pelo fisiologista inglês C. S. Sherrington.

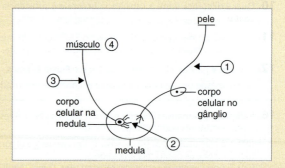

No esquema, 1, 2, 3 e 4 indicam, respectivamente,

a) neurônio aferente, sinapse, neurônio sensorial e órgão receptor.
b) sinapse, neurônio aferente, neurônio motor e órgão efetuador.
c) neurônio motor, sinapse, neurônio aferente e órgão receptor.
d) neurônio aferente, sinapse, neurônio motor e órgão efetuador.
e) neurônio motor, neurônio aferente, sinapse e órgão receptor.

8. (UFV – MG) O sistema nervoso dos vertebrados pode ser subdividido em central (SNC) e periférico (SNP). O SNC é constituído pelo encéfalo e medula espinhal. A figura abaixo representa o encéfalo humano com algumas regiões indicadas (I, II, III, IV e V).

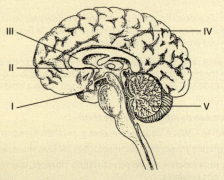

Observe a figura e assinale a alternativa **CORRETA**.

a) O cerebelo tem função de regular o equilíbrio e está indicado por I.
b) O encéfalo é formado apenas por II, III e IV.
c) A hipófise, indicada por III, tem função endócrina.
d) O diencéfalo, localizado na posição mediana, corresponde a II.
e) O centro da memória e da inteligência está localizado em V.

9. (UFG – GO) Analise a figura a seguir.

Disponível em:
<http://www.avesderapinabrasil.com/metodos_de_caca.htm>.
Acesso em: 8 mar. 2010.

A figura ilustra dois exemplos de predação: a de um roedor no solo e a de um pássaro voando, feita por uma ave de rapina. Dentre outros fatores, esse comportamento é possível porque, nesses animais predadores,

a) a medula espinhal é desenvolvida, favorecendo elaboradas manobras de voo.
b) as asas possuem penas uniformes, aumentando a eficiência de voos carpados.
c) o lobo olfativo é desenvolvido, permitindo a localização de presas pelos odores exalados.
d) o bico córneo é desenvolvido, favorecendo a aerodinâmica do voo de fuga.
e) o lobo óptico é desenvolvido, permitindo a localização de presas a longas distâncias.

10. (UFG – GO) Um chimpanzé com lesão no cerebelo tem comprometida a sua capacidade de

a) mastigar e engolir alimentos.
b) equilibrar-se sobre os galhos de árvores.
c) enxergar a fêmea para o acasalamento.
d) ouvir o som dos predadores.
e) sentir o odor dos feromônios.

11. (UFRR) O vestibular é um momento importante na vida de uma pessoa, a qual pode apresentar certa ansiedade antes e durante as provas. Nesta situação o organismo sofre intensas alterações fisiológicas. Considerando as alterações estimuladas pelo Sistema Nervoso Periférico Autônomo Simpático, classifique as afirmativas abaixo como verdadeiras (V) ou falsas (F) e marque a alternativa que representa a sequência **CORRETA**.

I – Aumento da frequência cardíaca
II – Aumento da peristalte intestinal
III – Diminuição da pressão sanguínea
IV – Dilatação da pupila
V – Contração da bexiga

a) V, V, F, V, V.
b) F, V, V, F, V.
c) V, F, V, V, F.
d) F, V, F, F, V.
e) V, F, F, V, F.

12. (UPE) A música *Bate coração* refere-se aos batimentos cardíacos. Mas por que o coração bate?

> **Bate coração**
> (Elba Ramalho)
>
> "Bate, bate, bate, coração
> Dentro desse velho peito...
> Tum, tum, bate coração
> Oi, tum, coração pode bater
> Oi, tum, tum, tum, bate, coração
> Que eu morro de amor com muito prazer"

Assinale a alternativa que explica **CORRETAMENTE** o evento relacionado aos batimentos cardíacos.

a) A atividade parassimpática reduz os batimentos cardíacos, contribuindo para o repouso do coração.
b) A atividade simpática, sob ação da noradrenalina, diante de situações de defesa ou ataque, diminui a frequência cardíaca.
c) A contração do coração – diástole – e seu relaxamento – sístole – são controlados por fenômenos miogênicos.
d) Apesar de sua contração voluntária, os batimentos cardíacos têm mecanismos reguladores relacionados com o sistema nervoso autônomo, e a atuação desses nervos ajusta a frequência conforme as necessidades do organismo.
e) O nervo vago, cardiomediador, libera adrenalina como mediador químico, e os nervos cardíacos, cardioaceleradores, liberam acetilcolina.

13. (UFPE) Otto Loewi realizou um experimento clássico que comprovou, de maneira incontestável, que existia a mediação química no Sistema Nervoso Autônomo. Ele isolou dois corações de sapo, os perfundiu com uma solução fisiológica morna (Ringer) e registrou a atividade cardíaca. A experiência demonstrou que: ao estimular determinado nervo (A) do coração 1, ocorre uma forte inibição das contrações cardíacas espontâneas daquele coração; ao perfundir o coração 2 com o líquido efluente do coração 1, ocorre, no segundo coração, o mesmo efeito inibidor. Analise a figura abaixo e as afirmações correspondentes.

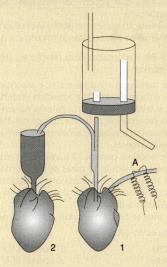

(0) O nervo estimulado (A), que provocou a diminuição dos batimentos cardíacos, faz parte do Sistema Simpático, pois ele tem um efeito inibidor sobre o coração.
(1) A inibição do coração 2 pelo líquido efluente do coração 1 ocorre devido à presença de acetilcolina liberada pela estimulação do Parassimpático, no coração 1.
(2) A inibição do coração 2 ocorre devido à condução do impulso nervoso através do líquido (Ringer), pois este é um bom condutor elétrico.
(3) Se o nervo estimulado fosse do Simpático, teríamos um aumento da atividade cardíaca e não uma inibição, pois este ramo do sistema nervoso autônomo tem uma ação excitatória sobre o coração.
(4) O resultado dessa experiência demonstra que a frequência cardíaca não depende do controle neural.

14. (UFSC) O meio ambiente pode influenciar o funcionamento do nosso organismo de várias formas, desde a alteração de funções fisiológicas, das quais geralmente não nos damos conta, até alterações na nossa percepção sensorial e estado de ânimo. Por exemplo, nas grandes festas musicais que se estendem madrugada adentro, conhecidas como "raves", o consumo de álcool e bebidas estimulantes, como os "energéticos", chega a níveis alarmantes. No contexto da ideia e diversão, a mistura destas duas substâncias pode trazer consequências devastadoras para o organismo humano. A pessoa que consome o energético junto com o álcool reduz o efeito deste, uma vez que o estimulante diminui o efeito depressor do álcool sobre o sistema nervoso. Esta ação dos energéticos reduz a percepção da embriaguez e leva as pessoas a ingerir mais álcool, as quais não se dão conta dos riscos envolvidos. Uma superdosagem desta substância aumenta a frequência cardiorrespiratória e pode provocar irritação estomacal e intestinal. O que a princípio é euforia e excitação pode transformar-se em tontura e desmaio.

Sobre o assunto do texto acima, pode-se afirmar **CORRETAMENTE** que (indique as alternativas corretas e dê sua soma ao final) que:

(01) o sistema nervoso responde pela coordenação e pelo controle do funcionamento do organismo, independentemente da ação do sistema endócrino.
(02) o efeito estimulante das "bebidas energéticas" é consequência da liberação de neurotransmissores, como a dopamina, que provocam sensação de prazer.
(04) glicídios ou carboidratos são fontes de energia para o nosso organismo.
(08) em nível celular, a organela citoplasmática responsável pela produção de energia é o lisossomo.
(16) a longo prazo, o consumo de álcool em grandes quantidades não provoca alterações cardiovasculares nem prejuízo das funções hepáticas.
(32) o controle da frequência cardiorrespiratória é uma das funções que podem ser atribuídas ao sistema nervoso autônomo.
(64) a interação entre o consumo excessivo de álcool e bebida energética não traz danos fisiológicos ao organismo.

15. (PUC – PR – adaptada) Com relação ao sistema nervoso, pode-se afirmar:

I – As meninges – a dura-máter, a aracnoide e a pia-máter – envolvem o encéfalo e a medula espinhal.
II – A substância branca, no sistema nervoso central, é formada principalmente pelos corpos celulares dos neurônios, enquanto a substância cinzenta é formada principalmente pelos axônios.
III – Do encéfalo partem 12 pares de nervos cranianos sensitivos e da medula, 31 pares de nervos mistos.
IV – O sistema nervoso autônomo simpático e o parassimpático inervam apenas órgãos do sistema digestório, do respiratório e do excretor.
V – A sinapse ocorre entre dois axônios de neurônios distintos.

Está ou estão corretas:

a) todas.
b) apenas I.
c) apenas I e II.
d) apenas I, II e IV.
e) apenas III, IV e V.

16. (UFAM) Os corpúsculos sensoriais de Meissner, Vater-Paccini, Ruffini e Krause são responsáveis, respectivamente, pela sensação de:

a) dor, calor, pressão e frio.
b) frio, calor, dor e pressão.
c) calor, frio, pressão e oxigenação.
d) pressão, calor, dor e acidez.
e) tato superficial, pressão, calor e frio.

17. (UFF – RJ) "Dizer que o som das vuvuzelas usadas pelos sul-africanos nos estádios é ensurdecedor não é exagero. Uma fundação suíça ligada a uma empresa fabricante de aparelhos auditivos alertou os torcedores da Copa que uma vuvuzela faz mais barulho que uma motosserra e que tal barulho pode prejudicar a audição de espectadores e jogadores."

Supondo que um torcedor tenha a orelha média afetada pelo som da vuvuzela, as estruturas que podem sofrer danos, além do tímpano, são as seguintes:

a) pavilhão auditivo e cóclea.
b) ossículos e tuba auditiva.
c) meato acústico e canais semicirculares.
d) pavilhão auditivo e ossículos.
e) nervo coclear e meato acústico.

18. (FUVEST – SP) O esquema mostra algumas estruturas presentes na cabeça humana.

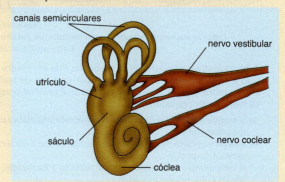

O nervo cócleo-vestibular compõe-se de dois conjuntos de fibras nervosas: o nervo coclear, que conecta a cóclea ao encéfalo, e o nervo vestibular, que conecta o sáculo e o utrículo ao encéfalo. A lesão do nervo vestibular deverá causar perda de

a) audição.
b) equilíbrio.
c) olfato.
d) paladar.
e) visão.

19. (UFABC – SP) "Todo tremia, quase sem coragem de dizer o que tinha vontade. Por fim, disse, pediu. O doutor entendeu e achou graça. Tirou os óculos, pôs na cara de Miguilim..."
"Miguilim olhou. Nem não podia acreditar! Tudo era uma claridade, tudo novo e lindo e diferente, as coisas, as árvores, as caras das pessoas. Via os graõzinhos de areia, a pele da terra, as pedrinhas menores, as formiguinhas passeando no chão de uma distância. E tonteava. Aqui, ali, meu Deus, tanta coisa, tudo..."

João Guimarães Rosa

Os fragmentos de textos sugerem que Miguilim era portador de miopia. Quando o doutor José Lourenço empresta-lhe os óculos, um novo mundo descortina-se diante dele.
A miopia é uma deficiência que tem como causa uma

a) anormalidade no bulbo ocular, que é mais curto, assim a imagem de um objeto é projetada depois da retina; a correção é feita com o uso de lentes divergentes.
b) anormalidade no bulbo ocular, que é mais longo, assim as imagens formam-se antes da retina; a correção é feita com o uso de lentes divergentes.
c) assimetria na curvatura da córnea, projetando imagens sem nitidez; a correção é feita com lentes convergentes.
d) disfunção na lente que projeta a imagem no ponto cego ou fóvea; a correção é feita com lentes cilíndricas.
e) incapacidade de acomodação da lente, gerando dificuldade na focalização de objetos; a correção é feita com lentes convergentes.

Questões dissertativas

1. (UFF – RJ) A figura ao lado mostra as regiões de um neurônio.
 a) Nomeie as estruturas indicadas.
 b) Como é denominada a estrutura envolvida na sinapse entre o neurônio e uma célula do músculo estriado esquelético? Que neurotransmissor está geralmente envolvido nesta sinapse e como a célula muscular responde ao seu estímulo?

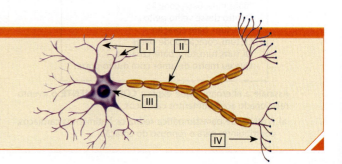

c) Como estão organizadas as cargas elétricas e a concentração de íons nas superfícies interna e externa de uma membrana polarizada e de uma membrana despolarizada do axônio de um neurônio? Justifique.

d) A tabela a seguir apresenta a relação entre a velocidade do impulso nervoso e o diâmetro de dois tipos de fibras nervosas denominadas A e B. Analise a tabela e identifique qual grupo de fibras (A ou B) apresenta bainha de mielina. Justifique.

Diâmetro (mm)	Velocidade de impulso (m/s^{-1})	
	A	B
1,5	5	2,6
2	8	3
3	> 8	3,8
4	> 8	4,2

2. (UFU – MG) Existem problemas cardíacos que impedem a indicação de atividades físicas rotineiras ou até mesmo eventuais, até que sejam tratados. Um destes problemas é a alteração na origem e no controle de propagação dos impulsos elétricos que determinam a contração do músculo cardíaco.

Todas as regiões do corpo recebem informações e passam orientações ao Sistema Nervoso Central também através de impulsos elétricos.

a) Explique como acontecem os batimentos cardíacos, abordando a origem e propagação dos impulsos elétricos que os determinam.

b) O que é sistema nervoso autônomo? Abordando suas divisões e a atuação no coração de cada uma destas divisões, explique como ele age em momentos de estresse, exemplificando sua resposta.

3. (UFPR) Há aproximadamente 90 anos, o farmacologista alemão Otto Loewi realizou experimentos que o credenciaram a receber o Prêmio Nobel de Medicina em 1936. Em um dos experimentos, ele retirou os corações de dois sapos, deixando-os em solução fisiológica em recipientes separados. Em um dos corações, um nervo do sistema nervoso autônomo foi preservado. Loewi estimulou eletricamente o nervo e observou a redução da frequência cardíaca. Depois, ele injetou a solução do coração estimulado no outro coração e observou o mesmo efeito, ou seja, o outro coração também apresentou uma redução da frequência de seus batimentos.

a) A qual divisão do sistema nervoso autônomo pertence o nervo preservado?

b) Explique por que a solução do coração estimulado provocou o mesmo efeito no outro coração.

c) O que aconteceria se a solução do coração estimulado fosse injetada em uma fibra muscular esquelética?

4. (UNIFESP) A tabela mostra os efeitos da ação de dois importantes componentes do sistema nervoso humano.

X	Y
contração da pupila	dilatação da pupila
estímulo da salivação	inibição da salivação
estímulo do estômago e dos intestinos	inibição do estômago e dos intestinos
contração da bexiga urinária	relaxamento da bexiga urinária
estímulo à ereção do pênis	promoção da ejaculação

a) A que correspondem **X** e **Y**?

b) Em uma situação de emergência, como a fuga de um assalto, por exemplo, qual deles será ativado de maneira mais imediata? Forneça um outro exemplo, diferente dos da tabela, da ação desse componente do sistema nervoso.

5. (UNICAMP – SP) Na Olimpíada de Pequim ocorreram competições de tiro ao alvo e de arco e flecha. O desempenho dos atletas nessas modalidades esportivas requer extrema acuidade visual, além de outros mecanismos fisiológicos.

a) A constituição do olho humano permite ao atleta focar de maneira precisa o objeto alvo. Como a imagem é formada? Quais componentes do olho participam dessa formação?

b) Os defeitos mais comuns na acomodação visual são miopia e hipermetropia. Por que as imagens não são nítidas no olho de uma pessoa míope e de uma pessoa hipermétrope? Como os óculos podem corrigir esses dois problemas?

Programas de avaliação seriada

1. (PSS – UEPG – PR) Se até mesmo quando estamos sóbrios superestimamos nossa performance ao volante, imagine quando bebemos. Quando bebemos, nosso organismo fica descontrolado biologicamente, principalmente nosso cérebro, o que provoca perda da coordenação motora, raciocínio mais lento e desorientação espacial e temporal. Em condições de normalidade, em que consiste a transmissão do impulso nervoso?

a) Na inversão da polaridade do corpo celular do neurônio.
b) No transporte ativo da bomba de sódio na membrana do neurônio.
c) Na participação de íons potássio na polarização da membrana do neurônio.
d) Na inversão da polaridade da membrana do neurônio, o que gera um potencial de ação.
e) Na despolarização da membrana do neurônio, com passagem de sódio para a face interna.

2. (PAS – UFLA – MG) Considerando o neurônio esquematizado abaixo, é correto afirmar que

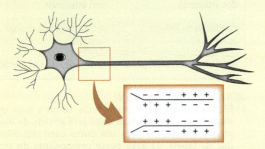

a) o neurônio está pronto para conduzir um novo impulso.
b) o impulso está se propagando pelo neurônio devido à mudança de polaridade entre o meio interno e externo.
c) o impulso nervoso restringe-se à região estimulada do neurônio.
d) a saída de potássio da célula impede a propagação do impulso.

3. (PSS – UFAL) O corpo humano desenvolve uma série de processos simultaneamente que se articulam, na maioria das vezes, de forma equilibrada. Sobre este assunto, considere as afirmativas abaixo:

a) as artérias pulmonares recebem sangue venoso dos órgãos e tecidos e as veias pulmonares bombeiam sangue para todo o corpo humano.
b) os pulmões são irrigados por vasos sanguíneos que captam oxigênio atmosférico através dos alvéolos e o transportam associado à hemoglobina presente nas hemácias para todos os tecidos.
c) o sistema nervoso periférico (SNP) controla os batimentos cardíacos e os movimentos respiratórios.
d) o exercício aumenta os batimentos cardíacos e movimentos respiratórios, consumindo energia e induzindo a fome. Esta condição estimula o pâncreas a produzir glucagon, que promoverá a quebra de triglicerídeos, disponibilizando mais energia ao organismo.
e) o alimento ingerido sofre digestão pela amilase salivar no intestino delgado e é conduzido ao intestino grosso, por movimentos peristálticos controlados pelo sistema nervoso periférico.

4. (PEIES – UFSM – RS) De uma atividade física que envolve o ato de elevar a perna participam diferentes sistemas, tecidos e células. Considerando essa informação, analise as afirmativas:

I – O encéfalo, situado no Sistema Nervoso Central, pode coordenar a ação de elevar a perna através de impulsos nervosos que viajam, por meio de nervos motores, até os músculos estriados esqueléticos.
II – Independentemente dessa atividade física, as batidas involuntárias do coração são controladas pelo Sistema Nervoso Periférico autônomo, através de nervos motores e gânglios.
III – O reflexo patelar poderia ser responsável pela elevação da perna, que ocorreria com a participação da medula espinal, através de neurônios sensitivos e motores que conduziriam os impulsos nervosos.

Está(ão) correta(s)

a) apenas I.   c) apenas III.   e) I, II e III.
b) apenas II.   d) apenas I e II.

5. (PSS – UFS – SE) A coordenação entre as diferentes partes do corpo é exercida pelo sistema nervoso e o relacionamento do corpo com o ambiente é efetuado pelos órgãos sensoriais.

Analise as afirmações a seguir como verdadeiras (V) ou falsas (F)

(0) O sistema nervoso central do homem é composto pelo encéfalo e pela medula espinhal.
(1) No reino animal, a organização do sistema nervoso é geralmente correlacionada com a simetria do corpo.
(2) O ouvido interno é formado por duas partes: o vestíbulo, responsável pela audição, e a cóclea, responsável pelo equilíbrio.
(3) O sabor dos alimentos é produzido pela estimulação conjunta das células gustativas e das olfativas.
(4) A capacidade de focalizar adequadamente um objeto, isto é, de acomodar a imagem sobre a retina, depende principalmente do cristalino.

Regulação hormonal

Capítulo 18

Esteroides anabolizantes

Mesmo proibidos por comitês e organizações esportivas, esteroides anabolizantes são usados por alguns atletas para ganhar massa muscular ou ter uma melhor *performance*. Apesar de não existirem dados oficiais no Brasil, são inúmeras as notícias veiculadas pela imprensa que dão conta do uso de anabolizantes por adolescentes.

Os esteroides anabolizantes são hormônios masculinos sintéticos, uma das muitas substâncias derivadas do colesterol. Além do aumento de massa muscular, o uso sem indicação médica dessas substâncias pode causar, entre outros problemas, tumores no fígado, hipertensão e ataque cardíaco. Em mulheres, acarretam perda de cabelo, engrossamento da voz, diminuição dos seios e crescimento excessivo de pelos no corpo. Já em homens e adolescentes do sexo masculino, há dificuldade ou dor em urinar, calvície, redução da produção de esperma, impotência e crescimento irreversível das mamas (ginecomastia).

É um preço muito alto a ser pago por resultados que podem ser obtidos com uma saudável rotina de exercícios.

Neste capítulo, você conhecerá as glândulas endócrinas produtoras dos hormônios que contribuem para a manutenção da homeostase do organismo humano. Aprenderá, ainda, de que maneira os hormônios atuam no controle da reprodução.

> **Anote!**
> Glândulas exócrinas são as que produzem secreções que serão lançadas para o meio externo ou para o interior de uma cavidade, através de um ducto secretor.

As *glândulas endócrinas* ou de *secreção interna* são os componentes do **sistema endócrino**. Elas são assim chamadas porque produzem substâncias químicas secretadas diretamente para o sangue, denominadas hormônios. Atuando como moléculas mensageiras, os hormônios circulam pelo sangue e atingem outros órgãos (órgãos-alvo), glandulares ou não, onde exercerão os seus efeitos. O controle hormonal é lento e possui efeito duradouro, se comparado à coordenação nervosa.

AS GLÂNDULAS ENDÓCRINAS HUMANAS

A Figura 18-1 mostra as principais glândulas endócrinas encontradas no organismo humano.

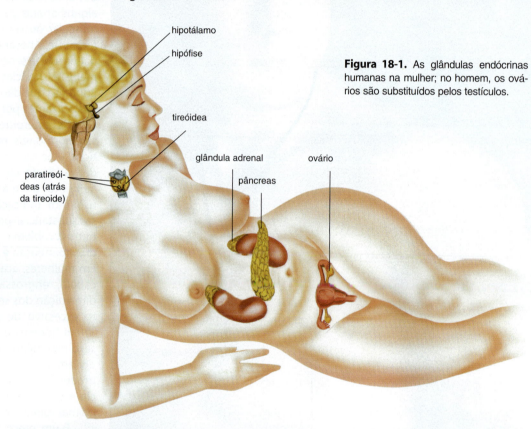

Figura 18-1. As glândulas endócrinas humanas na mulher; no homem, os ovários são substituídos pelos testículos.

A **hipófise** ou **glândula pituitária** foi durante muito tempo considerada a glândula-mestra do sistema endócrino, por controlar a atividade de outros órgãos, glandulares ou não. Sabe-se, hoje, que mesmo ela fica sob controle do **hipotálamo**, uma estrutura pertencente ao sistema nervoso central, à qual a hipófise está ligada. Esse controle é exercido por meio dos chamados *fatores de liberação* (estimulantes ou inibidores) hipotalâmicos, que regulam a síntese dos hormônios hipofisários. Na região de união entre hipotálamo e hipófise, uma rica rede de vasos sanguíneos favorece a chegada dos fatores de liberação hipotalâmicos às células hipofisárias. Daí, os diversos hormônios produzidos pela hipófise caem na corrente sanguínea e são encaminhados para os diferentes locais de ação. Veja a Figura 18-2.

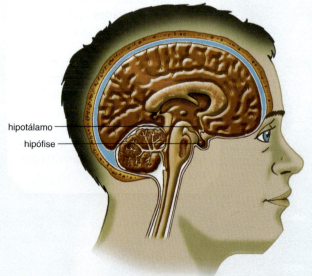

Figura 18-2. Localização do hipotálamo e da hipófise.

A Hipófise

Do tamanho de um grão de ervilha e localizada na base do encéfalo, a hipófise possui uma porção anterior (também conhecida como adenoipófise) e outra posterior (neuroipófise), entre as quais fica uma porção média, pouco desenvolvida na espécie humana. Os hormônios da adenoipófise são conhecidos coletivamente como *trofinas* (do grego, *trophé* = nutrição), assim chamados por atuarem estimulando a atividade de outros órgãos ou glândulas. Os hormônios da porção posterior são, na verdade, produzidos pelo hipotálamo. A Figura 18-3 e a Tabela 18-1 mostram os hormônios liberados por essas diferentes porções e seus locais de atuação.

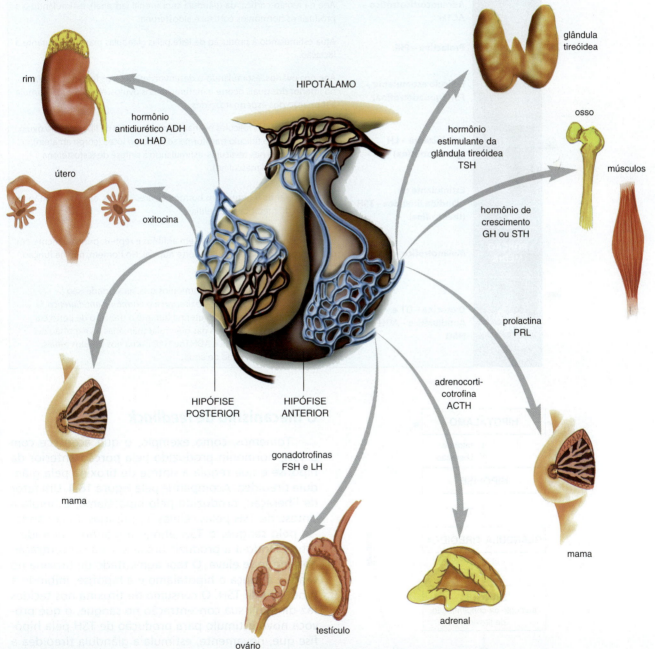

Figura 18-3. O hipotálamo controla a produção dos hormônios hipofisários. Os hormônios da porção anterior da hipófise atuam nos órgãos indicados à direita e os da porção posterior (antidiurético e oxitocina) atuam nos órgãos indicados à esquerda. Os hormônios antidiurético (também chamado de vasopressina ou ADH) e oxitocina são produzidos por células neurossecretoras do hipotálamo e direcionados às terminações dos axônios; quando necessário, são liberados das terminações nervosas para a corrente sanguínea. O ADH age nos ductos coletores dos néfrons e a oxitocina, na musculatura lisa uterina e nas glândulas mamárias.

Regulação hormonal **377**

Tabela 18-1. O que saber sobre os hormônios hipofisários.

	Hormônios	Atuação
PORÇÃO ANTERIOR	De crescimento – GH (somatotrofina)	Age no crescimento de vários tecidos e órgãos, particularmente ossos, como resultado da estimulação da síntese proteica (é considerado, por isso, um hormônio anabolizante). Na infância, sua deficiência leva a um quadro de *nanismo hipofisário*, provocando baixa estatura, e seu excesso leva a um quadro de *gigantismo*, caracterizado por crescimento exagerado de todo o organismo. O excesso, no adulto, provoca aumento das extremidades (mãos, pés, mandíbulas), conhecido como *acromegalia*. Atualmente, utilizando-se técnicas de engenharia genética, também é sintetizado por bactérias.
	Adrenocorticotrófico – ACTH	Age na região cortical da glândula suprarrenal (adrenal), estimulando-a a produzir os hormônios cortisol e aldosterona.
	Prolactina – PRL	Atua estimulando a produção de leite pelas glândulas mamárias, durante a lactação.
	Folículo estimulante – FSH (gonadotrofina)	Age nos ovários, estimulando o desenvolvimento dos folículos ovarianos, no interior dos quais ocorre a maturação dos óvulos. No homem, estimula a formação dos espermatozoides.
	Luteinizante – LH (gonadotrofina)	Age na ruptura dos folículos ovarianos, o que resulta na liberação do óvulo. Após a ruptura, o folículo transforma-se no corpo lúteo (corpo amarelo). No homem, age nos testículos, estimulando a síntese de testosterona (hormônio sexual masculino).
	Estimulante da glândula tireóidea – TSH (tireotrofina)	Age estimulando a síntese dos hormônios tireoidianos, os quais atuarão na regulação do metabolismo celular.
PORÇÃO MÉDIA	Melanotrófico – MSH	Relacionado à coloração da pele em anfíbios e répteis, principalmente em ocasiões de camuflagem ou de corte nupcial. No homem, não há função conhecida.
PORÇÃO POSTERIOR	Oxitocina – OT e Antidiurético – ADH ou HAD	A porção posterior libera dois hormônios que, na verdade, são produzidos pelo hipotálamo: a *oxitocina* e o *hormônio antidiurético*. O primeiro estimula a contração uterina durante o trabalho de parto e a contração dos músculos lisos das glândulas mamárias na expulsão do leite. O segundo, cuja sigla é ADH (ou HAD), atua nos túbulos renais, promovendo a reabsorção de água.

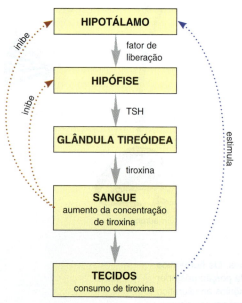

Figura 18-4. Esquema ilustrando o mecanismo de *feedback* envolvendo o controle do hormônio TSH no sangue.

O mecanismo de *feedback*

Tomemos, como exemplo, o que acontece com o TSH, hormônio produzido pela porção anterior da hipófise e que regula a síntese de tiroxina pela glândula tireóidea. Acompanhe pela Figura 18-4. Um fator de liberação, produzido pelo hipotálamo, estimula a síntese de TSH pelas células hipofisárias. Espalhando-se pelo sangue, o TSH atinge a glândula tireóidea, estimulando-a a produzir tiroxina, cuja concentração no sangue se eleva. O teor aumentado de tiroxina no sangue alcança o hipotálamo e a hipófise, inibindo a produção de TSH. O consumo de tiroxina nos tecidos faz diminuir sua concentração no sangue, o que provoca novo estímulo para produção de TSH pela hipófise que, novamente, estimula a glândula tireóidea a produzir tiroxina.

Esse mecanismo de regulação hormonal, em que a produção de hormônios por uma glândula interfere na produção hormonal por outra, é conhecido como mecanismo de *feedback* (em português, *retroalimentação*).

De olho no assunto!

Os hormônios da porção posterior da hipófise

Os hormônios ADH (vasopressina) e oxitocina, liberados pela porção posterior da hipófise (a neuroipófise), são, na verdade, produzidos por neurônios hipotalâmicos; ao atingir os capilares venosos localizados nessa porção da hipófise, são conduzidos pelo sangue para os seus locais de ação.

ADH (vasopressina)

A ação primária do hormônio antidiurético (ADH) consiste na retenção de água no organismo, ao diminuir a sudorese e estimular a retenção de água pelos rins. Em altas concentrações, o ADH provoca a vasoconstrição de arteríolas, aumentando a pressão sanguínea, motivo pelo qual esse hormônio também é conhecido pelo nome de vasopressina.

O mecanismo básico de ação do ADH está ilustrado na Figura 18-5.

Oxitocina

Esse hormônio atua durante o trabalho de parto e na ejeção de leite pelas glândulas mamárias (veremos seu modo de ação dentro da seção "O controle hormonal da reprodução humana", neste capítulo).

Anote!

O diabetes insípido (sem sabor, em oposição ao diabetes melito, em que há perda de açúcar pela urina) é consequência de anomalias (tumores, traumas) que afetam o hipotálamo ou a porção posterior da hipófise. A ausência ou a insuficiência de produção de ADH interfere na reabsorção de água pelos rins, com formação de urina extremamente diluída, rica em água. Desidratação e sede intensa são os principais sintomas. O quadro pode ser revertido com administração de ADH por via subcutânea ou *spray* nasal.

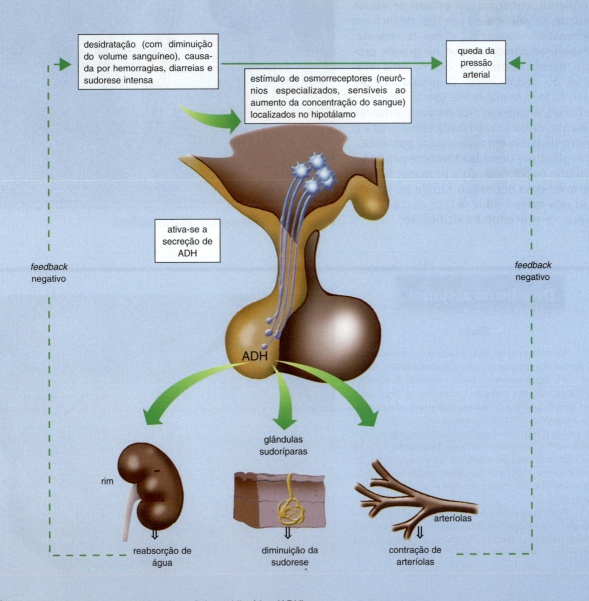

Figura 18-5. Mecanismo de ação do hormônio antidiurético (ADH).

Regulação hormonal **379**

A Glândula Tireóidea

Localizada no pescoço, junto à região ventral da traqueia, a glândula tireóidea tem a aparência de uma letra H (veja a Figura 18-6). Os hormônios produzidos por essa glândula, a *tiroxina* (tetraiodotironina) e a *triiodotironina*, são derivados do aminoácido tirosina, ligado a quatro ou três átomos de iodo, respectivamente. A produção de tiroxina é maior; porém, a triiodotironina é cerca de cinco a dez vezes mais ativa.

Esses hormônios estimulam o metabolismo. Atuam acelerando a taxa de respiração das células. Sua deficiência, na infância, leva a um quadro conhecido como *cretinismo*, em que ocorre retardamento físico e mental. No adulto, o *hipotireoidismo*, ou seja, a pequena produção dos hormônios tireoidianos, conduz a um estado de pouca atividade, sonolência e a um tipo de inchaço característico, conhecido como *mixedema*. No hipertireoidismo, em que há grande produção desses hormônios, ocorre uma aceleração do metabolismo. A pessoa fica hiperativa, tem muita fome (gasta rápido o que come), emagrece, fica nervosa, irritável, apresenta muita instabilidade emocional e o número de batimentos cardíacos aumenta.

A glândula tireóidea também produz o hormônio *calcitonina*, cuja principal função é permitir uma deposição rápida de sais de cálcio nos ossos (reduz o teor de cálcio no sangue, favorecendo a calcificação).

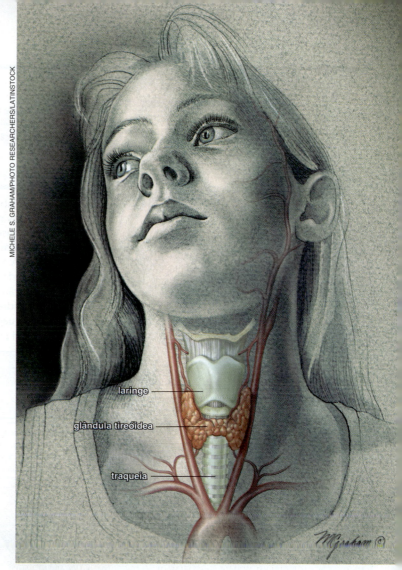

Figura 18-6. Localização da glândula tireóidea.

De olho no assunto!

Bócio

Em muitas regiões do Brasil e de outros países, onde o acesso das pessoas ao iodo é precário (vivem longe do mar), desenvolve-se o *bócio endêmico*. A glândula tireóidea aumenta muito de tamanho e se desenvolve um quadro de hipotireoidismo. A glândula passa a produzir grande quantidade de secreção coloidal com pouca tiroxina e, como consequência de uma estimulação constante do TSH hipofisário, aumenta de tamanho. Uma lei brasileira, há muito decretada, obriga os ensacadores de sal de cozinha a adicionar ao produto certa quantidade de iodeto de potássio, prática que tem evitado novos casos da doença.

O bócio também pode se desenvolver como consequência de hipertireoidismo. Nesse caso, a hiperfunção da tireoide, causada por vários fatores, é responsável por grande secreção de tiroxina.

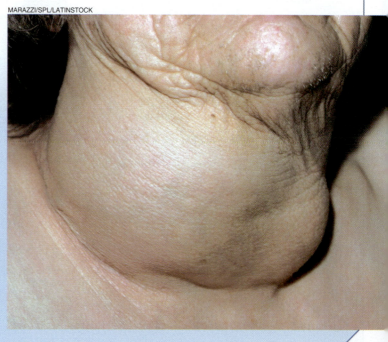

Bócio endêmico: glândula tireóidea hipertrofiada.

O Pâncreas

No fim do século XIX, na Alemanha, o estudante de Medicina Paul Langerhans estudava lâminas contendo cortes de tecido pancreático ao microscópio e verificou uma profusão de grupos de células pancreáticas circundadas por vasos sanguíneos. Esses agrupamentos, que mais tarde receberam o nome de **ilhotas de Langerhans** (ou ilhotas pancreáticas), são os locais de produção de dois hormônios, *insulina* (do latim, *insula* = ilha) e *glucagon*.

Em cada ilhota de Langerhans, dois tipos de células são responsáveis pela síntese dos hormônios pancreáticos: as *células alfa*, que produzem *glucagon*, e as *células beta*, responsáveis pela síntese de *insulina*.

A insulina é um hormônio hipoglicemiante: ela facilita o ingresso da glicose existente no sangue em diversos tipos de célula, principalmente as musculares e as do fígado, onde moléculas de glicose são armazenadas sob a forma de uma substância de reserva, insolúvel, o glicogênio. O glucagon, ao contrário, é um hormônio hiperglicemiante, ao favorecer a hidrólise de glicogênio hepático, o que leva à liberação de glicose para o sangue. São, portanto, hormônios de ação antagônica (veja a Figura 18-7). O glucagon atua em condições normais; seu efeito é reforçado pela adrenalina nas situações de estresse ou emergência.

Anote!

Atualmente, utilizando técnicas de Engenharia Genética, a insulina humana para uso por diabéticos é produzida por bactérias.

Anote!

Após uma refeição rica em carboidratos, aumenta o teor de glicose no sangue, isto é, aumenta a glicemia, provocando a liberação de insulina pelo pâncreas. A insulina favorece o ingresso da glicose nas células, principalmente musculares e hepáticas, ao mesmo tempo que estimula a formação de glicogênio, reduzindo, assim, a glicemia. Com a redução da glicemia, reduz-se o teor de insulina e tudo volta ao normal.
Em ocasiões em que você demora a fazer uma refeição, temporariamente seu sangue fica com baixa taxa de glicose, isto é, ocorre uma hipoglicemia. É normal, nessa ocasião, haver certa tontura e sonolência. De imediato, o pâncreas libera glucagon que, dirigindo-se às células hepáticas, favorece a hidrólise do glicogênio armazenado e a liberação de glicose para o sangue, regularizando a glicemia.

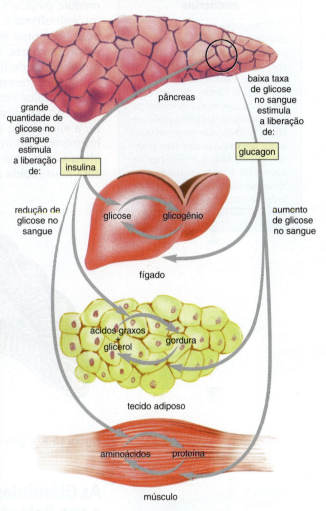

Figura 18-7. O pâncreas e a sua relação com o teor de glicose no sangue.

De olho no assunto!

Diabetes melito

A insuficiente produção de insulina leva a um aumento da glicemia. Embora haja uma fartura de glicose no sangue, as células não podem utilizá-la – são obrigadas a recorrer a outros combustíveis, como, por exemplo, ácidos graxos e proteínas. Isso acarreta a formação dos chamados *corpos cetônicos*, de natureza ácida, gerando uma acidose sanguínea. Como esses corpos cetônicos são voláteis, ocorre a sua liberação para os alvéolos pulmonares e daí para o ar expirado. É comum sentir-se o hálito de maçã verde em pessoas diabéticas, consequência da eliminação de corpos cetônicos na expiração.

Por sua vez, os rins não conseguem reabsorver o excesso de glicose que é neles filtrado. Ocorre perda de glicose na urina, com grande quantidade de água, justificando a sede que os diabéticos sentem.

Diabetes e a visão – o diabetes pode afetar os olhos de várias maneiras: pode provocar a desidratação do cristalino dos olhos, causando embaçamento da vista; a catarata devido ao acúmulo de açúcar no cristalino, tornando-o opaco; a retinopatia, em que pequenos vasos que nutrem a retina vazam, causando hemorragia, o que afeta seriamente a visão.

Diabetes e o rim – o acúmulo de glicose nos vasos sanguíneos, onde acontece a filtração, pode causar uma lesão. Isso permite que substâncias que normalmente seriam retidas passem para a urina, principalmente as proteínas, como é o caso da albumina (daí o nome de **albuminúria** para essa ocorrência).

Diabetes e o sistema cardiovascular – devido ao excesso de glicose no sangue, existe a possibilidade de ocorrer um endurecimento dos grandes vasos sanguíneos, o que pode levar o paciente a ter um acidente vascular cerebral, ataque cardíaco e problemas de circulação nas pernas. Evidentemente, nível de colesterol alto, excesso de peso e fumo aumentam mais esse risco.

> **De olho no assunto!**
>
> **O coração como glândula endócrina**
>
> Recentemente, descobriu-se que a parede atrial do coração produz um hormônio relacionado com a excreção de sal e água. Esse hormônio, conhecido como *fator natriurético atrial*, de natureza peptídica, age no rim estimulando a eliminação de sal com água. Esse efeito é particularmente interessante em pessoas que têm pressão arterial alta. A eliminação de água e sal é uma adaptação que contribui para a regularização da pressão sanguínea, auxiliando na manutenção da homeostase.

As Suprarrenais

As *suprarrenais*, também chamadas de *adrenais*, lembram pequenas "boinas" cobrindo o polo superior dos rins. Cada uma delas é formada por duas regiões, uma periférica – chamada *córtex* – e outra central – chamada *medula* (veja a Figura 18-8). A medula produz os hormônios *adrenalina* (ou epinefrina) e *noradrenalina* (ou norepinefrina). O córtex é estimulado pelo hormônio ACTH da hipófise e produz hormônios conhecidos como *corticosteroides*, sendo os principais a *aldosterona* e o *cortisol*. Pequenas quantidades de hormônios sexuais são também produzidas.

A *aldosterona* atua nos rins, promovendo a reabsorção de íons Na^+ pelos túbulos renais, o que favorece a retenção de água nos vasos e o aumento da pressão sanguínea. Esse hormônio promove, simultaneamente, a eliminação de íons K^+. O *cortisol* (hidrocortisona) é conhecido como hormônio anti-inflamatório. Em processos como bronquites, sinusites ou alergias, ele atua promovendo a desinflamação dos tecidos, favorecendo a cura mais rápida da doença.

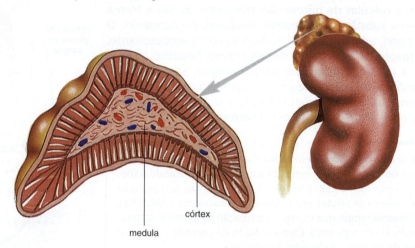

Figura 18-8. A glândula suprarrenal ou adrenal.

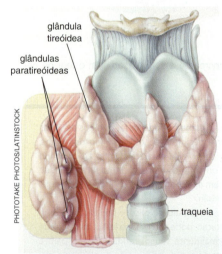

Figura 18-9. As glândulas paratireóideas, produtoras de paratormônio, estão situadas na porção posterior da glândula tireóidea.

As Glândulas Paratireóideas e sua Relação com o Cálcio

As paratireóideas são quatro ou mais pequenas glândulas localizadas atrás de cada ramo da tireoide (veja a Figura 18-9). O hormônio produzido por essas glândulas é o *paratormônio*, cuja principal função é regular o teor de cálcio no sangue. Quando, por algum motivo, o teor desse elemento no sangue é baixo, o paratormônio atua liberando o cálcio dos ossos e favorecendo a reabsorção desse elemento nos túbulos renais (aumenta o teor de cálcio sanguíneo, levando à descalcificação dos ossos; logo, tem ação contrária à da calcitonina produzida pela glândula tireóidea).

• O CONTROLE HORMONAL NA REPRODUÇÃO HUMANA

As gonadotrofinas FSH (hormônio folículo-estimulante) e LH (hormônio luteinizante) são produzidas pela porção anterior da hipófise e regulam a atividade dos ovários e testículos. Esses órgãos, por sua vez, produzirão hormônios que atuarão no surgimento dos caracteres sexuais secundários e no processo de reprodução humana.

No homem, o FSH estimula a produção de espermatozoides. O LH age no testículo favorecendo a produção de testosterona, o hormônio sexual masculino.

Na mulher, o FSH e o LH participam do ciclo menstrual. Nesse ciclo haverá a formação do ovócito e a produção dos hormônios ovarianos estrógeno e progesterona, que preparam o útero para uma possível gravidez. Na puberdade, os estrógenos atuam no surgimento dos caracteres sexuais secundários.

Os Hormônios e sua Relação com os Caracteres Sexuais Secundários

Os hormônios sexuais masculinos são coletivamente chamados de *andrógenos*. São esteroides derivados do colesterol. Deles, o mais conhecido é a *testosterona*. Além de serem necessários para a maturação dos espermatozoides, atuam na puberdade fazendo surgir os caracteres sexuais secundários, como engrossamento da voz, distribuição típica de pelos, aumento no tamanho do esqueleto e estímulo da biossíntese de proteínas do tecido muscular (são, por isso, considerados hormônios *anabolizantes*).

Na mulher, os estrógenos, dos quais o mais conhecido é o *estradiol*, estão relacionados à preparação do útero para a reprodução e a determinação dos caracteres sexuais secundários, como crescimento das mamas, alargamento da bacia e deposição de gordura em determinados locais do organismo.

Os Hormônios e o Ciclo Menstrual

No início de cada ciclo menstrual (veja a Figura 18-10), que coincide com o começo da menstruação, a hipófise produz pequenos teores de FSH e LH. O FSH age estimulando o crescimento de um *folículo ovariano* (também chamado de *folículo de Graaf* ou *folículo ovárico*),

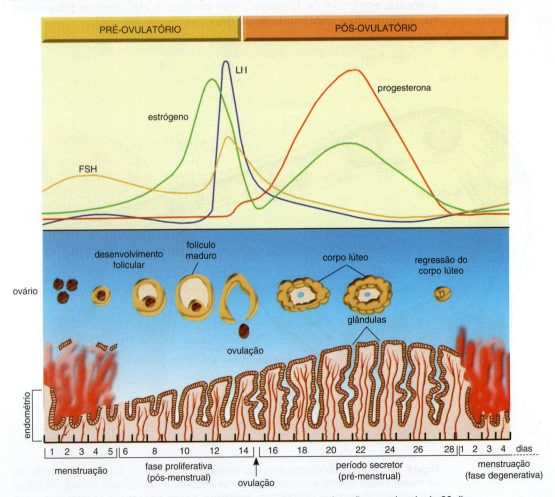

Figura 18-10. Gráfico ilustrativo do ciclo menstrual na mulher, com duração aproximada de 28 dias.

> **Anote!**
>
> Na formação da placenta, o trofoblasto penetra no endométrio e sofre um grande pregueamento. Originam-se muitos prolongamentos, conhecidos como *vilosidades coriônicas*. Amplia-se bastante a superfície de contato entre o embrião e o endométrio. Formada a placenta, ela passa a servir de órgão de trocas de substâncias entre mãe e embrião. Não há contato entre os sangues materno e embrionário. Além disso, a placenta sintetiza estrógeno e progesterona. Esses hormônios contribuem para a manutenção da integridade do endométrio, garantindo, assim, a continuidade da gravidez.

dentro do qual há um ovócito em formação. Ao mesmo tempo que cresce, o folículo produz estrógeno. Pelo sangue, o estrógeno atinge o útero, fazendo crescer o endométrio, a forração interna uterina rica em glândulas e vasos sanguíneos. Por volta da metade do ciclo (14.º dia na Figura 18-10), ocorre um súbito aumento na produção de LH, que coincide com a ruptura do folículo e a liberação de um ovócito secundário. Diz-se, por isso, que o LH é o *hormônio da ruptura folicular*.

O folículo rompido permanece no ovário e se transforma em *corpo lúteo* (também chamado de *corpo amarelo*). O corpo lúteo passa a produzir grande quantidade de progesterona, além de continuar a produção de estrógeno. A progesterona atinge o útero e promove maior crescimento do endométrio, cujas glândulas e vasos sanguíneos aumentam de tamanho e ficam mais congestos. Diz-se, assim, que a *progesterona é o hormônio da manutenção do endométrio crescido*. Ao mesmo tempo, por um mecanismo de *feedback* promovido pelo estrógeno e pela progesterona, os teores de FSH e LH ficam baixos, o que impede a maturação de novo folículo.

Se não houver fecundação, ao redor do 28.º dia, o corpo lúteo degenera, cai bruscamente a síntese de progesterona, provocando a ruptura do endométrio e o início da menstruação. Ao mesmo tempo, com a queda das taxas de progesterona e estrógeno, a hipófise inicia a liberação de FSH e LH. Começa, então, um novo ciclo menstrual.

Havendo fecundação, o corpo lúteo não degenera. O embrião formado e em implantação no útero (veja a Figura 18-11) começa a fabricar o hormônio *gonadotrofina coriônica* (HCG). O papel do HCG é manter o corpo lúteo em funcionamento. A produção de progesterona permanece alta e constante, mantendo, assim, o endométrio crescido. A partir do terceiro mês de gravidez, o corpo lúteo degenera. No entanto, é a própria placenta, em início de formação, que produzirá estrógeno e progesterona, garantindo a continuidade da gravidez.

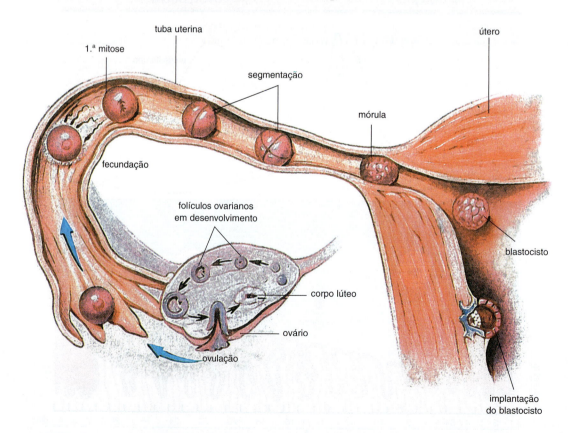

Figura 18-11. Início do desenvolvimento embrionário humano. O blastocisto – constituído da massa celular interna e do trofoblasto – se implanta no endométrio uterino. As células do trofoblasto, camada de revestimento, organizam a parte embrionária da placenta.

A Ação da Oxitocina no Trabalho de Parto e na Ejeção do Leite na Amamentação

Acompanhe pela Figura 18-12 as etapas do trabalho de parto e a ação do hormônio oxitocina, liberado pela porção posterior da hipófise.

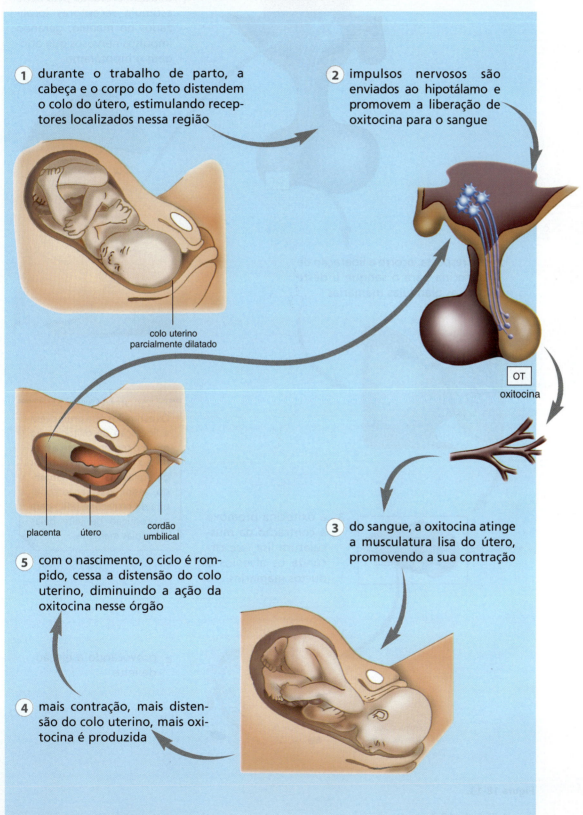

Figura 18-12.

Esse hormônio também tem importante papel na ejeção do leite materno durante a amamentação (acompanhe pela Figura 18-13).

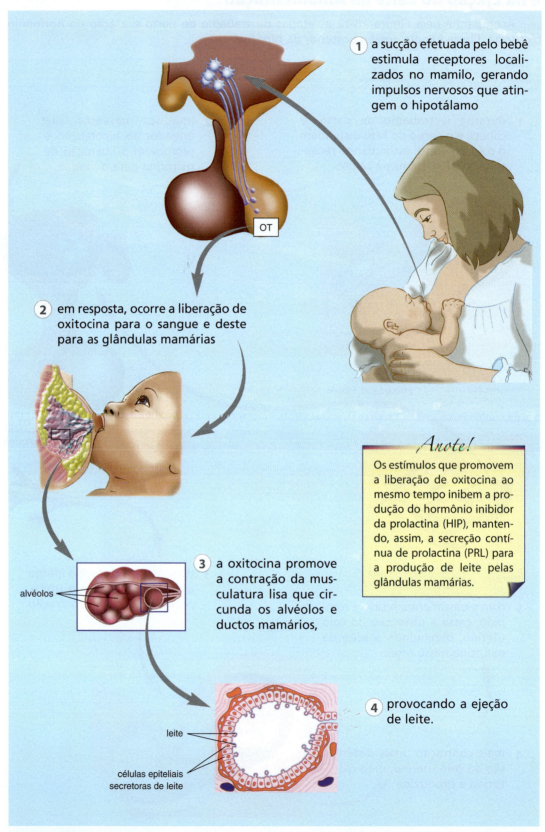

Figura 18-13.

A Tabela 18-2 apresenta um resumo da natureza química e da ação dos principais hormônios vistos neste capítulo.

Tabela 18-2. Principais hormônios, local de produção, natureza química e ação.

Produzido por	Hormônio	Natureza química	Modo de ação
ADENOIPÓFISE	Do crescimento – GH (somatotrofina)	Proteína.	Crescimento de vários tecidos e órgãos, particularmente ossos.
	Adrenocorticotrófico – ACTH	Peptídio.	Age na região cortical da glândula suprarrenal (adrenal), estimulando-a a produzir os hormônios cortisol e aldosterona.
	Prolactina – PRL (luteotrófico)	Proteína.	Atua estimulando a produção de leite pelas glândulas mamárias, durante a lactação.
	Folículo estimulante – FSH (gonadotrofina)	Glicoproteína.	Age nos ovários, estimulando o desenvolvimento dos folículos ovarianos, no interior dos quais ocorre a maturação dos óvulos. No homem, estimula a formação dos espermatozoides.
	Luteinizante – LH	Glicoproteína.	Age na ruptura dos folículos ovarianos, o que resulta na liberação do óvulo. Após a ruptura, o folículo transforma-se no corpo lúteo (corpo amarelo). No homem, age nos testículos, estimulando a síntese de testosterona (hormônio sexual masculino).
	Estimulante da glândula tireóidea – TSH (tireotrofina)	Glicoproteína.	Age estimulando a síntese dos hormônios tireoidianos, que atuarão na regulação do metabolismo celular.
NEUROIPÓFISE	Antidiurético – ADH (vasopressina)	Peptídio.	Atua nos túbulos renais, promovendo a reabsorção de água, e nas glândulas sudoríparas, diminuindo a sudorese. Em elevadas concentrações provoca aumento da pressão sanguínea.
	Oxitocina – OT	Peptídio.	Estimula a contração uterina durante o trabalho de parto e a contração da musculatura lisa das glândulas mamárias na expulsão do leite. No homem, pode aumentar a motilidade dos túbulos seminíferos e auxiliar a expulsão do esperma na ejaculação.
GLÂNDULA TIREÓIDEA	Triiodotironina – T3 e tiroxina – T4	Aminoácido com iodo.	Estimulantes do metabolismo. Essenciais para o crescimento e o desenvolvimento.
	Calcitonina	Peptídio.	Regulação do teor de cálcio e de fósforo sanguíneos. Inibe a perda de cálcio dos ossos.
GLÂNDULAS PARATIREÓIDEAS	Paratormônio	Peptídio.	Regulação do teor de cálcio no sangue. Libera cálcio dos ossos e favorece a reabsorção de cálcio pelos rins.
SUPRARRENAL	Epinefrina e norepinefrina (medula)	Derivados de aminoácidos.	Liberados em situações de estresse e de emergência (aceleram os batimentos cardíacos e a taxa metabólica).
	Cortisol (córtex)	Esteroide.	Proporciona resistência ao estresse, atua como anti-inflamatório, favorece a lipólise e a síntese de glicose a partir de aminoácidos, lactato e glicerol. Deprime a resposta imunitária.
	Aldosterona (córtex)	Esteroide.	Reabsorção de água e íons sódio nos túbulos renais.
PÂNCREAS	Insulina	Peptídio.	Reduz o teor de glicose do sangue. Estimula o armazenamento de glicogênio no fígado.
	Glucagon	Peptídio.	Eleva o teor de glicose no sangue. Estimula a quebra de glicogênio no fígado.
OVÁRIO	Estradiol (estrógeno)	Esteroide.	Características sexuais secundárias no sexo feminino. Crescimento inicial do endométrio no ciclo menstrual.
	Progesterona	Esteroide.	Completa a preparação do endométrio para a recepção do embrião. Mantém a gravidez.
TESTÍCULOS	Testosterona	Esteroide.	Características sexuais secundárias no sexo masculino. Estimula a maturação dos espermatozoides.

De olho no assunto!

As glândulas mamárias e a importância da amamentação

As glândulas mamárias são glândulas sudoríparas modificadas que produzem leite. Cada glândula mamária consiste em compartimentos chamados lobos, separados por tecido adiposo, cuja quantidade é responsável pelo volume da mama. Em cada lobo, numerosas estruturas alveolares, com formato de cacho de uva, constituem as unidades produtoras do leite materno. Circundando os alvéolos, células musculares lisas auxiliam a expulsão do leite produzido em direção aos mamilos durante a sucção exercida pelo bebê. À medida que o leite é produzido pelas glândulas, ele passa dos alvéolos para ductos mamários e, em seguida, para seios lactíferos, ali permanecendo até que o leite seja passado para ductos lactíferos, em direção à boca do bebê.

A produção de leite é estimulada pelo hormônio hipofisário *prolactina*, enquanto a ejeção é induzida pelo hormônio neuroipofásico *oxitocina*, que atua na musculatura lisa que circunda os alvéolos, fazendo-a contrair, estimulando, assim, a expulsão do leite. Nos últimos dias de gravidez e nos primeiros dias após o parto,

PANTHERMEDIA/KEYDISC

as glândulas mamárias liberam o *colostro*, um fluido que contém pequeno teor de lactose e quase nenhuma gordura, embora seja rico em anticorpos protetores para o recém-nascido. Ao longo dos dias, é iniciada a produção copiosa de leite, rico em cálcio, gorduras, lactose e proteínas, entre as quais os anticorpos, que são fundamentais para a proteção do bebê durante as primeiras semanas após o nascimento.

Leitura

Reposição hormonal também é assunto de homem!

Na puberdade, o hormônio testosterona produzido e secretado pelo testículo é o responsável pela transformação do menino em homem, com todas as modificações corporais que esse processo implica (engrossamento da voz, distribuição típica dos pelos, aumento do tamanho do esqueleto).

Na vida adulta, o hormônio atua sobre os músculos, ossos, desejo sexual, memória, disposição e humor. Assim, uma queda na produção de testosterona implica sintomas típicos como cansaço, falta de disposição para exercer as atividades diárias, diminuição da densidade óssea, menor força muscular, mau humor constante, diminuição no desejo sexual e problemas com a memória. Então, caso apareçam os sintomas e o nível de testosterona esteja abaixo do nível normal, a *reposição hormonal* é um tratamento indicado.

É importante destacar que a reposição com testosterona não é um tratamento rejuvenecedor, isto é, o indivíduo não voltará a ter, por exemplo, a memória de 20 anos atrás.

A reposição de testosterona evita uma piora nos sintomas da doença.

Ética & Sociedade

Reprodução assistida, doação de embriões ou adoção, qual a sua escolha?

O conceito de reprodução assistida, que nada mais é do que a interferência no processo natural de procriação da espécie humana, é muito antigo, do final do século XIX, e sempre gerou polêmica. Entre os métodos mais usuais, encontram-se a inseminação artificial e a fertilização *in vitro* (FIV).

No caso da FIV, são produzidos diversos embriões, sendo alguns implantados no útero da mãe e os demais congelados (crio- preservados) para serem utilizados posteriormente, caso necessário. No Brasil, a única possibilidade de destino para esses embriões congelados, se não utilizados, é a doação voluntária e anônima para outros casais que não possam conceber filhos.

- Sem questionar o direito dos casais de buscar formas que possibilitem a sua reprodução, quando a alternativa é a implantação de embriões de outros casais não seria o caso de avaliar a possibilidade de adoção de uma das milhares de crianças abandonadas em nosso país? Qual a sua opinião?

Passo a passo

1. Qual a diferença entre uma glândula exócrina e uma endócrina?

2. Assinale **E** para as alternativas erradas e **C** para as corretas:
   a) Todas as glândulas endócrinas secretam hormônios, que são transportados pela corrente sanguínea.
   b) São exemplos de glândulas endócrinas a hipófise, o ovário, o testículo e a tireoide.
   c) *Feedback* é um mecanismo de regulação da atividade das glândulas endócrinas.
   d) O pâncreas é uma glândula que tem todos os seus produtos transportados pela corrente sanguínea.
   e) A atuação do controle hormonal sobre os órgãos do corpo humano tende a ser de duração mais longa do que o controle exercido pelo sistema nervoso.

3. Explique o mecanismo de *feedback* envolvendo o controle do hormônio TSH no sangue.

4. É possível associar nanismo e gigantismo com a hipófise? Justifique sua resposta.

5. Qual o papel das ilhotas de Langherhans, também conhecidas como ilhotas pancreáticas, no controle da taxa de glicose no sangue?

6. Paratormônio, hormônio produzido pelas paratireoides, atua liberando o cálcio dos ossos para o sangue. Cite o nome do hormônio que atua na deposição de sais de cálcio nos ossos. Que estrutura o produz?

7. Assinale **F** para as alternativas falsas e **V** para as verdadeiras:
   a) Alta taxa de glicose no sangue pode ser reduzida após a liberação de insulina pelo pâncreas.
   b) A produção de glicogênio no fígado é estimulada pelo hormônio glucagon produzido pela hipófise.
   c) A adrenalina estimula a produção de glicogênio em situações de estresse.
   d) Taxas de insulina no sangue humano, consideradas acima do normal, geram hipoglicemia.
   e) Caso uma pessoa fique muitas horas sem se alimentar, sua glicemia pode ser mantida normal devido à liberação de glicose pelo fígado.

8. Por que uma lei brasileira obriga os ensacadores de sal de cozinha a adicionar ao produto certa quantidade de iodeto de potássio?

9. A respeito do ciclo menstrual, responda aos itens abaixo.
   a) Qual o nome da glândula produtora de FSH e LH e qual a função de cada um desses hormônios?
   b) Qual o nome da glândula que produz o estrógeno e a progesterona e qual o papel deles?
   c) Se não houver fecundação, o que ocorre com a taxa de progesterona ao redor do 28.º dia do ciclo e qual a consequência para o endométrio?
   d) É possível associar o hormônio gonadotrofina coriônica com gravidez? Justifique sua resposta.

10. Qual a relação entre os hormônios hipofisários FSH e LH e o funcionamento dos testículos?

Questões objetivas

1. (UFCG – PB – adaptada) Os sistemas endócrino e nervoso atuam na coordenação e regulação das funções corporais. Enquanto as mensagens nervosas são de natureza eletroquímica, as mensagens transmitidas pelo sistema endócrino têm natureza química – os hormônios. Estes são produzidos pelas glândulas endócrinas e se distribuem pelo sangue, modificando o funcionamento de outros órgãos, denominados órgãos-alvo.

   No que diz respeito à relação entre os sistemas nervoso e endócrino, analise as assertivas.

   I – O sistema nervoso pode fornecer ao endócrino a informação sobre o meio externo, ao passo que o sistema endócrino regula a resposta interna do organismo a esta informação.
   II – O hipotálamo controla as atividades da hipófise posterior (neuroipófise), enquanto o controle da hipófise anterior (adenoipófise) é feito diretamente por neurônios oriundos do córtex cerebral.
   III – Os hormônios produzidos pela hipófise anterior podem atuar diretamente sobre as células em diversas partes do organismo (ex. hormônio do crescimento) ou sobre outras glândulas endócrinas (ex. hormônios gonadotrófico e tireotrófico).
   IV – O sistema porta-hipofisário (vasos sanguíneos que irrigam a hipófise) é o meio pelo qual os fatores de liberação oriundos do sistema nervoso chegam até a hipófise anterior, local em que exercem seus efeitos de liberação ou inibição.

   Estão **CORRETAS**:
   a) III e IV.
   b) I, II e IV.
   c) II e IV.
   d) I, II e III.
   e) I, III e IV.

2. (UFMS) As glândulas podem ser classificadas em exócrinas, mistas ou endócrinas. As glândulas endócrinas caracterizam-se por secretarem hormônios diretamente na corrente sanguínea, não possuindo ducto.

   São exemplos de glândulas endócrinas: tireoide, paratireoide, adrenal e hipófise. Em relação à hipófise, assinale a alternativa que indica os hormônios produzidos por essa glândula.

   a) tiroxina e calcitonina
   b) estrógeno e progesterona
   c) insulina e glucagon
   d) adrenalina e noradrenalina
   e) prolactina e oxitocina

3. (UFTM – MG) Analise o gráfico de um experimento, onde o hormônio utilizado foi aplicado em mamíferos.

   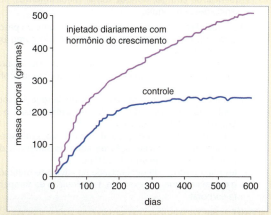

   Adaptado de: GUYTON, A. C.; HALL, J. E. *Tratado de Fisiologia Médica*.

   Com base no gráfico e em seus conhecimentos sobre o assunto, é possível afirmar que

   a) a deficiência desse hormônio acarreta diminuição da atividade anabólica, reduzindo a síntese proteica.

Regulação hormonal **389**

b) o crescimento no grupo experimental foi possível devido ao aumento de células e do número de meioses promovido pelo hormônio.
c) o grupo controle não é significativo para se chegar às conclusões do teste experimental realizado.
d) injeções desse hormônio em pessoas desprovidas de receptores para eles, nas membranas das células, contribuiriam para elevar sua estatura.
e) o referido hormônio possui seu lócus de produção na tireoide, contribuindo também para o controle do metabolismo basal.

4. (PUC – SP) O gráfico compara a velocidade de crescimento, em centímetros ao ano, de meninos e meninas dos 7 aos 18 anos de idade.

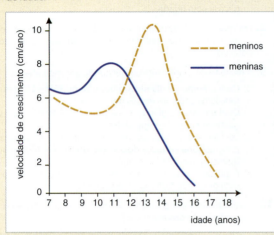

Analisando o gráfico, pode-se concluir que
a) meninos e meninas têm velocidade de crescimento semelhantes após os 10 anos de idade.
b) meninos, em menor espaço de tempo, apresentam velocidade de crescimento maior que a das meninas.
c) as meninas atingem sua maior estatura aos 12 anos de idade e os meninos aos 14 anos de idade.
d) tanto meninos quanto meninas começam a produzir o hormônio do crescimento a partir dos 8 anos de idade, mas essa produção cessa mais cedo nas meninas que nos meninos.
e) meninos interrompem o crescimento aos 18 anos de idade e meninas o fazem a partir dos 15 anos de idade.

5. (UFC – CE) Um amigo meu ficou sabendo que estava com câncer na tireoide e teria de se submeter a uma cirurgia para a retirada desse órgão. Ele foi informado de que, como consequência da cirurgia, teria de tomar medicamentos, pois a ausência dessa glândula:
a) provocaria a ocorrência do aumento do volume do pescoço, caracterizando um quadro clínico conhecido como bócio endêmico.
b) reduziria a produção do hormônio de crescimento, provocando a redução de cartilagens e ossos, fenômeno conhecido como nanismo.
c) diminuiria a concentração de cálcio no sangue, levando à contração convulsiva das células musculares lisas, o que provocaria a tetania muscular.
d) comprometeria a produção do hormônio antidiurético, aumentando a concentração de água no sangue e diminuindo o volume de urina excretado.
e) levaria a uma queda generalizada na atividade metabólica, o que acarretaria, por exemplo, a diminuição da temperatura corporal.

6. (UEL – PR) Há dois tipos de diabetes: o tipo I, que surge em jovens e se caracteriza pela menor produção de insulina, e o tipo II, que aparece na idade adulta, em que os níveis de insulina estão normais, mas os receptores tornam-se resistentes à insulina. Nos últimos anos, tem aumentado o número de adolescentes obesos que desenvolvem diabetes tipo II.

Sobre diabetes, insulina e controle da glicemia (nível de glicose no sangue), é correto afirmar:
a) Em condições normais, a insulina é liberada pelo pâncreas para controlar o nível elevado de glicose sanguínea.
b) Um indivíduo que passa horas sem se alimentar apresenta aumento da produção de insulina.
c) A insulina tem como principal ação a liberação de glicose pelo pâncreas.
d) Entre as refeições, o fígado armazena glicose, mantendo-a na sua forma original para sua imediata liberação quando necessária.
e) A diabetes tipo II, precoce ou não, é consequência de uma hipofunção das células pancreáticas.

7. (MACKENZIE – SP) O quadro abaixo apresenta algumas doenças provocadas por alterações hormonais.

	Glândula afetada	Hormônio	Alteração na secreção
diabetes melito	pâncreas	A	B
gigantismo	C	D	aumento
bócio	E	F	diminuição

Os espaços A, B, C, D, E e F serão preenchidos correta e respectivamente por
a) glucagon, diminuição, hipófise, GH, paratireoide e calcitonina.
b) T4, aumento, hipotálamo, FSH, medula da suprarrenal e oxitocina.
c) insulina, diminuição, hipófise, GH, tireoide e tiroxina.
d) glicocorticoide, aumento, paratireoide, adrenalina, tireoide e LH.
e) insulina, diminuição, hipotálamo, ADH, tireoide e ACTH.

8. (UNICAMP – SP) Os gráficos A, B e C mostram as variações da secreção de insulina e glucagon em função da concentração de glicose, e as variações da concentração de glicose no sangue, após uma refeição rica em carboidratos.

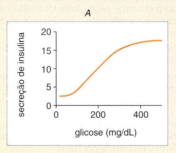
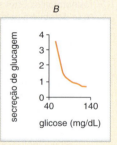

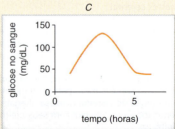

Com base nos gráficos acima, pode-se afirmar que
a) se os níveis de glicose no sangue estão altos, a secreção de insulina aumenta para permitir que as moléculas de glicose sejam absorvidas pelas células e os níveis de glucagon permanecem baixos, pois não há necessidade de o glicogênio ser transformado em glicose.

b) o aumento dos níveis de glicose no sangue causa um aumento da secreção de insulina e de glucagon por células do pâncreas, pois ambos os hormônios contribuem para que as moléculas de açúcar atravessem a membrana plasmática das células.

c) a secreção de glucagon é alta em indivíduos que tenham se alimentado de carboidrato duas horas antes, pois muitos desses carboidratos acabam se transformando em glicose; já com relação à insulina, ocorre um aumento porque os níveis de glicose estão elevados.

d) as células secretoras do pâncreas estão sempre produzindo grandes quantidades de insulina e de glucagon, pois esses dois hormônios são responsáveis pela captura de glicose do sangue para as células.

9. (UFF – RJ) Na paixão, ocorre a desativação de áreas ligadas ao juízo crítico (André Palmini, neurocientista). Conjuntamente, os batimentos cardíacos aumentam e diferentes sensações têm sido descritas na literatura científica e poética em resposta ao estímulo da pessoa amada. Nesse processo, moléculas como a oxitocina, considerada o hormônio do amor, atuam para que essas diferentes sensações atraiam os indivíduos.

Um pesquisador, estudando esse tipo de sinalização, aplicou uma concentração fixa de três hormônios em três grupos experimentais, separadamente, e observou o efeito de cada hormônio sobre alguns parâmetros fisiológicos, apresentados nos gráficos abaixo. A linha tracejada marca o nível basal do parâmetro avaliado antes do tratamento.

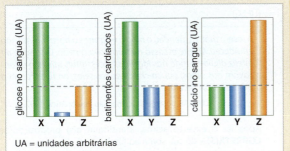

UA = unidades arbitrárias

Observando os resultados acima, pode-se afirmar que os hormônios X, Y e Z, avaliados pelo pesquisador, são, respectivamente:

a) adrenalina, paratormônio e insulina.
b) insulina, paratormônio e adrenalina.
c) adrenalina, insulina e paratormônio.
d) paratormônio, insulina e adrenalina.
e) paratormônio, adrenalina e insulina.

10. (UERJ) O metabolismo energético do organismo varia em função dos níveis de hormônios na circulação sanguínea. Por sua vez, a produção hormonal está relacionada com fatores como existência de doenças, escolhas alimentares e estado de atividade ou de inatividade física.

O esquema abaixo mostra transformações metabólicas predominantes em determinada condição do organismo, envolvendo algumas substâncias em diferentes tecidos.

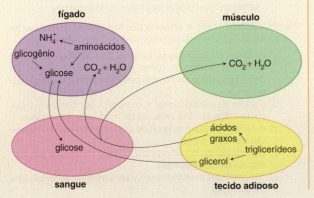

A condição representada pelo esquema é:

a) repouso
b) diabetes melito
c) hiperinsulinismo
d) dieta hiperglicídica

11. (UFSC) Considere as afirmativas abaixo:

Glândula A – produz hormônio do crescimento, prolactina, folículo estimulante, luteinizante, melanotrófico.
Glândula B – produz tiroxina.
Glândula C – produz insulina e glucagon.
Glândula D – produz hormônios conhecidos como corticosteroides, adrenalina e noradrenalina.

Sobre essas glândulas e os hormônios que elas produzem, indique as alternativas corretas e dê sua soma ao final.

(01) A localização das glândulas **A**, **B** e **C** no corpo humano é, respectivamente, no pescoço, na base do cérebro e no abdome.
(02) A localização das glândulas **A** e **B** no corpo humano é, respectivamente, na base do cérebro e no pescoço, e das glândulas **C** e **D** é no abdome.
(04) As glândulas **A**, **B**, **C** e **D** são, respectivamente, a tireoide, a hipófise, o pâncreas e as suprarrenais.
(08) O hormônio FSH ou folículo estimulante, produzido pela glândula **A**, promove o crescimento e a regeneração do tecido ósseo.
(16) O hormônio insulina, produzido pela glândula **C**, atua diminuindo a glicemia do sangue.
(32) A glândula **A** é responsável pela produção dos hormônios conhecidos como trofinas, que são responsáveis pela estimulação de outros órgãos ou glândulas.

12. (PUCCAMP – SP) **Porcos podem ser a salvação de diabéticos**

A maioria das pessoas provavelmente vê os porcos, na melhor das hipóteses, como uma fonte de subsistência ou, na pior, como animais glutões. Mas parece que nossos amigos suínos podem também ser valiosos na luta contra o diabetes tipo 1. Pesquisadores estão realizando experiências com novas maneiras de colher células de ilhotas produtoras de insulina em porcos para transplantá-las em portadores do diabetes – na esperança de um dia reduzir a necessidade de doses diárias de insulina e até mesmo substituí-las por tratamentos com células de ilhotas duas vezes ao ano.

Scientific American Brasil online, 5 mar. 2008.

Sobre esse assunto, assinale a afirmativa **INCORRETA**.

a) No diabetes tipo 1, o sistema imunológico ataca e destrói as células produtoras de insulina localizadas nas ilhotas pancreáticas.
b) O pâncreas é uma glândula produtora dos hormônios insulina e glucagon, que atuam no controle da glicemia.
c) A ação da insulina depende da circulação desse peptídio pela corrente sanguínea e de sua ligação em receptores na superfície de células-alvo, como as hepáticas e musculares.
d) Os indivíduos diabéticos apresentam normalmente altas concentrações de glicogênio hepático e muscular.

13. (UFV – MG) A base para toda atividade física é a contração muscular. Sem ela, os movimentos inexistem. Observa-se que o íon Ca^{++} é de fundamental importância nas contrações musculares.

Sobre a ação deste íon na contração muscular, a regulação de sua quantidade no sangue, os hormônios que fazem tal regulação e sua carência, assinale a alternativa correta.

a) A partir da sinapse neuromuscular, o impulso nervoso propaga-se pela membrana da fibra muscular e daí para o retículo sarcoplasmático, fazendo com que o cálcio ali armazenado seja liberado. O cálcio, então, migra para a sinapse, agindo como neurotransmissor, permitindo que um novo impulso do nervo seja conduzido ao ventre muscular, originando nova contração. Cessadas as contrações musculares, o cálcio é reabsorvido pelos rins e integralmente eliminado pela urina.

b) O paratormônio é produzido pelas paratireoides e é o responsável por retirar o cálcio dos ossos e lançá-lo no sangue quando sua concentração está baixa. O excesso deste hormônio pode causar fragilidade dos ossos e cálculos renais.

c) Durante a atividade física, como a contração muscular está sendo mais exigida, muito cálcio é retirado dos ossos, para que seja utilizado na ação da musculatura. Desta forma, o excesso de atividade física resulta em enfraquecimento dos ossos, pois a calcitonina estará retirando muito cálcio de sua reserva, para conduzi-lo à ação praticada durante a atividade física.

d) Quando existe grande quantidade de hormônios que regulam a taxa do cálcio no sangue, este íon sempre será retirado em excesso. Tanto o excesso quanto a falta de cálcio, ofertado para a contração muscular, resultarão num quadro clínico conhecido como tetania, que é o relaxamento de todos os músculos do corpo em um mesmo momento.

14. (UNIFESP – adaptada) Um homem dosou a concentração de testosterona em seu sangue e descobriu que esse hormônio encontrava-se num nível muito abaixo do normal esperado. Imediatamente buscou ajuda médica, pedindo a reversão da vasectomia a que se submetera havia dois anos. A vasectomia consiste no seccionamento dos ductos deferentes que saem dos testículos. Diante disso, o pedido do homem

a) não tem fundamento, pois a testosterona é produzida por glândulas situadas acima dos ductos, próximo à próstata.
b) não tem fundamento, pois o seccionamento impede unicamente o transporte dos espermatozoides dos testículos para o pênis.
c) tem fundamento, pois a secção dos ductos deferentes impede o transporte da testosterona dos testículos para o restante do corpo.
d) tem fundamento, pois a produção da testosterona ocorre nos ductos deferentes e, com seu seccionamento, essa produção cessa.
e) tem fundamento, pois a testosterona é produzida no epidídimo e dali é transportada pelos ductos deferentes para o restante do corpo.

15. (FGV – SP) O gráfico mostra os níveis sanguíneos de hormônios sexuais durante o ciclo menstrual.

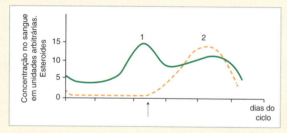

Pode-se dizer que as curvas 1 e 2 correspondem, respectivamente,

a) ao hormônio luteinizante (LH) e ao hormônio folículo estimulante (FSH); a seta indica a ovulação.
b) ao hormônio folículo estimulante (FSH) e ao hormônio luteinizante (LH); a seta indica a menstruação.
c) à progesterona e aos estrógenos; a seta indica a ovulação.
d) aos estrógenos e à progesterona; a seta indica a menstruação.
e) aos estrógenos e à progesterona; a seta indica a ovulação.

16. (UPE) Assinale na coluna I as afirmativas verdadeiras e, na coluna II, as falsas.

A mulher entra na fase reprodutiva na puberdade, quando ocorre a primeira menstruação ou menarca. Em geral, o ciclo dura 28 dias. O primeiro dia da menstruação marca o início do ciclo. A respeito dos hormônios que atuam nesse ciclo, analise as proposições e conclua.

I	II	
0	0	Na primeira metade do ciclo, o hormônio folículo-estimulante (FSH) e o estrógeno são responsáveis, respectivamente, pelo crescimento e amadurecimento folicular e pelo espessamento (proliferação) do endométrio.
1	1	Por volta do 14.º dia, ocorre um aumento do hormônio luteinizante (LH), responsável pela ovulação.
2	2	O LH atua na formação do folículo ovariano, que se rompe e passa a ser o corpo lácteo ou corpo-amarelo, que ocasiona a descamação do endométrio.
3	3	Os ovários produzem o estrógeno, responsável pelas características sexuais secundárias, como o desenvolvimento das mamas e o arredondamento das formas da mulher.
4	4	A progesterona, produzida na hipófise, é o principal hormônio da gravidez, mantendo o endométrio preparado para a recepção do embrião.

17. (UFSC)

> *A jovem mãe suspendeu o filho à teta; mas a boca infantil não emudeceu. O leite escasso não apojava o peito. O sangue da infeliz diluía-se todo nas lágrimas incessantes que não estancavam dos olhos; pouco chegava aos seios, onde se forma o primeiro licor da vida.*
>
> ALENCAR, José de. *Iracema*. São Paulo: Ática, 1992. p. 77.

Após ler o excerto acima, identifique a(s) proposição(ões) **CORRETA(S)** e dê sua soma ao final.

(01) O leite materno, tratado na obra *Iracema* como "licor da vida", é considerado um alimento completo para o recém-nascido, contendo água, sais minerais e até anticorpos fundamentais para sua saúde.
(02) As glândulas sudoríparas, que produzem o suor, são um exemplo de glândula endócrina.
(04) Quando o autor diz que o sangue diluía-se todo nas lágrimas e não chegava aos seios, está afirmando que o funcionamento da glândula mamária não tem relação com a circulação sanguínea.
(08) A oxitocina é o hormônio que, além de estimular os movimentos de contração uterina no parto, estimula a contração da musculatura lisa das glândulas mamárias na expulsão do leite materno.
(16) A produção do leite materno não tem relação direta com o ato de sucção do seio materno pelo recém-nascido.
(32) As lágrimas e o leite produzidos pela mãe são exemplos de secreções produzidas pelas glândulas exócrinas.

18. (MACKENZIE – SP) A respeito dos hormônios envolvidos no controle do ciclo ovulatório humano, é correto afirmar que

a) os testes de gravidez se baseiam na identificação de um hormônio conhecido como gonadotrofina coriônica, ou β-HCG, que pode ser filtrado pelos rins e ser eliminado pela urina.
b) a pílula anticoncepcional é composta por hormônios que agem estimulando a secreção de hormônios hipofisários.
c) durante a gravidez, as taxas de progesterona e de estrógeno são mantidas baixas.
d) a produção de hormônios ovarianos é controlada por hormônios da neurohipófise.
e) os hormônios ovarianos provocam a maturação de folículos e a ovulação.

19. (UNESP) Observou-se em uma gestante de 8 meses a existência de um tumor na neuro-hipófise, o que resultou na impossibilidade dessa região liberar para o sangue os hormônios que ali chegam. Em razão do fato, espera-se que

I – quando do parto, essa mulher tenha que receber soro com oxitocina, para assegurar que ocorram as contrações uterinas.
II – depois de nascida, a criança deva ser alimentada com mamadeira, uma vez que as glândulas mamárias da mãe não promoverão a expulsão do leite.
III – a mãe não produza leite, em razão da não liberação de prolactina pela neuro-hipófise.
IV – a mãe possa desenvolver uma doença chamada diabetes insípido.
V – a mãe apresente poliúria (aumento no volume urinário) e glicosúria (glicose na urina), uma vez que a capacidade de reabsorção de glicose nos rins é insuficiente.

É correto o que se afirma apenas em
a) I, II e IV.   c) I, III e IV.   e) III e V.
b) I, II e V.   d) II e V.

20. (UNESP) Paula não toma qualquer contraceptivo e tem um ciclo menstrual regular de 28 dias exatos. Sua última menstruação foi no dia 23 de junho. No dia 6 de julho, Paula manteve uma relação sexual sem o uso de preservativos. No dia 24 de julho, Paula realizou um exame de urina para verificar se havia engravidado.

Em função do ocorrido, pode-se dizer que, no dia 6 de julho, Paula

a) talvez ainda não tivesse ovulado, mas o faria um ou dois dias depois. Considerando que o espermatozoide pode permanecer viável no organismo feminino por cerca de dois dias, há a possibilidade de Paula ter engravidado. O exame de urina poderia confirmar essa hipótese, indicando altos níveis de gonadotrofina coriônica.
b) já teria ovulado, o que teria ocorrido cerca de dois dias antes. Contudo, considerando que depois da ovulação o óvulo permanece viável no organismo feminino por cerca de uma semana, há a possibilidade de Paula ter engravidado. O exame de urina poderia confirmar essa hipótese, indicando redução no nível de estrógenos.
c) já teria ovulado, o que teria ocorrido há cerca de uma semana. Portanto, não estaria grávida, o que poderia ser confirmado pelo exame de urina, que indicaria altos níveis de estrógenos e LH.
d) estaria ovulando e, portanto, é quase certo que estaria grávida. Com a implantação do embrião no endométrio, ocorre um aumento na secreção de LH e diminuição nos níveis de gonadotrofina coriônica, o que poderia ser detectado pelo exame de urina já na semana seguinte à nidação.
e) ainda não teria ovulado, o que só iria ocorrer dias depois. Portanto, não estaria grávida, o que poderia ser confirmado pelo exame de urina, que indicaria altos níveis de gonadotrofina coriônica.

21. (UNESP) Leia o texto.

Esqueci a pílula! E agora?

Tomo pílula há mais de um ano e nunca tive horário certo. Em geral, tomo antes de dormir, mas, quando esqueço, tomo de manhã ou, na noite seguinte, uso duas de uma só vez. Neste mês, isso aconteceu três vezes. Estou protegida?

Carta de uma leitora para a coluna Sexo & Saúde, de Jairo Bouer, Folhateen, 26 jun. 2009.

Considerando que a pílula à qual a leitora se refere é composta por pequenas quantidades dos hormônios estrógeno e progesterona, pode-se dizer à leitora que

a) sim, está protegida de uma gravidez. Esses hormônios, ainda que em baixa dosagem, induzem a produção de FSH e LH e estes, por sua vez, levam à maturação dos folículos e à ovulação. Uma vez que já tenha ocorrido a ovulação, não corre mais o risco de engravidar.
b) sim, está protegida de uma gravidez. Esses hormônios, ainda que em baixa dosagem, induzem a produção de FSH e LH e estes, por sua vez, inibem a maturação dos folículos, o que impede a ovulação. Uma vez que não ovule, não corre o risco de engravidar.
c) não, não está protegida de uma gravidez. Esses hormônios, em baixa dosagem e a intervalos não regulares, mimetizam a função do FSH e LH, que deixam de ser produzidos. Desse modo, induzem a maturação dos folículos e a ovulação. Uma vez ovulando, corre o risco de engravidar.
d) não, não está protegida de uma gravidez. Esses hormônios, em baixa dosagem e a intervalos não regulares, inibem a produção de FSH e LH os quais, se fossem produzidos, inibiriam a maturação dos folículos. Na ausência de FSH e LH ocorre a maturação dos folículos e a ovulação. Uma vez ovulando, corre o risco de engravidar.
e) não, não está protegida de uma gravidez. Esses hormônios, em baixa dosagem e a intervalos não regulares, não inibem a produção de FSH e LH os quais, sendo produzidos, induzem a maturação dos folículos e a ovulação. Uma vez ovulando, corre o risco de engravidar.

22. (UFPR) Em relação ao processo reprodutivo humano, considere as afirmativas abaixo.

I – A fase proliferativa do ciclo menstrual, que ocorre antes da ovulação, apresenta altos níveis de progesterona.
II – O hormônio dosado pelos testes de gravidez mais comuns é a gonadotrofina coriônica, a qual impede a involução do corpo lúteo no início da gravidez.
III – Uma alta secreção de hormônio luteinizante (LH) é o fato responsável pela maturação do óvulo.
IV – Altos níveis de testosterona na circulação sanguínea podem inibir a liberação de LH ou ICSH pela hipófise masculina.
V – Se o ciclo menstrual durar 32 dias ao invés de 28, haverá maior probabilidade de que a ovulação ocorra no décimo sexto dia.

Das afirmativas acima:
a) apenas II, IV e V são verdadeiras.
b) todas são verdadeiras.
c) apenas I, II, III e V são verdadeiras.
d) apenas II, III e V são verdadeiras.
e) apenas I, III e IV são verdadeiras.

23. (UFAM) Hormônios são mensageiros químicos produzidos, geralmente, por glândulas endócrinas, que, uma vez lançadas na corrente sanguínea, irão atuar em órgãos distantes de seu local de produção. Complete a tabela abaixo indicando os respectivos termos correspondentes aos números indicados (n.º 1, 2, 3, 4, 5).

Glândula	Hormônio	Efeito após estimulação
adeno-hipófise	1	secreção de glicocorticoides
neuro-hipófise	oxitocina	2
3	epinefrina	aumento na atividade cardíaca
pâncreas	4	redução dos níveis de glicose plasmática
5	peptídio atrial natriurético	aumento na perda de H_2P e Na^+ pelos rins

a) 1 – FSH; 2 – ejeção de leite materno; 3 – pituitária; 4 – glucagon; 5 – rins.
b) 1 – MSH; 2 – secreção de estrogênio; 3 – timo; 4 – LH; 5 – estômago.

c) 1 – ACTH; 2 – aumento na utilização de energia; 3 – tireoide; 4 – tiroxina; 5 – paratireoides.
d) 1 – LH; 2 – contração da próstata; 3 – tireoide; 4 – insulina; 5 – coração.
e) 1 – ACTH; 2 – ejeção de leite materno; 3 – medula da adrenal; 4 – insulina; 5 – coração.

24. (UnB – DF) A menarca de uma mulher ocorreu na festa do seu 12.º aniversário e o seu último ciclo menstrual, aos 42 anos de idade completos. Ela teve 12 ciclos menstruais por ano, que só falharam pelo período de nove meses, iniciado aos 20 anos e 3 meses de idade, quando esteve grávida do seu único filho, nascido ao término desse período.

Considerando essa situação hipotética, julgue os itens a seguir.

1. Somente as fêmeas de determinados primatas apresentam ciclo menstrual, o que justifica que as cadelas, por exemplo, não apresentam variações de hormônios sexuais durante a vida reprodutiva.
2. Na situação em questão, é possível estimar que a referida mulher tenha ovulado 351 folículos ovarianos durante sua fase reprodutiva.
3. Se, na primeira fase de um ciclo menstrual, a espessura do útero da referida mulher era de 5 mm, então, sob a ação do hormônio progesterona, a espessura do útero, no início da terceira fase desse ciclo, deve ter sido menor que 5 mm.
4. Considere que a referida mulher tenha entrado em trabalho de parto juntamente com outra grávida e que uma delas tenha apresentado 6 contrações por minuto, e a outra, 4 contrações por minuto. Nesse caso, se, em determinado instante, elas tiveram contrações simultaneamente, então outras contrações simultâneas ocorreram a cada meio minuto após esse instante.
5. O gráfico a seguir descreve corretamente o perfil dos níveis de progesterona plasmática de uma mulher durante sua gravidez.

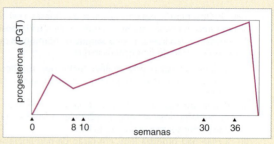

25. (FGV – SP) Flávio, que é portador do vírus da AIDS, mantém uma relação estável com Simone, que não é portadora do vírus. O casal não pretende ter filhos e deseja se precaver contra o risco de Simone também adquirir o vírus. Neste caso, o procedimento mais adequado é

a) Flávio submeter-se à vasectomia, procedimento adequado tanto para se evitar uma gravidez indesejada quanto para proteger sua companheira do risco de lhe transmitir o vírus.
b) Simone submeter-se à laqueadura, procedimento adequado tanto para se evitar uma gravidez indesejada quanto para se proteger do risco de adquirir o vírus de seu companheiro.
c) Flávio submeter-se à vasectomia e Simone submeter-se à laqueadura. O primeiro evita que Flávio transmita o vírus para sua companheira, e o segundo protege Simone de uma gravidez indesejada.
d) Simone tomar regularmente anticoncepcionais hormonais (pílulas anticoncepcionas) e, quando de suas relações sexuais, utilizar um creme espermicida. As pílulas protegem contra uma gravidez indesejada, e o creme garante a inativação dos espermatozoides e vírus.
e) Flávio e Simone se protegerem, utilizando, quando de suas relações sexuais, a camisinha masculina (condom) ou a camisinha feminina (femidom), adequadas tanto para se evitar uma gravidez indesejada quanto para se proteger do risco de adquirir o vírus.

Questões dissertativas

1. (UFF – RJ) Após a 2.ª Guerra Mundial se observou que o índice de natalidade da população afetada aumentou de forma significativa, como se representasse um recomeço da nossa espécie, um evento denominado *babyboom*. Na população humana, o processo de reprodução, que envolve o aparecimento de caracteres sexuais secundários e a formação de gametas, depende da ação sequencial de alguns hormônios.

a) Observe o esquema e preencha os espaços 1, 2, 3, 4 e 5 com os nomes dos hormônios correspondentes.

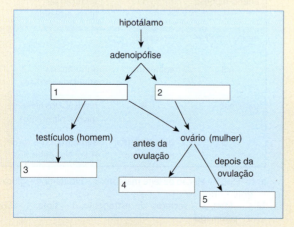

b) Supondo que ocorra a fecundação após a ovulação, como ficarão os níveis dos hormônios 4 e 5 durante a gravidez? Justifique.
c) Identifique as fases, dos ciclos ovariano e uterino, respectivamente, nos quais uma mulher, que não está grávida, se encontra no período entre o vigésimo e o vigésimo quinto dia do ciclo menstrual regular (28 dias).

2. (FUVEST – SP) O gráfico mostra os níveis de glicose medidos no sangue de duas pessoas, sendo uma saudável e outra com diabetes melito, imediatamente após uma refeição e nas cinco horas seguintes.

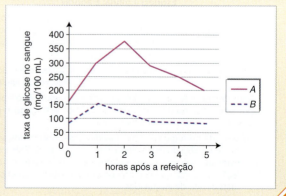

a) Identifique a curva correspondente às medidas da pessoa diabética, justificando sua resposta.
b) Como se explicam os níveis estáveis de glicose na curva B, após 3 horas da refeição?

3. (UNIRIO – RJ) **O mundo vai se vestir de azul: monumentos receberão a cor azul para simbolizar a doença**

No dia 14 de novembro de 2008, vários monumentos do mundo foram iluminados em azul para marcar o Dia Mundial do Diabetes. No Brasil foram confirmados 91 monumentos, entre eles o Cristo Redentor, no Rio de Janeiro, o MASP, em São Paulo, e o Elevador Lacerda, em Salvador.
Desde 2007, a data passou a fazer parte do calendário oficial das Nações Unidas, que reconheceu o diabetes como doença crônica que traz graves efeitos econômicos e sociais. (...)
A insulina foi descoberta há 87 anos, mesmo assim muitos doentes ainda não têm acesso a ela. O dia 14 de novembro foi escolhido para ser o Dia Mundial do Diabetes por ser o dia do nascimento do descobridor da insulina, Frederick Bantang, em 1921, no Canadá.
O diagnóstico de diabetes em uma criança tem um peso muito grande para o dia a dia dela, pois obriga a mudanças de comportamento, injeções de insulina e controle dos níveis de açúcar no sangue.
Participe, se informe e ajude a divulgar as informações sobre o diabetes para que essa doença não avance mais no mundo.

<http://g1.globo.com/Noticias/Ciencia>.

Que explicação você oferece a uma pessoa leiga, que o aborda e pergunta:
a) O que é insulina?
b) Onde ela é produzida?

4. (UFPR) Na década de 1990, foi identificado um hormônio produzido pelas células gástricas, denominado grelina, que participa do controle do comportamento alimentar. As Figuras A e B representam as curvas da concentração de dois hormônios (insulina e grelina), ao longo de 24 horas. As linhas tracejadas representam três refeições do dia: café da manhã, almoço e jantar.

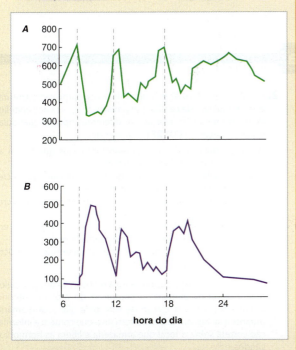

a) Com base no conhecido efeito das refeições sobre a secreção de insulina, identifique as figuras que representam as curvas da insulina e da grelina.
b) Sabendo que a grelina atua sobre o sistema nervoso central no controle do comportamento alimentar, qual é seu efeito sobre a fome?

5. (UERJ) Com o objetivo de estudar a influência de hormônios sobre o metabolismo da glicose, foram utilizados os seguintes procedimentos experimentais:

– manter inicialmente em jejum um animal adequado ao estudo;
– injetar nesse animal, por via subcutânea, e em diferentes intervalos de tempo, os hormônios A, B e C, que atuam no metabolismo dos carboidratos.

O gráfico abaixo apresenta as alterações da taxa de glicose no sangue do animal em função da inoculação de cada um desses hormônios.

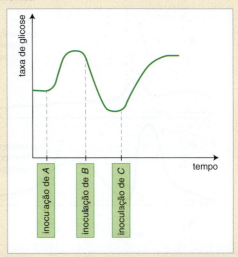

Nomeie os hormônios A e B, produzidos pelo pâncreas, e identifique o órgão que produz o hormônio C. Indique, ainda, o que ocorre com o glicogênio muscular após a administração do hormônio A.

6. (UNICAMP – SP) O gráfico abaixo mostra a variação na concentração de dois hormônios ovarianos, durante o ciclo menstrual em mulheres, que ocorre aproximadamente a cada 28 dias.

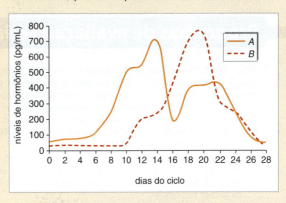

a) Identifique os hormônios correspondentes às curvas A e B e explique o que acontece com os níveis desses hormônios se ocorrer fecundação e implantação do ovo no endométrio.
b) Qual a função do endométrio? E da musculatura lisa do miométrio?

7. (UNESP) **Vigilância sanitária de SP interdita lotes de anticoncepcional injetável**

O centro de Vigilância Sanitária da Secretaria da Saúde de São Paulo decidiu proibir a comercialização e o uso de três lotes de determinado anticoncepcional injetável, à base de medroxiprogesterona, um hormônio sintético que, se administrado na dose recomendada, inibe a secreção dos hormônios FSH e LH pelo organismo feminino. Análises feitas pelo Instituto Adolfo Lutz apontaram que ampolas do produto contêm menor quantidade hormonal do que o previsto.

Na prática, isso coloca em risco a eficácia do medicamento na prevenção da gravidez.

Folha de S.Paulo, São Paulo, 8 nov. 2007.

Do ponto de vista fisiológico, explique por que o medicamento com quantidades menores de medroxiprogesterona, interditado pela Vigilância Sanitária, coloca em risco a eficácia na prevenção da gravidez.

8. (UNESP) A figura mostra os níveis de diferentes hormônios ao longo do ciclo menstrual de uma mulher: em *A*, os hormônios gonadotróficos e, em *B*, os hormônios esteroides.

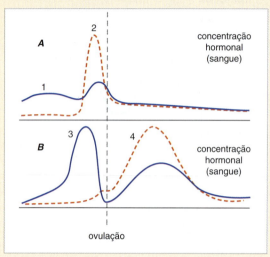

a) A que hormônios correspondem, respectivamente, as curvas 2 e 3? Qual a função desses hormônios?
b) Após a ovulação dessa mulher, teria havido fertilização do óvulo e nidação? Justifique.

9. (UFPR) Em 2008, comemora-se o centenário da morte de Machado de Assis, o Bruxo do Cosme Velho. O trecho abaixo usa diálogos presentes na obra machadiana e retrata uma informação biológica interessante.

> *Pena irônica molhada na tinta de melancolia – lições de um bruxo*
>
> "– Perdão, mas o senhor não tem filhos?
>
> – É verdade. Não transmiti a nenhuma criatura o legado da nossa miséria.
>
> – Mas evitou-se por intenção ou acaso?
>
> O velho inclina a cabeça e medita um pouco.
>
> – Creio que por acaso. Ou por força da natureza, que tudo pode e tudo transforma.
>
> Não vá pensar que Carolina e eu recorremos ao remédio que previne a concepção para sempre, e de que ouço falar na rua do Ouvidor."

PÓLVORA, H. *Disponível em:*
<http://www.vidaslusofonas.pt/machado_de_assis.htm>.
Acesso em: 29 set. 2008.

a) Considerando que as personagens do texto não possuam nenhuma alteração cromossômica ou mutação nas células germinativas, cite duas causas biológicas da infertilidade.
b) Na época em que estas frases foram escritas, a pílula anticoncepcional feminina ainda não havia sido desenvolvida, contudo a técnica da vasectomia já era conhecida. Descreva como esses dois métodos podem prevenir a concepção.

Programas de avaliação seriada

1. (PSS – UFAL) O nível normal de glicose no sangue é mantido graças à ação conjunta de dois hormônios produzidos por células que constituem a parte endócrina do pâncreas, constituída por centenas de aglomerados celulares, as ilhotas de Langerhans, onde são encontradas células do tipo beta e do tipo alfa. Com relação à regulação de concentração de glicose no sangue, é correto afirmar que:

a) o aumento no nível de glicose no sangue estimula as células alfa a secretarem o hormônio glucagon, o qual atua na permeabilidade da membrana plasmática, facilitando a entrada da glicose nas células.
b) sob a ação do hormônio glucagon, todas as células passam a absorver mais glicose, e a concentração desse açúcar no sangue diminui, havendo o retorno ao padrão normal de concentração.
c) se uma pessoa passa muitas horas sem se alimentar, a concentração de glicose no sangue diminui, fazendo com que as células alfa aumentem a secreção de insulina para estimular as células do fígado.
d) após muitas horas sem alimento, sob a ação do hormônio insulina, o fígado passa a armazenar energia em forma de glicose, e, assim, o organismo atinge o estado de equilíbrio bioquímico.
e) o aumento na concentração de glicose no sangue, resultante da absorção de açúcar dos alimentos pelas células do intestino, estimula a secreção de insulina pelas células beta.

2. (PISM – UFJF – MG) As glândulas do nosso corpo são estruturas que se originam de células que proliferam a partir dos epitélios de revestimento. Em relação aos diferentes tipos de glândulas e suas secreções, é **CORRETO** afirmar que:

a) as glândulas endócrinas apresentam dutos que levam as secreções para a cavidade corporal.
b) as glândulas exócrinas são glândulas unicelulares que secretam hormônios na corrente sanguínea.
c) as glândulas sebáceas são glândulas endócrinas cujas secreções atuam na diminuição da temperatura corporal.
d) a saliva é uma secreção glandular endócrina eliminada em vasos sanguíneos localizados na cavidade oral.
e) o fígado é um órgão glandular com características endócrinas e exócrinas.

3. (PSIU – UFPI) A vasopressina causa a reabsorção de água pelos rins; a oxitocina aumenta a contração do músculo uterino, durante o parto, e a ejeção de leite pela glândula mamária, durante a lactação. Marque a alternativa que contém a informação correta sobre o local que armazena e libera os hormônios citados.

a) adeno-hipófise
b) neuro-hipófise
c) córtex adrenal
d) paratireoide
e) ovários

4. (PEIES – UFSM – RS) A gravidez precoce tornou-se um problema de saúde pública no Brasil e em outros países. Para evitar uma gravidez não programada, as adolescentes dispõem de métodos anticoncepcionais. Em relação a esses métodos, assinale a alternativa que apresenta **SOMENTE** métodos contraceptivos artificiais.

a) Tabelinha, preservativo, coito interrompido.
b) Coito interrompido, tabelinha, pílula anticoncepcional.
c) Diafragma, preservativo, tabelinha.
d) Pílula anticoncepcional, diafragma, coito interrompido.
e) Diafragma, preservativo, pílula anticoncepcional.

5. (PASES – UFV – MG) Quanto aos métodos contraceptivos, é CORRETO afirmar que:

a) a pílula anticoncepcional é um método de esterilização que não impede a produção de gametas.
b) a camisinha feminina é uma barreira mecânica que evita a implantação do embrião no útero.
c) na vasectomia, a secção dos ductos deferentes impede a produção de espermatozoides.
d) na esterilização, a secção de partes do sistema reprodutor impede o encontro dos gametas.

6. (SSA – UPE) Leia o texto abaixo:

> **É o fim do ciclo?**
> Para o ginecologista Elsimar Coutinho em seu livro: *Menstruação, a Sangria Inútil* (Editora Gente, 1996), suspender a menstruação não só livra a mulher de um incômodo mensal como o é o melhor tratamento contra anemia, endometriose, mioma, cólica e tensão pré-menstrual. Para alguns médicos, com a suspensão, perde-se o papel sinalizador da menstruação de que o óvulo não foi fecundado ou ainda que está tudo correndo bem com o organismo – a ausência do sangramento regular pode indicar, por exemplo, problemas nas glândulas tireoide e suprarrenal.

Assinale a alternativa que descreve **CORRETAMENTE** os eventos que envolvem o ciclo menstrual.

a) O hormônio LH atua sobre os ovários, promovendo o desenvolvimento dos folículos ovarianos, enquanto o hormônio FSH é responsável pelo rompimento do folículo maduro e liberação do óvulo, além de estimular a transformação do folículo rompido em corpo amarelo.
b) No primeiro dia do ciclo uterino, a parede do útero, denominada endométrio, que se encontra pouco vascularizada, sofre descamação, dando origem à menstruação, que consiste na liberação de sangue e de restos do endométrio pela vagina.
c) Estrógeno e progesterona atuam, em conjunto, sobre o útero para uma eventual gravidez; no entanto, alta taxa desses dois hormônios exerce efeito inibidor sobre a hipófise, que aumenta a produção de FSH e LH, e uma redução na taxa de LH provoca a regressão do corpo amarelo, que deixa de produzir os dois hormônios.
d) O estrógeno induz o desenvolvimento do endométrio, que se torna rico em vasos sanguíneos e glândulas, o nível alto de estrógeno estimula a hipófise a liberar FSH e LH, que induzem à ovulação, geralmente entre o 10.º e 14.º dia do ciclo menstrual.
e) Durante o ciclo menstrual, ocorrem variações nas taxas de gonadotrofinas hipofisárias e de hormônios sexuais. A menstruação ocorre porque, não havendo gravidez, as taxas desses hormônios tornam-se baixas no sangue da mulher, um novo ciclo começa com aumento de LH pela hipófise, que induz o folículo ovariano a produzir progesterona.

7. (PEIES – UFSM – RS) Analise as afirmativas a seguir, considerando a reprodução humana.

I – O hormônio secretado nos testículos e responsável por características como voz grossa e crescimento de barba no homem é a testosterona.
II – O hormônio secretado principalmente após a ovulação na mulher, o qual auxilia no desenvolvimento do útero visando à gestação, é o estrógeno.
III – O uso de preservativo, ou camisinha, é um método anticoncepcional eficaz, agindo também na prevenção de doenças sexualmente transmissíveis, como a AIDS.
IV – A pílula anticoncepcional consiste geralmente em uma mistura de hormônios sintéticos (progesterona e estrógeno), que inibem a secreção de FSH e LH pela hipófise, impedindo a ovulação.

Estão corretas

a) apenas I e II.
b) apenas II e III.
c) apenas I, II e III.
d) apenas I, III e IV.
e) apenas III e IV.

8. (PSS – UFS – SE) Todos os seres vivos são capazes de reproduzir-se, mas as formas empregadas variam na natureza.

Analise as proposições a seguir.

(0) Os indivíduos de organismos com ciclo de vida haplonte são todos haploides e, por isso, não apresentam meiose, reproduzindo-se assexuadamente.
(1) Partenogênese é a formação de um ser vivo a partir do óvulo sem que este seja fecundado. Um exemplo desse processo é o macho da abelha melífera, que é haploide.
(2) O sêmen na espécie humana é constituído por espermatozoides contidos numa espessa massa líquida formada pelas secreções produzidas pela próstata, vesícula seminal e glândulas bulbouretrais.
(3) Na primeira metade do ciclo menstrual aumenta continuadamente a produção de estrógeno, promovendo o espessamento do endométrio, enquanto a produção de progesterona é baixa.
(4) As contrações uterinas que ocorrem por ocasião do parto são estimuladas pelo hormônio adrenalina.

Capítulo 19 — Suporte e movimento

Natação: um esporte completo

A natação é um dos esportes mais praticados por crianças e adultos. Isso porque essa é uma atividade esportiva que apresenta inúmeras vantagens. Quer ver algumas delas? A natação é um esporte de baixo impacto, o que evita maiores danos às articulações, apresenta elevado gasto calórico (cerca de 600 kcal por hora), melhora o condicionamento físico e, além de tudo, é relaxante em razão do contato com a água.

Entre treinadores e praticantes, a natação é considerada um esporte completo, pois trabalha todos os grupos musculares importantes do nosso corpo. Afinal, para nadar, independentemente do estilo praticado, é necessário exercitar os músculos das pernas, dos braços, dos ombros, do glúteo e do abdome, entre outros. Além disso, o praticante de natação pode se beneficiar com uma melhora na coordenação motora e na amplitude dos movimentos, já que braços e pernas, por exemplo, precisam trabalhar em conjunto e os lados direito e esquerdo do corpo são solicitados ao mesmo tempo.

Praticamente, não há inconvenientes ligados à prática da natação. Apenas, quando se nada em piscinas, que, em geral, têm alto teor de cloro, a pele e os cabelos se ressentem.

Ossos, cartilagens, músculos e articulações, que permitem nossos movimentos, desde os mais simples até os mais amplos, serão o tema deste nosso capítulo.

SISTEMA ESQUELÉTICO

O conjunto de ossos e cartilagens que protegem os órgãos e permitem os movimentos forma o **sistema esquelético**, cujas funções básicas são suporte, proteção, movimento, reserva de minerais (principalmente cálcio e fósforo) e produção de células sanguíneas (hematopoiese).

Tipos de Osso

Quase todos os ossos do corpo podem ser classificados em 4 tipos, de acordo com sua forma:

- **longos** – mais compridos do que largos. Por exemplo, ossos das pernas, dos braços, antebraços e dedos;
- **curtos** – aproximadamente de mesmo comprimento e largura. Por exemplo, ossos do calcanhar e do pulso;
- **chatos** ou **achatados** – finos, em forma de lâmina. Por exemplo, ossos do crânio, das costelas e do esterno;
- **irregulares** – não podem ser inseridos nos grupos anteriores. Por exemplo, vértebras e ossos da face.

A Formação do Tecido Ósseo

A *ossificação* – formação de tecido ósseo – pode se dar por dois processos: **ossificação intramembranosa** e **ossificação endocondral**.

No primeiro caso, o tecido ósseo surge aos poucos em uma membrana de natureza conjuntiva, não cartilaginosa. Na ossificação endocondral, uma peça de cartilagem, com formato de osso, serve de molde para a confecção de tecido ósseo. Nesse caso, a cartilagem é gradualmente destruída e substituída por tecido ósseo.

Anote!
Fraturas de ossos em pessoas idosas liberam gordura para o sangue, o que pode conduzir à ocorrência de embolia gordurosa nos vasos sanguíneos.

Crescimento nos ossos longos

A ossificação endocondral ocorre na formação de ossos longos, como os das pernas e os dos braços.

Nesses ossos, duas regiões principais sofrerão a ossificação: o cilindro longo, conhecido como **diáfise**, e as extremidades dilatadas, que correspondem às **epífises**.

Entre a epífise de cada extremidade e a diáfise é mantida uma região de cartilagem, conhecida como **cartilagem de crescimento**, que possibilitará a ocorrência de crescimento ósseo durante a fase de crescimento de uma pessoa (veja a Figura 19-1). Novas células cartilaginosas são constantemente geradas, seguidas da ocorrência constante de ossificação endocondral, levando à formação de mais osso. Nesse processo, os osteoclastos desempenham papel importante. Eles efetuam constantemente a reabsorção de tecido ósseo, enquanto novo tecido ósseo é formado.

Os osteoclastos atuam como verdadeiros demolidores de osso, enquanto os osteoblastos exercem papel de construtores de mais osso. Nesse sentido, o processo de crescimento de um osso depende da ação conjunta de reabsorção de osso preexistente e da deposição de novo tecido ósseo. Considerando, por exemplo, o aumento de diâmetro de um osso longo, é preciso efetuar a reabsorção da camada interna da parede óssea, enquanto na parede externa deve ocorrer deposição de mais osso.

O crescimento ocorre até que se atinja determinada idade, a partir da qual a cartilagem de crescimento também sofre ossificação e o crescimento do osso em comprimento cessa.

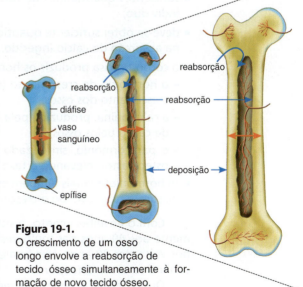

Figura 19-1.
O crescimento de um osso longo envolve a reabsorção de tecido ósseo simultaneamente à formação de novo tecido ósseo.

Anote!
Fornecer ossos longos de boi (costelas, por exemplo) a um cão é medida saudável, uma vez que o tutano (medula vermelha ou amarela) é rico em alimento. O osso também é fonte de cálcio e fosfato, o que é importante para animais em crescimento.

Suporte e movimento **399**

De olho no assunto!

Sustentação e armazenamento de cálcio é com o tecido ósseo

Além de servir à sustentação do organismo, proteger órgãos e servir de apoio à musculatura esquelética, o tecido ósseo está relacionado a diversos outros papéis fisiológicos.

É o maior reservatório de cálcio e fosfato do organismo. Cerca de 99% desses elementos se encontram no esqueleto. Nos casos de necessidade de cálcio para o organismo, ocorre uma transferência do elemento para o sangue. Dois mecanismos podem estar envolvidos nessa transferência:

- a remoção simples de íons cálcio para a corrente sanguínea; e
- a ação do *paratormônio*, hormônio produzido pelas glândulas paratireoides (localizam-se atrás da tireoide), que conduz a um aumento do número de osteoclastos, com consequente reabsorção óssea e elevação do teor de cálcio no sangue.

Por outro lado, uma dieta pobre em proteínas acarreta a deficiência de síntese da matriz óssea orgânica. A deficiência de vitamina D leva a uma deposição insuficiente de cálcio no osso, já que essa vitamina favorece a absorção de cálcio no intestino. A ausência de vitamina D conduz ao *raquitismo* e, consequentemente, a defeitos na confecção da matriz óssea.

Remodelação Óssea

Depois que o osso atinge seu tamanho e forma adultos, o tecido ósseo antigo é constantemente destruído e um novo tecido é formado em seu lugar, em um processo conhecido como **remodelação**.

A remodelação ocorre em diferentes velocidades nas várias partes do corpo. Por exemplo, a porção distal do fêmur é substituída a cada 4 meses; já os ossos da mão são completamente substituídos durante a vida inteira do indivíduo. A remodelação permite que tecidos já gastos ou que tenham sofrido lesões sejam trocados por tecidos novos e sadios. Ela também permite que o osso sirva como reserva de cálcio para o corpo.

Em um adulto saudável, uma delicada homeostase (equilíbrio) é mantida entre a ação dos osteoclastos (reabsorção) durante a remoção de cálcio e a dos osteoblastos (aposição) durante a deposição de cálcio. Se muito cálcio for depositado, podem se formar calos ósseos ou esporas, causando interferências nos movimentos. Se muito cálcio for retirado, há o enfraquecimento dos ossos, tornando-os flexíveis e sujeitos a fraturas.

O crescimento e a remodelação normais dependem de vários fatores:

- suficientes quantidades de cálcio e fósforo devem estar presentes na dieta alimentar do indivíduo;
- deve-se obter suficiente quantidade de vitaminas, principalmente vitamina D, que participa na absorção do cálcio ingerido;
- o corpo precisa produzir os hormônios responsáveis pela atividade do tecido ósseo:
  - o hormônio de crescimento (somatotrofina), secretado pela hipófise, é responsável pelo crescimento dos ossos;
  - a calcitonina, produzida pela tireoide, inibe a atividade osteoclástica e acelera a absorção de cálcio pelos ossos;
  - o paratormônio, sintetizado pelas paratireoides, aumenta a atividade e o número de osteoclastos, elevando a taxa de cálcio na corrente sanguínea;
- os hormônios sexuais também estão envolvidos nesse processo, ajudando na atividade osteoblástica e promovendo o crescimento de novo tecido ósseo.

Com o envelhecimento, o sistema esquelético sofre a perda de cálcio. Ela começa geralmente aos 40 anos nas mulheres e continua até que 30% do cálcio nos ossos seja perdido, por volta dos 70 anos. Nos homens, a perda não ocorre antes dos 60 anos. Essa condição é conhecida como *osteoporose*.

Outro efeito do envelhecimento é a redução na síntese de proteínas, o que diminui a produção da parte orgânica da matriz óssea. Como consequência, há um acúmulo da parte inorgânica da matriz. Em alguns indivíduos idosos, esse processo causa uma fragilização dos ossos, que se tornam mais suscetíveis a fraturas.

Fraturas e Osteoclastos

De forma bem simplista, podemos dizer que fratura é a quebra de um osso. Quando ocorre, o procedimento normal é a redução dessa fratura, isto é, a aproximação dos cotos (partes fraturadas), e a imobilização até a formação do calo ósseo e sua completa calcificação.

Os osteoclastos também estão envolvidos na reparação de fraturas. Após a quebra do osso, ocorre uma intensa proliferação do periósteo (Figura 19-2(a)). Isso leva à formação de um anel, o **calo ósseo**, que envolve os pedaços quebrados (Figura 19-2(b)). Simultaneamente, os osteoclastos iniciam a remoção de células ósseas mortas e do coágulo formado, já que na fratura há uma hemorragia considerável. O periósteo fornece novas células iniciadoras de osso imaturo, que une provisoriamente os pedaços separados (Figura 19-2(c)). Com o passar do tempo, ocorre uma remodelação do calo ósseo e, aos poucos, a estrutura óssea é refeita, com a participação de osteoclastos e osteoblastos, até que a fratura esteja consolidada (Figura 19-2(d)).

O Esqueleto Humano

Os sistemas muscular e esquelético estão intimamente relacionados. Para entender como os músculos promovem certos movimentos, é necessário que se saiba que esses músculos estão unidos aos ossos em determinadas partes.

Nas suas extremidades, os músculos que revestem o esqueleto (veja a Figura 19-3) se inserem ou se ligam firmemente aos ossos por meio de tendões. Os tendões são constituídos por um tipo de tecido conjuntivo muito resistente, que não apresenta elasticidade.

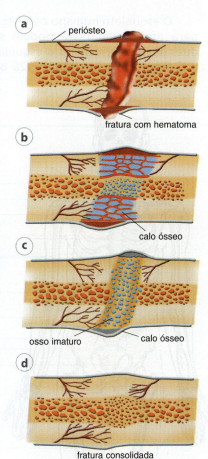

Figura 19-2. Fratura óssea: osteoblastos e osteoclastos estão envolvidos na remodelação do osso.

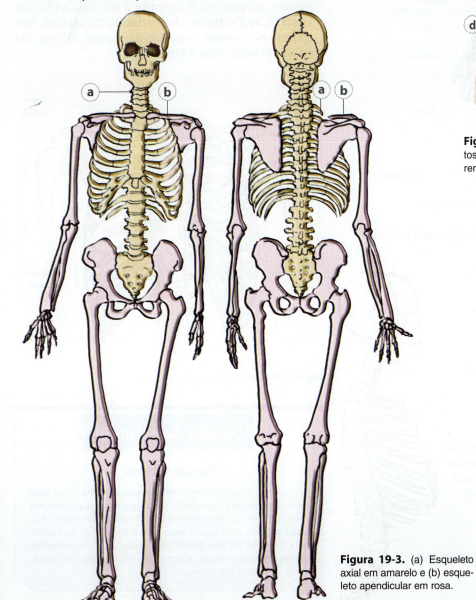

Figura 19-3. (a) Esqueleto axial em amarelo e (b) esqueleto apendicular em rosa.

Suporte e movimento **401**

O esqueleto humano consiste em 206 ossos que, para efeitos didáticos, podem ser agrupados em duas divisões principais: o esqueleto **axial** (80 ossos) e o esqueleto **apendicular** (126 ossos). Veja a Figura 19-4.

É composto de:

- **esqueleto cefálico** – formado pelos 22 ossos do crânio (21 firmemente unidos e um, a mandíbula, móvel, que se articula com outros ossos do crânio);
- **osso hioide** – pequeno osso que se situa na parte anterior do pescoço. Note que ele não está ligado a nenhum outro osso, sendo sua sustentação feita única e exclusivamente por músculos;
- **coluna vertebral** – formada por uma série de ossos chamados *vértebras*. Estrutura forte e flexível, entre as funções da coluna destacam-se a de proteção à medula espinhal, suporte da cabeça e, ainda, ponto de junção para as costelas e os músculos das costas;
- **esterno** – osso achatado e estreito, medindo cerca de 15 cm, localizado na linha média da parede anterior da caixa torácica;
- **costelas** – em número de 24, ligam-se ao esterno pelas cartilagens costais. Protegem os órgãos torácicos. Destas, as 5 inferiores de cada lado são chamadas de *falsas*, pois não estão diretamente ligadas ao esterno: 3 ligam-se à sétima cartilagem costal e as 2 últimas, chamadas de *flutuantes*, terminam na parede muscular da porção inferior da caixa torácica (veja a Figura 19-6).

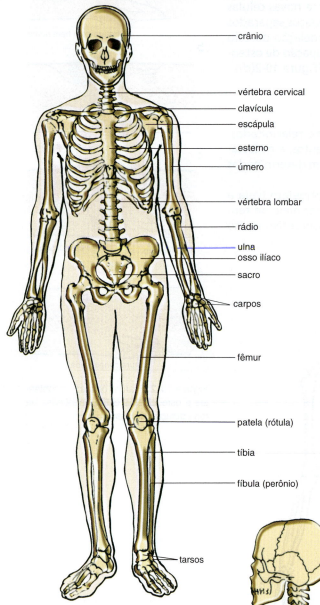

Figura 19-4. Vista anterior do esqueleto humano.

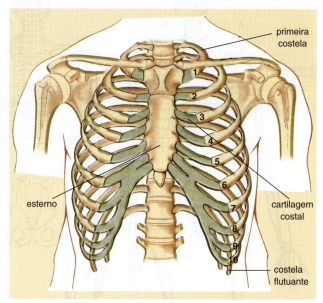

Figura 19-6. Parte esquelética do tórax.

O esqueleto axial

É a principal estrutura de sustentação do corpo, sendo orientado ao longo de seu eixo longitudinal mediano (veja a Figura 19-5).

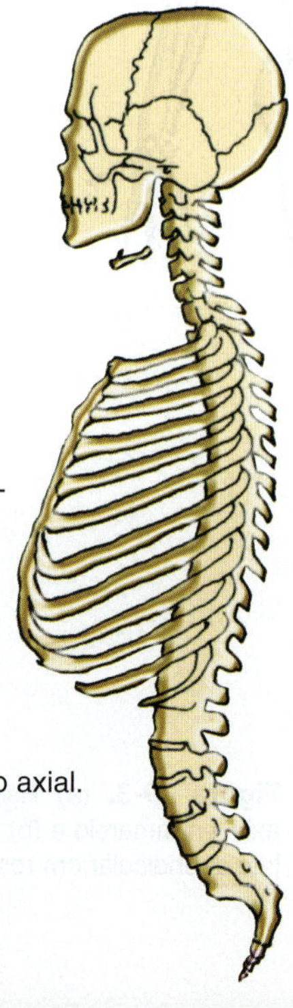

Figura 19-5. Esqueleto axial.

De olho no assunto!

Punção esternal

Já que o esterno contém medula óssea vermelha e é um local de fácil acesso, ele é comumente usado para biópsias de medula e coleta de amostras do tecido produtor de células sanguíneas. Sob anestesia local, uma agulha apropriada é introduzida no esterno para aspiração de uma amostra da medula. Esse procedimento, conhecido como punção esternal, permite detectar anomalias, como a leucemia, por exemplo.

De olho no assunto!

Os ossos cranianos protegem o cérebro. São eles: frontal, parietais (2), temporais (2), occipital, esfenoide e etmoide. (Veja a Figura 19-7). Os ossos faciais são em número de 14: nasais (2), maxilares superiores (2), nos quais estão implantados os dentes da arcada superior, mandíbula (maxila inferior), lacrimais (2), palatinos (2), conchas nasais inferiores (2), zigomáticos (2) e vômer.

Entre as vértebras existem aberturas chamadas *foramens* (veja a Figura 19-8). Os nervos que ligam a medula espinhal às várias partes do corpo passam por esses foramens.

Entre vértebras adjacentes (exceto a primeira e a segunda cervicais) existem *discos intervertebrais*, que atuam como amortecedores, possibilitando vários movimentos da coluna vertebral e absorvendo choques verticais. Cada disco contém um núcleo gelatinoso dotado de proteínas e água (núcleo pulposo), rodeado por um resistente anel fibroso. Na *hérnia de disco*, por exemplo, na região lombar, ocorre ruptura do disco, o núcleo pulposo vaza, ultrapassa os limites do anel fibroso e pode comprimir a medula espinhal ou nervos que dela emergem nessa região. Pode ocorrer dor no local ou irradiar-se para coxas e pernas, sintoma típico da conhecida *dor ciática*.

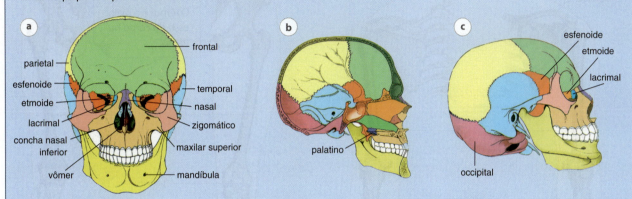

Figura 19-7. (a) Vista frontal; (b) corte medial; (c) vista lateral.

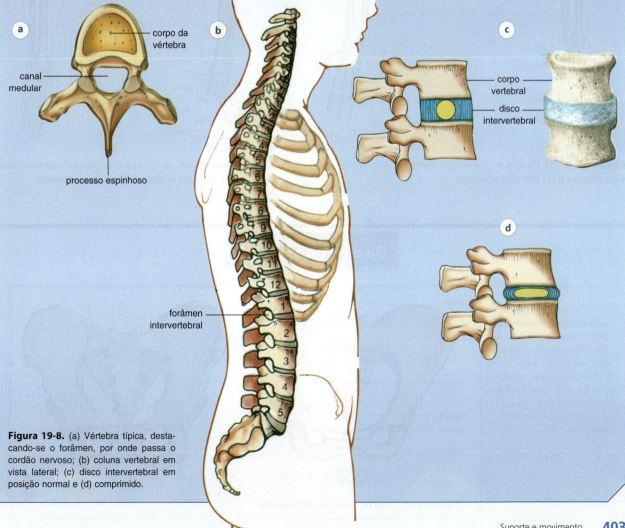

Figura 19-8. (a) Vértebra típica, destacando-se o forâmen, por onde passa o cordão nervoso; (b) coluna vertebral em vista lateral; (c) disco intervertebral em posição normal e (d) comprimido.

Suporte e movimento **403**

O esqueleto apendicular

É composto de ossos dos membros e das articulações que os unem ao esqueleto axial:

- **membros superiores e cintura** – a mobilidade dos membros superiores está diretamente relacionada à cintura (escapular) formada pela clavícula e pela escápula (ou omoplata). A única ligação óssea com o esqueleto axial e essa cintura é feita pela clavícula com o esterno (veja a Figura 19-9);
- **membros inferiores e sua cintura** – os ossos do quadril (ilíaco, púbis e ísquio) se unem e formam a cintura (pélvica) dos membros inferiores (veja a Figura 19-10).

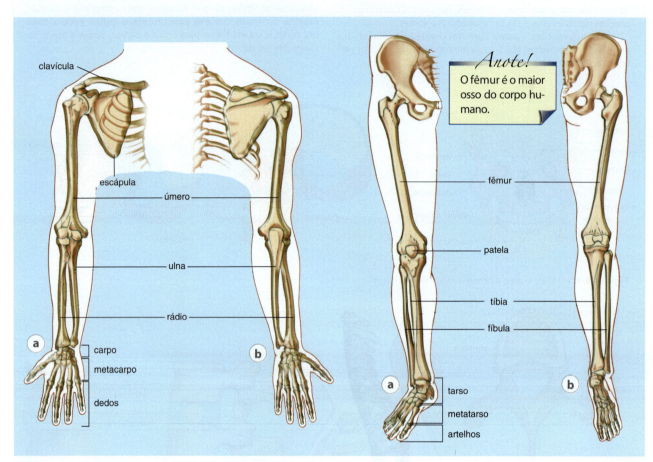

Figura 19-9. (a) Cintura e ossos dos membros superiores em vista anterior e (b) em vista posterior.

Figura 19-10. (a) Cintura e ossos dos membros inferiores em vista anterior e (b) em vista posterior.

De olho no assunto!

Pelve

Os ossos do quadril, sacro e cóccix formam uma bacia, chamada *pelve*. A pelve feminina é mais arredondada e mais larga que a masculina, característica que permite uma melhor acomodação do feto durante seu desenvolvimento e o parto (veja a Figura 19-11).

Figura 19-11. Pelve (a) feminina e (b) masculina.

Articulações

Os ossos são estruturas bastante rígidas que permitem dobras e movimentos sem danos. É por essa razão que a ligação entre os ossos se dá por tecido conjuntivo, formando as articulações. São elas que permitem os movimentos. Nas articulações, as extremidades dos ossos deslizam facilmente umas sobre as outras, pois estão recobertas por cartilagem, que é um tecido menos rígido do que o tecido ósseo. No revestimento interno das articulações existe um líquido especial que preenche a cavidade das articulações, o **líquido sinovial**, que age como um verdadeiro "lubrificante" das articulações.

A articulação do joelho é uma das mais complexas do corpo. Ela sustenta o peso corporal e confere equilíbrio e liberdade de movimento.

Principais Doenças Relacionadas ao Sistema Esquelético

A Tabela 19-1 apresenta os principais problemas relacionados com a ossificação, esqueleto axial e articulações presentes nos seres humanos.

Tabela 19-1. Características das principais doenças relacionadas ao sistema esquelético.

Distúrbio em	Doença	Características
Ossificação	Raquitismo.	• Causa: deficiência de vitamina D. • Os ossos não são tão fortes em decorrência da falta de cálcio e de fósforo. • Pernas arqueadas e pode ocorrer má-formação na cabeça, peito e pélvis.
	Osteomalacia.	• Desmineralização dos ossos por falta de vitamina D. • Mesmos efeitos do raquitismo.
	Osteomielite.	• Doenças infecciosas dos ossos.
	Osteoporose.	• Decréscimo da massa óssea. • Relacionada com a idade, mas também pode ocorrer durante a gravidez. • Afeta, principalmente, quadris, coluna, pernas e pés.
Esqueleto axial	Fraturas da coluna vertebral.	• Em geral, decorrentes de queda sobre os pés ou glúteos, podendo, às vezes, danificar nervos cervicais.
	Hérnia de disco.	• Deslocamento de parte do disco intervertebral em direção à medula espinhal ou aos nervos, provocando fortes dores.
	Cifose.	• Conhecida como corcunda. • Pode ser causada por raquitismo e deficiências posturais.
	Escoliose.	• Curvatura lateral da coluna. Podem surgir curvas compensatórias para o restabelecimento do equilíbrio entre a cabeça e a pelve.
	Lordose.	• Exagerada curvatura para a frente, geralmente na região lombar da coluna. • O excesso de peso abdominal pode levar a essa condição, como ocorre na gravidez.
Articulações	Reumatismo.	• Qualquer manifestação dolorosa das estruturas de suporte do corpo, sejam ossos, ligamentos, articulações, tendões ou músculos.
	Artrite.	• Forma de reumatismo em que as articulações estão inflamadas.
	Bursite.	• Inflamação da bolsa sinovial.
	Luxação.	• Deslocamento do osso de sua articulação com dano para ligamentos, tendões e cápsulas articulares.

Leitura

"Laptoptite"?

O uso prolongado dos *notebooks* tem aumentado os casos de dores e lesões em ligamentos e articulações. O formato do aparelho dificulta uma boa postura durante a digitação e pode causar problemas nos ombros, cotovelos, punhos e na coluna vertebral, além de dor de cabeça. Preocupado com a popularização dos PCs portáteis entre estudantes norte-americanos, o especialista em reabilitação Kevin Carneiro, da Universidade da Carolina do Norte (EUA), cunhou o termo "laptoptite" – em analogia a doenças como tendinite – para designar os problemas causados pelo uso do aparelho em posturas inadequadas.

Adaptado de: A doença do laptop. *Folha de S.Paulo*, São Paulo, 28 mar. 2011. Caderno Saúde, p. C8.

Suporte e movimento **405**

De olho no assunto!

Implantes dentários

Os dentes são extremamente importantes para a mastigação, para uma correta fonação (fala), além de contribuírem para a estética facial. A perda dos elementos dentais pode trazer problemas físicos, nutricionais, psicológicos e sociais. Atualmente, a perda de dentes pode ser solucionada de várias maneiras, sendo a mais moderna delas o implante dentário.

A descoberta do implante deu-se no começo da década de 1960, pelo pesquisador sueco Per-Ingvar Branemark.

Em seus estudos sobre microcirculação de animais, Branemark percebeu, por acaso, a possibilidade de se obter uma íntima conexão entre o tecido ósseo e o titânio. A esse fenômeno, Branemark deu o nome de *osseointegração*. O titânio é, atualmente, o material preferido para ser usado em situações em que é necessário um íntimo contato com tecidos vivos, já que ele é um material inerte e biocompatível, o que significa que o organismo não o reconhece como um corpo estranho e, portanto, não o rejeita.

O implante é constituído de um cilindro de titânio que é colocado no osso, cumprindo a função de raiz do dente, e sobre ele é colocada uma prótese, tendo como objetivo devolver ao indivíduo as funções estética e mastigatória, além de melhorar a autoestima.

Mas não podemos esquecer que o mais importante é evitar que o implante seja necessário, tendo todos os cuidados essenciais com os dentes e com os tecidos que os circundam.

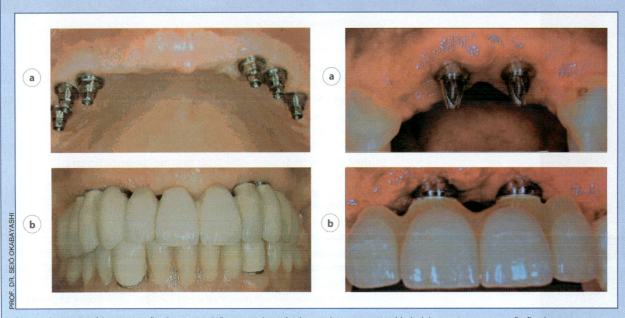

Nos implantes dentários, a parte fixada ao osso (não mostrada na foto) possui em sua extremidade (a) suporte em que serão fixadas as próteses, como se vê em (b).

SISTEMA MUSCULAR

O movimento é uma função essencial do corpo, resultante de contrações e relaxamentos musculares. O tecido muscular representa de 40% a 50% do peso corporal total e é composto de células altamente especializadas.

Os músculos estão relacionados, basicamente, com as funções de movimento, manutenção da postura e produção de calor.

Anote!
Foi estimado que 85% de todo o calor gerado no corpo vem de contrações musculares.

De olho no assunto!

Revendo conceitos

O *tecido muscular estriado esquelético periférico* (sob a pele) é aquele presente nos músculos ligados aos ossos e que movimentam o esqueleto. Ele é denominado estriado porque, quando é visto ao microscópio, apresenta estriações – bandas ou faixas transversais – em sua estrutura. É uma musculatura voluntária, já que pode ser comandada conscientemente pelo sistema nervoso somático (SNS).

O *tecido muscular cardíaco* forma a parede do coração. Essa musculatura é estriada e de contração involuntária, pois é inervada pelo SNA simpático e parassimpático.

O *tecido muscular liso* ou *visceral* está relacionado com a manutenção dos processos do meio interno. Ele está localizado nas paredes dos órgãos ocos, como estômago e intestino, bexiga urinária, útero, artérias e veias etc. É chamado de liso por não apresentar estriações transversais e é involuntário, isto é, suas contrações independem de comandos conscientes, uma vez que é inervado pelo SNA simpático e parassimpático. Veja a Figura 19-12.

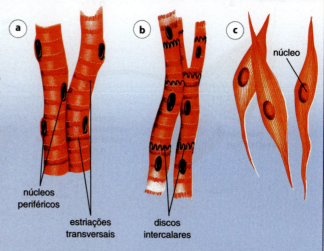

Figura 19-12. Fibras musculares esqueléticas (a), fibras musculares cardíacas (b) e fibras musculares lisas (c).

A Contração Muscular

A maioria dos animais possui células nervosas e musculares. Em todos eles, o mecanismo de funcionamento dessas células é exatamente o mesmo. A coordenação interna do organismo e o seu relacionamento com o meio ambiente são funções exercidas pelo sistema nervoso.

Ao sistema sensorial cabe a recepção das mensagens provenientes do meio ambiente. A resposta, muitas vezes representada por um movimento, é papel dos tecidos musculares.

Os miofilamentos: actina e miosina

Toda célula muscular contém filamentos proteicos contráteis de dois tipos: *actina* e *miosina*. Esses **miofilamentos** (ou miofibrilas) são diferenciados um do outro pelo peso molecular, maior nos filamentos de miosina.

Ao microscópio eletrônico, a *actina* aparece sob a forma de *filamentos finos*, enquanto a *miosina* é representada por *filamentos grossos*. A interação da actina com a miosina é o grande evento desencadeador da **contração muscular**.

Anote!
Onde houver movimento de contração, haverá células musculares envolvidas. Em qualquer animal que possua células musculares, o mecanismo de contração é o mesmo.

Tecido Muscular Estriado Esquelético

Nas células musculares estriadas, o arranjo das moléculas de actina e miosina é bem definido. Esses dois miofilamentos estão dispostos no sentido longitudinal da célula, sobrepondo-se em intervalos regulares de modo que constituam as estrias transversais características desse tipo celular.

A repetição periódica desses elementos contráteis leva à formação de unidades conhecidas como **sarcômeros** (veja a Figura 19-13). Em cada sarcômero, filamentos finos de actina alternam-se com filamentos grossos de miosina.

As linhas Z constituem o ponto onde se originam os filamentos de actina. Os filamentos de miosina ficam intercalados com os de actina. Note que de ambos os lados dos filamentos de miosina existe um espaço. Essa é a conformação quando a célula muscular está relaxada. Na contração, o sarcômero encurta e as moléculas de miosina "encostam" nas linhas Z. Nesse caso, a estriação típica modifica-se momentaneamente. Retornando ao estado de relaxamento, tudo volta à posição original.

Anote!
Nas células musculares lisas não existe o arranjo descrito. Os filamentos de actina e miosina não se organizam em estriações transversais típicas das células musculares estriadas.

Suporte e movimento **407**

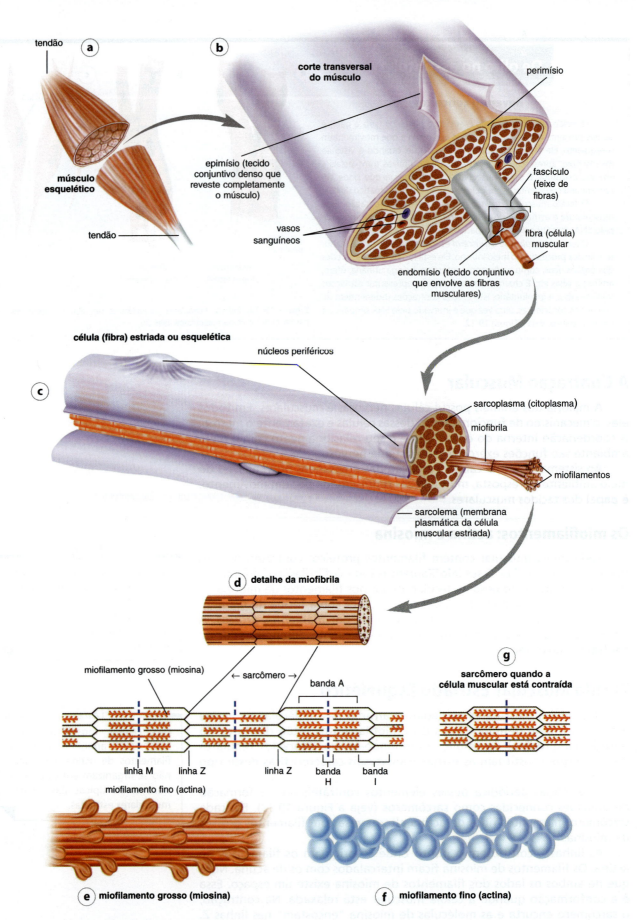

Figura 19-13. Estrutura de um músculo esquelético (a-b) e detalhes de uma célula muscular estriada (c). Detalhes do arranjo das moléculas de actina e miosina em uma miofibrila (d-g).

408 BIOLOGIA 2 • 4.ª edição

O mecanismo da contração muscular

Na contração das fibras musculares esqueléticas, ocorre o encurtamento dos sarcômeros: os filamentos de actina "deslizam" sobre os de miosina, graças a certos pontos de união que se formam entre esses dois filamentos, levando à formação da **actomiosina**. Para esse deslizamento acontecer, há a participação de grande quantidade de dois elementos importantes: íons Ca^{++} e ATP. Nesse caso, cabe à molécula de miosina o papel de "quebrar" (hidrolisar) o ATP, liberando a energia necessária para a ocorrência de contração.

Resumidamente, a atividade de contração muscular pode ser representada por:

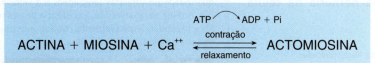

O estímulo à contração muscular

A musculatura lisa é controlada pelos nervos do sistema nervoso autônomo. As divisões simpática e parassimpática atuam sobre a atividade da musculatura lisa dos órgãos digestivos e excretores. No entanto, o tecido muscular liso também pode ser estimulado a funcionar pela distensão da parede do órgão. É o que acontece, por exemplo, quando o bolo alimentar está passando pelo tubo digestivo. A distensão causada pelo alimento na parede intestinal provoca uma resposta de contração da musculatura lisa dessa parede. Como resultado, gera-se uma onda de peristaltismo, que impulsiona o alimento "para a frente".

Por outro lado, a musculatura estriada, na maior parte das vezes, fica sob controle voluntário. Ramos nervosos se encaminham para o tecido muscular e se ramificam, atingindo células musculares individuais ou grupos delas.

Cada ponto de junção entre uma terminação nervosa e a membrana plasmática da célula muscular corresponde a uma sinapse. Essa junção é conhecida pelo nome de **placa motora**. O impulso nervoso propaga-se pelo neurônio e atinge a placa motora (veja a Figura 19-14). A membrana da célula muscular recebe o estímulo. Gera-se uma corrente elétrica que se propaga por essa membrana, atinge o citoplasma e desencadeia o mecanismo de contração muscular.

Anote!

O ATP necessário para a contração é produzido na respiração aeróbia, com a utilização de glicose trazida pelo sangue. Se mais glicose for necessária, uma quantidade adicional será gerada a partir do glicogênio armazenado na célula muscular. Outra fonte extra de energia é gerada pela molécula de **fosfocreatina**, uma espécie de "reserva" energética da célula muscular. Ao ser "quebrada", a fosfocreatina libera o seu fosfato rico em energia, que se une ao ADP, formando mais ATP para a contração muscular.

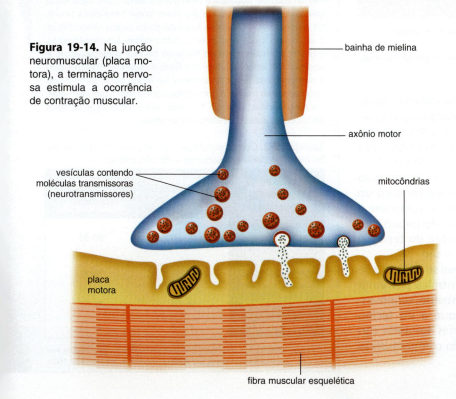

Figura 19-14. Na junção neuromuscular (placa motora), a terminação nervosa estimula a ocorrência de contração muscular.

De olho no assunto!

Tônus muscular

O músculo pode estar em um estado de contração parcial, em que algumas fibras estão contraídas e outras, relaxadas. É o que se chama *tônus muscular*.

Essa contração enrijece o músculo, mas não há fibras contraídas em número suficiente para a realização de movimento.

O tônus é essencial na manutenção da postura. Por exemplo, o tônus da musculatura do pescoço é responsável por manter a cabeça na posição anatômica normal, sem deixar que ela caia sobre o peito, mas não exerce força suficiente para levá-la para trás em hiperextensão.

Suporte e movimento **409**

Tecido Muscular Estriado Cardíaco

Esse tecido é o principal constituinte da parede do coração. Embora ele seja estriado, seu controle é involuntário (ele é inervado pelos dois ramos do sistema nervoso autônomo – o simpático e o parassimpático). As fibras do músculo cardíaco são quadrangulares e apresentam um ou dois núcleos localizados no centro da fibra. Já as células musculares esqueléticas contêm vários núcleos distribuídos pela periferia da célula (veja a Figura 19-15).

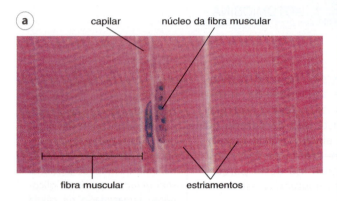

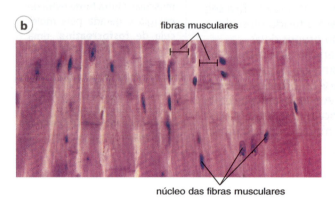

Figura 19-15. (a) Tecido muscular esquelético e (b) tecido muscular cardíaco.

As fibras cardíacas estão interconectadas umas com as outras. Essas fibras estão organizadas paralelamente, e fisicamente conectadas por junções que permitem a condução de um estímulo de uma fibra para outra. Entre as fibras, há a interposição de um disco intercalar, que nada mais é do que o espessamento da membrana da célula. Esse disco é característico do tecido muscular cardíaco. Sua função é aumentar a força do músculo e facilitar a condução do impulso de uma fibra para outra. Quando uma fibra do tecido é estimulada, todas as outras também o são.

O tecido muscular cardíaco normal se contrai e se relaxa de forma rápida, contínua e rítmica por volta de 75 vezes por minuto. Para esse trabalho, a demanda por oxigênio é bem maior do que a do tecido muscular esquelético. As mitocôndrias também são maiores e em grande número quando comparadas às dos músculos esqueléticos.

De olho no assunto!

Os tipos de fibra muscular utilizados nos exercícios físicos

As fibras musculares não são idênticas na estrutura e na função. As principais diferenças entre elas são: a coloração (resultante do teor de mioglobina), a quantidade de mitocôndrias, a quantidade de capilares sanguíneos e a velocidade de contração. Admite-se, atualmente, a existência de três tipos básicos de fibra muscular: lenta (vermelha, tipo I), intermediária (rosácea, tipo IIa) e rápida (branca, tipo IIb).

Corte transversal de um músculo esquelético, submetido à coloração. Nele, podem ser observadas as fibras lentas (tipo I, mais escuras), as intermediárias (tipo IIa, mais claras) e as rápidas (tipo IIb, coloração marrom).

Fonte: POWERS, S. K.; HOWLEY, E. T. In: *Exercise Physiology* – Theory and Application in Fitness and Performance. USA: McGraw-Hill, 1977.

Conceitualmente, as fibras intermediárias (rosáceas, tipo IIa) podem ser vistas como possuindo uma mistura das características das fibras lentas (vermelhas, tipo I) e rápidas (brancas, tipo IIb). No entanto, as fibras IIa são extremamente adaptáveis, isto é, com o treinamento de "endurance", elas podem elevar a sua capacidade oxidativa a níveis iguais aos das fibras lentas (vermelhas, tipo I). De modo geral, as fibras do tipo I possuem muitas mitocôndrias e as do tipo II possuem poucas mitocôndrias. Em maratonistas, é maior a porcentagem de fibras do tipo I e o metabolismo é aeróbico. Em velocistas, ocorrem fibras do tipo II e o metabolismo é predominantemente anaeróbico. De modo geral, as fibras do tipo I possuem muitas mitocôndrias e as do tipo II possuem poucas mitocôndrias. A Tabela 19-2 relaciona a composição de tipos de fibras musculares de atletas e não atletas.

Tabela 19-2. Composição típica da musculatura dos atletas de elite de diferentes esportes e de não atletas.

Modalidade esportiva	% de fibras lentas (tipo I)	% de fibras rápidas (tipos IIa e IIb)
Corredores de longa distância	70-80	20-30
Corredores de curta distância	25-30	70-75
Halterofilismo	45-55	45-55
Não atletas	47-53	47-53

Fonte: POWERS, S. K.; HOWLEY, E. T. In: *Exercise Physiology* – Theory and Application in Fitness and Performance. USA: McGraw-Hill, 1977.

Tecido Muscular Liso

As células musculares lisas são involuntárias, não estriadas e menores do que as fibras estriadas esqueléticas. Elas apresentam um núcleo único e central. Seus filamentos de actina e miosina estão espalhados no citoplasma, sem o arranjo visto para as células musculares esqueléticas. A contração muscular se dá de modo semelhante ao visto anteriormente.

Anote!
A partir dos 30 anos de idade, há uma progressiva perda de massa muscular, que é reposta por tecido adiposo. Acompanhando a perda de massa muscular, há a diminuição da força e dos reflexos.

A musculatura lisa é controlada pelos nervos do sistema nervoso autônomo (simpático e parassimpático). Ela está presente, por exemplo, na parede dos órgãos digestivos, dos vasos sanguíneos, da bexiga urinária e do útero. O tecido muscular liso também pode ser estimulado a funcionar pela distensão da parede do órgão.

Grupos de Ação Muscular

O músculo esquelético é um agrupamento de células musculares (fibras) envoltas em um delicado tecido fibroso. À medida que um músculo esquelético se aproxima da sua inserção, a massa formada por elementos contráteis, chamada de *ventre*, termina abruptamente e é continuada por fibras do tecido conjuntivo, conhecidas como *tendões de inserção*. Os tendões planos se chamam *aponeuroses*. As fibras colágenas do tendão se ligam com as do periósteo e do osso propriamente dito, fazendo a união entre os sistemas ósseo esquelético e muscular (veja a Figura 19-16).

A maioria dos movimentos é coordenada por vários músculos esqueléticos atuando em grupos. Dependendo do tipo de movimento, há diferentes grupos de músculos em cada lado de uma articulação. Assim, em uma articulação, os músculos flexores estão do lado oposto ao dos extensores, o dos adutores em oposição ao dos abdutores etc. O músculo que causa a ação desejada é chamado de *agonista*. Simultaneamente, o grupo que faz oposição ao agonista é chamado de *antagonista*. Assim, se o grupo agonista se contrai, o antagonista se relaxa e permite o movimento desejado.

Além dos agonistas e antagonistas, existem os *sinergistas*. Esses músculos servem para firmar, uniformizar o movimento, além de prevenir movimentos indesejados e promover uma ação agonista eficiente.

O último grupo é o dos *fixadores*. Sua função é estabilizar a origem dos movimentos agonistas para que eles sejam realizados de forma eficiente.

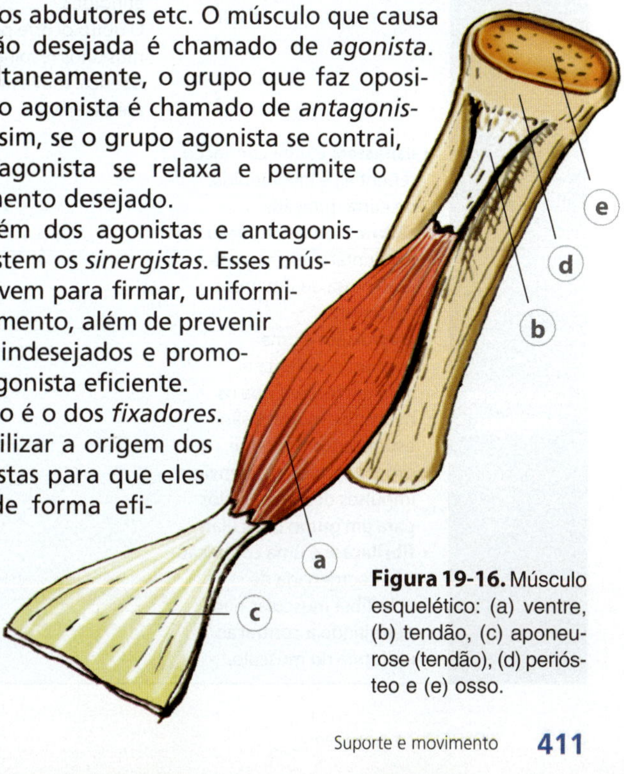

Figura 19-16. Músculo esquelético: (a) ventre, (b) tendão, (c) aponeurose (tendão), (d) periósteo e (e) osso.

Suporte e movimento **411**

Principais Doenças Relacionadas aos Tecidos Musculares

A Tabela 19-3 apresenta as principais doenças relacionadas ao sistema muscular.

Tabela 19-3. Características das principais doenças relacionadas ao sistema muscular.

Doença	Características	Observações
Fibrose	A formação de um tecido conjuntivo fibroso onde esse tecido não deveria normalmente existir é chamada de **fibrose**.	As células do tecido muscular esquelético e do tecido muscular cardíaco não podem sofrer mitose, e as fibras musculares mortas são normalmente substituídas por tecido fibroso. Sendo assim, a fibrose é geralmente uma consequência da degeneração ou do dano muscular.
Distrofia muscular	O termo **distrofia muscular** se aplica a um grande número de doenças que causam degeneração muscular. A degeneração ocorre em fibras musculares individuais e leva a uma progressiva atrofia dos músculos esqueléticos.	Suas causas têm sido apontadas como defeitos genéticos, problemas com o metabolismo de potássio, deficiências proteicas e a não utilização de creatina pelo corpo. Não existem medicamentos específicos para a distrofia. O tratamento inclui fisioterapia, exercícios físicos e, quando necessário, manobras cirúrgicas **corretivas**.
Miastenia gravis	A *miastenia gravis* é o enfraquecimento dos músculos esqueléticos. É causada por um problema na junção neuromuscular, que faz com que as fibras não se contraiam. É necessário lembrar que as fibras musculares se contraem pela liberação de acetilcolina nas placas motoras (sinapses).	A *miastenia gravis* é uma doença causada por produção de anticorpos para os receptores de acetilcolina na membrana das células musculares. O anticorpo se liga ao receptor e não permite que a acetilcolina se ligue a ele. Os músculos se tornam extremamente fracos e podem perder totalmente sua função. A *miastenia gravis* é mais comum em mulheres entre 20 e 50 anos. Os músculos da face e do pescoço são, geralmente, os primeiros a serem atingidos. O óbito ocorre por paralisia dos músculos respiratórios, mas a doença, muitas vezes, não progride até essa fase.
Contrações anormais	■ **espasmo:** é uma contração repentina e involuntária, de curta duração; ■ **cãibra:** é uma contração involuntária, espasmódica e dolorosa de um grupo muscular; ■ **convulsão:** é uma contração violenta e involuntária, em que os neurônios motores são estimulados por febre, drogas ou histeria, e enviam impulsos desorganizados para um grupo muscular; ■ **fibrilação:** é uma contração não coordenada de uma fibra muscular, não permitindo a contração uniforme do músculo.	

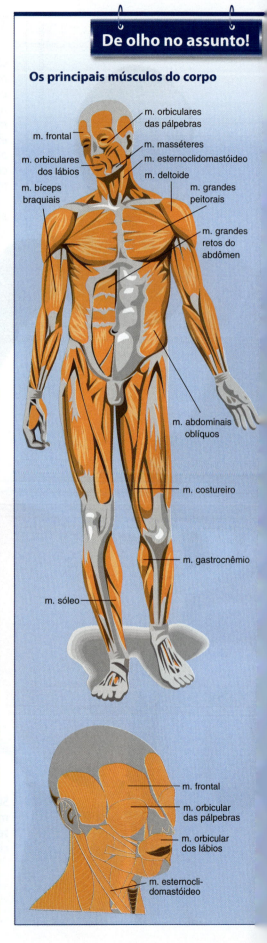

De olho no assunto!

Os principais músculos do corpo

412 BIOLOGIA 2 • 4.ª edição

	Principais músculos	Ação
Cabeça	Frontal	Eleva as sobrancelhas; sua contração produz rugas horizontais na testa.
	Orbiculares das pálpebras	Permitem a abertura e o fechamento dos olhos.
	Orbiculares dos lábios	Fecham os lábios; são contraídos no assobio, na sucção etc.
	Masséteres	Movimentam a mandíbula.
	Temporal	Movimenta a mandíbula.
Pescoço	Esternoclidomastóideos	Produzem, por contração, a rotação da cabeça.
Tórax	Trapézio	Eleva os ombros e movimenta para trás a cabeça.
	Grandes dorsais	Levam, ao se contraírem, os braços para trás.
	Grandes denteados	Auxiliam a inspiração do ar, pois elevam as costelas.
	Grandes peitorais	Movimentam para a frente os braços.
Abdômen	Grandes retos do abdômen	Dobram o tórax sobre o abdômen e auxiliam na inspiração forçada.
	Diafragma	Auxilia na inspiração; separa internamente a caixa torácica da cavidade abdominal.
	Oblíquos	Contraem o abdômen.
Membros superiores	Deltoides	Levantam os braços.
	Bíceps braquiais	Aproximam os antebraços dos braços.
	Tríceps	Afastam os antebraços dos braços.
	Flexores dos dedos	Flexionam ou dobram os dedos.
	Extensores dos dedos	Provocam a extensão dos dedos.
Membros inferiores	Grandes glúteos	Músculos extensores das coxas.
	Gastrocnêmio	Flexiona pernas e pés.
	Costureiros	Flexionam as pernas sobre as coxas.
	Sóleo	Flexiona os pés.

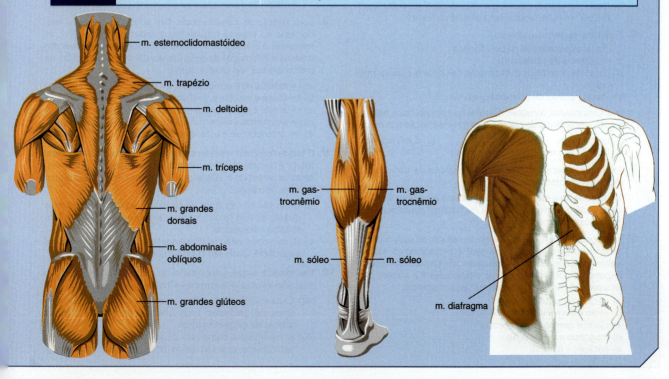

Suporte e movimento 413

Ética & Sociedade

Lixo ou saúde?

No nosso organismo, o cálcio é um elemento imprescindível para o bom funcionamento de nossos sistemas nervoso, muscular e esquelético. Mais de 90% do total de cálcio corporal concentra-se no nosso esqueleto. Quando, por falta de uma nutrição adequada ou por problemas de saúde, vemos diminuído o cálcio plasmático, as reservas existentes nos ossos podem ser requisitadas.

Em comunidades carentes, é comum encontrarmos pessoas que apresentem grave carência de cálcio, principalmente entre as crianças. Para viabilizar a melhoria na qualidade da alimentação desses indivíduos, foi desenvolvido um suplemento alimentar à base de pó de casca de ovo. Assim, aquilo que antes seria considerado lixo aparece como determinante na manutenção da saúde da população.

- Observe, em sua casa, o que é descartado como lixo. Procure imaginar formas de reaproveitar algum desses itens.

Passo a passo

1. Cite os quatro tipos de osso comumente encontrados no esqueleto humano e as principais características a eles associadas.

2. A *ossificação*, processo de formação de tecido ósseo, pode se dar por meio de dois eventos básicos. No primeiro, o tecido ósseo surge aos poucos, em uma membrana de natureza conjuntiva, não cartilaginosa. No segundo, uma peça cartilaginosa, com formato de osso, serve de molde para a confecção de tecido ósseo. Com relação ao exposto nesse texto, cite as denominações referentes a esses dois processos de ossificação.

3. Na ossificação dos ossos longos, há duas regiões principais – uma relacionada ao longo cilindro ósseo e a outra relativa à extremidade óssea –, bem como há células "demolidoras" de osso. Ao mesmo tempo, há células responsáveis pela deposição constante de novo tecido ósseo. Utilizando essas informações e os seus conhecimentos sobre o assunto, responda:
a) Quais são as duas regiões ósseas referidas no texto?
b) Quais são as duas células, uma "demolidora" e a outra "construtora" de novo tecido ósseo, citadas no texto?

4. Considere os itens seguintes:
  I – taxas adequadas de cálcio e fósforo;
  II – existência de vitamina D;
  III – ação de hormônios (crescimento, calcitonina e paratormônio);
  IV – taxas normais de hormônios sexuais.

Dos itens citados, constituem fatores que possibilitam, normalmente, a ocorrência de crescimento e remodelação dos ossos:
a) I e II, apenas. c) I, II, III e IV. e) II e IV, apenas.
b) I, III e IV, apenas. d) II e III, apenas.

5. As duas células participantes da reparação de fraturas que incidem nos ossos são:
a) osteoclasto e osteoblasto.   d) hemácia e linfócito B.
b) neutrófilo e osteoclasto.   e) mastócito e periósteo.
c) calo ósseo e osteoclasto.

6. A osteoporose possui o significado de *redução da quantidade de massa óssea* e acomete, de modo geral, as pessoas idosas. Assinale a alternativa que relacione o elemento mineral mais diretamente responsável por essa redução de massa óssea e a medida mais recomendada no sentido de prevenir essa ocorrência.
a) cálcio e repouso absoluto
b) sódio e exercícios físicos moderados
c) cálcio e caminhadas vigorosas
d) magnésio e musculação
e) potássio e natação

7. Nas frases a seguir, reconheça as corretas e indique a soma no final.
(01) São componentes do esqueleto axial apenas a coluna vertebral, o osso esterno e as costelas.
(02) De maneira geral, no ser humano existem 24 costelas, sendo as duas últimas denominadas de flutuantes.
(04) O osso hioide é livre e, de modo geral, é confundido com a mandíbula.
(08) A punção esternal é um procedimento que visa coletar sangue da medula óssea vermelha, para fins de diagnóstico de possíveis anomalias.
(16) A hérnia de disco é uma ruptura de vértebras, cujos resíduos pressionam a medula espinhal e o nervo ciático.
(32) Os ossos dos membros superiores e os dos membros inferiores são componentes do esqueleto apendicular.
(64) Os ossos do quadril, do sacro e do cóccix formam a bacia, ou pelve, repleta de líquido sinovial, que permite a ocorrência de articulação desses ossos na movimentação de uma pessoa.

8. Com relação às características das principais doenças relacionadas ao sistema esquelético, listadas na Tabela 19-1, as referentes à *carência de vitamina D* (I), *doenças infecciosas dos ossos* (II) e *inflamação da bolsa sinovial* (III) são reconhecidas, na ordem em que são citadas, como:
a) I = raquitismo e osteomalacia, II = osteomielite e III = bursite.
b) I = cifose e escoliose, II = bursite e III = osteomalacia.
c) I = artrite e raquitismo, II = luxação e III = bursite.
d) I = raquitismo e osteomalacia, II = osteomielite e III = artrite.
e) I = osteoporose e osteomielite, II = bursite e III = artrite.

9. O tecido muscular representa de 40% a 50% da massa corporal total e é constituído de células altamente especializadas. A respeito desse tecido e utilizando os seus conhecimentos sobre o assunto, responda:
a) Quais são os três tipos de tecido muscular? Caracterize-os quanto ao tipo celular, localização e se a contração é voluntária ou involuntária.
b) Os músculos estão relacionados basicamente a três funções específicas. Quais são essas funções?

10. Nas frases a seguir, relacionadas ao mecanismo de contração muscular, relacione as corretas e indique a soma no final.
(01) Cada miofibrila da célula muscular é formada por dois tipos de unidades: finas (miosina) e grossas (actina), ambas de origem lipídica.
(02) A miofibrila é composta de unidades de contração, os sarcômeros, que são delimitados por duas linhas **Z**.

(04) No sarcômero, a faixa clara é chamada de banda **I**, no meio dela existe uma linha escura, linha **Z**. A banda escura é chamada de faixa **A**, dividida pela banda central **H**.

(08) A banda **A** ou banda escura é formada por miofilamentos de actina, enquanto o miofilamento de miosina se estende por toda a faixa **I**.

(16) No processo de contração muscular, os miofilamentos de miosina e actina não diminuem de comprimento, apenas a miosina desliza pelos miofilamentos de actina.

(32) Na contração muscular ocorre encurtamento dos sarcômeros e, assim, as miofibrilas se contraem como um todo, visto que os miofilamentos de actina estão ancorados em cada linha **Z** e deslizam entre as miosinas.

(64) Íons de cálcio combinam-se com a miosina, que funciona como enzima, "quebrando" o ATP em ADP com liberação de energia para a ocorrência de contração muscular.

11. Analise cuidadosamente as reações abaixo e julgue se a frase que as acompanha está certa ou errada:

$$ATP + creatina \underset{2}{\overset{1}{\rightleftarrows}} ADP + fosfocreatina$$

Quando os músculos estão em repouso, ocorre a reação **1** e quando estão ativos, ocorre a reação **2**.

12. O assunto é o estímulo à contração, que depende do tipo de tecido muscular. No caso:

a) Qual ramo do sistema nervoso controla a musculatura lisa? Que outro tipo de estímulo propicia a contração desse tipo de tecido? O que significa "peristaltismo"?

b) Qual o significado de "placa motora", relativamente ao tecido muscular estriado esquelético? Como é propagado o estímulo nesse caso?

c) Qual ramo do sistema nervoso está relacionado ao controle da musculatura estriada cardíaca? Sabe-se que a demanda de oxigênio para ocorrer contração desse tipo de musculatura é elevada. Como são as mitocôndrias presentes nas células desse tecido, comparadas às existentes nas células do tecido muscular estriado esquelético?

13. A tabela a seguir relaciona as características funcionais dos tipos de fibras musculares comumente encontradas em músculos estriados esqueléticos de atletas.

Fibra muscular tipo I	Fibra muscular tipo II
contração lenta	contração rápida
metabolismo aeróbico	metabolismo anaeróbico
alta densidade de mitocôndrias	baixa densidade de mitocôndrias

Adaptado de: FOX, E. L; MATHEWS, D. K. *Bases Fisiológicas da Educação Física e dos Desportos.* Rio de Janeiro: Guanabara Koogan, 1986, p. 72-74.

Analisando a tabela e utilizando os seus conhecimentos sobre o assunto, cite o tipo de fibra muscular predominantemente presente em corredores de longa distância (maratonistas) e o tipo de fibra muscular predominantemente presente em corredores de curta distância (velocistas).

14. Associe os termos que são antecedidos por números com os que são antecedidos por letras.

I – músculo agonista
II – tendão
III – músculo antagonista
IV – ventre do músculo

a) massa muscular formada pelos elementos contráteis
b) músculo que causa a ação desejada
c) fixação do músculo ao osso
d) grupo muscular que faz oposição ao agonista

15. Os músculos tríceps, costureiro, masséter e trapézio são encontrados, na ordem em que são citados, no(a):

a) membro superior, membro inferior, cabeça e tórax.
b) membro inferior, membro superior, tórax e cabeça.
c) membro superior, tórax, cabeça e membro inferior.
d) pescoço, abdômen, cabeça e membro superior.
e) membro superior, membro inferior, tórax e cabeça.

16. *Questão de interpretação de texto*

Exercícios são bons para quase tudo, mas até pouco tempo acreditava-se que não eram bons para os joelhos. Recente revisão sobre o assunto diz que atividade física não só não prejudica o joelho, mas ajuda a mantê-lo saudável, desde que o esporte não seja de alto risco. Pesquisas envolvendo 10 mil pessoas, com idade entre 45 e 79 anos, analisaram os efeitos, no joelho, de atividades físicas como corrida e futebol. A artrose (desgaste de uma articulação) é a lesão do joelho mais comum em idosos, mas, problemas como ruptura de ligamentos e do menisco, costumam causar esse desgaste no futuro. Entre as causas que predispõem o joelho a lesões estão os esportes de alto impacto, principalmente se feitos sem orientação.

Adaptado de: VERSOLATO, M.
Estudo desfaz associações entre atividade física e lesão no joelho.
Folha de S.Paulo, São Paulo, 17 mar. 2011.
Caderno Saúde, p. C10.

Utilizando as informações do texto e os seus conhecimentos sobre o sistema esquelético e o muscular, responda:

a) O que é uma "articulação", relativamente ao sistema esquelético? Cite os ossos que participam da articulação do joelho. O que significa o osso patela?

b) Qual o papel desempenhado pelos músculos relacionados à articulação do joelho? A que tipo de tecido muscular essa musculatura é relacionada?

Questões objetivas

1. (FUVEST – SP) Além da sustentação do corpo, são funções dos ossos:

a) armazenar cálcio e fósforo; produzir hemácias e leucócitos.
b) armazenar cálcio e fósforo; produzir glicogênio.
c) armazenar glicogênio; produzir hemácias e leucócitos.
d) armazenar vitaminas; produzir hemácias e leucócitos.
e) armazenar vitaminas; produzir proteínas do plasma.

2. (PUC – MG) No processo de ossificação, o papel dos osteoclastos é:

a) promover a deposição de cálcio nas epífises.
b) reabsorver a matriz óssea.
c) revestir o periósteo.
d) reforçar as suturas cranianas.
e) formar, por mitoses, os osteócitos.

3. (PUC – RJ) A leucemia é um tipo de câncer relacionado aos glóbulos brancos do sangue. Uma das possibilidades de cura para essa doença é a transfusão de parte da medula óssea de um indivíduo sadio para outro com esse problema de saúde.

Em relação à medula óssea, é correto afirmar que ela se situa na região

a) central da coluna vertebral, é formada de tecido nervoso e é responsável pela transmissão de impulsos nervosos.
b) central de ossos largos, é formada por tecido hematopoiético e é responsável pela produção de células brancas e vermelhas do sangue.
c) periférica do cérebro, é formada de tecido conjuntivo vascularizado e é responsável pela transmissão de impulsos nervosos.
d) mais externa dos ossos, é formada de tecido muscular e é responsável pela formação de células brancas do sangue.
e) entre os ossos, é formada de tecido cartilaginoso e é responsável pelos movimentos voluntários do indivíduo.

4. (UEL – PR) Osteogênese é o termo que define a formação dos ossos. Este processo ocorre devido à transformação do tecido conjuntivo, rico em matriz extracelular orgânica, em um tecido abundante em matriz inorgânica.

Com base nos conhecimentos sobre a formação dos ossos, considere as afirmativas a seguir:

I – A matriz extracelular glicoproteica é a responsável pela retenção de sais de cálcio trazidos pelos capilares sanguíneos durante o processo de formação dos ossos.
II – Os ossos longos e curtos são formados a partir do processo de ossificação intramembranosa, enquanto os ossos chatos são resultantes da ossificação endocondral.
III – Osteoblastos são células do tecido ósseo reconhecidas por terem livre movimentação e metabolismo ativo, ao contrário dos osteócitos, que permanecem presos ao tecido calcificado.
IV – Na organogênese, os ossos funcionam como um molde para a produção dos tecidos cartilaginosos e conjuntivos relacionados, como os discos invertebrais e tendões.

Assinale a alternativa correta.
a) Somente as afirmativas I e II são corretas.
b) Somente as afirmativas I e III são corretas.
c) Somente as afirmativas III e IV são corretas.
d) Somente as afirmativas I, II e IV são corretas.
e) Somente as afirmativas II, III e IV são corretas.

5. (PUC – RJ) Em agosto de 2010, foi publicada a notícia de que o governador do Estado do Rio de Janeiro teria sofrido uma ruptura do menisco do joelho direito. A figura a seguir mostra a localização da estrutura do menisco, que é constituída por um tecido elástico e flexível, composto por células, fibras proteicas, substância intercelular e sem vascularização.

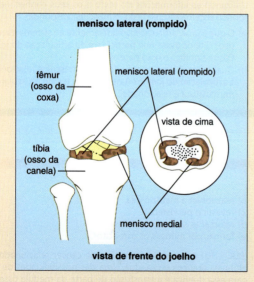

Disponível em: <http://www.clinicadeckers.com.br/imagens/orientacoes/66_ruptura_menisco.jpg>.

Considerando as informações acima, indique o tipo de tecido que forma o menisco.

a) cartilaginoso
b) sanguíneo
c) muscular
d) adiposo
e) ósseo

6. (UFPE) Com relação a diferentes tecidos observados no corpo humano, é correto afirmar que:

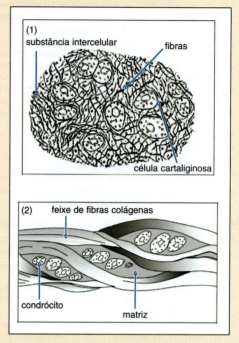

(0) Um tipo especial de tecido epitelial cúbico simples, o endotélio, reveste a camada fibrosa conjuntiva dos capilares sanguíneos, garantindo maior proteção e flexibilidade aos vasos de calibre inferior.
(1) Enquanto na epiderme, que se origina da ectoderme, há epitélio estratificado pavimentoso, queratinizado; na derme, que tem origem mesodermal, há tecido conjuntivo com grande quantidade de fibras.
(2) O tecido muscular, de origem mesodermal, é composto por células alongadas, as fibras musculares, que são células semelhantes às fibras conjuntivas.
(3) No tecido nervoso, além dos neurônios, há as células da **glia**; as quais ocorrem tanto na substância branca quanto na cinzenta. Dentre suas funções, está o isolamento dos neurônios, uns dos outros e desses com outros tecidos.
(4) A cartilagem elástica (1), que forma os discos intervertebrais, é mais resistente que a cartilagem fibrosa (2), que ocorre, por exemplo, na orelha.

7. (UFSCar – SP) No corpo humano,
a) actina e miosina são duas proteínas existentes no citoplasma das células musculares, que participam do mecanismo de contração muscular.
b) os neurônios são células constituintes da bainha que envolve e protege as células nervosas.
c) a tireoide é uma glândula exócrina, que produz e secreta a tiroxina no sangue.
d) as plaquetas dificultam a formação de coágulos, propiciando a defesa do organismo.
e) o tecido ósseo se diferencia do cartilaginoso, por apresentar mais colágeno, que lhe confere maior resistência.

8. (UFOP – MG) Sobre as células do tecido muscular esquelético, indique a alternativa **incorreta**.
a) Possuem filamentos finos de actina ancorados à linha Z.
b) Regulam a contração por meio do controle da liberação de cálcio do retículo sarcoplasmático.
c) São cilíndricas e bem alongadas.
d) Contêm um único núcleo central.

9. (UFSC)

Para o alto e avante!
Mecanismo único permite que um inseto salte mais de cem vezes sua própria altura.

Um inseto de apenas seis milímetros de comprimento é capaz de pular proporcionalmente mais alto do que qualquer outro animal na natureza. O salto da cigarra da espuma (*Philaenus spumarius*) pode chegar a 70 centímetros – mais de 100 vezes sua própria altura. Isso seria o equivalente a um homem que saltasse uma altura de 200 metros, ou um prédio de cerca de 70 andares. A execução dos enormes saltos da cigarra da espuma requer uma grande quantidade de energia, que não pode ser obtida pela contração direta dos músculos em um curto espaço de tempo. A força muscular do inseto é gerada lentamente antes do pulo e é estocada. Assim que os músculos da cigarra geram força suficiente para o salto, ela "solta" suas pernas, que disparam como um gatilho e a projetam no ar.

Disponível em: <http://www.cienciahoje.uol.com.br/3819>.
Acesso em: 15 set. 2009.

Sobre o assunto do texto, indique a(s) proposição(ões) **CORRETA(S)** e dê sua soma ao final.

(01) A energia necessária para o movimento descrito é gerada pela musculatura do tipo lisa, já que o movimento é lento e contínuo.
(02) A fonte primária de energia dos músculos provém da molécula de adenosina trifosfato (ATP), presente nas células.
(04) A cigarra mencionada no texto (*Philaenus spumarius*) é um artrópode, pertencente ao grupo dos aracnídeos.
(08) Os mecanismos de produção de energia na célula envolvem a participação direta de organelas celulares, como os lisossomos.
(16) O exemplo de movimento citado no texto (salto) é incomum e pode parecer desnecessário entre os insetos, já que todos possuem asas e podem voar.
(32) Em geral uma contração muscular é resultado da interação entre filamentos contráteis que deslizam em direções contrárias.

10. (UFPE – adaptada) Considere as seguintes representações de um músculo esquelético e as faixas indicadas pelas letras.

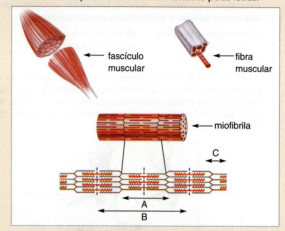

(0) A faixa A, denominada banda A, corresponde à justaposição de moléculas de actina e miosina.
(1) A faixa B corresponde ao sarcômero, que vai de uma linha Z a outra.
(2) A faixa C, denominada banda I, corresponde a uma região onde são encontradas apenas moléculas de miosina.
(3) A faixa C (banda I) reduz de tamanho na contração muscular.
(4) A zona H situa-se no centro da banda A (faixa A) e se reduz na contração muscular.

11. (UFU – MG) Para que um velocista (atleta corredor de 100 metros) e um maratonista (atleta que chega a correr 10 km) tenham um bom desempenho em suas competições, é necessário que a fonte de energia para atividade muscular seja adequada. As células musculares esqueléticas do velocista e do maratonista utilizam como fonte de energia, respectivamente:

a) reserva de ATP e fosfocretinina.
b) reserva de ATP e sistema aeróbio.
c) sistema aeróbio e fosfocreatinina.
d) sistema aeróbio e reserva de ATP.

12. (UERJ) O *aldicarb*, conhecido popularmente como chumbinho, é uma substância de alta toxicidade, derivada do ácido carbâmico. Ele age inibindo a acetilcolinesterase, enzima que, hidrolisando o mediador químico acetilcolina, desempenha um papel importante no processo de transmissão do impulso nervoso em sinapses como as encontradas nas junções neuromusculares.

Observe ao lado a concentração de Ca^{++} medida em dois compartimentos de células musculares, em repouso, na ausência de *aldicarb*.

Nos gráficos a seguir, representados na mesma escala do anterior, observe algumas alterações na concentração de Ca^{++} nesses compartimentos:

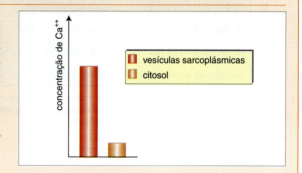

I  II 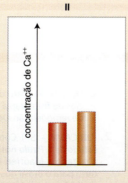 III 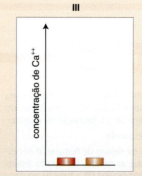 IV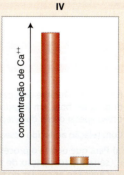

O gráfico que mostra a ação do *aldicarb*, logo após sua penetração na junção neuromuscular, é o de número:

a) I b) II c) III d) IV

13. (UFMS) O peristaltismo proporciona a condução dos alimentos pelo tubo digestório. Assinale a alternativa que indica o tipo muscular e o controle do músculo (voluntário ou involuntário) que ocorre durante o peristaltismo, respectivamente:

a) estriado e voluntário.
b) liso e voluntário.
c) liso e involuntário.
d) cardíaco e involuntário.
e) estriado e involuntário.

14. (FUVEST – SP) A arte de Leonardo da Vinci se beneficiou de seus estudos pioneiros de anatomia, que revelam como músculos, tendões e ossos constituem sistemas mecânicos de trações, alavancas e torques, como é possível ver em alguns dos seus desenhos.

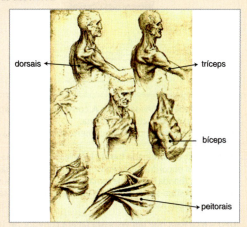

Para que Leonardo da Vinci pudesse representar ações de abraçar-se ou abrirem os braços, foi importante saber que entre os principais músculos contraídos em cada situação estão, respectivamente,

	Músculos contraídos Abraçar-se	Músculos contraídos Abrirem-se os braços
a)	os peitorais e os tríceps	os dorsais e os bíceps
b)	os peitorais e os bíceps	os dorsais e os tríceps
c)	os dorsais e os tríceps	os peitorais e os bíceps
d)	os dorsais e os bíceps	os peitorais e os tríceps
e)	os peitorais e os dorsais	os bíceps e os tríceps

15. (UFC – CE) A liberação dos íons cálcio e magnésio no processo de contração de uma fibra muscular estriada esquelética envolve diversos componentes celulares, exceto o:

a) lisossomo.
b) retículo endoplasmático.
c) sarcoplasma.
d) sistema T.
e) retículo endoplasmático.

16. (UFV – MG) Considerando o esquema dos sarcômeros representados abaixo e suas características durante a contração, assinale a afirmativa INCORRETA:

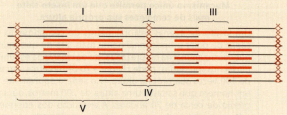

a) I contém miofilamentos e corresponde à banda A, que não se encurta.
b) IV contém actina e corresponde a uma banda que se encurta.
c) II delimita o sarcômero e corresponde às linhas Z, que se aproximam.
d) III contém miosina e corresponde à banda H, que se estreita.
e) V contém miofibrilas e corresponde ao sarcômero, que não se encurta.

17. (FGV – SP) Em 16 de agosto de 2009, no Mundial de Atletismo de Berlim, o corredor jamaicano Usain Bolt quebrou o recorde mundial dos 100 m rasos com o tempo de 9 s 58. Usain acha que pode baixar o próprio recorde para 9 s 40, embora pesquisadores acreditem que, nessa prova, o limite humano seria de 9 s 48. Além da composição das fibras musculares das pernas e dos glúteos, há a limitação imposta pelas fontes de energia para a contração desses músculos.

Para que Usain Bolt atinja seus objetivos, o mais viável é que

a) realize exercícios físicos que aumentem a taxa de divisões celulares no tecido muscular, de modo que, com novas e mais células, possa haver maior produção de miofibrilas e maior eficiência no processo de contração muscular.
b) realize exercícios físicos que convertam as fibras musculares de suas pernas e glúteos em fibras do tipo vermelhas, ricas em mioglobina e mitocôndrias, conversão essa limitada pelas características genéticas do atleta.
c) realize exercícios físicos que otimizem a obtenção de energia a partir de sistemas aeróbicos, uma vez que a reserva de ATP das células musculares é pouca e indisponível no início do processo de contração muscular.
d) realize exercícios físicos que aumentem a proporção de fibras musculares com pouca mioglobina e mitocôndrias em relação às fibras com muita mioglobina e mitocôndrias, aumento esse limitado pelas características genéticas do atleta.
e) realize exercícios físicos que aumentem a liberação de adrenalina, uma vez que esta age sobre o tecido adiposo aumentando o fornecimento de ácidos graxos para o sistema muscular, o que se constitui na principal fonte de ATP para esportes que exigem rápida resposta muscular.

Questões dissertativas

1. (UFU – MG) Durante uma partida de futebol, após uma violenta disputa de bola, um jogador sofre fratura da fíbula. O tecido ósseo, apesar de ser duro, repara-se sem a formação de cicatriz.

Com relação ao tecido ósseo, responda:

a) Para que ocorra o processo de reparo de fraturas, é necessária a participação de todas as células do tecido ósseo. Quais são as células do tecido ósseo? Dê a função de cada uma delas.
b) Quais são os tipos de ossificação que ocorrem no tecido ósseo? Explique a diferença entre esses processos.
c) Durante o reparo da fratura, o atleta é submetido a exercícios de fisioterapia para que o osso passe por um processo de remodelação. Defina este processo.

2. (UNICAMP – SP) Com a manchete "O Voo de Maurren", *O Estado de S. Paulo* noticiou, no dia 23 de agosto de 2008, que a saltadora Maurren Maggi ganhou a segunda medalha de ouro para o Brasil nos Jogos Olímpicos daquele ano. No salto de 7,04 m de distância, Maurren utilizou a força originada da contração do tecido muscular estriado esquelético. Para que pudesse chegar a essa marca, foi preciso contração muscular e coordenação dos movimentos por meio de impulsos nervosos.

a) Explique como o neurônio transmite o impulso nervoso ao músculo.
b) Para saltar, é necessária a integração das estruturas ósseas (esqueleto) com os tendões e os músculos. Explique como ocorre a integração dessas três estruturas para propiciar à atleta a execução do salto.

3. (UFOP – MG) O corpo humano é constituído por aproximadamente 240 diferentes tipos de células, organizadas em quatro principais tecidos: epitelial, conjuntivo, muscular e nervoso.

Sobre esses tecidos, assinale a alternativa **errada**:

a) O tecido epitelial tem origem ectodérmica e é formado por células fortemente aderidas umas às outras, o que lhes permite conferir proteção contra o atrito e contra a entrada de microrganismos no corpo.
b) O tecido conjuntivo tem origem ectodérmica e mesodérmica e compreende uma grande variedade de tipos celulares, como os fibroblastos, osteoclastos e plaquetas, envolvidos por uma matriz extracelular abundante e diversificada.
c) O tecido muscular tem origem mesodérmica e é formado por três tipos diferentes de fibras musculares, que em comum têm o fato de conterem grande quantidade de proteínas do tipo actina e miosina em seus citoplasmas.
d) O tecido nervoso tem origem ectodérmica e sua principal célula é o neurônio. Estes neurônios frequentemente apresentam bainha de mielina produzida por dois outros tipos celulares, os oligodendrócitos e as células de Schwann.

4. (UFG – GO)

BRASIL NA COPA DA ÁFRICA

A seleção brasileira de futebol é a única a participar de todas as copas mundiais. Sua estreia na copa da África do Sul foi no dia 15 de junho de 2010 contra a Coreia do Sul. Como um dos esportes símbolos nacionais, o futebol promove um elevado desgaste físico aos seus atletas, pois é uma modalidade esportiva intermitente e de longa duração, exigindo movimentos com elevadas ações de contração muscular durante a partida, como esquematizado na figura.

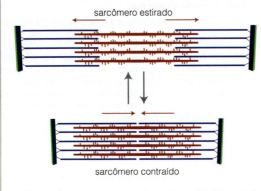

Disponível em: <www.passeioweb.com/na_ponta_lingua_/sala_de_aula/biologia/imagens>. Acesso em: 16 mar. 2010.

Considerando o exposto, explique como ocorre, no atleta, o movimento de contração da unidade representada na figura durante uma partida de futebol.

5. (UNICAMP – SP) As pessoas são incentivadas a praticar atividades físicas visando a uma vida saudável. Especialistas em fisiologia do exercício determinaram a porcentagem de fibras do tipo I e do tipo II encontradas em músculos estriados esqueléticos de quatro grupos de pessoas: atletas maratonistas(*), atletas velocistas(**), pessoas sedentárias, e pessoas com atividade física moderada. Os resultados desse estudo são mostrados na figura abaixo. As características funcionais de cada uma das fibras estão listadas na tabela.

(*) corredores de longas distâncias; (**) corredores de curtas distâncias (exemplo: 100 m rasos)

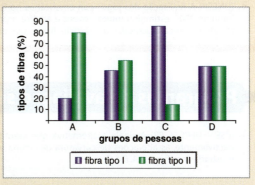

Tabela

Fibra muscular tipo I	Fibra muscular tipo II
contração lenta	contração rápida
metabolismo aeróbico	metabolismo anaeróbico
alta densidade de mitocôndrias	baixa densidade de mitocôndrias

Figura e tabela adaptadas de FOX, E. L; MATHEWS, D. K. *Bases Fisiológicas da Educação Física e dos Desportos*. Rio de Janeiro: Guanabara-Koogan, 1986, p. 72-74.

a) Analise as informações da tabela e indique, entre os quatro grupos de pessoas (A, B, C ou D) mostrados na Figura, qual grupo corresponde aos maratonistas e qual grupo corresponde aos velocistas. Justifique.
b) Se os dois grupos de atletas não fizerem um treinamento adequado, pode ocorrer nesses atletas dor muscular intensa durante ou após uma competição. A que se deve essa dor muscular? Explique.

6. (FUVEST – SP) A tabela abaixo apresenta algumas características de dois tipos de fibras musculares do corpo humano.

Fibras musculares		
Características	Tipo I	Tipo IIB
velocidade de contração	lenta	rápida
concentração de enzimas oxidativas	alta	baixa
concentração de enzimas glicolíticas	baixa	alta

a) Em suas respectivas provas, um velocista corre 200 m, com velocidade aproximada de 36 km/h, e um maratonista corre 42 km, com velocidade aproximada de 18 km/h. Que tipo de fibra muscular se espera encontrar, em maior abundância, nos músculos do corpo de cada um desses atletas?
b) Em que tipo de fibra muscular deve ser observado o maior número de mitocôndrias? Justifique.

7. (UNIRIO – RJ) **Ginástica rítmica na infância e adolescência: características e necessidades nutricionais**

Recomenda-se que a dieta para atletas jovens forneça de 55 a 60% da energia total na forma de carboidratos, 12 a 15% de proteínas e 25 a 30% de lipídios. Os carboidratos devem ser preferencialmente complexos. A ingestão inadequada de carboidratos pode resultar em estoques insuficientes de glicogênio muscular e fadiga precoce, além do uso de estoques proteicos para fins de produção de energia.

Fonte: www.efdeportes.com

a) Onde estão localizados os estoques proteicos disponíveis para a produção de energia, mencionados no texto?
b) Qual seria uma da consequências do uso continuado deste recurso?

8. (UNESP) A realização dos jogos pan-americanos no Brasil, em julho de 2007, estimulou muitos jovens e adultos à prática de atividades físicas. Contudo, o exercício físico não orientado pode trazer prejuízos e desconforto ao organismo, tais como as dores musculares que aparecem quando de exercícios intensos. Uma das possíveis causas dessa dor muscular é a produção e o acúmulo de ácido láctico nos tecidos musculares do atleta. Por que se forma ácido láctico durante os exercícios e que cuidados um atleta amador poderia tomar para evitar a produção excessiva e o acúmulo desse ácido em seu tecido muscular?

Programas de avaliação seriada

1. (PSS – UEPG – PR) Assinale a alternativa que identifica, respectivamente, as alterações de curvatura da coluna vertebral mostradas nas figuras A, B e C, abaixo.

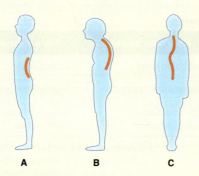

A   B   C

a) lordose – escoliose – cifose
b) cifose – escoliose – lordose
c) escoliose – lordose – hipercifose
d) lordose – cifose – escoliose
e) cifose – hipercifose – hiperlordose

2. (PAS – UFLA – MG) Quanto à morfofuncionalidade do sistema muscular, afirma-se:

I – A câimbra se deve à presença de lactato resultante da respiração anaeróbica da fibra muscular.
II – O processo de contração se dá pelo encurtamento do miofilamento actina sobre a miosina.
III – Na contração muscular, há gasto de ATP e a participação do íon cálcio.
IV – As fibras vermelhas recebem esse nome porque apresentam quantidade elevada de mioglobinas.

Pode-se afirmar que

a) somente as proposições II, III e IV estão corretas.
b) somente as proposições I, II e IV estão corretas.
c) somente as proposições I e III estão corretas.
d) somente as proposições I, III e IV estão corretas.
e) somente as proposições II e IV estão corretas.

3. (PISM – UFJF – MG) A actina e a miosina são proteínas citoplasmáticas que integram o citoesqueleto de células animais. O deslizamento dos filamentos de miosina sobre os filamentos de actina é responsável por grande parte dos movimentos celulares. A deficiência dessas proteínas pode interferir em todos os processos abaixo, **EXCETO**:

a) formação de microtúbulos.
b) formação de pseudópodes.
c) deslocamento de organelas no citoplasma.
d) divisão do citoplasma.
e) contração e distensão da célula.

4. (PSS – UFAL) No quadro a seguir, faz-se uma sumária descrição de características observadas em quatro preparações microscópicas, mostradas em uma aula de histologia animal. As lâminas 1, 2, 3 e 4 correspondem a quatro diferentes tecidos.

Lâmina 1	Células justapostas, com pouca substância intercelular, observando-se projeções da membrana plasmática, em forma de dedos de luva.
Lâmina 2	Células com diferentes formas, imersas em grande quantidade de substância intercelular, destacando-se células alongadas, com núcleo oval e grande, e células grandes e de contornos irregulares.
Lâmina 3	Células fusiformes, onde são observados vários núcleos dispostos na periferia, observando-se estrias longitudinais e transversais.
Lâmina 4	Células grandes que apresentam um corpo celular de onde partem prolongamentos; substância intercelular praticamente inexistente.

Esses tecidos são, respectivamente:

a) muscular cardíaco, cartilaginoso, nervoso e muscular.
b) nervoso, muscular, conjuntivo e epitelial.
c) epitelial, conjuntivo, muscular e nervoso.
d) conjuntivo reticular, cartilaginoso, nervoso e muscular.
e) epitelial, cartilaginoso, nervoso e muscular cardíaco.

5. (PSS – UFPA) Sobre a estrutura e a fisiologia dos tecidos musculares, é correto afirmar que

a) a musculatura esquelética estriada se ancora aos ossos por meio de tendões e desenvolve movimentos voluntários, controlados apenas pelo sistema nervoso periférico.
b) todo o tubo digestivo é revestido por camadas de fibras musculares lisas, que possuem movimentação voluntária, à exceção da atividade de deglutição e defecação.
c) a musculatura estriada cardíaca e a musculatura lisa possuem, em comum, movimentos involuntários controlados pelo sistema nervoso autônomo.
d) os três tipos de tecidos musculares possuem citoesqueleto altamente organizado e rico em actina, microtúbulos e miosina, importantes para a condução de sinais reguladores da contração.
e) os três tecidos musculares possuem a mesma origem ectodérmica.

6. (PSS – UFS – SE) Nos organismos multicelulares os tecidos são formados por um conjunto organizado de células especializadas.

(0) O tecido conjuntivo é caracterizado por uma matriz extracelular, que não ocorre nos tecidos muscular, epitelial e nervoso.
(1) O tecido epitelial dos animas e a epiderme dos vegetais têm em comum a função de absorção e secreção de substâncias e a proteção do organismo.
(2) As plantas adultas apresentam tecidos de crescimento apenas nas extremidades dos ramos e das raízes.
(3) As células da Glia são células do tecido conjuntivo associadas aos neurônios.
(4) Na contração muscular os sarcômeros encurtam por deslizamento das fibras de actina sobre as de miosina.

7. (SSA – UPE) Há algum motivo para o tenista Gustavo Kuerten, o Guga, comer bananas durante intervalos de partidas de tênis. Leia o seguinte texto:

> (...) câimbras são contrações dos músculos do nosso corpo que acontecem de forma involuntária, intensa e contínua, causando dor no músculo afetado, geralmente nos músculos inferiores. As causas das câimbras são muitas, dentre elas, podemos citar a falta de alongamento antes dos exercícios, interrupção de fluxo sanguíneo, falta de potássio, sódio, cálcio, água (...) A banana é uma fruta rica em potássio e fonte de carboidratos, principais fornecedores de energia para o corpo (...).
>
> Fonte: A Ciência por trás dos fatos. In: UZUNIAN, A.; BIRNER, E. *Biologia* – volume único. 3. ed. São Paulo: HARBRA, 2008, p. 797.

Assinale, na coluna I, as afirmativas verdadeiras e, na coluna II, as falsas.

I	II	
0	0	Exercícios físicos extenuantes esgotam a fonte de oxigênio para atividade aeróbica do músculo; assim, a célula passa a realizar fermentação láctica, gerando dores e fadiga muscular.
1	1	Potássio é um importante micronutriente encontrado nas verduras, frutos do mar e leguminosas. Participa do mecanismo da contração muscular, da regulação do equilíbrio hídrico e da manutenção do esmalte dos dentes.
2	2	Nos músculos esqueléticos, as reservas de ATP e de fosfocreatina constituem um suprimento imediato de energia para a contração muscular, ou seja, a sua utilização não depende da respiração, é anaeróbica.
3	3	Os íons cálcio são essenciais à contração muscular, pois promovem a ligação dos miofilamentos de actina com os de miosina. Na fibra muscular lisa e na muscular estriada esquelética, ficam armazenados em cisternas do retículo sarcoplasmático granular.
4	4	Carboidratos são moléculas orgânicas constituídas de carbono, oxigênio e hidrogênio. Constituem a principal fonte de energia para os seres vivos, estão presentes no mel como glicose, na cana-de-açúcar como sacarose e em frutos adocicados, como a banana na forma de frutose.

8. (PAS – UFLA – MG) A figura mostra um sarcômero, unidade funcional da musculatura estriada esquelética.

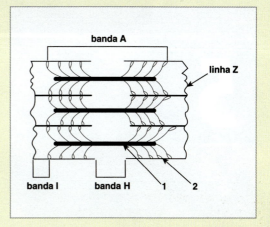

Analise as proposições e marque a alternativa **CORRETA**.
I – Durante a contração muscular, as Bandas **I** e **H** reduzem de tamanho e a Banda **A** não se altera.
II – Durante a contração muscular, o miofilamento de miosina (indicado em **2**) desliza sobre a actina (indicado por **1**).
III – O acoplamento da cabeça da miosina na actina ocorre na presença de cálcio e ATP.
a) Somente as proposições II e III estão corretas.
b) Somente as proposições I e III estão corretas.
c) Somente as proposições I e II estão corretas.
d) Somente a proposição III está correta.

9. (PISM – UFJF – MG) Os músculos correspondem a, aproximadamente, 40% da massa corporal em humanos. Alguns remédios utilizados para tratar arritmias cardíacas agem bloqueando canais de cálcio e, consequentemente, inibindo o aumento da concentração desse íon no citoplasma da célula muscular.
a) Como essa ação afeta o processo de contração do músculo cardíaco?
b) E se for utilizada uma droga que bloqueia canais de sódio, o que acontecerá?
c) O músculo cardíaco é do tipo estriado, enquanto que a musculatura das vísceras é do tipo lisa. Apresente uma diferença funcional entre esses dois tipos de tecido muscular.

Unidade 5

Reino *Plantae*

Os fatores que permitiram a conquista do meio terrestre pelos vegetais e suas principais características serão estudados nesta unidade.

Capítulo 20

As plantas e a conquista do meio terrestre

Se pudéssemos rebobinar a fita...

... que conta a história da conquista do meio terrestre pelas plantas, perceberíamos que a invasão do novo meio pelos vegetais se assemelhou a um verdadeiro "vestibular", em que os melhores equipamentos abocanharam progressivamente os ambientes disponíveis.

A partir de alguns grupos de algas verdes, os vegetais sofreram modificações que lhes permitiram adaptar-se, por seleção natural, aos meios até então não ocupados pela vegetação. Progressivamente, novas estruturas foram surgindo, determinadas pelo aparecimento de novos genes, que culminaram no surgimento das angiospermas, as plantas dominantes da flora terrestre atual.

Sofisticados métodos de reprodução, a partir da alternância de gerações em ciclos reprodutivos exclusivos, e como ocorre a reprodução sexuada dos vegetais são tópicos que você aprenderá nos próximos capítulos.

▪ O SUCESSO NO MEIO TERRESTRE

O reino *Plantae* engloba **briófitas, pteridófitas, gimnospermas** e **angiospermas** (antófitas). As plantas desse reino surgiram no meio aquático e evidências permitem supor que elas foram originadas a partir das algas verdes, as clorofíceas (veja a Figura 20-1).

Figura 20-1. Provável evolução das plantas rumo ao meio terrestre. Cianobactérias primitivas foram prováveis ancestrais de todos os grupos constantes do esquema. As clorofíceas foram prováveis ancestrais dos componentes do reino *Plantae*. A semelhança bioquímica entre as clorofilas *a* e *b* neles existentes dá suporte a essa hipótese.

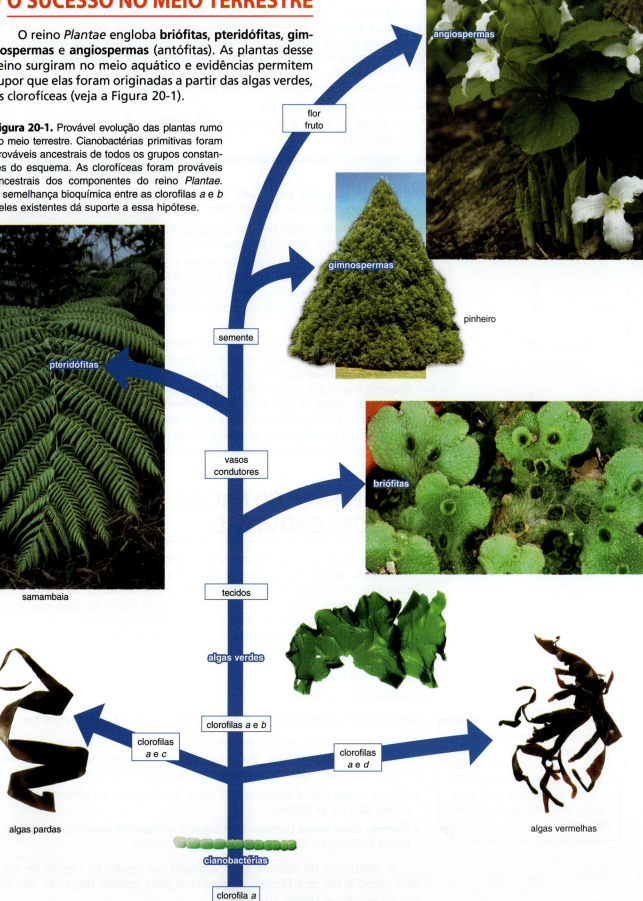

As plantas e a conquista do meio terrestre 425

No meio aquático, as algas são constantemente banhadas pela água e dela retiram *gases* e *materiais* necessários à sobrevivência. Ao mesmo tempo, a água é um eficiente *meio de sustentação* do corpo, graças ao empuxo por ela exercido. A *reprodução* é facilitada pela confecção de gametas móveis que têm na água um eficiente meio de *locomoção*.

A conquista do meio terrestre pelos vegetais dependeu de algumas adaptações morfológicas e fisiológicas que possibilitaram:

- absorção da água do solo;
- condução de água e materiais até as células mais distantes dos centros de absorção;
- impermeabilização das superfícies expostas, o que evita a perda excessiva de água;
- trocas gasosas que permitam o ingresso de gás carbônico, facilitando, assim, a ocorrência de fotossíntese;
- sustentação do corpo por meio de tecidos rígidos, já que o ar, pouco denso, é incapaz de exercer essa tarefa;
- reprodução, mesmo na ausência de água. As primeiras plantas com vasos condutores ainda dependem da água para o deslocamento dos gametas. Por isso vivem em meios razoavelmente úmidos. Já plantas vasculares mais "modernas" dispensam a água do ambiente para o transporte e o encontro de gametas;
- adaptação dos embriões ao meio terrestre, mediante a produção de sementes em alguns grupos vegetais. Não adianta apenas o vegetal adulto estar adaptado ao meio terrestre – é preciso que o jovem também esteja, o que garantirá a continuidade da espécie. Os embriões são vulneráveis à falta de água. O surgimento de sementes resolveu esse problema. O embrião fica dentro de um meio desidratado, rico em alimento e envolvido por um revestimento protetor. Nesse meio ele permanece inativo até que as condições do ambiente sejam satisfatórias.

■ A PRESENÇA OU NÃO DE VASOS CONDUTORES

As briófitas não têm vasos condutores – são consideradas, por isso, avasculares, ao contrário dos demais representantes do reino *Plantae*. Embora as briófitas também existam no meio terrestre, as plantas com vasos condutores foram as que invadiram com maior sucesso esse meio, dispersando-se pelas diferentes áreas geográficas da Terra.

As plantas **vasculares** atuais englobam três grupos:

- **pteridófitas**,
- **gimnospermas** e
- **angiospermas (antófitas)**,

sendo que esses dois últimos grupos são os únicos a formar sementes.

Modernamente, esses três grupos foram reunidos e passaram a ser chamados de **traqueófitas**. No corpo de uma traqueófita há dois tecidos condutores encarregados do transporte de água e materiais, que são:

- **xilema:** cujos vasos transportam água e sais minerais dissolvidos (*seiva bruta*) da raiz às folhas;
- **floema:** cujos vasos transportam água e compostos orgânicos dissolvidos (*seiva elaborada*) das folhas ao caule e às raízes.

A existência de tecidos especializados na condução rápida de água pelo corpo é um dos fatores responsáveis pela grande dispersão das traqueófitas (veja a Tabela 20-1).

Anote!
O nome *traqueófitas* é derivado do nome do vaso, traqueia (ou traqueíde). A rigidez dos tecidos esqueléticos de uma traqueófita deve-se à *lignina*, uma substância que reforça as paredes celulares.

Tabela 20-1. Comparação de algumas características das plantas sem e com vasos condutores.

Características	Avascular	Vasculares (traqueófitas)		
	briófita	pteridófita	gimnosperma	angiosperma
Tamanho	Reduzido.	Variável.		
Vasos condutores	Ausentes.	Presentes.		
Transportes de água e materiais	Lento, por difusão de célula a célula.	Rápido, por difusão de célula a célula e por vasos.		
Habitat	Aquático ou meio terrestre úmido.	Variável (aquático e terrestre).		
Reprodução	Dependência de água para o encontro de gametas.	Só as primitivas (pteridófitas e algumas gimnospermas) dependem da água para o encontro de gametas.		

▪ A REPRODUÇÃO VEGETAL

Na reprodução *assexuada*, as chances de ocorrer variabilidade entre os descendentes são muito menores. De modo geral, os descendentes são geneticamente iguais, já que o tipo de divisão celular utilizado é a mitose. A propagação vegetativa (clonagem) permite que pedaços de uma planta adulta, principalmente do caule, originem novas plantas com as mesmas características genéticas da "planta-mãe".

Nos processos de reprodução *sexuada* existe grande possibilidade de surgimento de variabilidade genética entre os descendentes. Isso é devido à ocorrência de dois eventos fundamentais: (1) a meiose e (2) a fecundação, na qual há encontro de gametas e mistura de material genético. Nos vegetais, os processos de reprodução sexuada são característicos e diferem acentuadamente do que ocorre nos animais, em muitos aspectos. Uma das diferenças mais importantes é que, na maioria dos vegetais, a reprodução sexuada envolve um ciclo reprodutivo no qual, diferentemente dos animais, há uma *alternância* de dois organismos adultos. Esse ciclo, conhecido como **haplontediplonte**, é a característica marcante dos componentes do reino *Plantae* e de algumas algas.

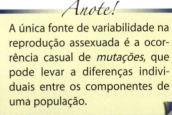

Anote!
A única fonte de variabilidade na reprodução assexuada é a ocorrência casual de *mutações*, que pode levar a diferenças individuais entre os componentes de uma população.

Na mandioca, a reprodução assexuada consiste em se plantar pedaços de caule, que originarão raízes comestíveis. Todos os vegetais assim originados serão geneticamente idênticos.

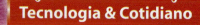

Tecnologia & Cotidiano

Mais recentemente, em vez de se plantar pedaços de caule, têm-se cultivado apenas as células de um tecido que possa diferenciar-se e gerar o novo vegetal.

Esse tecido, meristemático, é cultivado em meios apropriados e, após o vegetal assim formado atingir certo tamanho, é transferido para seu local definitivo. Esse procedimento tem sido muito usado no cultivo de orquídeas, batata e tomate, entre outros.

Orquídea.

O Ciclo Haplontediplonte

Muitos grupos de algas e todos os componentes do reino *Plantae* reproduzem-se sexuadamente por meio de um ciclo reprodutivo no qual ocorre uma alternância de dois tipos de organismos adultos diferentes, um *haploide* e outro *diploide*.

O organismo haploide, conhecido como **gametófito**, produz *gametas* por mitose. A fusão dos gametas origina um zigoto diploide. Multiplicando suas células, o zigoto cresce e se transforma em **esporófito**. O esporófito maduro forma esporos por meiose no interior de **esporângios**.

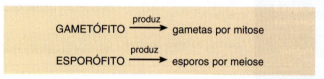

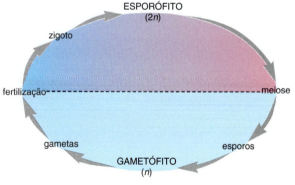

Figura 20-2. Ciclo haplontediplonte.

Cada esporo, haploide, multiplica-se por mitose e, então, surge novo gametófito (veja a Figura 20-2).

A meiose que serviu para a produção de esporos é chamada *espórica*, por dar origem a esporos, ou *intermediária*, por ocorrer entre a geração esporofítica e a gametofítica. Essa alternância de gerações ou *metagênese* caracteriza o ciclo haplontediplonte. Note o seguinte:

- um esporo sozinho é capaz de gerar um organismo adulto;

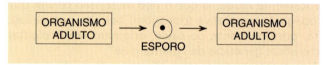

- *dois gametas* (de modo geral) são necessários para gerar um organismo.

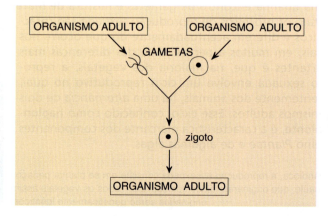

De olho no assunto!

Ciclo haplontediplonte na alga *Ulva*

Na alga *Ulva* (uma clorofícea), os dois organismos alternantes costumam ser idênticos na forma e no tamanho (veja a Figura 20-3). Quanto à duração das duas gerações, é variável. De modo geral, o gametófito é o organismo mais duradouro.

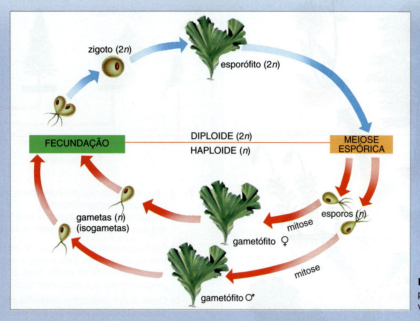

Figura 20-3. Ciclo haplontediplonte em alga verde do gênero *Ulva*.

Leitura

A evolução dos grupos vegetais

Evidências permitem supor que as primeiras plantas foram originadas das algas verdes – *clorofíceas*. Entre as evidências, pode-se citar a existência de **clorofilas a** e **b**, de **carotenoides** (pigmentos acessórios da fotossíntese) e **depósitos de amido no interior de cloroplastos**, tanto nas células de muitas espécies de algas verdes como nas células de todos os vegetais atuais. A partir das briófitas, todos os vegetais possuem tecidos verdadeiramente organizados e embriões nutridos por tecido materno. Os tecidos condutores são constatados a partir de pteridófitas. Sementes surgiram no grupo das gimnospermas, enquanto flor e fruto são característicos de angiospermas.

Os primeiros registros fósseis de plantas – esporófitos das primeiras traqueófitas (plantas dotadas de vasos condutores) – datam do período Siluriano, há cerca de 430 milhões de anos. Gametófitos são conhecidos em fósseis do período Devoniano, alguns com até 400 milhões de anos.

O esquema abaixo resume a provável relação filogenética existente entre as clorofíceas e os diversos grupos vegetais. O grupo ancestral procarionte, dotado apenas de **clorofila a**, foi o provável ancestral de todos os grupos constantes do esquema.

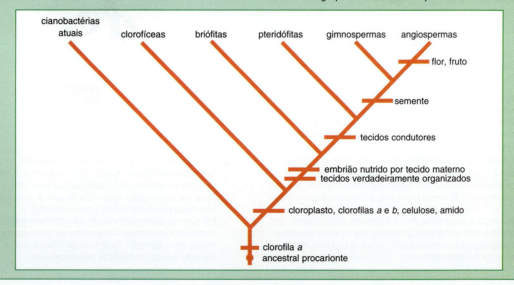

As plantas e a conquista do meio terrestre

Passo a passo

1. O esquema a seguir mostra um provável roteiro evolutivo dos componentes dos reinos Protoctista e *Plantae*. Observe e responda às questões a seguir.

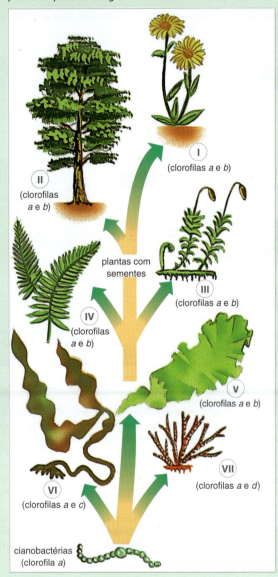

a) Reconheça os grupos representados de I a VII.
b) Com base nos tipos de molécula de clorofila existentes nas células dos diferentes grupos representados, qual teria sido provavelmente o ancestral de todos os grupos vegetais existentes na Terra atual? Justifique sua resposta.

2. A conquista do meio terrestre pelos vegetais dependeu da existência prévia de uma série de adaptações que, favorecidas pela seleção natural, possibilitaram a sobrevivência, a reprodução e a dispersão dos descendentes em ambientes distantes do meio aquático.

a) Relativamente à água corporal e à sua manutenção, bem como à manutenção do corpo ereto no meio aéreo, cite os mecanismos adaptativos que foram fundamentais na conquista do meio terrestre pelos vegetais, considerando essas características adaptativas.
b) Considerando a reprodução e a dispersão dos descendentes pelos diversos ambientes terrestres, cite as duas importantes adaptações existentes nos vegetais que possibilitaram a conquista do meio terrestre.

Utilize o esquema a seguir, que relaciona componentes dos grupos vegetais atualmente presentes no ambiente terrestre, para responder às questões **3** e **4**.

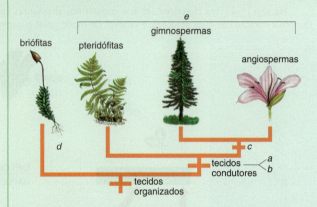

3. a) Cite o nome dos tecidos condutores *a* e *b* presentes nos grupos vegetais esquematizados.
b) Qual a característica indicada pela letra *c*, presente apenas nos dois grupos vegetais representados?

4. a) Qual a denominação utilizada, em termos da inexistência de tecidos condutores, para o grupo vegetal simbolizado pela letra *d*? Como é, de modo geral, o tamanho apresentado pelos vegetais que pertencem a essa categoria?
b) Quais as denominações utilizadas, em termos da existência de tecidos condutores, para os grupos vegetais simbolizados pela letra *e*? Como pode ser, de modo geral, o tamanho apresentado pelos vegetais que se enquadram nessa categoria? Justifique sua resposta.

5. O esquema a seguir ilustra o procedimento que pode ser adotado na obtenção de clones de plantas de mandioca, cana-de-açúcar e roseiras, entre outras.

a) De modo geral, admite-se que o procedimento adotado corresponde a uma modalidade de reprodução vegetal. A que modalidade de reprodução o esquema é relacionado, sexuada ou assexuada? Justifique sua resposta.
b) Qual tecido vegetal está relacionado à possibilidade de obtenção de mudas como a representada?
c) Em termos da ocorrência de variabilidade genética, como serão os descendentes originados da modalidade de reprodução representada? Qual tipo de divisão celular está relacionado a essa modalidade de reprodução?

A reprodução sexuada nos vegetais ocorre durante a realização de um ciclo reprodutivo no qual se alternam duas gerações adultas, conforme ilustrado no esquema a seguir, que deve ser utilizado para responder às questões **6, 7 e 8**.

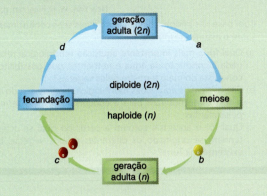

6. a) Reconheça e denomine as gerações adultas 2n e n representadas no esquema.
b) Reconheça e denomine a estrutura indicada pela letra *a* e as células *b*, *c* e *d*.

7. Relativamente às células *b*, *c* e *d* constantes do esquema:
a) Reconheça as ploidias (haploide ou diploide) de cada uma delas.
b) Em termos de origem relativa à divisão celular, qual a diferença entre as células *b* e *c*?

8. Em poucas palavras, responda:
a) Qual o papel do esporófito e do gametófito, relativamente ao ciclo reprodutivo esquematizado?
b) Qual a principal diferença, relativamente ao organismo adulto que será originado, entre o esporo e os gametas?

9. O esquema a seguir corresponde a um mapa conceitual relativo aos seres autótrofos eucariontes fotossintetizantes.

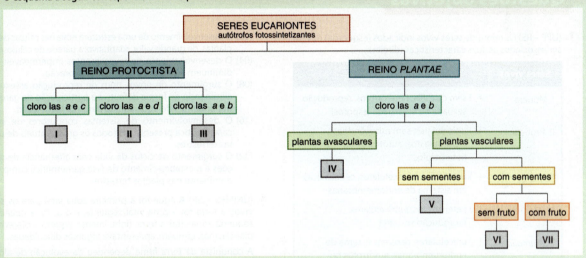

Lembrando que flores e frutos só ocorrem no grupo das angiospermas:
a) Reconheça os grupos componentes do reino Protoctista representados de I a III.
b) Reconheça os grupos vegetais representados de IV a VII.

10. O esquema a seguir representa uma possível filogênese que culminou com o surgimento dos grupos vegetais. Relativamente ao esquema, responda:

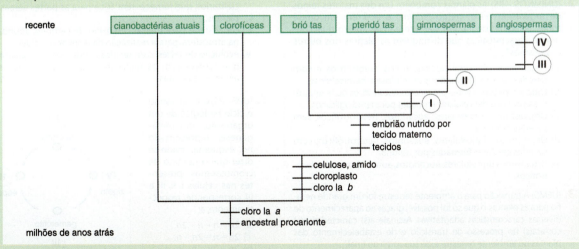

a) Quais as características representadas pelos números I a IV?
b) Qual a principal diferença de estrutura celular existente entre as cianobactérias e os demais grupos constantes do esquema?

11. *Questão de interpretação de texto*

Relativamente cedo na história das plantas, a evolução de **tecidos condutores eficientes** solucionou o problema da condução rápida de água e alimentos através da planta – um sério problema para qualquer organismo grande existente na Terra. A aquisição da habilidade de sintetizar **lignina**, que é incorporada à parede das células de sustentação e das células condutoras de água, foi um passo fundamental para a evolução das plantas vasculares. As partes aéreas e subterrâneas das primeiras plantas se diferenciavam pouco umas das outras estruturalmente, mas, definitivamente, as plantas primitivas deram origem a plantas mais especializadas. Essas plantas consistiam de **raízes**, que funcionavam na absorção e fixação ao solo, e **sistemas caulinares dotados de folhas**, bem adaptados às necessidades de vida na Terra – ou seja, a aquisição de energia da luz do Sol e de dióxido de carbono (atmosfera) para a realização de fotossíntese. O grupo ancestral comum dos diferentes filos de plantas foi, provavelmente, o das algas verdes multicelulares relativamente complexas, que invadiu o meio aéreo cerca de 450 milhões de anos atrás.

Adaptado de: RAVEN, P. H. *et al. Biology of Plants*. 7. ed. New York: W. H. Freeman. p. 368.

Com base nas informações do texto e nos seus conhecimentos sobre o assunto, responda:

a) Qual foi a mais importante aquisição morfológica, relacionada à condução de água e nutrientes, que possibilitou a conquista do meio terrestre pelos vegetais?
b) Cite as demais aquisições morfológicas que, de acordo com o texto, contribuíram para a conquista do meio terrestre pelas plantas.
c) Qual foi o ancestral comum a partir do qual se acredita tenham se originado os diferentes grupos vegetais hoje existentes na Terra?

Questões objetivas

1. (UPF – RS) Os reinos de seres vivos indicados (esquerda) devem ser associados às suas características (direita).

Seres vivos	Características
I. Monera	( ) sem clorofila, heterótrofos, reprodução sexuada ou assexuada (esporos)
II. Protista	( ) unicelulares, sem mitocôndrias e cloroplastos; autótrofos ou heterótrofos
III. *Fungi*	( ) autótrofos, pluricelulares; células ricas em sistema de endomembranas
IV. *Plantae*	( ) heterótrofos, pluricelulares; reprodução sexuada
V. *Animalia*	( ) unicelulares, ricos em sistema de endomembranas; autótrofos ou heterótrofos

A sequência **correta**, de cima para baixo, é:
a) I, II, V, IV e III.
b) III, II, IV, V e I.
c) I, III, IV, V e II.
d) III, I, IV, V e II.
e) II, III, V, IV e I.

2. (UNISINOS – RS) As plantas compõem um dos maiores reinos de organismos vivos (reino *Plantae*) e ocorrem em quase todas as regiões do mundo. Das alternativas abaixo, qual contém as características que distinguem as plantas dos outros organismos?

a) Organismos pluricelulares, eucariotos, autotróficos e com paredes celulares formadas por celulose e hemicelulose.
b) Organismos unicelulares, procariotos, autotróficos ou heterotróficos, com paredes celulares formadas por peptidoglicanos.
c) Organismos pluricelulares, eucariotos, heterotróficos, sem paredes celulares.
d) Organismos pluricelulares, eucariotos, heterotróficos, com paredes celulares formadas por quitina.
e) Organismos unicelulares, eucariotos, autotróficos ou heterotróficos.

3. (UFMS) A transição para o ambiente terrestre foi um grande desafio para as plantas, o que só foi possível graças ao aparecimento de diversas características adaptativas. Assinale a(s) característica(s) correta(s) no processo de transição e de estabelecimento das plantas no ambiente terrestre e dê sua soma ao final.

(01) O desenvolvimento de rizoides e raízes, estruturas especializadas na absorção de água do solo.
(02) O desenvolvimento de uma estrutura nova nas células dessas plantas, de grande valor adaptativo: a parede de celulose.
(04) O desenvolvimento de revestimentos impermeáveis que diminuem a perda de água por evaporação.
(08) O surgimento de novos tipos de reprodução assexuada, eliminando de forma definitiva a participação de gametas dependentes de água líquida para sua locomoção.
(16) O desenvolvimento de sistemas condutores de seiva, característica presente em todos os grupos atuais de plantas terrestres.
(32) O surgimento de ciclos de vida com alternância de gerações e o estabelecimento da fase gametofítica como predominante nas plantas terrestres.

4. (UNIMES – SP) A água foi a primeira zona vital para os seres vivos; a terra foi a zona vital seguinte, e o ar foi a terceira. A segunda zona vital, a terra, tinha imensa riqueza a oferecer às plantas, mas, também, apresentava algumas dificuldades.

A conquista da terra firme dependeu da evolução de alguns fatores, entre eles:

a) capacidade para utilizar o oxigênio abundante na atmosfera, para a realização da fotossíntese.
b) evolução de raízes, com tecidos condutores especializados, que fornecessem água para as partes aéreas das plantas.
c) evolução de poros nas folhas, com tecidos condutores especializados, que fornecessem água para as partes aéreas das plantas.
d) capacidade para utilizar o dióxido de carbono, abundante na atmosfera, para a realização da respiração celular.
e) evolução de raízes, com tecidos condutores especializados, que fornecessem as moléculas orgânicas para as partes aéreas das plantas.

5. (UPF – RS) Considerando o ciclo biológico de um organismo com metagênese, representado no esquema, pode-se dizer que o número de cromossomos presentes nas células I, II, III e IV corresponde, respectivamente, a:

a) $2n - n - n - 2n$.
b) $2n - 2n - n - n$.
c) $2n - n - 2n - n$.
d) $n - 2n - 2n - n$.
e) $n - n - 2n - 2n$.

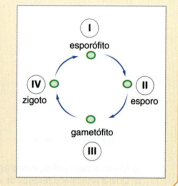

432 BIOLOGIA 2 • 4.ª edição

6. (FUVEST – SP) O esquema abaixo representa o ciclo de vida da alga *Ulva*. Indique a etapa do ciclo em que ocorre a meiose.

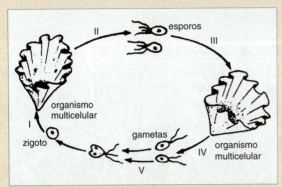

a) I
b) II
c) III
d) IV
e) V

7. (UEL – PR) A análise citológica realizada em uma população de algas verdes de uma determinada espécie verificou que alguns indivíduos apresentam 80 cromossomos, enquanto que outros, apenas 40.

Com base nessas informações, considere as afirmativas a seguir:

I – Trata-se de indivíduos que se reproduzem por um ciclo haplontediplonte, no qual a geração diploide é resultante da fecundação de esporos.
II – Trata-se de indivíduos haploides que sofrem meiose gamética para produzirem gametas diploides.
III – Trata-se de indivíduos diploides que sofrem meiose espórica para produzirem esporos haploides.
IV – Trata-se de indivíduos que se reproduzem por um ciclo haplontediplonte, no qual a geração haploide é resultante da germinação de esporos.

Assinale a alternativa correta.

a) Somente as afirmativas I e II são corretas.
b) Somente as afirmativas I e III são corretas.
c) Somente as afirmativas III e IV são corretas.
d) Somente as afirmativas I, II e IV são corretas.
e) Somente as afirmativas II, III e IV são corretas.

Questões dissertativas

1. (UFV – MG) No decurso da evolução dos vegetais ocorreram diversas modificações orgânicas que permitiram o sucesso daqueles que colonizam o ambiente terrestre na atualidade. Sabe-se que as briófitas são plantas pequenas, em sua maioria não ultrapassando 10 cm de altura. Por outro lado, representantes de outros grupos vegetais podem alcançar dezenas de metros de altura.

a) Quais as principais modificações que permitiram a conquista do ambiente terrestre?
b) A que se deve a possibilidade das plantas chamadas superiores alcançarem grandes alturas?

2. (FUVEST – SP) Diversas espécies de seres vivos se reproduzem assexuadamente quando o ambiente é favorável e estável. Quando as condições ambientais se tornam desfavoráveis, esses organismos passam a se reproduzir sexuadamente. Justifique a importância de mudança do tipo de reprodução na sobrevivência dessas espécies.

3. (FUVEST – SP) Em populações de algas verdes de uma certa espécie, verificou-se pela análise citológica que alguns indivíduos apresentavam 60 cromossomos e outros, apenas 30. É possível, através dessa informação, saber seu ciclo de vida e onde ocorre a meiose. Por quê?

4. (UFG – GO) Desde a origem no ambiente aquático, até a conquista do ambiente terrestre, as plantas passaram por alterações estruturais adaptativas que permitiram a sobrevivência, com sucesso, no novo meio. Explique como uma dessas adaptações contribuiu para a sobrevivência e perpetuação das espécies vegetais no ambiente terrestre.

As plantas e a conquista do meio terrestre **433**

Capítulo 21 — Briófitas e pteridófitas

Jardins de musgos

A cultura japonesa é muito rica e bastante diferente da cultura da maioria dos países ocidentais. Um dos aspectos culturais importante e bastante desenvolvido pelos japoneses é a construção de lindos e tradicionais jardins.

Os jardins japoneses são idealizados para serem contemplados. Ao visitá-los e passear por eles, tem-se a sensação de que se é conduzido a um estado de meditação e calma. Nesses espaços, muitas vezes são incorporados, além das plantas, elementos simbólicos e religiosos, que representam a cultura oriental.

Alguns desses jardins possuem partes cobertas por um "tapete" de musgos, plantas briófitas que serão um dos temas deste nosso capítulo.

Como os musgos levam muito tempo para crescer e cobrir uma superfície, o crescimento e a contemplação dessas plantas estão associados à paciência, continuidade e coisas auspiciosas.

▪ BRIÓFITAS: PLANTAS SEM VASOS CONDUTORES

Briófitas são plantas avasculares de pequeno porte, encontradas em meio aquático doce e terrestre úmido. Assim como as algas, o corpo das briófitas, desprovido de raízes, caule e folhas, é um **talo**, porém com duas diferenças básicas:

- as briófitas possuem alguns tecidos simples, organizados, mas não há o tecido condutor;
- nas células das briófitas há muitos e pequenos cloroplastos, ao contrário das algas em que a regra é haver apenas um cloroplasto grande por célula.

O tamanho das briófitas está relacionado à ausência de vasos condutores, chegando no máximo a 10 cm em ambientes extremamente úmidos. A evaporação remove considerável quantidade de água para o meio aéreo. A reposição – por absorção – é um processo lento. O transporte de água ao longo do corpo desses vegetais ocorre por difusão de célula a célula, já que não há vasos condutores e, portanto, é lento (veja a Figura 21-1).

As briófitas mais conhecidas são as hepáticas e os musgos. As hepáticas são tanto aquáticas como terrestres e seu talo é uma lâmina extremamente delgada. Os musgos são mais comuns. Seu talo lembra muito um vegetal superior: apresenta-se ereto, crescendo a partir do solo. Nos musgos, como, aliás, em todas as briófitas, há duas gerações adultas somáticas com aspectos totalmente diferentes (veja a Figura 21-2) e que se alternam em um ciclo reprodutivo. Uma das gerações (o gametófito) é verde, clorofilada, normalmente mais frequente e haploide. A outra, diploide (o esporófito), cresce apoiada sobre a primeira e, por ser menos duradoura, é menos frequente.

Anote!
Talo é o nome dado ao corpo de uma planta que não possui raiz, caule e folha.

Figura 21-1. Nas briófitas não há tecidos condutores. O transporte de água e materiais se faz de célula a célula, por difusão.

Anote!
Embora simples, as briófitas possuem importância ecológica e auxiliam na manutenção da integridade de uma encosta, pelo entrelaçamento dos rizoides. As briófitas e pteridófitas também têm uma importância evolutiva: foram os primeiros vegetais complexos a surgir na Terra.

Sphagnum sp. A geração ou fase diploide, com hastes e esporângios, cresce sobre a geração haploide feminina.

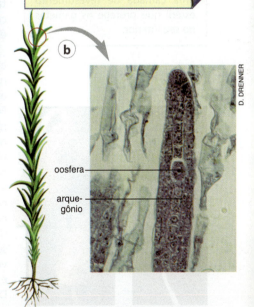

Figura 21-2. Gametófitos (a) masculino e (b) feminino de musgo. À direita, detalhe do ápice, ao microscópio óptico.

Briófitas e pteridófitas **435**

Marchantia, uma hepática comum em meio terrestre úmido. As estruturas em forma de taça abrigam os *propágulos* – grupos de células responsáveis pela reprodução assexuada.

O Ciclo Haplontediplonte nos Musgos

Nos musgos e em todas as briófitas, a metagênese envolve a alternância de duas gerações diferentes na forma e no tamanho. Os gametófitos, verdes, são de sexos separados e duram mais que os esporófitos.

Existem órgãos especializados na produção de gametas chamados **gametângios** e que ficam localizados no ápice dos gametófitos. O gametângio masculino é o **anterídio** e seus gametas, os **anterozoides**. O gametângio feminino é o **arquegônio** que produz apenas um gameta feminino, a **oosfera**.

Para ocorrer o encontro dos gametas é preciso, inicialmente, que os anterozoides saiam dos anterídios. Gotículas de água do ambiente que caem nos arterídios libertam os gametas masculinos. Deslocando-se na água, os anterozoides entram no arquegônio e apenas um deles fecunda a oosfera. Forma-se o zigoto que, dividindo-se inúmeras vezes, origina o embrião. Este, no interior do arquegônio, cresce e forma o esporófito. O jovem esporófito, no seu crescimento, rompe o arquegônio e carrega em sua ponta dilatada um pedaço rompido do arquegônio, em forma de "boné", conhecido como **caliptra** (veja a Figura 21-3, na página seguinte). Já como adulto, o esporófito, apoiado no gametófito feminino, é formado por uma haste e, na ponta, uma cápsula (que é um esporângio) dilatada, dotada de uma tampa, coberta pela caliptra. No esporângio, células 2n sofrem meiose e originam esporos haploides. Para serem liberados, é preciso inicialmente que a caliptra seque e caia. A seguir, cai a tampa do esporângio. Em tempo seco e preferencialmente com vento, os esporos são liberados e dispersam-se. Caindo em locais úmidos, cada esporo germina e origina um filamento semelhante a uma alga, o **protonema**. Do protonema brotam alguns musgos, *todos idênticos geneticamente e do mesmo sexo*. Outro protonema, formado a partir de outro esporo, originará gametófitos do outro sexo e, assim, completa-se o ciclo. Note que a determinação do sexo ocorre, então, já na formação dos esporos.

> *Anote!*
> Anterídios e arquegônios são órgãos reprodutores dotados de uma camada de revestimento estéril que protege os gametas no seu interior.

Esporângio com caliptra.

Cápsula de esporângio de *Bryum caespiticium*.

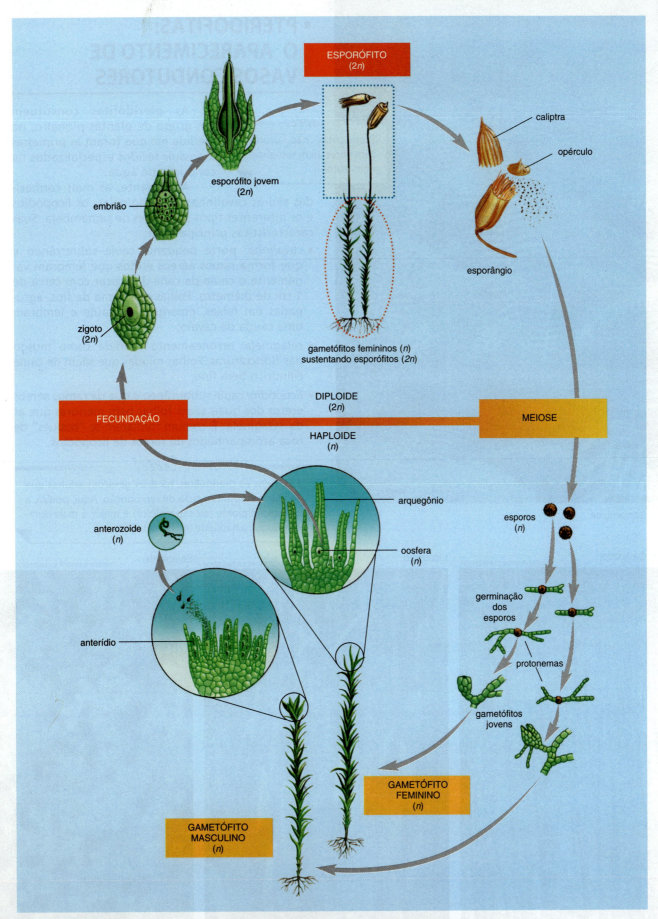

Figura 21-3. Ciclo haplontediplonte nos musgos. Os gametófitos são mais duradouros que os esporófitos.

Briófitas e pteridófitas

▪ PTERIDÓFITAS: O APARECIMENTO DE VASOS CONDUTORES

Anote!
Pteridófitas não produzem flores, nem sementes, nem frutos.

As pteridófitas constituem um grupo de plantas pioneiro, na medida em que foram as primeiras a possuir tecidos especializados na condução de água.

Atualmente, as mais conhecidas são as cavalinhas, as selaginelas, os licopódios e os diferentes tipos populares de samambaia. Suas características principais são:

- *cavalinha:* porte pequeno, caule subterrâneo e que forma ramos aéreos eretos que lembram vagamente o caule da cana-de-açúcar com cerca de 1 cm de diâmetro. Folhas em forma de fios, agrupadas em feixes, emergem do caule e lembram uma cauda de cavalo;
- *selaginela:* erroneamente vendida como musgo nas floriculturas. Folhas miúdas que saem de caule cilíndrico bem fino;
- *licopódio:* caule subterrâneo e que dá ramos aéreos eretos dos quais saem folhas bem menores que as da selaginela. É comum formarem-se "buquês" de rosa acompanhados de ramos de licopódios.

Anote!
Em todas as pteridófitas, há duas gerações adultas que se alternam em um ciclo de reprodução. Aqui, porém, a geração diploide (ou esporofítica) é maior e mais duradoura que a haploide (ou gametofítica).

Samambaia.

Cavalinha.

Licopódio.

Selaginela.

Samambaias: As Pteridófitas mais Conhecidas

As pteridófitas mais modernas são popularmente conhecidas como samambaias e pertencem à classe das *filicíneas*. Incluem as rendas-portuguesas, as avencas, os xaxins, as samambaias de metro etc.

Na maioria delas, o caule subterrâneo, chamado de **rizoma**, forma folhas aéreas. No xaxim, o caule é aéreo, ereto e pode atingir 2 a 3 metros de altura.

As folhas são muitas vezes longas, apresentam divisões (folíolos) e crescem em comprimento pelas pontas, que são enroladas, lembrando a posição do feto no interior do útero. Na época da reprodução, os folíolos ficam férteis e neles surgem pontos escuros, os **soros**, verdadeiras unidades de reprodução (veja a Figura 21-4).

Anote!
Briófitas e pteridófitas são **criptógamas**, termo que se refere a plantas em que o encontro de gametas não se dá em estruturas visíveis (como as flores, por exemplo, presentes nas angiospermas).

Figura 21-4. (a) Samambaia adulta diploide típica; (b) folha jovem; (c) folíolos com soros.

O Ciclo Haplontediplonte nas Samambaias

No esporófito adulto surgem os *soros*, locais onde existem muitos esporângios. Células diploides dividem-se por meiose e originam esporos haploides. A liberação dos esporos ocorre pela ruptura dos esporângios secos. Dispersados e caindo em local apropriado e úmido, germinam produzindo o gametófito, uma lâmina delgada, com aspecto de coração. Recebe, também, o nome de **protalo**, um nome que só é usado para o gametófito de traqueófitas (veja a Figura 21-5). O protalo não possui vasos condutores, ao contrário do esporófito. Além disso, ele é hermafrodita e produz tanto anterozoides como oosferas. Anterídios e arquegônios ficam na face ventral do protalo, aquela que está em contato com o substrato. Se houver uma película de água adequada, os anterozoides, soltos, nadam em direção ao arquegônio, fecundando a oosfera. Desenvolve-se um jovem esporófito. Ao mesmo tempo, começa a degeneração do protalo. O esporófito cresce e surge a samambaia adulta, fechando o ciclo. Note que é muito provável a ocorrência de autofecundação. Mas é também comum a fecundação cruzada, já que muitos protalos crescem juntos, o que promove o aparecimento de variabilidade entre os esporófitos.

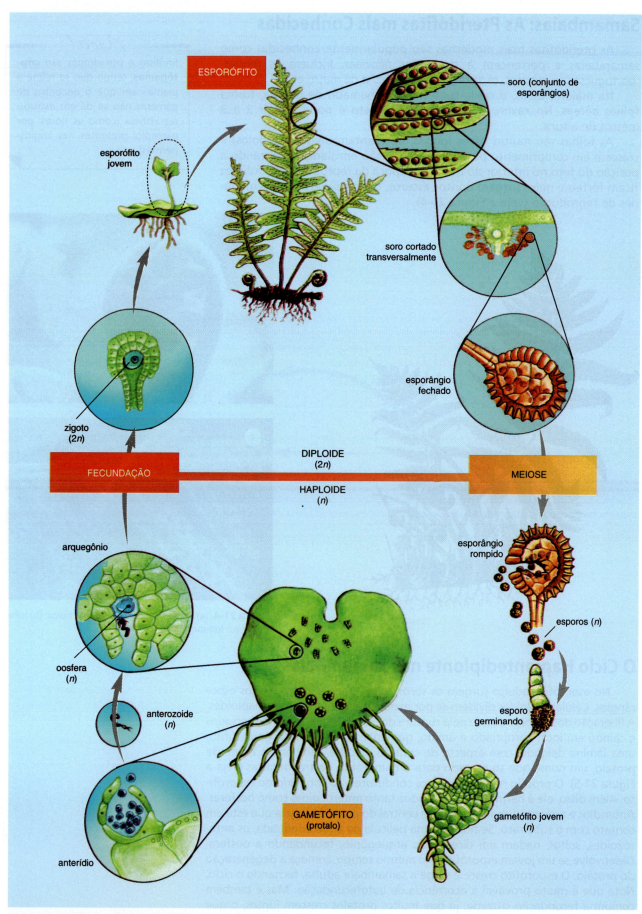

Figura 21-5. Estrutura e reprodução de uma samambaia.

> **Tecnologia & Cotidiano**
>
> **Clonando samambaias mais rapidamente**
>
> Quem cultiva samambaias e rendas-portuguesas sabe que pode multiplicá-las rapidamente. O método consiste em plantar pedaços do rizoma e esperar que eles cresçam no vaso e brotem as folhas. É um processo de propagação vegetativa (clonagem) que não depende da produção de esporos nem de gametas. É evidente que todas as plantas assim obtidas serão geneticamente idênticas àquela que forneceu os rizomas.

OS DIFERENTES TIPOS DE ESPORO

Nos musgos e nas samambaias os esporos são todos iguais em tamanho, sendo conhecidos como **isósporos**. Essas plantas são ditas *isosporadas*.

Mas algumas pteridófitas primitivas, como a selaginela, produzem esporos de dois tipos: os de pequeno tamanho, chamados de **micrósporos**, formarão gametófitos masculinos; os grandes, chamados **megásporos** ou **macrósporos**, formarão gametófitos femininos. Então, a selaginela é uma planta *heterosporada*, por formar esporos diferentes (**heterósporos**). Essa diferenciação dos esporos também será observada, como veremos, nas gimnospermas e nas angiospermas.

Anote!
O encontro de gametas, tanto em briófitas como em pteridófitas, depende da água do ambiente.

Selaginela: Uma Pteridófita Heterosporada

A *Selaginella sp.* é heterosporada, o que quer dizer que encontramos dois tipos de esporos na mesma planta.

Sabemos que a heterosporia aparece desde a selaginela, uma planta pteridófita não produtora de semente. O esporófito possui **estróbilos**, formações correspondentes a folhas compactamente reunidas. Em cada estróbilo de selaginela as folhas possuem esporângios de dois tipos: os que produzem micrósporos e os que produzem megásporos. Ao contrário do que ocorre nas samambaias, micrósporos e megásporos não são liberados

Briófitas e pteridófitas **441**

para o meio, e germinam dentro dos esporângios que os formaram (veja a Figura 21-6). Gametófitos masculinos amadurecem dentro do esporângio e produzem anterozoides. Enquanto isso, cada megásporo germina no esporângio e forma um gametófito feminino, no qual surgem arquegônios, cada qual com uma oosfera. Esse gametófito é volumoso e dotado de muitas reservas alimentares.

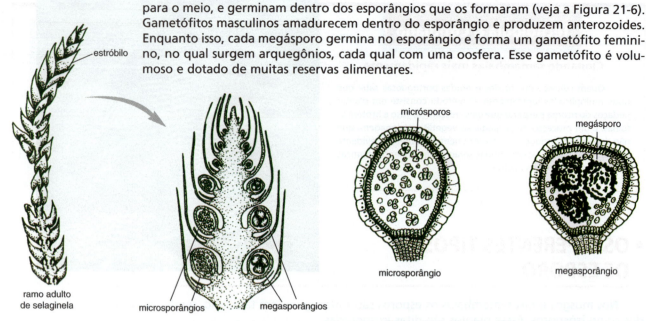

Figura 21-6. Esporângios de uma selaginela.

> **Anote!**
> A retenção do megásporo no megasporângio e a nutrição do embrião a partir das reservas alimentares do gametófito feminino na selaginela constituíram um "prenúncio evolutivo" da produção de sementes, fato que ocorreu nas gimnospermas.

Para haver fecundação, o gametófito masculino inteiro, carregando anterozoides, atinge o gametófito feminino. Com auxílio da água, ocorre a fecundação, formando-se um embrião. Este se desenvolve apoiado no gametófito feminino e alimenta-se das reservas nutritivas existentes no organismo materno. Esgotadas as reservas, o jovem esporófito, então formado e independente, entra em contato com o solo e passa a elaborar seu alimento pela fotossíntese. Forma-se o esporófito adulto que é a geração duradoura (veja a Figura 21-7).

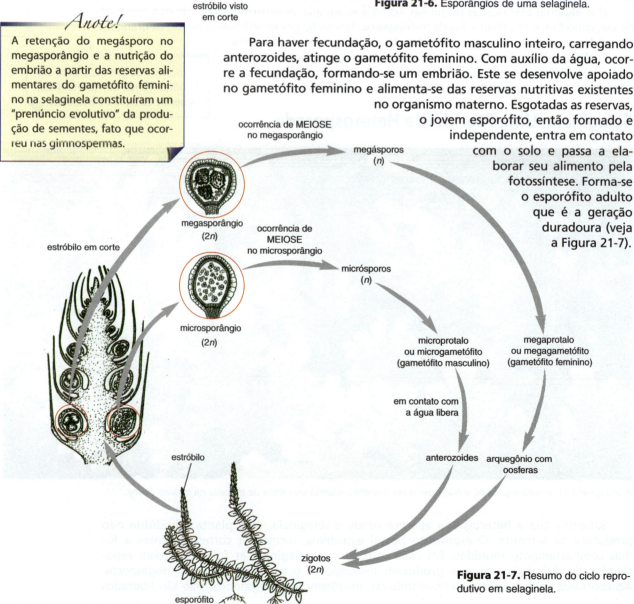

Figura 21-7. Resumo do ciclo reprodutivo em selaginela.

442 BIOLOGIA 2 • 4.ª edição

Leitura

Turfeiras

As áreas de turfeiras dominadas por *Sphagnum* ocupam mais de 1% da superfície da Terra, uma enorme área igual a cerca de metade dos Estados Unidos. *Sphagnum* é assim um dos grupos de plantas mais abundantes do mundo. As turfeiras são de grande importância no ciclo mundial do carbono, porque armazenam quantidades muito elevadas (cerca de 400 gigatoneladas, ou 400 bilhões de toneladas, em escala global) de carbono orgânico que não é rapidamente decomposto a CO_2 por microrganismos. A turfa é formada pelo acúmulo e compressão dos próprios musgos, juntamente com juncos, gramíneas e outras plantas que crescem entre eles. Na Irlanda e em algumas outras regiões setentrionais, a turfa seca é queimada e usada largamente como combustível industrial e para aquecimento doméstico.

Os ecólogos estão preocupados com o aquecimento global causado pelas crescentes quantidades de CO_2 e outros gases na atmosfera — em grande parte decorrente da atividade humana — e temem que isso possa resultar na oxidação do carbono das turfeiras, o que levaria a níveis ainda mais altos de CO_2 e de temperatura global.

Devido a sua alta capacidade antisséptica e de absorção, *Sphagnum* foi usado por povos nativos como material para fraldas, e na Europa, durante a década de 1880 até a Primeira Guerra Mundial, como curativo para feridas e furúnculos. *Sphagnum* ainda é muito usado em horticultura como material de embalagem para plantas enraizadas, como meio para cultivo e aditivo para o solo. Os jardineiros misturam os musgos com solo para aumentar a capacidade de retenção de água e torná-lo mais ácido. A colheita e processamento de *Sphagnum* proveniente das turfeiras para essas finalidades é uma indústria de muitos milhões de dólares, porém pode resultar em sérias degradações de algumas áreas úmidas. Esforços estão em andamento para o desenvolvimento de técnicas para a regeneração de regiões de turfeiras, devido a sua importância ecológica.

Disponível em: <http://paginas.terra.com.br/educacao/portaldaescola/briofitas.html>. Acesso em: 16 dez. 2005.

Sphagnum sp.

Tecnologia & Cotidiano

Pesquisa identifica uma nova espécie de avenca

Pernambuco abriga, pelo menos, 284 espécies de plantas como samambaias e avencas, que, juntas, formam o grupo das pteridófitas. Um levantamento realizado em 71 localidades do Estado, entre áreas de Mata Atlântica, Cerrado e Caatinga, identificou, ainda, uma nova espécie de avenca. O estudo também apontou que a distribuição da grande maioria das espécies dessas plantas está relacionada com a presença de terra fértil, com água e umidade no ambiente.

A conclusão é da bióloga Iva Carneiro Leão, que identificou a distribuição de pteridófitas no Estado. Esses estudos integram sua tese de doutorado, realizado no Departamento de Botânica da Universidade Federal Rural de Pernambuco (UFRPE).

Das cerca de 284 espécies do grupo das pteridófitas registradas em Pernambuco, 199 ocorrem em áreas de Mata Atlântica. Ao todo, 65 espécies de avencas e samambaias estão no Cerrado, sendo que 49 dessas encontram-se em brejos de altitude. Apenas 14 espécies dessas plantas sobrevivem na região do Semiárido, conforme dados coletados pela pesquisadora.

Entre as plantas estudadas, Iva está descrevendo uma nova espécie de avenca, do gênero *Isoetes*, coletada em área de Caatinga do município de Paranamirim, a 576 km de Recife. Essa planta atinge cerca de 15 cm e geralmente compõe um tapete verde no solo.

As pteridófitas constituem um grupo de plantas que não apresentam flores. A reprodução sexuada desses vegetais, explica Iva Leão, acontece por meio dos soros, que são estruturas reprodutivas de coloração marrom – aquelas "bolinhas" presentes embaixo das folhas desses vegetais. As samambaias e avencas são plantas características das regiões tropicais.

A quantidade de espécies presentes nas áreas de Mata Atlântica, Cerrado e Caatinga está relacionada com a presença de água e umidade do solo. "As espécies estão distribuídas por áreas distintas, não ultrapassando as barreiras geográficas dessas regiões", explica a pesquisadora Iva Carneiro Leão.

Geralmente, as pteridófitas de maior porte necessitam de mais nutrientes para se desenvolver e, por isso, são encontradas nas áreas de mata. Já as presentes no Semiárido têm tamanho menor, estando assim mais adaptadas a viver nessas localidades. As plantas que integram o grupo das pteridófitas desenvolvem-se na terra, sobre rochas e árvores.

Disponível em:
<http://www2.uol.com.br/JC/_2001/3004/cm2904_2.html>.
Acesso em: 16 dez. 2005.

Passo a passo

As fotos a seguir representam, à esquerda, a hepática *Marchantia sp.* e, à direita, as duas gerações do musgo *Sphagnum sp.* Utilize-as para responder às questões 1, 2 e 3.

1. a) Reconheça as gerações adultas mostradas nas fotos. Na foto do musgo, indique que letras mostram, respectivamente, a geração haploide e a geração diploide.
   b) Na hepática, a seta *a* aponta um **conceptáculo**, estrutura que contém células no interior de uma "tacinha". Qual o significado dessa estrutura, em termos de reprodução?

2. Relativamente aos representantes de briófitas mostrados nas fotos, responda:
   a) Em que *habitats* são encontrados representantes desse grupo vegetal?
   b) Briófitas são plantas avasculares. Nesse sentido, como ocorre o transporte de água ao longo do corpo desses vegetais? Explique por que a ausência de vasos condutores limita o tamanho do corpo dessas plantas.

3. Relativamente à foto do musgo representada à direita, responda:
   a) Qual a constituição do talo da geração adulta diploide, apontada pela seta *b*?
   b) O que representa a estrutura apontada pela seta *d* naquela foto?

4. Os esquemas a seguir e as fotos que os acompanham representam gametófitos de musgo, com suas respectivas estruturas de reprodução.

a) Descreva a constituição do talo desses gametófitos, citando as estruturas de absorção subterrâneas e os componentes da porção aérea.
b) O que representam o anterídio, o arquegônio, o anterozoide e a oosfera constantes das ilustrações? Como são denominados coletivamente o arquegônio e o anterídio?

5. O ciclo reprodutivo de um musgo está resumidamente representado a seguir. Observando-o atentamente e utilizando seus conhecimentos sobre as briófitas, responda:

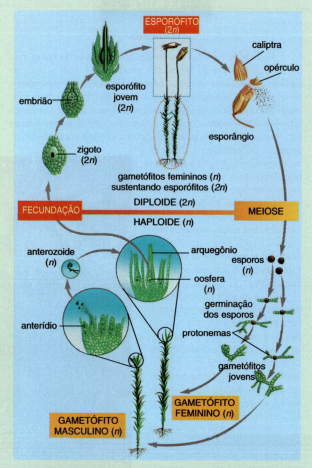

a) Qual a geração mais duradoura nos musgos, o gametófito ou o esporófito? Qual o significado dos protonemas representados no esquema?
b) Nota-se que a geração diploide, o esporófito, encontra-se apoiada no gametófito feminino, portanto, não ligada ao solo. Como ocorre a nutrição do esporófito apoiado no gametófito?
c) Por meio de que divisão celular ocorre produção de gametas nos musgos? Como ocorre encontro gamético nesses vegetais? De qual importante fator ambiental depende o encontro gamético?
d) Além de serem células produzidas por meiose, esporos desempenham importante papel na distribuição dos musgos pelo ambiente. Qual é esse papel?

6. A ilustração a seguir representa, em *a*, o esquema de uma samambaia e, em *b* e *c*, fotos correspondentes a detalhes do vegetal esquematizado. Observando-a atentamente, responda:

a) A que geração adulta corresponde o esquema da samambaia representado em *a*? Qual o significado dos soros destacados em detalhe na foto *c*?
b) A que órgão vegetal (raiz, caule ou folha) corresponde o rizoma apontado no esquema *a*?
c) Fragmentos do rizoma de samambaia plantados em vasos geram samambaias geneticamente idênticas. Lembrando que no rizoma existem células de um tecido denominado meristema, justifique esse método de obtenção de samambaias.

O ciclo reprodutivo de uma samambaia está resumidamente representado a seguir. Observando-o atentamente e utilizando seus conhecimentos sobre as pteridófitas, responda às questões **7** e **8**.

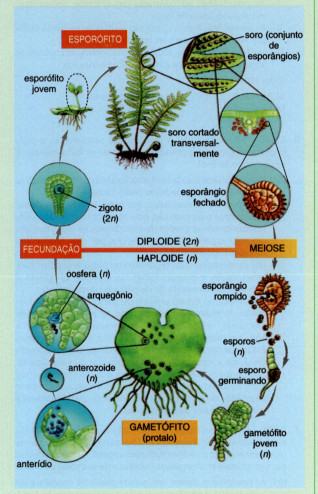

7. a) Qual a geração mais duradoura nas samambaias, o gametófito ou o esporófito? O que representa o *protalo* mostrado no esquema? Qual das duas gerações adultas possui tecidos condutores?
b) Nota-se que, na geração diploide, o esporófito encontra-se separado do gametófito, portanto, ambos possuem coloração verde e estão ligados ao solo. A que conclusão se pode chegar, em termos de dependência, com essa constatação?

8. a) Por meio de que divisão celular ocorre produção de gametas nas samambaias? Como ocorre o encontro gamético nesses vegetais? De qual importante fator ambiental depende o encontro gamético?
b) Além de serem células produzidas por meiose, esporos desempenham importante papel na distribuição das samambaias pelo ambiente. Qual é esse papel?

Os esquemas a seguir representam uma comparação resumida do que ocorre no ciclo reprodutivo de musgos e samambaias. Utilize-os para responder às questões **9** e **10**.

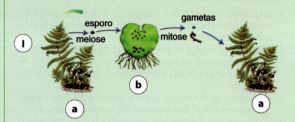

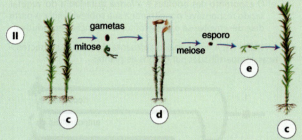

9. a) No ciclo resumido da samambaia (I), que gerações adultas estão representadas em *a* e *b*? No ciclo resumido do musgo (II), que gerações adultas estão representadas em *c* e *d*?
b) Quanto aos órgãos reprodutores – anterídeos e arquegônios –, como são os sexos dos gametófitos de musgos e samambaias, respectivamente?
c) Qual o significado do termo *criptógamas* atribuído às briófitas e pteridófitas?

10. a) No ciclo resumido do musgo (II), o que representa a estrutura *e*? Qual o seu significado?
b) De maneira geral, de que fator ambiental depende o encontro gamético nos musgos e nas samambaias?
c) De modo geral, em que ambientes são encontrados musgos e samambaias? Justifique sua resposta.

11. *Questão de interpretação de texto*

A conquista do meio terrestre pelos vegetais dependeu da existência prévia de tecidos condutores, fato que já ocorre nos esporófitos de samambaias. No entanto, só isso não basta. É preciso, também, haver a independência da água ambiental para o encontro gamético. Essa adaptação evolutiva começou a ocorrer com as selaginelas. Nessas pteridófitas, a produção de esporos ocorre no interior de estróbilos, estruturas dotadas de esporângios produtores de dois tipos de esporos diferentes no tamanho: micrósporos e megásporos. Nesse caso, esporos não são liberados para o meio e germinam no interior dos esporângios, originando gametófitos. Embora a fecundação ainda ocorra com o auxílio de água, a retenção dos megásporos no interior dos esporângios é um prenúncio da formação de sementes, o que ocorrerá no grupo das gimnospermas.

Com as informações do texto e utilizando seus conhecimentos sobre o assunto, responda:

a) Musgos e samambaias produzem esporos de mesmo tamanho que são liberados no meio e germinam no solo. Como são denominados esses esporos e as plantas que os produzem?
b) Que denominação pode ser utilizada para designar os esporos produzidos pelas pteridófitas selaginelas? Explique como a produção desses esporos e a retenção nos esporângios contribuíram para a futura conquista efetiva do meio terrestre pelos vegetais mais complexos.

Briófitas e pteridófitas **445**

Questões objetivas

1. (UDESC) Assinale a alternativa **correta** a respeito das características gerais das briófitas.

a) Apesar de a maioria dos musgos preferir locais úmidos e sombreados, podem ser encontradas espécies adaptadas a ambientes desérticos e polares.
b) A fixação do vegetal ocorre pela ação de raízes verdadeiras, as quais também desempenham o importante papel de absorver a água e os sais minerais essenciais à sobrevivência da planta.
c) A presença de um tecido vascular permite que esses vegetais possam atingir tamanhos de até 1 metro de altura.
d) O ciclo de vida das briófitas caracteriza-se pela alternância de gerações com uma fase esporofítica, haploide, e uma fase gametofítica, diploide.
e) O esporófito das briófitas é a forma duradoura do vegetal, sendo responsável por garantir a sua sobrevivência. A partir dele desenvolve-se o gametófito, com função reprodutiva.

2. (UFRGS – RS) A figura abaixo apresenta algumas das características compartilhadas por grupos de plantas.

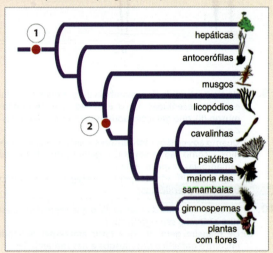

Adaptado de: SADAVA et al. *Vida*: a ciência da biologia. 8. ed. Porto Alegre: Artmed, 2009.

As características associadas aos números 1 e 2 representam, respectivamente, a presença de

a) esporófito haploide e folhas verdadeiras.
b) gametófito haploide e sementes.
c) esporófito haploide e estômatos.
d) embrião protegido e tecido vascular.
e) embrião protegido e sementes.

3. (UPF – RS) Em relação a musgos e samambaias, as afirmações abaixo estão corretas, **exceto**:

a) Musgos não têm soros.
b) Somente em musgos o esporófito é preso ao gametófito.
c) Ambos são criptógamos.
d) Nas samambaias, a fase assexuada é mais vistosa.
e) Os órgãos de ambas são apenas: raízes, caules e folhas.

4. (UFPR) Um arquiteto encomendou a um paisagista um terrário para colocar em um apartamento como divisória entre dois ambientes. Uma das exigências do proprietário do apartamento é que o terrário representasse um ambiente de floresta úmida, semelhante à Floresta Atlântica. Solicitou, também, que o ambiente incluísse exclusivamente representantes das divisões do Reino Plantae. Com base nos conhecimentos sobre esse reino, considere os seguintes grupos:

1. Musgos, pois são encontrados sobre troncos e solo da floresta.
2. Algas cianofíceas, pois são produtores primários.
3. Samambaias, pois são os principais elementos do sub-bosque.
4. *Pinus sp.*, pois formam o dossel das florestas.
5. Epífitas, pois são frequentes sobre os ramos das árvores.

Atendem às exigências do proprietário os itens:

a) 1, 2 e 4 apenas. c) 2, 3 e 4 apenas. e) 1, 2 e 5 apenas.
b) 1, 3 e 5 apenas. d) 3, 4 e 5 apenas.

5. (UFRGS – RS) Percorrendo uma trilha em uma floresta úmida do Sul do Brasil, um estudante encontrou duas plantas pequenas crescendo sobre uma rocha. Observando-as, concluiu que se tratava de um musgo (*Briophyta*) e de uma samambaia (*Pteridophyta*).

Considere as afirmações abaixo, sobre essas plantas.

I – As pteridófitas, ao contrário das briófitas, apresentam vasos condutores de seiva.
II – As pteridófitas e as briófitas são plantas de pequeno porte por não apresentarem tecidos de sustentação.
III – Na face interior das folhas da pteridófita, encontram-se soros nos quais ficam armazenados os esporos.

Quais estão corretas?

a) Apenas I.   d) Apenas II e III.
b) Apenas II.   e) I, II e III.
c) Apenas I e III.

6. (UEPG – PR – adaptada) A respeito das samambaias, o mais importante grupo das pteridófitas, assinale os itens corretos e dê sua soma ao final.

(01) Dentro de uma escala evolutiva, foram as primeiras plantas a apresentarem verdadeiras raízes, caules e folhas.
(02) As folhas das samambaias, em geral, têm função dupla: fotossíntese e reprodução, pois na parte inferior dos folíolos distribuem-se grupos de esporângios, os soros, que, em algumas espécies, ficam protegidos por uma fina lâmina de cobertura, o indúzio.
(04) Nas samambaias, todo organismo, ou corpo vegetativo, com raízes, caules e grandes folhas corresponde ao protalo, a fase mais desenvolvida do ciclo de vida dessas plantas.
(08) As pteridófitas deram um grande passo evolutivo na conquista do meio terrestre, pois são os primeiros vegetais vasculares, sendo capazes de transportar facilmente a água das raízes para seus órgãos aéreos, o caule e as folhas. Essas plantas são chamadas traqueófitas, pois seu tecido condutor é representado pelas traqueias ou vasos liberianos, também chamados de floema, que transportam água e sais absorvidos pelas raízes, e os vasos lenhosos, também chamados de xilema, que transportam a solução orgânica com os produtos da fotossíntese.

7. (UEPG – PR) O reino *Plantae* é representado por mais de 300 mil espécies de vegetais. Entre eles estão as pteridófitas, importantes representantes do processo evolutivo vegetal. A respeito dessas plantas, assinale as alternativas corretas e dê sua soma ao final.

(01) As pteridófitas deram um grande passo na conquista do meio terrestre, pois foram os primeiros vegetais vasculares, capazes, portanto, de transportar facilmente a água das raízes para seus órgãos aéreos, o caule e as folhas.
(02) As pteridófitas são chamadas traqueófitas, porque seu tecido condutor é representado pelas traqueias ou vasos lenhosos (xilema), que transportam água e sais absorvidos pelas raízes e pelos vasos liberianos (floema), os quais, por sua vez, transportam uma solução orgânica com os produtos da fotossíntese.
(04) Uma importante especialização dos vasos lenhosos das pteridófitas é a impregnação de suas paredes por uma substância de grande resistência, a lignina, que proporciona a sustentação mecânica do caule e das nervuras das folhas.
(08) As folhas das pteridófitas em geral têm função dupla: fotossíntese e reprodução. Na parte inferior dos folíolos estão os esporófitos, responsáveis pela sua disseminação.
(16) O mais importante grupo de pteridófitas é o das filicíneas, conhecidas popularmente como samambaias.

8. **(CESGRANRIO – RJ)**
O vegetal desenhado ao lado apresenta rizoma, de onde saem folhas lobadas, raízes e novas plantinhas. As folhas novas apresentam-se enroladas sob a forma de um báculo. Nas folhas se observam, de cada lado da nervura principal, pontinhos escuros, chamados soros. Das características apresentadas, duas permitem identificá-lo como sendo uma pteridófita. São elas:

a) folhas lobadas e raízes saindo de um rizoma.
b) rizoma produzindo novas plantinhas e folhas lobadas.
c) folhas novas enroladas sob a forma de um báculo e soros nas folhas.
d) soros e presença de raízes no rizoma.
e) folhas lobadas e folhas enroladas sob a forma de um báculo.

9. **(UNAERP – SP)** No esquema abaixo está representado o ciclo reprodutivo de uma pteridófita. Em relação ao número cromossômico, as estruturas *a*, *b* e *c* são, respectivamente:

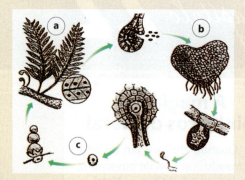

a) $2n, n$ e $2n$.
b) $n, 2n$ e n.
c) $2n, 2n$ e n.
d) n, n e $2n$.
e) $n, 2n$ e $2n$.

10. **(FUVEST – SP)** A figura mostra a face inferior de uma folha onde se observam estruturas reprodutivas.

A que grupo de plantas pertence essa folha e o que é produzido em suas estruturas reprodutivas?

a) Angiospermas; grão de pólen.
b) Briófita; esporo.
c) Briófita; grão de pólen.
d) Pteridófita; esporo.
e) Pteridófita; grão de pólen.

Questões dissertativas

1. **(UNICAMP – SP)** As algas são predominantemente aquáticas. Qual é o ambiente mais comum onde ocorrem os musgos e as samambaias? Qual seria o motivo principal de os musgos apresentarem pequeno porte e as samambaias serem de porte maior e algumas poderem atingir dois metros de altura ou mais?

2. **(FUVEST – SP)** No que diferem briófitas e pteridófitas quanto ao deslocamento da água no interior da planta?

3. **(UNICAMP – SP)** Em um brejo, encontrou-se grande quantidade de briófitas e pteridófitas. Todas as briófitas eram pequenas, com poucos centímetros de altura, ao passo que algumas pteridófitas alcançavam até 2 m. Que diferença na estrutura anátomo-fisiológica desses grupos justifica essa diferença de tamanho? Explique.

4. **(UFJF – MG – adaptada)** Os mais antigos fósseis conhecidos de pteridófitas são do período Siluriano (400 milhões de anos atrás), de plantas com poucos centímetros de altura, que viviam sempre associadas a ambientes com alta disponibilidade hídrica. Do final do período Devoniano até o final do Carbonífero (entre 375-290 milhões de anos), as pteridófitas formaram grandes florestas, sendo as plantas mais abundantes. As primeiras angiospermas surgiram no início do Cretáceo (há 130 milhões de anos) e atualmente atingem a dominância global na vegetação e o máximo da diversificação morfológica. A interação com animais foi um dos fatores mais importantes no processo de diversificação das angiospermas, sendo a evolução de suas estruturas reprodutivas direcionada pelas relações cada vez mais especializadas com seus agentes polinizadores.

Considerando os aspectos expostos no texto sobre pteridófitas e angiospermas, responda às questões propostas a seguir:

a) A proximidade da água favoreceu a reprodução sexuada das primeiras pteridófitas, sendo ainda necessária para as espécies atuais desse grupo. Explique por quê.
b) Classifique as seguintes estruturas das pteridófitas, de acordo com a ploidia de suas células (haploide = n; diploide = $2n$).

Protalo	Soro

Programas de avaliação seriada

1. **(PSIU – UFPI)** Assinale a alternativa que preenche corretamente as lacunas do texto:

Um dos mais importantes eventos na evolução das plantas foi o surgimento de uma camada de células _____, protegendo as estruturas de reprodução e a retenção do _____ jovem dentro do gametângio feminino, o _____, que propiciou o seu desenvolvimento, sendo nutrido e protegido contra agentes externos.

a) férteis, óvulo, anterídio.
b) estéreis, embrião, arquegônio.
c) férteis, gameta, arquegônio.
d) férteis, óvulo, arquegônio.
e) estéreis, fruto, anterozoide.

2. **(PEIES – UFSM – RS – adaptada)** Os seres humanos parecem ter uma identificação maior com outras espécies animais do que com as plantas. Mas, se dermos asas à nossa imaginação, não somos assim tão diferentes...

As plantas podem possuir gametas masculinos que nadam à semelhança dos espermatozoides humanos. É o caso das(os)

I – briófitas. II – pteridófitas. III – fungos.

Está(ão) correta(s) a(s) alternativa(s)

a) I apenas.
b) II apenas.
c) I e II apenas.
d) III apenas.
e) I, II e III.

Capítulo 22

Gimnospermas e angiospermas

A magia dos pinheiros de Natal

Quando chega o fim do ano, em meados ou final de novembro, aqueles que festejam o Natal já começam seus preparativos. Afinal, essa é uma das festas cristãs mais importantes, uma vez que celebra o nascimento de Jesus Cristo.

Atualmente, associamos o Natal a uma época de alegria, cor, tradições e símbolos. As cidades, as lojas, os *shoppings* e as casas se enchem de luzes e aparece um dos símbolos mais reconhecidos e marcantes dos festejos natalinos: a árvore de Natal. Mas como será que surgiu essa tradição?

A árvore de Natal é geralmente um pinheiro decorado com luzes, bolinhas coloridas, enfeites diversos e uma bela estrela no topo. Não existe uma resposta única para explicar o surgimento dessa tradição, mas muitas histórias dão conta de que o costume possa ter vindo de rituais pagãos de adoração de árvores, realizados por povos da Europa Central ou da Escandinávia.

A tradição de se utilizar um pinheiro também pode ter outras origens. Conta-se que o pinheiro era a árvore mais usada, pois no rigoroso inverno europeu, em meio à branca paisagem coberta de neve, era a única que mantinha suas folhas verdes, o que representaria um símbolo de continuação da vida e esperança.

Neste capítulo, além de aprender sobre as gimnospermas, grupo vegetal do qual os pinheiros fazem parte, também estudaremos as angiospermas, organismos cuja característica mais marcante é a produção de frutos protegendo as sementes.

Das 650 espécies atuais de gimnospermas, as mais conhecidas são as do grupo coníferas, cujas espécies formam árvores de grande porte – como os pinheiros, ciprestes, sequoias, tuias etc. –, tronco espesso e muitos galhos, com folhas longas e finas em forma de agulhas (acículas) ou curtas e espessas em forma de escamas.

São também gimnospermas as *Cycas*, popularmente conhecidas como palmeira-de-ramos ou palmeira-de-sagu, comuns em alguns lugares do Brasil. O tronco costuma ser espesso, a folha é parecida com a das palmeiras, porém, é muito mais rígida.

Anote!
Florestas de coníferas de regiões temperadas são ricas em árvores do grupo das gimnospermas. No Brasil, destaca-se a Mata de Araucárias do Sul do país.

As folhas de muitas coníferas têm a forma de agulhas, daí o nome acículas.

De olho no assunto!

As sequoias-gigantes

As sequoias são gimnospermas gigantescas (árvores com mais de 80 m de altura), fabricam o seu próprio alimento pela fotossíntese e podem viver centenas de anos. Na verdade, o sucesso dessas árvores dependeu, também, de um fungo microscópico formador de micorriza, que beneficia as sequoias ao promover aumento de absorção de nutrientes minerais.

▪ GIMNOSPERMAS: SURGEM AS SEMENTES

A principal característica das gimnospermas é a produção de sementes nuas, isto é, não protegidas por fruto (do grego, *gymnos* = nu). São produzidas em estruturas conhecidas como **cones** ou **estróbilos**, que para alguns autores correspondem às flores das gimnospermas, e dão o nome *coníferas* ao grupo formado pelos pinheiros (veja a Figura 22-1).

> *Anote!*
> **Espermáfitas** é o nome dado a plantas produtoras de sementes. Inclui gimnospermas e angiospermas.

Figura 22-1. (a) Estróbilos masculinos e (b) femininos de araucária, em que as sementes (c) são os pinhões comestíveis.

O Ciclo Haplontediplonte nas Coníferas

Cones (a) masculinos e (b) femininos de conífera.

Anote!
No pinheiro comum, *Pinus sp.*, pequenos e grandes cones ficam na mesma árvore. Essa espécie, portanto, é **monoica**. Em araucária, uma árvore carrega-se com cones femininos, enquanto outra se carrega com cones masculinos. Dizemos, então, que a araucária é **dioica**.

Comparando-se a reprodução das gimnospermas coníferas com o que ocorre nas pteridófitas, notam-se algumas novidades evolutivas (acompanhe pela Figura 22-2). Os **estróbilos (cones)** são equivalentes aos soros, na medida em que constituem estruturas correspondentes a conjuntos de esporângios. Existem dois tipos de estróbilo, um grande e outro pequeno, e, como consequência, há dois tipos de esporângio e de esporo. Nos estróbilos maiores, considerados femininos, cada esporângio – chamado de óvulo – produz, por meiose, um **megásporo** (ou **macrósporo**). O megásporo fica retido no esporângio, não é liberado, como ocorre com os esporos das pteridófitas. Desenvolvendo-se no interior do óvulo, o megásporo origina um gametófito feminino. Nesse gametófito surgem arquegônios e, no interior de cada um deles, diferencia-se uma **oosfera** (que é o gameta feminino).

Nos estróbilos menores, considerados masculinos, cada esporângio – também chamado de **saco polínico** – produz, por meiose, numerosos **micrósporo**s. Desenvolvendo-se no interior do saco polínico, cada micrósporo origina um gametófito masculino, também chamado de **grão de pólen** (ou gametófito masculino jovem). A ruptura dos sacos polínicos libera inúmeros grãos de pólen, leves, dotados de duas expansões laterais, aladas. Carregados pelo vento, podem atingir os óvulos que se encontram nos estróbilos femininos. O processo de transporte de grãos de pólen (não se esqueça de que eles representam os gametófitos masculinos) constitui a **polinização**, que, nesse caso, ocorre pelo vento.

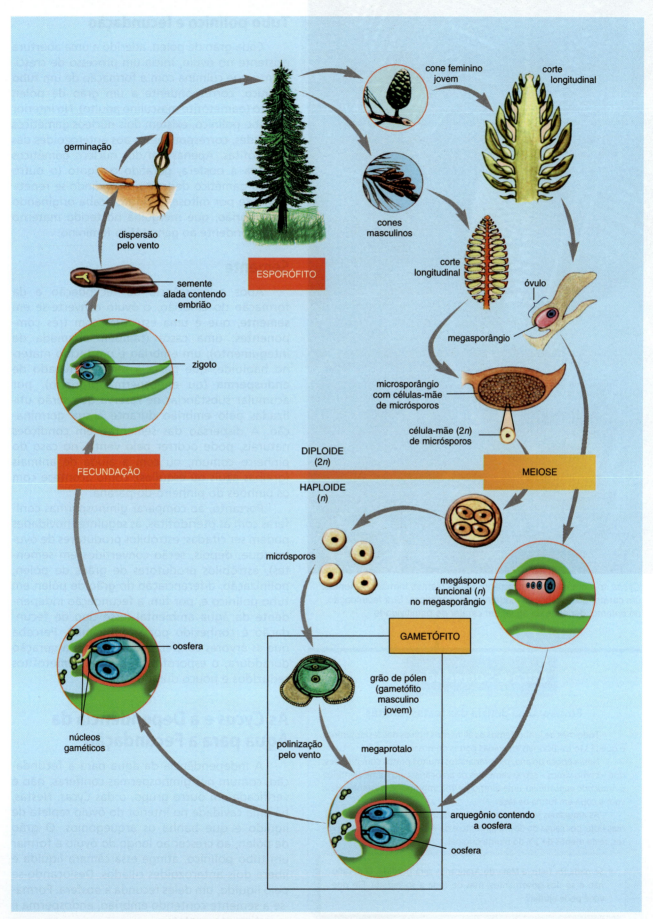

Figura 22-2. Síntese do ciclo reprodutivo do *Pinus sp*.

Cycas sp. com estróbilo masculino. Essas plantas formam sementes, um caráter que lembra as modernas espermáticas. Sua fecundação, no entanto, depende da água, um caráter de primitividade.

Tubo polínico e fecundação

Cada grão de pólen, aderido a uma abertura existente no óvulo, inicia um processo de crescimento que culmina com a formação de um **tubo polínico**, correspondente a um grão de pólen adulto (gametófito masculino adulto). No interior do tubo polínico, existem dois núcleos gaméticos haploides, correspondentes aos anterozoides das pteridófitas. Apenas um dos núcleos gaméticos fecunda a oosfera, gerando o zigoto (o outro núcleo gamético degenera). Dividindo-se repetidamente por mitose, o zigoto acaba originando um **embrião**, que mergulha no tecido materno correspondente ao gametófito feminino.

Semente

Após a ocorrência da fecundação e da formação do embrião, o óvulo converte-se em **semente**, que é uma estrutura com três componentes: uma casca (também chamada de integumento), um embrião e um tecido materno haploide, que passa a ser denominado de **endosperma** (ou endosperma primário), por acumular substâncias de reserva que serão utilizadas pelo embrião durante a sua germinação. A dispersão das sementes, em condições naturais, pode ocorrer pelo vento, no caso do pinheiro comum, ou com a ajuda de animais (gralhas-azuis ou esquilos), como acontece com os pinhões do pinheiro-do-paraná.

Portanto, ao comparar gimnospermas coníferas com as pteridófitas, as seguintes novidades podem ser citadas: estróbilos produtores de óvulos (que, depois, serão convertidos em sementes), estróbilos produtores de grãos de pólen, polinização, diferenciação do grão de pólen em tubo polínico e, por fim, a fecundação independente da água ambiental (esse tipo de fecundação é conhecido por **sifonogamia**). Perceba que as árvores coníferas representam a geração duradoura, o esporófito, sendo os gametófitos reduzidos e pouco duradouros.

As *Cycas* e a Dependência da Água para a Fecundação

A independência da água para a fecundação, comum nas gimnospermas coníferas, não é verificada em outro grupo, o das *Cycas*. Nestas, há uma cavidade no interior do óvulo repleta de líquido e que banha os arquegônios. O grão de pólen, ao crescer ao longo do óvulo e formar um tubo polínico, atinge essa câmara líquida e libera dois anterozoides ciliados. Deslocando-se pelo líquido, um deles fecunda a oosfera. Forma-se a semente contendo embrião, endosperma e revestimento protetor.

Ética & Sociedade

Pinhão: uma delícia das festas juninas

Todo mês de junho, temos os alimentos típicos das festas juninas e que já são tradicionais em várias partes do nosso país.

Nessa época do ano, são preparados muitos pratos com pinhões, que – como vimos – são as sementes da araucária, cujo nome científico é *Araucaria augustifolia*, uma gimnosperma imponente, bastante alta e com a copa em forma de taça.

As araucárias já cobriram os três estados da Região Sul do Brasil, mas hoje, por causa do desmatamento e da exploração ilegal das árvores, resta menos de 2% do bioma original.

- Se nada for feito, a Mata de Araucárias será perdida. O desafio não é só dos governantes, mas de toda a sociedade. Em que você pode ajudar?

De olho no assunto!

Características gerais das gimnospermas

- Plantas que produzem sementes nuas. Não há frutos.
- As sementes são produzidas em cones ou estróbilos.
- O grupo mais conhecido é o das coníferas, formadoras de árvores de grande porte.
- A semente é composta de casca, embrião e endosperma primário, haploide (material de reserva alimentar para o embrião).
- O esporófito, nas coníferas, árvore de grande porte, é a geração duradoura.
- Os gametófitos são de sexos separados, pequenos (grão de pólen no saco polínico e o gametófito feminino dentro do óvulo), pouco duradouros e totalmente dependentes do esporófito.
- Nos cones femininos existem óvulos produtores de megásporos que, germinando no interior desses óvulos, originam gametófitos femininos, que ficam retidos (veja a Figura 22-2).
- Nos cones masculinos existem microesporângios produtores de micrósporos que se diferenciam em grãos de pólen.
- A polinização é feita pelo vento.
- O grão de pólen cresce e forma um tubo polínico contendo dois núcleos gaméticos.
- Somente um dos núcleos gaméticos fecunda a oosfera. O outro degenera.
- A fecundação não depende do ambiente aquático. Ocorre por sifonogamia.

Tecnologia & Cotidiano

Gimnospermas e irrigação cerebral

Há aproximadamente 280 milhões de anos, iniciava-se a conquista do meio terrestre pelas gimnospermas. Essas plantas, originadas das pteridófitas, dominaram a paisagem terrestre durante os períodos Triássico e Jurássico, com os dinossauros. Hoje, esse grupo vegetal está restrito a alguns locais da Terra, como as Florestas de Coníferas e, no Sul do Brasil, às Matas de Araucárias.

O declínio das gimnospermas foi tão acentuado que alguns grupos ficaram restritos a poucas espécies. É o caso das árvores da espécie *Gingko biloba*, que sobrevivem atualmente graças ao cultivo realizado em algumas regiões da Ásia. Como são resistentes à poluição do ar, são cultivadas, também, em muitas cidades americanas. Das folhas dessas árvores extraem-se substâncias que atuam favorecendo a irrigação cerebral e, segundo se acredita, estimulando a memória.

Leitura

A evolução e a efetiva conquista do meio terrestre pelos vegetais

A efetiva conquista do meio terrestre pelos vegetais dependeu de uma série de adaptações prévias, sem as quais não poderia ocorrer. Como invadir o meio terrestre com um gametófito dependente de umidade para sobreviver e se reproduzir? Como resolver o desafio representado pela necessidade de água líquida ambiental para ocorrer o encontro de gametas?

Um primeiro problema, representado pelo aumento de complexidade do esporófito diploide, foi eficientemente resolvido pela seleção natural. Afinal, plantas diploides são muito mais dotadas de características genéticas adaptativas do que gametófitos haploides. Ainda mais considerando que, a partir das pteridófitas, o esporófito é dotado de tecidos vasculares, essenciais para a conquista de meios que não dispõem de considerável quantidade de água. Assim, restou encontrar uma solução relativa aos gametófitos e à sua dependência de meios úmidos para sobreviver e se reproduzir. Graças à provável ocorrência prévia de mutações no material genético, a solução começou a ser desenhada a partir das pteridófitas selaginelas, que retêm esporos nos esporângios, possibilitando o desenvolvimento dos gametófitos em seu interior. Essa "novidade genética" foi passada para as gimnospermas e, graças à ação da seleção natural, gametófitos deixaram de se desenvolver em solos úmidos, passando a fazê-lo no interior dos esporângios dos esporófitos. Pronto, um primeiro problema foi resolvido. Agora, o segundo: como garantir o encontro gamético sem depender da água líquida ambiental? O transporte de gametófitos inteiros em direção aos esporângios dotados de gametófitos femininos em desenvolvimento foi a primeira solução. A segunda foi a fecundação promovida por meio de tubos polínicos, sem depender da existência de água ambiental.

Estava dada a partida para a seleção natural favorecer o melhor equipamento genético e, assim, promover o início efetivo da conquista do meio terrestre, iniciado pelas gimnospermas, produtoras de sementes. Daí para as angiospermas foi um passo a mais, com o surgimento de flores e frutos e o domínio completo dos diversos ambientes terrestres por esse grupo vegetal atualmente dominante. Livrar o gametófito de meios úmidos, torná-lo dependente do esporófito e promover o encontro por meio de tubos polínicos, essas foram as novidades genéticas favorecidas pela seleção natural. E tudo culminou com a efetiva conquista do meio terrestre pelos vegetais mais complexos.

ANGIOSPERMAS: SURGEM AS FLORES E OS FRUTOS

> **Anote!**
> Gimnospermas e angiospermas são **fanerógamas**, termo que se refere a plantas que possuem estruturas visíveis (estróbilos e flores) nas quais ocorre o encontro de gametas.

O grupo das angiospermas (também chamadas de **antófitas**, de *anthós* = = flor) é o mais numeroso entre os vegetais da Terra atual em termos de espécies. Alguns exemplos? Feijão, arroz, milho, trigo, banana, café, amendoim, mandioca, batata, camomila, canela, tomate, alface, pimenta, beterraba, palmito, castanha-do-pará, coco, manga, laranja e muitos outros, cuja relação ocuparia uma extensa lista.

A característica mais marcante do grupo é a produção de **frutos** protegendo as sementes. O nome do grupo sugere essa ideia (do grego, *aggeion* = = vaso, urna). As sementes e os frutos são formações derivadas das flores.

Características Principais de uma Angiosperma

As angiospermas arborescentes possuem três componentes principais: **raízes**, **tronco** e **folhas**. As *raízes* são os órgãos fixadores da árvore ao solo e absorvem água e sais minerais, indispensáveis para a sobrevivência da planta. O *tronco*, constituído de inúmeros galhos, é o órgão aéreo responsável pela formação das folhas, efetuando também a ligação delas com as raízes. E as *folhas* são os órgãos em que ocorrerá a fotossíntese, ou seja, o processo em que se produzem os compostos orgânicos essenciais para a manutenção da vida da planta.

Cada flor, que aparece periodicamente nos galhos, é um sistema de reprodução e é formada pela reunião de folhas modificadas presas ao *receptáculo floral*, que possui formato de um disco achatado (veja a Figura 22-3). Por sua vez, o receptáculo floral fica no topo do *pedúnculo floral*, que é o "cabinho" da flor. No receptáculo há uma série de círculos concêntricos nos quais estão inseridas as peças florais. De fora para dentro, são quatro os tipos de folhas modificadas constituintes da flor: **sépalas**, **pétalas**, **estames** e **carpelos**.

As sépalas são as mais externas, geralmente de cor verde, e exercem a função de proteção do botão floral, fase em que a flor ainda não se abriu. O conjunto de sépalas é chamado de **cálice**. As pétalas vêm a seguir. São brancas ou coloridas e formam a **corola** (nome derivado de *coroa*), com função de atrair os chamados *agentes polinizadores*, muitas vezes insetos. O alimento que esses insetos procuram é uma solução açucarada, o **néctar**, produzido por glândulas de modo geral existentes na base das pétalas.

> **Anote!**
> Dá-se o nome de **perianto** ao conjunto cálice mais corola (do grego, *peri* = ao redor de + *anthós* = flor).

Note a diferença entre as pétalas (amarelas) e as sépalas (verdes).

sépala

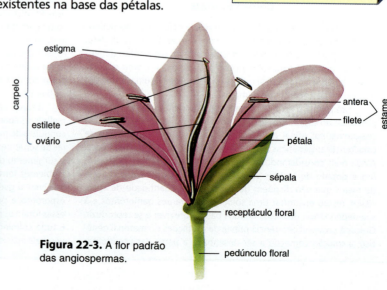

Figura 22-3. A flor padrão das angiospermas.

Os estames ficam dispostos mais internamente no receptáculo. Cada estame possui aspecto de um palito, com uma haste, o **filete**, sustentando uma porção dilatada, a **antera** (veja a Figura 22-4). O conjunto de estames forma o **androceu**, considerado o componente masculino da flor. Na antera são produzidos os *grãos de pólen*.

O carpelo ocupa o centro do receptáculo floral. É longo, notando-se no seu ápice uma ligeira dilatação, o **estigma**, continuando com um curto **estilete**, vindo a seguir o **ovário** (veja a Figura 22-5). No interior do ovário, existem os *óvulos*. O carpelo solitário é componente do **gineceu**, a parte feminina da flor.

De olho no assunto!

Tépalas

Em muitas flores, e como exemplo pode ser citado o lírio, sépalas e pétalas possuem a mesma cor e praticamente o mesmo tamanho. Então, passam a ser chamadas de **tépalas**, e a reunião de cálice e corola, equivalentes, passa a ser o **perigônio** (do grego, *peri* = ao redor de + *gónos* = geração). Veja a Figura 22-6.

Figura 22-4. Estame.

Figura 22-5. Carpelo com ovário em forma de vagem.

Figura 22-6. Quando sépalas e pétalas são iguais, elas passam a ser chamadas, indistintamente, de tépalas.

Os estames e os carpelos

Estames são folhas alongadas que durante a evolução dobraram-se sobre si mesmas (veja a Figura 22-7), diferenciando-se em duas regiões: (1) o *filete*, porção delgada e alongada que suporta a (2) *antera*, que por sua vez protege bolsas produtoras de grãos de pólen, conhecidas como **sacos polínicos**.

Cada carpelo é uma folha modificada que, assim como os estames, durante a evolução dobrou-se sobre si mesma, diferenciando-se em três regiões:

- *ovário*, região dilatada que protege os óvulos;
- *estigma*, porção superior que é a receptora de grãos de pólen; e
- *estilete*, peça intermediária que liga o estigma ao ovário (veja a Figura 22-8).

O carpelo assim modificado passa a ter aspecto de um instrumento muito utilizado na química, conhecido como *pistilo*, motivo pelo qual também é assim denominado. Uma flor pode ter um só carpelo ou vários que, fundindo-se total ou parcialmente, formam lojas.

Anote!

Quando estames e carpelos estão presentes na mesma flor, diz-se que ela é *monóclina* (é costume dizer-se, também, que é "hermafrodita"). Ao contrário, se a flor possuir apenas estames ou apenas carpelos, ela é *díclina* (nesse caso, ela tem "sexos" separados). Se uma planta possuir flores monóclinas, ela será *monoica* (do grego, *oikós* = casa). Se, no entanto, a planta possuir apenas flores díclinas, ela será *dioica*.

Gimnospermas e angiospermas **457**

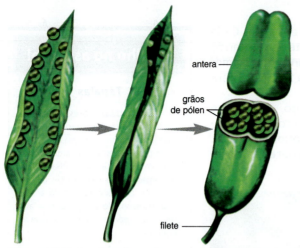

Figura 22-7. A antera é a parte na qual estão localizados os sacos polínicos.

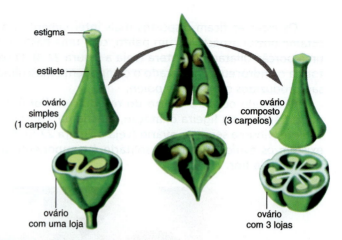

Figura 22-8. A transformação da folha (carpelo), produtora de óvulos, resulta no pistilo.

De olho no assunto!

Diagramas florais

O número dos tipos de peças florais estudadas é variável de flor para flor e pode ser representado esquematicamente por um diagrama. Cada tipo pode estar representado por 3, 4 ou 5 peças ou múltiplos desses números. Na flor do *hibisco*, por exemplo, uma planta comum em jardins, há 5 sépalas, 5 pétalas, um número múltiplo de 5 estames e um pistilo cujo ovário é dividido em 5 lojas. No diagrama floral da Figura 22-9, note que a flor do hibisco é pentâmera (quantidade de elementos florais em número de 5 ou múltiplo de 5).

Figura 22-9. (a) Flor de hibisco e seu (b) diagrama floral.

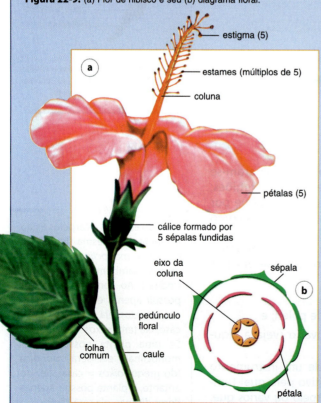
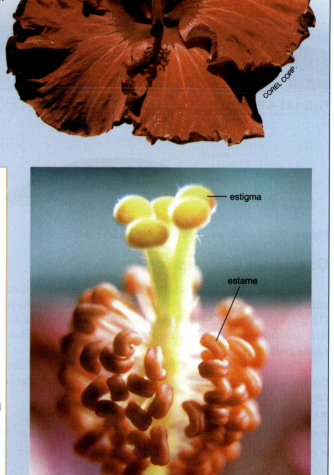

458 BIOLOGIA 2 • 4.ª edição

A variedade das flores

Muitas flores não possuem sépalas nem pétalas, somente estames e carpelos, sendo, portanto, incompletas. É o caso das flores do milho, do capim, do arroz, da cana-de-açúcar, nas quais você não vê flores coloridas.

A flor padrão estudada possui estames e carpelos reunidos – é uma flor hermafrodita. Muitas flores não possuem estames e carpelos juntos. Cada um fica em uma flor. Nesse caso, elas são unissexuadas (de sexos separados). É o caso do milho, da imbaúba etc. (veja a Figura 22-10).

Anote!
Nas angiospermas predominam plantas monoicas.

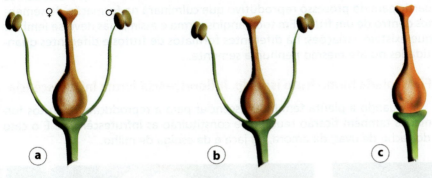

Figura 22-10. Ao contrário das flores hermafroditas (a), muitas podem ter só estames (b) ou só carpelos (c), sendo por isso denominadas unissexuadas.

Se uma planta tiver flores hermafroditas, ela será monoica (do grego, *monos* = único + *oíkos* = casa – ou seja, uma casa apenas para os dois sexos). Se outra planta apresentar, no mesmo pé, flores apenas com estames e flores apenas com carpelos, ela também será monoica (veja a Figura 22-11(a) e (b)). A planta somente será dioica (do grego, *di* = dois + *oíkos* = casa – ou seja, duas casas, uma para cada sexo) se tiver em um pé apenas flores com estame e no outro pé, apenas flores com carpelos (veja a Figura 22-11(c) e (d)).

De olho no assunto!

Em muitas angiospermas, as flores aparecem isoladas, como é o caso da laranjeira, da rosa etc. Em outras, as flores formam conjuntos, unidas em diferentes tipos de **inflorescência**.

A margarida é um exemplo típico de inflorescência.

Figura 22-11. (a) Planta monoica com flor hermafrodita. (b) Planta monoica com flores unissexuadas. (c) Planta dioica com flor masculina. (d) Planta dioica com flor feminina.

Gimnospermas e angiospermas **459**

De olho no assunto!

A diferença entre fruta e fruto

O que se conhece popularmente por "frutas" não tem significado botânico. Fruta é aquilo que tem sabor agradável, às vezes azedo, às vezes doce. É o caso da laranja, do pêssego, do caju, da banana, da pera, da maçã, do morango, da amora. Note que nem toda *fruta* é *fruto verdadeiro*.

Já o tomate, a berinjela, o jiló e a abobrinha, entre outros, são frutos verdadeiros, mas não são frutas...

A formação dos frutos e das sementes

Para que servem as flores? Após a polinização e a fecundação, a flor sofre uma modificação extraordinária. De todos os componentes que foram vistos anteriormente, acabam sobrando apenas o pedúnculo e o ovário. Todo o restante degenera. O ovário sofre uma grande modificação, se desenvolve e agora dizemos que virou **fruto**. Em seu interior, os óvulos viraram **sementes**.

Assim, a grande novidade das angiospermas, em termos de reprodução, é a presença de frutos. Todos os componentes da flor que estudamos participam do processo reprodutivo que culminará na formação de sementes dentro de um fruto. Em toda angiosperma é assim, mas deve-se lembrar que existem variações: há diferentes formatos de frutos e diferentes quantidades ou até mesmo nenhuma semente.

Flor isolada forma fruto isolado. Inflorescência forma infrutescência

Quando a planta tem inflorescências para a reprodução, os frutos formados também ficarão reunidos e constituirão as **infrutescências**. É o caso do cacho de uvas, da amora, da jaca e da espiga de milho.

Cada grão de milho é um fruto, assim como cada bago de uva. A espiga e o cacho são infrutescências.

A flor do morango é um caso à parte. Na verdade, a flor do morango é uma flor isolada, *não* é uma inflorescência. Ela possui inúmeros carpelos presos a um receptáculo. Após a reprodução, é o receptáculo que cresce extraordinariamente e passa a ser comestível. Os ovários não crescem e se transformam em frutos, que são os pontos marrons que você vê no morango.

Morango: o receptáculo floral cresce muito e passa a ser comestível.

460 BIOLOGIA 2 • 4.ª edição

Pseudofrutos

Na maçã, como na pera, a parte comestível corresponde ao receptáculo floral extraordinariamente desenvolvido e que acaba envolvendo o ovário com as sementes no interior.

No caju, a situação é outra. A "fruta" corresponde ao pedúnculo floral desenvolvido e que não envolve o ovário. Este fica exposto: é a castanha que acompanha o caju. Dentro dela fica a semente que é consumida como aperitivo.

Nesses casos, em que não é o ovário que é comestível, fala-se em **pseudofruto**.

Nas frutas acima, o receptáculo cresce bastante e envolve as sementes.

Frutos partenocárpicos

Existem frutos dentro dos quais não se formam sementes. São os frutos **partenocárpicos** (do grego, *parthenos* = virgem + *karpos* = fruto). É o caso da banana, dentro da qual os pontos escuros correspondem aos óvulos não desenvolvidos.

Já a amora é um exemplo de **infrutescência partenocárpica**: o que se come, no caso, são os receptáculos hipertrofiados das diversas flores.

A banana é um fruto partenocárpico, enquanto a amora é uma infrutescência partenocárpica.

De olho no assunto!

O abacaxi é uma *pseudo infrutescência partenocárpica*. Pseudo porque a parte comestível não corresponde aos frutos reunidos. A inflorescência do abacaxizeiro é formada por dezenas de flores. Cada uma delas se desenvolve completamente (sépala, bráctea e o tecido do ovário) originando o que se chama de frutilho. Os frutilhos, intimamente ligados e fundidos a um eixo central, formam o abacaxi.

Gimnospermas e angiospermas **461**

A semente e a futura planta

A semente é o óvulo modificado e desenvolvido (veja a Figura 22-12). Toda semente possui um **envoltório**, mais ou menos rígido, um **embrião inativo** da futura planta e um material de reserva alimentar chamado **endosperma** ou **albúmen**.

Em condições ambientais favoráveis, principalmente de umidade, ocorre a hidratação da semente e pode ser iniciada a germinação.

Anote!
Muitas angiospermas são cultivadas pelo homem por fornecerem sementes de alto valor nutritivo. É o caso da soja, do feijão, do amendoim, do milho, do girassol, da ervilha etc.

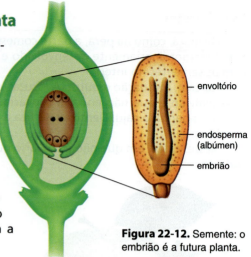

Figura 22-12. Semente: o embrião é a futura planta.

De olho no assunto!

Pericarpo, a parede do fruto

Todo fruto é revestido pelo pericarpo (do grego, *perí* = em torno de + *karpós* = fruto), uma parede derivada do ovário e formada por três componentes: epicarpo (do grego, *epí* = em cima, sobre), externo, mesocarpo (do grego, *mésos* = meio), intermediário, e endocarpo (do grego, *éndon* = dentro), o mais interno. Esses componentes são facilmente vistos no esquema da Figura 22-13, que ilustra um coco-da-baía aberto.

Figura 22-13. Os componentes da parede do fruto no coco-da-baía. São mostrados também os endospermas e o embrião.

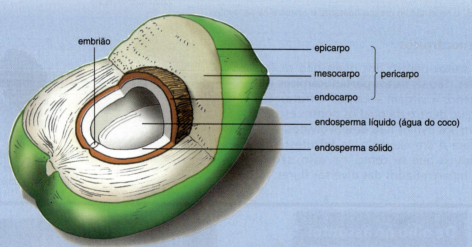

Frutos com pericarpo suculento quando maduros são *carnosos* e os que não apresentam suculência são *secos*.

Entre os frutos suculentos existem dois tipos básicos: *bagas* e *drupas*. Na baga, há muitas sementes livres, como é o caso de: tomate, uva, laranja, goiaba, melão, melancia e mamão. Na drupa, há apenas uma semente (o caroço) firmemente aderida ao endocarpo, como é o caso de: pêssego, ameixa, azeitona, abacate e manga. Nesses frutos, as sementes são liberadas após a remoção da parede do fruto, o que é feito por bactérias e fungos (apodrecimento) ou por animais, incluindo o homem, que se alimentam da sua porção carnosa.

Tomate (baga) e pêssego (drupa), dois frutos carnosos.

Os frutos secos podem ser *deiscentes* (abrem-se espontaneamente) e *indeiscentes* (não se abrem espontaneamente).

Entre os deiscentes, podemos citar: *legume* (o fruto se abre por duas fendas longitudinais; caso do feijão, da soja, da ervilha e da pata-de-vaca) e *cápsula* (constituída por dois ou mais carpelos, de abertura variada, como ocorre com a sapucaia, com o jequitibá e com o algodão).

Entre os indeiscentes, podemos citar: *aquênio* (os pontinhos marrons do morango), *cariopse* (milho, arroz, trigo) e *sâmara* (fruto dotado de uma expansão alada, como é o caso da tipuana – árvore ornamental encontrada em ruas e praças de diversas cidades).

Anote!
No amendoim, os legumes desenvolvem-se dentro da terra e são indeiscentes.

Frutos secos deiscentes: (a) legume e (b) cápsula. Frutos secos indeiscentes: (c) aquênio, (d) cariopse e (e) sâmara (de tipuana).

Gimnospermas e angiospermas **463**

A dispersão dos descendentes

Tanto as sementes como os frutos possuem diferentes tipos de adaptação que lhes permitem distanciar das plantas que as originaram, evitando, assim, uma concorrência indesejável e propiciando a conquista de novos meios. Muitas vezes, apenas a semente é dispersa (espalhada, disseminada), ao passo que, no caso de outros vegetais, o fruto inteiro é disseminado pelo meio. Para não haver confusão a respeito da estrutura dispersada, é comum falar-se em *unidades de dispersão*, sejam sementes, sejam frutos. Os veículos de dispersão mais comuns são o vento, os animais e a água.

No dente-de-leão, por exemplo, os frutos são plumosos e lembram pequenos paraquedas, que flutuam no ar até cair em local favorável para a germinação. Dispersão pelo vento também ocorre na paineira (sementes envoltas em plumas), na tipuana (fruto alado) e no jacarandá-mimoso (sementes aladas).

Sementes que se utilizam de diferentes mecanismos de dispersão: (a) dente-de-leão e (b) jacarandá (vento), (c) picão e (d) carrapicho (animais), (e) coco-da-baía (água).

A dispersão por animais ocorre, por exemplo, nos carrapichos e picões, cujos frutos grudam nos pelos dos animais e nas roupas das pessoas, sendo, desse modo, deslocados para longe das regiões de produção. Sem dúvida, os mecanismos mais conhecidos de dispersão por animais são os representados por frutos e sementes comestíveis. Ao alimentar-se de uma goiaba, um pássaro engole várias sementes, que passam pelo seu tubo digestório e são expelidas, intactas e prontas para germinar.

A água funciona como agente de dispersão do coco-da-baía. Isso ocorre graças à porção fibrosa localizada no mesocarpo que, ao secar, acumula ar e permite, por exemplo, que o fruto flutue.

A dispersão explosiva de certas sementes é fato notável. Na mamona e na pata-de-vaca, os frutos maduros secam e, ao se abrirem (às vezes com um ruído), arremessam as sementes a longa distância, permitindo a sua germinação longe da planta-mãe.

Os cotilédones

Todo embrião contido em uma semente de angiosperma é um eixo formado por duas extremidades:

- a **radícula**, que é a primeira estrutura a emergir quando o embrião germina; e
- o **caulículo**, responsável pela formação das primeiras folhas embrionárias.

Uma "folha" embrionária merece especial atenção. É o **cotilédone**. Algumas angiospermas possuem *dois* cotilédones, outras possuem apenas *um* (veja a Figura 22-14). Plantas que possuem *dois* cotilédones são chamadas **eudicotiledôneas** e plantas que possuem *um* cotilédone são chamadas **monocotiledôneas**.

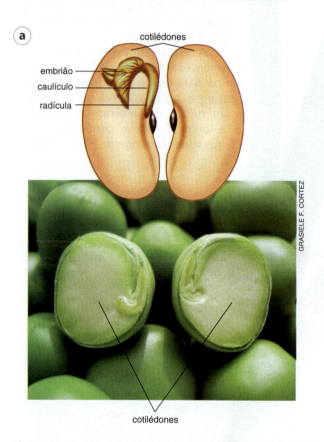

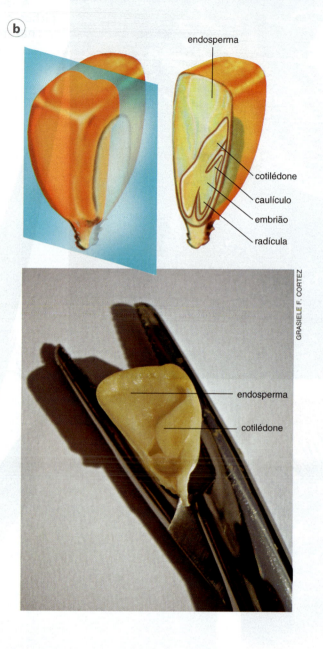

Figura 22-14. (a) No feijão, assim como na ervilha, há dois cotilédones hipertrofiados. Não há endosperma. (b) No milho, o único cotilédone é atrofiado e as reservas ficam no endosperma.

De olho no assunto!

Eudicotiledôneas?

Novas descobertas, principalmente relacionadas ao material genético, frequentemente levam à reorganização da classificação dos seres vivos. Com as angiospermas (Filo *Anthophyta*) não poderia ser diferente. Tradicionalmente, costumava-se separá-las em dois grandes grupos: *monocotiledôneas* e *dicotiledôneas*, cada qual com suas características diferenciais. Evidências genéticas recentes, no entanto, conduziram à reorganização dessa classificação, reconhecendo a existência de duas grandes classes, a das monocotiledôneas e a das *eudicotiledôneas* (do grego *eu* = bem, bom). A primeira compreende cerca de 90.000 espécies e a segunda pelo menos 200.000 espécies. Juntas, essas duas classes abrangem 97% das espécies de angiospermas. Os 3% restantes são atualmente representados por espécies primitivas, consideradas, por alguns autores, como arcaicas ou básicas, com apenas cerca de 100 espécies, incluídas em poucas famílias. Entre os representantes atuais desse pequeno grupo, podemos citar os da família *Magnoliaceae* (magnólias) e *Lauraceae* (louro).

Neste livro, em angiospermas estudaremos as duas grandes classes, **monocotiledôneas** e **eudicotiledôneas**.

Diferenças entre Mono e Eudicotiledôneas

A Tabela 22-1 apresenta alguns critérios para diferenciar monocotiledôneas de eudicotiledôneas, além do próprio número de cotilédones.

Tabela 22-1. Principais diferenças entre mono e eudicotiledôneas.

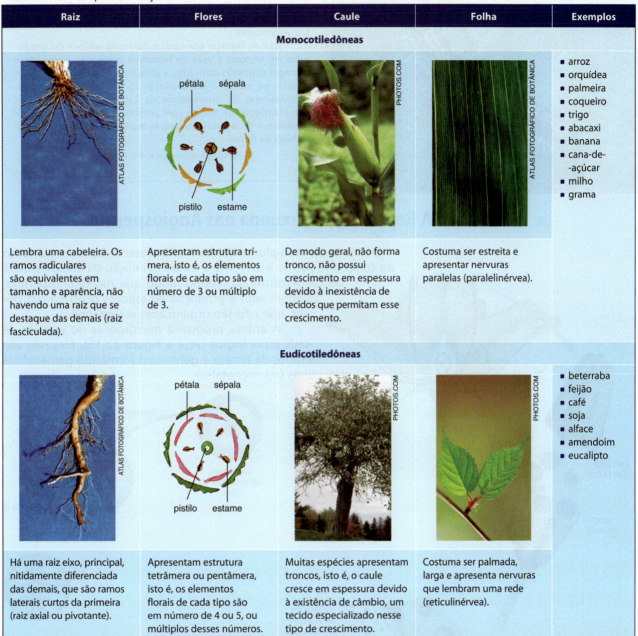

De olho no assunto!

Leguminosas e gramíneas: duas famílias importantes para o homem

Entre as eudicotiledôneas, uma família – a das **leguminosas** – destaca-se pela importância econômica, ecológica e alimentar que tem para o homem e para o ambiente. Dessa família fazem parte o feijão e a soja, o amendoim e a alfafa, cuja importância está relacionada ao fato de abrigarem em nódulos de suas raízes as bactérias fixadoras de nitrogênio. É muito utilizado o termo "adubo verde" em agricultura, quando se planta uma leguminosa com a finalidade de enriquecer o solo com compostos nitrogenados, graças à ação das bactérias fixadoras.

Entre as monocotiledôneas, a família das *gramíneas* (poáceas) é extremamente valiosa por apresentar espécies conhecidas pela importância econômica e alimentar, como o arroz, o trigo, a cana-de-açúcar, o milho, o capim etc.

Tecnologia & Cotidiano

As plantas pedem ajuda aos seus amigos

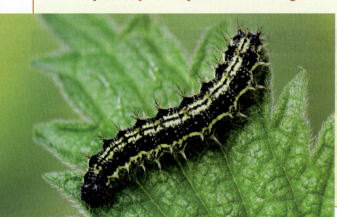

Pedir auxílio de amigos para resolver um problema não é uma característica apenas da nossa espécie. As plantas também o fazem. Ao serem atacadas por lagartas comedoras das suas folhas, as plantas liberam substâncias voláteis que atraem predadores e parasitas que atacam as lagartas. Estudos revelam que os predadores e parasitas "aprendem" a associar as substâncias voláteis com a presença das suas presas ou hospedeiros e que as plantas emitem esses sinais químicos em resposta à saliva produzida pelas lagartas durante a sua alimentação.

Sabe-se também que essas substâncias voláteis são produzidas em resposta à ação do hormônio jasmonato. Assim, para proteger as plantas cultivadas, a ideia é pulverizar as substâncias voláteis ou induzir a sua produção com o uso de jasmonato. Pesquisadores da Universidade da Califórnia, EUA, pulverizaram plantações de tomate com jasmonato e verificaram que o predatismo de lagartas por vespas duplicou, o que favoreceu a colheita de frutos.

Fonte: Nature, London, v. 410, n. 6.830, p. 736, 12 Apr. 2001.

A Reprodução Sexuada nas Angiospermas

O ciclo haplontediplonte também está presente, com um aumento da complexidade do esporófito e uma diminuição da complexidade do gametófito. Do mesmo modo que nas gimnospermas, também aqui a produção de esporos ocorrerá nas flores, que *não* são organizadas em estróbilos.

A antera produzirá micrósporos no interior de seus esporângios (veja a Figura 22-15). Eles *não são* liberados da antera e germinam formando gametófitos masculinos (microprotalos).

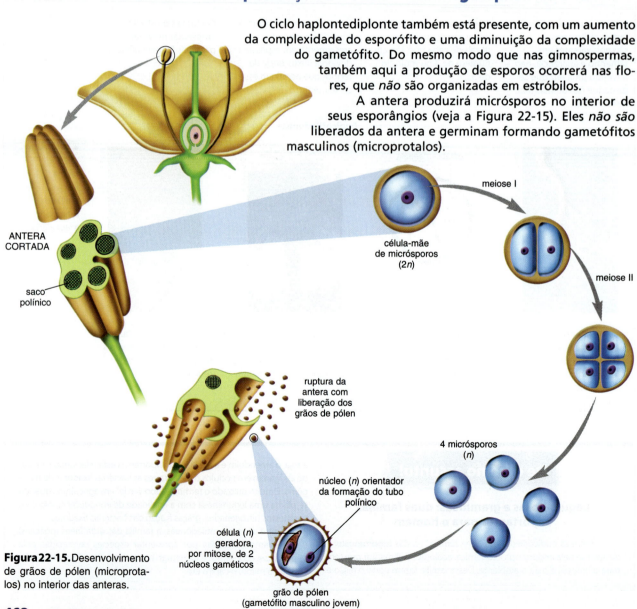

Figura 22-15. Desenvolvimento de grãos de pólen (microprotalos) no interior das anteras.

O gametófito masculino, ou seja, o grão de pólen, é extremamente simples, possuindo apenas duas células: uma vegetativa, responsável pela formação do tubo polínico, e outra germinativa, que originará dois núcleos gaméticos. Em certo momento, rompe-se a antera, libertam-se os grãos de pólen e algum agente polinizador poderá levá-los ao estigma da mesma flor ou de outra pertencente a outro indivíduo da mesma espécie. Os megásporos são produzidos nos óvulos. Aqui, como já vimos, os carpelos, formadores dos óvulos, dobram-se sobre si mesmos e formam o ovário, que não existe nas gimnospermas.

No interior do óvulo, apenas uma célula-mãe de megásporo, diploide, divide-se por meiose (veja a Figura 22-16). Das quatro células haploides formadas, três degeneram. Apenas a maior diferencia-se no *megásporo funcional*, que se encontra, então, mergulhado no tecido do óvulo. O núcleo do megásporo sofrerá agora três mitoses sucessivas, não havendo citocineses. Surgem, então, oito núcleos, que se redistribuem pelo óvulo. Três migram para o polo próximo da abertura do óvulo, onde originam três células, sendo a central a **oosfera** e as laterais, as **sinérgides**. Três outros núcleos se dirigem para o polo oposto e originam três **células antípodas**. Os outros dois núcleos aparecem isolados no centro do que é *agora* o gametófito feminino.

Esse gametófito, formado por sete células, extremamente reduzido, não possuindo nem sequer arquegônios, também é chamado de **saco embrionário**, uma vez que logo abrigará um embrião.

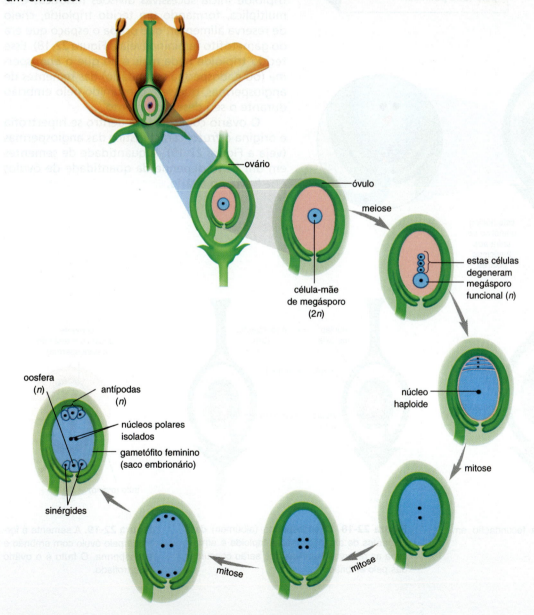

Figura 22-16. Desenvolvimento do saco embrionário (megaprotalo) no interior do óvulo de angiosperma.

A fecundação ocorre depois da polinização

Havendo polinização (transporte de grãos de pólen da antera até o estigma da flor), cada grão de pólen pode crescer ao longo do estilete. Origina-se o tubo polínico, orientado pelo núcleo vegetativo (veja a Figura 22-17). A célula germinativa divide-se por mitose e origina dois núcleos gaméticos haploides (lembre-se, no gametófito, tudo é haploide). Encerrado o crescimento do tubo polínico, o núcleo vegetativo degenera. Um dos dois núcleos gaméticos fecunda a oosfera e origina-se o zigoto diploide.

O segundo núcleo gamético participará da segunda fecundação. Ele se encontra com os dois núcleos isolados no centro do saco embrionário e com eles forma um núcleo triploide. O núcleo triploide inicia sucessivas divisões mitóticas e se multiplica, formando um tecido triploide, cheio de reserva alimentar, que ocupa o espaço que era do gametófito feminino (veja a Figura 22-18). Esse tecido triploide nada mais é do que o *endosperma* (ou endosperma secundário) das sementes de angiospermas, que será consumido pelo embrião durante o seu desenvolvimento.

O ovário com semente dentro se hipertrofia e origina o *fruto*, característico das angiospermas (veja a Figura 22-19). A quantidade de sementes em um fruto depende da quantidade de óvulos que havia no ovário.

Anote!
O encontro de gametas nas angiospermas não depende de água ambiental e é facilitado pelo tubo polínico.

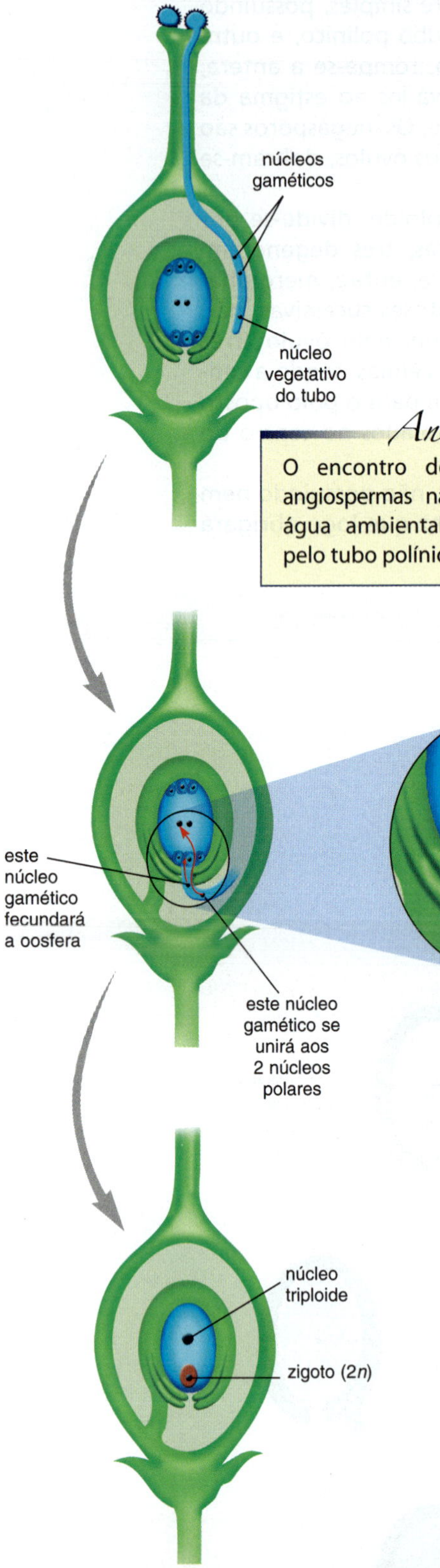

Figura 22-17. Dupla fecundação em angiosperma.

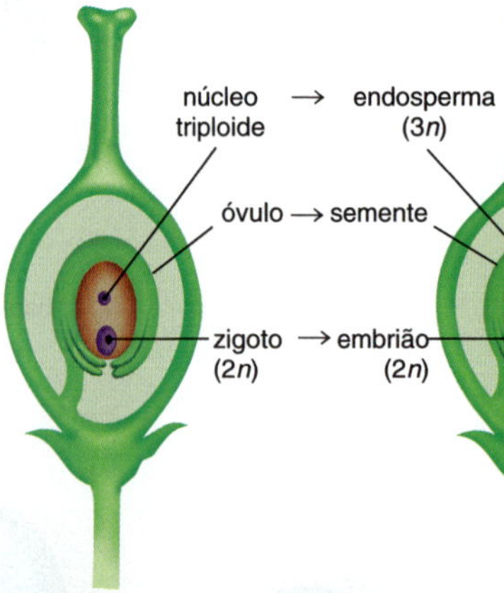

Figura 22-18. O endosperma (albúmen) das sementes de angiospermas é triploide e armazena as reservas nutritivas que serão consumidas pelo embrião.

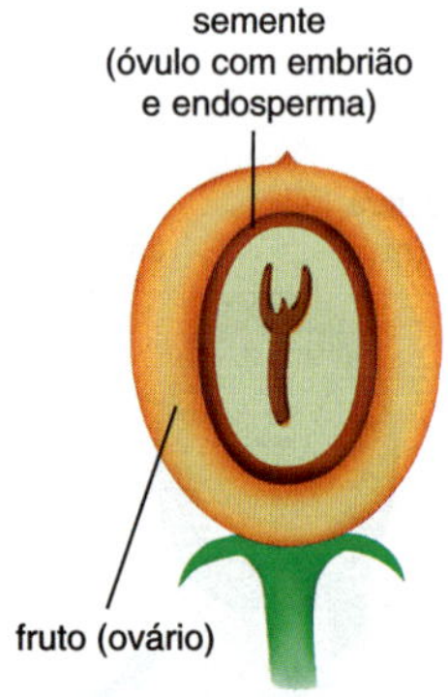

Figura 22-19. A semente é formada pelo óvulo com embrião e endosperma. O fruto é o ovário hipertrofiado.

De olho no assunto!

Resumo do ciclo reprodutivo em angiospermas

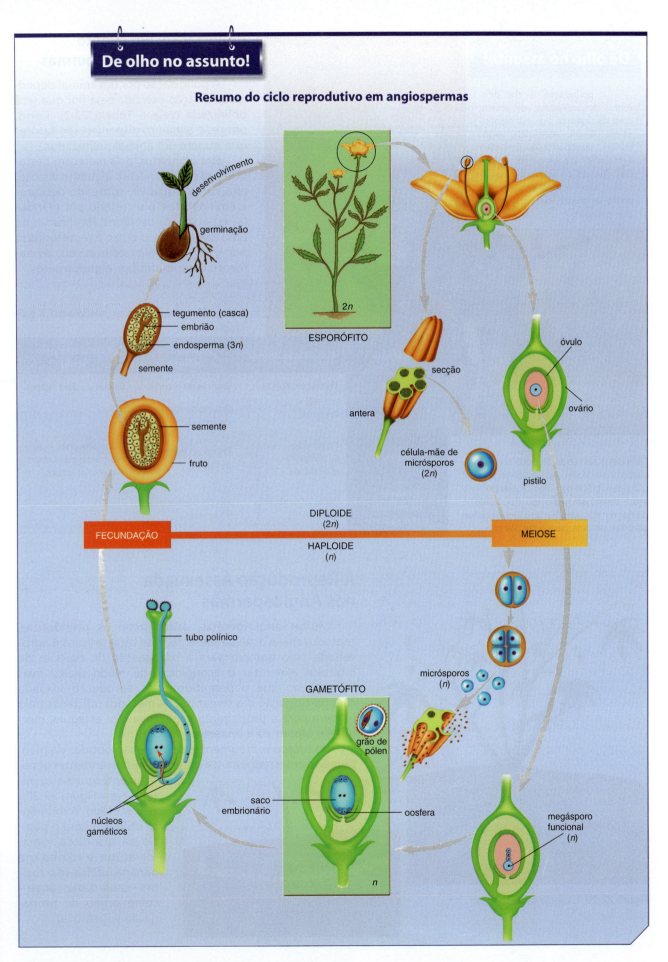

De olho no assunto!

A polinização recebe diferentes denominações, de acordo com os agentes por ela responsáveis. Assim, anemofilia, entomofilia, quiropterofilia, ornitofilia e hidrofilia são os nomes utilizados quando os agentes polinizadores são, respectivamente, o vento, os insetos, os morcegos, as aves e a água.

Polinização: um evento evolutivo das angiospermas

A polinização por um animal depende da atração exercida pela flor que será polinizada (veja a Tabela 22-2). Cores, odores e alimento disponível são fatores que atraem um animal polinizador.

Dos alimentos, dois merecem destaque: um deles, o *néctar*, alimento viscoso, altamente nutritivo, contendo açúcares e aminoácidos, é secretado por glândulas especiais, os *nectários*, localizadas na base das pétalas; o outro é representado por *grãos de pólen* comestíveis, avidamente consumidos por alguns insetos.

Os insetos são atraídos pelas cores vistosas das flores. Ao pousarem para se alimentar, grãos de pólen da planta ficam presos em seu corpo. Pousando de flor em flor, eles transportam os grãos de pólen de uma para outra planta.

Tabela 22-2. Características relacionadas à polinização.

Característica	Polinização diurna	Polinização noturna	Polinização pelo vento
Corola	Vistosa e colorida.	Brancas ou escuras.	Se existe, não é vistosa.
Odor	Presente.	Odor forte é o fator de atração.	
Pólen	Pegajoso e em pequena quantidade.	Pouco abundante e pegajoso.	Grãos pequenos, leves e em grande quantidade. Estigmas plumosos.
Exemplos de animais polinizadores	Borboletas, abelhas e aves.	Morcegos, mariposas e besouros.	

A Reprodução Assexuada nas Angiospermas

Muitas angiospermas, assim como as pteridófitas, reproduzem-se assexuadamente. Essa característica é aproveitada pelo homem para a propagação de espécies de interesse alimentar e econômico, de modo muito mais homogêneo que o permitido pela reprodução sexuada com participação das sementes. Os métodos utilizados pelo homem para a propagação vegetativa são: **estaquia**, **mergulhia**, **alporquia** e **enxertia**.

Na *estaquia*, fragmentos de caule são obtidos da planta-mãe e enterrados para a obtenção de descendentes geneticamente iguais ao genitor (veja a Figura 22-20). É o método comumente utilizado para o plantio da mandioca, cana-de-açúcar e roseira (na banana, utiliza-se o rizoma – caule subterrâneo – como órgão de propagação vegetativa).

Figura 22-20. Estaquia em mandioca.

472 BIOLOGIA 2 • 4.ª edição

A *mergulhia* é mais utilizada em plantas que possuem caules flexíveis: o caule é direcionado para o solo, onde um pedaço é enterrado (veja a Figura 22-21(a)). Após o seu enraizamento, ele é desligado da planta genitora e transplantado para o lugar definitivo.

Na *alporquia*, retira-se um pedaço da casca (sem danificar a parte interna do caule), envolve-se essa porção do caule com terra úmida, cobre-se com plástico e amarram-se as extremidades. Após o enraizamento, corta-se o caule um pouco abaixo do local do enraizamento e planta-se a nova muda no local definitivo (veja a Figura 22-21(b)).

Na *enxertia*, é preciso ter duas plantas: uma – denominada cavalo – que possui sistema radicular intacto e a outra, o cavaleiro, cuja propagação se quer fazer. É preciso que as duas plantas possuam características semelhantes, ou seja, que pertençam à mesma família ou ao mesmo gênero. A enxertia consiste em introduzir o cavaleiro no cavalo para que se desenvolva como se estivesse em sua planta original (veja a Figura 22-22).

Em algumas espécies em que não ocorre reprodução sexuada, como a laranja-da-baía (também chamada de laranja-de-umbigo), esse é o único método de reprodução.

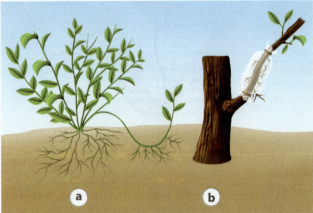

Figura 22-21. (a) Mergulhia, método empregado para a propagação de cajueiros. (b) Na alporquia, o caule é envolto por terra úmida, protegida por plástico, até enraizar.

Figura 22-22. A enxertia é o único método de propagação da laranja-de-umbigo.

De olho no assunto!

A conquista do meio terrestre pelas angiospermas

Em resumo, podemos dizer que o sucesso na conquista do meio terrestre pelas angiospermas deveu-se a vários fatores, entre os quais:

- à existência de vasos condutores;
- ao eficiente mecanismo de sustentação do corpo graças à lignificação da parede das células de alguns tecidos;
- à independência da água para a fecundação, graças à existência de um tubo polínico;
- à formação de sementes;
- à formação de frutos;
- à dupla fecundação, que leva ao surgimento de um tecido de reserva, o *endosperma triploide*, dotado de substâncias imprescindíveis para o desenvolvimento do embrião;
- à diversidade de agentes polinizadores;
- à diversidade de mecanismos para a dispersão de sementes;
- aos eficientes mecanismos de propagação vegetativa.

Lembre-se de que os quatro primeiros fatores surgem desde o grupo das gimnospermas. Os cinco últimos, no entanto, são exclusivos das angiospermas.

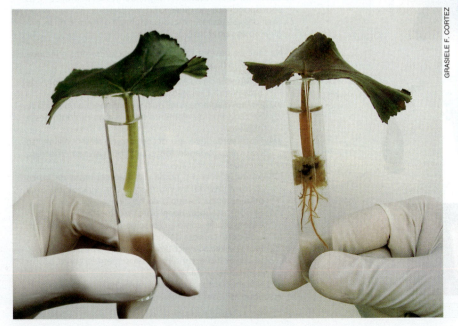

As folhas de alguns vegetais se prestam perfeitamente bem para a propagação vegetativa. É o caso das violetas e begônias (como a da foto), cujas folhas, que podem ser criadas inicialmente em água, são transplantadas, após a formação de raízes, para o lugar definitivo.

Gimnospermas e angiospermas

Passo a passo

1. Das 650 espécies atuais de gimnospermas, as mais conhecidas são árvores coníferas, dotadas de espessos troncos, e as *Cycas*, que se assemelham a palmeiras. A respeito dessas gimnospermas:

a) Cite alguns representantes típicos das coníferas e as suas principais características. Quanto às *Cycas*, há uma diferença relativamente às folhas. Qual é essa diferença?

b) Em que regiões da Terra atual são mais encontradas gimnospermas coníferas?

A ilustração I, a seguir, representa o esquema do ciclo reprodutivo da conífera *Pinus sp*. A ilustração II mostra estruturas do pinheiro-do-paraná, o pinheiro brasileiro, da espécie *Araucaria angustifolia* e na ilustração III, uma dessas estruturas aberta. Utilize as ilustrações e seus conhecimentos sobre o assunto para responder às questões **2** e **3**.

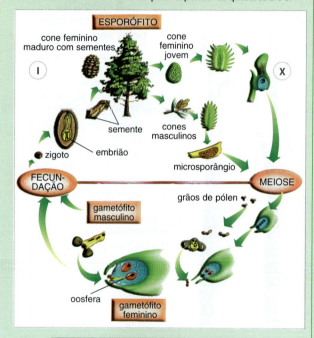

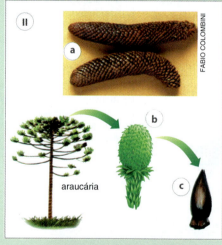

2. a) A letra X, na ilustração I, representa o megasporângio. Qual a outra denominação dada a essa estrutura? Que célula é produzida nessa estrutura, após a ocorrência de meiose? Germinando no interior do megasporângio, essa célula originará qual estrutura?

b) Com a participação de qual estrutura constante da ilustração I ocorre a fecundação da oosfera existente no interior do gametófito feminino? Que denominação é utilizada para esse tipo de fecundação?

c) Observando o ciclo reprodutivo representado na ilustração I, ainda é comum afirmar-se que o grão de pólen corresponde ao gameta masculino. Como você corrigiria essa afirmação?

3. a) Relativamente à ilustração II, comparando com a ilustração I, reconheça as estruturas *a*, *b* e *c* nela mostradas.

b) Reconheça as estruturas indicadas por *Y*, *Z* e *W* na ilustração III. Essas estruturas são unicelulares ou pluricelulares?

c) Em resumo, qual é a principal característica das gimnospermas coníferas, relativamente à reprodução? A que se deve o nome *coníferas*? Qual o significado de *plantas espermáfitas* e quais grupos vegetais se enquadram nessa denominação?

Utilize o esquema a seguir, que representa uma flor completa de angiosperma, para responder às questões **4** e **5**.

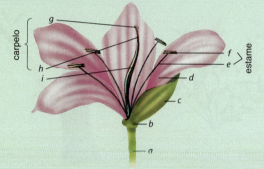

4. a) Reconheça as estruturas apontadas pelas setas.

b) Qual das estruturas indicadas é responsável pela proteção do botão floral? Qual delas é responsável pela atração de agentes polinizadores?

5. a) Que funções são atribuídas às estruturas *f* e *g*? Que estruturas estão localizadas no interior de *i*? Que outra denominação recebe o conjunto formado por *g*, *h* e *i*?

b) Quais são as estruturas correspondentes ao androceu? E as correspondentes ao gineceu?

c) Qual das estruturas indicadas originará o fruto? E quais originarão as sementes?

6. a) Na série de frases a seguir, reconheça as corretas e indique sua soma ao final.

(01) Inflorescência é o nome dado ao conjunto de flores de uma planta. Exemplo: milho.

(02) Em um diagrama floral de flor pentâmera, a quantidade de cada tipo de elemento floral é 4 ou múltiplo desse número.

(04) Fruto verdadeiro é o decorrente do desenvolvimento do ovário, podendo conter uma ou mais sementes. Um exemplo é o abacate.

(08) Infrutescência é o nome dado ao conjunto de frutos decorrentes da transformação dos ovários de uma inflorescência. Exemplo: cacho de uva.

(16) Em um pseudofruto, a porção comestível é o ovário desenvolvido, como é o caso da maçã, da pera, do caju e da parte carnosa do morango.

(32) Fruto partenocárpico é o resultante do desenvolvimento do ovário e contém várias sementes, como ocorre normalmente na banana.

(64) Morango e abacaxi são exemplos de infrutescências.

b) Justifique as frases consideradas incorretas.

474 BIOLOGIA 2 • 4.ª edição

7. As ilustrações I e II representam esquemas de sementes de angiospermas, nas quais estão indicados componentes comuns. A foto III corresponde à semente esquematizada em II.

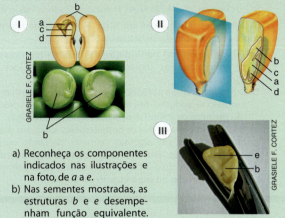

a) Reconheça os componentes indicados nas ilustrações e na foto, de *a* a *e*.
b) Nas sementes mostradas, as estruturas *b* e *e* desempenham função equivalente. Qual é essa função?

8. O esquema I representa um fruto aberto de coco-da-baía, mostrando a constituição de sua parede. As fotos II e III mostram exemplos de frutos carnosos, respectivamente, tomate e pêssego.

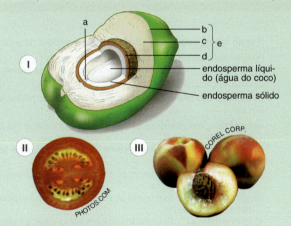

a) Reconheça os constituintes da parede do fruto do coco-da-baía, indicados pelas letras de *b* a *e*. O que representa a estrutura apontada pela seta *a*? O coco-da-baía é um fruto seco ou carnoso? De quais componentes do coco-da-baía as pessoas costumam alimentar-se?
b) Relativamente aos frutos mostrados em II e III, a que categoria de frutos carnosos eles pertencem?
c) Sabe-se que o papel de um fruto é proteger e dispersar as sementes contidas em seu interior. No caso, como ocorre a dispersão das sementes existentes nos três frutos mostrados?

9. Eudicotiledôneas e monocotiledôneas são dois grandes grupos de angiospermas. Para a caracterização das plantas que pertencem a cada um desses grupos utilizam-se alguns critérios morfológicos. A seguir, estão representadas duas plantas, sendo A uma eudicotiledônea e B uma monocotiledônea. Utilizando seus conhecimentos sobre o assunto, responda:

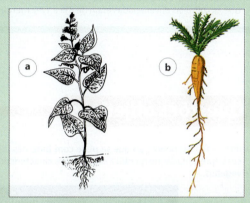

a) Com base em quais características morfológicas, constantes dos esquemas, foi feito esse reconhecimento? Como são denominadas as estruturas que serviram de base para esse reconhecimento?
b) Que outras características poderiam ser utilizadas na separação das angiospermas em eudicotiledôneas e monocotiledôneas?
c) Pé de milho, abacateiro, cana-de-açúcar, feijão, grama de jardim, arroz, soja e bananeira. Quais dessas plantas são monocotiledôneas e quais são eudicotiledôneas?

10. O esquema ao lado representa um resumo da reprodução de uma angiosperma. Observando-o atentamente e utilizando seus conhecimentos sobre a reprodução sexuada nas angiospermas, responda:

a) O que representa o processo *a*? Nas gimnospermas, esse processo conta com a participação do vento. E nas angiospermas?
b) Em *b*, temos a ocorrência das duas fecundações que se dão no saco embrionário. Como ocorrem as duas fecundações e que estruturas resultam dos encontros gaméticos?

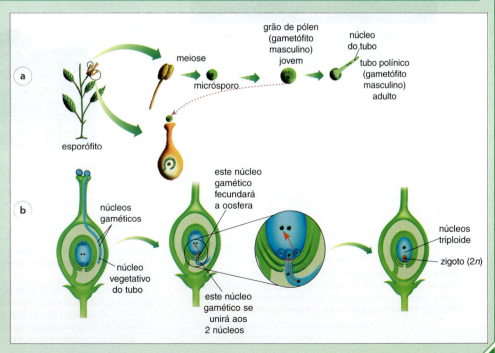

Gimnospermas e angiospermas **475**

11. Questão de interpretação de texto

Inseticidas estão interferindo no nascimento de abelhas rainhas e no senso de direção das operárias, diminuindo as populações desses importantes insetos para a agricultura de angiospermas frutíferas. Estudos de cientistas americanos ligam um tipo de pesticida usado nas lavouras a uma crescente ameaça às colmeias, chamada *desordem de colapso da colmeia*. Desde 2006, apicultores têm registrado perdas de pelo menos 33% nas colmeias de abelhas durante o inverno. Um terço dessas perdas estaria diretamente relacionado à *desordem de colapso*, que consiste no misterioso desaparecimento das abelhas operárias. Os estudos mencionam como uma das causas a utilização de pesticidas neonicotinoides, inseticidas entre os mais usados na agricultura por serem mais seguros para os seres humanos. Durante os estudos, os pesquisadores aplicaram doses dos inseticidas em algumas colmeias, deixando outras descontaminadas, para compará-las. Após seis semanas, observaram que as colmeias envenenadas eram de 8% a 12% menores e só produziam 2 abelhas rainhas, enquanto as colmeias saudáveis chegavam em média a 14.

Adaptado de: Inseticidas diminuem populações de abelhas. O Estado de S. Paulo, São Paulo, 31 mar. 2012. Caderno Vida, p. A21.

Utilizando as informações do texto e seus conhecimentos sobre a reprodução das angiospermas, responda:

a) Qual a importante participação das abelhas no processo de reprodução das angiospermas frutíferas utilizadas na agricultura?
b) Explique por que a ausência de participação das abelhas no processo reprodutivo das angiospermas reduziria a produção de frutos de interesse para a alimentação humana.
c) No texto, informa-se que os pesquisadores aplicaram doses dos inseticidas em algumas colmeias, deixando outras descontaminadas. Em termos da metodologia utilizada pelos cientistas, qual o papel representado pelas colmeias descontaminadas no experimento em questão?

Questões objetivas

1. (PUC – RS) Responder ao que se pede com base nas informações apresentadas no quadro a seguir, sobre características dos vegetais.

	Vasos condutores	Sementes
ausência	I	III
presença	II	IV

Considerando os dados do quadro e os vegetais apresentados a seguir, conclui-se que as características estão corretamente indicadas em

	Musgos, Hepáticas	Samambaias, Avencas	Coníferas, Cicas
a)	I e III	I e IV	I e III
b)	I e III	II e III	II e IV
c)	I e III	I e IV	II e IV
d)	II e IV	II e III	II e IV
e)	II e IV	I e IV	I e III

2. (UNESP) O vento soprava fraco, dobrando levemente as hastes de uma planta dominante, que mal superava a altura do tornozelo, mas nem sempre era assim. Na maior parte das vezes o deslocamento de ar era intenso e se transformava num jato de uivos poderosos, durante as tempestades de verão. (...) Açoitadas pelo deslocamento de ar, as hastes se dobravam e se agitavam para liberar o conteúdo das copas, arredondadas como antigas lâmpadas incandescentes.

Então as sementes partiam. Cada uma pousaria num ponto distinto, determinadas a perpetuar a espécie, adaptando-se com a disposição de migrantes que desembarcam numa terra estranha. O futuro está ali, não lá, de onde partiram.

Adaptado de: CAPOZZOLI, U. Memória da Terra. Scientific American Brasil, jan. 2010.

O texto retrata uma cena na Terra há alguns milhões de anos.

Pode-se dizer que o texto tem por protagonista as _____ _____ e descreve um processo que lhes permitiu _____.

Os espaços em branco poderiam ser corretamente preenchidos por

a) briófitas ... manterem-se como uma mesma espécie até os dias atuais.
b) pteridófitas ... manterem-se como uma mesma espécie até os dias atuais.
c) pteridófitas ... diversificarem-se em várias espécies, algumas delas até os dias atuais.
d) gimnospermas ... manterem-se como uma mesma espécie até os dias atuais.
e) gimnospermas ... diversificarem-se em várias espécies, algumas delas até os dias atuais.

3. (UFSC)

A cobertura vegetal original do estado de Santa Catarina compreende dois tipos de formação: florestas e campos. As florestas, que ocupavam 65% do território catarinense, foram bastante reduzidas por efeito de devastação. As florestas nas áreas do planalto serrano apresentam-se sob a forma de florestas mistas de coníferas (araucárias) e latifoliadas e, na baixada e encostas da Serra do Mar, apenas como floresta latifoliada. Os campos ocorrem como manchas dispersas no interior da floresta mista. Os mais importantes são os de São Joaquim, Lages, Curitibanos e Campos Novos.

Adaptado de: ATLAS ESCOLAR DE SANTA CATARINA. Secretaria de Estado de Coordenação Geral e Planejamento. Subsecretaria de Estudos Geográficos e Estatísticos. Rio de Janeiro: Aerofoto Cruzeiro, 1991. p. 26. Imagem disponível em: <http://www.plantasonya.com.br/dicas-e-curiosidades/gimnospermas.html>. Acesso em: 14 set. 2010.

A foto mostra e o texto cita as coníferas (araucárias), uma representante do grupo das gimnospermas.
Sobre este grupo, indique as alternativas **CORRETAS** e dê sua soma ao final.

(01) o grupo das gimnospermas é evolutivamente mais recente do que o grupo das angiospermas.
(02) ao longo do processo evolutivo das plantas, as gimnospermas apresentaram uma novidade evolutiva em relação às pteridófitas: a presença de sementes.
(04) outra novidade importante apresentada pelas gimnospermas (coníferas) em relação ao grupo das pteridófitas ocorre no processo da fecundação. Este, nas gimnospermas, é independente da presença de água no estado líquido.
(08) as araucárias são plantas monoicas, isto é, plantas que possuem em um mesmo indivíduo flores masculinas e femininas.
(16) o processo de polinização das gimnospermas é dependente de insetos e pássaros, os quais são atraídos pelos nectários na base de suas flores.
(32) as coníferas são vegetais que não atingem grandes alturas (com altura média de 10 metros), com exceção das araucárias.

4. (UDESC) As primeiras plantas surgiram no mar e ao longo dos anos foram conquistando o ambiente terrestre. Assinale a alternativa **correta** quanto à evolução das plantas.

a) ( ) As angiospermas são plantas mais complexas que as gimnospermas; possuem flores típicas e carpelos que se fecham formando um recipiente onde se desenvolvem as sementes. Após a fecundação, o fruto se desenvolve a partir de uma porção do carpelo.
b) ( ) As pteridófitas são plantas terrestres menos complexas que as briófitas; possuem várias características, como sementes e vasos condutores de seiva.
c) ( ) As gimnospermas são plantas mais complexas que as angiospermas; não possuem vasos condutores de seiva e suas sementes se desenvolvem em ambiente úmido.
d) ( ) As briófitas são plantas terrestres mais complexas que as pteridófitas; possuem vasos condutores de seiva, caule e raízes.
e) ( ) As gimnospermas são plantas mais complexas que as angiospermas; possuem duas classes: as monocotiledôneas, com um cotilédone na semente, e as dicotiledôneas, com dois cotilédones na semente.

5. (UFG – GO) Analise a figura a seguir.

Disponível em: <http://www.portalsaofrancisco.com.br>.
Acesso em: 3 mar. 2010.

Com base na morfologia floral, conclui-se que, nessa flor,

a) o cálice propicia a atração de polinizadores noturnos, impedindo a fecundação cruzada.
b) a corola proporciona um ambiente favorável à germinação dos grãos de pólen, facilitando a fecundação cruzada.
c) o ovário é súpero, dificultando a penetração do tubo polínico para alcançar o óvulo.
d) as anteras posicionam-se acima dos carpelos, facilitando a transferência dos grãos de pólen para o estigma.
e) os verticilos florais reprodutores são desprotegidos da ação do vento, facilitando a ocorrência da polinização cruzada.

6. (UFSM – RS) Nesta gravura do século XIX, a reprodução atendeu a necessidades dos europeus de registrar a flora do Novo Mundo.

Allamanda I. puberula var. Y II. angustifolia

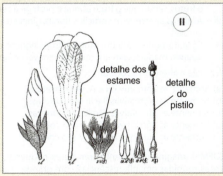

Adaptado de: MARTIUS, C. F. P. *Flora Brasiliensis,* 1860-1868.

A imagem é tão perfeita que dá condições para afirmar que

I – o ovário da espécie retratada foi fecundado.
II – a flor apresenta androceu e gineceu.
III – apenas um dos verticilos estéreis da flor está representado.

Está(ão) correta(s)

a) apenas I.
b) apenas I e II.
c) apenas II.
d) apenas III.
e) I, II e III.

7. (UEL – PR) "O louro ou loureiro, importante condimento pertencente ao gênero *Laurus*, é originário do Mediterrâneo oriental. Ramos desta planta eram usados na Grécia antiga para confeccionar as famosas coroas com que eram agraciados os atletas ou outros heróis nacionais que se distinguiam excepcionalmente, costume estendido mais tarde à Roma dos Césares. Derivado do nome do gênero (*Laurus*) e de seu uso, originou-se o termo vernáculo laureado."

Adaptado de: JOLY, A. B. *Botânica:* introdução à taxonomia vegetal. 10. ed. São Paulo: Editora Nacional, 1991. p. 290.

De acordo com as informações sobre o louro contidas na prancha (Fig. 1) e os conhecimentos sobre morfologia vegetal, considere as afirmativas a seguir.

Figura 1 (Nome: *Laurus nobilis*; Família Lauraceae; Livro original: Prof. Dr. Otto Wilhelm Thomé, *Flora von Deutschland, Österreich und der Schweiz*, 1885.)

I – É planta dioica, por apresentar órgãos reprodutores masculino e feminino situados em diferentes indivíduos.
II – Pertence ao grupo das angiospermas, por apresentar flores e frutos, sendo que o fruto abriga e protege a semente.
III – As flores apresentam verticilos florais, gineceu, androceu e corola.
IV – É planta leguminosa, por produzir fruto legume, que se abre quando maduro, com um número variável de sementes.

Assinale a alternativa correta.

a) Somente as afirmativas I e IV são corretas.
b) Somente as afirmativas II e III são corretas.
c) Somente as afirmativas III e IV são corretas.
d) Somente as afirmativas I, II e III são corretas.
e) Somente as afirmativas I, II e IV são corretas.

8. (UFMS) Imagine uma planta com flores pequenas, pouco vistosas, reunidas em inflorescências, com grande quantidade de pólen e estigma piloso. A polinização nessa espécie provavelmente é realizada

a) pelo vento.
b) pela água.
c) por aves.
d) por insetos.
e) por mamíferos.

9. (UFTM – MG) Um grupo de alunos separou todas as sementes de uma melancia, contabilizando 300 sementes.

Considerando que todas as sementes continham embriões e tecidos nutritivos, pode-se afirmar corretamente que o número de núcleos masculinos que participaram da formação de todas essas sementes foi

a) 2.
b) 150.
c) 300.
d) 600.
e) 1.800.

10. (UPE) Açaí ou Juçara é o fruto bacáceo de cor roxa, que dá em cacho na palmeira conhecida como açaizeiro, cujo nome científico é *Euterpe oleracea*. Espécie monocotiledônea nativa da várzea da região amazônica, especificamente dos seguintes países: Venezuela, Colômbia, Equador, Guianas e Brasil (estados do Amazonas, Amapá, Pará, Maranhão, Rondônia, Acre e Tocantins). A festa da Juçara do Maranhão refere-se ao açaí.

Adaptado de: <http://www.pt.wikipedia.org/wiki/A%C3%A7a%C3%AD>.

Sobre o texto, analise os itens abaixo:

I – O termo monocotiledônea coloca o açaizeiro no grupo de plantas traqueófitas e fanerógamas.
II – O termo palmeira encontrado no texto refere-se a plantas que possuem caule cilíndrico, não ramificado, do tipo estipe.
III – As regiões onde são encontradas essas palmeiras possuem em comum sua localização dentro de áreas de clima temperado.
IV – O fruto do açaizeiro é resultado da fecundação de uma criptógama com formação de flor e fruto.

Estão **CORRETOS** os itens

a) I e II.
b) II e III.
c) III e IV.
d) I, II e III.
e) I, II e IV.

11. (UFMS) Alguns estudantes realizaram um experimento para testar o sistema reprodutivo de determinada espécie vegetal, que possui flores hermafroditas. Com essa finalidade, eles procederam da seguinte maneira: para cada tratamento foram utilizadas 500 flores. No tratamento I, as flores foram usadas como testemunhas, não recebendo nenhuma intervenção por parte dos estudantes; no tratamento II, as flores foram polinizadas manualmente com pólen proveniente da mesma flor (autopolinização) e protegidas posteriormente; no tratamento III, as flores foram inicialmente emasculadas (remoção das anteras), polinizadas com o pólen proveniente de flores diferentes da mesma espécie e, posteriormente, protegidas; no tratamento IV, as flores foram emasculadas (remoção das anteras) e, posteriormente, protegidas, evitando-se assim o processo de polinização. Os resultados obtidos podem ser visualizados no gráfico abaixo:

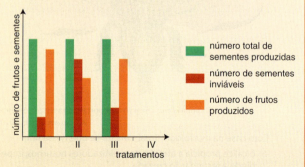

Analise o gráfico, indique as alternativas corretas e dê sua soma ao final.

(01) A planta possui mecanismo que impede a autofecundação.
(02) A planta possui mecanismo que impede a polinização cruzada.
(04) A planta não apresenta frutos partenocárpicos.
(08) O sucesso reprodutivo é maior nas plantas com polinização cruzada em relação à autopolinização.

(16) As plantas só se reproduzem através da polinização cruzada.
(32) As plantas reproduzem-se tanto através da polinização cruzada como por autofecundação.

12. (UFRGS – RS) Diversos órgãos vegetais fazem parte de nossa alimentação.

Em termos biológicos, a abóbora, o tomate e o pimentão constituem

a) frutos verdadeiros.
b) pseudofrutos.
c) legumes.
d) infrutescências.
e) frutos partenocárpicos.

13. (UFRGS – RS) Assinale a alternativa que preenche corretamente as lacunas do enunciado abaixo, na ordem em que aparecem.

Jacarandás (*Jacaranda sp.*) e ipês (*Tabebuia sp.*) são árvores utilizadas na arborização de Porto Alegre. Suas flores vistosas enfeitam a cidade na primavera. Seus frutos contêm sementes aladas.

Tanto jacarandás quanto ipês são _____, têm frutos _____ e dispersão por _____.

a) angiospermas – secos indeiscentes – anemocoria
b) angiospermas – carnosos – zoocoria
c) gimnospermas – secos deiscentes – anemocoria
d) angiospermas – secos deiscentes – anemocoria
e) gimnospermas – carnosos – zoocoria

14. (UFG – GO) Leia o texto a seguir.

A mandioca é um item básico da agricultura dos trópicos e, como o arroz e o pão, suas raízes são um meio fácil de obtenção de calorias. Essa planta cresce facilmente a partir de pequenas mudas ou estacas, prática agrícola comum de propagação vegetativa ou assexuada.

Adaptado de: NASSAR, N.; ORTIZ, R. Melhorar a mandioca e alimentar os pobres.
Scientific American Brasil, ano 8, n. 97, 2010, p. 72-77.

O cultivo de plantas por meio da prática agrícola apresentada no texto, embora de fácil manejo, pode propiciar a

a) segregação gênica e resistência à baixa disponibilidade de água.
b) variabilidade fenotípica e a suscetibilidade à baixa disponibilidade de água.
c) uniformidade genética e a vulnerabilidade a pragas e doenças.
d) recombinação gênica e a resistência a pragas e doenças.
e) mutação cromossômica e a resistência a altas temperaturas.

Questões dissertativas

1. (PUC – RJ) A anatomia e a morfologia vegetal são importantes áreas da botânica que dão subsídio na identificação de espécies e grupos vegetais, que por sua vez permitem conhecer a diversidade biológica e fiscalizar espécies comercializadas. Com base na anatomia e morfologia de estruturas reprodutivas, como podem ser diferenciadas angiospermas de gimnospermas?

2. (UFMG) Estima-se que, no Brasil, haja 1,8 milhão de espécies de plantas e animais, o que corresponde a cerca de 10% do total de espécies na Terra. Desse total, até o presente, somente cerca de 200 mil espécies foram descritas.

Analise este quadro, em que se apresenta a distribuição das espécies de plantas em algumas regiões do chamado Domínio Atlântico, no país:

Grupo taxonômico	Domínio atlântico		
	Floresta densa	Formação campestre	Restinga
briófitas	1.166	6	88
pteridófitas	631	142	14
gimnospermas	2	0	1
angiospermas	7.862	3.592	1.705

Com base nas informações contidas nesse quadro e considerando outros conhecimentos sobre o assunto, faça o que se pede.

a) **EXPLIQUE** as diferenças observadas em relação à distribuição das briófitas.

b) O grupo de plantas com maior diversidade é o das angiospermas. **CITE duas** características, **exclusivas** desse grupo, que contribuíram para essa diversificação. **JUSTIFIQUE** sua resposta.

3. (UFES) Biólogos e agrônomos concluíram que a Mata Atlântica – ao menos a do litoral norte paulista – deve apresentar um modo diferente, talvez único e por enquanto desconhecido de captar, aproveitar e liberar nutrientes que permitem aos indivíduos desse bioma crescer e se manter. Os solos que cobrem essas florestas são ainda mais pobres que os da Amazônia em nitrogênio, nutriente essencial às plantas, tanto quanto água e luz. Os pesquisadores verificaram, nesse estudo, que representantes da família das leguminosas, como o jatobá, o pau-ferro e o jacarandá, não eram tão abundantes por ali quanto na Amazônia. Nessa pesquisa, verificou-se a presença de grande biomassa de representantes de árvores, palmeiras e samambaias.

Adaptado de: FIORAVANTI, C. A floresta inesperada.
Ciência e Tecnologia no Brasil.
Pesquisa FAPESP, n. 154, p. 86-87, dez. 2008.

Com relação aos representantes vegetais enfocados no texto,

a) diferencie os filos **Pterophyta** e **Magnoliophyta** (angiospermas) quanto ao processo de reprodução, enfatizando a presença ou ausência de sementes e os fatores ambientais que podem limitar esse processo;
b) explique qual o papel da fauna na reprodução dos filos **Pterophyta** e **Magnoliophyta**.

4. (UFRN) Uma das práticas mais utilizadas na agricultura é a monocultura, que se baseia no cultivo de apenas um tipo de planta. Para aumentar a eficiência do plantio, uma alternativa é utilizar o processo de clonagem.

a) Se duas lavouras de monocultura de uma mesma espécie vegetal, uma obtida pelo plantio de sementes e outra por clonagem, fossem atacadas por uma mesma praga, qual delas seria a mais prejudicada? Justifique.
b) Explique de que forma a prática da monocultura prejudica a biodiversidade de uma região.

Gimnospermas e angiospermas **479**

5. (UEL – PR) Analise a figura a seguir.

As angiospermas representam a maior parte das plantas atuais do mundo visível: árvores, arbustos, cactos, gramados, jardins, plantações de trigo e de milho, flores do campo, frutas e verduras na mercearia, as cores na vitrine de uma floricultura e plantas aquáticas, como lentilhas-d'água. Em praticamente qualquer lugar em que você esteja, as angiospermas também estarão.

a) Nesse contexto, cite 2 (duas) características exclusivas desse grupo que contribuíram para essa grande diversidade.
b) A figura acima mostra um pêssego cortado ao meio, o qual representa o fruto das angiospermas. O que são as estruturas marcadas por I e II e que elementos florais, respectivamente, lhes dão origem?

Programas de avaliação seriada

1. (SAS – UPE) Observe o cladograma do reino *Plantae* e relacione as descrições a seguir com as classificações correspondentes.

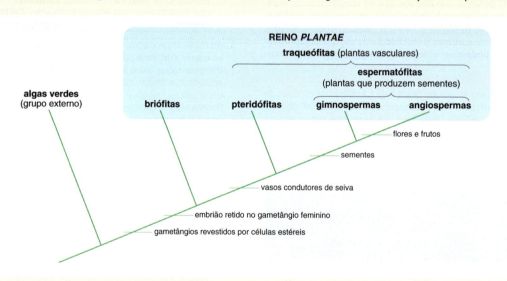

I – As sementes são produzidas em cones ou estróbilos, que podem ser masculinos ou femininos.
II – São as plantas dominantes no planeta, leguminosas e gramíneas, que constituem duas famílias desse grupo, com grande importância econômica, alimentar e ecológica.
III – Quando apresenta caule, este é subterrâneo do tipo rizoma, e as folhas, quando presentes, são formadas por folíolos.
IV – O transporte de água e de matérias é feito por difusão, célula a célula, de forma lenta. Essa característica limita o tamanho dessas plantas, que são pequenas e delicadas e vivem geralmente em ambiente úmido e sombreado.

As associações entre o cladograma e as descrições estão **CORRETAS** na alternativa

a) I – angiospermas; II – briófitas; III – gimnospermas; IV – pteridófitas.
b) I – briófitas; II – pteridófitas; III – gimnospermas; IV – angiospermas.
c) I – briófitas; II – angiospermas; III – pteridófitas; IV – gimnospermas.
d) I – gimnospermas; II – angiospermas; III – briófitas; IV – pteridófitas.
e) I – gimnospermas; II – angiospermas; III – pteridófitas; IV – briófitas.

2. (SAS – UPE) Para algumas angiospermas, lançar o pólen ao vento é suficiente para garantir a disseminação de sementes, mas a grande maioria das plantas com flores depende de animais para espalhar seu pólen. Orquídeas, por exemplo, são flores altamente complexas. De acordo com Darwin, a evolução esticou, torceu e transformou as partes de flores comuns para criar os arcos e outros engenhos que estas usam para espalhar o seu pólen, valendo-se da coevolução com insetos. Em relação à evolução da reprodução das angiospermas, analise as afirmativas abaixo:

   I – As flores das angiospermas substituem os estróbilos masculino e feminino das gimnospermas.
   II – As fanerógamas produzem sementes envolvidas por frutos, e os gametas independem do meio líquido para se encontrarem, sendo transportados pelo processo chamado de polinização.
   III – Os frutos formam-se a partir do desenvolvimento da gema apical da flor e possuem papel fundamental na proteção e disseminação das sementes.
   IV – As diferentes estratégias de disseminação das sementes das angiospermas auxiliam na colonização de novos locais e aumentam as chances de sobrevivência das plantas-filhas, que não irão competir com a planta-mãe.

   Está **CORRETO** o que se afirma em
   a) I e II.
   b) I, II e III.
   c) I e IV.
   d) II, III e IV.
   e) III e IV.

3. (PSC – UFAM) No processo evolutivo dos vegetais, as angiospermas se tornaram mais complexas, produzindo flores, frutos e sementes. Isto implica que:
   a) após a fecundação, os ovários se transformam em sementes, protegidas pelo fruto que cresce da flor.
   b) após a fecundação, o ovário se transforma no embrião da semente, que, por sua vez, é protegida pelo tegumento.
   c) após a fecundação, o ovário se transforma em zigoto, que cresce e forma o embrião da semente.
   d) após a fecundação, o ovário se transforma em fruto, protegendo a semente, que corresponde ao óvulo fecundado.
   e) após a fecundação, o fruto se torna carnoso para proteger os ovários, que se transformam em semente.

4. (PEIES – UFSM – RS) "As azeitonas e os pepinos são exemplos de alimentos que podem ser conservados graças à ação combinada de uma salmoura e uma fermentação." Os dois são frutos carnosos, mas diferem pela quantidade de sementes. Azeitonas têm uma só semente, pois sua flor tem um só
   a) gameta masculino.
   b) verticilo reprodutivo.
   c) carpelo.
   d) ovário.
   e) óvulo.

5. (PSS – UFPB) Ao longo de seu processo evolutivo, as angiospermas desenvolveram diferentes novidades morfológicas, entre elas os frutos.

   Considerando as características gerais dos frutos, é correto afirmar:
   a) O abacaxi é um tipo de pseudofruto.
   b) A banana é resultado de uma partenocarpia.
   c) O abacate é um fruto do tipo baga, por apresentar apenas uma semente.
   d) A laranja é um tipo de infrutescência, e cada gomo é resultado da fecundação de uma flor.
   e) O caju apresenta como fruto a castanha, e a outra parte, também comestível, é resultado do desenvolvimento do receptáculo floral.

O que saber sobre os...

Características	Briófitas (musgos)	Pteridófitas Filicíneas (samambaias)	Gimnospermas Coníferas (pinheiros)	Angiospermas
Tecidos condutores	Não – avasculares.	Sim – vasculares.	Sim – vasculares.	Sim – vasculares.
Habitat (habitual)	Aquático doce e terrestre úmido.	Aquático doce e terrestre úmido.	Terrestre – matas de coníferas.	Aquático e terrestre (ampla distribuição geográfica).
Reprodução	• Ciclo haplontediplonte. • Isósporos.	• Ciclo haplontediplonte. • Isósporos.	• Ciclo haplontediplonte. • Micrósporos e megásporos.	• Ciclo haplontediplonte. • Micrósporos e megásporos.
Gametófito/ encontro de gametas	• Duradouro, autótrofo/sexos separados. • Anterídios e arquegônios presentes. • Fecundação dependente da água ambiental (oogamia)	• Pouco duradouro, pequeno tamanho, autótrofo/hermafrodita. • Arquegônios e anterídios presentes. • Fecundação dependente da água ambiental (oogamia).	• Reduzido. Masculino: grão de pólen (derivado do micrósporo), com poucas células, sem anterídio. Feminino: derivado do megásporo, com arquegônios, dentro do óvulo. • Fecundação independente da água ambiental (sifonogamia), com tubo polínico (gametófito masculino adulto). • Um núcleo gamético apenas fecunda a oosfera e gera o zigoto, que se desenvolve no embrião (2n). • Semente com endosperma primário (haploide).	• Reduzido. Masculino: grão de pólen (derivado do micrósporo) com apenas duas células, sem anterídio. Feminino: saco embrionário (derivado do megásporo, sem arquegônios) dentro do óvulo. • Fecundação independente da água ambiental (sifonogamia), com tubo polínico (gametófito masculino adulto). • Dupla fecundação. Um núcleo gamético fecunda a oosfera e gera o zigoto, que se desenvolve no embrião (2n). Segundo núcleo gamético se encontra com dois núcleos polares e gera o núcleo primário do endosperma triploide (3n). • Semente com endosperma secundário (albúmen, 3n).

grupos vegetais?

Características	Briófitas (musgos)	Pteridófitas Filicíneas (samambaias)	Gimnospermas Coníferas (pinheiros)	Angiospermas
Esporófito/ dispersão	• Pouco duradouro e dependente do gametófito. • Dispersão por esporos. • Provável origem: Ordoviciano (500 milhões de anos)	• Duradouro, autótrofo e independente do gametófito. • Dispersão por esporos. • Provável origem: Siluriano (438 milhões de anos)	• Duradouro. • Grandes árvores. • Dispersão por sementes. • Não há frutos. • Poucas espécies atuais (550). • Provável origem no Permiano (286 milhões de anos).	• Duradouro, tamanho e formas variadas (lâminas, ervas, arbustos, árvores). • Dispersão por sementes e por frutos. • Grupo dominante da Terra atual (250 mil espécies). • Provável origem no Cretáceo (144 milhões de anos).
Lembrar	• Pequeno porte. • Transporte de água por difusão célula a célula. • Locais úmidos. • Hepáticas e antóceros.	• Propagação por rizoma (caule subterrâneo). • Folhas enroladas na ponta (fetos), folíolos, soros (conjunto de esporângios).	• Estróbilos diferenciados (cones) de sexos separados. Os femininos produzem óvulos que se diferenciarão nas sementes. • Polinização: vento. • Pinheiros, araucárias, pinhões. • *Cycas*: gimnospermas não coníferas.	• Flores (em geral hermafroditas). Cálice, corola, gineceu (onde se localizam os óvulos) e androceu (com antera produtora de grãos de pólen). • Polinização: insetos, aves, morcegos, vento, água. • Fruto: verdadeiro (ovário desenvolvido, com ou sem sementes). • Pseudofruto: maçã, morango (receptáculo), caju (pedúnculo). • Monocotiledôneas e dicotiledôneas.

Unidade 6

Morfofisiologia vegetal

Nesta unidade, vamos estudar como as estruturas interagem, permitindo que os organismos vegetais se adaptem aos diferentes meios em que vivem.

Capítulo 23
Os órgãos vegetativos e a nutrição vegetal

O caule mais presente nas mesas em todo o mundo

Se alguém lhe perguntasse, agora, qual é um dos caules mais utilizados na alimentação humana, o que você responderia? É difícil pensar rapidamente em algum caule comestível... Mas o alimento de que estamos tratando é bastante conhecido no mundo todo – você, até, deve tê-lo comido pelo menos uma vez nos últimos dias.

O alimento em questão é a batata, que pode ser consumida de diversas formas: cozida, frita, assada, como purê, sopa, salada ou, até mesmo, para fazer pão.

Se você não sabia, a batata (*Solanum tuberosum*) é um tubérculo, uma forma de caule subterrâneo. Esse alimento possui alto valor nutritivo – rico em carboidratos, é uma ótima fonte de energia para que nosso corpo possa realizar as atividades diárias. Além disso, a batata também contém sais minerais, vitamina C e vitaminas do complexo B.

Neste capítulo, vamos estudar os órgãos vegetativos de uma planta, que envolvem as folhas, as raízes e os caules, como as batatas, e também a nutrição vegetal.

▪ ÓRGÃOS VEGETATIVOS DE UMA PLANTA

Raiz, caule e folha são os **órgãos vegetativos** de uma planta (veja a Figura 23-1). Uma traqueófita padrão possui esses três componentes, cada qual desempenhando funções que contribuem para a sobrevivência do vegetal.

A Raiz: Órgão de Absorção

Quase sempre, a raiz é originada a partir da radícula do embrião, localizado na semente (veja a Figura 23-2), e, dela, surgem ramos secundários. No entanto, é frequente surgirem raízes a partir de caules e mesmo de folhas. Essas raízes, conhecidas como **adventícias** (do latim, *advena* = que vem de fora, que nasce fora do lugar habitual), são comuns, por exemplo, na base de um pé de milho (veja a Figura 23-3).

As raízes distribuem-se amplamente pelo solo, mas há algumas plantas que possuem raízes **aéreas**, comuns nas trepadeiras, bromélias e orquídeas, enquanto outras possuem raízes **submersas**, como os aguapés, comuns em represas.

Temos dois tipos básicos de **sistema radicular**, como já vimos na Tabela 22-1: o **pivotante**, em que há uma raiz principal, e o **fasciculado**, em que os ramos radiculares são equivalentes em tamanho e aparência, não apresentando uma raiz principal.

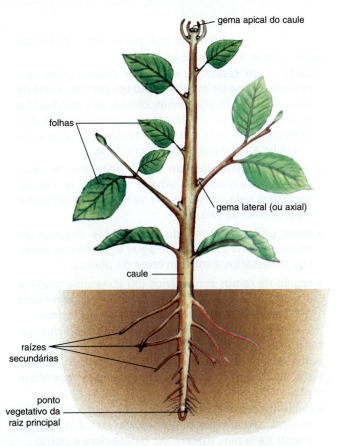

Figura 23-1. Folha, raiz e caule: os órgãos vegetativos de uma traqueófita.

Exemplos de raiz (a) pivotante e (b) fasciculada.

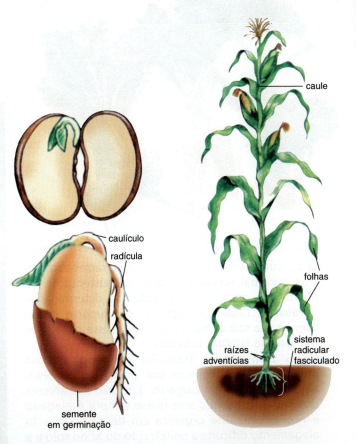

Figura 23-2. A raiz quase sempre é originada da radícula.

Figura 23-3. Raízes adventícias na base de um pé de milho.

Os órgãos vegetativos e a nutrição vegetal

Uma raiz padrão possui partes bem definidas (acompanhe pela Figura 23-4):

- **coifa** – um capuz formado por células vivas que reveste a zona de multiplicação celular. Na ponta da raiz, continuamente novas células são produzidas (por mitose) por um tecido embrionário chamado **meristema**. A coifa protege a região meristemática e auxilia a penetração da raiz no solo;
- **região de distensão** (de crescimento ou de alongamento celular) – é aquela em que as células formadas pelo meristema se alongam e permitem o crescimento da raiz;
- **zona pilífera** – formada por células dotadas de pelos, atua na absorção de água e nutrientes minerais necessários à sobrevivência da planta;
- **região de ramos secundários** (ou zona suberosa) – é aquela em que se nota o brotamento de novas raízes que surgem de regiões internas da raiz principal.

A principal função da raiz é a *absorção dos nutrientes minerais*, sendo que, no solo, também é responsável pela fixação do vegetal ao substrato. Alguns tipos de raiz, no entanto, também desempenham outras funções:

- raízes **tuberosas**, além de efetuar a absorção de nutrientes, são *armazenadoras de reservas*. É o caso da mandioca (aipim, macaxeira), batata-doce e nabo;

Rabanete, cenoura e beterraba são exemplos de raízes tuberosas.

- raízes-**suporte** (também chamadas de raízes-**escoras**) cuja principal função é auxiliar na sustentação da planta. Em geral, são originadas de determinados pontos no caule. Um tipo de raiz-suporte muito comum é a raiz tabular, que recebe esse nome por seu aspecto lembrar uma tábua;
- raízes **respiratórias** (também conhecidas como **pneumatóforos**), comuns em plantas que vivem em *solos pobres em oxigênio*. É o caso das árvores dos manguezais cujo solo quase sempre é alagado e rico em matéria orgânica em decomposição (o alagamento dificulta a penetração do ar no solo e a decomposição é um processo quase sempre aeróbio que consome muito oxigênio);

Figura 23-4. As regiões características da raiz são a coifa e a zona pilífera.

Raízes tabulares, em figueira-branca da Mata Atlântica.

- raízes **sugadoras** (também conhecidas como **haustórios**) são comuns em plantas parasitas ou hemiparasitas. O *cipó-chumbo* é um exemplo de angiosperma heterótrofa (aclorofilada, incapaz de realizar fotossíntese) cujo corpo é constituído por filamentos amarelados que crescem apoiados em outra planta. Em determinados locais desses filamentos surgem raízes (haustórios) que penetram no caule da planta hospedeira e atingem os vasos do floema, condutores da seiva elaborada, isto é, a seiva rica em substâncias orgânicas produzidas pela fotossíntese. No caso de a planta ser *hemiparasita*, a exemplo da erva-de-passarinho (é clorofilada e, portanto, autótrofa), somente a seiva bruta (água e minerais), que transita pelos vasos lenhosos do xilema, é retirada da planta hospedeira.

Detalhe de manguezal. Note os pneumatóforos de *Avicenia tomentosa* emergindo do solo encharcado dessa formação ecológica. As trocas gasosas ocorrem por meio de pequenos orifícios existentes ao longo de cada raiz aérea.

(a) cipó-chumbo (parasita) / hibisco (hospedeiro)

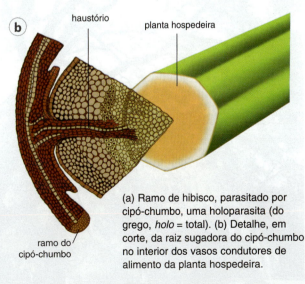

(b) haustório / planta hospedeira / ramo do cipó-chumbo

(a) Ramo de hibisco, parasitado por cipó-chumbo, uma holoparasita (do grego, *holo* = total). (b) Detalhe, em corte, da raiz sugadora do cipó-chumbo no interior dos vasos condutores de alimento da planta hospedeira.

Os órgãos vegetativos e a nutrição vegetal **489**

De olho no assunto!

Raízes aéreas e raízes estrangulantes

As raízes de algumas plantas parasitas, ao crescerem em direção ao solo, acabam por envolver o tronco da planta hospedeira de tal modo que chegam a "estrangulá-la". Daí serem conhecidas como raízes **estrangulantes**. Outro caso interessante é o das conhecidas orquídeas, cujas raízes são encontradas muitas vezes fora do solo, em contato direto com o ar. Essas raízes são conhecidas como **aéreas**. Bromélias e orquídeas são plantas **epífitas** (do grego, *epi* = em cima + *phutón* = vegetal). Apoiam-se em galhos de árvores em busca de luz. Suas raízes apenas aderem aos galhos. Não são, portanto, plantas parasitas.

Raízes (a) estrangulantes sobre tronco de figueira mata-pau e (b) aéreas (velame) de orquídea.

O Caule: Via de Conexão entre Raízes e Folhas

O caule é um órgão originado do caulículo do embrião. De formato e tamanho extremamente variáveis, é geralmente **aéreo**, mas em algumas plantas pode ser **subterrâneo**.

Entre os caules aéreos, podem ser citados os:

- **troncos**, de grande espessura e ramificações variadas, constituindo os galhos;
- **estipes**, típicos das palmeiras e coqueiros, em geral esses caules não apresentam ramificações;
- **colmos**, dotados de nós, típicos do bambu e da cana-de-açúcar.

> *Anote!*
> Caules muito delgados, como, por exemplo, o de hortaliças, também são conhecidos como **hastes**.

Tipos mais comuns de caule: (a) tronco, (b) estipe e (c) colmo. Em (d), detalhe dos nós e entrenós do caule de bambu.

De olho no assunto!

Nos manguezais, árvores da espécie *Rhizophora mangle* formam caules de sustentação ao solo pouco firme (arenoso ou lodoso).

Manguezal com *Rhizophora mangle*. Ilha da Croa (Maceió, AL).

Os órgãos vegetativos e a nutrição vegetal

Os caules **subterrâneos** são conhecidos genericamente como **rizomas**. São comuns, por exemplo, em bananeiras, em que a parte aérea não é um caule, mas um conjunto de folhas embainhadas umas nas outras e originadas do rizoma localizado no solo. Certos rizomas armazenam reservas alimentares e são cultivados para a alimentação humana. É o caso dos **tubérculos** da batatinha (batata-inglesa). Podem existir, ainda, caules subterrâneos modificados. É o caso dos **bulbos**, comuns na cebola e no gladíolo (veja a Figura 23-5). Na cebola, folhas modificadas e armazenadoras de reservas ácidas (catáfilos) partem do caule: de fato, uma pequena porção dura, circular e achatada da qual também se projetam as raízes.

A característica exclusiva dos caules é a existência de gemas laterais (ou axilares). São locais dotados de tecido embrionário (meristema) e que, ao entrarem em atividade, são capazes de originar ramos de caule, raízes, folhas ou flores.

Anote!
Gemas laterais são próprias de caule. Em algumas plantas elas podem, excepcionalmente, aparecer na raiz – como no eucalipto, por exemplo.

A principal função do caule é atuar como *via de conexão* entre as raízes e as folhas. Pode, também, ser a sede da fotossíntese quando jovem, verde, ou em vegetais que não possuam folhas ou as possuam modificadas em outras estruturas (como os cactos, em que os espinhos são folhas modificadas). Certos caules podem armazenar reservas úteis para o homem.

(a) rizoma de bananeira — folhas embainhadas

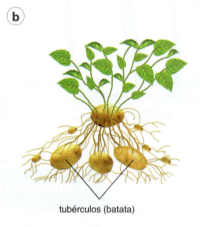
(b) tubérculos (batata)

(c) bulbo (cebola)

(d) catáfilos, raízes, caule

Figura 23-5. Caules subterrâneos: (a) rizoma, (b) tubérculos e (c) bulbo. Observe que, na cebola, a parte branca (d) é formada por folhas (catáfilos).

De olho no assunto!

Alguns caules especiais

Algumas estruturas caulinares apresentam características muito especiais, como as **gavinhas**, os **cladódios** e os **caules volúveis**.

As *gavinhas* são ramos do caule de certas plantas – como de uva, maracujá, chuchu –, que se enrolam ao redor de um suporte, dando maior fixação à planta. Os *cladódios* são caules modificados e adaptados, característicos dos cactos – esses caules podem armazenar água e também realizar a fotossíntese. Os *caules volúveis* são extremamente finos e bastante flexíveis; alguns deles são rastejantes e outros, trepadores.

(a) Maxixe na cerca, no qual se podem ver as gavinhas, (b) cladódios de cactos, (c) caule volúvel ou estolão rastejante de morangueiro e (d) caule volúvel trepador.

492 BIOLOGIA 2 • 4.ª edição

Os órgãos vegetativos e a nutrição vegetal 493

A Folha: Local da Fotossíntese

De formato extremamente variável, uma folha completa é formada por um "cabinho", o **pecíolo** (veja a Figura 23-6), e uma superfície achatada dotada de duas faces, o **limbo**, percorrido pelas nervuras.

Anote!
As folhas podem ser **simples** (um único limbo) ou **compostas** (quando o limbo se apresenta dividido).

A principal função da folha é servir como *local em que é realizada a fotossíntese*. Em algumas plantas, existem folhas modificadas e que exercem funções especializadas, como as folhas aprisionadoras de insetos das plantas insetívoras, e os espinhos dos cactos.

Uma folha sempre é originada da atividade de uma gema lateral do caule.

Existem dois tipos básicos de folhas quanto ao tipo de nervura que apresentam: as **paralelinérveas**, típicas das monocotiledôneas, e as **reticulinérveas**, comuns em eudicotiledôneas.

Anote!
Algumas folhas não possuem pecíolo. É o caso das folhas de um pé de milho, que aparecem embainhadas no caule.

Folha reticulinérvea.

Folha paralelinérvea.

Figura 23-6. (a) Folha com pecíolo e limbo. (b) Folha com bainha e limbo.

De olho no assunto!

Algumas estruturas foliares especiais

Em algumas plantas, principalmente monocotiledôneas, não há um pecíolo propriamente dito, mas sim uma estrutura conhecida pelo nome de **bainha**, que serve como elemento de ligação da folha à planta. É o caso, por exemplo, da folha de milho (reveja a Figura 23-6(b)). Já em eudicotiledôneas, próximas ao pecíolo existem estruturas de formatos diversos – podem ser pontiagudas, laminares ou com a forma de espinhos –, conhecidas por **estípulas**.

O formato e a cor das folhas são muito variáveis e algumas delas chamam a atenção por sua estrutura peculiar. É o caso, por exemplo, das folhas modificadas presentes em plantas carnívoras, cuja adaptação auxilia na captura dos insetos. Também é especialmente interessante a coloração que certas **brácteas**, pequenas folhas modificadas na base das flores, apresentam: de tão coloridas, elas atuam como importante elemento para atração dos insetos.

Estípulas em folha de roseira (ao lado) e em hibisco (abaixo).

(a) Folha modificada de planta carnívora e (b) brácteas de primavera.

OS TECIDOS VEGETAIS DE PROTEÇÃO

Um violento temporal, uma seca prolongada, um animal herbívoro ou qualquer outro agente agressivo do meio têm de ser enfrentados pela planta imóvel, ao contrário de um animal, que pode se refugiar em lugar seguro até que as condições ambientais se normalizem.

Os tecidos protetores, ou de revestimento, de uma traqueófita são a **epiderme** e o **súber**. A eficiência deles pode garantir a proteção da planta contra diversos agentes agressivos do meio.

O Súber

É um tecido de revestimento existente em raízes e troncos – portanto, em plantas arborescentes adultas –, espesso, formado por várias camadas de *células mortas*. A morte celular, nesse caso, é devida à impregnação de grossas camadas de *suberina* (um material lipídico) nas paredes da célula que fica, assim, oca. Como armazena ar, o súber funciona como um excelente isolante térmico, além de exercer, é claro, um eficiente papel protetor.

A cortiça – utilizada na confecção de rolhas, em equipamento de mergulho e em isolamento acústico e térmico – é extraída do súber de certas espécies de árvores, como o carvalho europeu (na foto, o súber foi parcialmente retirado). No detalhe, estrutura celular do súber, evidenciando seus espaços vazios.

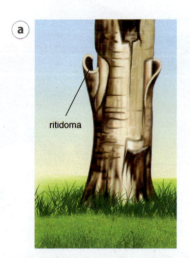

O tronco de uma árvore periodicamente cresce em espessura. Esse crescimento força a ruptura do súber que racha em muitos pontos e acaba se destacando com outros tecidos. Antes, porém, a árvore elabora novo súber que substituirá o que vai cair (veja a Figura 23-7). A esse material periodicamente destacado dá-se o nome de **ritidoma**.

A Epiderme

A epiderme das plantas vasculares é um tecido formado, de modo geral, por uma única camada de células de formato irregular, achatadas, vivas e aclorofiladas. É um tecido de revestimento típico de órgãos jovens (raiz, caule e folhas). A epiderme de uma raiz mostra uma camada cilíndrica de revestimento, com uma zona pilífera, cujos pelos nada mais são do que extensões de uma célula epidérmica (veja a Figura 23-8(a)).

Caules jovens também são revestidos por uma fina epiderme, porém não dotada de pelos.

É na folha que a epiderme possui notáveis especializações: sendo um órgão de face dupla, possui duas epidermes – a superior e a inferior. Uma cutícula, de espessura variável, existente na superfície das duas epidermes, confere uma proteção importante contra perdas de água (veja a Figura 23-8(b)).

Figura 23-7. (a) Ilustração de ritidoma destacando-se de árvore e (b) ritidoma em goiabeira.

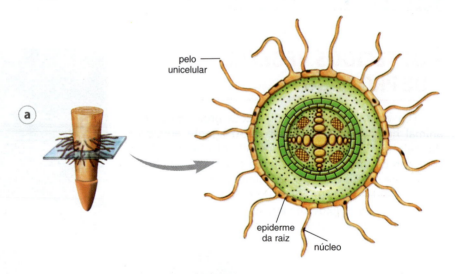

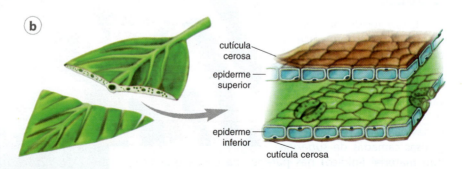

Figura 23-8. Corte transversal da (a) zona pilífera de uma raiz e (b) de uma folha.

Os anexos da epiderme

Sem dúvida, os estômatos são os anexos mais importantes, relacionados com a troca de gases e água entre as folhas e o meio. Além deles, temos os **acúleos** e os **pelos** (também chamados de tricomas).

Um estômato visto de cima assemelha-se a dois feijões dispostos com as concavidades frente a frente: são as duas **células estomáticas** ou **células-guardas**, que possuem parede celular mais espessa na face côncava e cuja disposição deixa entre elas um espaço denominado **fenda estomática** ou **ostíolo** (veja a Figura 23-9).

> *Anote!*
> As células estomáticas são as únicas da epiderme que possuem clorofila.

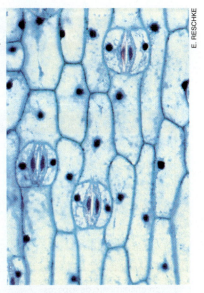

Estômatos da epiderme de uma folha em vista frontal.

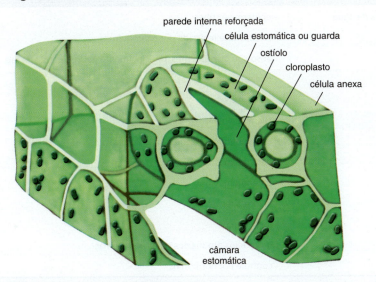

Figura 23-9. Esquema tridimensional de um estômato.

Ao lado de cada célula-guarda há uma **anexa**, que não tem cloroplastos – é uma célula epidérmica comum. Em corte transversal, verifica-se que a fenda estomática dá acesso a um espaço, a **câmara estomática**, intercomunicante com os espaços aéreos do parênquima foliar de preenchimento.

> *Anote!*
> Em plantas que vivem em ambientes mais secos, os estômatos são mais comuns na epiderme inferior. Em plantas aquáticas, cujas folhas flutuam na superfície da água, aparecem na epiderme superior. Na cana-de-açúcar, ambas as epidermes possuem estômatos.

De olho no assunto!

A epiderme possui estômatos; o súber possui lenticelas

A troca de gases entre a planta e o meio ocorre através dos revestimentos *epiderme* e *súber*.

O súber é um tecido espesso, o que dificulta a ocorrência de troca de gases respiratórios. Como vimos, a epiderme possui estômatos para essa função, enquanto no súber são as **lenticelas**, pequenas aberturas, que facilitam o ingresso e a saída de gases nas raízes e nos caules suberificados.

Setor ampliado de corte transversal de caule mostrando lenticela.

Os **acúleos**, que encontramos no caule das roseiras, na verdade não são espinhos verdadeiros. Eles se formam na epiderme e são fáceis de destacar, ao contrário dos espinhos, que são ramos do caule. Ambos são estruturas de proteção.

As fibras de algodão são **tricomas** (pelos) unicelulares da epiderme das sementes e podem chegar a medir 6 cm. São suaves, elásticas e constituídas principalmente de celulose, o que explica sua elevada capacidade de absorção de água.

> *Anote!*
> O mentol, substância oleosa, volátil, de odor agradável, é extraído dos tricomas de certas espécies de pimenta.

De olho no assunto!

Os problemas de sobrevivência de uma planta vascular

Em uma traqueófita, os problemas de sobrevivência foram resolvidos a partir da atividade de determinados tecidos:

Problema	Solução
– proteção contra agentes lesivos e contra perda de água	– epiderme e súber
– nutrição orgânica	– fotossíntese realizada por parênquimas
– nutrição inorgânica	– absorção de nutrientes, principalmente pela epiderme da raiz
– respiração celular	– realizada por todas as células vivas
– trocas gasosas	– epiderme e súber
– transporte de materiais	– xilema e floema
– sustentação	– esclerênquima, colênquima e xilema
– preenchimento de espaços	– parênquimas
– armazenamento de reservas	– parênquimas
– excreção	– diversos tecidos
– crescimento	– meristemas
– coordenação do crescimento	– hormônios produzidos pelos meristemas
– execução de movimentos	– controle por hormônios

Tecnologia & Cotidiano

Plantas medicinais: um dia todos recorrem a elas

Tomar chá de boldo é bom para o fígado, o de erva-cidreira é calmante e alivia dores de cabeça, o de camomila é útil para quem tem insônia, o de hortelã faz bem para o estômago. A fitoterapia, igualmente, recorre a diversos derivados vegetais no tratamento de uma variedade de patologias.

A diversidade da flora brasileira e os conhecimentos provenientes da medicina tradicional integrante das culturas indígena, negra e europeia provocam o aumento do interesse pelas plantas nativas do Brasil, especialmente por empresas de outros países, que as processam e utilizam. O problema é o intenso extrativismo e o desmatamento desenfreado, que já levou algumas espécies a processo de extinção, como a ipecacuanha (*Psycotria ipecacuanha*) e o jaborandi (*Pilocarpus sp.*), do qual se extrai a pilocarpina, utilizada no tratamento do glaucoma (aumento de pressão que afeta os globos oculares). A digitalina (utilizada no tratamento de problemas cardíacos), o quinino e a artemisina (empregados no tratamento de malária) e os salicilatos (que geraram a aspirina, com múltiplos usos) são outros exemplos de derivados vegetais empregados pelo homem há muito tempo.

Nunca é demais lembrar aquilo que, para muitos, parece óbvio: é preciso cuidar das plantas, em nosso próprio benefício. Nós precisamos delas.

NUTRIÇÃO VEGETAL

O heterotrofismo conduz, necessariamente, à procura de alimento orgânico e ao seu tratamento, muitas vezes, em sofisticados sistemas digestórios, típicos dos animais mais complexos. Quando falamos em nutrição de um vegetal, precisamos considerar primeiramente o autotrofismo típico da maioria das plantas. Em uma traqueófita, a nutrição orgânica envolve obrigatoriamente a capacidade que o vegetal tem de elaborar o seu próprio alimento orgânico por meio da fotossíntese. Já a nutrição inorgânica, aquela que é baseada na absorção dos nutrientes minerais, é dependente de sua obtenção a partir do substrato em que vive a planta.

Nutrição Inorgânica: Macro e Micronutrientes

Quando falamos em nutrição inorgânica, na verdade estamos nos referindo à absorção dos nutrientes minerais essenciais para um bom desenvolvimento vegetal. Esses nutrientes existem no substrato em que a planta vive (solo, água e, eventualmente, meio aéreo) e sua absorção é realizada principalmente pelas raízes. Muitas vezes, as folhas também executam esse papel. A absorção radicular é efetuada a partir da zona pilífera, região na qual a superfície de absorção é aumentada pela existência dos pelos absorventes.

Quando um nutriente é utilizado em grande quantidade por um vegetal, ele é considerado um **macronutriente**. Se for utilizado em pequena quantidade, é considerado um **micronutriente**. Esses termos não se relacionam com o tamanho do nutriente, e sim com a *quantidade* em que são utilizados.

Entre os micronutrientes, podem ser citados o manganês, o cobre, o zinco e o ferro. A Tabela 23-1 resume o papel de alguns macronutrientes no organismo vegetal.

Tabela 23-1. O papel dos principais macronutrientes.

Nutriente	Papel
Nitrogênio (N)	Essencial para a síntese proteica e de ácidos nucleicos.
Fósforo (P)	Essencial para a síntese de ATP e de ácidos nucleicos.
Potássio (K)	Relacionado às trocas iônicas entre a célula e o meio; envolvido nos movimentos de abertura dos estômatos.
Enxofre (S)	Utilizado para a síntese de aminoácidos essenciais.
Magnésio (Mg)	Componente da molécula de clorofila.

Solo: a procura por nutrientes

É do solo que a vegetação terrestre deverá retirar os nutrientes minerais.

Em um corte transversal de solo (perfil), podemos observar três camadas principais (veja a Figura 23-10) assentadas sobre a rocha-mãe:

- a camada A, em geral de coloração escura, onde é intensa a decomposição da matéria orgânica proveniente de restos de vegetais e animais. Essa matéria orgânica, de odor característico, constitui o conhecido *húmus*, de extraordinária importância para a nutrição vegetal. Quando se aduba o solo com matéria orgânica (estercos, restos de alimentos ou qualquer outro material), pretende-se enriquecer a camada de húmus. A decomposição efetuada por bactérias e fungos acaba liberando nutrientes minerais que poderão, assim, ser absorvidos pelas raízes dos vegetais;
- a camada B, de coloração variável, formada por rocha intensamente decomposta; e
- a camada C, constituída por partículas maiores que revelam uma fragmentação parcial de rocha.

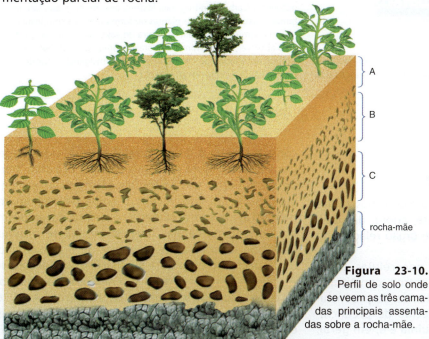

Figura 23-10. Perfil de solo onde se veem as três camadas principais assentadas sobre a rocha-mãe.

Anote!

A falta dos macronutrientes conduz a diferentes anomalias no desenvolvimento da planta, o que pode ser corrigido com sua adição ao solo de cultivo. O uso de adubos orgânicos ou sintéticos contendo diversos tipos de sais (nitratos, fosfatos etc.) é fundamental para sanar essas deficiências. Muitas vezes, porém, mesmo com a adubação, a retenção dos nutrientes pelo solo é precária quando ele é excessivamente ácido. A acidez do solo é uma característica de muitos solos brasileiros. Nesse caso, a simples adição de corretores de acidez (calcários) soluciona o problema.

De olho no assunto!

Você pode descobrir o que está faltando no solo para que sua planta continue a crescer bem. Uma deficiência de nitrogênio, fósforo ou potássio é o mais comum, e deixa sinais bem característicos.

Normalmente, os solos não são deficientes nesses três nutrientes, mas a forma em que eles se encontram no solo muitas vezes não é aquela que a planta pode aproveitar.

Plantas com falta de nitrogênio são raquíticas e apresentam folhas amareladas. Aquelas que têm deficiência de potássio apresentam em suas folhas mais velhas sinais bem mais pronunciados: elas se tornam amareladas e em suas bordas aparecem manchas como se estivessem secas. O caule e as raízes também se tornam mais mirrados.

Plantas com deficiência de fósforo são quebradiças, apresentam folhas pequenas, menores do que o normal, com a parte inferior das folhas de coloração arroxeada.

Anote!

Como, muitas vezes, são as folhas que absorvem nutrientes, é comum na lavoura a adubação foliar em muitas plantas.

Outra característica que deve ser analisada quando se estuda um solo é a sua composição *granulométrica*. Um solo considerado bom é aquele que contém quantidades proporcionais de dois tipos de partículas: *argila* e *areia*. A argila é de natureza coloidal, possui carga elétrica e é nela que a maioria dos nutrientes está retida. A absorção radicular depende da retirada desses nutrientes, efetuada a partir da ação dos pelos radiculares. As partículas de areia, maiores que as de argila e irregulares, permitem um eficiente arejamento do solo. Um solo rico em argila e pobre em areia é um solo inadequado, compacto, pouco arejado e pouco permeável à água. Por sua vez, solos extremamente arenosos são muito permeáveis e retêm água com dificuldade. Solos ideais são os que possuem quantidades equivalentes dessas duas partículas, levando a uma retenção adequada de nutrientes e de água e permitindo um bom arejamento, essencial para a respiração das raízes.

Tecnologia & Cotidiano

Hidroponia

Todos os vegetais clorofilados necessitam, para sua sobrevivência, de C, H, O, bem como dos sais minerais que são, geralmente, retirados do solo. O solo fértil apresenta quantidade razoável de húmus e de nutrientes, que constituem a base de alimentação das plantas.

Na hidroponia, o solo é substituído por um meio inerte onde a planta possa ter sustentação e os elementos que o vegetal iria retirar da terra são fornecidos por uma solução contendo sais dos elementos necessários para seu desenvolvimento. Essa técnica é bem difundida em países onde boa parte de seu território é arenosa.

A palavra hidroponia vem do grego, dos radicais *hydro* (água) e *ponos* (trabalho). Apesar de ser uma técnica relativamente antiga, o termo só foi utilizado pela primeira vez em 1935, pelo Dr. W. F. Gericke, pesquisador da Universidade da Califórnia (EUA).

Mas será que o cultivo de vegetais pela hidroponia é vantajoso?

A agricultura tradicional vive um momento de dificuldades: exige muita mão de obra, as péssimas condições de trabalho desestimulam os filhos dos produtores e as incertezas da colheita, aliadas à queda dos preços no período de safra, inviabilizam a contratação de mais pessoal. A mecanização da agricultura também não se apresenta como uma saída viável, pois o agricultor precisa trabalhar durante anos apenas para manter o parque de máquinas e implementos. Assim, os sistemas hidropônicos abriram um caminho precioso de melhoria na qualidade e no preço dos produtos nos centros urbanos.

Comparativamente ao sistema convencional, a hidroponia apresenta algumas vantagens: é um sistema de cultivo bastante limpo e simples de ser conduzido; não dá muito trabalho com transplantes e as plantas – quando adequadas a esse sistema – desenvolvem-se bem e livres de problemas com doenças ou insetos provenientes da terra.

Na próxima vez que você for ao supermercado, dê uma passada na seção de vegetais e veja se você encontra produtos que foram cultivados pela hidroponia. Vale a pena ficar atento a essa técnica!

De olho no assunto!

O húmus

A decomposição de restos vegetais no solo, realizada por fungos, bactérias, minhocas, insetos etc., resulta na mineralização dos nutrientes (carbono, nitrogênio, fósforo, enxofre etc.), que são diretamente assimilados pelas plantas ou formam outros compostos.

O húmus estabiliza a estrutura do solo, aumenta sua aptidão para absorver os íons minerais (potássio, amônio, magnésio, cálcio) e regulariza a umidade, constituindo assim um agente insubstituível de fertilidade e conservação do solo.

Nutrição Orgânica: A Partir da Fotossíntese

A fotossíntese ocorre principalmente nas folhas de uma traqueófita. É conveniente, agora, dar uma noção da morfologia interna desse órgão relacionado com a nutrição orgânica.

Duas epidermes, formadas por células achatadas, revestem uma camada interna constituída basicamente por dois tecidos: o tecido de preenchimento e o tecido condutor. O tecido de preenchimento é conhecido como **parênquima** e é, em geral, constituído por duas camadas de células clorofiladas, vivas (veja a Figura 23-11). A camada próxima à epiderme superior possui células organizadas em uma paliçada e, por isso, recebe o nome de **parênquima paliçádico**. A outra camada, próxima da epiderme inferior, possui células irregulares que se dispõem deixando lacunas entre si, o que dá a essa camada um aspecto de esponja – é o **parênquima lacunoso**. As células dessas camadas são ricas em cloroplastos. O tecido condutor compõe as nervuras. Aqui, os vasos dispõem-se em feixes de tecidos condutores, embainhados por células parenquimáticas especiais.

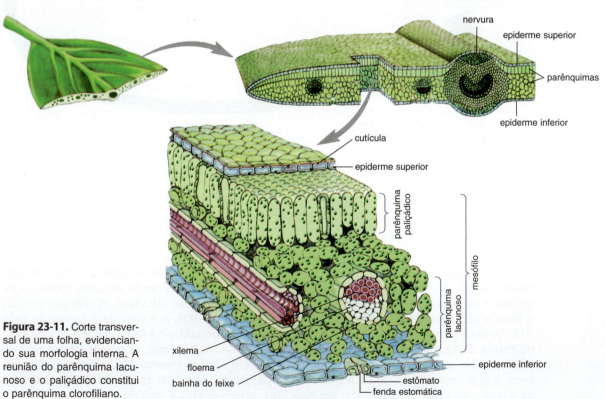

Figura 23-11. Corte transversal de uma folha, evidenciando sua morfologia interna. A reunião do parênquima lacunoso e o paliçádico constitui o parênquima clorofiliano.

Os órgãos vegetativos e a nutrição vegetal **501**

Há dois tipos de vasos: os que trazem para a folha a água necessária para a fotossíntese, além de outras substâncias inorgânicas – vasos do *xilema* –, e os que conduzem o alimento produzido pelas folhas para o caule e para a raiz – vasos do *floema*.

Cabe ao **parênquima clorofiliano** (outro nome dado ao conjunto formado pelo parênquima paliçádico e parênquima lacunoso) o papel de nutrir o vegetal com os alimentos orgânicos necessários à sua sobrevivência, a partir da realização da fotossíntese.

As etapas de claro e de escuro da fotossíntese ocorrem nos cloroplastos. Na fase de claro (ou fotoquímica) há a participação da água e da luz, com liberação de oxigênio e produção de ATP e NADPH$_2$. Na fase de escuro (ou puramente química) descrita a seguir, ocorre **o ciclo de Calvin** ou **ciclo das pentoses**, durante o qual há uma sequência de reações com participação do gás carbônico e com a utilização do ATP e do NADPH$_2$, produzidos na fase de claro, resultando em moléculas de glicose.

O ciclo de Calvin

O ciclo começa com a reação de uma molécula de CO$_2$ com um açúcar de cinco carbonos conhecido como *ribulose difosfato* catalisada pela enzima **rubisco** (ribulose bifosfato carboxilase/oxigenase, **RuBP**), uma das mais abundantes proteínas presentes no reino vegetal (acompanhe pela Figura 23-12). Forma-se um composto instável, de 6 carbonos, que logo se quebra em 2 moléculas de 3 carbonos (2 moléculas de *ácido 3-fosfoglicérico* ou *3-fosfoglicerato*, conhecidas como PGA). O ciclo prossegue até que, no final, é produzida uma molécula de glicose e é regenerada a molécula de ribulose difosfato.

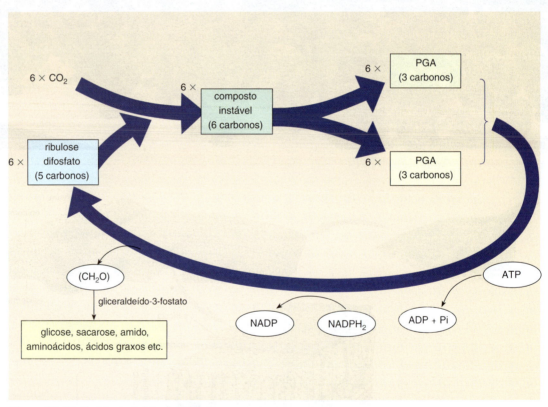

Figura 23-12. O ciclo de Calvin simplificado.

Note, porém, que, para o ciclo ter sentido lógico, é preciso admitir a reação de seis moléculas de CO$_2$ com seis moléculas de ribulose difosfato, resultando em uma molécula de glicose e na regeneração de outras seis moléculas de ribulose difosfato. A redução do CO$_2$ é feita a partir do fornecimento de hidrogênios pelo NADPH$_2$ e a energia é fornecida pelo ATP. Lembre-se de que essas duas substâncias foram produzidas na fase de claro. O esquema da Figura 23-12 é uma simplificação do ciclo de Calvin: na verdade, as reações desse ciclo se parecem com as que ocorrem na glicólise, só que em sentido inverso. É correto admitir, também, que o ciclo origina unidades do tipo CH$_2$O, que poderão ser canalizadas para a síntese de glicose, sacarose, amido e, até, aminoácidos, ácidos graxos e glicerol.

De onde vem o oxigênio da fotossíntese?

Em 1939, após realizar vários experimentos, o pesquisador Robin Hill propôs uma série de reações, as chamadas *reações de Hill*, nas quais tentava elucidar o mecanismo da fotólise da água, fenômeno em que se liberam elétrons, prótons e grupos OH: a partir da união dos OH resultariam água e oxigênio.

Outra evidência de que o O_2 provinha da água surgiu com os experimentos realizados por C. B. van Niel. Trabalhando com bactérias fotossintetizantes que utilizam H_2S para a produção de carboidratos, esse pesquisador estabeleceu a seguinte equação química:

$$CO_2 + 2\ H_2S + luz \xrightarrow{bacterioclorofila} (CH_2O) + H_2O + 2\ S$$

em que (CH_2O) representa a molécula de carboidrato. A partir dessa equação, parecia claro que o H_2S atuava como agente redutor do CO_2. Então, van Niel propôs a seguinte equação genérica para a fotossíntese:

$$CO_2 + 2\ H_2A + luz \xrightarrow{clorofila} (CH_2O) + H_2O + 2\ A$$

na qual H_2A poderia ser representado por água, gás sulfídrico ou qualquer outra substância com poder de reduzir o gás carbônico.

Faltava, porém, uma evidência mais conclusiva de que o oxigênio na fotossíntese das plantas superiores era realmente proveniente da água. Essa evidência, afinal, surgiu após uma experiência realizada em 1941 por Samuel Ruben. Ele forneceu a algas de água doce, do gênero *Chlorella*, água contendo O^{18}, isótopo pesado, radioativo, do O^{16}. Como consequência, verificou que o oxigênio liberado pelas algas era O^{18}, confirmando, assim, a hipótese de van Niel de que, *durante a ocorrência da fotossíntese nas plantas verdes, o oxigênio era proveniente da água e não do gás carbônico*.

As clorofilas e a absorção da luz

Um objeto que possui cor vermelha absorve todos os comprimentos de onda componentes da luz branca, exceto o vermelho, que ele reflete e transmite. O mesmo acontece com as moléculas de clorofila, que são verdes e, portanto, refletem a luz monocromática verde e absorvem os demais comprimentos de onda. Mas uma pergunta que poderíamos fazer é: quais os comprimentos de onda que as clorofilas absorvem melhor? A resposta pode ser obtida em um gráfico, como o da Figura 23-13, que relaciona a quantidade de luz absorvida em função do comprimento de onda, pelas *clorofilas a* e *b*. Ele mostra qual é o *espectro de absorção* dessas duas clorofilas, ou seja, quais faixas de luz as clorofilas *a* e *b* absorvem melhor.

Pelas curvas apresentadas no gráfico, você pode perceber que o *espectro de absorção* das duas clorofilas é praticamente o mesmo. Elas *absorvem melhor na faixa do violeta-azul e na faixa do vermelho*. Nos demais comprimentos de onda, a absorção é praticamente nula.

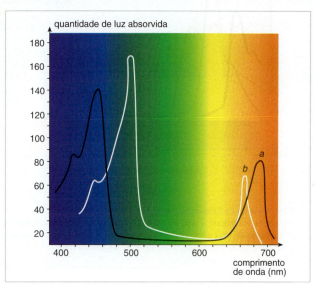

Figura 23-13. Espectro de absorção das clorofilas *a* e *b*.

Leitura

Um experimento revelador

Até meados do século XIX não se sabia ao certo como era a interação entre a clorofila e a luz. Foi a partir dos experimentos realizados em 1882 por T. W. Engelmann, pesquisador alemão, que se pôde conhecer melhor esse processo.

Utilizando bactérias aeróbias e a alga filamentosa *Spirogyra*, cujo cloroplasto tem a forma de uma fita helicoidal, Engelmann avaliou a taxa de produção de oxigênio e utilizou esse dado para inferir qual o comprimento de onda de luz que favorece a ocorrência de fotossíntese. Com um prisma, ele decompôs um feixe de luz branca e dirigiu esse espectro luminoso para uma lâmina em que estavam as bactérias aeróbias e a alga *Spirogyra*. Dispôs a alga de tal forma que cada pedaço de um filamento dela recebesse luz de um determinado comprimento de onda (de determinada cor). Passado tempo suficiente para que ocorresse a fotossíntese, Engelmann constatou que havia acúmulo de bactérias em torno da alga nos pontos onde incidiam luz violeta e vermelha.

Esse experimento permitiu a Engelmann constatar o **espectro de ação** da fotossíntese – a relação entre taxa de fotossíntese e comprimento de onda da luz visível.

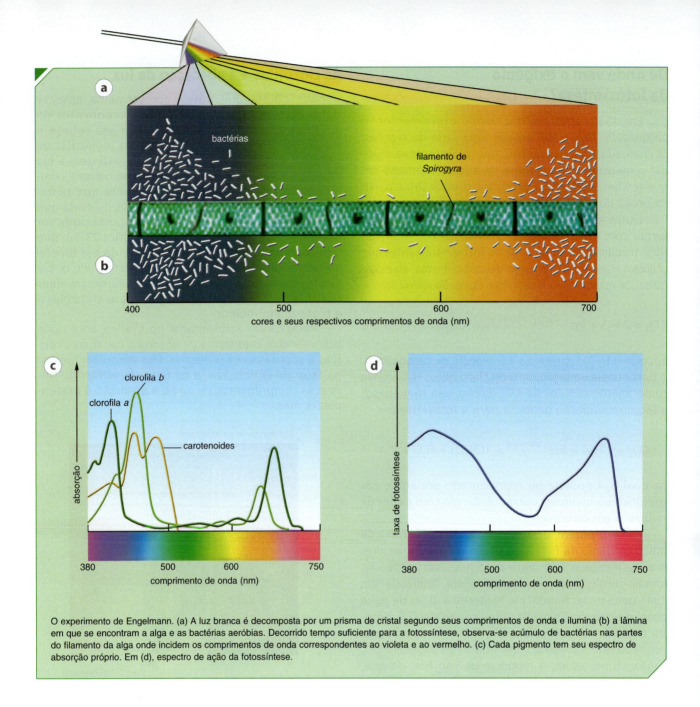

O experimento de Engelmann. (a) A luz branca é decomposta por um prisma de cristal segundo seus comprimentos de onda e ilumina (b) a lâmina em que se encontram a alga e as bactérias aeróbias. Decorrido tempo suficiente para a fotossíntese, observa-se acúmulo de bactérias nas partes do filamento da alga onde incidem os comprimentos de onda correspondentes ao violeta e ao vermelho. (c) Cada pigmento tem seu espectro de absorção próprio. Em (d), espectro de ação da fotossíntese.

Fatores que influenciam a fotossíntese

- **Luz**. A relação entre intensidade luminosa e velocidade de fotossíntese não é linear. Observe a Figura 23-14 e note que, a partir de certo ponto, o aumento da intensidade luminosa não é acompanhado por um aumento na taxa de fotossíntese. Qual o motivo? A resposta é que algum outro fator está "emperrando" o processo.

Qualquer fator que dificulte ou impeça que um processo ocorra é chamado de **fator limitante** daquele processo. No caso, até certo valor de intensidade luminosa, a luz é o fator limitante; porém, a partir de determinada intensidade luminosa é outro o fator que limita a taxa de fotossíntese e a faz ocorrer em ritmo constante. Não adianta aumentar a intensidade luminosa, porque a taxa de fotossíntese não aumenta.

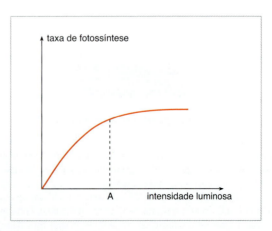

Figura 23-14. Taxa relativa de fotossíntese em função da intensidade luminosa. A luz é o fator limitante até o ponto A.

- CO_2. Um dos fatores mais importantes que limitam a taxa de fotossíntese na natureza é a **disponibilidade de CO_2**. A Figura 23-15 relaciona a taxa de fotossíntese em função da intensidade luminosa em três diferentes concentrações de CO_2, duas das quais excedem os níveis normalmente encontrados na natureza. Note que a luz é o fator limitante nos valores situados à esquerda das setas. A partir desses valores, é a concentração de CO_2 que passa a ser limitante do processo.

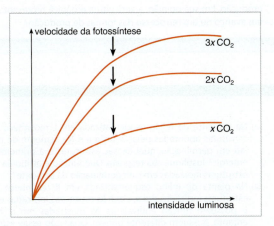

Figura 23-15. Velocidade da fotossíntese com variação do teor de CO_2.

- **Temperatura**. Na fotossíntese, há a participação de várias enzimas, e a elevação da **temperatura** acima de certo valor pode ocasionar a desnaturação desses catalisadores orgânicos, acarretando a interrupção desse processo em altas temperaturas (veja a Figura 23-16).

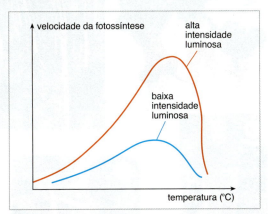

Figura 23-16. A influência da temperatura na fotossíntese.

O ponto de compensação fótico

A Figura 23-17 relaciona as intensidades da fotossíntese e da respiração em função da intensidade luminosa. Note que a respiração segue um ritmo constante e independente da intensidade luminosa. O mesmo não ocorre com a fotossíntese. Ela é nula na ausência de iluminação e apresenta um aumento de velocidade à medida que a intensidade luminosa vai crescendo, até atingir valores que superam a respiração.

Perceba, porém, que há uma *determinada intensidade luminosa* em que as velocidades da respiração e da fotossíntese se igualam. Nesse momento, todo o oxigênio produzido pela planta na fotossíntese é consumido por ela na respiração. As moléculas de glicose que ela produz na fotossíntese são consumidas na respiração. E todo o gás carbônico que ela elimina na respiração é utilizado na fotossíntese.

A **intensidade luminosa** em que *as velocidades da respiração e da fotossíntese se igualam* é chamada de **ponto de compensação fótico**.

Para que uma planta possa sobreviver, é preciso que, pelo menos durante algumas horas do dia, a intensidade da fotossíntese seja maior do que a da respiração. Isso explica, muitas vezes, o fato de muitas plantas não "irem bem" dentro de nossas casas, já que a intensidade luminosa fica abaixo do ponto de compensação. Como não há "sobras" de alimento, elas ficam impossibilitadas de crescer.

Anote!

Plantas que vivem no interior de matas fechadas (plantas umbrófilas) apresentam baixo ponto de compensação e costumam ter coloração verde mais escura, em comparação com as que vivem normalmente em lugares fartamente iluminados (plantas heliófilas).

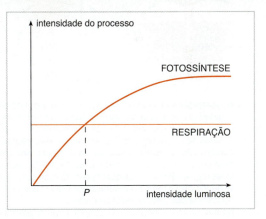

Figura 34-17. Comparação entre fotossíntese e respiração em função da intensidade luminosa. *P* representa o ponto de compensação fótico.

De olho no assunto!

Planta só fotossintetiza durante o dia e respira à noite?

Não. Essa é uma ideia erroneamente difundida pela maioria das pessoas. Como qualquer ser vivo aeróbio, uma planta consome oxigênio e glicose o tempo todo na respiração aeróbia, que ocorre em um ritmo praticamente constante, uma vez que a atividade respiratória de um vegetal é menos intensa e sofre pequenas variações diárias. A fotossíntese, porém, ocorre com intensidade variável durante as horas de luz do dia. À noite, a fotossíntese é nula, enquanto a respiração prossegue em seu ritmo.

Os órgãos vegetativos e a nutrição vegetal **505**

Ética & Sociedade

Agricultura orgânica, avanço ou retrocesso?

No início, alguns poucos produtores se aventuravam a comercializar cestas de produtos chamados *orgânicos*, vegetais que foram cultivados sem o uso de produtos químicos sintéticos, como fertilizantes e pesticidas, nem a inclusão de nada geneticamente modificado. Com o tempo, esses produtos começaram a ganhar espaço nas gôndolas dos supermercados e, até mesmo, espaços próprios, como pequenas quitandas. Afinal, os produtores orgânicos defendem que em um solo saudável, não contaminado por sintéticos, os alimentos apresentam qualidade superior.

Entretanto, se de um lado os produtores de orgânicos lutam com a bandeira da sustentabilidade, de outro, toda agricultura convencional, um dos alicerces da economia mundial, defende sua forma de produção, questionando, inclusive, a capacidade de abastecimento da forma de produção orgânica.

- A discussão está apenas começando. Estamos longe de saber onde estará o ponto de equilíbrio entre essas duas formas de produção. Em sua opinião, a agricultura orgânica representa um avanço ou um retrocesso das formas de produção?

Passo a passo

1. A ilustração I mostra o esquema de uma planta inteira de angiosperma e a II, um detalhe das regiões de uma raiz.

a) Na ilustração I, as setas *a*, *b* e *c* apontam para os três órgãos vegetativos de uma angiosperma. Reconheça-os e cite pelo menos uma função atribuída a cada um deles.
b) As setas *d* e *e*, na ilustração I, apontam para duas regiões que contêm células relacionadas ao crescimento em comprimento e à ramificação da parte aérea da planta. Reconheça essas regiões. Por meio de qual tipo de divisão celular (mitose ou meiose) ocorre a proliferação de células que permite a ocorrência dos crescimentos relatados?
c) Na ilustração II, reconheça as estruturas ou regiões indicadas pelas letras *a* a *e*. Cite a função atribuída às estruturas indicadas em *d*. A estrutura indicada em *b* contém células que se multiplicam na promoção do crescimento da raiz. Por meio de que tipo de divisão celular (mitose ou meiose) ocorre multiplicação dessas células?

2. Utilize as ilustrações I e II, a seguir esquematizadas, para responder aos itens desta questão.

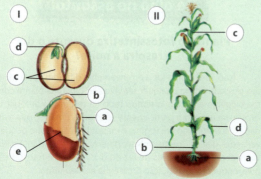

a) Na semente de feijão esquematizada em I, reconheça as estruturas apontadas pelas setas *a* a *e*. Na semente de feijão em germinação, qual dessas estruturas é a primeira a emergir? Justifique sua resposta. Que função é atribuída às estruturas indicadas em *c* na germinação da semente?
b) Na planta de milho esquematizada em II reconheça as estruturas indicadas em *a*, *c* e *d*. As estruturas indicadas em *b* possuem função equivalente às mostradas em *a*. No entanto, possuem diferente origem. Quais são essas estruturas? Comparando-as com a estrutura *a* da ilustração I (semente de feijão), por que é possível dizer que sua origem é diferente?

3. Além da localização e das funções tradicionalmente atribuídas à raiz, outras funções e localizações podem ocorrer, relativamente a esse importante órgão vegetativo, como mostram as ilustrações a seguir.

a) Reconheça os tipos de raiz ilustrados de I a IV. Quais deles fogem à regra, quanto à localização normal de uma raiz no ambiente?
b) Cite as funções adicionais atribuídas às raízes ilustradas em I, II e IV. Que denominação recebem as raízes da orquídea ilustrada em III?

4. As ilustrações a seguir representam tipos modificados de caule que podem ser encontrados nas angiospermas.

a) Reconheça os tipos de caule ilustrados em Ia, IIc e IIId. Que funções adicionais são atribuídas aos caules ilustrados em IIc e IIId?
b) O que representa a estrutura *b*, na ilustração I? Considerando que plantas de banana cultivadas pelo homem produzem frutos partenocárpicos, desprovidos de semente, como é feita a propagação desses vegetais?

Utilize as ilustrações a seguir para responder às questões **5** e **6**, que se relacionam aos tecidos de revestimento comumente encontrados nas angiospermas.

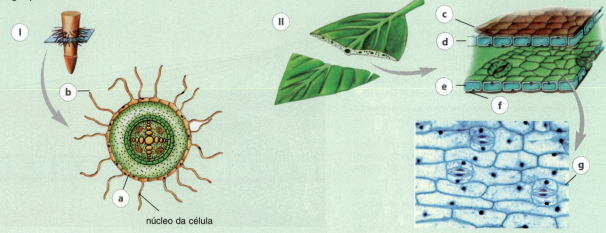

5. a) Nas ilustrações I e II, reconheça os tecidos de revestimento indicados pelas letras *a*, *d* e *e*. Qual é a característica comum a esses tecidos, em termos de camadas de células e da natureza viva ou morta dessas células?
b) Nas ilustrações I e II, quais anexos estão indicados em *b*, *c*, *f* e *g*? Cite o importante papel desempenhado pelo anexo *g* encontrado no revestimento da folha.

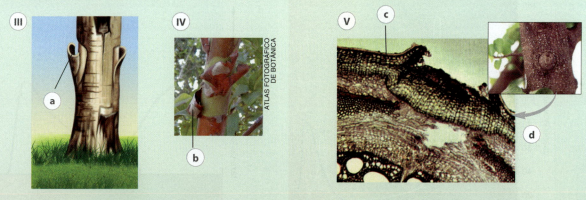

6. a) Nas ilustrações III, IV e V reconheça as estruturas indicadas de *a* a *d*. Qual é a característica que está relacionada ao tecido indicado pela letra *c* na ilustração V, em termos de camadas de células, e à natureza das células, vivas ou mortas?
b) Qual a função atribuída à estrutura *d*, representada na ilustração V?

Os órgãos vegetativos e a nutrição vegetal **507**

7. O corte transversal simplificado de uma folha está esquematizado a seguir à esquerda, juntamente com o resumo do ciclo de Calvin, representado à direita.

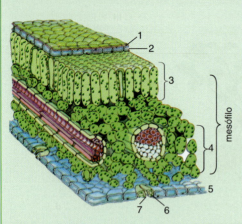
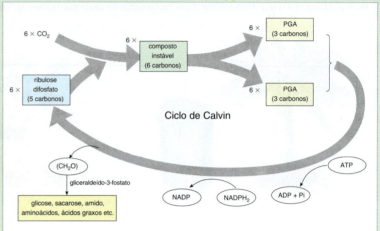

a) Reconheça as estruturas numeradas de 1 a 7, com as respectivas funções a elas atribuídas, no corte de folha esquematizado.
b) Relativamente ao ciclo de Calvin, cite os *tecidos* foliares em que as reações indicadas comumente ocorrem. Em qual das fases da fotossíntese – de claro ou de escuro – esse conjunto de reações ocorre?
c) Cite os três participantes básicos (um deles um importante gás e os dois outros provenientes da fase de claro da fotossíntese) e o produto final (uma hexose, com seis átomos de carbono) desse complexo ciclo de reações que ocorre na folha.

8. As ilustrações a seguir mostram esquemas do célebre experimento de T. S. Engelmann e os gráficos do espectro de absorção das clorofilas e de ação da fotossíntese. O experimento efetuado pelo pesquisador procurava estabelecer a relação existente entre os comprimentos de onda da luz branca e a ação dos pigmentos fotossintetizantes, notadamente as clorofilas.

a) Observando o esquema relativo ao experimento, justifique a maior concentração de bactérias nos dois extremos do espectro luminoso.
b) Relativamente aos gráficos do espectro de absorção das clorofilas (*b* e *c*), em quais faixas de comprimento de onda ocorre maior absorção de energia por essas moléculas?
c) Observando o gráfico do espectro de ação da fotossíntese (*d*) e a ilustração relativa ao experimento de Engelmann (*a*), é correto dizer que nas faixas de onda de 500 a 600 nm não há liberação de oxigênio na fotossíntese executada pela alga? Justifique sua resposta.

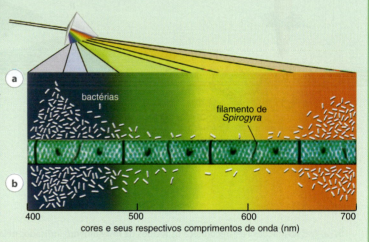
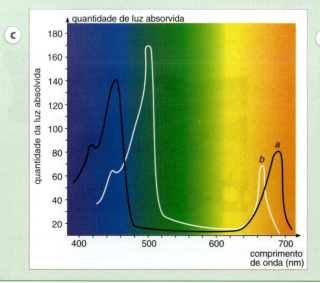
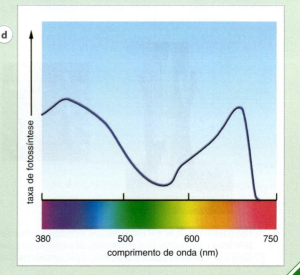

9. O assunto desta questão é relativo aos fatores limitantes da fotossíntese e à origem do oxigênio liberado nesse processo bioenergético. Os desenhos esquematizam experimentos executados em 1941 por pesquisadores da Universidade da Califórnia (EUA).

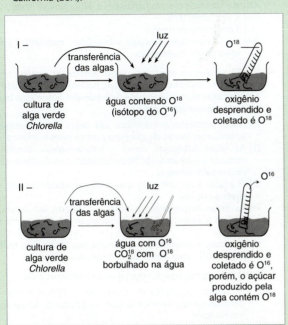

a) O que o experimento I pretendeu demonstrar, ao se utilizar água contendo O^{18}? Qual foi a intenção dos pesquisadores ao utilizarem, no experimento II, CO_2^{18} e O^{16}?

b) O gráfico a seguir relaciona a ocorrência do processo de fotossíntese com a intensidade luminosa. Até qual intensidade luminosa a luz é limitante do processo? Por que, a partir dessa intensidade luminosa, não ocorre aumento na taxa de fotossíntese?

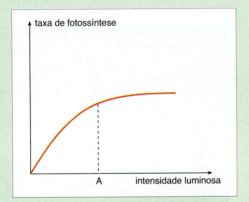

c) Sem considerar os fatores próprios aos vegetais, quais são os fatores limitantes mais comuns da fotossíntese na natureza?

10. Os desenhos a seguir e o gráfico que os acompanham referem-se ao assunto Ponto de Compensação da fotossíntese.

a) Qual o significado do Ponto de Compensação da fotossíntese? Identifique qual desenho ilustra a ocorrência dessa situação. No gráfico, que letra indica corretamente o Ponto de Compensação da Fotossíntese?

b) Observando o gráfico, explique o que ocorre com a planta, se mantida durante várias horas na condição A. A partir de qual intensidade luminosa a planta produz mais matéria orgânica do que consome e pode, portanto, crescer?

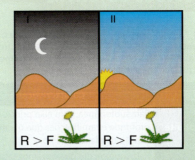

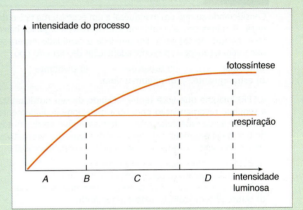

11. *Questão de interpretação de texto*

Uma preparação contendo 10 copos de vidro transparente, cada um deles tendo algodão molhado em água, foi mantida em local com iluminação constante e arejado. Em cada um foi adicionada uma semente de feijão. Todas germinaram e geraram plantas com raízes, caule e folhas. Após certo tempo, cinco plantas foram transferidas cada uma para um vaso com terra adubada, de composição granulométrica adequada, arejado e contendo todos os nutrientes minerais essenciais para o bom desenvolvimento vegetal. As cinco produziram, após certo tempo, flores e frutos. As outras cinco plantas foram mantidas nos copos de vidro e não floresceram nem frutificaram, não sobrevivendo após alguns dias. As demais condições ambientais, como luminosidade, arejamento e temperatura, permaneceram iguais para ambos os grupos.

Com base nas informações do texto e utilizando seus conhecimentos sobre os macronutrientes minerais essenciais para o crescimento e desenvolvimento de uma planta, responda:

a) Como explicar o bom desenvolvimento das plantas de feijão que floresceram e frutificaram nos vasos contendo solo de boa qualidade e adubado?

b) Nitrogênio, fósforo, magnésio e potássio são alguns elementos correspondentes a macronutrientes essenciais para o bom desenvolvimento vegetal. Cite pelo menos uma utilidade de cada um deles para o organismo de uma planta.

c) Em termos de procedimento científico, qual o papel representado pelo grupo de plantas que foi mantido nos copos de vidro?

Os órgãos vegetativos e a nutrição vegetal **509**

Questões objetivas

1. (IFSP) As angiospermas são vegetais que podem apresentar diferentes tipos de raízes que se relacionam, entre outras funções, às diferentes condições ecológicas, conforme as apresentadas na tabela a seguir.

Tipo de raiz	Características
Pivotante	Raiz subterrânea, com eixo principal profundo e ramificações que garantem a fixação da planta no solo.
Tabular	Raiz suporte, em que os ramos radiculares se fundem com o caule, sendo importantes na fixação da planta.
Estrangulante	Raiz de plantas aéreas, que cresce em direção ao solo e pode envolver o tronco da planta hospedeira, comprometendo a circulação da seiva.
Pneumatófora	Raiz aérea, dotada de pequenos orifícios (pneumatódios) para processar a aeração do vegetal.
Tuberosa	Raiz especial, que atua como órgão de reserva vegetal.

Considerando-se que um manguezal é um ecossistema típico de região litorânea, com alta concentração de matéria orgânica, baixa concentração de oxigênio, alta umidade e salinidade, espera-se que a vegetação local apresente adaptações de raízes do tipo

a) tabular.
b) estrangulante.
c) tuberosa.
d) pneumatófora.
e) pivotante.

2. (UFPR) Imagine que você tenha recebido de seu nutricionista a seguinte recomendação para uma dieta: ingerir diariamente uma porção de tubérculos, raízes tuberosas, folhas verdes, frutos do tipo baga e sementes do tipo cariopse. Qual das alternativas abaixo apresenta os vegetais que atendem à dieta indicada?

a) Batata, cenoura, espinafre, uva e milho.
b) Beterraba, rabanete, couve-flor, abacate e arroz.
c) Mandioca, cebola, couve, pêssego e semente de girassol.
d) Nabo, alho, brócolis, tomate e amendoim.
e) Batata-doce, alface, rúcula, acerola e ervilha.

3. (UFSC) Os caules atuam como uma estrutura de conexão entre as raízes e as folhas. No mundo vegetal, pode ser verificada uma notável diversidade de caules aéreos e subterrâneos. Observe as figuras a seguir e, em seguida, assinale a(s) proposição(ões) **CORRETA(S)** e dê sua soma ao final.

(01) **a** é um tronco e é típico de plantas arbóreas.
(02) **b** é denominado estipe e está presente na cana-de-açúcar.
(04) **c** são colmos, caules típicos do bambu.
(08) **d** é típico de plantas herbáceas e denomina-se haste.
(16) **e** são tubérculos.
(32) **f** denomina-se rizoma.
(64) **c** é um exemplo de caule subterrâneo, enquanto **f** é um exemplo de caule aéreo.

4. (UFPE) As raízes e os caules podem armazenar matéria orgânica e, como outros órgãos vegetais, podem ser consumidos e aproveitados economicamente pelo homem. Sobre esse tema, analise as proposições abaixo.

(0) Nabo, beterraba e mandioca são raízes que constituem importantes fontes de alimento para os seres humanos.
(1) As raízes tuberosas, como a batata-inglesa (batatinha comum) e o inhame, são frequentemente confundidas com caules subterrâneos.
(2) O açúcar é um alimento que pode ser obtido a partir de caule ou de raiz.
(3) As fibras, importante produto encontrado em vegetais, podem apresentar em sua composição celulose, pectina e lignina.
(4) A cebola, o rabanete e a beterraba são caules tipo bulbo, importantes para a alimentação humana.

5. (UPE) Sobre a morfologia vegetal, analise as afirmativas.

( ) O coqueiro apresenta um tronco aéreo, tipo estipe, ereto, geralmente não ramificado, com uma coroa de folhas apenas na ápice.
( ) Drupas são frutos carnosos com endocarpo duro.
( ) A sâmara é um fruto, cuja parede do ovário forma expansões aladas.
( ) O umbuzeiro é uma árvore, cujas raízes adventícias formam túberas especializadas no armazenamento da água.
( ) As raízes suporte, encontradas em plantas de milho, são raízes secundárias responsáveis pela melhor fixação destas plantas ao solo.

6. (UEL – PR) A obra *A flor do mangue* faz alusão às plantas de hábito arbóreo típicas do mangue. Com base nos conhecimentos sobre essas plantas, considere as afirmativas a seguir.

Frans Krajcberg. *A Flor do Mangue*. Década de 1970. Madeira. 300 cm x 900 cm. Coleção do Artista.

I – Possuem raízes escoras como adaptação ao solo instável para a sustentação do vegetal.
II – Suas raízes realizam trocas gasosas diretamente com o ambiente aéreo como adaptação a um solo pobre em oxigênio.
III – Possuem raízes com baixo potencial osmótico de sucção celular, gastando energia para absorver água do solo salgado.
IV – Suas raízes possuem orifícios, denominados pneumatódios, para realizar a absorção e excreção de sais.

Assinale a alternativa correta.

a) Somente as afirmativas I e II são corretas.
b) Somente as afirmativas I e III são corretas.
c) Somente as afirmativas III e IV são corretas.
d) Somente as afirmativas I, II e IV são corretas.
e) Somente as afirmativas II, III e IV são corretas.

7. (UFMS) Considerando-se a raiz, o caule e as folhas de uma angiosperma, identifique as alternativas corretas e dê sua soma ao final.
(01) os pelos absorventes estão presentes na zona de alongamento da raiz.
(02) as plantas dos manguezais são caracterizadas por apresentarem raízes-suporte.
(04) o caule do morangueiro cresce sobre o solo produzindo gemas de espaço, e é denominado estolho ou estolão.
(08) a gema apical do caule promove o seu crescimento em extensão.
(16) as folhas são ricas em cloroplastos e adaptadas à realização da fotossíntese.
(32) as estípulas são as responsáveis pela conexão do pecíolo ao limbo da folha.

8. (UCS – RS) Um produto muito utilizado na alimentação é o amido. As principais fontes de amido são o trigo, a batata, o arroz e a mandioca. Botanicamente, as fontes de amido utilizadas são oriundas de partes específicas de cada um desses vegetais. Assinale a alternativa que indica, correta e respectivamente, a parte do trigo, da batata, do arroz e da mandioca de onde é extraído o amido.
a) Semente, caule, semente e raiz.
b) Fruto, raiz, fruto e raiz.
c) Fruto, tubérculo, semente e caule subterrâneo.
d) Drupa, raiz, fruto e raiz.
e) Semente, caule, sicônio e tubérculo.

9. (UEG – GO) No processo evolutivo das plantas, algumas estruturas adaptativas foram essenciais para garantir a sobrevivência nos diferentes locais em que elas são encontradas. São exemplos dessas estruturas:
a) acúleo e bulbo.   c) cladódio e gavinha.
b) espinho e catafilo.   d) haustório e pneumatóforo.

10. (UFMS) Os vegetais apresentam diferentes tipos de adaptações relacionadas ao ambiente que ocupam. Com relação a essas adaptações, assinale a(s) proposição(ões) correta(s) e dê sua soma ao final.
(01) Os pneumatóforos protegem a planta contra ataque de microrganismos.
(02) As lenticelas favorecem as trocas gasosas.
(04) As gavinhas auxiliam no processo de fotossíntese.
(08) Os espinhos têm função de proteção.
(16) Os haustórios servem para fixação na planta hospedeira.
(32) As raízes escoras auxiliam na sustentação da planta.

11. (UFRGS – RS) Alguns elementos químicos denominados macronutrientes são essenciais e necessários, em quantidades relativamente grandes, ao crescimento vegetal.
São macronutrientes os elementos químicos
a) C, H, O.   c) N, Fe, Ca.   e) Na, P, K.
b) N, P, Cu.   d) Ca, B, K.

12. (FUVEST – SP) Dez copos de vidro transparente, tendo no fundo algodão molhado em água, foram mantidos em local iluminado e arejado. Em cada um deles, foi colocada uma semente de feijão. Alguns dias depois, todas as sementes germinaram e produziram raízes, caules e folhas.
Cinco plantas foram, então, transferidas para cinco vasos com terra e as outras cinco foram mantidas nos copos com algodão. Todas permaneceram no mesmo local iluminado, arejado e foram regadas regularmente com água destilada.
Mantendo-se as plantas por várias semanas nessas condições, o resultado esperado e a explicação correta para ele são:
a) Todas as plantas crescerão até produzir frutos, pois são capazes de obter, por meio da fotossíntese, os micronutrientes necessários para sua manutenção até a reprodução.
b) Somente as plantas em vaso crescerão até produzir frutos, pois, além das substâncias obtidas por meio da fotossíntese, podem absorver, do solo, os micronutrientes necessários para sua manutenção até a reprodução.
c) Todas as plantas crescerão até produzir frutos, pois, além das substâncias obtidas por meio da fotossíntese, podem absorver, da água, os micronutrientes necessários para sua manutenção até a reprodução.
d) Somente as plantas em vasos crescerão até produzir frutos, pois apenas elas são capazes de obter, por meio da fotossíntese, os micronutrientes necessários para sua manutenção até a reprodução.
e) Somente as plantas em vaso crescerão até produzir frutos, pois o solo fornece todas as substâncias de que a planta necessita para seu crescimento e manutenção até a reprodução.

13. (UDESC) Analise as proposições abaixo, em relação às plantas:
I – São seres autótrofos e produzem seus alimentos.
II – As plantas fazem fotossíntese através dos leucoplastos, como os amiloplastos que armazenam amido.
III – A clorofila é responsável pela absorção de energia luminosa indispensável à fotossíntese.
IV – Na fotossíntese ocorre a transformação do gás carbônico e da água em açúcar.
V – A fotossíntese consome oxigênio e produz gás carbônico.
Assinale a alternativa **correta**.
a) ( ) Somente as afirmativas I e IV são verdadeiras.
b) ( ) Somente as afirmativas II e V são verdadeiras.
c) ( ) Somente as afirmativas I, II e III são verdadeiras.
d) ( ) Somente as afirmativas I, III e IV são verdadeiras.
e) ( ) Somente as afirmativas I, III e V são verdadeiras.

14. (UFG – GO) Observe as reações a seguir.
$$2\ NH_3 + 3\ O_2 \rightarrow 2\ NO_2^- + 2\ H_2O + 2\ H^+ + energia$$
$$2\ NO_2^- + O_2 \rightarrow 2\ NO_3^- + energia$$
Estas reações ocorrem em solos aerados na presença de microrganismos decompositores da matéria orgânica, tais como bactérias. Na ausência desses microrganismos, qual composto, essencial para a nutrição das plantas, faltará no solo?
a) água   c) nitrato   e) oxigênio
b) sulfato   d) fosfato

15. (UFMG) As plantas insetívoras, ou carnívoras, vivem, geralmente, em solos pobres em nutrientes.
Com base nessa informação e em outros conhecimentos sobre o assunto, é INCORRETO afirmar que as plantas insetívoras
a) podem realizar respiração celular.
b) são consideradas produtores primários.
c) usam matéria orgânica de suas presas para fotossíntese.
d) utilizam nutrientes das presas no seu metabolismo.

16. (PUC – MG) O esquema representa alguns aspectos metabólicos e fisiológicos de uma planta.

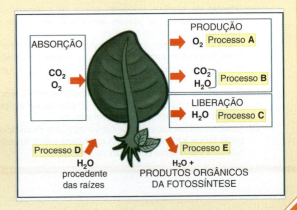

Os órgãos vegetativos e a nutrição vegetal **511**

Analisando o esquema de acordo com seus conhecimentos, é **INCORRETO** afirmar:

a) O produto do processo **A** independe da presença de luz e é vital para a purificação do ar atmosférico.
b) O processo **B** apresenta subprodutos da respiração celular aeróbia, realizada por todas as plantas.
c) A intensidade do processo **D** normalmente depende da intensidade do processo **C**.
d) O processo **E** representa a distribuição da seiva elaborada para as diversas partes da planta.

17. (UFG – GO) Esta questão trata de relatos de Charles Darwin durante a sua estada no Rio de Janeiro, no ano de 1832.

Em 13 de abril, durante a sua visita à Fazenda Sossego, Darwin descreve em seu diário de bordo:

A mandioca também é cultivada em larga escala. Todas as partes dessa planta são úteis: os cavalos comem as folhas e talos, e as raízes são moídas em polpa que, quando prensada, seca e assada, dá origem à farinha, o principal componente da dieta alimentar no Brasil. É curioso, embora muito conhecido, o fato de que o suco extraído dessa planta altamente nutritiva é muito venenoso. Há alguns anos, uma vaca morreu nesta fazenda, depois de ter bebido um pouco desse suco.

A planta descrita por Darwin possui glicosídeos cianogênicos que, ao serem hidrolisados, liberam ácido cianídrico (HCN). O HCN possui alta afinidade por íons envolvidos no transporte de elétrons, como ferro e cobre. Assim, a morte do animal citada no texto foi decorrente do bloqueio, pelo HCN,

a) do ciclo de Calvin.
b) do ciclo de Krebs.
c) da cadeia respiratória.
d) da glicólise.
e) da fotofosforilação.

18. (UFPE – adaptada) O plantio de árvores é um valioso ensinamento às gerações futuras com vistas a contrabalancear os efeitos em nosso planeta do acúmulo de gases nocivos à atmosfera. Considerando as taxas de fotossíntese e as trocas gasosas das plantas com o ambiente, observe o gráfico abaixo e as afirmativas que se seguem.

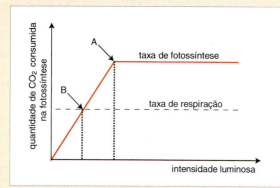

(0) "Plantas de sombra" possuem ponto de compensação fótico mais baixo que "plantas de sol", pois necessitam de intensidades luminosas menores.
(1) Quando todo o gás oxigênio liberado na fotossíntese é consumido na respiração celular, a planta não mais realiza trocas gasosas, independentemente da intensidade luminosa.
(2) O ponto de compensação fótico, mostrado em B, representa a intensidade luminosa que as plantas necessitam receber diariamente para poderem crescer.
(3) Se a intensidade luminosa for inferior ao ponto de compensação fótico, a matéria orgânica produzida com a fotossíntese será insuficiente para a planta crescer.
(4) Sob condições ideais, as taxas de fotossíntese aumentam até atingir um ponto de saturação luminosa, mostrado em A, no qual deixam de aumentar.

19. (UFMS) O gráfico abaixo mostra a saturação luminosa para duas espécies vegetais (1) e (2) que estão no mesmo ambiente:

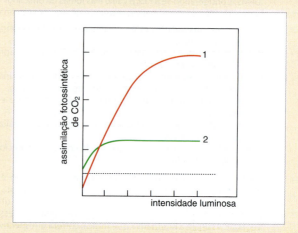

Sobre esse gráfico, indique as alternativas corretas e dê sua soma ao final.

(01) A taxa fotossintética é igual em ambas as espécies.
(02) A espécie 1 é umbrófila (de sombra).
(04) A espécie 1 é heliófila (de sol).
(08) A espécie 2 é umbrófila (de sombra).
(16) A saturação luminosa é variável entre as espécies.
(32) A saturação luminosa é a mesma para as duas espécies.

20. (UFTM – MG) O gráfico ilustra o espectro de absorção da luz pelas clorofilas *a* e *b*, em diferentes comprimentos de onda. Elas são duas das principais clorofilas presentes nos eucariontes fotossintetizantes.

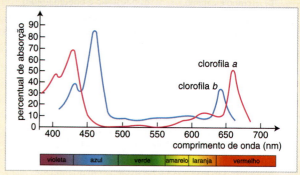

Disponível em: www.austincc.edu.

Suponha que três plantas (I, II e III) da mesma espécie ficaram expostas diariamente aos comprimentos de onda 460 nm, 550 nm e 660 nm por um mês, respectivamente. É possível supor que:

a) todas sucumbiram depois desse período, devido à falta de reservas orgânicas.
b) apenas a planta II conseguiu sintetizar matéria orgânica suficiente para crescer.
c) as plantas I e III conseguiram sintetizar matéria orgânica suficiente para crescerem.
d) todas permaneceram no seu ponto de compensação fótico durante esse período.
e) a planta II respirou e as outras realizaram somente a fotossíntese para crescer.

Questões dissertativas

1. **(FUVEST – SP)** Uma das espécies bem conhecidas que ocorrem nos mangues é a *Avicenia tomentosa*. Essa planta apresenta pneumatóforos. O que são e para que servem os pneumatóforos?

2. **(UNESP)** Um aluno de uma escola de Ensino Médio recebeu de seu professor de Biologia uma lista de diversos vegetais considerados comestíveis. O aluno elaborou um quadro onde, com o sinal (X), indicou o órgão da planta utilizado como principal alimento.

Vegetais comestíveis	Raiz	Caule	Fruto	Pseudofruto
batata-inglesa	X			
azeitona			X	
tomate			X	
manga			X	
pera				X
mandioca		X		
maçã			X	
cenoura	X			
cebola	X			
morango			X	
pepino			X	

Após a análise do quadro, o professor informou ao aluno que ele havia cometido quatro erros.

a) Indique os erros cometidos pelo aluno e identifique os verdadeiros órgãos a que pertencem os vegetais assinalados erradamente.
b) Quais são as estruturas da flor que dão origem, respectivamente, aos frutos verdadeiros e aos pseudofrutos relacionados no quadro?

3. **(UNICAMP – SP)** Na cantina do colégio, durante o almoço foram servidos 10 tipos de alimentos e bebidas: 1 – arroz, 2 – feijão, 3 – bife, 4 – salada de alface, 5 – salada de tomate, 6 – purê de batata, 7 – sopa de ervilha, 8 – suco de pêssego, 9 – pudim de leite e 10 – chá de hortelã.

a) Na preparação de quais alimentos acima foram utilizados frutos ou sementes?
b) Dentre os frutos carnosos utilizados na preparação dos alimentos, um é classificado como drupa e outro como baga. Quais são eles? Que característica morfológica diferencia os dois tipos de frutos?
c) Indique o prato preparado à base de uma estrutura caulinar. Explique por que essa estrutura pode ser assim denominada.

4. **(UFBA)** Fruto de milhões de anos de evolução, o manguezal é um precioso elo natural entre ambientes terrestres e marinhos.

Ecossistema florestal que domina estuários, lagunas e áreas protegidas dos litorais tropicais e subtropicais, ocupa a interface terra-mar influenciada pela maré. (...)
Apenas 70 entre as mais de 500 mil espécies de plantas vasculares são consideradas verdadeiras plantas de manguezais, por só existirem neste *habitat*... (...)
A predominância dos manguezais na região entre marés decorre de uma série de adaptações anatômicas e fisiológicas das plantas do mangue.

Lacerda, 2009, p. 76-79.

A partir da análise do texto, identifique:

a) duas condições ambientais que decorrem da localização dos manguezais na região entre marés.
b) as respectivas adaptações de plantas endêmicas desse ecossistema.

5. **(UFPR)** Considere o seguinte experimento: duas plantas cresceram em ambientes completamente isolados. A planta A cresceu com suprimento de dióxido de carbono normal, mas foi regada com água contendo átomos de oxigênio radioativo. A planta B desenvolveu-se com suprimento de água normal, mas numa atmosfera com dióxido de carbono que continha átomos de carbono radioativo. Cada planta cresceu realizando fotossíntese. Foram então analisados, para detecção de radioatividade, o oxigênio da atmosfera e os açúcares das plantas. Em qual sistema (A ou B) será encontrado oxigênio radioativo e em qual será encontrado o açúcar radioativo? Explique suas escolhas.

Reação simplificada da fotossíntese:

dióxido de carbono + água + luz → açúcar + oxigênio

6. **(UEG – GO)** A fotossíntese e a respiração são dois processos imprescindíveis para as plantas, e do equilíbrio entre eles depende, em grande parte, a nutrição e o crescimento do vegetal. No gráfico a seguir está representada a variação das taxas de fotossíntese e respiração em função da intensidade luminosa.

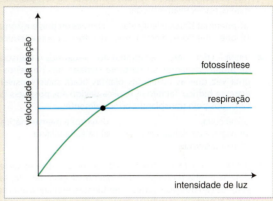

LOPES, S. *Bio*. v. 2. São Paulo: Saraiva, 2006. p. 259.

Após a análise do gráfico, responda:

a) Qual o significado do ponto *x*, representado no gráfico, para as plantas?
b) Estabeleça a relação representada no gráfico entre a fotossíntese, a respiração e a intensidade luminosa.
c) Que outros fatores, além do abordado no gráfico, podem influenciar a fotossíntese?

7. **(UFTM – MG)** Três folhas recém-cortadas de uma mesma árvore foram colocadas em três tubos de ensaio (I, II e III) hermeticamente fechados, contendo a substância indicadora vermelho de cresol, que adquire a cor rosa em pH neutro, amarela em pH ácido e arroxeada em pH básico. Dois dos tubos de ensaio foram expostos a diferentes intensidades luminosas e um deles foi mantido no escuro. Os resultados estão indicados a seguir.

Observando os resultados, responda:

a) Qual tubo de ensaio foi deixado no escuro? Justifique sua resposta.
b) Qual tubo de ensaio foi deixado no ambiente cuja luminosidade fez as células atingirem o ponto de compensação fótico? Justifique sua resposta.

8. (UERJ) Uma amostra de mitocôndrias e outra de cloroplastos foram colocadas em meios de incubação adequados ao metabolismo normal de cada organela. As amostras, preparadas na ausência de luz, foram iluminadas do início até o final do experimento. Os gráficos abaixo indicam os resultados obtidos, para cada uma das organelas, nos quatro parâmetros medidos no experimento.

Identifique, por seus números, as curvas que correspondem às amostras de mitocôndrias e as que correspondem às amostras de cloroplastos, justificando sua resposta.

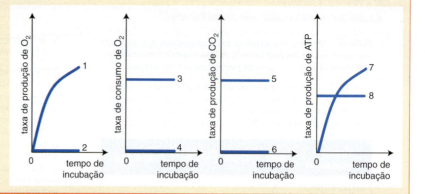

Programas de avaliação seriada

1. (PASES – UFV – MG) As plantas de mangue apresentam "raízes respiratórias" que crescem verticalmente emergindo da água, permitindo sua sobrevivência no solo lodoso característico do manguezal. As raízes e as suas estruturas de aeração são chamadas, respectivamente, de:

a) pneumatóforos e lenticelas.
b) pneumatóforos e estômatos.
c) raízes escoras e estômatos.
d) raízes escoras e lenticelas.

2. (PISM – UFJF – MG – adaptada) Ao efetuarmos o transplantio de mudas, devemos ter bastante cuidado nos primeiros dias, uma vez que as raízes das plantas ficam mais sensíveis ao estresse hídrico. Tal fato se explica devido aos possíveis danos causados pelo transplantio, principalmente:

a) na coifa.
b) na zona de alongamento.
c) na epiderme.
d) na zona meristemática.
e) na zona pilífera.

3. (PISM – UFJF – MG) A existência de diferentes estratégias reprodutivas é uma das explicações para o sucesso das plantas na colonização dos mais variados ambientes. Assinale a alternativa em que todas as estruturas apresentadas podem ser usadas na reprodução vegetativa.

a) tubérculo, tubo polínico e estolhos
b) estolhos, grãos de pólen e rizomas
c) tubérculo, oosfera e rizomas
d) frutos, folhas e oosfera
e) folhas, tubérculos e gemas

4. (PSIU – UFPI – adaptada) O caule é a estrutura que intermedeia os sistemas radicular e fotossintético (folhas), e é o eixo principal da planta. É sempre dividido em nós e entrenós, podendo realizar também reservas de amido, entre outras funções. Entre os exemplos abaixo, marque a opção que contém somente exemplos exclusivos de tipos de caules e/ou estruturas caulinares.

a) espinhos e gavinhas
b) tubérculos e pneumatóforos
c) haustórios e bulbos
d) cladódios e velame
e) colmos e estolão

5. (PSIU – UFPI) A nutrição de plantas envolve a absorção de todos os materiais brutos do ambiente que são necessários para os processos bioquímicos essenciais e para a distribuição desses materiais dentro da planta e sua utilização no metabolismo e no crescimento. Um total de 17 nutrientes inorgânicos são necessários à maioria das plantas para o crescimento normal. Esses são categorizados como macronutrientes e micronutrientes, dependendo das quantidades nas quais eles são necessários. Assinale a alternativa que contém apenas micronutrientes.

a) Fósforo, cálcio, zinco, cloro.
b) Enxofre, boro, molibdênio, nitrogênio.
c) Potássio, magnésio, nitrogênio, fósforo.
d) Cloro, ferro, níquel, manganês.
e) Potássio, cálcio, cloro, ferro.

6. (PSC – UFAM) Na biosfera, alguns organismos desenvolveram a capacidade de armazenar energia em compostos orgânicos para utilização em seus processos metabólicos. O processo de armazenamento dessa energia e exemplos de seres vivos capazes de realizá-lo são:

	Processos	Grupos de seres vivos
a)	fermentação	fungos e bactérias
b)	fotossíntese	cianobactérias e vegetais
c)	quimiossíntese	vegetais e fungos
d)	fotossíntese	protistas e arqueobactérias
e)	respiração	vegetais e animais

7. (PAIES – UFU – MG) Uma planta é mantida experimentalmente por um determinado período de tempo no ponto de compensação fótico. Durante esse período, observam-se algumas alterações nessa planta.

Marque, para as afirmativas abaixo, (V) Verdadeira, (F) Falsa ou (SO) Sem Opção.

1 (   ) A planta não será capaz de produzir energia.
2 (   ) A planta será capaz de absorver água.
3 (   ) A planta irá crescer por ser capaz de armazenar o alimento que sintetiza.
4 (   ) A planta não irá crescer por consumir todo o alimento que produzir.

8. (SAS – UPE) O trecho da música de Caetano Veloso "*Luz do sol, que a folha traga e traduz. Em ver de novo, em folha, em graça em vida, em força, em luz...*" reporta-se à utilização da luz do sol pelas plantas, fundamental para a fotossíntese. Em relação às etapas desse processo em vegetais, é CORRETO afirmar que

a) a absorção de energia luminosa ocorre por meio de moléculas de clorofila, pigmento responsável pela cor verde nas plantas, presente no estroma do cloroplasto.
b) o transporte de elétrons ocorre sequencialmente de um aceptor para outro, liberando toda a energia luminosa que havia sido captada até o último, denominado aceptor Q.
c) a fotofosforilação cíclica conta com o fotossistema I e a formação de ATP, enquanto a acíclica tem a participação dos fotossistemas I e II e a formação de ATP e NADPH.
d) O NADPH produzido em etapa fotoquímica fornece nitrogênio para a produção de glicídios, com base no gás carbônico.
e) a fixação do carbono é a transformação em que o carbono do gás carbônico passa a constituir moléculas orgânicas e representa uma das reações de claro.

514 BIOLOGIA 2 • 4.ª edição

As trocas gasosas e o transporte vegetal

Capítulo 24

Um país tão rico e ao mesmo tempo tão pobre!

"Era o êxodo da seca de 1898. Uma ressurreição de cemitérios antigos – esqueletos redivivos, com o aspecto terroso e o fedor das covas podres.

Os fantasmas estropiados como que iam dançando, de tão trôpegos e trêmulos, num passo arrastado de quem leva as pernas, em vez de ser levado por elas.

Andavam devagar, olhando para trás, como quem quer voltar. Não tinham pressa em chegar, porque não sabiam aonde iam. Expulsos de seu paraíso por espadas de fogo, iam, ao acaso, em descaminhos, no arrastão dos maus fados.

Fugiam do sol e o sol guiava-os nesse forçado nomadismo.

Adelgaçados na magreira cômica, cresciam, como se o vento os levantasse. E os braços afinados desciam-lhes aos joelhos, de mãos abanando. (...)

Não tinha sexo, nem idade, nem condição nenhuma. Eram os retirantes. Nada mais."

A Bagaceira, J. A. Almeida

A água, que muitas vezes determina a ocupação de uma terra e o destino de uma população, é utilizada pelas plantas em seus processos vitais. Como ocorrem as trocas gasosas e a condução de água e de seiva ao longo do corpo do vegetal serão assuntos deste novo capítulo.

▪ AS TROCAS GASOSAS

A troca de gases entre a planta e o meio ocorre através dos revestimentos *epiderme* e *súber*. O oxigênio é necessário para a respiração. O gás carbônico é fundamental para a realização de fotossíntese. Na raiz, o ingresso de oxigênio para as células vivas e a saída de gás carbônico produzido na respiração ocorrem pela epiderme radicular, em uma troca gasosa por difusão simples, o mesmo ocorrendo através da epiderme de caules jovens. Em troncos espessos e nas grossas raízes expostas de muitas árvores cujo revestimento é o súber, as trocas gasosas ocorrem através de orifícios conhecidos como *lenticelas*.

O porte das traqueófitas só foi possível por adaptações que tornaram viável a sustentação do organismo vivo e a disponibilidade e o transporte de água para todas as células.

▪ A SUSTENTAÇÃO DAS TRAQUEÓFITAS

A sustentação de uma traqueófita é devida à existência de tecidos especializados para essa função: o **colênquima** e o **esclerênquima**.

O Colênquima

As células do colênquima são alongadas, irregulares e encontram-se dispostas em forma de feixes. Quando cortadas transversalmente, têm aspecto variado. São vivas, nucleadas, e a parede apresenta reforços de celulose mais intensos nos cantos internos da célula, conferindo certa resistência ao esmagamento lateral (veja a Figura 24-1). O colênquima é um tecido flexível, localizado mais externamente no corpo do vegetal e encontrado em estruturas jovens como pecíolo de folhas, extremidade do caule, raízes, frutos e flores.

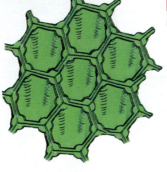

Figura 24-1. Esquema de colênquima.

O Esclerênquima

O esclerênquima é um tecido mais rígido que o colênquima, encontrado em diferentes locais do corpo de uma planta. As células do esclerênquima possuem um espessamento secundário nas paredes, devido à impregnação de lignina (veja a Figura 24-2). As células mais comuns do esclerênquima são as **fibras** e os **esclerídeos**, também chamados **escleritos**.

Figura 24-2. Fibras de esclerênquima.

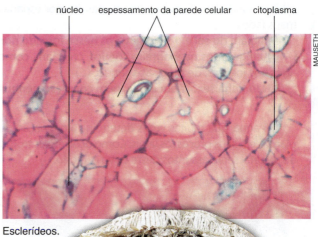

núcleo   espessamento da parede celular   citoplasma

Esclerídeos.

Fibras de piaçava.

De olho no assunto!

Linho, piaçava, ráfia, sisal: fibras de esclerênquima

A extração de fibras de esclerênquima é utilizada para a confecção de tapetes, cordas e roupas. Feixes de fibras do caule do linho destinam-se à indústria de roupas. Das folhas do agave retira-se o sisal. A juta é obtida das fibras extraídas do fruto seco de certas plantas. A piaçava (utilizada para a confecção de vassouras e escovas) e a ráfia são fibras extraídas das folhas de certas palmeiras.

▪ OS TECIDOS CONDUTORES DE ÁGUA E DE NUTRIENTES EM TRAQUEÓFITAS

Além das trocas gasosas, um dos maiores problemas de um vegetal terrestre relaciona-se à disponibilidade de água e sua perda, pois para a realização da fotossíntese é fundamental que se consiga, além do gás carbônico, a água. O problema de perda de água através das folhas é, em parte, minimizado pela presença de cutículas lipídicas, nas faces expostas das epidermes, que as impermeabilizam. Porém, isso dificulta as trocas gasosas.

A existência nas traqueófitas de aberturas epidérmicas reguláveis (os estômatos) que possibilitam as trocas gasosas e ao mesmo tempo ajudam a evitar perdas excessivas de vapor-d'água é um mecanismo adaptativo importante.

O transporte de água e nutrientes em uma traqueófita ocorre em parte por difusão de **célula a célula** e, na maior parte do trajeto, ocorre no interior de **vasos condutores**.

Inicialmente, ocorre a absorção de água e nutrientes minerais pela zona pilífera da raiz. Os diferentes tipos de íons são obtidos ativa ou passivamente e a água é absorvida por osmose. Forma-se uma solução aquosa mineral, a **seiva bruta** ou **seiva inorgânica**. Essa solução caminha de célula a célula radicular até atingir os vasos do **xilema** (ou **lenho**) existentes no centro da raiz. A partir daí, o transporte dessa seiva ocorre integralmente dentro dos vasos lenhosos até as folhas. Lá chegando, os nutrientes e a água difundem-se até as células e são utilizados no processo da fotossíntese.

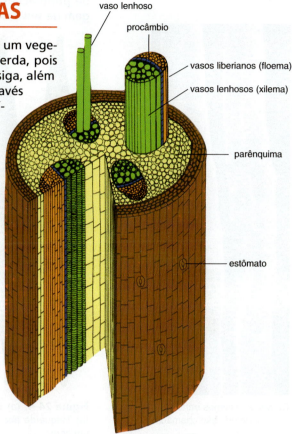

Anote!
O xilema (lenho) conduz seiva bruta (inorgânica) da raiz às folhas, enquanto o floema (líber) conduz seiva elaborada (orgânica) da folha aos órgãos consumidores ou armazenadores de reserva. No caule, o floema fica disposto mais externamente que o xilema, praticamente colado à casca.

Figura 24-3. Esquema representando a estrutura interna de um tipo de caule. Note que os vasos do floema ficam junto à casca. Os do xilema ficam próximos à medula (região central do caule). O procâmbio é o tecido meristemático formador de vasos no corpo primário da planta.

Os compostos orgânicos elaborados nas células do parênquima clorofiliano das folhas difundem-se para outro conjunto de vasos do tecido condutor chamado **floema** ou **líber** (veja a Figura 24-3). No interior dos vasos liberianos, essa **seiva orgânica** ou **seiva elaborada** é conduzida até atingir as células do caule, de um fruto, de um broto em formação, de uma raiz etc., onde é utilizada ou armazenada.

O Xilema

Os vasos condutores de seiva inorgânica são formados por células mortas. A morte celular é devida à impregnação da célula por *lignina*, um composto aromático e altamente impermeabilizante. A célula deixa de receber nutrientes e morre. Desfaz-se o conteúdo interno da célula, que acaba ficando oca e com as paredes duras já que a lignina possui, também, a propriedade de endurecer a parede celular. A deposição de lignina na parede não é uniforme. A célula, então, endurecida e oca, serve como elemento condutor. Existe, ainda, um parênquima (tecido vivo) interposto que separa grupos de células condutoras. Acredita-se que essas células parenquimáticas secretem diferentes tipos de substâncias que provavelmente auxiliam a preservação dos vasos mortos do xilema.

Existem dois tipos de células condutoras no xilema: **traqueíde** e **elemento de vaso traqueário** (ou xilemático ou, ainda, lenhoso). Traqueídes são células extremamente finas, de pequeno comprimento (em média 4 mm) e diâmetro reduzido (da ordem de 20 mm). Quando funcionais, as traqueídes estão agrupadas em feixes e as extremidades de umas tocam as das outras.

Na extremidade de cada traqueíde, assim como lateralmente, há uma série de **pontuações** ou **poros** (pequeníssimos orifícios) que permitem a passagem de seiva no sentido longitudinal e lateral (veja a Figura 24-4)

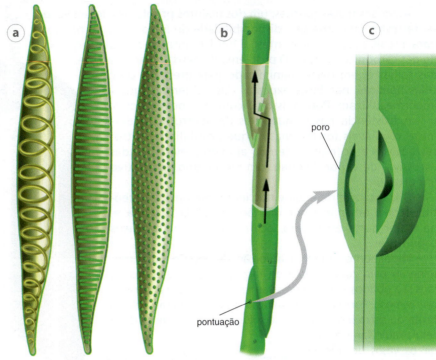

Os pequeníssimos orifícios das traqueídes são chamados pontuações.

Figura 24-4. (a) Esquemas de traqueídes em que se evidenciam os reforços de lignina. (b) Traqueíde aberta – as setas mostram o caminho percorrido pela seiva. (c) Detalhe de um poro.

Anote!
O nome **traqueia** para o vaso condutor é derivado da semelhança que os reforços de lignina do vaso apresentam com os reforços de cartilagem da traqueia humana e os de quitina dos insetos.

Menores que as traqueídes (em média de 1 a 3 mm), porém mais largos (até 300 mm), os elementos de vaso também possuem pontuações laterais que permitem a passagem de seiva. Sua principal característica é que em suas *extremidades* as paredes são *perfuradas*, isto é, não há parede divisória totalmente isolante entre uma e outra célula (veja a Figura 24-5). O vaso formado pela reunião de diversos elementos de vaso é conhecido como **traqueia**.

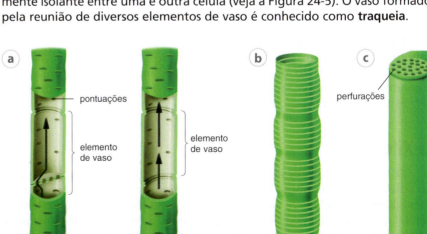

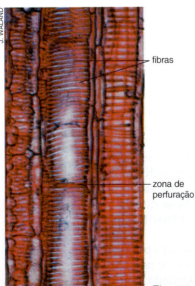

Elementos de vaso em corte longitudinal.

Figura 24-5. Esquema de elementos de vaso. (a) Traqueias, (b) três elementos de vaso conectados: entre eles, (c) placas perfuradas.

Anote!
Por ser constituído de células de paredes rígidas, o xilema também participa da sustentação do vegetal.

De olho no assunto!

Xilema: uma importante via de condução

A existência de plantas terrestres altas só se tornou possível quando as plantas adquiriram, no decorrer da evolução, um sistema vascular que permitiu um movimento rápido da água para a parte aérea, onde ocorre a transpiração. As plantas terrestres sem um sistema vascular e com mais de 20 ou 30 cm de altura só poderiam existir em um ambiente extremamente úmido, em que praticamente não ocorresse transpiração. A importância do sistema vascular pode ser demonstrada pelo fato de uma árvore, em um dia quente de verão, mover cerca de 200 litros de água desde as raízes até a superfície das folhas (local onde acontece a evaporação) a mais de 20 ou 30 m de altura.

Para a maioria das plantas, o xilema constitui a parte mais longa da via de condução da água no seu interior. Assim, em uma planta com 1 metro de altura, cerca de 99,5% do transporte de água ocorre no xilema, e em árvores mais altas, o movimento no xilema representa uma porcentagem ainda maior.

O Floema

Os vasos do floema (também chamado *líber*) são formados por células vivas, cuja parede possui apenas a membrana esquelética celulósica típica das células vegetais e uma fina membrana plasmática. São células altamente especializadas e que perdem o núcleo no decorrer do processo de diferenciação. O seu interior é ocupado pela seiva elaborada (ou seiva orgânica) e por muitas fibras de proteína, típicas do floema. A passagem da seiva orgânica de célula a célula é facilitada pela existência de **placas crivadas** nas paredes terminais das células que se tocam. Através dos crivos, flui a seiva elaborada de uma célula para outra com finos filamentos citoplasmáticos, os plasmodesmos (veja a Figura 24-6).

Os orifícios das placas crivadas são revestidos por **calose**, polissacarídeo que obstrui os crivos quando, em alguns vegetais, periodicamente, os vasos crivados ficam sem função. Ao retornarem à atividade, esse calo é desfeito.

Lateralmente aos tubos crivados, existem algumas células delgadas, nucleadas, chamadas **companheiras**, cujo núcleo passa a dirigir também a vida das células condutoras.

Células do floema.

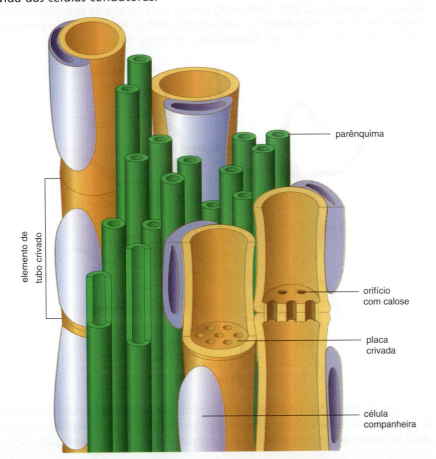

Figura 24-6. Corte longitudinal e transversal do floema, mostrando tubos crivados (formados por células chamadas de *elementos de tubos crivados*) e células companheiras.

As trocas gasosas e o transporte vegetal **519**

De olho no assunto!

Anel de Malpighi

Uma das maneiras de demonstrar a posição do cilindro de floema na região mais externa da árvore consiste em se retirar um anel completo da casca no tronco principal. Após algum tempo, as raízes morrem em consequência do não recebimento de alimento orgânico. Esse anel liberiano, idealizado por Malpighi, serve para demonstrar que o floema fica junto à casca; o xilema é mais interno e não é afetado pela retirada do anel (veja a Figura 24-7).

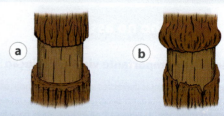

Figura 24-7. Anel de Malpighi: a retirada de um anel de casca (a), efetuada no tronco principal, leva a árvore à morte. O espessamento do tronco acima do anel, em (b), está relacionado ao aumento da atividade meristemática nessa região, devido ao acúmulo de compostos orgânicos.

A ORGANIZAÇÃO DOS TECIDOS NAS RAÍZES E NOS CAULES

Raízes e caules jovens, cortados transversalmente, mostram que são formados por uma reunião de tecidos. A disposição desses tecidos é específica para cada órgão e constitui a estrutura interna **primária** típica de cada um deles. Uma estrutura **secundária**, mais complexa, pode ser vista quando ocorre um aumento no diâmetro do caule ou da raiz (tema que estudaremos no próximo capítulo).

A Estrutura Primária da Raiz

Uma raiz em estrutura primária, cortada transversalmente na zona pilífera, é constituída por: *epiderme*, *córtex* (um tecido de preenchimento parenquimático), *endoderme* e um cilindro central formado pelo *periciclo* e pelos vasos de *xilema* e de *floema* (veja a Figura 24-8).

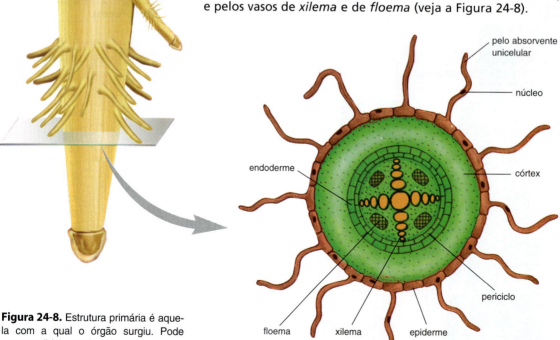

Figura 24-8. Estrutura primária é aquela com a qual o órgão surgiu. Pode ser sucedida, em algumas plantas, pela estrutura secundária.

A **epiderme** é formada por uma camada de células, não possui cutícula e algumas de suas células diferenciam-se em pelos absorventes. Através dela ocorrem as trocas gasosas e a absorção dos nutrientes inorgânicos.

O **córtex** é constituído por um parênquima de preenchimento, muitas vezes armazenador de reservas. A **endoderme**, formada por uma camada de células, possui importante função "selecionadora" dos materiais que deverão atingir os vasos condutores. Suas células possuem espessamentos em forma de fita ao longo das paredes radiais. Essas fitas, as chamadas **estrias de Caspary**, são constituídas por suberina e lignina, impedindo, assim, a passagem de água e substâncias por entre as células (veja a Figura 24-9). Isso força as substâncias dissolvidas em água a atravessar as células endodérmicas que, assim, "selecionam" os materiais que atingirão o xilema. Nas monocotiledôneas, o reforço das paredes progride e adquire o aspecto da letra U, que impede totalmente a transferência de substâncias pelo interior das células. Na endoderme dessas plantas, em certas células, próximas aos vasos de xilema, esse espessamento não existe: são as **células de passagem** que permitem o livre trânsito de substâncias em direção aos vasos lenhosos.

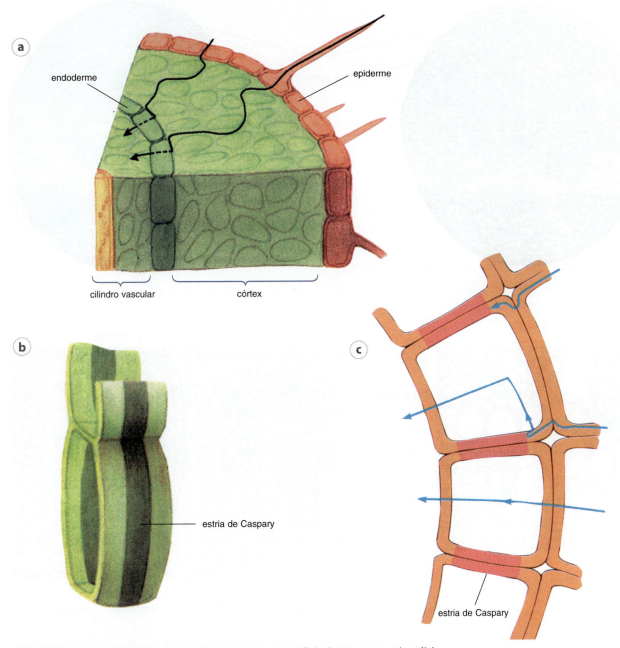

Figura 24-9. A endoderme (a) forma um cilindro de apenas uma célula de espessura, cujas células contêm um espessamento em suas paredes radiais, chamado estria de Caspary (b). Essa estria impede a passagem da água e de substâncias por entre as células, fazendo com que esses materiais sejam forçados a passar através das células endodérmicas (c).

O **periciclo** é formado por uma única camada de células rodeando os vasos condutores. Em raízes de eudicotiledôneas que crescem em espessura, o periciclo é responsável pela formação dos ramos radiculares.

Os vasos do xilema alternam-se com os do floema. Em muitas raízes de eudicotiledôneas, os vasos de xilema dispõem-se formando uma estrela ou cruz, cujo centro possui um grande vaso e os raios são formados por vasos progressivamente mais delgados. Os vasos de floema alternam-se com os de xilema e ficam entre os raios. Nas monocotiledôneas, os vasos de xilema espalham-se na periferia e os de floema alternam-se entre eles. Nesse caso, o centro da raiz é ocupado por uma medula parenquimática.

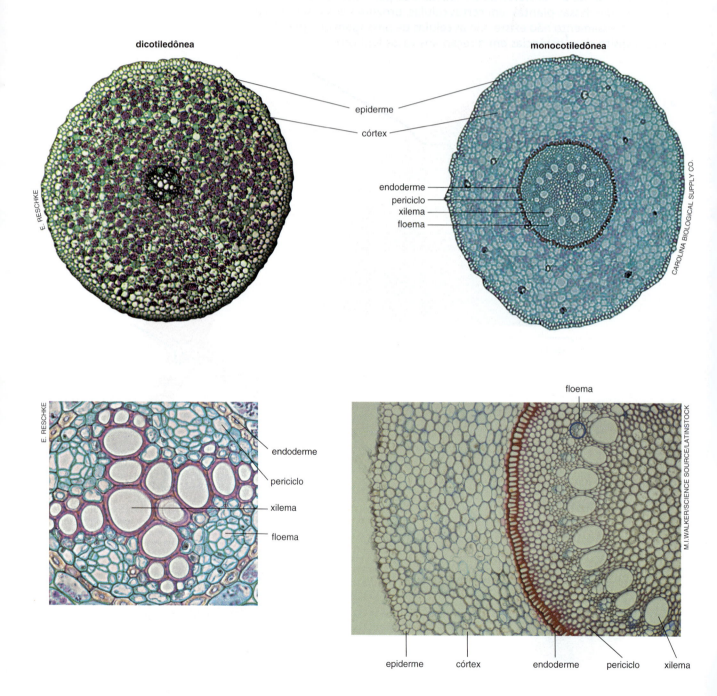

Figura 24-10. Disposição dos vasos condutores em raiz de (a) eudicotiledôneas e de (b) monocotiledôneas. Confira com as fotos a seguir, obtidas a partir de cortes transversais ampliados (microscópio comum).

A Estrutura Primária do Caule

Nos caules, xilema e floema não se encontram alternados e, sim, agrupados formando os chamados *feixes líbero-lenhosos*. Nesses feixes, os vasos de floema ficam do lado de fora e os de xilema ficam do lado de dentro. Nas eudicotiledôneas, os feixes dispõem-se regularmente no interior do caule como se estivessem ao longo de uma circunferência e rodeiam uma medula parenquimática (veja a Figura 24-11(a)).

Nas monocotiledôneas, eles dispõem-se desorganizadamente no interior do parênquima, não existindo córtex nem medula definidos. No interior dos feixes das eudicotiledôneas, existe, ainda, uma camada de tecido meristemático (tecido de caráter embrionário, que dá origem aos vasos condutores), o câmbio interfascicular, inexistente nas monocotiledôneas (veja a Figura 24-11(b)).

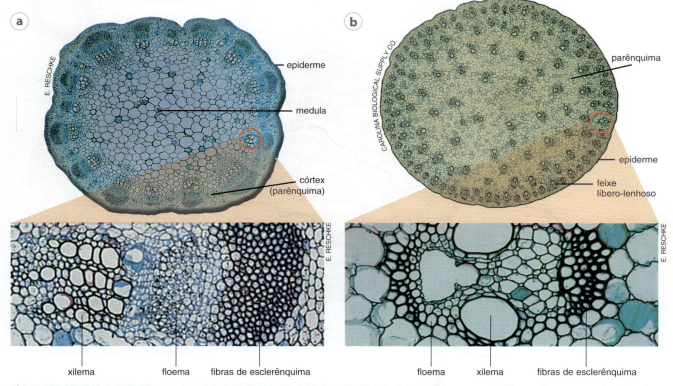

Figura 24-11. Disposição dos vasos condutores em caule de (a) eudicotiledônea e de (b) monocotiledônea. Observe os detalhes dos feixes líbero-lenhosos.

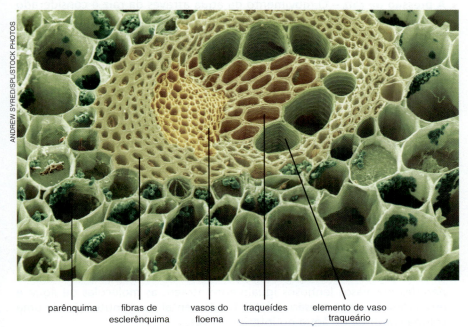

Corte transversal de caule de eudicotiledônea, visto em microscopia eletrônica de varredura, evidenciando um feixe líbero-lenhoso. Contornando o feixe, células parenquimáticas (em verde, cloroplastos). Observe os vasos do xilema (à direita, no feixe), que transportam a seiva bruta; a seiva elaborada é transportada pelos vasos do floema (à esquerda, no feixe).

▪ A CONDUÇÃO DA SEIVA INORGÂNICA

Vimos que as raízes absorvem água do solo através da região dos **pelos absorventes** ou **zona pilífera**. Desta, a água atravessa as células do *córtex*, *endoderme* e *periciclo* da raiz. Na endoderme, o fluxo da água pode ser facilitado pela existência das chamadas células de passagem. A água atinge os vasos do xilema e, a partir desses vasos, atinge a folha. Na folha, ou ela é usada na fotossíntese ou é liberada na transpiração (veja a Figura 24-12).

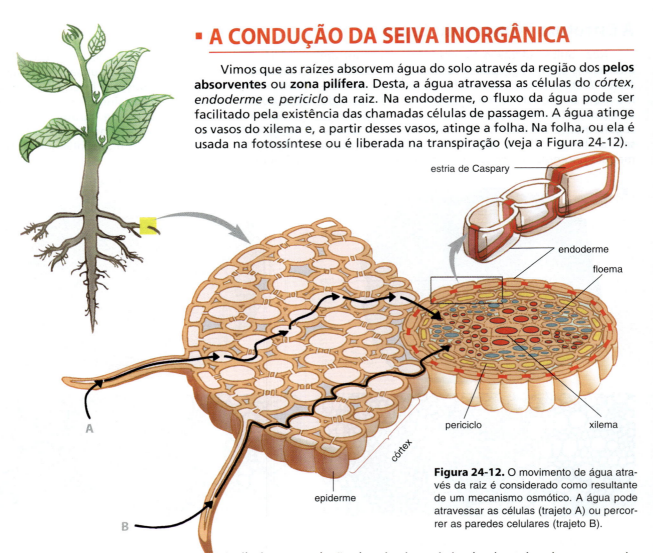

Figura 24-12. O movimento de água através da raiz é considerado como resultante de um mecanismo osmótico. A água pode atravessar as células (trajeto A) ou percorrer as paredes celulares (trajeto B).

Atribui-se a condução da seiva inorgânica (ou bruta) a alguns mecanismos: *pressão de raiz*, *sucção exercida pelas folhas* e *capilaridade*.

▪ **A pressão de raiz** – O movimento da água através da raiz é considerado como resultante de um *mecanismo osmótico*. A água que está no solo entra na célula do pelo radicular, cuja concentração é maior que a da solução do solo. A célula radicular é menos concentrada que a célula cortical. Esta, por sua vez, é menos concentrada que a célula endodérmica e, assim por diante, até chegar ao vaso do xilema, cuja solução aquosa é a mais concentrada de todas nesse nível. Assim, é como se a água fosse osmoticamente bombeada, até atingir os vasos do xilema.

▪ **A sucção exercida pelas folhas** – A hipótese mais aceita, atualmente, para o deslocamento da seiva do xilema é a baseada na "sucção" de água que a copa exerce. Essa "sucção" está relacionada com os processos de transpiração e fotossíntese que ocorrem nas folhas. Para que essa "aspiração" seja eficiente, dois pré-requisitos são fundamentais: *inexistência de ar nos vasos de xilema* e uma *força de coesão* entre as moléculas de água. A coesão entre as moléculas de água faz com que elas permaneçam unidas umas às outras e suportem forças extraordinárias, como o próprio peso da coluna líquida no interior dos vasos, que poderiam levá-las a separar-se. A existência de ar nos vasos do xilema romperia essa união e levaria à formação de bolhas que impediriam a ascensão da seiva lenhosa. As paredes dos vasos lenhosos igualmente atraem as moléculas de água e essa *adesão*, com a *coesão*, é fator fundamental na manutenção de uma coluna contínua de água no interior do vaso.

Anote!

Em algumas plantas herbáceas, é possível demonstrar que a seiva do xilema possui pressão maior que a atmosférica: seccionando-se o caule dessas plantas rente ao solo, há uma perda contínua de água pelos vasos lenhosos. Esse fenômeno, observado em videiras seccionadas no início da primavera, é conhecido como **exsudação** de seiva e não ocorre em baixas temperaturas. A inserção de manômetros em caules seccionados revela que a pressão da seiva lenhosa pode atingir valores suficientes para permitir a condução da água até a copa.

A transpiração e a fotossíntese removem constantemente água da planta. Essa extração gera uma *tensão* entre as moléculas de água já que a coesão entre elas impede que se separem. A parede do vaso também é tracionada devido à adesão existente entre ela e as moléculas de água. Para que se mantenha a continuidade da coluna líquida, a reposição das moléculas de água retiradas pela copa deve ser feita pela raiz, que, assim, abastece constantemente o xilema.

- **O efeito da capilaridade na condução da seiva** – Os vasos lenhosos são muito delgados, possuem diâmetro capilar. Assim, a ascensão da seiva do xilema ocorre, em parte, por capilaridade. No entanto, por esse mecanismo, a água atinge alturas bem inferiores a 1 metro e, isoladamente, esse fato é insuficiente para explicar a subida da seiva inorgânica.

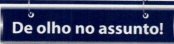

Gutação

Há situações em que a planta, embora saturada de água, continua a absorvê-la. A eliminação do excesso é feita sob a forma de gotas e ocorre através dos **hidatódios**, estruturas semelhantes a estômatos e que ficam nos bordos das folhas, onde terminam as nervuras. Esse gotejamento de água, conhecido como **gutação**, é observado bem cedo, nas manhãs de primavera, após noites relativamente frescas, em ambientes em que o solo e a atmosfera estão saturados de água. A expulsão da água com sais minerais e compostos orgânicos é decorrente da existência de uma pressão de raiz. À medida que a água evapora, ao longo da manhã, a folha fica coberta com cristais das diversas substâncias que com ela foram liberados. Não confundir gutação com orvalho, que corresponde à condensação da água atmosférica na superfície das folhas.

Gutação em folhas de morangueiro.

A Ação dos Estômatos na Regulação Hídrica

Um estômato visto de cima assemelha-se a dois feijões dispostos com as concavidades frente a frente: são as duas **células estomáticas** ou **células-guarda**, que possuem parede celular mais espessa na face côncava e cuja disposição deixa entre elas um espaço denominado **fenda estomática** ou **ostíolo** (veja a Figura 24-13). As células estomáticas são as únicas da epiderme que possuem clorofila.

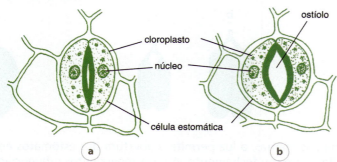

Figura 24-13. Esquema de um estômato (a) fechado e (b) aberto.

Ao lado de cada célula-guarda há uma **anexa**, que não tem cloroplastos – é uma célula epidérmica comum. Em corte transversal, verifica-se que a fenda estomática dá acesso a um espaço, a **câmara estomática**, intercomunicante com os espaços aéreos do parênquima foliar. A posição e a quantidade de estômatos nas folhas são variáveis. São mais comuns na epiderme inferior, em plantas que vivem em ambientes mais secos e de maior luminosidade. Em plantas que possuem folhas flutuantes, os estômatos aparecem na epiderme superior.

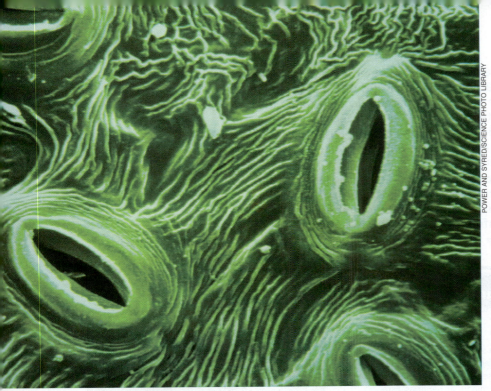

O principal papel dos estômatos relaciona-se às trocas gasosas entre a planta e o meio. Os inúmeros poros estomáticos aumentam extraordinariamente a superfície total disponível para o ingresso de gás carbônico e a saída de oxigênio. Mas estômatos abertos são um convite para a saída de moléculas de vapor-d'água, fenômeno conhecido como **transpiração estomatar** e que corresponde à maior parte da água perdida pela planta. Pequena quantidade ainda é perdida pela cutícula, na chamada **transpiração cuticular**. Assim, a **transpiração total**, que corresponde à soma das duas transpirações, remove da planta diariamente grandes volumes de água.

Células-guarda ou células estomáticas e, entre elas, o ostíolo.

Como Funcionam os Estômatos

A abertura e o fechamento dos estômatos são influenciados pela *umidade do ar*, pela *luz* e pelo *teor de gás carbônico*:

- a abertura e o fechamento dos estômatos dependem da água existente no interior das células-guarda. Se a planta estiver bem suprida de água, esta é levada pelos vasos condutores às células do parênquima foliar. Do parênquima, ela passa às células-guarda que, ficando túrgidas, ocasionam a abertura do estômato, favorecendo a ocorrência de saída de vapor-d'água para o meio. Se essa vaporização for intensa e a água levada pelos vasos condutores não compensar as perdas, as células-guarda perdem água para as células vizinhas, ficam flácidas e, como consequência, o estômato se fecha. É uma medida de economia de água. Esses movimentos de abertura e fechamento estomático dependentes do teor de água das células-guarda e, claro, da planta são chamados de **movimentos hidroativos** (veja a Figura 24-14);

> **Anote!**
> Nas plantas xerófitas, adaptadas a um clima árido ou semiárido, os estômatos são numerosos. Trata-se de uma adaptação que favorece a rápida troca de gases durante a curta estação chuvosa.

Figura 24-14. Modelo ilustrando o mecanismo hidroativo de abertura estomática. Em (a), duas bexigas iguais são colocadas lado a lado. Em (b), as duas são cheias com ar e distendem-se igualmente. Em (c) e (d) tem-se a mesma situação de (a) e (b), só que agora foi colocado um reforço de fita adesiva em ambas as bexigas. Observe a formação de uma abertura quando as duas bexigas são distendidas.

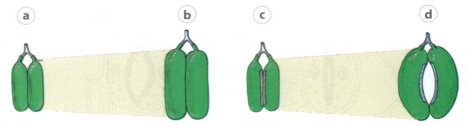

- na maioria das plantas, a luz permite a abertura dos estômatos enquanto sua falta favorece seu fechamento. A esses movimentos influenciados pela luz dá-se o nome de **movimentos fotoativos**.

A participação da luz em movimentos fotoativos

Uma das hipóteses para explicar a participação da luz em movimentos fotoativos está relacionada com a interconversão amido-glicose. Quando as células-guarda recebem luz, elas fazem fotossíntese. O consumo de CO_2 faz a solução dos vacúolos ficar básica. No claro, por ação de uma enzima, o amido armazenado nessas células é hidrolisado e libera moléculas de glicose, as quais, sendo solúveis em água, aumentam a pressão osmótica das células-guarda, que passam a ganhar água – por osmose – das células vizinhas (veja a Figura 24-15). Como consequência, ficam túrgidas e o estômato abre. Ao contrário, no escuro, acumula-se gás carbônico, e a solução dos sucos vacuolares das células-guarda fica ácida. Nessas condições, a mesma enzima efetua a polimerização de glicose em amido. As macromoléculas que constituem o amido são *insolúveis* em água, por isso, essa substância não é osmoticamente ativa, e as células-guarda perdem, assim, pressão osmótica. Elas perdem água por osmose para as células vizinhas que, agora, estão mais concentradas. As células estomáticas ficam flácidas e o estômato fecha.

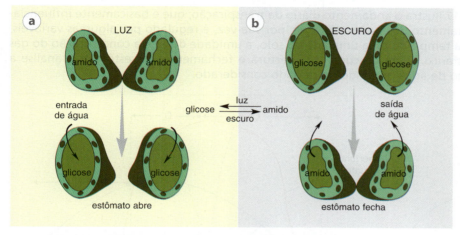

Figura 24-15. Mecanismo enzimático de abertura e fechamento estomático: (a) em presença de luz, a enzima fosforilase atua na conversão de amido em glicose. (b) No escuro, a fosforilase atua na formação de amido.

Mais recentemente, outra hipótese admite que o envolvimento dos íons potássio nos movimentos estomáticos seja mais importante que a interconversão amido-glicose. Experimentalmente, observou-se que, ao serem iluminadas as células-guarda, ocorre um notável ingresso de íons potássio por transporte ativo em seu interior; aumentando a concentração iônica dentro das células-guarda, aumenta a pressão osmótica, as células-guarda ganham água por osmose, ficam túrgidas e o estômato abre. No escuro, ao contrário, os íons potássio abandonam as células estomáticas que, ficando menos concentradas, perdem água para as vizinhas, ficam flácidas e o estômato fecha (veja a Figura 24-16).

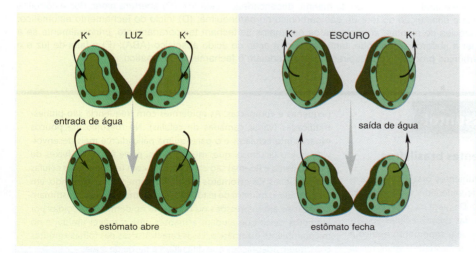

Figura 24-16. Ação dos íons potássio na abertura e no fechamento do estômato.

Anote!

Em ocasiões de deficiência de água na folha, ocorre aumento do teor do hormônio **ácido abscísico**, fato que sugere a participação dessa substância no fechamento estomático. Esse ácido faz com que as células-guarda dos estômatos eliminem potássio, o que, como já foi visto, ocasiona o seu fechamento.

Em resumo, podemos dizer que os estômatos se abrem quando as células-guarda ganham água, são iluminadas e dispõem de pouco CO_2. Ao contrário, os estômatos se fecham quando as células-guarda perdem água, ficam no escuro e dispõem de muito CO_2.

Existem certas espécies vegetais nas quais a abertura dos estômatos ocorre à noite, fechando-se durante o dia. Em regiões desérticas, a seleção natural favoreceu plantas que abrem estômatos à noite, ocasião em que a umidade é maior. Ocorre assimilação noturna do gás carbônico, que é convertido em ácidos orgânicos, armazenados nos sucos vacuolares das células. Durante o dia, com os estômatos fechados, os ácidos orgânicos são desfeitos e o gás carbônico assim liberado é utilizado na fotossíntese, mesmo com os estômatos fechados. Esse fenômeno, comum em plantas da família das Crassuláceas, é também observado em plena mata amazônica, onde a competição por aquele gás durante o dia é intensa.

Andamento diário da transpiração

A Figura 24-17 ilustra o andamento diário da transpiração, que é basicamente influenciado pelo comportamento dos estômatos, que, por sua vez, é regulado por algumas variáveis, tais como a luz, a temperatura, a umidade do solo, a umidade do ar e a concentração do gás carbônico atmosférico. Além da curva de abertura e fechamento dos estômatos, analise a curva de absorção de água ao longo do período considerado.

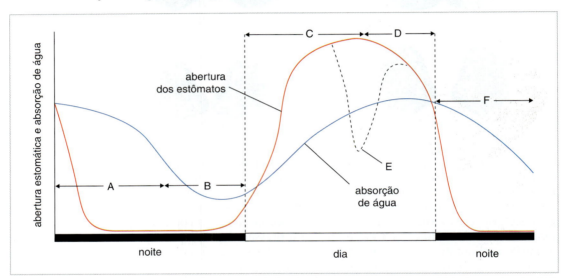

Figura 24-17. Comportamento dos estômatos e absorção de água durante um período de 24 horas. (A) Em ausência de luz, os estômatos estão fechados. Nesse período, se houver transpiração, ela ocorrerá pela cutícula; (B) início da abertura estomática no começo da manhã, desencadeado pela luz; (C) abertura plena dos estômatos devido à ação da luz e diminuição do teor de gás carbônico no parênquima; (D) início do fechamento estomático; (E) em algumas espécies de plantas, ao meio-dia os estômatos se fecham temporariamente, principalmente se a transpiração exceder a absorção, contando, também, com a ação do ácido abscísico (ABA); (F) a falta de luz e o excesso de gás carbônico produzido na respiração desencadeiam o fechamento estomático.

De olho no assunto!

Os estômatos e os ambientes brasileiros

Na vegetação encontrada nos ambientes brasileiros, a localização dos estômatos apresenta grande variedade, em função do tipo de *habitat* em que as plantas vivem. De maneira geral, pode-se dizer que estômatos localizados acima das demais células epidérmicas são associados a ambientes em que o suprimento hídrico é grande. Já os localizados em depressões (ou cavidades) epidérmicas denotam um *habitat* caracterizado pelo baixo suprimento de água.

Considerando-se o tipo de *habitat* em que as plantas são encontradas, podemos dividi-las em **xerófitas**, **mesófitas** e **hidrófitas**.

Nas *xerófitas*, encontradas em ambientes secos, as folhas têm elevada relação volume-superfície, o que quer dizer que são pequenas e compactas. As epidermes com frequência são pluriestratificadas (várias camadas de células). No mesófilo, há poucos espaços intercelulares e o parênquima paliçádico é mais desenvolvido que o lacunoso, que, muitas vezes, pode faltar. Os feixes de vasos (xilema e floema) são compactos e, com frequência, as células são pequenas. Os estômatos são muito numerosos, superando, em quantidade, o número de estômatos das demais plantas. Costumam localizar-se em depressões ou criptas da epiderme, protegidas por inúmeros pelos que ajudam a manter uma razoável umidade no microambiente estomático. Essas características das folhas xerófitas constituem adaptações que dificultam a perda de água.

Nas *mesófitas*, plantas que vivem em ambientes dotados de muita água no solo e elevada umidade atmosférica, os estômatos costumam ser encontrados nas superfícies de ambas as epidermes.

Nas *hidrófitas*, plantas que vivem em meio aquático, totalmente submersas, os estômatos são ausentes.

Há algumas exceções interessantes, referentes à localização dos estômatos:

- em hidrófitas de folhas flutuantes, os estômatos são encontrados apenas na epiderme em contato com o ar atmosférico.
- nas matas tropicais sujeitas a longos períodos de seca, os estômatos são encontrados em depressões epidérmicas. Em locais úmidos, eles ocorrem na superfície dos revestimentos epidérmicos.
- nas cactáceas da Caatinga, em que com frequência os espinhos correspondem a folhas modificadas, os estômatos são numerosos e encontrados em pequenas cavidades protegidas ao longo da epiderme do caule.
- nos pinheiros (gimnospermas) das florestas do Sul do nosso país, as folhas são espessas e os estômatos ficam localizados em depressões, parecendo ficar suspensos pelas células anexas, que se erguem sobre eles.
- nos cerrados, as epidermes das plantas são dotadas de estômatos localizados em depressões. Em muitas plantas, os estômatos ficam abertos o dia inteiro, não sendo incomum ficarem abertos durante o período noturno. A transpiração apresenta altos valores, mesmo em períodos de seca mais intensa. As reações estomáticas são lentas – ao se destacar uma folha, o fechamento estomático pode levar até 1 hora ou mais, e, às vezes, nunca se completa inteiramente.
- Em muitas gramíneas (poáceas) cultivadas em nosso território – por exemplo, cana-de-açúcar e milho – os estômatos são enfileirados ao longo do eixo da folha e encontrados em ambas as epidermes.

Em ambientes áridos ou semiáridos (como o da Caatinga), em que as chuvas demoram a ocorrer, é frequente a queda de folhas (caducifolia). A vegetação fica totalmente desprovida de folhas, expondo apenas os troncos e os galhos nus.

A CONDUÇÃO DA SEIVA ELABORADA

A seiva orgânica, elaborada no parênquima das folhas, é lançada nos tubos crivados do floema e conduzida a todas as partes da planta que não são autossuficientes. O transporte é orientado principalmente para a raiz, podendo haver algum movimento em direção ao ápice do caule e das folhas em desenvolvimento. De modo geral, os materiais orgânicos são translocados para órgãos consumidores e de reserva, podendo haver inversão do movimento (isto é, dos órgãos de reserva para regiões em crescimento), quando necessário.

A Hipótese de Münch

A hipótese mais aceita atualmente para a condução da seiva elaborada é a que foi formulada por Münch e se baseia na movimentação de toda a solução do floema, incluindo água e solutos. É a *hipótese do arrastamento mecânico da solução*, também chamada de *hipótese do fluxo em massa da solução*. Por essa hipótese, o transporte de compostos orgânicos seria devido a um deslocamento rápido de moléculas de água que arrastariam, no seu movimento, as moléculas em solução.

A compreensão dessa hipótese fica mais fácil acompanhando-se o modelo sugerido por Münch para a sua explicação.

Observando-se a Figura 24-18, conclui-se que haverá ingresso de água, por osmose, do frasco A para o osmômetro 1, e do frasco B para o osmômetro 2. No entanto, como a solução do osmômetro 1 é mais concentrada, a velocidade de passagem de água do frasco A para o osmômetro 1 é maior. Assim, a água tenderá a se dirigir para o tubo de vidro 1 com velocidade, *arrastando* moléculas de açúcar. Como o osmômetro 2 passa a receber mais água, esta passa para o frasco B. Do frasco B, a água passa para o tubo de vidro 2, em direção ao frasco A.

Podemos fazer a correspondência entre o modelo anterior e uma planta:

- o tubo de vidro 1 corresponde ao floema e o tubo de vidro 2 ao xilema;

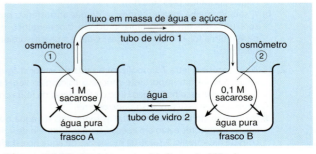

Figura 24-18. Modelo para a hipótese de Münch.

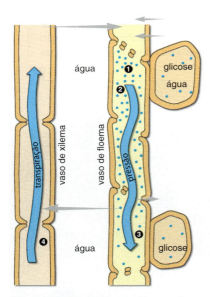

- o osmômetro 1 corresponde a uma célula do parênquima foliar e o osmômetro 2, a uma célula da raiz;
- o frasco A representa a folha, enquanto o frasco B representa a raiz;
- as células do parênquima foliar realizam fotossíntese e produzem glicose. A concentração dessas células aumenta, o que faz com que absorvam água do xilema das nervuras. O excesso de água absorvida é deslocado para o floema, arrastando moléculas de açúcar em direção aos centros consumidores ou de reserva.

A INTEGRAÇÃO XILEMA-FLOEMA

A Figura 24-19 ilustra a integração existente entre os vasos de xilema e de floema em uma planta. Acompanhe pelos números:

1. o açúcar ingressa nas células do vaso liberiano e provoca aumento de concentração. A água é absorvida, principalmente do vaso de xilema, por osmose;
2. o ingresso de água gera uma pressão que empurra a seiva elaborada ao longo do vaso de floema;
3. chegando à raiz, o açúcar penetra nas células radiculares e a água retorna ao xilema;
4. o xilema reconduz a água em direção aos centros produtores de seiva orgânica.

Figura 24-19. Esquema ilustrando a integração entre xilema e floema em uma planta.

Passo a passo

O esquema a seguir representa um corte da epiderme inferior de uma folha, destacando-se um estômato e células do parênquima lacunoso. Utilize-o para responder às questões **1** e **2**.

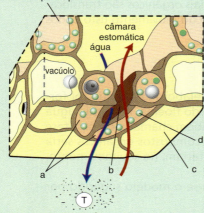

1. a) Reconheça as estruturas apontadas pelas setas *a*, *c* e *d* e a região apontada pela seta *b*.
   b) A seta vermelha indica o ingresso de gás atmosférico que será utilizado em importante processo bioenergético no parênquima foliar. Qual é esse gás? Qual é o processo bioenergético?

2. a) A seta azul e a letra T simbolizam a saída de vapor-d'água, relacionada a um importante processo fisiológico vegetal. Qual é o processo fisiológico? Cite o outro local da folha por meio do qual esse processo pode ocorrer.
   b) No interior do corpo do vegetal as moléculas de água nos vasos condutores estão em coesão, unidas por meio de ligações de hidrogênio. A saída de moléculas de água no estado de vapor, simbolizada pela letra T, contribui para a refrigeração das superfícies foliares em dias quentes. Ao escaparem para a atmosfera circundante favorecem também a ocorrência de um importante processo fisiológico relacionado aos vasos condutores de água. Qual é esse processo?

O esquema a seguir relaciona-se aos fatores que permitem a ocorrência de abertura e fechamento dos estômatos. Entre esses fatores incluem-se a presença ou ausência de luz, o teor de gás carbônico no interior da folha e a presença de pequena ou grande quantidade de água nos parênquimas foliares. Nota-se também a participação de importante elemento químico no mecanismo de abertura e fechamento do estômato. Com o esquema e os seus conhecimentos sobre o assunto, responda às questões **3** e **4**.

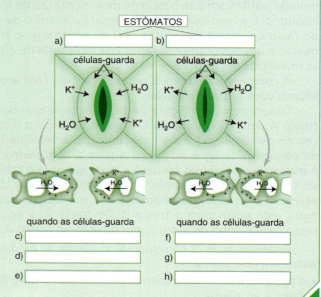

3. a) Considere os seguintes termos: *ganham água, dispõem de muito CO_2, ficam no escuro, são iluminadas, abre, dispõem de pouco CO_2, perdem água, fecha*. Utilize-os no preenchimento das lacunas.

b) O texto informa que há participação de importante íon no mecanismo de abertura e fechamento estomático. Qual é o íon?

4. Atualmente, considera-se que a participação dos íons referidos na questão 3 é fundamental no mecanismo de abertura e fechamento dos estômatos. Com relação a esse tema:

a) Descreva em poucas palavras como ocorrem a abertura e o fechamento dos estômatos com a ação desses íons, na presença e na ausência de luz. Que mecanismo de transporte biológico está envolvido em ambos os casos?

b) A interconversão de amido-glicose nas células-guardas ainda é um mecanismo valorizado na abertura e no fechamento estomático. Com esse mecanismo em mente, descreva o que ocorre, por exemplo, ao serem iluminadas células-guardas componentes de um estômato.

5. A ocorrência de transpiração é um dos fenômenos fisiológicos mais importantes de um vegetal. A transpiração é, na verdade, um mecanismo de evaporação de água das superfícies foliares graças ao gradiente existente entre a folha e o meio circundante. Se a atmosfera circundante possuir pouca água no estado de vapor, então ocorrerá transpiração.

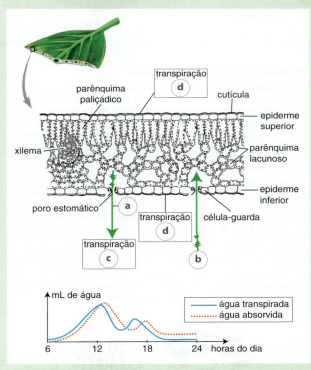

a) A seta *a* simboliza a saída de água da folha, enquanto a seta *b* representa o ingresso de um importante gás que será utilizado na fotossíntese executada nos parênquimas foliares. Cite, então, o estado em que a água sai da folha (letra *a*) e o gás que penetra nos parênquimas foliares (letra *b*).

b) Cite os tipos de transpiração representados pelas letras *c* e *d*. Qual delas é mais intensa? Explique por quê.

c) O gráfico mostra as curvas de transpiração e de absorção de uma planta vivendo em solo bem suprido de água. Cite os períodos do dia em que os estômatos encontram-se abertos e fechados.

6. Os esquemas *a*, *b* e *c* representam as células existentes nos tecidos condutores de uma angiosperma. Observando-os atentamente e utilizando seus conhecimentos sobre o assunto, responda:

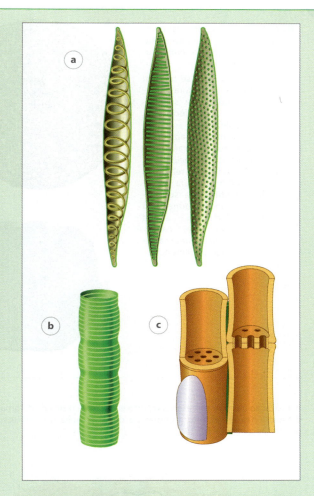

a) Quais células estão representadas nos esquemas *a* e *b*? A que tecido condutor elas pertencem (cite as duas denominações comumente utilizadas para esse tecido)? Quanto à natureza dessas células, elas são vivas ou mortas? Que substância está presente na parede celular desses elementos condutores?

b) Quais células estão representadas no esquema *c*? A que tecido condutor elas pertencem (cite as duas denominações usualmente utilizadas para esse tecido)? Quanto à natureza dessas células, são vivas ou mortas? Que denominação recebe a célula associada ao elemento condutor desse tecido?

c) As células representadas são responsáveis pela condução das seivas nas angiospermas. Cite as denominações utilizadas para as seivas conduzidas por esses tecidos e a sua constituição básica.

d) Um desses tecidos condutores desempenha um segundo papel no corpo do vegetal, além da condução de seivas. Qual é esse tecido e qual o papel secundário que desempenha?

7. A prévia existência de tecidos especializados na condução rápida de água e nutrientes minerais e orgânicos foi decisiva na conquista do meio terrestre pelos vegetais mais complexos. Essa importante adaptação foi complementada por outras, destacando-se um eficiente mecanismo de trocas gasosas entre o vegetal e o meio aéreo. Uma terceira adaptação essencial é representada pela existência de tecidos especializados na sustentação do corpo no meio aéreo. São dois os tecidos relacionados a esse papel: esclerênquima e colênquima. A respeito desses dois tecidos:

a) Caracterize o esclerênquima, citando os tipos celulares mais comuns, se as células são vivas ou mortas, a substância que reveste suas paredes e a sua localização mais frequente.

b) Como são as células do colênquima, vivas ou mortas? Qual a substância que reveste suas paredes e a localização mais frequente desse tecido nos diferentes órgãos de um vegetal?

As trocas gasosas e o transporte vegetal **531**

8. As fotos ao lado mostram cortes transversais de raízes e caules de angiospermas em estrutura primária.

a) Quais das fotos se referem a raízes em estrutura primária? Identifique a subclasse – monocotiledôneas ou eudicotiledôneas – a que pertencem essas raízes. Cite pelo menos uma característica que as diferencie.

b) Quais das fotos se referem a caules em estrutura primária? Identifique a subclasse – monocotiledôneas ou eudicotiledôneas – a que pertencem esses caules. Cite pelo menos uma característica que os diferencie.

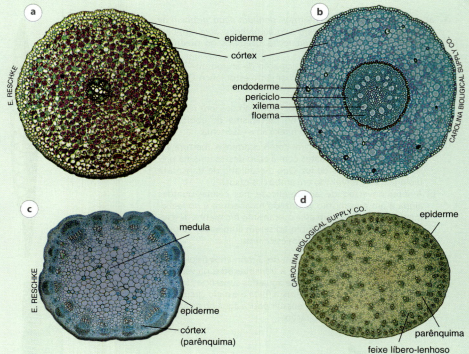

A ilustração a seguir representa o corte esquemático da raiz de uma dicotiledônea em estrutura primária e deve ser utilizado para responder às questões **9** e **10**.

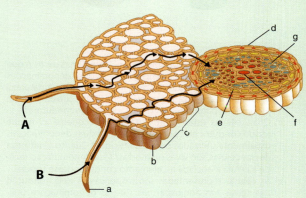

9. a) Reconheça as estruturas indicadas pelas setas de *a* a *g*.
b) Por meio de que mecanismo de transporte celular ocorre o ingresso de íons (nutrientes minerais) e de água provenientes do solo, nas estruturas indicadas pelas letras **A** e **B**?

10. a) Considere os itens a seguir:

I – pressão (impulso positivo) de raiz
II – capilaridade
III – coesão entre moléculas de água
IV – "sucção" exercida pelas folhas

Dos itens acima, qual se refere à hipótese atualmente mais aceita como a melhor explicação para o deslocamento da seiva do xilema em vegetais de grande porte?

b) Qual dos itens se refere à **condição básica** para que ocorra deslocamento da água ao longo dos vasos lenhosos segundo a hipótese atualmente aceita? Essa condição básica está relacionada à ocorrência de dois processos fisiológicos dos vegetais. Quais são esses processos fisiológicos?

11. Questão de interpretação de texto

O esclarecimento da posição dos tecidos condutores em uma árvore – xilema e floema – contou com a realização de procedimentos semelhantes aos mostrados no esquema a seguir. Idealizado pelo cientista italiano Marcello Malpighi (1628-1694), o procedimento consistia em retirar um anel completo da casca do tronco de uma árvore. A intenção do pesquisador foi demonstrar que as plantas possuíam tecidos condutores dotados de finíssimos vasos, assim como ocorria em muitos animais. No local em que o anel era retirado, ocorria uma espécie de inchaço, revelando o acúmulo de seiva no local. De modo geral, a árvore acabava morrendo, devido à remoção, com a casca, dos componentes de importante tecido condutor de seiva em direção às raízes. É importante ressaltar que tal procedimento científico era destinado única e exclusivamente a demonstrar a posição relativa dos tecidos condutores em uma árvore. Deve ser evitado nos procedimentos atualmente utilizados no manuseio de vegetais de grande porte, tais como podas efetuadas com roçadeiras dotadas de fios cortantes, que podem lesar as camadas superficiais dos troncos.

a) Qual o tecido condutor que, ao ser removido com a casca, provocou a morte da árvore? Que seiva é conduzida por esse tecido?
b) Qual o trajeto da seiva conduzida por esse tecido? Como ocorre a condução de seiva pelos vasos desse tecido condutor?
c) Se o mesmo procedimento fosse feito em um galho, a árvore e o galho não morreriam. Explique por quê.

Questões objetivas

1. (PUC – MG) A figura apresenta células estomáticas encontradas em epiderme de plantas, especialmente em folhas. É correto afirmar sobre essa estrutura, **EXCETO**:

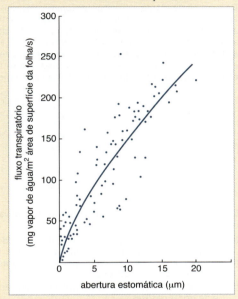

a) apresenta papel importante na condução de seiva bruta.
b) apresenta papel importante na fotossíntese, respiração e transpiração vegetais.
c) seu controle pode ocorrer por ação de hormônio vegetal, o ácido abscísico (ABA).
d) seu controle de abertura e fechamento é mais eficiente em folhas de plantas de cerrado que da caatinga.

2. (UDESC) Analise as proposições abaixo, em relação à fisiologia vegetal:

I. O estômato é formado por duas células clorofiladas que são chamadas de células-guarda. Elas possuem o formato de rins.
II. As células do parênquima clorofiliano, quando perdem água, começam a secretar o ácido abscísico, que é um hormônio inibidor do transporte ativo de íons potássio, promovendo o fechamento dos estômatos.
III. Os estômatos das folhas devem estar fechados para que a planta realize uma boa fotossíntese. Assim, as folhas ficam menos concentradas e, por osmose, absorvem água por transpiração.
IV. A absorção de energia luminosa é um dos fatores que estimulam o transporte ativo de íons de potássio que se acumulam na célula, permitindo a abertura dos estômatos.

Assinale a alternativa **correta**.

a) ( ) Somente as afirmativas I, III e IV são verdadeiras.
b) ( ) Somente as afirmativas II e III são verdadeiras.
c) ( ) Somente as afirmativas II, III e IV são verdadeiras.
d) ( ) Somente as afirmativas I e II são verdadeiras.
e) ( ) Somente as afirmativas I, II e IV são verdadeiras.

3. (FGV – SP) Os estômatos constam de duas células epidérmicas modificadas, denominadas células-guarda, que mantêm um espaço entre si chamado ostíolo. A abertura ou fechamento do ostíolo depende da variação do turgor das células-guarda.

Segundo alguns autores, essas células,

a) na presença de luz, consomem o gás CO_2, tornando o citoplasma mais alcalino. Nesse ambiente, o amido converte-se em glicose, o que aumenta a concentração no vacúolo e permite que, por osmose, recebam água das células vizinhas. Uma vez túrgidas, as células-guarda promovem a abertura dos ostíolos.
b) na presença da luz, realizam fotossíntese e produzem oxigênio. Esse gás torna o citoplasma mais alcalino, permitindo que a glicose se converta em amido, o que aumenta a concentração no vacúolo e permite que, por osmose, recebam água das células vizinhas. Uma vez túrgidas, as células-guarda promovem a abertura dos ostíolos.
c) na presença da luz, realizam fotossíntese e produzem oxigênio. Esse gás acidifica o citoplasma, permitindo que o amido se converta em glicose, o que diminui a concentração no vacúolo e permite que a água, por osmose, passe para as células vizinhas. Uma vez flácidas, as células-guarda promovem o fechamento dos ostíolos.
d) no escuro, pela respiração, produzem o gás CO_2, o qual acidifica o citoplasma e permite que a glicose se converta em amido. Este aumenta a concentração do vacúolo e permite que, por osmose, recebam água das células vizinhas. Uma vez túrgidas, as células-guarda promovem a abertura dos ostíolos.
e) no escuro, pela respiração, produzem o gás CO_2, o qual acidifica o citoplasma e permite que o amido se converta em glicose. Esta diminui a concentração do vacúolo e permite que a água, por osmose, passe para as células vizinhas. Uma vez flácidas, as células-guarda promovem o fechamento dos ostíolos.

4. (UEL – PR) O gráfico a seguir representa a relação entre a transpiração foliar e a abertura estomática em *Zebrina pendula*, verificada em uma determinada condição atmosférica.

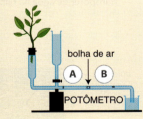

Com base nas informações contidas no gráfico, analise a seguinte afirmativa:

Quando a abertura estomática passa de 15 μm para 20 μm em consequência _____ da turgidez das células-guarda, a quantidade de água perdida por transpiração _____.

Assinale a alternativa correta que contém respectivamente os termos que preenchem as lacunas.

a) do aumento – aumenta
b) da diminuição – diminui
c) do aumento – diminui
d) da diminuição – aumenta
e) do aumento – se mantém constante

5. (PUC – MG) As figuras mostram um potômetro e um gráfico com curva de transpiração estomática e cuticular de uma planta. O potômetro é composto por um pequeno ramo transpirante em um tubo de vidro, com um capilar lateral milimetrado.

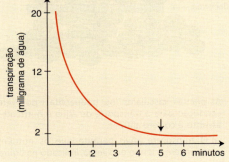

É **INCORRETO** afirmar:
a) Numa planta de cerrado, entre 10h e 14h, a bolha de ar deslocaria em direção a **A** do potômetro.
b) No gráfico, de 4 para 5 minutos, a planta estaria fechando os estômatos, podendo ocorrer pequena perda de água.
c) Alterando-se o teor de transpiração de 20 para 12, a bolha de ar caminha para **B** e na planta aumenta a subida de seiva.
d) À noite, na ausência de gutação, a bolha de ar caminha para **B**, pois cessa a transpiração estomática.

6. (UFMS) Alguns estudantes elaboraram o seguinte experimento:
Dois ramos de plantas semelhantes foram colocados em dois tubos de ensaio (A e B) contendo a mesma quantidade de água e, posteriormente, esses tubos foram vedados para evitar a evaporação. A planta do tubo A foi mantida intacta, enquanto a planta do tubo B teve suas folhas completamente recobertas com uma camada de vaselina. O esquema abaixo mostra o nível da água no início (Ni) e no final (Nf) do experimento.

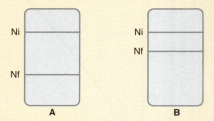

Com relação a esse experimento, indique as alternativa corretas e dê sua soma ao final.

(01) O nível de água final foi menor no tubo A devido ao funcionamento normal dos estômatos da epiderme foliar.
(02) No tubo A, o processo de transpiração e as trocas gasosas são realizados normalmente.
(04) No tubo B, não está ocorrendo o processo de transpiração e de trocas gasosas.
(08) O nível de água final foi diferente nos dois tubos, devido ao funcionamento normal dos estômatos da epiderme foliar no tubo B, possibilitando a captação de gás carbônico para a realização da fotossíntese e, consequentemente, economizando água do sistema.
(16) O nível de água final foi maior no tubo B, devido ao funcionamento limitado dos estômatos de sua epiderme foliar que, recoberta pela vaselina, impossibilita a realização plena de troca gasosa e economiza água do sistema.
(32) O nível final da água foi diferente nos dois tubos devido ao processo de evaporação.

7. (UFPR) Abaixo está representado um modelo simplificado do transporte de água na raiz de uma planta.

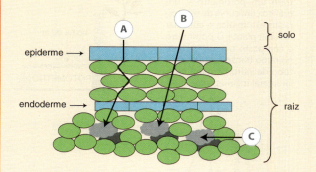

As plantas vasculares (ou traqueófitas) possuem tecidos de condução para o transporte de água e nutrientes. Sobre esse assunto, é correto afirmar:

a) O transporte ativo permite que os nutrientes minerais alcancem o lenho ou xilema, indicado na figura pela letra **C**.

b) Os nutrientes minerais são deslocados através das células vivas por transporte ativo, como esquematizado em **A**.
c) A água e os sais minerais movem-se livremente através dos espaços intercelulares até atingir a endoderme, conforme esquematizado em **B**.
d) A absorção de água e nutrientes pela raiz ocorre principalmente pela região meristemática.
e) A epiderme e a endoderme constituem o cilindro central da raiz.

8. (UFV – MG) Embora a planta dependa da fisiologia integrada de seus tecidos para sobreviver a períodos de seca, um deles possui maior importância nessas condições. Assinale o nome desse tecido:

a) floema c) colênquima
b) xilema d) epiderme

9. (UFRGS – RS) Assinale a alternativa correta em relação à condução da seiva bruta em angiospermas.

a) O fluxo da seiva bruta ocorre das folhas para outras partes da planta através do floema.
b) A explicação para a seiva bruta mover-se pela planta é dada pela hipótese do fluxo por pressão.
c) A transpiração aumenta a pressão osmótica e promove o fluxo da água desde as raízes até as folhas, no interior do xilema.
d) A absorção de CO_2 na fotossíntese pode aumentar o fluxo da seiva bruta para as folhas.
e) Ao retirarmos um anel ao redor do caule (anel de Malpighi), é possível verificar a morte da planta pela interrupção do fluxo da seiva bruta.

10. (UFMT) Os vegetais são constituídos por conjuntos de células que formam os vários tecidos que desempenham processos fisiológicos fundamentais ao seu desenvolvimento. A coluna da esquerda apresenta estruturas e a da direita, processos fisiológicos. Numere a coluna da direita de acordo com a da esquerda.

1 – estômatos ( ) reações fotossintéticas
2 – xilema ( ) transporte de solutos orgânicos
3 – floema ( ) trocas gasosas
4 – hidatódio ( ) transporte de sais e água
5 – mesófilo ( ) gutação

Assinale a sequência correta.

a) 5, 2, 1, 4, 3 c) 4, 3, 5, 2, 1 e) 1, 4, 2, 3, 5
b) 4, 1, 5, 3, 2 d) 5, 3, 1, 2, 4

11. (UFRGS – RS) A planta denominada erva-de-passarinho é uma hemiparasita. Nesse caso, o tecido vegetal da árvore hospedeira, onde os elementos nutritivos são absorvidos, é o

a) colênquima. c) esclerênquima. e) xilema.
b) floema. d) parênquima.

12. (UFSM – RS) Segundo alguns autores, o "Abaporu" homenageia o povo sofrido dos trabalhadores da época; o sol inclemente e o cacto representam, ali, sua dura rotina.

Essa planta se adapta bem ao meio ambiente. Em geral, dispensa as folhas para a fotossíntese e armazena água para sobreviver. Que tecido vegetal está envolvido nesses dois processos fisiológicos?

a) parênquima c) meristema e) esclerênquima
b) xilema d) periderme

13. (PUC – RJ) Considerando a histologia vegetal – ciência que estuda os tecidos biológicos vegetais – é **errado** afirmar que:

a) os tecidos de revestimento dos vegetais são hipoderme e endoderme.
b) os tecidos de condução dos vegetais são xilema e floema.
c) os tecidos de sustentação dos vegetais são colênquima e esclerênquima.
d) os meristemas são responsáveis por formar os tecidos das plantas.
e) os tecidos que atuam no armazenamento de substâncias, na fotossíntese e no transporte de substâncias a curta distância são os parênquimas.

Questões dissertativas

1. (FUVEST – SP) Na vitória-régia, mostrada na figura abaixo, os estômatos localizam-se na superfície superior da folha, o que acontece também em outras plantas aquáticas.

Fonte: Arquivo da Banca Elaboradora.

a) Considerando o ambiente em que a vitória-régia ocorre, seus estômatos passam a maior parte do tempo abertos ou fechados? Justifique sua resposta.
b) Liste o que entra e o que sai do estômato aberto de uma folha.

2. (UFTM – MG) As duas figuras representam importantes estruturas epidérmicas presentes principalmente na face inferior das folhas. O gráfico ilustra as modificações que podem ocorrer ao longo de um dia com essas estruturas.

Figura 1   Figura 2

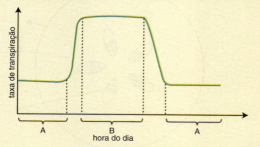

Disponível em: <www.djackson.myweb.uga.edu>.

Com base no exposto, responda:

a) A quais momentos do gráfico é possível correlacionar as figuras 1 e 2, respectivamente? Justifique sua resposta.
b) Uma planta que esteja em ambiente iluminado, com pouco gás CO_2 no mesófilo e solo úmido, deve induzir as estruturas epidérmicas a ficarem como indicado em qual figura? Explique como os íons potássio participam desse processo.

3. (UFPR) As raízes primárias dos vegetais vasculares são o principal sítio de absorção de água e de sais minerais. A entrada desses compostos é feita por difusão, por meio dos pelos absorventes, na epiderme das raízes. Para chegar até o cilindro central das raízes, devem percorrer o córtex, pelas vias simplasto e apoplasto. No cilindro central, apenas uma dessas vias permanece.

a) Qual é essa via?
b) Qual é a importância de que apenas essa via aconteça a partir do cilindro central?

4. (UFJF – MG) O esquema abaixo representa caminhos de absorção de água pelos vegetais:

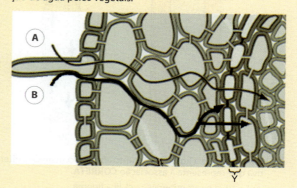

Sobre o esquema, responda às seguintes questões:

a) Qual órgão vegetal está representado no esquema acima e qual a região, quanto à morfologia externa, onde foi realizado o corte esquematizado?
b) Quanto à compartimentalização, diferencie os caminhos (A e B) que a água pode seguir quando está sendo absorvida pelo vegetal.
c) A camada de células (Y) se encontra entre o córtex e o cilindro vascular, possui suas paredes celulares impregnadas por suberina, formando faixas denominadas estrias de Caspary. Nomeie a camada Y e cite a função das estrias de Caspary no processo de absorção de água pelos vegetais.

5. (UFTM – MG) Foram retirados dois anéis em torno do caule de duas plantas (cana-de-açúcar e laranjeira), como ilustra o esquema.

A cana pertence ao grupo das monocotiledôneas e a laranjeira ao grupo das eudicotiledôneas. Em relação às intervenções realizadas, responda:

a) Qual delas provavelmente irá morrer: a cana-de-açúcar, a laranjeira ou ambas? Explique por quê.
b) Por que as eudicotiledôneas geralmente apresentam maior espessura do caule do que as monocotiledôneas?

As trocas gasosas e o transporte vegetal **535**

Programas de avaliação seriada

1. (PAES – UNIMONTES – MG) As plantas são, basicamente, seres autótrofos fotossintetizantes. Porém, há uma grande diversidade em seus modos de vida. Em decorrência disso, surgem as especializações das células, tanto em diferentes partes do corpo de uma planta como em diferentes plantas. Todos os tecidos vegetais têm origem em tecido embrionário. A figura abaixo apresenta alguns desses tecidos. Analise-a.

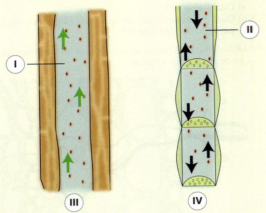

Considerando a figura e o assunto abordado, assinale a alternativa que representa a associação **CORRETA**.

a) I – água e sais minerais
b) II – seiva bruta
c) III – floema
d) IV – xilema

2. (PSS – UFAL) Os processos fotossintéticos garantem a disponibilidade de oxigênio na atmosfera, essencial à vida no planeta. Considerando que a fotossíntese das plantas ocorre em paralelo com vários outros processos fisiológicos, observe a figura abaixo e aponte a alternativa correta.

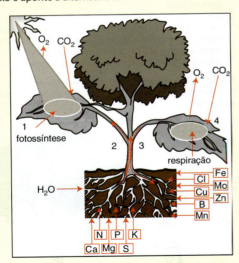

a) O processo fotossintético (1) consome gás carbônico derivado da queima de combustíveis fósseis e gera o saldo energético de ATPs necessários à autonomia autotrófica das plantas.
b) A seiva bruta carregada pelo xilema (2) da planta é uma solução aquosa de sais minerais como nitrogênio, fósforo e potássio, que funcionam como macronutrientes.
c) A seiva elaborada carregada pelo floema (3) é uma solução de açúcares, vitaminas e aminoácidos produzidos na respiração celular (4).
d) Solos com presença de substâncias tais como ferro, cobre, cloro e manganês são tóxicos às plantas, provocando prejuízos em seu crescimento.
e) A fotossíntese (1) e a respiração celular (4) são processos que dependem da irradiação solar para acontecerem.

3. (PAIES – UFU – MG) Em 1927, Ernst Münch propôs a "Teoria do fluxo sob pressão", também conhecida como "Teoria do desequilíbrio osmótico", que pode ser demonstrada pelo esquema abaixo, em que dois balões de membranas semipermeáveis (balão (1) – contendo uma solução concentrada de açúcar; balão (2) – contendo apenas água) são ligadas por meio de um tubo em forma de U (3) e mergulhados em duas cubas com água, ligadas por meio de um tubo (4).

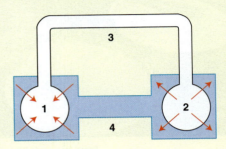

Adaptado de: SILVA JR., C.; SASSON, S. *Biologia*. São Paulo: Saraiva, 2003. p. 405. v. único.

Considerando que, nas plantas vasculares, esse modelo físico é o que melhor explica o mecanismo de deslocamento da seiva elaborada através do floema, faça uma analogia desse modelo com uma planta viva.
Com relação a essa analogia, marque para as alternativas abaixo (V) Verdadeira, (F) Falsa ou (SO) Sem Opção.

1 ( ) Nas plantas vasculares, os números **1** e **2** correspondem, respectivamente, às folhas e raízes.
2 ( ) Nas plantas vasculares, os números **1** e **2** correspondem, respectivamente, às raízes e folhas.
3 ( ) O número **3** corresponde aos vasos liberianos (floema) que, no verão, quando as plantas estão com grande número de folhas, transportam a seiva elaborada de **2** para **1**.
4 ( ) O número **4** corresponde ao xilema que, na primavera, quando inicia o brotamento das gemas dormentes, transporta seiva elaborada de **2** para **1**.

4. (PSS – UFPB) A figura a seguir representa a secção transversal do caule de uma angiosperma, onde se observa sua estrutura anatômica.

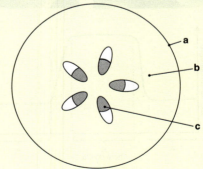

Considerando a figura e a literatura sobre anatomia vegetal, identifique as afirmativas corretas:

I – O xilema está indicado pela letra **c**.
II – A região cortical está indicada pela letra **b**.
III – O caule é típico de plantas do grupo das monocotiledôneas.
IV – A estrutura é resultado da atividade dos três meristemas apicais.
V – A periderme, indicada pela letra **a**, é o tecido de revestimento desse caule.

Crescimento, desenvolvimento e reguladores

Capítulo **25**

Flores que acompanham o movimento do Sol

O girassol é certamente a flor mais conhecida entre aquelas que acompanham o movimento do Sol durante o dia. O que poucas pessoas sabem é que, além do girassol, todas as outras plantas, muitas vezes em pequeno grau, também apresentam essa característica.

Mas como isso acontece? Esse fenômeno, chamado de heliotropismo, ocorre quando uma luz (solar ou não) incide sobre as plantas. Nessa condição, a luz estimula a ação de um hormônio de crescimento vegetal conhecido como AIA (ácido indolilacético). De maneira geral, a luz incide mais de um lado das plantas do que de outro e, por isso, um lado das plantas poderá desenvolver-se mais que o outro. E é justamente essa diferença de crescimento entre o lado iluminado e o não iluminado da planta que faz o girassol pender para o lado. Como o Sol muda de posição conforme o dia vai passando, o girassol vai sendo iluminado por diferentes lados e vai virando e "seguindo" o movimento do Sol. Com o fim do dia, quando não há mais Sol ou há pouca luz, a planta tende a voltar para sua posição normal.

Neste capítulo você vai aprender mais sobre os hormônios vegetais, entre eles o AIA, que são os responsáveis por controlar o crescimento e o desenvolvimento das plantas.

O crescimento de uma angiosperma começa a partir da germinação da semente. A hidratação da semente, por exemplo, ativa o embrião. As reservas contidas no endosperma ou nos cotilédones são hidrolisadas por ação enzimática. As células embrionárias recebem os nutrientes necessários, o metabolismo aumenta e são iniciadas as divisões celulares que conduzirão ao crescimento.

A radícula é a primeira estrutura a emergir; a seguir, exterioriza-se o caulículo, e a plântula inicia um longo processo que culminará no vegetal adulto.

■ QUAL A DIFERENÇA ENTRE CRESCIMENTO E DESENVOLVIMENTO?

Esses dois termos são frequentemente utilizados como sinônimos. No entanto, há uma diferença entre eles.

O **crescimento** corresponde a um *aumento irreversível no tamanho* de um vegetal, e se dá a partir do acréscimo de células resultantes das divisões celulares mitóticas, além do aumento do tamanho individual de cada célula. De modo geral, o crescimento também envolve aumento do volume e da massa do vegetal. O *crescimento* envolve parâmetros quantitativos, mensuráveis (tamanho, massa e volume).

O **desenvolvimento** consiste no surgimento dos diferentes tipos celulares e dos diversos tecidos componentes dos órgãos vegetais. É, certamente, um fenômeno relacionado ao processo de diferenciação celular. O *desenvolvimento* envolve aspectos qualitativos, relacionados ao aumento de complexidade do vegetal.

A ocorrência desses dois processos é simultânea. Um vegetal cresce e se desenvolve ao mesmo tempo.

■ O MERISTEMA

O tecido meristemático é o responsável pelo crescimento e desenvolvimento de um vegetal. As células desse tecido são vivas, indiferenciadas, pequenas, de parede fina e contêm vários vacúolos pequenos dispersos pelo citoplasma. O núcleo é grande e central.

No embrião, todas as células são meristemáticas. À medida que vai se formando a planta adulta, os meristemas ficam restritos a certos locais do corpo do vegetal (veja a Figura 25-1): os ápices do caule e da raiz; os nós e as gemas laterais do caule; no interior do caule e da raiz, em certas eudicotiledôneas, formam-se verdadeiros cones (câmbio vascular e felogênio) responsáveis pelo crescimento em diâmetro desses órgãos.

Características do Meristema: Mitose e Diferenciação

Uma das características marcantes do tecido meristemático é a ocorrência de mitoses. É a partir das células dele originadas que são formados todos os tecidos diferenciados componentes de uma planta, por um processo conhecido como *diferenciação celular*.

Dependendo do local em que as células meristemáticas estejam, elas poderão diferenciar-se em células de revestimento, células de preenchimento ou células condutoras. Essa diferenciação envolve, inicialmente, um alongamento da célula, processo facilitado pelo ingresso de água, e, posteriormente, modificações na parede e em seu conteúdo interno.

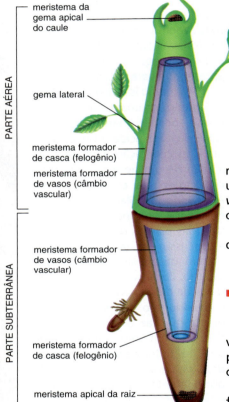

Figura 25-1. Esquema de planta eudicotiledônea e a localização mais frequente dos meristemas.

Anote!

Meristema primário é o formado por células-filhas de células embrionárias. Encontra-se nos ápices de caule e raiz, e nas gemas laterais. **Meristema secundário** é o que foi originado por células parcialmente desdiferenciadas que se diferenciaram. Encontra-se no felogênio, no câmbio e em regiões de cicatrização.

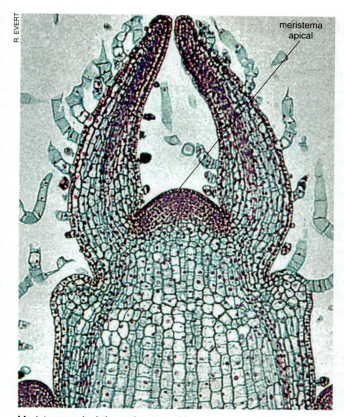

Meristema apical de caule, protegido na gema apical.

Tecnologia & Cotidiano

Clonagem vegetal

A foto mostra frascos com plantas jovens crescendo em meio de cultivo apropriado. Sabe como elas foram obtidas? A partir de meristemas de plantas adultas. Células meristemáticas são as "células-tronco" dos vegetais. Atualmente, é comum obter centenas de plantas de batata, tomate, mandioca, abacaxi etc., a partir da utilização do tecido meristemático retirado de plantas adultas (preferencialmente, das gemas apicais do caule). Esse procedimento apresenta a vantagem de economizar espaço para a propagação, bastando que o meio de cultivo seja mantido estéril, para evitar a contaminação por fungos e bactérias. É um avanço em relação aos métodos tradicionais de clonagem, em que se utilizam pedaços de caule ou enxertos.

Durante a diferenciação, pode ocorrer que a célula permaneça em um estádio semidiferenciado. Nessas condições, ela pode sofrer uma desdiferenciação e voltar a ser meristemática (veja a Figura 25-2).

O meristema formado por desdiferenciação é do tipo *secundário*. Já o meristema originado a partir de células embrionárias, isto é, que permanecem meristemáticas, é do tipo *primário*.

Assim, o crescimento de uma planta ocorre:
- em comprimento (o que envolve, também, a formação de ramos pelas gemas e nós dos caules);
- em espessura (do caule e da raiz de certas eudicotiledôneas e gimnospermas).

Figura 25-2. A diferenciação de uma célula. Da fusão dos pequenos vacúolos, surge um único, central. O núcleo e o citoplasma ficam deslocados para a periferia. A célula passa a ser anisodiamétrica, isto é, com dimensões desiguais. A seta tracejada indica um possível processo de desdiferenciação. Nesse caso, a célula volta a ser meristemática.

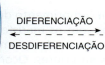
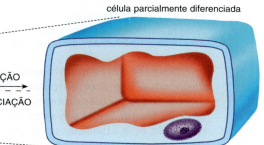

Crescimento, desenvolvimento e reguladores **539**

▪ O CRESCIMENTO EM COMPRIMENTO

O crescimento em comprimento é função dos meristemas localizados nos ápices do caule e da raiz. Na raiz, as células meristemáticas dividem-se por mitose e produzem algumas camadas de células-filhas. As células que ficam nas camadas superiores se diferenciarão enquanto as inferiormente situadas permanecem meristemáticas.

As células que se diferenciarão se *alongam* e empurram para baixo as meristemáticas. Estas voltam a se dividir e produzem mais células. As situadas superiormente alongam-se e empurram as meristemáticas que ficam abaixo. Assim, o meristema sempre é deslocado para a ponta.

No caule, o crescimento em comprimento é semelhante. A diferença é que o meristema é sempre empurrado para cima pelas células da região de alongamento. Durante esse empurrar de células, constantemente um grupo de células meristemáticas é deixado nas laterais do caule vindo a constituir as gemas laterais. Essas gemas oportunamente entrarão em atividade e poderão formar ramos, folhas ou flores.

> **Anote!**
> Na raiz, constantemente um grupo de células meristemáticas, localizadas próximo ao ápice, produz células que formarão a coifa, uma espécie de capuz protetor da ponta da raiz. Como o crescimento apical da raiz ocorre no solo, a coifa sofre um desgaste constante. Por esse motivo, uma tarefa importante do meristema apical da raiz é renovar constantemente a coifa, o que redundará em seu próprio benefício.

▪ O CRESCIMENTO EM ESPESSURA DE CAULE E RAIZ

O caule e a raiz de muitas eudicotiledôneas são capazes de crescer em espessura, o que é possível pela ação de dois tecidos meristemáticos, o **câmbio vascular** e o **felogênio**.

O primeiro é responsável pela elaboração de novos vasos de xilema e de floema, por isso é chamado de câmbio vascular. O segundo é responsável pela elaboração anual do novo revestimento da árvore (do caule e da raiz), ou seja, da casca suberosa. Por isso, é também chamado de **câmbio da casca**. Assim, no início de sua existência, tanto o caule como a raiz apresentam a chamada estrutura primária interna que já foi analisada no capítulo dedicado ao transporte. Depois, progressivamente, vai surgindo a chamada estrutura **secundária** que se caracteriza pela elaboração de novos tecidos a partir da atividade do câmbio e do felogênio (veja a Figura 25-3). É importante lembrar que essa descrição não se aplica às monocotiledôneas que, de modo geral, não apresentam crescimento secundário em espessura e, nos poucos casos em que isso acontece, é feito de maneira diversa do que ocorre nas eudicotiledôneas.

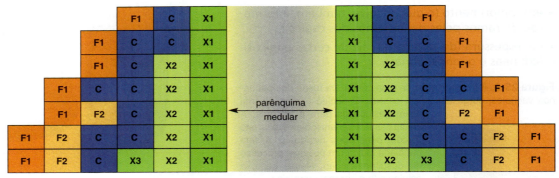

Figura 25-3. Esquema representando a formação das estruturas secundárias por multiplicação e diferenciação de células do câmbio, designadas por C. Observe que as células do câmbio se multiplicam e se diferenciam em xilema (sempre em direção ao centro da estrutura), designado por X, e em floema (na direção oposta), designado por F. Para melhor visualização, não foram representadas as estruturas externas ao floema.

Durante o crescimento em comprimento de um vegetal, regiões já diferenciadas não são deslocadas. Isso ocorre apenas com os meristemas localizados nos ápices caulinares. Assim, marcas feitas na casca de uma árvore deveriam, teoricamente, permanecer na mesma altura em que foram feitas em anos anteriores. Ocorre que a casca das árvores é periodicamente renovada pela atividade do felogênio. Assim, essas inscrições somente devem permanecer se forem mais profundas, até atingirem, por exemplo, o cerne do tronco de uma árvore.

A Figura 25-4 ilustra, de modo esquemático, as diversas fases do crescimento de uma árvore eudicotiledônea. Note que nas regiões apicais, jovens, o vegetal ainda se encontra em estrutura primária. Nas regiões basais, cuja espessura é maior, a estrutura secundária já é bem nítida. Observe na figura:

(a) ápice caulinar jovem em estrutura primária. Internamente ao câmbio vascular nota-se o xilema primário e externamente o floema primário. Nesse nível, a epiderme é o tecido de revestimento;

(b) início do crescimento secundário em espessura. O câmbio vascular deslocou-se e produziu para dentro o xilema secundário (externamente ao xilema primário) e para fora o floema secundário. O floema primário é "empurrado" em direção à casca e com ela se mistura. O felogênio inicia a sua atividade e produz, para fora, a primeira camada de súber e para dentro uma delgada camada de células parenquimáticas, o feloderma. Coletivamente, essas três camadas – feloderme (para dentro), felogênio (no meio) e súber (para fora) constituem a periderme. A essa altura, a epiderme original rompeu-se e deixa de ser o tecido de revestimento dessa região. Lembre-se de que o súber não é a epiderme modificada. Esta é descartada com o crescimento em espessura. O súber é o novo tecido de revestimento da árvore nesse nível, produzido pelo felogênio;

(c) crescimento em espessura completo. O primeiro anel de crescimento está formado, contendo xilema primário para dentro, circundado pelo xilema secundário. Note a existência de raios xilemáticos constituídos de parênquima associado ao xilema. Externamente ao câmbio vascular, nota-se o floema secundário. A periderme, por sua vez, é formada por feloderma (para dentro), felogênio (no meio) e súber (para fora). O floema primário encontra-se misturado com a periderme. Com um novo ciclo de crescimento em espessura, esse floema será eliminado com a primeira casca suberosa. Nesse nível, pequenas fendas no súber, as lenticelas, permitem a ocorrência de trocas gasosas entre o caule e o meio externo.

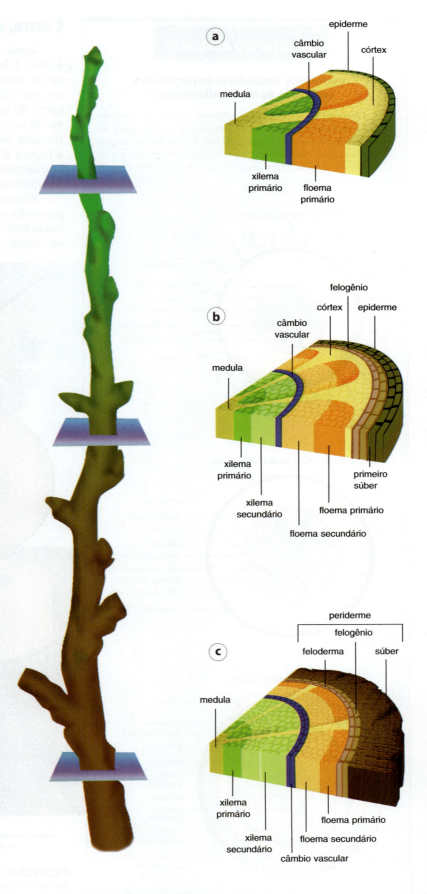

Figura 25-4. Crescimento em espessura de caules.

Crescimento, desenvolvimento e reguladores

Cerne, Alburno e Casca

Após alguns anos de vida, o tronco de uma árvore é formado por uma sucessão de camadas. A casca, periderme, é constituída, de fora para dentro, por súber, felogênio e feloderma (parênquima), junto da qual existe a camada de floema. A seguir, existe uma camada de câmbio e depois aparece uma camada de lenho funcional, do ano em curso (veja a Figura 25-5). Esse lenho funcional é conhecido na linguagem dos especialistas em madeira pelo nome de *alburno*.

A cada ano que passa, o alburno acaba se incorporando ao cerne, assim que são formados novos vasos lenhosos, substitutos dos que paralisarão a sua atividade.

De olho no assunto!

Crescimento secundário em espessura em raízes de eudicotiledôneas

Observe, na sequência de figuras abaixo, a ação do câmbio vascular no crescimento em espessura das raízes de eudicotiledôneas lenhosas que permite, à semelhança do que ocorre no caule, que progressivamente sejam formadas novas camadas de xilema, internamente ao câmbio, e de floema, externamente a ele.

Estrutura primária da raiz

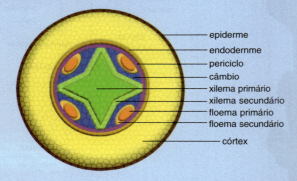

Início da estrutura secundária da raiz

Estrutura secundária da raiz

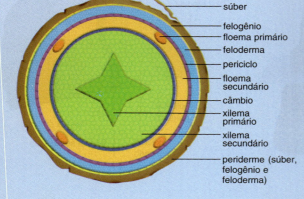

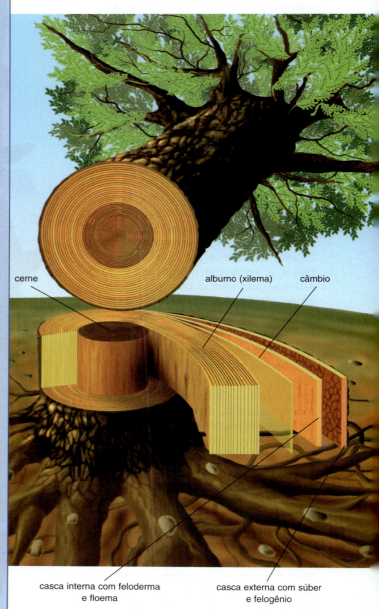

Figura 25-5. Esquema tridimensional de corte do tronco de uma árvore no qual se notam camadas sucessivas a partir da casca externa (súber).

Leitura

Anéis anuais de crescimento

Em plantas de regiões temperadas, onde as estações do ano são bem caracterizadas, pode-se calcular a idade de uma árvore por meio da contagem dos chamados **anéis anuais de crescimento**. É preciso considerar os seguintes pontos:

- o crescimento é intenso na primavera (em função da maior quantidade de água), lento no verão e interrompido no inverno;
- o lenho produzido na primavera (lenho primaveril) é mais abundante que o lenho de verão (estival);
- lenhos recentes sempre ficam colocados externamente, em relação ao lenho anterior, como consequência da ação do câmbio;
- entre um lenho primaveril-estival e outro, há sempre uma interrupção que corresponde ao período de inatividade do inverno;
- formam-se então, anualmente, círculos concêntricos, chamados anéis anuais de crescimento, no cerne e que vão até o alburno.

Seção de tronco de árvore, mostrando sucessivos anéis de crescimento.

OS HORMÔNIOS VEGETAIS

O controle do crescimento e do desenvolvimento depende da ação dos genes das células vegetais e é influenciado por diversos fatores ambientais, entre os quais se destacam a luz, a água, os nutrientes minerais e a temperatura.

A ação gênica é exercida por meio da síntese de substâncias reguladoras do crescimento, entre as quais se destacam diferentes tipos de "hormônio". Essa ação reguladora é exercida no crescimento vegetativo, na manutenção dos órgãos vegetativos e no crescimento e amadurecimento dos frutos.

As Auxinas

Os hormônios vegetais mais conhecidos são as **auxinas**, substâncias relacionadas à regulação do crescimento. Das auxinas, a mais conhecida é o **AIA** – ácido indolilacético.

O AIA nos vegetais não é produzido apenas em coleóptilos (veja a Figura 25-6). Sua produção também ocorre em embriões nas sementes, em tubos polínicos e até pelas células da parede de ovários em desenvolvimento. Na planta adulta, é produzido nas gemas apicais, principalmente as caulinares. O transporte do AIA é polar, isto é, ocorre apenas dos locais de produção para os locais de ação por meio de células parenquimáticas especiais.

O AIA age em pequeníssima quantidade, da ordem de milionésimos de mg, estimulando o crescimento. Uma dose ótima para estimular o crescimento do caule pode inibir o crescimento da raiz (veja a Figura 25-7).

Em síntese, com relação ao AIA:

- a raiz e o caule de uma mesma planta reagem diferentemente ao mesmo hormônio;
- a dose ótima para o crescimento da raiz é inferior à dose ótima para o crescimento do caule. A raiz, então, é mais sensível ao AIA do que o caule;
- a dose ótima para o crescimento do caule é inibitória para o crescimento da raiz e também inibe o desenvolvimento das gemas laterais.

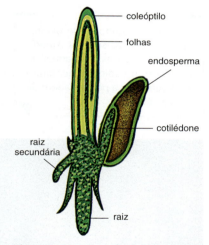

Figura 25-6. Coleóptilo é uma estrutura tubular que, nas gramíneas, protege as primeiras folhas da plântula, logo após a germinação da semente.

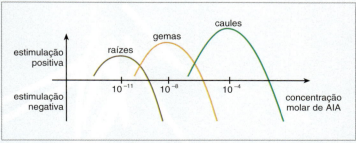

Figura 25-7. Gráfico da sensibilidade de diferentes estruturas de um vegetal a diferentes concentrações de AIA.

Efeito das auxinas

Na dominância apical

As auxinas atuam nos genes das células vegetais, estimulando a síntese de enzimas que promovem um amolecimento da parede celular, possibilitando a distensão das células.

A forma do corpo de muitas plantas, principalmente as do tipo perene, é definida pela ação hormonal. A gema apical, que atua no crescimento longitudinal do caule, produz auxina suficiente para inibir as gemas laterais, deixando-as dormentes. Eliminando-se a gema apical, o crescimento passará a ser promovido pelas gemas laterais ativadas pela ausência de auxina. O vegetal apresentará, então, forma copada: pouca altura e mais galhos.

No crescimento sob a luz

Anote! Auxinas também atuam na divisão celular em caules, raízes e folhas.

Coleóptilos submetidos à iluminação unilateral apresentaram crescimento em direção oposta à da luz. O AIA desloca-se do lado iluminado para o não iluminado, exercendo aí o seu efeito. A curvatura do coleóptilo será tanto maior quanto maior for o tempo de iluminação, já que mais AIA acaba atingindo o lado oposto.

Se um coleóptilo for iluminado uniformemente, ele crescerá em linha reta, o mesmo acontecendo se ele for deixado no escuro.

Outros efeitos das auxinas

Anote! Os grandes criadores de plantas aplicam auxinas sobre a superfície cortada de estacas antes de colocá-las no solo, aumentando sensivelmente a porcentagem de enraizamento.

A aplicação de auxinas sobre a superfície do caule promove a **formação de raízes adventícias**, o que é útil na propagação vegetativa por meio de estacas.

O nível de auxinas nos tecidos do ovário sobe sensivelmente por ocasião da fecundação, promovendo o **desenvolvimento do fruto**.

A auxina sintética 2,4-D (ácido 2,4-diclorofenoxiacético) é utilizada como **herbicida** e atua somente em plantas eudicotiledôneas.

Raízes de hibisco com e sem auxina.

De olho no assunto!

Partenocarpia

Na natureza, é comum o desenvolvimento de ovários sem que tenha havido a formação de sementes. É o caso da banana. A auxina existente na parede do ovário e também nos tubos polínicos é que garante o crescimento do fruto.

Artificialmente, é possível produzir frutos partenocárpicos por meio da aplicação de auxinas diretamente nos ovários, retirando-se previamente os estames para evitar polinização. Isso é feito para se obter uvas, melancias e tomates sem sementes.

Leitura

Os trabalhos de Frits Went

A descoberta da auxina AIA deve-se ao biólogo holandês Frits Went, utilizando coleóptilos de gramíneas. Ele seccionou vários coleóptilos e colocou as pontas sobre blocos de ágar. A seguir, colocou um bloquinho do ágar – que tinha estado em contato com as pontas – sobre um dos lados de um coleóptilo seccionado. O coleóptilo cresceu curvado. Observe o esquema à direita. O lado que cresceu mais, causando a curvatura, foi aquele com o bloquinho de ágar. Went concluiu, então, que isso ocorreu porque uma provável substância promotora do crescimento – a que chamou de **auxina** (do grego, *auxen* = o que faz crescer) – atingiu as células daquele lado, fazendo-as crescer e encurvar o coleóptilo. Outros pesquisadores, por volta de 1940, reconheceram a auxina de Went como sendo o AIA (ácido indolilacético).

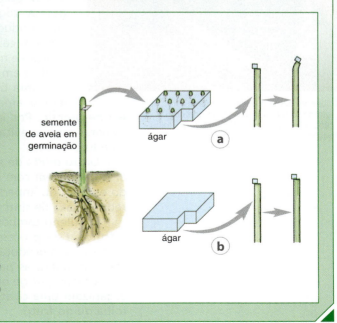

Os trabalhos de Went: (a) pontas de coleóptilo em bloco de ágar. Bloco de ágar que esteve em contato com ponta de coleóptilo é colocado sobre um dos lados do coleóptilo seccionado. (b) Contraprova: bloco de ágar que não esteve em contato com pontas de coleóptilo. Resultado: ausência de curvatura.

Crescimento, desenvolvimento e reguladores

As Giberelinas

Em uma planta adulta, a giberelina é sintetizada nos mesmos locais em que ocorre a síntese de auxina. O transporte, feito pelo floema, é apolar, isto é, ocorre do ápice para a base e vice-versa.

As giberelinas têm sido usadas com sucesso no crescimento de variedades anãs de certas espécies de plantas que possuem teores normais de AIA. O crescimento, para ocorrer, exige uma ação conjunta de hormônios, entre eles o AIA.

Para a semente germinar, é necessário um estímulo específico. Além da embebição, a luz é um dos importantes sinais indutores ambientais de germinação. O uso de giberelinas torna isso desnecessário e quebra a dormência do embrião, fazendo-o entrar em atividade. O mesmo efeito ocorre na quebra de dormência de gemas laterais. Também têm sido utilizadas giberelinas com auxinas no desenvolvimento de frutos partenocárpicos.

As Citocininas

Citocininas são hormônios que estimulam a ocorrência de divisão celular (o nome deriva de citocinese). A molécula das citocininas lembra a base púrica adenina, acreditando-se que seja dela derivada. O principal local de produção desses hormônios na planta adulta é o meristema apical da raiz e o transporte é feito pelo xilema.

Relembrando a interação existente entre os hormônios na regulação do crescimento, também aqui se deve pensar em uma ação conjunta entre auxina, giberelina e citocinina. Os dois primeiros atuam no crescimento da célula, enquanto a citocinina e o AIA atuam na divisão celular.

As citocininas também são conhecidas como hormônios anti-envelhecimento de folhas e permitem que elas fiquem verdes por mais tempo. Atuam, também, na quebra de dormência de sementes, na floração e no crescimento de frutos.

Observe como o envelhecimento foi retardado na folha verde, tratada com citocinina, comparando com a outra folha que não recebeu o hormônio.

O Etileno

O etileno é um hidrocarboneto insaturado, de natureza gasosa, regulador do crescimento e que atua como hormônio. Sua produção em uma planta normal ocorre praticamente em todas as células e se torna mais abundante nas flores após a polinização e nos frutos em amadurecimento. Sua síntese também se verifica em células danificadas.

Uma banana madura, colocada junto a outras verdes, acelera o amadurecimento das outras por causa do etileno que ela desprende. Por isso, os fruticultores costumam armazenar frutos em câmaras onde é evitado o acúmulo de etileno no ar, retardando, assim, o amadurecimento.

Outro modo de se evitar o amadurecimento dos frutos é enriquecer o ar do armazém com gás carbônico (já que esse gás antagoniza os efeitos do etileno) ou impedir a oxigenação dos frutos (o nível baixo de oxigênio reduz a taxa de síntese de etileno).

O etileno também está envolvido com a queda – abscisão – de folhas e frutos. Esse processo começa com a redução do teor de AIA da folha, seguido pela produção de etileno. Ele estimula a síntese de celulase, enzima que digere as paredes celulósicas, na região de abscisão do pecíolo. Nessa região, surge um meristema de abscisão, em que as células derivadas organizam uma cicatriz que fechará a lacuna produzida com a queda da folha ou do fruto.

O Ácido Abscísico

O ácido abscísico (ABA) é um hormônio vegetal cuja principal ação é impedir a germinação de sementes e de gemas laterais, mantendo-as dormentes. Atua, também, estimulando o fechamento dos estômatos em ocasiões de carência de água nas células das folhas. Há dúvidas quanto a sua ação na abscisão.

> *Anote!*
> Giberelinas quebram a dormência de sementes, enquanto o ácido abscísico as mantém dormentes.

FOTOPERIODISMO: A INFLUÊNCIA DA LUZ NO COMPORTAMENTO

A luz é um dos mais importantes sinais ambientais modeladores do comportamento dos seres vivos. A migração animal, a queda de folhas, o surgimento de flores e a germinação de muitas sementes são fenômenos *fotobiológicos* e revelam a influência da luz em sua ocorrência. O que importa, nesses casos, não é a intensidade da luz, mas a repetição periódica das horas de luz do dia.

A percepção de que o comprimento do dia fica menor no outono leva muitos animais a migrarem, assim como aciona a queda das folhas de eudicotiledôneas em regiões temperadas. Já o surgimento das flores ocorre em resposta tanto ao encurtamento como ao alongamento do dia, ambos os casos variando de acordo com a espécie considerada.

A resposta dos seres vivos a essa periodicidade diária da luz é conhecida como **fotoperiodismo**.

O Fitocromo e a Percepção da Luz

A percepção luminosa nos vegetais depende da existência de um pigmento proteico, o **fitocromo**, produzido nas folhas ou em sementes. A partir da estimulação dessa substância, gera-se uma sequência de eventos que culminarão com o fato biológico correspondente, ou seja, floração ou germinação de sementes, por exemplo.

A Floração Depende da Fotoperiodicidade

O início da floração depende da percepção dos períodos de luz pelo fitocromo.

Para a maioria das plantas, existe certo número de horas de luz necessárias para que surjam as flores. Essa quantidade de horas de luz é conhecida como **fotoperíodo crítico** e é variável de planta para planta.

Plantas que florescem após serem iluminadas com fotoperíodos menores que o crítico são chamadas de *plantas de dia curto,* PDC (ou de noite longa). Plantas que florescem após serem iluminadas com fotoperíodos maiores que o crítico são conhecidas como *plantas de dia longo*, PDL (ou de noite curta). Exemplo: o fotoperíodo crítico de certas variedades de crisântemo é de 12 h e 30 min. Se o comprimento do dia for maior que esse fotoperíodo, não haverá florescimento. Períodos diários com menos de 12 h e 30 min induzirão a floração. O crisântemo, portanto, é uma PDC (ou planta de noite longa). Evidências recentes revelam que é o *período de escuridão contínua* o verdadeiro controlador da floração (veja a Figura 25-8).

> *Anote!*
> Certas plantas são indiferentes ao fotoperíodo e florescem em determinadas épocas do ano, independentemente do comprimento do dia. É o caso do milho e da abóbora.

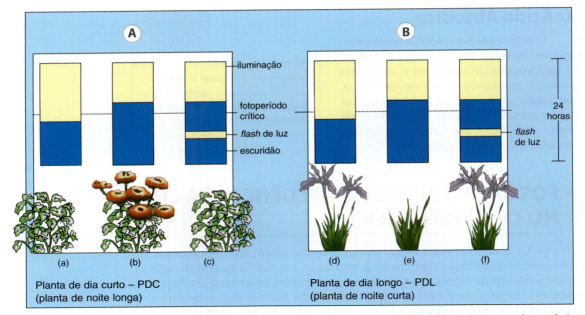

(A) (a) Uma planta de dia curto (noite longa) floresce quando é iluminada com fotoperíodos inferiores ao fotoperíodo crítico (b). O período de escuridão precisa ser contínuo. A interrupção do período de escuridão com *flash* impede o florescimento (c), mesmo que a planta seja iluminada com fotoperíodos inferiores ao crítico.

(B) (d) Uma planta de dia longo (noite curta) floresce quando é iluminada com fotoperíodos superiores ao crítico. Fotoperíodos inferior ao crítico (e) não induzem a floração. Um *flash* que interrompa o longo período de escuridão (f) promove a floração, mesmo que a planta seja iluminada com fotoperíodos inferiores ao crítico, uma vez que ele encurta artificialmente o período de escuridão.

Os fatos descritos em (A) e (B) evidenciam que o período de escuridão contínua é que controla a floração.

Figura 25-8. O valor do fotoperíodo crítico isolado é insuficiente para se determinar se uma planta é PDC ou PDL.

Florígeno: O Hormônio Desconhecido

Admite-se que todos os eventos relacionados à floração, ou seja, fotoperíodos adequados e percepção da luz pelo fitocromo, acabem levando à síntese de uma substância hormonal, o **florígeno** (do latim, *flos* = flor; do grego, *gennan* = o que gera). Esse hormônio atuaria nas gemas laterais do caule, fazendo-as diferenciar-se em flores. Porém, essa substância ainda não foi isolada, permanecendo a dúvida sobre sua existência.

Anote!
Acredita-se que o florígeno até possa ser uma giberelina, uma vez que esse hormônio atua estimulando o florescimento de muitas plantas.

▪ O EFEITO DO AMBIENTE NA GERMINAÇÃO DAS SEMENTES

A germinação de uma semente depende da existência de condições ambientais favoráveis como umidade, arejamento e temperatura. Se essas condições *ambientais* não forem adequadas, a semente não germina e fica em estado de **quiescência**.

Muitas vezes, mesmo que as condições ambientais sejam adequadas, a germinação não ocorre. Nesse caso, alguma condição interna, específica à semente, bloqueia a atividade do embrião, caracterizando o estado de **dormência**. Um fator de dormência pode ser a impermeabilidade da casca; outro, a presença de inibidores de germinação, como o ácido abscísico.

Essas substâncias químicas podem ser removidas com a lavagem intensa das sementes. Na natureza, isso ocorre durante uma chuva forte e prolongada.

A luz é outro fator ambiental que favorece a quebra da dormência. Sementes de alface, por exemplo, somente germinam se forem iluminadas (fotoblastismo positivo). A necessidade de luz para a germinação é um importante fator ecológico em plantas que vivem em matas fechadas. As sementes não germinam em condições de baixa luminosidade e permanecem dormentes.

Anote!
Sementes que germinam ao serem estimuladas pela luz são **fotoblásticas positivas**. As que germinam no escuro são **fotoblásticas negativas**.

Fruto (baga) de goiaba em apodrecimento. Note algumas plântulas resultantes da germinação de sementes.

De olho no assunto!

Estiolamento e a procura de luz

Se você puser algumas sementes de feijão para germinar no escuro (dentro de um armário fechado, por exemplo) e comparar com outro grupo de sementes germinando em ambiente iluminado, poderá constatar um fato curioso. As plântulas (plantas jovens) crescidas no escuro ficam pálidas (amareladas), mais compridas e com folhas menores que as crescidas em ambiente iluminado, que têm menor tamanho, são verdes e possuem folhas maiores.

Esse tipo de comportamento, denominado de **estiolamento** (do francês, *étioler* = descorar, enfraquecer), em que se nota a ausência de clorofila nas células, é interpretado como sendo um mecanismo de sobrevivência que aumenta a possibilidade de alcançar a luz, antes que as reservas energéticas armazenadas se esgotem. Nas matas fechadas, é comum observar esse comportamento em inúmeras plantas que se desenvolvem no solo, pouco atingido pela luz solar, quase que inteiramente captada pelas plantas que se desenvolvem nos andares superiores.

Estiolamento em sementes germinando em uma caverna.

OS MOVIMENTOS VEGETAIS

Nos vegetais, movimento, de modo geral, não quer dizer deslocamento, ou seja, sair do lugar. Os movimentos por deslocamento, conhecidos por **tactismos**, ocorrem apenas em gametas vegetais, como os anterozoides de briófitas e de pteridófitas. A maioria dos movimentos vegetais é restrita a estruturas como folhas, caule e raiz e ocorre basicamente de dois modos possíveis: por crescimento ou por variação na turgescência de certas células. A sua ocorrência é desencadeada por estímulos ambientais, podendo ou não ser efetuados na direção desses estímulos.

Podemos subdividir os movimentos vegetais em:

- **movimentos por deslocamento: tactismos;**
- **movimentos sem deslocamento:**
  - **tropismos** – dependentes da origem do estímulo e geralmente irreversíveis;
  - **nastismos** – independentes da origem do estímulo e geralmente reversíveis.

Os Tactismos

Nos vegetais, tactismos são movimentos por deslocamento no espaço, presentes apenas em anterozoides (veja a Figura 25-9). O tipo mais comum é o **quimiotactismo**, que ocorre em resposta a estímulo gerado por substâncias químicas. A resposta é sempre dependente da origem e da direção do estímulo.

Anote! Em bactérias e algas unicelulares também podem ocorrer quimiotactismo e fototactismo.

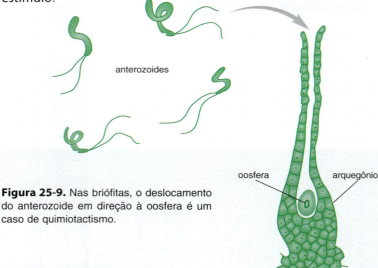

Figura 25-9. Nas briófitas, o deslocamento do anterozoide em direção à oosfera é um caso de quimiotactismo.

Os Tropismos

Tropismos são movimentos **por crescimento** apresentados por caules, raízes e folhas, em resposta a estímulos ambientais, e orientados por eles (veja a Tabela 25-1). O tropismo é **positivo** quando o órgão se aproxima do estímulo e **negativo** quando se afasta.

Anote! Um exemplo de *quimiotropismo* é o que ocorre no crescimento do tubo polínico em direção ao óvulo.
No *tigmotropismo*, gavinhas (ramos do caule de uvas, chuchus e maracujás) executam movimentos de enrolamento ao redor de suportes.

Tabela 25-1. Os tipos mais comuns de tropismos e seus respectivos estímulos.

Tipos de tropismo	Estímulo
Fototropismo	Luz.
Geotropismo (gravitropismo)	Aceleração da gravidade.
Quimiotropismo	Substância química.
Tigmotropismo	Mecânico.

Fototropismo

Caules e raízes são orientados pela luz no seu crescimento. De modo geral, as raízes apresentam fototropismo negativo e os caules, fototropismo positivo (veja a Figura 25-10).

Figura 25-10. (a) No caule, o fototropismo é positivo e, na raiz (b), o fototropismo é negativo.

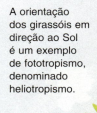

A orientação dos girassóis em direção ao Sol é um exemplo de fototropismo, denominado heliotropismo.

Geotropismo (gravitropismo)

Se uma planta envasada for colocada horizontalmente sobre uma mesa (veja a Figura 25-11), o caule crescerá curvado para cima e a raiz crescerá curvada para baixo: o caule apresenta geotropismo *negativo* e a raiz apresenta geotropismo *positivo*.

Os Nastismos

Nastismos são movimentos desencadeados por estímulos ambientais, porém não orientados por eles. O movimento não é efetuado na direção do estímulo, isto é, o órgão que executa o nastismo nem se aproxima nem se afasta do agente estimulador, como acontece nos tropismos. Ele ocorre e é independente da direção do estímulo.

Há dois tipos de nastismo: por *crescimento diferencial* e por *variação na turgescência*.

Figura 25-11. (a) O caule apresenta geotropismo negativo e a raiz (b), geotropismo positivo.

Crescimento, desenvolvimento e reguladores

O crescimento diferencial

Durante a abertura de uma flor, a face superior das pétalas cresce mais que a face inferior, como consequência de diferentes taxas de crescimento das células (veja a Figura 25-12).

Quando a luz é o agente estimulador, fala-se em **fotonastismo** e o movimento é, de modo geral, irreversível. Há casos, porém, em que ele pode ser periodicamente repetido como nas flores da *Victoria amazonica* (vitória-régia), que se abrem durante a noite e se fecham ao amanhecer, e na conhecida onze-horas.

No **termonastismo**, variações de temperatura agem como agente estimulante. É conhecido o caso da tulipa, cuja flor se abre quando a temperatura ambiente sobe para determinado valor e se fecha quando a temperatura cai para certo limite crítico.

Figura 25-12. A abertura de uma flor é um caso típico de nastismo.

Inseto aprisionado por planta carnívora (*Dionaea muscipolar*).

A tulipa exemplifica o fenômeno de termonastismo.

A variação na turgescência

A variação na quantidade de água no interior de certas células tem relação com esse tipo de nastismo. Os casos mais comuns de movimentos relacionados com a turgescência celular são: abertura e fechamento dos estômatos, abaixamento e levantamento das folhas de um pé de feijão, recolhimento dos folíolos da sensitiva e o aprisionamento de insetos pelas folhas de certas plantas insetívoras. Todos esses tipos de movimento são reversíveis.

Ética & Sociedade

Perfume, uma indústria sustentável?

São muitas as versões sobre a origem dos perfumes (do latim, *per fumum* = pela fumaça), desde a elaboração por deuses do Olimpo, passando por odores exalados pelas florestas queimadas, por alquimistas com fórmulas secretas etc. Mas o que nos interessa no momento é a matéria-prima usada para a fabricação de essências tão especiais, como, por exemplo, a do perfume eternizado pela atriz Marilyn Monroe, conhecido pelo nome de "Chanel n.º 5". Produzida a partir de linalol, substância extraída do pau-rosa, árvore amazônica que, de tanto ser explorada pela indústria de perfumes de todo o mundo, está praticamente em via de extinção, essa fragrância inicialmente era produzida a partir do tronco da árvore.

Além da desenfreada exploração pela indústria de perfumes, o pau-rosa ainda tem a peculiaridade de não frutificar todos os anos e sua flor, extremamente pequena (1 mm), é polinizada por pequenos insetos. Agora, pesquisadores da Unicamp buscam extrair o linalol a partir de folhas do pau-rosa para evitar sua extinção.

- Depois da leitura deste capítulo, que outras técnicas você poderia sugerir para auxiliar a recuperar a população dessa árvore?

Passo a passo

1. A ilustração a seguir representa o esquema padrão de uma angiosperma, em que estão destacados os locais que contêm o tecido responsável pelo crescimento em comprimento e em espessura.

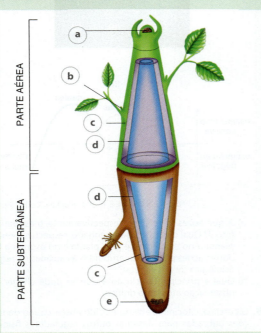

a) Qual a denominação do tecido encontrado nos locais destacados? Qual a principal característica associada às células desse tecido? Que papel é desempenhado por essas células no crescimento vegetal?
b) Reconheça e denomine o tecido em questão, nos locais apontados pelas setas de *a* a *e*. Indique também o tipo de crescimento relacionado aos tecidos destacados nos locais representados (crescimento em comprimento ou crescimento em espessura).
c) Por meio de que tipo de divisão celular (meiose ou mitose) as células desse tecido se multiplicam ao produzir as células de todos os demais tecidos diferenciados?

2. As ilustrações a seguir representam, em I, o esquema de uma planta com algumas células de tecidos diferenciados e, em II, o provável roteiro da formação de uma célula diferenciada.

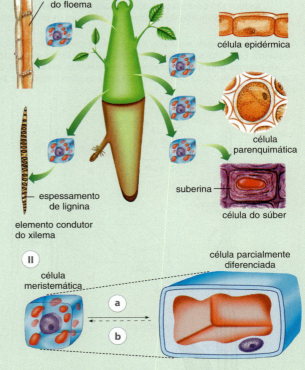

a) Qual é a principal conclusão a que se pode chegar a partir da observação atenta do esquema I?
b) No esquema II, cite as principais características da célula meristemática representada à esquerda. Qual o significado das letras *a* e *b* desse esquema?
c) Com base no esquema II, conceitue os termos *meristema primário* e *meristema secundário*.

Crescimento, desenvolvimento e reguladores **553**

As ilustrações a seguir mostram, à esquerda, o esquema de um tronco de árvore cortado transversalmente com as suas camadas e, à direita, a foto de um corte transversal de um tronco, mostrando anéis anuais de crescimento. Utilize-as para responder às questões **3** e **4**.

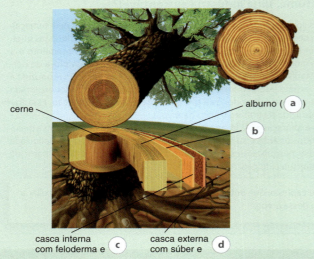

cerne — alburno (a) — b — casca interna com feloderma e (c) — casca externa com súber e (d)

3. a) Consulte a mesma imagem existente no texto do seu livro e reconheça as estruturas ou tecidos representados de *a* a *d*.
b) Na determinação da idade de uma árvore é comum recorrer-se à contagem de seus anéis anuais. De qual tecido condutor esses anéis são constituídos, xilema ou floema? Justifique sua resposta.

4. a) Que tecidos meristemáticos são responsáveis pela ocorrência do crescimento em espessura de uma árvore? Que tecidos são gerados pela ação desses meristemas?
b) Qual o significado de periderme? Quais são os seus constituintes?

As ilustrações a seguir mostram, à esquerda, a preparação clássica idealizada pelo biólogo holandês Frits Went no reconhecimento de um suposto princípio regulador do crescimento em vegetais e, à direita, um coleóptilo de gramínea. Utilize-as para responder às questões **5** e **6**.

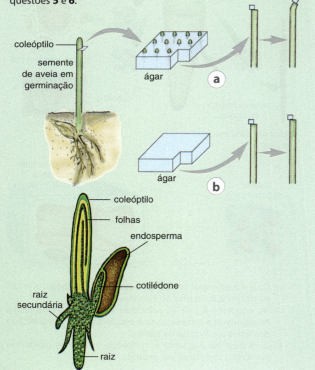

5. a) A que conclusão chegou o pesquisador após obter os resultados decorrentes de sua preparação?
b) Que denominação foi dada pelo pesquisador ao suposto princípio regulador do crescimento decorrente dos resultados por ele obtidos?

6. a) Outros pesquisadores, repetindo o procedimento de Went, reconheceram a natureza molecular do suposto princípio do crescimento. Qual foi a substância então reconhecida?
b) Em termos de procedimento científico, o que representava a preparação esquematizada pela letra *b* no esquema localizado à esquerda?

7. O esquema I e a foto II a seguir mostradas representam duas das principais ações das auxinas (AIA) nos vegetais. Em III, o gráfico mostra as doses de ação desse regulador do crescimento em diferentes estruturas vegetais.

Fonte: SOLOMON, E. P. *et al. Biology*. 3. ed., 1993. p. 766.

a) A que ações se referem, respectivamente, o esquema I e a foto II? Qual o papel desempenhado, respectivamente, pela planta *a* no esquema I e pela planta *c* do esquema II? Que outras ações podem ser atribuídas às auxinas na regulação fisiológica de um vegetal?
b) Qual a principal conclusão a que se pode chegar com a observação atenta do gráfico?

8. Giberelina, citocinina, etileno e ácido abscísico são denominações utilizadas para designar outros reguladores fisiológicos vegetais. Para cada um desses reguladores, cite:
a) Os prováveis locais de produção.
b) Pelo menos uma ação a eles relacionada.

9. "A luz é um dos mais importantes sinais ambientais modeladores do comportamento dos seres vivos. Migração animal, visão, germinação de sementes e floração, entre outros, são fenômenos fotobiológicos reveladores da influência da luz em animais e vegetais. A periodicidade da luz e do escuro, em outras palavras o fotoperiodismo, é o regulador desses comportamentos." Os esquemas a seguir ilustram a ação do fotoperiodismo no florescimento dos vegetais. Observando-os, responda aos itens desta questão.

554 BIOLOGIA 2 • 4.ª edição

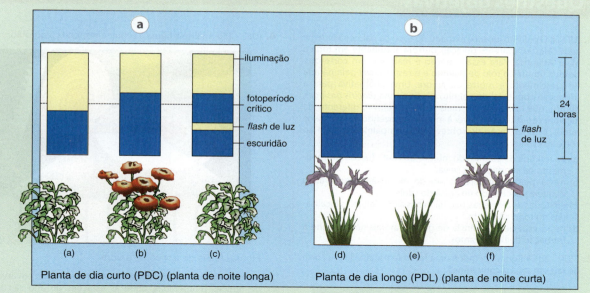

Planta de dia curto (PDC) (planta de noite longa) — Planta de dia longo (PDL) (planta de noite curta)

a) Qual o significado de *fotoperíodo crítico* na regulação do florescimento de um vegetal?
b) Considerando o fotoperíodo crítico das plantas acima representadas, por acaso o mesmo, comente o significado de **planta de dia longo** e **planta de dia curto**.
c) Observando os esquemas, a que conclusão se pode chegar a respeito do período de escuridão contínua das duas plantas?

10. Os esquemas I e II e a foto III ilustram a ocorrência de alguns tipos de movimentos executados pelos vegetais. Observando-os atentamente e utilizando seus conhecimentos sobre o assunto, responda:

Fonte da foto do lápis: CAMPBELL, N. A.; REECE, J. B. *Biology*. 7. ed. Pearson, EUA, 2005. p. 810.

a) Que tipos de movimento estão esquematizados em I e II, respectivamente? Cite outros movimentos que se enquadrem nessa categoria de movimentos, em outras estruturas vegetais.
b) Que tipo de movimento está demonstrado na foto III? Cite outros tipos de movimento que se enquadrem nessa categoria de movimento, em outras estruturas vegetais.

11. *Questão de interpretação de texto*

Em 2005, um grupo de pesquisadores efetuou um estudo controlado envolvendo árvores acácias (*Acacia drepanolobium*) e formigas (*Crematogaster mimosae*) que se alimentam do néctar produzido pelas árvores, em uma área de Savana no Quênia, África. O estudo foi feito em dois tipos de área: duas abertas, que permitiam a entrada de grandes herbívoros, como elefantes e girafas, e duas cercadas, que impediam a entrada desses herbívoros. Os pesquisadores achavam que, na área protegida, com ausência dos herbívoros que comem suas folhas e derrubam seus galhos, as árvores cresceriam melhor e ficariam mais viçosas. No entanto, para surpresa dos cientistas, ocorria o contrário: nas áreas cercadas as árvores cresciam menos e ficavam mais vulneráveis a insetos parasitas, incluindo besouros que faziam túneis em seus troncos, deixando-as menores e mais fracas. Nas áreas abertas, ao contrário, a ação de "poda" dos grandes herbívoros favorecia a produção de mais ramos e, com mais ramos, mais estruturas produtoras de néctar que favoreciam as formigas. Vale dizer que tais formigas, ao mesmo tempo que se alimentavam do néctar, protegiam as árvores de potenciais inimigos, ou seja, os insetos parasitas e os besouros cavadores de túneis, numa relação vantajosa para ambos que é conhecida como mutualismo.

Adaptado de: PALMER, T. M. *et al.* Breakdown of Ant-Plant Mutualism Follows the Loss of Large Herbivores from African Savannas. *Science*, v. 319, n. 5860, p. 192-195, 11 jan. 2008.

Com as informações do texto e utilizando seus conhecimentos sobre a ação hormonal na regulação do tamanho e ramificação de uma árvore, responda:

a) Pensando exclusivamente na ação dos grandes herbívoros ao se alimentarem das folhas e ao derrubarem os ramos das árvores, que papel representava a "poda" por eles efetuada, resultando na ramificação das árvores e seu aspecto viçoso, nas áreas abertas?
b) Sem pensar nos insetos parasitas e nos besouros cavadores de túneis, que evidentemente enfraqueciam as árvores, explique por que, na ausência de grandes herbívoros, não ocorria ramificação das acácias. Que denominação é utilizada para a ausência de ramificação de um vegetal que não é podado devido à manutenção intacta de suas gemas apicais?
c) Qual o *principal* hormônio vegetal envolvido no fenômeno acima descrito, ou seja, na ausência de ramificação com manutenção das gemas apicais?

Crescimento, desenvolvimento e reguladores **555**

Questões objetivas

1. (UFRN) O palmito juçara é extraído do topo da palmeira *Euterpe edulis Martius* (parente do açaí), outrora abundante em toda a Mata Atlântica. Para essa extração é realizado um corte que produz um único rolo de palmito e é responsável pela parada de crescimento e morte da árvore. Uma alternativa para a produção comercial de palmito é a pupunha (*Bactris gasipaes*, Kunth), que, além de ser mais fácil de cultivar, diferente da juçara, é capaz de sobreviver à mutilação, fazendo brotar novos ramos. Essa limitação de sobrevivência da palmeira juçara ao corte se explica porque,

a) na retirada do palmito do interior do caule, há comprometimento da condução da seiva.
b) nessa planta, inexiste tecido de expansão celular além daquele encontrado no ápice do caule.
c) em todas as palmeiras, não há folhas além daquelas localizadas no topo da planta.
d) nessa espécie, a ausência de gemas laterais não permite a formação de novos ramos.

2. (PUC – RJ) A figura a seguir é uma fotomicrografia de um corte de raiz em uma dicotiledônea.

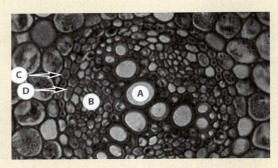

A estrutura assinalada com a letra **A** pertence a um tecido de condução de seiva bruta, cujas células são caracteristicamente mortas. A descrição do tecido refere-se ao

a) floema.
b) xilema.
c) meristema.
d) colênquima.
e) esclerênquima.

3. (UDESC) Os tecidos vegetais são divididos em tecido de formação (meristemáticos) e tecidos adultos (permanentes ou diferenciados).
Associe a primeira coluna de acordo com a segunda.

(1) Meristema apical ou primário
(2) Parênquima paliçádico e parênquima lacunoso
(3) Tecido de revestimento e proteção
(4) Meristema lateral ou secundário
(5) Tecido de sustentação

( ) Responsável pelo crescimento em espessura; localiza-se no interior da raiz e do caule das gimnospermas, de algumas monocotiledôneas (arbustos) e na maior parte das dicotiledôneas.
( ) Esclerênquima e colênquima.
( ) Responsável pelo crescimento em comprimento da planta; localiza-se na ponta da raiz e do caule.
( ) Epiderme e súber.
( ) Responsável pela assimilação (fotossíntese); localiza-se nas folhas e nos caules.

Assinale a alternativa que contém a sequência **correta**, de cima para baixo.

a) ( ) 4 – 3 – 1 – 5 – 2
b) ( ) 4 – 5 – 2 – 3 – 1
c) ( ) 1 – 5 – 4 – 2 – 3
d) ( ) 4 – 5 – 1 – 3 – 2
e) ( ) 1 – 3 – 4 – 5 – 2

4. (UEL – PR) Analise a figura a seguir e responda à questão.

Figura: Anéis de tronco de árvore

Esses anéis de crescimento são bastante evidentes em árvores de regiões temperadas, onde as estações do ano são bem definidas. Os anéis são resultantes de diferentes taxas de crescimento em espessura do caule devido às variações das condições ambientais.

Com base nessas informações e na figura, pode-se afirmar que cada anel é formado pelo conjunto de vasos denominado _____ primaveril e _____ estival. O primaveril é _____ denso, constituído por células de paredes _____; já o estival é _____ denso, formado por células de paredes _____.

Assinale a alternativa que preenche, correta e respectivamente, as lacunas do texto.

a) floema, floema, menos, espessas, mais, finas
b) floema, xilema, menos, finas, mais, espessas
c) xilema, xilema, menos, finas, mais, espessas
d) xilema, floema, mais, espessas, menos, finas
e) xilema, xilema, mais, espessas, menos, finas

5. (UFMT) Uma dona de casa descobriu que, eliminando a gema apical de certas plantas, estas apresentavam uma ramificação lateral mais abundante. Sobre esse procedimento, analise as afirmativas.

I – Elimina o meristema apical, onde ocorre a síntese da auxina.
II – Promove a dominância apical causada pela auxina.
III – Promove as atividades das gemas laterais.
IV – Elimina a síntese do etileno.

Estão corretas as afirmativas

a) I, II e III, apenas.   c) I e III, apenas.   e) I, II, III e IV.
b) II e IV, apenas.   d) II, III e IV, apenas.

6. (UFSC) A figura abaixo representa parte do gráfico que mostra os efeitos do hormônio vegetal denominado AUXINA sobre a raiz e o caule de uma planta.

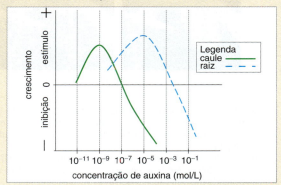

Com base no gráfico da página anterior, assinale a(s) proposição(ões) **CORRETA(S)** e dê sua soma ao final.

(01) Concentrações de auxinas inferiores a 1/10 mol/L inibem tanto o crescimento do caule como o da raiz.
(02) As auxinas nas concentrações entre 1/1.000 e 1/10.000 mol/L têm efeito estimulante no crescimento do caule e da raiz.
(04) Concentrações superiores a 1/1.000.000 mol/L têm o efeito de estimular o crescimento da raiz.
(08) O máximo efeito de estímulo de crescimento do caule e da raiz é obtido com a mesma concentração do hormônio.
(16) O estímulo máximo de crescimento do caule ocorre em concentrações que inibem o crescimento da raiz.
(32) A raiz é muito mais sensível do que o caule às baixas concentrações do hormônio auxina, tanto no estímulo quanto na inibição de seu crescimento.
(64) Pode-se concluir que concentrações menores de auxina estimulam mais o crescimento do caule do que o da raiz.

7. (UEL – PR) Considere o experimento sobre o efeito inibidor de hormônio vegetal no desenvolvimento das gemas laterais, apresentado na figura a seguir.

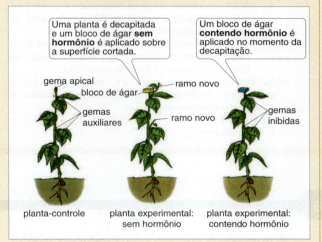

Com base na figura e nos conhecimentos sobre fisiologia vegetal, considere as afirmativas a seguir.

I – A ausência de hormônio produzido pelo meristema apical do caule exerce inibição sobre as gemas laterais, mantendo-as em estado de dormência.
II – As gemas laterais da planta-controle estão inibidas devido ao efeito do hormônio produzido pela gema apical.
III – O hormônio aplicado na planta decapitada inibe as gemas laterais e, consequentemente, a formação de ramos laterais.
IV – A técnica de poda das gemas apicais tem como objetivo estimular a formação de novos ramos laterais.

Assinale a alternativa correta.

a) Somente as afirmativas I e II são corretas.
b) Somente as afirmativas I e III são corretas.
c) Somente as afirmativas III e IV são corretas.
d) Somente as afirmativas I, II e IV são corretas.
e) Somente as afirmativas II, III e IV são corretas.

8. (UFJF – MG) Para a sua sobrevivência, as plantas vasculares precisam superar condições ambientais adversas. Alguns problemas encontrados pelas plantas e as soluções utilizadas por elas para superar tais limitações são apresentados a seguir.

Problema:

I – Proteção contra agentes lesivos e contra a perda de água
II – Sustentação
III – Preenchimento de espaços
IV – Transporte de materiais
V – Execução de movimentos orientados

Solução:

1) Esclerênquima e colênquima
2) Fitormônios
3) Xilema e floema
4) Epiderme e súber
5) Parênquimas

A associação correta entre o Problema e a Solução encontrada pelas plantas é:

a) I-1; II-3; III-5; IV-4; V-2.
b) I-2; II-4; III-3; IV-1; V-5.
c) I-3; II-5; III-2; IV-1; V-4.
d) I-4; II-1; III-5; IV-3; V-2.
e) I-5; II-2; III-4; IV-3; V-1.

9. (UFV – MG) O esquema abaixo representa um experimento, realizado com uma espécie de planta, para verificar aspectos relacionados com sua floração.

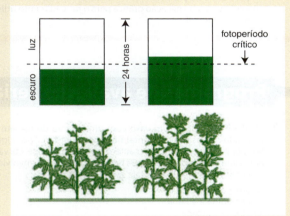

Analisando o resultado do experimento, é CORRETO afirmar que a planta:

a) é de dia curto e floresce quando exposta a curtos períodos de exposição à luz.
b) é de dia curto e floresce quando a noite é mais curta do que o fotoperíodo crítico.
c) é de dia longo e floresce quando exposta a longos períodos na ausência de luz.
d) é de dia longo e floresce quando a noite é mais longa do que o fotoperíodo crítico.

Questões dissertativas

1. (UERJ) A clonagem de plantas já é um procedimento bastante comum. Para realizá-lo, é necessário apenas o cultivo, em condições apropriadas, de um determinado tipo de célula vegetal extraído da planta que se deseja clonar.

Nomeie esse tipo de célula e apresente a propriedade que viabiliza seu uso com esse objetivo. Indique, ainda, uma parte da planta onde esse tipo de célula pode ser encontrado.

2. (UFG – GO) Considere o experimento apresentado a seguir.

Três plantas jovens, de mesma espécie e idade, mantidas em condições ambientais controladas e ideais de luz, temperatura, nutrição e umidade, foram submetidas a três procedimentos.

Planta I: mantida intacta.
Planta II: remoção do meristema apical.
Planta III: remoção do meristema apical e, no local da remoção, aplicação de pasta de lanolina com um hormônio vegetal.

Ao final do período experimental, foram obtidos os seguintes resultados:

Planta I: o crescimento vertical foi mantido e as gemas laterais permaneceram dormentes.
Planta II: o crescimento vertical diminuiu ou cessou e ocorreu crescimento de ramos provenientes do desenvolvimento de gemas laterais.
Planta III: as gemas laterais permaneceram dormentes.

Com base nos resultados desse experimento,

a) cite o hormônio usado na planta III e o local em que ele é produzido na planta;
b) explique uma aplicação prática para o procedimento utilizado na planta II.

3. (UFAC) Os itens a seguir se referem ao reino *Plantae*, que, nas classificações mais modernas, exclui as algas.

a) Escreva **V** ou **F** nos parênteses abaixo, conforme sejam verdadeiras ou falsas as assertivas a seguir.

1 (   ) Todos os organismos que apresentam embriões multicelulares maciços (sem cavidades internas), que se desenvolvem à custa do organismo materno, pertencem ao reino *Plantae*.
2 (   ) Uma característica que torna as briófitas dependentes da água em estado líquido para a reprodução é a presença de anterozoides flagelados.
3 (   ) Na estrutura reprodutiva das angiospermas, o saco embrionário corresponde, embriologicamente, ao óvulo dos mamíferos.
4 (   ) Parênquimas são tecidos vegetais formados por células vivas cujas principais funções na planta são preenchimento, sustentação e assimilação.
5 (   ) A difusão através do poro estomático é o processo responsável pela absorção de CO_2 e pela perda de vapor-d'água que ocorre nas folhas.
6 (   ) Uma alta concentração de ácido abscísico na folha causa a síntese de etileno, o que leva à formação da camada de abscisão e à queda dessa folha.

b) Escolha duas assertivas que você considerou FALSAS e reescreva-as de modo a torná-las verdadeiras. Indique o número das assertivas escolhidas.
B.I. Assertiva n.º _____
B.II. Assertiva n.º _____

Programas de avaliação seriada

1. (PASES – UFV – MG) Um vaso com uma planta de tomate foi colocado na posição horizontal, no chão do jardim. Após algum tempo, percebeu-se que o caule da planta havia se curvado para cima e a raiz para baixo. Os hormônios vegetais envolvidos na curvatura do caule e da raiz são, respectivamente:

a) auxina e giberelina.
b) citocinina e auxina.
c) auxina e auxina.
d) citocinina e giberelina.

2. (PAS – UFLA – MG) Com base no gráfico, indique qual fitohormônio está diretamente relacionado com os eventos descritos.

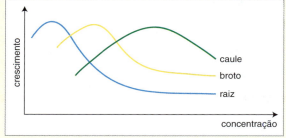

a) auxina
b) etileno
c) ácido abscísico
d) ácido jarmônico

3. (PSS – UFS – SE) A Fisiologia Vegetal busca compreender as diferentes funções exercidas pelos tecidos e órgãos das plantas, mantendo-as vivas e em harmonia com o meio.

(0) As gotículas de água observadas de madrugada nas folhas de certos vegetais significam que, durante a noite, a transpiração é reduzida e o excesso de água é eliminado pela planta através dos hidatódios.
(1) A figura abaixo mostra uma planta em posição horizontal sendo girada lentamente durante um longo tempo.

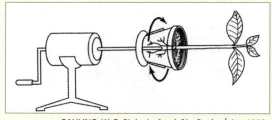

PAULINO, W. R. *Biologia*. 3. ed. São Paulo: Ática, 1999, v. único. p. 310.

Enquanto essa planta estiver sendo girada, poderá ocorrer geotropismo positivo na raiz e geotropismo negativo no caule.
(2) Os hormônios vegetais controlam o desenvolvimento das plantas, atuando sobre a divisão, a elongação e a diferenciação das células.
(3) Uma prática comum para acelerar o amadurecimento de frutos é queimar serragem nas estruturas de armazenamento, liberando gás etileno, indutor do amadurecimento de frutos.
(4) A *Mimosa pudica*, também chamada sensitiva, ao ser tocada pela mão de uma pessoa, reage dobrando para cima seus folíolos. Esse dobramento é um caso de movimento que depende da direção do estímulo e só ocorre se o toque for efetuado na parte superior dos folíolos.

4. (PSS – UFPB) Em uma aula de Fisiologia Vegetal, o professor tratou acerca do fotoperiodismo em plantas de dias longos e plantas de dias curtos. Durante a aula, o professor apresentou as seguintes informações:

- Algumas plantas de dias longos necessitam de 16 horas de luz e 8 horas de escuro para florescer.
- Algumas plantas de dias curtos necessitam de 8 horas de luz e 16 horas de escuro para florescer.

Após a aula, o professor montou com seus alunos um experimento em uma câmara de crescimento submetida à iluminação artificial e controlada, utilizando plantas com as características acima. No experimento, as plantas de dias longos e as plantas de dias curtos foram expostas a 6 horas de luz e 18 horas de escuro. Ao final do experimento, somente as plantas de dias curtos floresceram.

Com base no texto, no experimento e nos conhecimentos acerca do fotoperiodismo de plantas, identifique as afirmativas corretas:

I – O fotoperiodismo independe da ação dos hormônios vegetais.
II – As plantas de dias longos não floresceram por terem sido submetidas a um período de escuro superior ao seu fotoperíodo crítico.
III – O fitocromo é um pigmento que participa do processo de floração.
IV – Algumas plantas independem do período de luz e de escuro para florescer.
V – As plantas de dias curtos floresceram porque foram submetidas a um período de escuro superior ao seu fotoperíodo crítico.

5. (PAS – UnB – DF)

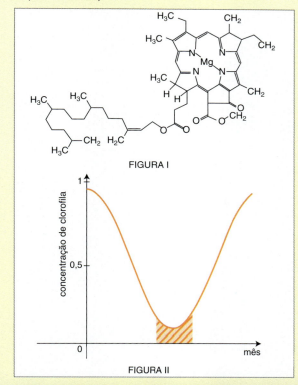

FIGURA I

FIGURA II

A cada outono, a redução da duração da luz do dia e as temperaturas em queda induzem as árvores a se prepararem para o inverno e, nesse processo, perdem-se toneladas de folhas. Em certas regiões do planeta, a queda das folhas é precedida de um espetáculo feérico de cores. As folhas anteriormente verdes adquirem tonalidades de amarelo, laranja e vermelho, pois os pigmentos alaranjados e vermelhos, anteriormente escondidos, em razão da grande quantidade de clorofila, ajudam as folhas a absorver luz em diferentes comprimentos de onda e transferem essa energia à clorofila. Nessa época, começa a crescer, no pecíolo, uma membrana semelhante à cortiça. Com isso, o fluxo de nutrientes é bloqueado, o que causa concentração de açúcar na folha. À medida que a concentração de açúcar aumenta na folha, a clorofila começa a diminuir e os pigmentos laranjas e vermelhos ficam mais visíveis.

LANFER-MARQUES, U. M. *In: Rev. Bras. Cienc. Farm.*, v. 39, n. 3, jul./set./2003 (com adaptações).

Tendo por base o texto acima e considerando as figuras I e II, que representam, respectivamente, a estrutura química da clorofila e um modelo de descrição da concentração normalizada da clorofila nas folhas ao longo do ano, julgue os itens de **01 a 08**.

01. As mudanças de cor das folhas, referidas no texto, resultam do aumento da produção de novos pigmentos nas folhas.
02. O aumento da concentração de açúcar nas folhas, citado no texto, induz o aumento do fluxo de matéria orgânica através do floema.
03. A queda das folhas, associada à adaptação das plantas em defesa contra a seca fisiológica, facilita o desenvolvimento de musgos.
04. O açúcar concentrado nas folhas antes da desfolhação é produzido durante um processo metabólico que pode ser representado, de forma simplificada, pela equação abaixo, na qual *n* é um número inteiro e positivo.

$$nCO_2 + 2nH_2S \rightarrow (CH_2O)n + 2nS + nH_2O$$

05. As estruturas lineares formadas pelos átomos de carbono na molécula de clorofila devem-se à capacidade desses átomos de formarem ligações covalentes entre si.
06. A captação de luz pelos pigmentos alaranjados e vermelhos ocorre nas membranas internas de estruturas semelhantes à representada na figura a seguir.

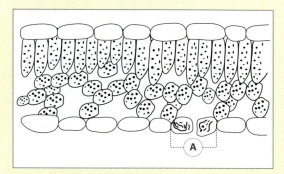

07. No período do ano delimitado pela região hachurada no gráfico da figura II, predominam os pigmentos que emitem energia luminosa em comprimento de ondas na faixa da cor vermelha.
08. Infere-se do texto que, durante o outono, aumentam as trocas de CO_2 entre a atmosfera e a biosfera terrestres.

Bibliografia

ALBERTS, B. et al. *Molecular biology of the cell*. New York: Garland Publishing, 1994.
────── . *Essential cell biology*. New York: Garland Publishing, 1999.
BAKER, G. W.; ALLEN, G. E. *Estudo de biologia*. Trad. E. Kirchner. São Paulo: E. Blücher, 1975.
BIOLOGICAL SCIENCE CURRICULUM STUDY – High School Biology. *Ecologia – versão verde*. Adaptado por O. Frota-Pessoa e M. Krasilchik. São Paulo: Edusp, 1963.
BRIGAGÃO, C. *Dicionário de ecologia*. Rio de Janeiro: Topbooks, 1992.
BRUSCA, R. C.; BRUSCA, G. J. *Invertebrados*. 2. ed. Rio de Janeiro: Guanabara Koogan, 2007.
BURNS, G. W. *The science of genetics:* an introduction to heredity. 3. ed. New York: Macmillan, 1976.
CAMPBELL, N. A. *Biology*. 3. ed. USA: Benjamin/Cummings, 1993.
────── ; REECE, J. B. *Biology*. 7. ed. San Francisco: Pearson, 2005.
────── ; REECE, J. B.; MITCHELL, L. G. *Biology*. 5. ed. Menlo Park: Benjamin/Cummings, 2005.
CHARBONNEAU, J. P. et al. *Enciclopédia de ecologia*. São Paulo: EPU/Edusp, 1979.
CLEFFI, N. M. *Curso de biologia*. São Paulo: HARBRA, 1986. 3 v.
COUTINHO, L. M. O cerrado e a ecologia do fogo. *Ciência Hoje*, Rio de Janeiro, p. 130-8, maio 1992.
CURTIS, H. *Biologia*. Trad. N. Sauaia. Rio de Janeiro: Guanabara Koogan, 1977.
────── ; BARNES, N. S. *Biology*. 5 ed. New York: Worth Publishers, 1989.
DAJOZ, R. *Ecologia geral*. 2. ed. Trad. M. Guimarães Ferri. Petrópolis/São Paulo: Vozes/Edusp, 1973.
DARWIN, C. *A origem das espécies*. Trad. A. Soares. São Paulo: Univ. de Brasília/Melhoramentos, 1982.
────── . *A origem do homem e a seleção sexual*. Trad. A. Cancian; E. N. Fonseca. São Paulo: Hemus, 1982.
DESMOND, A.; MOORE, J. *Darwin – a vida de um evolucionista atormentado*. Trad. G. Pereira et al. São Paulo: Geração Editorial, 1995.
DICIONÁRIO DE ECOLOGIA. [Herder Lexikon] Trad. M. L. A. Correa. São Paulo: Melhoramentos, 1980.
DOBZHANSKY, T. *Genética do processo evolutivo*. Trad. C. A. Mourão. São Paulo: Edusp/Polígono, 1970.
────── . *O homem em evolução*. 2. ed. Trad. J. Manastersky. São Paulo: Edusp/Polígono, 1972.
EHRLICH, P. R. et al. *Ecoscience:* population, resources, environment. 2. ed. San Francisco: W. H. Freeman, 1977.
FERRI, M. G. *Ecologia:* temas e problemas brasileiros. Belo Horizonte/São Paulo: Itatiaia/Edusp, 1974.
────── . *Vegetação brasileira*. Belo Horizonte/São Paulo: Itatiaia/Edusp, 1980.
GARDNER, E. J.; SNUSTAD, D. P. *Genética*. 7. ed. Trad. C. D. Santos et al. Rio de Janeiro: Guanabara Koogan, 1984.
GOODLAND, R.; IRWIN, H. *A selva amazônica:* do inferno verde ao deserto vermelho? Trad. R. R. Junqueira. Belo Horizonte/São Paulo: Itatiaia/Edusp, 1975.
GOULD, S. J. *Darwin e os grandes enigmas da vida*. Trad. M. E. Martinez. São Paulo: Martins Fontes, 1987.
────── . *Desde Darwin*; reflexiones sobre historia natural. Madrid: Hermann Blume Ediciones, 1983.
GREEN, N. P. O. et al. *Biological science*. Cambridge: Cambridge University Press, 1990. v. 1, 2.
GUYTON, A. C.; HALL, J. E. *Textbook of medical physiology*. 9. ed. Philadelphia: W. B. Saunders, 1996.
HARRISON, G. A. et al. *Human biology* – an introduction to human evolution, variation, growth and adaptability. 3. ed. Oxford: Oxford University Press, 1988.
HARTL, D. L.; JONES, E. W. *Genetics:* analysis of genes and genomes. 5. ed. London: Jones and Bartlett, 2001.
HERSKOWITZ, I. H. *Principles of genetics*. 2. ed. New York: Macmillan, 1977.
JOLY, A. B. *Conheça a vegetação brasileira*. São Paulo: Edusp/Polígono, 1970.
LEAKEY, R. E.; LEWIN, R. *O povo do lago;* o homem: suas origens, natureza e futuro. Trad. N. Galanti. Brasília/São Paulo: Univ. de Brasília/Melhoramentos, 1988.
────── . *A evolução da humanidade*. Trad. N. Telles. São Paulo: Melhoramentos/Círculo do Livro/Univ. de Brasília, 1981.
LEVINE, L. *Genética*. 2. ed. Trad. M. F. Soares Veiga. São Paulo: E. Blücher, 1977.
LIMA, C. P. *Genética humana*. 3. ed. São Paulo: HARBRA, 1996.
MADIGAN, M. T.; MARTINKO, J. M.; PARKER, J. *Biology of microorganisms*. 10. ed. New Jersey: Prentice-Hall, 2003.
MALAJOVICH, M. A. *Biotecnologia*. Rio de Janeiro: Axcel Books, 2004.
MARGALEF, R. *Ecologia*. Barcelona: Ediciones Omega, 1989.
MARGULIS, L.; SCHWARTZ, K. V. *Cinco reinos*. 3. ed. Rio de Janeiro: Guanabara Koogan, 2001.
MARZZOCO, A.; TORRES, B. B. *Bioquímica básica*. Rio de Janeiro: Guanabara Koogan, 1999.
MAYR, E. *Populações, espécies e evolução*. Trad. H. Reichardt. São Paulo: Nacional/Edusp, 1970.
METTLER, L. E.; GREGG, T. G. *Genética de populações e evolução*. Trad. R. Vencovsky et al. São Paulo: Polígono, 1973.
MOODY, P. M. *Introdução à evolução*. Trad. S. Walty. Rio de Janeiro: Univ. de Brasília/Livros Técnicos e Científicos, 1975.
NEBEL, B. J.; WRIGHT, R. T. *Environmental science*. 4. ed. Englewood Cliffs: Prentice-Hall, 1993.
ODUM, E. P. *Ecologia*. Trad. K. G. Hell. São Paulo: Pioneira/Edusp, 1963.
────── . *Fundamentos de ecologia*. 4. ed. Trad. A. M. A. Gomes. Lisboa: Fundação Calouste Gulbenkian, 1973.
PEARCE, F. *O efeito de estufa*. Trad. J. Camacho. Lisboa: Edições 70, 1989.
PETIT, C.; PRÉVOST, G. *Genética e evolução*. Trad. S. A. Gaeta & L. E. Magalhães. São Paulo: E. Blücher/Edusp, 1973.
PILBEAM, D. *A ascendência do homem;* uma introdução à evolução humana. São Paulo: Melhoramentos/Edusp, 1976.
PURVES, W. K. et al. *Life, the science of Biology*. 3. ed. Sunderland: Sinauer Associates, 1992.
RAVEN, P. H. *Biology*. 7. ed. New York: McGraw-Hill, 2005.
────── ; EVERT, R. F.; EICHHORN, S. *Biologia vegetal*. 6. ed. Rio de Janeiro: Guanabara Koogan, 2001.
────── ; JOHNSON, G. P. *Biology*. 4. ed. Boston: W. M. C. Brown, 1966.
────── ; et al. *Environment* – 1995 Version. Orlando: Saunders College Publishing/Harcourt Brace Publishers, 1995.
RAVEN, P. H. B. et al. *Biologia vegetal*. 6. ed. Rio de Janeiro: Guanabara Koogan, 2001
SCOTT, FORESMAN. *Life science*. Glenview: Scott, Foresman, 1990.
SOLOMON, E. P. et al. *Biology*. 3. ed. Orlando: Saunders College Publishing, 1993.
STANSFIELD, W. D. *Genética*. Trad. O. Ágeda. São Paulo: McGraw-Hill, 1976.
STEBBINS, G. L. *Processos de evolução orgânica*. 2. ed. Trad. S. A. Rodrigues. Rio de Janeiro: Edusp/Livros Técnicos e Científicos, 1974.
STRICKBERGER, M. W. *Genética*. Trad. M. Aguadé. Barcelona: Ediciones Omega, 1976.
TATTERSALL, I. *The human odyssey:* four million years of human evolution. New York: Prentice-Hall General Reference, 1993.
WEINER, J. *O bico do tentilhão;* uma história da evolução no nosso tempo. Trad. T. M. Rodrigues. Rio de Janeiro: Rocco, 1995.
WESSELLS, N.; HOPSON, J. L. *Biology*. New York: Random House, 1988.

Crédito das fotos

3, 4, 21, 87, 109, 110, 142, 165, 228, 281, 303, 322, 375, 423, 424, 434, 448, 537: PANTHERMEDIA/KEYDISC;

37: DR TONY BRAIN/SCIENCE PHOTO LIBRARY/LATINSTOCK;

38: NATALIE FOBES/SCIENCE FACTION/CORBIS/LATINSTOCK;

57: SINCLAIR STAMMERS/SCIENCE PHOTO LIBRARY/LATINSTOCK;

122: NICKELODEON/EVERETT COLLECTION/GLOW IMAGES;

185: NATURAL HISTORY MUSEUM, LONDON/SCIENCE PHOTO LIBRARY/LATINSTOCK;

209: AGE FOTOSTOCK / GRUPO KEYSTONE;

282: GRASIELE L. FAVATTO CORTEZ;

333: ALBUM/AKG-IMAGES/LATINSTOCK
WRIGHT OF DERBY, JOSEPH (1734-1797). *The Alchemist*. 1771/1795. (The discovery of phosphorus by Henning Brand in Hamburg 1669). Óleo sobre tela, 127 x 101,6 cm.

398: COREL CORP.;

484: FABIO COLOMBINI;

515: RICARDO CARDOSO/FRAME/FOLHA PRESS